TAGEBÜCHER AUS DEM REGENWALD

Für die Penan und alle Völker des Regenwaldes sowie die vielen
Freundinnen und Freunde, die Bruno begleitet und unterstützt haben.

BRUNO MANSER
TAGEBÜCHER AUS DEM REGENWALD
TAGEBUCH 1–6

BRUNO-MANSER-FONDS (HG.)
CHRISTOPH MERIAN VERLAG

INHALT

→ **Band 1**

John Künzli	Einherzig. Statt eines Vorwortes ein Brief	6
Ruedi Suter	Zurück zur Einfachheit	9
	Die Tagebücher. Editorische Notiz	22
	Tagebuch 1	25
	Tagebuch 2	53
	Tagebuch 3	73
	Tagebuch 4	93
	Tagebuch 5	115
	Tagebuch 6	133
	Impressum	160

Band 2

Tagebuch 7	5
Tagebuch 8	87
Tagebuch 9	111
Impressum	176

Band 3

Tagebuch 10	5
Tagebuch 11	85
Tagebuch 12	139
Impressum	208

Band 4

Tagebuch 13	5
Tagebuch 14	53
Tagebuch 15	123
Tagebuch 16	139
Impressum	176

John Künzli

EINHERZIG

Statt eines Vorwortes ein Brief

«Um was geht es im Leben?» Kraftstrotzend und todtraurig, himmelhoch jauchzend und hadernd – immer aber aktiv, lässt Bruno Manser uns in seinen Tagebüchern teilhaben an seinen Erfahrungen auf der Suche nach einer Antwort, nach *der* Antwort. Seine Texte sind nicht als Chronik geschrieben, um penibel festzuhalten, was der Tag gerade gebracht hat, sondern als Reflexion über das Leben im Regenwald von Sarawak, dessen Bedeutung er immer wieder neu auslotet.

In diesem Sinne sind die Tagebücher eigentlich Briefe an uns alle. Deshalb, lieber Bruno, schreibe ich dir diesen Brief.

Deine Tagebücher sind wie eine Quelle. Dem Fels entspringend, rein und klar, sich zum Bach verbreiternd, Tümpel und Wasserfälle bildend, manchmal ruhig und lieblich, manchmal tosend und tödlich, schliesslich zum Strom anschwellend, mäandriert dein Text durch Tiefen und reissend-gefährliche Untiefen seiner Bestimmung zu – der Einheit mit dem Ganzen. Die Tagebücher, die hier erstmals in vollem Umfang veröffentlicht werden, öffnen uns den Weg zu deinen Erlebnissen während der sechs Jahre im Regenwald von Sarawak. Sie bringen uns deine Motive und Ängste näher und prägen unsere Erinnerung an einen ausserordentlichen Menschen.

Minutiös teilst du uns die Überlebensstrategien der Jäger und Sammler mit, die du bei den Penan gelernt hast, zeigst uns, wie man einen Rucksack und ein Messer herstellt, wie man jagt und Fleisch konserviert, wie man die Essbarkeit von Wildfrüchten und -gemüse feststellt, wie man die Apotheke der Natur nutzt. Du sagst uns, wie man an Honig herankommt, und vor allem, wie man ohne Geld überleben kann – mit und von der Natur.

Immer von der Realität ausgehend, beeindrucken deine philosophischen Betrachtungen zum menschlichen Dasein, zu Politik und Wirtschaft, Flora und Fauna durch ihre Präzision und Tiefe. Dein Vorgehen erinnert mich oft an das der Naturforscher des 18. und 19. Jahrhunderts, welche die tropischen Regenwälder, diesen artenreichsten und doch so unbekannten Lebensraum, zum ersten Mal wissenschaftlich untersucht hatten. Heute, wo wir deine Tagebücher veröffentlichen, wären solche Untersuchungen wesentlich problematischer: Die Urwälder sind massiv dezimiert und akut bedroht – durch den unstillbaren Hunger der technischen Zivilisation nach billigen Rohstoffen. Gerade dass diese Tagebücher im ausgehenden 20. Jahrhundert aufgezeichnet wurden, und jetzt, im 21. Jahrhundert, veröffentlicht werden, macht Mut: Wer die Notwendigkeit einer Balance zwischen Natur und Kultur begriffen hat und nicht handelt, hat nichts begriffen.

Ich habe eingangs den Begriff ‹Chronik› gebraucht. Was mir bei deinen Tagebüchern immer wieder auffällt und uns klar wurde, als wir diese Publikation vorbereiteten, ist deine Arbeitsweise. Es ist so, als ob du dich kreisend voran arbeitest und dabei den Blick immer wieder über die zurückliegenden

Erfahrungen schweifen lässt, um sie in neuem Licht zu betrachten. Zunächst sind da nur Zeichnungen, hingeworfene Bleistiftskizzen, ergänzt mit knappen, bisweilen unleserlichen Bildlegenden. Dann kommt die Feinarbeit mit Tusche und Aquarellfarben, werden die Legenden ausgearbeitet. Genaue Daten zu Beschaffenheit, Grösse und Nutzung von Pflanzen werden hinzugefügt, Tierzeichnungen durch Angaben von Farbe, Grösse und Lebensraum kommentiert. Oft sehr viel später erst wird der Haupttext geschrieben, der uns durch sechs Jahre Leben in Sarawak führt. Dass dieser Text nicht am Tagesende entsteht, sondern nach überlegter Bereinigung, macht seine Qualität aus: Wir haben keine Faktensammlung vor uns, sondern eine Betrachtung. Dieser Arbeitsprozess, am besten erkennbar am nicht fertig gestellten Tagebuch 16, erklärt auch, weshalb manche Illustrationen nicht mit dem Haupttext korrespondieren.

Die Qualität der Bilder und der Schrift hängt ab vom verfügbaren Werkzeug: Blei- und Filzstifte, Tusche, Aquarellfarben, Papier – und von der Zeit. Vertrauensleute bringen die fertigen Bücher (oder Einzelteile davon) in die Schweiz, wo sie von Verwandten aufbewahrt werden und im Freundeskreis zirkulieren.

Wer deine Tagebücher zum ersten Mal liest, wird feststellen, dass manche Geschichten einander ähneln. Wie könnte es anders sein? Wenn die Aufzeichnungen nicht verfügbar sind, weil sie längst in Europa sind, wie soll man da noch genau wissen, was man im Verlauf von sechs Jahren festgehalten hat und was nicht? Dass die malaysischen Behörden anlässlich zweier Verhaftungen im Jahr 1986 Tagebuchteile konfisziert und bis heute nicht zurückgegeben haben, hat den Überblick auch nicht vereinfacht.

Nach deiner Rückkehr hast du die meisten Tagebücher für Ausstellungen und Buchprojekte oder zwecks wissenschaftlicher Bestimmung von Pflanzen und Tieren in ihre Einzelseiten aufgelöst. Einige wenige Originalseiten sind verloren gegangen, wir haben sie im Buch mit [fehlt] gekennzeichnet; andere sind bis heute verschollen, doch haben wir Fotokopien davon [Original fehlt, Text von Fotokopie erfasst]; schliesslich gibt es Seiten, die du leer gelassen hast [vakat]. Die Wiederherstellung der Tagebücher war nicht einfach. Die Bücher 1–7 und Buch 16 sind, obwohl sie jeweils mit Seite 1 beginnen, nicht immer paginiert, die Texte selten datiert. Die Tagebücher 8–15 sind zwar durchpaginiert, doch haben wir uns gefragt, ob du das Tagebuch 15 mit den Stimmen der Penan nicht vielleicht erst in der Schweiz niedergeschrieben hast, ausgehend von Tonband- und Videoaufzeichnungen aus Borneo. Wir haben uns dafür entschieden, es an seinem jetzigen Platz zu belassen, weil die Ereignisse denen in Tagebuch 16 vorangehen.

Im Laufe der der Transkription sind uns ein paar Inkohärenzen aufgefallen, was niemanden verwundern wird: Ein Tagebuch ist keine wissenschaftliche Abhandlung, die in der Studierstube entsteht und bei der man bis zuletzt die Unterlagen parat hat, um sie gegeneinander abzugleichen, ein solches Tagebuch entsteht ‹on the road› (oder eben ‹in the rainforest›). Dieser Regenwald Borneos, mit seinen etwa 160 Millionen Jahren wohl der älteste der Erde, erstreckt sich über drei Nationen: Sultanat Brunei Darussalam, Malaysia (Sarawak und Sabah) und Indonesien (Kalimantan). Fast alle Ureinwohner lassen sich unter dem Namen ‹Dayak› zusammenfassen, aufgeteilt wiederum auf vierhundert Volksgruppen, von denen die meisten Reisanbau im Wanderfeldbau betreiben. Eines der letzten Jäger- und Sammlervölker – nicht nur Borneos, sondern der Erde – sind die Penan. Du bezeichnest sie als ‹Punan›, bis du realisierst, dass die Punan eine Volksgruppe sind, die schon länger sesshaft ist, und das Missverständnis auf Seite 9/164 korrigierst. Weitere Dayak-Völker sind die Keniak (wissenschaftlich korrekt: Kenyah), Kellabit (Kelabit), Kaian (Kayan), Orang Aslii (Orang Asli) und Belawan (Berawan). Auch bei Flora und Fauna weichen einige Namen von der korrekten Bezeichnung ab: So heisst der Panther/Leopard eigentlich Nebelparder, das Wildschwein Bartschwein, der Kragenbär Malaienbär, der Langschwanz-Makakke (Kuiat) Javaneraffe und das Reh (Tella-o) Muntjak.

Wie präzise du, der du weder Botaniker noch Zoologe bist, die Dinge dennoch gesehen, geschildert und illustriert hast, haben Expertinnen und Experten wiederholt bestätigt: Sie konnten fast alle Tiere und Pflanzen aus deinen Tagebüchern eindeutig bestimmen. Im Laufe der 90er-Jahre hast du die lateinischen Namen der Pflanzen hinzugefügt, was erklärt, weshalb Tuschfarbe und Schriftgrösse vom ursprünglichen Eintrag abweichen. Dass du zur Tierhaltung und zur Jagd, zu Pflanzenbau, Forst- und Holzwirtschaft, zu Alpinismus und Höhlenforschung, Handwerk und Naturmedizin die meisten Fachbegriffe korrekt benennst, nötigt Respekt ab.

Eigentlich wollte ich noch auf die Firmen zu sprechen kommen, die den Penan das Leben unerträglich machen, indem sie rücksichtslos den Regenwald roden: WTK Group, Samling, Limbang-Trading LTL, Tsa-Tsing, Ravenscourt und wie sie alle heissen, ganz zu schweigen von den Hauptverantwortlichen in Politik und Regierung.

Doch mit diesem traurigen Kapitel, dessen Opfer du womöglich geworden bist, soll dieser Brief nicht schliessen. Vielmehr möchte ich dir danken für dein stoisches Vertrauen in das Leben und für ein umfangreiches Werk, das deinen Wissensdrang, deine Achtung und deinen Respekt vor der Schöpfung und deine Liebe zu ihr zum Ausdruck bringt. Ich bin sicher, dass die Leserinnen und Leser ähnlich empfinden werden. Vielleicht lässt sich der eine oder die andere anstecken von deiner Verbundenheit mit den Penan, dem Regenwald und Mutter Erde und findet zu jener universellen Solidarität, die von den Penan «einherzig» genannt wird!

Herzlich, dein John

Ruedi Suter

ZURÜCK ZUR EINFACHHEIT

Wer ist Bruno Manser? Ein Abenteurer? Ein Zivilisationsflüchtling? Ein Fantast? Vielleicht gar einer, der nicht richtig tickt? Ein Geltungssüchtiger, der die Medien instrumentalisiert und alles daransetzt, mit spektakulären Aktionen für ein exotisches Waldvolk berühmt zu werden? Und dann sein letzter Coup vom Mai 2000, das rätselhafte Abtauchen im Urwald Sarawaks, wo er sechs Jahre das Dschungelleben genossen hat?

«Regenwaldschützer Bruno Manser verschollen!» – die Schlagzeile raste im November 2000 um die Welt. Seitdem gibt es keine Neuigkeiten mehr über den zumeist als Umweltaktivist und Menschenrechtler betitelten Mann. Er bleibt spurlos verschwunden. Ein letzter, makaberer Trick auf Kosten seiner Familie, seiner Freunde, des von ihm gegründeten Bruno-Manser-Fonds, der bedrängten Penan, um dann, eines Tages, wie ein Phönix aus der Asche wieder aufzutauchen?

Ist er tödlich verunglückt? Hält man ihn in irgendeinem Loch fest? Wurde er ermordet, hat er sich das Leben genommen? Wir wissen es nicht, trotz mehrerer Suchexpeditionen. Kurz vor der Drucklegung dieses Buches hat das Basler Zivilgericht ein Verfahren für die Verschollenerklärung eröffnet: Gibt es bis Ende 2004 kein Lebenszeichen oder keine Beweise für seinen Tod, wird Bruno Manser für verschollen erklärt. So lange weilt er offiziell unter uns Lebenden. Doch auch darüber hinaus, denn Verschollene sind nie wirklich tot. Sie leben weiter, in unseren Erinnerungen und durch ihre Werke. Von letzteren hat Bruno Manser, geboren im Basler Frauenspital am Nachmittag des 25. August 1954 – einem, wie die Mutter sich erinnert, sonnigen Tag – eine unglaubliche Fülle hinterlassen. Sie erlauben tiefe Einblicke in sein Wesen. Wer ist Bruno Manser? Hier der Versuch einer Annäherung.

In Basel aufgewachsen, ist Bruno Manser ein Abenteurer und ein Zivilisationsflüchtling, soviel steht fest. Aber er ist kein Fantast, auch kein Besessener oder einer, der sein Geltungsbedürfnis stillen will. Er liebt das Leben, unbändig. Wo es nur geht, kostet er es aus, erforscht es, fordert es heraus. Doch nicht um den Preis der Ignoranz, der Zerstörung, der Ausbeutung. In seinem Fall bedeutet das: nicht um den Preis der Industriegesellschaft, in der er aufgewachsen ist. Sie profitiert von Rohstoffen aus anderen Weltregionen, die sie schlecht oder gar nicht bezahlt. Sie lebt auf Pump, existiert durch Raubbau an der Natur. Gleichzeitig lebt sie von uns Konsumenten, die ihrem Dasein mit der Befriedigung künstlicher Bedürfnisse einen Sinn verleihen möchten, im Namen des Wirtschaftswachstums, des Fortschritts und auf Kosten rechtloser Völker.

Zwar nutzt auch Manser immer wieder die Annehmlichkeiten der Zivilisation und gibt dies auch offen zu. Doch er ist sich stets der damit verbundenen Zerstörung der Lebensgrundlagen bewusst. Die Achtung vor dem Wunder der Schöpfung treibt ihn früh dazu, Selbstverantwortung kompromisslos wahrzunehmen. Der Überflussgesellschaft stellt er seine eigene Askese entgegen, sein

Leben ist ein radikaler Weg zurück zur Einfachheit. Deshalb verweigert er sich dem modernen Lebensstil, wo immer es ihm möglich ist, mit Intelligenz, Kreativität und Humor, mit unstillbarem Wissensdurst, enormer Willensstärke, Sturheit und einem ausgeprägten Freiheitswillen.

Ins Auge springt, dass Bruno Manser schon als Kind ahnte, was er aus seinem Leben machen wollte. Wer ihm begegnete, empfand ihn als äusserst interessiert, hilfsbereit und liebenswürdig – Eigenschaften, die ihn sein Leben lang begleiten sollten. Ausgeprägt war auch sein Drang, in der Natur zu sein und Tiere, Pflanzen, Wetter und Jahreszeiten zu erforschen. Der kleine Bruno verbrachte ganze Tage in den Basler Wäldern, um Vögel zu beobachten, oder er kletterte auf Bäume, kroch in Höhlen und zeigte schon damals die Angewohnheit, nur mit dem Notwendigsten auszukommen und im Freien zu übernachten. Auf der Terrasse der Stadtwohnung, so erinnert sich seine Mutter Ida, baute er sich aus Baumstrünken, Stecken und Laub eine Schlafstelle, um ganze Winternächte dort zu verbringen. Gross war sein Interesse an allem, was ein autark lebender Mensch beherrschen muss: er lernte kochen, backen, nähen, stricken. Mit den drei älteren und zwei jüngern Geschwistern verstand er sich ebenso gut wie mit seiner Mutter, einer Bauerntochter, und seinem Vater, einem Gärtner, und rührend kümmerte er sich um die zehn Jahre jüngere Schwester Monika.

Die Schule empfindet Bruno Manser, wie viele Jugendliche wohl, als Zwang. Immerhin motiviert sie ihn, einige Talente zu entdecken – Malen und Schreiben. Unter dem Titel ‹So ein Mann möchte ich werden!› schreibt der zwölfjährige Gymnasiast: «Wenn ich gross bin, möchte ich einen guten Beruf haben, der mit der Natur zu tun hat. Zum Beispiel Naturforscher. Mein Beruf sollte ein wenig abenteuerlich sein! Könnte ich nur einmal nach Sumatra, Borneo und Afrika und dort im tiefen, undurchdringlichen Dschungel zwischen Gorillas, Orang Utans und anderen Tieren wie ein Höhlenbewohner hausen! … Ich möchte ein guter Tierkenner sein. Ich interessiere mich eigentlich für alles, was natürlich ist. Für Amphibien, Käfer, Vögel, Säugetiere, Fische, Pilze, Pflanzen, Gesteine und was es sonst so gibt.» Weiterhin wünscht er sich «eine gute Frau und etwa zwei oder drei Kinder», ihr möchte er «ein Gentleman und Kavalier» sein. «An Mut sollte es mir nicht fehlen. Ich möchte ein harter, kluger und alter Mann werden.» Zudem möchte er nicht zu einem Coiffeur müssen und als Hobby «Archäologie treiben und in einer alten Höhle oder einem grossen hohlen Baum wohnen». Der Aufsatz endet bemerkenswert: «Zwar bin ich schon ein kleiner Mann, aber ich möchte noch etwas grösser werden. Als Mann möchte ich alle Fabriken, die nicht lebensnotwendig sind, dem Erdboden gleichmachen.» An ihre Stelle wünscht er sich «einen grossen Wald mit klarem Wasser und vielen Tieren».

Sein Interesse, so rasch wie möglich die Schule mit der Matur abzuschliessen, «um dann meine Unabhängigkeit zu geniessen», wird auch in späteren Aufsätzen deutlich. Er fühlt sich vom Tao angezogen und erklärt sich als Gegner des Kapitalismus: «Den Militärdienst werde ich verweigern» – was er später auch tut. «Sobald ich unabhängig (frei) bin, werde ich mich vom System befreien und mich hoffentlich nicht wieder integrieren lassen. … Das sind so die Gedanken eines kleinen Revolutionärs und Spinners, den wenige verstehen, und der er selbst sein möchte.»

Manser besteht die Matur. Er weiss, dass er nicht studieren wird – und zerreisst das Zeugnis. Stattdessen will er «Handfestes» lernen und rettet sich aus der Rheinstadt in die Bündner Alpen, wird Schafhirte und Meistersenn. Elf Jahre verbringt er, oft gemeinsam mit seinem Bruder Erich, im Gebirge. «Ich wollte mir das Wissen über alles aneignen, was wir im täglichen Leben brauchen – von Nahrungsmitteln über Gemüseanbau und Viehzucht bis hin zu Kleidungsstücken. Zwischen 1973 und 1984 bildete ich mich in Kursen im praktischen Handwerk aus: Maurer, Schreiner, Schweisser, Bienenzüchter, lernte weben, töpfern, selbst ein Fell zu gerben und ein Messer zu schmieden.» Auch von Drechslern, Sattlern und Kuhglockengiessern lässt er sich das Wichtigste beibringen und absolviert im Bruderholzspital ein mehrmonatiges Praktikum.

«Später lernte ich auch ... mit blossen Händen eine Forelle zu fangen. In jener Zeit entstand in mir der Wunsch, ein Volk kennen zu lernen, das autark und ohne Geld in seiner frei gewachsenen Kultur lebt. Auf der Suche nach meinen eigenen, verschütteten Wurzeln reiste ich nach Borneo. 1984 zog ich los, mit Rucksack, Kompass, Hängematte, Dach, Buschmesser, Haarschampoo und Birchermüesli. Mein Kindertraum von der Begegnung mit Riesenschlangen wird wahr. Ebenso finde ich das scheue Volk, von dem die einen sagen, diese Menschen seien schmutzig wie die Schweine, und andere, sie hätten eine schöne Haut wie Seide – und lerne, ihr einfaches, hartes Leben in der Wildnis und sie selbst zu lieben. Ich wollte mindestens drei Jahre bleiben, am Schluss wurden es sechs.»

Unter den etwa 12 000 verbliebenen Penan sucht er jene 300 Familien auf, die noch als Vollnomaden durch die Regenwälder ziehen. Sie müssen den Weissen zunächst als Eindringling empfunden haben, doch er erwirbt sich dank seiner Lernfähigkeit und einfühlsamen Art bald hohes Ansehen. Er fühlt sich wohl bei ihnen – und herausgefordert, denn hier findet er alle Voraussetzungen, seine Begabungen unter Beweis zu stellen. Rücksichtslos sich selbst gegenüber, will Manser sich so schnell wie möglich an die zunächst schmerzhaft einfache Lebensweise der Penan und an die Widrigkeiten der Tropen anpassen. Für ihn heisst das: ungewohnte, einfache Nahrung, manchmal Hunger, Barfussgehen, Nacktsein, ständige Feuchtigkeit, Insekten, Blutegel, Schlangen, aber auch Hautgeschwüre, Malaria und andere Krankheiten. Dass er die Sumpffieberattacken und den Biss einer Giftschlange überlebt, hat der athletische Zivilisationsflüchtling nur seiner Zähigkeit, seiner guten Konstitution und seinem eisernen Willen zu verdanken. Fünf Jahre braucht er, um als Jäger und Sammler im Regenwald überleben zu können. Schliesslich bewegt sich der Brillenträger wie die Penan durch den Dschungel, bahnt sich geschickt und lautlos mit dem Buschmesser seinen Weg, ruht in der typischen Hockstellung der Nomaden aus, bezwingt barfuss rutschige Steilhänge, überquert auf gestürzten Baumriesen Bäche, durchschwimmt von Regengüssen angeschwollene Flüsse, baut sich sein über dem Boden hängendes Nachtlager. So wird er für die Penan zu einem der ihren, zum ‹Laki Penan›, zum ‹Penan-Mann›. Auch er kennt nun das Wild, dessen Spuren, Kot und Laute, fischt mit dem Wurfnetz, jagt mit Blasrohr und Giftpfeil, mit Speer und Flinte. Er erlegt Bären, Affen, Wildschweine, Hirsche und Vögel, sammelt Waldfrüchte und weiss aus wilden Palmherzen die Hauptnahrung der Penan herzustellen: das Sagomehl.

Zeit, die nicht dem täglichen Überlebenskampf geopfert werden muss, verbringt er damit, die Sprache zu erlernen und das Spiel der Nasenflöte, oder er klettert auf einen Baumwipfel, um wieder einmal einen weiten Horizont erleben, die Sterne sehen zu können. Vor allem aber notiert er seine Beobachtungen und fertigt unzählige Aufzeichnungen und Skizzen von Menschen, Tieren und Pflanzen an. Vielleicht ahnt er dabei schon die Vernichtung dieses ältesten Urwaldes der Erde mit seinen klaren Gewässern, seinem Wild- und Pflanzenreichtum, der bereits über weite Strecken aufgerissen und von internationalen Holzkonzernen verwüstet ist – mit dem Segen einer Regierung, welche die Landrechte und wachsende Not der Ureinwohner ignoriert, die auf die Früchte des Waldes angewiesen sind. Das Paradies, von dem Bruno Manser in der Schule geträumt hat, ist nicht ein Paradies der Sorglosigkeit, sondern der natürlichen Gegensätze wie Leben und Tod, Freude und Trauer, Gesundheit und Krankheit. Ein Paradies, in dem der Mensch sich fortwährend behaupten und gleichzeitig bescheiden muss, um seine eigenen Lebensgrundlagen zu erhalten. Für die Politiker in Sarawaks Provinzhauptstadt Kuching und in der malaysischen Landeshauptstadt Kuala Lumpur ist der Regenwald hingegen ein El Dorado: Das hochwertige Hartholz der tausendjährigen Baumriesen wird gewinnbringend verkauft, um in den Industrieländern völlig andere Paradiesvorstellungen zu befriedigen, weil die Konsumenten dort dauerhafte Dachbalken, Möbel, Luxusyachten, Fensterrahmen und Besenstile verlangen.

Als er das erste Mal das Dröhnen der Bulldozer und das Kreischen der Kettensägen hört, beginnt für Bruno Manser die Vertreibung aus diesem Paradies. Die bedrängten Sippenmitglieder bitten ihn um Hilfe, er gerät in einen Konflikt: Soll er sich zurückhalten, um seinen Aufenthalt in Sarawak auf keinen Fall zu gefährden? «Doch darf ich einem Volk in der Bedrängnis einfach zusehen und seine Kultur dokumentieren, die ohne handfeste Hilfe dem Untergang geweiht ist? Ich entschied mich, die Stimme der Penan bis zu den Verantwortlichen weiterzuleiten. Als ich deren Einladung, per Helikopter aus dem Dschungel ‹gerettet› zu werden, ablehnte, wurden Polizei und Militär auf meine Fersen gesetzt.» Nun ist er Freiwild: Man jagt ihn, schiesst auf ihn, erklärt ihn zum Staatsfeind. Manser entkommt mehrere Male den Suchkommandos, organisiert mit den Eingeborenen Blockaden gegen die Bulldozer.

Unvorbereitet ist er zum Strategen eines gewaltlosen Widerstandes der Penan gegen jene Zivilisation geworden, der er einst den Rücken gekehrt hat, gegen die Holzkonzerne und die Staatsmacht, die mit Konzessionen, Polizisten und Soldaten die Zerstörung des Lebensraumes der Waldvölker betreiben. Nun kommen auch Filmteams, die den Sonderling als Urwaldschützer und mutigen Menschenrechtler ins Rampenlicht stellen – ausgerechnet ihn, der alles getan hat, um fern von jeglichem Rummel ein einfaches Leben zu führen. Aufgewühlt vom drohenden Untergang der Penan, erkennt Bruno Manser rasch den Nutzen der Medien: Indem er sich selbst öffentlich macht, kann er auch auf die Nöte des Urwaldvolkes aufmerksam machen. Für die Weltpresse ist dieser ‹Weisse Wilde› interessanter als ein paar exotische Waldnomaden irgendwo in der Dschungelhölle von Borneo. Der ‹Schweizer Penan› wird zum medienwirksamen Sprecher der Penan und später aller Urwaldvölker. Sein Auftreten ist bescheiden, ohne erhobenen Finger, die Stimme ruhig, die Sprache ehrlich. Immer wieder unterstreicht er die Verantwortung der Industrie- und Konsumgesellschaften, die mit ihrer ungebremsten Nachfrage nach Rohstoffen die Existenzgrundlagen der Penan und anderer indigener Völker zerstören.

Und plötzlich hört die Welt zu, wenn ein verzweifeltes Völkchen Strassen, die von Holzkonzernen in den Urwald hineingetrieben werden, blockiert. Manser, der Architekt des Widerstandes, wird zum Symbol der Rebellion gegen das Abholzen der Urwälder Sarawaks.

Je bekannter er wird, desto gefährlicher wird er für die malaysische Regierung. Ein Angebot Kuala Lumpurs, das Land unbehelligt zu verlassen, lehnt er ab, worauf die Regierung eine hohe Kopfprämie auf ihn aussetzt. Der Mann sei illegal im Land und wolle lediglich den unterentwickelten Penan Bildung und Fortschritt vorenthalten. 1992 wird ihm Malaysias Premierminister Mohamad Mahatir gar in einem Brief «Schweizer Imperialismus» und «europäische Überheblichkeit» vorwerfen. Bruno Manser ist persona non grata, er beschliesst, die Sippe seines Freundes Häuptling Along Segá zu verlassen, um ausserhalb Sarawaks Hilfe zu mobilisieren.

«Aufgerüttelt durch die Tatsache, dass der Lebensraum der Penan in Form von Billigholz dem internationalen Markt geopfert wird, kehrte ich 1990 in die Schweiz zurück, um ihre Stimme – ‹Baut Eure Häuser nicht aus unserem Wald› – in unserer Zivilisation erklingen zu lassen. Das Schicksal der Penan ist ja nur ein Beispiel für viele andere unbekannte Völker, die weltweit durch unser Wirtschaftssystem bedroht sind. Sie sind ein Beispiel dafür, dass wir endlich mit dem Unfug aufhören müssen, die letzten Urwälder dieser Erde für unsere Wegwerfkultur flachzulegen. Denn die globalen Auswirkungen dieser Umweltzerstörung werden mit klimatischen Veränderungen auch uns und unsere Nachkommen treffen.»

Der Rückkehrer wird von den Eltern, Geschwistern und Freunden wie ein verlorener Sohn empfangen. Manser denkt an die Nöte seiner ‹zweiten Familie› im Urwald Borneos. Er trifft sich mit dem Menschenrechtler Roger Graf, dem er erstmals bei den Penan begegnet ist. Sie beschliessen, gemeinsam eine internationale Lobby aufzubauen, und Roger Grafs Organisation ‹Pro Penan› wird zum ‹Bruno-Manser-Fonds› (BMF). Der Verein für die Völker des Regenwaldes startet bescheiden, finanziert sich durch Spenden. Bruno Manser zeichnet für die Aktionen und die Finanzen verantwortlich, Roger Graf kümmert sich um das Sekretariat und die Hintergrundarbeit. Dank seiner systematischen Arbeit entwickelt sich der BMF zu einem solide vernetzten Dokumentationszentrum. Wichtigstes Ziel ist der Verzicht von Konsumentinnen und Konsumenten auf Tropenholz – in der Schweiz und in allen übrigen Industrieländern. Man strebt ein rasches Moratorium an sowie den Bann aller Tropenholzimporte aus den Primärwaldgebieten, insbesondere aus Sarawak. Dort unterstützt der BMF, der in der Schweiz auf viele Freiwillige zählen kann, mit Rat und Geld die Waldschutzbestrebungen der Penan und Dayak sowie die Schwesterorganisation ‹Sarawak Indigeneous Peoples Alliance› (SIPA). Auf Vorträgen, in Diskussionsrunden, bei Presseanlässen, mit Gesprächen und dem Buch ‹Stimmen aus dem Regenwald› (Bern 1992) betreibt er Bewusstseinsbildung in Parlamenten, Medien, Unternehmen und Schulen und vernetzt seine Aktivitäten mit Organisationen wie der ‹Gesellschaft für bedrohte Völker› (GfbV), dem Internationalen Komitee für die Indianer Amerikas ‹Incomindios›, ‹Rettet den Regenwald›, ‹Greenpeace› und ‹World Wild Fund for Nature› (WWF).

Von den grossen Umweltorganisationen unterscheidet sich der BMF in einem zentralen Punkt: Klar und unmissverständlich benennt er die grundlegende Symbiose zwischen den Jäger- und Sammlervölkern und ihrem Lebensraum: «Stirbt der Wald, sterben auch die Menschen» – diese Botschaft weiss Manser durch seinen Erfahrungsschatz glaubhaft zu übermitteln. Sanft in der Art, doch unbeugsam in der Sache schildert er vor internationalen Gremien wie der EU oder der Internationalen Tropenholz-Organisation ITTO die verzweifelte Situation der Penan, aber auch gegenüber dem späteren US-Vizepräsidenten Al Gore, und schlägt dabei immer wieder den Bogen zu den übrigen bedrohten Jäger- und Sammlervölkern der Welt. Die Kernpunkte seiner Kritik sind:

– Die Rücksichtslosigkeit der technischen Zivilisation und ihrer Globalisierung treibt zuerst die anspruchslosesten aller Kulturen in den Untergang: die nomadisierenden Ur- oder Naturvölker. Über Jahrtausende hinweg haben sie gelernt, der Natur nur das Lebensnotwendige abzuringen, doch heute dringen Regierungen, Holz- und Minenkonzerne, Missionen, Farmen, Entwicklungs-, Jagd- und Tourismusorganisationen in ihre Gebiete vor und zerstören ihre natürlichen Lebensgrundlagen.

– Zur Ausrottung führt in erster Linie die zivilisatorische Gier nach Land und Rohstoffen. Es gibt kein Altvolk, dessen Wirtschaftssystem nicht bedroht, geschädigt oder sogar zerstört wäre. Auf der Suche nach Holz, Uran, Kohle, Edelsteinen, Erdöl und Genen, Bauxit, Kupfer und Gold, nach neuem Land, Wasservorkommen, Fischgründen, Naturschutzgebieten und Touristenzonen gefährden, beschlagnahmen und zerstören Weltkonzerne und Regierungen alles, was für die Urvölker überlebenswichtig und heilig ist.

– Nutzniesser sind letzten Endes die Konsumierenden der Industriegesellschaften, also du und ich.

– Der brutalen Gewalt der Gewehre, Bulldozer und Motorsägen, der schleichenden Vernichtung durch Alkohol, Entwurzelung und Zivilisationskrankheiten sind die Naturvölker in der Regel ebenso hilflos ausgeliefert wie den Massakern durch diktatorische Regimes. Deshalb, fordert Manser übereinstimmend mit den Indigenen, die vor der UNO in Genf ihre Rechte einfordern, müsse den Urvölkern rasch das hartnäckig verweigerte Recht auf politische, wirtschaftliche und kulturelle Selbstbestimmung zugestanden werden.

In der Schweiz wohnt er in einer kleinen Wohnung, fährt ein altes Velo, schläft wenig, arbeitet rund um die Uhr. Selten gönnt er sich einen Rückzug, und immer wieder reist er. In Kanada wagt er sich mit dem Kajak aufs Meer hinaus, kommt in einen Sturm und ertrinkt fast. Er nimmt an mehreren Höhlenforschungsexpeditionen teil, so in Mexiko, wo er in den Kugelhagel von Banditen gerät. Mehrere Monate lebt er im Kongo (Kinshasa) im Ituri-Urwald bei einer Pygmäen-Sippe. Dann kämpft er sich immer wieder in Gewaltmärschen von Kalimantan oder Brunei aus zu den Penan durch. Erschüttert von der rasch fortschreitenden Zerstörung seiner zweiten Heimat, kommt er mit neuen Informationen zurück. Manser wird radikaler, er spürt, dass den Penan die Zeit davonläuft. Er und Roger Graf intervenieren bei Holzfirmen und Möbelhäusern, führen Aktionen durch, verstärken die Kontakte zu Behörden und Politikern. Doch alles geht zu schleppend, Manser hat er den Eindruck, dass die meisten Politiker sie hinhalten oder zumindest den Ernst der Lage verkennen.

Als wieder einmal 800 Kinder, Frauen und Männer der Penan erfolglos eine Holzfällerstrasse blockieren, sieht er sich zum Äussersten gezwungen: Er will mit einer unbefristeten Fastenaktion in der Nähe des Berner Bundeshauses Druck machen. Bruno Manser fordert, dass die Schweiz sämtliche Tropenholzimporte aus Malaysia umgehend verbietet und eine detaillierte Deklarationspflicht für Holz und Holzprodukte erlässt. Gemeinsam mit Martin Vosseler, einem Basler Arzt, und anderen Freunden beginnt das vom BMF und ‹Ärztinnen und Ärzte für soziale Verantwortung› (Physicians for Social Responsibility PSR) organisierte Fasten am 1. März 1993. «Angesichts der Dringlichkeit der Situation beginnen wir heute ein unbefristetes Wasserfasten und werden dieses einhalten, bis Sie als verantwortliche Behörde die erwähnten notwendigen Schritte einleiten.» Durch die Medien wird die Fastenaktion verbreitet. Die frisch gewählte sozialdemokratische Bundesrätin Ruth Dreifuss setzt sich solidarisch zu dem Fastenden, um mit ihm ein paar Runden an einem der sieben Pullover zu stricken, die später die Bundesräte für die Sache der bedrohten Waldvölker erwärmen sollen.

Ein Monat vergeht, doch die Regierung lässt sich nicht erweichen. In der Zielsetzung, erklärt sie, sei man mit den Anliegen einverstanden, nicht aber mit den geforderten Massnahmen. Doch setze man sich für die nachhaltige Tropenholzproduktion ein, für die Einführung eines Labels und für die Verteidigung der Menschenrechte. Hierauf schreiben Manser und Vosseler dem zuständigen Bundesrat Jean-Pascal Delamuraz: «Leider müssen wir feststellen, dass Sie bis heute keine wirksamen und konkreten Schritte unternommen haben. Die Schweiz ist durch den Holzimport aus Penan-Wäldern immer noch an den kriminellen Menschenrechtsverletzungen beteiligt und somit auch mitverantwortlich. Wir fasten so lange, bis Sie als verantwortliche Behörde diese Mittäterschaft aufgeben und damit den allein gelassenen Penan ein Hoffnungszeichen setzen.»

Nach 42 Tagen spitzt sich die Lage zu. Bruno Manser ist zum Äussersten bereit, Martin Vosseler gibt auf, denn jetzt wird es gefährlich: Bleibende Gesundheitsschäden sind nicht mehr auszuschliessen. Manser macht stur weiter, gibt Interviews, spricht mit den Menschen, die ihm Erfolg wünschen oder ihn eindringlich bitten, doch wieder zu essen. Die Schweizer Öffentlichkeit reagiert mit Anteilnahme, Verständnis und Bewunderung, aber auch mit Ablehnung, Kopfschütteln und Kritik – sein Handeln sei reine Erpressung. «Erpressung? Ich habe in der Schweiz drei Jahre lang vergebens gekämpft! Alle stimmen mir zu, aber gehandelt wird nicht. ... Die Satten wollen die Hungrigen nicht verstehen. Im Falle von Sarawak beteiligt sich die Schweiz seit Jahren wissentlich über Tropenholzimporte an Menschenrechtsverletzungen an der dortigen Urbevölkerung. ... Wir müssen alles tun, um die Abholzung der Urwälder und die Vernichtung der Waldvölker zu verhindern. Ich meine nicht, alte Kulturen müssten alt bleiben. Veränderungen sind nun mal eine Tatsache. Klar ist für mich nur, dass die Naturvölker uns das beste Beispiel geben, wie man auf dieser Erde leben kann, ohne sie zu zerstören.»

Die Schweiz ist aufgerüttelt. Der Basler Regierungsrat verbietet die Verwendung von Tropenholz bei öffentlichen Bauten und bittet die Regierungen der übrigen Kantone sowie alle privaten Bauherrschaften, sich dem Beispiel anzuschliessen. Das Berner Parlament und die Bundesregierung jedoch fühlen sich ausser Stande, angesichts politischer Verpflichtungen die Forderungen in so kurzer Zeit zu erfüllen.

58. Fastentag: Der Menschenrechtler verweigert nun auch das Trinken und ist bedrohlich geschwächt. Nichts scheint ihn zum Aufgeben bewegen zu können, ausser ein Einlenken des Bundesrates. Der Aktivist, dessen gewinnende Art so viele Menschen begeistern kann, zeigt sich von seiner schwierigsten Seite: der des eigensinnigen, rücksichtslosen, zu allem entschlossenen Einzelkämpfers. Zwar holt Bruno Manser regelmässig Rat ein und hält auch die basisdemokratischen Prinzipien hoch, doch am Ende tut er das, was er allein für richtig hält. Starrsinn? Selbstschutz? Roger Graf, Sekretär des BMF, und sein späterer Nachfolger John Künzli leiden darunter. Der BMF ist zu stark auf Mansers Person ausgerichtet. Die beiden arbeiten an einem klaren Konzept für den Fonds, doch Manser entwickelt keine langfristigen Strategien; auch fühlen sie sich oft übergangen und müssen ihre Energien zu sehr in seine Aktionen stecken.

Menschen strömen an Bruno Manser vorbei. Viele sehen weg, andere sehen hin, manche bleiben stehen. Einige sind zu Tränen gerührt: «Du verhungerst ja! Musst essen, Birchermüesli, Hafersuppe...» redet eine betagte Frau hilflos auf den Geschwächten ein. Ein Journalist beugt sich über ihn, um seine kraftlose Stimme verstehen zu können: «Ich will leben, mich gesundheitlich nicht zerstören, aber wenn ich jetzt aufhöre, geschieht weiterhin nichts Konkretes – und die Penan gehen unter.»

Am 28. April 1993, dem 59. Fastentag, bildet sich vor dem Berner Bundeshaus eine Menschenkette, um Bruno Mansers Forderung nach einer Deklarationspflicht für Holz zu unterstützen. Organisationen wie ‹Greenpeace›, ‹Schweizerische Gesellschaft für Umweltschutz›, ‹Erklärung von Bern›, ‹WWF Schweiz›, ‹Helvetas›, ‹HEKS›, ‹Ärztinnen und Ärzte für Umweltschutz› (PSR), ‹Fastenopfer›, ‹Gesellschaft für bedrohte Völker›, ‹Incomindios›, ‹Ärztinnen und Ärzte für soziale Verantwortung› (AefU), ‹Brot für Alle›, ‹Konsumentenforum kf› und ‹Stiftung für Konsumentenschutz› schliessen sich an. Am Tag darauf, es ist der 60. Fastentag, bricht Bruno Manser den Hungerstreik ab. Zwar hat er seine wichtigsten Ziele nicht erreicht, doch jedes Kind in der Schweiz und weit über die Grenzen hinaus weiss nun, wer die Penan sind und dass ihr Überleben vom Erhalt der Urwälder – und damit auch vom eigenen Konsumverzicht – abhängt. Zehn Jahre später werden mehr als 350 Schweizer Gemeinden auf Tropenholz aus Raubbau verzichtet haben, während die Bundespolitik noch keinen Schritt weiter ist: Immer noch torpediert eine Parlamentsmehrheit die Deklarationspflicht zur Transparenz im Holzhandel.

Bruno Manser erholt sich. Im BMF beginnt wieder die tägliche Arbeit: Medienbetreuung, Konferenzen, Vorträge, Gespräche mit Diplomaten, Unternehmern und Politikern. Manser organisiert Ausstellungen im Ethnographischen Museum Genf, im Zoologischen Museum Strassburg und im Schweizerischen Landesmuseum in Zürich. Der Film ‹Sago› wird produziert, und regelmässig wird der Rundbrief ‹Tong Tana› mit den neuesten Nachrichten publiziert. Immer wieder kehrt Manser unter falscher Identität nach Sarawak zurück, um mit den Penan deren Lage zu besprechen. 1994 wird er beim Abflug in Brunei am Flughafen verhaftet. Bei den anschliessenden Verhören streitet er ab, der vom Nachbarstaat Malaysia Gesuchte zu sein – man lässt ihn laufen.

Die Waldfläche nimmt inzwischen rasant ab, die Tiere werden vertrieben oder gewildert. Das einst gesunde Volk der Penan ist am Verelenden, immer häufiger werden die Menschen krank. Durch die dramatische Situation verunsichert, versuchen etliche sogar als Holzfäller zu überleben und lassen sich von Firmen, die ihre Heimat besetzen, unter Vertrag nehmen: Samling, Ravenscourt, Woodman, Interhill, Lee Ling, WTK Group, Shin Yang, Tamex Timber, Rimbunan Hijau, Limbang-Trading LTL. Die sozialen Spannungen nehmen zu, als Nomaden leben will nur noch eine verschwindend kleine Minderheit. Ein alter Mann, der sich nicht vertreiben liess, berichtet, man habe ihn herum ein paar Bäume stehen lassen, zum Trost. So wird Bruno Manser mit jedem Besuch mehr und mehr zum Zeugen einer untergehenden Welt.

1996 sind 70% des Urwaldes vernichtet, doch das Biosphärenreservat, das die malaysische Regierung zehn Jahre zuvor den Penan versprochen hatte, ist immer noch nicht realisiert. Der Regenwaldschützer beschliesst, mit einer tollkühnen Aktion am Kleinen Matterhorn auf die Notwendigkeit des Urwaldschutzes, auf die Klimaerwärmung und das Auftauen des Permafrostes aufmerksam zu machen. An einer Rolle, die am Seil der steilsten Bergbahn Europas hängt, will er sich in die Tiefe stürzen. Durch die Aktion sollen nicht zuletzt die japanischen Touristen aufgerüttelt werden – Japan ist der grösste Abnehmer der malaysischen Holzindustrie. Roger Graf und weitere Freunde raten dringend ab: Zu gefährlich, thematisch zu komplex. Manser aber führt die Talfahrt, die in seinen Augen den Zustand der Welt symbolisiert, durch. Seine Aktion gerät zum Flop, die Medien bleiben fern oder berichten nur über seinen Talsturz, nicht aber über die Hintergründe.

So beschliesst er, ein weiteres Mal aufs Ganze zu gehen. Zunächst ändert er seine Haltung gegenüber seinem grössten Widersacher, Sarawaks Chief Minister Taib Mahmud. Er will ihm die Hand zur Versöhnung reichen – ausgerechnet jenem Mann, den er «persönlich dafür verantwortlich macht, dass innerhalb einer Generation fast der ganze Urwald Sarawaks in ein Schlachtfeld verwandelt wurde». Manser hat eingesehen, dass eine Konfrontation den Politiker und Multimillionär nicht umstimmen kann, und ist nun fest entschlossen, sich zu stellen. Er will Mahmud seine «Mitarbeit» anbieten, um gemeinsam den Penan die Selbstbestimmung zu sichern. In jahrelanger Arbeit haben Manser und einige Experten ein Konzept für ein Biosphärenreservat entwickelt, das bestehende Schutzgebiete in Brunei, Sarawak und in Kalimantan umfassen soll. Die Schweiz und die USA haben finanzielle Unterstützung zugesichert. Manser meint sein Friedensangebot ehrlich, er glaubt an einen Erfolg. Doch mehrere Kontaktversuche bleiben unbeantwortet. Eine spektakuläre Aktion soll den Chief Minister aufwecken: Bruno Manser plant einen Fallschirmsprung, begleitet von einem Lamm. Der Absprung soll auf Video aufgezeichnet und das Band an Mahmud geschickt werden. Anschliessend will Manser das Lamm – für Christen wie für Musilme ein Symbol des Friedens – Taib Mahmud persönlich überreichen. Eine Gruppe erfahrener Fallschirmjäger unterstützt ihn und bringt ihm in Rekordzeit den Zielsprung vom Himmel bei, eine Unterstützerin finanziert den Schnellkurs. Gemeinsam mit ‹Gumperli› (Kleiner Springer) springt Manser mehrmals ab. Das Schweizer Fernsehen und weitere Sender zeichnen die Aktion auf, das Band wird, begleitet von einer Grussbotschaft und mit der Bitte um Empfang, nach Sarawak geschickt.

Die Verwaltung reagiert nicht, aber Manser bleibt entschlossen, seine Friedensoffensive fortzusetzen. Im Januar 1998 reist er in die USA und orientiert Vizepräsident Al Gore, die Weltbank und den malaysischen UNO-Botschafter über die Lage der Penan und seine geplante Rückkehr nach Sarawak: Am 7. April 1998 will er mit Gumperli aus einem Kleinflugzeug über Kuching abspringen und im Stadion landen, wo die Feierlichkeiten zum Ende des islamischen Fastenmonats Ramadan stattfinden. Noch im Laufe des Festes Hari Raya Haji will er Chief Minister Mahmud das Tier übergeben und sich den Behörden stellen. Als der Plan bekannt wird, übt die malaysische Regierung Druck auf Singapore Airlines aus, um Manser nicht empfangen zu müssen. Trotz offizieller Papiere darf Gumperli nicht mit an Bord der Linienmaschine. Daraufhin springt Manser am 6. April über der UNO in Genf ab, was den malaysischen UNO-Botschafter dazu veranlasst, ihn und sein Lamm zu empfangen.

Wenig später erhält der Menschenrechtler auf Tonband die Botschaft seines Freundes Along Segá: «Wenn du nicht schnell kommst, wirst du bald nur noch unsere Spuren sehen. Offenes Land, nur noch der Regen wird auf deinen Kopf fallen, nur noch der Wind wird sein. Und wirst du deine Hand ausstrecken, so werde nicht ich dich grüssen, nicht ich deine Hand nehmen. Nur noch Regen und offenes Land wird sein.» Mehr denn je spürt Manser den Erfolgsdruck. In spätestens zwei Jahren, sagt er, wird das Schicksal der Penan besiegelt sein. Gegenüber Freunden zieht er eine düstere Bilanz: Alle Anstrengungen seien umsonst gewesen, «meine ganze Arbeit hier bedeutet für die Penan nichts, solange weiter abgeholzt wird». Er sei müde, gesteht er, und sehne sich danach, wieder im Dschungel zu leben, zu zeichnen und die Kultur der Penan zu dokumentieren, anstatt sich mit unwilligen oder ignoranten Politikern herumzuschlagen. Noch klammert er sich an die letzte Hoffnung: die definitive Festlegung des Naturreservates.

Als im Frühjahr 1999 die Medien gebannt die Weltumrundung des Ballonfahrers Bertrand Piccard verfolgen, schlägt sich zur selben Zeit ein anderer Schweizer allein, von Moskitos, Blutegeln und Geschwüren geplagt, in tagelangen Märschen durch den Regenwald Borneos. Bruno Manser ist auf dem Weg in die Provinzhauptstadt Kuching. Dort haben der BMF und Freunde alles für eine halsbrecherische Aktion vorbereitet: In einem Versteck liegt ein Gleitschirm mit Propeller und Rückenmotor bereit. Doch der Probeflug misslingt, der Gleitschirm gerät in Schieflage, der Propeller zerbricht. Manser bittet einen Bekannten, Oberst der malaysischen Armee, um dessen motorisierten Gleitschirm, «für einen Wettbewerb». Nachdem das Fluggerät aus Kuala Lumpur eingetroffen ist, gleitet der langjährige Staatsfeind am 29. März 1999 als lange angekündigter Freund knatternd vom Himmel. Zunächst dreht er ein paar luftige Runden über der Moschee, dann über der Privatresidenz des Chief Ministers. Die Pilger, die sich zum Friedensfest Hari Raya Haji eingefunden haben, die schussbereite Leibgarde des Ministers und die zuvor informierten Medienvertreter erkennen vom Boden aus die Flaggen Malaysias und Sarawaks und lesen auf einem Transparent: «Alles Gute, Taib und Penan.» Die Bilder dieses Fluges gehen um die Welt. Manser möchte sich unbedingt stellen und landet direkt neben Mahmuds Residenz, wo bereits eine Delegation der Penan wartet, darunter seine besten Freunde Maleng und Along Segá. Sie schliessen einander in die Arme. Verschwindet der hartnäckige Schweizer nun für Jahre ins Gefängnis? Zwar wird der fliegende Ruhestörer verhaftet, aber sofort nach Kuala Lumpur weitergeschickt und von dort aus in die Schweiz ausgewiesen. Noch auf dem Zürcher Flughafen gibt Manser eine stark besuchte Medienkonferenz: Wenn Taib

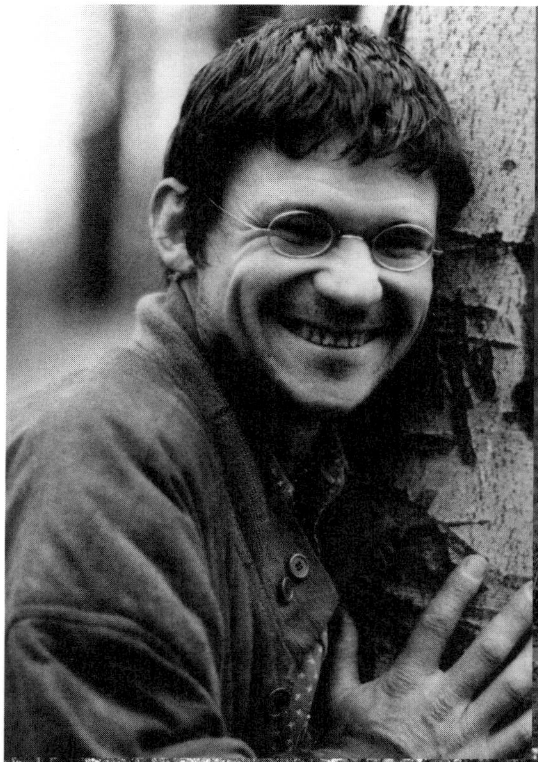
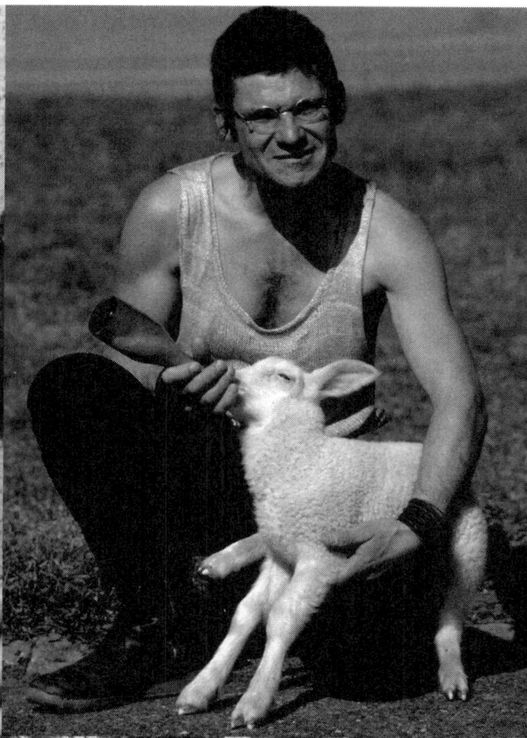
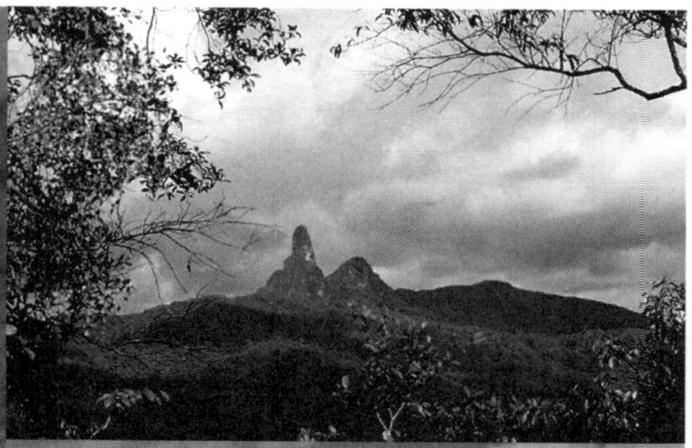
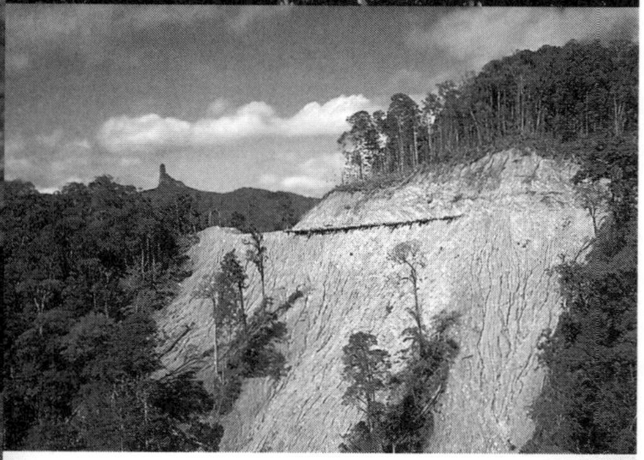
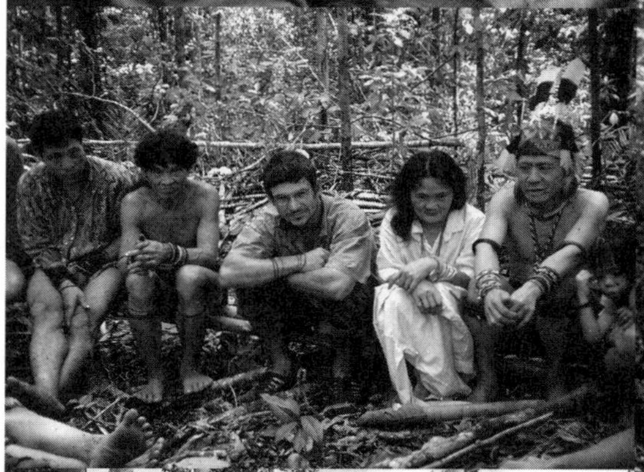
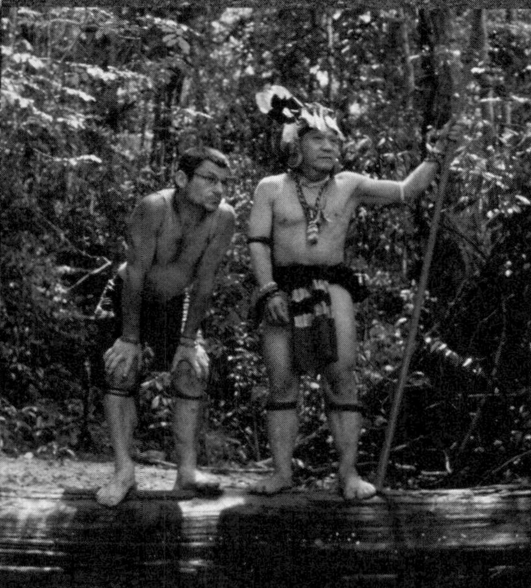
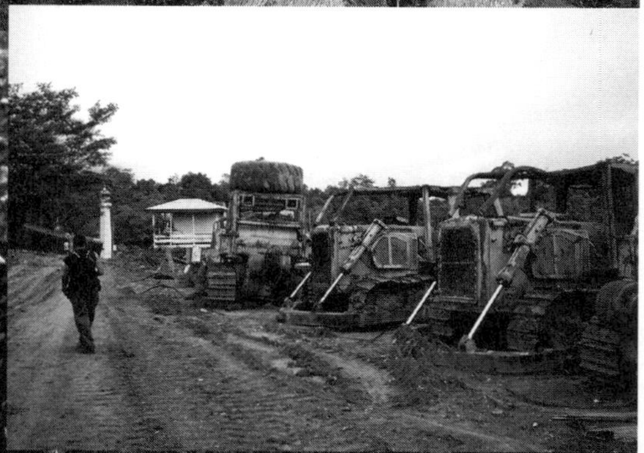
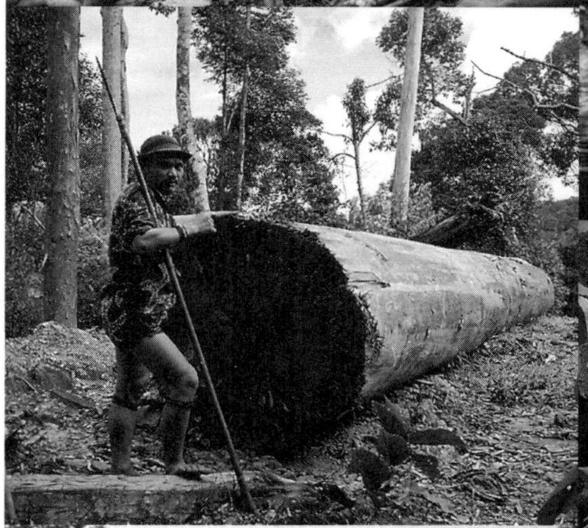
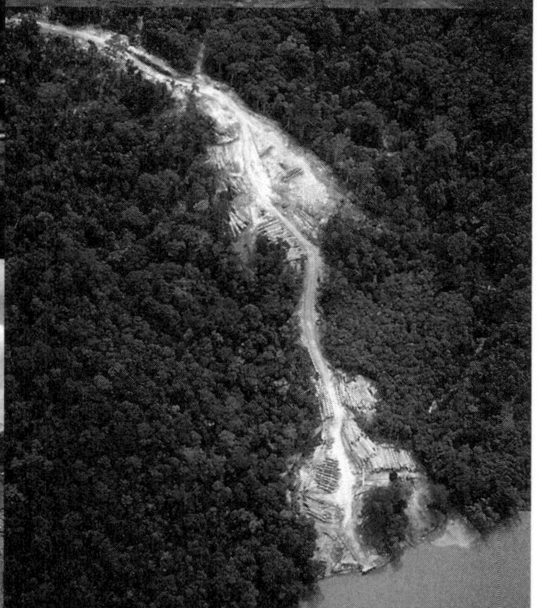
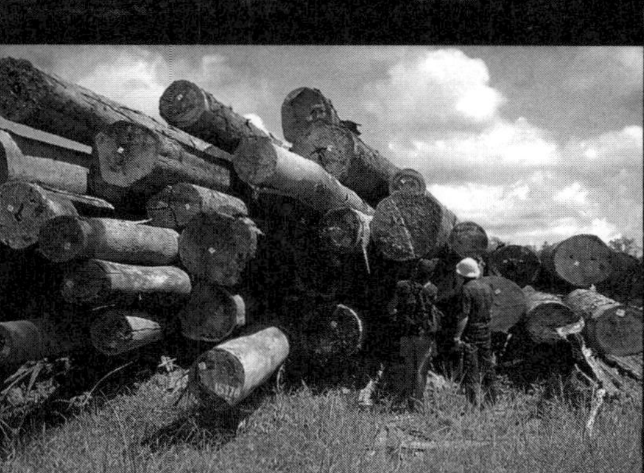
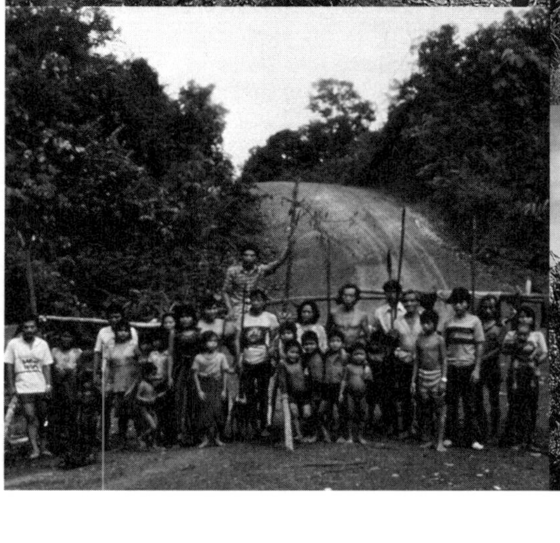
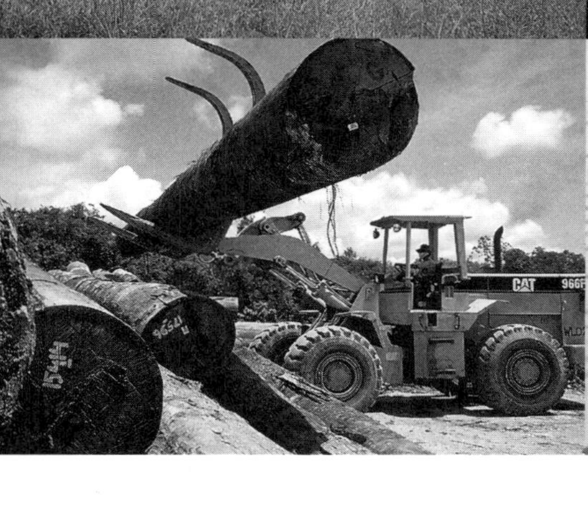
CAT
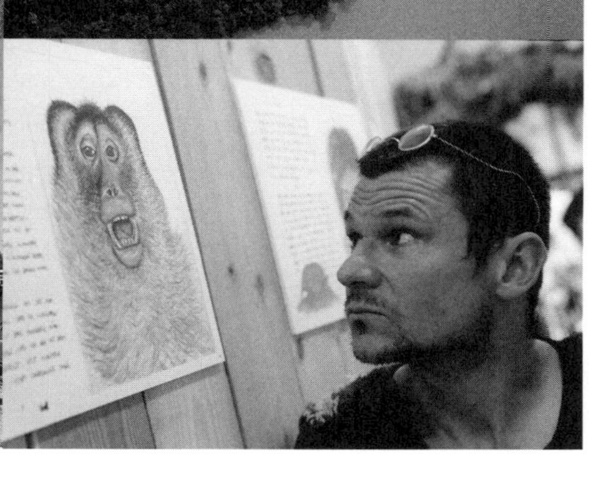

Mahmud sich nicht endlich vom Zerstörer zum Retter der Wälder wandle, werde es ihn, Manser, wohl bald wieder nach Sarawak ziehen.

Weniger als ein Jahr darauf, am 15. Februar 2000, bricht Bruno Manser erneut in Richtung Borneo auf. Im indonesischen Kalimantan stossen John Künzli, inzwischen Sekretär des BMF, und das schwedische Filmteam, das 1990 den Film ‹Tong Tana: The Lost Paradise› gedreht hatte, zu ihm. Man will seinen Weg durch den Dschungel filmen. Bevor Künzli und Manser sich trennen, schreibt Bruno wie gewohnt Grussbotschaften an seinen Freundeskreis, diesmal fast vierhundert Postkarten. Bis zur Landesgrenze vertraut er sich einem ortskundigen Schweizer an. Die anstrengende Reise dauert mehr als zwei Wochen, zunächst im Boot, dann zu Fuss durch unwegsames Gelände. Nachts schläft Manser in der Hängematte, sein Freund auf dem Boden. Jeden Tag fallen schwere Regen. Als sie einen Tagemarsch von der Grenze entfernt ihre letzte gemeinsame Nacht verbringen, sind sie erschöpft. Am 18. Mai übergibt Bruno Manser dem Begleiter einen Brief an seine Lebenspartnerin Charlotte Belét; darin berichtet er von Durchfall und einer gebrochenen Rippe. Der Landsmann ist der letzte Europäer, der ihn sieht: «Als wir uns trennten, fühlte Bruno sich gut. Er machte mir einen starken Eindruck.»

Wie BMF-Sekretär John Künzli später herausfindet, muss Manser um den 22. Mai 2000 mit Hilfe eines einheimischen Führers die Grenze zwischen Kalimantan und Sarawak überschritten haben. Sein letztes Lebenszeichen stammt aus der Umgebung des Dorfes Bareo: Am 23. Mai verfasst er, in einem Gebüsch versteckt, einen Brief an Charlotte Bélet. Er sei müde, warte auf die Dunkelheit, um dann den Holzfällerstrassen zu folgen. Anstelle einer Unterschrift zeichnet der für seinen Humor bekannte Freund ein Männchen: Es dreht irgendjemandem eine lange Nase – aber wem? Den Unbefugten, die seinen in Bareo aufgegebenen, nie abgestempelten Brief öffnen? Den Behörden Sarawaks? Der Welt?

Das BMF-Büro in Basel versucht, über Verbindungsleute den Kontakt zum Umweltaktivisten aufzunehmen und seinen Aufenthaltsort herauszufinden, ohne Erfolg. Auch Penan-Suchtrupps, die wochenlang die Wälder, die Abholzgebiete, das Quellgebiet des Limbang-Flusses und später die Umgebung des Berges Bateu Laui durchkämmen, bringen keine neuen Erkenntnisse heim. Das Eidgenössische Departement für auswärtige Angelegenheiten (EDA) und die Schweizerische Botschaft in Kuala Lumpur stellen Nachforschungen an. Vehement bestreitet das offizielle Malaysia, etwas über den Vermissten zu wissen. Am 18. November 2000 meldet das Internet-News-Portal ‹OnlineReports.ch› als erstes das Verschwinden des Menschenrechtlers. Die Nachricht eilt um die Welt und wird von Menschenrechts- und Umweltorganisationen weiterverbreitet. Gerüchte über das Schicksal Mansers machen die Runde, keines kann bestätigt werden. Schliesslich werden sogar Hellseher, Pendlerinnen und Traumdeuter befragt. Viele von ihnen meinen, Manser lebe noch, was auch die Geisterbeschwörungen der Penan bestätigen. Aus der Schweiz starten Suchexpeditionen, drei werden von Erich Manser geleitet: Er kennt wie kein anderer seinen Bruder und sucht mit den Penan wochenlang die Wälder ab. Aber auch die letzte Nachforschung im Sommer 2003 bringt keine Gewissheit. Währenddessen kämpft der BMF weiter für die Penan, hilft ihnen, die letzten Gebiete unzerstörten Waldes zu vermessen: Das Land der Ureinwohner soll mit präzisen Karten vor weiteren Zerstörungen bewahrt werden.

Was ist mit Bruno Manser geschehen? Ist er abgetaucht, um die Penan in ihrem Kampf zu unterstützen und die Aufmerksamkeit der Weltöffentlichkeit auf Sarawaks Waldvernichtung zu lenken? Dagegen spricht seine enge Bindung an die Familie und seinen Freundeskreis. Zudem versichern die Penan glaubhaft, ihr Freund weile nicht unter ihnen. Ist er verunglückt? In dem von Felswänden und Höhlen durchzogenen Urwald Sarawaks lauern zahlreiche Gefahren – Malaria, Schlangenbisse, niederstürzende Baumriesen. Gegen die Theorie spricht, dass keine der Suchexpeditionen auch nur das geringste Zeichen des erfahrenen Buschläufers gefunden hat. Schmachtet er in irgendeinem Gefängnis? Er bewegte sich immer wieder auf Holzfällerstrassen und wagte sich in ein Gebiet hinein, das von Militär, Polizei und Sicherheitsdiensten intensiv überwacht wird. Eine Gefangennahme, die strikt geheim gehalten wird, um kein internationales Aufsehen zu erregen, wäre also nicht auszuschliessen. Dagegen spricht, dass seit dem Verschwinden vier Jahre verflossen sind, ohne dass man ein Lebenszeichen von ihm erhalten hat. Ist Bruno Manser tot? Kein persönlicher Gegenstand wurde gefunden, er könnte also ermordet und spurlos beseitigt worden sein. Armee und Polizei könnten am Tod des aufsässigen Schweizers interessiert gewesen sein, oder Holzfäller, die im Auftrag ihrer Konzerne den verhassten Aufwiegler für immer verschwinden lassen wollten. Das wäre zwar die wahrscheinlichste Todesursache, doch konnte sie bisher nicht belegt werden. Ein Freitod aus Verzweiflung kommt kaum in Frage, eher schon die Möglichkeit, dass er sich ausserhalb Sarawaks versteckt hält. Aber selbst dieser Gedanke will nicht recht ins Bild eines Menschen passen, der wegen seiner Geradlinigkeit und Offenheit für viele zum Idol wurde.

«Es ist möglich, dass ich auch mit Jahrgang 1954 noch eine Familie gründe – wer weiss!» hatte Bruno Manser vor seiner letzten Reise nach Sarawak erklärt. Seine Lebensgefährtin Charlotte, seine Mutter Ida, die Geschwister und Freunde haben gelernt, Ungewissheit zu ertragen. Sie warten nicht mehr. Sie spüren, dass er da ist, in ihren Herzen, ihren Gedanken. Manchmal hören sie seine kräftige Stimme: «Nur die Taten zählen – auch deine.»

Sollte sich die Machbarkeitsideologie der Industrieländer angesichts der selbst verursachten und irreversiblen Umweltschäden einst als fataler Irrtum herausstellen, wird Bruno Manser wohl als einer der konsequentesten Warner in die Geschichte eingehen. Zu fragen ist, ob sein persönliches Rezept – zurück zur Natur und zur Selbstbeschränkung – für die komplexen Industriegesellschaften eine Lösung ist. Zwar spürt er intuitiv, was schief läuft und was es zu erhalten gilt, und er weiss, wie den letzten Jägern und Sammlern der Erde geholfen werden kann: «Weg von den Strudeln der Kontrolle und Macht über andere, hin zur Macht und Kontrolle über uns selbst. Weg von der Ausnutzung anderer, hin zur Nutzung unserer eigenen Kräfte.» Aber er weiss nicht, wie die ausser Kontrolle geratene Zivilisation sich so zivilisieren lässt, dass sie sich weiterentwickeln und retten kann. Mit seiner Ehrlichkeit und Entschlossenheit ist Bruno Manser einer der glaubwürdigsten Umweltschützer des 20. Jahrhunderts. Ein Weltbürger, der das Wesentliche vom Unwesentlichen zu unterscheiden weiss, ein viel Begabter, der mit seiner asketischen Lebensweise, warmherzigen Art und seinem Engagement Verantwortung übernimmt. Einer der lebt, was er sagt, und hinsieht, wenn andere wegschauen.

DIE TAGEBÜCHER
Editorische Notiz

Die vorliegende Publikation versammelt die Tagebücher von Bruno Manser aus den Jahren 1984 bis 1990.

Bruno Mansers Haupttext ist aus einer Antiqua (Centennial light) gesetzt, seine Anmerkungen – im Original meist mit Stern gekennzeichnet – aus einer Grotesk (Folio), ebenso seine Bildlegenden; Angaben zu Quellen (Personen) sind kursiv.

Bei der Transkription wurde der Originaltext unverändert übernommen, auch dort, wo er orthografisch bzw. grammatikalisch nicht korrekt ist oder wo Begriffe nicht kohärent verwendet werden. Lediglich dort, wo es für das Verständnis unverzichtbar ist, wurden Fehler, Helvetismen oder Dialektbegriffe durch Anmerkung erklärt bzw. korrigiert, dargestellt jeweils in eckiger Klammer und aus der Grotesk gesetzt. Bei Passagen, die Bruno Manser in Schweizerdeutscher Mundart verfasst hat, wurde auf Übersetzung oder Kommentar verzichtet.

Der Text der Tagebücher 1–16 ist vollständig wiedergegeben, lediglich einige lose Seiten ohne Paginierung sowie die (teilweise umfangreichen) Legenden nicht abgebildeter Zeichnungen wurden ausgespart.

Abgesehen von einigen im Umbruch kenntlich gemachten Ausnahmen wurden Cover und Vorsatzblätter nicht erfasst.

In seinen Tagebüchern macht der Autor keinen Unterschied zwischen Unter- und Zwischentiteln. Diese Gleichsetzung der Titel wurde im Umbruch übernommen.

Unterstreichungen im Lauftext bedeuten Betonungen und wurden aus dem Original übernommen.

Bruno Manser hat seine Aufzeichnungen vollständig in Grossbuchstaben niedergeschrieben, was eine sichere Unterscheidung zwischen ‹U› und ‹UI›, ‹M› und ‹H›, ‹K› und ‹R› – vor allem bei fremdsprachlichen Begriffen – bisweilen erschwert. In Zweifelsfällen wurde ein Kommentar hinzugefügt.

Die Absätze im Umbruch entsprechen jenen des Originals. Die im Original sichtbare Gliederung mittels Ornamenten (Stern, grosse Tilde) wird mittels Leerzeilen wiedergegeben. Steht keine Leerzeile, so enthält das Original auch keine Leerzeile.

Bei Genitiv und bei Pluralflexionen verwendet Bruno Manser häufig Apostrophe (‹Pango's Zeh›, ‹einer der Penan's›); sie wurden, ebenso wie die Apostrophe in Wortkombinationen (‹Reis'speicher›, ‹durch'kriechen›), übernommen.

Die von Bruno Manser häufig verwendete Tilde (~) vertritt, neben ihrer Bedeutung als Absatzzeichen, den Gedankenstrich, sofern sie von einem Leerschlag gefolgt ist; wenn sie direkt an die nachfolgende Zahl oder das nachfolgende Wort angehängt ist, steht sie für «ähnlich» oder «ungefähr» [~Weissfisch = «ähnlich dem europäischen Weissfisch», Ø ~5 cm = «Durchmesser: etwa 5 Zentimeter»].

Gedankenstriche wurden übernommen. Die Häufung dieses Zeichens lässt sich vielleicht daraus erklären, dass Bruno Manser seine Notizen nicht täglich, sondern in unregelmässigen Intervallen rückblickend niedergeschrieben hat.

Im Original vorhandene Symbole für ‹männlich›, ‹weiblich›, ‹Durchmesser› etc. sind im Umbruch als solche wiedergegeben.

Akzente im Original sind Betonungszeichen und wurden unverändert übernommen. Bruno Manser hatte sich im Eigenstudium sowohl die malaysische als auch die indonesische Sprache angeeignet und beherrschte beide. Die Schreibweisen der Schriftsprachen Thai, Malaysisch und Indonesisch erheben jedoch weder in den Tagebüchern noch im Transkript Anspruch auf linguistische Korrektheit. Darüber hinaus beherrschte Manser die Sprache der Penan und weiterer Dayak-Völker (Kelabit, Kenyah), für die es keine Wörter- und Grammatikbücher gibt. Weil seine Gesprächspartner die Worte unterschiedlich aussprachen – ein ‹R› kann leicht als ‹L› gesprochen bzw. verstanden werden – variieren auch die Betonungszeichen für denselben Begriff.

Zur Faksimilierung

Sämtliche Tagebücher wurden elektronisch erfasst (eingescannt). Die vorliegende Publikation zeigt eine Auswahl.

Faksimilierte Seiten und freistehende Illustrationen werden im Originalformat wiedergegeben. Die Bücher enthalten ausserdem viele kleine Illustrationen, die Bruno Manser in den Textlauf eingefügt hatte. Wo es dem Textverständnis dient, sind sie im Textlauf wiedergegeben.

Manche seiner Tagebücher hat Bruno Manser im Querformat, andere im Hochformat angelegt. In einigen Fällen wurden aus umbruchtechnischen Gründen Tagebuchseiten um 90° gedreht. Die richtige Formatierung ist anhand der Pagina oder an der Ausrichtung der übrigen Seiten erkennbar.

Christoph Merian Verlag
Claus Donau, Verlagslektor

TAGEBUCH 1

TB/S **Der Mensch**
1/0   von Lao-Tse

Der Mensch
ist weich und schwach,
wenn er geboren wird;
im Tode aber
wird er hart und steif.
Tiere und Pflanzen
sind zart und nachgiebig,
wenn sie entstehen;
sie werden dürr und starr,
wenn sie vergehen.
Also:
Starr und Hart –
sie sind Begleiter des Todes.
Weich und Schwach –
sie sind Begleiter des Lebens.
[Textausriss, von Bruno Manser
auf das Vorsatzblatt geklebt]

1/1   Tür zum Haus
      der Schnecke
      Lala

1/2   [vakat]

Januar 84
Flug – Zürich – Bankok
Mit 1000 Stundenkilometern Geschwindigkeit flitzt der Donnervogel 10 km über dem Erdboden durch Wolkenfelder. Kein Lufthauch ist davon zu spüren. Passagiere geben sich selbstverständlich – gelangweilt über Menue im Plastik-Wegwerf-Geschirr.
Meine Nase klebt am Fenster – die staunenden Sinne auf Himmel und Wolkengebilde gerichtet. Mit einem Kleidungsstück gegen Reflexion von Licht aus dem Flugzeuginnern auf das Fenster abgeschirmt, erlebe ich schweigend den Anbruch des Tages in den Tropen.

Bankok – Geschäftige Millionenstadt mit dreispurigen Strassen voll hupender Autos und engen Gassen mit Fassaden voll bunter Wäsche. Mit modernsten Bankgebäuden und Wellblech-Hinterhofbaraken.

Wohnraum ist oft zugleich Arbeitsplatz und gegen die Strasse offen. Da wird mit grosszahnigen Sägen Eis in grossen Blöcken zerkleinert, dort werden Rohre zusammengeschweisst, während die restlichen Familienmitglieder fern-gucken. Hier sitzt ein Mann an der Nähmaschine, während hinter ihm Frauen die Mahlzeit bereiten. Da ein Rikscha-Fahrer mit grossem Chinesenhut, sein Vehikel mit prall gefüllten Säcken schwer beladen. Dort bieten wandernde Trinkwarenverkäufer eisgekühlten Fruchtsaft oder Coca-Cola im Plastikbeutel an. Hier wäscht sich eine Frau am Brunnen, oben ohne, während ringsum ein geschäftiges Treiben herrscht. Ein junges Mädchen setzt sich anschmiegsam zu mir und möchte sich ein paar Bath im Bett verdienen. Im ersten Hinterhof wird mir Heroin angeboten. Ein junger Vater lädt mich nach Hause ein. Im überfüllten Bus geht's in rasanter Fahrt auf dem Trittbrett durch Bankok's Strassen. Zu dritt müssen wir uns den engen Stehplatz teilen, so dass jeder nur einen Fuss auf dem Trittbrett hat, während der andere in der Luft baumelt. Ein Mann am Strassenrand hat nicht mit meinem hervorstehenden Rucksack gerechnet und wird beim Zusammenstoss umgeworfen. Verrückte Welt. Da müssen die Fahrgäste auf einer Kreuzung aussteigen und ihr Gefährt wieder in Schwung bringen.

Thailand südwärts

Der erste Berg lacht mich an. Der Zug hält einen Moment. Kurz entschlossen schnappe ich meinen Rucksack und steige aus. – Am Fuss des Berges führt eine lange Treppe gerade aufwärts. In einem Höhlengewölbe schläft ein riesiger Buddha. Kerzenlicht. Räucherstäbchen. Überall goldene Buddhastatuen. Eine liebe Frau gibt mir getrocknete Bananen, zwei Plastiksäcke voll Wasser und Tigerbalsam auf den Weg.

Quer durch Gestrüpp aufwärts. Eigenartige Gewächse haben inmitten von scharfkantigem Karst Fuss gefasst.

1/8 [Bild]

1/9 Auf der Bergspitze ein verfallendes Tempelchen. Welcher Einsiedler mag hier einmal gelebt haben? Ein Schmetterling gaukelt als gutes Omen über mich schlaftrunkenen Pilger. ~
Zwei Affen hangeln an Lianen aufwärts. Erst bei Dunkelheit erreiche ich wieder das Höhlengewölbe. Ein Kläffer zwackt mich in den Schenkel. Freundlich wird mir Gastfreundschaft geboten. Während ich Reis kaue, streift mich ein Lachen der freundlichen Frau. In der Hand eine triefende Ratte in der Falle.

1/10 Wasserbüffel weiden an baumlangen Stricken, die durch die durchstochene Nasenscheidewand gezogen sind.

1/11 Ein Mann klettert auf einem Bambuspfahl in die Krone der Palme. Er wechselt die Bambusköcher, in die aus gekapptem Fruchtstand köstliche süsses Nass tropft, an dem sich auch Ameisen gütlich tun.

1/12 Eigenartigs reise im Zug dritti Klass. E dunkelhütige Soldat mit starke Baggeknoche, ipaggt in Kampfahzug, e schwarzes Tuech nach Seeräuberart umme Kopf gwunde, bietet dir e Sigerette ah. E Güggel kraiht durch d'Sitzreihe. Sorgsam beschützend hebt dr Bsitzer si Arm um ihn. – E trurigi Melodie berüert dis Ohr: In dr usgstreckte Hand e Konsärvebüggsli, schlurpft dr entstellt blind Bättler, mit sine wisse Pupille wild grollend, wie abwäsend zwüsche all däne Mensche dure. Uf sine Lippe e sanfts Lied. E Mongöli faltet d'Händ und macht e Knicks vor dir, luegt uf d'Site und wartet uf e mildi Gab. Do stillt e Muetter ihr Kind – dört schnidet sich e Frau inmitte vo ihrne prall gfüllte Chilli-Säck d'Zechenegel. Roti, gäli, grüeni Schote sin gärntet worde. En älteri Frau präpariert sich ihri Portion Betelnuss: E rots Pulver und wisse Kalk uf e grüens Blatt, drzue e paar Stuck Betel, mitere Scher vo dr Nuss gschnitte – hopp – ins Mul. Näbedra tippt sich e Ma Zahle in e Taschecomputer.

Allbott wird vo im Zug hi- und här-wandernde Märtfraueli Zwüscheverpflägig ahbote, und an fascht

1/13 iedem Bahnhöfli kömme Fraue mit verlockende Gaumefreude uf em Kopf an d'Fänschter: Im Bambusköcher zuebereitete Ris; oder au sorfgältig in e Bananeblatt oder nur Zytigspapier vrpaggt, brotes Huen, Ärdnüssli, tröchneti Banane, Ananasstückli, Durianfrücht, Rise-Citrus-Fruchtschnitz und allerhand unbekannti Sache.
D'Billeteur hört me vo Witem mit ihrne Zange schnippe. D'Jugend git sich légère in Blue-Jeans und hört gärn Rock-Musik.
E chlins Büebli luegt zum Fänschter us. Au vor sine Auge flitze d'Risfälder vrbi, wo zum Teil rich bevölkeret sin vo Mensche in ihrne schön gflochtene Strohhüet. Mit Sichle wird die koschtbari

Buch und Freud im Härz mit flatternde Kleidr – Lusbuebezüg! ‹Bankomuk›. Islamisches Gebiet. Ein schlafender Riese lächelt mich an und winkt zum Durchstreifen. Auf seinen Kuppen spriesst der Dschungel und in seinen felsigen Leib sind dunkle Gewölbe gebettet. – Reis im Bananenblatt, ein paar Bananen und drei Kokosnüsse als Wegzehrung, ausgerüstet mit Regenschutz, Feldstecher, Karbitlampe und Buschmesser geht's los voll Entdeckerlust. Reisschnitterinnen winken mit Sicheln zur Arbeit.

Nahrig in Aehre in dr Mitti vom Halm gschnitte. – Gseht au das Büebli mit sine Mandelauge dr Reiher, wo uf em Wasserbüffel sitzt? Dr risig Isvogel im prächtig blaue Gfider übr dr Wasserflächi? Die Risespinne, wo ihri Netz zwüsche de elektrische Überlandleitige gspanne hän? D'Gummibaumplantage? Alles flitzt vrbi – nüt ka me hebe. – E Tropegwitter prasslet vom Himmel und vrdunklet d'Landschaft. Schnäll wärde d'Fänschter gschlosse.

[Bild] 1/15

[Bild doppelseitig] 1/16

1/17

1/14 Die meischte Mensche erwidere es Lächle und sueche sogar Begägnig – au wenn's mänggmoll e paar finschteri, abwisendi, undurchsichtigi Gstalte drunter het.
Ha – isch das e Wonne, bi däre Wärmi uf em windige Trittbrätt durch d'Landschaft z'flitze. Mit e paar Burschte gar zum fahrende Zug us em Fänschter uf's Dach z'klättere und übr d'Wagedächer z'springe, sich gege dr Wind lähne voll Kribbele im

1/18 Das erste Hindernis ist der Kanal. Nach einigem Suchen sind die Überreste einer ehemaligen Pfadbrücke gefunden. Schief stecken noch einige Bambuspfosten im trübbraunen Wasser, die vage miteinander verbunden sind. Bis an den Hintern im Wasser, hangeln wir uns rüber. Bald erreichen wir über sumpfigen Boden die sanften Formen von Höhlengewölben, die sich im Wasser spiegeln. Nach dem Höhlenbesuch kehren meine Begleiter wieder dorfwärts, während mich griffiges Kalkgestein aufwärts zieht. Eine stachlige Palmenart versperrt die Kletterei. Mit dem Buschmesser sind die bis zu armdicken weichen Äste schnell gekappt. Das

Gestrüpp wird aufwärts auf trockenem Fels so dicht, dass jeder Meter erkämpft werden muss. Erst gegen Abend wird mir ein Blick auf das Meer gegönnt. Wo aber schlafen in dieser stachligen Wildnis, wo der Fels nur aus scharfkantigem spitzigen Karst besteht? Nirgends lockt ein flacher Platz, um seine geschundenen Glieder zu strecken. Wiederum geht's abwärts durch die geschlagene Kletterpresche. Kurz vor der Talsohle weiche ich vom bekannten Fels ab und finde mich nach zwei Mal auf und ab in der Dämmerung in einer steilen Felswand 20 Meter über der Sohle. Und schon überrumpelt mich die Nacht. Wieder einmal befinde ich mich in einer selbstbescherten peinlichen Situation, wo das Abenteuer langsam zu kribbelig wird. Denken hilft da nicht viel, wo Eile Not tut, nur Handeln. Irgendwie abwärts. Unter mir

1/19 [Bild]

1/20 ein leichter Überhang, der in einen breiten Spalt verläuft. Darunter gähnt in der wachsenden Dunkelheit ein schwarzer Schacht. Irgendwie finde ich mich nach in der Luft baumeln und schmerzhaftem Beinespreizen auf sicherem Boden.

Da ich die Felsbalmen wegen allerlei krabbelndem Getier scheue, lege ich mich auf ein paar gebretteten Ästen zum schlafen. Vor den ekligen hungrigen Moskitos schützt mich notdürftig der um mich gewickelte Regenschutz. Glühwürmchen tanzen. Ein Nachtvogel geistert durch die Baumkronen. Mitten in der Nacht prasselt plötzlich ein Gewitter vom Himmel. Gierig schlürfe ich das Wasser, welches sich in einer Mulde des Regenschutzes als See sammelt.

Affengebrüll weckt mich bei Tagesanbruch. Unerreichbar hoch turnen diese scheuen Gesellen in den Baumkronen herum. ~ Meerwärts. Bewässerungskanäle zwingen zu Umwegen und zuletzt versperrt ein ruhig dahinziehender Fluss den Weitermarsch. Durch trostlosen Sumpf wate ich weiter, nachdem mich ein Fischer im Einbaum übersetzt hat. Zwischen den bleichen Mangrovengerippen wimmelt es von grünlichen bis handgrossen Krebsen. Schnell verschwinden sie in ihren Löchern. Eigen-

1/21 artige 20–30 cm grosse Hohltürme stehen senkrecht in der Landschaft. Sind es wohl Wohnungseingänge, die bei Flut als Atmungslöcher dienen?

Nach einem reinigenden Bad lockt wieder der Dschungel. In einem kleinen Höhleneingang ein von Moslems zerstörter Altar mit Buddha-Statuen. Ein ~mannshoher Horizontalgang führt in eine riesige Endhalle nach ~200 m. Ein Lichtkegel fällt von der Decke.

Kleiner Mensch in einer gewaltigen Umgebung ~ ein Lied hallt durch das Gewölbe.

Mit dem Buschmesser in der Hand nochmals bergwärts. Eigenartige Luftwurzeln hängen von den Bäumen. Eine Schlingpflanze scheint ihren wachsenden Mutterstamm zu erwürgen mit ihren enggezogenen Spiralen. Einmal schrecke ich zurück, in der Meinung, nach einer Schlange anstatt einer Liane gegriffen zu haben. Ich muss lachen.

Nach einer Weile stosse ich auf eine schachtartige Doline mit drei senkrechten Felswänden. Faszination! Vier bis fünf Meter lange Palmwedel wachsen im Dämmerlicht aus dem Fels. Lianen hängen herunter. Farne strecken ihre Finger. Tropfsteingebilde

1/22 sind aus dem kalkigen Gestein gewachsen. Ich klettere hinunter. Voll Spannung nähere ich mich dem Eingang. Die Luft vibriert nur so von munkelnden-schnalzenden Fledermaus-Stimmen, die aus dem Dunkel der Höhlengewölbe an mein Ohr dringen. Gebannt – schliesse ich meine Augen und lasse mich eine Weile von diesen unbekannten Schwingungen berieseln. Langsam gewöhnen sich die Augen an das Halbdunkel. Wieder befinde ich mich in einer grossen Halle von vielleicht 100x80 Meter. Das Karbitlicht dringt nur blass an die ~20 Meter hohe Decke, und lässt die nun kreischende-pfeifende Fledermauskolonie nur als dunkle Klumpen erkennen. Wider erwarten türmen sich keine Guanoberge unter ihrem Schlafplatz. Kleingetier scheint mit den Exkrementen sofort auszuräumen. Langbefühlerte Insekten mit Sprungbeinen hüpfen heuschreckenähnlich davon. An den Wänden ruhen Riesenspinnen.

Ha! – Hat es sich doch gelohnt den Kopf einmal in alle Nischen zu strecken. Da ruht in einem stillen Kämmerlein nach einer Engstelle eine weisse Schlange. Sei gegrüsst, du unbekanntes Wesen! Einen merkwürdig-wunderbaren Wohnraum hast du hier gefunden. Ernährst dich wohl von Spinnen und diesen langbefühlerten Springern, da die Fledermäuse

1/23 zu hoch hängen? – Als ich sie fassen will, stellt sie sich einen Moment, versucht dann aber, zu fliehen. Ich erwische sie am Schwanz, klemme ihr mit einem Stück Holz den Kopf auf den Boden, greife sie am Hals. Ein eher unangenehmer Geruch entströmt der Aftergegend. Sie erinnert an die Baumschlinger: 1,90 lang, hochkantiges Δ-Profil, dunkle Augen, runde Pupillen, eine Schildreihe zwischen Auge und Mund. Farbe fahl weiss bis auf drei dunkle Streifen am Schwanzende. ~ Wieder lasse ich sie in Freiheit. Gewandt schlingt sie sich über ausgetrocknete Sinterterrassen und Tropfsteingebilde steil aufwärts in einen

1/24 versteckten Winkel: Sie ringelt sich an sicherer Stelle und beäugt den merkwürdigen Störefried. – «Dank dir für die Begegnung.»

Bis auf einige mächtige weissglitzernde Stalagmiten ist sämtlicher Tropfsteinschmuck in der Färbung unscheinbar da nicht mehr aktiv. Die Kristallisation finde ich in einer Probe glasklar, rechtwinklig. Die Höhle ist vermutlich mit der vorhergehenden verbunden, denn die Wände sind mit allerlei Inschriften bemalt. Doch mein Karbit-Licht neigt sich dem Ende, und von draussen dringt nur noch ein schwacher Lichtschimmer in die Höhle.

Ich beschliesse, die Nacht hier zu verbringen, wo vermutlich keine Moskitos plagen.

Langsam kommt Leben in die Fledermausgesellschaft. Als mein Juchzger durch den Raum hallt, berührt mich ein Windhauch der von Flatterflügeln gepeitschten Luft. Eigentlich hatte ich erwartet, die ganze Vereinigung begebe sich nachtüber auf Beutezug, um im Morgengrauen wieder an ihren Schlafplatz zurückzukehren. Die ganze Nacht aber ist das Höhlengewölbe erfüllt von schrillem Gezeter. Ein fortwährendes Kommen und Gehen. Eigenartig, wie sich bei Anbruch des Tages langsam am Eingangsportal Konturen abzeichnen, wie die ersten Lichtschimmer in das Gewölbe dringen und Form erkennen lassen. Wie der Raum gleichsam mit dem Licht wächst, bis gar Dämmerungspflanzen mit grünlichen Farbtönen die Synfonie vervollkommnen.

Ein junger Mann mit schiefem Lächeln will mir Gastfreundschaft gewähren. Ich zögere, ihm zu folgen. Mein Zögern war unbegründet. Liebevoll werde ich aufgenommen und darf das Dach mit seiner Familie teilen. Die gestelzten Holzhäuser stehen auf Pfählen. Im Schneidersitz hockt man am Boden vor seinem Reisteller und schöpft von den verschiedenen Zutaten wie Fisch, Gemüse, Chilly-Sauce.

Die Abfälle lässt man durch einen Spalt hinunterfallen, wo Hunde, Gänse, Enten und Hühner damit aufräumen. Beim Betreten des Hauses werden die Schuhe ausgezogen, und ein wenig vom bereitstehenden Wasser über die Füsse gelehrt. Mehrmals täglich wird aus dem Sodbrunnen Wasser geschöpft, das man sich über den Körper giesst. – Fünfmal am Tag wird mit bedecktem Haupt gebetet, den Blick gen Mekka. Bald habe ich mich an den traditionellen Sarom [Sarong], einen Männerrock, gewohnt, da nackte Oberschenkel bei den Moslems verpönt sind. Mein freundlicher Gastgeber betrachtet alle Moslems als gut, alle Buddhisten als schlecht. Wie doch Bekenntnis mit Selbstsicherheit verbunden ist!

Gegenseitig freuen wir uns am Zusammensein, lerne voneinander Englisch und Thai-Put und haben am neu Gelernten Spass wie Erstklässler.

Die Bauern pflanzen Reis und halten Wasserbüffel und Rinder. An einem Tag helfe ich ein abgeerntetes Reisfeld für Süsskartoffelanbau umzustechen, an einem andern nehmen wir als Freunde Abschied.

Der letzte Tiger wurde 1978 geschossen, das letzte Krokodil 1974. – Zerhackte, gekochte Regenwürmer gelten als Medizin für Kindergelbsucht.

1/27 Kurze Begegnung mit einem hünenhaften Menschen, vor dessen Blick mich schaudert. Warum? Er wirkt auf mich wie eine Mischung aus Mongole und Araber, mit starken Baggenknochen Schon fährt der Zug weiter.

Chang-Chang-Chang
Noung-kaul-heng-chang-ru-plau
Chang-mon-tuo-tho-mi-baum
Ja-muk-yau-yau
Reak-va-huong Mi-keal-thi-huong
Reak-va-ha
Me-hu-mi-ta-hang Yau

Wie ist doch der thailändische Gesang feinfühlig!

Chinesisch Neujahr, 2. Februar.
Auf malaysischem Boden. Die vergangene Kolonialzeit ist spürbar. Im Bus 3–4 Polizeikontrollen. Wunderschöne junge Frauen. Jede schmuggelt ein paar Säcke Reis gen Süden. Ohne Zögern wird aus Plastiksäcken umgeleert und je ein Sack von etwa 20–25 kg für die Polizei aus dem Fenster geschmissen. Das Spiel scheint bekannt, da täglich praktiziert. Am Schluss erhält noch die Busmannschaft aus dem Büstenhalter ein paar Ringgit.

1/28
1/29 Auf der Landkarte sehe ich in Küstennähe ein paar kleinere Inseln im südchinesischen Meer. Am Abend fährt ein kleines Fischerboot über. Hui – ist das eine Achterbahnfahrt. Zwischen hohen Wellen schaukelt das Schiff und am Bug bricht sich jeder Wellenberg mit einem Schlag in gischtend-weissen seitlichen Spritzern. Mit der Zeit verwandelt sich meine anfängliche Freude in ein elendes Würgen, und ich muss mich über die Planken beugen. Ein Fischerjunge massiert mir das Genick und sagt, ich solle mich hinlegen. Nach mir passiert einem andern Jungen dasselbe. Das Boot braucht wegen dem hohen Wellengang eine Weile länger. Gerne übernachte ich auf der kleinen Insel ‹Pulau Perhentian Kecil› im Fischerdorf, anstatt mich auf die grosse touristische Insel führen zu lassen. In dunkler Nacht legen wir am Steg an. In einer ‹Waka›, ein gedeckter Dorftreffplatz ohne Wände, finde ich ein Plätzchen. Es schlafen hier die unverheirateten Burschen – so können sie Erfahrungen austauschen und so lange plappern und durchs Dorf schlendern, wie's Freude macht. – Zuerst nehme ich noch ein nächtliches Bad. Winzig kleine fluoreszierende Fünkchen werden an Land gespült und umschmeicheln meinen Körper. Kaum 1 mm lange glasige ‹Püppchen› mit zwei schwarzen Punkten. An beiden Enden ein grünliches Licht, das sich unter der Lupe manchmal pulsartig über strichförmige Bahnen über den übrigen Körper verbreitet und verstärkt: ‹Kunang›

1/30 Mit Fischern auf See. Die Mannschaft auf dem 8–10 Meter langen Boot besteht aus dem älteren Käpten und sechs jungen Burschen. Das Zugnetz (Puka Kongko) mit zwei Seitenwänden, die in einen Sack münden, wird an zwei langen Seilen über den Meeresgrund geschleift. Gewichte an der Unterähre sorgen dafür, dass das Netz am Boden bleibt. Zwei schwere Holzladen sollen wohl die Seitenwände fächern. Nach zwei Stunden wird in einer ruhigen Bucht eingezogen – und, Morks [Murks], der gefüllte Sack mit Hilfe eines daruntergeführten Stricks und viel Geschrei über die Bootswand hinauf ins Schiff gekippt.

Allerlei Meeresgetier kommt da zum Vorschein. Neben Korallenstücken, Schwämmen, vereinzelten Seesternen und Krebsen finden sich Tintenfische, eigenartige flache Plattfische, die mit ihrem unsymmetrisch-seitlichen Mund, der ‹gfürchig› bezahnt ist, im Sand auf Beute lauern. Dem Rochen

Unduk-Unduk
~6 cm

1/31 wird vorsichtigerweise der Schwanz gekappt, damit sein Stachel kein Unheil anrichten kann. Die kleinen Ikan Dikis werden zuletzt mit Tellern in einen Sack gefüllt, oder achtlos wieder über Bord geschmissen. – Einmal findet sich gar eine Seeschlange – mit ihrem winzigen Mund – im Netz. Um die grosse gelb-schwarz gezeichnete Meeres-Schildkröte zu befreien, wird der Sack gleich aufgeschnitten. Da Moslems kein Schildkrötenfleisch essen, werfen wir sie wieder in nasse Element. Dabei nehme ich mich vor ihrem Schnabel in Acht. – Gewandt wird das Netz wieder geflickt. Das Boot fährt immer in ~Inselnähe. Dreimal wird das Netz eingezogen. Während den langen Arbeitspausen liegen die Burschen schlafend, singend, zärtlich ineinander verschlungen

1/32 auf dem Dach des Bootes. – Die Beute wird gleich auf See weitergegeben. Die Fischerjungen nehmen als Lohn einen kleinen Teil des Fanges als tägliches Brot für die Familie nach Hause.

Im Baum neben der ‹Waka› ein Gesumm. Die Bienenkönigin hat sich auf einen Ast gesetzt und schnell wächst die kleine lebende Traube zu einem grossen Klumpen. ~ Nach einer Weile löst sich dieses eigenartige lebende Gebilde wieder in seine Einzelteile auf. Begleitet von Gesumm ist die Luft einen Moment schwarz. Als dunkle Wolke schwebt der Bienenschwarm noch lange sichtbar über dem Meer.

1/33 Am Ufer fange ich einen Krebs, der sich unkenähnlich, mit angewinkelten Beinen und Zangen, auf den Rücken legt. Seine rechte Schere ist sichtbar viel kräftiger ausgebildet als die linke. Warum?
Auf den Uferblöcken tummeln sich scharenweise grünliche Krebse. Anscheinend leben sie von Plankton und Algen, führen sie doch hastig die Scheren vom Stein zum Mund, wo es nichts Auffälliges an Nahrung zu sehen gibt. Einer lässt sich's ne Weile von einem hingelegten Stück Kokosnuss schmecken.
Erst im Wasser wird sichtbar, dass die rabenschwarzen Seeigel schöne leuchtend-blaue Punkte auf ihrem Gehäuse, und einen orange-gesäumten, ballonartigen Mund ausgestülpt haben.

1/34 Kurlige [eigenartige] Gestalten sind die Seegurken; weder Schnecke noch Wurm. Und immer wieder die etwas bange Frage bei der Begegnung mit unbekannten Lebewesen, ob Anfassen mit Schmerz belohnt wird. Wieder Mal Glück gehabt. Beim Heben aus dem Wasser entleert sich der prall gefüllte Hohlkörper mit einem feinen Strahl und fühlt sich bald schwabbelig an. Die häufigste Art ist grau gefärbt, mit grossen schwarzen Flecken. Daneben gibt es noch je eine grosse (30–40 cm lange) schwarze und kleinere (10–15 cm) braune Art mit Saugnäpfen.

Ich buckle meinen Rucksack von 25 kg an einen einsamen Strand. Einziger Proviant sind 3 kg Reis, ein wenig Öl und ein paar Zwiebeln. Ich möchte wissen, ob es möglich ist, nur von der Natur zu leben. Am felsigen Ufer brechen sich gischtend die Wellen. Wo das Wasser in einen Spalt drängt, schiesst eine haushohe weissschäumende Fontäne in die Luft.

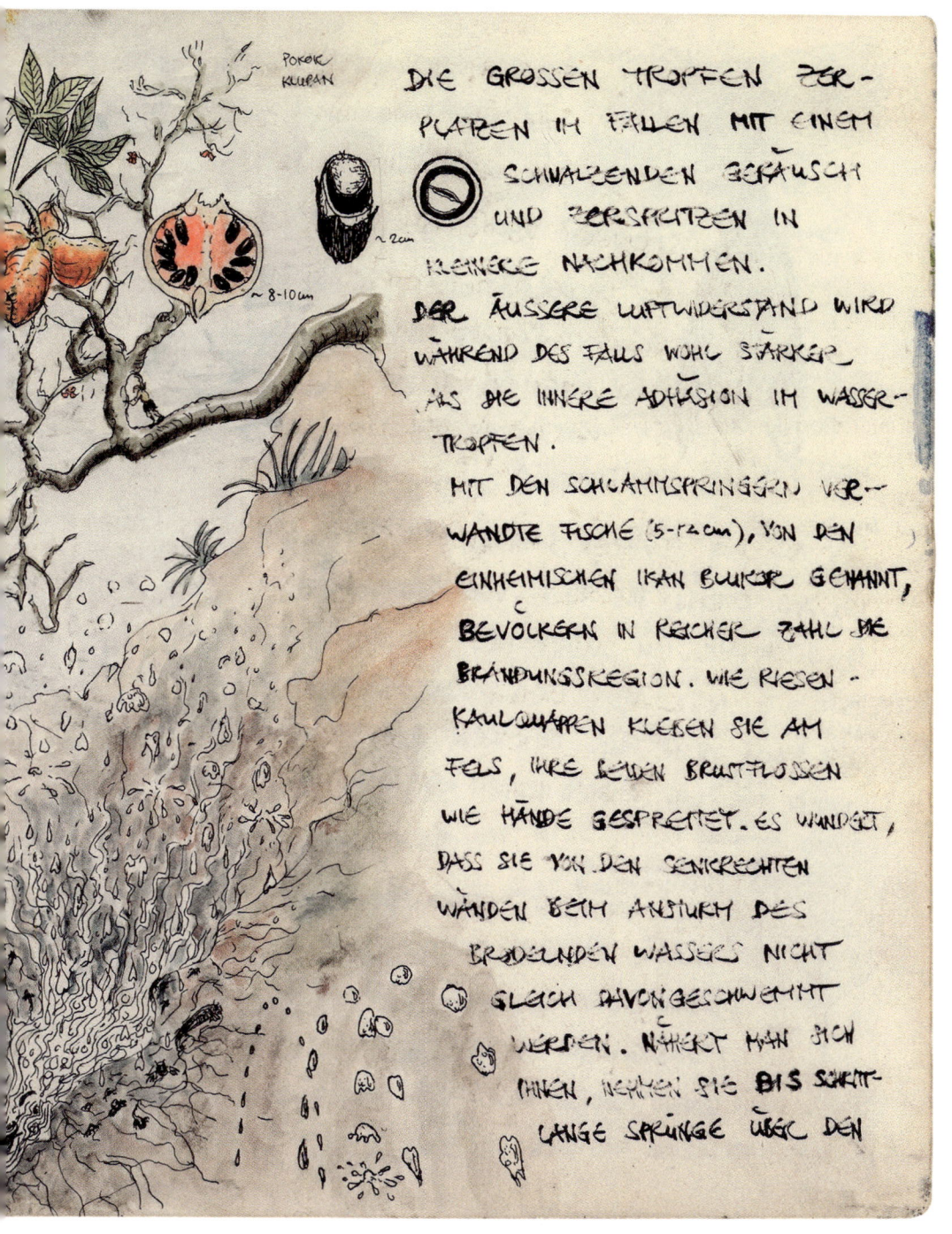

Die grossen Tropfen zerplatzen im Fallen mit einem schnalzenden Geräusch und zerspritzen in kleinere Nachkommen. Der äussere Luftwiderstand wird während des Falls wohl stärker als die innere Adhäsion im Wassertropfen.
Mit den Schlammspringern verwandte Fische (5–12 cm), von den Einheimischen Ikan Blukor genannt, bevölkern in reicher Zahl die Brandungsregion. Wie Riesenkaulquappen kleben sie am Fels, ihre beiden Brustflossen wie Hände gespreizt. Es wundert, dass sie von den senkrechten Wänden beim Ansturm des brodelnden Wassers nicht gleich davongeschwemmt werden. Nähert man sich ihnen, nehmen sie bis schrittlange Sprünge über den Fels meerwärts. Lustig sieht's aus, wie die dunklen Körper gar auf dem weiss-schäumenden Wasser zu springen vermögen. Nach einer Weile klettern sie wieder ruckartig schwänzelnd an ihren gewohnten Platz hinauf. Angeblich ermöglicht ihnen das Speichern von sauerstoffreichem Wasser in den Kiemen das Leben halbwegs an Land.*

Pokok Klupan
~2 cm
~8–10 cm

Von all den Pflanzen, die ich probeweise ein wenig kaue, finde ich als einzige die Nüsse vom ‹Pokok Klupan› als angenehm im Geschmack. Ich sammle mir von dem riesigen Baum ein paar Früchte. Aber eine Weile später wird mir schlecht, und ich muss mich für den Rest des Tages hinlegen. Später wird mir von Einheimischen die Giftigkeit bestätigt.

Am einsamen Strand spanne ich meine Regenblache [Regenplane] zwischen zwei Kokospalmen und befestige darunter die Hängematte. Stetig bläst der Monsunwind an die gegen Osten offene Küste.

* Anscheinend können diese Fische ihre Färbung in kurzer Zeit der Umgebung anpassen, vom dunklen Spalt auf hellen Sand.

Schiffe können hier in dieser sandigen Bucht wegen dem hohen Wellengang nicht anlegen. Es finden sich noch ein paar erbärmliche Überreste vom einem kambodschanischen Schiff, das vor Jahren gestrandet ist.
In einer alten Hütte hängen fünf–sechs Fledermäuse an der Decke. Fein spielen sie mit den grossen Ohrmuscheln und gucken mich an. Mit dem Fäumer [Käscher] will ich eine fangen. Doch schnell reagieren sie und sind schwupps-di-wupp-dich schon ausgeflogen. Dafür sehe ich hinter einem Brett einen eidechsenähnlichen Schwanz hervorgucken. Aha! Gleich zwei Exemplare kann ich entdecken. Herzhaft packe ich zu, und werde sogleich auch gepackt. Zum Glück ist der Mund, in dem gut ein Daumen Platz hat, nicht mit scharfen Zähnen gespiggt, und es bleiben nur auf dem Fingernagel einige weisse Striche als Zahnmarken zurück. Bist wohl ein

Gecko? Von den Einheimischen wegen dem lauten Ruf ‹Toké› genannt.

Als Überreste der englischen Kolonialzeit findet sich eine frei auf der Insel umherstäunende kleine Herde Zwergziegen. Urwaldriesen sind kaum mehr anzutreffen, das meiste scheint Sekundärwald zu sein. Ein paar alte unbenutzte Hevea-Bäume. Der frisch weiss-milchige Saft zeichnet die Stämme mit schwarzen Streifen. Das ist also das begehrte Latex.

Im Wald finden sich vor allem Lichtungen mit jungen Gewürznelkenbäumen. Nach ~zehn Jahren kann man zum ersten Mal die grünen Nelken pflücken. Frauen tragen die gefüllten Säcke dorfwärts, wo sie während fünf Tagen an der heissen Sonne trocknen und die bekannte schwarze Farbe annehmen. – Auch werden Bananen und wenig Mango-Bäume angepflanzt. Sogar schwarzen Pfeffer bekomme ich neben den roten Chilly-Schoten zu Gesicht. Ursprüngliche Kulturpflanze wird aber neben Kokospalmen die Süsskartoffel ‹Ubi› gewesen sein.

Häufigstes Tier unter den Nagern ist neben Ratten ein kleines Hörnchen mit rotem Schwanzende und weissem Flankenstreif, ‹Tupai› genannt. Wohl ein Viertel der Kokosnüsse wird von ihnen auf den Palmen verspiesen.

Von der Bevölkerung werden sie geduldet. Auch die ‹Buah Nanka› lassen sie sich schmecken, bis 40 cm grosse Früchte, die direkt aus dem Stamm wachsen. Als ich von der Frucht koste, werde ich enttäuscht. Ein klebrig-weisser Saft verschmiert die Hände und eignet sich, um Brief-Couverts zu-zukleben. Später erfahre ich von der Bevölkerung, dass man sie nach dem Pflücken drei Tage aufbewahren muss. In dieser Zeit sollen sie reifen und eine gelbe Farbe annehmen.

Begegnung mit dem Element Wasser. Am sandigen Strand lasse ich die hohen Wellen mit meinem Körper spielen. Versuche, zu erfassen, wie sich die Welle türmt, bis sie sich weiss kräuselt am Kamm ~ bis sich die gestossenen Wassermassen überschlagen und mit dem Element Luft zu einem weissbrodelnden Gebräu vermengen. Ein grosser Wirbel und die unbekannte Strömung, lassen mich vorsichtig werden. Fast panikartig versuche ich gegen den Strom wieder sicheren Boden unter die Füsse

[Bild]

zu bekommen.

Wie lieblich muss diese Bucht sein, wenn die halbjährigen Ostmonsunwinde (Sept.–Febr.) ihr Ende haben.

Zum Fischen mit dem Netz ist dieser Strand denkbar ungeeignet. Da mein letzter Reisvorrat verbraucht ist, mache ich mir langsam Nahrungssorgen. Ohne Fallen werde ich gerade der Krebse habhaft, die zwar gut munden, an denen aber nicht viel zu beissen ist. Ausser man findet einen, der sich gerade häutet – den kann man gleich ganz verspeisen. Noch in Thailand sah ich an feuchten Stellen oft Pflanzen mit grossen pfeilförmigen Blättern, die mit ‹Ubi› bezeichnet wurden. Sie erinnern an einen Riesen-Aronstab. Der Wurzelstock von den hier gefundenen Pflanzen erinnert aber

Ikan Yu, 40–50–?

Ikan Gadam ~25–30 cm

Ikan Dikis ~20–25 cm

Ikan Jabong ~25 cm

Ikan Baiam 15–25 cm

nicht an eine Süsskartoffelknolle. Ein wenig misstrauisch beisse ich versuchsweise drein... Schmeisse die Wurzel weit von mir und renne spuckend wie ein gehetzter Affe durch den Busch, Brechreiz im Hals; jede Bewegung der Zunge löst einen Schmerz aus, als ob man ein Nadelkissen im Mund drehen würde. Noch nach 24 Stunden brennt mich der Mund, dabei habe ich die Wurzel ja nur berührt, nicht geschluckt. – Später wird mir die Pflanze von Einheimischen als ‹Kelladi› bezeichnet, deren Stengel ein ausgezeichnetes gekochtes Gemüse abgeben sollen. Das Gift scheint dasselbe wie im Aronstab zu sein – dessen Blätter wir zu Hause auch als Blutreinigungs-Gemüse zubereiten, oder mal spasseshalber roh einem guten Freund zu versuchen geben – nur in viel höherer Dosis.

Als geniessbare Wildpflanze bleibt mir bis am Schluss die Frucht des ‹Pokok Pandam›, ein stachliger, bis 5–6 Meter hoher baumartiger Strauch, zum Teil mit Luftwurzeln. Er hat stachlige Blätter, die von Einheimischen zu ‹Tika›s, Schlafmatten, geflochten werden, und scheint mit Ananas verwandt zu sein. Die Früchte erinnern auch an Ananas. Um den geniessbaren Fruchtboden sind ähnlich wie bei einer Himbeere die oben holzigen Teilfrüchte angewachsen, die man an ihrem Grund zerkauen kann. Eine faserige Sache, schmeckt hagebuttenähnlich, Vitamin C. Allzuviel ist abführend.

Nachdem ich eine Ratte, eine Schlange, Krebse und Schnecken verspiesen habe, werde ich verschont, in eine Seegurke zu beissen. Auf der Westseite lacht in einer ruhigen Bucht der Insel das Jagdglück: Ein armlanger Hai, ein blaugetupfter Rochen und 3–4 andere Fische sind über Nacht ins ~10 Meter lange Netz geschwommen und hängengeblieben. Für eine Weile bin ich mit Nahrung eingedeckt. Wunderbar schmeckt das Fleisch vom Hai – und vom Rochen sind gar Leber, Magen, Hirn und Augen

Ikan Pari 30–60 cm

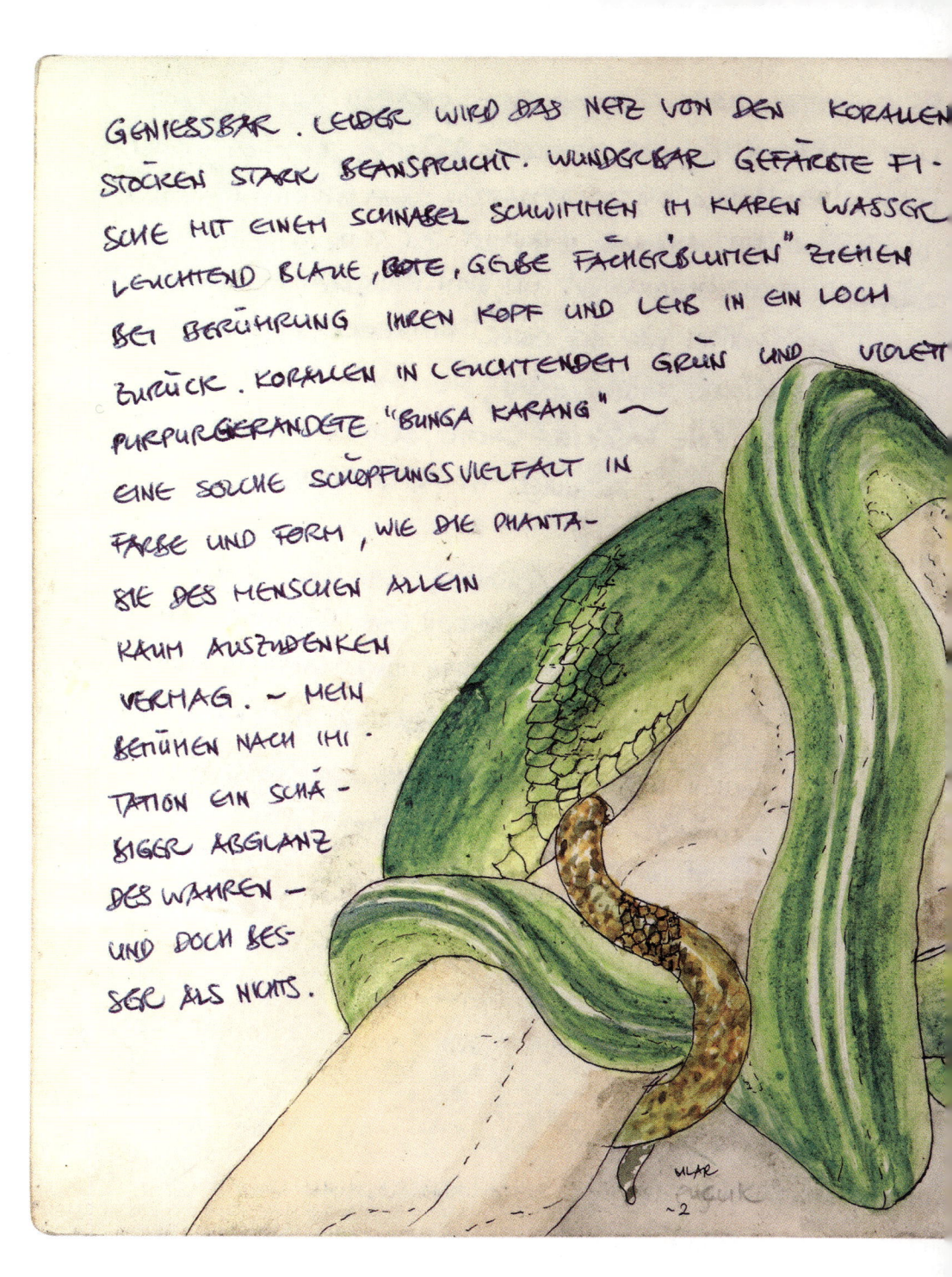

1/44 geniessbar. Leider wird das Netz von den Korallenstöcken stark beansprucht. Wunderbar gefärbte Fische mit einem Schnabel schwimmen im klaren Wasser, leuchtend blaue, rote, gelbe Fächer‹blumen› ziehen bei Berührung ihren Kopf und Leib in ein Loch zurück. Korallen in leuchtendem Grün und Violett, purpurgerandete ‹Bunga Karang› ~ Eine solche Schöpfungsvielfalt in Farbe und Form, wie die Phantasie des Menschen allein kaum auszudenken vermag. – Mein Bemühen nach Imitation ein schäbiger Abglanz des Wahren – und doch besser als nichts.

Ular pucuk

~2

Ich sitze im Sand und flicke notdürftig die Löcher im Fischernetz. Plötzlich klatscht es neben mir in den Sand: Eine grasgrüne ~2 Meter lange Schlange hat sich vom Baum fallen lassen. Schnell schleicht sie über einen Busch wieder baumwärts, und kein Schütteln mag sie runterzuholen. – Später entdecke ich eine, fast unsichtbar getarnt, im Blättergewirr eines Heveabaums zwischen Lianen hängen. Im Bewusstsein, dass diese Baumschlinger ungiftig sind, mangelt es mir an Vorsicht, und sie schlägt mir ihre Zähne in die Hand. Wunderbar blau ist ihre gegabelte Zunge.

Eines Tages helfe ich einem Ehepaar in einer Waldlichtung zwischen den jungen Nelkenbäumen mit dem Buschmesser den nachschiessenden Jungwuchs zu kappen. Plötzlich gibt die Frau einen Schrei. Eine dicke ~3 metrige Python hat sich geringelt – ich fasse sie – und gleich bringt der Bauer eine Liane, um sie zu erwürgen. Ich versuche ihm klar zu machen, dass Schlangen gute Tiere sind. Erstens fressen sie Ratten, und zweitens beissen sie den Menschen nur, wenn dieser sie bedroht, und suchen ihr Heil immer in der Flucht. – Als ich das Reptil in die Luft halte, entleert es seinen Darm und bespritzt mich mit einer stinkenden Flüssigkeit. – Da mein Tisch reichlich mit Fisch gedeckt ist, schenke ich ihm wieder die Freiheit.

Armdicke Bananenbäume mit saftigem Fleisch werden mit einem Schlag der Machete zu Fall gebracht. Schon vorher musste ich mit Enttäuschung feststellen, dass ihre kleinen Bananen voller Kerne auch in gekochtem Zustand ungeniessbar sind.

Bis an die Oberschenkel im Wasser, beobachte ich in der ruhigen Bucht einen Schwarm fingerlanger ‹Ikan Renyong›. Die Ufergegend ist manchmal direkt schwarz, wo hunderte von diesen Fischen in dichtgedrängten Massen schwimmen. Mit einem feinmaschigen Netz wäre es ein Leichtes, sie zu fangen… Plötzlich schiesst direkt neben mir ein vielleicht anderthalbmeterlanger Hai in den Schwarm, dass es nur so spritzt, die kleinen Fische auf der Flucht gar aus dem Wasser springen… Gebannt stehe ich, und weiss nicht, ob ich mehr staunen oder bibbern soll. Noch oft sehe ich seine schwarze Dreieckflosse durch das Wasser schneiden. Junghaie haben wohl ein zu kleines Maul um ernsthaft zu verletzen. Von der Bevölkerung wird der Hai als dummer Fisch bezeichnet. Er soll nur in Schwärmen gefährlich werden.

Ein Fischer kommt mit vier Frauen an Land. Sie sind in schöne farbige Saroms [Sarongs] gehüllt und haben Tücher als Sonnenschutz um die Köpfe gewickelt. Mit Stöcken graben sie bei Ebbe am steinigen Ufer nach den gewöhnlichen weissen Muscheln (Karang), die sie in etwa 20 cm Tiefe finden.

1/48 Auf diese Idee wäre ich nie gekommen. Zum Abschluss springt noch eine schreiend mit einem Ast ans Ufer und schlägt ihn in einen Schwarm Ikan Renyong: Ein paar bleiben auf der Strecke und werden zu den übrigen bunten Fischen auf die ‹Prahu›, ein kleines Kanu, geworfen. Jene sind zwischenhinein mit Angelhaken, Silk und Fischköder bei den felsigen Klippen gefangen worden.

In einer gänzlich fremden unbekannten Welt kommt man wohl nicht drum herum, von der einheimischen Bevölkerung über Art und Weise des Lebens zu lernen.

So nütze ich auch jede Begegnung, wo's vor allem um die Frage geht, was essbar ist und was nicht.

Eines Morgens kommt ein nasser Mann ans windige Ufer. In der Hand ein Netz und Eisenstab. Er sucht nach Schildkröteneiern: Nichts gefunden. Mit einer Kokosnuss unter dem Arm wirft er sich wieder gegen die heranbrechenden Wellen und schwimmt zum Schiff, das draussen auf ihn wartet.

Vor allem nachts aktiv sind handtellergrosse, sandfarbige Krebse. Sie entsteigen Löchern am langen Sandstrand, um die der Aushub mit Elan in weitem Bogen rausgeschmissen wird. Mit ihren kurligen, antennenförmigen langen Augen mögen sie erstaunlich gut zu sehen. Lustig, wie sie in Scharen mit dem wegfliessenden Wasser seitlich meer-

1/49 wärts stelzen und Nahrung aufnehmen, um bei der nächsten nahenden Schaumkrone wie wasserscheu im Chor zu fliehen. Mit ihren Zangen können sie empfindlich zwacken. – Daneben gibt es noch kleinere sandfarbige Krebse, die aufrecht, wie Geistwesen über das Ufer flitzen, fast unsichtbar.

Ich packe mein Bündel und biwakiere an der Westküste der Insel, wo ich reichlich mit Fischen versorgt werde.

1/50 Wo die Sonne scheint, da findet sich auch Schatten. So werde ich auch hier wohl mit Fischen versorgt, dafür versauern mir in dieser windstillen, vegetationsreichen Bucht die Moskitos die Nächte. Ohne Moskitonetz, flüchte ich mich, wenn's allzu zahlreiche Mückenweibchen auf mich abgesehen haben, auf den Sand gleich oberhalb der Flutlinie. Gegen einen bissigen Hund kann man sich wenigstens wehren – gegen die stetigen Angriffe dieser lästigen Insekten kann man sich einzig so gut wie möglich einwickeln. Dabei muss ich diese Tiere insgeheim ob ihrem Mut bewundern; sich auf einem Riesen wie selbstverständlich niederzulassen, und ihm Lebenssaft zu stehlen, indem man ihm ein Loch in die Haut sägt, kann doch lebensgefährlich werden. ~ Die zweiten Plagegeister sind die Ratten, die sich bald einfinden, wo es nach Nahrung schmeckt. 6–7 dieser Pelztiere tummeln sich um mein Schlaflager. Als ich mir liegend malaysische Worte einpräge, spüre ich gar einmal ein Paar Pfoten im Genick. – Ich wundere mich ob dem im Verhältnis zum übrigen Körper riesigen Hodensack der ♂ – Auch die hoch an einem Ast in einer Tasche hängende Kokosnuss wird nicht verschont, da Ratten sehr gute Kletterer sind. Schnell ist ein Loch in die Jute gefressen. –

1/51 Liess ich mich am ‹Pase Panjang› von den vielen Kokosnüssen verwöhnen, die an den Strand gespült wurden, von den Bäumen fielen, oder die ich mir kletternd pflückte, finde ich hier eine einzige Palme, an der diese schweren grünen Früchte hängen. Ernte ist anscheinend schon gehalten worden. Als ich die Palme erklettere, merke ich schnell, warum die Pflücker sie verschont haben: Da ist ein Gekrabbel von Ameisen. Wie die Maus, welche die Gefahr wittert, aber doch vom unwiderstehlichen Duft des Köders angelockt wird, finde ich den Weg in das Palmendach und kappe mit dem Buschmesser den Fruchtstand. Die Ameisen krabbeln auf meinem ganzen Körper und Kopf herum, und spritzen ihre Säure in die von der Reibung geschürften Glieder. Schnell springe ich ins Wasser und tauche unter, um mich von all diesen Tieren zu befreien. Noch nach einer Woche sind Bauch, Beine und Arme gerötet als Erinnerung an das kleine Erlebnis. –

In jungen Kokosnüssen bildet sich zunehmend eine wohlschmeckende gallertartige Masse, die sich bis zur Reife zu dem bekannten festen Kokosfleisch verdickt und verhärtet. Das Fruchtwasser in diesem Hohlkörper ist nur leicht süsslich und bildet angenehmen Trank. Die äussere, faserige Schale ist schnell mit dem Buschmesser entfernt.

ten Brötchen sich entstehen. – Dies wird nach einer Weile wieder flachgedrückt und im Kokosöl über Holzkohle gebraten: Fertig sind die Omeletts, genannt ‹Roti Janna›. Mit Zucker und ‹Gula›, einer Fischsauce, werden sie verspiesen.

Um 3 Uhr morgens werden die schon vorbereiteten ‹Roti Kuku› in Serien auf einem Bananenblatt in ein Sieb gelegt und über Wasserdampf ‹gebacken›. Es sind mit süsser Bohnenmasse gefüllte Weizenmehlbrötchen. Gegen sechs Uhr nickt die Bäckerin vor ihren Pfannen ein.

In einem anderen Haushalt wird ‹Krupo› hergestellt: Ein Teig aus

Für ein paar Tage habe ich mein Nachtlager wieder in einer ‹Waka› des Dorfes aufgeschlagen, um fleissig die einheimische Sprache zu lernen, und ein wenig vom Dorfleben abzulauschen.

‹Pulau Perhentian Kecil› ist, durch die grössere Insel daneben, schön geschützt vor dem Ost-Monsun gelegen; auf ~600 Einwohner kommen ~200 Schulkinder. Haupterwerb ist die Fischerei, die mit allen möglichen Fangmethoden ausgeübt wird. Daneben wird auf Dschungelrodungen Banane u.v.a. Gewürznelken angebaut. Vier–fünf kleine ‹Restaurants› sind im Dorf verstreut, ein paar kleine ‹Läden› vertreiben das Allernötigste vom Angelhaken zu Waschpulver und Zwiebeln. Neben dem Flechten von Schlafmatten aus Pandam-Blättern und dem Bau von Fischfallen besteht das Handwerk vor allem in der Zubereitung von zum Kauf bestimmten Speisen.

Gewandt drückt der ‹Bäcker› ein Stückchen Teig flach, lässt es in der Luft kreisen, bis es durch die Zentrifugalkraft doppelten Ø angenommen hat; legt von beiden Seiten den Rand zur Mitte, und lässt das luftgefüllte schlauchartige Gebilde zu einem zar-

1/54 Fisch- und Sagopürée wird im Öl gebacken, mit ‹Gula› genossen. Wieder in einem andern Haus gibt's ‹Buoh-Guling›, eine ähnliche Speise wie Krupo, aber mit geraffelten Ubi Kaiu, anstelle von Sago verwendet. – Eine ältere Frau verkauft Kosuh – ein gallertartiger in Stücke geschnittener Teig, aus Mehl und Kokosnuss hergestellt. – Morgens wird von einem grossen Teil der Bevölkerung nicht selbst gekocht, sondern die verschiedenen Reisgerichte im Restaurant aus Pfannen geschöpft und nach Hause genommen. Auch die Fischer frühstücken hier ihren Nasi Dagang, ihr Bucu, oder ihren Roti Canna und trinken dazu den mit Kondensmilch zubereiteten zuckersüssen Tee, packen gleich noch ihr Z'nüni mit ein für auf See.

Haben wir zusammen, ein Teil der Bevölkerung, an einem Tag Brennholz gehauen, und mit dem Boot ins Dorf transportiert, wird an einem andern Tag der von der Regierung gestiftete ~magere Stier geschächtet. Ein lustiges Treiben herrscht da vor der Moschee. Kokosnüsse werden halbiert, und ich muss zusehen, wie der begehrte Saft einfach unachtsam, ohne Verwendung, zu Boden fliesst. Männer breiten eine Matte auf dem Vorplatz, setzen sich im Kreis auf ihre mit einem Metallstück bewaffneten kleinen Klappsitze aus Holz – und nun nimmt jeder eine halbe Kokosnuss und beginnt kräftig zu raspeln. Das erste Fleisch wird gebracht, und in einer andern Ecke klemmen Männer ihre Messerrücken in eine Aussenschale einer Kokosnuss, halten das ganze mit den Füssen, und zerschneiden auf der nach oben

1/55 schauenden Klinge die Fleischstücke zu Ragout. In der Zwischenzeit setzt sich eine Gruppe von Frauen hier im Kreis und schält grüne Gurken, eine andere Gruppe rüstet Schalotten, und wieder in einem andern Kreis wird Chilly in leuchtend roter Farbe zerstossen. Ein buntes Treiben herrscht da mit regem Geplapper, und man bekommt das Gefühl: Hier herrscht eine wirkliche Dorfgemeinschaft. ~ Gemeinschaft heisst, alle miteinander etwas entstehen zu lassen. Selbst kümmere ich mich um das Zubereiten vom Brennholz. Schon bald dampft in grosser Metallschale von ~1 m Ø das Ragout, in der ein Mann mit Riesenkelle rührt. – Nach und nach erscheint die restliche Dorfbevölkerung mit Tellern ausgerüstet zum geselligen Schmaus – und die Frauen an den Töpfen haben alle Hände voll zu tun, bis unter ohrenbetäubendem Stimmengewirr jeder zu seinem Reis mit Daging und Gurkensalat gekommen ist. Eine Freude, zuzusehen und ein wenig dabei zu sein.

Zwei Affen leben im Dorf, ein ♂ u. ein ♀. Der Besitzer des ♂ ist in dem halben Jahr schon drei Mal gebissen worden und zeigt mir die Narben. Die Tiere leben an der Kette, erhalten 2x täglich Bananen, Ubi u.a. zu fressen. Sie werden zum Pflücken von Kokosnuss gehalten. Mit geschickter Bewegung lassen sie die Nüsse am Baum kreisen, bis der Fruchtstiel bricht und die Kokosnuss zu Boden fällt. Sogar von den Affen kann man lernen.

1/56 Mit fünf Booten und einem Netz von ~40 m x 40 m wird auf eigenartige Weise gefischt: An gewissen Stellen im Meer sind ‹Uncang›s aufgestellt; an einem langen Bambusrohr ist ein Seil mit Kokospalmenblättern und einem Stein als Gewicht befestigt. Gewisse Fischschwärme werden davon angelockt und auf folgende Art gefangen. Vier Boote kommen zusammen. Dasjenige mit dem Netz gibt drei Ecken weiter. Indem sich nun jedes Boot an den Diagonalen geankerten Stricken entfernt, spannt sich das Netz in der Horizontalen. Das Hauptboot zieht nun langsam die ‹Uncang›, ein Seil mit noch mehr Palmwedeln, um die sich die Fische scharen hinter sich nach, und erreicht das Zentrum des Netzes. Nun wird von den wartenden vier Booten das Netz gehoben, und auf jedem herrscht ein reges Ziehen. Vom Hauptboot aus wird mit Taucherbrille das Geschehen verfolgt. Gerade bevor das Netz die Oberfläche erreicht, zieht das Hauptboot seine Palmwedel ein und entfernt sich. Die Spannung steigt und drückt sich in vielen Rufen hin und her aus. Wieder ein schönes Bild gemeinschaftlicher Arbeit, wo alle dreissig Mann benötigt werden. Netzberge türmen sich auf jedem Schiff, bis von allen gleichzeitig das Zentrum erreicht wird und sich die Boote berühren. – An zwei Orten ziehen wir das Netz. Jagdbeute: Nichts. Mit Enttäuschung geht's

1/57 nach all der Arbeit ohne Lohn wieder nach Hause. Dafür werden am nächsten Tag die nur gut handlangen ‹Ikan Lolom› gleich körbevoll aus dem Netz geschöpft. Leider kann ich die Freude nur halb teilen, da ich mich wieder einmal seekrank über den hinteren Bootsrand beuge.

Am nächsten Tag im kleinen Boot mit Onkel und Jungen meerwärts. Zuerst werden am sandigen Strand Schwärme 3–4 cm langer Köderfische aufgesucht. Wie ein Storch, aber behende, stelzt der Fischer um den Schwarm, und das bogenförmig gelegte feinmaschige Netz (56 m lang) wird sofort ans Ufer gezogen. Mit Leichtigkeit steuert der Mann seinen Kahn vorwärts; einen Glimmstengel im Mund, lehnt er seitlich ans Boots'häuschen und lässt das hölzerne Steuerrad mit Fuss'sohle und Zehen spielerisch sich nach Wunsch drehen. In kleinen Grüppchen wird an bestimmten Stellen in Inselnähe geankert und mit Haken, Köder und Silk gefischt. Diesmal vor der Ostküste. Bei dieser Schauklerei wird mein Gesicht wieder mal grün, und der restliche Tag alles andere als Vergnügen. – Oft wird auch nachts mit Haken gefischt.

1/58 Die ‹Ikan Butah› haben erstaunliche Fähigkeiten. Als ich einen im seichten Wasser verfolgt hatte, schwamm er unter einen Korallenstock und klemmte sich dort fest, indem er seinen Körper auf doppelte Grösse aufblies, und seine Stacheln igelähnlich stellte.

Hier hält ihm ein Fischerjunge einen anderen Fisch in den Mund – und ich traue meine Augen kaum; mit einem eigenartigen Geräusch wird da ein sauberes Loch rausgebissen, und ein nächstes – mit nur einmal Schliessen des scharfen Kiefers. – Brutal steckt ein Junge dem sterbenden Fisch die Kieferspitzen vom I. Tudak in den After, mit wippenden Bewegungen, worauf sich dieser zu voller Grösse aufbläst. Achtlos werden diese eigenartigen Tiere mit ungeniessbarem Fleisch am Ufer liegen gelassen. Mit geschickter Bewegung wird hin und wieder vom anlegenden Boot oder vom Steg aus das Wurfnetz über einen Fisch geworfen. Längs der Peripherie sind Gewichte, im Zentrum ein Strick angebracht. Daneben werden auch grosse feinmaschige Stellnetze (Puka Anyu/Puka Tako) über Nacht gelegt, und das ‹Puka Geru› kreisförmig gelegt und sofort wieder eingezogen.

Aus Rotang-Lianen werden die Gerüste für die vielleicht zwei Meter langen, 1,20 m hohen Fischreusen hergestellt. Die stachlige Pflanze wächst palmwedelartig im Dschungel und erklettert mit ihren Widerhaken bewehrten Ranken auch hohe Bäume. Die trockene Rinde löst sich leicht, und darunter kommt dieses äusserst flexible grüne Schlinggewächs zum Vorschein. Die Reusen, ‹Bulu› genannt, werden mit Maschendrahtgeflecht bespannt und in Ufernähe im Wasser als Fallen aufgestellt.

1/59 Wenn ich abends über dem Dorf sitze, und der Gesang des Beters aus der Moschee den Weg zu meinem Ohr findet ~ da überkommt mich Andacht.

Ashadu Allah I La Ha I Lo Loh
Ashadu Allah Muhammed Der Rosu Lo Loh

Im Moment der Andacht sind sich wohl die Menschen alle gleich – ob Christ, Buddhist oder Moslem...
Neben der Moschee befindet sich ein Sandfeld voll rundgeschliffener kopfgrosser Steine, kaum beachtet – der Friedhof. Da und dort liegt wiederkäuend eine der mikrigen Zwergschafe mit vergammelten Wollsträhnen, oder halb nackt. Vielleicht lehnen sich zwei junge Lämmlein an die Seite ihrer Mutter. Sie führen im Dorf ein eher erbärmliches Leben, und ernähren sich in Mangel an Grünfutter nur von Abfällen, um die sie sich noch mit den Enten streiten müssen.

Toilette des Dorfes bildet der Strand, wo die kommende Flut und Haustiere damit täglich aufräumen. Alle Männer pissen mit gebeugten Knien, wie die Frauen. Kein Tag vergeht, ohne dass von mir ‹Obath›, Medizin, verlangt wird. Ich hätte wohl einen ganzen Rucksack voll mitnehmen sollen. Nur mit dem Ratschlag bedient, sich bei rheumatischen Leiden vor Kälte zu schützen und's mal mit einem warmen Wickel zu versuchen, oder bei einem Umlauf den Finger mehrmals ins warme Schmierseifebad zu halten, sind die wenigsten zufrieden. Oder sich bei Kopfschmerz von Sohn, Tochter oder Ehemann das Genick massieren zu lassen. Man will eine Pille oder ein Fläschchen, wie bei uns.

Häufigstes Leiden ist Zahnschmerz. Kein Wunder bei dieser Ernährung mit viel Zucker, Weissmehl und weissem Reis. Kaum eine Frau von über 25 Jahren ohne gähnende Zahnlücke, die beim freundlichen Lächeln sichtbar wird. Vor allem ältere Frauen kauen ihren Betel und schmauchen auch gern ihren selbstgedrehten konischen Glimmstengel. Als Papier wird das Blatt der Nipa-Palme benutzt. Leider kann ich nicht Schmerztabletten ad libitum verteilen. Am meisten Leid tun mir die von Würmern geplagten Kleinkinder

1/60 mit ihren aufgetriebenen Bäuchen. Gegen Asthma, Migräne, Rheumatisch und Abszesse will man Medizin. Einmal zeigt mir ein fremder Fischer seinen Penis mit leichtem Ausschlag und weissem Ausfluss. Schon zwei Monate schleppt er seinen Tripper rum. Das Penicillin vom Arzt soll nicht geholfen haben. – Um nicht allzusehr zu enttäuschen gebe ich hin und wieder ein paar Schweden- oder Arnika-Tropfen. – Gemütlich halten hin und wieder Ehefrauen den Kopf ihren Gatten im Schoss und gehen auf Läusejagd (‹Lari Kutu›)* [Anmerkung steht auf S. 1/61]

Elektrisches Licht spendet dem Dorf ein Dieselgenerator. Die Leute in seiner lärmigen Nähe sind um ihren Wohnplatz nicht zu beneiden. Die Neonlampen in den Häusern brennen die ganze Nacht. Schlendert man abends durch die Gassen, verpasst man nicht viel vom Fernsehprogramm; schallt doch aus jedem zweiten Haus dieselbe Filmakustik durch die Ritzen in die nächtliche Dunkelheit.

Neben allem Orientalischen isst man auch hier Maggi-Nüdeli, trinkt selten Coca-Cola, raucht viel Bendson+Hedges. Multi-Konzerne haben wohl die ganze Welt erobert. Vor allem die Jugend gibt sich westlich orientiert, trägt Blue-Jeans und liebt Rock-Musik. Gearbeitet wird nicht regelmässig jeden Tag, sondern wenn's nötig ist und wenn man Lust hat. – In den ‹Wakas›, es gibt vier dieser Dorftreffplätze, wird oft gesessen, geblaudert [geplaudert] und Karten oder ‹Dang Panjang›, eine Art Halma, gespielt:

1/61

Ein Brett ist wie beim Schachspiel in 64 Felder eingeteilt. Man spielt mit je 12 Steinen, wobei für die dunkle Farbe Kokosnuss-Schalenstückchen, für die helle Farbe weisse Korallensteine benutzt werden. Abwechslungsweise wird diagonal ein Feld gefahren. Trifft man auf die Gegenfarbe mit freiem Feld hintendran, wird übersprungen und der Gegner gefressen. Hat es mehrere Schwachstellen, kann man gleich in einem Zug diagonal und im Zick-Zack 2–3 Steine fressen. Erreicht ein Stein den feindlichen Spielrand, kann er gleich unbeschränkt viele Felder in der Diagonalen überspringen. Wer gefressen oder eingeklemmt wird, hat verloren.

Das Spielbrett in der Waka hat schon manche Schlacht über sich ergehen lassen. Die einzelnen Spielfelder zeigen sich als Mulden, die von enthusiastischen Angriffen erzählen. Oft wickelt sich das Spiel Päng-Pumm ab, man kommt kaum zum Schauen. Und zögert ein Spieler mal zulange, hat bald einer der vielen Zuschauer den Zug schon für ihn ausgeführt. – Gegen Abend entlädt gewöhnlich ein Teil der spritzigen Jungens ihre Energie auf dem Fussballplatz.

Als Überrest vergangener Zeiten, schmücken sich die Frauen, wie in Thailand, mit punkt- und strichförmigen Ornamenten aus weissem Puder auf dem Gesicht.

Auch scheint trotz dem Islam noch eine gewisse Furcht vor nächtlichen Wald- und Berggeistern vorhanden zu sein. Wohl niemand würde sich zu nächtlicher Stunde allein in den Wald begeben. Ein Haus mit hohem Zaun ringsum, das ist der Polizeiposten. Eine langweilige Beschäftigung für einen jungen Burschen in vollem Saft, für ein halbes Jahr als Polizist hierher verbannt zu werden. Die Arbeit besteht darin, einfach anwesend zu sein. – Der Bürgermeister des Dorfes wird auf Lebzeit gewählt.

* Über die Verwendung von Heilpflanzen bekomme ich in der kurzen Zeit meines Besuches wenig mit: Ein Mann benutzt ein zerkautes Kraut als Umschlag für seinen entzundenen Finger. In der Strandvegetation findet sich eine Pflanze, deren gerbsäurehaltigen Blätter als Tee gegen Durchfall benutzt werden. Eine andere violettblühende Pflanze wird zerrieben von den Frauen benutzt, um die Haare unter dem Arm loszuwerden. [Anmerkung zu S. 1/60]

1/62 Nach einer Weile des Dorflebens, werde ich müde, täglich 20 Mal die Frage «Aua pergi di mana?» zu beantworten, «Wo gehst du hin?» – Für ein paar Tage ziehe ich mich auf die grosse Nachbarinsel zurück, um das Erlebte zu überdenken.

Was ist das Ergebnis des kleinen Robinson-Abenteuers? – Die Bestätigung, dass man auf eine Insel verschlagen, nicht zu verhungern braucht, wenn man sich von allem ernährt, was da kreucht und fleucht. Im Notzustand mag man seinen anfänglichen Ekel ablegen, eine Ratte, Schnecken und ähnliches Getier zu verspeisen. Auf die Dauer ist dieser Lebensstil kaum erstrebenswert. – Jedenfalls erspart man sich viel Mühe und Bangen, wenn man vorher mit der einheimischen Bevölkerung eine Weile zusammenlebt, um Giftiges von Essbarem unterscheiden zu lernen, ohne selbst Versuchskaninchen spielen zu müssen.

Ich frage mich auch, wie ich wohl die Begegnung mit dieser fremden Welt als Fastender empfunden hätte. Lebt man nur von der Natur, ist man einen grossen Teil des Tages damit beschäftigt, sich Nahrung zu beschaffen. Irgendwie diktiert der Bauch den Lebens-Stil – und der ist von Sorge geprägt, die erst schwindet, wenn der leere Schlauch gefüllt wird. – Diese Sorge mag sich legen, wenn man mit der Umgebung langsam vertraut wird, sich das Bangen in Gewissheit verwandelt, die Fremde zur Heimat wird.

Eines Tages begleite ich Fischer auf der Suche nach Schildkröteneiern. Zehn Männer des Dorfes teilen sich im Turnus diese Beschäftigung. Mit dem Boot umfahren wir beide Inseln und halten in sandigen Buchten nach den grossen Schildkrötenspuren Ausschau, die sich landwärts ziehen. Ohne Erfolg. – Die Eier haben die Grösse von Tischtennisbällen, mit einer Delle einwärts. Die Haut ist weich, ähnlich einem Hühnerei von Henne mit Kalkmangel, aber schön weiss. Die Schildkrötenmütter legen nachts, wenn ich richtig ver-

standen habe, bis 100 Eier pro Tier in eine 20–40 cm tief gegrabenen Mulde im Sand, wo die warme Sonne das Brutgeschäft erledigt. Schlüpfzeit nach 40 Tagen. Momentan sind wenig Eier zu finden, während in den Monaten Juli–August bis tausend Eier täglich gesammelt werden. Als ich ein Ei kaufe, staune ich ob dem hohen Preis. «Obath», bekomme ich zur Antwort. Medizin für was? Er zeigt auf seinen Biceps, und meint wohl als potenzsteigerndes Mittel.

1/63

Beim Umfahren der grösseren unbewohnten Insel sind mir die grossen Bäume aufgefallen. Hier scheint noch Primär-Urwald zu spriessen. – Nochmals spanne ich etwas abseits meine Regenblache und Hängematte in der Hoffnung, diesem und jenem Tier ins Auge zu schauen.

Ein kleines schön blau gezeichnetes Raubspinnchen mit grossen skorpionsartigen Vorderbeinen, kann sich mit Riesensprüngen auf Beute stürzen. – Eine Raubwespe zerrt eine grosse Spinne hinter sich drein.

Recht erschrocken war ich, als sich beim Eindunkeln eine Riesenechse, die meinen nahenden Schritt gehört hatte, mit krachendem Geräusch in die Büsche schlug. Dieses Überbleibsel

46 | TAGEBUCH 1

der Urzeiten war von Fisch-Abfällen bei meiner Feuerstelle angelockt worden. Von den Einheimischen werden diese bis 2 Meter langen Tiere ‹Bewot› genannt. Sie hausen an der felsigen Küste, und oft sind im Sand ihre Spuren zu finden. Auch im Wasser können sie sich schnell fortbewegen. Nähert man sich ihnen, suchen sie fluchtartig im Gebüsch Deckung.

1/64 Mit Fischabfällen konnte ich diese scheuen Tiere wiederholt anlocken – und mit Schlingen wären sie wohl leicht zu fangen. Ohne Deckung ruhig abwartend, näherten sie sich bis auf 5–6 Meter, obwohl sie Wind von mir haben mussten, und verspiesen genüsslich die Überreste des gefangenen Haifischs. Ihre lange schwarze Gabelzunge weitertastend nach Leckereien, bewegten sie sich vorsichtig langsam. Ein Exemplar schien sich gerade ein neues Kleid massgeschneidert zu haben – Überreste der alten Haut klebten noch auf dem Rücken.

Wenn ich richtig verstanden habe, verbietet den Moslems die Religion, von Tieren zu essen, die sowohl im Wasser wie an Land leben. Als ich sie einmal in der Waka darauf ansprach, warum sie kein Schildkrötenfleisch essen, bekam ich die gescheite Antwort aus lachendem Gesicht: «Weil wir keine Eier mehr essen könnten, würden wir die Muttertiere verspeisen!» – Etwas enttäuscht höre ich, dass sie immer sämtliche Eier eines Geleges in ihr Netz packen, und kein einziges für möglichen Nachwuchs in der Mulde zurücklassen. Die ‹Bewots› würden sie ja doch ausgraben und fressen.

Ich darf von einer umgestürzten Palme das Herz pflücken, den sogenannten ‹Millionärssalat›, weil ohne ihn die Palme sterben muss. Wunderbar sind im Querschnitt die Blätter mit ihren Wedeln vorgebildet. Roh oder gekocht schmeckt dieses Gemüse ausgezeichnet – erinnert im Geschmack an eine Mischung von Artischocke und Spargel.

1/65 Wie ist doch diese Unterwasserwelt des azurblauen Ozeans Faszination! Erst mit Taucherbrille ausgerüstet, wird der Besuch des nassen Elements zu einer wahren Droge für das Auge. Wohl mag man staunen, dass die an die Oberfläche gebrachten Schnecken und Muscheln in Wirklichkeit gar nicht so riesig sind, wie sie uns unter Wasser erscheinen. Einmal begegne ich aber einer Kemo-Muschel von 40 cm Länge. Wunderbar blau schimmern ihre gewellten Lippen zwischen der geöffneten Schale. Man halte nicht seinen Finger drein: Mit einem klappenden Geräusch schliessen sich die harten Schalen plötzlich. – Einmal schwimmt ein kleiner Schwarm dieser pfeilförmigen fliegenden Fische mit zähnebewaffnetem Maul fast unsichtbar durchs Wasser, und die fliehenden Fischchen versuchen sich wolkenartig in die Luft auseinanderstiebend zu retten. Oder ein andermal verzieht sich ein grosser muränenartiger Fisch zwischen Riesenfelsblöcken ins unerreichbare Dunkel. – Die Klippen sind mit äusserst scharfkantigen Muscheln bewachsen – bei Flut ist da in Ufernähe das Tauchen nicht ratsam. So zog ich mir einmal, von einer Welle umgeworfen beim Pflückenwollen einer Kemomuschel, blutige Finger und einen Hintern voll schmerzhafter Blasen zu. Die Anemone wollte wahrscheinlich nicht als Sitz benutzt werden. Ein andermal wir die Spitze einer Fingerkuppe fast ganz durchtrennt, und es kostete einige Überwindung, den lebenden Fleisch-Hautlappen, so klein er war, mit scharfem Messer vom Finger abzuschneiden.

Feuerschein wirft lebende Schatten auf's Gebüsch. In hellem Flackertanz paaren sich die Baumgeister mit den Flammenzungen. ~ Wie müde Tänzer sich schlafen legen, ersterben sie langsam in rötlicher Glut, ihre Seelen in Bewegung verwandelt. 1/66
Mit einem Stock schiebe ich die heisse Trümmerlandschaft beiseite und lasse eine Mulde in der Asche entstehen. Sie dient dem in grosse grüne Blätter gewickelten Fisch als Bett. Kaum ist der Asche-Glut-Ofen

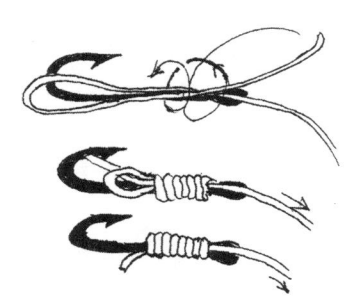

Knoten für Angelhaken

1/67 entstanden, ertönt hinter meinem Rücken ein eigenartiges Pfeifen, Quaken und Gemunkel aus nächtlichem Dunkel. Wie menschliche Gestalten zeichnen sich schwarze Silhouetten auf einem Felsblock. Lange Haarschöpfe wehen ihnen ums Gesicht. Wie eine beratende Versammlung mutet die Gesellschaft an. Am Bauch einer Mutter klammert ein kleines Kind. Die langen Schwänze verraten die Affenbande. Sie zögern, meinen Lagerplatz zu passieren, der gerade auf einer Landenge gelegen ist. Doch der kühle Wind vom Meer her möchte sie in den schützenden Dschungel treiben. Als ich mich ihnen nähere, flieht die ganze Bande wieder über die felsigen Klippen meerwärts.
[Siehe dazu Zeichnung auf S. 1/58]

Grosse schwarz-weiss gezeichnete Raubvögel mit breiten Schwingen streichen als Paar um die Insel.

1/68 Von der Bevölkerung werden sie einfach ‹Helang› Adler genannt. Oft sind sie mit Beute in den Fängen zu sehen, meistens wohl Fische, die sie nahe der Wasseroberfläche erbeuten. Einmal streift einer in ruhigem Flug durch die Lüfte; in seinen Krallen hält er das nun wehrlose Opfer, eine Schlange. – Oft jagen diese Riesenvögel laut rufend einander nach über dem Blätterdach des Waldes. Ihre Stimme erinnert an Gänsegeschnatter und Rabengekrächzge.

An einsamem Sandstrand ziehen sich gleich Spuren von fünf Schildkröten landwärts. Die Gelege sind alle schon geplündert worden. Hinter der fremdartigen Palmenvegetation verläuft ein kleines Süsswasser im Sand. Krebse mit langen schlanken, rechtwinklig gehaltenen Scheren können sich schlagartig auf der Flucht halbmeterweit durchs Wasser fortbewegen. Kleine Spinnen mit schwarz-gelb gezeichnetem Rückschild haben ihre

~5–20 cm

Netze gesponnen. Ein fliegender Fuchs hoppelt am Kokospalmenstamm aufwärts. Rot leuchten seine Ohrenspitzen im Sonnenlicht. Zum Urinieren kann er seinen Schwanz mitsamt der Flughaut über den Rücken zurückbiegen.

In der Hoffnung, ein Schildkrötenweibchen beim nächtlichen Eierlegen

beobachten zu können, verbringe ich die Nacht am Strand. – Zwischen grossen Uferfelsblöcken hängen im Halbdunkel ein paar Fledermäuse. Aufmerksam drehen sie ihre Köpfe mit eigenartig langen Nashorn-Nasen gegen mich. Ihre Körper vibrieren ~ und schwupps-di-wupp-dich auf und davon. Nachdem ich mit Meerschnecken als Köder zwei rote Fische geangelt habe, ist schnell Feuerholz gesammelt, und einmal mehr flackert dieses lebende warme Licht in der Nacht. Nach beendeter Mahlzeit schiebe ich das Feuer beiseite, lösche es, und benutze den warmen Sand als Schlafplatz. Anscheinend führt gerade hier eine verkehrsreiche Ameisenstrasse durch, und auch nach mehrmaliger Lageveränderung ist das lästige Gekrabbel nicht abzuschütteln. So werde ich wenigstens wachgehalten, um die Schildkröte bei Mondschein ans Ufer steigen zu sehen. ~ Doch kein Tier will sich zeigen.

1/71 Am Morgen durch den Dschungel bergwärts. Wirkliche Urwaldriesen von über Meter Durchmesser, mit Stämmen, engumschlungen ~ vorhangartig gefächert, von denen wieder baumdicke Luftwurzeln am Boden Fuss gefasst haben – sind selten.

Selaginella

Hei – ist das eine Freude, den langschwänzigen ‹Lutongs› zu'zusehen, wie sie sich durch die Baumkronen fortbewegen! Sogar eine hochschwangere Äffin mit dickem Bauch springt da von einem Baum durch die Luft und landet mit krachendem Geräusch im Blätterdach des nächsten. Am liebsten würde man es ihnen gleich tun. Diese sonst dunklen Affen sind um Augen und Mund hell gezeichnet. Sie bevölkern in kleinen Rudeln von 7~12 Tieren die grosse Insel. Auf der kleinen sind die Bananenräuber abgeschossen worden.

1/72 An feuchter Stelle wächst eine farnartige Pflanze. Ihre eigenartige blaue Farbe verblasst leider mit Trocknen. – Ganz selten sind auch schlanke Bäume mit roten Stämmen zu finden, deren Rinde aus hauchdünnen blätternden Papierschichten besteht. Weiter bergwärts erklettern sich die Rotang-Ranken mit ihren stachligen Trieben einen Platz ans Licht. Die meisten Bäume haben eintönig ganzrandige, ledrige Blätter und werden schwer zu bestimmen sein. Dafür leuchten die meisten Jungtriebe in zartem Rosa und Purpur-Violett aus schattigem Dunkel.

Einen Baum finde ich mit kuhkopfgrossen ahornartigen Blättern. Zwischen Felsblöcken streckt ein palmartiges Gewächs seine vier bis fünf Meter langen lanzenförmigen Hände in alle Richtungen. Das Gehen durch dichten Dschungel mit Unterholz ist mühsam und be-engend. Wie die trockene Kehle nach kühlem Quell dürstet, erscheint jede kleinere Waldlichtung mit etwas Freisicht dem Auge wie eine Oase.

1/73 Hoppsla! Die Ameisen da können aber anständig beissen! Da bin ich wohl im trockenen Laub in ein Nest geraten. Schnell verdrücke ich mich, und teile den Luftgeistern Fusstritte aus, um die lästigen Klemmer loszuwerden. Vorsichtig nähere ich mich wieder dem Ort des Geschehens. Aha! Das sind ja Termiten. Die Wächter trommeln mit ihren grossen Köpfen in eigenartiger Zeichensprache auf den Boden. Als ich einem einen Radiergummi hinhalte, verbeisst er sich mit seinen Zangen so fest darin, dass er gleich gefangen ist. Diese Art wäre wohl zu gebrauchen, um eine klaffende Schnittwunde zu heften, indem man sie beissen lässt und den Kopf vom Rumpf trennt.

Die häufigsten Termiten der Insel sind winzig klein und leben in lehmartigen, selten bis ein Meter hohen Lehmburgen, oft vergesellschaftet mit Ameisen als Obermietern. Gedeckte Tunnels führen entlang Stämmen und über Felsblöcke. – Ameisen leben zum Teil in an Büschen hängenden ~lehmigen Kugelnestern. Eine grosse schwarze Art hat sich aus Blättern ein Haus zusammengebogen, und versponnen. Die Ameisen übernehmen auch die führende Rolle als Gesundheitspolizei. Maden haben an der heissen Sonne wenig Überlebenschance.

1/74 Über Schönheit lässt sich streiten. Gewöhnlich wehre ich mich dagegen, wenn Tiere als hässlich bezeichnet werden. Solche Urteile sind auf Unkenntnis begründet. Der ‹Gesang› der ‹Riams› kann allerdings unangenehm werden. Diese vielleicht fingergliedgrossen Insekten geben ein ohrenbetäubendes monotones Zirpen von sich, das an das Quietschen von Bremsen erinnert. Dabei müssen sie ihren Motor langsam auf Touren bringen, und auch einen Moment auslaufen lassen, bevor sie wegfliegen. So lärmig ihre Konzerte sind, so schwer sind sie doch in der Vegetation an Bäumen aufzuspüren, und nie bekomme ich eines dieser Tiere nahe vor's Gesicht.

Schon wieder geht der Tag zur Neige und die Dunkelheit breitet ihr schwarzes Tuch über den Dschungel. An einem Ort der Kraft. Ein mächtiger Felsblock ruht. Urwaldriesen recken ihre Arme und formen unter dem weitausladenden Blätterdach einen Dom. Der Fels wird zum Altar. Wie ich bin, setze ich mich. Mein Geist folgt den Lianen aufwärts...

Als irgendwann nach Mitternacht Mondschein den Wald ein wenig erhellt, taste ich mich vorsichtig

1/75 wieder abwärts Richtung Strand, um nocheinmal auf Schildkröten zu passen. Das Licht der Mondlaterne mag kaum bis auf den

Urwaldboden zu dringen, und als ein eigenartiges handgrosses Tier durch's Laub raschelt, scheue ich mich, im Dunkeln einfach zuzupacken. Ohne Lampe, entpuppt sich der vermeintliche Skorpion im Schein des Feueranzünders als Krebs mit kräftigen violetten Scheren. Ich befinde mich vielleicht 200 m ü. dem Meer; so haben die Krebse also auch das Land erobert.

Eigentlich hatte ich mit einer artenreicheren Tierwelt auf der Insel gerechnet. Häufiges Flattertier ist der fledermausähnliche Flughund, mit einer Flügelspannweite von schätzungsweise 40–50 cm. Mitunter streunt er auch bei Tageslicht um die Baumkronen oder hakt sich mit seinen Daumenkrallen stammaufwärts. – Auch die Vogelwelt ist eher dürftig. An der Küste ähnliche Vögel wie ~ Bachstelze mit wippendem Schwanz, ~ Regenpfeiffer mit weisser Flügelbinde, gebogenem Schnabel und Stelzbeinen, lehmsammelnde ~ Rauchschwalben ohne ausgeprägten Gabelschwanz. Im Wald eine ~ Elster mit langem Schwanz, weissem Bürzel, sonst schwarz, und schönem Gesang. Ein unscheinbarer ~ laubsängerhafter Winzling turnt im Blätterlabyrinth. Ein Star mit grün-rötlich gezeichnetem Kopf und Brust.

Viele farbenprächtige Schmetterlinge gaukeln über der dichten Unterholzvegetation. Zu flatterhaft, um sie festzuhalten. Als einmal ein unscheinbarer Falter im Fäumer hängen bleibt, und ich ihn aus der Nähe betrachten will, springen aus seinem Hinterteil plötzlich zwei ~2 cm lange leuchtend gelbe mit quirligen Ästchen besetzte Anhängsel. Eine fingerdicke, 15 cm lange Raupe ist kaum vom Ast zu unterscheiden, auf dem sie sitzt.
An Reptilien finde ich am Strand weiterhin teichmolchartige kleine Geckos, bis 25 cm lange grün-gelb-schwarz gezeichnete Eidechsen; im Wald auf dürren Bäumen einen kleinen ‹Bewot› von ~40–60 cm. – Werner erzählt von einer kleinen ‹Schlange› mit kurzen Händen, in der Hütte gefunden, und heute trifft er auf ein zierliches, nur regenwurmdickes grünes Schlängchen, ~50 cm lang, mit waagrecht gestellten Schlitzpupillen.
Vor kurzem soll ein Tiger versucht haben, vom Festland durchs Meer auf eine Insel zu schwimmen. Er wurde mit dem Boot getötet.

Der Ostmonsunwind hat sich gelegt. Massenweise werden mit grossen ringförmig bestückten Angelhaken Tintenfische gefangen. All die Gestelle am Strand mit den bis unterarmlangen trocknenden Tintenfischen bestimmen nun das Dorfbild.

Zum Abschluss schwimmt noch ~ sanft ein grosser Rochen in den vor die Nase gehaltenen Fäumer. Es ist nun Zeit zum Aufbruch. Noch viel gäbe es auf der Insel zu entdecken, aus dem Leben der einheimischen Fischerbevölkerung aufzuschnappen. Doch Vollständigkeit war nicht der Sinn meines Aufenthaltes, nur Einblick und Umriss. Die ursprünglich geplanten 2–3 Tage haben sich nun in sechs Wochen verwandelt. Faszinierendes Leben! Mit keinem Haar bereue ich auch nur einen Tag.
Abschied von der Dorfbevölkerung. Augenpaare begegnen sich. Für die meisten Menschen werde ich der eigenartige Fremde bleiben. Bei einigen wenigen hat sich das meist fest verschlossene Tor des Herzens ein wenig geöffnet und auch meiner Seele eine Spur von Heimat gegeben.

TAGEBUCH 2

Abu Bakar

Tagebuch 2
Orang Asli
Kelantan
Westmalaysia

KOTA BAHARU

Buntes Markttreiben. Da sitzen Frauen in farbige Tücher gewickelt am Boden – vor sich die verschiedensten Früchte und Gemüse sorgfältig in Häufchen getürmt. Grün-gelb-orange Mangos, Mandarinen, rosarote Jambu-Früchte, Bananen in Bündeln, Ubi, Ginger, Kelladi, Tomaten, Gurken und vielerlei andere unbekannte Gewächse. Ein ohrenbetäubendes Plappern und Feilschen, Kommen und Gehen beherrscht das Bild. Ein altes, mageres Männchen mit verschrumpfelter Haut sortiert seine Knoblauchzinken, während ein Mann mit einer Riesen-Mangka-Frucht stolz den Markt überquert. Hier sitzt ein Mann umgeben von einem Wall von Ananas, dort guckt gerade noch der Kopf eines Händlers hinter dem Berg von Kokosnüssen hervor.

In grossen geflochtenen Körben werden Hühner herantransportiert und inmitten von dampf- und blutgetränkter Luft zu hunderten fabrikmässig geschlachtet. Mit einem Messer wird ihnen der Hals durchschnitten, worauf sie in eine rostige Tonne geworfen werden, wo sie ihre letzte Lebenskraft ausflattern und so ein klägliches Ende finden. Die blutverschmierten leblosen Körper werden darauf ins strudelnde Wasser geschmissen, gerupft und ausgenommen – und hoppsla – ist das Huhn schon in ein Poulet verwandelt – so schön, wie es der Kunde wünscht.

Die Nähe des Fischmarktes wird durch den unverkennbaren Gestank angekündet, der wohl schon manchem Menschen den Appetit auf Fisch genommen hat. Frischer Fisch – ob aus Fluss, See oder Meer, ist beinahe geruchlos und stinkt keineswegs. Was macht aber der Händler mit den Fischen, die er nicht verkaufen kann; er legt sie immer wieder auf Eis – bis sie den typischen Verwesungsgeruch annehmen. Von grösseren Fischen wird nur der fleischige Rumpf verkauft hier in der Stadt, während die Köpfe in den weniger begüterten umliegenden Dörfern an den Mann/die Frau gebracht werden. – Man kann nur staunen über die Vielfalt der Wesen des Ozeans. Tintenfische, Krebse, Muscheln und Krevetten, Rochen und Haifische... Alle von ihnen leben in einer bestimmten Umwelt, werden mit bestimmten Netzen gefangen und jedes einzelne Tier hat seine ganz persönliche Geschichte.

Neben den tischtennisballähnlichen Schildkröteneiern finden sich in grossen Tontöpfen gelbbraune und schwarze ovalförmige Klumpen. Es sind mit Fluss-Erde und Salz, oder mit Salz und verkohlten Reisspelzen konservierte Enteneier.

Sungai Nenggiri, Kelantan, Malayisia. April 84

Unterwegs. Mit Kribbeln im Bauch wage ich mich zum ersten Mal ins schmutzigbraune Wasser und durchschwimme den breiten Dschungelfluss. Die Strömung ist stark. Weder Krokodile noch giftige Fische lauern. Das beruhigt. – Einem Süsswässerchen folgend, sinken die Füsse im Sumpf ein. Rote Blüten von Schmarotzerpflanzen ohne Blattgrün wachsen direkt aus dem Boden. Zwischen wilden Bananenbäumen und Riesenblattwedeln mit kindskopfgrossen roten Blumen aufwärts. – Ich höre ein lautes Schmatzen, Beissen, Rascheln und Knacken durch's Blättergewirr. Langsam pirsche ich mich näher, nur mit kleinen Bad-Höschen und Brille bewaffnet. Die vermeintliche Affenbande entpuppt sich als Herde von ~20 Wildschweinen. «Knrrchhhchhypfok khrr» machen sie sich aus dem Staub. Nach einer Weile spurtet noch ein Nachzügler durchs Gebüsch, der sich anscheinend nur ungern von der verlockenden Frucht trennen konnte: ‹Buah Kelidang›. Grosse längsovale Früchte hängen in der Krone des dicken Baumes. Das gelbe Fleisch schmeckt süsslich und mag mich stammaufwärts zu locken. Ein grosser weisser Affe lässt sich wie ein Stück Leintuch vom hohen Baum ins Gebüsch runter fallen. ~ Zurück am Fluss flieht ein ‹Bewot›, eine grosse Echse wasserwärts.

Besuch einer kleinen Höhle. Zusammenstoss mit drei Fledermäusen, die mir ins Gesicht und an den Bauch fliegen. Im ersten Moment erschrecke ich, gerade in Erwartung von Riesenspinnen mich langsam vorsichtig vorwärtstastend. ~ Die ersten Elephantenspuren mit Losung. Irgendeine Raupe od. Pflanze habe ich wahrscheinlich berührt; noch lange brennt meine Haut recht unangenehm an ein paar Stellen, nachdem ich mich zum Trinken an kleinem Wässerchen gebeugt hatte.

Mit dem Boot weiter stromaufwärts. Ein Adler holt sich einen dicken Fisch aus dem Wasser und kröpft ihn am Ufer. Faszinierende Dschungellandschaft mit bewaldeten, tropfsteinbehangenen Felsen, schwarzen Löchern~Urwaldriesen~Lianengewirr ~ und durch das Ganze schlängelt sich der breite trübbraune Strom.

Erste Begegnung mit Eingeborenen, ‹Orang Aslii›. Das Dorf-

55

oberhaupt ein zierlicher weisshaariger alter Mann, die Frauen und Jungen alle mit kraus-schwarzem Lockenschopf. Ein junges Zwergreh, ‹Kancil›, kaum grösser als eine Ratte, wird mit Reis gefüttert.

‹Tupai›, Hörnchen in Käfigen. Alle Menschen haben vom Betelkauen rote Zähne. – Nacht's dringt der Gesang des Medizinmanns an mein Ohr. Der 12-jährige Neffe des Häuptlings ist malariakrank. – Ein kleiner Gecko hält eine grosse Feldschrecke im Mund.

Katak Puru

Ein Dschungelgewitter prasselt vom nächtlichen Himmel. Kröten und Frösche geben ein Konzert wie Maultrommelklang. Der Gesang einer Art erinnert an das metallene Klicken von Aufziehfröschchen. – Gleich fünf Geckos kleben an Decke und Wänden, und hin und wieder geben diese kleinen unscheinbar bräunlichen Echslein ein Schnalzen von sich.
Zkk~zkk~zkk~zkk~zkk~zkk~zkkh

Grosse grüne Laubschrecken, ‹Belalang›, werden da und dort in mit Liebe geflochtenen Körbchen, oder auch nur im Plastikzelt gehalten. Nach zwei-drei Tagen Gefangenschaft geben sie nächtliche Konzerte. Manch einer muss auch sein Leben lediglich als Köder am Angelhaken lassen.

Neben den Mosquitos werden vor allem blutsaugende winzige Fliegen, wie wir sie von Europa kennen, lästig, ‹Agas›.

Vom hellen Lichtschein werden nachts verschiedene Falter angezogen. Vor allem eine Art mit 2 silbrigweissen Flügelflecken. Das eine Geschlecht ist am Ansatz der Hinterbeine mit roten quirligen Haarbüscheln geschmückt. Ein anderer unscheinbar braun gefärbter Gesell protzt mit seiner Grösse ~ wie eine Hand.

Auf einer kleinen Entdeckungsreise folge ich einem Bachlauf aufwärts. Enttäuscht kehre ich zurück. Hier in Dorfnähe scheinen alle grösseren Säugetiere schon gejagt worden zu sein. Einzig auf ein paar Vögel stosse ich – und der Bachlauf scheint Gold zu führen. Gelb glitzern die flachigen Glimmer-ähnlichen Plättchen durch das Wasser, wenn sich das Sonnenlicht auf ihnen bricht.

Das Orang-Asli-Dorf Pulat macht einen sauberen Eindruck. Schöne Hütten mit Wänden aus Bambus, der gespalten, einfach wie Leinenbindung, oder ähnlich wie Köper in symmetrischen Mustern ineinander verflochten wurde. Rinder und Ziegen weiden zwischen den Hütten, Durian-, Zitronen- und Rambutan-Bäumen und halten den Graswuchs kurz – wie ein grosser grüner Teppich. Auch Kokospalmen gedeihen noch hier im

Landesinnern. – Da werden zwei Kinder in der Karette von der Mutter aus Freude durchs Dorf gefahren. Dort springt eine Henne mit eigenartig langem Schwanz wie vom Teufel gejagt hin und her: Ein paar Jungens haben ihr eine Geierfeder an den Hintern gebunden. Für heute wird sie wohl kein Ei mehr legen. Als drei Hunde gemein einen kleinen schwächeren Artgenossen verdreschen, kommt auch schon der Dorfpolizist angerannt: Laut muhend, mit gesenkten Hörnern, sorgt die Kuh dafür, dass wieder Friede ins Dorf einkehrt. Wird die Hitze all zu unangenehm, verziehen sich die Leute in die schattigen Hütten, Rinder und Ziegen darunter.

Als ich eine Kokospalme erklettern will, werde ich zurückgehaten: Solange jemand im Dorf krank ist, dürfen keine Früchte gepflückt werden. Doch scheinen die Eingeborenen den überlieferten Bräuchen nicht stur zu folgen. – Wenn jemand stirbt, wird nicht mehr gleich das ganze Dorf verlassen. So hat der Häuptling, nachdem in einem halben Jahr zwei Menschen in seinem Haus gestorben sind, einfach an anderer Stelle im Dorf eine neue Hütte gebaut.

Es fällt auf, dass die Behausungen keine Fenster haben. Nacht's muss es darin recht schwül sein. Auch die Türen werden geschlossen, aus Angst vor Geistern.

Bei Unfall wird gerne moderne Medizin in Anspruch genommen. Krankheit allerdings wird von Geistern verursacht, und man versucht, die bösen Geister durch nächtliches Singen im Dunkeln der Hütte auszutreiben. Langsam werden aber trotzdem da und dort Pillen geschluckt und Tropfen eingenommen.

Die Regierung ist bestrebt, die Eingeborenen dem heutigen Lebensstyl anzugleichen. Ein kleiner Laden wird im Dorf unterhalten, damit der weite Weg talwärts gespart werden kann. Ein Mann wird dafür bezahlt, ein Lager an Medikamenten zu führen. Setzlinge für Bananenbäume und Ananas werden geliefert, Bäume für die Latex-Gewinnung gepflanzt. Die Eingeborenen besitzen nur wenig Geld. Im Wissen, dass ihre Produkte von Händlern billig aufgekauft und talwärts teuer weiterverkauft werden, sind sie zum Teil unzufrieden. Geld wird vor allem für Benzin für die Motorboote, für Kleidung, Uhren, Zigaretten, Tabak, Zucker und Tee gebraucht. Komisch muten die Wellblechhäuschen zwischen den Bambushütten an. Die WC's sind von der Regierung erstellt worden.

Weiter bergwärts werden auch Schulen unterhalten. Ein Teil der Jugend geht für eine Weile stadtwärts, um im Internatsbetrieb den neuen Lebensstyl zu lernen. Bestrebungen, die Ur-Sprache der Eingeborenen zu pflegen, sind nicht vorhanden.

Einige Eingeborene arbeiten für eine private Holzschlagfirma, die ihr Büro gleich im ‹Pejabat O.A.› haben – gute Zusammenarbeit. Pro Monat werden rund tausend Bäume gefällt und die Erschliessung mit Strassen ist bis in die obersten Dörfer geplant.

Erblicken Frauen den unbekannten Fremdling, verdecken sie hastig ihre Brüste. Schmuck wird nur in bescheidenem Mass getragen. Die Frau des Häuptlings hat sich einen selbstgedrehten Glimmstengel ins Ohrläppchen gesteckt und vom andern baumelt eine Sicherheitsnadel. Hin und wieder schmücken sich Mädchen mit zarten Blütentrieben, die sie sich in die schwarzen Lockenschöpfe stecken.

Wo die langweilig-eintönigen Rubber-Tree-Pflanzungen vom lebendigen Dschungel abgelöst werden, mündet ein kleiner Bach aus einer Felswand. Um den Höhleneingang sind Spuren vom Elefanten, Tiger, Zwerghirsch und anderen unbekannten Tieren zu finden. Tageslicht dringt von der anderen Seite in die Höhle. Hierher hat es mich zurückgezogen, und mit Taschenlampe und Buschmesser wage ich mich vorwärts. Nach hundert Metern Tageslicht mündet der Bach zum zweiten Mal aus dunkelm Felsenschoss. – Schon hat sich die Sonne schlafen gelegt, soll ich? Allein musst du dir selbst aus der Patsche helfen. – «He, digge Fründ – wo bisch?!» – Es riecht nach Guano. Ein paar Fledermäuse geistern durch die Gewölbe. Schon nach kurzem wird das Wasser

2/12 tiefer und ich lasse mein Jute-Rucksäckchen zurück. «Pfläckpflutsch», springt mir ein dicker Frosch mitten ins Gesicht und lässt mich zusammenzucken. «Du Schlaumeier! Mich so zu erschrecken!». – Glücklicherweise ist die tiefe Stelle schnell überwunden, und es geht ohne Schwimmen vorwärts. Die bis handgrossen Fische im Wasser zeigen, vom Licht geblendet, kaum eine Fluchttendenz. Zwei Arten kann ich unterscheiden. Dazu gesellt sich ein weisser, welsartiger Fisch mit zwei langen Fühlern. ~ Nach vielleicht einer Viertelstunde künden Grillengezirpe und Froschgequake erneut von nächtlichem Himmel.

Ich folge eine Weile dem Bachlauf aufwärts. Eine eigenartige unbekannte Stimme dringt aus dem Dunkel. Ist es ein brünstiger Bulle vom Wildrind? Mein Lichtlein ermüdet langsam, und ich beeile mich wieder bachabwärts.

2/13 Neben dem Höhleneingang lege ich mich schlafen.

Wer kämpft sich denn hier mühsam von Stein zu Stein durch das nasse Element? Frau Schildkröte stemmt sich mit aller Kraft gegen die weiss-schäumenden Wassermassen, die sich an ihrem Körper brechen. Hoppsla ~ jetzt hat ihr ein Kolk einen Streich gespielt und sie ist kurz untergetaucht. Als sie den Zuschauer entdeckt, zieht sie schnell Kopf und Füsse unter ihren Panzer; besinnt sich dann anders und flieht schnell unter Wasser. In einem Spalt kann ich sie ertasten. Auf ihrem Rückenpanzer spriesst ein dunkelgrüner Algenteppich. Mit Leichtigkeit kann sie sich aus der Rückenlage wieder auf die Beine bringen. Dabei streckt sie ihren langen Giraffenhals wie einen Penis aus der Vorhaut. – Eine mühsame Sache für beide Teile, wenn lebende Tiere zum Zeichnen herhalten müssen. Für Genauigkeit braucht es Tod – oder Fotografie.

«So – dankschön für s'unwillige Anehebe – jetzt darfsch widr dini eigene Wäg go. Wenigschtens en Idee vo dir isch uf em Papier», und schon läuft sie erstaunlich schnell zum Bach und taucht unter.

Der Wald ist bis auf die Höhen mit breiten, rotlehmigen Wegen erschlossen. Das Maschinengeheul der Motorsägen, Traktoren und Lastwagen ist wieder verstummt, hat wohl aber die scheuen Tiere vertrieben. Langsam ist die Natur wieder im Vormarsch. Ranken und junge Büsche begrünen die kleineren Holzwege, Wasser

2/14 frisst sich vorwärts und lässt das Strassenbett in Löchern einfallen, stürzende Bäume legen sich quer…

An feuchten Stellen wachsen die Riesenblätter von ‹Lumbuk›. Unter ihnen kommt man sich klein wie ein Käfer vor. Mit einem blasebalgähnlichen Geräusch künden sich die grossen Nashornvögel an. Jeder Flügelschlag lässt die verdrängte Luft raunen. Laut hallen die lachenden Rufe über die Dschungellandschaft.

Nach weiterer Nacht unter freiem Himmel begebe ich mich nach ‹Pulat›. Als die Hitze allzu unangenehm brennt, spendet mir ein Bananenblatt auf der Wanderung Schatten. – Eine frische Bärenspur folgt der Strasse. Wohl drei Kilometer ist Meister Petz auf der menschlichen Einrichtung gewandert. Hin und wieder kreuzen Spuren vom Wildrind den Weg. – In Dorfnähe scheint eine Elefantenherde in die Bananenpflanzung eingebrochen zu sein. Als ich lautes Knacken höre, versuche ich mich durch fast undurchdringliches Bambusgewirr anzupirschen. Mit lautem Poltern fliehen die zwei Gesellen, und durch das dichte Blättermeer bekomme ich nur deren Schatten schemenhaft zu Gesicht. Oder waren es gar zwei Nashörner? Die Spuren sind nicht von ausgewachsenen Elefanten ~ und so schnell, wie die geflohen sind?

MORGENS WECKT MICH LAUTES GESUMM. HUNDERTE VON BIENEN SCHWIRREN UM MEINEN SCHLAFPLATZ, SETZEN SICH AUF MICH, KLEIDER, REGENBLACHE. BALD HÄNGT AN DEM KOCHKESSEL EINE GANZE KRABBELNDE TRAUBE. IST ES EIN SCHWARM AUF NESTSUCHE? ICH ENTDECKE KEINE KÖNIGIN. NUR RUHE BEWAHREN. VORSICHTIG LANGSAM KLETTERE ICH AUS DER HÄNGEMATTE UND SCHLÜPFE IN LANGE HOSEN UND HEMD, VON DENEN ICH ZUERST DIE BIENEN RUNTERSCHÜTTELN MUSS. NACH EINER STUNDE IST DER GANZE SPUK VORBEI UND DER SCHWARM ZERSTREUT SICH LANGSAM.

Ein Wildschwein verrät sich im Unterholz durch sein Grunzen.

Auf der noch warmen, verkohlten Urwaldlichtung, helfe ich den Eingeborenen ‹Ubi Kaiu›, ein Wurzelgemüse, zu pflanzen. Mit dem langen Grabstock sticht man schräge (~45°) Löcher in den Boden, in welche man die handlangen, mit Augen besetzten Stengelstücke steckt. Schon nach kurzem treiben sie aus.
In schönem Takt wird zu dritt der Hügelreis geklopft, indem man das Holz senkrecht in das mit Körnern gefüllte konische Holzgefäss stösst. In flachen geflochtenen Riesentellern wird das Gut geworfen, um die Körner von der Spreu zu trennen.

2/15 Nach einer Woche Wartezeit auf meine Erlaubnis, weiter ins Quellgebiet der ‹Orang-Asli› vorzudringen, ist der einzige Bescheid, ich müsse in der Hauptstadt Kuala Lumpur nochmals vorsprechen. Nun wirds mir zu bunt – nochmals drei Tage hin- und her nur wegen einem lausigen Papier. Ich packe mein Bündel. Stromabwärts ist mir eine wilde felsige Gegend in Erinnerung geblieben.

Wohl habe ich Bedenken, allein im unbekannten Dschungel. Lieber hätte ich vorher eine Weile mit Eingeborenen zusammengelebt.

Nach langem Bitten werden mir zwei-drei wildwachsende essbare Pflanzen gezeigt: Die Blüte der wilden Banane, die Jungtriebe von zwei Farnen, das Mark einer stachligen Palme. Von dem Wurzelgemüse ‹Ubi Kaiu› ist nur die Art mit roten Blattstielen essbar (– diejenige mit weissem Blattstiel erzeugt Brechreiz); auch die Jungtriebe können gekocht gegessen werden.

Frösche werden nachts entlang dem Bachlauf mit der Taschenlampe geblendet und gefangen. Bei Regenwetter wird es ihnen zu kalt, und sie ziehen sich in den Wald zurück.

Etwas enttäuscht, dass mich einige Eingeborene zum Abschluss mit Wucherpreisen für etwas Reis und den Transport flussabwärts ausnehmen wollen, nehme ich Abschied.

2/16 Morgens weckt mich lautes Gesumm. Hunderte von Bienen schwirren um meinen Schlafplatz, setzten sich auf mich, Kleider, Regenblache. Bald hängt an dem Kochkessel eine ganze krabbelnde Traube. Ist es ein Schwarm auf Nestsuche? Ich entdecke keine Königin. Nur Ruhe bewahren. Vorsichtig langsam klettere ich aus der Hängematte und schlüpfe in lange Hosen und Hemd, von denen ich zuerst die Bienen runterschütteln muss. Nach einer Stunde ist der ganze Spuk vorbei und der Schwarm zerstreut sich langsam.

2/17 Aufwärts, wo Felsen locken. Unter einem Balm finde ich Schutz. Nachdem ein paar junge Bäume gekappt sind, darf ich einen Blick über die Landschaft werfen. ~ Nebel steigen, Blätter wirbeln durch die Luft, und schon bald prasselt das abendliche Tropen-

2/18 gewitter vom Himmel.

Obwohl ohne Ausrüstung, beschliesse ich, die Nacht hier zu verbringen. Mit Ästen und dürrem Farnkraut bereite ich mir ein Nest. Und schon blinkt das erste Glühwürmchen. Und schon streift die erste Fledermaus um den Fels. Und schon kommen die hungrigen Moskitos – scharenweise. Dazu gesellschaften sich Ameisen, die mich mit ihrem lästigen Gekrabbel und Säurespritzerei wach halten.

Morgens dringt aus dickem Nebel Affengebrüll und der laute Ruf des Nashornvogels an mein Ohr. Und schon baumt einer dieser Gesellen mit lautem Flügelklatschen in der Krone eines Urwaldriesen dicht an meinem Schlafplatz auf. Ich klettere wieder runter auf erdigen Boden und folge dem Fuss der Felswand. Da wölbt sich an einer Stelle der Fels gewaltig in einen Überhang, wohl 20-30 m hoch und ~150 m lang. Vögel streifen um die Tropfsteingebilde, die aus Wänden wachsen und von der Decke hängen. Hier scheint der Schlafplatz einer Elefantenherde zu sein. Der Boden ist plattgetrampelt und da und dort liegen grosse Knollen von Elefantenlosung. – Weiter talwärts entschwindet bei einem Rinnsal ein schlangenhafter Leib zwischen den Steinen: Ein Riesentausendfüssler, unterarmlang.

2/19 Mit seinen festen Leibringen erinnert er, fingerdick, mehr an ein Reptil. Aus seinem Mund sondert er eine gelbe Abwehrflüssigkeit, deren Geruch dem frischer Nuss-Schalen gleicht. Kommt man ihm aber mit der Nase zu nah, sticht einem die Säure wie über einer Flasche eines hochkonzentrierten chemischen Produkts. Sieben Wellen fliessen durch seine Beinpaare, während er sich fortbewegt.

In einer Doline sitzen im Höhleneingang zwei merkwürdige Riesenspinnen. Die zweiten Vorderbeine (~16 cm) sind über doppelt so lang wie die restlichen Beinpaare – und der Kopf ist mit zwei aufklappbaren stachelbewehrten Fangarmen ausgerüstet.

Dem Stamm eines Baumes entwachsen in Bodennähe halbmeterlange purpurne Schoten in Büscheln.

Im Wasser zappelt ein Ästchen. Das Stückchen Holz entpuppt sich als wurmgebärendes (?) Insekt. Wie eine Gottesanbeterin mutet es mit seinen Fangarmen. Nur schwankend vermag sich das gstabige Tier an Land zu bewegen. Kleine Stummelflügel zieren seinen Rücken. Wieder im Wasser, lässt es sich an der Oberfläche treiben, rudert hin und wieder mit seinen langen Beinen. Neugierige Fische von gleicher Grösse streifen hungrig um das eigenartige Lebewesen, und versuchen, nach ihm zu schnappen.

Pit-Viper giftig
~1m
Trimeresurus
Popeorum

2/20 Auf Erkundungsgang jenseits des Flusses. Das Hindernis Wasser beschränkt die Ausrüstung auf Plastiktüte und Buschmesser. Durch Bambusdickicht aufwärts. – Da war doch irgendwas an dem gekappten Ast ~ tatsächlich, ein gut getarntes grünes Schlängchen hält sich mucksmäuschenstill. Ihr Kopf ist auffallend breit. Aus senkrechten Spaltpupillen schaut sie mich an. Ohne zu schwanken vermag sie einen grossen Teil ihres Vorderkörpers aufrecht zu halten. Hier im schattigen Blätterwald scheint sie auf Beute zu lauern.

Neben Rotang wachsen viele der stachligen Palmen → P. Bayah, deren Mark mir als essbar bezeichnet wurde. Leider muss man die grossen Pflanzen töten, will man an das wenige essbare Mark herankommen. Mit dem Buschmesser löse ich schlagend ringsum die Riesenblattwedel mit ihren stachligen Blattspreiten. Einen grossen Teil des zarten Marks verspeise ich gleich,

2/21 da Bruchstellen schnell oxydieren, und bewahre nur die unverletzten Stengel.

An einem Baumstamm sitzt ein fremdartig komisches Wesen. Bist du Falter oder Käfer? Sein Kopf läuft in eine lange schlauchartige Nase aus, deren Spitze wie mit einem rotleuchtenden glänzenden Wachstropfen besetzt ist. Kaum habe ich den Kerl – oder die Dame – gezeichnet, schwuppsdiwuppdich ~ auf und davon.

Zurück am Fluss, wird mir langsam schlecht. Ich wage nicht, in diesem Zustand durch die starke Strömung zurückzuschwimmen. – Irgendetwas mit diesem Palm-Mark… Vielleicht habe ich zuviel roh gegessen? Wahrscheinlich war die eine Art ohne Stacheln giftig → P. Ibom? Ich helfe dem Brechreiz mit einem Blattstiel etwas nach, den ich mir in den Schlund stecke. Ich fühle mich schwach. Erst beim dritten Versuch klappt es, und ich kann ein wenig erbrechen. Schlafe ermattet auf dem felsigen Ufer. Erst als ich mich wieder einigermassen sicher fühle, schwimme ich zurück an meinen sandigen Lagerplatz. Das gesammelte Mark liess ich zurück, einmal mehr davon abgeschreckt, unbekannte Gewächse in den Tropen zu versuchen.

Für einen kurzen Moment erblicke ich ein grosses zikadenhaftes Insekt mit durchsichtigen Flügeln und schwarzen Marken. Bist du nun wirklich dieses ‹Riam›, dessen ohrenbetäubendes andauerndes Gezirpe mehr einem Geräusch schleifender Bremsen gleicht? Oft zu hören, bin ich dem unangenehmen Klang gefolgt, um den ‹Musikanten› aufzuspüren. Doch nie konnte ich ihn bis jetzt im Blätterästegewirr erspähen. Als ich ihn fassen will, gibt er ein so schrill-lautes Geräusch von sich, dass ich mit der Hand zurückzucke ~ und der monotone Brummer entflieht.

Gespannt, einmal einem Elefanten ins Auge zu blicken, verbringe ich eine Nacht im Freien. Wo frische Spuren und geborstene Bananenbaumstämme vom Treiben der Dickhäuter erzählen, erwarte ich die Dämmerung. Für den Fall, dass ich aus irgend einem Grund Fersengeld geben müsste, behalte ich zwei Bambusdickichte im Auge.

Kaum hat sich die Dunkelheit wie ein schwarzes Tuch über den Dschungel geworfen, kündet sich der erste Geselle mit lautem Knacken an. Nach kurzem folgt ihm schon der zweite, und ein dritter nähert sich aus anderer Richtung. Anscheinend wie Streichhölzer vermögen sie Stämme zu knicken, dass diese mit lautem Knall aufschreien. Bambusrohre bersten zermantscht unter ihren Füssen. Die Spannung in mir steigt – und bald schon vermag ich die mahlenden Kaubewegungen zu hören. Plötzlich ist es einen Moment still ~ ein kurzes Trompeten hallt über die Waldlichtung und lässt mich

[Bild doppelseitig]

2/26 die Luft anhalten. – Nach einer Stunde habe ich in dem Blättergewirr noch keine Bewegung sehen können, obwohl der Mond scheint, und sich ein Tier kaum mehr als 20 Meter von mir entfernt aufhält. Meine anfängliche Angst wird von der Langeweile vertrieben, und vorsichtig pirsche ich mich näher. Undeutlich sehe ich hinter dem in die Luft ragenden Wurzelwerk eines umgestürzten Urwaldriesen zwei helle Stosszähne hervorgucken. Der Kerl scheint mich bemerkt zu haben ~ und lautes Trampeln hallt durch's Gebüsch. Behende folge ich mit der Taschenlampe in der Hand der Spur durchs Bambusdickicht – und erschrecke, als plötzlich, raumausfüllend, die Gestalt des Urweltriesen vor mir steht und mich von oben herab anguckt. Er hat mich erwartet. Kaum

2/27 fünf Schritte steht er vor mir. Ich strecke meine Hand aus, um ihn besser zu beleuchten. Da bewegt er sich gegen mich ~ nichts wie weg! Und so schnell ich kann, spurte ich davon, einen Moment noch Knacken hinter mir hörend.

Auge in Auge mit Elefanten, Nashorn oder Tiger verliert das Buschmesser als Waffe auch seine psychologische Bedeutung. Das Heil liegt wohl nur im Stillehalten, Ruhe bewahren – oder in der Flucht.

Morgens folge ich dem Fuss einer vielleicht 200 m hohen langen Felswand. Da und dort finden sich unter Überhängen und in Gewölben Schlafplätze des Dickhäuters. Ich folge einem Trampelpfad bergwärts, und staune, wie steil sich diese schweren Wesen noch fortbewegen können – manchmal brauche ich zum Steigen die Hände.

Die Elefanten werden hier nicht gezähmt und zur Arbeit benutzt. Die Einheimischen erzählen von einem Todesfall. – Treiben sie es gar zu arg in den Bananenplantagen und lassen nur traurige Schlachtfelder zurück, werden hin und wieder einige Exemplare abgeschossen.

Zwei Fischer haben flussaufwärts ihre 4–10 m langen Silknetze in Hinterwässern gelegt, und übernachten an meinem Lagerplatz, um sich den Weg ins Dorf zurück zu ersparen. Früh morgens um fünf heben sie die Netze. Als ich sie nach den verschiedenen Fischarten frage, können sie gegen 30 Namen nennen. Sie fangen v.a. einen grobschuppigen bis ~50 cm langen ~ Weissfisch (Ikan Kerai) mit steiler Rückenflosse und grosse (~1 m) welsartige Fische mit vier Fühlerpaaren (Ikan Keli).

‹Bena›

2/28
2/29 Bei hellem Sonnenschein baut sich ein Tropengewitter auf. Hoch türmen sich die Cumulus-Wolken. Blendend weiss leuchtet der Rand des energiegeladenen lebenden Gebildes im Gegenlicht – aus seinem Haupt werfen sich dunkle Schatten explosionsartig in den Himmel. Plötzlich bricht sich das Sonnenlicht entlang dem Wolkenrand in leuchtend-farbigen Schleiern purpur~violett~blau~rot~gelb~grün. Unheimlich gewaltige Kräfte ringen und spielen da oben am Firmament, während auf dem Erdboden kaum ein Lufthauch zu spüren ist. Mit grosser Geschwindigkeit nähern sich die kriegerischen sich stetig wandelnden Heerscharen und werfen sich in die Schlacht. Die wunderbaren Schleier ~ wie die Anlauf-Farben

Stand der Sonne

"BENA"
BEI HELLEM SONNENSCHEIN
BAUT SICH EIN TROPENGEWITTER
AUF. HOCH TÜRMEN SICH DIE
CUMULUS-WOLKEN.
BLENDEND WEISS
LEUCHTET DER RAND
DES ENERGIEGELADENEN
LEBENDEN GEBILDES
IM GEGENLICHT –
AUS SEINEM HAUPT
WERFEN SICH DUNKLE
SCHATTEN EXPLOSIONSARTIG IN DEN
HIMMEL. PLÖTZLICH BRICHT SICH DAS SONNENLICHT
ENTLANG DEM WOLKENRAND IN LEUCHTEND-FARBIGEN
SCHLEIERN PURPUR ~ VIOLETT ~ BLAU ~ ROT ~ GELB ~ GRÜN.
HEIMLICH GEWALTIGE KRÄFTE RINGEN UND SPIELEN DA OBEN
MOMENT, WÄHREND AUF DEM ERDBODEN KAUM EIN LUFT-
ZUG ZU SPÜREN IST. MIT GROSSER GESCHWINDIGKEIT NÄHERN SICH DIE
WANDELNDEN HEERSCHAREN UND WERFEN
...BAREN SCHLEIER · WIE DIE ANLAUF-FARBEN

STAND DER SONNE

von geschliffenem Stahl – weichen schmelzend der drohenden Finsternis. Erst als die dunkeln Gestalten über meinen Kopf jagen, wird die Stille auf dem Erdboden von heftigem Wind hinweg-gefegt. Blätter tanzen wirbelnd im warmen Luftstrom, Bäume biegen sich. Ein Ast knallt und fällt aus einem Blätterdach mit platschendem Geräusch ins Wasser.

In der Ferne öffnen sich die Wolkenschleusen, und helle Vorhänge fallen über die dunkle Kulisse des Waldes, fallen auf den Spiegel des Baches. Als geschlossene Front schiebt sich dessen gepeitschte, gekräuselte Oberfläche vorwärts, bis ich die einzelnen dick fallenden Tropfen erkennen kann. Schnell bringe ich mich unter mein Regendach in Sicherheit, und lasse die prasselnden Wassermassen über mich hinwegfegen. Vor kurzem hat die Sonne noch hell gelacht – nun ist es finster wie wenn Dämmerung der Nacht weicht. Die Luft ist angereichert mit feinem Regenstaub, wie in der Nähe eines tosenden Wasserfalls.

Die letzten dicken Tropfen fallen vereinzelt vom Himmel, und schon jubiliert wieder der erste Vogel mit heller Stimme aus dem Gebüsch. Das Leben geht weiter – Kampf wechselt mit Ruhe ~ Freude mit Leid. Ein paar Stunden später ist der Dschungelfluss einen halben Meter angestiegen, und wälzt sich trübbraun durch die Landschaft.

Spaziergang durch den nächtlichen Dschungel – das Karbidlicht an der Stirne befestigt. Hoch aus einem Baum leuchtet ein grünliches Augenpaar zurück. Bist du ein Marder mit bärenhaftem Gesicht, und heller Schwanzspitze? – Solange man den Trampelpfaden der Elefanten folgt, ist das Gehen durch den Dschungel ein Vergnügen, und das Buschmesser darf sich ausruhen. Wie die Ameisen manchmal querliegende Äste als Strassen benutzen, kann der lange dicke Stamm eines gestürzten Urwaldriesen als Brücke dienen. – Vermoderndes Laub fluoresziert. Glühwürmchen blinken, ähnlich wie die Flugzeuge am nächtlichen Himmel, in langen Intervallen zweimal kurz —— ** —— ** —— ** -

Am Fuss einer Felswand stosse ich auf einen Sandbadeplatz einer Elefantenfamilie. Der Boden ist plattgetrampelt, und Bäume, Büsche und Fels sind ringsum mit einer dicken Staubschicht bedeckt.
Nach einem kleinen Pass bergwärts muss ich staunen: Ein kleines Bächlein fliesst in die falsche Richtung. Es scheint die

Trinkstelle von Dickhäutern zu sein. Überall Spuren, Losung und geknickte Bäume. Nach kurzem verschwindet das Bächlein wie erwartet in einer Höhle. Da sich viele bis handlange Fische darin tummeln, kann das Gefälle nicht allzu stark sein. Für einmal sind die zu erwartenden Mühen grösser als mein ‹Gwunder›, und ich lege mich nicht ins Wasser, um vielleicht schon

nach kurzem von der sich senkenden Decke eingeklemmt zu werden – Syphon –. Ein Frosch quakt im Halbdunkel des zerlöcherten Felsens, wo sich Wasser staut.

Um ein wenig Übersicht des Geländes zu bekommen, klettere ich auf einen dünnen Baum, der auf dem Kamm eines verkarsteten Felszackens steht. Ich kappe ein paar Äste mit dem Buschmesser – und bald ist ein kleines Fenster in dem Blättermeer entstanden. Ein angenehmes Lüftchen weht hier oben im Gegensatz zur drückenden Schwüle im Wald. Doch Müdigkeit übermannt den Wanderer – die Augenlieder werden schwer und ich beginne zu schwanken. Mit dem Gürtel sichere ich mich, und nicke für eine Weile in den Armen des Blätterdaches ein.

Ein dickes Bambusrohr zwischen die Beine geklemmt, lasse ich mich den Dschungelfluss heruntertreiben. Unterhalb einer Engstelle werde ich zwischen Strömung und Hinterwasser von einem sogförmigen Wirbel gleich zweimal um die eigene Achse gedreht. – Als wir mit dem Boot bergwärts fuhren, waren mir die Stromschnellen halb so schlimm vorgekommen, obwohl ich meinen Rucksack zu Fuss über das Hindernis buckeln musste. So lasse ich mich weiter talwärts treiben. Inmitten der sich steigernden Strömung stosse ich an Steine dicht unter der Wasseroberfläche und werde mir der pein-

lichen Situation bewusst. Ich vermag mich an einem glitschigen Felsblock zu fassen, und versuche, den besten Weg mit dem Auge zu finden. Das Ufer ist zu weit entfernt, ich muss mich durch die Stromschnellen treiben lassen. Die heiklen Stellen sind nicht dort, wo weisse Wellen schäumen, dort schluckt man höchstens Wasser – und man schluckt – sondern direkt oberhalb von diesen. So muss ich wohl oder übel meinen Felsblock verlassen, da meine Kräfte langsam im Ansturm der Wassermassen, die sich am Körper brechen, erlahmen. Sitz-lings mit angezogenen Füssen voraus, und paddelnden Händen übergebe ich mich dem Willen des Flussgeistes, und versuche, den Kopf über Wasser zu halten…

Glücklich, das Abenteuer heil überstanden zu haben, weiss ich nun um die Tücken dieses rauschenden Platzes. Nun gilt es, sich einen Weg durch den Dschungel zurück zum Lagerplatz zu bahnen. Da bedanke ich mich herzlich bei den Elefanten für ihren Strassenbau. – An die Blutegel muss man sich im Dschungel gewöhnen. Dass aber gleich Waldbremsen die Gelegenheit für einen Angriff von oben benutzen, während man sich bückt, um die festsitzenden ‹Pacat›s von seinen Füssen zu zerren, da kann man möglicherweise schon einmal laut ausrufen und schimpfen. Die Blutegel lassen sich vom streifenden Buschwerk fallen und landen gewöhnlich unten bei den Füssen, wo sie sich unmerklich festsaugen

und Blut trinken. Ihr Körper schwillt an. Sind sie einmal satt, lassen sie sich einfach fallen. Dabei bluten die Biss'stellen noch eine Weile wegen dem gerinnungshemmenden Speichel der Plagegeister, und schwellen an. Sind sie nicht schmerzhaft, so beissen sie doch während 2–3 Tagen unangenehm. Und wenn man täglich von ~zehn dieser Schmarotzer gebissen wird… gewöhnt man sich daran, öfters mal seine Füsse zu kontrollieren.

Dabei bewegen sich die Blutegel auf eine lustige Art fort: Mit dem Hinterende festgesaugt, suchen sie einen Landeplatz für ihren Kopf. Haben sie, in der Luft tastend, eine Stelle gefunden, saugen sie sich mit dem Kopf fest, biegen sich verkehrt u-förmig und ziehen ihr Hinterende dicht an

den Kopf, um von neuem mit diesem einen weiteren Schritt ausfindig zu machen. Dabei ist erstaunlich, mit welcher Kraft sie sich festsaugen können.

Erschöpft mich dem Lagerplatz nähernd, flieht eine grosse Echse (Bewot) wasserwärts. Nanu – hat dem schon bekannten Gast in der Zwischenzeit ein Tiger den Schwanz verkürzt? Das Ende fehlt, und rumpfwärts ist der Körper weiter lädiert.

Plötzlich prescht eine zweite Echse aus meinem ‹Schlafgemach› dicht an mir vorbei, platscht in den Fluss und taucht unter. Von meinem schon gewürzten und sorgfältig in ein Bananenblatt gewickelten Fisch – die einzige Mahlzeit des heutigen Tages – ist nicht's mehr übrig geblieben.

In meiner Wut und aus ‹Gwunder› nehme ich am nächsten Morgen starken Silk, verdopple ihn und befestige zwei grosse Haken daran. Als Köder dient ein Fischkopf.

Schon nach kurzem nähert sich züngelnd einer dieser Gesellen. Hin und wieder macht er ‹Männchen›: Auf die Vorderfüsse gestützt,

streckt er seinen Hals weit in die Höhe und überblickt sein Vorfeld. Mit seinem Kehlsack erinnert er in dieser Stellung an einen Dinosaurier.

So hin- und her-äugend starrt er plötzlich in eine Richtung. Da nähert sich sein geschuppter Freund und will ihm die Beute streitig machen. Nach kurzem Gemenge ist er in die Flucht geschlagen, und bald ist der Fischkopf verschlungen. Nun beginnt ein

Würgen und Zerren – die Haken sind im Hals steckengeblieben. Die Echse ist stark. Mir ihren langen gebogenen Krallen findet sie Widerhalt und stemmt sich gegen den Boden. Mit einem Knall ~ verrupft sie den doppelten Silk und gibt Fersengeld, als ich ihr mit einem Knüppel den Garaus machen will.

Ein dürres, schwarzbraun gefärbtes Blatt verwandelt sich plötzlich in einen durch die Luft gaukelnden prächtigen Schmetterling.

Bei strömendem Regen wandert ein Hundertfüssler über Stock und Stein. Rötlich glänzen seine Leibringe. Sein Biss soll giftig sein. Lautlos verschwindet er im Laublabyrinth. Ich nehme Abschied.

Gummibaumplantage. In einer staatlich gut organisierten Siedlung leben gegen tausend Menschen, vorwiegend thailändische Fremdarbeiter. So eintönig wie die Pflanzungen stehen die Behausungen in Reih und Glied. Bei Tagesanbruch fressen sich Traktoren durch die lehmig-nassen glitschigen Wege, und transportieren die verschiedenen Gruppen zu ihren Arbeitsplätzen. Nur bei trockenem Wetter werden die Bäume mit einem weiteren Schnitt wurzelwärts gezapft. Während der weisse Latexsaft in die Schale tropft, wird Unterholz gehackt oder Kunstdünger gestreut. Schon mittags sammelt man die begehrte Milch in Kübeln und transportiert sie in die Fabrik, wo Dichte und Menge notiert werden. Durch ein Sieb wandern die Einzelproben in einen mehrere tausend Liter fassenden Trog und werden

~12 cm
‹Lipan›

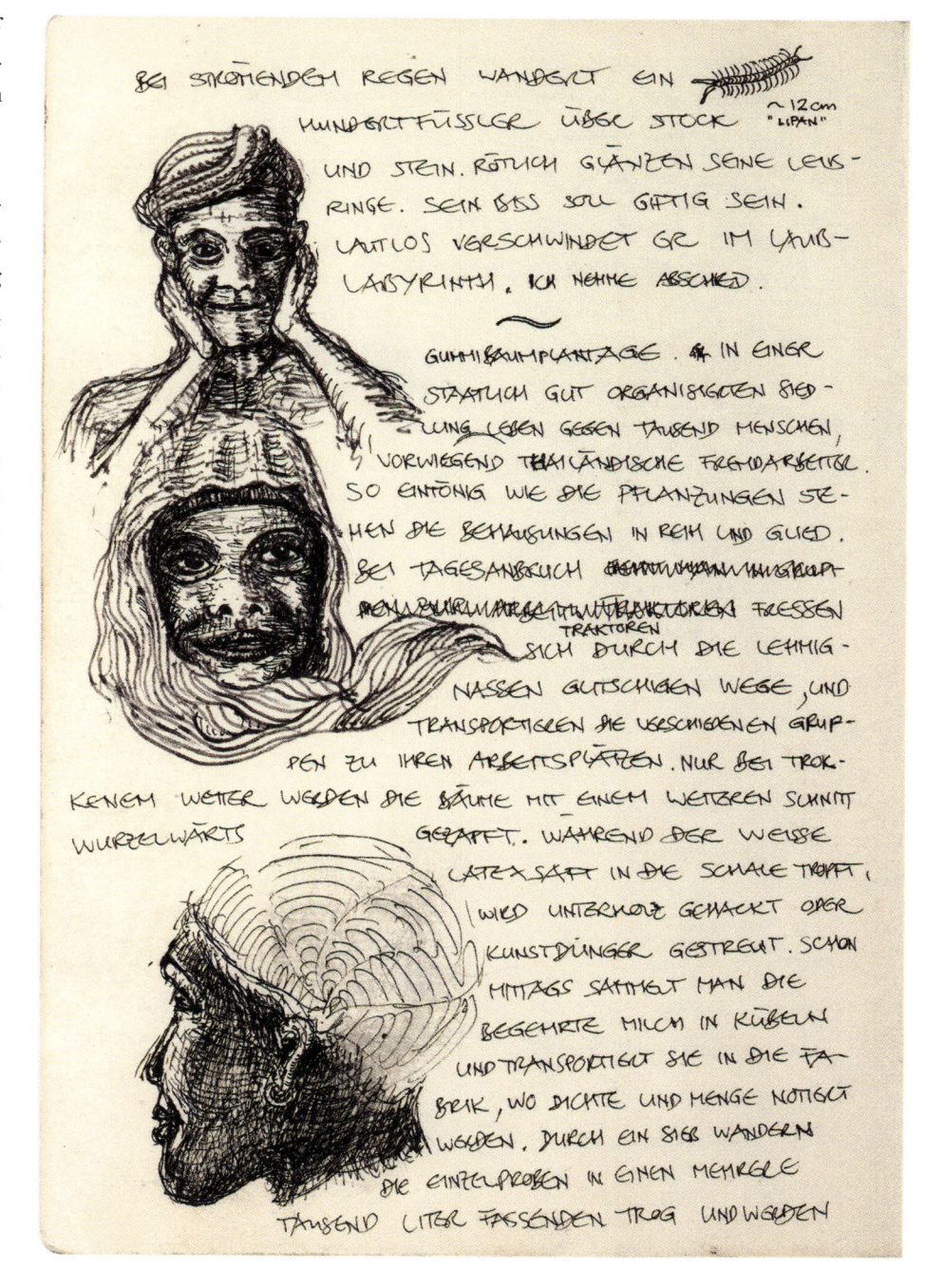

2/39 gemischt. Mit Ameisensäure wird die Milch in ~ vier Stunden zum Gerinnen gebracht, die Latexvorhänge werden geflutet, und wandern als langer Bandwurm über Förderbänder zu einer Art Haspel. Hier wird das Gut in vielleicht meterlange Lappen zerschnitten, aufgehängt, und in Heissluftkammern während vier Tagen getrocknet. In dieser Zeit nehmen die Latexlappen eine honiggelbe Färbung an. Nach Qualität gesondert sind sie in dicken Bündeln bereit für den Export.

Begegnungen

Ein altes hageres Männchen schlürft seinen heissen Tee. Zufrieden dreht er sich mit einem Nipablatt einen Glimmstengel, und bietet ihn mir an. Sein Mundwerk läuft und läuft, und sein melodiöses Geplapper erfüllt den Luftraum mit Zufriedenheit und liebkost das Ohr.

Ein vielleicht zwölfjähriger Junge mit rabenschwarzen Borst-Haaren und grossen dunklen Mandelaugen zieht den Rauch seiner Zigarette wie ein alter Paffer tief in seine Lungen. Er tut mir leid – aber was soll's? Unschuld kann nicht der Sinn des Lebens sein. Erkenntnis muss mit Leiden bezahlt werden.

Ein Mann in zerlumpten Kleidern. In seinem Blick liegt etwas Heiliges. Ich spreche ihn an. Aufmerksam schaut er mir in die Augen, gibt aber keine Antwort. Als ich ihn frage, wo er schläft, dreht er den Kopf auf die Seite, als ob er sagen wollte «Was soll das unwesentliche Geplapper?» Obwohl er alles zu verstehen scheint, bleibt er stumm. Die umgebende Menge deutet mit Handzeichen selbstbestätigend lachend ‹Tiga Sukki› – der Mann ist nur ¾ im Kopf. Ein Polizist erzählt mir seine Geschichte: Im Militärdienst soll er durchgedreht haben. Hin- und wieder geht er zum Psychiater. Vom Staat erhält er eine kleine Rente, die zum Leben nicht aus-

[Bild doppelseitig] 2/40
2/41

reicht. Er schläft auf der Bahnhofbank, wäscht sich nur selten, und wenn er hungrig ist, setzt er sich irgendwohin, bis er etwas zu essen bekommt. Ich entschuldige mich bei ihm – irgendwie berühren sich unsere Seelen. Wir essen zusammen Bananen. Andächtig schält er die Frucht. – Da tuckert der Zug nach Süden mit vier Stunden Verspätung in den Bahnhof. Ich verabschiede mich von meinem Freund und gehe meines Weges. Nach einer Weile erscheint er – mich suchend – unter der Türe und winkt mir lächelnd. Ich kramsche einen kleinen gedrechselten Kreisel aus der Tasche und drücke ihn ihm aus dem fahrenden Zug in die Hand. Sein Blick begleitet mich noch lange. –
Irgendwie finde ich Symphatie [Sympathie] für diese Narren, die ihren Weg gehen, ohne sich um das Gerede und die Erwartungen der Umwelt zu kümmern. Auf der Schattenseite sind sie auch entsprechend verstossen und zur Vereinsamung geächtet, und bezahlen ihre Narrenfreiheit teuer. – Schon am vorherigen Tag war ich zwei Menschen begegnet, die in die entgegengesetzte Richtung vom Normalen abwichen. Der eine erfreute sich seines Zahlengedächtnisses und zitierte munter Autonummern herunter, während der andere, ein Chinese, lachend in einer unverständlichen Sprache Geschichten erzählte, die niemand verstand und doch alle belustigte. Seine Seele wohnte in

einem Körper von nur noch Haut und Knochen. Von seiner Zigarette qualmte er gleich noch den Filter mit. – Irgendwie sind die Ich-Kräfte dieser Menschen stark ausgebildet, indem es Eigenwillen braucht, nicht dem Weg der Masse zu folgen. Andererseits sind ihre Willenskräfte gleichzeitig schwach, da sie den mühsamen Weg zum Bewusstsein scheuen und sich lieber im Strom des Unbewussten treiben lassen.

Nach einer anstrengenden Nacht mit Stehplatz im bumsvollen Zug dritter Klasse, erreicht die Eisenschlange nach einer Reise durch eintönigen ‹Ur›wald, Gummibaum- und Ölpalmplantagen am frühen Morgen Singapur. – Beeindrucken die wie Pilze aus dem Boden schiessenden Wolkenkratzer, vermag diese Stadt der Geschäftsherren in Bügelfalten, wo nur Geld etwas zählt, keinen Reiz auf mich auszuüben. In der Welt der massgeschneiderten Anzüge scheint Herz keinen Platz zu haben. Nur Business – und Frauen fürs Bett. Will man das spirituelle Leben dieser Stadt an den überdimensionierten kitschigen Kinoreklamen messen…

Borneo

2/44 Kuching, Mai 84. In einem Winkel des Marktes sitzt ein alter Mann, vor sich eigenartige Utensilien auf der Matte gebreitet: ‹Tango Rusa Muda›. Stücke vom jungen Geweih eines Hirsches. Man legt es 15 Tage in Wasser und trinkt von dem heizenden Saft bei Nierenleiden, Rheumatisch. Die Flüssigkeit ist in grossen Mengen genossen giftig. So soll ein Hund gestorben sein, mit hervorquellenden Augen, nachdem ihm sein Meister ein Geweih zu fressen gegeben hatte, das er nicht verkaufen konnte.
‹Rumput Siddhi Fatima› scheint eine Art Farnkraut zu sein. Es soll auf felsigem Standort in der Nähe von Mekka gewachsen sein und wird zur Abtreibung benutzt.
‹Bulut Landak›. Der Stachel vom Stachelschwein soll seinen Träger vor dem Tiger schützen.
‹Bulut Tengiling›. Die Schuppe vom zahnlosen Pangolin, der sich von Ameisen ernährt, soll, an die Stützen des Hauses angelehnt, die Ameisen abschrecken.
‹Tulong Kancil› Die Schädelknochen vom Zwerghirsch, der als gescheit gilt, sollen geistig beschränkten Menschen helfen.

2/45 ‹Akar Kulat Tedung› wächst in Löchern, wo ursprünglich Dschungelriesen standen. Es sind kleine Wurzelstückchen schwarzer Farbe und werden als Gegengift bei Schlangenbiss und beim Erbrechen von Blut benutzt. Ebenso dienen Holzstücken dunkler Farbe, ‹Kaiu Garu›, als Medizin beim Erbrechen von Blut. Seepferdchen, ‹Kuda Lalit›, werden als potenzstärkendes Mittel eingenommen.
Neben diesem ruhigen Mann, der unauffällig in seiner Ecke hockt, preisen chinesische Quacksalber mit lautem Geschrei ihre selbstgemixten All-Heil-Wässerchen an. Zeitungsausschnitte als Beweismaterial werden rezitiert, ein gespieltes Opfer liegt am Boden. Auch Lautsprecher und Mikrophon gehören zum Zubehör. Gleich zwei ‹Diener› gehen im Kreis und kassieren für die verkaufte Medizin. Der Mercedes darf auch nicht fehlen.
Der andere Quacksalber schreit sich hinter seinen Körben heiser; in einem befindet sich eine Kobra, im andern eine schwarz-gelb-geringelte Kraith (?), die als Attraktion hin und wieder nach ihm zu schnappen versucht. Die Schlangen sollen sich schon vor dem Geruch des über den Arm geschütteten Gegengifts fürchten. Als sie bei der Demonstration nicht mitspielt, bekommt sie einen Schlag auf den Kopf verpasst. – Nun, auch hier geht der Diener im Kreis, Gütterchen wandern in Taschen und Ringgit wechseln ihre Besitzer. –
Ansonsten ist Kuching durchaus eine Stadt wie viele andere auch, mit viel Verkehr, Business, und einem wunderschönen Museum.

2/46 Demonstrativ, seine Muskelkraft betonend, steht der athletische Matrose mit dem dicken Tau in der Hand auf dem Deck des anlegenden Frachters und lässt sich von der wartenden Menschenmenge am Kai betrachten. Fehlt nur noch der Säbel an der Seite des Saroms [Sarongs] und der Seeräuber wäre perfekt. Adler und Anker sind in seine Oberarme tätowiert: Auch seine Kollegen, Kinder des Ozeans, haben ihre Körper mit männlich-aktiven Symbolen wie Drache, Tiger, Schlange auf lebenslänglich geschmückt. Brandmale von auf dem Unterarm ausgedrückten Zigarettenstummeln dürfen auch nicht fehlen.
Die Fracht wird geladen: Reis, Erdnüsschen, Waschpulver, Bananen, Kokosnüsse, Isolatoren, Motorräder, ein Auto, Melonen und vielerlei mehr. Die kleine Herde Schweine wird mit ein paar Palmblättern vor allzustarker Sonnenstrahlung geschützt – und der Duft dieser Tiere wird das Schiff bis nach Miri begleiten.
Als der rostige Frachter ablegen will, rutscht der Knoten des dicken Taues nicht nach… Schnell springt der Matrose in Deckung. Der Böller biegt sich bedenklich immer weiter, bis er mit einem metallischen Knall bricht, und schon verbrennt sich der erste seine Finger an dem heissen Stück Eisen…

2/47 Schon nach kurzer Fahrt stromabwärts wird ein Halt eingelegt. Ein Strick hat sich um die Schiffsschraube gewickelt und den Motor blockiert. Mit Messer und Eisensäge versuchen wir, im schmutzig-braunen Wasser tauchend, die straffen Knoten zu durchtrennen. Die Strömung ist stark und erschwert die Arbeit. Abwechslungsweise tauchen wir, mit geschlossenen Augen tastend. Nach ~zwei Stunden hält einer dieser dunklen Gesellen lachend das letzte Seilstück in der Hand, und wir tuckern weiter. Der Strom führt von grossblättrigen Dschungelpflanzen und Baumstämmen bis zum Schnuller und Plastikgefässen vielerlei Treibgut. Das Schiff verlässt das Süsswasser und den mit Nipapalmen geschmückten Flusslauf. Meerwärts am Horizont eine eigenartige Erscheinung: Ist es Wirklichkeit oder eine optische Täuschung?

2/48

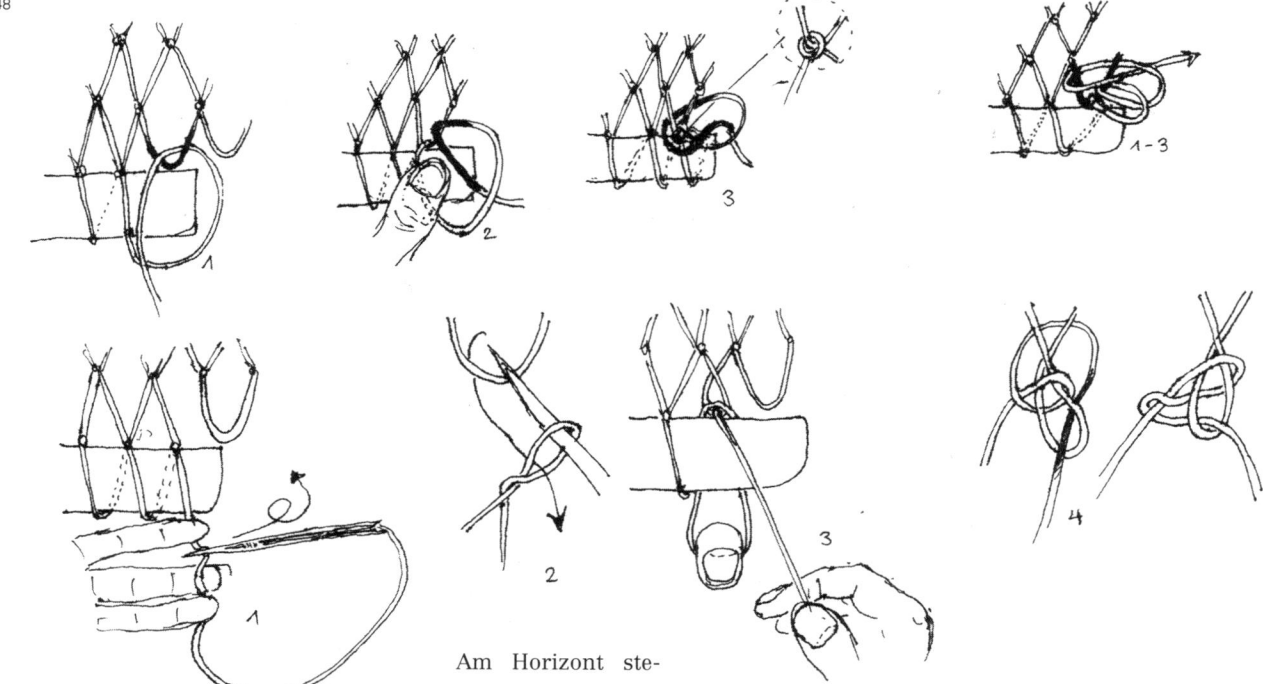

Am Horizont stehen Schiffe in der Ferne, die scheinbar über dem Ozean in der Luft stehen. Sich nähernd berühren und durchqueren sie langsam die sichtbare Oberfläche des Wasserspiegels. Nach einer Weile werde ich gewahr: Vermutlich bilden die trübbraunen Wassermassen aus dem Strom die sichtbare Horizontlinie, während die wirkliche weiter draussen meerwärts ist.

In Intervallen von zwei Stunden wechseln sich die Steuermänner ab. Der Blick ruht immer auf dem Kompass, um die vorausbestimmte Richtung einzuhalten. Ein-zweimal pro Nacht wird an

2/49 Stellen, von wo zwei Leuchttürme sichtbar sind, eine Winkelmessung vorgenommen und der weitere Kurs bestimmt. Das Meer scheint hier an der Nordküste Borneos bis weit hinaus nur eine geringe Tiefe von ~0–30 Metern aufzuweisen.

In der langen Freizeit, wenn nicht gerade gemeinsam gegessen, gebadet oder Karten gespielt wird, sitzt man einfach da und guckt aufs Meer oder knüpft sich ein Wurfnetz.

Ein rechteckiges Holz bestimmt die Maschenweite und ein kleines Schiffchen wird von flinker Hand auf seinem Weg geführt. In zwei verschiedenen Techniken wird geknüpft, wobei die zweite etwas schwieriger zu lernen, aber schneller und eleganter in der Ausführung ist. Für einen einzelnen Knoten braucht der Käpten kaum mehr als eine Sekunde. Auch hier hat der starke Silk andere Materialien verdrängt. Das Netz wird so aufgehängt, dass man sitzend auf Kopfhöhe mit seinen Händen arbeitet.

Miri. Die Wände der taoistisch-buddhistischen Tempel sind hier 2/50 in Borneo wohl mit den immerwiederkehrenden Drachengestalten inmitten von Wolkenfeldern und Schlangenzungen und der eindrücklichen Gestalt des Tigers geschmückt. Noch auf den Giebeln der Dächer winden sich die schlangenartigen Leibringe der Fabelwesen, und die dunklen Silhouetten von Elefant, Pferd, und anderem märchenhaften Getier heben sich ab vor tiefrotem Abendhimmel.

Im chinesische Lädeli näb dr Schuel. Kindr kömme, e mängge chline Chnopf muess wit zechele, zum zeige, was är will. Dr dick Händlr isch fascht nit z'gseh hinter all däne grosse Büggse voll Schläggereie und Säck wo vo dr Deggi hängge. Das muess e mächtige Ma si, wo soo vill Sache bsitzt. Voll Freud übr dr erhalteni Zeichnigsblock odr s'Päggli Nüssli springt ei Kind noch em andere schuelwärts. Us dunkle unschuldige Auge streift mi e schüche Blick ~ und berüert s'Härz.

Niah. Über Holzgestelle führt der touristisch erschlossene Weg 2/51 durch feuchten Sekundärwald zu den Höhlengewölben. Der Haupteingang ist vielleicht 100 Meter lang und 30–40 Meter hoch. Hier sollen also schon vor 30'000 Jahren Menschen gehaust haben. Überall hängen von der Decke Stangen aus dem dunklen zähen Belian-Holz, die oben mit verschiedenen Verstrebungen befestigt sind. Die einzelnen Holzteile sind mit Holznägeln verbunden. Der Luftraum ist erfüllt von den hohen Rufen der Schwalben, die mit einer selbstverständlichen Leichtigkeit in grosser Geschwindigkeit dahinjagen. Drei verschiedene Arten von diesen Mauerseglern sollen hier hausen, doch nur eine produziert die als Delikatesse begehrten Nester von gallertartiger Substanz. Offiziell werden zweimal jährlich die

2/52 neu gebauten Brutstätten dieser Vögel gepflückt. Doch mit all den dunklen Diebstählen werden es vielleicht zehn Ernten sein. Die einzelnen Brutplätze sind in privatem Besitz von Punan-Leuten. Das Erntegut wird in Wasser eingeweicht und von allen fremden Bestandteilen wie Moos, Federn, Erde, Kot mit der Pinzette befreit. Die rötlich-weisslich-gallertartige Masse wird darauf auf Sieben getrocknet und zu hohem Preis verkauft. In den meisten Nestern finde ich zwei weisse längsovale kleine Eier oder einen jungen Nesthocker. Ein eigenartiges Ticken begleitet den Flug dieser Luftakrobaten gar in dunklen Gewölben. Aus einem Stück herumliegenden Rotan-Liane biege ich einen kleinen Ring von ~ doppeltem Stangendurchmesser, stecke meine beiden Fussspitzen hinein und klemme die Kletterstange zwischen die Beine. Mit dieser Technik sollen auch die Nestpflücker die schwindelnde Höhe des Deckengewölbes erreichen. Nach einigem Verstellen ist

2/53 der Fussring passend, und drückt die Füsse durch das Körpergewicht an die Stange.
Der ganze Berg scheint von weiträumigen Höhlengängen durchhöhlt zu sein. Auf dem guanoreichen Untergrund tummelt sich allerlei Geziefer. Neben langbeinigen vereinzelten Hundertfüsslern (Lipan Batu) in stillen Winkeln, finden sich vor allem die mit Riesenfühlern (~20 cm) bewehrten dunklen Spring-Schrecken und grosse Spinnen. Sind es die Augen einer Ratte, jene zwei grünlich schimmernden Lichter im Schein des Karbidlichts? Heimlich macht sich das Augenpaar aus dem Staub. Als ich um elf Uhr nachts die Höhle verlasse, scheinen auch nächtliche Nestdiebe unterwegs gewesen zu sein. Von dem säuberlich auf dem Tisch deponierten Feldstecher und den Aquarell-Farben ist nichts mehr zu sehen, und von der süss-saftigen Ananasfrucht liegen noch Überreste der Schale am Boden. Unfreundliches Gesindel! – Und wieder darf ich mich prüfen: Muss Negatives Negatives bewirken, oder ist es möglich, dem scheinbaren

Gesetz zu entrinnen? Könnte ich die Kerle in Liebe klopfen, ohne 2/54 Wut in der oberen Magengegend? Ist dies schon schwarze Magie, zu beten, dass der Sünder reuig wird des begangenen Diebstahls? Nicht an mir liegt es zu strafen, jeder baut sich selbst sein Schicksal nach dem Gesetz von Ursache und Wirkung. Böses mit Bösem vergelten? Nun denn – wenn der Dieb nachts, von Dämonen geplagt, keine Ruhe findet – ist es nicht «die Kraft, die stets das Böse will und Gutes schafft?»
Ich deponiere am Ort des Diebstahls das kleine gefaltete Papier des Medizinmannes, dessen Symbolik von Gedankenkraft erzählt: In einem Rechteck sind in den Abschnitten des Diagonalkreuzes Wege eingezeichnet, die irgendwie im Kreis führen, das Viereck aber nicht verlassen können. In der Figur liegt eine grosse Regel-

mässigkeit, doch liegt in der asymmetrischen Anordnung der 2/55 Wege innerhalb der Zwang zur ruhelosen Bewegung: Der Dieb soll den Weg zurück zum Tatort finden, im Zentrum des Rechtecks, und seine Handlung rückgängig machen. Mit der magischen Handlung wird das Gebet unterstrichen.

Fünfmal wöchentlich kommen einige junge und auch ältere Männer zur Höhle um Guano zu sammeln. Alle besitzen sie kleine sehnige Körper. Mit einem Wischerchen kratzen sie den Vogeldünger – Fledermäuse sind gering an der Zahl in dieser Höhle – zuammen. Nach dem Sieben wird der Schwalbenmist in Säcke abgefüllt und mit Hilfe von einem Band um die Stirne und Last zum drei Kilometer entfernten Flusslauf getragen. Eine Manneslast wiegt 60–100 kg. Die mistverschmierten schweissbeperlten Gestalten hasten barfüssig einer nach dem andern mit den grossen Säcken bepackt zum Umschlagplatz. Vorher kassiert der Mieter des Guano-Abbaurechts in Sonntagskleidern von jedem seinen Ringgit. Der alte Mann mag nicht mehr so recht. Er tut mir leid. Ich buggle einen Sack. Der Hals schmerzt nach einer Weile. Herzliches Weibergekicher, als ich auf dem glitschigen

Lehm vor dem Bestimmungsort die Beine in die Luft strecke. 2/56

1954 soll im Sungai Niah ein Krokodil ein Kind gefressen haben. Mit Hunde- oder Katzenfleisch sei es geködert worden. Nur in grösseren Flüssen ist das Krokodil heimisch, und die meisten sind wohl schon abgeschossen worden oder haben sich von dem Motorbootverkehr vertreiben lassen.

[vakat] 2/57

2/58 **Nachtrag Singapore**

2/59 Ein Rikschafahrer steht am Strassenrand und wartet auf Arbeit. Soll ich mich wirklich fahren lassen? Ok! – Er ist froh um den verdienten Batzen und mir ist durch den Transport auch gedient. Er verlangt die sechsfache Bus-Summe. Unterwegs sehe ich die geschwollenen Krampfadern des alten chinesischen Mannes und fühle mich nicht mehr wohl in meiner Haut. Ich schäme mich und würde am liebsten aussteigen und zu Fuss gehen. Die Strasse beginnt zu steigen. Der alte Mann keucht, und gerade als ich ihn zum Anhalten bewegen will, tut er es von selbst und weigert sich, weiter bis an den Bestimmungsort zu fahren. Ich bezahle ihm die ausgemachte Summe und gehe meines Weges – lieber auf eigenen Füssen.

[Bild doppelseitig] 2/60
2/61

2/62 Mit der Prahu nachts flussaufwärts. Dunkle Kulisse des Waldes. Obwohl kein Wellengang, da kaum mehr Gefälle, ist die Strömung stark. Mit kräftigen, zügigen Ruderstössen kämpfe ich mich aufwärts. Nur langsam schiebt sich das Boot vorwärts. Schweisstropfen rinnen. Einmal bockt das Boot auf einem treibenden Baumstamm auf. Viel Holz wird Richtung Meer getragen.

    Stille ~ nur das vom Ruder bewegte Wasser singt. Glühwürmchen tanzen. Auf der dunklen Wasserfläche wachsen Kreise, auf denen sich hell dass Mondlicht bricht → dahinjagende Fledermäuse haben in deren Zentrum Beute gemacht. Glühwürmchen zünden ihre Laternen an.

TAGEBUCH 3

TB/S **Marudi, Mai 84**

3/1 Kleines Städtchen am Flusse Baram. Chinesische Geschäftigkeit. Transistorradio – Sonnenbrillen – Jeans – Kultur. Die alten Wege sind verlassen. Junge Eingeborene sind nicht mehr als solche zu erkennen. Kleider machen Leute. Da auf dem Marktplatz begegne ich noch zwei-drei ursprünglichen Gesichtern. Was hat [unleserlich, wahrscheinlich: die ersten] Menschen wohl dazu bewogen, die Ohren möglichst weit schulterwärts zu verlängern? – Die rabenschwarzen Haare sind bis auf einen oder zwei Ross'schwänze mit einem harten Schnitt im Kreis um den Kopf abwärts hautnah geschoren. – Zwei lebende Wildschweine, wohl mit Schlingen gefangen, liegen am Boden. Enge Fesseln sind der Bache und

3/2 dem Frischling durch die Ohren gezogen und um Rüsselschnauze und Beine gewunden. Das Jungtier zittert am Leib. Warten auf den Tod. Blutiger Rinnstein von einem schon geschlachteten Tier. Mitleid mit der armen Kreatur. In Fesseln sterben zu müssen, während du angstvoll Nein zum Tod schreist. Mit Würde und Bewusstsein dem Tod ins Auge zu blicken, bis dahin ist es wohl ein langer Weg. Selbst wenn wir an Ewigkeit und Wiedergeburt glauben, hängen wir doch alle mit ganzer Seele am jetzigen Leben. So soll auch ein grosser Zen-Mönch aus Leibeskräften geschrieen haben, als ihm von Räubern der Garaus gemacht wurde.

Borneo – nun endlich Dschungellandschaft, wie ich sie mir in meinen Träumen vorgestellt hatte!

[Bild] 3/3

3/4 Nach langem Warten auf eine Bewilligung, und trotz Feilschen für eine Bootsfahrt flussaufwärts über s'Ohr gehauen, erreiche ich den vorläufig für die Öffentlichkeit geschlossenen Mulu-National-Park. Der Fremdling wird im englischen Höhlenforschungscamp eher kühl empfangen. Doch nach ein paar Tagen wird man etwas vertraut, und ich werde quasi Mitglied der Expedition. «To the largest caves of the world» leuchtet's in grossen Lettern von den Kombis. Der Mensch liebt Superlative. – So – nun vergesse ich alle Umstände und tauche in die phantastische Welt der unterirdischen Gewölbe.

Stockwerken schwarze tropfsteinverhangene Höhlengänge. Der Mensch findet sich in dieser mächtigen Umgebung als Winzling.

3/6 Auf einer Vermessungstour höre ich in einem Seitengang Wind rauschen. Ich klettere zu dem versinterten Blasloch. Anscheinend habe ich eine Schwalbenkolonie aufgestört. Aufgeregt jagen die Vögel hin- und her – ein Flügelklatschen um meine Ohren. – Mit grosser Geschwindigkeit stürmen Dutzende von Tieren durch das enge Blasloch. Und einige schiessen in den unerwarteten Gast.

3/5 Die Schöpfungsvielfalt der Natur kennt keine Grenzen. Kurlige Märchengestalten wachsen hier im Reich der Finsternis und führen ein stilles Leben, nur umhaucht vom Wispern der Fledermäuse oder Ticken der Höhlen-Schwalben. Wo jetzt gemächlich ein Wassertropfen sich sammelt und fällt, rauschen nach einem Dschungelgewitter Wasserfälle von Decke und Wänden. ~ ‹Paradise-Garden›. Ist es wirklich Mutter Erde – oder hat es uns auf einen fremden Planeten verschlagen? In einer riesigen Doline, umgeben von senkrechten Felswänden, spriesst in saftigem Grün ein Garten. Ringsum münden auf verschiedenen

Die ‹Swiftlets› orientieren sich im Dunkeln mit Hilfe ihrer ~ niedrigfrequenzigen( )Tick-Signale. Anscheinend werden sie doch vereinzelt durch die ungewohnten Besucher irritiert; so kann ich innert zwei Tagen etwa ein Dutzend gestürzte und leicht verletzte Vögel vom Boden aufheben und ihnen neue Starthilfe geben.

3/7 Faszination des Spurenlesens. Hellseherei ist gute Beobachtungsgabe gepaart mit Intuition. Es ist wie Magie, anhand von Bildern von der Gegenwart in die Vergangenheit und Zukunft zu wandern. Da wird einem bewusst, dass alles Wandlung ist.

Vielleicht findest du dreissig Meter über dem jetzigen Flussbett Bachgeschiebe. Aus der Lagerichtung der Kiesel* und anhand der Wasserdellen an Decke und Wänden** liest der kundige Höhlenforscher die Fliessrichtung des vergangenen Wasserlaufs. Oder du findest hoch oben in trockenen Gängen Syphon-Landschaft. – Der lichtgerichtete Phyto-Karst verrät auf der nächtlichen Vermessung die Nähe eines Eingangs. Findest du gar Versteinerungen im Gebirge, versinken die Berge in der Vergangenheit wieder unter Meeres-

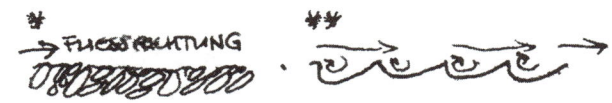

-spiegel. – Cirka zwanzig Zentimeter breite dunkle Schleifspuren auf dem Höhlenboden verraten Schlangen auf gewohnten Wegen. Auf all den Exkursionen begegneten wir mehreren Skeletten dieser Reptile, und noch mehrere verendete Exemplare machten durch ihren widerlichen Leichengeruch auf sich aufmerksam. Es sind wohl alle von derselben 1–2 m langen, mit den Baumschlingern verwandten Art. Toni blickte auf einer Vermessung auch einer lebenden gleich auf Kopfhöhe in die Augen. Sie sass auf hervorspringender Stelle und lauerte wohl auf vorbeifliegende ‹Swiftlets›. Nicht gerade bester Laune, richtete sie sich auf, vibrierte mit dem Schwanz, und schnappte wiederholt, vom Licht geblendet, ins Leere. Ohne kleinen Stecken, musste ich für einmal, etwas reuig, die Schlangenfängerei lassen.

‹Clearwater-Cave› – du trägst deinen Namen zu recht. So glasklar reines Wasser ist wohl selten in einem Höhlenbach zu finden. Da werde selbst ich dazu verlockt, in unbekanntem Syphon zu tauchen. Nach einigen Versuchen gebe ich bibbernd auf. Mit Hilfe von Tauchgerät entpuppte er sich später auf zwanzig Meter.

Und einmal mehr – Faszination der Dolinen und Höhleneingänge! Wo Sonnenlicht in gebündelten Strahlen in dunkle Tiefen einfällt. Wo saftiges Blattgrün sich lichtwärts reckt. Wo Lianen Tropfsteine umgarnen. Wo vor dunklem Hintergrund silbernweiss leuchtende Wassertropfen fallen⁓ und fallen⁓ und fallen⁓ [die drei Tilden hinter den drei Begriffen ‹fallen› verlaufen, mit dem ‹n› beginnend, abwärts, die Fallbewegung imitierend], auf dem Fels aufschlagen und sich in hundert kleine

3/10 Kinder zerstäuben. Wo erstes Sonnenlicht einen Farnwedel küsst und dieser sachte ein Dampfwölkchen steigen lässt.

Die Höhlen hier im Gunung-Mulu-Gebiet beeindrucken durch ihre Grösse. Gänge wie Fussballplätze. Tropfsteinsäulen von 2–3 m Ø und 15–20 m Höhe. Eingangsportale, die als schwarze Schlünde aus dem Fels gähnen. ‹Sarawak-Chamber›, der grösste Höhlenraum der Welt, ist eine trostlose steigende Steinwüste. Ein Trümmerfeld mit schwarzer

3/11 Nacht über deinem Haupt. Der Geruch der im Karbitlicht gerösteten kleinen Fliegen ist ständiger Begleiter, und die Feuchtigkeit der Luft ist sichtbar – wie tausende von Partikeln Nebelschleier in den Raum zeichnen. –
Die Mannigfaltigkeit der Tropfsteingebilde muss uns in Staunen versetzen; auch wenn sie, wahrscheinlich wegen ihres schnelleren Wachstums, nie die leuchtenden Farben des europäischen Sinterschmucks annehmen. Dafür befindet sich in Clearwater-Cave ein Raum mit soo sanft gewölbten Wänden, dass man sie mit seinen Händen streicheln muss.

3/12 **Gunung Mulu**
Durch Tropenwald aufwärts, mit steigender Höhe sinkt die Temperatur und die Vegetation ändert sich. Die Bäume werden dünner und kleiner. Bald sieht es aus wie in einer verzauberten Moorlandschaft. Alle Äste und Stämme sind flechtenbehangen. Epiphyten sitzen auf Astgabeln. Dicke, tropfend-nasse weiche Moospolster umhüllen Strunk und Wurzelwerk. Fehlen nur noch die Pilze – und schon lacht mich ein Röhrling an. Die ganze Gegend trieft nur so von Nässe. – Allein in diesem einsamen Gebiet. Nebel steigen ~ Tropfen fallen. Wo legt sich der müde Wanderer aufs Ohr? Nirgends ein trockenes Plätzchen.

Nephentes

Unter den dicksten umgestürzten Bäumen rinnt Wasser. Einzige sinnvolle Ausrüstung ist da Regenblache und Hängematte. Welcher Zauberer lässt da

3/14 wärmende Flammen züngeln? Ich werde von dieser harten Prüfung verschont und erreiche in der Dämmerung Biwak 4. ~ Mensch, was begehrst du mehr? In der Hängematte wiegend, dem Prasselregen lauschend, wie er auf's Dach trommelt. Ein feiner Sprühnebel berührt dein Gesicht und du murmelst dich ein.

Eigenartige Kannenpflanzen finden sich in drei Arten. Aus den Blattspitzen wächst ein Stengel, an dem das kurlige Gefäss hängt. Ein Deckel soll wohl als Regendach dienen. In diesen bauchigen Kannen werden also kleine Insekten verdaut? Die meisten sind vom heftigen Regen

3/15 gefüllt worden. In einigen zucken Mückenlarven. In andern haben kleine Spinnen feine Fäden kreuz und quer gesponnen. Die Vegetation gipfelwärts ist nur noch buschartig. Sie erinnert an die europäische Alpenflora; Riesen-Seggen und prächtig rote Riesen-Alpenrosen (Rhododendron), nadelartige Sträucher und Schlinggewächse, Farnkräuter und Pflanzen mit lederigen Blättern. Mit steigender Höhe und Lichtintensität haben farbige Blumenwunder ihren Lebensraum gefunden. Leuchtend weisse, fingerlange Röhrenblüten verströmen schwere Süsse. ~
Kleine unscheinbare Heuschrecken bevölkern in reicher Zahl das Blatt-

3/16 werk, nur das Spiel ihrer langen schwarz-weiss gezeichneten Fühler macht auf sie aufmerksam. Ein Trupp lerchenartiger Vögel mit Kopfhaube zigeunert rätschend durchs Gestrüpp. Lange harre ich, auf dem Gipfel zusammengekauert, auf einen Blick über weite Urwaldlandschaften. Für diesmal vermag Frau Sonne die Nebelgeister nicht in die Flucht zu schlagen. Mit ihren feuchten Leichentüchern umhüllen sie Busch und Baum, Berg und Tal. Bin ich nun während sieben Stunden auf steilem Pfad über nasses Wurzelwerk gestolpert, über Baumstämme geklettert und unter gestürzten Bäumen durch'gekrochen, mit den Füssen im Morast einsinkend – nur um weisse Leere um mich zu sehen? Das Wesen des Lebens liegt im Weg. Gehe diesen mit ganzem

3/17 Herzen. Enttäuschung ob dem verfehlten Ziel ist ein Kind der Vernachlässigung des Weges.

Blutegelparadies! Während meinem sechs-stündigen Marsch haben wohl über fünfzig dieser Schmarotzerwesen den Weg unter meine zugebundenen Hosenschösse gefunden. Hin- und wieder öffne ich mein Schuhwerk und zerre das saugende Gewürm von meinen Füssen, in der Hoffnung, wenigstens einige auf frischer Tat zu ertappen. Während sich die Blutegel mit leuchtend gelbem Seitenstreif sofort durch ihren schmerzhaften Biss verraten, saugt die unscheinbar braun gefärbt Art, mit kleinen Warzen geschmückt*, seelenruhig ihre blutige Mahlzeit, ohne dass das Opfer des Diebes gewahr wird.

* in den Niederungen häufigste Art mit dunklem Rückenstreif.

3/18 [Bild]

3/19 [Bild]

3/20 Auch die Eingeborenen werden nicht verschont. Ausser alten Naturheilärzten vermag wohl kein Mensch diesem Geschöpf Symphatie [Sympathie] entgegenzubringen. Die erwischten Diebe werden brutal mit dem Buschmesser zweigeteilt, mit einem Stein zermantscht oder ins Feuer geworfen. Rachegefühle werden auch in mir Wirklichkeit, als ich drei vollgesogene Parasiten auf den Angelhaken spiesse. Doch die Fische verschmähen den Köder. – Auf mich hatten diese Kreaturen sogar eine erzieherische Wirkung ausgeübt; nachdem drei dieser ‹Dinger› den Weg durch ein Loch, von einer Abseilstrecke in den Hosenboden gescheuert, gefunden und mich in den Hintern gebissen hatten – fand ich endlich Nadel und Faden...

Wie sich ein junger Farnwedel entrollt ~ versuche ich mit meinem Körper nachzuahmen. Lege mich ganz klein zusammen. Öffne mich langsam ~ strecke meine Arme und Hände – wie der Farn seine Blätter – bis in die äussersten

3/21 Spitzen. Der Farn blüht voll Lebenskraft. Nun zieht sich die Energie langsam zurück. Der Farn verblüht, die Blätter werden schlaff, trocknen, werden steif. Meine Arme beugen sich, eine Hand bricht. Der Farn bleibt als bleiches Gerippe zurück, verwandelt sich langsam wieder und löst sich in seine Ursubstanzen auf. Wohin ist die Lebenskraft entwichen? Sie hat sich in die Sporangien zurückgezogen, und aus neuem Zentrum kann sie sich wieder embryoartig wie eine Spirale entfalten. Das alte Individuum muss sterben – ich sinke zu Boden – und sich neuem Leben opfern. Und wieder keimen junge Pflänzchen, neue Individuen, und der geheimnisvolle-faszinierende Lebensprozess entfaltet sich von neuem. –

Goa Payau ~ Deer Cave

3/22 Ist es Phantasie oder Wirklichkeit? In der Dämmerung nähere ich mich dem rings von hohen Felswänden gesäumten traumhaften Eingangsportal der Höhle. Mit lauten Rufen und Flügelklatschen begeben sich einige Nashornvögel zu ihren luftigen Schlafgemächern. Auch der müde Wanderer legt sich auf weichem Guanoboden aufs Ohr, und wird vom Ticken der durch die Dunkelheit flitzenden Schwalben davongetragen.

3/23 Welch ein Schauspiel, den allabendlich ausfliegenden tausenden von Fledermäusen durch den Raum zu folgen. Während morgens früh bei Tagesanbruch die Flattertiere in losem Verband stetig einfliegen, sammeln sie sich abends zu grösseren Schwärmen. Ihr Flug ist rasant, zackig, und zuerst ungeordnet – man möchte meinen, ein Bienenschwarm surre am vielleicht 80 Meter hohen Eingangs-

3/24 portal um den dicken, von der Decke hängenden Stalaktiten. Erst mit dem Feldstecher lassen sich die schwarzen Punkte als Fledermäuse erkennen. – Dabei schiessen die aus dem Höhleninnern kommenden Tiere in deckennahem Flug auf den Tropfstein zu: Je nachdem, auf welche Seite sie ausweichen, fliegen sie ausserhalb in einen Rechts'kreis oder innerhalb in einen Linkskreis. Immer mehr Tiere drängen sich aus dem Höhlengewölbe in den Rechtskreis, bis das Mass voll ist, und sich nach ~fünf Minuten der erste Schwarm von 200–500–1000 Tieren löst. Alle 10–60 Sekunden löst sich ein weiterer Schwarm, faszinierende Bilder des Lebens werden dabei in den

3/25 Raum gezeichnet. Einige lösen sich als vollkommener Kreis – steigen – bis sich der drehende Zylinder an Fels oder Baumkrone bricht und in eine Spirale, sich weiter drehend, wandelt. Die Formen sind so lebendig, kaum zu halten – man kann nur schauen und staunen. – Werden auf dem Höhepunkt der Fledermäuse zu viele, wird die Kreisform für ein paar Minuten aufgegeben, und als lange Riesenschlange fliegt die Schar aus der Höhle durch den Himmel. Darauf bilden sich wiederum Teilschwärme, bis sich die restlichen Tiere in stetigem ungeordneten Verband in aufgeregtem Zick-Zack-Muster auf die nächtliche Jagd begeben. Nun ist die Zeit für die habichtartigen Raubvögel gekommen, sich einen Fledermausbraten zu holen. Mit grosser Geschwindigkeit schiessen sie bis zur Dunkelheit durch die Lüfte und packen sich ein Opfer

mit ihren Fängen.

3/26 Schätzung, 4.6. abends 17.35–19.00

17.35–18.05: ~100 Teilschwärme von 300–500 Tieren
→ 30'000–50'000
Ø alle ~20 Sekunden Schwarm (10"–60")
18.05–18.20: 3 Riesenschlangen während 6' von
100–200 Tieren pro Sekunde → 36'000–72'000
18.20–18.40: Loser Verband von 20–50 Tieren pro Sekunde
→ 24'000–60'000
18.40–19.00:   "   "   5–10 Tieren /1" → 6'000–12'000
96'000 194'000
→ Mittel: ~145'000 Tiere

Am Höhleneingang

Eine schwarze Erdwespe (~2 cm) gräbt ihren unterirdischen Gang. Rückwärts kommt sie aus ihrem Loch, eine Portion Aushubmaterial zwischen ihre Vorderfüsse geklemmt. In hohem Bogen schleudert sie die lehmige Erde hinter sich.

Ein Gesumm v. schwarzen Erdbienen mit metallisch blau schillernden Hinterleibsringen. Dicht beieinander liegen ihre Wohnungseingänge. Durch meine Fuss'spuren werden einige verschlossen. Das Bild der Landschaft verändert sich. Für ihre Orientierung gibt es eigentlich nur eine Möglichkeit: Persönliche Duftstoffe. Einige sind irritiert, keinen Eingang zu ihrer Wohnung mehr vorzufinden. Versuchen ihr Glück zuerst einmal beim Nachbarn, von wo sie vertrieben werden, und suchen dann grabend ihren alten Wohnplatz.

3/27 **Schätzung:** 11.6.84, morgens 5.45–6.45
10' – 10 Tier pro Sekunde → 6'000
20' – 20 Tier pro Sekunde → 24'000
30' – 50 Tier pro Sekunde → 90'000
Total = 120'000 Tier

Während vier Tagen beobachtete ich den Aus- und Einflug der Fledermäuse. In dieser kurzen Zeit eine feste Regel aufzustellen ist nicht möglich. So flogen am 14.6.84 die Tiere erst um 18.25 aus (in 16 Teilschwärmen und Riesenschlange) obwohl kein Regen, – am 3.6. wälzte sich schon um 17.15 die Riesenschlange aus dem Eingangsportal. Auch ist ungewiss, ob am andern Höhlenausgang sich nicht gleichzeitig Ähnliches abspielt. Distanz und Dunkelheit hindern eine Zählung. Infrarot, Foto, Film, Computer – für denjenigen, der's genau wissen will.

Im Geröll des Höhlenbachs ein Wildschweinskelett. Durch die beiden riesigen Höhlenschlünde dringt Tageslicht von diesseits bis jenseits. Neugierig umstreichen mich beim Bad die Fische, und Krevetten knabbern an meinen Füssen. Als ich [weiter auf S. 29]

3/28 ‹Green Cave›
Eine Hirschkuh, von ihrem wunderbar geschützten Ruheplatz beim Höhleneingang aufgeschreckt, prescht die steile Halde hinunter.
Auch hier streckt Phytokarst seine Ärmchen lichtwärts.

3/29 über weichen Guanogrund eine Erhöhung ersteige, zaudere ich, mich an Felsblöcken zu halten. Da ist ein unheimliches Gekrabbel ~ wo man hinblickt – ein Salat von Käferleibern, Fühlern, Beinen, Zangen. Mütter, umschart von ihrer Kinderbrut. Im ganzen Haufen, wie Bohnen grübeln dunkle Käfer mit leicht gerillten Deckflügeln im Fledermauskot, küchenschabenähnliche Insekten laufen flink davon. ‹Crickets› nehmen mit ihren langen Sprungbeinen Sätze durch die Luft. Es ist ärger als in einem Warenhaus mit Ausverkauf. Die Bevölkerung ist stellenweise so dicht, dass sich der Verkehr über die Leiber der andern abwickelt. Nur liegt über dem Ganzen eine etwas makabere, friedhofartige Stimmung. Dichtgedrängt mit verendeten Artgenossen, abgeworfenen Häuten und Leibesgliedern spielt sich das Leben ab. In vermoderten Spinn'netzen

3/30 baumeln ausgesaugte Leichen. – Das ganze Leben hier scheint einzig Verdauung und Umwandlung von Materie zu sein. Wenn ich mir vorstelle, als Mensch ein solch gruftartiges Leben führen zu müssen... Ich verlasse diesen eigenartigen dunklen Platz und fühle mit Wonne lichtgetränkte Sonnenstrahlen

Nacht's unterwegs. Ein helles phosphoreszierendes Licht macht von weitem auf sich aufmerksam. Ist es eine grosse leuchtende Pilzkolonie? – Nein – nicht die Pilzgesellschaft, aber ihr Hausherr, ein beinlanger vermodernder Ast verströmt mit aller Kraft dieses geheimnisvolle Fluidum. Dabei reflektieren noch Blätter in ~1,5 m Entfernung das Licht. Da im Umkreis von einem Meter auch anderes Holz und verschiedenes Laub grünlich leuchtet, ist wahrscheinlich

3/31 doch eine ‹Moder-Pilz-Kolonie› für die Erscheinung verantwortlich. Jedenfalls ist zur Erzeugung des Licht's Feuchtigkeit notwenig. – Einmal mehr mit Staunen in meiner Seele wate ich weiter durch sumpfige Landschaft

Allein mit einer Karte 1:100'000 und Kompass und ~25 kg Gepäck durch den Dschungel. So lange man Punan-Fusspfaden folgt, geht's. Nach drei Tagen mühsamer Buschmesserarbeit durch eintöniges Unterholz, durch Töbel auf und ab, wo Forwärtskommen schon ohne Gepäck Anstrengung bedeutet, empfinde ich die aufgewendete Energie zu hoch. Vor allem, wenn das ersehnte Ziel nicht nahen will, wenn man geirrt hat, umkehren und seine Marschrichtung fortwährend korrigieren

3/32 muss. Ab und zu klettere ich auf einen Baum, in der Hoffnung, zwei sichere Punkte in der Ferne visieren zu können. Ich werde mir bewusst, den Mass'stab der Karte unterschätzt zu haben, wo 1 cm = 1 km, für 1000 m Höhenunterschied nur drei Höhenlinien. Wenn du dir bis am Abend 2–3 km eigenen Weg gebahnt hast, würdest du dich gerne in der Hängematte schlafen legen. Die winzigen Sandfliegen durchdringen mein Mosquitonetz und plagen mich wie lästige Teufel. Von Ruhe keine Spur. Mit der Mundharmonika, meinen Schlafsack über beide Ohren gezogen, versuche ich, ein wenig Ernst abzuschütteln und mich selbst zu belächeln. – Auf dem Nachhauseweg von einer Höhlentour hatte ich schon einmal den Fehler gemacht, abends nur in kurzen

Hosen zu gehen. Trotz wildem um mich Schlagen, wurde ich in einer Stunde wohl von gegen 200 dieser Plagegeister gestochen. Mitten in der Nacht legte ich mich einige Minuten in den Fluss, um etwas Kühlung zu verschaffen, von Schlaf keine Rede. –

3/33 Hier sitze ich nun zwei-drei Tage fest. Das Symptom der ‹Mulu-Füsse› ist mit aller Kraft wieder aufgetreten. Wohl jeder Höhlenforscher im Camp wurde einmal für kurze Zeit dadurch ausser Gefecht gesetzt. Das Herz des Gunung Mulu ist aus Sandstein, der in Bächen abwärts transportiert wird. Scharfe Silicium-Kristalle dringen mit dem Sand in das Schuhwerk, und da die Füsse morgens bis abends von Nässe aufgeweicht werden, entwickelt sich eine Wirkung wie mit Nass'schleifpapier. Die Füsse brennen, die wundgeriebenen Reibstellen leuchten rot. Nach angenehmer Kühlung im Fluss kommt der Schmerz mit aller Kraft. Stöhnen begleitet deinen Schritt und am liebsten würdet du auf den Knie'en gehn. Schon nur die Berührung mit Stoff beim in den Schlafsack oder in die Hosen steigen... Doch Wunder der Natur. So schnell der Schmerz gekommen ist, so schnell verschwindet er auch wieder. Und es ist kaum

3/34 zu fassen wie schnell der Heilprozess stattfindet. Mit ‹Rubber-Socks› versucht man das Übel an der Wurzel zu bekämpfen.

Fast sämtliche im Wald verstreuten Spuren von Punan-Schlafplätzen sind auf erhöhten Stellen – gerade wie es auch die Schafe lieben. Hier ist mehr Licht und Luft und darum weniger Mosquitos und Sandfliegen. – Welche Wonne, einmal nicht geplagt zu werden und einigen kurligen, unbekannten Insekten zuschauen zu können. Du bemerkst bei genauerem betrachten, dass all diese verschiedenen Krabbel-Tiere: – Jedes einzelne hat ein Gesicht! Mit Augen. – Mit merkwürdigen Mundwerkzeugen. Der Falter nippt mit seinem Saugrüssel Feuchtigkeit. Ein anderer stachliger

3/35 Kerl putzt seine Fühler. Der asselartige Käfer mit Kümmerflügeln auf seinem Rückenschild nimmt schwupps ~ einen Sprung durch die Luft und versteckt sich im Laub. Jedes einzelne Tier ist ein Lebewesen für sich, das seinen Weg geht, und lebend empfindet. Mögen diese Insekten vielen von uns auch nur als ‹Dinger› erscheinen. Irgendwie kommt da Achtung vor jedem noch so kleinen Geschöpf ~ Liebe. Auch wenn uns das Leben selbst zwingt, manchmal zu töten.

Sungai ‹Tapin›. An sonniger offener Stelle spanne ich Regenblache und Hängematte im Bachgeröll, in der Hoffnung, von Hochwasser verschont zu werden. Im Fluss wimmelt's von Fischen. Welche Wonne, im kristallklaren Wasser mit Tauchbrille dem Treiben dieser Schuppentiere auf Augenkontakt zuzusehen. Fingerlange Fisch'chen mit dunklem Rückenstreif kleben im seichten Wasser auf Steinen. Fische mit schwarzem Schwanzfleck nippen kopfabwärts ihre Nahrung vom Fels. Ein Gesell ist mit langem Schnauz und verlängerten Floss'spitzen geziert. – Ein anderer mit lustigen Warzen auf Nase und Oberlippe lebt

3/36 in Grundnähe. – Wow – kaum zu glauben, als am Morgen ein gut unterarmlanger Barsch im Netz zappelt! Vom Ufer glitscht er zwischen meinen Beinen durch wieder ins nasse Element. Doch auch ohne diesen Riesen ist mein Tisch reichlich gedeckt.

Eigenartig – ist es nur Feuchtigkeit, welches all die farbenprächtigen Schmetterlinge anzieht, oder zugleich Nahrung? Scharenweise, dichtgedrängt, saugen sie von Fischüberresten, von Piss-Stelle und verbrauchtem Karbit. Dutzendweise wären sie leicht zu fangen – diese Gaukler der Lüfte. Grüngetupft auf schwarzem Grund; gelb, orange, mit Schwalbenschwänzen, gar mit metallisch blau schimmerndem Körper, mit sammetbraunen zarten Riesenschwingen ~ und dahinter murmelt der Bach in seiner Reinheit, Sonnenlicht fällt durch das Laub an schattigem Ort, Lianen hängen ins weiss-perlende Wasser.

Durch lichten Laubmischwald aufwärts. Wären die stachligen Palmgewächse nicht – es könnte ebensogut ein Plätzchen am Hauenstein auf Waldgratweg oder irgendwo im Elsass sein. Doch mit steigender Höhe über Meer, werden die Bäume wieder kürzer, das Unterholz dichter und dichter, der angenehme Weg verliert sich.

3/37 Und wieder befinde ich mich in schier undurchdringlicher Vegetation. Äste mit dicken Moospolstern besetzt, epiphytenbewachsen, krumm und quer, dichtes Wurzelwerk, stachlige Palmgewächse. Ich versuche, mich mehr oder weniger an die Hirsch- und Wildschweinpfade zu halten. Doch besitze ich nicht den langgezogenen, keilförmigen Schädel dieser Borstentiere, die wohl durch sämtliches Unterholz ihren Weg finden, dafür meinen Schleppsack. – Um Energie zu sparen, lasse ich diesen zurück und bahne mit Buschmesser zuerst einen Weg. Deprimierend – oder Freude – wenn Du den in 3–4 Stunden erstellten Pfad ‹gemütlich› mit Gepäck in 20 Minuten durch'kriechen kannst. – Seit zwei Tagen nicht's gegessen, keinen Tropfen Wasser getrunken. Ich beginne, die Flüssigkeit in den Kannenpflanzen zu schätzen. Pro Blüte einen Schluck Wasser – mit den Lippen die Überreste der halb-verdauten Insekten und die zuckenden Mückenlarven filternd. Waren vor allem Ameisen die Opfer, schmeckt das Wasser angenehm säuerlich – ist es grünlich, schmeckt's bitter wie Galle. – Nach fünf Tagen stellt sich endlich der ersehnte Regen ein, den ich in meiner Blache auffange – und ich komme zu meiner ersten Mahlzeit, Reis ist mein einziger Proviant, und ausgiebigem Teegenuss: In diesen Tagen war das peinvoll erfüllte Pensum wohl nie mehr als ein paar hundert Meter. So hart hatte ich mir den Weg zu den Eingeborenen nicht vorgestellt. Mutterseelenallein in dieser gottverlassenen Gegend. Ein Beinbruch wäre wohl der Tod. Doch es blieb nicht's anderes übrig, als den eingeschlagenen Weg – der nur Mühe war – vorwärts zu Ende zu gehen. Hätte ich einen Führer angestellt... Doch hier blicke ich vergeblich nach Punan-Pfaden. Was soll auch ein Jäger in dieser wildarmen Bergwildnis. Als einzige Tiere begegne ich einem bussardähnlichen Greif mit heller Schwanzbinde, lausche dem nächtlichen Ruf eines Kauzes. – Pirolähnliche Vögel spielen verliebt durch's Gebüsch, vibrieren mit ihren hängenden Flügeln und stellen den langen Schwanz senkrecht. Gerade in einem Bergsattel, wo die Bäume sich wieder recken und eher ein Pfad zu spüren ist, lässt sich mal ein rothaariger Affe von Ast zu Ast fallen, oder ein Hörnchen geistert durch's Geäst.

Helle Freude! Von einem erkletterten Ausguck hoch in einer Krone, sehe ich am gegenüberliegenden Berg ein Räuchlein aufsteigen. Ein Juchzger entspringt meiner Brust. Oder ist es nur eine Fata-Morgana? Hellgrüne Flecken leuchten in der Nähe aus dem Wald. Dschungelgärten oder nur Farnkrautfelder? Mein Schritt bekommt neuen Antrieb. Ich verlasse den lästigen Hauptgrat und begebe mich talwärts.

Wie die Ansprüche des Menschen von der jeweiligen Umgebung geprägt werden: Vor einer Woche war der Besitz von Waschmittel u. Haarshampoo eine wichtige Sache – unter den jetzigen Umständen ein unwesentliches Gepäckstück. – Auf der Mundharmonika spiele ich das Liedlein «S'isch mer alles ei Ding». Ha! – Was spüre ich da eigenartiges im Mund? Ein Blutegel!

3/40 Der kürzeste Weg talwärts geht gewöhnlich entlang dem Wasserlauf, ist aber oft mit Hindernissen verbunden und glitschig. So versuche ich, auf einem Bergzug talwärts mein Glück. Doch immer wieder lande ich auf Nebenkämmen und muss im Auf-Ab Töbel queren. Mit der schweren Last im steilen weglosen Gelände, werde ich müde, und beschliesse, dem Wasserlauf zu folgen. – Da ein schwerer Duft aus roter Blüte in schattigem Dunkel – dort der Boden von weissen fallenden Blumen bedeckt, die Süsse verströmen. Hier eine unbekannte Frucht, die direkt aus dem Stamm eines Baumes wächst. – Der Wasserlauf wird zum Bach. Ich wundere mich, wo die Fische bleiben. Gibt es wohl Hindernisse? – Das Tobel verengt sich, wird felsig. Ich klettere über geborstene in die Schlucht geschmetterte Haufen von Baumstämmen und Wurzelwerk, neben Wasserfällen. – Nach öfteren Umgehungsversuchen werde ich wieder müde und versuche, mich wiederholt auf einem Bergrücken talwärts zu finden. Es scheint wie verhext – nirgends ein andeutungsweiser Pfad – nur dichte, stachlige Palmgewächse, die dich mit ihren Widerhaken krallen.

3/41 Ein kleines Bächlein. Unter einem riesigen überhängenden Felsblock kleben wohl an die 3–400 kugelige Lehmnester von Hühnereigrösse. Insekten summen ringsum. Soll ich? Mit einem langen Stecken hole ich ein paar Nester herunter, in der Hoffnung auf Honig. Doch in den wabenförmigen Hohlräumen befinden sich ‹nur› Maden und junge Wespenlarven. Schnell sind Ameisen in Fülle zur Ernte erschienen und transportieren die zarte Fracht nestwärts. Eine zappelnde Wespe wird brutal an ihrem fadenförmigen Hinterleibs-Verbindungsglied zweigeteilt. Glücklich, nicht gestochen worden zu sein, staune ich ob den feingliedrigen schlafenden Tieren in ihrer Puppenwiege. – In dem Rinnsal haben sich doch kleine ‹Steinbeisserchen› bis hier hinaufgekämpft. Als ich eine geburtshelferkrötenähnliche Kaulquappe fangen will, kommt plötzlich eine dunkle Schere aus einer Felsennische und will mich zwacken. Doch der Krebs bleibt unerreichbar in seiner Höhle. Das Leben hat mich wieder ~ vorwärts!

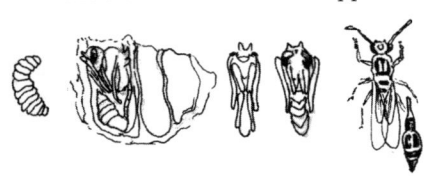

3/42 Nun endlich! Den Bach im Tal überquert, begegne ich einer ersten Fuss'spur. Bald finden sich die ersten gekappten und gebrochenen jungen Bäumchen und ich weiss mich auf menschlichem Pfad. Müde lege ich mir ein Äste- und Blätterlager zurecht, und überdenke die vergangenen peinvollen Tage. Riesenameisen mit braunem Hinterteil fangen sich vom Karbitlicht angelockte Falter. Will man sie fassen, pissen sie einem an – und der Geruch sticht einem in die Nase, wie über einer Flasche reiner Ameisensäure. Eine Gottesanbeterin mit ihren gewinkelten Fangarmen findet sich ein. ~ Für einen Moment fliege ich in dieses und jenes Stübchen zu geliebten Menschen zu Hause ~ und sende ein paar warme Gedanken.

3/43 Menschenstimmen dringen morgens an mein Ohr. Mit hohem Ruf mache ich mich bemerkbar. Hinter Blättern bleiben die zwei Gestalten unschlüssig stehen. Ich grüsse in Punan-Sprache. Der Mann in langen Hosen und Blasrohr nähert sich. Die Frau bleibt scheu im Hintergrund. Bruchstückhaft versuche ich mich in Punan auszudrücken, woher und wohin. – Nach einer Weile folge ich den beiden auf steilem Pfad aufwärts. Hundestimmen kündigen nach einer Stunde den Siedlungsplatz auf einem Hügelzug an. –

Zum Gruss wird die Hand geboten, doch keiner schaut mir in die Augen. Scheu wenden sie den Blick zur Seite, und kaum ein Händedruck ist zu spüren. – Ich übergebe meinen restlichen Reisproviant, spiele ein Liedlein auf der Flöte und schenke eine Maultrommel. – Eine Männergestalt bleibt hinter der Hütte verborgen. Er scheint Pfeile zu schnitzen. Helle zarte Holzflocken fallen neben seinen mit schwarzen Rotan-Ringen gezierten Beinen zu Boden, als ich ihn grüsse, lächelt er.

Inzwischen flackert in der dreiseitig offenen Hütte ein Feuerchen, und schon bald setzen wir uns im Kreis um die schwarze ‹Kawa›-Pfanne. Im zäh gallertartigen ‹Nao›-Brei steckt

3/44 [Bild]

für jedes Mitglied eine Holzgabel, ‹Atip›: Ein rundes Hölzchen ist zugespitzt und im Kreuz gespalten, so dass vier Zinken entstehen. ‹Nao› ist mit Wasser gekochtes reines Sago-Mehl.
Als Wassergefässe dienen Bambusrohre, ‹Bolo›, verschiedener Grössen. – Während die junge Tochter an der Feuerstelle eine weitere Mahlzeit kocht, flechtet die Mutter im Hintergrund mit Rotan an einer Matte zur Sago-Bereitung, ‹Ta-bau›. In schönem Köpermuster (2:2) legen sich die einzelnen fein bearbeiteten Rotantriebe eng aneinander. – Die halbzentimeterdicken Triebe werden mit dem Messer gespalten und weiter dünngeschnitten.

Nach einer Weile wird die Pfanne voll ‹Sigo›, mit Wildschweinfett geröstetes Sagomehl, in die Mitte gestellt, und jeder bedient sich mit seiner rechten Hand. Dazu isst man angekohltes Fleisch. – Beim Eindunkeln kehrt ein Jäger mit Beute heim und zwei weitere Besucher finden sich ein. Der grosse Iltis (?) mit langem schwarzen Schwanz wird samt dem Affen auf dem Feuer geflammt – schade um den schönen Pelz.

3/46 Bis spät in die Nacht hinein werden Jagderlebnisse erzählt; die Männer schnitzen an ihren Pfeilen, und wohl sieben Mal wird aufgetischt. Der Punan-Besucher scheint für die Mission ‹SIB› zu arbeiten. Es wird gelesen, gesungen und mit grossem Stimmenwirrwarr gebetet.

In den zwei einfachen Hütten leben zwei verwandte Familien, insgesamt 13 Menschen. – Am nächsten Tag meint man es wirklich ernst. Man packt seine sieben Sachen und begibt sich nach 3-monatigem Leben hier einige Hügel weiter.

3/47 Die mit Rotan geflochtenen Tragkörbe, ‹Kiwa›s, sind prall gefüllt: Als Einziges wird von der alten Hütte die Dachbedeckung gezügelt, aus Palmblättern gefertigte ~90 cm breite, ~4 m lange, Bahnen. Neben den Bambusrohren, Bolo, für Wasser- und Fettaufbewahrung, wird der restliche Sago- und Fleischproviant, einige Kleidungsstücke, Axt, Buschmesser und Pfeilgift auf den Rücken gepackt. Zuoberst wird hier noch das jüngste Familienmitglied auf ein Plätzchen gesetzt, dort eine Kawa-Pfanne aufgebunden, und die schwerbeladenen Gestalten verlassen ihren alten Wohnort. Auf zum Teil glitschig-steilen Urwaldpfaden keuchen sich Mann und Frau aufwärts und abwärts. Hin- und wieder wird auf kurzem Halt verschnauft, und ein gerisse-

3/48 ner Träger neu geknüpft. Lustig baumelt an einer Last hinten ein kleines Pfännchen. – Die ganze Züglerei ist begleitet vom Gejaule der grossen Hundeschar. Hatten sich schon einige Vierbeiner nur mit Gewalt vom alten Wohnort vertreiben lassen, haben nun einige der klipperdürren räudigen Kreaturen Mühe, über umgestürzte Bäume zu folgen. Ein Mädchen spielt Hundemutter; stetig lockt sie mit hoher Stimme, und an ihrer Kiwa hängt der aus einem Stück Baumhaut gefertigte Fressnapf.

Nach 2–3stündigem Marsch gelangen wir an den neuen Wohnort auf einem benachbarten Hügelzug. – In kurzer Zeit steht das Gerüst der neuen Hütte, und am späten Nachmittag sind die zwei neuen Behausungen einzugsbereit. Vier Pfähle bilden ein Rechteck von ~2,5 x ~5 m als Grundgerüst. Auf Kopfhöhe werden mit Rotan-Lianen Querhölzer befestigt und mit schwach armdicken Stämmchen belegt – und schon ist der Boden des Wohn-, Ess- und Schlafraums erstellt. Vor die Mitte der Längs-Seite pflanzt man nochmals vier Pfähle (~1,2 x 2 m) für die Feuerstelle. Der

3/49 Holzrost wird mit Blättern der Sagopalme belegt und mit einer Schicht Erde bedeckt. Über der Feuerstelle wird ein zweiter Rost zum Trocknen von Holz und Räuchern von Fisch und Fleisch befestigt, und ein Dritter für die Aufbewahrung von Fleisch, Pfeilgift und anderem. – Als Treppe zum ‹Haus› dient ein schräggestellter Pfahl mit einigen Kerben. Als Dachsparren verwendet man dünne Baumstämmchen. Einfache Kerben geben dem Holzgerüst halt, wo die Pfähle nicht schon mit dem biegsamen Rotan verbunden wurden. Im umliegenden lichten Laub-Mischwald sind genügend geradlinig gewachsene dünne Bäume, die nur in der ‹Krone› einige beblätterte Ästchen besitzen. Hier auf dem Hügelkamm ist der Wuchs nur dürftig. Wenig Bäume erreichen eine Höhe von ~15 m. Urwald-Riesen von über Meterdurchmesser muss man im fruchtbareren Talboden und Töbeln suchen.

Schon am zweiten Tag gestaltet sich die Hütte lebendiger, wenn rings um Dach und Feuerstelle zu den vergilbten, verräucherten alten ‹Kacau›s (zusammengenähte Dachbahnen aus jungen Palmblättern) frische [weiter auf S. 51]

3/50 [Zeichnungen mit Erklärungen, ohne Zusammenhang mit den vorherigen oder nachfolgenden Seiten]

Verschiedene Rückbilder von aus Rotan geflochtetenen ‹Kiwa›-Traggefässen. Die schwarze Farbe erhielt man durch Kochen der Liane mit Blättern des ‹Bok›-Baumes. Durch Einlegen über Nacht in Lehmbrei wurde die Farbe wohl gefestigt. Während die Rückwand sehr eng geflochten ist, sind die aufklappbaren Seitenwände locker.

3/51 grüne ‹Ucung Dahun› gebunden werden. Individuell gestalten sich die Anbaue beider Familien. Während hier etwas erhöht die Wohnstube an einem Ende zu elterlichem Schlafgemach verlängert wird, entsteht dort gegenüber dem Eingang ein Plätzchen für den halbwüchsigen Sohn. – Die ganze Hütte besitzt nur eine Rückwand und bleibt gegen drei Seiten offen.
Ursprünglich fertigte man wahrscheinlich noch keine ‹Kacaus›; das Dachgerüst wurde einfach mit gestaffelten Lagen von ‹Ucung Dahun› oder ‹Ucung Kawo› bedeckt.

Unkenntnis der Sprache erschwert den Zugang zu diesen scheuen Urwald-Zigeunern. Den Namen von ‹Laki Aiau› erfahre ich erst, als wir nach zehn Tagen etwas vertrauter sind. Die Frauen hüten ihren Namen wie ein Geheimnis. Auch die Kinder sind ängstlich. Ein kleiner Junge schreit gar wie am Spiess, wenn ich mich nähere. Ist es wohl die rote Nase, welche Furcht einflösst? Blicke ich zu lange, verstecken sie sich hinter der Mutter oder verdecken ihr Gesicht hinter den Händen. Der ~drei-jährige

3/52 ‹Lisse› ist Ausnahme. Auch er liebt es, mir in die Augen zu schauen, und auf mein Lächeln zu antworten ~ als wären wir schon lange vertraut. ~ Bei Wesensverwandtschaft scheint Zeit keine Rolle zu spielen.
Ein Jäger kehrt mit klaffender Schnittwunde zurück; ein scharfer Stein hat seine Fusssohle geschlitzt. Nach dem Verarzten bleibt ein leeres Verbandsstoffröllchen übrig. Das Weissblech spiegelt im Sonnenlicht. Ein ideales Spielzeug. Gross ist dann auch die Freude. Doch schon nach kurzem entbrennt Streit, und zurück bleibt eine weinende Kinderschar. Am Ende wird sich das Röllchen wohl in einige Pfeilspitzen für die Wildschweinjagd verwandeln.

3/53 Allabendlich wird unter der Hütte ein Feuer für die Hundeschar angefacht. Die zum Teil klipperdürren Gestalten in räudigem Pelz schlottern oft vor Kälte – hier auf vielleicht 1'500 m über Meer kann ein frischer Wind wehen. Dicht drängen sie sich um die wärmenden Flammen, und hin und wieder wird auch ein schwächerer Artgenosse von seinem Platz vertrieben. Die Punan-Mädchen sind rührend in ihrer Sorge um die Hunde. Mit einem Knüppel gehen sie oft dem Schwächeren zu Hilfe und sorgen für Gerechtigkeit, verfolgen den Missetäter oft noch ein Stück in den Wald. Hallen dann seine Schreie durch's Geäst, geht gewöhnlich ein herzhaftes Lachen durch die beiden Hütten. Als Nahrung wird neben den Knochen für die Hunde hin und wieder ein

3/54 wässeriger Nao-Brei mit Fischeingeweiden gekocht. Das Mädchen steht dann auch mit dem Knüppel neben dem Fressnapf und sorgt dafür, dass keiner zu kurz kommt. Übriggebliebener Nao-Brei der menschlichen Mahlzeit wird auch an die Hunde verfüttert. Wie eine Mutter den Bissen für ihr eigenes Kind zuerst in den Mund nimmt, bevor sie ihn ihrem Liebling in den Mund schoppt, wandert auch jede Gabel voll Nao über diesen Weg schliesslich im Hundemagen. Tagsüber drängen sich die Hunde oft dicht aneinandergeschmiegt auf der noch warmen Feuerstelle.

3/55 Weder benutzen die Punans die Hunde zur Jagd, noch essen sie Hundefleisch. Warum sie wohl bei der Geburt nicht einige Jungwelpen töten? Dann wäre genügend Nahrung vorhanden. Oder warum erlösen sie nicht 2–3 der wandelnden Gerippe von ihrem Leiden? – Ich sehe nur: Selbst die leidende Kreatur hängt noch an ihrem Leben.

Ein Bruder und ein Freund weilen als stetige Gäste bei den beiden Familien. Allmorgendlich begeben sie sich einzeln nach dem Frühstück auf die Jagd und kehren erst abends wieder heim. Gewöhnlich ohne Beute. Doch eines Tages legt Freund Sigan ein grosses Ferkel auf den Hüttenboden. Am nächsten Tag begleite ich ihn an den Jagdplatz, um auch die grosse Bache heimzubuckeln. Nun endlich erfahre ich, wofür diese eigenartigen Stöcke, kunstvoll mit Rotan in Schlaufen verknotet, dienen, die bei vielen verlassenen Hütten herumhängen: ‹To-ke Babui›. Sie zeugen von der Zahl erbeuteter Schweine und erleichtern

3/56 den Heimtransport der Borstentiere. Sigan hat die vielleicht 70 kg schwere Muttersau schon am Vorabend ausgenommen und in der Mitte eines lehmigen Regenwassertümpels gelagert. Abwechslungsweise buckeln wir die Last tobelauf und tobelab. Obwohl ich Schuhe besitze, ist mir der Eingeborene überlegen und findet mit seinen nackten Füssen noch Halt, wo ich auf dem glitschigen Gelände samt der Last auf dem Hintern lande. – Holz und Rinde einer oberschenkeldicken Liane sollen zur Laugenbereitung für die Wäsche benutzt werden. – Unterwegs klettern unsere zwei weiteren Begleiter auf Bäume und pflücken Jabun-Früchte. Ihre ‹Gau-ung›s sind bis an den Rand mit den schwach hühnereigrossen rundlichen Früchten gefüllt; die äussere grünliche Schale wird weggeschnitten und auch die innere bittere Haut entfernt. Die purpur-rote Farbe des Fruchtfleisches leuchtet wie Lärchenblüten; und Wunder der Verwandtschaft, obwohl ein Laub-Baum, schmecken diese Früchte auch gleich wie junge Lärchenzäpfchen.

3/57 Doch enthalten sie viel Gerbsäure, und das Kauen des harten Fleisches bereitet nicht viel Genuss.

Ich begleite ‹Bake Bacat› auf die Jagd. Nach der morgendlichen Mahlzeit begeben wir uns auf den Weg. Fast lautlos schreitet der barfüssige Jäger geschwind voran. Mit Leichtigkeit findet sein geschmeidiger Körper Durchgang unter Stachelranken und Lianen, zwischen Bäumen und über Wurzelwerk. Wo der weisse Mann das Buschmesser singen lässt, bückt sich der Eingeborene. Er passt sich der Umgebung an, anstatt die Gegend sich anzupassen, wie wir es gewohnt sind. Das macht ihn beweglicher. – Lehmspritzer auf dem Blattwerk – hier war vor kurzem ein

Wildschwein vorbeispaziert. Hin und wieder verlangsamt sich sein Schritt, und Freund Bacat lauscht gespannt. – Nach sechs Stunden anstrengenden Marsches über Hügelkämme und durch Töbel kommt das lange Blasrohr erstmals in Funktion. Der getroffene...

3/58 Medok, flüchtet hoch in die Krone eines Baumes. Bacat sendet ihm noch einige Pfeile nach, wohl bis 30 Meter Höhe. Nach einer Weile versucht das alte Affenmännchen abwärts zu fliehen. Mit viel Geschrei versuchen wir sein Vorhaben zu verhindern. Erreicht er den Boden, wird es schwierig sein, den Spuren zu folgen. Wiederum flüchtet er aufwärts durchs Blätterdach und wir versuchen, hin- und hereilend, ihn am allzuweiten Ausscheren zu hindern. Erst nach 15–20 Minuten zeigt sich die Wirkung des Pfeilgifts, und der Affe fällt wie ein plumper Sack zu Boden. – Die ~ langsame Wirkung (10–60 Minuten) des Pfeilgifts erschwert die Jagd. In einer halben Stunde wird ein getroffenes Wildschwein wohl Km. zurücklegen. – Bacat schiebt der Beute einen Stein in den Mund, um die Kiefer offen zu halten. Geschickt weiss er, die Hände mit

3/59 den Füssen ohne Rotan zu verbinden; nur mit Hilfe einiger Schnitte werden Zehen mit Fingern der Beute verknotet. Wie ein Rucksack kann das Tier nun heimwärts getragen werden. Ich hoffe, die Flöhe des Affen

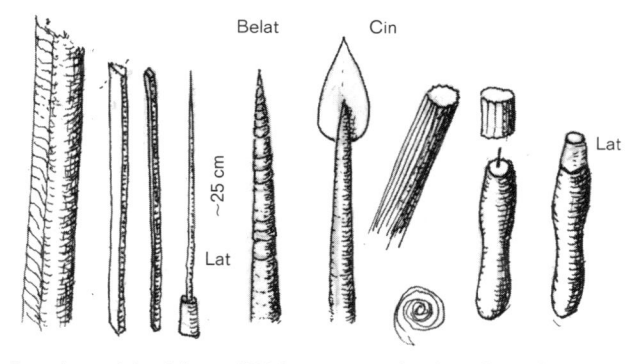

Kulit Paka
Danoput/Paka Caka
Belat
Cin
Lat
~25 cm
Lat

begeben sich nicht auf Wohnungswechsel, während ich ihn nach Hause buckle. – In der Hütte angekommen, eilen die Kinder herbei «Medok! Medok!» Jeder will die schwere Jagdbeute einmal betasten und heben. Ein Feuer wird angefacht und der Affe in die Flammen gelegt, ihn stetig wendend, bis die verkohlten Haare abgeschabt werden können. In der Hitze ziehen sich Ober- u. Unterlippe zusammen, und das Gesicht des Affen verwandelt sich in eine höhnisch lachende Gruselmaske. Der leblose Körper wird gewaschen, auf Palmblätter gelegt, ausgenommen und verschnitten. – Schön, wie die Punans ihre Jagdbeute teilen. Genau die Hälfte gelangt in die Nachbarshütte. – Ein Teil des Fleisches wird gekocht, der andere sowie Leber auf dünne Holz-

3/60 spiesse gesteckt und über heissem Feuer gegrillt, bis sie eine schwarze Farbe annehmen. – Als der Vater die Augen aus dem Schädel löst, strecken alle Kinder bettelnd die Hände nach dem Leckerbissen. Auch das Hirn ist für Frauen und Kinder reserviert. Mit der Holzgabel holen sie sich ihren Teil aus der aufgeschlagenen Schädeldecke. – Das nur kurz gekochte Affenfleisch ist zäh wie Leder, und nach ein paar Bissen erlahmt die ungeübte Kaumuskulatur.

Fast täglich sind die Männer mit der Herstellung von Pfeilen für das Blasrohr beschäftigt. Während aus dem holzigen äusseren Teil der bis 5 m langen Stengel von Palmblättern (Paka Caka/Sagopalme) der Schaft gefertigt wird, dient deren Mark für das Pfeilhinter (Lat). Die etwa 30 cm langen 4-Kant-Stäbe werden zuerst in Bündeln über dem Feuer getrocknet.

3/61 Das Schnitzmesser hat eine einseitig geschliffene Klinge wie ein Rasiermesser; der Oberschenkelknochen eines Affen (Ba-an Medok) dient als Schaft. Mit leichten Bewegungen wird das Schneidwerkzeug geführt, und bald ist der Hüttenboden mit vielen schönen Holzlocken bedeckt. Für die Affenjagd wird der Pfeil an der Spitze mit einigen Rillen für die Giftaufnahme versehen. Für die Wildschweinjagd dienen etwas robustere Pfeile mit einer Spitze aus Weissblech. Das sorgfältig in ein Stück Palmblatt gewickelte Pfeilgift (Tacan) ist von dunkelbrauner Farbe. Mit etwas Wasser werden die ~ harzigen Bruchstücke zu einem flüssigen Brei aufgelöst, die Pfeil-Spitzen darin gedreht und am Feuer getrocknet. – Die Markstengel werden in Ø 3 cm lange Stücke geschnitten und auf einen Griff gesteckt, dessen Ende genau dem Ø der Blasrohröffnung entspricht.

3/62 Ohne langes Probieren kann nun das Markstück auf die richtige Dicke konisch zugeschnitten und auf den Pfeilschaft gesteckt werden. Für die Herstellung des Blasrohrs selbst wird ein Pokok Niagang (Ø ~60–70 cm) gefällt. Sein rotbraunes geradegewachsenes Holz ist sehr hart. Ein auf ~2,5 m abgelängtes Stammstück wird geviertelt und auf Unterschenkeldicke abgerundet. Der Pfahl wird senkrecht in der Hütte befestigt und mit einem langen Rundeisen durchs Hüttendach verlängert. Dieses ist meisselförmig zugespitzt und dient als Bohrer. Nur um das Loch zu bohren braucht es angeblich 1–2 Wochen Zeit. Das Bohrloch wird mit Wasser gefüllt. Ob die Punans ursprünglich Steinbohrer verwendet haben? Wahrscheinlich ist das Blasrohr eine jüngere Waffe und erst mit der Bearbeitung und Verwendung von Metall erfunden worden. Mit

89

Rotan wird an einem Ende eine Klinge befestigt, und so kann es gleichzeitig als Speer und Buschmesser verwendet werden.

3/63 Auch der achtjährige Tiben besitzt ein Blasrohr. Es ist zwar nur halb so lang wie dasjenige seines Vaters, und die Pfeile sind nicht mit Gift bestrichen. Streift in der Nähe der Hütten ein Vogel durchs Geäst, bindet er sich mit einem Stück Tuch den Pfeilköcher aus Bambus um und versucht sein Jagdglück. – In allem eifert er den Alten nach. Er schnitzt seine Pfeile selbst und lauscht aufmerksam den Jagderlebnisse erzählenden Männern.

In der Nähe unserer Hütten steht ein hervorragender Baum auf dem Hügelkamm. Mit dem Buschmesser kappe ich alle belaubten Äste zu oberst in der Krone und spanne in luftiger Höhe die Hängematte. Hierhin ziehe ich mich des öftern zurück.

Einmal steht am nächtlichen Himmel klar der Skorpion, ein andermal scheint der Mond hell über die Dschungellandschaft. Morgens strecken meistens Nebelgeister ihre kaltnassen Hände durch die Täler.

3/64 [Bild]

3/65 Selten sitzen die Punans müssig herum. Ist alle Arbeit erledigt, tönen träumerische Klänge einmal aus dieser, dann aus der andern Hütte. Die Instrumente werden selbst gebastelt. Maultrommeln werden aus Blattstengeln der Caka-Palme gefertigt, wie auch Pfeile. Innert fünf Minuten ist eine Flöte gebastelt. Verwendet wird der Stengel eines rohrkolbenartigen Schilfgewächses. Eine kleine Blasöffnung wird beim Internodium angebracht und drei längsovale Löcher dienen der Tonvariation. Sanfte, hauchende Melodie findet ihren Weg zum Ohr. Melancholie breitet sich aus – und weiterhin bläst der Eingeborene seinen Atem durch die Nase in die Flöte, selbstversunken. Eigenartige Klänge werden dem ‹Pagang› entlockt.

Jape 70–110 cm

Oreng ~20 cm (Inan Tahat Caka)

Keringon 50–60 cm

Pa-gan ~60 cm

3/66 Rings um ein Stück Bambus werden einige Faserbündel gelöst und mit untergeschobenen Hölzchen gespannt – und schon ist das Saiteninstrument entstanden. Durch Verschieben der Hölzchen wird das Instrument gestimmt. ‹Jape›, eine dreisaitige Laute, ist wohl kaum ursprüngliches Punangut. Sie ist aus einem Stück Holz gefertigt, und mit normalen Saiten bespannt. Mit einem Gummiharz, ‹Belep›, werden unter einer Saite einige Holzsplitter als Stege aufgeklebt. Zusammen mit den beiden Schwungsaiten ertönen Oktaven, Quinten, Terzen. Alle Melodien haben etwas Monotones, Selbstversunkenes an sich. Schlaginstrumente fehlen, wie auch Drogen, und es wird nicht gemeinsam musiziert. Vor allem Mädchen singen gerne.

3/67 Öfters ertönen von der christlichen Mission ‹SIB› verbreitete Lieder, selten Traditionelles. – Zum Fehlen der Schlaginstrumente, des Händeklatschens, passt auch das Fehlen des Tanzes. Rhytmus scheint nicht eng mit der Seele dieser Urwaldmenschen verbunden zu sein. Meistens verdeckt das Laub der Bäume die Sicht in die Weite des Raumes und auf das Himmelsgewölbe. So kann auch keine Beziehung zum Firmament entstehen. Da nicht einmal die Monde gezählt werden, denken die Punans auch nicht in Jahren. Zeit ist ein unwichtiger Faktor – und keiner kann Auskunft über sein genaues Alter geben. Auch kann ich nicht erfahren, wann Früchtezeit ist. Hat es – so hat es Früchte. Hat es keine – so hat's eben keine. Möglicherweise wiederholen sich Regen- und Trockenperioden, Blüte- und Früchtezeit nicht regelmässig hier in der Nähe des

[Original fehlt, Text von Fotokopie erfasst] 3/68

Äquators. – Für die Punans ist nur eines gewiss: Hangen die Bäume voller Früchte, sammeln sich auch die Wildschweine in Hor-

> **JAPE 70–110 cm**
> **ORENG ~20 cm (INAM TAKAT CAKA)**
> **~65~**
> **KERINGON 50–60 cm**
> **PA-GAN ~60 cm**
>
> SELTEN SITZEN DIE PUNANS MÜSSIG HERUM. IST ALLE AR-
> BEIT ERLEDIGT, TÖNEN TRÄUMERISCHE KLÄNGE EINMAL AUS
> DIESER, DANN AUS DER ANDERN HÜTTE. DIE INSTRUMENTE WER-
> DEN SELBST GEBASTELT. HAUTTROMMELN WERDEN AUS BLATT-
> STENGELN DER CAKA-PALME GEFERTIGT, WIE AUCH PFEILE.
> INNERT FÜNF MINUTEN IST EINE FLÖTE GEBASTELT. VERWENDET
> WIRD DER STENGEL EINES ROHRKOLBENARTIGEN SCHILFGE-
> WÄCHSES. EINE KLEINE BLASÖFFNUNG WIRD BEIM INTER-
> NODIUM ANGEBRACHT UND DREI LÄNGSOVALE LÖCHER
> DIENEN DER TONVARIATION. SANFTE, HAUCHENDE
> MELODIE FINDET IHREN WEG ZUM OHR. MELAN-
> CHOLIE BREITET SICH AUS ~ UND WEITERHIN
> BLÄST DER EINGEBORENE SEINEN
> FLÖTE, SELBSTVERSUNKEN.
> ATEM DURCH DIE NASE IN DIE DEM "PAGANG" ENTLOCKT.
> EIGENARTIGE KLÄNGE WERDEN

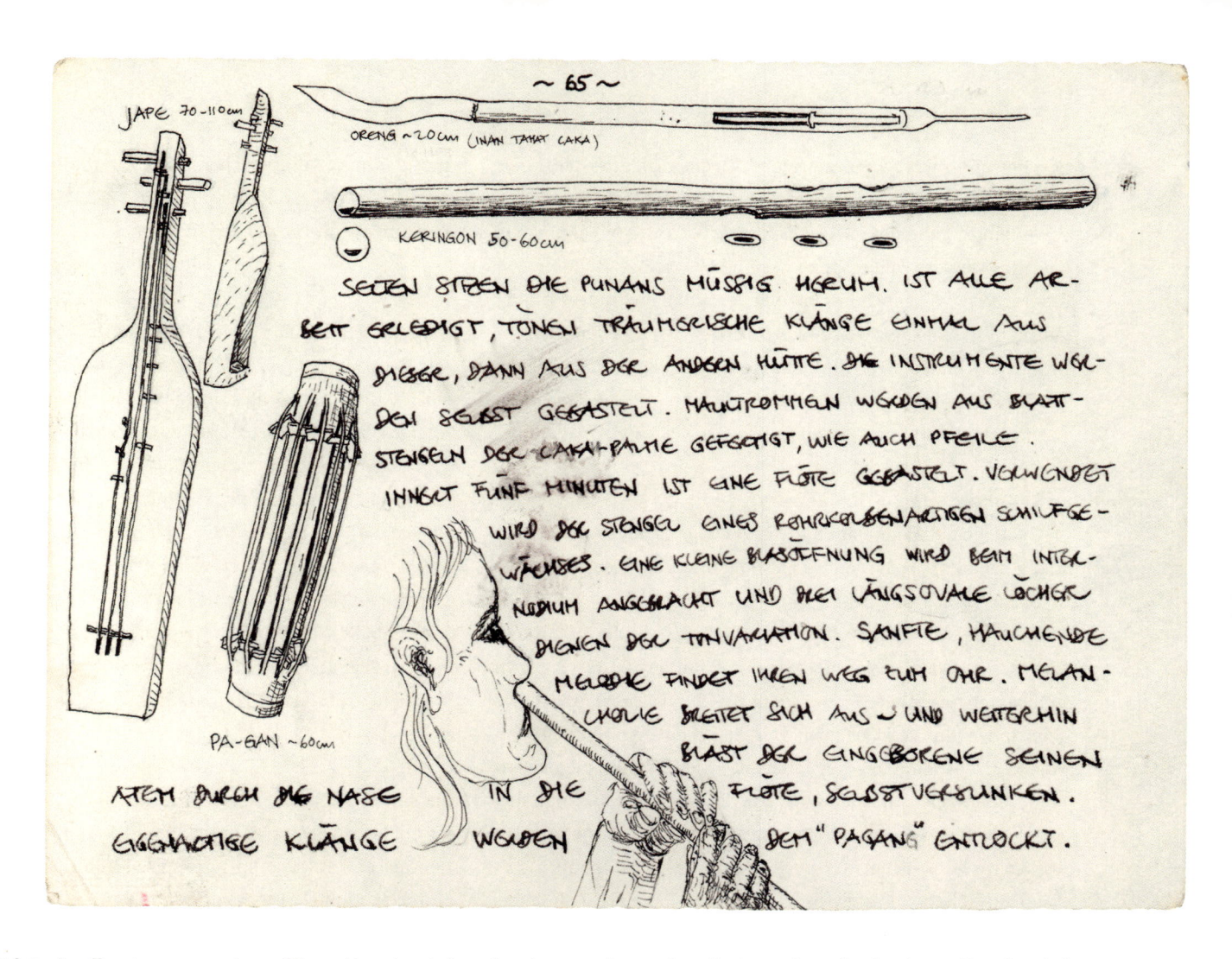

den, und es ist fette Jagdbeute zu erwarten. – Eines Abends wird eine riesige Zikade vom Licht in der Hütte angelockt, und schnell ist sie gefangen. Das fingerlange Insekt gibt laute, schrille ‹Schreie› von sich. Wie junge Katzen spielen die Kinder mit ihm, schütteln es in der Luft, jeder will es einmal in einer Aufregung halten. Mit einer Mischung von Frohlocken und Furcht wandert das Tier von einer Hand zur andern, begleitet vom göissenden Lachen der Kinderschar. Was wissen sie von der Not der Kreatur, da sie selbst noch nicht Leiden erfahren haben?

Mit geborstenen zersausten Flügeln und ausgerissenen Beinen bleibt das Rieseninsekt auf

[Original fehlt, Text von Fotokopie erfasst]

dem Hüttenboden liegen. Der leblose Körper hat seinen Reiz als Spielzeug verloren. – Als sich eine grosse grüne Heuschrecke in die Hütte verirrt, wird sie geschnappt und in der Hitze des Feuers in einen Leckerbissen verwandelt.

Faszination, wie sich diese Eingeborenen praktisch aus dem Nichts zu helfen wissen. Geschickt wird aus einem Palmblattwedel ein Wasserschöpfer gefertigt. Bis es mir nach vielen Versuchen gelingt, dieses Instrument nachzuahmen, gibt es viel herzhaftes Gelächter. Die Entwicklung dieses Schöpfers hat jedenfalls ‹Köpfchen› gebraucht. Ich deute mit dem Zeigefinger an die Schläfe «Ahm, ussa Punan pandai». Natürlich werde ich tagsüber immer ein wenig mit einem Auge beobachtet. Abends wird dann mit

viel Humor über meine Fragerei berichtet, und mein Treiben nachgeäfft, begleitet von herzhaftem Lachen.

Aus den Luftwurzeln des Sagobaumes werden Feuerzangen gefertigt. Eine Wurzel wird abgelängt, gespalten, 3-seitig in der Mitte gekerbt und gebogen. Aus den Allzweckblättern Ucung Dahun entsteht als weiteres sinnvolles Hilfsmittel ein Fächer um die Glut zu schüren. Die einzelnen Blätter sind mit feinen Hölzchen geheftet. Der eiserne Dreifuss (Angan) hat zusammen mit der Kawa-Pfanne den ursprünglich verwendeten Bambus als Kochgeschirr ersetzt. – Ein angenehmer Harzgeruch umschmeichelt abends die Hütten, wenn die Niateng-Fackeln (Nutup) angezündet werden. Die grossen Brocken von dem weihrauchähnlichen kristallisierten Baumblut werden in kleine Stücke zerschlagen, in Ucung-dahun-Blätter gewickelt und zugebunden. Eine Fackel, ~2 kg Harz, reicht etwa für eine Woche.

Der Speisezettel dieser wohl letzten noch nomadisierenden Punans, die noch keinen Dschungel roden, sondern sämtliche Nahrungsmittel aus der freien Natur gewinnen, gestaltet sich äusserst einfach. Er beschränkt sich auf zwei Grundnahrungsmittel: Wildbret und Sago. Diese werden in einigen Variationen bereitet und mit Palmherz ergänzt. Grünes Gemüse fehlt hier oben (die essbaren Farntriebe, ‹Paku›, wachsen viel weiter talwärts längs Flussläufen). Auch Zucker und sogar Salz, sowie jegliches Gewürz fehlen. Eine Familie besitzt ein Stellnetz von auswärts; so wird auch hin und wieder unten am Sungai Ubung gefischt. Eigenartigerweise wird ausser Fisch- oder Fleischbrühe, die man löffelt, nie getrunken; weder aus dem klaren Bach, noch gekochtes Wasser. Je nach Jahreszeit werden wohl aus Früchten Vitamine getankt.

~ Sagobereitung ~

Nach einigem Suchen hat Bajat die geeigneten Sagopalmen ausfindig gemacht. Auf einem hingestellten Stämmchen balanciert er barfuss über stachligem dürrem Gestrüpp in die Nähe der Bäume und fällt mit der Axt einen nach dem andern. Von den jüngeren Bäumen gewinnen wir das Palmherz, ‹Cin Ubut›. In mühsamer Arbeit werden mit dem Buschmesser unterhalb der Triebspitze die schwartigen, aussen verholzten Blattspreiten einerseits des Stammes weggehauen. Eine stachlige Angelegenheit. Immer zarter werden innwärts die Schichten, bis man den zerbrechlichen begehrten Trieb sorgfältig herauslösen kann. In reinem Weiss leuchtet der auch roh geniessbare Stengel. Das ‹Cin Ubut› bildet zusammen mit dem Herz der Caka-Palme das einzige Gemüse – kein Blattgrün.

Bajat öffnet einen Stamm, reibt ein wenig Mark zwischen seinen Fingern. Zwischen den Fasern befindet sich ein sägemehlartiges Pulver: Sago. Angeblich besitzen die früchtetragenden Palmen Sago, während man von den andern das Herz gewinnen kann. Der Stamm wird in ~1,5 m lange Rundlinge geteilt (Lo-ong Apo). In mehrstündiger Arbeit reisten wir die bis auf die Anwachsstelle der Blattspreiten gesäuberten Stammstücke abwärts bis zu einem Wasserlauf in einem Tobel.

Am nächsten Tag kommen wir hierher zurück. Die Rundlinge werden gewaschen und in der Mitte gespalten. Ein Hartholzstämmchen (Ø ~6–8 cm) wird auf 1 m abgelängt, einseitig angeschrägt. In eine Schwalbenschwanzkerbe steckt man ein Querholz als Griff, und schon ist das einfache Werkzeug bereit. Mit schlagenden Bewegungen werden die Fasern aus den Halblingen gelöst, ‹Pa-lu Apo›, bis man vom weichen Mark auf die holzige Haut stösst. Neben dem Wasserlauf wird mit ein paar Steinen und Ästen ein Rost aufgebaut. Darauf legt man eine grosse aus Rotan fein geflochtene ‹Ta-bau› Matte, um das Sago aufzufangen. Darüber belegt man einen zweiten Rost mit grossen Blättern und einer etwas gröber geflochtetenen Matte (‹Ja-an›). – Das faserige aus den Sagostämmen gelöste Mark wird darauf gelegt. Während Bajat's Tochter fortwährend Wasser auf die Matte schüttet, stampft er selbst mit seinen nackten Füssen die Fasern, um das begehrte Sago daraus zu lösen. Die Arbeit mutet wie ein Tanz, wenn der Mann in einer Leichtigkeit da auf dem Gestell herumtrippelt, das Buschmesser an die Seite geschnallt. Nach einigen Umgängen werden die ausgelaugten Fasern weggeschmissen und neues Gut auf die Matte gegeben. Das Sago dringt durch diese und setzt sich am Grund der unteren fein geflochtenen Matte. Am Ende wird das Wasser aus dieser abfliessen gelassen, und das Sago kommt zum Vorschein: Es sieht gerade aus wie Kartoffelstärke, fühlt sich auch so an und schmeckt ähnlich. Die Rotan-Matte wird darum geschlagen; wir setzen uns auf das Paket um weiteres Wasser auszupressen und buckeln die kostbare Fracht aufwärts bis an unseren Wohnplatz. In der Hütte wird das Sago in kleine Stücke gebrochen und über hellem Feuer auf dem Holzrost getrocknet. – Am nächsten Tag werden die einzelnen Brocken in eine Kiwa gefüllt. Aus diesem Aufbewahrungsort schöpft man nun täglich Sagomehl je nach Bedarf.

TAGEBUCH 4

KALIMANTAN

TB/S **Punans am Sungai Berun, 1984**

5 Hütten Hulu, 10 Hütten Kampong Berun, 5 weitere Hulu Sungai Ketawan, leben wohl insgesamt um 100 Stammesangehörige im Gebiet. – Ersten Einfluss auf die ursprünglich reinen Dschungelnomaden übten Händler, welche Nia-teng, ein wohlriechendes Harz, gegen Tabak, Geld und andere Zivilisationsprodukte zu tauschen suchten. Die Goldzähne der alten Punanfrauen stammen noch aus dieser Zeit. Von den sesshaften Keniak-Stämmen flussabwärts übernahmen die Punans den Fischfang mit Wurfnetz (Pukat Jala) und selbstgebastelter Fischharpune (Senjata Ikan) und den Bau der schmalen, langen Flussboote (Prahu); zum Teil wurde schon auf Dschungelrodungen Trockenreis gepflanzt, als die christliche Mission GKPI mit zehn Familien das Dorf Berun gründete (1978). Um die Eingeborenen weiter zur Sesshaftigkeit zu bewegen, wurden sie von der Kirche im Gartenbau unterwiesen. Neben Bohnen, Erdnüssen, Kaffee, Kakao, Zitronen, Gewürznelken, Papayas sind Reis, Ubi Kaiu und Bananen die drei wichtigsten landwirtschaftlichen Güter. Heute lebt das ganze Jahr über ein Pfarrer im Dorf. Gerade ist ein Schulhaus im Bau; weitere Hütten sind neben Lehrer- und Pfarrershaus geplant, um in der Zukunft sämtliche Punanfamilien in einem Dorf sesshaft werden zu lassen. –
Fast wöchentlich kommen sulawesische Händler (Orang Bugis) und einheimische Keniaks um Rotan, Gaharu, Zitronen oder Bananen zu kaufen, oder Tabak, Lampenöl, Seife, Zahnbürsten, Haaröl und Kleider an den Mann zu bringen. Die Punans werden in ihrer Unwissenheit wohl bei jedem Kauf oder Tausch übers Ohr gehauen. Vor allem beim von Chinesen begehrten Heilmittel Gaharu sind die Gewinnmargen viel zu hoch. Gaharu ist das in Zersetzung begriffene Mark eines Baumes* und ist nur in vereinzelten gefällten Stämmen zu finden. Je nach Qualität wird ihnen vom Zwischenhändler bis 100'000 Rupiah (~300.– Fr.) per Kilogramm bezahlt. – In der Honigzeit wird den Punans das begehrte Süss der Wildbienen für 500 Rupiah per Liter abgenommen und 150 km weiter talwärts für 2'500 Rupiah weiterverkauft.

Und doch möchten die Punans nicht mehr leben wie in alten Zeiten, wo ihnen der Dschungel sämtliche Lebensnotwendigkeiten geliefert hat. Sie haben Reis gekostet und wollen sich nicht mehr nur mit Sago und Wildwurzeln (A-bat/O-ka) ernähren. Die Magie

4/3 des Geldes wirkt wohl auf alle. Geld bedeutet Macht. Mit Geld sind alle materiellen Wünsche zu erfüllen: Der Eingeborene von heute streicht sich parfümierte Pommade aufs Haar und betrachtet sich voll Wunder im Spiegel. Er hat die Freiheit und Enge des ursprünglichen Dschungel-Lebens getauscht gegen die Reize der Zivilisation. Nun gilt es, ihn durch Schulung und Bildung vor Ausbeutung zu schützen und aus einseitiger wirtschaftlicher Abhängigkeit herauszuführen.

Die Begegnung mit der christlichen Religion hat Erleichterung geschafft. Viele Tabu's sind gefallen. So ist es nun dem heranwachsenden Jüngling erlaubt, Wasserschildkröte (Kelop) und das grosse rote Hörnchen (Mega) zu essen. Auch die Frauen müssen sich nicht mehr vor dem Genuss von Python (Asai), Bär (Bowang), Nashornvogel (Takuan/Ta-jako àà auch Verbot für Kinder) und zwei Affenarten scheuen (Monyet Merah [Bejo Ekor Pendek], M. Panjang Ekor [Kuiat]). War die Gattin schwanger, durfte früher der Ehemann nur den Lendenschurz tragen, sich nachts nur mit Ucung Dahun bedecken, keinen Honig aus Baumhöhlen essen, keine Fische mit dem Netz fangen. Weiter durfte er vom Streifzug durch den Wald übriggebliebenen Tabak und Speisereste, zurück in der Hütte, nicht selbst verzehren*. Er musste sich während der Zeit der Schwangerschaft täglich vor Morgengrauen erheben. Heute folgt der angehende Vater nur noch in zwei Punkten der Tradition: Springt die Buschmesserklinge aus dem Schaft,

Glutfächer. Die Wedel eines jungen Palmblattes (Ujung Dahun) sind mit sich selbst verflochten.
I-it
~35 cm L

* Nach Nahrungsaufnahme musste er die Hütte verlassen

steckt er sie nicht selbst mit Hilfe von Baumsaft (Lemanto-ot) zurück in den Griff, und beim Bootsbau lässt er die Nägel von einem Freund einschlagen.

Die Grossväter fertigten noch Flosse, mit denen aber nur flussabwärts gefahren werden konnte. Sechs dünne Stämme eines leichten Holzes (Lego) wurden gefällt, geschält und mit Rotan zusammengebunden. Heute dient dasselbe Holz für die Seitenwände der Prahu. Ein Stamm wird gespalten, das Mark entfernt; mit der Axt werden die beiden Halblinge auf Brettdicke (~3 cm) bearbeitet, doch belässt man an den Enden das Holz, um bei der ~ein-

Kaffee

Seitenwände

Le-go (Meranti merah)

Pa-rok ~60 cm L

Prahu ~8 m

Kaiu: Tebuloch-mat (Schiffsboden)

Nagelstellen

Auflageflächen für Sitzbrettchen

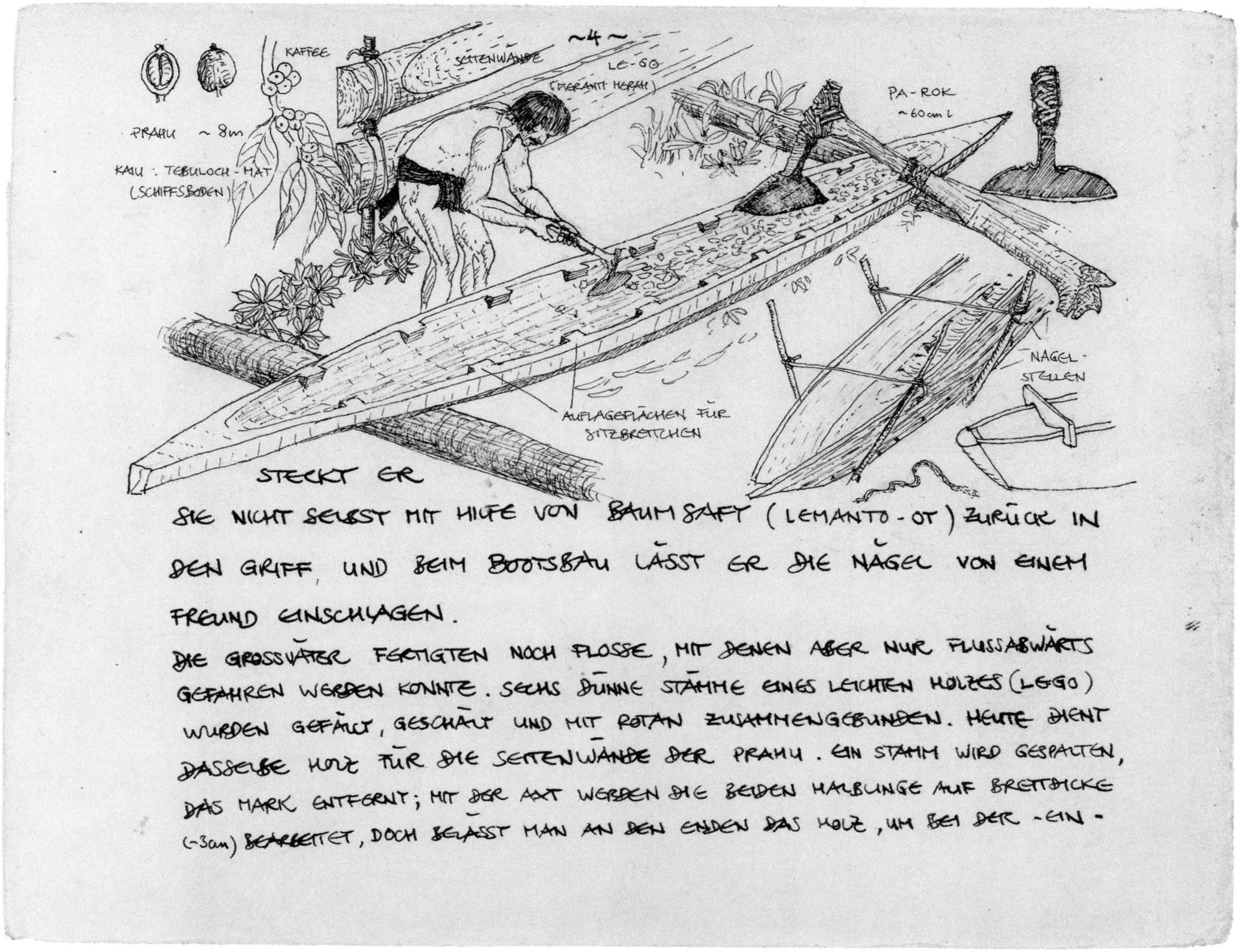
~4~
KAFFEE
SEITENWÄNDE
LE-GO
(MERANTI MERAH)
PRAHU ~ 8m
KAIU : TEBULOCH-MAT
(SCHIFFSBODEN)
PA-ROK
~60 cm L
NAGEL-
STELLEN
AUFLAGEFLÄCHEN FÜR
SITZBRETTCHEN
STECKT ER
SIE NICHT SELBST MIT HILFE VON BAUMSAFT (LEMANTO-OT) ZURÜCK IN
DEN GRIFF, UND BEIM BOOTSBAU LÄSST ER DIE NÄGEL VON EINEM
FREUND EINSCHLAGEN.
DIE GROSSVÄTER FERTIGTEN NOCH FLOSSE, MIT DENEN ABER NUR FLUSSABWÄRTS
GEFAHREN WERDEN KONNTE. SECHS DÜNNE STÄMME EINES LEICHTEN HOLZES (LEGO)
WURDEN GEFÄLLT, GESCHÄLT UND MIT ROTAN ZUSAMMENGEBUNDEN. HEUTE DIENT
DASSELBE HOLZ FÜR DIE SEITENWÄNDE DER PRAHU. EIN STAMM WIRD GESPALTEN,
DAS MARK ENTFERNT; MIT DER AXT WERDEN DIE BEIDEN HALBLINGE AUF BRETTDICKE
(~3cm) BEARBEITET, DOCH BELÄSST MAN AN DEN ENDEN DAS HOLZ, UM BEI DER -EIN-

4/5 wöchigen Lagerung ein Springen des Holzes zu verhindern. Für den Schiffsboden wird ein hartes, wohlriechendes Holz von roter Farbe (Tebuloch-mat) verwendet. Der gefällte Stamm muss beidseitig mit der Axt auf die ganze Länge gekerbt werden, um ihn dann mit Hilfe von drei Holzkeilen zu spalten. Mit dem Parok, einer Breit-Axt, wird der Schiffsboden gehöhlt. Zur Feinarbeit wird ein Hobel (ohne Doppel) verwendet, von den Keniak flussabwärts entlehnt. Viele Späne und Holzlocken fallen und verströmen einen angenehmen Duft. – Dann werden die Seitenwände angepasst und genagelt, die Nagelspitzen boots-inwärts umgeschlagen. Die heikelste Arbeit ist das Anpassen der beiden Boots'spitzen aus Hartholz. Als Letztes wird mit einem keilförmig zugespitzten Knebel aus Baumhaut gedrehte Schnur in die Verbindungs'stellen geklopft (Kumut; von demselben Baum wurde die Rinde für den Lendenschurz verwendet, bevor Baumwollgewebe den Weg in den Dschungel fanden). Flussabwärts werden die undichten Stellen der Prahu mit einer Mischung von Nie-tang und Lampenöl (Minyak Tana) verschlossen.

Beim Reis-Säen springe ich plötzlich fluchend zur Seite und schüttle und schlage mir die beissenden Ameisen von den Füssen. Mein Freund hebt sich den Bauch vor Lachen. Die bösartigen schwarzen Dinger! Ein Fuss bleibt bis am nächsten Tag heiss u. geschwollen.

4/6 [Bild]

4/7 ○○○○〜○⁄○⌣○○○○ ○⁄○́

hallt der Gesang über die Urwaldlichtung (G-F-D-F-G). O – Busang! Du freudvolle Seele! Den Sä-Stock in der Hand, oder das Wurfnetz im Boot – ein Lied begleitet deinen Weg! – Sämtliche überlieferten Gesänge sind in einer alten Sprache, und die Bedeutung der einzelnen Worte sind bei der jüngeren Generation schon in Vergessenheit geraten.

Diee alelui la alee
Bua leman ano-o nanting   ~ Früchtepflückerlied
Long ali-i-it long alai

Iii-diei so hog me-na ko timun
So kú nien soo-ó wa-á

Ich schnitze Pfeile, um an meinem Plätzchen mit dem Blasrohr Wildschweine zu erbeuten – ja!

4/8

Timun la timun magagun maga timun
Sokai tonan dan kaito ani basla
Unan ale kebong guiung guiung

Ich schnitze Pfeile für das Blasrohr
warte – sonst treffe ich auf einen
Wildschweineber mit weissem Nasenring
und habe keine Pfeile

Hin und wieder treffen sich in einer Hütte die unverheirateten Burschen und Mädchen zu nächtlicher Stunde. Dann wird gemütlich geraucht und palavert und gesungen. Bis zum Morgengrauen stimmen die Burschen sitzend und liegend in immerwiederkehrender monotoner Melodie, je nach Stunde, die verschiedenen Strophen eines Liedes an. Erst wenn der Gesang genügend enthusiastisch ist, fallen die Mädchen mit hoher Stimmer ein. Beim Nahen der Dämmerung tönt es ~

4/9
Hi-bung-ba-yu
Yog mau-aau-u
Mau sunde-eng
Deng ba-ta-ang
Batang ni-i
Ni mal-nie-e
Kai yok-li-i
Nie gonkai-i
Kli bon bayot
Yot yagmau-u
Mau sunde-eng
Deng batang.

~ Der rote Affe (Bayot) sitzt auf einem Ast.

In einer anderen Strophe, um ~vier Uhr morgens, schwimmt ein Zwergreh (Palnuk) unterhalb der Mündung des Flusses Balau

Lung ne co palnuk neco, le la lung balau longesan, ce pau san je jeungau

Plump-Lori
nach F. v. Mackinnen

4/10 Dschungelrodung. In mühsamer Arbeit entsteht eine Ladang. Mit Axt und Buschmesser werden die Bäume gefällt und sämtliches Unterholz gekappt. Nach 1–3 Wochen hat die heisse Tropensonne die kreuz und quer liegenden belaubten Stämme getrocknet – in vergilbten Brauntönen liegt die Waldlichtung. An verschiedenen Stellen wird nun Feuer gelegt und die Flammen fressen sich durch die Ladang. Am nächsten Tag säubert man in einem zweiten Arbeitsgang das Pflanzgebiet; wirft unverbranntes Holz auf Haufen und legt wiederum Feuer. Es ist Monat September. In die vom Feuer noch warme Erde wird der Reis gesät. Die Erde dampft vom nächtlichen Gewitter. Aus Baumstrünken steigen noch blaue Räuchlein, und tief liegt weiche Asche unter angekohlten Urwaldriesen. Da und dort hat das Feuer Hundertfüsslern, Riesenskorpionen und Schlangen den Garaus gemacht. So auch ein Schlängchen mit dunklem Leib, hellrotem Kopf und Schwanz, das als äusserst giftig verschrien ist (‹Elawing›, Keniak: ‹Bu-ang›).

Mit dem Sästock (Tugal) gehen gewöhnlich die Männer voran und stechen in 30–50 cm Abstand Vertiefungen. Hintendrein folgen die Frauen und geben in jedes Loch einige Reiskörner. Als Sästock dient ein einfacher zugespitzter Bengel, oder, kunstvoller, wird ein Stück Hartholz mit Rotan vorne an dickem Bambusstab befestigt. – Je nachdem wird als Zwischenfrucht noch Mais gesät. – Freude, zu sehen, wie schon nach ein paar Tagen die Halme spriessen. Nach 2–3 Wochen ist die trostlose braune Urwaldlichtung schon von einem leuchtend grünen Teppich bedeckt. –

Der Reis für die tägliche Nahrung wird fortwährend an der Sonne gebreitet und in rhytmischem Takt gedroschen. ~ Musik ~ Um die Spreu von den Körner zu trennen, wirft man das Gut mit dem Tapan in die

4/11

Halo

Sung

Tapan (Tampe)

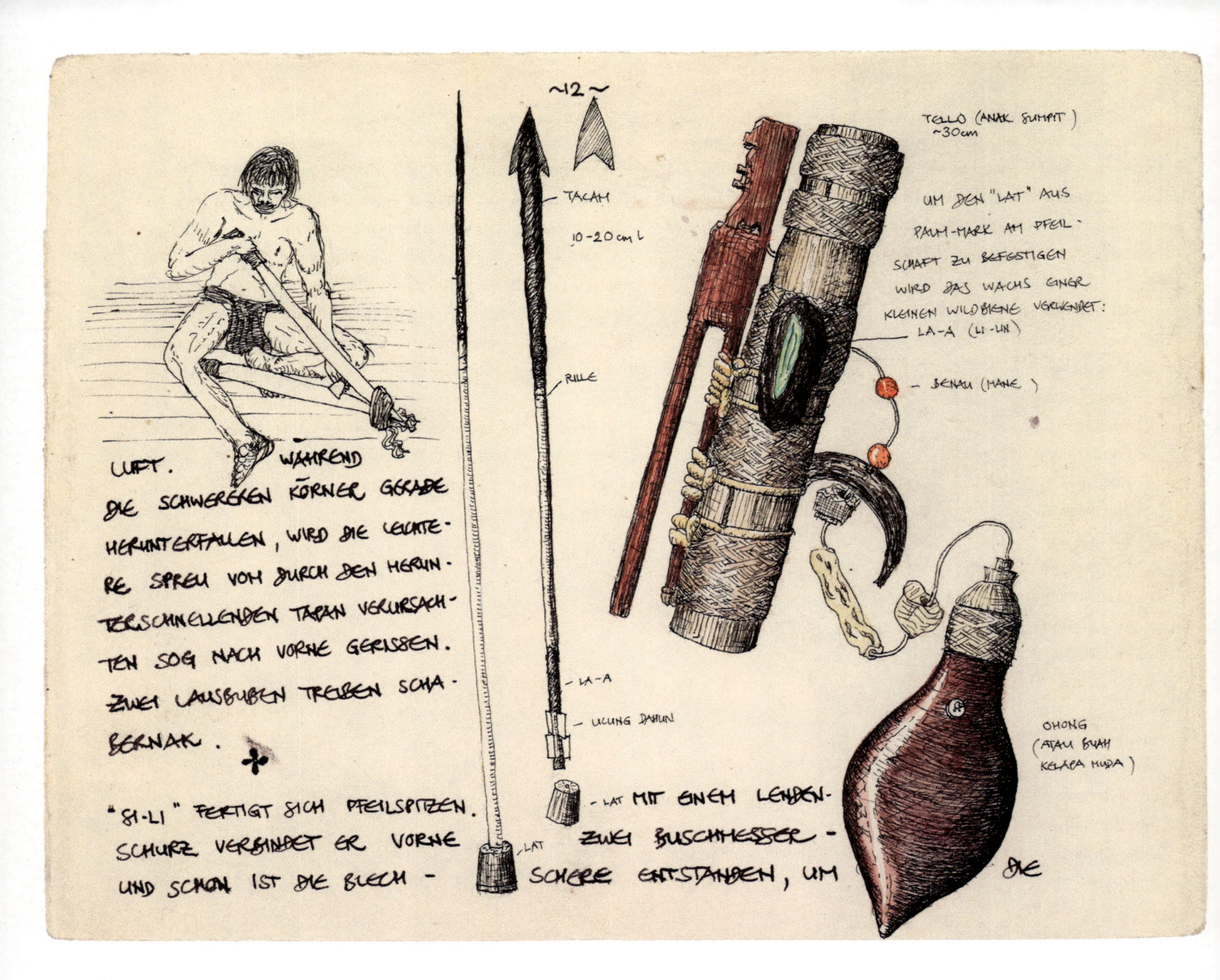

4/12 Luft. Während die schwereren Körner gerade herunterfallen, wird die leichtere Spreu vom durch den herunterschnellenden Tapan verursachten Sog nach vorne gerissen. Zwei Lausbuben treiben Schabernack.

‹Si-li› fertigt sich Pfeilspitzen. Mit einem Lendenschurz verbindet er vorne zwei Buschmesser – und schon ist die Blechschere entstanden, um die

Tacam
10–20 cm L
Rille
La-a
Ucung Dahun
Lat
Lat

Tello (Anak Sumpit) ~30 cm

Um den ‹Lat› aus Palm-Mark am Pfeilschaft
zu befestigen wird das Wachs einer kleinen
Wildbiene verwendet: La-a (Li-lin)

Benau (Mane)

Ohong (Atau buah kelapa muda)

Konservendose zu zerschneiden. Die Pfeilschäfte, aus dem Blattstengel der Sagopalme, sind nur kurz (10–20 cm). Für weite Distanzen wird der Pfeilschaft mit zwei kleinen Blattstückchen (Ucung Dahun) rechtwinklig gefedert. Der ‹Lat› wird nicht am Pfeilende befestigt, sondern nur in die Öffnung des Blasrohrs gelegt, um das Pfeilgewicht und Luftwiderstand zu vermindern. Weiter wird der Pfeil mit einer Rille versehen: An dieser Stelle soll der Schaft brechen, wenn der getroffene Affe versucht, das Geschoss herauszuziehen.

Das Pfeilgift, ‹Tacom›, wird als schwarze, harte Wurst in einer Haut aus Ucung Dahun aufbewahrt. Es ist der getrocknete, ur- 4/13 sprünglich weisse Milchsaft des Baumes. Auf einem Brettchen werden einige Schnäfel von der Wurst geschnitten. Dazu gibt man den Saft von zerkauten, frischen Le-ko-ho-Blättern, oder den Saft der Keia-Liane. Mit einem Hölzchen wird ge-

4/14 mischt. Die Pfeilspitzen werden in dem zähen Brei gedreht und am Feuer getrocknet. – Als Köcher dient ein mit Rotanflechtwerk verzierter Bambus. An seiner Seite klebt ein schwarzbrauner Knollen: ‹La-a›. Es ist das stets knetbare, Kitt-ähnliche Wachs vom Nest einer roten Biene (Eni-wan), oder eines kleinen, schwarzen Bienchens (Emui-yop), das oft auf der Haut des Menschen Schweiss trinkt und nicht sticht. Beide bauen ihr Nest in Baumhöhlen. Der La-a Si-li's ist mit schillernd grünen Käferflügeln verziert. Weiter baumeln an einer Schnur rote Samen, ein Wildschweinhauer, ein Bruchstück eines Motors aus Guss. Zwei eigenartige weiche Steine, vermutlich vergammelte Stalaktite, stammen noch von seinem Grossvater und sollen vor Verwundung schützen.

In einer kürbisähnlichen Frucht (Ohong) oder jungen Kokosnuss werden die Lat's für die Pfeile aufbewahrt. Sie sind, wie bei den Punans in Sarawak, aus dem Mark des Sagopalmblattstengels. – Als Gegengift zu Tacam dienen die Blätter eines kleinen Bäumchens: Itun Atit Ukau (Ø 3–4 cm, Blätter gegenständig).

4/15 Die Wildschweine werden nicht mehr, wie in alten Zeiten, mit dem Blasrohr erbeutet. Schon lange jagt man mit Hunden. Ob das Schwein, die Hauptnahrung der Eingeborenen, schon immer auf Borneo heimisch war? – Der Hund folgte wahrscheinlich den ersten Kolonialisten in den Dschungel. – Lehmspritzer, Spuren und Wühlstellen verraten auf dem Streifzug entlang Wasserläufen die kürzliche Anwesenheit der Grunzer. Schon bald hat die Hundemeute einige Tiere aufgespürt, und Gebell hallt durchs Blätterdach. Man wirft den Speer auf die durchs Unterholz preschenden Tiere, oder speert sie, wenn sie von der Verfolgung ermüdet, von den Hunden gestellt werden.

4/16 Der feine Schaft des Speeres ist aus knotigem Holz und wird über dem Feuer geredet. Die Speerspitze wird in einer Mischung von Zitronensaft und Paprikaschoten gehärtet.

Die Hunde haben am Wasserlauf die Spur des Zwergrehs (Pelanduk) verloren. Der geübte Jäger sucht den Flusslauf ab, bis er das tauchende Tier aufspürt und speert.

Die Hunde, voll Jagdfieber, hätten die Beute in kurzer Zeit in Stücke gerissen. Nachdem ich die zwei dolchartigen langen Zähne des Zwergrehmännchens gesehen habe, begehre ich nicht mehr, wie einst, dieses Tier, im Fluss schwimmend, mit den Händen zu fangen. – Unerreichbar für die Hunde, wird die Beute an einer Liane aufgehängt.

Die entwischte Echse (Bewot) weiss sich im schlammig trüben Wasser zu verbergen: Die ruhig sitzende Eule wird kurzerhand erschlagen und ins Traggefäss gesteckt. Schade um das Tier – ihr Fleisch war zäh wie Leder und ist in Hundebäuchen gelandet.

4/17 Die Eingeborenen wissen auch, Wildschweine anzulocken, indem die Stimme des Kuyat (Monyet Panjang Ekor), eines Affen, imitiert wird. Wo sich der Kuyat aufhält, gibt es gewöhnlich auch Nahrung für die Grunzer.

Es soll noch viele Bären im Gebiet haben. Doch sind sie scheu, und werden nur zur Zeit der Brunst und des jungen Familienglücks gefährlich. Der Oberschenkel ‹Pa-melangs› ist mit Narben gezeichnet; vier Löcher in regelmässigen Abstand und eigenartige Streifenmuster. Beim Kampf mit zwei Bären ist ihm die Speerspitze abgebrochen und ein Petz hat sich in seinem Bein verbissen…

Zu Grossvaters Zeiten soll noch ein Krokodil im Sungai Katawan gelebt haben. Heute wird man die letzten dieser Reptile in den stillen, von Nipa-Dickicht umgebenen Brackwassern an der Küste suchen müssen, wohin sie sich vor dem lauten Bootsverkehr zurückgezogen haben. – Ein Keniak-Bauer zeigt nach

4/18 mühevoller Sä-Arbeit eine Flasche Schnaps, in welcher als Medizin ein Blutgefäss vom Nashorn schwimmt – wohl auch nicht mehr vom jüngsten Jahrgang. Sämtliche Körperteile des Nashorns werden in der chinesischen Medizin verwendet, und

(Dioscorea)

waren Ursache zur beinahe Ausrottung dieses Dickhäuters. ‹Bo-ku-ro›, eine schwarz-weiss gestreifte Raubkatze ist selten, und ‹Kuli›, (Harimau Tahan?) ist selbst vom ~60jährigen Bun Bamuk noch nie gesehen, nur dessen Stimme gehört worden. Das Fleisch beider Raubkatzen darf nicht gegessen werden. Busang ist noch im Besitz einiger Kuli-Eckzähne, die ihm sein Grossvater geschenkt hat. –

Bevor die Punans Reis pflanzten, bildeten Sago und Ubi Hutan die pflanzliche Hauptnahrung. Zur Sago-Bereitung werden nur kleine Rotan-Matten benutzt; die Fasern werden von Hand gepresst, nicht, wie in Sarawak, mit den Füssen getreten. Beide Wildwurzeln, die verwendet werden, sind Lianengewächse. Die edlere ‹Oka› ist eine

4/19 bis meterlange Pfahlwurzel und schmeckt ähnlich wie Topinambur/Kartoffel. – Die Abath-Liane bildet, obwohl ihr Stengel nur einige Millimeter dick, eine bis oberschenkeldicke Wurzelknolle. Die Art mit weissem Fleisch ist begehrt; doch schmecken alle ~ bitter, und das Kochwasser muss weggeschüttet werden. Die gegrabenen Knollen müssen im Wasser aufbewahrt werden, um Gärung zu verhindern.

Nach der Reisernte wird hin- und wieder noch Fischgift in die kleineren Gewässer geschüttet, obwohl von der Regierung verboten. Verwendet wird eine Wurzel (Tuo), oder die Haut eines Baumes (Nuo, indon. ‹Tuba›). Viele Leute sind notwendig, um die ~10 Säcke voll Baumhaut zu klopfen. Der austretende weiss-rote Milchsaft wird in gehöhltem Stamm aufgefangen und auf einmal in den Bach geschüttet. Ausser den Schildkröten soll das Gift sämtliche Flussbewohner töten.

4/20 Doch langsam bekommt auch der Eingeborene zu spüren, dass Mutter Natur nicht unerschöpflich ist. Die Fische im Bach werden seltener, und mit dem Wurfnetz muss schon weiter flussaufwärts das Glück versucht werden. Gefangen werden vor allem ein fetter karpfenartiger Fisch mit schön grün-goldenen grossen Schuppen, und ein anderer mit rot-schwarz gesäumten Flossen. Busang erbeutet einen kurligen schuppenlosen Fisch mit langer spitzer Nase mit seiner Fisch'harpune.

Ein rechtes Tropengewitter verwandelt das glasklare Flusswasser in eine trüb-braune Brühe, und kann den Pegel bis zwei Meter ansteigen lassen. Schwer – und doch geschwind – wälzen sich die Wassermassen durchs Flussbett.

Hin und wieder gehen Kinder und Frauen angeln. Früher wurde als Schnur ‹Loua-Amien›, die schwarze starke Faser aus der Rinde von ‹Kai-ing Loua› verwendet. Ein Blattstengel der Cema-Palme dient als Rute (Ud-pohoi). Das Herz dieses stachellosen Baumes ist essbar. Aus der Haut des Stammes

4/21 wurde in alten Zeiten Zunder (Niemun) bereitet. Für gute Zündkraft mischte man verkohltes Mark des Sagopalmblattstengels (Punok) bei. Mit einem Eisen und weissem Bachkiesel wurden Funken geschlagen. –

Auf den verlassenen Dschungelrodungen wächst ein Baum mit riesigen eichenförmigen Blättern. Seine Rinde (Kulit Lawang/ Tebal) gilt als Medizin bei Durchfall und Schwächezuständen. Vor allem Wöchnerinnen trinken nach der Geburt vom Tee und sollen dadurch so gestärkt werden, dass sie schon nach drei Tagen wieder arbeitsfähig sind. – Während der Geburt sind nur der Gatte und ein – oder zwei ältere Frauen mit Erfahrung in der Hütte anwesend. –

Obwohl Mann wie Frau nur mit dem Lendenschurz bekleidet sind, sofern sie nicht schon europäische

4/22 Kleidung tragen, kennen die Punans körperliche Scham. Der paradiesische Zustand scheint noch weiter zurückzuliegen. Bei der Waschung verdeckt der heranwachsende Jüngling sein Geschlechtsteil mit der Hand. Nur Kleinkinder tummeln nackt herum. Sobald die Pubertät erreicht wird, ist der Blick auf die Geschlechtsteile auch für die eigenen Eltern tabu.

Geheiratet wird mit 12–17 Jahren. Der Kindersegen ist gross – selten eine Frau, die nicht schwanger ist.

Lustig – die Kleinkinder haben hellbraune Haare, die nur langsam innert Jahren zum tiefen Schwarz abdunkeln. Die Männer haben von Natur nur spärlichen Haarwuchs um Mund und Kinn. Im Moment droht zwar ein Mann, der Schwester seiner davongelaufenen Frau die Gurgel zu durchschneiden, falls sie nicht in die Ehe mit ihm einwilligt. Im grossen Ganzen sind die Punans aber ein friedliebendes Volk.

[Original fehlt, Text von Fotokopie erfasst] 4/23

Die jungen Punan-Männer sind meistens wunderschöne Menschen mit rabenschwarzem Haar, dunklen Augen, sehnigen

Körpern und seidenfarbiger Haut. – Der traditionelle Schmuck, ‹Celungan› (für ♂) Arm- und Beinreife aus schwarzgefärbtem Rotang, ist im Verschwinden begriffen, sowie Elfenbein-Armreife (für ♀). Sie werden heute durch einen Gummiring oder Kunststoffreif ersetzt.

Welch eine Freude auch, den heranwachsenden Punan-Kindern beim Spielen zuzuschauen. Sie netzen am Steilhang den Lehm, setzten sich auf

[Original fehlt, Text von Fotokopie erfasst]

ein Rindenstück – und los geht die Fahrt auf der Rutschbahn! Schau in diese schwarzen Mandelaugen in stupsnasigem Gesicht, wo hinter breiten Lippen weisse Zähne blinken, da kommt der Himmel auf Erden, und dein Herz nimmt einen Freudensprung! –

Manchmal spielt die Jungschar ‹Bangbenang›, vermutlich ursprünglich ein Spiel der Keniakdorfkinder: Einer wirft einen Rotang-Reif durch die Luft, und andere Knaben versuchen, das flüchtende Wildschwein mit einem Stecken (‹Tebarang›) abzustechen. –

Dorfleben

Verzweifelt gackert nacht's eine Glucke. Die Grossmutter heisst uns zu beeilen, bevor die Schlange der Henne den Garaus gemacht hat. – Tatsächlich hat eine Python den Weg in den am Reisspeicher aufgehängten Hennenkorb gefunden. Zusammengeringelt zwischen Glucke und Kükenschar, spürt sie die Gefahr.

Ich fange das 2,5 m lange Tier. Man entscheidet, sie zu töten, und so landet sie im Suppentopf.

Unterwegs zur abgebrannten Ladang, um zu räumen und erneut Feuer zu legen. Die ‹Prahu›, das Boot, ist fast zu klein für die Punan-Mutter mit Kind, Grossmutter und mich, und hat bedenklich Tiefgang. Als mir beim Aufwärtsstacheln der Holzstecken im Lehm stecken bleibt, verliere ich das Gleichgewicht. Ein Schwall Wasser flutet über den Bootsrand, und schon sind wir gekentert. Das Kind weint, alle bis zum Hals im Fluss, versuche ich, davontreibende Gegenstände zu retten…

Hulu

Da sich niemand auf jagdliche Streifzüge begeben will, wandere ich allein flussaufwärts. Ein kleiner Draco öffnet seine Flughäute und gleitet gewandt von Baum zu Baum. In seinem Tarnkleid ist er auf der Rinde kaum zu sehen. – Ein Eulenpaar

sitzt träge im Geäst, und lässt sich kaum stören. – Ein Mäus'chen trippelt durch morschen hohlen Baumstrunk. – Lange Asseln, ‹Bilun›, sitzen auf modernem Holz. Als ich eine in die Hand nehme, steigt mit ein Geruch von Bittermandel in die Nase (derselbe Geschmack wie Apfelkerne oder Triebe des wolligen Schneeballs).

Am Fluss liegt ein totes Schlängchen. Ihr Leib ist an einer Stelle aufgetrieben vom verspiesenen Vogel. Es regnet in Strömen. Ich durchschwimme den Fluss und folge einem kleinen Bachlauf, ein Frischotter humpelt schnell davon, als er mich zu Gesicht bekommt.

Da es in der Gegend genug Bambus geben soll, habe ich kein Kochgeschirr mitgeschleppt. Doch während des ganzen Tages bin ich nirgends dem begehrten Rohr begegnet.

So helfe ich mir mit dicken Schilfstengeln; fülle die einzelnen Abschnitte mit Reis und Wasser und verschliesse sie mit zusammengerollten Blättern. Doch ausser ein

wenig Rauch und Glut bringe ich in der tropfnassen Gegend nichts zu Stande, obwohl ich viele Holzspäne geschnitten habe. – Am nächsten Morgen lacht die Sonne wieder. Einige Fische hängen in den Maschen des gelegten Netzes, und nach einigen weiteren Versuchen züngeln endlich Flammen. Schon bald steigen Dampfwölklein aus den Schilfrohren…

Hier oben am Sungai Kedawan treffe ich auf ein altes kinderloses Punan-Ehepaar, Bun Bamuk und Ba-Yong. Beide tuberkulosekrank, sind sie zu schwach für die Ladang-Arbeit, und führen wieder ein Leben wie früher. Sie sind zu scheu, flussabwärts ins Dorf zu zügeln, und wollen niemandem zur Last fallen. Ihre Zukunft sieht nicht rosig

aus. Der Atem des alten Mannes ist nicht mehr genügend stark für die Jagd mit dem Blasrohr. Sie ernähren sich von Fischen, und hin- und wieder stellen die Hunde ein Wildschwein. Auch die Sago-Herstellung ist zu mühsahm; sie suchen die Wildwurzeln Okah und Abath und kaufen von talwärts Reis. – Da am letzten Platz die Schweinefettvorräte von Bär und Wildschwein geplündert worden waren, sind sie hierher gezogen. Doch auch hier haben in der Abwesenheit Bären die grossen chinesischen Tonkrüge ausgegraben und zerstört. Das Ehepaar ist ratlos…

Eine ‹Gebetsblume› ist am Hüttenpfosten befestigt. Der ‹Pangesut› ist ein Holzstab aus Kaiu ‹Dei-an› oder ‹E-ra›, der auf drei Höhen ringsum mit schönen Holzlocken geziert ist. Als Gabe für die Geister wurde ursprünglich eine Frucht, später

4/29

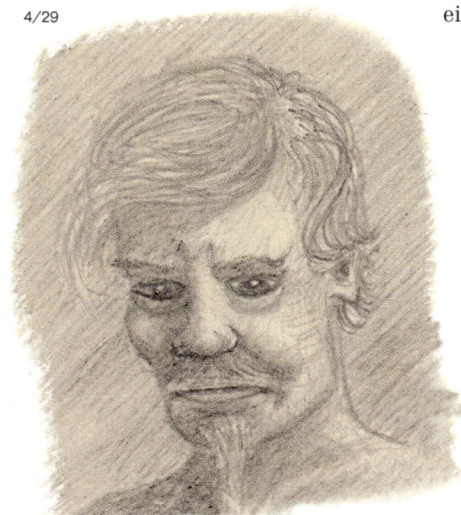

ein Hühnerei verwendet.

Die Toten wurden schon früher in der Erde bestattet, in einem Holzsarg(?). Hab und Gut des Verstorbenen wurde ihm auf die Reise ins Jenseits mitgegeben; sonst würde der Tote keine Ruhe finden, zurück'kommen, und sein Eigentum verlangen. Auch Bun Bamuk erwartet, dass ihn später sein Blasrohr begleiten wird.

Als ich mich wundere, dass die Punans hier nirgends junge Affen als Haustiere halten, erwidert Pun Bamuk: Der Geist wird wütend, wenn man Tiere aufzieht, die ihre Nahrung selbst im Wald finden.

Der alte Mann weiss auch noch eine Geschichte aus Grossvaters Zeiten zu erzählen: Der Mann ‹Long-cu› und die Frau ‹Ping-cu› bauten zwei Hütten. In beiden bewahrten sie ein Häufchen frischer Holzschnitzel vom ‹Pokok Deian›. Darauf gingen sie in den Wald.

4/30 Als sie nach einer Weile zurückkehren, sind da plötzlich viele Häuser; Hühner gackern und Hunde bellen, und ein Wirrwarr von menschlichen Stimmen liegt über dem Dorf.

Nach kurzem erfahren sie die Ursache: Die vielen Menschen hatten nicht mehr genug Nahrung und assen Pilze. Bald darauf mussten sich alle übergeben, und sprachen in unverständlichen Worten. So sind die verschiedenen Sprachen Punan, Kayan, und Indonesisch entstanden.*

Über die Entstehung des Menschen (Long-cu und Ping-cu?) wusste Pa Melang eine Geschichte: Der Herr schnitt vom Pokok Deian mit dem Buschmesser Späne. Er nimmt zwei Schnitzel, betet, und wirft sie auf die Schlafmatte. Da verwandeln sie sich in die ersten beiden Menschen, Mann und Frau.

* Ich frage mich, ob deshalb die Punans alle Pilze als Nahrungsmittel verschmähen, bis auf eine Ausnahme: ‹Kulat Long›, ein weisser Lamellenpilz, der aus der Erde wächst.

4/31 Ich schenke Pun Bamuk einen rein weissen Kristall aus den Schweizer Bergen. Er sagt, wenn einem im Traum ein Gegenstand gezeigt wird, und man ihn nachher findet, so wird er zum unzertrennlichen Lebensbegleiter ~ Talisman.

Ihre Hütte ist ein einfacher Unterstand mit einem Schrägdach aus Rotanblattwedeln, Kochnische und einem Boden aus ~armdicken Ästen. Licht spendet eine Niateng-Fackel, ‹Tudan›, wofür noch zwei andere Harzarten verwendet werden können.

Um die Pfanne über dem Feuer aufzuhängen, wird der Bast einer eigenartigen Liane zur Schnur gedreht: ‹Okat Dalang›. Die ganze Pflanze hat Stengel sowie Blätter zwillingshaft ausgebildet. Ihre Schotenfrüchte sind essbar. Man kocht die Samen und schält sie. Auch das Wasser der Liane ist trinkbar, sowie das einer dicken Liane mit rötlichem Gummiharz rings dem Kambium. Der

Saft der Rotang-Liane soll leicht stopfend sein. 4/32

Als wir eines nachts friedlich in der Hütte sitzen, fällt uns plötzlich beinahe das Herz in … den Lendenschurz. Mit krachendem Getöse fällt ein riesiger Ast von hohem Baum direkt neben unserm Unterstand zu Boden. ‹Busangs› beide Brüder sind schon auf diese Weise erschlagen worden. Sogar bei Windstillheit fallen oft morsche Bäume, und beim Auswählen eines Schlafplatzes tut man gut daran, ausserhalb der Reichweite dieser Gefahr zu bleiben.

Ein handelnder Dorfbewohner bringt Reis, Zucker und Tabak. Um zu wissen, wann man sich wieder treffen will, macht jeder je nach Anzahl Tage entsprechend viele Knoten in eine Rotang-Faser. Jeden Tag wird ein Knoten gelöst… Nur hält sich der Händler selten an die Abmachungen.

Hatten schon in alten Zeiten kinderlose Punanehepaare nicht's zu lachen? Oder ist die Unbekümmertheit des Menschen gegenüber Not, die ihn nicht selbst betrifft, ein

4/33 Zeichen der heutigen Zeit? – Vor vielen Jahren verkaufte Pun Bamuk einem chinesischen Händler Gaharu. Dieser knöpfte ihm das Geld gleich wieder ab gegen Kindersegen verheissende Medizin. Doch selbst nach dem zweiten Geschäft dieser Art, bekam der Mann nie ein dickes Bäuchlein seiner Liebsten zu Gesicht, geschweige den Quacksalber mit seinen 180'000 Rupia. – Kinderersatz scheinen hier die Hunde geworden zu sein. Prächtige Gesellen in glänzendem Pelz tollen sich um die Hütte. Kein Wunder, bei dieser

4/34 Kost! Für die Hundeschar braucht das Ehepaar mehr Nahrung als für sich selbst. Von der nahrhaften Fleischbrühe bis zum zarten Filet wandert alles im Hundemagen, und innert 4–5 Tagen ist die ganze Wildsau gefressen. Bis man in vielleicht zwei Wochen wieder Wild erbeutet, essen Zweibeiner wie Vierbeiner halt nur weissen Reis und hin und wieder Fisch. Es scheint ein altes Punan-Gesetz zu sein, sämtliche Nahrung zu teilen. Der Hund ist hier ein guter Freund und Helfer des Jägers, und ohne ihn würde sich die Wildschweinjagd schwierig gestalten.

Gerne würde ich hier bleiben und für das Ehepaar sorgen. Doch mein gekürztes Visum neigt sich schon dem Ende, und ich möchte Scherereien in diesem lästigen Beamtenstaat vermeiden. So schwimme ich wieder zwei-drei Stunden flussabwärts. Mein wichtigstes Gepäck dicht verpackt, mit luftgefüllten Plastikgefässen gepolstert.

In Boyot spielt man zum Tanz. Der fremdartige Klang der beiden aufgehängten Messing-Gongs vermag die Seele davon-

4/35 zutragen – Do-do-dooong ' do-do-dooong ' do-do-dooong…
Die ganze Gesellschaft hat sich in der winzigen Hütte versammelt.
Frauen, Kinder und Burschen gehen im Kreis, und jeder bewegt seine Glieder nach Lust und Laune. Der Grossvater bleibt

lächelnder Zuschauer. Auch Ibu Buah sass bis jetzt still in einer Ecke, doch es juckte sie förmlich in den Gliedern. Schon bald stöbert sie mit Hurai in einer Holztruhe, und die beiden Frauen ramschen sich zwei Röcke und verzierte Stirnbänder hervor und werfen sich ins Getümmel. Do-do-dooong. Do-do-dooong, don-do-dooong ‹ don-don-dooong. Nacheinander geben verschiedene Familienangehörige Solos, und ich staune, wie verschieden sich jede einzelne Seele durch diese Körpersprache mitteilt.

Doch plötzlich werde ich selbst aufgefordert, zu zeigen, wie man bei mir zu Hause tanzt. Etwas verlegen, kratze ich mich am Hinterkopf. Ich schwerfüssiger Geselle habe mich bei einheimischen Tanzanlässen gewöhnlich verdrückt. Nur allein, im stillen Kämmer-

4/36 lein, wo's niemand sah, liess ich selten einmal meine Seele zu kribbelnd-schauernder Zigeunermusik tanzen. – Doch hier gibt es kein Kneifen, warum sollte ich auch Hemmungen haben? Die Gong-Klänge sind sowieso um seine Arme in Schwingen zu verwandeln, sie auszubreiten und davonzufliegen über wilde Dschungellandschaften. – Der Mensch tanzt wohl gerne, einfach aus Lebensfreude, und weil Vertrautheit und Übereinstimmung mit der Musik, dem, oder den Partnern Wärme bedeutet. – Nach kurzem kleidet mich Pa Melang in einen bestickten roten Lendenschurz und bindet mir ein Tuch um den Kopf. Ich tauche in die Welt der Klänge, bis ich eins mit dem Rhytmus bin. Da kannst du dich in einen Schmetterling verwandeln und Blüten besuchen, oder in einen Fisch der nach Mücken springt. Oder in eine Reispflückerin. – Nach einer Weile bekomme ich einen Partner, und wir tanzen, auf Füssen und Händen. Bis die Schweissbächlein fliessen.

Ein nächtliches Bad im Fluss kühlt erhitzten Kopf und Glieder.

Der traditionelle Haar-Reif (‹Beka›) aus dünngeschnittenem Bambus wird nur noch von wenigen Frauen getragen. ‹Ba-Jong› hat Angelschnur und Haken darumgewunden. Andere haben ihren Reif mit farbigem Stoff bespannt oder haben ein Stück Tuch zum Stirnband geknüpft.

An der Art des Lendenschurzes kann man bei jüngeren Kindern schnell wissen, ob man einen Knaben oder ein Mädchen vor sich hat. Während die Frau sich ein ~quadratisches Tuch, an dem zwei Schnüre befestigt sind, satt um die Lenden wickelt, besteht der Lendenschurz des Mannes aus einem ~drei Meter langen, gefalteten Stück Stoff.

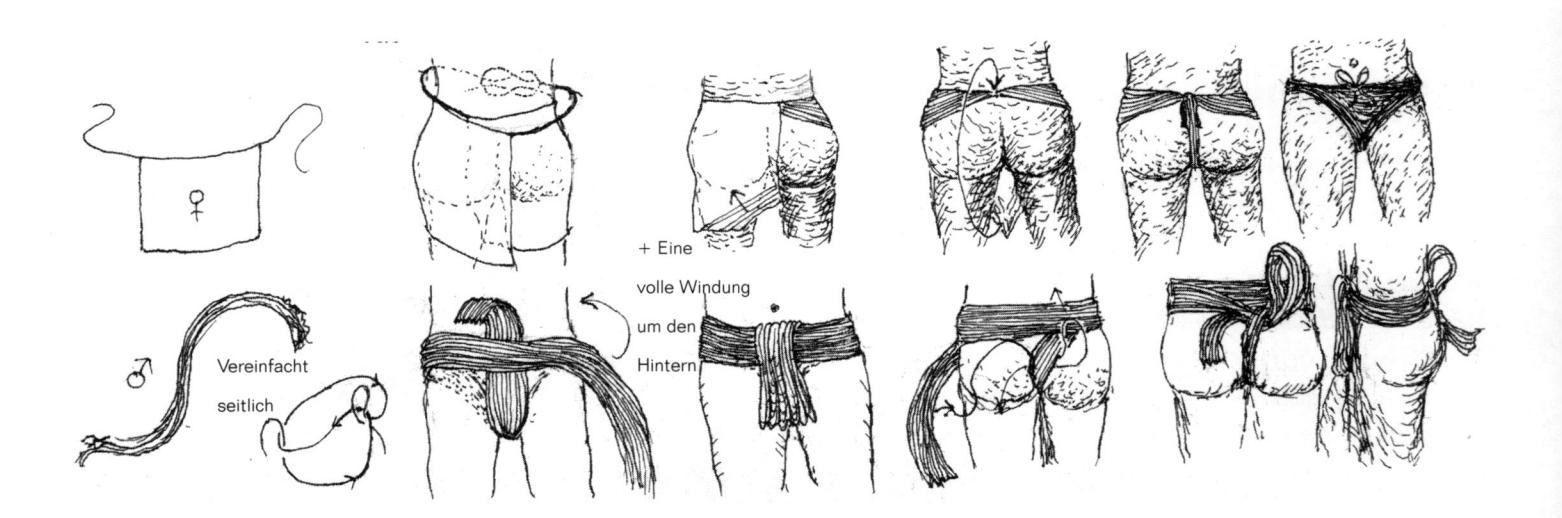

4/38 Ursprünglich wurde der netzartige Bast eines Baumes (‹Kumut›) weichgeklopft und als Lendenschurz verwendet. Dieser Bast ist zäh und nicht zerreissbar. Heute bindet man sich noch daraus Fussreife zum Erklettern der Bienenbäume, oder einen Traggurt für das Kleinkind (‹Aban›). In die Leckstellen der Prahu wird Kumut geschlagen.

Eines Nachts dringt ein Gezeter aus Ibu Buahs Hütte. Ich verstehe kein Wort, aber es tönt wie einer Tirade von Schimpfworten, die ein Mensch in verzweifelter Wut dem andern an den Kopf wirft. Pamelang meint, sie betet, um ihre rasenden Kopfschmerzen loszuwerden. Welch eigenartige Art von Gebet, das eher an Gefluche erinnert. Doch nach einer Weile dringt so schöner Gesang aus der Hütte, dass ich nur

4/39 noch staunend lauschen kann. Die einfache und doch geheimnisvolle Melodie vermag wohl Engel anzulocken ~

Ibu Buah ist die letzte traditionelle Punan-Priesterin im Gebiet. Angeblich geht der Priester nicht bei einem andern in die Lehre, sondern sein Wissen wird ihm im Traum übermittelt.

In eigener Sache hinkt wohl jeder Zauber. Am nächsten Tag bringt dem kranken Doktor – Ibu Buah weiss auch über Heilpflanzen Bescheid – eine Massage nur wenig Linderung. Da ihre eigenen Künste versagten, hatte sie schon früher zur modernen Medizin Zuflucht genommen. Aber auch die Heilmittel vom Spital konnten ihre rasenden Kopfschmerzen nicht beseitigen. Mit vor Schmerz tränenden Augen ~ ich fühle Mitleid.

4/40 Die Ladang-Arbeit ist beendet, der Reis ist gesät. Nun trifft man Vorbereitungen für ein streifendes Dschungelleben. Die einzelnen Blattwedel von ‹Ucung Dahun› werden zu Dachbahnen, ‹Cahau›s, zusammengenäht. Als Nadel und Faden dienen Rippen derselbigen Blätter.

Der Punan von heute hat seine Eigenständigkeit verloren. Hat früher der Dschungel sämtliche Lebensnotwendigkeiten gespendet, rechnet jetzt ein Ehepaar für einen Monat Gaharu-Suche 15 kg Reis (1 Galing), 3 kg Zucker, ~1 kg Salz und 50 Lempeng Tabak. Diese schwarzen Tabakrollen sind von übelster Sorte, und ihr beissender Geruch reizt schon zum Niessen. All diese Lebensmittel hat der Händler schon bereitwillig gebracht. Da der Punan aber kein Geld besitzt, muss er sich verpflichten, dem Händler das noch nicht gefundene Gaharu zu verkaufen. Wehe ihm, er kommt in einem Monat mit leeren Händen nach Hause. Der

4/41 ‹Geprellte› wird aus seiner Hütte Blasrohr oder alten chinesischen Tonkrug nehmen. Die christliche Kirche GKPI versucht durch die Gründung eines Unternehmens, welches den Punans die Dschungelprodukte zu gerechtem Preis abnimmt, diese Miss'stände etwas abzubauen. Doch fehlt vorläufig die Genehmigung der Regierung.

Eine sichere Einnahmequelle der Eingeborenen bildet der Wildhonig. Pro Familie sollen pro Saison bis 200 Liter geerntet werden. Anstatt für die Familie genügend Vorrat für das Jahr zu speichern, und nur den Überschuss zu verkaufen, setzt der Punan den Ertrag möglichst schnell in bare Münze um. Und die Münze landet gewöhnlich fünf Minuten später schon wieder im Säckel des Händlers. Für den Liter Honig erhält der Punan 500 Rupiah. Wenig später muss er in Ermangelung von Süss-

4/42 stoff weissen Zucker kaufen, 800 g für 1'000 Rupiah. – Doch dies ist seine Art. Er lebt ganz im Moment. Hat es, so wird im Überfluss genommen; hat es nicht – nun, so hat's eben nicht.

Gerade leuchten die ersten Dschungelblüten in roten, gelben und weissen Farben aus dem grünen Blätterdach. Am alleinstehenden hohen Bienenbaum hängen schon die ersten beiden Nester. Die Bienen kehren jährlich zum selben Nistplatz zurück, und den Punans sind die betreffenden Bäume bekannt.

Leider kann ich mir den Erntevorgang nur beschreiben lassen: Zuerst wirft man ein Gewicht aus Hartholz, an dem eine Schnur befestigt ist, in den nächststehenden hohen Baum. Daran zieht man Rotang-Lianen nach, an denen einer mit Hilfe der Kumutfuss'schlinge hinaufklettert. Von hier wird

4/43 versucht, das Gewicht über einen Ast des Bienenbaums zu werfen, und das Spiel wiederholt sich. Allerdings wartet man zum Erklettern des 20–30 m hohen Baumes eine möglichst dunkle Nacht mit wenig Mondschein ab.

Die Bienen werden ausgeräuchert und fliegen gewöhnlich abwärts. Die unten wartenden Freunde tun gut daran, nicht in der Nähe zu Pissen, was die Bienen angeblich noch stechlustiger macht.

Bei der Ernte eines Nests wird der Pflücker manchmal gar nicht, ein andermal von einem Dutzend erboster Bienen gestochen. Mit einem langen Holzmesser zerschneidet er das Wabengehäuse und sendet ein Stück nach dem andern abwärts. ~ Alle werden sich die Finger schlecken. Pro Saison unternehmen die Bienen bis drei Brutversuche am selben Ort, die alle zerstört werden. Die Jungbrut

4/44 befindet sich stammwärts, die Honigkammern astwärts. Ob sie nicht einen Teil der Jungbrut verschonen könnten, um den Bienen eine Chance zur Vermehrung zu geben? Es seien in den letzten Jahren eher weniger Nester gebaut worden, wie früher. Aber die Maden sind fast noch begehrter als der Honig, ‹Yang Paling Enak›. Die Ansiedlung der Punans in einer Dorfgemeinschaft bringt auch Probleme mit sich. Das traditionelle Gesetz des Teilens je-

der Jagdbeute kann nicht mehr eingehalten werden. Wie soll der Jäger auch einen Affen oder gar ein Hörnchen gerecht auf zehn Familien verteilen? So hat sich ein alter Punan beklagt: Dreimal war er im Haus eines Stammesangehörigen. Dreimal gab's Wildschwein, doch jedesmal ging er mit leeren Händen weg.
Die Ansteckungsgefahr von Krankheiten wächst auch, wo

4/45 viele Menschen zusammenleben. Alle paar Tage schüttelt's einen andern im Malariafieber, und vom Kind über die hochschwangere Frau bis zum Greis herrscht im Moment eine Dorfhustenepidemie. Die meisten Punans haben noch nicht gelernt, mit der neuen Wohnweise umzugehen. Wo in der Ecke Spucke klebt, setzt man sich nicht gerne auf den Boden. Und wer von uns liebt es, beim Essen von räudigen Hunden umringt zu sein, die ‹guunend› ihre Schnauzen schier in den Teller strecken?
Schulung, wie es nun geschehen soll, ist wohl der einzige Weg, dem Punan einen selbst'ständigen Platz in der Zivilisation zu verschaffen. Gepaart mit einer Religion der Nächstenliebe, steht der Weg in die Zukunft offen. Wohl haben sich viele Punans taufen lassen, doch fehlt noch das Ver-

4/46 ständnis für das Christentum. Gleichzeitig hat er sich schon weitgehend von der Tradition gelöst, und befindet sich kulturell zwischen Stuhl und Bank. Der schlechte Einfluss profitgieriger Händler ist spürbar; der Mund redet oft anders als die Tat.
Bis in ein paar Jahren werden auch die letzten Gaharu-Bäume gefallen sein, und der Punan wird sich nach neuen Verdienstmöglichkeiten umsehen müssen. Lohn-Arbeit im Holzfäller-Lager oder sonstwo flussabwärts. Die Regierung kann bald ihrem gewünschten Image der supermodernen Zivilisation mit Autobahnen, Wolkenkratzern und Maschinen verschiedenster Art nachkommen, und der primitiven Lebensweise nomadisierender Dschungelvölker wird endlich das letzte Stündlein schlagen…

[Bild] 4/47

Sepilok, Auguscht 84 4/48
Dr erscht Orang-Utan hanglet sich langsam us em Blätterdach abwärts uf dr Bode. In ufrächtem Gang kunnt är mir entgäge und streckt zum Gruess d'Hand – luegt mi kurz us sine so menschliche Auge n'ah. So Hand in Hand spaziere mr zämme e Stück. Scho bald kunnt sine grössere Fründ und will sich mit mir balge. Luschtig –, widr e moll Lusbueb si! Zämme drole mir am Bode und rammle wie jungi Hünd. Doch mine schwanzlose Kolleg wird langsam grob; sini Spilbiss wärde schmärzhaft. Es wird mr z'bunt, und mit Gwalt muess mi vo mim Gspil-Gfährt trenne. Muetterliebi schint nit nur e typisch menschlichi Eigeschaft z'si. Wie liebevoll umsorgt doch d'Orang-Utan-Muetter ihr Kind!

4/49 [Bild]

4/50 **Tarakan**

Schwierigkeiten mit den Einreisebehörden. Die Machtausspielung des Beamten ist lästig bis korrupt. Als ich ein 6-Monate Visum beantrage, kürzt er stattdessen mein 2-monatiges auf einen Monat und ich darf es für 62'000 Rupia um 2 Wochen verlängern – bekomme nach dreimaligem Erscheinen und nötigen Gewährsbriefen der Kirche endlich den Stempel und eine Quittung für 30'000 Rupiah... Therima kasih baik-baik...

Das alte Gefängnis, stacheldrahtumringt mit zerfällenden Türmen hat eine böse Ausstrahlung. Ein sulawesischer Holzfäller hat vor bald 20 Jahren 2 Tage und 2 Nächte darin verbracht: Halbnackt sass er in einer winzigen Zelle in der gerade genug Platz zum Sitzen war. Ringsum war der Raum mit spitzigen Eisen gespickt, und der Sträfling musste sich hüten, einzunicken. – Noch jetzt sind die Narben auf seinem Rücken sichtbar. Durch sein gutes Mundwerk war er schneller wieder auf freiem Fuss als seine Kollegen. Die begonnene Schandtat war nicht minder schäbig als der Anblick der Strafanstalt: Wie er erzählt, wurde in ihrem Holzfällerlager in der Abwesenheit der Arbeiter Geld gestohlen. Sie treffen in der Nähe einen Fischerjungen, der vermutlich den Täter gesehen haben muss, doch angibt, nicht's zu wissen. Sie nehmen ihn in ihr Lager, geben ihm zu Essen und schenken ihm Kleidung ~ bis

4/51 sich seine Zunge löst, und er seinen Vater als Dieb verrät. Wenig später stellen die Holzfäller den Mann, der das gestohlene Geld schon verprasst hat. In ihrer Wut erschlagen die Holzfäller den Vater vor den Augen seines Kindes. Der Sulawesier meint, die zwei Tage in der ‹Folterkammer› hätten ihn davon geheilt, je wieder eine Schandtat zu vollbringen.

Die Mutter schliesst die Augen. Ihr Kind tupft ihr mit einem Finger auf den Nacken; die Mutter versucht zu erraten mit welchem. Errät sie richtig, setzen sich die zwei einander gegenüber und sagen das Sprüchlein

Pong – pong –pong ⎤	Sich gegenseitig auf die Innenhand-
Ping – ping – ping ⎦	flächen klatschend bei jeder Silbe
Tidur	Mit den Händen und Kopf das Schlafzeichen,
Niniak (→ Bagus)	” einen Kreis formend
Guling – guling – guling (Putar)	” Spiralkreisbewegung
Di gasur (Tempat tidur)	Waagrecht abfallende Bewegung einer Hand

4/52 Auch kennt man hier das Papier-Stein-Schere-Spiel, ‹Om-pimpa›, wo man auf drei zählt, und die beiden Kinder (gross oder klein) gleichzeitig symbolisch eine Schere (gespreizter Zeige- u. Mittelfinger), Papier (flach ausgestreckte Hand) oder einen Stein (Hand zur Faust geformt) vorzeigen. Jedes der drei Zeichen kann siegen oder besiegt werden: Die Schere zerschneidet das Papier, der Stein zerschlägt die Schere und das Papier wickelt den Stein ein.

Ein Holzbrettchen ist mit Gummielastiks eingezäunt. Das Spielfeld ist mit Nägeln gespickt; auf beiden Seiten ist ein Tor. Die beiden Spieler versuchen abwechslungsweise, eine Marmel mit einem Nagel so anzutippen, dass sie den Weg durch's Nagellabyrinth ins gegnerische Tor findet.

Bei Skorpionsstich: Wunde mit Eingeweiden des getöteten Tiers einreiben.

Sandakan, Sept. 84

Bsuech im Hus vom phillipinische Fischr. Dr bald 100-jährig Grossvatr wandlet lachend durch's Hus. Täglich sammlet är uf em Meer Tribholz für dr Härd. Scho vor de fünfi am Morge hallt sini weichi Stimm durchs Hus – dr Blick gen Mekka prist är dr Schöpfer vom Universum: Hoggt d'Familie zobe vorem Glotzphon, het är sich scho in si Schlofgmach zruggzoge ~

Nächtlicher Markt in Sandakan, in offenen Ständen werden Kleider und allerlei Krimskrams, von Sicherheitsnadeln, Zündhölzern und Haarkämmen bis zu Plastikspielzeug und kitschigem Schmuck feilgeboten. Aus einer Marktecke dröhnt ein höllischer Spektakel. Da sind nebeneinander fünf-sechs Kassetten-Rekorder-Bänder-Verkäufer.

Jeder preist seine Ware in den lautesten Tönen an, so dass ein chaotischer Stimmenwirrwarr entsteht. Schnell entfliehe ich dem Irrenhaus…

In der Nähe von Lahad Datu lasse ich mich auf eine kleine Insel absetzen. All mein Gepäck über dem Kopf, wate ich, das Wasser bis zur Brust, zu meinem Gefährt. Ein stechender Schmerz im Fuss. Ich bin mit vollem Gewicht in einen der grossen schwarzen Seeigel gestanden. Die Fuss-Sohle ist mir Stacheln gespickt. Der Filippino empfiehlt als beste Medizin: Darüberzupissen. – Nachts tummeln sich Ratten um meinen Schlafplatz, und stieläugige Krabben kommen aus ihren Erdlöchern und gehen auf Nahrungssuche. – Im gelegten Netz wollen sich keine Fische fangen lassen – nur ein Krebs verwickelt sich erbärmlich in den Maschen. Die Jagd mit der Fischharpune erweist sich im freien Gelände als schwierig – die Fluchtdistanz der interessanten Fische ist zu gross. Bei einer Reichweite von nur zwei Metern muss man wohl am Riff auf Beute lauern. – Ein Seepferdchenverwandter* schlängelt sich im seichten Wasser: Das Weibchen trägt ein grosses

* Beide Arten werden getrocknet in der chinesischen Medizin bei Blutarmut und als potenzstärkendes Mittel verwendet.

Eierpaket an seinem Bauch. – Ein metriger Waran lässt sich am Angelhaken ködern. Sein weisses, zartes Fleisch schmeckt wunderbar und erinnert an Geflügel.

Nächtliche Fahrt von Sandakan nach Tampias. Die Dusun sind gesellige Leute. Wir singen klatschend Lieder, während wir im Dunkeln der Rumpelkiste bei all den Schlaglöchern kräftig geholpert werden. Bis am Schluss imitiert die ganze Gesellschaft ausgelassen-lachend verschiedene Tierstimmen.
Als auf der Strasse im Scheinwerferlicht zwei Augen grün funkeln, überfährt der wenig denkende Chauffeur das arme Tier. Der grässliche Gestank des ‹Babi Busuh› soll uns auf der ganzen restlichen Fahrt begleiten.

Ein junger getupfter Hai geht ins Netz. Muscheln, Schnecken und Seeigel spenden mir Nahrung.
Während abends sich zielstrebig eine grosse lustige Einsiedlerkrebsgesellschaft in grossen, kleinen und winzigen Schneckenhäuschen wie wandernde Steinchen auf den Weg begibt, suchen frühmorgens Javaneraffen den Strand nach Nahrung ab und

verbrüllen das eigenartige Wesen, das in der Hängematte döst.
Insel bei K.K. Ich erhole mich während drei Tagen vom körperlichen Stress, lasse meine Kopfschmerzen langsam ausklingen. Ein wunderschöner, dick-knorriger Panaga-Baum in kleiner Sandbucht, ein richtiger Abenteuer-Lausbuben-Riese in borkiger Rinde, breitet seine dicken Arme und gewährt mir Nachtlager. Schwere Süsse entströmt seinen schneeweissen Blüten, die ihre langen Hälse aus dem dunkelgrünen Lederblätterkleid strecken.

4/58 Wo vor Monaten bei abendlicher Vorbeifahrt purpurner Nebel traumhaft die hügelige Dschungellandschaft umhüllte, und sich dunkle Baumsilhouetten von verschiedenen Kämmen abhoben, lasse ich mich absetzen. Erpicht auf Begegnung mit fremden Wesen des Waldes.
Beim Bauern deponiere ich unnötigen Balast. «Geh doch erst morgen. Komm, bei Freunden in der Nachbarhütte gibt's Gesang und Tapai!». Nun – auch diese Erfahrung kann interessant werden. – Hinter dem grossen chinesischen Tontopf mit Drachenmuster (‹Tampai›, ~30 l) hockt ein stämmiger Mann und saugt aus einem Bambusrohr vom alkoholischen Getränk. Tapai wird aus gekochtem Maniok (Ubi Kaiu) oder Reis hergestellt, indem man Hefe und Wasser beifügt und während 3–6 Tagen gären lässt. – Um zu wissen, wie viel jeder getrunken hat, wird der Topf mit Tassen voll Wasser nach jedem Trunk wieder bis an den Rand gefüllt. Jeder setzt sich einmal hinter das Gefäss, vom Jüngling u. Mädchen bis zur Grossmutter. Einer lallt besoffen vor sich hin. Seitlich unter seine Oberlippe geklemmt, quellt wie ein unappetitliches Geschwür ein Büschel Kautabak hervor. Auch die meisten Frauen, vom Betelkauen schon rotschwarze

4/59 unansehnliche Zähne, verhässlichen ihr Gesicht mit der schlechten Gewohnheit, Kautabak zu konsumieren. –
Sonntag Morgen vor sieben Uhr hockt schon wieder die ganze Gesellschaft um die Töpfe. Hier stecken gleich fünf Bambusröhrchen in einem Topf, und damit keiner zu kurz kommt, wird immer von allen gleichzeitig getrunken. Meine Nachbarin hat einen rechten Zug drauf, und jeder scheint wettkampfartig darauf versessen, in kurzer Zeit eine möglichst grosse Menge Tapai in sich hineinzusaugen. – Auch Reis, Gemüse, gekochter Ingwer und Affenfleisch, das schon auf Distanz verdorben stinkt, wird geboten. Anstandshalber versuche ich trotzdem ein Stückchen – und ich übergebe mich schier, noch bevor ich den Bissen runterschlucken kann. Der Körper selbst verweigert diese Nahrung, und noch Stunden soll mich dieser eklige rottende Geschmack im Mund begleiten.
Das Leben dieser Dusun hier scheint nur zwischen Ladang-Arbeit und Droge zu pendeln. Nach jeder ‹Gotong-royong›, Gemeinschaftsarbeit, wird den Helfern vom Haus-

[Bleistiftskizze] 4/60

Herrn Tapai vorgesetzt. – Das Dorfoberhaupt (‹Kepala› = Kopf) 4/61
– lustig, mein Freund erklärt: «Nicht nur der Kopf; mit dem ganzen Körper!» – entschuldigt sich für seine frühmorgendliche Betrunkenheit.
Der römisch-katholische Vikar kommt für einen kleinen Gottesdienst zu dem Platz der 5–6 bewohnten Hütten. Ein paar Lieder werden gesungen, es wird gebetet und aus der Bibel gelesen. Ein Hund streckt seine vier Beine, als Lebenslicht brennt Dieselöl aus einer Konservendose. Russiger Rauch steigt hoch vom Docht in gewundenen Fahnen, und ersetzt nicht gerade den fehlenden Weihrauch. Ein Helfer verscheucht mit dem Besen das laut gackernde Huhn, das zwischen der Versammlung einen geeigneten Ei-Ablegeplatz sucht. Auch hier kreist der Opfersäckel, wo der Christ seinen Glauben bekunden und unter tatkräftigen Beweis stellen kann. – Anschliessend segnet der Vikar die Ladang des Bauern. – Ob ich nicht ein Fläschchen Weihwasser im Gepäck habe? – Enttäuscht, dass ich keines begehre ~
Nun setzt auch der Geistliche dem Reis-Tapai zu. Wiederum werde ich genötigt, mitzutrinken. – Doch die Sauferei ist

nicht nach meinem Geschmack. In Ehren ein Gläslein blumigen 4/62
Wein zu trinken ist was anderes...
Die Gesellschaft langweilt mich, und es zieht mich dschungelwärts. Ich folge einem eingewachsenen Holzweg, von dem ich mich an reizendem Ort mit dem Parang in die Büsche schlagen will. Ein aufkommendes Gewitter nötigt mich spät nachmittags, unter umgestürztem Stamm Regenblache und Hängematte zu spannen. Das Plätzchen bietet Weitsicht auf eventuell den Holzweg nehmendes Wild.
Kaum liege ich in meinem Schlafnetz, beginnt's im Kopf bedenklich zu klopfen. Schon vor ein paar Stunden war ich plötzlich todmüde geworden und Sonnenlicht blendete die Augen – wahrscheinlich die Wirkung vom alkoholischen Getränk. – Drei Tage und drei Nächte bin ich kaum mehr aus meiner Liege aufgestanden. Mein Kopf verwandelte sich in Hölle. Jeder Pulsschlag löst einen Schmerz aus wie springendes Glas, manchmal fiebrig, manchmal nahe am Schüttelfrost, war ich in Bedenken, ob mich trotz Prophylaxe die Malaria erwischt hat? Drei lange Tage und Nächte ständigen Schmerzes, ohne Schlaf, von Appetit ganz zu schweigen, was will mich

diese Erfahrung lehren? Schmerz in diesem Ausmass lässt kaum 4/63
noch Denkkraft zu. Die ganze Seele ist nur noch reine körperliche Empfindung, ähnlich dem frischgeborenen Säugling. Was soll das bedeuten, wenn die Seele auf einen Urzustand zurückgeworfen wird?

Glücklicherweise habe ich einen kleinen Wasser-Vorrat mitgenommen, und die Regenblache so gespannt, dass sich abfliessendes Himmelswasser in Pfützen sammelt.

Am dritten Tag übergebe ich mich. Wie ist das möglich, da ich die ganze Zeit nicht's gegessen habe? Ich bücke mich, um den Auswurf genauer zu betrachten und – wache oder träume ich? – da liegt ein ~25 cm langer feister Wurm, wie ein wohlgenährter dicker Regenwurm. – Wohl hatte ich für die vielen dick-bäuchigen Punankinder Medizin mitgenommen, doch nie daran gedacht, vielleicht einmal selbst eine Entwurmung nötig zu haben. Bedenkenlos hatte ich aus den meisten natürlichen Stellen Wasser getrunken; nur in menschlichen Siedlungen, wo gestandenes Wasser in schmutzigen Gefässen rumstand, hat mich der Geschmack gewarnt und kaum mehr als einen Schluck trinken lassen.

Als der Kopfschmerz etwas nachlässt und mir ein wenig Kraft zurückgibt, begebe ich mich auf den peinvollen Rückweg, wo sich die Erschütterung jeden Schrittes fortpflanzt und im Schädel als harter Schlag landet, dass ich bei unvorsichtigem Tritt manchmal aufstöhne. Wieder auf der Strasse, lasse ich mich schnurstracks ins nächste Spital fahren. Der Fahrer hatte weder viel Mitgefühl für meinen Zustand noch Feingefühl für sein Gefährt. Im Zack mit der Rumpelkiste über Schlaglöcher, dass manchmal ein leiser Schrei meiner Kehle entspringt. – Mit nachlassendem Kopfschmerz stellen sich Gelenkschmerzen ein während des kommenden Tages.

Malariatest: negativ. Rote Blutkörperchen: 7.0 (statt 12–17). Ein Fragezeichen bleibt. Nach 9 Monaten stoppe ich Fansidar-Prophylaxe.

Da Fansidareinnahme. [Ein Pfeil zeigt von ‹negativ› auf ‹Fansidareinnahme›]

Ein Monat später 2ter abgeschwächter Anfall → Malaria

TAGEBUCH 5

Uma Akeh, Baram

Aus dem Brauchtum der Keniak-kaian 1985

Folgt man dem mit 400 PS davonbrausenden Dschungelexpress den Baramstrom aufwärts, wird man vergeblich nach Urwald Ausschau halten. Während die Geräusche von Video-Karatefilmen an dein Ohr dringen, folgt das Boot den vielen Mäandern durch lehmbraunes Wasser, längs denen sich die immer wieder gleiche, eintönige Kulisse eingewachsener Reisfelder und Rodungen abzeichnet.

Kurz vor Lang Lama deuten einige Palmen und Fruchtbäume, und die Anlege- und Waschplätze im Wasser auf eine Siedlung hin: Uma Akeh. Nicht's Aufregendes ist da zu entdecken. Das Langhaus mit um die zwanzig Türen ist in neuem Stil gebaut; direkt auf Bodenhöhe Lebensraum, Zement als Baumaterial. Und man spürt es bis aufs Blut: Es kann auch Nachteile bringen, vom Traditionellen abzuweichen. Waren die alten Langhäuser alle auf drei bis vier Meter Höhe gebaut, um für Luftzirkula-

tion zu sorgen, und somit die blutsaugenden Sandfliegen abzuhalten, wimmelt es hier nur so von diesen lästigen Biestern.

Zu den einheimischen Keniak-Dorfbewohnern haben sich vor zehn Jahren einige Kaian vom Sungai Patah gesellt*. Sie waren damals wegen Verbindungsschwierigkeiten zu ihrem entlegenen Gebiet hierher umgesiedelt.

Die meisten Frauen tragen in ihren bis auf die Schultern und Brüste verlängerten Ohren viele Kupferringe oder Messinggewichte. – Es wird kräftig Borak aus vergorenem Reis getrunken, und Sireh ist so wichtig wie die tägliche Reismahlzeit.

Abends tukkert der Generator, um das Haus mit Licht zu versorgen, und hier und dort scharen sich Leute vor einem Fernseher. In der Vergangenheit war hier rö-

* Keniak wie Kaian sollen ursprünglich von Kalimantan nach Sarawak eingewandert sein.

misch-katholische Mission tätig, und die ganze Bevölkerung bekennt sich zum Christentum. In der Praxis ist allerdings nicht viel davon zu spüren. Während sich sonntags ein par Nasen zum Gottesdienst zusammenfinden, lässt der Nachbar frisch-fröhlich die Motorsäge heulen. Die Jungen klauen nacht's Hühner und braten heimlichen Schmaus. Begegnet man auf einem Streifzug einer Reuse oder gelegtem Netz, so sind wohl viele, die gleich kontrollieren und ernten was zu ernten ist. – Doch sonst herrscht Frieden im Langhaus. Alle sind sie Reisbauern, haben auch Rubber-Trees, Bananen, Ananas, Ubi und Früchte gepflanzt. Einige suchen auch auswärts im Logging-Camp oder der Steinmühle (Kalk) Batu Gading Verdienst.

Alter Gesang und Tanz wird zum Glück noch gepflegt.

Krokodilsgeschichten

‹Pun Api› von Uma Ake erzählt: Die letzten dieser urweltlichen Reptile wurden in der Nähe der Kuala Tutoh, im Sungai Tinjar und seinem östlich gelegenen See (Loagan) vereinzelt gesichtet. Ein Holzfäller fing einen jungen Leguan (Bewot); als sich dieser als junges Krokodil entpuppte, wollte er es aufziehen. Doch die abergläubischen Iban verboten es ihm, in der Angst, die Krokodilsmutter werde kommen und sich rächen. Heimlich erschlug der christliche Fänger das Tier (Di Ilir Long Akah, ~1978).

Die letzten Krokodile in der Nähe von Uma Akeh wurden in einem grossen Lombok von Chinesen gesprengt (~1965).

Früher waren die Krokodile nicht scheu, auch wenn Menschen in ihre Nähe kamen. Gegen Mittag kamen sie auf die lehmigen Ufer des Baramflusses und sonnten sich. Vögel drangen in ihre weit geöffneten Mäuler und putzten ihre Zähne. ~ Ein Eingeborener mit lustiger Fantasie glaubte, das Krokodil würde den Rachen schliessen, sobald sich viele vom Fleischgeruch angelockte Fliegen darin befanden. Im Wasser würde es den Mund wieder öffnen, um Fische zu ködern. ~

Früher konnte man die Krokodile bei Tageslicht Hochzeit feiern sehen: ♂ + ♀ schossen

aufrecht aus dem Wasser, Bauch an Bauch, und fielen mit lautem Getöse, wie wenn man ein grosses Holz schlägt, wieder zurück in den Fluss.

Neben kleinen Flussläufen konnte man den Krokodilsnestern begegnen: Mannshohe Holzstösse aus Ästen und Blättern, in dessen Zentrum sich bis dreissig Eier befanden. Diese waren von harter Schale und durften nur von alten Menschen gegessen werden.

Die Krokodilsmutter hielt sich gewöhnlich in der Nähe auf. Zwei Mann stiessen ihr einen langen zugespitzten Pfahl in den Rachen, während ein Dritter das Tier mit dem Speer tötete.

Früher wurden die Krokodile geködert. Das Dorfoberhaupt ist noch im Besitz eines Hakens. In der Mitte des beidseitig zugespitzten Rundeisens sind zehn aus Kumut-Fasern gedrehte Schnüre befestigt. Diese sind weich und das Krokodil kann sie nicht zerbeissen.

An deren Ende wird eine lange Rotan-Liane gebunden, welche getrocknet wurde, damit sie auf der Wasseroberfläche schwimmt.

Als Köder band man einen Affen, Hund oder Katze seitlich an den

Ø 3 cm ~40 cm

1,5 m

Ø 15 m

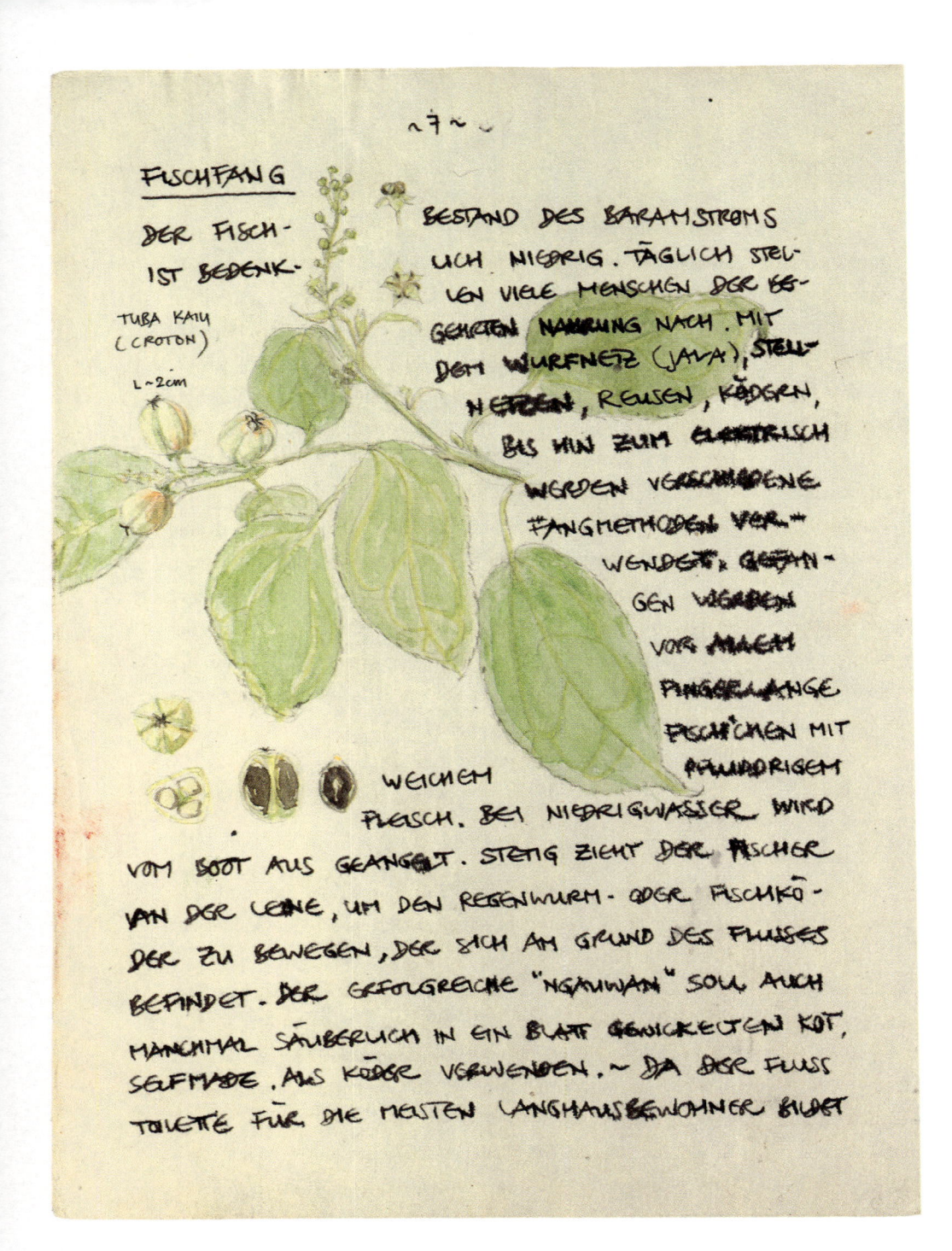

Langsam wurde es von den 5–6 Männern an die Wasseroberfläche gezogen und getötet.

5/6 Haken, tot oder lebend. Das Krokodil wurde vom Verwesungsgeruch des toten Tiers oder seiner klagenden Stimme angelockt; man stiess einen Ast in den Grund des Flusses und legte den Köder hoch über der Wasserfläche in seine Gabel. ~
Vom freien Wasser aus konnte das Reptil in die Höhe springen und den Köder nehmen. Nie ass es den Köder sofort, sondern trug ihn fort an ein ruhiges Plätzchen irgendwo am Ufer.
Wenn der Fallensteller sah, dass der Köder von der Astgabel verschwunden war, suchte er den Flusslauf nach der auf der Wasserfläche treibenden Rotan-Liane ab. Vorsichtig zog er mit einigen Freunden langsam an der Liane, damit der Haken nicht wieder aus dem Schlund des Krokodils entfloh. Doch, da die Kumutschlingen an der Mitte des Eisens befestigt waren, stellte sich dieses bei Zug quer und verhängte sich im Bauch des Reptils.

Fischfang

Der Fischbestand des Baramstroms ist bedenklich niedrig. Täglich stellen viele Menschen der begehrten Nahrung nach. Mit dem Wurfnetz (Jala), Stellnetzen, Reusen, Ködern, bis hin zum Elektrisch werden verschiedene Fangmethoden verwendet. Gefangen werden vor allem fingerlange Fisch'chen mit weichem, pfluddrigem Fleisch. Bei Niedrigwasser wird vom Boot aus geangelt. Stetig zieht der Fischer an der Leine, um den Regenwurm – oder Fischköder zu bewegen, der sich am Grund des Flusses befindet. Der erfolgreiche ‹Ngauwan› soll auch manchmal säuberlich in ein Blatt gewickelten Kot, selfmade, als Köder verwenden. ~ Da der Fluss Toilette für die meisten Langhausbewohner bildet

Tuba Kain (Croton) L ~2 cm

5/8 sind wohl viele Fische in Dorfnähe auf diese täglich anfallende Nahrung spezialisiert. ~ Durch einen Obstgarten streifend, genoss ich von der kleinen Frucht eines mannshohen Strauchs. Der Geschmack war widrig und ich spuckte sogleich wieder aus. Doch hatte ich schon ein wenig geschluckt. Nach kurzem brennt der Hals wie Feuer, Bauchschmerzen und Durchfall stellen sich ein. Ich fühle mich seekrank.

Ich befrage den Besitzer und zeige ihm die genossene Frucht: Tuba Kaiu! In einer Hülse befinden sich drei kaffebohnenartige Samen, welche getrocknet, zerstossen, als Fischgift verwendet werden. Vor allem in kleinen Bachläufen wird neben ‹Tuba Kaiu› ‹Tuba Aka› und ‹Tuba Padi› verwendet. Das erstere ist ein kleines ~ Bäumchen mit eschenartigen Blättern; als

5/9 Droge dient der Milchsaft der zerklopften Wurzel. Das Gift soll heftig, aber nur kurz, wirksam sein. Tuba Padi sind Ubi Kaiu-ähnliche Wurzelknollen einer stachligen Ranke. Das Gift hat Langzeitwirkung. – Eines Tages folge ich einigen Weibern, alle mit einem (‹Ingen›) geflochtenen Tragkorb, und einem kleinen Handnetz bewaffnet (‹La-wá›), das rings an einem oval gebogenen Holz befestigt ist. Zwei Leute sind damit beschäftigt, einige Wurzelknollen mit einem Holz zu zerklopfen (Tuba Padi). Der austretende rötliche Saft färbt sich im Wasser milchig. Und schon werden die La-was durch's Wasser gezogen. Die Fische werden vom Gift gelähmt und fliehen nicht wie gewohnt in die Schlammlöcher – Doch an-

5/10 scheinend wurde hier vor kurzem schon einmal Gift verwendet. Bis auf wenige fingerlange Schwänzchen landen vor allem Krevetten (Udang-udang) und Krebse im Netz. Die kleinen schwarzbraunen Klemmer können einem empfindlich in die Finger zwacken. Die Frauen packen die Schalentiere, reissen ihnen kurzerhand eine Schere aus und stossen sie ihnen durch den Panzer ins Innere des Leibes. ~

In den kleinen Bächen befinden sich fast stetig zylindrische Reusen (‹Bubu›). Der Flusslauf wird quer mit einem Geflecht von Ästen ge-

~L 10 cm

Ø 5–10 cm

Tuba Padi (Dioscorea)

5/11 schlossen, bis auf eine Öffnung in der Mitte, wo die Reuse plaziert wird, mit der Öffnung flussaufwärts. Bei Niedrigwasser landen die abwärtsziehenden Fische in der Falle. Vor allem nach einer Regenflut, an einer Bachmündung plaziert, können grössere Exemplare wie Ikan Bellida, I. Bau und I. Tapa mit der Reuse gefangen werden, sowie Udang-udang. ‹Uan› verwendet im ähnlichen Sinn ein grosses mit einer Kette beschwertes Netz, mit dem er bei Hochwasser die Mündung eines kleinen Bachs verschliesst. Doch muss er öfters täglich abwärtstreibendes Holz und Blätter aus dem Netz entfernen. – Nur noch selten wird das ‹Selamba›-Netz bei Hochwasser nahe der Mündung eines kleinen Flusses verwendet. Es ist ein grosses dreieckiges Netz, das an der Spitze in einen Sack mündet. An den beiden Schenkeln befestigt man je eine

5/12 Bambusstange. Man schlägt zwei Pfähle in den Bachlauf und verbindet sie mit einem Querholz. Auf dieses legt man die Schenkel des Netzes. Der Fischer bedient das Netz von der Spitze seines Bootes aus, hievt es alle paar Minuten über das Querholz als Drehachse aus dem Fluss; ent-lässt die Fische aus dem Sack in sein Boot, und lässt es wieder abwärts sinken.

Ähnlich dem ‹Lawá› wird das etwas grössere ‹Belalang›-Handnetz verwendet. Bei Hochwasser sucht man das Ufer in der Vegetationszone nach ‹Udang-udang› ab. –

Schwarze Spiralschnecken werden in grosser Zahl von im Wasser liegendem Holz gelesen. Sie können ihr Haus mit einer Türe verschliessen. Hält die Familie eine Schneckenmahlzeit, hört man schon von weitem die schmatzenden Geräusche. Um das bisschen Fleisch aus dem Schneckenhaus saugen zu können, wird dessen Spitze aufgeschlagen.

Belalang L ~120 cm

5/13 **Weitere Krokodilsgeschichten**
Der Witwer Aban Sabang kontrollierte in Long Kibut die mit Rotan-Schlingen gebundenen Jelutong-Ballen. Diese Art Latex wurde von wild wachsenden Bäumen gewonnen und musste im Wasser aufbewahrt werden. Ein Krokodil verbiss sich dabei in seinem Fuss und zog ihn in die Tiefe. Geistesgegenwärtig im Anblick des Todes, drückte er dem Reptil mit den Daumen in die Augen, so dass diese platzten, und das Krokodil sein Opfer freigab. (Long Kibut, ~1930)

Ein Krokodil wollte nach einem Hund schnappen, der auf einem ins Wasser ragenden Baumstamm am Ufer sass. Doch es verfehlte sein Opfer und verbiss sich nur im Holz. Dabei verlor es einige Zähne, die im Holz steckenblieben. Diese wurden später als Talismann gegen Krokodilsbisse verwendet.

5/14 Oft zerstören Krokodile bei Niedrigwasser die Reusenabsperrungen in kleinen Flussläufen, wenn sie zu faul waren, über Land einen Bogen darum zu schlagen.

Ein Vater kam von der Ladang-Arbeit mit seinem Kind nach Hause. Sie wuschen sich im Fluss. Plötzlich war das Kind verschwunden. Man suchte es vergeblich bis zur Dämmerung rings ums Dorf. Da vermutete man ein Krokodil als Übeltäter. Viele Männer paddelten in Prahu's flussabwärts und suchten die Ufer ab bis Long Banio. Dabei sahen wir im Lampenschein viele Krokodilsaugenpaare längs des Flusses. Doch kein knochenknackendes Geräusch verriet das seine Mahlzeit haltende Reptil. – Im Dorf weinte man schon um das verlorene Kind. Da war es plötzlich da und erzählte: Ein Geist mit langem spitzem Kopf und langen Nägeln trug es in den Wald, setzte es auf einen liegenden Baumstamm und hiess es warten. Da befand sich das Kind plötzlich im Zimmer des Hauses.

Uma Akeh, ~1960, ‹Uan›

5/15 Ein Jäger folgte den Spuren eines Wildschweins. Hinter einem gestürzten dicken Stamm führte der Wechsel in eine kleine Felsöffnung. Auf allen Vieren drang der Mann in die Höhle, und fühlte plötzlich einen harten Schlag am Kopf. Ringsum war es schwarz. Mit seinen Händen ertastete er den Körper einer oberschenkeldicken Python in deren Maul sein Kopf schon verschwunden war. Mit dem Buschmesser schlug er um sich, bis die getötete Schlange ihr Opfer freigab. Sicherlich hatte das Reptil hier auf ein Wildschwein gelauert. Der Jäger mit blutigem Kopf befand sich eine Woche im Krankenhaus.

Erdnuss

Aban Lawai, Long Semian, Baram

5/16 Nach einem Todesfall darf während zwei~drei Wochen bis zur Zeremonie ohne die Erlaubnis der trauernden Angehörigen im Langhaus nicht getanzt und gesungen werden. ~ Verwandte und Freunde des Verstorbenen sind heute zusammengekommen, und alle Langhausbewohner sind zu Speis und Trank geladen. Einige Männer gedenken in Rede des Verstorbenen. Die Witwe weint bitterlich. ~ ‹Borak›, Reisschnaps, wird stetig in Becher gefüllt und lässt die ganze Gesellschaft heiter werden. Immer lustiger wird das Treiben und der Tote ist schnell vergessen. Doch die Witwe schaut hin und wieder aus ihren geröteten Augen wie abwesend auf. – Ein Kasettenrekorder ersetzt den fehlenden Sape-Spieler, und bald dreht sich eine alte langohrige Schönheit in rhythmisch-fliessenden Bewegungen zu den Saiten-Klängen.
→ siehe S. ~20~

5/17 Dezember. Von den mächtigen Durian-Bäumen längs des Baram-Stroms fallen die ersten stachligen Kugeln. Ein schwer~süsser aufdringlicher Geruch kündet schon von Ferne die reifen Früchte; irgendwie erinnert er an halbverdaute gebratene Zwiebeln. Mit dem Buschmesser öffnet man die wie Igel bewehrten schweren Früchte längs von angedeuteten Nähten. In 3–4 Kammern ist je eine feiste, dicke Made gebettet. Jede beherbergt unter dem schmierigen Fruchtfleischmantel 1–4 grosse längsovale Samen. ~ Der Landesfremde versucht mit Vorsicht zum ersten Mal von der von Chinesen begehrten Frucht, und sie wird ihm kaum munden. Nach zwei–drei Versuchen wird man schier süchtig und will nicht mehr aufhören zu essen. In grossen Mengen genossen, können die Früchte einen sturmen Kopf verursachen. Alkohol ist zu meiden.

Durian-Frucht
L 6–30 mm
3–5 Kammern

5/18 Täglich und nächtlich sind vor allem Jungens mit Booten unterwegs, um gefallene Früchte zu ergattern. Einige Besitzer errichten ein Schutzdach und hüten ihre Bäume. Die Früchte fallen vor allem bei Wind, ~ um zwei Uhr morgens, und sobald die ersten warmen Sonnenstrahlen scheinen. ~ So verbringe auch ich zwei Nächte hütend unter dem Schutzdach. Fallende Frucht, hoch aus der Baumkrone, kann wohl einen Menschen erschlagen, und man tut gut daran, sich nicht allzulange im Gefahrenbereich aufzuhalten. ~ Einmal mehr begehe ich den Fehler, nur mit kurzen Hosen bewaffnet zu sein. Hunderte von Mückenstichen bedecken meine Beine und entzünden sich in rote Pusteln. Sind ein Grossteil der Früchte reif, stellen die Baumbesitzer einen Spezialisten an, um die Früchte zu schütteln. Mit Hilfe eines dicken Seils, und eines 7–8 m langen Bambus mit Querholz ans Ende gebunden, erklettert der erfahrene Mann die hohe Baumkrone aus der Krone eines nahestehenden kleineren Nachbarn. Nach kurzem schon ist der Baum seines Schmuckes beraubt, und hat jegliche Anziehungskraft verloren.

Sagoherstellung

5/19 Nur alle paar Jahre wird einmal eine früher gepflanzte Sago-Palme von 50–80 cm Ø gefällt. Vor allem in Bodennähe ist der Stamm stärkehaltig. Die Teilstücke werden gespalten und auf ein Holzgestell gelegt. Das faserige Mark wird mit einer sinnvoll erdachten Raffel bis zur harten Schale gerieben, indem zwei Leute die Raffel über dem Halbling hin- und herziehen. Als Zähne dienen Nägel, oder man fertigt sie traditionell aus der harten Rinde der Palme. Das auf die Tepo-Matten gefallene Mark wird auf ein mit einer Rotan-Matte belegtes Gestell geschüttet. Dieses ist auf einem sauber gewaschenen flachen Einbaum befestigt. Während ein Mann tanzend die Fasern tretet, giesst eine Frau immerzu Wasser nach. So wird die Stärke aus den Fasern ausgewaschen und sammelt sich auf der Prahu. Hat sich die Stärke gesetzt, schöpft man das darüberstehende Wasser vorsichtig weg. Das gewonnene Sago ist gewiss vom schmutzigbraunen Baram-Wasser lehmhaltig. Immer wieder werden Ruhepausen eingelegt, in denen man sich von der anstrengenden Arbeit erholt, palavert und sich Glimmstengel dreht. Natürlich darf auch Sireh nicht fehlen.

5/20 Mit lauten Zwischenrufen und lustigen Bemerkungen wird die Tänzerin angefeuert. Schon bald wird sie von ihrer Freundin abgelöst. Schwer hängen die goldgelben Messingohrgehänge bis über ihre Brüste, und Rauchwölkchen entsteigen dem dickkonisch gedrehten Glimmstengel. Nach kurzem werden von den Frauen auch Männer mit Gewalt zum Tanzen aufgefordert. Obwohl sich die meisten zuerst zieren, entwickeln sie im Kreis des umsitzenden fröhlichen Publikums ihren feinen Ausdruckstanz, in den hin- und wieder eine angriffige Passage eingebaut ist. Immer ausgelassener wird das Volk, der Reiswein lässt die Hemmungen fallen. Als der alte Dorfnarr plötzlich im Lendenschurz zum Tanz erscheint, und ihn Männer und Frauen mit grünen Zweigen schmücken,

5/21 ist der Bann der Trauer gebrochen, und die
Witwe wird von all den lachenden Gesichtern ringsum angesteckt ~ und lächelt.
Aus ihrer fernen wehmütigen Welt wird sie wieder auf die Erde
gezogen. Nach der Zeit des Kummers soll vom Tage der Zeremonie an die Erde wieder den Lebenden gehören. ~
Die Jungmannschaft verlangt auch nach ihrem Recht, und bald
sind die schwingenden Sape-Klänge von lärmiger Disco-Musik
vertrieben. Doch die alten Leute sind anpassungs-

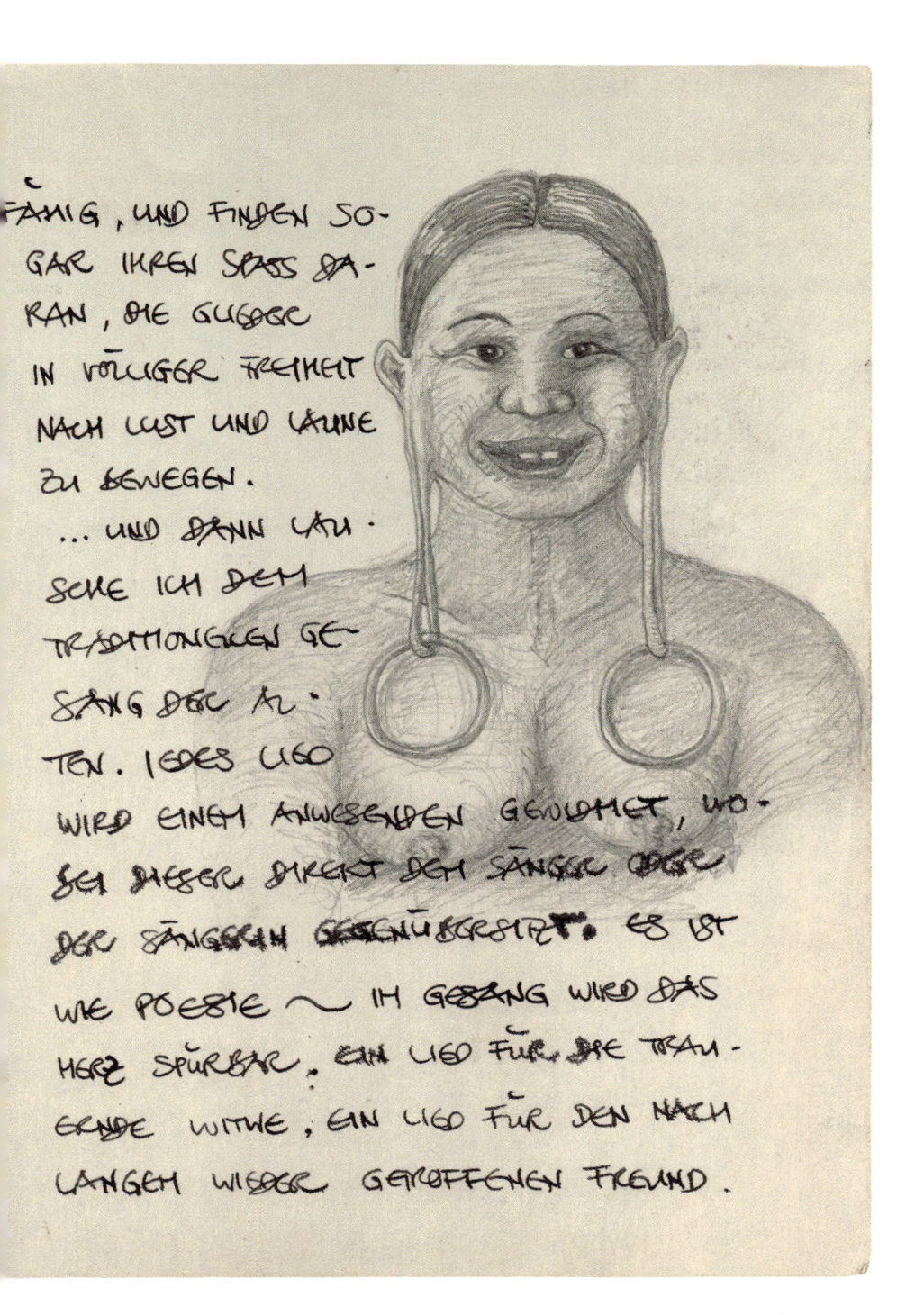

fähig, und finden sogar ihren Spass daran, die Glieder in völliger Freiheit nach Lust und Laune zu bewegen.

…und dann lausche ich dem traditionellen Gesang der Alten. Jedes Lied wird einem Anwesenden gewidmet, wobei dieser direkt dem Sänger oder der Sängerin gegenübersitzt. Es ist wie Poesie ~ im Gesang wird das Herz spürbar. Ein Lied für die trauernde Witwe. Ein Lied für den nach langem wieder getroffenen Freund. Auch ein Lied für den weissen Mann. Ach – wäre dieser doch nur halb so gut wie die Seele des alten Volkes. Der Sänger sucht die Worte hoch in der Ferne ~ oder schaut dir in die Augen und spricht dich an. Nahe dem Ende jeden Satzes fällt der umsitzende Chor mit kurzen beipflichtenden Worten ein, ruhig und sanft, dass es dich schaudert. ~ Es ist Sitte, den Becher voll Borak in einem Zug unter dem Beifall des Publikums zu lehren, den dir der Sänger an die Lippen hält.

Tanz im Kaian-Langhaus
Als lange Schlange schreitet die halbe Gesellschaft durch den Korridor, während ein Mitglied den Riesengong schlägt
Don-don-doooonggg ~

5/24 Mädchen fordern Männer zum Tanz, indem sie ihnen ein Rotankäppchen mit langen Nashornvogelfedern auf den Kopf stülpen und den Auserkorenen in den Kreis ziehen. Obwohl sich die meisten Männer zuerst zieren, lassen sie sich dann mit dem Bärenfell bekleiden, auch dieses mit vielen schwarz-weissen Federn geziert. – In feinen Bewegungen dreht sich der Tanzende um seine Achse. Nimmt er plötzlich unerwartet einen wilden Satz, begleitet von einem Juchzger, lacht das Publikum. Für feurige Naturen liegen Buschmesser und Schild bereit.

Die tanzende Frau setzt sich ein Glasperlenband auf's Haar, und zwei Freundinnen befestigen die Federblumen auf ihren Aussenhänden. Und schon bewegt sich die weibliche Seele in immerwährendem sanftem Fliessen.

5/25 Die grossen Blätter einer wildwachsenden Pflanze werden von vielen Volksstämmen als Packpapier für die allmorgendlich frisch bereiteten Reisportionen verwendet (Keniak: I-o Kannen, Kellabit: Tenga-ubá).

Junge, noch nicht entrollte Blätter werden von Keniaks am Baram und von Sibub's am Sungai Tinjar gekocht und um einen Bambus gewickelt getrocknet. Sie dienen als Papier für die grosszügig dick gedrehten Glimmstengel, die wie Sireh und Betelnuss zur täglichen ‹Nahrung› gehören.

5/26 Wohl die meisten südostasiatischen Völkergruppen benutzen die verschiedenen Arten von Schraubpalmgewächsen (?) zu Flechtwerk, wie Sitz- und Schlafmatten, und als Dachbedeckungsmaterial. ‹Bakong› kommt in einer kleineren wilden und einer grösseren gepflanzten Art mit bis 3–4 m langen Blättern vor, bedornt. (Kellabit: Khabar)

Tobo wächst in vielen verschiedenen Arten als Kulturfolger an feuchten Stellen. Ihre Früchte sind essbar. Die Art ‹Tepó› besitzt die Früchte im Boden und auch ihre Stengelmark ist essbar. Mit einer Kumut- oder Silkschlinge werden die Stengelwandungen der 3–4 m hohen Blattwedel voneinander getrennt. Die Keniakfrauen lassen sie in gerolltem Zustand zwei Tage an der Sonne trocknen; öffnen darauf die Reife, trennen jeden in zwei Streifen, trocknen diese wiederum an der Sonne: Material für Mattenflechtwerk (Kellabit: ‹Tobo Layun›). Die faustgrossen roten Blüten von Tobo Nianding sind von angenehmem Geschmack und werden auch in der Küche verwendet. Der kreuzweise gespaltene Stengel wurde in altem Kult als Fächer benutzt, um beim Dayong die Anwesenden mit Blut zu bespritzen (Kell: Tobo Salah).

Von ähnlichem Aussehen wie Tobo sind die Blattwedel von Lo-kua. Die Pflanze wird in Hausnähe kultiviert, und ihre Wurzelknollen dienen wie Hefe als Fermentationstreiber bei der Borak-Herstellung. Dabei wird Reis und Lokua (1 Kentang: 1 Kati) zerstossen, mit wenig Wasser gemischt, und kleine Kugeln daraus geformt. Nach einer Woche Trocknungszeit bewahrt man sie in einem Hohlgefäss einer kürbisähnlichen Frucht (Urung). Zur Schnapsherstellung wird Reis gekocht und mit ‹Tawa› gemischt (1 Kentang Reis: 4 Tawakugeln). Darauf packt man den Reis in Blattportionen (1-o Kannen), und bewahrt sie einen Tag. Darauf gibt man sie in einen grossen Trichter, oder auf ein Holzgestell im Tonkrug, so dass der gärende Saft hinuntertropft. Der Borak ist von gelber Farbe und hat hohen Alkoholgehalt (~30–50%). Der verbliebene Reis wird mit Wasser gemischt und ausgedrückt; es entsteht ein milchiges, leicht alkoholisches Getränk von angenehmem Geschmack (Papa). In ähnlichem Verfahren wird Ubi in Borak verwandelt.

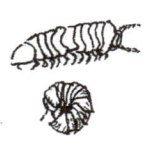

<u>Keliling Mam</u>. Diese Assel rollt sich bei Gefahr zusammen, so dass nur ihr Panzer sichtbar ist. Sie erinnert in diesem Zustand eher an einen Samen. Das zerstossene Tier wurde wütenden Trunkenbolden in den Borak gemischt, um sie schlafen zu legen.

L 2–4 cm

Geistergeschichten

Zwei Freunde gingen auf die Jagd. Der eine folgte dem Landweg, er andere nahm das Boot. Flussaufwärts wollten sie sich treffen. Der zu Fuss Gehende schoss ein Wildschwein.

Aban Wan Lawai

Da sein Freund noch nicht am Treffpunkt angekommen war, baute er schon ein Schutzdach, fachte Feuer an und räucherte das Schwein. Da rief es plötzlich wie eine Eule «Uuuuhhh». Der Jäger dacht, es sei sein Gespane und rief ihm entgegen: «He Freund, komm hierher! Wildschweinessen!» – «Uuuuhh» antwortete es nur. Da wusste der Jäger, dies war nicht sein Freund, sondern ein Geist. Dieser sprach: «Bist du wirklich mutig, dich mit mir zu treffen?». Der Jäger war ein wenig ängstlich, doch er antwortete: «Ich bin mutig hierherzukommen um Nahrung zu suchen.» – «Bist du wirklich mutig?» fragte der Geist erneut. «Ja» – antwortete der Jäger. Da kam eine Gestalt zum Vorschein, ohne Kopf und der ganze Körper mit Wunden und tropfendem Blut bedeckt. Er wollte vom rohen Fleisch essen und verlangte den Kopf des Wildschweins. Mit knackenden Geräuschen verzehrte er diesen.

«Besten Dank, mein Freund! Schlafe diese Nacht hier. Wenn du morgen nach Hause gehst, folge diesem Weg. An der Seite eines dicken Stammes bewahre ich ein Geschenk für dich.»

Als der Jäger am nächsten Morgen heimkehrte, fand er unter dem Baum einen Tiger und ein Wildschwein. – Von diesem Tag an war das Glück mit ihm. Sein Reisfeld und alles gedieh prächtig. Da wollte sich sein Jagdfreund auch mit dem Geist treffen, um Glück zu gewinnen. Er ging an die betreffende Stelle und räucherte auch ein frischgeschossenes Wildschwein. Doch als er die Stimme des Geistes hörte, bekam er es mit der Angst zu tun und floh so schnell er konnte. Der Geist rief ihm nach: «Bis in drei Tagen bist du wie ich selbst!» – Drei Tage später war er tot. Sein Körper war mit den gleichen Wunden bedeckt wie die Gestalt des Geistes.

Aban Wan Lawai, Long Semiang,
Baram, Jahrgang ~1935

Ein Mann schärfte sein Buschmesser auf einem Stein im Bach an einsamem Ort. Da tauchte hinter einem riesigen gestürzten Baumstamm plötzlich die Gestalt eines Geistes auf. Der Geist versuchte über ihn zu klettern, doch er war zu hoch. Da versuchte er unter ihm durchzukriechen, doch der Platz war zu eng. Der Mensch floh.

Asang Tasa, ~1942, Uma Akeh

Zwei Freunde wollten mit dem Wurfnetz fischen gehen. Der eine rief den andern schon in aller Frühe.
«Tok-tok-tok» klopfte es an die Türe.
«Zu früh, um drei Uhr morgens!»
«Komm schon! Ich führe die Prahu und du wirfst das Netz.»
Im Dunkeln war nicht viel zu sehen. Einmal verhängte das Netz. Der Fischer tauchte, doch konnte es nicht lösen.
«He, Freund! Hilf tauchen!»
Der Freund kam und tauchte. Doch im Wasser sah der Fischer plötzlich: Sein Freund besass einen Körper wie Feuer und frass die Fische gleich aus dem Netz.
«Dies ist nicht mein Freund! Dies ist ein Geist!», sah der Fischer.
Der Geist hiess ihn weiterhin das Netz werfen. Schon in der Nähe des Hauses, verhängte das Netz wieder. Als das Gespenst tauchte, floh der Fischer so schnell er konnte, doch das Ungetüm verfolgte ihn bis nahe ans Haus.
Darum: Rede nicht, wenn du mit dem Wurfnetz im Dunkeln fischen gehst!

Aban Wan Lawai

Aban Louan

Der Dorfälteste von Uma Akeh, Liwan Wan, erzählt vom <u>Gebären</u>. Vor der Niederkunft ass die schwangere Frau flüssigen heissen Reisbrei (Bubur). Mit heissem Gingertee (Halia), Massage, und in Kleider gewickelte heisse Steine wurde die Blutzirkulation angeregt. Das Kind wurde in knieender Stellung geboren.

Nach der Geburt vollzog die junge Mutter ihrem Gatten und allen Männern eine Kulthandlung: Sie hielt ein Hennenei über die Buschmesserklinge. Während sie Wasser darübergoss, liess sie dieses über deren Köpfe und Beine rinnen. – Zehn Tage durfte der Gatte nicht in die Nähe seiner Frau. Auch wurde getrennt Nahrung zubereitet. Die beiden Feuerstellen waren durch ein Holz abgeteilt. Nach zehn Tagen warf man die Asche weg und der Bann war gebrochen. –
Noch während der Schwangerschaft musste der Gatte bei Donnergrollen aufstehen.

Als ich zwei Nächte den Durianbaum gehütet hatte, wurde ich mehrmals gefragt, ob ich nicht einem Geist begegnet sei oder sein Kichern gehört hätte?
Ganz in der Nähe war ein Grab einer bei der Geburt gestorbenen Mutter. In dem alten Glauben der Keniak wolle sich ihr Geist rächen und den Penis des Mannes fressen.

5/32 Oftmals wurde ich lachend von Männern dazu eingeladen, meine Penishaut durchbohren zu lassen und ein Bilun, Ajá anzubringen. Früher hätten die meisten Männer dieses ‹Flugzeug› getragen. Selbst schenkte ich der Geschichte wenig Glauben. Als der schon leicht betrunkene Spassvogel Ngauwan pissen ging, folgte ich ihm. Er soll mir mal sein ‹Bilun› zeigen … Kurz liess er mich einen Blick gestatten – und tatsächlich – sein Penis war beflügelt mit einem zündholzgrossen ‹Kaiu Belian›.

Bei Heirat galten als Geschenk ein grosser Gong, Parang und Glasperlen (Inó). Für das Fest wurde eine Nashornvogelstatue aus Holz geschnitzt.

Der Kaian ‹Tama Puyang› bewahrt sorgfältig verpackt einige schön glänzend-gelbe Steine. Das vermeintliche Gold ist wohl nur Pyrit in kubischer und blättriger Form. – Weiter kommt da neben Gaharu ein Backenzahn von einem Nashorn zum Vorschein. Bei Bedarf lieh er diesen aus und man feilte medizinischen Elfenbein weg. Ein Frecher hatte auch unerlaubterweise gleich ein Stück weggebrochen. Sein Vater hätte noch selbst Nashörner erlegt. Den letzten war man vom Ulu Lio Mato bis nach Kalimantan gefolgt (~1940)

5/33

Ngauwan zieht ein kleines Gibbonkind auf. Es ist dies wohl der Affe mit dem schönsten Gesicht. Das langarmige Tier ist eher scheu. Als ich ihn aus dem Küchenschrank nehme, wo er ein eher einsames Leben fristet, sucht er bei mir die fehlende mütterliche Wärme. Nachdem ich ihm Buah Lim gefüttert habe und ihn in seinen Käfig zurückbringe, weint er. Mit Nahrungsnachschub versuche ich, ihn abzulenken. – Die meisten von Einheimischen in Gefangenschaft gehaltenen Tiere

‹Abat› Gibbonkind

fristen ein erbärmliches Leben. Das von Uan mit Schrot verletzte Makakken-Kind, seine Mutter ist schon in der Pfanne gelandet, stirbt zum Glück bald. – Im Layun-Camp ist ein Malayenbär in schäbigem düsteren Verschlag eingesperrt. Der ganze Boden ist bedeckt mit Cola- und Bierbüchsen, in denen man ihm einen restlichen Schluck zu trinken gab.
Gerade bin ich dem Punan Awá begegnet. Er hat ein blaues Auge. Er ist einem Kragenbären begegnet, davongerannt, in einen Ast...
Man erzählt von zwei Unfällen mit Bären, beide geschehen an Punans. Der eine flüchtete auf einen Baum, der Bär folgte, bis der Mann herunter fiel aus der Krone; tot. Der andere verlor beim Erstechen die Speerspitze, und der Bär biss ihm in Hüfte und Schulter – beinahe tödlich verletzt.

Der Fluss gilt als Toilette des Langhauses, und die meisten Menschen verrichten ihre Notdurft nachts. Als ich mich eines Tages bei strahlendem Sonnenschein meiner

Last entledigen will, ist das ganze Flussufer reich bevölkert mit waschenden Frauen und spielenden Kindern. Ich ziere mich... Etwas scheu versuche ich während einem Bad zu scheissen, während der Körper bis auf den Kopf im Wasser ist. Da schwabberts nur so um meinen Hintern, und einige freche Fische wollen nicht einmal warten, bis der Kotballen meinen Leib verlassen hat. Lächelnd versuche ich nach ihnen zu schnappen, doch die glitschigen Schwänze gleiten durch die Hände. –

Die Kette der Wurfnetze ist hier am Baram in Abständen heraufgebunden, so dass rings der Peripherie Taschen entstehen. Auf diese Art erwischt man auch grössere Fische, die sich nicht in den Maschen verfangen. Der lehmige Untergrund des dahinziehenden Strom's erlaubt dies, während sich bergwärts die Kette stetig in den steinigen Bachbetten mit zum Teil reissenden Wassern verhängen würde.

Der Kayan Tama Puyung weiss um Schöpfungsmythos.
Die Liane Aká (♂) schaukelte am weiblichen Baum Legau. Da wurde dieser schwanger.

Wan Ajau und Julan Ajau

Der Mann Wan Ajau lebte zusammen mit seiner Schwester Julan. Eines Tages fing der Bauch der Schwester an zu wachsen – sie war schwanger Aus Angst tötete Wan seine Schwester Julan und zerhackte ihren Körper. Aus den ins Wasser gefallenen Fleischbrocken entstanden Tiere. Aus dem Kopf das Krokodil, aus dem Hemd die Schildkröte. Die auf die Erde gefallenen Körperteile verwandelten sich in Tiger, Reh (Tellao), Hirsch, Marder (? ‹Monin›), Adler und einen kolibriähnlichen Vogel mit rotem Gefieder (Paian). Diese Tiere darf man nicht essen, weil sie aus dem Menschen entstanden sind.

Affe

Auch der Affe sei ursprünglich ein verwandelter Mensch: Bei der Reisernte ass dieser unreifen Reis. Da fing es ihn an zu beissen und Haare wuchsen...

Kobra

Eine Frau fällte einen Bananenstamm. Der weisse Milchsaft berührte ihre Haut. Es fing sie an zu beissen und sie verwandelte sich in eine Kobra (Celiwan Ingan). Ihr Kind heisst ‹Balulu›. Die phallische Bedeutung ist offenbar

Stabheuschrecke (‹Jak›)

Das Jak ist ein Freund des Menschen: Einige Kopfjäger verfolgten einen Mann. Dieser flüchtete auf einen Baum. Die Kopfjäger lagerten genau unter diesem. Sie waren sich einig, den Mann beim ersten Ruf des Jak weiter zu verfolgen. Doch anstatt wie gewohnt frühmorgens zu singen, liess das Jak seine Stimme schon vor Mitternacht ertönen. Die Kopfjäger machten sich auf den Weg und der Mann auf dem Baum konnte flüchten.

Geisternamen

Der oberste Gott: Tenangan
Grosser Flussgeist: Batang Baia Lungunan
Kleiner Flussgeist: Lawe Bali Sunge
Hügelgeist: Lakin Koiang
Tiergeist im Wald: I-go (Kayan: I-kó)

Parang

Lief man im Zimmer mit dem offenen Buschmesser, so musste die Schneide gegen den eigenen Körper schauen, mit der Faust darum, um ja nicht einen in der Nähe weilenden Geist zu verletzen.

Namen

Bei der Namensnennung werden jeweilen durch einen Vornamen die Familienverhältnisse der betreffenden bezeichnet

♀ Balo Bulan	= Witwe Bulan	
♂ Aban Wan Lawai	= Witwer Wan Lawai	
♂ Temuing ...	= Vater ...	} Das erstgeborene Kind
♀ Tonuing ...	= Mutter...	ist ein Sohn
♂ Maping ...	= Vater ...	} Das erstgeborene Kind
♀ Tanaping...	= Mutter ...	ist ein Mädchen

♂ Otau ...	} = Halbwaise	Der Vater des Kindes
♀ Otan ...		ist tot
♀/♂ Ilun ...	= Halbwaise ...:	Die Mutter ist gestorben
♀/♂ Pui ...	= Grossvater .../Grossmutter ...	

5/39 Messingdosen

Als alten Zeiten, wo der Kontakt mit Brunei noch rege war, finden sich viele Messingdosen, reich verziert, wohl arabischen Ursprungs. Heute werden in ihnen Tabak, Sireh-Blätter, Penang-Nüsse und Kalk aufbewahrt, die täglich genossenen Drogen.

Chines. Porzellanteller mit blauem Fisch u. Drachen zum Auffangen des Hennenblutes beim ‹Melah›.

Mond:

○ Nahe Vollmond ist günstige Zeit um Bananen zu pflanzen.
☽ Halbmond. Baue kein Haus. Es könnte in Flammen aufgehen.
● Neumond. Günstig zum Bäumefällen. Bei ○ gefällte Bäume werden leicht von Holzwürmern befallen.

Mal. Pantang =	Verbot, Tabu
Mal. Malang	} Schlechtes Omen,
Sial	Unglück
Keniak. Mela:	Kulthandlung mit Hennenblut → Buang Sial

5/40 Kult rund um den Reis.

Der Dorfälteste Pun Api (~1915) erzählt.
Begegnete man während dem Dschungelroden der Stimme des Hirschen oder Rehs (Tella-au), musste man den Ort aufgeben und an anderer Stelle von neuem beginnen. Während der Reisernte musste man drei Tage unterbrechen.
Am Zugang zum Reisfeld stellte man die Gebetsblume ‹Pange-é› (Kaian: Pang-mut, Punan: Pangesut) auf. Ein Stecken der auf drei Stufen mit schönen Holzlocken beschnitzt war. Darauf bewahrte man als Symbol des Lebens ein Hühnerei. Heute ist er durch das Kreuz Jesu ersetzt.

Ernte

Die ersten Reiskörner wurden von einer Frau gepflückt. An diesem Tag war der Zugang zum Reisfeld allen andern bei Strafe (ein Huhn) untersagt. Die Frau erntete nur wenig Pade Obak (Malays: Padi Pulut) für eine Mahlzeit. Dieser wurde geröstet über dem Feuer und gestampft. Die flachgedrückten Körner erinnern an Haferflocken. – Darauf gab die Frau auf das kultische Buschmesser nach Anzahl der Anwesenden je ein Reiskorn und betete folgendermassen:

5/41 «Nabada iko niaun tissen lau lun na-á mbam abe tau daub» – «Ich bete, dass du keinen Hunger kennst von nun diesem Morgen bis zur Nacht.» Man bat um genügend Nahrung rings ums Jahr.* Während drei Tagen war die Behausung der betreffenden Familie für alle andern tabu. Als Zeichen des Pantangs befestigen man neben der

* Indem man ein einzelnes Reiskorn in ein Longblatt verpackte und neben der Feuerstelle aufhing.

5/42 Türe eine aronstabähnliche Pflanze ‹Dahung Long›. Während diesen drei Tagen war der Genuss von frischen Fischen, die noch Lebenskraft in sich trugen, untersagt; man ass getrocknete. – Den Reis pflückte man nicht mit raffenden Krallenfingern, um den Geist nicht zu erschrecken, sondern schön langsam mit sanfter Hand. Man versuchte, keine Körner auf dem Feld zurückzulassen. Die Zurückgebliebenen, Vergessenen würden in ihrer Einsamkeit weinen.
War die Reisernte beendet, war wieder ein Tabu; sämtliche Familienmitglieder versammelten sich in der Hütte. Die Frau rief alle Reis-Seelen (Beruá) mit einem Hakenhölzchen, Kaiu Kahwit, ins Haus; die Runtergefallenen, die auf dem Feld Verbliebenen, ringsum.
Darauf rief die Mutter alle Seelen der Anwesenden – ihr Körper war schon da – zurück ins Zimmer. Sie gab nach deren Anzahl Reiskörner auf den Kultparang und sprach: «Liwá» – sie sind zurückgekehrt*. Darauf versuchte man mit der kultischen Handlung ‹Melah› Unglück abzuwenden:
Ein Huhn wurde geschlachtet, das Blut in einem alten chinesischen Porzellanteller aufgefangen und

* und legte jedem ein Reiskorn auf den Scheitel.

5/43 auf den Arm eines jeden gegeben (mit d. ‹Pange-é›)
«Dja-dua-telou, magat mu-at anak keni»
«Eins-zwei-drei – du hast es gut.»
Im Reisspeicher wurde ein winziges Erntegefäss aufbewahrt (Ingan Balan, Lepubung). Darin war in ein Dahun Long ein Hakenhölzchen (Kaiu Kahwit) mit drei Glasperlen (Inó) gewickelt, um die Geister aus allen Himmelsrichtungen zum Schutz des Speichers zu rufen. Weiter war darin der zum Blutkult ‹Melah› verwendete Pange-é und Hühnerfeder.

Isst man Reis und mag seine Portion nicht, so darf man den Rest nicht mitnehmen, um ihn später zu essen. Er wird heiss – d.h. er gärt – der Geist ist wütend und will dich fressen.

5/44 **Sungai Tinjar – Holzfällerei in Sarawak**
Folgt man mit der Prahu diesem Seitenfluss des Baramstroms, kreuzt man ständig mit zu langen Schlangenflossen verbundenen Baumstämmen. Schweres sinkendes Holz wird auf Metallflossen getürmt und talwärts geschleppt. Beinahe hinter jeder Flussbiegung begegnet man einem Logging-Camp. Der Gewinn ist reich, und in ganz Sarawak sollen gegenwärtig um die Tausend Holzfällerlager bestehen. Sind pro Camp nur zwei Mann mit Fällen beschäftigt, so fallen täglich durchschnittlich 20–40'000 Bäume. Wahrscheinlich sind aber viel mehr Holzfäller an der Arbeit.

Der Anblick des ausgebeuteten Urwaldes ist ein trostloses Schlachtfeld: Da liegen geborstene Stämme kreuz und quer zwischen den in die Erde gefressenen lehmigen Schleppwegen der Bulldozer. Das bisschen fruchtbare Erde wird vom Regen weggewaschen; ständig wälzen sich die Flüsse lehmbraun talwärts und mischen sich mit Maschinenöl. Bis in zehn Jahren werden die letzten unberührten Gebiete zerstört sein, falls niemand Einhalt gebietet. Doch am Tinjar-Fluss ist es sowieso zu spät. Die malaysische Regierung zeigt wenig Verständnis für die Bedürfnisse der einheimischen Bevölkerung. Ohne diese um ihre Meinung zu fra-

5/45 gen, verkaufen hohe Beamte Lizenzen an Companies für Gebiete, in denen sie sich kaum je aufgehalten haben geschweige dort geboren sind. Da wechseln viele Geldscheine ihren Besitzer, sowohl auf, als sicherlich auch unter dem Tisch, da Lizenzen begehrt sind.

Die Bewohner des Langhauses ‹Long Loyang› vom Stamm der Sibub hatten die Regierung vor Jahren um ein Waldreservat, einen ‹Hutan Simpan› gebeten. Er wäre dazu bestimmt gewesen, den eigenen Holzbedarf für Haus- und Bootsbau in der Zukunft zu decken. Das Gesuch wurde abgelehnt, und bald werden die letzten Bäume gefallen sein.

1982 bat das Kellabit-Dorf Long Seridan um Lizenz für ihr eigenes Heimatgebiet. Das Gesuch war vorbildlich von einem Juristen aufgesetzt, mit Langzeitplanung, wie Aufbau einer Sägemühle und dorfeigener Holzverarbeitung. Der Brief blieb bis jetzt, 1985, unbeantwortet, verstaubt irgendwo in Kuching, während das Gebiet längst an finanzschwere Companies vergeben wurde.

Kein Wunder, dass sich die einheimische Bevölkerung Sarawaks ob der Ausbeutung ihrer Heimatgebiete unzufrieden zeigt. In einer Kari-

5/46 katur streckt eine Kuh von Westmalaysia ihren Hals bis nach Sarawak, um dort zu fressen. Sämtlicher Gewinn wandert aus ihrem Hintern auf den Boden Westmalaysias. – Es ist wohl stilles Einverständnis, hinter den Türen formt es sich auch in Worte, dass die Bewohner Sarawaks über die Verbindung mit Malaysia nicht glücklich sind. Eine wirkliche Opposition konnte innerhalb der Regierung bis jetzt nicht entstehen, und so bleibt Unabhängigkeit vorläufig ein Traum. Auch besteht keine Energie zum Kampf, da es sämtlichen Bewohnern durchschnittlich gut geht und kaum Not besteht.

Die malaysische Regierung behauptet, sie besässe die Landgebiete Sarawaks. Einige Eingeborenendörfer wagten es, nach langer Ausbeutung ihrer Heimatgebiete, Anspruch zu erheben auf einen Teil des Gewinns aus dem exportierten Holz. Die Geschichte hat gezeigt, dass Logging-Companies sich erst zum Verhandeln bereit erklären, nachdem einige ihrer Bulldozer, Kamions, Hütten sowie Brücken in Flammen aufgingen.

Leider fehlt bei der Bevölkerung von Sarawak vorläufig weitgehend ein Verantwortungsbewusstsein für ihre Umwelt. Viele Einheimische

5/47 sahen und sehen plötzlich Gewinn für sich selbst; eine schäbige Kommission von 3 $ M pro Kubikmeter, oder einige tausend Dollars jährlich, scheint den geldungewohnten Dorfbewohnern eine Riesensumme, während Stämme im Wert von Millionen stetig ihre Gebiete verlassen.

Viele Dorfoberhäupter wurden von Logging-Camps gekauft, um Opposition versanden zu lassen.

Heute erhalten die Langhäuser am oberen Tinjar jährlich eine Kommission von 80'000 $ M. Nachdem einige vom Geld gerochen haben, um das viele zusammen lange gekämpft hatten, entpuppten sie sich in eigenen Reihen als Schlitzohren. Im ersten Jahr türmte ein Dorfoberhaupt gleich mit der ganzen Summe, im zweiten ein anderes mit 20'000.–. Erst im dritten Jahr wurde der Betrag gleichmässig auf alle Bewohner verteilt, allerdings nachdem schon 20'000.– für Reisespesen draufgegangen waren, um das Geld in Empfang zu nehmen. Schliesslich erhielt jede Familie noch einen Betrag von ~200.–. Welch trostlose Bilanz für den Dschungel und das zukünftige Leben der Einheimischen.

Doch die Malaysische Regierung hat grosse Pläne: Errichten von riesigen Öl-

5/48 Palm- und Kakaoplantagen, in denen Einheimische Lohnarbeit finden, anstatt als Bauern ihre eigenen Felder zu bearbeiten wie bisher.

Die meisten Logging-Camps sind im Besitz von Chinesen; auch Japaner und einige Einheimische sind beteiligt. Das Holz wird vor allem nach Taiwan und Japan exportiert.

Am schlimmsten betroffen von der Ausbeutung des Urwaldes sind die letzten Dschungelnomaden vom Stamm der scheuen Punans. Sie stellen mit Blasrohr und Giftpfeil, mit Hund und Speer,

hin und wieder auch mit einem Gewehr, ihrer täglichen Nahrung, vor allem Wildschwein, nach. Neben Wild ist das aus wildwachsenden Palmen gewonnene Sago ihre Hauptnahrung. In der Früchtezeit folgt man den reifen Gaben durch weite Gebiete. Sie leben in den Quellgebieten der Flüsse, welche bis jetzt als Niemands-Land galten.
Die meisten Punans lieben ihr streifendes Dschungelleben, welches Tradition ist, und scheuen die Arbeit auf dem Reisfeld unter heisser Sonne. Seit langem versucht die Regierung, sie zur Sesshaftigkeit zu bewegen. Die

Punans der Zuflüsse des unteren Tutuh sind nun gezwungenermassen schon sesshaft geworden. Ihre Gebiete sind weitgehend von den Logging-Camps zerstört worden. Als Trost schenkten ihnen die Companies Häuser aus Brettern und Wellblechdächern…
Mit stetig wachsender Sorge sehen die letzten Nomaden nun Bulldozer in ihre Jagdgründe dringen. Die Regierung, einige Mitglieder von dieser, treffen sich alle drei Monate in Long Siang mit Punans, um sie mit Kleidern, Tabak, Salz und Buschmessern zu beschenken, und vor allem selbst jagdlichem Vergnügen nachzugehen. Sie verschlingen wohl für sich selbst und Helikopterflüge den grösseren Teil der Spesen. – Sie sind kaum wirkliche Hilfe für die Punans und spielen nicht mit offenen Karten; die Geschenke scheinen eher Weg, die Punans freundlich zu stimmen, während man zugleich die Ausbeutung hres Lebensraums im Sinn hat.
Das Gebiet des oberen Tutoh war unter britischer Kolonialzeit als Reservat erklärt, von der malaysischen Regierung jedoch aufgehoben. Langsam versuchen

sich die Punans nun zu organisieren. Sie wollen ein riesiges Gebiet als Reservat erklären, welches ihnen schon seit Urzeiten Lebensraum war.

  Wünschen wir ihnen mutige
  Herzen und mutige Taten!

Noch vor wenigen Jahren wurden sämtliche Bäume mit der Axt gefällt und die Flüsse herunter treiben gelassen. Erst durch die Maschinen ›Entwicklungshilfe‹ gebender Länder ist die Zerstörung des Dschungels in bedenklichen Ausmassen möglich geworden: Ohne Komatsu-Bulldozer aus Japan und Stihl-Motorsägen aus Deutschland würden hier dem Dschungel kaum gravierende Wunden zugefügt. Wer trägt nun Schuld?
Auch sind Heineken-Bier aus Holland und Bendson & Hedges Zigaretten in goldiger Aufmachung aus England zu den Image-

Symbolen der jungen Waldarbeiter geworden. Tausende von leeren Bierbüchsen treiben fortwährend die Flüsse herunter… und mit ihnen schwinden die letzten Paradiese.

Als ich bei Holzfällern um das Mass der dicksten gefällten Bäume frage:
Umfang 27 Fuss Meranthi
25 Fuss Pera Kunyit
24 Fuss (35 m³) Ba-ung

Iban-Holzfäller erzählen:
Geweihte Stätte
Auf einem Hügel, der von Fels umgeben ist, soll sich eine Grabstätte aus alter Zeit befinden, am Ulu Tinjar. Alle, die in seiner Nähe mit Holzfällen beschäftigt waren, wurden vom Unglück verfolgt. In kurzer Zeit gab es drei Todesfälle. Seilwinden rissen, Bulldozer wollten in den Abgrund stürzen. Viele von uns hörten Hundegebell und Menschenstimmen. Drei Holzfäller träumten unabhängig voneinander, auf dem Hügel sei ein Dorf… Darauf opferten die Iban ein Huhn und Schwein als Geistergabe. Drei Mal erschienen ihnen Dorfbewohner im Traum, als sie weiterfällen wollten. Da der Spuk nicht aufhörte, bekamen sie es mit der Angst zu tun, und verweigerten die weitere Arbeit in diesem Gebiet.

Etwas später bekomme ich die Fortsetzung der Geschichte zu hören.
Francis, ein etwa 35-jähriger Pfarrerssohn aus Ostkalimantan, er gibt sich ‹mit allen Wassern gewaschen›, erzählt. Er arbeitete als Holzfäller auf der andern Seite desselben Hügels:
Puket Kellulung, Long Kelluan, nahe Long Akah, Baram.

«Der Hügel war berüchtigt wegen seinem Spuk. Sieben Menschen waren schon tödlich verunglückt, während sie in dessen Nähe arbeiteten. Ich habe keine Angst vor Geistern. So ging ich eines Tages mit dem Boss das Gebiet anschauen. Der Hügel war rings von einer Felswand umgeben; über dieser war eine Ebene. An einer Stelle wies die Felswand eine Lücke auf. Es regnete in Strömen. Als wir oben ankamen, begleitete uns stets Hundegebell. An diesem einsamen Ort wuchs viel wertvolles Holz. Ich sah einen Weg, das Holz nutzen zu können, und war willig, dies auch zu tun. Ich befestigte das Kreuz Jesu an der Frontscheibe, und segnete den Bulldozer mit Weihwasser. Darauf verringerte ich das Gefälle des Felsentors durch das Aufschichten eines Erdkegels. Mit einer Winde zog ich den Bulldozer aufwärts. Darauf erstellte ich die nötigen Schleifwege durchs Gebiet. Dabei war ständig lautes Hundegebell zu hören, so laut, als ob der Hund gleich auf dem Dach des Bulldozers sitzen würde. Da sah ich einen Tiger vom Bulldozer aus. Ich ging zu der Stelle. Da war er plötzlich verschwunden.

Schon während fünf Nächten waren mir im Traum viele verstorbene Dorfbewohner und Tiere begegnet. Sie baten mich darum, sie in Ruhe zu lassen. – Ich sprach zu ihnen, ich hätte keine Angst, und wolle das Holz nutzen. Sie sprachen, sie könnten mir kein Leid antun, weil ich das Kreuz Jesus besitze. – Die verstorbenen Dorfbewohner sahen aus wie alte Eingeborene; sie hatten Tigerzähne im Ohr und trugen einen Parang. Ihr Holzschild war nicht wie der der Keniak eckig sondern rund. Während dieser Träume war unser Koch erwacht, da er mich reden

5/55 hörte, mit welchem Freund wohl?
Eines Tages, nahe einem kleinen See mit kristallklarem Wasser, Fische tummelten sich darin, ertönte plötzlich unter der Bulldozerschaufel das Geräusch einer Tempaians (grosser alter chinesischer Tonkrug). Als ich schauen ging, fand ich darin viele mit alten Glasperlen verzierte Bänder und Schmuck. Von diesem Tag an hörte der Spuck auf. Ich arbeitete weiter. Innerhalb eines Monats, bei Regen ging ich keiner Beschäftigung nach, fällte und schleppte ich 700 Kubikmeter Holz im Alleingang und erhielt einen Lohn von 12'000.– $ Ringgit.»

…wie heisst es doch in der Bibel? «Und macht euch die Erde untertan!»

5/56 **Sungai Tinjar ~ Erlebnisse**
Beim Suchen nach gefallenen Durianfrüchten dringt ein zündholzgrosser scharfer Dorn weit ins Fleisch – er soll mich noch Monate plagen.
Der Indonesier (Westkalimantan) Joseph hat um dreissig Schlingen in der Gegend gelegt. Alle 2–3 Tage geht er auf einen Kontrollgang und findet monatlich ~ein Wildschwein oder Hirschen in der Falle gefangen.

Eine Frau bietet mir eine sorgfältig gemischte Portion Sireh zum Kauen. Doch sie hat ein wenig Tabak beigemischt, was diese Droge hoch wirksam, d.h. giftig macht. Schon nach 20 Sekunden Brechreiz. Während wohl einer Stunde übergebe ich mich am Fluss, abwechslungsweise mich im Wasser abkühlend. Als halbe Leiche dämmere ich dahin bis zum nächsten Tag, während die Weiber über mich kichern. Um keinen Preis werde ich wieder von dieser ekligen Droge kosten.

5/57 Joseph sucht eine Höhle. Wir resp. sie hoffen, von den begehrten weissen Vogelnestern zu finden. Doch die Gegend gleicht einem Schlachtfeld. Das Vorwärtskommen im ausgebeuteten Wald, wo Holz kreuz und quer liegt, ist mühsam. Als wir schon aufgeben, unser Führer kann sich im durch die Holzfällerei gänzlich veränderten Gebiet nicht orientieren, kommt ein Waldarbeiter zu Hilfe… Aus dem schwarzen Spalt im Boden fliegen einige Fledermäuse und viele kichern aus dunklem Raum. Der Spalt ist glitschig lehmig und wohl zehn Meter tief – ohne Seilhilfe eindringen nicht möglich. Doch im Gelände zeichnet sich der Verlauf des Spaltes eindeutig ab – da sind noch mehr Deckenlöcher – und dort unten am Bach muss ein begehbarer Eingang sein. Ibans haben eine kleine Opferstelle davor errichtet. Ich folge dem Lauf. Als meine Füsse schon nach kurzem bis über die Knie im Morast einsinken, bleibt mein

5/58 Begleiter zurück. Der Spalt verengt sich schon nach kurzem. Tausende von Fledermäusen hängen dichtgedrängt am Fels und verführen ein lautes Gemungkel, Zettern und Kichern. Mit einem Stock wische ich die Tiere von der Wand, um an einer Stelle weiter vordringen zu können. Da ist ein Geflatter rund um mich, Tiere schiessen in mich, landen mir auf Kopf, Schulter, Rücken und Bauch. Doch langsam sinke ich im Guanomorast immer tiefer. Bis zum Bauch, bis zur Brust… Gleich ganz möchte ich nicht versinken bis über den Kopf. Doch mit den Händen finde ich keinen Halt an den glatt-glitschigen Wänden. Mit dem ganzen Körper versuch ich mich quer zu verkeilen. Es ist gerade, wie wenn mich ein Geist an den Füssen in die Tiefe zerren wollte.
Dann geht das Licht noch aus durch den Zusammenstoss mit einer weiteren Fledermaus*. Mein Feuerzeug hat im Morast seine Zündkraft verloren. Zum Glück ist der Rückweg denkbar einfach in dem gänzlich gerade

* Daumendicker Körper, rote Behaarung, klein.

5/59 verlaufenden Spalt, und schon nach kurzem schimmert Licht durch die Deckenlöcher herein. Von Fuss bis Kopf voll stinkigem Guanobrei ~ gibt's gleich Generalreinigung unter kleinem Wasserfall im Fluss.

TAGEBUCH 6

TB/S **Punan**

6/0 Long Lang, Ba Lesuan, L. Ballau
Magoh, Tutoh, Baram
Sarawak

6/1 **Long Lang**
Die Hütte ‹Awa›s steht verlassen auf dem Hügel am Rande der Dschungelrodung. Die ganze Familie ist für einige Tage ausgeflogen, um entfernt von hier Sagopalmen zu fällen und das stärkehaltige Mark zu verarbeiten, ‹Palu Apo›, und um ‹Gaharu›, ein von Chinesen begehrtes Heilmittel aus verrottetem Aloeholz zu suchen. – Ein paar Steinwürfe weiter lebt ‹Iman› mit seiner Familie. Vor einem Jahr hat er mehr oder weniger das Nomadenleben aufgegeben und ist sesshaft geworden. Nun pflanzen sie Reis und Ubi Kaiu. Neben seiner Hütte stehen einige wenige Bananenbäume,

6/2 Papayas und zwei junge Sagopalmen. – Die Behausung ist in lausigem Zustand. Die traditionelle Bauweise der Punanhütten aus Ästen, mit Rotan verknüpft, mit einem Dach aus ‹Kawo› oder ‹Ucung-dahun›-Palmblättern, ist ideal für streifendes Dschungelleben, wo alle paar Wochen die alte Behausung aufgegeben wird.
‹Iman› ist in die nun schon 2-jährige aufgegebene Hütte von ‹Awa› gezogen. Die Äste sind morsch und die Rotan-Verknüpfungen faul. Das Dach rinnt durch die vergilbten, lädierten Blätter. Hier bricht ein Ast beim Gehen, und dort fällt das ganze Gestell, samt ‹Bulat› und dem Reis, den sie zum Dreschen an der Sonne trocknet, in sich zusammen.
Der Hüttenboden ist bedeckt mit borki-

6/3 gen Rindenschwarten, (‹Ipa Kaiu Ranga›). Speisereste sind schwierig daraus zu entfernen. – Sobald der Tag der Nacht weicht, begeben sich Heerscharen von Kakerlaken, aus der Dachbedeckung und andern dunklen Ritzen, auf Nahrungs-Suche. Da herrscht Betrieb wie in einer Gross'stadt. Vorsichtigerweise verschliesse ich meinen Schleppsack so gut wie möglich bis auf eine daumendicke Öffnung. Bis am Morgen haben Hunderte (!) dieser flachen Käfer dieses kleine Loch entdeckt, und sich darin verkrochen. Kaum zu glauben. Ob dieses Insekt eine Kommunikationsmöglichkeit besitzt, und einer vom Eingang aus dem nächsten ‹gepfiffen› hat? Geruch wird sie kaum gelenkt haben, da sich bis auf ein Säckchen Reis keine Nahrungsmittel im Gepäckstück befanden. – Als ich den Deckel von der Pfanne mit Reisresten vom nächtlichen Mahl hebe, erschrecke ich

6/4 einen Moment: Anstatt dem erwarteten Weiss der Reiskörner, wimmelt und krabbelt da nur eine schwarze Masse von Kakerlaken. – Fleischaufbewahrung in den Tropen ist schwierig, wird das ungesalzene Wildbret nicht ständigem Rauch ausgesetzt, finden bald Fliegen ihren Weg darauf und legen Eier ab. So tummeln sich im ein vor ein paar Tagen geschossenen Hirschen die Maden und die Überreste landen im Hundemagen. – Doch schau in diese fröhlichen Kinderherzen – und du vergisst alles Negative! Mit strahlenden Augen vergnügen sie sich in der schaukelnden Hängematte.

6/5 [Bild doppelseitig]

6/6

6/7 Mit Iman auf Wildschweinjagd. Hügelauf- und hügelab. Wir folgen an einem Bachlauf frischen Wühlstellen eines grossen Tiers. Da hat das Schwein Früchte gegessen. Immer wieder sichert der Jäger und hält im Schritt inne – gerade wie es das Schalenwild selbst tut, mit einem leicht angewinkelten Vorderfuss. Nach langem pirscht er sich bis auf einige wenige Meter heran, und schiesst – pomppff – da röchelt der kapitale Eber, mit fingerlangen Hauern inmitten der mit seiner Rüsselnase aufgewühlten Erde und streckt alle Viere von sich. Wir zerteilen die Beute für den weiten Heimtransport in zwei Hälften. Iman steckt ein kleines Holz ins Rückenmarksloch des Hinterteils und spannt die Bauchhaut darüber, vernäht die Öffnung sorgfältig ringsum mit einer Rotan-Naht.

Ermüdet zu Hause angekommen, zerteilen wir die Beute. Da kommt ein weiterer Jäger nach Hause. Er hat einen Kragenbären auf den Rücken gebunden: Nach-

dem das Weibchen vom Schuss getroffen zu Boden sank, schüttelte es sein Gespane, in Sorge. Als der Jäger auch ihm ein Loch in den Pelz brennen wollte, liess er von seiner Geliebten und suchte sein Heil in der Flucht.

Vom Wildschweinmahl gesättigt und faul, überfallen uns alle die Schlafläuse. Der Bär liegt immer noch da. Ich dränge, die Beute auszunehmen bevor sie stinkt, und dem Tier, das sich geopfert hat, die notwendige Achtung entgegenzubringen. Als sich nach langem immer noch niemand rührt, alles schläft, lege ich selbst Hand an. Nach einer Weile kommt der erwachte Jäger zu Hilfe, und wir häuten den Bären. Die Galle wird getrocknet, wie auch die von der Pythonschlange, und an chinesische Apotheker verkauft. – Erstaunlich, die winzigen Augen des Bären; sie erlauben kein gutes Sehvermögen. Seine scharfen, langen

Klauen sind wohl eine gefährliche Waffe, und machen aus dem Bären einen guten Kletterer. – Am nächsten Tag wird die Haut mit Rotan auf einen Holzrahmen gespannt, der in etwa 2 m Höhe waagrecht befestigt wird. Darunter wird Feuer gelegt und die Haut innert 3–4 Tagen getrocknet. Auf Nase und Ohren legt ‹Iman› im Feuer erhitzte Steine.

Schiessen die Punans mit dem Blasrohr eine Affenmutter mit Kind, so versuchen sie dieses aufzuziehen. Der kleine Kurzschwanz-Makakke (‹Medok›) von ‹Iman› tut mir leid. Er hat für die verlorene Mutter keinen Ersatz bekommen. Einsam ist er, ein paar Meter entfernt von der Kontaktzone mit dem Menschen, unter der Hütte angebunden. Bei Regen tropft ihm das Wasser auf den Pelz.

Schnell ist ein kleines Schutzdach hergestellt. ‹Iman› hat ihn aus der Hütte verbannt, weil er stets dumme Streiche spielte, und gleich wie ein Kind, alles in seine Finger nahm. – Nun quält der Punan diesen, indem er das Hirschgeweih mit dem Oberteil des Schädels drohend durchs Gras bis auf den Affen führt. Das geängstigte Tier kann vor der Gefahr nicht flüchten, da angebunden, und quietscht aus Leibeskräften. Der Spass wird mit angesetztem klappernden Unterkiefer erhöht, und das Ungeheuer zwackt den Affen. «Heute Nacht, wenn du schläfst, kommt ein Geist...» wünsche ich dem wohl 35-jährigen Mann.

Wie Schnüre fällt der Regen aus den Himmelsschleusen auf die Dschungellichtung. Während sich wohl alle andern Vögel vor dem Unwetter verkrochen haben, fliegen Schwalben mit rasender Geschwindigkeit durch den Raum und vollführen, voll Lebenslust, flitzend ihre Kunststücke.

Ich folge Frau und Kindern ins Gurkenparadies. Da herrscht ein Überfluss von diesen längsovalen Früchten, und täglich wird Ernte gehalten. Neben Ubi Kaiu wurden sie als Zwischenfrucht ins Reisfeld gesät. Wir essen wohl jeder fünf bis zehn Gurken im Tag.

Spät in der Nacht kommen einige Burschen mit brennenden Holzscheiten als Lichtquelle nach Hause. Sie haben sich aus Ästen und Rotan eine behelfsmässige Leiter gebastelt, und im Dunkeln nen Bienenbau ausgeräuchert und geplündert. Auch ich darf mir von den tropfenden Waben die Finger schlecken.

Ein hoher feiner Ruf kündet Punans an. ‹Awa› kommt mit seiner Familie schwerbeladen von der Sagoherstellung zurück. Auch seine Frau mit grosser Last, obwohl schwanger. Das Makakkenkind begleitet die Gesellschaft auf freien Füssen. Sämtliche acht Kinder sind an Armen und Beinen mit grossen, zum Teil eiternden Flecken bedeckt. Ein Kind weint vor Schmerzen; seine Kniekehlen sind arg von der flechtenartigen

6/12 Krankheit befallen, ‹Bu-téu›. Awa setzt für einen Moment seine vollbepackte ‹Kiwa› ab und erzählt. Um seinen Hals hat er die beiden Kieferknochen einer kleinen Wasserschildkröte, ‹Ladi-á›, gebunden. Weiter baumelt da ein winziges glitzerndes Spieglein. Welch unbewusste Weisheit: Du schaust einen andern Menschen – und blickst Dir selbst ins Angesicht. – Als einziger Punan im Gebiet besitzt Awa lichten Haarwuchs ums Kinn – und mutet darum irgendwie chinesisch an. – Nach kurzem

6/13 macht sich die Gesellschaft auf das letzte Stücklein Heimweg. Und schon prasselt wieder ein Gewitter aus dem düstergrauen Himmel. Das Medok-Kind, regenscheu, eilt voraus. Über den glitschigen Baumstamm, der als Brücke dient, schreitet Awa selbstverständlich voran; auf seinem Rücken die schwere Last, an der einen Hand hängt ein Kind, mit der andern hält er einen jaulenden jungen Hund und sein Blasrohr. – Wo unsereins schon ohne Gepäck schauen muss, dass er nicht runter in den Bach fällt.

Ich bringe der Familie eine Kiwa voll Bärenfleisch; es ist Punantradition, jede Jagdbeute gerecht zu verteilen (Tulat).
Das erste Mal fürchte ich mich bewusst vor Krankheit. Ich scheue mich, in der schmutzigen Hütte viel zu berühren, um nicht in Kontakt mit der

6/14 bösen Flechtenkrankheit zu kommen. Doch ich nehme mich selbst an den Ohren. «Wenn's sein soll – deinem Schicksal kannst du nicht entrinnen!»
Wir nehmen gemeinsam eine Nao-Mahlzeit, mit Wasser gekochtes, ungesalzenes Sago.
Die Kinder haben von einem oberschenkeldicken Baum Hirschkäfer geschüttelt. Nun vergnügen sie sich damit, die ‹Suet Kaiu› mit ihren langen Klemmzangen einanderanzusetzen, und das Kampfgeschehen aufmerksam zu verfolgen. Eindrücklich, welche Kraft in diesen Burschen steckt; hat einer den andern richtig gepackt, kann er ihn vom Boden weg in die Luft stemmen, so dass dieser nur hilflos strampelt. Zum Glück gehen die Auseinandersetzungen ohne Blutvergiessen vor sich; die Käfer sind von kräftigem Körperbau und gut gepanzert.

6/15 Nachts suchen Wildschweine das Ubi-Feld von Awa heim. Wohl ist Awa im Besitz eines alten englischen Gewehrs und auch einer Taschenlampe, doch fehlen Patronen und Batterie, und das Geld, diese zu kaufen. Da er sich auch nicht auf's Schlingenlegen versteht, und das Blasrohr nachts nutzlos ist, beschränkt sich Awa darauf, die Wildschweine zu verscheuchen: Mit Hölzern klopft er einen langen, an seinen beiden Enden waagrecht aufgehängten Pfahl. Voll Freude nutze ich mit Iman die Gelegenheit, zusammen zu trommeln, und den rhythmischen Klängen zu horchen, – und Abschied zu nehmen.

Ba Lesuan
6/16 Die Punans vom Ubung-Fluss sind von den reifenden Früchten hierhergelockt worden und haben ihre Hütten aufgeschlagen. Ursprünglich sollen am Ubung-Fluss um 160 Menschen in 50 verstreuten Hütten gelebt haben. Vor allem Krankheiten (Tuberkulose/Bauchweh?) haben den Stamm dezimiert, und einige sind auch weggezogen. So ist die Schar auf rund ~35 Menschen in 8 Hütten geschrumpft, die noch das traditionelle Nomadenleben führen. Mit den schon sesshaften zwei Punanfamilien von Long Lang um 50 Menschen. Sämtliche Stammesmitglieder sind blutsverwandt oder verschwägert. Inzucht ist keine Gefahr, da die ledigen Jünglinge

6/17 oft weit durch den Dschungel streifen und mit andern Punanstämmen zusammen leben. Von Pátik erzählt man zwar die Geschichte von einem Mann, der seine Tochter geheiratet hat, mit ihr ein Kind zeugte, und auch dies wiederum zur neuen Gemahlin nahm nach dem Tod der geheirateten Tochter. Ein-Ehe ist die Regel, wenn auch hin und wieder ein Mann mit zwei Ehefrauen unter einem Dach lebt (Long Ballau). Zwillingsgeburten sollen bis jetzt im Dschungel nicht vorgekommen sein, bis auf eine bei den sesshaften Punans in Long Napir. Stirbt ein Gatte, heiratet die Witwe gewöhnlich nach einigen Jahren erneut. ~ Kinderlose Ehepaare scheinen eher selten ein Kind einer Schwester oder eines Bruders zu adoptieren, wie dies bei anderen Volksstämmen

6/18 der Brauch ist (Anak Engkat. Punan: Mamong).

In der Hütte des scheuen Cuki und seiner Gattin Semé, kinderlos. – Seit drei Jahren ziehen sie ein Kuiat-Kind auf (Langschwanz-Makakke). Im Vergleich zum Medok (Kurzschwanz-Makakke) ist der Kuiat ein äusserst lebendig-flinker Affe. Semé spielt mit ihm, plappert mit ihm, und zieht ihm neckisch den Penis lang.

Aus einem Gawung (Rotan-Traggefäss) macht sich der ‹Pesok› bemerkbar. Es ist dies ein mardergrosses Wesen, das an einen Fischotter erinnert, und auch dessen Lebensweise

6/19 teilt. Als ihm Semé ‹Ubut› füttert, das gekochte Herz der Sagopalme, beisst ihr dieser in die Nase. Herzhaftes Gelächter.

Das Fehlen der Sagopalme in der näheren Gegend, macht die Beschaffung dieses wichtigen täglichen Nahrungsmittels mühsam. Der Weg ist weit und steil. Geht man ‹Palu Apo›, bricht man früh morgens auf und kommt erst im Dunkel wieder mit der Kiwa voll Sago nach Hause. Sobald die wilden Früchte geerntet sind, kehrt man darum wieder an den Ubung-Fluss zurück.

Schon lange kauen wir nur auf zäher Wildschweinschwarte und Hirschhaut herum. Da kommt Bake Bajak von der Jagd nach Hause. Er hat einem Eber mit dem Blasrohr abends einen Pfeil in den Bauch geschossen und ist diesem lange gefolgt.

6/20 Die Nacht und das drohende Gewitter haben den Jäger beutelos heimgetrieben.

Und schon prasselt es in Strömen durchs Dschungeldach, dass kaum ein Plätzchen trocken bleibt. – Am nächsten Abend landet der Hinterteil des Wildschweins in unseren Hütten. Das Fleisch stinkt schon auf Entfernung, und ich denke «nein, danke». Nochmals einen Tag darauf wird der restliche Teil der Beute geholt; er wurde in einem Bächlein gelagert, um die Verwesung zu bremsen und Fliegen an der Eiablage zu hindern. – Ich staune: In der Feuerglut verliert das Fleisch den unangenehmen Geruch, und hungrig, schlecken wir uns alle die Finger.

Zwei Ehepaare gehen Früchte sammeln. Während Semé ihren Kuiat an der Leine führt, folgt das Medok-Kind von Tinen Marien auf eigenen Füssen. Voll Lebens-

‹Pesok› 6/21
Kell: Sibang

6/22 lust turnt es links und rechts vom Pfad im Geäst und schlägt Purzelbäume, erklettert flink die Frau und sitzt ihr auf den Kopf. – Aus Cukis Gawung macht sich der Pesok bemerkbar; mit zetternder Stimme reklamiert der eingesperrte.

Die Ehepaare trennen sich, nachdem Laki Aiau auf Fruchttragende Bäume gewiesen hat.

Um an die Pellutan-Lianen-Früchte heranzukommen, müssen wir bis zuletzt mit der Axt sechs Bäume (Ø 30–60 cm) fällen, da sich die einzelnen Stämme ineinander verhängen. Wir füllen zwei Gawungs mit den leuchtend orangen Früchten.

Weiter fällen wir drei Cu-ui-Bäume mit ihrem leuchtend gelben Rindenharz, dessen Geruch Freund Rosché an Osterglocken erinnerte – und auch die gleiche Färbung wie deren Blüten besitzt.

6/23 Tinen Marien streift inzwischen durch den Wald. Sie findet einen Niateng-Harzklumpen, schneidet sich für die Sapau-Dachbedeckung einige Ucung Dahun, und zieht einem dünnen Kametan-Stämmchen ‹die Haut über die Ohren›.

Lange Zähne von der Fruchtsäure der Pellutan. Auch das Harz der Cu-ui Früchte sammelt sich hinter den oberen Schneidezähnen. – Zu Hause werden die Früchte gerecht auf jede Hütte verteilt (Tulat).

Ein Cuui-Baum ist rings umwuchert von einer Pellutan-Liane. Orange Gänseeier leuchten aus dem Blättermeer. ‹Pellutan Ungam!› frohlocken die Buben und klettern ins Geäst. Es ist dies die wohlschmeckendste süsse Frucht der 5-6 verschiedenen Pellutan-Arten.* Wenig später wird entschieden, den Baum zu fällen. Wir füllen unsere Gawungs und auch unsere Mäuler.

* Pellutan   Ungah, birnenförmig
  "   Ungam, eiförmig längsoval
  "   Buah   ⎫
  "   Ani Niakit ⎬ rund
  "   Buró   ⎭

6/24 [Original fehlt, Text von Fotoopie erfasst]

Der klebrig-weisse Pellutan-Milchsaft hat Gesicht und Körper des Eingeborenenjungen mit unansehnlichen schwarzen Flecken gefärbt. Doch sein Ränzlein ist mit süssem Fruchtfleisch gefüllt ~ und zufrieden schaut der Lausbube in die Welt.

6/25 [Original fehlt, Text von Fotokopie erfasst]

Pellutan-Ungah

Die grünen Birnen färben sich gelb und orangerot. Drückt man die fleischig-weiche Schale der Frucht auseinander, spannt sich der Milchsaft aus dieser wie Spinnwebfäden über die Bruchstelle. Scheinbar ungeordnet häufen sich die von rotem Fruchtfleisch umgebenen Samen als Klumpen. – Die Liane in rotbrauner Borke wird bis oberschenkeldick. Das aus Schnittstellen reichlich fliessende Latex war früher ein von den Kellabit begehrter Artikel (‹Para Kalang›), wurde im Bambus aufgefangen und

6/26 [Original fehlt, Text von Fotokopie erfasst]

nach Brunei verkauft. Es soll so elastisch sein, dass es kaum mit dem Parang zu zerschneiden ist. Die Punans benutzen den Milchsaft, um sich die schwarzen Flecken vom Latex anderer Pellutan-Arten wegzureiben. ~

So bringt Tinen Marien einen Telloko (schnell gefertigtes Hohlgefäss aus einem Ucung-dahun Blattwedel) voll weiss leuchtender Milch, nachdem ich mich vergeblich im Bach der schwarzen Flecken zu entledigen suchte. Diese schmieren wir uns um die Mäuler, Hände, Arme und waschen damit die schwarzen Stellen. Lustig – diese Clown-Fratzen in weissem Mund! Schnell trocknet der Milchsaft ein und kann weggerieben werden. Doch oha! Während den praktisch haarlosen Punans die Wäsche gelingt, bin ich mit meinem Flaum um den Mund und den Haaren auf Bauch, Armen und Beinen angeschmiert. Das Latex verklebt beim Wegreiben nur die Haare schmerzhaft ineinander. Da hilft nur Rasur mit dem geschärften Messer.

6/27 [Original fehlt, Text von Fotokopie erfasst]

Miri klettert an einem dicken Baumstamm in die Höhe, der mit vielen grünen Nakan-Früchten geschmückt ist. Wie dicke Gurken hängen sie da, gross und klein, und beim Pflücken quellt weisser Milchsaft aus der Bruchstelle des Stengels. Tinen Marien fertigt aus Ucung-kawo-Blättern ein Traggefäss, das sie fest mit Rotan verschnürt. Zuhause werden die noch unreifen Früchte im Feuer angekohlt (Pah Tong Luten), geöffnet, und die Samen mit ihrem umgebenden Fruchtfleisch geschmaust.

Es sind nur einige wenige Fruchtbaumarten dicken Stammdurchmessers wie Nakan, Lim, Durian die nicht gefällt werden, um ihrer Früchte habhaft zu werden. Das Fällen von ihnen wäre mühsamer als das Erklettern oder

6/28 einfach Warten, bis wieder einige Früchte von selbst gefallen sind. – Das Umlegen eines Baumes, nur um ein paar Früchte zu pflücken, erscheint dem modernen Menschen als kurzsichtig. Doch bei der geringen Bevölkerungsdichte spendet der Dschungel nach wie vor mit vollen Händen. Was soll ich den Eingeborenen darauf aufmerksam mache, dass jeder gefällte Baum das letzte Mal Frucht getragen hat? Bald kommen die wirklichen Schädlinge, wenn nicht ein Wunder geschieht, und verwandeln den Dschungel mit Stihl-Motorsägen aus Deutschland und Komatsu-Bulldozern aus Japan für Jahrhunderte in ein Schlachtfeld.

Schwerbeladen kommt beim Einnachten Tinen Semé mit ihrer Tochter nach Hause. Die beiden zierlichen Frauen haben wohl je ihre 30–40 kg Früchte über weite Distanz gebuckelt. Sie haben einen Pagung-Baum gefällt und reich Ernte gehalten (eine rambutanähnliche Frucht) sowie die schwergewichtigen Buah Nakan heimgetragen.

6/29 ‹Gemuk› und ‹Miri›, zwei Punan-Kinder, haben auf ihrem Streifzug einige Ka-sek-Küken gefangen. Marien bastelt einen Käfig aus Rotan und Ucung-dahun-Stengeln. An einem Fuss des Kindes wird eine Kametanfaser angebunden, um es an der Flucht zu hindern. Schon bald hat sich das hennenähnliche Küken eingelebt und Pi-pi-pi-pi-pi-pi frisst die vorgesetzten Kakerlaken und Termitenlarven.

Morgens um drei Uhr singt der alte Paren plötzlich ein Lied. In der Geistersprache Ha Litá ruft er Bali. Der Gesang ist fein und der alte Mann steigert sich in die Schwingung. Als ich ihn später darum frage, will er von nichts wissen. Wahrscheinlich schämt er sich wie die meisten älteren Leute unter dem Einfluss der

6/30 Mission. Gerade Paren war der erste Punan, dem ich begegnete, der nach christlicher Art vor dem Essen betete, aber nicht wie die meisten plapperte, sondern wirklich bewusst mit ruhiger Stimme mit Gott sprach.
Die Ha Litá wird immer in dunkler Nacht bei gelöschtem Feuer gesungen. Später erfahre ich, dass Paren Bali vom Berg (Gunung Mulu) um Hilfe rief, da er in Sorge um seine Tochter Linei war. Gerade war ihm die Nachricht überbracht worden, dass diese Heimweh hätte, aber kein Geld um den weiten Weg von Marudi in den Dschungel zurückzukehren.
Sie war vor Monaten dorthin ins Spital gegangen, um zu gebären und war nach einem Kaiserschnitt nahe am Tod. – Im Gespräch mit Bali wurde er beruhigt – es gehe seiner Tochter soweit gut. Bald darauf packte er sein Bündel und zog mit seiner Gefährtin Lejeng der Tochter talwärts entgegen.

6/31 Nach einer Pellutan-Ernte lausen sich Gemuk und Miri freundschaftlich auf einem schön geschwungenen Kelit-Stamm und verdrücken die erwischten Schmarotzer auf dem Bambusköcher. Das Kaiu Kelit (= Fledermausholz) liefert ein flackernd heisses Feuer – Luten Mahang – und ist begehrtestes Brennmaterial. Sein Name beruht auf einer alten Geschichte:

Zwei Jünglinge liebten ein Mädchen. Der Vater der Angebeteten hiess die Liebhaber im Loch eines Tanyit-Baumes Fledermäuse zu sammeln (Kelit Tanyit; eine grosse Fledermausart, wohl ~60 cm Flügelspannweite, die typisch in Hohlräumen dieses Baumes vorkommt). Zu Hause sollte derjenige die Tochter zur Frau be-

6/32 kommen, dessen Fledermäuse als erste über dem Feuer gar gebraten sind. Der, welcher eben das harte, rötliche, flammenliebende Holz verwendete, brachte in kurzer Zeit ein heisses Feuer zustande und nahm dank den schnell gebratenen Flattertieren die Frau zur Gemahlin.

Die Punans verwenden selten dürr liegendes Holz als Brennmaterial. Täglich sind Frauen mit dem Buschmesser unterwegs und spalten rund um die Hütten von arm– bis oberschenkeldicken lebenden Bäumen dünne Scheite. Mit Rotan oder Rinde binden sie das Holz zu Bündeln und buckeln es zur Hütte. Dort trocknet es innert ein paar Stunden über dem Feuer auf dem Gestell (Pasó).

6/33 Ein Gast bringt ein mit dem Blasrohr geschossenes kleines Hörnchen nach Hause. Das ‹Telle Lurip› ist nur gut mausgross. Als weitere Art kommt das ‹Telle Lakat› mit weissem Bauch und das etwas grösserer ‹Telle Labut› mit rotem Mund vor. Alle besitzen sie hinter dem Handgelenk einige lange Tasthaare.

Hudjan ist auf einem Streifzug einem frischen Stachelschweinbau begegnet. Am nächsten Tag folge ich den Kindern zum genannten Ort. Während die Mädchen barfuss im stachligen Rotangestrüpp herumturnen und mit dem Buschmesser die Triebe kappen und schälen, legen die Buben Feuer vor dem Bau. Doch – unerfahren, entfachen sie direkt im Eingang hitzige Glut, welche die Flucht des Tiers nach aussen verhindert, anstatt nur Rauch in den Bau zu fächeln. So ist das Stachelschwein wohl jämmerlich er-

6/34 stickt, und wird im Bau verrotten.
Das Tetong soll in drei Arten vorkommen:
Tetong Ubut
Tetong Balong
Tetong Parai, klein, giftig.
Verwandt sei das kleine ‹Beret›, welches auch seine Stacheln auf den Feind werfen kann. Die Punans verstehen es auch, das Stachelschwein mit Hilfe von Kametan-Schlingen (Bast) zu fangen.

Sonntag ist nun auch Ruhetag geworden; man geht keiner mühevollen Beschäftigung mehr nach und geniesst das Hüttenleben. Ist ein Punan auf Besuch, der die Gesellschaft führt, so wird auf SIB-Art mit lautem Stimmenwirrwarr gebetet – sonst jedoch nicht. Auch folgen nicht alle Mitglieder.

Mit feiner Stimme wiegt die Mutter ihr weinendes Kind
«Aaaaaaa~aaaaahh
Aaaaaa~pe-tiiiiih»
(= Annak Si-ik)

6/35 Wo wir gestern Früchte gesammelt hatten, sind wir einem Mutan-Baum mit seinem riesigen Luftwurzelwerk (8–10 m hoch) über kleinem Wässerchen begegnet. Hierhin hat's mich zurückgezogen, um nochmals zu staunen. Die Punankinder turnten wie winzige Zwerge in dem Wurzellabyrinth herum. ~ Da fallen ganz in der Nähe Pelutan-Ungah-Früchte mit klatschendem Geräusch aus dem Blätterdach zu Boden. Über eine Liane erklettere ich einen Baum und wechsle aus dessen Krone, schweissgebadet, auf den Dschungelriesen. Wie im Paradies, geniesse ich wieder einmal Weitsicht, und schlage mir mein Ränzlein voll. Schüttle gleich noch alle erreichbaren Früchte, und rufe zu den von Bäumen getarnten Hütten hinüber, ein Kind mit Traggefäss solle kommen. Doch niemand erscheint. Hätte ich nach Punan-Art mit hoher Stimme «Kuu-aiii» gerufen, hätten sie verstanden. Man imitiert die Stimme dieses ~ fasanenartigen Vogels, wenn man aus irgendeinem Grund Hilfe braucht. So rief vor kurzem

[Bild] 6/36

6/37 Bake Bajak nachts um Hilfe. Er war weit (Sadiba Magoh) auf der Jagd, und vom Tragen des erbeuteten Wildschweins müde. Einige Leute gingen ihm entgegen, um ihm die schwere Last abzunehmen. Dies Stimme des Vogels ‹Ku-ai› ist oft zu hören, sowohl nacht's wie am Tag. Auf Hügelkämmen trifft man hin und wieder den sauber-gefegten Tanzplatz des Männchens (Ø ~2 m), oder eine seiner wunderschönen langen Schwanzfedern mit goldig-braunen Augen als Tarngefieder. Der Punan versteht den Vogel mit Kametan-Schlingen (Wi-hoh) zu fangen. ~
Die meisten aus der hohen Krone geschüttelten Früchte sind beim Aufschlag geplatzt. Notdürftig packe ich die Ernte in ein Kleidungsstück und begebe mich, schon im Dunkeln, auf den steilen Heimweg.

In einem hohlen Baum hängen einige unscheinbare graue Fledermäuse. Natürl. Grösse.

Es ist nicht Punan-Sitte, einen Fremden beim Namen zu nennen. Das sei, wie ihm ins Gesicht zu schlagen. Die Alte ‹Awung› stört sich ab ihrer Schwester, die sich erdreistete, dies zu tun. Sie habe die Scheuheit schon verloren. – Wie bei andern Volksstämmen, verliert eine Frau bei der Geburt ihres ersten Kindes ihren alten Namen, und wird hinfort Mutter ... genannt (Tinen Seme, Tinen Marien, Tinen Miri...). Die meisten Punans besitzen einen Übernamen. So redet man vom alten Paren ‹Kitong› (ein kleiner Gawung ohne Träger, der gewöhnlich neben der Feuerstelle hängt, und verschiedene Utensilien wie Nao-Gabeln, Fleisch... enthält). Viele Männer besitzen Tiernamen wie Fisch ‹Seluan›, Bär ‹Buang›, ‹Kebok› Echse.

Von den vielen Fruchtabfällen um die Hütten, werden verschiedene Ameisen angelockt. Die ‹Sanam Lessai› mit ihren drei grimmigen Krucken-Paaren auf dem Rücke ist harmlos. Sie verhängt sich höchstens mit ihren Haken in deiner Haut und strampelt mit den Beinen hilflos in der Luft. Unangenehmer sind die nacht's ihr Unwesen treibenden Sanam Kemiran; es ist dies eine unscheinbare kleine schwarze Ameise.

Laka Pengelut
Kain Mutan

6/40 [Original fehlt, Text von Fotokopie erfasst]

Beisst sie dich, wirst Du wohl kaum einen Ausruf verklemmen, dir auf den Fuss schlagen und schleunigst das Weite suchen. Noch nach einer halben Stunde wird dich die Biss'stelle an den Plagegeist erinnern. Im Dunkeln hast du kaum gesehen, auf welche Art das Insekt dir solchen Schmerz verursacht hat; mit seinen Kieferzangen, oder mit Säure? – Wie die ‹Sogok›-Ameise (♂ roter Kopf, grauer Hinterteil, ♀ schwarz) besitzt die ‹Kemiran› im Hinterteil einen Stachel verborgen, mit dem sie dir wie eine Wespe die Säure tief unter die Haut injizieren kann. – Die Punans vertreiben das Getier mit Feuer. –

In Bachnähe spaziert eine kleine Ameise mit krebsartigen Zangen, deren Name auch den Eingeborenen unbekannt ist.

In der Nähe von verrottendem Holz trifft man die Sanam ‹Getungan›, eine Riesenameise, schwarz, mit rotbraunem Hinterteil. Sie ist häufig, und selten zwackt sie mit ihren starken Kiefern. Plagt man das Tier ein wenig und hält sich die Hand unter die Nase, sticht einem die konzentrierte Säure, die auf der Haut schmerzlos ist.

6/41 [Original fehlt, Text von Fotokopie erfasst]

Der alte ‹Laki Padeng› (= schwarzer Mann) begibt sich auf einen Streifzug. Nur langsam ist sein Schritt; immer wieder verschnauft er. Bald folgt auch seine Gemahlin mit dem Pflegekind ‹Kalla› (= verlieren; seine Mutter ist gestorben). Sie zeigen mir verschiedene Heilpflanzen: Die Frau legt ein Blatt auf ihr angewinkeltes Knie und schabt mit dem Buschmesser die untere rote Rinde, das Kambium des Posong-Baums darauf. Der ausgepresste Saft wird auf Fusspilz (‹Sabang›) und Flechten (‹Buto›) geträufelt. – Ritzt man die Rinde des Gitá-Baums, fliesst weisses Latex, das im selben Sinn gebraucht wird. Der Fusspilz ist bei Punans wie bei Kellabit verbreitet, da man oft im Wasser läuft, und die Füsse zwischen den Zehen nass sind. Schuhwerk ist dem Leiden nur förderlich, und eingedrungener Sand sorgt für Schmirgelwirkung. Auch ich werde nicht verschont und verbringe drei schlaflose Nächte in der Hängematte mit Füssen wie Feuer.

Der Punan besitzt eine Fussform, welche noch nicht von Schuhen eingeengt wurde. Die Füsse verbreitern sich auffallend an

6/42 [Original fehlt, Text von Fotokopie erfasst]

der Spitze, und die weit gespreizten Zehen krallen sich noch in glitschig-steilem Gelände fest, wo unsereins mit Schuhen schon auf dem Hintern landet.

Der weisse Milchsaft des ‹Nirotong›-Baumes dient als Brandsalbe. Die langen Blätter des ‹Kelletan›-Strauchs und die Fiederblätter des Malamun-Strauchs dienen als Waschmittel.

Auch das fein zerhackte Holz der ‹Pengelut›-Liane ist laugenhaltig und wird wie Seife verwendet. Die Liane ist bis oberschenkeldick und besitzt einen Kamm, der sich unregelmässig spiralhaft um sie windet.

Der Saft der Blätter des ‹Sekaliu›-Strauchs dient zum Mischen des Blasrohrgifts (Tacam).

Die saftigen Blätter der Waldblume ‹Tengelai› (?) sind von Hirsch (Payau) und ~ Reh (Tella-o) begehrt. Ihre gelben Lippenblüten stehen auf langen abwärts hängenden Stengeln. Die Pflanze wächst in steilem Gelände in Wassernähe.

6/43 [Original fehlt, Text von Fotokopie erfasst]

An einem Bachlauf finden wir viele von einem Affen (Medok) runtergeworfene Lim-Früchte.

Awung öffnet die Schale der gewichtigen Strausseneier, in dem sie diese sternförmig aufschneidet, und die Zipfel wie Blütenblätter herunterklappt. Faseriges, leuchtend gelbes Fruchtfleisch umgibt den riesigen Kern. Süsser angenehmer Geruch verrät die Reife der Frucht. In unreifem Zustand enthält das saure Fruchtfleisch scharfen Milchsaft, der Brandwunden verursachen kann, die noch nach Jahren sichtbar sind. – Die Kellabit-Kinder verwenden das harte Fleisch des geknackten Samens, um daraus ein Schwungrad für einen kleinen Kreisel zu schnitzen.

Plötzlich fällt eine weitere Frucht aus der hohen Krone, und wir zucken zusammen. Es sind schon Menschen von den Geschossen erschlagen worden.

Eng verwandt mit den Buah-Lim (Kellabit: Buah Sam) – wie kleine Schwestern – sind die Buah-Repé (Kellabit: B. Karong) mit grünlichgelbem Fruchtfleisch (Ø ~7–10 cm).

6/44 Laki Padeng warnt vor der Berührung mit den grossen unscheinbaren Blättern des ‹Pai›-Strauchs. Kratzt man an der betreffenden Stelle, brennt die Haut wie mit Wiederhäkchen gespickt. Obwohl nicht einmal Rötung sichtbar, schmerzt die Stelle bei jeglicher Berührung wohl während eines Tages. Der Strauch wächst immer längs Wasserläufen.

Um grössere Bäume zu fällen, fertigt der Punan den ‹Palang›: Zwei Äste werden im Kreuz mit Rotan verbunden. Das Gestell dient als Standplatz, um die Axt weiter oben an dünnerem Stamm ansetzen zu können. Diese Arbeit verlangt einen guten Gleichgewichts'sinn. – Während sich der Baum schon mit knarrendem Todesseufzer neigt, jagt ihm Laki Padeng die letzten Axtschläge nach und flieht behende…

In Wassernähe wächst die ‹Bihá›-Pflanze mit ihren Riesenblättern. Der Punan hat für dieses wohl grösstblättrige Dschungelgewächs keine Verwendung; er weilt höchstens bei plötzlichem Regenschwall eine Weile unter dem Schutzdach. Im Gegensatz zu den immer wieder benutzten ‹Ucung Kawo› entbehren die fleischig-saftigen Biha-Blätter jeglicher Robustheit.

Nach einer Stunde mühsamer Fällarbeit, wird der stürzende Baum weiterhin von einer straff gespannten Pellutan-Liane gehalten. Der alte Laki Padeng gibt auf und sucht an anderm Ort weitere Früchte. ~ So klettere ich am andern Tag auf eigene Faust in die Krone des Dschungelriesen, um die straff gespannte Liane mit dem Buschmesser zu kappen. – Doch, oha! – So leicht sind die Früchte doch nicht zu ernten.

Alocasia

Die Liane hält sich mit drei Armen weit oben am ausladenden körperdicken Ast, der vom hängenden Baumgewicht schon gebogen ist. Ein oberschenkeldicker Teilast ist schon abgedrückt worden. Mit Bedenken erklettere ich den kritischen Punkt über Freiraum, und bin lange unschlüssig, welche Lianenhand zuerst zu kappen ist. Nach einer Weile entschliesse ich, die entfernteste Hand als Erste zu trennen, in Sorge, der ganze Ast samt mir könnte vom nach aussen verlagerten Gewicht des hängenden Baums brechen und in die Tiefe stürzen. Gesagt, getan. Und schon schnellt die Liane – sssssswit – wie Feuer über meine Hüfte und eine zweite klemmt mir die Hand in der Astgabel ein. – Glück im Unglück. Nach Erholung vom Schreck will ich gleich aufs Ganze gehen und schneide die beiden andern Klammerhände an. Langsam werden die Schnittstellen auseinandergezogen. Mit Kribbeln im Bauch will ich mich aus der Gefahrenzone begeben – und schon geht ein Rauschen und Krachen durch den Wald ~ eng umklammert halte ich mich am hin- und herwogenden Ast, und noch lange raunt's vom Luftdruck durchs Blätterdach. Die Pellutan-Früchte sind beim Fall in hohem Bogen wie orange Bälle herumgespickt. Ich packe die Ernte in den Gawung und begebe mich auf den Heimweg.

Die flach-runden gelben Kugeln der Butí-Früchte sind nicht einfach aus der Krone der dünnen Bäume zu schütteln. Man erklettert den Stamm und kappt die früchtetragenden Äste. Unter der dicken Schale, die sich pfirsichähnlich anfühlt, befinden sich 3-4 von wenig weissem Fruchtfleisch umgebene Samen.

[Original fehlt, Text von Fotokopie erfasst]
Kalla klettert an einem oberschenkeldicken Baum in die Höhe und schüttelt die olivenähnlichen Pa-peteng-Früchte herunter. Unter der grünen Schale ist der längliche schwarze Kern mit hellem Streif von gelblichem weichem Fleisch umgeben. Von angenehmen typischem Geschmack. In unreifem Zustand enthält die Frucht Milchsaft.

Die alte ‹Ngi-á› von Long Ballau weiss als einzige im Gebiet Punan-Sagen (Suket) zu erzählen. Sie hat die Geschichten ihrem Grossvater abgelauscht, und betont, dass es nicht Märchen für kleine Kinder seien.

Die Toten im Himmel
Früher konnte man die Verstorbenen im Himmel weiterleben sehen. – Ein Mann, dessen Gattin gestorben war, wollte diese aber auch berühren. Da dies nicht möglich war, wurde er wütend, und wollte seine Gattin auch nicht mehr sehen.

Seit dieser Zeit ist uns das Leben der Toten verborgen.

6/49 [Original fehlt, Text von Fotokopie erfasst]

Zwei Freunde

Zwei Freunde gingen je auf einen Streifzug, um den Wald zu entdecken (Tai Mara). – Sie kehrten zurück und der eine erzählte: «Ich traf auf einen Bach. Als ich die Knochen eines Wildschweins darein warf, wurde es wieder lebendig und sprang davon. Als ich die Knochen eines Hörnchens (Puan) darein warf, wurde auch dieses wieder lebendig und sprang davon. Wer weiss, wenn sich alte Menschen darin baden, werden sie wahrscheinlich wieder als Kinder geboren.»

Da erzählte der andere: «Müde vom Laufen war ich eingeschlafen. Da hörte ich die Stimme eines Wasserfalls singen.»
Die beiden entschieden, der Stimme des Wasserfalls zu folgen. – Darum leben wir Punans heute in der Nähe von Wasserfällen. – Die Erzählerin meint, das seien zwei dumme Männer gewesen.

6/50 [Original fehlt, Text von Fotokopie erfasst]

Sandfliegen (Yeng)

Es war ein frisch verheiratetes Ehepaar (Pedo). Da erst wurde der Mann gewahr, dass seine Gemahlin der Geist Ludi war. Er fürchtete sich vor ihr und floh an einen Ort, wo viele Menschen sind und versteckte sich. – Die Frau ging ihn suchen und fragte die vielen Menschen: «Wo ist mein Mann?» – «Tot.», antworteten diese. – In ihrer Wut verschwand die Frau mit Hilfe von magischen Worten (Ha Puling) in einem Bambus (Bolo), schloss sich darin ein, und legte ihn ins Feuer bis er verkohlt war. Der schwarze entweichende Rauch war der verbrannte Geist und aus ihm entstanden die schwarzen blutsaugenden Sandfliegen.

Warum die Hunde Geister verbellen

Es lebte einmal ein Ehepaar. Während der Mann auf die Jagd ging, spielte die Frau in der Hütte Flöte (Ngeringon Keringon). Ein Geist sass in der Nähe auf einem Mutan-Baum mit seinem riesigen Luftwurzelwerk. Er hörte die

6/51 [Original fehlt, Text von Fotokopie erfasst]

lieblichen Töne, stieg herunter und erschien der Frau in der Gestalt ihres Gatten. Er hiess sie Wasser zu kochen. Als dieses strodelte, warf der Geist die Frau darein. Darauf ass er die Tote, schnitt ihr aber einen Finger ab und steckte ihn in die Flöte. – Als der Mann nach Hause kam von der Jagd, war seine Frau verschwunden. Er vermutete sie tot, und suchte vergeblich nach einem ihrer Kopfhaare (Ihat Bok). Da fand er den abgeschnittenen Finger in der Flöte. Mit magischen Worten rief er seine Gattin wieder ins Leben zurück, und diese erzählte ihm die Geschichte. Am nächsten Tag tat der Mann dergleichen, er ginge auf die Jagd, versteckte sich aber in der Hütte. Wieder spielte die Frau auf der Flöte und wieder wurde der Geist angelockt. Doch als er in die Hütte trat, tötete

6/52 [Original fehlt, Text von Fotokopie erfasst]

ihn der versteckte Gatte unwiederbringlich (Matai Pelingu), zerhackte seinen Körper und fütterte das Fleisch den Hunden. Seither verbellen die Hunde Geister (Mekong Hungap).

Niateng

Ein Mann ging auf die Jagd und schoss mit dem Blasrohr ein Reh (Tella-o). Er ging Rinde suchen, um die Beute heimzutragen. Da stand plötzlich ein Mann neben dem Reh, in Wirklichkeit der Geist Penako, und sagte: «Dieses Reh habe ich geschossen. Hier ist die Verletzung meines Pfeils.» Und er zeigte auf die Zucht (A-tet) des weiblichen Tiers. Darauf tötete er den Jäger und schnitt ihm die Füsse ab. Er verwandelte (Malui) seine eigene Gestalt in die Gestalt von diesem und kehrte mit der Beute nach Hause. Dort verschnitt er das Reh. Als die Frau des Jägers diesen Blut trinken sah, dachte sie, das ist nicht Sitte meines Mannes und vermutete einen Geist. Sie hiess das Kind folgen, um Wasser zu holen. Der Geist hiess sie, gleich noch Pilze zu sammeln. Da begegnete die Frau den

6/53 [Original fehlt, Text von Fotokopie erfasst]

abgeschnittenen Füssen ihres Gatten und war nun sicher, der nach Hause gekommene Mann war ein Geist. Dieser rief der Frau nach, sie solle zurückkehren. Doch diese war schon mit dem Kind geflohen zu vielen Menschen. Ein Baum antwortete dem rufenden Geist in der Stimme der Frau, es habe nicht genügend Wasser. ~ So folgte der Geist den Spuren der beiden Geflohenen. Doch die vielen Menschen hatten einen Stamm als Brücke gefällt und unter dieser Feuer entfacht. Als der Geist über die Brücke schritt, drehten sie den Stamm und der Geist Penako fiel ins Feuer. Sogleich flammte dieses auf (Mahang), weil der Geist sich in Niateng verwandelte. – Die Löcher in den Harzklumpen sind Augen, Nase und Ohren des Geistes.
In Wirklichkeit sind es die Brutkammern

6/54 [Original fehlt, Text von Fotokopie erfasst]

einer kleinen Biene (Lengurip), die angeblich dieses wohlriechende Harz zu ihrem Nestbau verwendet.

‹Tingen›

Wird man als Gast von Punans zur Speise geladen, empfiehlt es sich, wenigstens eine Gabel voll zu essen, auch wenn der Bauch schon voll ist. Falls man wirklich überhaupt keinen Appetit hat, so lehnt man dankend ab, indem man die Kiwa voll Nao oder das Reispäckchen berührt und spricht «Pu-un, Pu-un». Folgt man nicht dieser Sitte, hat ein abergläubischer Gastgeber Angst, von einer Schlange oder einem Bären gebissen zu werden.

Ein Strauss zarter Orchideen und ein weiterer Epiphyt mit fleischigen Blättern und kleinen roten

[Original fehlt, Text von Fotokopie erfasst]
Früchten spriessen hoch in der Krone eines Cu-ui-Baumes aus einem kopfgrossen Ameisenkugelnest. – Öffnet man die gelbe Schale einer reifen Cu-ui-Frucht, kommt oranges Fruchtfleisch zum Vorschein. Geschält gleicht sie einer Stachelbeere. Bewahrt man die Frucht in der Schale, geht sie schon nach einem Tag in Gärung über und schmeckt unangenehm.

Der verwandelte Jäger
Zwei Brüder gingen mit ihren Hunden auf die Jagd (Tai Ngaseu). Der Ältere ‹Alan Kuli› hatte geträumt, wer sich mit dem Blut eines ‹Kebok's› (Baumleguan) besprize, verwandle sich in einen Grossvater. Da verbot (Pantang) er dem jüngeren Bruder, dieses Tier zu erlegen. – Und schon trafen die Hunde diese Echse, und der Ältere speerte sie. Kaum

war er mit deren Blut in Berührung gekommen, verwandelte (Malui) er sich in einen Grossvater ohne Arme. Er ging nach Hause und wollte seiner Frau ‹Bungad› Angst einjagen (Ngedai): «Ich fresse Dich!» Doch sie erkannte ihn an seiner Stimme. – Er hiess sie Reis (?) kochen. Da er keine Hände besass, ass er diesen direkt mit dem Mund. – Die Frau wusch Wäsche und hängte diese auf. Dann hiess sie die Eidechse (Kelliap) Feuerholz bereiten, versteckte sich selbst aber in der Nähe der Hütte. Schon bald hörte man Axtschläge. – Ein Gewitter kam auf. Der Grossvater rief die Frau zurück, um die Wäsche abzunehmen. Die Eidechse antwortete herüber, er solle dies gleich selbst tun. Schon fing es heftig an zu regnen. Doch der Grossvater hatte keine Hände. Da sprengte er seine Haut und heraus kam wieder seine alte Gestalt. – Da schlich die Frau herbei, und warf die Grossvaterhaut schnell ins Feuer.
«He, was verbrennst Du mein Hemd?» – «Weil ich verrückt bin, dass Du Dich in einen Grossvater verwandelt hast!»

Tobo Peleng

Warum die Frau früher kein Schlangenfleisch ass
Es war einmal ein kinderloses Ehepaar. Der Mann erbeutete eine Pythonschlange (Toro Kemanen); er verbot (Pantang) seiner Frau, von dem Tier zu essen, da sie sich sonst selbst in eine Schlange verwandeln würde. Trotzdem ass sie von dem Fleisch. Es fing sie an zu beissen, und als sie sich kratzte, verwandelte sich ihre Haut in die der Python, bis auf den Kopf. Da führte sie ihr Mann an den Fluss und warf sie an einer Tiefstelle (Lídung) darein. Da verwandelte sie sich ganz in eine Schlange.

Warum die Frau früher kein Affenfleisch ass
Zwei Frauen gingen Sago bereiten (Palu Apo). Auf halbem Heimweg waren sie müde von der schweren Last und ruhten sich ein wenig aus. Da suchten sie einander Läuse auf dem Kopf. Beide dachten sie: «Schön ist das Leben des Affen (Medok). Da brauchen wir nicht mehr Sago herzustellen.» Es fing sie an zu beissen, und als sie sich kratzten, verwandelte sich ihre Haut in einen Affenpelz. – Als die beiden Schwestern nicht zurückkamen, gingen Vater und Mutter auf die Suche.

6/58 [Bild]

6/59 Als sie die Sagolast trafen und zwei Affenkinder, wussten sie, was geschehen war.

‹Ngi-á› erzählt alle diese Punansagen beim Schein der Niateng-Fackel. Gewöhnlich rafft die vielleicht fünzigjährige Frau auf einer Feile Ubi-Wurzeln, und hält hin und wieder inne und schaut auf.

Die Punans von Long Ballau sind schon vor 19 Jahren (1966) hier sesshaft geworden. Es sind gegen zehn Hütten. Früher sollen nach ‹Terdi› 180 Hütten Ulu Seridan/Magoh bestanden haben. Ursprünglich lebten sie an den Seitenflüssen Buang/Puké. Ulu Magoh sind heute noch 7 Hütten nomadisierender Punans, die äusserst selten Kontakt zu den Kellabit pflegen.
Sämtliche Punans im Gebiet sind in Sorge um ihren Lebensraum. Die Bulldozer nahen, und profitgierige Menschen werden nicht Ruhe geben, bis die letzten Urwaldriesen gefallen sind. Vorläufig wissen sich die scheuen Punans nicht zu wehren – aber was nicht ist, kann noch werden...

6/60 Ulu Seridan. Auf Fischfang mit dem fertiggestellten Wurfnetz. Das Wasser ist glasklar und kalt. Fische wenig, da Kellabit's oft hier auf Fischfang gehen und die Beute mit dem Flugzeug nach Marudi schicken zum Verkauf.

Die Kinder haben am Ufer, das von knorrigen Botouir-Bäumen gesäumt ist, einige Lianen gekappt. Sie schwingen sich daran hoch über den Bach und wieder zurück. Auch ich nehme an dem Gaudi teil. – Bald ist ein anderes Spiel gefunden. Man lässt die flachgeschliffenen Bachkiesel über die Wasserfläche hüpfen.
Steintürmchen werden gebaut und mit andern Steinen beschossen. Auch eine Steinschleuder (Lastek) aus Astgabel und Gummizug ist vorhanden. –
Weiter bekritzeln die Kinder den dunkeln Schiefer mit hellen weichen Steinen als Kreide. Dann wiederum wird geschaut, wer im Sand weiter springen kann. – Mitten über dem Bach hängt ein eigenartiges Gebilde; eine riesige Luftwurzel, schon fast selbst ein Baum. Bald ist die Schaukel entdeckt und wie junge Affen turnen die Kinder herum.

Hund und Affe
6/61
Der Mann ‹Lido› kletterte auf einen Baum, um Rotan-Früchte (Buah Uai Sawit) zu ernten. Zwei Affen, ein Medok und ein Kuiat, störten ihn dabei, und er fiel herunter. Genau ins Dorngestrüpp. Da wurde er wütend und schlug die Dornen in seinen Schild (Tipun suhá lem kelewit). Unter magischen Worten verwandelten sich die Dornen in Hunde; die weissen in weisse, die schwarzen in schwarze, die roten in rote. Er hiess die Hunde sämtliche Affen töten bis auf zwei Kinder. In seiner Wut öffnete

er den Magen einer Medok- u. Kuiat-Mutter, und zeigte ihn den Kindern. Diese wuschen den Magen im Fluss und betrachteten deren Inhalt. Da kam ein Hochwasser und schwemmte die beiden davon. Ein dicker schwerer Baumstamm ragte aus dem Wasser. Auf diesen flüchteten sie sich. Da tönte es «Ut-ut». – «Du hast gefurzt!» Doch es war die Stimme eines Holzkäfers (Hirschkäfer, ‹Suet Kaiu Ba›). Die beiden riefen den Bären. Dieser kam und verschluckte (Nilo) die Zangentiere gleich lebend. Doch sie zwackten (Ngetep) ihn in den Bauch. Da wurde er wütend. Die Affenkinder flohen auf einen Baum...

6/62 **Tamen Ra-á**

Es lebte einmal ein Ehepaar. Vater Ra-á legte Schlingen, und ein Reh (Tella-ó) ging in die Falle (Nejak Wihu). Er öffnete die Schlinge vom Fuss des Reh's. Darauf band er ihm das Buschmesser an die Seite und hiess es nach Hause zu gehen, damit Mutter Ra-á sein Fleisch zerschneide. – Als der Jäger später heimkehrte, war nirgends ein Reh. Da erzählte er die Geschichte. Seine Frau aber wurde wütend: «Dummkopf! Töte die Beute, und trag sie selbst heim, dann gibt's was zu essen!» (Kinan).

Da ging Vater Ra-á Früchte suchen. Er fällte einen Baum und buckelte den ganzen Stamm heimwärts. Doch sein Rücken schmerzte. Er wurde wütend, warf den Stamm hin und kehrte ohne Früchte nach Hause. Seine Frau scheltete ihn: «Dummkopf! Schneid die Früchte vom Fruchtstiel!» (Metá buah tong pungun!).

Da hiess ihn die Frau einen Sarong (Ti-a) und einen grossen Tonkrug (Kuren) zu kaufen. Auf halbem Heimweg warf er beides weg, weil sie ihm nicht gefielen (Be djian lama). Wieder wurde seine Gattin wütend.

Eines Tages gingen sie mit Tuba Fische vergiften (Tai Nuwa). Vater Ra-á schlug mit dem Buschmesser auf die vermeintlichen Fische im Wasser. Da wurde er gewahr, dass er den Schatten seines Penis (Tilo) für Fische gehalten hatte. Er wurde wütend auf seinen Penis und schlug ihn mit dem Buschmesser. Das Blut fiel auf ein Blatt des Kekihan-Strauchs* und der Junge Kekihan entstand.

* Kain Kekihan, Ø wie Penis, weisser Milchsaft, rotes Holz

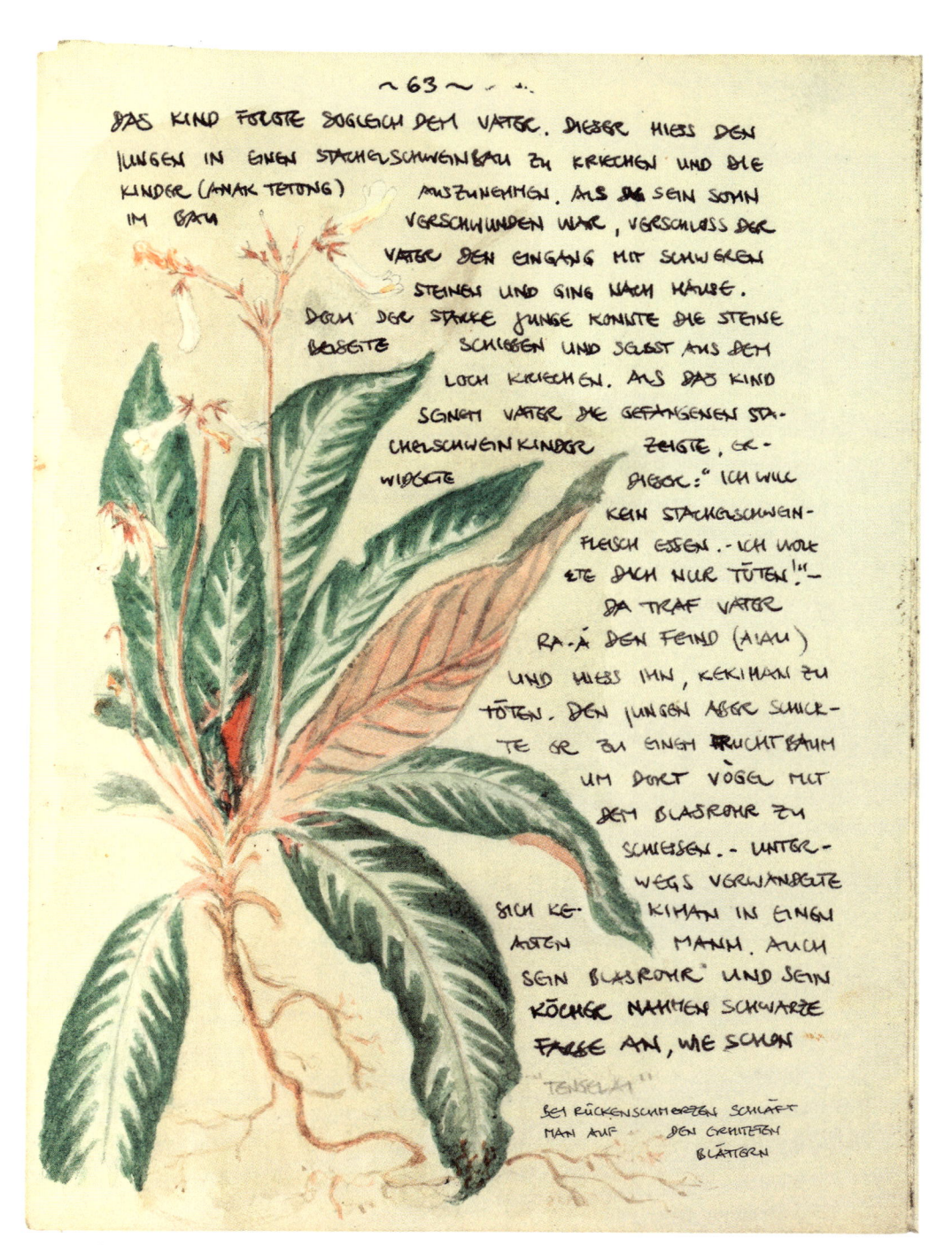

Das Kind folgte sogleich dem Vater. Dieser hiess den Jungen in einen Stachelschweinbau zu kriechen und die Kinder (Anak Tetong) auszunehmen. Als sein Sohn im Bau verschwunden war, verschloss der Vater den Eingang mit schweren Steinen und ging nach Hause. Doch der starke Junge konnte die Steine beiseite schieben und selbst aus dem Loch kriechen. Als das Kind seinem Vater die gefangenen Stachelschweinkinder zeigte, erwiderte dieser: «Ich will kein Stachelschweinfleisch essen. – Ich wollte Dich nur töten!» – Da traf Vater Ra-á den Feind (Aiau) und hiess ihn, Kekiman zu töten. Den Jungen aber schickte er zu einem Fruchtbaum um dort Vögel mit dem Blasrohr zu schiessen. – Unterwegs verwandelte sich Kekihan in einen alten Mann. Auch sein Blasrohr und sein Köcher nahmen schwarze Farbe an, wie schon

6/63

‹Tengelai› Bei Rückenschmerzen schläft man auf den erhitzten Blättern

lange gebrauchte Gegenstände. Da traf Kekiman den Feind. Er steckte sein Blasrohr in den Boden, und sagte zu diesem: «Wenn Du das Blasrohr herausziehen kannst, wirst Du Kekiman besiegen.» – Doch der Feind war nicht stark genug. So zog Kekiman es selbst heraus und tötete den Feind. Er schnitt allen den Hals durch (Mugen Batok) und trug die zusammengebundenen Köpfe nach Hause. Mit magischen Worten hatte er bewirkt, dass die Mutter die Knoten nicht lösen konnte, nur der Vater. – Als dieser die Köpfe losgebunden hatte, stürzten sie sich auf ihn und sogen an seinem ganzen Körper. Erst nahe dem Tod des Vaters, hiess er die Köpfe aufzuhören. – Von diesem Tag an wollte Vater Ra-á seinen Sohn Kekiman nicht mehr töten.

Feuerbereitung

Es waren einmal einige Brüder. Einer von ihnen zog Fische auf. Er verbot seinen Brüdern, von diesen zu töten. Als sie doch wider seinem Verbot handelten, wurde er wütend. Er kaufte Hunde, welche vom Morgen bis am Abend jagten (Mangang djin niwun awe tahup). Während die Brüder eines Tages den Hunden folgten, verloren sich diese im Wald ohne Rückkehr (Tawang Pelingú). Schon wurde es nacht. Da mussten die Brüder scheissen. Mit einem Holz putzten sie den Hintern (Moso lobang lotok) und benutzten dabei magische Worte. Da verwandelte sich das Holz in Feuer, der Urin in Petrol. Die Brüder schliefen im Wald, und kehrten am Morgen wieder heimwärts.

Feuer schlagen ‹Nekek Dawun›

Mit der scharfen Kante eines Eisens, z.B. ein Stück v. [vom] abgebrochenen Buschmesser, schlägt man heftig einen Bergkristall. Hell springen die Sternenfunken, bis sich einer im auf den Stein gelegten Zunder verfängt. Der Zunder ist ein Gemisch aus Jaka-Rinde (eine Palmart verwandt mit Sago, deren Herz gegessen wird) und verkohltem Mark des Sago-Blattstengels. Es sieht aus wie feine bräunliche Baumwollfasern.

Ich versuche mit zwei Quarzen Feuer zu schlagen. Doch die Funken sind nur schwach und rund; der ganze Stein leuchtet dabei einen Moment grünlich auf. Hat sich ein Funke im Zunder verfangen, so bläst man da rein und bald gebiert ein Flämmchen. Gibt man diesem nicht sogleich weitere fein-faserige, trockene Nahrung, z.B. Baumwollstoff, erstirbt es schnell.

Dachbedeckung (Sameng Sapau)

Die einzelnen Blattwedel von ‹Ucung Dahun› werden alle auf gleiche Länge gekappt (~90 cm). Während die Punans in Kalimantan die Blätter längs mit den Nerven derselben zusammenhefteten, wird hier die harte Oberseite der Stengel zu langen Nadelstäben gearbeitet und dazu verwendet. Man bricht einfach von diesen Stecknadeln ab. (Manou Pit). Darauf werden zwei dieser Dachbahnen (Länge -6 m) mit der Blattunterseite gegen aussen zusammengenäht. Als Faden dient eine Kametanfaser. – Während ein-zwei Tagen trocknet man die Samengs über dem Feuer.

Seltene Tiere

Der vielleicht 60-jährige Terdi von Long Ballau erzählt, wie das letzte Nashorn (Temedó) im Gebiet noch vor der japanischen Invasion gejagt wurde. Man folgte dem Tier während Tagen und tötete es im Quellgebiet des Magoh. Wegen seiner dicken Haut konnte man es nicht mit dem Blasrohr zur Strecke bringen. Auch benutzte man keine Hunde, aus Angst, sie würden zertrampelt. Sämtliche Teile des gespeerten Tieres wurden als Medizin talwärts verkauft. Selbst der Magen- und Darminhalt.

Während Terdi um die zwanzig Leoparden (Bilung) auf dem Gewissen hat, schoss der ~35-jährige Bajak vom Ubung-Fluss mit dem Blasrohr nur noch zwei. Da er seither niemehr auf Spuren traf, meint er, es seien die letzten gewesen. Die Zähne des ‹Kuli› waren von fast allen Stämmen begehrt und gehörten zum traditionellen Ohrschmuck eines jeden Mannes.

Der Kragenbär (Buang) ist noch hin u. wieder zu treffen. Seine Anwesenheit ist schnell verraten durch die Anwesenheit von Losung. Im Moment erntet er gerade die kleinen Guhem-Früchte. Lustig keimen am Ba Buang die unverdauten Samen aus den schwarzen Kothaufen und treiben grünes dichtes Blattwerk wie im Treibbeet.

Vor kurzem traf ich eine oberschenkeldicke Python, tot in einem Lombok. Leider hatte das Reptil in wunderschöner Haut schon Verwesungsgeruch. Die Punans meinten, schade um das Fett, das keinen Geruch annimmt und wie Schweinefett eingekocht wird. Terdi wie Bajat haben je ein Dutzend oberschenkeldicke Pythons (Toro Kemanen) auf dem Gewissen. Sie trafen die Tiere sowohl auf Hügeln wie am Wasser. Ein Reptil hatte gerade einen Hirschen mitsamt dem Geweih verschluckt, und auch ein ganzes Wildschwein hat in dem elastischen Körper Platz.

Auf Streifzügen treffen wir die giftige Pit-Viper (Toro Kelliap, L. ~90 cm, grüngestreift) mit dickem Kopf. Als weitere Schlangen wird die ‹Toro Padeng› (schwarz, Ø 7 cm, L 3 m) mit ihren Hautfalten erbeutet, welche sie zum durch die Luft gleiten befähigt; die ‹Toro Tellung Niateng› lebt am Wasser (schwarz, mit gelben Marken, armdick, L ~3 m).

Ein Kuiat warnt. – Der Jäger versteht die Sprache und schleicht sich an. Da ist gewiss ein Wildschwein oder eine Schlange in der Nähe… «Krun~krun~krun» tönt's von irgend einem Baum. Ein kaum fingernagelgrosses Fröschchen, ‹Kerun›, benutzt eine kleine Baumhöhle als Lautsprecher.

6/68 Selten soll das Tier zu treffen sein; nur seine Stimme ist hörbar. Es ist ein Geist und braucht Glück, ihm zu begegnen.
Wir essen gefallene Cu-ui-Früchte, Buah Tobo aus der Erde; von den Buah Kelakat mit feigenartigem Innern, und von den winzigen orangen Buah Kerong, deren Fruchtsäure lange Zähne macht. Auch einige Fische gehen ins Wurfnetz, und wir halten Mahl auf einem Tischtuch aus grossen ‹Telawa›-Blättern.
An einem Baum proben die Jünglinge ihre Männlichkeit. Sie klopfen mit ihren Knoten die Rinde weg, bis die Fingergelenke rot-geschwollen sind. Da steht unterwegs ein kleiner Turm am Boden, aus Blattstengeln und dünnen Ästchen geschichtet. Tief in der Erde (~1 m) wohnt das Skorpionsweibchen (Redo Duyung) und geht seinem Brutgeschäft nach. Es soll ~5–15 junge Nestlinge haben. Zuerst werden sie vom ♀ auf dem Rücken getragen, später folgt die Kinderschar auf eigenen Füssen. ♂ + ♀ begegnen sich nur kurz zur Paarung und führen ein getrenntes Leben. ‹Idan› ist von den bis handlangen schwarz-grünen Skorpionen einmal gestochen worden. Es soll stark geschmerzt haben einige Stunden, sonst nichts weiter.

6/69 Wie das Herz der Sagopalme und Jaka, sind die Triebspitzen von einigen weiteren Arten essbar. Die kleinen ‹Buah Guhem› sind wohl von sämtlichen Tieren begehrt (Wildschwein, Affe, Vogel, Bär, Hörnchen...). Kocht man die blauschwarzen Kirschen kurz ab, kann ihr grünliches Fruchtfleisch auch vom Menschen gegessen werden. Ihr grosser Same ist weisslich. Der Baum besitzt schilfrig sich lösende Rinde.
Die ‹Buah Dj'an› wird vom Reh (Tella-ó) gefressen. Manchmal begegnet man einem Haufen der gebrochenen steinharten Samen. Auch der Punan isst von der Frucht, doch ihr Fleisch ist bitter und zusammenziehend vom hohen Gerbsäuregehalt.
‹Penawat Raha› dient zum Mischen des tödlichen Pfeilgifts ‹Tacem›. Es ist ein Strauch (Ø 5–15 cm. Blätter mit kleinen schwarzen Flecken, Unterseite weisslich).
‹Ucung Kellalai›. Die zerquetschten Blätter werden in Wasser getaucht und über Wunden oder Flechten ausgedrückt.
‹Kebaben›. Manchmal findet sich über den Knoten vom Bambus ein weisser, 2–3 cm dicker Niederschlag. Er ist kalkähnlich und geruchlos. Er gilt als harnbremsend, und wird nachts nässenden Kindern verabreicht.

6/70 ‹Kaiu Bekela›. Die unterseits rauh behaarten Blätter dieses Baums werden zum Schmirgeln und Schleifen des Blasrohrs aus hartem (!) Holz benutzt.

Muai
Verschiedene kleine Waldfarne sollen zu sympathetischem Zauber verwendet worden sein. Die verbrannten Blätter (Motong) werden dem Gegner heimlich in die Nahrung gemischt: So leicht, wie die Farnstengel brechen, soll der Gegner geschwächt werden (‹Memutui Bari Inan Mu-ai›).

Selaginella

Selaginella

6/71 Die grossen Hauer vom Wildschweineber (Taring Babui) wurden als Talismann getragen, um nicht von fallendem faulem Holz erschlagen zu werden.
‹Tekaleng›. Anscheinend war das Loch im Ohr wichtiger als das darin getragene Holz Tekaleng. Dem Verstorbenen wurden diese genommen und weggeworfen. So konnte der Geist ‹Ludi› das gelochte Ohr nicht mehr als Teller benutzen.
‹Pesupa›. Auch die Punans wendeten im harten Streitfall dieses magische Gericht an (Kellabit: Oko-sia = roter Hund). Ein Hund wurde geschlachtet und sein Blut von den beiden Streitenden getrunken. Der Schuldige, d.h. der Lügner, oder im andern Fall der zu Unrecht Anschuldigende muss sterben.
Der Ahne Oia-abeng soll die Musikinstrumente erfunden haben wie Sape, Keringon, Oreng, Pagan. Seine Frau war Bunga Lisu Lesuan.

Eine alte Frau singt nacht's in der Geistersprache. Ich frage sie um den Sinn der Worte. Bereitwillig gibt sie Auskunft: Sie konnte wegen Schmerzen nicht schlafen. Da rief sie den Gott ‹Bali› vom Himmel. «Bali, wandere nicht herum, Du machst mich krank. Geh wieder heim!»

6/72 In Long Ballau ist ein Kasetten-Recorder vorhanden. Die Punans wissen dieses moderne Gerät als Nachrichtenübermittler einzusetzen; da die Mehrheit weder schreiben noch lesen kann, ein sinnvolles Hilfsmittel. Die Botschaften werden nicht wie durchs Telefon geplappert – man schickt sie in Form von Gesang.

So ruft die besorgte Mutter von ‹Batu Bungan› ihre Verwandten von Long Ballau, weil zwei Kinder beim Früchtepflücken von einem Baum fielen, das eine tot, das andere verletzt.

Traditionelle Punanbotschaften
‹Tebukou›: Will man sich nach einer gewissen Zeit wieder treffen, knüpft man in zwei dünngeschnittene Rotan-Stengel je eine gleiche Anzahl Knoten, entsprechend der Anzahl Tage. Jeden Tag wird ein Knoten gelöst, und so weiss jeder Teilnehmer den bestimmten Zeitpunkt, z.B. 14 Tage oder 70 Tage.

Braucht man Hilfe aus irgend einem Grund, und ist in Rufnähe, imitiert man die Stimme des Argusfasans, ‹Ku-wai›, mit gellender Stimme. «Ku-aaaaii»

‹Oro› 6/73
In einsamer Gegend, weit jeglicher Behausung, kann man auf einen Baum treffen, in den mit dem Messer eine ‹Blume› geschnitzt wurde; viele Locken wie Hobelspäne, auf Kopfhöhe.
«Weit bin ich gewandert bis hierhin. Jetzt kehre ich wieder um.»
Die Kellabits zeichnen einen Baum einfach seitlich mit dem Buschmesser, und kerben den Stamm nach der Anzahl Teilnehmer.
«Wir drei sind bis hierher gelaufen und haben uns an dieser Stelle ausgeruht.»
Einige hintereinander auf den Pfad gelegte Blätter, zeigen mit den Spitzen in eine Richtung.
«Ich laufe vorwärts. Beeil Dich und folge in dieser Richtung.»
«Wir brauchen dringend Hilfe. Es ist jemand krank. Beeil Dich!»

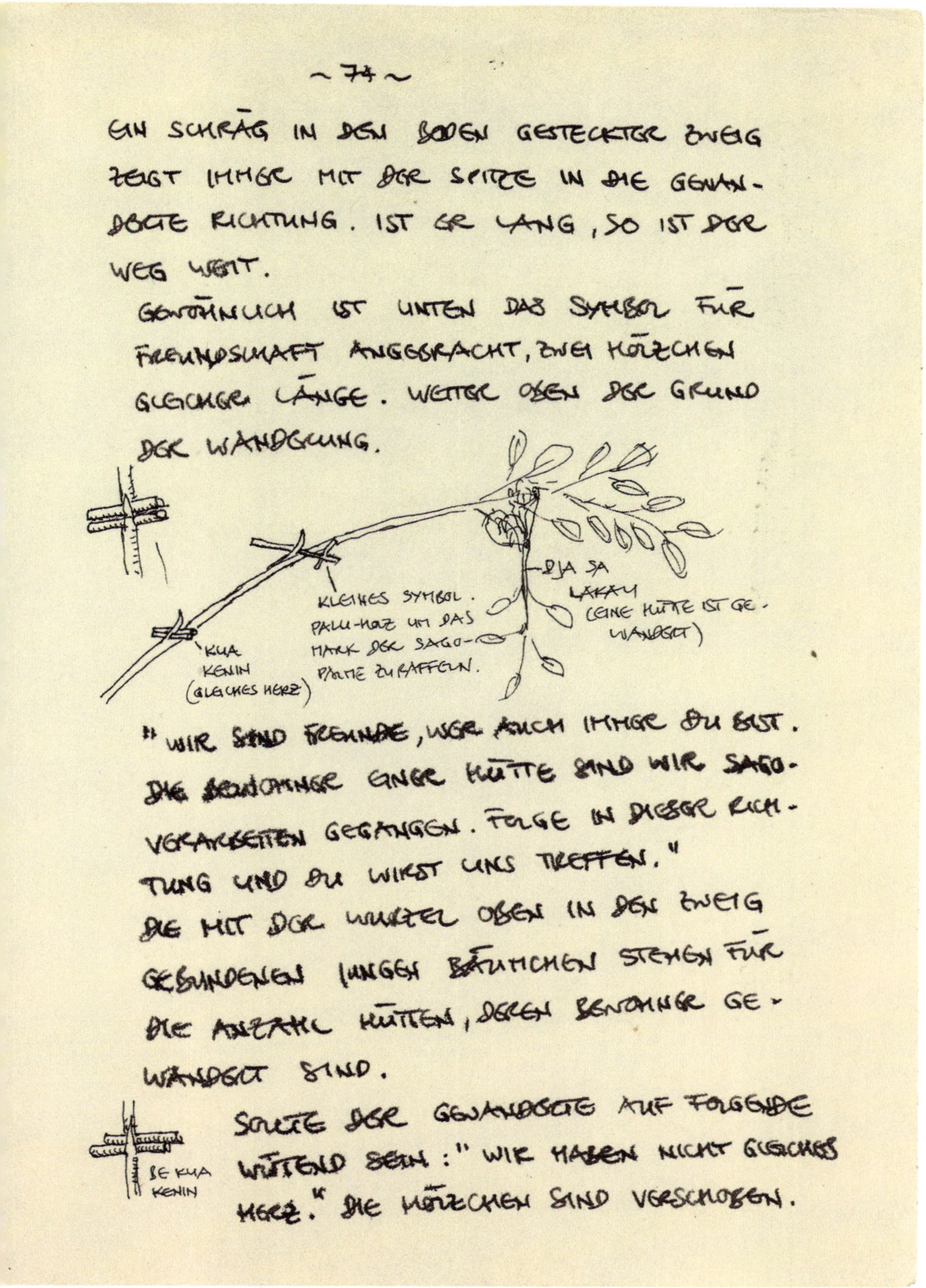

6/74 Ein schräg in den Boden gesteckter Zweig zeigt immer mit der Spitze in die gewanderte Richtung. Ist er lang, so ist der Weg weit.

Gewöhnlich ist unten das Symbol für Freundschaft angebracht, zwei Hölzchen gleicher Länge. Weiter oben der Grund der Wanderung.

«Wir sind Freunde, wer auch immer Du bist. Die Bewohner einer Hütte sind wir Sago-Verarbeiten gegangen. Folge in dieser Richtung und Du wirst uns treffen.»

Die mit der Wurzel oben in den Zweig gebundenen jungen Bäumchen stehen für die Anzahl Hütten deren Bewohner gewandert sind.

Sollte der Gewanderte auf Folgende wütend sein: «Wir haben nicht gleiches Herz». Die Hölzchen sind verschoben.

6/75 «Wir sind Freunde. Du triffst mich ganz in der Nähe, folge dem Pfad.»

Ein in ein Blatt gelegtes Hölzchen, in den Zweig geklemmt, steht für das Blasrohr, das Blatt für die Haut des Wildschweins:

«Ich bin hungrig und in dieser Richtung auf die Jagd gegangen.»

«Sämtliche Bewohner sind wir weit an einen neuen Ort gezügelt in dieser Richtung.»

Kua Kenin (gleiches Herz)

Kleines Symbol. Palu-Holz um

das Mark der Sago-Palme zu raffeln

Dja sa lakau (eine Hütte ist gewandert)

Be kua kenin

Dank

Herausgeber und Verlag danken folgenden Institutionen, Firmen und Personen, die mit ihren Beiträgen und Zuwendungen das Erscheinen der Publikation möglich gemacht haben:

Alfred Richterich Stiftung; Christoph Merian Stiftung; Stiftung Corymbo; Basellandschaftliche Kantonalbank Jubiläumsstiftung; Ernst Göhner Stiftung; Stiftung Dr. Robert und Lina Thyll-Dürr; Volkart Stiftung; Migros-Kulturprozent.

Bank Coop AG; Jumbo-Markt AG; Victorinox AG; Weleda AG; Greenpeace Schweiz; Lotteriefonds Appenzell Innerrhoden; Lotteriefonds Basel-Land; Lotteriefonds Basel-Stadt.

Jürg Holinger, fairplay-Stiftung; Hans-Peter & Marianne Ming; Markus Koch; Urs-Peter Stäuble; in Erinnerung an Barbara und Peter Nathan-Neher; Kaspar Müller, der wesentlich dazu beigetragen hat, dass dieses Buch erscheinen konnte; Beat von Wartburg, Claus Donau, Oliver Bolanz und den übrigen Mitarbeitern beim Christoph Merian Verlag sowie allen anderen, die durch ihre finanzielle oder tatkräftige Unterstützung zum Gelingen dieses Projektes beigetragen haben.

Bibliografische Information der Deutschen Bibliothek
Die Deutsche Bibliothek verzeichnet diese Publikation in der Deutschen Nationalbibliografie; detaillierte bibliografische Daten sind im Internet über http://dnb.ddb.de abrufbar.

ISBN 3-85616-214-3
(4 Bände)

cmv
christoph merian verlag

© 2004 Christoph Merian Verlag (1. Aufl.)
© 2004 Tagebücher (Text und Bild): Bruno Manser
© 2004 Übrige Texte: die Autoren

Manuskripterfassung Elisabeth Sulger Büel, John Künzli, Marc Bugnard, Dany Endres, Mira Wenger / *Lektorat und Korrektorat* Klaus Egli, André Bigler, Claus Donau / *Gestaltung und Satz* Atelier Urs & Thomas Dillier, Basel / *Litho* Gubler Imaging, Märstetten/TG; Atelier Urs & Thomas Dillier, Basel / *Druck* Basler Druck + Verlag AG, bdv / *Bindung* Grollimund AG, Reinach/BL / *Schriften* Centennial light, Folio / *Papier* Munken Lynx 115 g/m²

Beiträge (Band 1) John Künzli (1970), eidg. dipl. Umweltfachmann, arbeitet seit 1996 für den Bruno-Manser-Fonds, zuerst als rechte Hand und Assistent Brunos, seit dessen Verschwinden als Leiter der Geschäftsstelle. / Ruedi Suter (1951) lebt als freier Journalist in Basel. Spezialgebiete: Indigene Völker, Umweltprobleme und Menschenrechte. Er begleitete Bruno Manser seit 1990 journalistisch und beteiligte sich 2001 an einer Suchexpedition nach dem Verschollenen.

www.christoph-merian-verlag.ch
www.bmf.ch

TAGEBÜCHER AUS DEM REGENWALD

BRUNO MANSER
TAGEBÜCHER AUS DEM REGENWALD
TAGEBÜCHER 7-9

BRUNO-MANSER-FONDS (HG.)
CHRISTOPH MERIAN VERLAG

Band 1

John Künzli	Einherzig. Statt eines Vorwortes ein Brief	6
Ruedi Suter	Zurück zur Einfachheit	9
	Die Tagebücher. Editorische Notiz	22
	Tagebuch 1	25
	Tagebuch 2	53
	Tagebuch 3	73
	Tagebuch 4	93
	Tagebuch 5	115
	Tagebuch 6	133
	Impressum	160

➜ **Band 2**

Tagebuch 7	5
Tagebuch 8	87
Tagebuch 9	111
Impressum	176

Band 3

Tagebuch 10	5
Tagebuch 11	85
Tagebuch 12	139
Impressum	208

Band 4

Tagebuch 13	5
Tagebuch 14	53
Tagebuch 15	123
Tagebuch 16	139
Impressum	176

TAGEBUCH 7

TB/S **Punan**

7/1 Ikup-Liane
(Bauhinia)
Siehe S. 63

7/2 Der Häuptling ‹Agan› ist nicht eingetroffen, obwohl heute der letzte Knoten in der Rotanfaser gelöst wurde. Wahrscheinlich ist er krank. – So begleite ich zwei seiner Enkel, um seine Sippe aufzusuchen. Er soll sich irgendwo im Quellgebiet des Bare- oder Puak-Flusses aufhalten, um dort Früchte zu essen. –
Die Punans vom ‹Ulu Magoh› hatten angeblich noch keinen Kontakt mit Regierung und Mission. Gespannt begebe ich mich auf die Reise zum Ursprung, um einer Kultur zu lauschen, die noch ungestört von fremden Einflüssen, im Herzen des Dschungels gewachsen ist.
Häuptling ‹Tedi› von Long Ballau gibt meinen Führern die Nachricht mit, die scheuen Punans sollen den Unbekannten ja nicht aus Angst mit dem Blasrohr beschiessen. – Sind sie wohl wirklich so wild?

Wir folgen den am Vortag Richtung Pa-tik losgezogenen Freunden. Geknickte Zweige, junge Bäumchen zeigen mit der Spitze in die gelaufene Richtung (‹Py-et›), oder sind auf den Pfad gelegt (‹Oro›, ‹Serata›). – Blutegel sind unsere ständigen Begleiter. Der überall häufige ‹Kematek Tokong› mit dunklem Rückenstreif (L 2–5 cm) lebt am Boden. Bei Trockenheit versteckt

7/3 er sich im feuchten Laub. Bei Regen geht er auf Nahrungssuche. Gewöhnlich saugt er sich irgendwo an den Füssen fest. Sein Biss ist kaum spürbar, und, mit Blut vollgesogen, lässt er von dir.
Der Blutegel ‹Kematek Kemirau› lebt häufig in Bachnähe. Dort lauert er, etwas erhöht auf Blattwerk auf Beute. Meistens schleicht er in die Hosen und beisst dich in den Hintern oder Vordern. Sein Biss ist sofort spürbar und schmerzt wohl noch eine halbe Stunde; falls man kratzt, beisst die Bissstelle noch 2–3 Tage.

Schon am Abend treffen wir auf unsere Freunde. Auch wir rasten mit ihnen, um Sago herzustellen, da mein Reisvorrat kaum lange hinhalten wird.

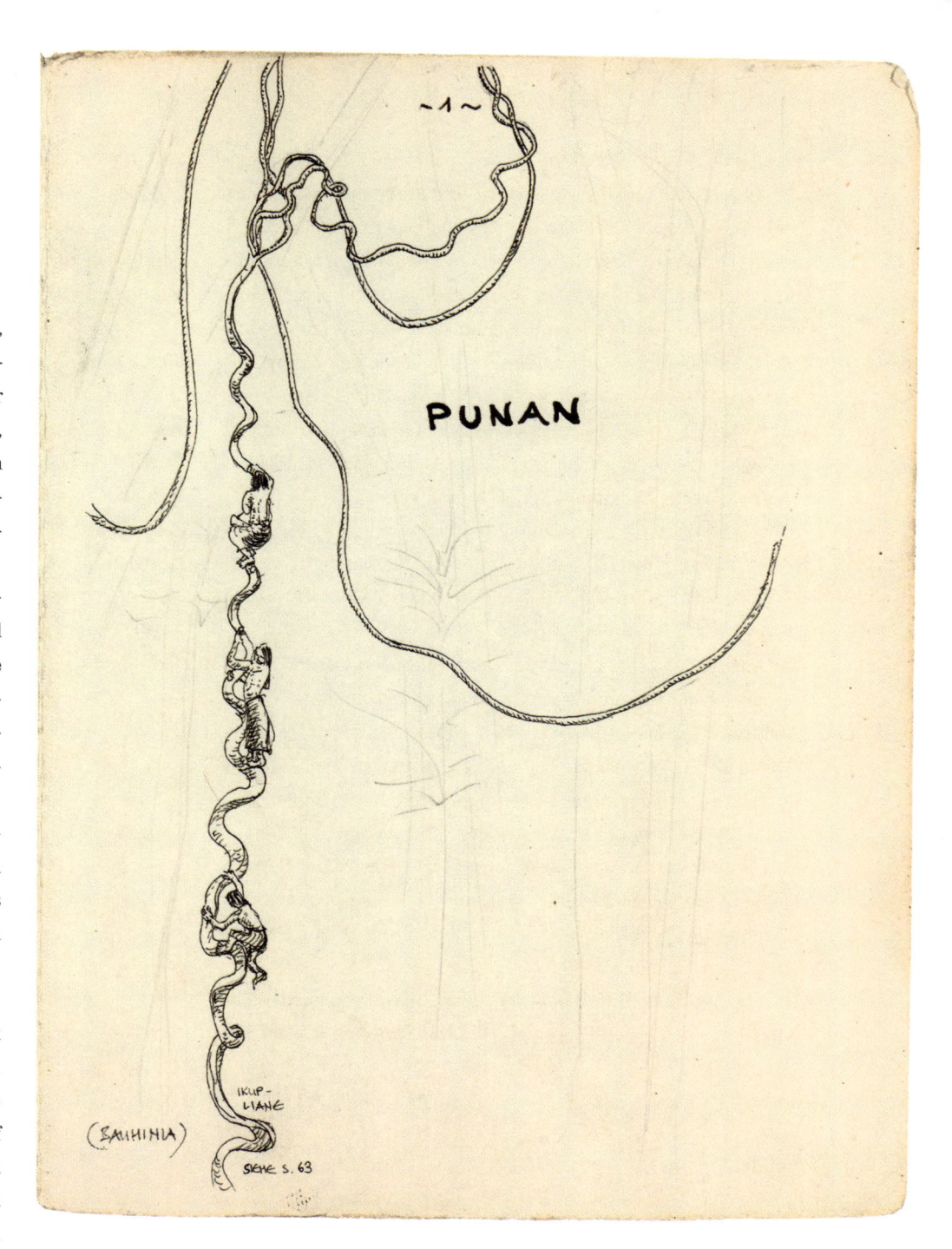

Jaka (Arenga): Das Mark von älteren und früchtetragenden Stämmen dieser stachellosen Palme enthält Stärke. Mit der Axt schlägt man in einer Kerbe einige Fasern kurz. Diese presst man zwischen Daumen und Zeigefinger: Bleibt weisses Mehl haften, so kann gefällt werden. Suleiman klettert auf den dünnen Stamm, um die Äste zu kappen. Ein selten zu treffender…

7/4 (Tepan Da-un) fällt herunter. – Die Stengel der Blattwedel sind hart, und die gekappten Schnittstellen scharf. Einige Punans besitzen Narben, da sie von fallenden Stengeln getroffen wurden. Zur Not können sie als Speer benutzt werden, und sie liefern das Rohmaterial für die Blasrohrpfeile.
Jaka wächst gewöhnlich in steilem Gelände in Wassernähe. Am Tepun-Fluss soll diese Palmart fehlen.

Der gefällte dünne Stamm (Ø 15–25cm) wird in Rundlinge (Lo-ong) zerteilt und diese gespalten. Die Rinde ist äusserst hart und zähe. Im Fuss'stück (Pu-un) sind die Fasern (Ará) hart und zum Teil schwarz. Nach dem Herauslösen mit einem scharfkantigen Hartholz (Palu) werden sie zum Spass ‹Bärenpenishaare› genannt. – Die Sagogewinnung ist mühsam: Das Werfen und Buckeln der Rundlinge bis ans Wasser, das Lösen der Fasern mit hauenden Bewegungen, bis Rücken und Hände schmerzen. Doch der Lohn ist nahe. Noch am selben Tag erhält der hungrige Magen Nahrung. «Nicht wie bei der Ladang-Arbeit, wo man erst nach sechs Monaten den Reis ernten kann…»

Auf einem Blätterbett werden die Halblinge mit dem Palu bearbeitet. Zur Herstellung von diesem ist das hartrindige Stämmchen (Ra-á) begehrt. Das frisch gelöste Mark (Ba-pá) ist weiss;

7/5 es kann gekaut und sein süsser Saft ausgesogen werden. Doch schnell oxydiert es an der Luft und läuft rotbraun an.

Auf einem Gestell (‹Tikan›) werden die Fasern mit den Füssen (Metek Bapá) getreten, und das Sago ausgewaschen. Es läuft durch die obere Rotanmatte (Ja-an) und sammelt sich in der feinen unteren (Ta-bau). Das Wasser wird abgegossen, und der Ertrag kann nach Hause gebuckelt werden. Dort wird das Sago in kleine Stücke gebrochen und über dem Feuer getrocknet – und schon ist das Mehl bereit, Speise in Form von ‹Nao›, ‹Pi-ong› oder ‹Sigo› zu liefern.

Es sind insgesamt fünf* Palmarten, deren Stämme Stärke enthalten. Die beiden Hauptlieferanten sind das stachlige ‹Uwut› und ‹Jaka›.

Uwut			Ra-á	
Jaká			Lewuiú	(Palmen)
Boho	(Apo)	Palm-Hölzer	Temaha	
Lessei	Sago		Pedah	
Iman			Peradi	

* sechs: + Anau

7/6 Sämtliche jüngeren, fruchtlosen Stämme besitzen eine Triebspitze, deren Herz einziges begehrtes Punangemüse liefert (‹Sin›). Zu seiner Gewinnung wird die Palme gefällt.

Plötzlich tödlich verlaufende Krankheit wird auch bei der zivilisierten Bevölkerung Borneos noch oft bösem Zauber oder Vergiftung zugeschrieben. Es ist wohl Eigenart von uns Menschen, Schuld ausserhalb von uns beim andern zu suchen. So werden Punans von Long Ballau beschuldigt, zwei Mitglieder vom Ubung-Fluss und zwei vom Limbang auf dem Gewissen zu haben. Diese waren nach Besuch dort plötzlich gestorben. – Innerhalb der noch nomadisierenden Sippen im Gebiet herrscht Eintracht und Frieden. Doch besteht eine Kluft zu den sesshaft gewordenen Punans, die dem traditionellen Lebensstyl untreu geworden sind, und zu Punans entfernter Gebiete.

Das Ellbogengelenk des alten Mannes schmerzt, seit er einen Bambus beim Hüttenaufstieg ausgezogen hat. Ein Punan von Kalimantan habe diesen in böser Absicht in den Boden gesteckt.

Wanderung durch ehemaliges Kellabit-Siedlungsgebiet an den Magofluss. Manan zeigt den Baum, auf welchen er vor einem Bären geflüchtet war. Überall Spuren vom Meister Petz: Losung mit Samen von Guhem- und Keramofrüchten, ein gegrabenes Erdloch mit geplündertem Termitennest (Ó-ó); von einem Baum abgebissene Holzscheite und Splitter, um an den Honig eines Bienennests (Niwan) zu kommen.

7/7 Nach drei Tagen Marschzeit treffen wir jenseits des Mago-Flusses auf erste Siedlungsspuren, viele gefällte Fruchtbäume und kürzlich verlassene Hütten.
Dann, in der Nähe des Bare-Fluss kommt uns Häuptling ‹Lisi› entgegen. Die Kunde vom Besuch ist vorausgeeilt; so hat der Eingeborene seinen mit Nashornvogelfedern geschmückten ‹Peká› aufgesetzt, und sich seinen Fest-

7/8 Lendenschurz um die Hüften gewickelt. Freundlich werden wir bewirtet und nächtigen in der einfachen Hütte aus Ästen.
Es haben sich die Bewohner von dreizehn Hütten hier zum Früchteessen vereinigt. Punans vom Kuba-an, vom Tepun, vom Bare, Mago- und Limbang-Fluss. Alle sind sie nahe oder entfernt miteinander verwandt. Die Früchtezeit neigt sich schon dem Ende. Am Morgen waren wir einem an den Kuba-an-Fluss heimkehrenden Vater mit Sohn begegnet. Scheu fragte er meine Begleiter, ob sie mich grüssen, mir die Hand schütteln können. Ich lud sie zum Essen von Baó-Früchten ein. Doch sie fürchteten sich vor dem Fremdling und zogen gleich weiter.

(Baccaurea)
Ba-ó   Ikep
Ø 3–5   Ø 3–6 cm

Metliná Ø 3–5   Ba-an Buang   Lawin Da-un
                 Ø 3–5 cm   Ø 2–3 cm sauer

Wie die Fruchtkörper der dünnschaligen kleinen Verwandten Pa-é und Asing Teno sind sie alle aus dem Ende des Fruchtstiels erwachsen und senken sich bei der reifen geöffneten Kapsel nach unten.

Nach drei Tagen Marschzeit treffen wir jenseits des Mago-Flusses auf erste Siedlungsspuren; viele gefällte Fruchtbäume und kürzlich verlassene Hütten. Dann, in der Nähe des Bare-Fluss kommt uns Häuptling "Lisi" entgegen. Die Kunde vom Besuch ist vorausgeeilt; so hat der Eingeborene seinen mit Nashornvogelfedern geschmückten "Peká" aufgesetzt, und sich seinen Fest-

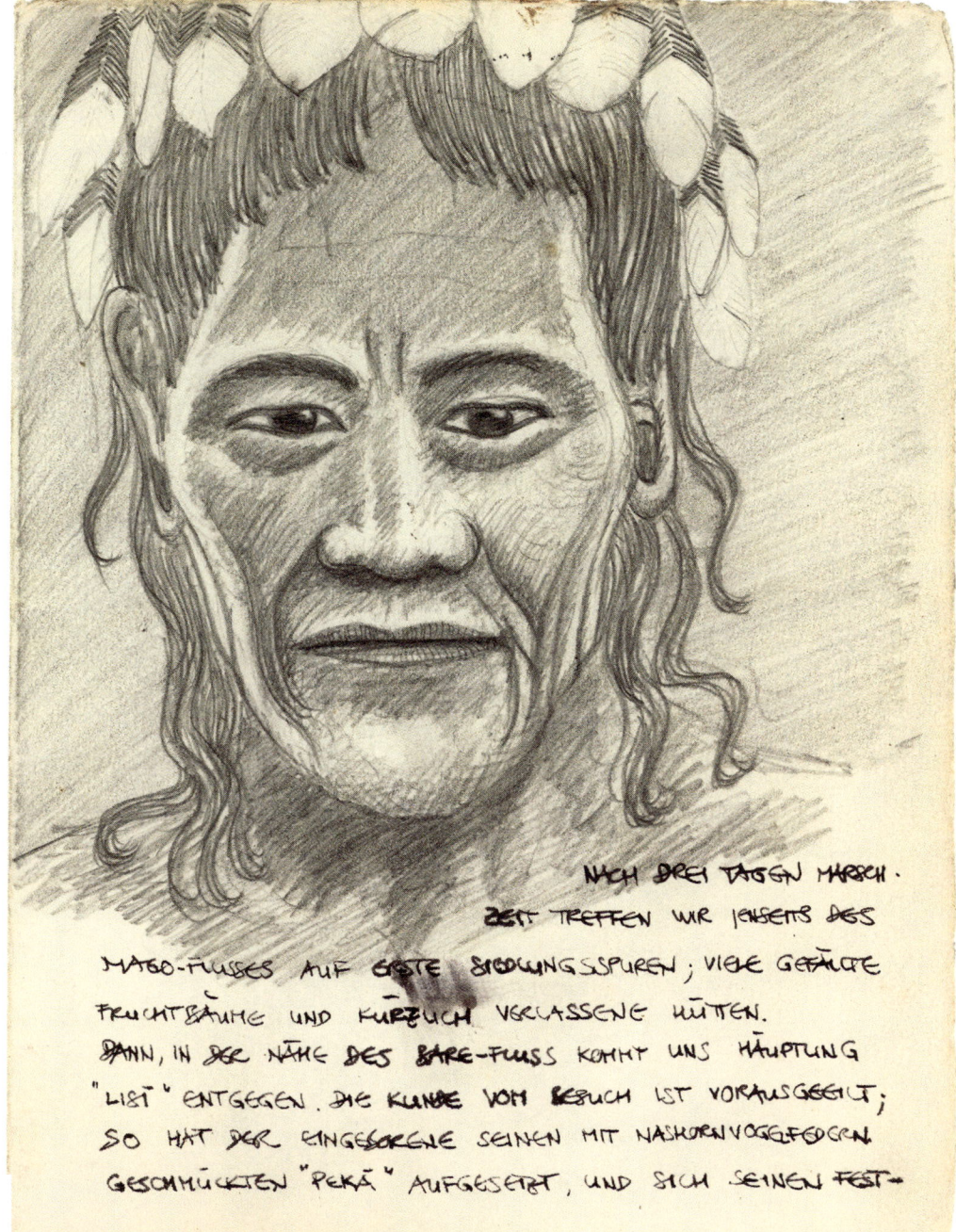

Täglich werden Fruchtbäume gefällt, oder man erklettert sie und kappt die tragenden Äste. Eine ganze Reihe von dickschaligen Kapselfrüchten derselben Familie sind reif. Bei Druck springt die Schale der in Trauben an Stamm und Ästen hängenden Kugeln in zwei (vier)

oder drei Teile. Darin kommen in schön symmetrischer Anordnung die in süsses oder auch saures Fruchtfleisch gebetteten Samen zum Vorschein. Sie sind fest mit diesem verbunden, und spuckt man sie aus, so bleibt nicht viel für den Magen.
Daneben werden Guhem- und Keramofrüchte geerntet, beide vom Bären begehrt. Sie erinnern etwas an unreife schmale Zwetschgen und enthalten Milchsaft. Erst nach Abbrühen sind sie geniessbar.
Die winzigen Posong-Früchte in ihrem roten Haarmäntelchen sind die kleinen Geschwister aus der Rambutan-Familie; als Letzte sind sie zur Reife gekommen.

Nun haben wir ein paar Steinwürfe hügelwärts neue Hütten aufgeschlagen. In den alten wurde es langsam ungemütlich, da die nähere Umgebung von faulenden Fruchtschalen verseucht war. Diese hatten lästige Sandfliegen (Agas) und Kemirang-Ameisen angelockt. Nacht's musste man aufpassen, nicht barfuss in Durchfallscheisse zu treten. Der Genuss von Früchten in grosser Menge zeigte wohl bei allen Mitgliedern von jung bis alt dieselbe unangenehme Wirkung.

Nun liegt Frieden über den Hütten. Dort turnt ein Kind an einer Liane. Hier springen einige spielerisch über das Erdloch, wo man den Untergrund für die Feuerstelle gegraben hatte. Während die Flammen um die Kiwa züngeln, spiele ich mit dem Affenkind. Die Hausmutter rührt im Nao-Brei; ein Kind hängt an ihrer Brust. Der junge Manan träumt vor sich hin. Ein kleines Mädchen lehnt an ihn, lässt ein Bein vom Sitzast baumeln. Bläulich steigen Räuchlein über den Hütten, steigen bis in die hohen Baumkronen und wohl weiter himmelwärts. Die Zikade ‹Ngoo-et› und ihre Dämmerschwester ‹Nyiit› schmettern ihre lauten monotonen Strophen. Langsam senkt sich der Abend. Männer erzählen von Wildschweinspuren und reifen Früchten.

Tekuhud

Mit theatralischer Gebärde plaziert sich der junge Häuptling ‹Tebaran› vom Tepun-Fluss frühmorgens neben meiner Hängematte. Ich gehe auf sein Spiel ein, und lache ihm schalkisch ins Gesicht, worauf auch er mit einem verschmitztem Lächeln antwortet. An seinen verlängerten Ohren hängen nach Keniak-Art zwei Messingreife (Balaung). Seine Arme und Beine sind geziert mit vielen schwarz-gefärbten Rotanreifen (Selungan). Bekleidet ist er mit einem Lendenschurz aus schwarzem Tuch. –
Er scheint die traditionelle Scheuheit der Punans mit Stolz und Selbstsicherheit getauscht zu haben. – Ungehemmt gibt er seinem kriegerischen Gemüt mit lauter Stimme Ausdruck: In seinem Herzen brodle es wie in einer Kawa-Pfanne über heftigem Feuer, wenn er die Stimme der sich langsam nähernden Bulldozer höre, welche ihren Lebensraum zerstören…
Das Benützen der Hängematte ist Anlass zu vielem Gelächter. Als sich der alte Knacker ‹Tu-ong› darin versucht, singe ich ihm gleich ein Wiegenlied in

Punansprache, ihn hin- und herschaukelnd. Geistesgegenwärtig imitiert er das weinende Kind und strampelt mit seinen Beinchen. – Derselbe Mann hatte in der vergangenen Nacht in ähnlicher Melodie wie der Geistersprache gesungen (Ha Gelita); doch sollen die Worte ohne Sinngehalt, einfach so, aus dem Herzen gekommen sein (Ha Terrarap).

Die langen Blätter der Zwergpalme ‹Lawé› finden vielseitige Verwendung, gleich wie ‹Ucung Daun›. Ihre Mittelrippen werden eingeschnitten, will man sie als Dachschindeln benutzen. – In sie werden die Niateng-Harz-Brocken gepackt, um als Fackel Licht zu spenden, und verschiedene Speisen können im Blattpaket gebacken werden. Sowohl Herz (Sin) wie die kleinen schwarzen Früchte sind essbar.

Die Hunde ‹Pega's› treffen durch ihren Geruchsinn geleitet auf den gut getarnten Baumleguan ‹Bohó›; ein Welpe wird von ihm gebissen, bis der Jäger hereineilt und das Reptil erstickt. Der gebissene Hund folgt nur mühsam heimwärts. Pega verabreicht ihm das traditionelle

Gegengift… und uriniert ihm in die Schnauze. Wird der Eingeborene selbst gebissen, trinkt er den ausgedrückten Saft eines modernden liegenden Baumriesen.

Unsere Rotan-Traggefässe (Gawung) sind prall gefüllt mit geernteten Bao-Früchten. Auf dem Heimweg hören wir die Bettelstimme eines jungen Nashornvogels. ‹Madun› versucht den herumstreichenden Vater mit dem Blasrohr aus hoher Krone zu schiessen. Schnell ist die Baumhöhle in etwa 20 m Höhe am Rangá-Stamm entdeckt, und der Eingeborene entscheidet kurzerhand, den respektablen Baum zu fällen. Zwei, drei Holzstangen werden erhöht mit Rotan verknüpft, und schon legt Madun, auf den ‹Palang› geklettert, die Axt an. Rangá ist ein weiches Holz, und nach etwa einer Stunde, als sich der Baum mit Ächzen neigt, springen wir alle in Deckung. In der geborstenen Baumhöhle befindet sich ein Junges. Die Mutter

7/14 [Bild]

7/15 ist schon geflohen, und wenig später fliegen beide Elterntiere vorbei. – Sie war mit dem Jungen in der Baumhöhle eingeschlossen; der Eingang war bis auf eine kleine Öffnung mit Kittähnlichem Material zugemauert, durch welches sie vom Männchen gefüttert wurden. Das Junge scheint den hohen Fall heil überstanden zu haben, und Madun will es aufziehen. Doch nach einer Stunde ist es plötzlich tot, und wird in der Pfanne landen.

Als ich auf einem Streifzug stet's die Stimme eines Vogels imitiere und mir dieser im Rücken Antwort gibt, weist mich mein Freund darauf hin zurückzuschauen – sonst würde ich mich in einen Stein verwandeln: <u>Liwen</u>. Lautes Donnerknallen ist die Stimme des wütenden Gottes Bali. Ahme nicht die Stimme des Vogels Zewilang, Sebungau und Keniating Batu nach; sage nicht vom Nashornkäfer (Kebureng/Tipunga), vom Flugdrachen (Zu-ung/Selapan) und der grossen Landschnecke (Belalang), sie besässen Hörner; sage nicht vom schuppenlosen Fisch Kati, er sei eine ins Wasser gefallene verwandelte Häuschenschnecke. Wie die Frösche (Sa-ai/Lo-eng), die Kröte (Tin-tagung),

7/16 und die Echsen (Kelliap/Kimo), verstehen alle diese Tiere die Sprache Liwen. Der grosse Geist Bali wird wütend und schickt Donner und Blitz. Man kann von einem fallenden Baum, oder dem Zahn des Blitzes geschlagen werden. Hin und wieder findet man einen solchen Zahn am Ort eines eingeschlagenen Blitzes in Form von einem Stein. Magier sollen diesen früher benutzt haben; wirft man ihn ins Wasser, so soll es heftig donnern und blitzen.
Weiter könnte sich der Kopf um 180° verdrehen (Tekullah Bali Liwen), oder du verwandelst dich in Stein. Der ‹Batu Maput› am Ulu Seridan und der ‹Batu Bungan› am Melinau-Fluss sollen verwandelte Hütten sein.
Auch mit den Haustieren Hund und Affe darf man nicht Spott treiben. Zum Beispiel den Makakken fragen, wo er seinen Lendenschurz hat.
Nachdem ich des Langen und Breiten befragt habe, schlägt wirklich gleich in der Nähe Blitz und Donner mit krachendem Getöse ein. Schnell verbrennt der Punan von seinem Haar und meinem und wirft es dem wütenden Bali entgegen: «Schweig jetzt! Wir wollen Deine Stimme nicht hören! Geh weg! Lass es regnen, aber schweig!» – Wohl sämtliche Punans fürchten sich vor dem Donnerknallen, und früher sollen sich einige in Todesangst gar ein Ohr abgeschnitten und Bali entgegen geworfen haben.

7/17 In einem Anfall von Freude hat ‹Selai› zwei ‹Ceprut› gefertigt. Zwei Holzstecken sind mit vielen schönen Holzlocken geziert. In ihr Ende ist auf einfachste Weise ein Gesicht geschnitzt. Auf dem einen sind aus dem Mark des Sagoblattstengels (Lat) zwei Figuren angebracht: Ein Mann mit Speer und eine Frau. Daneben ist der kürzlich erbeutete schwere Eber, symbolisiert durch ein Stück von seiner Schwarte. Die ‹Ceprut› hätten keinen tieferen Sinn – sie seien nur Verzierung.

Wanderung aus dem Quellgebiet an die Mündung des Bare-Fluss, um in einem Meeting ein Waldreservat zu planen. Auf einem Hügelkamm flüchtet ein meterlanger Baumleguan (Kerok). Geistesgegenwärtig schnappt ihn ‹Bo› am Schwanz und ein anderer erschlägt ihn. Ich wundere mich, dass sich die Echse nicht wendete, um dem Fänger in die Hand zu beissen. Nur wenn man allzulangsam ist... meint der Punan. – Als wir abends ankommen, sind schon Punans vom Siang- bis Ubungfluss versammelt. Die letzten Dschungelnomaden sind in steter Sorge um die Zerstörung ihres Lebensraums durch die Holzfällerei.

Ceprut

7/18 Die Malayisische Regierung hat sich bis jetzt nicht bereit gezeigt, die Rechte der Ureinwohner zu achten und ist nur an der Ausbeutung ihrer Gebiete interessiert ~ Geld regiert die Welt.
Mit schalkischem Blick horcht der Häuptling ‹Wee› vom Ubungfluss ruhig den feurigen Reden. Nach dem Tod seiner ersten beiden Frauen hat das kleine alte Männlein ein drittes Mal geheiratet. Grosse Kupferringe hängen in seinen Ohren und viele

Rotanreife (Selungan) zieren Arme und Beine. – Ich hatte ihnen vorgeschlagen, das Reservat zwischen Tutoh-Mago Seridanfluss zu erklären. Doch sind ausserhalb von diesem Lebende, wie die Punans vom Ubungfluss, nicht zur Umsiedlung bereit. Sie lieben ihre angestammten Jagdgründe. – Ja, wenn sich sämtliche nomadisierenden Punans vereinigen würden… vom Tutoh- bis zum Limbang Fluss. So nimmt das geplante Reservat anständige Ausmasse an. Wenn ihr mutig seid, es zu hüten und zu verteidigen, schön! Ohne Kampf wird es kaum gelingen, und einige Bulldozer werden wohl in Flammen aufgehen.

Der den Wildschweinen und Früchten folgende Punan weiss kaum etwas von Kuching oder Kuala Lumpur; doch im Land seiner Väter weiss er wohl jeden Bach mit Namen zu nennen, und kaum ein Hügel, auf dem nicht Spuren ehemaligen Siedlungswesens zu finden wären. Für ihn sind es alles Fremde, die erst seit kurzem in sein Land eindringen und seinen Lebensraum zerstören.

Ich hatte mich bereit erklärt, für die schreibunkundigen Punans Sekretär zu spielen, sofern sie selbst den zum Kampf nötigen Elan zeigen. –

Nach einem Aufenthalt in Long Seridan suche ich die Dschungelbewohner selbst wieder auf. Es gelingt mir nicht, die Siedlung in einem Tagesmarsch zu erreichen. Ich nächtige auf notdürftiger Pritsche aus Ästen. Doch kaum ein Auge kann ich zu-tun. Trotz des Feuers greifen ständig die lästigen winzigen Sandfliegen (Yeng) an, zu den Lufttruppen gesellt sich ein Regiment krabbelnden Ameisenfuss-Volks. Die Eule ‹Kung› ruft aus hoher Krone in der Stimme des Medok-Affen, und ich staune, den vermeintlichen Makakken nachts rufen zu hören. ~

Nach einigem Suchen und wiederholtem Orientierungsversuch auf erklettertem Baum treffe ich auf unser Dschungeldörflein. Seine Bewohner haben noch nicht umgesiedelt.

Freund ‹Pegá› begleitet mich auf Fischfang am Bareflluss. Der Wasserlauf ist glasklar. Die Hunde folgen uns. Da sie immer eine Nasenlänge vorauseilen, türmen die meisten von ihnen aufgescheuchten Fische und sind schon in Deckung gegangen, bis wir mit dem Wurfnetz nahen. Dafür entdecken sie, von ihrer Nase geführt, auf eine 4 1/2 m lange Python, ein Männchen. Pega hat ihr schon zwei Giftpfeile in den Körper geschossen, bis ich nahe. Gemeinsam zerren wir das Tier aus seiner Höhle zwischen morschem Holz und Felsblöcken. Wild kringelt sich das Reptil um meinen Körper und presst seine Schlingungen um Arm und Bein. Der zugefügte Schmerz ist nur gering, und ich bin gespannt, wie wohl ein gefangenes oberschenkeldickes Weibchen reagiert; ob es nötig ist, sich vor ihm zu fürchten?

Ich verarzte eine lange fingerbreit-klaffende Wunde am Oberschenkel eines Jungen. Er hatte das Reh-ähnliche ‹Tella-ó› erbeutet, dessen Männchen zwei lange, äusserst scharfe Reisszähne besitzt. Beim Ergreifen des Tieres verletzte er sich selbst. Als ich die Wunde mit gekochtem Wasser von Schmutz und Eiter säubern will, ist da ein eigenartiger weisser Belag: Das Vertrauen in fremde Medizin ist gross. Der Junge hatte sich eine pulverisierte Bauchwehtablette daraufgestrichen.

Eine Hundemutter tötet zwei frischgeborene Kinder ihrer Nachbarin. Aus Eifersucht?
Ein Spechtmännchen mit weisser Haube, grauem Gefieder und rötlichen Flügeln (Walung Mobo Pu-un) fällt dem Pfeil eines Buben zum Opfer. Seine äusserst lange Zunge (2x Schnabelspitze-Genick) ist an der Spitze mit Widerhäkchen bedornt, wohl um die Maden aus dem Holz zu angeln.
‹Selais› Frau benutzt beim Spalten und Dünnschneiden des zu Flechtwerk bestimmten Rotan ein Stück umgestülptes Schwanzfell des Niakit-Affen. Sie hat dieses über den Mittelfinger gesteckt, um diesen vor dem scharfen Rand des Rotans zu schützen.

Müde ziehe ich vom Fischfang abends hügelwärts. In der Nähe der Siedlung hallen Axtschläge durch den Wald. – Die alte ‹Eleja› liegt stöhnend am Boden. Sie ist von einem fallenden morschen Ast aus hoher Krone an der Hüfte getroffen worden. Sie war eine Weile bewusstlos. Glücklicherweise hat sie nichts gebrochen. Ihr Mann Jeraku fertigt aus Ästen ein Bett mit Blätterdach, während der böse Ast langsam in Flammen verglüht. Der respektable Rangabaum wird zur Strafe gefällt. Als sich der Riese endlich unter Ächzen neigt, schickt man ihm einige Juchzger nach. –
Schon morgens war mir Selai begegnet. Er fragte um Medizin für sein Kind. Es hatte sich mit dem Buschmesser in den Fuss gehackt. Ich heisse ihn selbst zu nehmen und erkläre ihm wo. Er bejaht. Als ich abends nach Hause komme, ist die Medizinbüchse jedoch unberührt geblieben. Das ist die traditionelle Scheuheit des Punan.

Der Kurzschwanzmakakke (Medok) sitzt auf ‹Bukis› Schulter und sucht mit Ernst beschäftigter Miene nach Läusen.

schwarzen Lendenschurz gesteckt. Sein langer Haarschopf bis in den Rücken, die hervortretenden Backenknochen und das Blasrohr mit Speerspitze, verleihen dem Mann ein wildes Aussehen. Doch ist er von edler Gestalt, weder muskulös, noch zierlich, noch fett. Vom stachligen Rotan ‹Uai Sin Sawit Medok› löst er das Herz aus der Triebspitze und isst den fingerdicken weissen Stengel. Den Blattwedeln dieser Rotanart fehlen in Abständen immer wieder einige Teilblätter, ‹Ucung Petésá›.

Der Jäger folgt einem Bachlauf mit kristallklarem Wasser. Schon nach kurzem geben die Hunde Laut. Tebaran hält inne und feuert sie mit wilden Rufen an, die er in die Landschaft wirft. – Hügelauf und wieder Hügel hinunter, und schon stösst er dem Wildschwein die Speerspitze ins Herz. Die kleinen Hunde verbeissen sich in der jungen Bache, welche noch einen Steinwurf weit türmt und im Bachlauf auf der Strecke bleibt. – Spitzbübisch lächelnd

7/23 «Hok-o-hok!» «Hok-o-hok» «Hok-o-hok-o-hok-o-hok-o-hok!» warnen rauhe Stimmen aus den Baumkronen. Und schon springen die Niakit-Affen mit weit vorgestreckten Armen wie Luftakrobaten durchs Blätterdach. Mit rauschendem Geräusch biegen sich die belaubten Äste beim Aufprall der Landung. Gebannt schaue ich dem Schauspiel, und fliege in Gedanken, Ihnen gleich, selbst durch den Raum ~

Wegen seiner Ernährungsweise (Batu- Kobok-, Lerong-Blätter, Uwut-Früchte) kann er von den Punans nicht wie Kuiat und Medok mit Sago und Insekten aufgezogen werden. – Er geht ein.

7/24 Gewandt bewegt sich der Jäger Tebaran durchs Gelände, immerfort den vorauseilenden Hunden mit leiser Stimme pfeiffend. In seinem Gawung trägt er Buschmesser und Axt, den Bambusköcher mit den Giftpfeilen hat er sich seitlich in den

7/25 wischt Tebaran das Blut von der Speerspitze, setzt sich auf einen Stein und dreht sich einen Glimmstengel. Als Papier dient ihm das getrocknete junge unentrollte Blatt von ‹Ucung Dahun› ‹Sang›. Der Tabak ist von der Regierung gestiftet; diese lädt die nomadisierenden Punans alle drei Monate talwärts nach Long Si-ang ein, um Geschenke wie Salz, Buschmesser und Kleidungsstücke entgegen zu nehmen. Diese Art von Hilfe scheint eher ein Weg zu sein, um die Eingeborenen freundlich zu stimmen, da man an der Ausbeutung ihres Lebensraums interessiert ist.

Vorsichtig schneidet Tebaran eine handlange Öffnung in die Bauchdecke der Bache und zieht Magen und Gedärme heraus. Nachdem alles gewaschen ist, erhalten die Hunde ihren Anteil. Sorgfältig füllt der Jäger die Innereien in den Magen und verschliesst diesen mit einem Hölzchen. Um das Wildschwein heimzubuckeln, fertigt der Jäger ein richtiges Paket: Die Hinterfüsse werden zusammengelegt und ein Hautstrang über sie ge-

7/26 stülpt, je an der Innenseite des Oberschenkels gelöst. Ein langer Stab, ‹Toké›, wird durch einen Hautschlitz an der Brust gesteckt, mit einem Ende durchs Beckenschloss bis in Afternähe, über das andere Ende wird der Kopf des Wildschweins möglichst weit heruntergebunden. Auch noch so wird sich die lange Rüsselnase hin- und wieder in Lianen- und Rotangestrüpp verhängen. Mit Rotan oder der Liane ‹Lati› wird die Beute verschnürt (Muki Tong Toké). Als letztes fertigt der Jäger einen Traggurt aus Rinde (Gaharu = Tellako, oder Kulit Paret).

In glitschiger Böschung krallt Tebaran seine weitgespreizten Zehen in den Lehm. Die Tragriemen schneiden sich in seine Schultern. Schweissperlen wachsen auf Stirn und Nasenflügeln. Das Ersteigen des Steilhangs nimmt den Schnauf, und mit pfeiffendem Geräusch bläst er die Luft durch den zugespitzten Mund.

Als die ersten Hütten auf der Hügelkuppe auftauchen, tönt es auch gleich durch die Punansiedlung «Babui! Babui!» Kaum ist die Last abgelegt, kommen die Nachbarn angeströmt. Nun wird betastet und befühlt, mit dem Finger Fettdicke angezeigt, bei einem Keiler die Hauerlänge. Ist genügend erzählt und palavert, wird das

7/27 Wildschwein auf einem Blätterbett (Dahun Lun) zerteilt. Nach Anzahl der Hütten werden Portionen gefertigt und jeder erhält seinen gleichmässigen Teil. Schon bald flackern in jeder Hütte lustige Feuer, und mit zischendem Geräusch fallen vom röstenden Fleisch Fetttropfen in die Flammen.

Hilflos strampelt ein grosser Rüsselkäfer in der Hand einer Mädchens. Es hat dem ‹Pesunga› die Unterschenkel abgezwackt, um ihn an der Flucht zu hindern. Zum Glück wandert er bald im Magen des Affen und wird von seinem Leiden befreit. Während die Punans selbst weder Insekten noch Schnecken und kaum je Pilze verspeisen, ist dieser Käfer (Buang Pulod) samt seinen fetten Maden (U-at Pulod), die in modernden Sagopalmen zu finden sind, von den Kellabit so begehrt wie Heuschrecken.

Das Lausemädchen ‹Unan› ist überhaupt nicht scheu. Während andere Kinder weinend ihre Mutter suchen, wenn sie den unbekannten Fremdling erblicken, schlägt mich Unan frech auf den Penis. Die Haare des Kindes sind kurzgeschoren, um den viele Läusen etwas Meister zu werden.

[Bild] 7/28

Tebaran berührt die Pfeilspitzen kurz an einem glühenden Holz, um sie zu härten.

7/29

Herstellung der Blasrohrpfeile

Das beliebteste Rohmaterial für den Pfeilschaft ist der Stengel von einem Wedel der Jaka-Palme. Als Ersatz von diesem werden auch hin und wieder die der Sagopalme (Uwut), von Poho, Anau oder Da-un verwendet. – Der Stengel wird zwischen Blattspreite und Blätteransatz gekappt, und nahe seiner Oberseite gespalten. Nur diese (Irup) wird genommen, da sie zähe ist und zu geradlinigem Flug neigt. Auf doppelte Pfeillänge zugeschnitten, werden die weiter gespaltenen Stäbe in Bündeln über dem Feuer getrocknet. Die Pfeillänge entspricht der Länge des Blasrohrs (in der Regel ~30 cm). Für die Erbeutung von Vögeln, Kleintieren und Affen, wird der ‹Tahad› verwendet: Der Pfeilschaft wird regelmässig konisch zugespitzt wie eine Nadel. Für Hirsch und Wildschwein dient der ‹Belat›: In die Spitze des dickeren Pfeilschafts wird ein kleines zugeschliffenes dünnes Blech geklemmt; in der Regel aus Konservenblech dreieckig zugeschnitten. Tahad wie Belat werden gerillt (Nelé), damit die vergiftete Spitze abbricht und in der Wunde stecken bleibt.

Das getrocknete Pfeilgift (Tacem) wird gewöhnlich in einem gefaltenen Da-un-Blatt mit etwas Wasser angerührt, und die Pfeile bis auf einen Drittel ihrer Länge in dem Brei gedreht und am Feuer getrocknet.

Den Pfeilschwanz bildet ein kleines konisch zugeschnittenes Zäpfchen (Lat) aus leichtem Mark eines

7/30 Wedels der Sagopalme (Uwut) oder Lemujan. Der Stengel wird entrindet und das weiche leichte Mark in Stäben über dem Feuer getrocknet. Auf den ‹Beturan› gesteckt, werden die Zäpfchen zugeschnitten. Das Ende dieses einfachen Instruments aus Hartholz entspricht dem Durchmesser des Bohrlochs des Blasrohrs.

Blasrohrbau

Während die Kinder sich mit Lianenschwingen vergnügen, hantieren Buki und Söhne an dem mächtigen Stamm des Riesen Tanyit. In der Vergangenheit ist ein Bär bis in die Krone geklettert, um ein Bienennest zu plündern. Wie frische Spuren im Lehm sind seine Krallensiegel in die Rinde gedrückt. – Hin und wieder fällen die Punans einen dieser Bäume, falls sich eine Fledermauskolonie der grossen Art ‹Kelit Tanyit› in Hohlräumen der Krone durch Guano am Fuss des Stammes verrät. Dieser Baum mit dem härtesten Holz verläuft in Bodennähe in grosse plattenförmige Stützwurzeln (wie Kaiu Pah). Das Holz dieses Bereichs (Lakat) dient zur Herstellung des Blasrohrs und von Axtstielen.

7/31 In mühsamer Arbeit balancieren die Männer in fünf Meter Höhe auf einigen mit Rotan verknüpften Ästen (Palang), um mit der Axt das begehrteste zähe Blasrohrholz zu lösen. Wie bei gefällten Stämmen das Kernholz des Rundlings, dient der rote Kern der Stützwurzel als Rohmaterial.

Um einen Rundling zu spalten, muss dieser zweiseitig bis nahe dem Mark gekerbt werden. Noch dann sind drei Äxte oder Metallkeile notwendig, das heisst, das Holz ist nicht spaltbar.

Der alte ‹Lawang› hat sein mit dem Buschmesser bearbeitetes Blasrohrholz aus ‹Niagang› senkrecht befestigt. Mit einem 2½ m langen Bohrer bohrt er das Loch für die Aufnahme des Pfeils. Als Führung dient ein oben befestigtes Querholz.
Lawangs Daumenabdruck – an seinen Fingern haftet der Bohrstaub des gelben Niagangholzes. [Mitten im Satz der erwähnte Daumenabdruck auf dem Papier]
Lawang

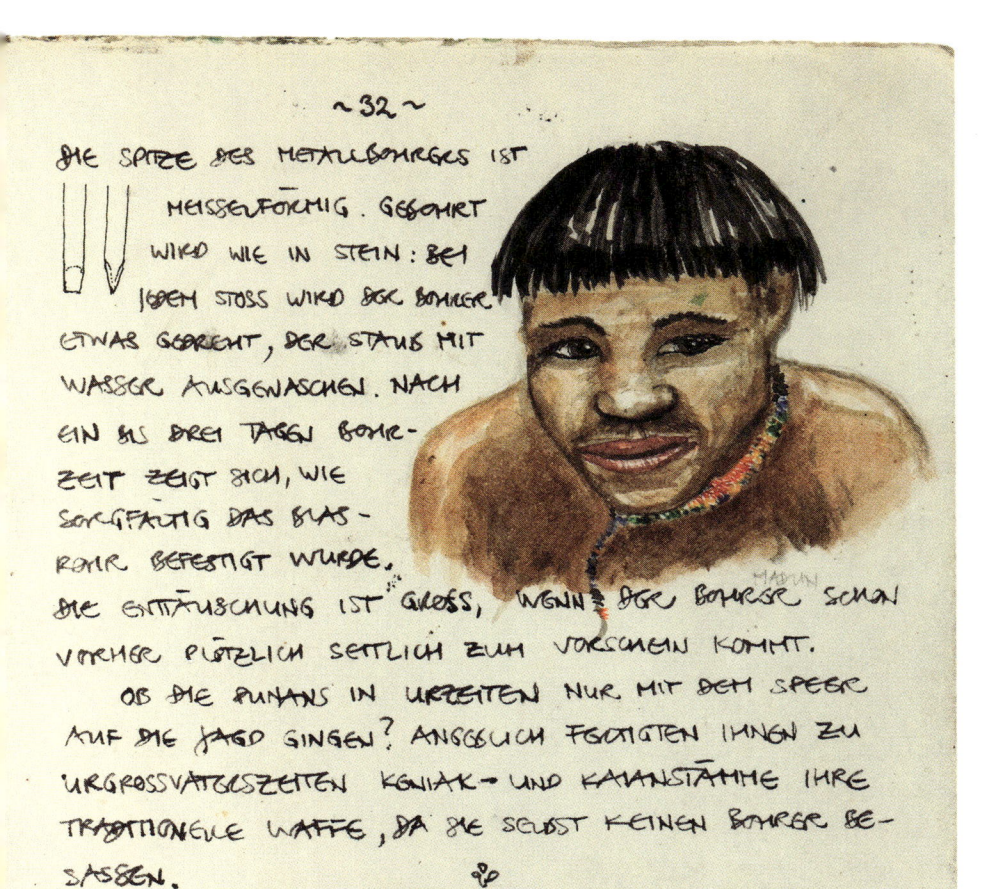

Die Spitze des Metallbohrers ist meisselförmig. Gebohrt wird wie in Stein: Bei jedem Stoss wird der Bohrer etwas gedreht, der Staub mit Wasser ausgewaschen.

Nach ein bis drei Tagen Bohrzeit zeigt sich, wie sorgfältig das Blasrohr befestigt wurde. Die Enttäuschung ist gross, wenn der Bohrer schon vorher plötzlich seitlich zum Vorschein kommt.

Ob die Punans in Urzeiten nur mit dem Speer auf die Jagd gingen? Angeblich fertigten ihnen zu Urgrossvaterzeiten Kenyák- und Kaianstämme ihre traditionelle Waffe, da sie selbst keinen Bohrer besassen.

Aus Angst wurde ein stehender morscher Baum in Hüttennähe gefällt. Doch er verhängte sich in seinem Nachbar ‹Páh›. So wurde auch dieser umgelegt. Doch er fiel nicht umsonst. Ständig sind Kinder damit beschäftigt, die millimeterdicke weisse Kambiumschicht (Seleng) zu lösen und die Süssigkeit zu verspeisen. Das ‹Sin Páh› scheint einzig essbar zu sein von all den verschiedenen Bäumen.

Madun

7/33 Und nach einer Weile finden auch Männer Interesse an dem liegenden Stamm; einer nach dem andern schlägt sich mit der Axt sein Blasrohrholz… Neben Tanyit, Pah und Niagang können auch etwas weniger zähe Hölzer wie Tissingpui, Karot, Jemelai, Penalau oder Utung verwendet werden.
Das gebohrte Rohrstück wird mit Buschmesser und Feile aussen weiter bearbeitet, bis langsam die Form des Blasrohres entsteht. Ein mit einem Nagel durchlöchertes Blech, wie es die sesshaften Punans zum Raffeln von Ubi-Knollen verwenden, kann auch hier Dienste leisten. Als Schmirgelpapier für das harte Holz – ich staune – dienen – weichhaarige Medangblätter. Der Baum wird talwärts wegen seiner begehrten Früchte (Jack-Fruit) auch kultiviert. Auch Bellumung – oder Bekkelá-Blätter dienen zur Feinarbeit, die letzteren auch im Bohrloch. Um dieses auszugleichen, wird eine Luftwurzel der Sagopalme (‹Basong›) bearbeitet und über dem Feuer gerädet. An diesem ‹Sok› wird

Der Bohrgriff aus zwei Hölzern kann nach Bedarf verschoben werden. Zwei Rotanringe (Ulat) werden auf das konische Holz geschlagen, bis der Bohrer dazwischen festklemmt.

7/34 das Raffelblech befestigt, oder ein Bekkelá-Blatt an dessen Spitze eingeklemmt. Der ‹Sok› wird weiter in Abständen gelockt und das Bohrloch in mühsamer Arbeit auf Hochglanz poliert. – Stets sind Männer damit beschäftigt, ihre Waffe instand zu halten. Das Licht soll sich im Bohrloch brechen wie in einem Spiegel. Nur dann wird der Pfeil in seinem Flug nicht von Reibung im Lauf behindert.
Die Länge des Blasrohrs entspricht dem Geschmack des Trägers. In der Regel ein Depáh, eine Armspanne und ein bis zwei bis drei Urek, Fingerspannen – das sind um die zwei Meter.
Um beim Schiessen grosse Blaskraft und Sicherheit entwickeln zu können, werden die oberen und unteren Schneidezähne auf dem Blasrohr abgestützt. Die lange Führung des Laufs erlaubt

Yung

1 Depáh ~150 cm–180 cm, 1 Urek ~20 cm

Ø ~30 mm, Ø Bohrloch ~10 mm

7/35 eine erstaunliche Zielgenauigkeit. – Mit dem Alter nehmen die Blasrohre langsam eine schöne schwarze Farbe an – man könnte meinen, sie seien aus Ebenholz. Je nachdem ist die Blasöffnung mit schwarzem Latex (Pelep Ketipai) umkleidet, um den Mund schön anlegen zu können. – Obwohl die Blasrohre gewöhnlich gerade gebohrt wurden, sind die meisten leicht gebogen. Es liegt in der Natur des Holzes, sich mit den Enden gegen den Kern hin zu verziehen.
Die Verknüpfung der Speerspitze aus Rotan, gewöhnlich aus dem starken ‹Uai Bukkui›, ist nicht langlebig, und wird wohl monatlich gewechselt.
Bei starkem seitlichen Schlag kann das Blasrohr in Brüche gehen. Gewöhnlich beendet die Waffe ihr Leben in einen Wildschweinleib gerammt, wenn dieses in Todesangst davonrennt, und der seitlich hervorragende Schaft gegen einen Baum schlägt.
Doch nun – genug vom Waffenhandwerk!
Schau einfach in diese Kindergesichter, wo sich ein Stückchen Leben spiegelt!

7/36 Der Punan ist in der Regel ein scheuer, stiller Mensch, der dir kaum je in die Augen schaut. Sogar beim Gruss wendet er seinen Blick seitlich. Nur das vielleicht zweijährige Mädchen Seleng bildet gegenteilige Ausnahme: Stet's sucht es bei mir Anschmiegung, sieht mir am liebsten von so nah ins Angesicht, dass sich unsere Nasenspitzen schier berühren. Welch unergründliches Geheimnis spricht doch aus den Augen! Das Geheimnis des Lebens selbst! Doch ist das kleine nackte Mädchen von Kopf bis Fuss russverschmiert wie ein Teufelskind. Sein schmutziges Gesicht ist verschnudert und in seinem Haar krabbeln wohl Heerscharen von Läusen. Soll ich den Schmutzfinken etwa von mir stossen?
Ich opfere ein Stück gutes Kulturgut – lege vom Reinlichkeits'sinn ab. Komm nur, du kleine Seele! Wesentliches muss Vorrang haben. Ich-Bewusstsein und Bewusstseinsentwicklung hängen mit Weite in Raum und Zeit zusammen. Die Enge des Dschungels erlaubt selten einen Blick auf das Firmament, und der Punan scheut sich vor

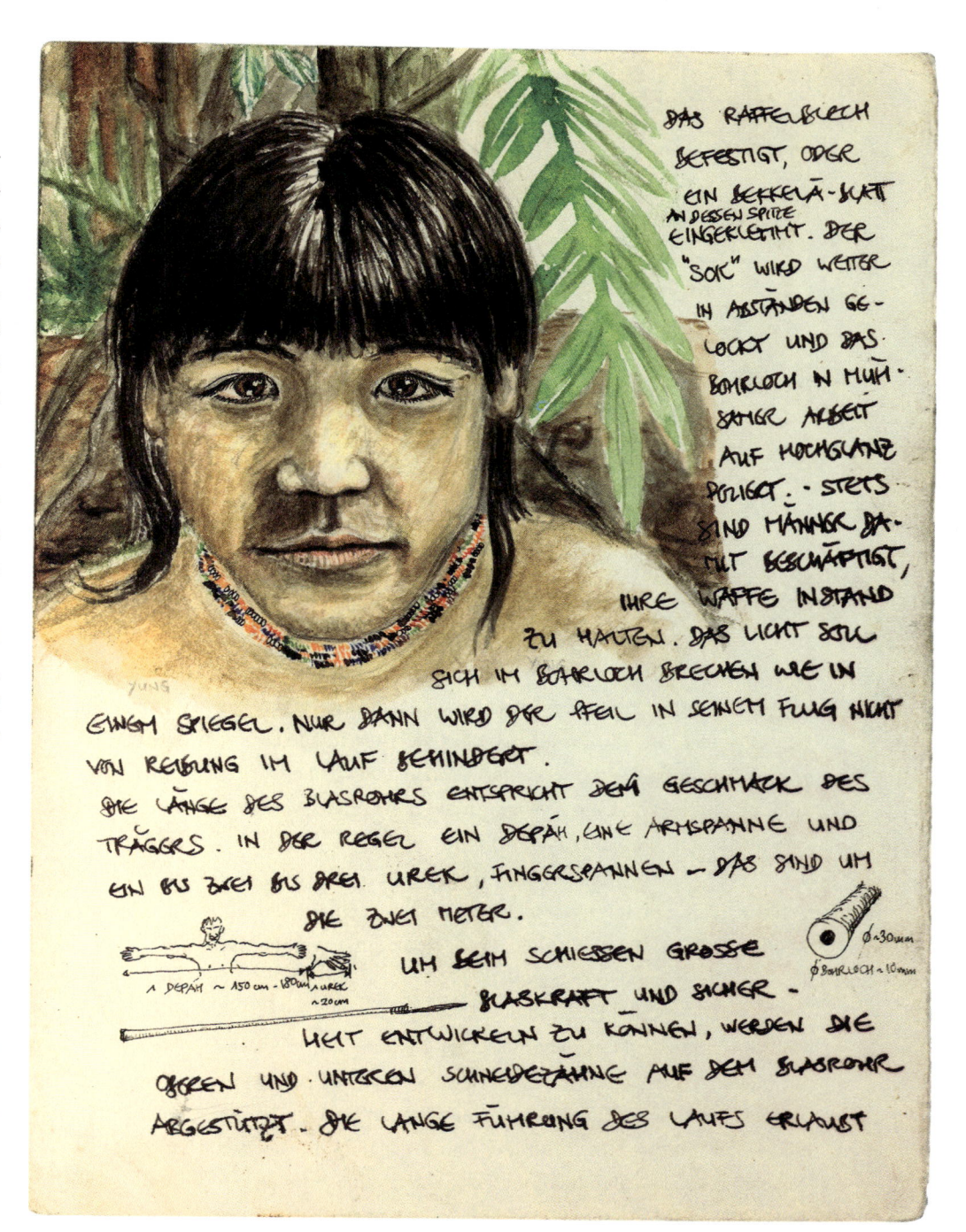

Jeraku

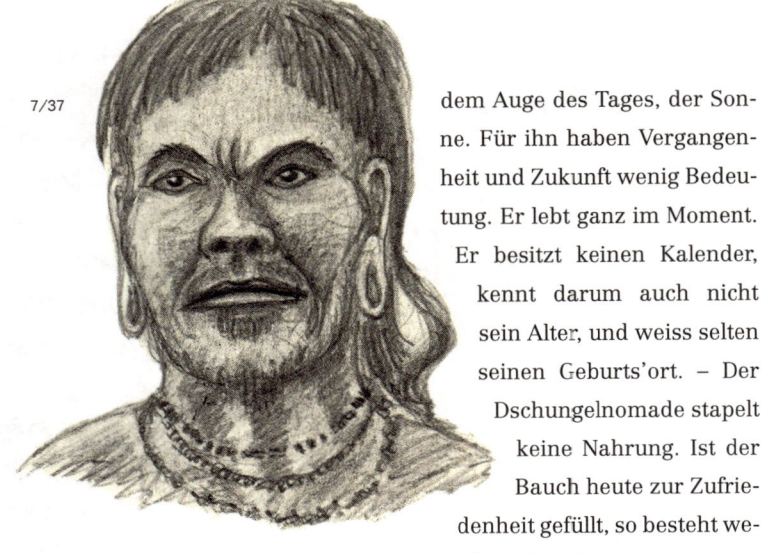

dem Auge des Tages, der Sonne. Für ihn haben Vergangenheit und Zukunft wenig Bedeutung. Er lebt ganz im Moment. Er besitzt keinen Kalender, kennt darum auch nicht sein Alter, und weiss selten seinen Geburts'ort. – Der Dschungelnomade stapelt keine Nahrung. Ist der Bauch heute zur Zufriedenheit gefüllt, so besteht wenig Grund, an das Morgen zu denken.
Wie anders ist doch der von der Ladang-Arbeit unter heisser Sonne braungebrannte Kellabit! Er geht aufrecht, und manch einer ruft dir stolz schon von weitem «Ich!» entgegen. Schön herausgeputzt zeigt er sich sonntags in der Kirche. Auch die Kellabitfrau ist treibende Kraft; mit stechendem Blick und Gestikulation weiss manch eine ihren Worten das nötige Gewicht zu verleihen.
Bildung und Bewusstsein – sie garantieren noch nicht ‹den lieben Menschen›. Das Herz der Seele scheint von Toren verschlossen, deren Schlüssel gar ein kleines Kind in Händen halten kann, oder ein Eingeborener irgendwo weitweg der Zivilisation.

Rötlich schimmert Mondlicht durch den Blätterwald. «Schlechter Mond! Wir wollen dich nicht!» Er zeigt Regen an, sowie der weisse Mond klaren Himmel. Schon bald rinnen die Tropfen von den Da-un-Blattwedeln. Die Klänge vom Pagang, ein nur von Frauen gespieltes Bambussaiteninstrument, sind verstummt. Die Gesellschaft ist müde. Hier flicht Kijang im Schein der Harzfackel an einem Traggefäss aus Rotan, während zwei Männer am beinahe verlöschten Feuer berichten.

Wanderung an den Tepun-Fluss. Die Punans bewegen sich behende von morgens früh bis abends. Nach kurzer Mahlzeit wird losgezogen (geht der Mann auf die Jagd, bleibt sein Magen gewöhnlich leer bis zur ersten Tagesmahlzeit abends). – Nur nach Erklimmen eines Steilhanges, schalten ältere Kantone eine kurze Verschnaufpause ein, rauchen vielleicht einen Glimmstengel, um sogleich weiterzumarschieren. – Wo ich mich mühsam vorwärtsbewege, balanciert das magere Grossmütterchen mit einem Liedlein auf den Lippen über gestürzte Baumstämme – wie ein Kind.
In der Ferne sind auf einem Hügel schon die roten Wunden der aufgewühlten Erde sichtbar. Bulldozer nahen...

Auf einem Bergsattel, I-ot Ba Tepun, wird erinnert: Hier wurde noch von den Grossvätern das letzte Nashorn im Gebiet gesichtet.
Siedlung von sieben Hütten. Hügelabwärts sollen weitere fünf sein. Ein Ku-ai-Kind wird aufgezogen. Pip-pip-pip-pip bewegt sich das junge Küken selbstständig in der Hütte. Die kinderlose Frau plaudert mit ihm und füttert ihm Heuschrecken. In anderer Hütte hängt ein kleines Fledermäuschen (Kelit Medok). Eine Kametan-Faser ist durch die Schwanzhaut gezogen und um diesen verknotet. Ein Kind versucht, ihm trockenes Apo-Mehl zu füttern. – Du wirst es wohl nicht lange überleben.
Zwei drei Kinder tragen das riesige Haus der Landschnecke Belalang* am Hals. Es soll Geister

* Belalang Wa-oug, Ø 6 cm

abschrecken. – Ein Mann und eine Frau leiden an Bauchschmerzen. Der Gatte legt ihr immer wieder den über den dem Feuer erhitzten Glutfächer (Pesong) aus Daun-Blättern auf den Leib.
Sorgfältig in Sago-Mehl gepolstert bewahrt ein Mann <u>Niakitsteine</u>. Diese werden im Magen dieses Affen gefunden und teuer gehandelt, begehrt in chinesischer Medizin: Erbsen- bis kastaniengross, spiegelglänzend, hart.
Vor allem die Niakits aus der Gegend des Batu Lulau, westlich des Tutoh-Fluss, bilden Steine. Diese entstehen gewiss nahrungsbedingt, da sie nur im Monat August zahlreich zu finden sind. –
Zwei hochschwangere Frauen hier, ein alter Mann da. In winzigem Hüttchen sitzt er vor der Feuerstelle. Liebevoll ist ‹Kalo›s Blick. In der Vergangenheit ist er von einer schlimmen Krankheit, ‹<u>Parit</u>› (Kinderlähmung?) heimgesucht worden. Auch die Mediziner talwärts konnten ihm nicht helfen, und ungeheilt kam er zurück. In der Zwischenzeit hatte ihn seine Frau verlassen, wollte das Leben nicht länger mit einem Krüppel teilen. – Mit seinen zwei mageren schwachen Beinchen kann er nicht gehen. Seine Verwandten tragen ihn beim Zügeln auf dem Rücken, bauen ihm ein Schutzdach und verpflegen ihn. So nimmt er in betrachtender Weise Teil am Leben der ganzen Gesellschaft. – An einem seiner Armgelenke zähle ich über 150 (!) Rotan-Armreife, die schwarzgefärbten Selungan.
<u>Niateng Pellaio</u>. Es ist das begehrteste Harz und die bis kuhkopfgrossen Klumpen wurden früher talwärts gehandelt. Der respektable Baum kommt nur im Quellgebiet grösserer Flüsse vor. Gelblich-weiss, rein, glasig, Bruchstellen spiegelglänzend, von angenehmem Geruch.
<u>Pelep Ketipai</u>. Tebaran bewahrt einige kleine Latexplatten zum

Verkauf. Der inzwischen selten gewordene Baum wird gefällt und mit einem Hohlmeissel alle handbreit geritzt. Das Latex tropft in die daruntergestellten Gefässe. Zu Hause wird es mit etwas Wasser vermischt bis dickflüssig eingekocht und Platten daraus geformt. Ein Baum liefert 5–20 Platten Buschmesserkittmaterial.

Lausbuben üben sich im Blasrohrschiessen: Der bergwärts wachsende Bambus ‹Bolo Aput› dient als Waffe, die Samen der Zwergpalme ‹Date Bala Da-an› als Munition. In Mangel von diesen wird ein Lehmklumpen um das Röhrchen gekittet, und vorzu Kugeln daraus geformt. –

Zwei Jünglinge bringen ihre gestaute Energie zum Ausdruck und schlagen mit der Axt eine Lichtung ins Blätterdach. Die ganze Gesellschaft ist versammelt und schaut zufrieden dem Schauspiel zu; wie sich ein Baum nach dem andern mit Ächzen neigt, und dem Todesseufzer ein Raunen folgt. Doch trotzen einige zähe Burschen wie ‹Temahá› vorläufig der Axt der ermüdeten Burschen. –

Luft! Nun endlich, aus der ewigen Enge des Dschungels blaue Bergkämme über steigenden Nebeln. Ruhig und stark ragt der Mulu aus der Hügelkette.

‹Lajo› hat in vier-fünf Metern Höhe am Rand der abschüssigen Böschung eine Schlafhütte gebaut. Immer wieder turnen Kinder auf Steg und Gerüst herum und singen Lieder. Das heisst, sie erzählen gleich aus dem Herzen, beschreiben abwechselnd die gegenwärtige Situation in traditioneller Melodie:

«Wir sind hier auf dem Hügel zwischen Tarum- und Barefluss, viele Hütten zusammen. Freund Madun ist Palmmark schlagen gegangen.»

«Da kommen Freunde mit einem Wildschwein nach Hause. Sie haben es nahe der Mündung des Bilung-Flusses mit dem Speer erstochen. Ein Eber mit grossen Hauern, Freund!»

«Da unten fällt Freund Lajo einen Rangabaum. Nicht lange, und er wird fallen. Da – schon schwankt seine Krone!»

«Noch nicht. Freund! – «Da, schau …!»

[Bild]

Geburt

Frühmorgens werde ich gerufen. Ein Kindlein will zur Welt kommen. Schon um drei Uhr früh hatte die Frau Schmerzen. Ihr Gatte hat neben der bodennahen Hütte den Gebärplatz (Gelan Seré) erstellt: Drei-vier dünne Stämmchen sind als Sitz verbunden. In der Mitte eine Lücke, wo das Frischgeborene runterfallen kann. Die hochschwangere Frau mit riesigem Bauch hat ihre Blösse mit einem zerschlissenen schmutzigen Sarong verdeckt. Brüder, Gatte und Schwiegersöhne massieren ihren Bauch, um das Kindlein abwärts zu pressen.

Niemand verlässt heute die Siedlung weit. Lange hat man auf das Ereignis gewartet, war es doch der Grund, dass Verwandte hier zusammengekommen sind, um zu helfen. Immer wieder wird die Gebärende angewiesen, heisses Uwut-Wasser zu trinken, um den Körper aufzuheizen und Wehen anzuregen.

«Messep!» – «Mai nuro!» – «Mai kahut!» «Trink!» – «Schlaf nicht ein!» – «Weine nicht!»

Die Frauen schauen nur zu, legen selbst nicht Hand an. Obwohl noch keine Eröffnungs- und Presswehen eingetreten sind, legen Männer kräftig Hand an. Weder bin ich Geburtshelfer mit Erfahrung, noch möchte ich tonangebend in das Geschehen eingreifen. – Doch meine ich, man soll die Gebärende erst unterstützen, wenn sie selbst presst. Als das Kindlein am Nachmittag immer noch nicht geboren ist, werden die Männer langsam ungehalten. Wohl stündlich rief die Schwangere um Hilfe, doch nie waren wirkliche Wehen eingetreten.

… Da wären sie lieber auf die Jagd oder Sagopalmen fällen gegangen, zumal Fleischgestell (Terasu) und Apo-Tasche (Anyam) beinahe leer sind. Ich gebe Zimmet und Sternanis, um ins heisse Uwut-Wasser zu mischen. Obwohl ich selbst davon esse und ihnen zu versuchen gebe, ist man misstrauisch und verstaut die harmlose Medizin sorgfältig.

Erst in der Dunkelheit bei Regen setzen in Pausen Wehen ein. Ein junges Bäumchen wird aus der Erde gezogen; mit Gemurmel fährt der Gatte der Gebärenden über den Bauch und wirft es zwischen den Sitzstangen herunter. ‹Pejab›. Diese Handlung soll nach ‹Tebaran› die Geburt beschleunigen, nach ‹Juing› soll sie die Erde (oder Bali?) gut stimmen, da der Geburtsort hier nicht das angestammte Lebensrevier des Ehepaares ist.

Immer wieder werfen rauhkehlige Männerstimmen der Stöhnenden oder Einnickenden die gleichen Befehle ent-

7/47 gegen. Die etwa 40jährige ist bereits Grossmutter.
Endlich – scheint es soweit. Da sind vier-fünf Männer, welche der Frau den Rücken stützen, Hände halten. Und ihren ganzen Bauch mit Händen bedecken. Als der Gatte einen Blick unter den Sarong werfen will, wird er von einer danebenstehenden Frau gestupft: «Mai Jak!» – «Noch nicht!» – Dann plötzlich – ein weinendes Kinderstimmchen aus dem Dunkel von unten, das Kindlein ist auf die Erde gefallen. Als sich wirklich niemand um das im Schmutz liegende Kind zu kümmern scheint, greife ich selbst unter den Gebärsitz, um das Wesen ans Licht und an etwas Wärme zu bringen. Doch kaum halte ich das Menschlein in Händen, wirft mir ein entrüsteter Chor entgegen: «Mai! –Turud-lá!», und verständnislos muss ich das Wesen wieder ins Dunkel auf den mit feuchtem Laub und Holzsplittern bedeckten Boden geben. Ständig werden die um den Gebärsitz schleichenden Hunde verscheucht. Zur Wärmung der Kreissenden ist gleich neben ihr Feuer entfacht worden. Ein böser Wind bläst ihr den Rauch ins Gesicht, während Regen von den Daún-Blattwedeln tropft. – Vorläufig gilt die ganze Aufmerksamkeit der Gebärenden. Weiter wird ihr Bauch massiert, bis nach zehn Minuten der Mutterkuchen zum Vorschein kommt. Erst jetzt greift die Mutter selbst unter ihren Sitz und nimmt das Wesen in die Hände. Mit einem Bambusmesser trennt sie über einem Stück Holz die

Scheiden gezogen und auf die Erde gestellt. Der Gatte hatte sich seiner Arm- und Beinreife (Selungan) entledigt.
Auch während der Schwangerschaft sind viele Verbote
<u>Tilin</u>: – Das Ehepaar darf Holz nur von der Triebspitze Richtung Wurzel schlagen.
– Beim Fall in steilem Gelände geborstene Sagopalmen und Rundlinge dürfen nicht weiterverarbeitet werden.
Die Schwangere isst keine Buah Lepesó, Denging, Paráh, Kelimau. Diese Früchte sollen das junge Embryo töten, (Muniai → Brei), einem Grösseren die Sprache, resp. das Gehör nehmen, so dass es stumm zur Welt kommt (Mameng). Am nächsten Tag werde ich vom Vater gefragt, ob sie dem frischgeborenen Mädchen meinen Namen geben dürfen… Die Mutter selbst bleibt einige Tage auf ihrem Gebärlager und entfernt sich nicht weit. Nach zwei Tagen ist die ursprünglich weisse Nabelschnur schon schwarz und beinahe vertrocknet und wir bald von selbst abfallen.

Lianenblüte ‹Sakit Niwa›. Beim Genuss deren Früchte ‹Belahan› soll sich Blasenschmerz einstellen. (Rhododendron?)

7/48 Nabelschnur nahe der Nachgeburt. Mit Wasser spült sie Blut und Schleim, Laub, Erde und Holz vom rothäutigen Kindlein. Darauf wickelt sie ein Stück zerschlissenen Sarongs um dessen Bauch.
– Es ist, wie ich wegen dem Rundbauch der Schwangeren prophezeit hatte, ein Mädchen. Der Kopf des Kindleins ist erstaunlich in die Länge gezogen.
War die Schwangere während der Wehen zeitenweise vom Schmerz wie in Trance davongetragen – eine Trance, verwandt, oder gar identisch mit derjenigen der Lust? – Nach all der Gespanntheit ist nun Ruhe und Frieden eingekehrt. Mit leuchtenden grossen Augen schaut sie ihr Kind ~ und ich fühle mich mit ihr verbunden.
Die Nachgeburt wird in ein altes Stück Schlafmatte gewickelt, und das Päckchen später irgendwo vergraben. – ‹Peliwa›: Der Gatte fährt dem Helfer Tebaran mit Messer und Vogelfeder über Kopf und Arm. Nach Tebaran soll diese Handlung den Müden stärken, nach dem Gatten sei es Danksagung dem unverwandten Helfer Oming Lohn.
Weiter wird heftiges Feuer angefacht für die frische Mutter – und diese wärmt ihren Bauch mit einem heissen, in Tuch gewickelten

7/49 Stein. – Niemals ergreift ein Mann das Kind; sondern die Gebärende selbst. Am Tag der Geburt waren die Buschmesser aus den

7/50 An feucht-schattigen Standorten ist die Blattpflanze ‹Kereju› mit ihren weiss gezeichneten Nerven und Blattrand zu treffen. Ihr Rhizom soll hin und wieder müssigen Hunden in die Zähne gerieben werden, um sie für die Jagd scharf zu machen.
Die Pflanze besitzt als weiteren Namen ‹Djong Tella-o› und wurde zu Regenzauber verwendet: Man hält das Blatt am gekappten Stiel vor sich, mit ausgestrecktem Arm. Während man die Stimme des Tella-o imitiert, führt man es auf und ab: «Ó –ó –ó» … «oooooo». Darauf nässt man es im Wasser und lässt dieses vom Blatt in die Luft springen. Zwei Wochen soll es darauf regnen…

Wer entscheidet, wann wohin weitergezügelt wird? –
Immer wieder Gespräche. Lange hatten [sie] sich um die zehn Hütten vereinigt wegen der bevorstehenden Geburt. Nun ist das Kindlein geboren, und man möchte den Wildschweinen folgen. Doch die frische Mutter kann noch nicht gehen. So

7/51 wird man sich wiederum trennen. Schlussendlich folgt jeder seinem Herzen und Magen. In der Regel folgen die Besucher eines Gebiets dem Sinn des ortssässigen Häuptlings. – Nicht immer wird als geschlossene Gesellschaft gezügelt; so verlässt an einem Tag ‹Buki› die Siedlung, um die Hütte bei seiner hochschwangeren Schwester aufzuschlagen. Eine Woche später flieht ‹Jeraku› vom verflixten Ort, weil seine Frau von einem fallenden Ast getroffen wurde. Zwei Tage später folgt ihm sein Schwiegersohn. Als letzter zügelt ‹Tebaran›, der noch mit Sago beschäftigt war. ‹Pega› und ‹Selai› schlagen ihre Hütten immer zusammen auf und trennen sich nicht; die kinderlose ‹Kijang› hat einen Säugling ihrer Schwester angenommen, doch braucht dieser noch Muttermilch. Schreit er allzufest, so wandert er zurück in die Nachbarshütte zur beruhigenden Brust. – Ein vollständiges Bild des Siedlungswesens und der Wanderschaft wiederzugeben, gestaltet sich schwierig, da sich immer wieder verschiedene Familien aus bestimmten Gründen vereinigen oder trennen.

7/52 Innert zwei Wochen wurden nur vier Wildschweine erbeutet, neben einigen Niakitaffen und eines Keboks und einer Python. Für die 46 Bewohner von 11 Hütten wäre das kaum genügend Nahrung gewesen. Glücklicherweise sandten hin und wieder Verwandte von jenseits des Bare-Fluss Fleisch. – Zwei Jungen begegnen unterwegs einer verendeten Hirschkuh, welche ‹Pegá› zwei Tage zuvor mit dem Blasrohr geschossen, ihre Spur aber im Bach verloren hat. Die zwei Burschen tragen das Fleisch nach Hause – es stinkt auf Entfernung. Der Leichengeruch verschlägt mir den Appetit, und mit dem besten Willen bringe ich keinen Bissen herunter. – Das erste Mal leide ich unter ernsthaftem Durchfall seit zwei Wochen und werde vorsichtig. – Bis jetzt hatte ich noch nie Durchfallmedikamente eingenommen. Ein akuter Durchfall von ein-zwei Tagen ist harmlos – ist er doch nur das Heilungsbestreben des eigenen Körpers, der sich möglichst schnell von Giftstoffen im Verdauungssystem entledigen will. Salzlose Kost – nicht eine Prise gesehen seit bald zwei Monaten. ~

Ein Tunyin-Kind wird aufgezogen. Der kleine Vogel hält sich an Bachläufen auf. Sein Fleisch soll scharf schmecken und wird kaum genossen. ‹Ju-ing› stellt mit seinen Hunden ein Stachelschwein,

Anak Tunyin

7/53 doch er lässt das gespeerte Borstentier zurück, da sein Fleisch nach Utung-Früchten riecht; sein Genuss würde nur Brechreiz erzeugen. Auch nach dem Fressen von Bambus-Aput-Früchten oder Schösslingen des Rotans ‹Teggoro› wird Stachelschweinfleisch giftig.

Die Siedlung löst sich wiederum auf. Beinahe sämtliche Mitglieder wandern nach Long Siang zu einem Meeting mit der Regierung. Nur zwei Hütten sind wir verblieben. Die Mutter mit dem frischgeborenen Kind kann noch nicht schwere Lasten schleppen. Langsam wandernd, schliessen wir uns wieder den Verwandten jenseits des Barefluss an, wo viele Wildschweine den reifen Eicheln (Buah Tekalet) nachgehen.

Unterwegs auf einer Hügelkuppe begegnen wir einem Punan-Brief, welcher Weitergehen in eine Richtung verbietet. – Während man an der Botschaft herumrätselt, schlägt das aufgezogene Medok-Affen-Kind seine Kapriolen. Mit spitzbübischem Gesicht macht es sich hinter die abgestellten schweren Traglasten. Aha – auf die in der Kawapfanne eingetrockneten Apo-Reste hat der kleine Dieb es abgesehen. Schaut schnell links und rechts – die Luft ist rein – und kratzt im Geschirr. Immer wieder sichernd, um bei Gefahr sogleich schelmisch zu türmen. ‹Buki› und ‹Juing›

7/54 lesen die Botschaft, drei hintereinander in den Pfad gepflanzte Holzdiagonalkreuze; deren Rinde ist seitlich geschabt. Im ersten steckt ein Giftpfeil (Tahad). Zwischen den Kreuzen zeigt ein Zweig in die gelaufene Richtung «Halt!» «Gehe nicht hier auf diesem Pfad. Es schmerzt! Ich schiesse dich mit dem Blasrohr! – Halt! Es schmerzt! – Ich selbst laufe in jene Richtung. Ein drittes Mal, Halt! Ich meine es ernst!»

Man rätselt, wer den Brief geschrieben haben könnte. Man findet keinen Grund, warum jemand so wütend sein sollte. – Ich frage die Leser, ob sie den bösen Brief nicht zerstören? Nein – auf solchen Botschaften liegt ein Bann. Wer die Äste aus dem Boden zieht wird krank oder gar sterben.

Ich fürchte mich nicht. Strahlt der Brief wirklich Böses aus ... Im Namen der Urkraft, welche dieses Universum ständig schafft, beseitige ich die Botschaft.

Später stellt sich heraus: Das ‹Oro› war nicht in böser Absicht geschrieben, der Verschluss von ‹Bo›s Köcher hatte sich wegen einem spielenden Hund gelöst, und die herausfallenden Giftpfeile verstreuten sich auf dem Pfad. Einige Spitzen waren abgebrochen und nicht mehr findbar. Der Brief sollte verhindern, dass jemand in eine Pfeilspitze trat. –

Dafür fürchtet sich Bo nun vor meinem ‹Gegenzauber›, ich kann ihn beruhigen.

7/55 Mit Madun auf Fischfang am Barefluss, zwischen Mündung des Leoparden- und Pythonbachs. Wo sich der Fluss ein Felsentor gefressen hat, bleiben zwei-dreipfündige Ayat-Fische auf der Strecke im Wurfnetz. Die grossen Fische sind über die seichten Stellen flussaufwärts bis hierhergewandert, und finden angenehmen Lebensraum in den immer wieder von kleinen Wasserfällen und Stromschnellen gespiesenen Tümpeln. –

Frau Schildkröte Labi mit ihrer langen Nase guckt misstrauisch in die Welt, und verkriecht sich vorsichtshalber in Deckung unter ihren Panzer. Ihr Missbehagen ist berechtigt, denn schon naht Pegá und spaltet ihr den Schädel. Das urweltliche Tier lebt in Tümpeln kleiner und grösserer Bäche und wird hin und wieder Opfer am Angelhaken eines Fischers.

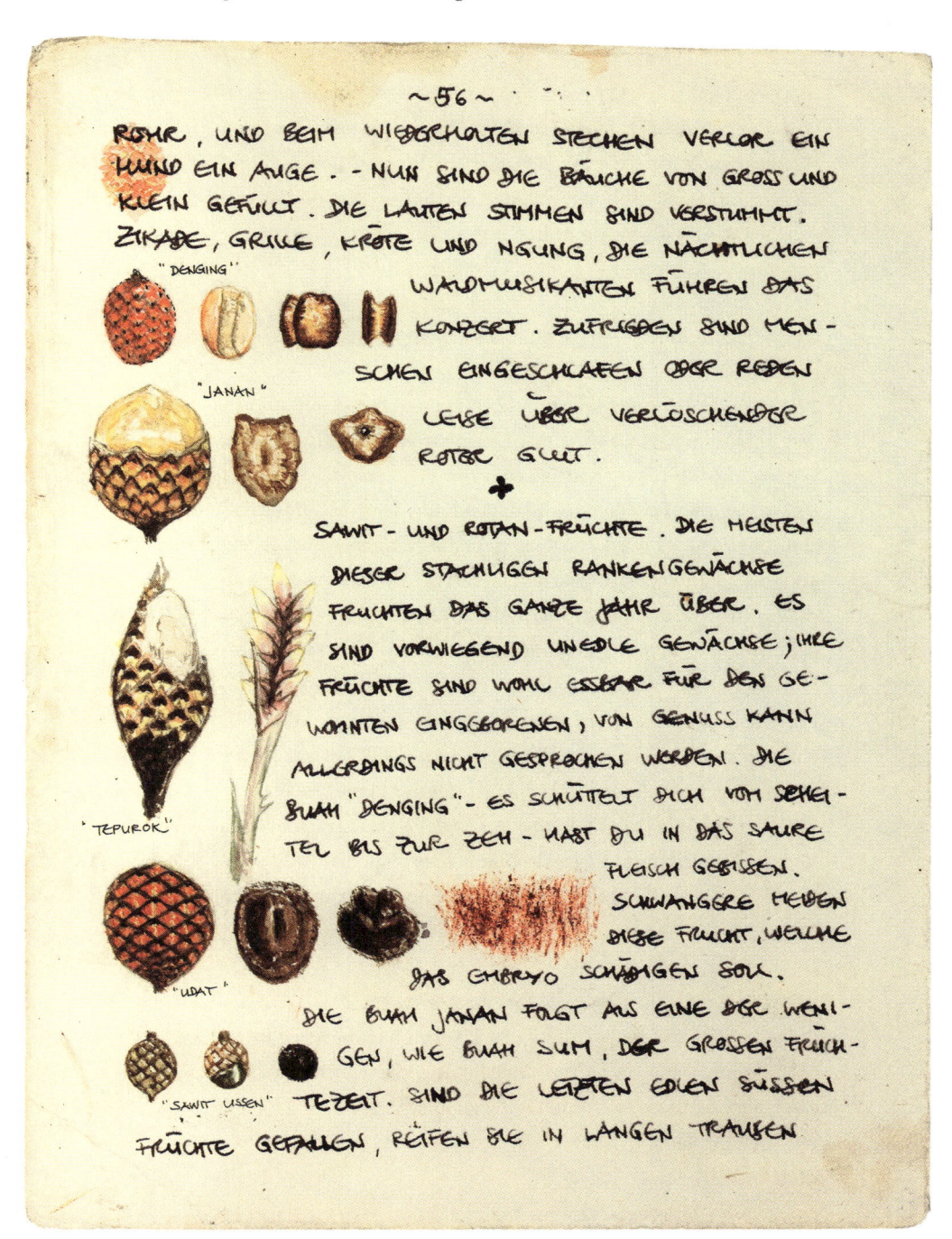

Fröhliche Stimmen hallen, wo im Dunkel des Waldes Herdfeuer flackern. Vier Wildschweine wurden heute erbeutet, mit Hunden gestellt und gespeert oder mit Pfeilgift erlegt. Ein Eber biss ins Blasrohr, und beim wiederholten Stechen verlor ein Hund ein Auge. – Nun sind die Bäuche von Gross und Klein gefüllt. Die lauten Stimmen sind verstummt. Zykade, Grille, Kröte und Ngung, die nächtlichen Waldmusikanten führen das Konzert. Zufrieden sind Menschen eingeschlafen oder reden leise über verlöschender roter Glut.

Sawit- und Rotan-Früchte. Die meisten dieser stachligen Rankengewächse fruchten das ganze Jahr über. Es sind vorwiegend unedle Gewächse; ihre Früchte sind wohl essbar für den gewohnten Eingeborenen, von Genuss kann allerdings nicht gesprochen werden. Die Buah ‹Denging› – es schüttelt Dich vom Scheitel bis zur Zeh – hast Du in das saure Fleisch gebissen. Schwangere meiden diese Frucht, welche das Embryo schädigen soll. Die Buah Janan folgt als eine der wenigen, wie Buah Sum, der grossen Früchtezeit. Sind die letzten edlen süssen Früchte gefallen, reifen sie in langen Trauben

Labi Ø 50 cm

‹Denging›
‹Janan›
‹Tepurok›
‹Udat›
‹Sawit Ussen›

7/57 hoch oben an dem dicken Rotangewächs. Will man ihrer habhaft werden, muss ihr Kletterbaum gefällt werden. In Mangel von anderen Früchten werden die Vitaminspender in grossen Mengen verzehrt, obwohl sie ‹lange Zähne› machen, ihre Säure die Zähne angreift. – Der Stengel von Janan wird zu Armspangen verarbeitet, der Saft ist Bestandteil der tödlichen Pfeilgiftmischung ‹Tacem Sinowai›

Die Schalen der unreifen Udat-Früchte enthalten einen rot leuchtenden Farbstoff, und dienen zum Färben von Rotanflechtwerk. Die ‹Ihat Uai› werden in Bündeln zusammen mit den Schalen gekocht.

‹Tepurok› ist ein kleinwüchsiges Sawit von 1–2 m Höhe und wächst in Ufernähe. Seine Früchte sind wohlschmeckend wie die von Udat. – Von sämtlichen Sawit-Früchten bilden die Janan als einzige eine Rolle im Speiseplan des Eingeborenen. Sämtlichen übrigen sind eher ‹Spielfrüchte› und sind von Kindern beliebt.

Im Dschungel herrscht kein wildes Chaos. Das Leben entwickelt sich wie überall nach dem Gesetz, welches der Natur innewohnt. Das kleinste Wesen hat seinen ganz bestimmten Lebensraum. Die vielfältigen Beziehungen bilden ein harmonisches Ganzes, welches wir moderne Menschen nur all zu oft stören. Ohne Sagopalme

7/58 würde der Pesunga-Käfer wohl aussterben, sowie der eingeborene Punan von ihr abhängig ist.

Die Natur ist erstaunlich wandlungsfähig und findet immer wieder Anpassungsfähigkeiten des Lebens – bis einmal das Mass voll ist, und ein Fluss oder See oder der Wald stirbt…

Die letzten Bao-Früchte kündeten das Ende der grossen Fruchtzeit. Doch immer wieder löst ein ganz bestimmtes Gewächs ein anderes in Blüte oder Frucht ab: Kaum waren verschiedene ‹Raha›-Früchte aus den Kronen gefallen, bedeckten auch die rotglänzenden kleinen ‹Nieparai› den Boden am Fuss ihrer Mutterstämme, gärenden Geruch verströmend. Ihr scharfes Fruchtfleisch wird kaum genossen. Nun, im Juni, fallen die wunderschönen ‹Sakit-Iwa› (Blasen-Schmerz) Blüten und bilden einen rot-gelb-leuchtenden Teppich unter der Liane. Sie werden begleitet von den ‹Nonok›-Früchten, welche von verschiedenen Vögeln, Hörnchen und gar Fischen begehrteste Nahrung sind. Die Liane kommt in über einem Dutzend Arten vor, welche dem Eingeborenen bekannt sind. Die graurindige Nonok-Liane

7/59 ist schon mehr ein Baum: 30–40–50–60–70 cm Ø! Die Punanjungen hoffen auf reiche Beute und klettern frühmorgens in die Baumkrone. Das Blasrohr an einer Rotanleine nachziehend lauern sie im Laub versteckt den anfliegenden Vögeln.

So warnt in einem Sprüchlein der Specht ‹Mobo› sein Kind:
«Kerototok nat, mai kahut nak, tuwai Punan dad!»
«Kind Kerototok, sprich nicht, Kind, ein Punan kommt, Freund!»
In der Sage vom ‹Oia Abeng› lautet ein Vers:
«Mejerung mejung pu-an
Mejiké mejung tellé
Mejikit mejung sui luhit
Sui melut lepa kajut
Neng ke matai
Nou kunwai manai
Maping lasan!»
Oia Abeng ist auf einen Baum geklettert und lauert den Nonoklianenfrüchten fressenden Tieren: Dem Hörnchen Puan, dem Zwerghörnchen Telle, den Vögeln Sui – schon flattern Flügelschläge. Nicht eins tot – auch kein Kuwai-Männchen. Alle sind sie versteckt im Äste-Laub-Gewirr!

7/60 Ein junger Hund ist gestorben. Die Punanfrau heisst mich, ein dünnstämmiges Bäumchen mit der Wurzel auszureissen: ‹Telikut›. Nur an der Spitze des daumendicken kahlen Stämmchens sind wenige wechselständige ledrige Blätter. Ein Stückchen der Pfahlwurzel wird dem Brüderlein des verstorbenen Hundes als Amulett um den Hals gebunden, um es vor Krankheit und Tod zu schützen. «Wir haben leider keine Medizin». – Als Schnur dient der Bast des Stämmchens, welcher auch wie Beripun und Tellako als Träger für Wildschweinlasten verwendet wird.

Frühmorgens ruft es: «Anak Loho!», und alles macht sich auf die Beine zu den einen Steinwurf hügelabwärts aufgeschlagenen Hütten. Schon unterwegs kräht uns die laute Stimme des frischgeborenen Säuglings entgegen. Die Gebärende sitzt auf zwei dicken Ästen (Gelan), etwas erhöht über dem Boden befestigt. Sie ist ohnmächtig, gestützt von ihrem Mann ‹Bo›. Die Nachgeburt ist schon gefolgt und durch den Zwischenraum (Giwan Gelan) heruntergefallen. ‹Geboren› ist in Punansprache gleichbedeutend mit ‹gefallen› = ‹Peloho›

7/61 Ein See von Blut – und weiterhin tropft es. Die Gebärende hat rasenden Puls, kalten Körper, und ist vom Blutverlust geschwächt. Wohl während zwei Stunden erwacht sie hin und wieder aus ihrem Koma, mit verdrehten Augen, und fällt gleich wieder in Bewusstlosigkeit.

Das im Schmutz liegende frischgeborene Wesen tut mir leid. Sein knallroter Körper ist mit Erde, Laub und Holz verklebt. Der scharfe Dorn einer Ranke hat ihm schon einen Blutfleck in den Kopf gestochen. Wohl will eine Frau ein grosses Blatt unter den Körper des Kindleins schieben, doch der Gatte verweigert jegliche Annäherung an den Säugling. – Es scheint Punan-Sitte, dass nur die Gebärende selbst den Säugling aufnimmt, seine Nabelschnur mit einem Bambusmesser kappt und ihn wäscht. Stirbt die Gebärende, ist auch das Kind des Todes. Ammen scheint es nicht zu geben. Ich vermute, der Gatte verweigert Berührung des Kindes aus Angst, seine Frau könnte sterben.

Besorgt schaut er ins Antlitz seiner Geliebten… Intensität des Lebens!

Männer versuchen der Frau Kraft und Leben zu geben, indem sie sich auf den Finger spucken, und

mit magischem ‹Pelep› der Leidenden über Scheitel, Stirne, Brust und Arme streichen. Endlich – bald um Mittag, hat sich die Gebärende erholt; ist wieder bei Bewusstsein und kann sich um den Säugling kümmern: Das Kindlein war ohne Hilfe auf die Welt gekommen, nur der Gatte war nahe. Als ich mich während der Ereignisse kurz entfernte, folgte mir der alte Häuptling Lisi und sprach: «Segit»*. Männer schauen den Säugling nur kurz von Ferne (selbst sass ich die ganze Zeit nahe der Gebärenden und hielt ihr die Hand, immer wieder einen Blick auf die

Do Buki
Sun

Blutung und das Kind werfend). [«]Geh nicht nahe! Der Blick auf das Neugeborene schwächt dich, macht dein Fleisch schwer und müde. Nie halten sich Männer längere Zeit in der Nähe des Frischgeborenen auf.»

* ‹Segit› scheint gleichbedeutend mit ‹schmutzig›,

[Fortsetzung der Anmerkung ‹Segit›]

wird doch derselbe Ausdruck verwendet, falls Kinder oder Hunde zu nahe der Speise kommen und man sie zurechtweist.

Für eine Weile isst der Gatte keine von der frischen Mutter bereitete Speise. Doch kann er wohl selbst für die gesamte Familie kochen und mit seiner Frau dann gemeinsames Mahl einnehmen.

Paradies für Lausbuben und Lausemädchen. Drei Frätze klettern an einer dicken schön geringelten Ikup-Liane herum. Die Turnerei ist ansteckend und auch mich reizt die Höhe. Doch der auserkorene Sessel ist halb so bequem. Nicht lange pfeiffe ich da fröhliche Liedchen auf der Flöte – der Hintern tut mir weh – und die Erde hat mich wieder. Die Ikup-Liane gilt als Zahnwehmedizin; mit dem Sud der roten Rinde wird der Mund gespült.

Buki's Gattin ‹Sun› trägt als eine der letzten Punanfrauen noch den traditionellen Ohrschmuck, die Tekaleng. Ein konisch zugerundetes Holz wird in den durchlöcherten und immer mehr geweiteten Hautstrang des Ohrläppchens gesteckt. Eine ganze Reihe von

Hölzern kann dazu verwendet werden, sowohl harte als auch weiche wie Takeng Kuiat, Tuleng, Lieng, Tatad, Kelletang, Kerangan, Sepungen, Gitá, Basá und Pidau. – Ich verziere ihre unbeholfen geschnitzten Tekaleng mit einem Pentagramm-Stern. Hin und wieder benutzt die Frau auch die zwei inneren Blattstreifpaare, nach Entfernen des Mittelnervs, von einem noch geschlossenen Sepelak-Blattwedel (Sang). Sepelak ist ein fussendes stachliges Palmgewächs ähnlich wie ‹Sum›, mit essbarem Herz wie Früchten. Dabei rollt sie die einzelnen Blattabschnitte von weissgelblicher Farbe zu einer schönen Spirale zusammen. – Schnell geht altes Brauchtum verloren. Vor zehn Jahren trugen angeblich noch die meisten Frauen ihre Tekaleng*, sowie Männer ihren Lendenschurz und Arm- und Beinreife aus Rotan (Selungan). Der Eingeborene von heute folgt in der Regel modernem Stil. So hat sich die junge ‹Dang› das verlängerte Ohrläppchen übers Ohr gestülpt, ähnlich wie sich Kellabitmänner und -frauen diese gleich

* Tekaleng sind nicht typisch weiblicher Schmuck. Sämtlichen Grossväter schmückten sich noch damit. Nur der Häuptling von ‹Batu Bungan› hat seine als Letzter noch nicht fortgeworfen.

abschneiden liessen, oder sie mit einer Sicherheitsnadel verstecken. –

Umsomehr freue ich mich, wenn mich ein Mann nach dem andern darum bittet, sein Haupt mit geschärftem Taschenmesser im traditionellen Ringschnitt zu rasieren.

Der junge Punan von heute erinnert kaum noch an seine Väter. Wundere dich nicht, wenn dir im Dschungel ein Eingeborener in Hosen mit ewigen Bügelfalten und Sonnenbrille begegnet, die Frau mit Büstenhalter und Lockenwicklern im Haar.

15 8–8–8, Buah Sepelak

Verschlägt es hin und wieder einen der letzten Dschungelnomaden talwärts bis nach Marudi/Miri, so wird er gedrängt, sich in der äusseren Erscheinung anzupassen. Im Lendenschurz könne er nicht herumlaufen, wurde Matthius angewiesen, der Arbeit in einer Ölpalmplantage suchte. Saya begleitete seinen vom Baum gestürzten Bruder per Helikopter ins Spital, zog es aber vor, im gewohnten Stil zu wandeln. Als Tebaran nach Miri flog, um ein Gewehr zu kaufen, steckte man auch ihn in moderne Kleider.

(Salacca)

7/66 Zwar war er wie mancher Punan vergeblich den weiten Weg gegangen, und kam ohne Lizenz und Gewehr nach Hause, dafür war sein Gepäck bereichert um einen Kasettenrekorder. – Als ich Häuptling ‹Lisi› darum bat, mir Talun zu zeigen, um mir aus dessen Bast einen Lendenschurz zu fertigen, meinte er gar, die Regierung erlaube dies nicht – man käme sogar ins Gefängnis und müsse Kleider aus Stoff tragen.

Während ich Begegnungen mit dem Punan suche, welcher der Tradition folgt, werde ich mir der Gefahr bewusst, den Menschen an sich aus dem Mittelpunkt zu verlieren. Der Eingeborene im Lendenschurz ist mir symphatischer als der sonnenbebrillte – er scheint mir echt, da auf eigenem Grund und Boden gewachsen. Doch bürgt die äussere Erscheinung noch nicht für die Echtheit.

Der Mensch an sich dürstet nach Erfahrung. So wie mich selbst alles Fremde, Unbekannte anzieht, sucht auch vor allem der junge Eingeborene Begegnungen mit Unbekanntem ausserhalb seines traditionellen Lebenskreises. Nur zu oft empfindet er dabei seine eigenen Wurzeln als nichtig, im Vergleich zur modernen Welt. Irgend einer Pille schreibt er mehr Heilkraft zu als der Kräuter- und Rindenmedizin seiner Väter.

Ja – immer wieder sind es ältere Menschen,

7/67 die mich anziehen. Häuptling ‹Lisi› definiert ‹alt› kurz und treffend: «Nicht lange, und man ist tot.» – Im Anblick des Todes fällt viel Seelenballast weg, und der Mensch besinnt sich auf das Echte. Der alte Mensch hat sich seiner Umwelt gewöhnlich schon genügend bestätigt. Das Schwinden der körperlichen Kräfte erlaubt selten mehr Luftsprünge. – Das gelebte Leben hat durch Wunden und Narben Illusionen aufgedeckt und vielleicht etwas Weisheit wachsen gelassen.

‹Lisi› meint, früher sei er dumm gewesen. Er fürchtete sich zum Beispiel, er könnte ins Spiegelbild der Baumkronen fallen in einem auf den Boden gelegten Spiegel.

Immer wieder besorgte Gespräche wegen den täglich weiter in ihre Jagdgründe eindringenden Bulldozern und Holzfällern. Die mündlichen

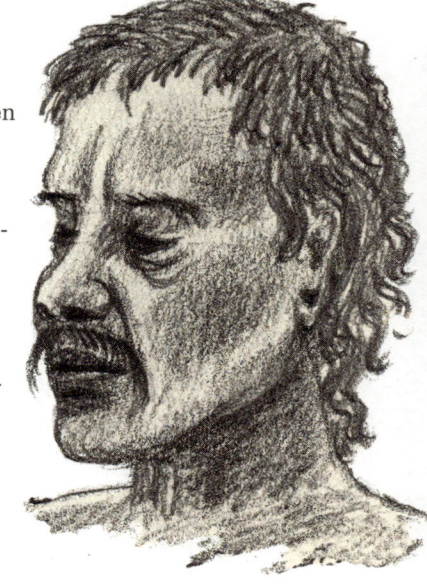

Balan

7/68 Appelle der Punans in Long Siang an Regierungsvertreter verlaufen stets im Sand. Der Gewinn für eigene Taschen ist reich, und man gesteht der Urbevölkerung keine Rechte zu. Die Punans sind die ärmste Bevölkerungsschicht Sarawaks. Ihr einziger Reichtum ist ihr Dschungelparadies, welches tägliche Nahrung spendet. Und dies wird ihnen nun von der reichsten Bevölkerungsschicht, den Regierungsvertretern und Company-Bossen abgenommen. Wehren sich die letzten Dschungelnomaden nicht gegen Enteignung, würden sie bald zu Sesshaftigkeit, Ladang- und Lohnarbeit gezwungen.

‹Bo› hat an Mündungen längs des Bare-Fluss Botschaften angebracht. «Halt!» Du bist in diesem Gebiet unerwünscht! Kehre wieder um! Die Nachricht gilt den Kellabits, welche ohne vorherige Absprache mit den ortsansässigen Punans mit Farbe die Grenze ihres eigenen Waldreservats angebracht hatten. – Unwissend war ich ihnen damals sogar dabei selbst behilflich. Die Kellabits selbst sind auch in Sorge über die Holzfällerei; die Kompanies könnten wie schon an andern Orten talwärts

Grossmütterchen Iká

7/69 sämtliches Nutzholz schlagen, so dass nicht einmal eine dorfeigene Reserve für Haus- und Bootsbau bleibt. Nach dem Erklären eines eigenen Waldreservats ist ihnen aber das Schicksal des übrigen Dschungels und der darin hausenden Punans gleichgültig. Sie beziehen gar von einer Kompanie Kommission, wenn auch eine lächerliche, für Gebiete, in welchen sie nie heimisch waren, die aber angestammtes Punanerbe sind. Die wirklichen Bewohner des Dschungels ‹vergass› man dabei um ihre Meinung zu fragen. – In der Zwischenzeit ist es dem Punan klar: Er wehrt sich nicht für eine lächerliche Kommission, welche doch bald verflogen ist, sondern für die Erhaltung seiner Lebensgebiete.

Der alte ‹Lawang› war allein nacht's in der Gegend von Lio Matoh unterwegs. Ein Lupak warnte aus einem Baum. Lawang vermutete einen Kopfjäger (Panjamun) und legte einen Giftpfeil (Belat) ins Blasrohr. Nach einer Weile wurde er des Leoparden gewahr, über ihm auf einem Ast. Er schoss ihm den Pfeil in den Leib. Die getroffene Raubkatze sprang

aufwärts und fiel eine Weile später herunter. Ihr schön gezeichneter Pelz wurde als Schlafmatte verwendet.

Vergangenes Jahr trafen ‹Suti Tilo› (Kurzer Penis) und sein Bruder einen Leoparden am Patá-Fluss. Sie hörten seine Stimme, worauf sie sich anpirschten. Er ruhte etwas erhöht auf Lianengewirr. Neben ihm lag das morgens erbeutete Wildschwein, an dessen Kadaver sich weitere vier Wildschweine gütlich taten. Den Leoparden störte dies nicht, hatte er sich seinen Ranzen doch schon genügend vollgeschlagen. Hals über Kopf türmte die ganze Bande, als sie den Geruch der Menschen gewahr wurden. –

Häuptling Lisi ist in seinem Leben nur einmal einem schwarzen Panther begegnet; er schoss diesen am Sungai Kubaan. – Ein von Kellabits erbeuteter Leopard hatte Durian-Früchte in seinem Bauch (Ba Sungan). Ein anderer plünderte die Fischfalle (Bareng) der Kellabits an der Yap-Mündung. Wie Hirsch, Schwein und Affe, soll auch die Raubkatze von Mineraldrücken (Sungan) trinken. – Hin und wieder begegnet man auf Hügelkuppen einem schwarzen Fleck auf der Erde Ø ~20 cm. Die Eingeborenen identifizieren ihn als Urinierstelle der Raubkatze. Doch sie selbst ist selten geworden und kaum je bekommt man sie zu Gesicht. – 1983 wurden Punans vom Barefluss durch Leichengeruch in der Nähe des Leoparden-Bachs aufmerksam. – Sie fanden einen toten Leoparden (Bilung). Sein ganzer Körper war von Bisswunden bedeckt, und auch seine Gurgel durchbissen. Eine Herde todesmutiger Kuiat-Affen (Langschwanzmakakke) hatten der Raubkatze, ein ausgewachsenes Männchen, den Garaus gemacht.

Im Glauben der Punans ist der Leopard der

Kuiat

Enkel des grossen Tiergeistes ‹Tepun›, ein Tiger-artiges Wesen, welches auch Menschen frisst.

Wird ein Leopard erbeutet, so klopfen die Jäger zu Hause mit Hölzern den ‹Atui›, um den Geist des Leoparden zu verscheuchen.

Der ‹Atui› ist ein waagrecht aufgehängter oberschenkeldicker Baumstamm. Auf einer Hügelkuppe zwischen Bare- und Tarumfluss liegt noch der damals benutzte Atui. Die Rotanverschnürung ist in der Zwischenzeit verfault. Ein Pfahl ist mit einigen Holzlocken (Ceprut) verziert, und der Schädel der Katze daraufgesteckt. Deren Eckzähne sind talwärts verkauft worden; sie waren schon früher wichtiger Handelsartikel, da sie zum traditionellen Ohrschmuck eines jeden Kellabit-Mannes gehören.
In der Nähe von Bareo folgte ‹Maren Sakai› auf der Jagd. Die Hunde stellten einen Leoparden. Bis die Jäger hraneilten, hatte dieser schon zwei Hunden das Genick durchbissen. – Derselbe Kellabit schoss vor vielen Jahren eine Raubkatze auf nächtlicher Jagd am Sungai Letéh, Seridan.

Der Kuiat sprach: «Morgen baue ich mir eine Hütte.» Am nächsten Tag regnete es. Wiederum sagte der Kuiat: «Morgen baue ich mir eine Hütte.» Die Hütte des Kuiat ist nie gebaut worden. *Do Pegá*

Die Punan-Tradition kennt keine Drogen. Weder Betelnüsse noch alkoholische Getränke noch sonstige berauschende Kräuter. Tabak wurde wohl vor einigen Jahrzehnten von den Briten eingeführt und entwickelte sich zum begehrten Tauschartikel. Heute spielt er eine wichtige Rolle im täglichen Leben von vielen Punans. Während salzlose Ernährung dem Dschungelnomaden keinerlei Mühe bereitet, wird für die gewohnten Raucher die Situation schwierig, wenn der Glimmstoff ausgeht. So war ‹Tuong› vom Kubaan zwei Tagesmärsche gelaufen, nur um seinen Bruder um etwas Tabak zu bitten. Wer hat, verteilt in kleinen Prisen. Nur wenige ziehen den Rauch tief in die Lungen. Etwa 1/4 bis 1/3 der Dschungelnomaden raucht.

Jemand überbringt die Nachricht, ein Punan von Long Ballau wolle das dort weilende Kind ‹Lisis› vergiften. Ich denke – dummes Geschwätz. – Der alte Mann bittet mich, ihn zu begleiten, da er ungern alleine reist.
Im alten Kellabitsiedlungsgebiet am Ba Tarom begegnen wir dem dickstämmigen ‹Neb› Seine etwas rauhe, längsgefurchte Rinde ist unter der Oberfläche rot und wird als Tuba (Fischgift) verwendet. Kaut man sie, entsteht in der Spucke reichlich Schaum. Am Yap- und Beripun-Bach sind einige Mineralquellen. Rot drückt die ‹Tila› aus dem schwarzen Gestein. Es riecht nach faulen Eiern; gewiss ist sie schwefel- und eisenhaltig. Die ‹Sungan› sickert mit weisslichem Niederschlag aus dem Gestein am Rand des Bachbetts. Hirsch, Reh, Wildschwein und Affen stillen hier ihren Salzbedarf. Das Wasser enthält dem Geschmack nach wohl auch Schwefel und ist leicht salzig.
Nachdem ein Hirsch und Tella-ó geflüchtet sind, begegnen wir einer Kuh mit Kalb. Regungslos verharren wir, während sich die beiden uns nähern. Lisi legt einen ‹Belat› ins Blasrohr. Ich weise ihn an, das Kalb zu schiessen. Doch er bläst der Kuh den Pfeil in den Bauch. – Er ist nicht bereit, dem getroffenen Tier zu folgen und will vorwärtsmarschieren. Ich werde böse und scheue mich nicht, ihm zu sagen, er sein ein Dummkopf. Gerade kurz zuvor hatten wir miteinander gesprochen und waren uns einig geworden, dass es sinnlos ist, ein grosses Wildschwein oder einen Hirschen zu schiessen. Die schwere Beute würde unsere Reise nur unerwünscht unterbrechen. «Wenn Du nur als Spiel ein Tier schiessen willst, so breche vorher die Giftspitze vom Pfeil. Du hast Freude, wenn Du triffst, und das getroffene Tier, bis auf ein wenig Schmerz, keinen Schaden!» Ich versuche dem Eingeborenen klar zu machen, dass sämtliche Bewohner des Waldes ihr Leben lieben. «Wer nur aus Spiel tötet, nicht aus Hunger – verletzt ein Lebensgesetz. Der Geist des Tieres wird wütend. Vielleicht wirst Du später einmal Hunger leiden.»
Meine vorgefasste Meinung von der Haltung des Eingeborenen, der noch nahe am Ursprung lebt, zu seiner Umwelt, hat sich als unzutreffend erwiesen.
Da ist kein Punan, der mit dem dicken Baum spricht, und ihn um Verzeihung bittet, ehe er ihn fällt. – In der Punansprache existiert kein Wort für ‹Danke›. Die Natur spendet, und man nimmt. – Alles, was sich

bewegt, dient als Ziel des Blasrohrpfeils, ob zur Nahrung, oder nur aus Spiel. – Wollen einem ungeheure Kräfte, Geister böse – so versucht man sie mit sympathetischem Zauber zu zwingen. Wohl fürchtet man sich vor ihnen, doch zugleich schützt man sich gegen sie in kämpferischer Haltung: Den donnernden ‹Bali Linen› weist man mit lauter Stimme zurecht. Die Krankheit verursachten Termiten (→ Rengen) – der Geist in ihrem Bau wird erstochen und erschlagen, bis ‹Blut› aus dem Herzen des Baus fliesst. Die Ein- und Ausgänge sind gleichsam Mund, Augen und Nasenlöcher des Geistes…
Als wir nach dem Zwei-Tage-Marsch mit wohlbehaltenem Kind von Long Ballau zurückkehren – die Geschichte von Giftmischerei war nur ‹Tosok belach, ha tebok› – üble Rede dazwischen – treffen wir auf Beute: Die getroffene Hirschkuh von gestern hatte sich nicht mehr weit entfernt. In einer in Fels geschliffenen Badewanne, von klarem Wasser gespiesen, hat das Tier unter der Giftwirkung Kühle gesucht und ist dort verendet. So hat sich glücklicherweise noch kaum Verwesung breit gemacht. Wir entfernen Haut und Knochen und schleppen nur Fleisch und Mark. Glücklicherweise hat Lisi stets seinen Feuerstein, ein Stück Quarz, Zunder (Pub) und das Eisen eines gebrochenen Buschmessers bereit. Er schlägt ge-

7/77 wöhnlich nur einmal – schon ist der Funke in den Zunder gesprungen. Unter Blasen bildet sich Glut. Für seine Glimmstengel hat's gereicht, doch um Feuer zu machen braucht's eine Flamme. – Lachend opfert Lisi einen Zipfel seines alten, schon eher zu kurzen Lendenschurzes. Traditioneller Zündstoff wäre ein handgrosser Wisch fein geschabter Daun-Blattstengel. – Auf einem Holzrost (Pasó) grillen wir sämtliches Fleisch über heftigem Feuer und übernachten.

Magoh-Fluss. Wo wir auf dem Hinweg einer frischen Python-Spur, oberschenkeldick, begegnet waren, will ich nun doch einen Blick in die Umgebung werfen. Der alte Häutling ist nicht gleicher Meinung – er hat eine Abneigung gegen Schlangen – und setzt seinen Weg fort. Ich vermute ein schwer gesättigtes Reptil, das im Gewirr gestürzter Stämme am Flussufer döst. Die Böschung ist unterhöhlt; die Schleifspur führt zwischen senkrecht stehenden Wurzeln ins Dunkel des Baues. Leider fehlt das nötige Licht. Als ich lehmverschmiert wieder stehe, türmt aus einem oberen Eingang ein Stachelschwein – es wohl meinen Geruch von unten in die Nase bekommen.

Tetong Uwut
Krl: 50 cm ⎱ 70 cm
Sl: 20 cm ⎰

7/78 Juni. Seit ein paar Tagen kein Regen. Die Kelabits von Long Seridan sind wohl fleissig am Dschungelroden – für die neue Reissaat. Der Magohfluss ist glasklar. Immer wieder queren wir das Bachbett an seichten Stellen und schneiden Mäander und schwierig begehbare Böschungen ab. Wo sich der Fluss tief durch den Fels gefressen hat, da schwimmen im blaugrünen Element wohl ein Dutzend 2–3 pfündige Semá-Fische (Ayat) und dazwischen, nahe der Oberfläche ein armlanger Lulud. – Ich juchzge vor Freude und springe gleich vom Felskopf ins Paradies.

Kindervers

«Buk – buk – wak	«buk – buk – wak
Ahme teloh panak	Wir drei Kinder
Nggrà anak urak	braten ein Ferkel
Seluat batu barak	hinter dem Barak-Stein.
Ke teben jipen bilung	…… Zähne des Leoparden
Tekieng utui paseng	….. Axt
Kemanen djin dau ba	Eine Python kommt vom Wasser
– kelap dja!»	einer springt davon!»

7/79 Bei diesem Spiel beigen die Kinder ihre Hände zu einem Turm, wobei jede den Daumen der unteren fasst. Während des Sprechens des Reims wird der ganze Handturm bei jeder Silbe auf- und ab-geführt. Als die Python kommt, flüchtet die oberste Hand.

Der Reim wiederholt sich, bis nur noch eine übrig bleibt. Dieser Teilnehmer fährt sich mit den Fingern durchs Haar und spricht:

«Kebit Bok Among» «Lang ist das Haar des Neffen»

Bali Sa-ai	**Der Geist des Frosches**
«Tui-tá	Tui-Ta
Tui-payá	Tui – am Quell
Teleká	Streckt alle Viere von sich
Patai Sa-ai	Der Tote Frosch
Tejat Aba	Getroffen von einem fallenden morschen Baum
Djin Baeng	von talwärts
Ba Majem	
Bala Takeng	Rot das Käpplein
Jám Len Apo Paduk	Ein Flügel wie Sago-Schaum
Nihin Tunyin	heisst den Tunyin
Molem Mavuk	Geht heimwärts kotzen
Kami Matai Malem	Gestern sind wir gestorben
Nierida Uma Majem»	Im ge ...... n Haus [unleserlich]

7/80 Herstellung des Bambusköchers

Neben Rotan und Blasrohrholz spielt Bambus unentbehrliche Rolle im Punanhandwerk. Seine Hohlform ladet geradezu ein, ihn als Gefäss zu benutzen. In seinen Abschnitten wird das Trinkwasser nach Hause getragen und gekochtes Schweinefett gelagert. In ihm kann Nahrung gekocht werden. Pfeilköcher und Büchse für Feuerstein und Zunder (Tekek) sind daraus gefertigt. – Sanft melancholische Klänge, wie von weither im Winde angeweht, entströmen leis der ‹Keringon›; der Penan bläst die dreigelochte Flöte mit der Nase.

Doch trifft man Bambus selten im Primärurwald. In Hügelzonen wächst gerade der ‹Bolo Aput› mit seinen giftigen Früchten, aus dessen Röhrchen Kinder die Waffe der Grossen imitieren, und ‹Kriegerlis› spielen, oder Hausgenossen mit Lehmkügelchen beschiessen. – Die wenigen Standorte von Bambus sind dem Eingeborenen bekannt; gewöhnlich finden sie sich in der Uferregion grösserer Bäche und Flüsse. – Die schwere ‹Bolo Betong› wird nicht

Köcher

Verschluss

7/81

gerne verwendet für Gefässe, doch fertigen die Alten aus seiner dicken Wand den Lauskamm. Die armdicken Sprossen sind begehrtes Kellabit-Gemüse und verlieren nach zweimaligem Kochen und Wegschütten des Wassers ihre Bitterkeit.

Für den Pfeilköcher wird nur der echte Bambus (Bolo Muun) verwendet. Mit einem Blatt vergleicht der Eingeborene die Grösse des Umfangs zweier benachbarter Knotenabschnitte. Das Deckelstück (Tutup) muss in diesem etwas grösser sein als die des Köchers (Ussa). Grosszügig werden sie abgelängt. An kleinen Wässerchen schmirgelt man ihre Oberfläche mit Sand und Schleifpapier in Form von Jackfruit-Blättern (Medam) etwas glänzend. Darauf füllt man die grünen Abschnitte zur Hälfte mit Wasser und stellt sie neben das Feuer, langsam drehend, bis sie ringsum schön gelb sind. Das Wasser soll verhindern, dass sie sich oval verziehen. Der Punan, immer im Grün des Dschungels, liebt das fahle Gelb des gebleichten Köchers. Der schon sesshafte Eingeborene lässt in der Hitze der Ladang dieses Geschäft von Frau Sonne innert 3–4 Tagen erledigen.

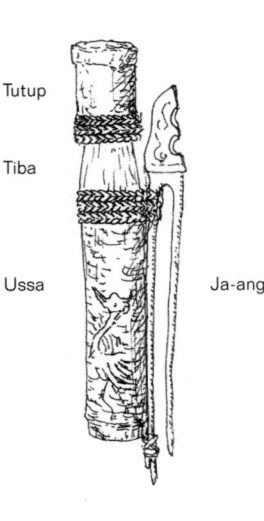

7/82

Darauf werden die beiden Abschnitte auf das richtige Mass zugeschnitten. ‹Lisi› benutzt seine Hand als Massstab. Doch sind Köcherlängen individuell verschieden; sie richten sich nach den Pfeilen und diese wiederum nach der Länge des Blasrohrs des Jägers.

Der Jaang wird am liebsten aus dem zähen Blasrohrholz Tanyit oder Páh (Lakat) gefertigt, es kann aber auch einfach eine flachwinklige Astgabel (→ Kaiu Muai) verwendet werden. Der Jaang wird durch einen geflochtenen Rotanring gesteckt und am Fuss des Köchers verbunden. So kann der Köcher bequem getragen werden, gewöhnlich linksseitig in den Lendenschurz gesteckt.

Oft ist das zähe Holz mit schönen Kalongmustern beschnitzt. ‹Peng› hat in seinen Köcher zwei wunderbar stilisierte Nashornvögel geritzt.

Die Herstellung der geflochtenen Rotanreife (Ulat) verlangt Köpfchen, und ein gebildeter Mensch wird hier zum Schüler des Analphabeten. Er kann 1-2- oder 3-fach gefertigt werden. Mit der Grösse steigt auch der Schwierigkeitsgrad. Dieselben Ringe werden auch

Tutup

Tiba

Ussa

Ja-ang

um den Buschmessergriff geflochten, um ihn am Springen zu hindern: Hin und wieder wird die Verschlussstelle des Köchers mit dem rötlichbraunen zäh fliessenden Harz der Blut-Liane (Laká Damá) imprägniert.

Auf Hügelkämmen nahe der Quellgebiete des Magoh wächst ein Baum mit rauhschilfriger rotbrauner Rinde: ‹Lusing›. Der klebrige Saft der Wachstumsschicht wird eingerieben und abwechslungsweise geschwärzt über einer russenden Flamme von Niateng. Ein gut gefertigter Köcher soll so für Stunden auf dem Wasser schwimmen, ohne dass dieses eindringt. Mit halbem Erfolg konnte Lusing meine undichte Regenblache abdichten. Es bildet einen glänzenden geschmeidigen Belag, welcher bei starkem Regen aber wieder langsam abgewaschen wird. ~

In höheren Lagen wächst der Mammutfarn; die Kellabits sollen aus seinem zwei-drei Meter langen bis armdicken Sten-
(Cyathea)

gel, mit kleinen Stacheln gespickt, Stufenhölzer gefertigt haben. Diese wurden in den Stamm eines Bienenbaumes geschlagen, um über diese Leiter an den begehrten Honig zu kommen.

Der Pfeilköcher kann neben dem auf seinem Deckel aufbewahrten Kittmaterial ‹Pelep›, das Wachs vom Nest des Lengurep-Bienchens, auch echte Amulette und Talismanne enthalten: Ein solches ‹Sihap› ist das ‹Selaput Kellanun›. Von jedem erbeuteten Tier wurde ein wenig Blut draufgestrichen, und im Innern des Köcherdeckels aufbewahrt. Es soll das Auge der Tiere verschliessen, und darum Jagdglück verleihen.

Ein weiterer Talismann (Sihap) ist das ‹Pelep Aseou›, oder ‹Pelep Sawung›, welches als Geschenk direkt vom Himmel kommt: Ein käferähnliches Wesen, dem ‹Pesungá› ähnlich, fliegt mit Geräusch vom Himmel und setzt sich auf deinen Schenkel oder Hintern. Greifst du nach ihm, so siehst du: Es ist kein Käfer sondern ein Stückchen Holz mit verschiedenfarbigen Harztropfen darauf, in Rot, Gelb und Weiss. Gibt man von den vier-fünf verschiedenen Harzklebern ein wenig ins Essen, so werden die Hunde scharf und man macht reiche Beute.

Um das Jagdglück anzuziehen, wohl auch um seine Tüchtigkeit zu bekunden, bewahrt der Jäger oft die gebrochenen Pfeilschäfte mit Spitzen, von ehemaligen Beuten. Je tiefer diese in den Körper des Wildes eingedrungen sind, umso länger bricht der Schaft, als Beweis der hohen Blaskraft des Jägers.

Einige Punans besitzen ihren ganz persönlichen Talismann, neben den Pfeilen im Köcher verstaut. In der Regel ist es ein feines Bambusröhrchen, indem verschiedene tierische Materialien aufbewahrt werden. ‹Peng›s Köcher enthält ein paar Haare vom Schwanz eines Kurzschwanzmakakkenmännchens, einige schön schwarz-goldig-weiss gestreifte Haare vom ‹Sengangan›, einem hörnchenartigen Wesen (?), und einen kleine Magenstein eines Wildschweins. Der Talismann soll Treffsicherheit verleihen.

7/86 Wanderung vom Vogel-Fluss (Djuhit) an den Bärenfluss (Buang), aus dem Magoeinzugsgebiet über die Wasserscheide an den Bare, um dort in einer alten Siedlung vor Monaten deponierte Ware zu holen.

Als ich den Leopardenfluss (Bilung) quere, nehme ich mir etwas Zeit, der Natur zu lauschen: Ein grosser Wasserläufer ist da ständig in Bewegung. Er ist gerade wie ein Junge, der in einem Grosskaufhaus auf einer abwärts fahrenden Rolltreppe aufwärts läuft und nicht vom Fleck kommt. – Lustige, bis über fingerlange Steinbeisser haften mit ihrem flachen Unterleib wie mit einer Saugscheibe auf Fels und Gestein. Das Fischchen, ‹Leket›, kommt auch noch weit talabwärts im Magohfluss vor. Vermutlich sind es die ♀, dunkel getigert, während die ♂ schön grünlich schimmern.

Leket

Der Winzling ‹Tedok› begleitet den Steinbeisser, und findet seinen Weg oft weit tobelaufwärts bis in Quellnähe. Nanu? – Da macht sich plötzlich ein grosses Stück Wildschweinfleisch selbstständig. Ich hatte es im Bachlauf gelagert, mit einem

7/87 Stein beschwert, um es vor Fliegen und Wärme zu schützen. Ein kleiner Bachkrebs hat sich die Beute auserkoren. – Das restliche Fleisch hat wohl sämtliche schwarzen Kegelschnecken der Umgebung angelockt; als grosser dunkler Klumpen haben sie sich zur Mahlzeit versammelt. –

Die kleinen Fische von Hand zu fangen braucht Übung. Mit dem einseitig zugebundenen Leibchen geht's etwas besser. – Schlage mir jenseits des Bachs mit dem Buschmesser einen Weg bergwärts. Erst auf dem Grat werde ich gewahr, auf eine Baumspitze geklettert: Anstatt bekannten Hügelkämmen schaue ich in gänzlich fremde Landschaft. Auf steilem Fels, kaum von Erde bedeckt, klammern sich einige Sagopalmen, weit ihre Laufwurzeln spreitend. Ich schlage mir vom zarten saftig-weissen Herz aus den zähen Blattspreitenschichten. Welch edler Durststiller! Hier würde ich eigentlich gerne übernachten – kann auch noch morgen nach unserer alten Siedlung suchen. – Schon steht die Sonne tief, da erst kommt's mir in den Sinn. – Feuer! Kein Feuerzeug im Gepäck! Das würde das gestern mit dem Blasrohr erbeu-

7/88 tete Wildschweinfleisch nicht heil überstehen. So haste ich, plötzlich energiegeladen, hügelauf, da der direkte Weg abwärts durch Fels versperrt ist. Ich vermute mich auf einem Nebenkamm, und gedenke, wieder dem Bachlauf talwärts zu folgen.

Lalung ♂
Zúi

Endlich, wohl nach einer Stunde, erreiche ich bekanntes Gebiet und kann mich orientieren. Werde ich die Siedlung noch vor Dunkelheit erreichen? Die langen Schatten haben sich schon breitgemacht. Weiter haste ich vorwärts. Gerade vor völliger Dunkelheit erreiche ich die Wasserstelle ein paar Steinwürfe vor der Siedlung. Sie ist ausgetrocknet. So folge ich dem kleinen Tobel talwärts, um mich sofort mit dem nötigen Lebenssaft zu versorgen. Doch oha – da muss ich weit runterklettern, bis ein schwaches Wässerchen aus dem Gestein rinnt. Freund Mond meint es gut mit mir, und schickt ein wenig Helle von seiner Sichel. Doch nur stellenweise fällt sein Licht bis auf den Waldboden, da Bäume in grosser Versammlung ihre hundert Arme spreiten. – Langsam taste ich

7/89 mich vorwärts durch die Schwärze. Da leuchtets vor mir im vertrockneten Gestein wie von einer fluoreszierenden Quarzader. Oder ist es gar ein Nest von Glühwürmchen? Als ich sorgfältig taste – da halte ich ein moderndes Stück Holz in der Hand. Du kommst mir gerade recht! Hin- und herfächelnd, kannst du mir den Weg beleuchten. – Doch seine Strahlkraft ist zu gering. Beinahe blind stolpere ich mich vorwärts durchs Dunkel. Lästige Kemirang-Ameisen machen mir Beine, und ihr schmerzhafter Stich lässt mich ausrufen – um gleich wieder mit der Hand oder den Füssen mit stachligem Rotan Bekanntschaft zu machen. Doch dann ist's überstanden. Ich treffe auf die vor Monaten aufbewahrten wenigen Habseligkeiten, und bald flackert ein lustiges Feuerchen. Müde und zufrieden, mit vollem Ränzlein, falle ich in die Hängematte.

Morgen. Von ferne nähert sich eine Gruppe von Niakit-Affen. Die langgeschwänzten Gesellen suchen sich gerade im Baum über mir

Buah Ulop, aus der Familie der Baofrüchte.
Nachzügler der grossen Fruchtzeit.
Mit süss-säuerlichem Fleisch.

Raststätte. Mucksmäuschenstill lausche ich ihrem Treiben. Nach einer Weile werfe ich ihnen den eigenen Warnruf entgegen, und die ganze Bande türmt.

Da trippelt eine Kasek-Familie (Straussenwachtel?) durchs Unterholz und durchstöbert den Boden der alten Siedlung, wo wir vor Monaten viele Früchte assen. Die erwachsenen Tiere in seidig schwarz-grünem Gefieder und rotem Haarkamm muten ganz anders als die braungetupften Kasek-Küken. –

Auf dem Nachhauseweg verlaufe ich mich. Schlage meinen eigenen Weg. Folge einem unangenehmen Bachlauf mit Dickicht, steilen Böschungen und Wasserfällen. Mit dem Buschmesser fälle ich eine Niwung-Palme, um ihr Herz zu verspeisen.

Wieder jenseits des Leoparden-Bachs, befinde ich mich plötzlich auf einer Hügelspitze mit leergefegtem Tanzplatz (Pu-han) des Argusfasans (Ku-wai). Er scheint ringsum steil in den Bach abzufallen, wie als Insel

Parkia Speciosa

Buah Petá. Die bohnenartige Frucht ist von Wildschwein übers Hörnchen bis zum Argusfasan und Fisch (Ayat) beliebte Nahrung. In weissmehliges ~süsses Fruchtfleisch sind knallgrüne Samen gebettet. Sie sind von scharfem, bitteren Geschmack, lauchähnlich, der auf Leber u. Fleisch des Essenden übergeht.

von diesem umspült. In welche Richtung ich mich auch begebe: Der Hügel senkt sich abwärts und aus der Tiefe rauscht der Bach. Das scheint mir doch gegen die topographischen Verhältnisse. Nach einigem Suchen in ständig von Laubwerk verdeckter Weite werde ich gewahr: Der Hügel fällt in einen schmalen Sattel ab und liegt innerhalb eines beinahe geschlossenen Mäanders.

Erst bei Sonnenuntergang befinde ich mich wieder in bekanntem Gebiet. Da mich meine Freunde heute zurückerwarten, und ich nun im Besitz einer Lampe bin, beeile ich mich. Blitze zucken in der Ferne, während über mir Sterne am klaren Himmel stehen.

Plötzlich jagt ein aufgeschrecktes Wildschwein grunzend einen Steinwurf davon. Das Licht ist ihm nicht geheuer, und seinen Unmut bekundend, roppelt sich das Borstentier, immer wieder innehaltend, hügelabwärts davon. – Da bemerke ich: Ständig fallen Früchte aus hoher Krone, auf die Herr Grunzer begehrt war. Die Eule Kung ruft leise – wie Geisterraunen. Als ich endlich schweissgebadet in die Nähe der Siedlung komme und die Stimme des Argus-Fasans imitiere, schallt mir grosses Gelächter entgegen und herzhaft werde ich in die Gesellschaft aufgenommen.

Der junge Madun mit seinem lethargischen Wesen, der ständig mit verschlafenen Augen zu träumen scheint, hat einen prächtigen Eber mit fingerlangen Hauern getötet. Die Hunde hatten diesen verfolgt, bis er, der Jagd müde, sich ihnen stellte und angriff. Madun rammte ihm dreimal die Speerspitze in den Leib, bis er den Geist aufgab. – So ein zentnerschweres Borstentier bildet durchaus Gefahr. Die Punans erzählen von einem Todesfall, während hin und wieder ein Hund dranglauben muss.

Der Eber ist auf den ersten Blick erkennbar an seinen Hauern und dicken seitlichen Nasenwülsten, welche in der Paarungszeit anschwellen und aus denen ein langer Borstentschuppel spriesst.

Als ich dem Eber spielerisch den Hintern tätschle, werde ich zurechtgewiesen: «Mai Tebab!», das könne Bauchschmerzen verursachen, getätscheltes Fleisch zu essen. Da hab ich den Punan wohl eine Weile unverständnisvoll angeguckt.

Die Unterkiefer von erbeuteten Wildschweinen werden gewöhnlich neben der Hütte über einen Ast gehängt, und man schenkt ihnen nicht mehr weiter Beachtung. Nachdem der Kopf des Schweins während einigen Stunden über dem Feuer geröstet wurde, sind die Hauer etwas unansehnlich geworden und brechen und bröckeln auf Stoss.

– In der Vergangenheit hatte ich schon einmal um schöne lange Hauer gebeten, und wollte sie gleich aus dem Kiefer herausoperieren. Das gehe nicht gut, man steckte einen Fleischhappen drüber, um sie vor dem Feuer zu schützen und würde sie später aus dem Knochen lösen – was nie geschah.

Als ich nun wiederum um die Hauer des frischerbeuteten Ebers bitte, bemerke ich wiederum ablehnende Haltung, und endlich rückt einer mit der Sprache raus: Tilin. Die Hauer von mit Hunden erbeuteten Ebern darf man erst aus dem Kiefer lösen, wenn dieser verrottet ist; nimmt man sie aus dem frischen, so sollen die Hunde in ihrem Jagdeifer gebremst werden, so glaubt der Punan.

Diesem Verbot wird einzig nicht gefolgt, wenn es sich bei einem Hauer um einen ‹Tareng› handelt, was äusserst selten vorkommt. Dabei wetzt sich die Zahnspitze aus irgendeinem Grund nicht auf seinem Gegenstück ab; der Zahn wächst ungehindert weiter, bis sich ein Kreis schliesst, oder der Zahn gar weiter sich zur Spirale dreht.

Es sind dies Geschenke eines wohlgesinnten Geistes. Einige Punans sollen im Traum von diesem gerufen worden sein, ihren ‹Tareng› an einem bestimmten Ort, z.B. etwas erhöht auf einem Baumstamm, abzuholen. Wo sie ihn dann auch fanden. Der ‹Tareng› ist wichtiger Talismann zur Unverwundbarkeit. Der Träger soll weder von einem fallenden morschen Baum, noch von Giftpfeil oder Patrone getroffen werden können.

Nach Keniak-, Kellabit- und Chinesenmeldungen habe man schon Tarengs auf ihre Wirksamkeit geprüft, und einen solchen hinter einer Zielscheibe aufbewahrt. Es sei nicht möglich gewesen, das Ziel zu treffen, solange der Talismann dort war.

Einige Tarengs sind für teures Geld talwärts gehandelt worden.

In der Regel gehen nur Männer auf die Jagd. Bei Ehepaaren begleitet je nachdem die Frau und hilft, die Beute heimzutragen.

Eine Frau vom Tepunfluss und ‹Supang› sind die beiden einzigen weiblichen Mitglieder im ganzen Gebiet, die auch Blasrohr und Speer in die Hand nehmen und schon einige

Tareng Ø ~20 cm

7/97 Wildschweine auf dem Gewissen haben. Der Zustand hat sich natürlich entwickelt. ‹Supang› ist eine jüngere, rüstige Frau – die dritte des Häuptlings ‹Lisi›. Dieser alte Knacker mag nun nicht mehr so recht, und so ist es klar, dass die Frau mithilft, Nahrung zu besorgen.

Vier Hütten haben wir uns von den Punans vom Barefluss getrennt und mit zweien vom Magoh-Fluss zusammengetan. – Mit Sayá auf Fischfang. Die Fische haben im kristallklaren Wasser des Magoh Weitsicht und türmen.
Dann erreichen wir ‹Lamin Seluan›, die Hütte der Fische. Der Magohfluss gründet hier tief mit stillem grünschwarzen Wasser zwischen zwei steil abfallenden Felswänden. Wir umgehen diese, um wieder in die Schlucht runterzusteigen. Da sehen wir die armdicken Gesellen Ayat und Patan in friedlicher reicher Versammlung, nahe der Oberfläche. Hin- und wieder springt ein Fisch ~ und silbrig blinken die Wasserspritzer. Das schattige Tobel mit dem tiefen

7/98 Wasser hat wohl etwas Unheimliches an sich, für den Nichtschwimmer Punan umsomehr – ein böser Geist wohnt in ihm. – Hier angeln sich die Punans hin und wieder von den 2–3 pfündigen Ayatfischen, mit Nonoklianenfrüchten oder Heuschrecken als Köder (die Kellabits benutzen gerne Krebse). – Ich werfe das Netz. Verhängt. In 4–5 m Tauchtiefe noch kein Grund sichtbar; die Fische entwischen. – An seichter Stelle flitzt ein ganzes Rudel wie schwarze Schatten vorbei. Im geworfenen Netz schwabbelt's und spritzt's nur so von den 10–15 armdicken kräftigen Burschen. Gleich springe ich ins nasse Element nach und rufe meinen Freund um Hilfe. Doch ist dieser wasserscheu. Die grossen Fische verhängen sich nicht im feinmaschigen Netz, und bis ich dieses zusammengekungelt habe, sind die meisten schon getürmt ~ so freut euch weiter am paradiesischen Leben!
Die Schlucht ist wie ein riesiger Karpfenteich, zu welchem Feinde nur schwerlich

7/99 Zugang haben. Die zum Teil senkrechten Felswände, das tiefe Wasser und versunkene Baumleichen aus schwerem Holz bieten Schutz.

Ayat (Ikan Cemá)

Der Ayat (Ikan Cemá) ist ein typischer Fisch der klaren Bergbäche, die Gefälle zeigen, wo Stromschnellen mit Tümpeln wechseln. In den lehmbraunen Flüssen des Tieflandes fehlt er.
Grosse Exemplare von 10–15 kg werden langsam selten; schon zuviele Menschen spannen Netze von 20 cm Maschenweite im Tutoh- und Magohfluss. Bei Niedrigwasser wandern die Fische talwärts, und bleiben in den quer über den ganzen Fluss gespannten Netzen hangen. Der hohe Verdienst (100–200 $ pro Fisch) ist ansteckend. Eine Weile wurde gar elektrisch gefischt … Die Natur spendet und der Mensch nimmt. Und gibt sie nicht freiwillig so holt man sich's mit Gewalt. Der moderne Mensch hat sich im Grunde genommen in seiner Geis-

Bukeng L: 20–40 cm

7/100 tesart nicht viel vom Eingeborenen entfernt, nur in seinen Methoden, und die sind immer von nehmender Gebärde. Wirtschaftlichkeit nennen sie die einen. Wenn dann Mutter Natur einmal kahl und krank und müde mit leeren Händen dasteht, mit ausgesogenen Füllhörnern, dann – vielleicht – besinnt sich der Mensch.
‹Lulud› mit seinen riesigen, weissen Schuppen ist der schwerste (~20 kg) Geselle, der sich bis in die Gebirgsflüsse wagt. Dieser Vetter des Ayat ist schon jetzt selten geworden. Der Ayat selbst kommt in einer kleinen Art (L 20–25 cm) ‹Geraga› in den Quellbächen vor.
Alle sind sie vorwiegend Früchtefresser; Buah Puniau, Nonok, Duian, Petá. Sogar Eicheln wissen sie mit ihrem kräftig bezahnten Kiefer zu zermalmen. Ein grosses Exemplar hatte den Bauch voll von rotem ‹Bapam› die von der Sagogewinnung übriggebliebenen ausgetretenen Fasern, welche anscheinend noch weitere Stärke enthielten: Auch Kleintiere und Krebse werden verzehrt.
Der schuppenlose, vierfachbeschnäuzte ‹Bukeng› hält sich in den tiefen Tümpeln verborgen. Bei Hochwasser nach Regenfällen, wenn

sich die Wasser trübbraun zu Tale wälzen, da kommt er aus seinen Löchern. In Mangel eines schützenden Schuppenpanzers, wehrt er sich mit drei Giftstacheln, je einer an Brust- und Rückenflosse. Beim Fang werden diese verhärteten Flossenkämme als erstes gebrochen. Er ernährt sich von Kleingetier und kann geangelt werden.

Wohl der häufigste und am meisten gefangene Fisch der Gebirgsflüsse ist der Kolem (Kellabit: Kulab Naru). Er hält sich mit Vorliebe in den seichten Gebieten um die Stromschnellen auf, wo das Wasser lebendig Steine umspült. Da kannst du bei klarem Fluss seinen silbernen Bauch durchs flüssige Element blinken sehen, wenn er Algen von den Steinen frisst. Direkt oberhalb einer Stromschnelle hält er sich oft in kleinem Schwarm auf. Seine weiss bewarzte Nase scheint nicht typischer Brunst-Ausschlag. – Als Spuren seiner Nahrungsaufnahme bleiben auf Steinen bis fingerlange und -dicke Fressmarken zurück. – Gefangen wird er mit dem Wurfnetz.

Kolem
L: 20–30 cm

Der tote Fisch geht schnell in Verwesung über. Schon nach einer halben Stunde tritt Darminhalt in die Bauchhöhle. Der ‹Kulab-Naru› ist fast tägliche Speise der Kellabits. Auch der ‹Ballau› ist ein Algenfresser, doch hält er sich selten im offenen Wasser auf. Der ‹Lombok›, tiefe Tümpel im Fluss, wo in toten Winkeln ganze Stämme von Treibholz hingeschwemmt werden, da ist sein Revier. Hier, im Schutz der Baumgruppe, geht er seiner Nahrung nach. Beim Tauchen erkennst du ihn sogleich an seinen zwei leuchtend weissen Nasenlöchern. Immer wieder wird er ein Opfer der Fischharpune.

Der Dschungelnomade isst selten Fisch. Er hat keine herzliche Beziehung zu Flüssen und Wasser, und kann nicht schwimmen. Sein Revier sind die Hügel des Waldes. – Doch langsam ändert sich dies. Früher ging der Punan höchstens hin und wieder angeln, heute besitzt hier vielleicht

7/103 einer ein Netz; dort ein Wurfnetz. Doch in Mangel an Silk und also an Wissen, ein solches zu flicken, haben diese Fanggeräte nur kurze Lebensdauer.
Doch liebt der Punan durchaus Fisch als Speise. Vor allem Frauen und Alte, die ohne Zähne nur mit Mühe gelagertes, hartes Fleisch beissen können. – Kochen ist vorwiegende Zubereitungsart; ohne Salz eine fade Sache. – Dagegen nehmen die über dem Feuer geröstet-geräucherten Fische einen angenehmen Geschmack an; dies ist einzige Methode der Konservierung.
– Die Kellabits füllen nach grossen Fängen zerschnit-

Balai
L 20–30 cm

tene, gesalzene Fischstücke in Bambus und lagern diesen schräg über der Feuerstelle. Die mit einem Blatt verstopfte Öffnung schaut dabei nach unten und der Saft läuft ab. Haltbarkeit: 1–2 Wochen.
Einer der kurligsten Fische Borneos ist der langnasige Balai (Kellabit: Tuding). Ein Stachelkamm krönt seinen Rückgrat. Wie der Bukeng geht er im Schutze des trüben Wassers auf Jagd, da schuppenlos. Dort kann er mit Wurm oder

7/104 Heuschrecke geangelt werden. Die grössten Exemplare bis unterarmdick.

Beim Durchqueren der Schlucht Fischhütte höre ich an einer Stelle ein eigenartiges lautes Gewisper. Ich suche nach dem Ursprung – da, gleich im gegenüberliegenden Fels ist eine Spalte, über der sich die Wurzeln einiger Sagopalmen fächerartig spreiten. Aha – eine Fledermauskolonie!
Über einige verklemmte Felsblöcke, vom Guano glitschig, erreiche ich die Felsnische. Wild flattern die weissbäuchigen Fledermäuse um mich. Ich werfe das Wurfnetz. Ein Dutzend bleiben darin hängen, während die ganze Bande lärmend auseinanderstiebt und das Weite sucht. In einem angeschliffenen Seitenkolk am Wasser hängen einige weitere Tiere im Gestein. Die ‹Kelit Lepé› erinnert mit ihren grossen Augen an ein Flughundkind. Die Mäus'chen sind auch in eingewachsenen Dschungelrodungen unter grossen Blättern zu treffen.
Beim gegen die Strömung Schwimmen wird das schwere Wurfnetz hinderlich. So lasse ich's zurück. Da drückt Wasser aus dem schwarzen Fels, die Austrittsstelle rot gefärbt (Tilá). An einem

Ort spritzt ein Wasserstrahl wie aus einer feinen Brunnen- 7/105 röhre aus der senkrechten Wand. Das Nass schmeckt etwas säuerlich. –
Ich treffe die zur Sagobereitung bis an den Fluss gereisteten Rundlinge der bergwärts gefällten Palmen, und flösse sie durch die Schlucht abwärts zur Bearbeitungsstelle. Immer wieder bleiben sie bei dem tiefen Wasserstand über den Stromschnellen hängen, oder treiben in Hinterwässern im Kreis.
Fast täglich werden im steilen Gelände der Schlucht Palmen gefällt. ‹Pedeu› verzichtet darauf, beim Fall gespaltene Rundlinge weiter zu bearbeiten, da seine Frau schwanger ist (Tilin). – Die ständigen Störungen veranlassten die Bewohner der Fischhütte, in ein ruhigeres Gebiet abzuwandern. Denn plötzlich ist die ganze Gesellschaft bis auf ein paar Schwänze verschwunden. Der Magohfluss besitzt hier zwischen Belengang- und Patáh-Mündung auf engem Raum einige tiefgründige Fisch-
Tümpel, wo das Wasser schwarzgrün zwischen steilen Fels- 7/106 wänden steht. –

17. Juli 85
Gestern sind wir die ganze Gesellschaft von sieben Hütten vom Magoh-Fluss an den I-ot Penalang gezügelt, auf den Spuren der Wildschweine. Wie eine kleine Völkerwanderung mutete die Szene, wie einer hinter dem andern, jeder mit vollbepackter Rückenlast, begleitet von Hunden und Affen, den Steilhang erklomm. Unterwegs überfiel uns heftiger Regen, und schlotternd warteten Kinder und Frauen am neuen Siedlungsort das Ende des Gusses unter dürftigem Unterstand. Währenddessen machten sich die Männer hinter den Hüttenbau – auch sie mit eingezogenem Hals. Als endlich ein kleines Feuerchen zustande kam – wie scharten wir uns frierende Seelen wärmehungrig darum. Bei Regenwetter gibt es ein Holz, welches, obwohl frisch geschlagen, Feuer annimmt, und darum beliebt ist: ‹Kaiu Posong›. Es ist ein Geschwister der Rambutan, mit nur himbeergrossen Früchten in purpurroten Haarmäntelchen.
Gewöhnlich nimmt der Nomade beim Umsiedeln drei-vier getrocknete Holzscheite in einem leeren Wassergefäss mit, um am neuen

Ort ohne Mühe Feuer bereiten zu können. Zur weiteren Unterstützung wird unterwegs nach Harzbrocken Ausschau gehalten (Niateng). Nur am ersten Tag sucht man Fallholz zum Feuern. Nachher wird in der Regel immer grünes von bis oberschenkeldicken Bäumen gescheitetes Holz verwendet und über dem Feuer getrocknet.

Buah Djian. Ein Eingeborenenjunge meint, dies sei die süsseste Frucht des Dschungels und lacht neckisch dabei. Beisst du nämlich in das hart-zähe Fleisch, krümmen sich vermutlich deine Mundwinkel in runzliger Grimasse gegen abwärts, während sich alle Löcher zusammenziehen. Reflexartig spuckst Du den bitteren Gerbsäuresaft wieder aus. – Doch nun geh an den Bach und trinke einen Schluck Wasser – verrückte wunderbare Welt! Ein süsseres Getränk gibts gar nicht.

Ist der Umschwank auf eine chemische Reaktion

L = 5 cm

Buah Djian

(Canarium)

9kantiger Same

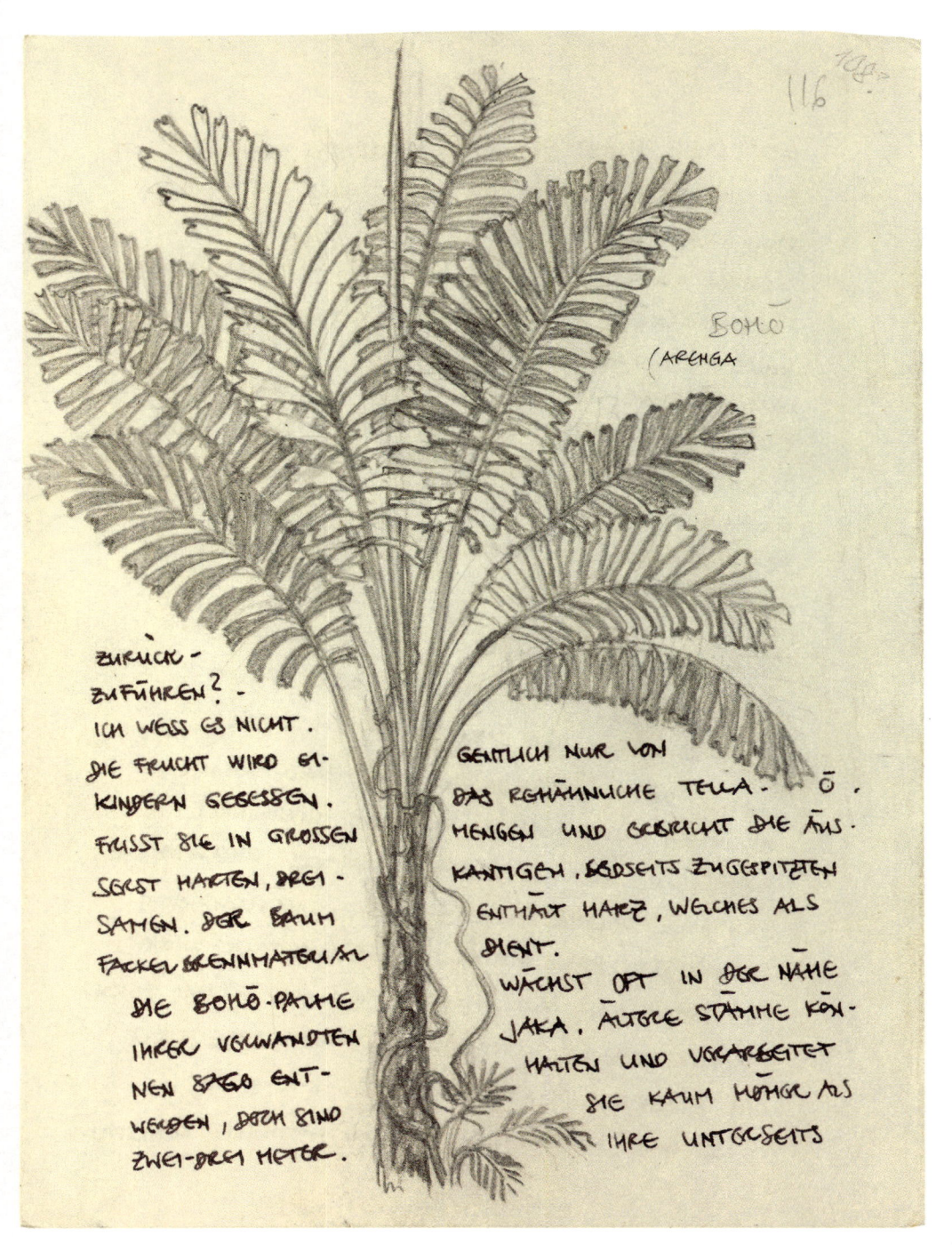

7/108   zurückzuführen? – Ich weiss es nicht. Die Frucht wird eigentlich nur von Kindern gegessen. Das rehähnliche Tella-ó frisst sie in grossen Mengen und erbricht die äusserst harten, dreikantigen, beidseits zugespitzten Samen. Der Baum enthält Harz, welches als Fackelbrennmaterial dient.
Die Bohó-Palme wächst oft in der Nähe ihrer verwandten Jaka. Ältere Stämme können Sago enthalten und verarbeitet werden, doch sind sie kaum höher als zwei-drei Meter. Ihre unterseits
Bohó
(Arenga)

7/109   weissen Blätter werden gerne diagonal in sich selbst verflochten und als Windschutz neben dem Dach der Hütte befestigt. In Mangel von Jaka werden ihre Stengel zu Pfeilschäften geschnitzt.

Heute reizte die Jagd. Schon vor Morgendämmerung machten sich die meisten Männer mit einigen brennenden Holzscheiten (Seket Luten) als Lichtquelle auf den Weg.
Pegá traf im Einzugsgebiet des Meliit-Flusses auf einige sich paarende Wildschweine. Nachdem er einen grossen Eber mit dem Blasrohr geschossen hatte, pirschte er sich bis nahe ans Wild und speerte eine schwere Wildschweindame. Die meisten Grunzer haben sich in der vergangenen Fruchtzeit eine Fettschicht zugelegt. Sie sind nun den letzten fallenden Eicheln (Buah Tekalet) und Petá-Früchten bergwärts in die Quellgebiete gefolgt. Nun steht der Dschungel in sich öffnender Blüte – eine schöne Zeit um Hochzeit zu feiern.
Nach der Paarung werden sie in kleinen Rudeln wieder talwärts ziehen.

7/110 Die hochschwangere ‹Dung› ist heute Abend unter die Hütte gezügelt wegen beginnender Schmerzen. Neben dem Gebärsitz brennt wärmendes Feuer. Als ich mich für zwanzig Minuten entferne, ist das Kindlein schon geboren. Nur der Gatte massiert ihr den Bauch, bis die Nachgeburt folgt.

Nun habe ich mich schon etwas an den Anblick des im Schmutz liegenden frischgeborenen Säuglings gewöhnt. Weiss ich doch, ist es zwar rauhe Sitte, so wird doch jeder gesunde Säugling den unfreundlichen Empfang ohne Schaden überstehen. Obwohl man da sanfter das von weit her angereiste Erdenmenschlein begrüssen könnte. Nach kurzem zertrennt die Mutter die Nabelschnur mit dem Bambusmesser und spült mit erwärmtem Wasser Erde, Schleim und Blut vom Kindelein. Trotz dem Spitzbauch der

7/111 Schwangeren ist es ein kräftiges Mädchen. Wieder wird ein Stück von einem zerschlissenen Sarong um den Bauch des Kindes gewickelt. Die Mutter trinkt Uwut-Wasser und legt sich einen heissen Stein auf den Bauch. Zufrieden hält sie ihr Kind im Arm. – Wie glücklich ist die Punanfrau, wenn sie merkt, dass sie schwanger ist?

‹Dung› meint, nicht sehr begeistert, weil man nie weiss, ob alles gut geht. Ist das Kind einmal geboren, und hat alles geklappt, so wird es gern in die Gemeinschaft aufgenommen. Doch scheint es selten wirklich Schwierigkeiten zu geben, die Punanfrau hat gewiss genügend Bewegung, und Beleibtheit ist unbekannt. Nur von einem Todesfall einer Gebärenden wissen sie zu berichten. Blickst du ins verschrumpfelte Angesicht des neuen Gastes, meinst du eher einen steinalten Menschen vor dir zu haben als ein frischgeborenes zartes Wesen. Wie denn

7/112 das? – Offensichtlich wird eine Seele nicht von heute auf morgen geboren. Die Menschheitsentwicklung hat eine lange Geschichte. Der Lebenskeim im Neugeborenen, es ist noch derselbe wie in den Anfängen, doch trägt er die Erfahrung der Väter und Grossväter.

43

Tigergeist und Krokodil

Eine Mutter gebar ein Kind. Als sie die Nabelschnur mit dem Bambus zerschnitten hatte, röstete sie die Nachgeburt (Saláh Anak) im Feuer. Darauf rief sie ihre beiden grösseren Söhne, und gab ihnen die Nachgeburt zu essen: «Hier, Grumen* vom Tella-ó!» Als die zwei Kinder davon assen, dachten sie, das sei kein Tierblut. Darauf gingen sie in den Wald. Auf einem Berg imitierten sie die Stimme des Vogels Mangang, ein kleiner weisser Geselle mit rotem Kopf.

* Fett/Haut von verschiedenen Tieren wie Schwein oder Python oder Tella-ó werden mit Sago vermischt, in ein Blatt gewickelt, und in der Glut gebacken.

Der Vater war gerade auf der Jagd. Er folgte der Stimme, entzückt über ihren melancholisch-schönen Klang. Da traf er auf seine beiden Söhne. Diese beklagten sich über die schlechte Nahrung der Mutter, und zogen weiter. Als sie an einen Fluss kamen, sprach der ältere: «Wer von hier auf den grossen Stein in der Mitte des Flusses springen kann, und von dort ans andere Ufer, verwandelt sich in den Tigergeist ‹Tepun›, wer ins Wasser fällt in's Krokodil.[»]

Darauf sprang er mit einem Satz auf den grossen Stein und verwandelte sich in den ‹Tepun›, sein Bruder ins Krokodil.

Sie beschlossen, ihre Mutter zu töten und zu fressen. Der Tepun wollte sie mit Früchten ködern, das Krokodil würde sie im Wasser schnappen... Die Mutter hatte durch heftiges Feuer Hitze bekommen, und ging sich im Bad abkühlen. Doch erst im tiefen Wasser wurde ihre Hitze gelindert. Hier schnappte sie das Krokodil und frass seine Mutter. Wie abgemacht deponierte der Flussgeist die Hälfte der Beute für seinen Bruder auf einem im Wasser liegenden Stamm. Da kam der Tepun und frass sie.
‹Peng›

In anderer Version mischte die Mutter – sie besass keinen Verstand – Scheidenblut in die Nahrung...
‹Segá›

Bali Liwen

Als Bali Liwen unterwegs war, kam ein fremder Bali und tötete dessen Kind. Er kochte sein Fleisch in einem Bambus (Bolo Betong) im Feuer. Als Bali Liwen heimkehrte, gab er es ihm zur Speise: «Hier ist gutes Fleisch!..» Der unwissende Bali Liwen ass davon.
Do Pegá

Geist Pennako

Ein Mann ging auf Hörnchen-Jagd. Indessen verwandelte sich Pennako in dessen Gestalt und kehrte nach Hause. Er schlief mit der Frau. ~ Darauf kam der richtige Jäger mit vier Hörnchen nach Hause. Die Frau hatte Lust Buah Cu-ui zu essen. Sie fällte den Baum, doch die Früchte waren unreif. Die Frau wurde vom Geist Pennako schwanger und starb nahe der Geburt.
Polisi

Sandfliegen

Es war einmal ein Ehepaar. Während der Mann auf die Jagd ging, suchte die Frau Rotan. Da kam der Tepun, und entführte sie in eine Höhle. Als ihr Mann nach Hause kam und sie nicht fand, ging er sie suchen. Mit magischen Worten tötete er Tepun und befreite die Frau. Sie wurde schwanger und gebar den Sohn Wiatt. Dieser ass beinahe alles roh. Da warf ihn der Vater ins Feuer und tötete ihn. Im Rauch lebt er weiter und trinkt Blut.
‹Dung›

> «Akou laki sitan
> Niapadan taman mutan
> Kebeng-kereng atong tuman
> Kung-kah!!!»
> «Ich bin ein Teufelskerl
> sitze auf einem Ast des Mutan.
> Links u. rechts im Gebiet des Tuhan,
> Kung-ka!»

Auf der Suche nach dem Bösen

Einige Lausbuben spielen Kriegerlis. Aus ihren Miniblasrohren aus Bolo Aput bombardieren sie sich mit Lehmkügelchen. Da ist viel Gelächter, wenn im Gegner der Lehm im Gesicht klebt, und er, begleitet von dem Ausruf ‹A-zíh›, sich mit der Hand die Wange reibt. Der zugefügte Schmerz ist zumutbar, vor allem da er wechselseitig ist, und Gelächter führt die Stimmung. Doch oha! Plötzlich sehe ich zwei Jungen einander umklammern und sich voll Hass in die Augen schauen. Der eine würde am liebsten den andern steinigen, doch da schreitet ein grösserer Junge ein, um das zu verhindern. – Dann erfahre ich den Grund der unbändigen Wut: Ein Junge hat dem andern das Schwänzchen gedrückt... Rache für die schmerzende Schmach, ruft es aus seiner Seele.

Im längeren Zusammenleben mit Punans fühlt man sich manchmal ein wenig wie ins Paradies versetzt. Da hört man selten ein böses Wort in der grossen Gemeinschaft. Man kennt sich und gehört zusammen. Doch ist das Böse dem Punan keineswegs unbekannt. Nur sind die Bösen immer die andern, die Unbekannten, und die eigene Gemeinschaft hebt sich

7/118 von diesen ab. Der Punan fürchtet sich vor dem dunklen Unbekannten. In dieser Furcht liegt schon der Keim des Bösen, denn sie ruft dem Misstrauen. Und schon ist die ‹Ha Belach›, die (falsche) Rede dazwischen entstanden. – Da wird dann ein Stamm des Giftmordes beschuldigt, obwohl da auch ganz liebe Menschen sind, und man keine Beweise hat; Unwissenheit ruft der Angst, die Angst dem Misstrauen und schon entwickelt sich ein Panthom des Bösen.

In der langen Zeit des Zusammenlebens herrschte ein einziges Mal innerhalb der Siedlung Disharmonie. Verschiedene tratschten über Dung, sie wolle scheiden und sei es müde, mit ihrer Schwiegermutter unter einem Dach zu leben. – Ich stellte sie gemeinsam zur Rede. Wohl war sie wütend auf Pedéu, weil er seinen Vaterpflichten nicht nachgekommen war: Der Gatte muss in den ersten Tagen nach der Geburt wachen, dass die Mutter ihr Kind nicht erdrückt. Auch mit der Schwiegermutter war eine Lappalie. – Doch von Scheiden hatten nur die Nachbarn gesprochen. ‹Ha Belach› ~

7/119 Kaum dämmert es, folge ich dem flinken Jäger Pegá durchs Halbdunkel. Glitschige Böschungen runter, steile Flanken hinauf, Waten in Bachläufen, Springen von Stein zu Stein. – Das traditionelle Blasrohr ist für einmal in ein notdürftig zusammengeflicktes vergammeltes Gewehr getauscht worden, ein altes Geschenk der ehemaligen britischen Kolonialherren. – Die Wildschweinspuren finden sich vor allem seitlich des Bergkammes, wo in kleinen Töbeln spärlich Wasser zu Tage tritt. Da! – Das Geräusch einer geknackten Eichel (Buah Tekalet). Pegá pirscht sich an. Ein Maushörnchen (Tellé) warnt. Statt dem erwarteten Knall nur ein ‹Klick› und der Eber türmt. Mehrmals begegnen wir Tella-ó (~Reh) und Wildschwein. Einmal verrät ein Niakit-Affe die Anwesenheit eines Grunzers. Ein andermal bewegt sich der bequastete Schwanz einer feisten Bache lustig hin und her, während der Junge Urek ihren Spuren folgt. Mit ihren Rüsselnasen haben die beiden den Waldboden in ein Ackerfeld verwandelt. «Bruen!», meint Pegá zum verflixten Gewehr, dessen abgewetzter Schlagbolzen keine Patrone zu zünden vermag. Mit Blasrohr und Giftpfeil würden wir wohl schwere Beute heim-

7/120 schleppen. Doch darf man den Humor nicht verlieren, auch wenn die Knochen vom weiten Marsch müde sind – und so träumen wir halt nur vom knusprigen ‹Getipan› der feisten Bache. – Als wir gegen Abend unserm seit gestern leeren Magen etwas Palmherz füttern, gemütlich auf dem Hügelkamm an den Fuss eines mächtigen Rangabaums gelehnt, da taucht plötzlich ein langgeschwänztes Penyamo auf und flieht sogleich. Dann färbt sich der Himmel schwarz, und in giessendem Regen eilen wir heimwärts.

Pegá's Hunde verfolgen einen Medok-Affen, ein grosses Männchen. Der Kurzschwanz-Makakke folgt oft dem Landweg, und bei Gefahr sucht er möglichst schnell festen Boden unter seine Füsse zu bekommen. Mit seinen prächtigen Reisszähnen fügt er einem Hund zwei arge Bisswunden zu – bis der Jäger heran eilt und dem Affen mit dem Buschmesser den Schädel zertrümmert. Schon mancher Hund musste seinen Mut bei der Begeg-

verkohlten Tenggelai-Blättern. Pegás Gattin ist echt besorgt um den Patienten. Sie bereitet ihm Feuer zum Wärmen, füttert ihm bestes Fleisch und interessiert sich nicht für eigenes Mahl.

Sakit Tekkená (Krankheit durch Geist)
Grossmutter (I-ó) hat Halsschmerzen. Ich hatte sie bei einer Begegnung schelmisch in die Hüfte gestupft, worauf sie erschrocken zusammenzuckte. Mein ‹Bali› hat sie krank gemacht. Erschrickt jemand durch plötzliche Berührung oder Begegnung, so ist dies krankheitsverursachend.

Ngewussen: Ein Kind von ‹Do Selai› hat mehrmals erbrochen, seit ihr Schwager auf Besuch gekommen ist. Die Mutter vermutet ‹Sakit Tekkená›, verursacht durch den Geist des verstorbenen Schwiegervaters.

‹Tinen Talo› kommt um Klarheit zu schaffen. Sie sondert ein Haarbüschel im Zentrum des Wirbels auf dem Hinterhaupt des Kindes und wickelt es ein-zweimal um ihren Zeigefinger. Dann spannt sie es straff, zieht und stösst es kurz aufeinanderfolgend auf den Kopf herunter. Tönt es, so ist ein Geist die Ursache der Krankheit.

Lamin Belalang (Haus der Landschnecke Belalang)
Früher war der Geist ein Freund des Menschen und lebte mit ihm zusammen. Einst band ihm aber ein Punan in der Nacht ein Schneckenhaus an den Arm. Als dieser erwachte, biss es ihn am ganzen Körper grässlich, und wütend eilte er davon. – Seit dieser Zeit kann man den Geist nicht mehr sehen. Kinder tragen das Haus der Landschnecke hin und wieder am Hals als Amulett, um Krankheit verursachende Geister zu verscheuchen.

7/121 [Bild]

7/122 nung mit diesem Primaten mit dem Leben bezahlen. Zwei schräggestellte hintere Eckzähne im Unterkiefer dienen vorzu als Wetzsteine der oberen Reisszähne. Die handlange klaffende Wunde an der Hüfte des Hundes ‹Bulat› wird verarztet mit Harz von Cu-ui und Keré, beide leuchtend gelb, mit pulverisiertem Ohó-Nest (kleine Art Termite mit Kugelnest im Geäst), mit

Grabesstätten: Im Glauben der Punans treibt der Geist des Verstorbenen noch während einigen Jahren sein Unwesen und die Gegend wird darum gemieden. – So beklagt sich Häuptling Lisi über Fieber, seit er auf der Jagd in der Nähe einer Grabstätte gestreift ist. Er will sogar die Stimme der verstorbenen Frau vom Ubung-Fluss gehört haben. Heute folgen sämtliche Punans christlicher Tradition und bestatten den Toten in der Erde. Früher wurde die Leiche in ihre Schlafmatte gepackt auf dem Fleischgestell (Terasu) über der Feuerstelle der Hütte aufbewahrt, begleitet von ihren Habseeligkeiten. Der Siedlungsplatz wurde schleunigst verlassen.

Nachts. Plötzlich eilt Selai zur Nachbarshütte. Bald flackert in jeder Herdstelle ein Feuer, und wer es versteht, betet in christlicher Weise. Am Morgen erfahre ich: Selai hörte eine unbekannte Stimme vom Hügelkamm «Mmmmhhhhhh». Darauf war eine Katze, wie sie die Kellabits halten, aufgetaucht, und strich um die Hütten. Sicherlich war es ein Geist – da sich kaum ein Haustier von Long Seridan bis hierher an den Djumit-Fluss verirrt hat.

Beim Batu Bila (Adang-Fluss, Limbang) traf ich mit meinem Bruder auf einen Flussgeist. Er schwamm im dunkeln Wasser eines Schluchtsees auf dem Rücken. Wie ein frischgeborenes Kind mit kurzem Gesicht. Wir wollten ihn mit einem Giftpfeil schiessen, da war er plötzlich verschwunden.
Pegá

«Mich laust der Affe!» – Erschöpft habe ich meine Last beim Zügeln abgestellt und ruhe meine Glieder etwas aus. Da plötzlich kommt der junge ‹Kuiat› und sucht in meinem Haar nach Läusen. Willig halte ich ihm meinen Kopf hin – so wie die Punan-Männer hin- und wieder ihren Gattinnen. Der Affe spielt kein Theater. Tatsächlich findet er von den Plagegeistern und knackt sie zwischen seinen Zähnen. Nachdem er mir die Gunst erwiesen hat, geht er zu seinem kurzgeschwänzten Verwandten ‹Medok› und sucht mit ernster Miene weiter nach den lästigen Blutsaugern. Die zwei Affenarten scheinen sich gut zu vertragen. – Hatte ich mich früher vor den Schmarotzern gescheut und darum Körperkontakt mit den Eingeborenen etwas gemieden und meist in meiner Hängematte geträumt – trotzdem sind die schnellbeinigen Läuse auf mich gewandert. Was solls? Legt ein Freund seinen Arm um dich, oder schmiegt sich ein kleines Kind an dich, verschnudert und von Fett und Russ geschwärzt – stösst Du die Seele weg?

Neben den Kopfläusen werden die Punans weiter von in Kleider-Nähten wohnenden ‹Tuma›s geplagt – von weisser Farbe, wohl Filzläuse.

In einem Vers meint die Laus, Verquetschen könne ihr nichts anhaben, jedoch Feuerglut:

Bali Gutem: «Dalan akon teterek – Be akou dang-dangin!»

«Gerne bin ich verquetscht – nicht aber im Feuer verbrannt!»

Tuen Asé ♀ (Lacedo Pulchella Melanpos)

Gutem

Tumáh

Mein Reinlichkeitssinn hat im langen Zusammenleben mit den Eingeborenen etwas gelitten. Die Siedlungen sind in der Regel immer auf Hügelkuppen, und Wasser ist in kleinen Töbeln an meist spärlich fliessenden Sickerstellen zu finden. Der Gang bis zu einem richtigen Bach, wo man Kleider waschen und plantschen kann, ist oft weit. Den Weg zu gehen braucht Energie und die Trägheit ist manchmal stärker. Schnell stinken verschwitzte Kleider. Meist bin ich darum nur mit kurzen Höschen bekleidet, wie die Alten mit ihrem Lendenschurz. Lange Hosen und Hemd dienen nur als Schutz bei Kälte, oder um allzulästige Sandfliegen (Yeng) abzuhalten. Das ständige Gehen in Wasserläufen, mit aufgeweichten Füssen in nassen Schuhen; die Schmirgelwirkung von eingedrungenem Sand und Fusspilz haben mich dazu bewogen, auf Schuhwerk zu verzichten. Doch ist das Barfussgehen eine harte Schule. Den hüpfenden Kindern humple ich mühseelig nach, immer in Sorge, in lästige Dornen zu treten. Das Herausoperieren von diesen gehört zum gewohnten täglichen Bild der Eingeborenen. Doch während sie eine vom stetigen Gehen und Verletzen dickhäutige Fuss'sohle haben, ist die meine gleichsam jungfräulich. Noch nach Monaten verursacht jeder kleine eindringende Stachel Schmerz – und Rotanranken begleiten dich im Dschungel auf Schritt und Tritt. Oft brennen die Füsse wie Feuer, beim Treten auf von Stacheln enzundene Stellen. Die Leistendrüsen sind stets angeschwollen.

Seelenschatten
Vom Fischfang ermüdet, beeile ich mich, abends noch vor Dunkelheit unsere Siedlung zu erreichen. Eine Rotanranke verhängt sich neben der grossen Zehe, und wohl zwanzig Dornen bohren sich tief ins Fleisch. Ein wütender Schmerzensschrei entspringt meiner Kehle, und mit dem Buschmesser schlage ich die hinterlistige Ranke strafend kurz und klein…
Und dann kommt mir Jesus in den Sinn, der sich duldsam die Dornenkrone aufsetzen liess…
Noch nach Tagen operiere ich tief sitzende Dornen heraus und die Verletzung soll mich noch wochenlang plagen.

Zwei Eingeborenenkinder begleiten mich auf Fischfang. Vom ewigen Tauchen unterkühlt, beginnt es noch heftig zu regnen. Ich schlottere am ganzen Leib, lege mein ausgewrungenes Leibchen an. Da sehe ich: Das kleine Mädchen friert auch und hat nur seinen zerschlissenen Sarong. Gerne möchte ich ihm mein Leibchen geben – doch ich bin nicht stark genug. Komme mir schäbig vor.

Der Junge ‹Lajo› bittet mich um meine Kutte. «Jeng ke keraion» – er hat kein Hemd. Ich überlege. Selbst besitze ich eine Kutte, um mich gegen Kälte und Sandfliegen zu schützen und ein kleines Leibchen für die tägliche Arbeit. Beides brauche ich. Doch bin ich

nicht ein schlechter Kerl, habe zwei, mein Nachbar nichts, und helfe ihm nicht? Wieder bin ich im Gewissenskonflikt – und ‹überhöre› einfach die Bitte. – Später bin ich etwas erleichtert und zugleich erbost: Der Junge hat mich angeschwindelt und ist gar im Besitz von drei Hemden…

Welche Freude, in fünf-sechs lachende Gesichter zu schauen, wenn sich ein Punan-Schärlein in der wiegenden Hängematte drängt. Meine jeweilige Bitte, sich den Schmutz von den Füssen zu streichen, bevor man in meine Schlafmatte steigt, findet kein Gehör. Ich mag ihnen die Spielerei nicht verbieten – die fröhlichen Gesichter sind es wert. Doch mit gemischten Gefühlen sehe ich die Hängematte schwarz und schwärzer werden. Als mein letztes Stücklein Seife ausgeht und waschen schwierig wird, hänge ich dann meine Schlafmatte doch hoch.

Langsam gebe ich die letzen Reserven am Ort auf, respektive sie gehen von selbst aus. Das zu schleppende Gepäck wird leichter. Bald ist das äussere Mäntelchen der Zivilisation gefallen und ich bin mit dem Eingeborenen beinahe gleichgestellt: Seit Monaten kein Salz, die Taschenlampe liegt unbenutzt ohne

zu ersetzende Batterie, keine Seife. – Auch in der Medizinbüchse gähnt langsam Leere. Stets wurde und werde ich um Medizin gebeten. Der Eingeborene gibt nicht viel auf im Dschungel gewachsene Kräuter; sein volles Vertrauen liegt in von weit hergeholten Pillen (gerade so wie wir das Glück in der Ferne suchen und das Paradies im eigenen Gärtchen übersehen).
Ich versuche ernstere Fälle von harmlosen zu unterscheiden, Pflästerchen sind sowieso schon lange ausgegangen. Placebo, Tabletten ohne Wirkstoff, würden wohl gar ernstere Fälle heilen: «Dein Glaube hat Dich geheilt.» Tigerbalsam, die Allzweckmedizin, ist idealer Helfer, sowohl lindert es körperliche Unstimmigkeiten ohne zu schaden, und die Massage, das Einreiben und Umsorgen des Patienten, sind Seelennahrung, welche ja letztlich gefragt ist. – Und wenn die Zeit kommt, wo wir zurückgerufen werden in die Ferne, kein Kräutlein noch Mixtürlein dieser Erde kann körperlichen Zerfall, Sterben, verhindern. Der Tod ist die Bedingung des Lebens.

7/130 In kleiner Gruppe ziehen wir nach Long Seridan. Die Punans sind mit Tauschgut beladen: ‹Keburó›, das talabwärts begehrte Rhizom (L 20–5 cm, Ø 1 cm) einer Medizinalpflanze. Und ganze Bündel vom feinen Rotan ‹Uai Bulun Bungum Tepun› (= Schnauzhaare des Tigergeistes).* Selai möchte um Medizin für sein Töchterchen suchen, welches schon seit drei Tagen erbricht. Ich selbst lade die eingeborenen Häuptlinge zu einem Meeting wegen Waldreservat. – Mit Vollpackung mag ich am Schwanz kaum schritthalten: «He Freund, schön langsam!» «Jah, schön langsam.» Und weiter spurten

* Er ist von Kellabits begehrt zum Knüpfen der Kalang-Traggefässe.

Selipá (Batrachostomus Auritus)

7/131 sie davon, bis ich den Weg selbst suchen muss. Doch irgendwo auf einem Hügel oder an einem Fluss warten sie auf mich. In strömendem Regen bauen wir in altem Kellabitkulturland unser Nachtlager. Im Wurfnetz bleiben einige ‹Bukengs› hängen; bei Hochwasser kommen diese schuppenlose Fische aus ihren Löchern. Selais Familie isst keine schuppenlose Fische. Weder Bukeng noch Kati noch den langnasigen Uni. Auch der Raubfisch Patan landet nicht in ihrer Pfanne. Unterdessen hat Uot einen Kauz geschossen. Die ‹Selipa› ist Kulturfolger und nicht im Primärwald zu treffen.

Der erste Kellabit im Dorf würde den Punans gleich am liebsten die ganze Last abnehmen. Doch will er ihnen nicht Obdach und Mahlzeit gewähren und heisst sie, in die neu erstellte Punanhütte zu ziehen. Selai wehrt sich…

Long Leng. Rauchschwaden und Feuerglimmen. Die Dschungelrodungen am Lesuanbach sind schon in Brand gesetzt worden. Es ist anfangs August. Für den sesshaften Punan ist Sagobeschaffung mühsam, da keine Palmen in der Nähe sind. Doch die Stärke aus den gepflanzten Ubi-kaiu-Knollen ist gleichwertiger Ersatz und liefert scheeweisses ‹Apo›.

7/132 Nachts flattert ein aufgeschrecktes Huhn plötzlich in die Hütte. Mit der Taschenlampe suchen wir im Regen nach der vermuteten Schlange. Tatsächlich! Ich fange sie. Nanu? Als ich sie hinter dem Kopf greifen will… sie hat ein Hühnerei im Mund. Iman meint, es sei eine giftige Tellun Niateng (L: 3 m, Ø 2–5 cm, Bänderung ähnlich Python, Schwanz schwarz-gelb geringelt).

Als ich Imans Gattin frage, wieviel eine Rotan-Schlafmatte koste und ob sie eine für mich flechten möchte, da schenkt sie mir gleich die bestaunte, obwohl nirgends in der Nähe vom begehrten ‹Uai Bukkui› zu finden ist. Mein Herz wird froh ob der unerwarteten Güte, und in Gedanken werde ich sie wohl mal mit meiner Axt überraschen.

Herstellung eines Lendenschurzes

Der traditionelle Lendenschurz wurde früher von Kellabits wie von Punans aus Bast gefertigt. doch heute wird nur noch Baumwollstoff getragen. Neben dem selten verwendeten Tacem (→ Pfeilgift), war ‹Talun› das übliche Rohmaterial. Ein oberschenkeldickes Beripun-Stämmchen, wie es in eingewachsener Ladang häufig

7/133 zu finden ist, wird gefällt und auf ~4 m abgelängt. Der Milchsaft des Baumes kann als Vogelleim benutzt werden, und seine wohlschmeckenden Früchte sind mit Medam (Jackfruit) und Nakan verwandt.

Das Stammstück wird längs geritzt und mit einem Holz geklopft, worauf die Rinde sich vom Holz löst. Will man einen weissen Lendenschurz, so erhitzt man das Stämmchen zwischen zwei Feuern, und zieht die Rinde ab. Die abgezogene Rinde wird nahe einem Ende eingeschnitten und als ganzes Band in einem Zug vom Bast gelöst. Dieser wird nun mit einem Hartholz, eventuell mit feilenartigen Kerben versehen, geklopft, bis er weich ist. In nassem Zustand, eventuell mehrmals zusammengelegt. Dabei dehnt sich der Bast und nimmt schon stoffähnliches Ansehen an. Ausgewaschen und getrocknet, ist das Kleidungsstück schon zum Tragen bereit. Bewahrt man den frischen Talun im Schlamm oder Lehm

7/134 für einen Tag, so nimmt er eine schwarze Farbe an. Die chemische Reaktion wird dieselbe sein wie bei mit Bok-Blättern gekochtem Rotan, den man im Lehm aufbewahrt und schön schwarz nach einem Tag wieder herausnimmt. Aus Talun wurden früher auch grössere Kleidungsstücke wie Hemden, wohl auch Sarongs gefertigt.

Long Napir, Limbang. Die Bulldozer sind schon am Rand des geplanten Reservats. Grosse rote Wunden in der Erde. Obwohl bei Regierung und Companies schon seit einem Jahr von Punans und Kellabits gemeinsam, das linksseiteige Terasaufer zum dorfeigenen Wald erklärt wurde, ist die Holzschlagfirma gerade daran, eine Brücke über den Fluss zu bauen. Punans und Kellabits selbst nehmen an der Lohnarbeit teil. Punans selbst haben Prospektoren in ihr Gebiet geführt und geholfen, Farbe anzubringen. Die Situation ist nicht einfach. Wird es gelingen, die ganze

Anak Di-áh

7/135 Bevölkerung aufzuklären und zum Kampf zu vereinigen? Bulldozer haben weiterhin Kulturland gekreuzt und Obstbäume zerstört, ohne auch nur die Besitzer um ihre Meinung zu fragen oder den Schaden wieder gutzumachen. Wer in dieser Angelegenheit sich nicht wehrt, wird einfach übergangen.
Der Meliit-Fluss abwärts der Terasamündung trübbraun. Die Erosion der aufgerissenen roten Wunden nimmt ihren Lauf.

Vor kurzem wurde in einem Tümpel des Terasabachs ein Krokodil gesichtet. – Um 1960 trafen einige Kellabits abwärts der Meliit-Mündung auf ein Nest des Reptils. Das Weibchen hütete in einer Wildschweinsuhle auf einem Hügel 5–6 Eier. Sie töteten es. – Um ~1940 erledigten drei Ibans ein Nashorn, I-ot Ba Sembayang.
Die schwangere Punanfrau isst weder die Sawit-Frucht ‹Denging›, noch ‹Lepeso›. Aus Angst vor Abort. An der Säure
Buah Lepeso (Baccaurea Lanceolata)

7/136 allein kann's nicht liegen, da Buah Janan gegessen wird, obwohl auch sauer-schüttelnd im Geschmack. Lepesó kommt vor allem in Wassernähe vor. Die Jungen unreifen Früchte haben rotes Fleisch, kernig-säuerlich. Im Alter sind sie goldgelb, wie kleine Pfirsiche, doch sauer wie Schwarzdornbeeren. ~
Pango schiesst nachts einen Puká. Der marderartige Baumgänger ist nur im ‹Jekau›, in der eingewachsenen Dschungelrodung, zu treffen, wo er sich von Früchten wie wilden Bananen (Seká) ernährt, von Kleingetier und Kadaver. Nest in Baumhöhlen nur nachts zu treffen. – Die Regierung hatte in der Vergangenheit die Punans aus der Umgebung zur Sesshaftigkeit gedrängt und ihnen in Long Napir ein Langhaus gebaut. 23 Türen. Die meisten nächtigen in ihrer Ladang weit weg vom Dorf. ~ Die alte weisshaarige Mutter von Lejo tanzt allein in ihrer Hütte zu Kassettenrekorder-Sape-Klängen. Morgens um zwei-drei Uhr gibt sie nächtliche Theaterstücke. Ihre Dialoge scheinen von zwei Menschen geführt. So gekonnt wechselt sie den Klang der Stimme und schlieft [schlüpft] in

düngerreich: Drei-vier monatige Ubi dick wie Unterschenkel. – Doch in der Zwischenzeit sind die Bulldozer bis hierher vorgedrungen.

Selegá

Papier lässt sich mit Selegá nicht rot beizen, wie die Hände.

Ucung Selegá: Hin und wieder färben sich Kinder wie Erwachsene mit den Blättern die Handinnenfläche rot. Die zerdrückten Blätter werden mit etwas Wasser vermischt in die Hände gerieben, ergeben eine schaumige Lauge. Die Farbe verliert sich nach einigen Tagen. Der bis meterdicke Stamm von dunkler Rinde ist meist von Moos behangen. Auch auf den Blättern (L ~20–40 cm) gedeihen Moos und Flechten. Kambium weiss. Holz gelblich-braun, hart. In Wassernähe. Blüte weiss.

Spielerei. Blinde Kuh, bis ‹Telingens› Hütte beinahe umfällt. Der Hausherr behält klaren Kopf. Mit Hammer und Nägeln flickt er die herausgedrückten Rindenwände, während die zwei blinden Kühe wie Furien in der Hütte hin- und herjagen. Oder eher stolpern, erpicht ein Opfer zu fassen. Doch diese wissen gewandt zu entwischen, necken gar die blinden Bösewichte, und einige fliehen gar affengleich mit angezogenen Beinen den Dachbalken entlang. – In der Zwischenzeit hat sich der Hausherr versperrend in den Eingang gesetzt, damit sich ja kein Blinder dorthin verirrt und gleich aus der Hütte einen Stock tiefer abwärts fällt in dunkle Nacht. Schweissbäche fliessen, und das Gelächter, Gekreische und Getrampel hat die spielfreudige Nachbarsfrau, Mutter einer Handvoll Kinder, angelockt ~ und schon mischt sie sich ins Getümmel. Fassen sich die beiden blinden Kühe versehentlich gegenseitig als Opfer, was auf dem engen Raum öfters vorkommt, so tönt's «Keruá! Keruá!» – «Du hast deinen eigenen Freund gepackt!»

Ob all der heiteren Freude, da vergesse auch ich meinen Ernst: «He Mensch, beim Lachen, Spielen und Tanzen – da hat dich das Leben!» – Die blinden Kühe finden gar Verbündete, die ihnen Anweisungen geben: «Bau Guni!» – «Auf den Reissäcken!» «Hinter Dir!» – «Über Dir!» In brenzliger Situation

die jeweilige Persönlichkeit. Dann kichert sie wieder wie eine alte Hexe. – Sie sei nicht richtig im Kopf. Doch tagsüber führt sie durchaus normale Gespräche. – Die Kellabits von Long Napir wie von Long Seridan haben ihren Ursprung am Sungai Ruab. Von dort sollen sie sich vor aus Kalimantan eindringenden Keniak- und Kaianstämmen an den Adangfluss geflüchtet haben. Weiter sind sie gewandert in Pausen von Jahrzehnten an den Meliitfluss, Puket Buló, bis schliesslich bei der japanischen Invasion nach L. Seridan und Long Napir.

Long Sembayang. Einige Punans von Long Napir sind nach hierher umgesiedelt. Schwierigkeiten der Nahrungsbeschaffung wie Wild und Fisch, verursacht durch die Holzfällerei, war der Grund. Auch zerstörten die frei laufenden Hausschweine der Kellabits Ubi-Felder. Der Boden von Long Sembayang ist

7/139   Pangó

7/140   bricht bei der Flucht nach oben ein morscher Dachbalken, um beim Fall mit dem Fuss gleich den Hüttenboden aus Bambusstreifen zu durchbohren. Sofort verstummt der Lärm und alles hält inne:
«Hast du dir weh getan, Freund?» – «Nein, Freund.» «Hast du dir nicht weg getan, Freund?» – «Nein, Freund.» Und weiter geht die Jagd in rasantem Tempo. Erst spät in der Nacht verstummen als Letzte die nun auch müde gewordenen jungen Burschen und Mädchen. ~ Und bald schickt die dünne Mondsichel ihr weisses Licht über die still gewordene Ladang und das friedlich darin schlafende Völklein.

Ba Adang. Sechs-sieben Familien nomadisierender Punans halten sich hier im ehemaligen Kellabitsiedlungsgebiet auf. Weitere 15 sollen am Telaiun-Fluss sein und Punans von Bareo weilen in den Quellgebieten des Limbang.
‹Along› vom Adang-Fluss meint, er sei kein ‹Grosser›, habe keinen Verstand, sei nur zufällig der älteste noch Marschtüchtige. An seinem Hals baumeln einige Schalen der ‹Tukun›-Frucht, daneben in einem Stoffsäckchen das Mehl der zerstossenen Keimblätter; sie gelten als Medizin bei Schwindel (Boleng) und Kopfschmerz.

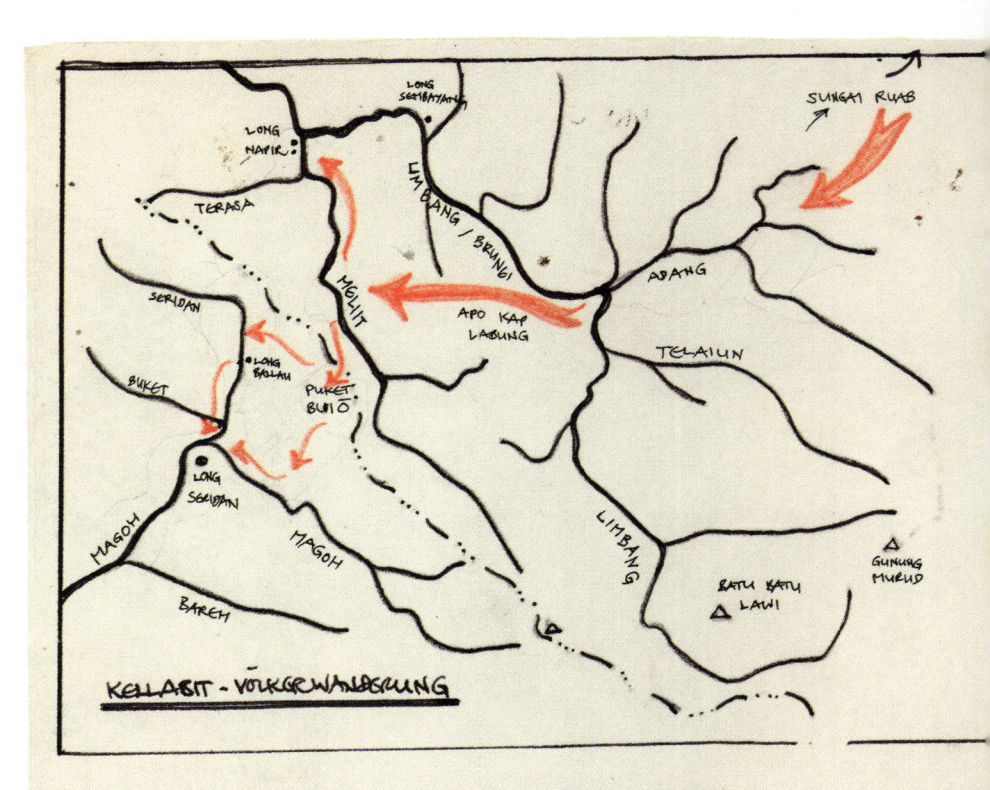

7/141 Nachhausebuckeln eines vor zwei Tagen mit dem Blasrohr geschossenen Hirschen. Ein Otter, Sená oder Bärenkatze hat aus dem in kleinem Bachlauf aufbewahrten Körper einen anständigen Happen herausgebissen. Wegen anhaltendem Regen und Kälte nur geringer Verwesungsgeruch. Auf dem Nachhauseweg Fällen von zwei Bäumen, um den bis meterlangen Trauben der ‹Ja-nan›-Früchte habhaft zu werden. Ihr Fleisch ist sauer-schüttelnd. Der Stengel dieser dicken Rotan-Art wird zu Armspangen verarbeitet; ihr Saft ist Bestandteil des ‹Tacem Sinowai›, der absolut tödlichen ‹grossen Pfeilgiftmischung›.

Kellabit-Völkerwanderung

In steilem Erdrutschgelände fällen wir Sagopalmen. Als ich, anstatt wie meine Freunde, einen Felsblock zu umgehen, gleich an einem Bäumchen herunterklettere, brennt's mich plötzlich heftig ins Bein. Und schon ist die Ursache entdeckt – wie Rauch schwirrt's summend um mich. So schnell wie möglich schlittere ich am Stämmchen herunter, mein Blasrohr blob-dong-po-lop – vorauseilend. Sieben erboste ‹Kamien›, eine kleine Art Wespe, haben den Ruhestörer erfolgreich abgewehrt. Die Geschichte erzeugt herzhaftes Gelächter, wenn die Zuhörer fragen, wo der Patient gestochen wurde: «Dua dehe tulin tilo» – «Zwei Stiche neben den Eiern!»

«Pelangui!» ruft's bei Regenwetter durch die nächtliche Siedlung. Welche Schlange hat sich denn, furchtlos, bis hierher verirrt? – Schon ist das Schleichtier zweigeteilt und entpuppt sich als wohl harmloser daumendicker Egelwurm:

Busan Sawo, weisse Schwanzspitze, 2/3 Grosse
Das Marderkind wird aufgezogen. Der etwas grössere B. Salong hat ein rötliches Gesicht.

(Schwarzbraun, mit rötlichem Bauch, L ~25 cm) ‹Depan›. Er soll normalerweise im Wasser leben, wo ich ihn auch schon in kleinem Bächlein getroffen habe. Häuptling ‹Polisi› ist ängstlich: «Wenn er dir in den Hintern kriecht, bist du tot!» – Ich lächle.

Seine von einem Geist gestohlene Axt ist wieder aufgetaucht. Ich hatte mich schon bereiterklärt, sie suchen zu helfen mit den Worten «Falls sie wirklich ein Geist genommen hat, wird er sie nicht weit davon getragen haben…» Sie war wie erwartetet nur in eine Nische gerutscht.

Ein Punan wird beschuldigt, ‹Pedeus› Blasrohr verhext zu haben. Zweimal schoss er heute auf ein Wildschwein, ohne es zu verletzen. Die Sehne des Blasrohrs sei durch Handauflegen der Ein- und Austrittsstelle des Pfeils gebrochen worden. ‹Nikai›.

‹Lisis› Vater sah am jenseitigen Ufer des Magoh-Fluss eine grosse tote Python. Mit einem schnell gebastelten Floss querte er die Tiefstelle, um den von Fliegen und ‹Lengurip› umwimmelten Kadaver zu holen. Die Schlange hatte den Mund voller Stachelschweinborsten…

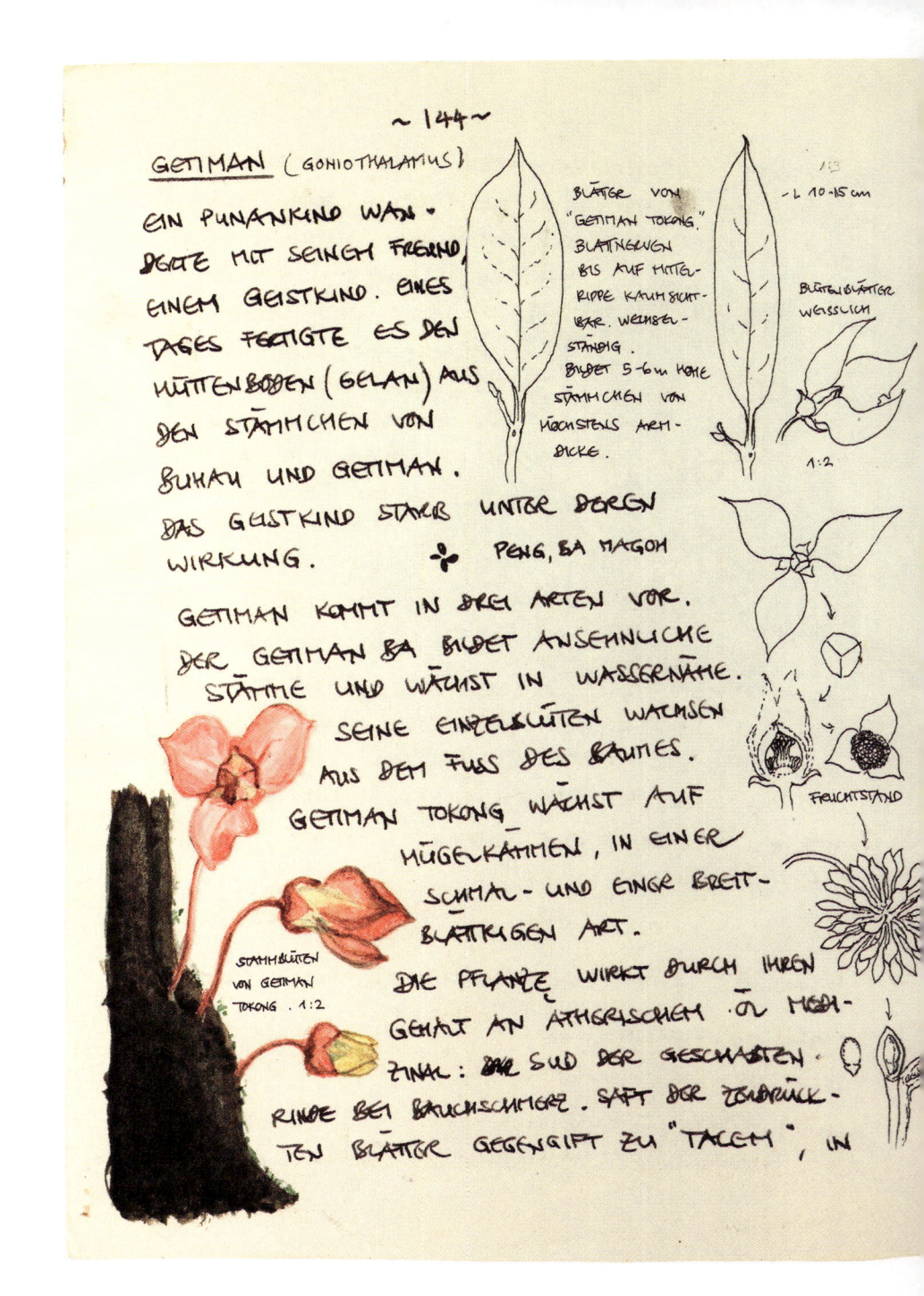

7/144 **Getiman (Gonithalamus)**

Ein Punankind wanderte mit seinem Freund, einem Geistkind. Eines Tages fertigte es den Hüttenboden (Gelan) aus den Stämmchen von Buhau und Getiman. Das Geistkind starb unter deren Wirkung.

Peng, Ba Magoh

Getiman kommt in drei Arten vor. Der Getiman Ba bildet ansehnliche Stämme und wächst in Wassernähe. Seine Einzelblüten wachsen aus dem Fuss des Baumes. Getiman Tokong wächst auf Hügelkämmen, in einer schmal- und einer breitblättrigen Art. Die Pflanze wirkt durch ihren Gehalt an ätherischem Öl medizinal: Sud der geschabten Rinde bei Bauchschmerz. Saft der zerdrückten Blätter Gegengift zu ‹Tacem›, in

Blätter von ‹Getiman Tokong›. Blattnerven bis auf Mittelrippe kaum sichtbar. Wechselständig. Bildet 6–5 m hohe Stämmchen von höchstens Armdicke. L 10–15 cm

Stammblüten von Getiman Tokong. 1:2

Blütenblätter weisslich 1:2

Fruchtstand

die Wunde gerieben. Rauch des Laubes dient zum Vertreiben der lästigen Sandfliegen (Yeng) in der Hütte, oder der Bienen beim Plündern eines Nestes. ~
Buhau wird in demselben Sinn verwendet. Seinem Geruch an scheint er mit Eukalyptus verwandt. Die Punans essen hin- und wieder einen der kurzen, verdickten Blattstengel des nur 2–3 m hohen Bäumchens.

Wanderung an das Meeting am Djumit-Fluss. Wir scheinen die einzigen zu sein. Etwas Bedenken, wo all die Häuptlinge bleiben.
Nachts ein Gefunkel und Geflimmer von tanzenden Glühwürmchen. Es sind wohl tausende. ‹Deng› vom Telaiunfluss fürchtet sich vor ihnen und will heftiges Feuer entfachen, um sie zu vertreiben. –
Am nächsten Tag durchstreifen wir die Gegend und bringen Symbole an, um eventuell Ankommende zu leiten. Als ich in der Stimme des Kuwais rufe, da schallt tatsächlich Antwort vom gegenüber-

L ~40 cm
Gegenständig
Holzspäne
«Folge dem Pfad in der Richtung des Zweiges.»
Geschabte Rinde, «Sakit» «das Herz tut weh.»
«Kaiu Tabai», das Rufholz, «Komm!»
Spiralig gerilltes Holz, «Mesok Lotok» «das den Hintern bohrt»: «Beil [Beeil] dich!»

liegenden Bergrücken. ~ «Kuuu-aiiii». Heftiger Regen scheint fast sämtlichen die Lust am weiten Marsch genommen zu haben. Etwas enttäuscht über die Unzuverlässigkeit der Eingeborenen.
Des Nachts raschelts im Laub unter mir. Das muss ein grösseres Tier sein! Schnell kramsche ich die Taschenlampe. Ohne Brille sehe ich nur zwei rot-fluoreszierende Augen… Aha! Dies ist also die Geistkatze, welche hier schon einmal des Nachts die ganze Siedlung geweckt hatte. Das graupelzige Tier entfernt sich einige Schritte, um wieder wie gebannt in das blendende Licht der Lampe zu schauen, und verschwindet langsam im Dunkel. – Es mag wohl einige scheue Nachtgänger geben, die dem gewöhnlich nur bei Tageslicht streifenden Punan unbekannt sind.

Mitten in der Nacht hörten wir drei Brüder ein Geräusch. In der Dunkelheit stahl sich ein fischottergrosses Wesen davon. Es hatte sich die Schweineleber vom Feuerrost geangelt. Laut war seine Stimme – wir kennen kein solches Tier.
Peng, Magoh.
Pegá, im Besitz einer Taschenlampe, hörte

Hölzern zwei Krokodile, die ihr Floss bei Long Siang am Tutoh-Fluss störten. Der Punan tötet kein Krokodil und isst auch nicht dessen Fleisch. In seinem Glauben müsste er sterben, sowie ein Hundehaar im Essen den Tod bewirken würde (Tilin).

An der Brust von ‹Do Berauk› hängt ein junges Niakit-Kind. Du kleine Kreatur! Wie lange wirst Du's wohl überstehen? Gewöhnlich gehen diese Affenkinder, ihrer Hauptnahrung beraubt, nach einigen Monaten ein.

Patah-Fluss. Langsam wandern wir in die erhöht gelegenen Quellgebiete des Magoh-fluss. Die Landschaft ändert sich im Bild. Der Bach zeigt viel Gefälle und sucht sich seinen Weg zwischen riesigen rundgeschliffenen Felsblöcken. Sago-Palmen mit ihren langen Blattwedeln zieren steile Uferböschungen. Die Bäume sind wie in einem Hochmoor von dicken Moorschichten bedeckt und behangen. Auf Hügelkämmen findet sich der Pellaio-Baum, dessen wohlriechendes weisses Harz früher talwärts gehandelt wurde. In Wassernähe ist die Palme Anau zu treffen. Im Habitus gleicht sie der Zwergpalme Daun, doch ist sie ein Riese: Bis 20–25 m Höhe. Wie bei der Ölpalme ist der Stamm mit den verholzten Blattspreiten besetzt, doch schlanker. Die arg bedornten Blattstengel sind begehrtes Pfeilschaftmaterial (→ *Suket Oia Abeng*);

auch einmal des Nachts Krallenkratzen in der Kawa-Pfanne bei der Feuerstelle. Im Lichtschein machte sich ein Sewá aus dem Staub.

Lisi erzählt: Er hat sechs Bären und vier Leoparden auf dem Gewissen. Leopard, Python und Bär sollen sich immer aus dem Wege gehen. Python und Kobra bekämpfen sich bei einer Begegnung, wobei die erstere natürlich auf der Strecke bleibt. Als Kind ass Lisi noch von einem Wildrind (Bedúh), am Ubung-Fluss erbeutet, und einem kleinen Nashorn, am Kuba-an-Fluss von Kellabits geschossen. – ♀ von Hirsch und Tella-o wurden schon mit Geweih erbeutet, also Zwitter. Das Bellano (Mousedeer) ist immer hornlos. Der am Hals getragene Talismann zur Unverwundbarkeit wird kaum je vom Bellano, eher von einem Tella-o-Buben stammen. – Vor einigen Jahren vertrieben Punans mit

sie sind weicher als Jaká. Ihre Früchte werden von Hirsch (Schale) und Wildschwein (Same) gefressen, früher auch vom Nashorn. – Ihre Harz ist essbar, und grosse Stämme, welche Sago enthalten, werden hin- und wieder von den Punans verarbeitet. Die schlanke Lessei-Palme ist nur vereinzelt und selten in Quellgebieten zu treffen. Ø 10–15 cm. Höhe 10–15 m. Auch sie kann Sago enthalten, wird jedoch wegen ihrer Seltenheit kaum je verarbeitet. Ihr ‹Apo› soll so fein sein, dass es, aus den Fasern ausgewaschen, kaum in der geflochtenen Rotanmatte (Tabau) aufzufangen ist, sondern mit dem Wasser davon geschwemmt wird. Ihre grünroten Früchte sind giftig. Das Herz essbar. Die Niwung-Palme ist ein stachliges Wesen: Stamm wie Blattspreiten sind mit 3–4 cm langen schwarzen Stacheln bespickt. Auf einem schlanken Stamm von bis ~30 m Höhe überragt sie oft die sie umgebenden Bäume. Sie sucht sich steile Böschungen als Standort aus. Der Punan fällt sie, falls es ihn nach ihrem Herz gelüstet. Ihre Früchte sind beliebte Nahrung von Hirsch, Wildschwein, Tella-o, und den Nashornvögeln Metui (Wreated [Wreathed] HB.) und Belok (White-crested Hornbill)

Vom Bären. ‹Supang› war mit Kindern unterwegs, um ein gestern erbeutetes Wildschwein heimzutragen. Da sahen sie zwei Eicheln (Tekalet) fressende Bären; schnell flüchteten sie sich nach oben. – Hin und wieder nächtigt der Bär in der Krone einer Eiche und baut sich dort aus Ästen eine Bettstatt in luftiger Höhe.

‹Buki› erzählt: «Ich bin frischen Spuren eines Wildschweins gefolgt. Hinter einem gestürzten Baum mit Dickicht begegnete ich plötzlich einer Bärenbehausung. Sofort kam ein Bär wütend auf mich zu. Voll Angst rannte ich davon, hinter mir die Stimme «Hok-hok-hok» des folgenden Bären. Ich kletterte auf einen jungen Rangabaum. Der Bär rannte unter mir vorbei. Nach einer Weile kam er, mich suchend zurück. Ich hatte unterdessen einen Giftpfeil ins Blasrohr gelegt und schoss ihm diesen in den Bauch. In der Zwischenzeit war die ganze Bärenfamilie zum Vorschein gekommen. Drei weitere Mitglieder. Jedem schoss ich einen Giftpfeil in den Leib. Die Bärenmutter zeigte schon bald Anzeichen der Giftwirkung und war nach kurzem tot. Die drei andern Bären entfernten sich. Eilig stieg ich von meinem Baum herunter und trug die erbeutete Bärenmutter nach Hause. Aus Angst bin ich nicht mehr an den Ort zurückgekehrt, aber wahrscheinlich sind die andern drei Bären alle, von Giftpfeilen getroffen, eingegangen.»

Kelerek

Ein anderes Mal sah Buki eine Schlange mit einem Hörnchen streiten. Diese erdrosselte das Hörnchen (Tellé). Der Jäger schoss ihr einige Pfeile nach, bis sie ihr Opfer fallen liess, und die Beute wechselte ihren Besitzer.

‹Lisi› war an schwer zugänglicher Stelle einem schlafenden Bären begegnet. Er hatte sich sein Ränzlein an einem Wildschweinkadaver vollgeschlagen und lag gähnend, mit ausgebreiteten Armen und Füssen auf dem Rücken. – ‹Pedeu› erzählt, wie er einen Bären tötete. Er pirschte sich an den ein Termitennest (Ó-ó) plündernden Petz und stiess ihm von hinten den Speer in den Leib. –

Péga vom Adangfluss erzählt: «Ich hatte mich mit meinem Bruder unter einem Durian-Baum auf dem Boden schlafen gelegt, am Fusse des dicken Stammes. Reife Früchte fielen aus der Krone. Mitten in der Nacht hörten wir ein Geräusch. Mein Bruder meinte, es sei ein Wildschwein. Doch ich vermutete einen Bären und suchte im Dunkel mein Heil in der Flucht nach oben. Nach einer Weile spürte ich den Kopf meines Bruders unter meinem Hintern; nun war es auch ihm klar geworden, dass Meister Petz uns mit einem Besuch beehrte. Voll Angst verbrachten wir beinahe die ganze Nacht auf dem Baum. Wieder auf dem Boden, trieb uns erneut ein Geräusch aufwärts; doch es war nur ein Hirsch.» –

Der Bär ist keineswegs immer angriffslustig, sondern eher ein scheuer Geselle. Gerade vor kurzem bin ich selbst einem ‹Gunem› Früchte fressenden begegnet; schnell wie ein schwarzer Schatten verdrückte er sich hügelabwärts. Doch zur Zeit der Paarung und der Kinderstube, geht man dem Petz gescheiter aus dem Weg.

‹Lisi›, der Häuptling vom Magohfluss, singt einige Lieder in alter Sprache. Ich versuche, den Text aufzuschreiben – es gelingt mir nicht. Ich fordere Lisi auf, den Text nur schrittweise, langsam zu singen. Dies wiederum scheint dem alten Mann unmöglich.

Das eine Lied ist ein Wiegenlied (Ngobó Anak). Der Text kommt aus dem Herzen.

«... Rot schimmert das junge Laub der Bäume. ... Die Blattwedel der Iman-Palme spielen im Wind... Ein Nashornvogel fliegt mit kräftigen Flügelschlägen hoch über den Baumkronen... ein kleiner Vogel badet und schüttelt sich – weit spritzen die Wassertropfen aus seinem Gefieder...»

Ein anderes Lied beschreibt das Schlingenlegen:
«Reife Petá-Früchte fallen von den Bäumen. Dort lege ich viele Kametan-Schlingen. Der Ku-wai und das Stachelschwein und der Vogel Wi-ul rufen einander zum Früchteessen.»

L ~25 cm, Höhe: 40–60 cm – ‹Pakú Eté›. Dieser hellgrüne Blattfarn steht in kleiner Gesellschaft an feuchten Stellen. Medizin bei Brustentzündung der Stillenden. Leptochilus Macrophyllus.

tur wegen Kopfjägerei miteinander verfeindet: Iban, Keniak, Kaian,
Boesenbergia? Scaphochlamys?

Punan und Kelabit. Da soll im Kampf reichlich Blut geflossen sein. Wohl alle Stämme besitzen ihre Heldenepen aus alten Zeiten. Die Punans gingen in ihrem scheuen Wesen Auseinandersetzungen am liebsten aus dem Weg, doch wussten sie sich auch zu wehren und zu rächen. Mit dem Blasrohr als Waffe, waren sie den anderen Stämmen auch überlegen. Die Giftpfeilspitzen aus einem Stückchen Weissblech wurden damals mit zwei Flügeln gefertigt (Belat Pepajang).

Waren sie ins Fleisch gedrungen, konnte man sie nur schwierig herausoperieren; der Getroffene war in den meisten Fällen unwiederbringlich des Todes!

So sollen am Sungai Buang (Seridan) Ibans* mit Hunden auf Menschenjagd gegangen sein. Die Punans schossen einen, schnitten seinen Penis ab und steckten ihn auf einen Ast zur Abschreckung.

Die Kellabits sind nicht ursprünglich im Limbang-Tutoh-Gebiet, sondern haben ihren Ursprung am Ruabfluss. Vor allem sie waren mit den Punans verfeindet. – Einst sollen Kellabit-Kopfjäger eine wasserholende Frau am Puak-Fluss mit dem Buschmesser niedergemetzelt haben. Die Punans verfolgten sie, schossen einem einen Giftpfeil in den Hals und nahmen racheübend auch seinen Kopf.

7/154 Hier am Patáh-Fluss, in den Quellgebieten des Magoh und des Meliit, ist der Standort von ‹Keburo›. Es wächst in reicher Gesellschaft an feuchten Stellen, und seine 20–30 cm langen Wurzelrhizome werden als teure Medizin talwärts gehandelt. Sie sind von wohlriechendem, etwas scharfem Geschmack. Der Punan selbst benutzt den ausgedrückten Saft zur Linderung von Bienen- und Skorpionsstichen, als ‹Herrgottströpflein› bei sterbenden Hunden. Talwärts dient das Rhizom zur Behandlung von Magenbeschwerden. Ihr Genuss soll weiter ‹handfeste› Trinker gewähren, und Übelkeit bei hohem Alkoholkonsum verhindern. Höhe: 30–40 cm.

Inwieweit lebte der Punan früher in Frieden?
Ich lausche den Geschichten der Alten: In der Vergangenheit waren wohl sämtlichen Volksstämme mit eigener Sprache und Kul-

* vom Medamit-Fluss, 5th Division.

7/156 Nach langem Streiten wurde ‹Blutsbruderschaft› getrunken: Pesupá*.

Die zwei befeindeten Häuptlinge Seribu (Kellabit) und Uki Tamen Tereng (Punan) tranken Wasser, in dem ein Reisszahn des Leoparden, eines Hundes, ein Zahn eines Krokodils und ein Stein aufbewahrt wurde. Beide schnitten sich in den Unterarm, und tranken vom gemischten Blut.

Wer weiterhin schlecht oder unrecht handeln würde, muss sterben. Der Bali (Geist) von Leopard, Hund und Krokodil würde die Sahé (Seele) des Fehlenden fressen. Der Stein soll Kraft verleihen.

Seit dieser Zeit (~1930) herrschte mehr oder weniger Frieden zwischen Kellabits und Punans, auch wenn ihr Verhältnis noch heute nicht unbedingt als warmherzig zu bezeichnen ist. Zeugen aus alter Zeit für die Feindschaft sind die Batu Nejek. Es sind grosse flache Steinplatten, die auf Bergkämmen** grenzstein-ähnlich in den Boden gesteckt wurden, und ~1 m hervorragen. Daneben ist der Bergkamm gewöhnlich wie durch einen Schützengraben getrennt. Nach ‹Lisi› ruft der Er-

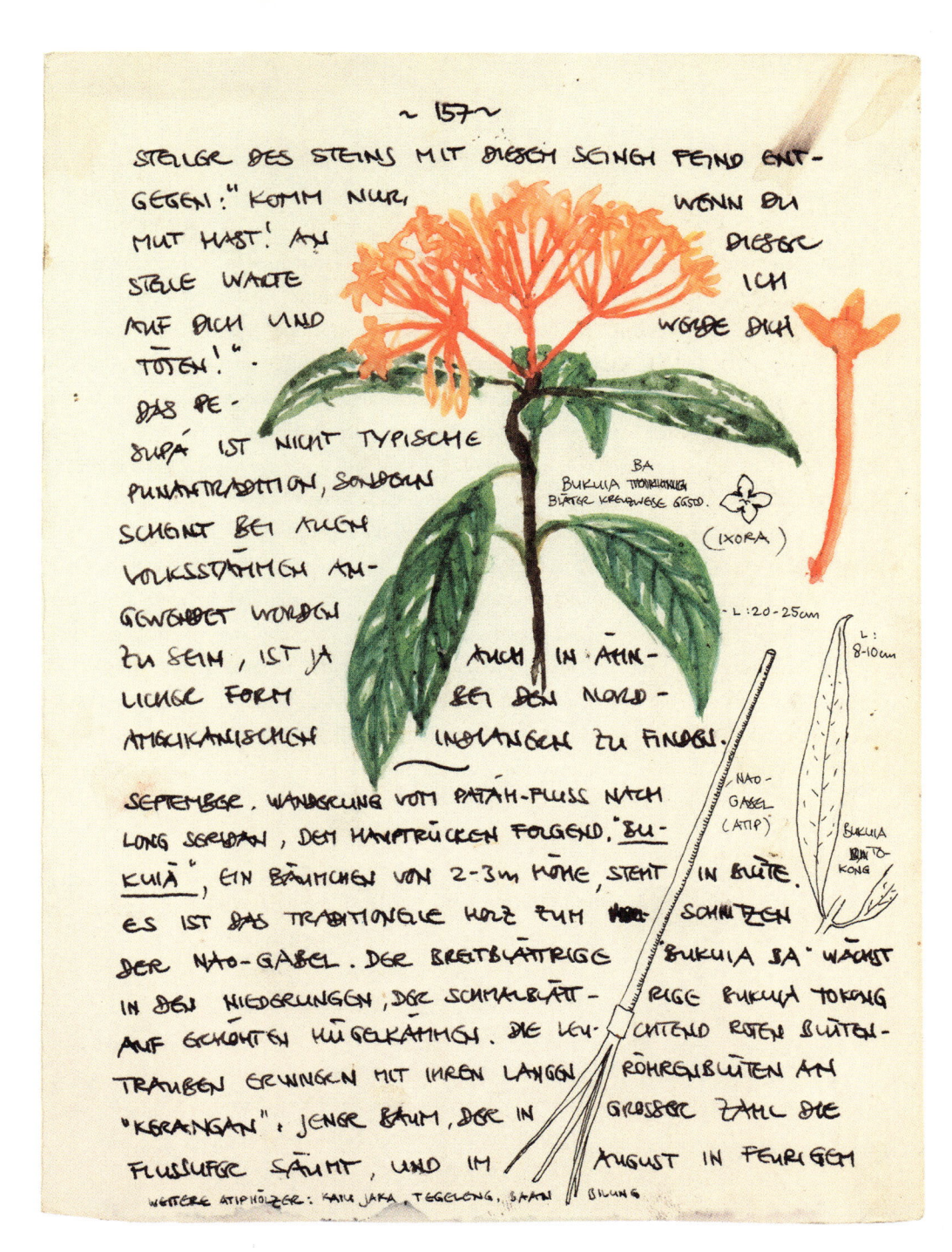

** So am Penalang, Patah, links des Magohfluss

* Zeuge des Pesupá ist der riesige Mutanbaum bei Long Terap (Seridan)

7/157 steller des Steins mit diesem seinem Feind entgegen: «Komm nur, wenn Du Mut hast! An dieser Stelle warte ich auf Dich und werde Dich töten!» Das Pesupá ist nicht typische Punantradition, sondern scheint bei allen Volksstämmen angewendet worden zu sein, ist ja auch in ähnlicher Formn bei den nordamerikanischen Indianern zu finden.

September. Wanderung vom Patáh-Fluss nach Long Seridan, dem Hauptrücken folgend. ‹Bukuiá›, ein Bäumchen von 2–3 m Höhe, steht in Blüte. Es ist das traditionelle Holz zum Schnitzen der Nao-Gabel. Der breitblättrige ‹Bukuia Ba› wächst in den Niederungen; der schmalblättrige Bukuia Tokong auf erhöhten Hügelkämmen. Die leuchtend roten Blütentrauben erinnern mit ihren langen Röhrenblüten an ‹Kerangan›, jener Baum, der in grosser Zahl die Flussufer säumt, und im August in feurigem

Bukuia Ba Blätter kreuzweise ggstd.

(Ixora)

L: 20–25 cm

Bukuia Tokong.

L: 8–10 cm

Nao-Gabel (Atip)

Weitere Atiphölzer: Kaiu Jaka, Tegeleng, Baan, Bilung

7/158 Blütenregen paradiesische Teppiche webt. Sein Holz ist hart und von weisslicher Farbe; hin und wieder verwandelt ein Eingeborener eine seiner Astgabeln in einen Buschmessergriff. ~
Selai und Peng schiessen mehrere Pfeile auf einen Pasui ab, der auf einem Nonok-Baum Früchte schmaust. Nach einer Weile entkommt die getroffene Bärenkatze auf den Boden und entwischt. Ohne Hunde ist sie nicht aufzuspüren, wird wohl in der nächsten Viertelstunde verenden, ohne uns Nahrung gespendet zu haben. – So essen wir während drei Tagen nur trockenes Apo, in der Pfanne gebacken (Pi-ong Tebé) und zwei kleine Vögel. Unterwegs macht Gesumm auf ein Bienennest in einem hohlen Kaiu-padeng-Stamm aufmerksam; dessen Harz liefert Fackel-Niateng. – Peng schlägt von der Rückseite ein Loch in den Stamm, bis die senkrecht aufgehängten Wabenwände sichtbar werden. Ohne Furcht greift er mit seinem Arm bis zur Schulter ins summende Loch, und löst eine Wabenwand nach der andern. Das Nest ist noch jung. Die ersten Puppen kurz vor dem Schlüpfen. Die Königin beginnt nicht im Zentrum der Wabenwand mit Eierlegen, sondern vom Rand zur Mitte hin kreisend. So werden die ersten Bienen am

geblich von Chinesen und Ibans zu Margarine weiterverarbeitet. Die langen Blüten(?)blätter versetzen die Frucht im Fall in drehende Bewegung. So gab der Punan dem Helikopter ihren Namen: ‹Bilun Buah Adang›.

Die Punans vom Magoh-Fluss haben ihr angestammtes Gebiet 7/160 mit Symbolen abgesperrt. Die Botschaft soll Prospektoren und Wegbereiter von Holzfällercompanies zur Umkehr bewegen.
Die Briefe befinden sich auf Hügelkuppen der Wasserscheide Meli It – Magoh-Fluss, So I-ot Yap, I-ot Penalang.

Long Seridan.
Der erste Kelabit würde den angekommenen Punans am liebsten die ganze Ladung von Dschungelprodukten abnehmen. Tauschgut sind vor allem gebrauchte Kleider und Patronen, sowie Ringgit. Doch will der Käufer keine Gastfreundschaft gewähren, und schickt das Trüpplein zur Übernachtung in das zu diesem Zweck neu erstellte Punanhäus'chen. ‹Selai› weigert sich, da man ja nur eine Nacht bleiben will. Auch sind wir alle hungrig und unsere Apotaschen beinahe leer. – Hier

7/159 Shorea

Rand schlüpfen, langsam gefolgt von der Jungbrut zur Mitte hin. Die Bienen haben erst wenig Honig in den Estrich eingetragen.
Wir verspeisen, die Finger schleckend, vom flüssigen Süss bis zur saftigen Jungbrut alles, spucken das ausgekaute Wachs wieder aus. – Bei der Nestplünderung wurde Peng von keiner einzigen Biene gestochen. Die Niwan-Biene ist Höhlenbrüter, während die Laiuk-Biene ihr Nest hoch an einem dicken Kronast vom Rangá- oder Tanyit-Baum aufhängt.
Bienenfeinde: Mensch, Bär, Sewá (Jungbrut), Adler, Besuá. Die Riesenkröte ‹Kup Tokong› wurde schon von Eingeborenen beobachtet: Wie sie am Eingang einer in Bodennähe liegenden Baumhöhle lauerte und mit ihrer langen Zunge an- und ausfliegende Bienen fing.

Junge Abang-Frucht

Die Abang-Früchte reifen nur alle paar Jahre in grosser Zahl. Sie kommen in drei Arten vor. Die reifen Nüsse enthalten Fett und werden sackweise talwärts gehandelt. Dort werden sie an-

Kelit Batu

treffen wieder 7/161 moderne und alte Kultur aufeinander. Gastfreundschaft ist Tradition, und wer von weithergereist ist, dem gewährt man sie. – Der Kellabit von heute ist gewohnt, talwärts zu reisen. Dort hat er lernen müssen, dass für Nahrung und Übernachtung zu bezahlen ist. Dass man Fische kaufen muss – oder verkaufen kann. Er beginnt zu rechnen, und überlegt sich dann, ob er einen erlegten Hirschen oder ein Wildschwein traditionsgemäss auf alle Anwohner verteilt, oder die Jagdbeute verkauft. – So beklagt er sich, oft im Dorf nächtigende Punans bewirten zu müssen; während sich der Punan beklagt, meist mit hungrigem leerem Magen wieder in den Dschungel zurückzukehren. – Nach jahrelangem Bitten hatte die Regierung nun in die Tasche gegriffen und so sind drei ‹Lamin Sakai› erstellt worden, in Long Seridan, Long Bedian und Bareo. Diese Häuser spenden armem Volk freies Obdach, und sind in dieser Art in grösseren Städten wie Marudi, Miri, Limbang schon lange gebräuchlich.
Zu guter Letzt ist dann unser Trüpplein doch noch bewirtet worden und hat im Langhaus Schlaflager gefunden.

7/162 Oktober. Wandern mit zwei Familien von Long Ballau an ein Meeting in Long Bakawa, um dort gemeinsam Arbeiter von Holzfällerkompanies an ihrem Treiben zu hindern, und sie aus dem erklärten Waldreservat herauszuschicken.

Krun Ang

Krun. Aus dem Strunk eines liegenden Stammes tönt es nachts unkenähnlich «Krun-krun-krun-krun». Als die Stimme gar tags einmal ruft und ihr eine andere aus der Ferne antwortet, steige ich aus der Hängematte und schaue nach. Aha! Ein ausgeschliffener Lehmgang führt in eine Spalte. Nach Freilegen des Eingangs wird ein kleines Tümpelchen im Hohlraum sichtbar. Darf ich wohl ohne Schmerzempfindung im Dunkel nach dem erwarteten Amphib tasten? – Da! Eine Kröte mit zugespitzter Nase. Als ich sie auf wiederholter Flucht bedränge, sendet sie ein weisses Sekret aus ihren Rückenwarzen. Es entpuppt sich als äusserst zähe fadenziehende Leimmasse. Zwei aneinandergepresste Finger sind nur unter Kraftanstrengung wieder auseinander zu bringen. Ich staune ob der Chemie der Natur, deren Geheimnisse der Mensch in Laboratorien zu ergründen versucht ist. – Darüber hinaus besitzt die Kröte

7/163 Mimikry: Beim Bewegen der Hinterbeine werden zwei grosse wie Augen anmutende Flecken freigelegt, und sollen wohl einen Feind verdutzen.

Tepun Ula. Beim Verarbeiten der Sagopalme ‹Uwut› begegnen wir einem winzigen Schlängchen. Fleischfarbig, mit fahliger Zeichnung, L ~30 cm, Ø 1 cm. Die Pupillen, kaum sichtbar, stehen fadendünn senkrecht in den Stecknadelkopfaugen. Die Nase des nur fingernagelgrossen Köpfchens ist aufwärts gebogen, gerade wie bei der Pit-Viper. «Du bist gewiss giftig.» Obwohl ich sie hart hinter dem Kopf fasse, vermag sie diesen um ~200° zu drehen. Meine Freunde, einen Steinwurf weiter, wollen das Reptil auch sehen. Einen Moment nicht aufgepasst, und schon sticht's mich rasend in den Finger, dass ich das Schlängchen in weitem Bogen von mir werfe. Schnell binde ich den Finger ab und will die Biss'stelle aufschneiden. Doch die Messerspitze ist stumpf; schnell schleife ich sie. Das Blut will nicht so recht fliessen, und zaghaft stochere ich mit dem Messer am Finger rum. Im Fleisch schimmert's schon schwarz von der Giftwirkung. – Das Schlängchen ist den Punans wohl bekannt, Tepun Ula. ‹Pangó› hat noch heute einen beachtlich verdickten Zeh von einem Stich vor zwei Jahren. Während ich be-

7/164 schäftigt bin, Blut auszudrücken, erschlägt ‹Laeng› das Tier und

Tewanau

streicht mir von ihrem Hirn auf die Biss'stelle. Nach einer Weile sind als weitere Medizin Buhaublätter gefunden. Zerquetscht, mit Spucke vermischt, reibt sie mir Laeng unter Gemurmel ums Handgelenk.

In der Zwischenzeit hat sich der Schmerz bis in die Armlymphe fortgepflanzt, der Finger und Hand sind angeschwollen, jedoch kalt. Das Gift soll ja auch wohl die Beute ‹kaltmachen›. – Ich verbringe eine Nacht unter Stöhnen, der Finger schmerzt wie in einer Türe eingeklemmt. – Nun, da bin ich wohl selbst der Narr! «Ira Tulou!»

Noch während ein paar Tagen soll mich der Biss plagen. Nach Wan ist er ähnlich wie ein Skorpionsbiss. Bei diesem wird als Medizin ein eigenes Haar verbrannt und mit Spucke vermischt eingerieben (die Dusun in Sabah verwenden die Innereien des getöteten Tiers). Wan nahm einmal einem Skorpion seine Beute ab am Seridan, und trug sie nach Hause: Ein junges Wildschwein! –

7/165 Das stachelige Wesen der Rotangewächse macht sie zu unangenehmen Begleitern des Dschungels. Doch so lästig sie einerseits, so dienstbar sind sie anderseits. Neben der Sagopalme und Pfeilgift (Tacem) sind sie die wichtigsten Pflanzen im Punanleben. Sie dienen zum Verknüpfen beim Hüttenbau, wie zum Flechten von jeglichen Traggefässen und Mattenwerk. All die verschiedenen Arten sind dem Punan bekannt, und wird ihr Stengel nicht verflochten, so sind gewiss ihr Herz oder die Früchte essbar. – Ständig sind die beiden Hausmütter beschäftigt, den begehrtesten ‹Uai Bukkui› zu verarbeiten. ~

Unterwegs. Eine Schlangenleiche. Die Hälfte ist richtig zerzaust, wo der ‹Belok› ein Nashornvogel, das Fleisch zwischen den Rippen herausgepickt hat. ‹Wan› identifiziert die unscheinbar dunkel gezeichnete Schlange als ‹Nauwan› (L: 2 m). – Unreife Peressenfrüchte (aus der Rambutan Familie) und Buah ‹Adui› (aus der Cu-ui-Familie fallen. Kuiat und Medok, die beiden Makaken, haben schon unreife Pellutan-Lianenfrüchte geschmaust. Während meine Freunde eine Bleibe für die Nacht bauen, folge ich dem

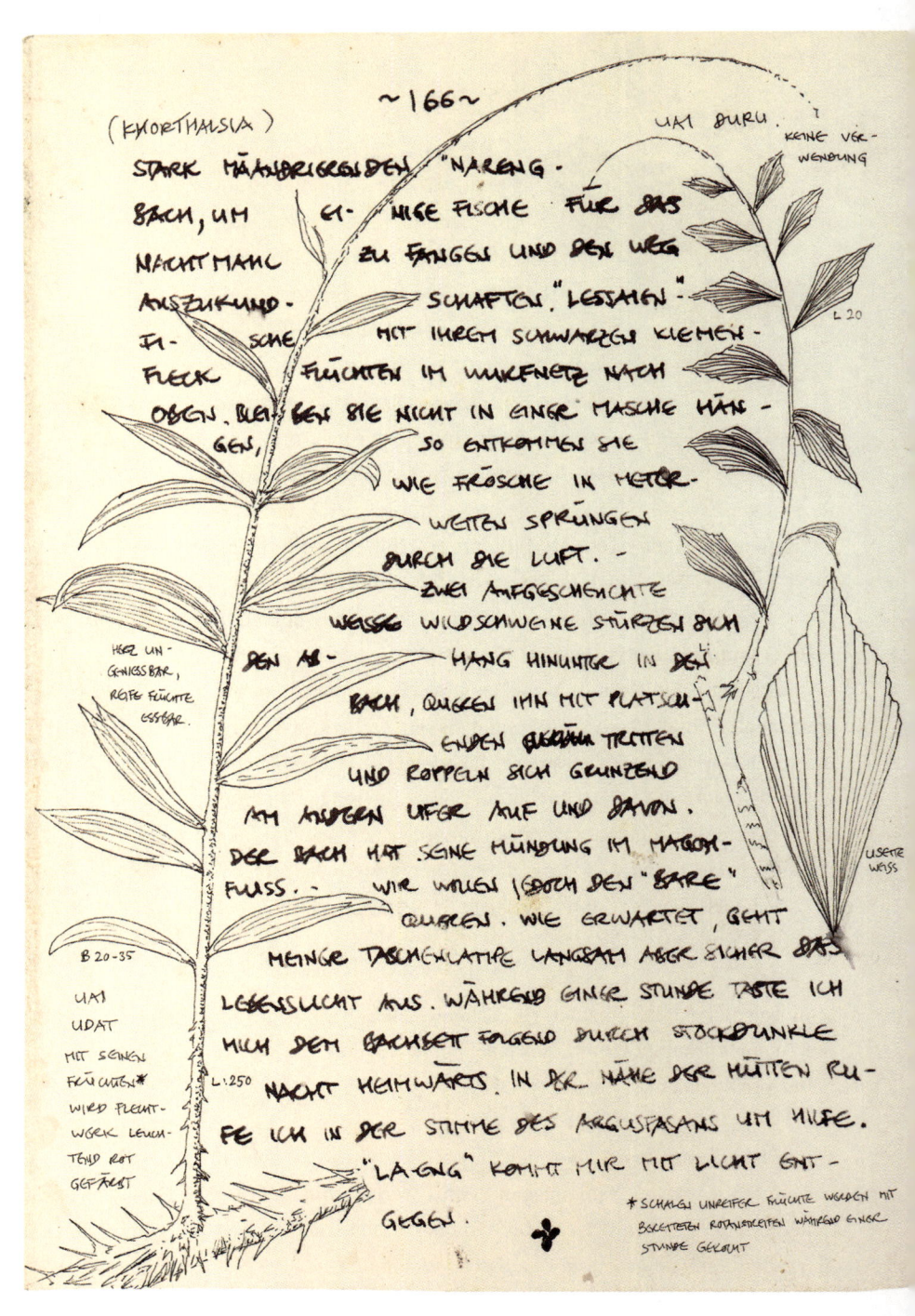

7/166 stark mäandrierenden ‹Nareng›-Bach, um einige Fische für das Nachtmahl zu fangen und den Weg auszukundschaften. ‹Lessaien›-Fische mit ihrem schwarzen Kiemen-Fleck flüchten im Wurfnetz nach oben. Bleiben sie nicht in einer Masche hängen, so entkommen sie wie Frösche in meterweiten Sprüngen durch die Luft. – Zwei aufgescheuchte weisse Wildschweine stürzen sich den Abhang hinunter in den Bach, queren ihn mit platschenden Tritten und roppeln sich grunzend am andern Ufer auf und davon. Der Bach hat seine Mündung im Magoh-Fluss. – Wir wollen jedoch den ‹Bare› queren. Wie erwartet, geht meiner Taschenlampe langsam aber sicher das Lebenslicht aus. Während einer Stunde taste ich mich dem Bachbett folgend durch stockdunkle Nacht heimwärts. In der Nähe der Hütten rufe ich in der Stimme des Argusfasans um Hilfe. ‹La-eng› kommt mir mit Licht entgegen.

(Korthalsia)

Herz ungeniessbar, reife Früchte essbar.

B 20–35

Uai Udat

Mit seinen Früchten* wird Flechtwerk leuchtend rot gefärbt

Uai Duru

Keine Verwendung L 20, Useite weiss

* Schalen unreifer Früchte werden mit bereiteten Rotanstreifen während einer Stunde gekocht.

7/167 Eine meterlange Baumechse (Kebok) ist in einem Loch eines Ranga-Stammes verschwunden. Der Baum wird gefällt, um des Tieres habhaft zu werden. Doch nirgends ist das Reptil zu finden. Bis einer auf die Idee kommt, im Strunk nachzusehen. Tatsächlich, es guckt sogar seine Schwanzspitze oben heraus. ‹La-eng› fischt die Echse heraus und erschlägt sie kurzerhand; sie wird uns Nahrung spenden. – Als wir an einem der nächsten Tage in die Nähe des Tutoh-Flusses und der lärmenden Bulldozer gelangen, muss wieder ein ‹Kebok› dran glauben. Auch er ist in eine Baumhöhle geflüchtet; der gefällte hohle Stamm wird in Abständen geöffnet, bis man die Echse zu fassen bekommt. Das Weibchen hat eine lange Schnur von zwanzig längsovalen Eiern im Bauch. Sie besitzen einerseits eine Delle, sind über Daumendick, ~4 cm lang, und von lediger Schale. Gekocht von weisscremiger Masse – ein Leckerbissen. Wan hat die Echsen schon bei der Paarung beobachtet, wie ♂+♀ aneinandergekrallt den hangabrollten. Zur Eiablage begibt sich das Weibchen ans Wasser, wo die Jungen sogleich schlüpfen. Das Männchen besitzt zwei Penise, nach Wan wie alle Schlangen und Echsen, und so das Weibchen auch zwei Scheiden (?)

Uai Kellowong – wird zu jeglichem Flechtwerk verarbeitet.

Früchte essbar.

B. 25–30 cm

L: 50 cm

7/168 ‹Ni-ong› schiesst einen ‹Belengang›, doch der getroffene Nashornvogel flieht. Manchmal sollen diese Könige des Dschungels Giftpfeile der Jäger gleich mit dem Schnabel auffangen. – Vorläufig ist der Nashornvogel in vier verschiedenen Arten häufig im Gebiet. Talwärts wurde er durch Jagd mit dem Gewehr und Rauben jeglicher Nistgelegenheiten schon ausgerottet; der Vogel brütet in Höhlen hoher Ranga- und Kapurbäume, die dort schon rübis-stübis umgelegt wurden. Ihr weiches Holz wird zu Brettern aufgesägt und bildet Haupteinkommen der Holzfällerei.

Wer hat wohl dieses grossse, schwere Stammstück gekehrt? Ein Kragenbär auf Termitensuche. In dem kleinen Kerl stecken wirklich Bärenkräfte!

Wans Füsse schmerzen. Vor drei Jahren war er in einer Ubi-Plantage am Limbangfluss in ein ‹Uket Monin› getreten, eine ~20 cm lange weisse Raupe oder Larve mit rötlichen Gifthaaren. Vermutlich sind diese abgebrochen und in der Sohle eingewachsen. Wan zerhackt als Medizin Lepeso-Früchte zu einem Brei, erhitzt ihn im Blattpaket im Feuer, und bindet sich das Ganze an den Fuss. Am nächsten Morgen besorgt er sich Rinde vom Pusit-Baum;

7/169 a Verstekkis [Versteckspiel]

auch diese erhitzt er im Feuer, bis kleine Milchsafttröpfchen austreten. Darauf reibt er seine Füsse auf der dampfenden Kambiumseite. –

Der bis meterdicke Stamm wächst in Wassernähe und verbreitert sich gegen seinen Fuss auf 2–4 m Höhe in Stützwurzeln. Seine in reifem Zustand schwarzbraunen Früchte sind hell gesprenkelt. Halbiert man sie und übt Druck auf eine Hälfte, so springt ein halbes weisses Nüsschen aus den weichen Schalenschichten. Dieses ist essbar.

Auf einem Erkundungsgang stellen wir fest, dass wir anstatt nahe Longbakawa in der Landzunge von Long Siang gelandet sind, getäuscht durch Bulldozergeräusche vom Marung-Fluss. Etwas müde vom Marsch kehre ich um und lasse meine Begleiter allein weiterziehen. Kunde meinen eigenen Weg heimwärts aus. Folge in steilem Gelände einem Bachlauf der sich über schwarze Felsplatten

L ~3 cm
Buah Pusit

unterbrochen von Wasserfällen zu Tale giesst. Schon naht die Nacht, als es gleich neben mir bedrohlich aus einem dunklen Loch im Gestein faucht: «Krrrchchchhhhh». Mit einem etwas komischen Gefühl im Magen stochere ich mit einem Knebel in der Höhle rum, worauf deren Bewohner weiterhin bedrohlich knurrt. Doch die Zeit eilt, und schnell klettere ich weiter über glitschiges Gestein dem Wasser folgend bis zur Talsohle hinunter, eile im Bachbett Richtung Mündung. Kurz vor gänzlicher Dunkelheit bin ich mir sicher, in einem benachbarten Entwässerungsgebiet gelandet zu sein. Der Mond kommt zum Vorschein.

Doch meine müden Knochen und das schwierige Gelände empfehlen Übernachtung an Ort und Stelle. – Nur in kurzen Höschen, Leibchen und Buschmesser wird's wohl eine schlaflose Nacht geben, kein Feuerzeug. Frösche quaken und Grillen zirpen. Schwarz stehen Baumsilhouetten und wie erwartet treiben Mosquitos ihr Unwesen. Ich verkrieche mich in einem Bett aus feuchten, gekappten Tobo-Blattwedeln, auf das kiesige Ufer

gelegt. Eine Eule geht auf Jagd. Glühwürmchen tanzen. Dann kündet Donner plötzlich ein Gewitter an und bald wird die Sache richtig ungemütlich. Wie ein Wildschwein verkrieche ich mich in meinem Blätterhaufen und kann kaum ein Auge zutun.

Morgens fertige ich mir einen Speer aus ‹Jaká› und kehre zur Felshöhle zwischen zwei Wasserfällen zurück. Tatsächlich! Das fauchende Tier hat sich noch nicht aus dem Staub gemacht. Doch ohne Feuer ist der erboste Hausherr nicht auszutreiben, und so suche ich meinen Weg heimwärts. Meine Freunde werden sich gewiss Sorgen machen.

Und schon höre ich die Stimme des Argusfasans und antworte, begebe mich meinen Freunden entgegen. Herzlich schütteln wir uns die Hand, und Wan bietet mit seiner Gemahlin Ason Mahlzeit. Sie hatten schon die halbe Nacht nach mir gesucht, und sich auf entfernten Hügelkämmen heiser gerufen. – Den vermeintlichen Fischotter deutet Wan als ‹Beret›, ein

7/172 kleines Stachelschwein, dessen Lebensraum am Wasser ist.

‹Tiwai Kelleput›. Macht sich der Punan ernsthaft Sorgen um einen Freund oder Verwandten, der von einem Streifzug nicht mehr heimgekehrt ist, so befragt er das Blasrohr. Dieses sollte ein altes sein, welches vom langen Gebrauch eine schön schwarze Farbe angenommen hat, und mit dem schon viele Tiere des Waldes erbeutet worden sind. Auf die Länge von einer Armspanne klebt der Gewissheit Suchende ein wenig ‹Pelep Lengurep›; das ist das weiche knetbare Wachs des gleichnamigen stachellosen Bienchens. Gewöhnlich hat der Jäger einen Vorrat davon auf den Köcherdeckel geklebt, um lockere ‹Lats› am Pfeilschaft zu befestigen. – Nun heisst er das Wachs, respektive den dareingeschloffenen Geist des Vermissten, zu wandern. Er prüft nach. Hat sich das Wachs vorwärtsbewegt, so ruft er es wieder zurück. Wiederum prüft er. Bewegt sich das Wachs überhaupt nicht, so ist der Vermisste tot.

Todesboten. Hörst du den Ruf vom Hörnchen (Pu-an) oder Zwerghörnchen (Telle) nachts, so ist ein Verwandter von dir gestorben.

7/173 Der Bambusköcher der meisten Jäger enthält neben den Giftpfeilen, ‹Lats›, ‹Betukan›, Messer und eventuell ‹Sihap› eine Maultrommel, ‹Oreng›. Sie ist gefertigt aus einem Stück der harten Oberseite eines Jaka Palm-Stengels.
Geben die Punans von Ba Tepun ein vier-fünfstimmiges Konzert «Dongdedongdedengdedong...» so wird dein Herz von den brummenden-summenden-schwingenden Klängen mit Freude erfüllt. Die Maultrommeln werden dabei neben der Feuerstelle an der Wärme in die Asche gesteckt, um ihren Klang zu verbessern. Ein wenig Belep auf die Spitze geklebt, vertieft den Ton. – Als ich damals dem Instrument Klänge zu entlocken versuchte, die recht lustig tönten, platzte ein kleiner Junge heraus vor Lachen. Seine Mutter schämte sich des ‹ungezogenen› Lausbuben, und wies ihn zurecht: «Hai ngeressi!». Doch bei jedem meiner weiteren Versuche, konnte er den Schalk nicht verklemmen, und wir beide genossen es so richtig – dieses herzhafte Lachen.

Verlaufen. Die Maultrommel hat in altem Punanglauben noch eine weitere Funktion; sie ist Hilfsmittel, einen bösen Geist zu überlisten.

7/174 Hin und wieder kommt es vor, dass man in unbekanntem Gebiet geradeaus zu laufen denkt, sich aber plötzlich wieder auf einem alten Weg befindet. Du bist im Kreis gelaufen. Ein Geist hat dich zum Narren gehalten. In diesem Fall nimmst Du unauffällig deine Maultrommel hervor und hebst ein Stückchen Fallholz auf (Putui Agap). Du spielst auf der Maultrommel, lässt aber den Geist meinen, das morsche Ästchen sei dein Instrument. Darauf legst Du jenes täuschend auf den Boden. Der Geist wird kommen, es aufheben, und ihm Töne zu entlocken versuchen. Während er damit beschäftigt ist, vergisst er, dich zu stören; und du findest wieder den Weg.

Tama Kahan, Long Bakawa

November. Rahá-Kapon-Früchte reifen. Ihre feste trockene Schale ist nach Entfernen der Haut essbar, wenn man ihren hohen Säuregehalt mit etwas Kochsalz neutralisiert, gerade wie man es mit unreifen Um-Früchten tut. Während das rote Fruchtfleisch von Nashornvögeln (Lukap/Belengang), von Hörnchen (Pu-an) und Makakken (Kuiat/Medok)

(Myristica)
Buah Rahá Kapon

7/175 begehrt ist, wird der Same in schwarzglänzender Haut vom Wildschwein und Argusfasan verzehrt.

‹La-eng› hat einen Kragenbären beim Plündern eines Bienennest's überrascht. Meister Petz floh sofort. Die Baumhöhle ist einfach aufgebissen. Scheite und Späne umgeben den Ort. Ein Dieb wird vom andern vertrieben und nun plündern wir an des Bären Stelle die Wabenschichten. Doch es ist noch kaum Honig in die Dachkammer eingetragen. Nach Wan kommt die höhlenbrütende Biene ‹Niwan› in drei Arten vor.

‹Tingen› Wird der Punan zur Speise geladen, hat aber keine Lust, der Einladung zu folgen, so geht er hin und berührt die mit Speise gefüllte Kawa-Pfanne mit den Worten «Pu-un, pu-un siá». Lehnt er von weitem ab, so wirft er irgendein Gegenstand,

Sela Bahá
Die 1–2 m lange Liane wächst in Erdrutschen (Besale) und als Kulturfolger. Medizinal bei Schwellungen.

L: 7 cm

‹Niagung›

(Piper)

68 | TAGEBUCH 7

ein kleines Stückchen Holz dem Gastgeber entgegen: ‹Menia Tingen.› Folgt er nicht diesem Brauch, könnte er von einem wilden Tier gebissen werden.

Auch vermeidet es der Punan in Gesellschaft wegen Müdigkeit oder Völlegefühl einfach umzufallen und einzuschlafen. Tut er dies doch, wünscht er zuerst den Teufel unter sich tot:

«Matai sian ra ke pegen!»

Niessen (Kebula)

Der Glaube, dass jemand über dich spricht oder an dich denkt, wenn's dich in der Nase beisst, scheint nicht nur in Europa verbreitet, sondern in verschiedenen Kulturen unabhängig voneinander entstanden. So gilt diese Redewendung auch beim Dschungelnomaden, sowie beim Kellabit, Keniak und Malayen.

Schluckauf (Ketigo)

Der Glucksi ist von bösem Geist verursacht. Der Betroffene ruft ihm entgegen:

«Mu paseng silo ke	«Diese Axt schlucke ich
Itu poe silo ke	Dieses Buschmesser, dieses
Mu nahan silo ke	Messer schlucke ich, bis zum
Awe awe tacem silo ke	Pfeilgift schlucke ich. Dies
Ina matai bali ketigo»	tötet den Bali-Glucksi»

Nicht lange, und der Glucksi verschwindet, denn der Geist hat keine Lust, der lügenhaften Einladung zum ‹Pesupá› zu folgen.

Häuptling Gadung ist 1979 sesshaft geworden mit seinen Angehörigen. Drei Jahre pflanzte er Reis am Ba Ludin (Magoh) und heuer das vierte Jahr in Long Bakawa. Er geniesst das Leben der Sesshaftigkeit, und möchte sich nicht mehr wie in alten Zeiten im Dschungel müde laufen, von Blutegeln geplagt. – Hin und wieder geht er noch Sagopalmen fällen, doch meist gewinnt er das Sago aus geraffelten Ubiknollen.

Holzfällerei. Politik der Companies.

Als vor einigen Jahren plötzlich einige Leute den Tutohfluss querten und Farbe in Punangebiet anbrachten, wurden sie zurechtgewiesen. Die Punans würden keine Holzfällerei in ihrem Land dulden. Sie würden sich nur umsehen, antworteten diese. Zwei weitere Male kamen sie, obwohl von den Punans zurückgeschickt. Dann, eines Tages war plötzlich ein grosser Ranga-Baum gefällt, obwohl vor ihm ein diagonales Holzkreuz von Punans in den Boden gesteckt war, als Symbol seines Schutzes. Die Punans von Long Bakawa beschwerten sich. Doch nach einer Weile kamen die Holzfäller wieder. Sie würden nur einige wenige Bäume fällen. Dafür sollten die Punans freien Transport nach Long Bedian erhalten, solange die Kompanie arbeitet. Nun wurde der Spiess sogar umgedreht. Als ‹Gadung› Dschungel rodete, um Reis zu pflanzen, und dabei einen grossen Rangastamm umlegte, wollte die Kompanie ihm dies verbieten und schickte ihm die Polizei auf den Hals. Diese musste unverrichteter Dinge wieder abziehen. War der Punan doch auf angestammtem Boden und betrieb Dschungelrodung auf Geheiss der Regierung.

Nun plante die Kompanie eine Brücke über den Tutoh-Fluss zu bauen, um Holz im grossen Stil zu fällen. Da die Punans sich dagegen wehrten, wurde ihr

Bau weiter flussaufwärts geplant. Als die Punans sich weiterhin hartnäckig wehrten, wurde noch ein Stück weiter flussaufwärts die Brücke am heutigen Ort erstellt. Um die Punans ruhig zu stellen, wurde ihre als Waldreservat beanspruchte Erde von Regierungsvertretern schriftlich festgehalten. Die Kompanie versprach, für den Schaden an zerstörten Sagopalmen und Fruchtbäumen aufzukommen, und nach dem Bau der Brücke mit den Punans zu verhandeln.

Nichts von alledem geschah; weder wurde ein Waldreservat gewährleistet, noch Schadenersatz für zerstörte Gebiete geleistet, noch verhandelt. – Im Gegenteil. Drei Jahre schon wurde Holz geschlagen, dazu ein Weg an den Puak-Fluss erstellt. Die Punans von Long Bakawa standen der Situation hilflos gegenüber – es sind auch nur drei Familien. Einige folgten darauf, und arbeiteten für die Kompanie. Ausbleibende Löhne vermochten sie jedoch nicht friedlicher zu stimmen.

Die Politik der Regierung Sarawaks gegenüber dessen Urbevölkerung kann auch nicht als lauter bezeichnet werden. Über deren Köpfe hinweg verkaufen ‹Agong› und hohe Regierungsvertreter Lizenzen an Kompanies, für Gebiete, welche sie nur auf der Landkarte und vielleicht aus der Luft schon gesehen haben.

Erst seit 1982, als es darum ging, den Wald auszubeuten, wurden Meetings mit den Dschungelnomaden in ‹Long Siang› abgehalten, und man begann, sich scheinbar um die Punans zu kümmern. Doch die Zusammenkünfte scheinen eher ein Weg für die Regierungsvertreter, wie D.O. und Datuk, ihre Vorratskammern erneut mit Wild und Fisch zu füllen, und Kunde über Punan-Land zu erhalten. Die Sorgen der letzten Nomaden über die Zerstörung ihres Lebensraums werden in den Wind geschlagen. «Es ist klar, dass wir eure Erde nehmen», sprach der D.O. einst ihnen gegenüber aus...

Die reichste Bevölkerungsschicht des Landes ist bereit, der Ärmsten ihren einzigen Reichtum, den Wald, zu nehmen und zu zerstören zu eigenem Nutzen.

69

An Stelle der Punans wehrten sich vor einigen Jahren die Kellabits von Long Seridan. Nach langem Hin und Her wurde ihnen eine jährliche Kommission von 10'000 MS$ gewährt, während Holz im Wert von Millionenbeträgen ausgeführt wird. Die Punans von Long Bakawa, die Betroffenen, haben bis jetzt jedoch keinen roten Cent davon gesehen.
«Hölle, Tod und Teufel!
Geld regiert die Welt!»

Wanderung mit ‹Gadung› von Long Bakawa nach Long Seridan. Unterwegs eine Schlange in leuchtendem Ockerkleid, ‹Tokok Tana› (L ~60 cm, runde Pupille). Gadung bezeichnet sie als giftig, doch soll ihre Giftigkeit je nach Monat variieren.
Auf einem Hügelkamm, frühmorgens. Eine ~3 m lange schwarze Kobra hat gerade einen ‹Bohó› erbeutet. Der Biss dieser bis meterlangen Baumechse von fleischfarbiger Farbe, mit angetönten dunkeln Querbändern, soll für Hunde tödlich sein. – Anstatt der Kobra gleich mit dem Buschmesser den Garaus zu machen, rufe ich Gadung mit dem Speer zu Hilfe, durch meinen noch jetzt schmerzenden letzten Schlangenbiss etwas vorsichtig geworden. Die Kobra flieht. Als sie von einem Giftpfeil in den Kopf getroffen wird, lässt sie ihre Beute fahren und sucht das Weite. Wohl noch eine halbe Stunde durchstöbere ich im steilen Gelände hohle liegende Stämme, Erdlöcher und mögliche Schlupfwinkel nach dem Reptil – vergeblich.

«Früher war die Speerspitze der Feind.
– Heute der Mund und Geld.
Viele werden getroffen.»
Wan, Long Ballau

Der ausgemergelte Wan schiesst ein grosses Medok-Männchen, das auf einem Ast sitzend Setun-Früchte schmaust.

«Ich habe keine Sterne und Auszeichnungen auf der Brust. Aber ich habe hier drinnen ein Herz...» *Seman Ngang, Long Kebok*

«... wir sind wie ein Vogel ohne Federn»
Gadung bezeichnet damit das Gefühl des Ausgeliefert-Seins als ungebildeter Eingeborener gegenüber Regierung und Holzfällerkompanies.

«Und wenn die Kompanie Säcke voll Geld bis unter s'Dach anbietet – so will ich es nicht! Wir verkaufen unser Land nicht.»
Wee Salau, Ba Lesuan

Doch der Punan wird gar nicht erst gefragt, ob er sein Land verkaufen will – es wird ihm einfach genommen. Seine angeborene Scheuheit und Ängstlichkeit allem Fremden gegenüber wird dem Eingeborenen zum Verhängnis. Als sich vor Jahren die Punans vom Sungai Apo und Layun gemeinsam für die Erhaltung ihrer Jagd-, Frucht- und Sagogründe wehren wollten und beim Manager ‹Sammelling› vorsprachen, wurden sie von diesem eingeschüchtert: «Was wollt ihr uns das Land verbieten? Geht nach Hause, oder ich rufe die Polizei, und die wirft euch alle ins Gefängnis!»
Der gebildete reiche Dieb droht dem ungebildeten armen Bestohlenen mit Recht und Gesetz. In diesem Fall kann er dies, denn er hat den Segen der an Finanzen interessierten Regierung. – Die Punans zogen geschlagen wieder ab. – Heute ist bis auf einen kleinen Rest der Dschungel des Apo und Layun zerstört. – Fische angelt man mit Heuschrecken und Würmern – Menschen ködert man mit Geld. So haben sich talabwärts einige Punans der modernen Welt angepasst.

Tekelok/Sit

Gegen geringe ‹Entschädigung› erlaubten sie Holzfällerei in ihrem Gebiet, zumal sie damit Arbeitsplätze erhielten. Sie entrinden Stämme, führen unkundige Prospektoren in ihre Land, bringen Farbe an. Einige haben auch den Umgang mit Motorsägen gelernt oder sind gar selbst Bulldozerführer. – Doch ist der Dschungel ausgebeutet, fallen all die Arbeitsplätze wieder weg... Schon zeichnet sich das Ende der Holzindustrie Sarawaks ab. Bis in zehn Jahren werden die letzten Bäume gefallen sein – und Mutter Natur, die unerschöpfliche, steht entblösst mit leeren Händen da.

Natürlicher Gang. Da sitzt ein schlanker grasgrüner Laubfrosch mucksmäuschenstill auf einem Blatt. Er lässt sich durch das blendend helle

Karbit-Licht beirren, und ergreift nicht die Flucht, obwohl ich ihn beinahe berühre. Während ich ihn abzeichne, wird vom Lichtkegel eine ‹Awá› angelockt. Die häufige nächtliche Hornisse sticht mich sofort ohne Vorwarnung. Der Stich ins Knie schmerzt während zwei Tagen und behindert beim Gehen. Im Gegensatz zu Bienenstichen zeigt sich keine Schwellung. Doch das Gift ‹frisst› das Fleisch. –

Am Vortag hatte ich mir mit dem Buschmesser einen Weg geschlagen. Da – als ich Rotan-Gewirr kappe, sticht's mich plötzlich rasend in Arm und Kinn. Ich habe schnellstens die Flucht ergriffen, ohne auch nur einen Moment nach dem Angreifer zu forschen. Wohlweislich schlug ich einen grossen Bogen um den Kampfplatz. Mein Mund war noch während zwei Stunden geschwollen. –

Die Punans von Long Bakawa wissen auch ihre Erfahrungen mit unliebsamen Stachelwesen zu berichten. Wie beim Anpirschen des Wildschweins... Wie beim Scheissen... Ruhestörer in die Flucht geschlagen werden. Wir halten uns die Bäuche vor Lachen, während ich mir Wind ans schmerzende Knie fächle.

Bei Hochwasser, wenn sich die Flüsse lehmbraun zu Tale wälzen, kommen die schuppenlosen Fische aus ihren Löchern. Im Schutze des trüben Wassers gehen sie auf Jagd und sind leicht zu angeln. Im Gegensatz zum ‹Bukeng› und Langnasen ‹Anyit›, besitzt der ‹Betelau› keine wahrhaften Flossenstacheln. – Er erinnert fast mehr an eine Kaulquappe, als an einen Fisch; er besitzt keine Bauchgräte. Sein After ist nahe beim Kopf, gefolgt von einem langen, langen Schwanz.

Reim
Tui-tui-turá
Poleng besale dayá
Tui-tui-toreng
Poleng pulau baeng
Tui-tui-turá
Flussaufwärts sehe ich den Erdrutsch
Tui-tui toreng
Flussabwärts sehe ich die Insel

In alten Zeiten seien Punans aus Kalimantan mit winzigem Lendenschurz auf Besuch gekommen. Mit Elan imitiert einer ihren herzhaften Gruss, worauf die ganze Gesellschaft brüllt vor Lachen:
«Akon tuiang kajeb táti ari lep
Akon tuiang palai teran áni tapai.»

Zählvers 1–10

Jang-luang	Eins-zwei
Teguk mengang	schon hab ich's gesagt
Pak pakau	ich gehe
Pulut liau	komm schnell
Lawai tekek!	und gib mir das Feuerzeug!

Sungai Layun. Es befinden sich drei Punandörfer an diesem Fluss: Long Leng (15 Türen), Long Kebok (30 Türen), Long Palo (10 Türen). Die Kompanie hat in Long Kebok ein Langhaus für die Punans gebaut, und so sind viele dem Ruf gefolgt und dorthin umgesiedelt.

Ich folge dem schnellfüssigen Tamen René in den Dschungel. Er ist vor zwei Jahren ‹sesshaft› geworden in Long Palo. Doch scheut er die Ladang-Arbeit in der heissen Sonne, und will nicht auf Sago verzichten. Fünf Familien zusammen streifen sie durch den Wald, um Sago herzu-

‹Betelau› A-ir, L: 25 cm

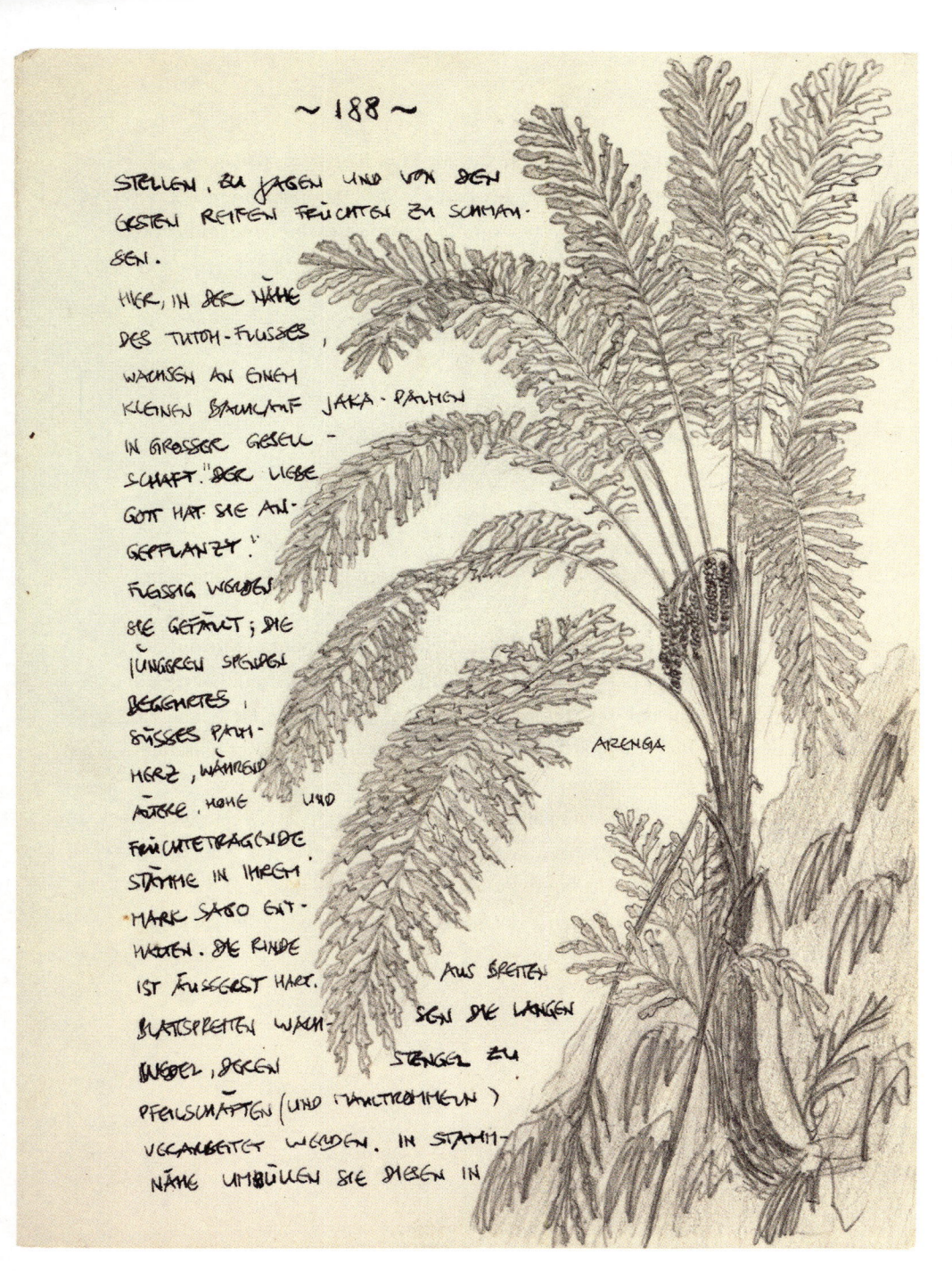

7/188 stellen, zu jagen und von den ersten reifen Früchten zu schmausen. Hier in der Nähe des Tutoh-Flusses wachsen an einem kleinen Bachlauf Jaka-Palmen in grosser Gesellschaft. «Der liebe Gott hat sie angepflanzt.» Fleissig werden sie gefällt; die jüngeren spenden begehrtes süsses Palmherz, während ältere, hohe und früchtetragende Stämme in ihrem Mark Sago enthalten. Die Rinde ist äusserst hart. Aus breiten Blattspreiten wachsen die langen Wedel, deren Stengel zu Pfeilschäften (und Maultrommeln) verarbeitet werden. In Stammnähe umhüllen sie diesen in

Arengia

7/189 festem Hemd. Dieses ist diagonal gekreuzt von langen schwarzen Haaren durchwoben, ‹Ihat Jaká›, in faserige Masse gebettet. Um dieser Haare habhaft zu werden, klopft man das Hemd einfach, oder lässt es im Wasser faulen, worauf die Haare herausgezogen werden können. Fünf von ihnen werden je zu einem ‹Selungan›, zu einem Armreifen gezüpfelt. –

Die inneren, das Herz umgebenden Blattspreitenschichten sind in ein kurzfaseriges Flaummäntelchen gekleidet. Die braungefärbten Fasern liefern Zunder, ‹Pub›. Um diesem hohe Zündkraft zu verleihen, wird er mit verkohltem Mark vom Stengel der Uwut-Palme vermischt.

Die bis anderthalbmeterlange Baumechse ‹Kebok›* ist eine häufige Jagdbeute. Gewöhnlich durchstöbert sie den Untergrund auf Nahrungssuche nach Kleingetier wie Asseln, Spinnen, Kakerlaken, Heuschrecken; auf der Flucht wählt sie den Weg nach oben. Ist sie nicht in einer Baumhöhle verschwunden, gibt sie, bewegungslos sitzend, eine gute Zielscheibe für s'Blasrohr ab. Nach einer Weile ist sie von neun Pfeilen gespickt. Erbricht das Opfer, ist es unwiederbringlich des Todes. Doch das Gift wirkt in diesem Fall nur langsam, da wir nur

* Kebok Lusak
Der Doppel-Penis des Kebok ♂ gilt als Zahnwehmedizin. Auch gilt ‹Kilin›: Hunde dürfen ihn nicht verspeisen.

7/190 Pfeile ohne Metallspitze (Tahads) verwendet haben, und die Echsen nicht in den Bauch getroffen wurde. Als sie nach einer halben Stunde immer noch nicht herunterfällt, erklettere ich den Baum. Doch nahe der Krone schwankt das schlanke Stämmchen bedrohlich hin- und her. So kappe ich diese mit dem Buschmesser, worauf wir der Beute habhaft werden. –

Im Gegensatz zur Information ‹Wans› legt nach ‹Lawang› die Baumechse ihre Eier nicht am Wasser, sondern am Fuss modernder Stämme ab.
Als wunderbare Spirale gegen den Sonnenlauf gerichtet, ringelt sich die bis oberschenkeldicke Blutliane ‹Laká Dahá› aufwärts.
Calleria?

7/191 Kappt man sie, tritt nach einer Weile ein zähes rotes Harz aus ihrer Wachstumsschicht. Dieses kann verwendet werden, um die Verschlussstelle des Pfeilköchers abzudichten.

Suket Lamin

In alten Zeiten folgte das Obdach des Punans auf eigenen Füssen jeweils an einen neuen Siedlungsplatz. Einst sass aber die Eidechse ‹Kelliap› auf einem Holz und wärmte sich an der Sonne. Plötzlich wurde sie von der gewanderten Hütte in den Schatten gestellt. Da schlug sie wütend die Hütte mit einem Holz: «Wenn du mir Schatten bringst, brauchst du nicht mehr auf eigenen Füssen zu wandern!»
Seit dieser Zeit muss sich der Punan an jedem Siedlungsplatz eine neue Hütte bauen. *Wee Salau, Ba Ubung*

Der alte ‹Lawang› vom Ulu Baram trägt an Stelle der holzigen ‹Tekaleng› messingne ‹Belaung›-Ohrgehänge. Während im linken Ohr ein Ringlein ist, steckt im rechten ein gewöhnlicher langer Nagel; er soll Kraft verleihen.

7/192 [Bild]

Pennako

7/193 Tamen U-i lebte mit seiner Frau allein im Wald. Einst schoss er ein Tella-o. Als er es nehmen wollte, kam plötzlich ein Mann und sagte: «Dies ist mein Tella-o!» «Nein, meines!», erwiderte der Jäger. – Da packte der Fremde diesen und frass ihn sogleich. Nur einen Fuss packte er in ein Blattpaket (I-ok Ucung-daun). Er verwandelte sich in die Gestalt des Jägers und trug die Beute nach Hause. Dort hiess er Tinen U-i das Tella-o zu zerteilen. Gleich frass er das Fleisch roh. Da hiess er die Frau die Leber des Tieres aus dem Blattpaket nehmen. Doch da war der Fuss ihres Mannes. Da wusste sie, dies war der böse Pennako.
Dieser hiess sie Wasser zu holen. – Bei der Quelle bat die Frau die Echse Lo-eng, den Krebs I-o und die Krevette Lo-le um Hilfe und flüchtete.
Als die Frau lange nicht zurückkam, rief Pennako nach ihr. Der Krebs antwortete in ihrer Stimme: «Es hat nur wenig Wasser!» (Meté·ba) – die Echse Lo-eng sprach «Viele Bambusse hab ich zu füllen!» – Nach einer Weile rief Pennako wiederum nach ihr da antwortete die Krevette Lo-le: «Nicht lange,

und wir kehren heim!» –

Die Frau jedoch flüchtete in ein Dorf mit vielen Menschen. «Was willst du?», fragten diese. «Mein Mann ist von Pennako getötet!» Da entfachten sie heftiges Feuer neben der Hütte. Als Pennako kam und fragte «Wo steige ich in die Hütte?» «Da – über dieses Holz.»

Dies war jedoch frisch geschält. Als Pennako darauf war, drehten sie es, und dieser fiel ins Feuer. Da verwandelte er sich in das Harz ‹Niateng Lengurip›.

Nach heute erkennt man in den Harzklumpen Mund und Augen von Pennako; die Löcher im Harz sind jedoch Brut- und Honigkammern in der Behausung des Bienchens Lengurip.

Wee Salau. Ba Ubung.

«Akou laki sitan	«Ich bin der Teufelsjunge
Niapadan taman mutan	Sitze auf einem Mutan-Ast
Kebeng-kereng atong tuan	Im Gebiet des Tuan
Kunk-ka!»	Kung-Ka!»

Vom Bösen

‹Ika› ist in Sorge. Sein wütender Schwiegervater droht, morgen von Long Palo zu kommen und ihn umzubringen. – Nach zwei Jahren des Zusammenlebens, hat Ika sich mit seiner Gemahlin selbstständig gemacht. – Er sei müde geworden, täglich für seinen Schwiegervater Nahrung herbeizuschaffen. Dieser sässe, obwohl noch rüstig, nur faul in der Hütte rum. Auch hatten sie zusammen für die Kompanie Bäume entrindet; den Lohn hat aber der Schwiegervater allein kassiert, ohne zu teilen.

Die Mutter Ika's zögert, ans Meeting in Long Bakawa zu kommen. ‹Beret›, der Bruder von Häuptling Gadung, habe vor Jahren ihre Tochter vergiftet. – Dies sei der Grund gewesen, dass die Sippe Gadungs vom Sungai Ludin nach Long Bakawa umgesiedelt sei.

Als ich John von Long Ballau darauf anspreche, all die Geschichten von Giftmischerei seien wohl nur üble Nachrede, meint er – nein. Es sei wahr. Sie von Long Ballau hätten zwei Mitglieder von Ba Ubung umgebracht… Will später dann aber nichts gesagt haben.

Zwei Jungen spielten vergnügt miteinander. Nach einer Weile halten sie sich plötzlich fest umklammert. Böse funkeln die Augen des einen, und am liebsten würde er seinen Spielgefährten mit dem Stein in der Hand erschlagen. Dieser hatte ihm allzufest sein Schwänzlein gedrückt – und das hat weh getan. Rache!

Einige Kinder beschiessen sich lachend aus Bambusröhrchen mit Samen und Lehmkügelchen. Nachdem der eine aber saftig getroffen worden ist, hört für ihn der Spass auf, und wütend sucht er sich zu rächen.

Ein Mädchen hat eine nächtliche Heuschrecke gefangen. Spielerisch hält sie das zappelnde wehrlose Tier an die Flamme und schaut zu, wie es langsam versengt.

[vakat]
[vakat]

Verziehst du dich mal in die Büsche, kann es vorkommen, dass sogleich mit tiefbrummendem Geräusch ein Käfer anzufliegen kommt und direkt unter deinem Hintern landet. Ein unverkennbarer Geruch hat den Pillendreher angelockt. Sofort macht sich Meister Skarabäus an die Arbeit, das Vergängliche wieder dem Leben zuzuführen. Hat er Pech, wird er von nachfolgendem Werkmaterial unter sich begraben. Doch kann ihm dies nichts anhaben – ist Kot doch sein Lebenselement. Nicht lange, und er rollt, rückwärts gehend, eine Kugel hinter sich her. Hat er schon ein Ei hineingelegt? Ist's überhaupt ein Ei? – Ich hab's nicht gesehen. Doch ich staune.

Eher mit befremdendem Gefühl sehe ich jedoch einen der mageren Hunde hinter meinem Hintern zweite Mahlzeit halten. Guten Appetit!

Verrichtet man seine Notdurft regelmässig an einem grösseren Fluss, wird bald der Schwarmfisch Sayá angelockt, und kommt zur täglichen Fütterung, dass es im

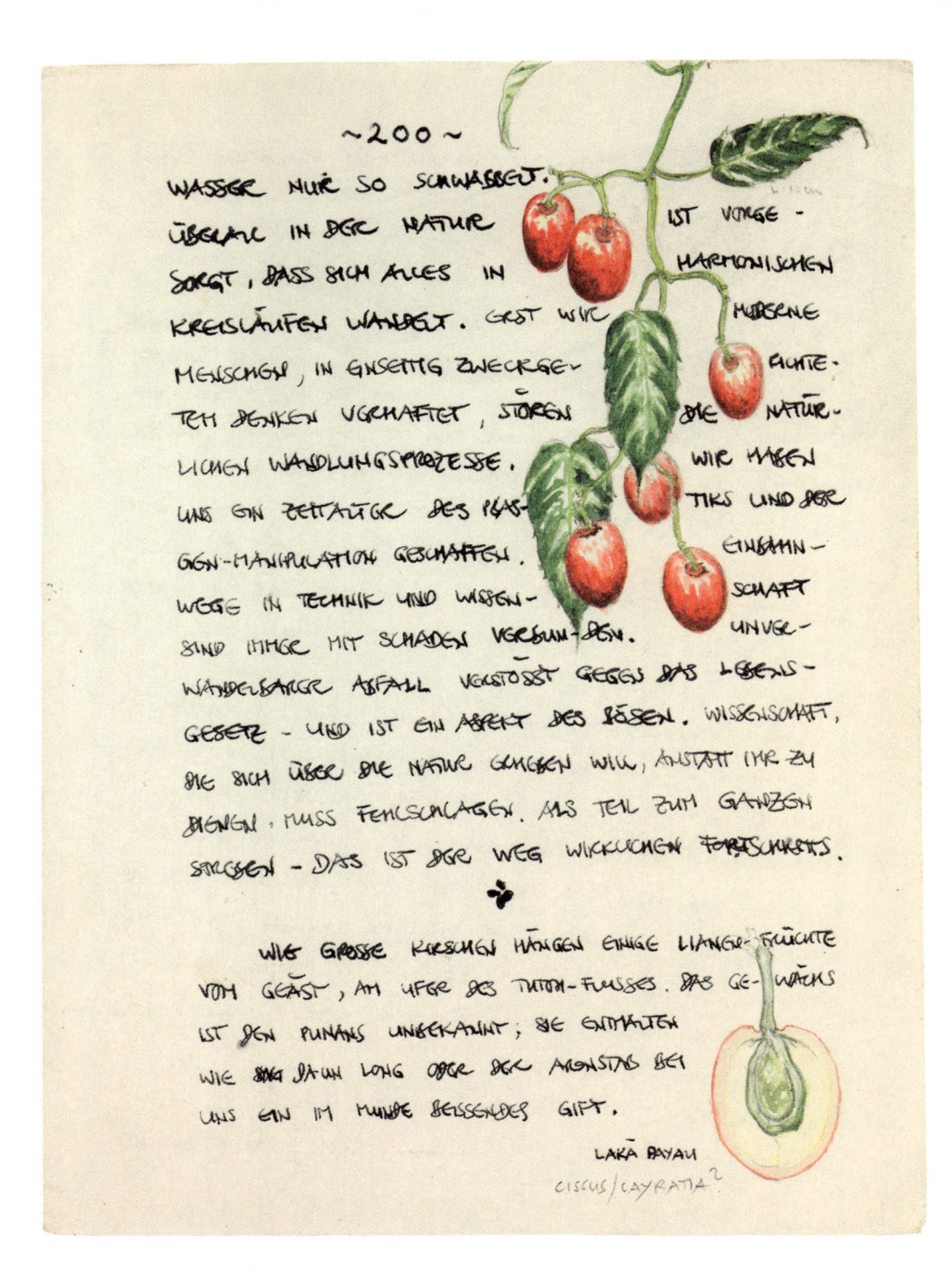

7/200 Wasser nur so schwabbelt. Überall in der Natur ist vorgesorgt, dass sich alles in harmonischen Kreisläufen wandelt. Erst wir moderne Menschen, in einseitig zweckgerichtetem Denken verhaftet, stören die natürlichen Wandlungsprozesse. Wir haben uns ein Zeitalter des Plastiks und der Gen-Manipulation geschaffen. Einbahnwege in Technik und Wissenschaft sind immer mit Schaden verbunden. Unverwandelbarer Abfall verstösst gegen das Lebensgesetz – und ist ein Aspekt des Bösen. Wissenschaft, die sich über die Natur erheben will, anstatt ihr zu dienen, muss fehlschlagen. Als Teil zum Ganzen streben – das ist der Weg wirklichen Fortschritts.
Wie grosse Kirschen hängen einige Lianenfrüchte vom Geäst, am Ufer des Tutoh-Flusses. Das Gewächs ist den Punans unbekannt; sie enthalten wie Daun Long oder Aronstab bei uns ein im Munde beissendes Gift.

L: 10 cm

Laká Pajau

Cissus/Cayratia?

7/201 Long Puak. Etwas enttäuscht über die Unzuverlässigkeit der Eingeborenen habe ich mich von Long Bakawa etwas flussabwärts abgesetzt. Nun habe ich mich müde gelaufen hin- und her im Dschungel, und versucht, die ganze Bevölkerung zu vereinen, und ihr Gebiet als Waldreservat zu erklären. Trotz anfänglichem Zusagen, haben schlussendlich die wenigsten mitgespielt. Die verantwortlichen Kellabitführer haben die Erklärung nicht unterschrieben, da sie schon Geld gerochen haben und Auseinandersetzung mit der Regierung fürchten; in opportunistischer Haltung lassen sie die Punans allein kämpfen. Und jene sind in ihrem scheuen Wesen alles andere als kampfbereit.

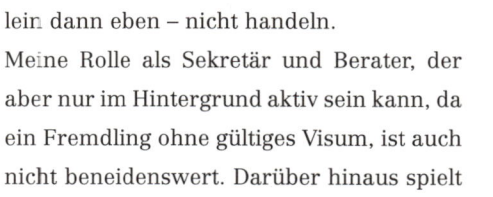

Der Dschungelnomade vermeidet schon nur einen direkten Blick ins Auge, und wagt es kaum, zu widersprechen. Nur einige wenige vertreten offen ihre Meinung. Misstrauen gegenüber ‹fremder› Sippen wegen Vergiftungsfällen ist ein Hinderungsgrund zur einheitlichen Front. Krankheit von Angehörigen, zuwenig Reiseproviant und Hochwasser führende Dschungelbäche weiter, liessen bei keinem einzigen Meeting sämtliche Häuptlinge des Gebiets vollzählig erscheinen. Dieselben Gründe

* In Kellabit: ‹Iber›. Bei Hochwasser fliegen sie in Schwärmen. Nur Löschen der Lichtquelle löst die nachts fliegenden Schwärme wieder auf. [Anmerkung zur Illustration des Insekts, gleichzeitig Anmerkung zu S. 7/202]

7/202 hinderten die freie Funktion des Buschtelefons. Im Gespräch sind sich alle Punans einig – sie wollen keine Holzfällerei in ihrem Lebensraum. – Eine Erklärung an Regierungsstellen und Kompanies haben die Häuptlinge darum unterschrieben. Doch jene reagieren überhaupt nicht darauf, und täglich dringen Bulldozer weiter ins Gebiet. – Der einzige Weg, sich Gehör zu verschaffen, ist darum nach allen Gesprächen die Tat. Doch der Punan fürchtet sich, die Holzfäller mit sanfter Gewalt an der Arbeit zu hindern. – Das Unbekannte, Gefängnis, vielleicht Tod? – Dies alles lässt das arme Völklein dann eben – nicht handeln.

Meine Rolle als Sekretär und Berater, der aber nur im Hintergrund aktiv sein kann, da ein Fremdling ohne gültiges Visum, ist auch nicht beneidenswert. Darüber hinaus spielt ein mir übel Gesinnter den Judas. – Doch genug der Klage – nun kommt das siebte Meeting.

Während ich nachts einen Brief schreibe, und Regen auf mein Dach prasselt, werde ich plötzlich umflattert von einem Schwarm zartflügliger Wesen*. Hunderte der steinfliegenartigen Insekten sind vom Licht angezogen und krabbeln über Gesicht, Arme und die ganze nähere Umgebung, schliefen [schlüpfen] in die Kleider.
[Anmerkung siehe S. 7/201]

7/203 Ein Dutzend prächtige Fische sind im Wurfnetz auf der Strecke geblieben. Fröhlich weide ich sie aus, lege mein Rucksäckchen als Fliegenschutz darüber und gehe Palmherz ernten. – Als ich nach einer Viertelstunde zurückkomme, flieht eine langgeschwänzte Echse in den Fluss, dass s'Wasser nur so spritzt. Der ‹Belirang› hat doch tatsächlich meine ganze Jagdbeute verschlungen. Nicht ein Fisch für meine Mahlzeit zurückgelassen. Schlechter Gesell!
Einige Tage darauf werde ich des Diebes habhaft. Er verschluckt den Fischkopf am Angelhaken. Kein Winden noch Zerren bringen diesen wieder aus dem tiefen Schlund. Ich packe die Echse am Schwanz und befördere sie mit dem Buschmesser ins Jenseits. Von der Nase bis zur Schwanzspitze ist sie gerade eine Spur länger als ich selbst (→170 cm). In ihrem Magen kommt eine grosse Schwarte, wohl von Zwergreh oder Tella-ó, zum Vorschein.
Der ‹Belirang› mit seinem gelblichen Bauch ist an grösseren Gewässern häufig. Sein Fleisch, lange gekocht,

Belirang 2/3 Grösse

7/204 bis es sich von selbst von den Knochen löst, ergibt eine schmackhafte Mahlzeit. Nach Punanart über dem Feuer geröstet, bleibt es einige Tage haltbar.

Neben den beiden seitlichen Kieferknochen befindet sich ein lustiger dritter in der Mitte; er verbreitert sich am Ende wie eine kleine Hand mit Zähnenfingern. –

Verschiedene Wurmparasiten sind im Verdauungssystem der Wasserechse häufig, sowie bei der Python. Auch von Zecken wird das Reptil nicht verschont. – Diese kommen in drei Arten vor: Der grosse ‹Kameo Babui›, ein regelmässiger Schmarotzer am Wildschwein und grösseren Tieren. Der etwas kleinere ‹Kameo Sewá› und der unangenehmste von allen, der ‹Kameo Long›; hat sich dieser Winzling in dich verbissen, ist er nur schwer zu entfernen; Der Kopf mit seinen Zangen bleibt im Fleisch.

So schmerzte mich einst die unangenehmste Körperstelle während zwei-drei Wochen beim Gehen…

7/205 Nanu? Was beisst mich den hier zwischen den Beinen und unterm Arm? – Als ich den Pillendreher vor zwei Tagen abzeichnete, haben doch tatsächlich einige seiner Gäste das Wirtshaus gewechselt. Der Punan nennt die kleinen milbenartigen Plagegeister ‹Sanen›.

Ein grosser ‹Bukeng› bleibt im Wurfnetz hängen. Beim Tauchen, als ich den glitschigen Körper spüre, nehme ich mich vor seinen giftigen Flossenstacheln in acht. Schön glänzt sein schuppenloser Leib im Sonnenlicht. Ein eigenartiger Gesell, mit seinen vielen Schnauzpaaren. Und wie er guckt mit seinen Augen! – Fast schade, dich zu töten. – Doch du wirst mir ein-zwei Tage Nahrung spenden. So eng ist das Leben an den Tod geknüpft. Die Pflanze opfert sich dem Tier, die Pflanze und das Tier dem Menschen. Ein Wesen dient dem andern in diesem grossen Mythos des Werdens und Sterbens. Doch wem werde ich mich einst opfern?

Nahrungsaufnahme verlangt schicksalhaft Geben und Nehmen. Selbst im Samen, im Reiskorn und Ei, verhindern wir schlummerndes Wesen am Keimen. Einzig

7/206 und allein, wenn wir verlockende Früchte schmausen, zerstören wir kein Leben. Im Gegenteil, die Frucht ruft gleichsam in leuchtender Farbe vom Baum, sie zu pflücken. Nach dem Verspeisen des Fleisches helfen wir möglicherweise bei der Verbreitung ihres Samens.

Der ‹Bukeng› hatte vor kurzem eine Riesenheuschrecke verschluckt, nebst kleinen Fischen.

Pilze kommen in vielen Formen und Farben im Dschungel vor. Sie gehören anscheinend denselben Familien an wie zum Teil europäische: Da sind Ziegenbärte, rote, weisse und gar schwarze Becherpilze wie das Schweinsohr, und Röhrenpilze. Die Lamellenpilze sind auch hier in der Mehrzahl; reizkerartige wie Täublinge. Vor allem nach der Trockenzeit

Lepiota

7/207 August-September-Oktober, spriessen all diese Waldkinder in grosser Zahl mit den einsetzenden Regengüssen aus dem Fall-Laub. – In der Ernährung des Dschungelnomaden spielen diese Gaben der Natur eine unbedeutende Rolle. Einzig drei-vier Arten, wie der leuchtendrote ‹Kulat Kasek›, der zartfleischige weissliche Lamellenpilz ‹Kulat Bungan› und der ‹Kulat Buah› werden verspiesen.

Vom Ursprung der Menschen

Der grosse Mann* war tot umgefallen. Sein Kopf schaute dabei talwärts, seine Füsse talaufwärts. Aus seinem Haarschopf sind die vielen Menschen in den Niederungen entstanden. Aus den wenigen Haaren der Beine entstanden die wenigen Punans in den Quellgebieten.

Einst waren alle Menschen gestorben bis auf zwei. Diese waren Bruder und Schwester. Nach langem beobachteten sie den ‹Monin› bei der Paarung. Bald darauf wurde das Weibchen

* ‹Pabo› siehe S. 209

7/208 trächtig und gebar Monin-Kinder. Da dachten der Bruder und die Schwester: «Gut, wir ahmen das Monin*-Päärchen nach – wer weiss, vielleicht entstehen dann auch Kinder.»
Und so taten sie, und bald waren sie eine grosse Familie. Und die Kinder und Kindeskinder paarten sich wieder, so dass heute wieder viele Menschen auf der Welt sind.
Gadung, Long Bakawa

Vom Werden eines Zauberers

Früher gab es Männer, die stiegen auf einen Berg, oder gingen zu einer Grabesstätte, um ‹Bali› zu nehmen, ‹Beguru›. – Allein, wirft er Buschmesser und Blasrohr von sich, klettert auf einen Stein und wartet. Da trifft er Bali. Nach einiger Zeit kehrt er zurück und spricht kein Wort. Nach wiederum ein paar Tagen, nach Träumen, singt er in der Geistersprache «Ha Gelitá». Er ist nun ‹Rengen› und besitzt Bali. – In der Not und bei Krankheit
* siehe S. 218

7/209 wird er um Hilfe gerufen, da er Verbindung zu den Geistermächten hat. –
Erst nach einigen Jahren heiratet er. Seine Frau schützt sich, und er sie, vor seinem Bali durch das Tragen von Glasperlen (Talem). Während 2–3 Wochen darf er sein frischgeborenes Kind nicht berühren – es könnte schwach werden.
Die grossen Zauberer (Belliau) sind alle gestorben. Heute besitzen nur noch einige wenige Bali, und sind ‹Rengen›.
Tama Kahan, L. Bakawa

~ 212 ~

Sá-sá
Le-saná
Sikut dja moná
Lagi lagi to-ó
Liou-lió siná

Tinen Iká

Pabo
Der Urvater der Menschen war der Riese ‹Pabo›. Mit dem Palu* hat er den Himmel nach oben gestossen. Er wurde von dem Zwergenvolk ‹Apoliá› bekämpft. Einst schlugen sie in grosser Zahl mit ihren Buschmessern

* Palu: Holzwerkzeug zur Sagoherstellung

7/210 auf die Unterschenkel des Riesen ein bis er tot ins Wasser umfiel. Seine Haare verwandelten sich in Menschen. Sein Penis in das Sago der Uwut- und Jaká-Palme.

Mondmenschen
Einst machte der Mond Menschen, die nur aus einer rechten Körperhälfte bestanden. Sie waren fähig, nur durch den Blick zu töten. Wo sie hinzugehen gedachten, da wurde der Wunsch sofort Wirklichkeit. Die Behausung folgte ihnen gleich auf eigenen Füssen an den jeweiligen neuen Siedlungsort*. Die Sagoherstellung war zu jener Zeit einfach: Die Axt selbst schlug eine Kerbe in den Stamm der Palme, worauf das fertige Mehl (Apo) ausfloss.
Tedi, Long Ballau

* Siehe auch Seite 191: Suket Lamin, die Sage von der Hütte

Sintflut* 7/211
Einst soll ein grosses Wasser über die Erde gekommen sein und viele Menschen (alle?) getötet haben. Der Schöpfer ‹Bali Niebutun› hat die verbleichten Wasserleichen wieder zum Leben erweckt, so ist der weisse Mensch entstanden.
Wo aber bei der grossen Flut Wirbel sich ins Wasser zeichneten, da wuchsen später Sagopalmen. *Tedi, L. Ballau*

Rutéi
In alten Zeiten sollen die ‹Rutéis›, ein eigenartiger Menschenschlag im Dschungel anzutreffen gewesen sein. Sie sprachen Punansprache, besassen lange Zähne und scharfe Ellbogen, mit denen sie das Herz der Jaká-Palme ernteten. Bei einer Begegnung versuchte er den Punan mit dessen eigenem Blasrohr zu erstechen. Die Punans aus den Quellgebieten sollen die Ruteis gefressen haben. So sprach das Ruteikind zum Punan: «Friss meine Mutter nicht!»** *La-eng, L. Ballau*

* in Punan: Labú / ** «Mai kuman ó na»

Sá-sá 7/212
Le-saná
Simit dja moná
Lagi lagi to-ó
Liou-lió siná
Tinen Iká

80 | TAGEBUCH 7

7/213 **Ngung**

Ein junges Ehepaar ging für ein paar Tage im weiten Dschungel auf Nahrungssuche. Da hörten sie die Stimme des Ngung. Der junge Mann lästerte zu ihm: «Das hab ich wirklich gerne – nimm mir doch meine Frau hier weg!»*

Darauf schlief er ein. Als er wieder erwachte, hatte er seinen Arm um ein morsches Stück Holz gelegt. Seine Frau aber war verschwunden.

Beret, Long Bakawa

Die Stimme des Ngung ist oft des nachts aus hohen Baumkronen zu hören: «Ngung-ngung-ngung» Gesehen wurde es aber äusserst selten – denn es ist ein Geist. Wer mit viel Glück seine Stimme am Tage hört, der werfe sein Buschmesser von sich, um es zu treffen. Es wird ihm ein mächtiger Talismann werden. Nach den einen ist sein Aussehen ähnlich dem einer dicken Stabheuschrecke. Nach Häuptling Tedi von Long Ballau, der einmal im Besitze eines solchen Talismanns war, ist es fingerdick, kurz, und glitzert wie Silber.

* «Kelle ke djan muun, kaau ala do ke tou!»

7/214 Dezember. Nun haben die ersten Bachen ihre Frischlinge geworfen. In der Regel wird ‹Mama› gefolgt von vier-fünf gestreiften Grunzerchen.

Einige Bachen beschützen ihre Jungschar todesmutig, und der Punan nimmt sich beim Speeren vor ihren Hauern in Acht. Schon vor zwei Monaten kündeten die ersten Wildschweinnester von der nahenden Niederkunft. Dabei beisst die Bache vor allem grossblättrige Pflanzen in der Umgebung auf Kniehöhe ab und schichtet sie zu einem grossen Haufen, hin und wieder zwischen zwei liegenden Baumstämmen. In diesen Bau verschlieft sich dann das trächtige Borstentier. In meiner Unwissenheit hatte ich ein solches Nest bei meiner ersten Begegnung als notmässiges Übernachtungslager eines

7/215 Jägers ohne Messer und Buschmesser gedeutet. – Während einige Punans ungeborene Embryos verspeisen, essen andere nicht einmal junge Frischlinge. Aufziehungsversuche von mit dem Leben davongekommenen Wildschweinkindern sind im Mangel von Milch von vornherein zum Scheitern verurteilt. Die anfänglich quietschlebendigen Zappelwesen verlieren ohne die nötige Nahrung schnell ihre Kraft und gehen nach 2–3 Tagen ein.

In Erwartung reicher Fischbeute, hatte ich den Tutoh-Fluss schwimmend gequert. Tatsächlich blieb ein unterschenkeldicker ‹Bukeng› im Wurfnetz hängen. Ein prächtiger Geselle mit glitschigem Körper, auf dem sich das Licht der Sonne spiegelt. Und die vielen kurzen und langen eigenartigen Fühlerpaare! Und wie er aus seinem schönen orangen

7/216 Auge, welches beinahe nur schwarze Pupille ist, hin- und herschaut! Fast schade, so ein Lebewesen der Nahrung zuzuführen, doch es hungert mich. Nachdem ich noch Jaká-Palmherz geerntet habe und auf dem Streifzug gleich noch einige Dammar-Harzbrocken* als Zündstoff eingepackt habe, sollte ich wieder den Fluss schwimmend queren. Die Stelle sieht alles andere als einladend aus. Gerade oberhalb zeigt der Fluss durch steigendes Gefälle Beschleunigung, so dass sich eng aufeinandergefolgt Wellenberg und -tal schäumend abwechseln, in der Mitte des Flusses.

Lange sitze ich am Ufer, und versuche die Gefährlichkeit des Wassers abzuschätzen. Da ich einen weiten Umweg scheue, werfe ich schlussendlich alle Bedenken weg, und sage zu mir, irgendwie werde es schon gehen. – Gerade als ich im Zentrum des hohen Wellengangs bin und mitgerissen werde, reisst der Träger meiner

* Dammar (Malays.) = Niateng (Punan)

7/217 prall gefüllten Rückentasche. Sofort greife ich nach ihm. Doch während die schwere Last im Rücken sinkt, halte ich nur den leeren Träger in der Hand. Unschlüssig, was weiter zu tun, lässt mich der erste Schluck Wasser wieder wach werden. Weit bin ich flussabwärts gespült worden. Schnell kehre ich an die verflixte Stelle zurück, wo mir der Teufel selbst diesen üblen Streich gespielt hat, und unternehme einen Tauchversuch. Das Wasser ist übermannstief und von Holzfälleraktionen und Bulldozerwühlen undurchsichtig braun wie Milchkaffee. Mit den Händen taste ich blind über die Steine am Grund, während ich von der starken Strömung talwärts gespült werde... Erschöpft gebe ich für diesen Tag auf. Die nächsten drei Tage verhindern Hochwasser weitere Versuche. Doch der Verlust des selbstgeknüpften Wurfnetzes, einen Monat Arbeit, lässt mich noch bis zwanzig Mal an aufeinanderfolgenden Tagen tauchen. Vergeblich.

7/218 Der ‹Monin› ist ein grosser Marderartiger, mit schwarzen Gliedmassen und langem schwarzen Schwanz. Durch seinen einzigartigen weissen Nasenstreif und seine beiden winzigen Ohrtaschen ist er leicht kenntlich. Trotz seinem Raubtiergebiss soll er sich nur von Früchten ernähren. Er ist tages- wie nachtaktiv. Die Monins sollen äusserst hitzige, ausdauernde Paarungsspiele führen. Nach der Sage haben die Punans das Kindermachen ihm abgeschaut.

Badan (Kell.) Burur (Mel.)

¾ Grösse

Beim Brennholz Schlagen löst man von stehenden oberschenkeldicken Stämmen mit dem Buschmesser stets um den Baum kreisend Scheite, bis die letzte dünne Verbindungsstelle in Marknähe gekappt wird, und sich der Baum gleich nebenan wieder senkrecht in den Boden bohrt. Der vielleicht zehnjährige Zigan wurde bei dieser Tätigkeit verletzt. Der Stamm fiel mit der scharfkantigen Spitze genau auf seinen Fuss und durchbohrte ihn, und nagelte den Jungen am Boden fest. Sein Vater Pedéu befreite ihn und trug das Kind die weite Strecke von Long Patáh (Ulu Magoh) in zwei Tagen nach Long Seridan. Von dort wurden sie direkt in die Stadt Miri geflogen per Helikopter. Nach zwei Monaten sind sie nun wieder zurückgekommen. Es war dies ihre erste Begegnung mit der wirklichen Zivilisation. Der Vater kannte nur drei-

vier Dörfer in der näheren Umgebung bis anhin. Was erlebt der scheue Dschungelnomade bei dieser Versetzung in total fremde, ungewohnte Umgebung?

Im Spital konnte niemand Punan-Sprache. Als Pedéu mal eins pinkeln wollte, verlief er sich, und fand den Weg zurück nicht mehr. Scheu mied er die Nähe der Menschen. Er verbrachte eine verregnete Nacht unter einem Baum. Am nächsten Tag hat ihm dann jemand mit der Hand den Weg gewiesen.

Der Fuss des Kindes ist schön verheilt. Doch Vater wie Kind sehen etwas verstört aus. Unruhig und ängstlich wandert Pedeus Blick stets hin- und her. Beide haben kurzgeschorenes Haar, und der Lendenschurz ist nun in Turnhosen getauscht. Pedeu ist froh, wieder in seinen vertrauten Dschungel zurückkehren zu können. Weder die ungewohnte Kost, noch der Lebensstyl talwärts haben ihm zugesagt.

Sihap

In der Punantradition sind eine ganze Reihe von Talisman und Amuletten vertreten. Einer der bekanntesten ist der ‹Tareng Babui›; dies ist ein Wildschweinhauer, der sich wegen unnatürlicher Zahnstellung an seinem Widerpart nicht abwetzen konnte, und so bis zum geschlossenen Kreis oder gar zur Spirale gewachsen ist. Er soll seinen Träger davor schützen, von irgend einer Waffe oder einem fallenden Baum getroffen zu werden.

Gross ist die Zahl der Glücksbringer auf der Jagd*; der Jäger stellt sich seinen Talismann nach eigenem Gefühl zusammen. Gewöhnlich werden zwei, drei Haare eines be-

* Köcher-Amulett → Sihap Tello

stimmten Tieres, mit dem man ein Erlebnis hatte, mit anderem in einem angespaltenen und zusammengebundenen Röhrchen des Aput-Bambus aufbewahrt. So hat ‹Tamen Selapan› von Long Siang ein Stückchen vom Schwanz eines dreigeschwänzten (!) Hörnchens (Pu-an) in sein Bambusröhrchen gesteckt.

Das ‹Selaput Kellanun› ist oft rabenschwarz, denn von jeder Jagdbeute wird ein Tröpfchen Blut darauf angebracht, und dies seit Generationen vom Vater seinem Kind weitergegeben.

‹Pelep Aseou›, Hundewachs. Auf einem dünnen Bambusstreif werden oft drei, vier Wachskleber verschiedenen Ursprungs und Wirkung angebracht.

Biah Sebangad. Um einen grossen Kern klebt eine dünne Schicht süsses Fruchtfleisch. Sapindus xerosperum.

1:1

Bei Bedarf mischt der Jäger seinen Hunden eine Spur ins Essen. Eines soll den Hund mutig gegenüber dem Bären machen, ein anderes ihn ausdauernd beim Verfolgen des Wildschweins usw. ‹Niapun› von Batu Bungan verteilt in winzigen Kügelchen vom schon gestreckten Pelep gegen symbolische Bezahlung in Form einer kleinen Münze. Er erzählt, wie er zu seinem ‹Pelep› gekommen war: «Meine Hunde waren lange nichts wert und versagten immer auf der Jagd. Eines Tages kam ich an einen frischen Stachelschweinbau. Einer meiner Hunde verschwand im Loch, und nach einer Weile folgten ihm alle andern. Da war ein Gebell und Gejaule aus dem Bau, doch nach einer Weile wurde es still. Da kamen die Hunde das tote Stachelschwein herauszerrend wieder ans Tageslicht. In der Flanke des Hundes, welcher die andern in den Bau geführt hatte, entdeckte ich darauf ein Kügelchen Pelep kleben. Sorgfältig bewahrte [Fortsetzung auf S. 225]

7/224 Schlangentöter ‹Belok›. Dieser Nashornvogel nimmt es gar noch mit unterschenkeldicken Pythons auf. Er pickt das Fleisch zwischen den Rippen und Wirbeln heraus und lässt den zerzausten Leichnam des Reptils zurück. ‹Buki› erlegte einen, in dessen Bauch sich eine verschlungene Pit-Viper (‹Urem›) befand. Der Vogel ernährt sich von allerlei Kleintier und Nonok-Lianen-Früchten.

1:1/2

1/2 Grössi [Grösse]

[Fortsetzung von S. 223] ich das Geschenk auf. Von diesem Tage an war mir das Jagdglück wieder hold, und die Hunde verfolgten und stellten Wildschwein und Tella-ó.»

Die Mischung des Peleps ins Hundefutter war/ist mit einer sympathetischen Handlung verbunden. Das magische Wachs wird auf ein Buschmesser gelegt unter dem ein zum Kreis verknüpftes Stück Rotan (→ Telikit) aufbewahrt wird. Über das Ganze lässt man Wasser fliessen. Die Hunde sollen die Wildschweine ganz in der Nähe verfolgen, wie innerhalb des Rotanringleins. Das Buschmesser soll gleichsam die Hunde stark machen und die Füsse des Wildschweins abschlagen, damit es nicht weit flüchten könne.

Bei der Verwendung von ‹Pelep Aseou› gelten eine ganze Reihe von Verboten (Kilin), deren Nichtbeachtung die Zauberwirkung aufhebt: [Keine Folgeseite vorhanden]

TAGEBUCH 8

Ein Reporter der grössten malaysischen Tageszeitung hatte von meinem Dschungeldasein Wind bekommen und wollte mich mit dem Segen der hiesigen Regierung ausfindig machen und heil und sanft, mit Schlaufe, auf die Heimreise schicken. Sage ausschaffen. Da ich seinen Ideen nicht gefolgt bin, war er wohl gesotten, und hat auf Grund von Falschinformationen oder Lügen meine Person in Fortsetzungsgeschichten mit Schlagzeilen verwurstelt, vor dem Publikum unglaubwürdig und berüchtigt gemacht. Über die Sorgen der Punans, über die Zerstörung ihres Lebensraums durch Holzfällerei, hat ‹James Ritchie› wohlweislich kein Sterbenswörtchen verlauten lassen. – Nun erklärt er sich plötzlich Willens, den Punans Hilfe zu geben, unter der Bedingung, mich sehen zu können. Ich habe wenig Vertrauen. Der ganze Rummel um meine Person ist nicht nach meinem Herzen. Gerade war ich daran, den sozialen Kampf für die Eingeborenen Organisationen zu überlassen, und mich in Dschungeleinsamkeit zurückzuziehen, um mich voll Natur- und Kultur-Betrachtungen zu widmen. Politik ist ein reines Spiel von Beziehungen. Nach langem Zögern sage ich zu; jede Hand,

die da Hilfe bietet muss in dieser kargen Zeit gefasst werden. Der Reporter reist, wie üblich, mit Helikopter, und hat auch gleich zwei Kameraleute vom Fernsehen mitgebracht. In einem Reis'Speicher am Rande des Kellabit-Dorfes Long Seridan treffen wir uns des nachts. –

Die Art des Interviews scheint eher Stoff für weitere Kaffee-Klatsch-Geschichten zu liefern, und ich bitte, zum Wesen der Sache zu kommen.

Am nächsten Tag wage ich gar, mich mit Punans zusammen fotografieren zu lassen, was ich bis anhin bewusst vermieden hatte. Zwischen Stuhl und Bank bekommen zwei Eingeborene endlich Gelegenheit, über ihre Sorgen zu sprechen. Doch noch bevor die Redner es realisieren, hat der Kameramann schon sein Bündel gepackt, und Hals über Kopf verlassen die Reporter die Siedlung. Sie scheinen den Stoff für ihre Story gefunden zu haben. Ritchie meint beim Abschied: «Als Mensch gebe ich dir recht. Doch als Bürger dieses Landes muss ich Nein zu dir sagen. Sei mir nicht böse, wenn die Geschichte nicht so gut tönt; doch mein Redaktor wird schnippen», und er ahmt mit den Fingern die Bewegung der Schere nach.

Habe ich wieder einmal zu viel Vertrauen geschenkt?

S.O. David Kallá. Ein geborener Penan, besucht die Siedlung an der Leng-Mündung, in Begleitung von Polizei. Vor ihrer Ankunft ballern sie zur Machtdemonstration einige Male mit den Gewehren in die Luft.

Sie suchen Bruno. Enttäuscht über meine Abwesenheit meint der Second Officer: «Lasst ihn nicht schreiben. Zu Hause bekommt er einen Haufen Geld für sein Buch und wird reich, doch ihr habt den Verlust. Weiter steckt er euch mit Malaria an. Die nach uns kommen werden Bruno töten. – Euer Waldreservat könnt ihr vergessen. Das einzige Richtige ist, ihr verlangt für euren zerstörten Lebensraum etwas Entschädigung. Doch ja nicht hoch!»

Nach all dem Gestürm mit Helikopter, TV und Reporter hat die Polizei gewiss Wind von unserem Meeting bekommen, und ich halte mich etwas abseits im Dschungel. – Höchstens ein Aufgebot von Field-Force würde es wohl wagen, etwas tiefer in den Wald zu dringen. Doch auch jene werden wahrscheinlich per Boot von Long Seridan flussabwärts fahren, dies in der Mete-Mündung aufbewahren, um dann das heisse Gebiet einzukreisen.

Da niemand im Dorf Gefahr gewittert hat, bleibe ich am nächsten Morgen zu Gesprächen in der Hütte. Erst gegen Nachmittag mache ich mich auf zur Meté-Mündung. Dort kann ich endlich meine stinkenden Kleider waschen, und im Dickicht, etwas flussaufwärts wachen.

Als ich die Mündung erreiche, ist da schon ein Boot im Versteckten angebunden. Nanu? – Da ist was faul! Und noch bevor ich recht auskundschaften kann, höre ich in meinem Rücken so etwas wie männliche Stimmen. Schnell verziehe ich mich etwas ins Gebüsch. «Oh, Laki Dja-au»* ruft's freundlich. Sind es wirklich meine Punanfreunde? Ich beuge mich etwas vor... ein fremdes Gesicht, Tarnkleidung und Karabiner. Verflucht! Nun sitz ich in der Klemme. Schon kommen zwei Soldaten hinter meinem Busch durch, und dahinter ist gleich das Ufer des Magoh-Flusses. Kein Deckung bietendes Versteck in Sprungnähe. So ahme ich den Hasen nach, und bleibe einfach, den Körper an den Boden gedrückt, mucksmäuschenstill. Erst als der eine beinahe über mich stolpert wird er meiner gewahr, und schlägt sogleich Alarm. – Ich achte nicht seiner Rufe, doch nehm die Beine in die Hand. Der Köcherdeckel öffnet sich. Hastig verschliesse ich ihn, um ein Verstreuen der Pfeile zu verhindern. Und schon öffnet er sich wieder. Mehrere Schüsse sind schon in die Luft abgegeben worden.

Schnell werde ich in der Landzunge eingekreist sein; die Verfolger sind mir dicht auf den Fersen. Werfe behinderndes Blasrohr und Pfeilköcher von mir. Alles wichtige, sämtliche Studien, Notizen und Briefe trage ich auf meinem Rücken. Einziger Fluchtweg bleibt der Magohfluss. Soll ich mich fangen lassen? Nein! So lege ich meine Rückentasche ans Ufer und hechte in den Fluss. Weitere Schüsse und wildes Geschrei nach dem Boot. Und schon sehe ich mit einem Auge, wie das Boot aus der Mündung geschoben wird, und eine Person den Motor starten will. Mit aller

Kraft schwimme ich vorwärts. Schon Motorengeräusch. Das Boot kommt nä-

* Anrede für den Ehemann, ältere Männer und Häuptlinge, kurz für jemanden, dem man Achtung entgegenbringt: ‹Grosser Mann.›

8/5 her und näher – und so das Ufer. Mir nichts – dir nichts durchs Dornengestrüpp, während die Prahuspitze aufs Bachgeschiebe rammt. Auf Punanpfad spurte ich dem Ufer entlang talwärts. Und schon überholt mich das Boot, um unterhalb von mir Soldaten abzusetzen.

Also bergwärts. In elendem Dickicht verschnaufe ich, versuche klaren Kopf zu gewinnen. Mein geliebtes Messer ist aus der Scheide gefallen und auf der Strecke geblieben. Arme und Beine voll blutender Schrammen von all den Dornenranken. An der Fusssohle ein fünffrankengrosses Stück Haut bis aufs Fleisch weggefetzt – wahrscheinlich von einem scharfen Stein.

Soll ich mich gleich zwei Tagesmärsche weiter bergwärts schlagen, und die Nomaden vom Barefluss aufsuchen? – Nein. Unser Meeting ist noch nicht gehalten, und ich möchte noch einiges klären und den Punanvertretern eine Nachricht mit auf den Weg geben. Die Organisation ‹Sahabat Alam Malaysia› [Friends of the Earth Malaysia] hat Hilfe angeboten, und will eine Delegation in ihrem Interesse während einer Pressekonferenz unterstützen. Glücklicherweise haben die Soldaten Anweisung erhalten, mir ja kein Loch in den Pelz zu brennen – sonst wäre es jetzt schon um mich geschehen. Doch meine Studien, Arbeit von sieben Monaten, in den Händen des ‹Feindes›, und aus meinen sendebereiten Briefen werden sie meine

8/6 sichere Kontaktadresse erfahren.

An einem sicher wähnenden Ort durchtauche und -schwimme ich den Magohfluss zurück ans linksseitige Ufer und taste mich vorsichtig zu meiner Siedlung durch. Meine Freunde haben schon die restlichen Dschungelhabseligkeiten gepackt und im Gebüsch versteckt. Ich rufe einen Vertreter, Papier und Bleistift, und verziehe mich in Begleitung etwas bergwärts.

In kurzer Zeit ist ein Blätterdach erstellt und die Nacht hat sich gesenkt. Ein Junge hat in einseitig verschnürtem Kawoblatt Wasser für meine trockene Kehle geholt. Nach einer Weile verlassen mich meine Begleiter. Der Boden unter dem Schutzdach ist mit Blättern bedeckt. Doch da ist ein Gekrabbel von Kemirang- und Getunganameisen. Obwohl müde, schlage ich im Mondschein ein paar Stangen und verschnüre sie etwas erhöht mit Lianen zu einer Schlafpritsche.

Während ich über meinem Brief beinahe einnicke, taucht plötzlich ein-zwei-drei Taschenlampenlichter aus der anderen Richtung auf. Sind doch noch Soldaten rum gewesen, haben meine Buschmesserschläge gehört oder den Rauch des Feuers gerochen? Sofort presche ich los, abwärts durch Steilhang und Dickicht, ohne mich auch nur einen Moment umzuschauen.

Als mir langsam der Schnauf ausgeht und ich mich sicher fühle, krugele ich mich im Dickicht zusammen, nur ein Gedanke: Schlafen. Morgen werden wir weiter sehen. – Doch Sandfliegen und Mosquitos plagen mich so arg, dass ich den verflixten Ort fliehe. Zwischen den mächtigen Stützwurzeln eines Beripun-Stammes bedecke ich meinen Körper mit dessen grossen Blättern, mache die Löcher dicht und ziehe den Kopf ein wie eine Häuschenschnecke. Aber auch hier ist keine Rede von schlafen. Irgendwo finden stets einige Plagegeister Zugang und zapfen meine Blutquelle an. 8/7

Was, wenn mein nächtlicher Besuch Punanfreunde gewesen sind? Gut, ich schleiche langsam im Bogen zurück und schaffe Gewissheit... Da! Neben verlöschender Glut hockt eine Gestalt. Wo sind die vielen geblieben? Im Dunkel kann ich noch nicht ausmachen, ob Freund oder Feind. Ich werfe ein kleines Stück Holz, um den Mann zur Bewegung zu veranlassen. Aha – Freund Seluang! «Ihr habt mir ja einen schönen Schrecken eingejagt!» Mein Waldläufer S. dreht sich schlafversunken auf dem Blätterbett. Es ist drei Uhr morgens. So schreibe ich die wichtige Botschaft zu Ende und lege mich, erlöst, in die Arme der Urmutter.

Während die Punandelegation talwärts nach Marudi zieht, begebe ich mich in Begleitung vom draufgängerischen jungen Jäger Seluang für einige Tage bergwärts. 8/8

Auf dem Pfad ein faustgrosser Haufen Ameisenleiber; die Losung des urweltlich geschuppten Ameisenbären. Unser einziger Proviant besteht aus einer Zwei-Tage-Ration Sagomehl. Ohne jeglichen Wasserbehälter, suchen wir einen Siedlungsplatz neben kleinem Rinnsal. – Mit Uwut-Palmherz erquicken wir unsere durstenden Seelen.

Während ich mit dem Erstellen unseres Lagers und des Feuergestells beschäftigt bin, kümmert sich Freund Seluang um das Dach. – Nach einer Weile kehrt er mit einem grossen Wuschel Da-un-Blattfächer zurück. Unterwegs hat er einem Reh (Tellá-ó) einen Giftpfeil in den Bauch geschossen. – Nach Heften der Blattwedel (Sinahun Dá-un) und Spreiten auf dem Dachgerüst, macht er sich auf die Suche seines Opfers.

Erst bei Dunkelheit kehrt er zurück, mit leeren Händen. ‹Schlechtes Pfeilgift!›*, jammert er, «auf

* Tacem Petugun: Ein Zuviel der ähnlich Katalysatoren wirkenden Tuak-Liane und Sekaliú-Blätter vermindert die Giftwirkung. Normalerweise wird ein kaum sichtbares Körnchen eines verkohlten Tuakschösslings und ein Tropfen Saft aus zerquetschten Sekaliu-Blättern beigemischt.

diese Weise verstehe ich nicht zu jagen und wir werden Hunger leiden.» – Seluang hatte dem schon getroffenen Reh einen zweiten Giftpfeil fingertief in den Leib geschossen und es bis vor Einnachten verfolgt.

Herstellung des Glutfächers (Pesong) aus Dá-un

Pit   Rotan   60 cm

Die einzelnen Wedel eines Dá-un-Blattes werden mit feinen Stäbchen, aus der harten Stengelunterseite gefertigt (Pit), gestecknadelt in zwei Bändern. Darauf legt man die Seiten über die Mitte zusammen und legt über das Ganze eine Rotandiagonalhaut im Zickzack. – Der Pesong ist wichtiges Punan-Haushaltgerät und fehlt kaum an einer Herdstelle. Nur ungern verausgabt sich der Eingeborene durch Blasen, mit tränenden Augen vom qualmenden Rauch.

Unser Unterschlupf ist, ganz untypisch für Punansiedlungswesen, irgendwo versteckt in einem Seitenhang gelegen. Die Unfreundlichkeit des ‹Penalai›, Vegetationsstufe mit dichtem Lianenverhau, wird belohnt mit Wildreichtum. Hier, im Dickicht des Unterholzes, wo sich diese eigenartigen Gewächse

Nonok-mutan im Benalai [Nonok Muta]   8/10
Sebet-Liane

8/11 schlangengleich um Bäume kringeln, sich spiralig aufwärts winden, oder im Gewirr aus den Kronen hangen; wo bis oberschenkeldicke Getüme ihre Bogen spannen, Krakenarmen gleich sich strecken und umfassen, hier findet das Wild Deckung.
Für den Menschen bedeutet Eindringen in dieses Revier ein sich Wenden, Bücken und Schlüpfen auf Schritt und Tritt – oder harte Buschmesserarbeit.
Das Streifenhörnchen ‹Pú-an› turnt im Geäst, der kleine Nager ‹Giwau› streicht um Wurzelwerk, und der Marder Megá lässt seine Stimme, ähnlich dem Warnruf des Buntspechts, aus den Baumkronen erschallen und hechtet von Ast zu Ast dass das Laub erzittert. Selbst ein Wildschwein grunzt in nächster Nähe unseres Lagerfeuers durch den Wald.
Als Seluang nach klatschendem lautem Geräusch aufmerkt, spasse ich: «Da ist wohl eine Gissamfrucht genau auf den Schädel des Stachelschweins gefallen!» Und tatsächlich nähert sich das Borstentier des Nachts seinem gewohnten Fressplatz; seinen Missmut über menschlichen Geruch kundgebend, roppelt es sich davon.

Seluang hat nur sein zerrissenes Hemd. So gebe

8/12 ich ihm mein Mosquitonetz, ein Stück von einem alten britischen Fallschirm, um sich dareinzuwickeln. Kaum ist das Feuer verglimmt, und wir ziehen uns die Decke über die Ohren, beginnt die Hölle.
Ein Heer von bösartigen Sandfliegen stürzt sich im Reich der Dunkelheit auf seine zwei Opfer, um sie auszusaugen und reichlich festzuschmausen. Wehe, es gucke nur für einen Moment ein Zeh, die Nase oder ein Ohrläppchen zur Decke raus – sogleich pieksen dich fünf-sechs Plagegeister wie mit feinen Nadelstichen darein! Selbst die Kopfbehaarung bietet keinen Schutz; im Augenblick schon haben die winzigen Biester den Weg an die Wurzeln gefunden und zapfen dich an.
Unter der Decke schwelende, erstickende Wärme ohne ein Lüftchen – du bratest wie in einem Ofen – doch kaum öffnest du ein Türchen, um Luft zu schnappen, greifen dich die Blutsauger an. Aufstehen, und nochmals das Feuer in Gang bringen? Du wärst schon vor Gelingen des Vorhabens hundertmal gebissen! Ich verzichte gar auf's Pissengehen, und verklemme bis am Morgen. Nur nicht aus der schützenden Decke raus!
Auch Seluang hat noch kaum je einen solchen Ansturm von Sandfliegen erlebt, und beide können wir kaum ein Auge zutun. Sehnlich erwarten

8/13 wir nur den Morgen, dem die Mächte der Dunkelheit weichen müssen. Kein Wunder, sind die Sandfliegen (Ieng) nach der Sage aus dem Rauch eines verbrannten wütenden Geistes entstanden. – Sie halten sich vor allem in den windgeschützten feuchten Niederungen auf, gewiss mit ein Grund, dass der Punan seine Hütte immer auf luftigem Hügel erstellt. Geruch von faulenden Früchten und Fruchtschalen zieht die Plagegeister an. Wo Erde von Wildschweinen aufgerissen ist, finden sie sich in grosser Menge. Sie scheinen auch von menschlichem Geruch angelockt zu werden, finden sie sich doch nach längerer Zeit des Siedlungswesens ein. Der Eingeborene meint dann gewöhnlich, der Gestank der räudigen Hunde ziehe sie an. In den lange bewohnten Siedlungen der Reis und Maniok pflanzenden Punan sind sie eine Plage. Wohl ständig liegt dir das Geräusch von Waden, Schenkel, Bauch und Arme klatschenden Händen im Ohr. – Werden die Biester allzulästig, wird unter der Hütte Feuer entfacht. Raffinierte lassen ein altes Termitennest (Ó-ó) schwelen, oder verbrennen ätherische Öle enthaltende Buhau- und Getimang-Blätter.
Sandfliegen scheinen in mehreren Arten vorzukommen. Jene in den sonnenprallen Reisfeldsiedlungen sind tagaktiv und verschwinden am Abend. Die im Primärwald dem Nomaden in die Hütte folgenden Plagegeister beginnen ihr Unwesen beim Einnachten.

8/14 Freund Seluang macht sich des Morgens nochmals auf die Suche seines Tellá-ós. Obwohl Spuren vom nächtlichen Gewitter verwischt sind, führt ihn seine Nase zu seiner Beute. Der Jäger knüpft sechs Wedelpaare von Sang* zusammen und benutzt sie als Träger, wobei ein Strang unter den Hintern, und einer über den Rücken des Rehs zu liegen kommt.
Das weibliche Tier ist tragend. Auf seinem Bauch sind wunderbar symmetrisch zwei Haarwirbel gezeichnet. Das Kizz wäre wohl in den nächsten Tagen geboren worden. Ein wunderbares seidiges Pelzchen! Von tiefem Schwarz über dem Rücken geht es konturenlos in leuchtendes Braun bis Weisslich am Bauch über. Darein sind zart wie ein Traum die ‹Bambiflecken› gebettet, zu Flocken aufgelöste Streifen. Die scharfen Klauenspitzen sind mit weich-festem Fortsatz bekappt, um die Gebärmutterwand zu schützen. Schade um das Ehrfurcht erregende Geschöpf. Doch es ist nicht vergeblich gestorben. Seluang packt es mit Haut und Haaren in ein Blattpaket, und wir werden uns nach der zartesten Speise

* Ungeöffneter Mitteltrieb von Dá-un. Die Blattwedel sind noch zusammengefaltet, gelb, und enthalten kaum Blattgrün. Robust und weich.

8/15 die Finger schlecken. ~
Als ich des Morgens erwache – Nanu? – da ist mein Freund schon verschwunden. Und mit ihm sein Blasrohr. Wahrscheinlich hat er in der Nähe der Hütte Wild gehört, und das Jagdfieber hat ihn gepackt. Als er beim Aufgang der Sonne noch nicht

zurückgekehrt ist, gehe ich Sagopalmen fällen, denn unsere Taschen sind bis auf einige Mehlkrümelchen leer.
Kurz vor Dunkelheit reise ich die letzte Rundlinge zur Wasserstelle neben unserer Hütte. Ein Räuchlein streicht durchs Unterholz. Seluang hatte einen Hedok- und einen Niakit-Affen geschossen. Darauf ein Rehböckchen und einen grossen Wildschweineber. Diesem ist er bis gegen Abend über weite Strecken gefolgt. Das Borstentier hat sich übergeben, mit fadenziehender Spucke: Untrügliches Zeichen, dass das Gift seine Wirkung tut, und das Opfer des Todes ist. In Deckung von gestürzten Bäumen und Vegetation hat sich das geschwächte Tier schlafen gelegt. Seluang pirschte sich an und stach ihm die Speerspitze in den Hals. Doch der erschrockene Eber preschte sogleich davon, ohne ernsthafte Verletzung.
So kehrte der Jäger zur Bärenkatze (Pasui) zurück, die er beinahe eine Stunde zuvor geschossen

hatte. Als er die Spuren verlor, suchte er oben. Da erblickte er den langbehaarten Mooren, und einen Augenblick später fiel er aus dem Geäst und streckte die Viere von sich.
Der Pasui hat wie der Sewáh zwischen Geschlechtsteil und After eine stark riechende Fettdrüse*. Seluang ist gar nicht begeistert von meiner Idee, den schönen langen Schwanz zu balgen. Mit zugekniffenen Augen und zusammengepressten Lippen müssen wird das Seilziehen unter Gelächter aufgeben. Unmöglich, den Schwanz als ganzes Hemd abzuziehen.

Am nächsten Tag steht Sagoverarbeitung auf dem Programm, bis die Hände schmerzen voller Blasen. Doch das rein weisse Mehl ist die Mühe wert.

Obwohl ein heftiges Gewitter wohl sämtliche Spuren verwischt hat, macht sich am nächsten Morgen Seluang auf die Suche nach seinem Eber. – Diesen findet er leider nicht, dafür sein Rehböckchen.

Pfeilgiftgewinnung

In steilem Seitenhang steht ein mächtiger Tacem-Baum. Er hat wohl schon den Grossvätern seinen tödlichen Saft gespendet. Der Stamm wulstet am seinem Fuss ringsum von Narben, und bis in acht-neun

* [Anmerkung fehlt]

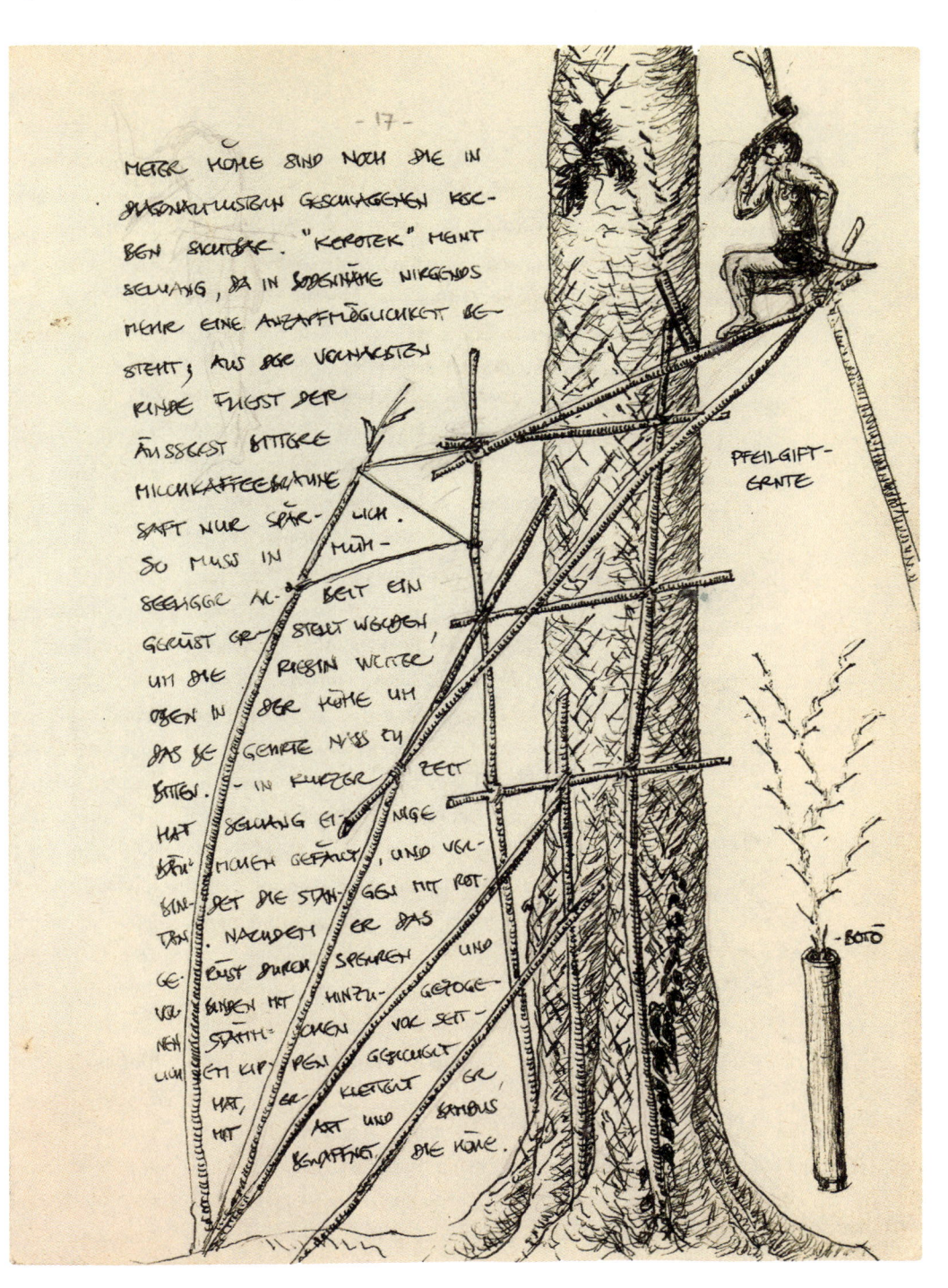

Meter Höhe sind noch die in Diagonalmustern geschlagenen Kerben sichtbar. «Kerotek» meint Seluang, da in Bodennähe nirgends mehr eine Anzapfmöglichkeit besteht; aus der vernarbten Rinde fliesst der äusserst bittere milchkaffeebraune Saft nur spärlich. So muss in mühseeliger Arbeit ein Gerüst erstellt werden, um die Riesin weiter oben in der Höhe um das begehrte Nass zu bitten. – In kurzer Zeit hat Seluang einige Bäumchen gefällt, und verbindet die Stangen mit Rottan. Nachdem er das Gerüst durch Sperren und Verbinden mit hinzugezogenen Stämmchen vor seitlichem Kippen gesichert hat, erklettert er, mit Axt und Bambus bewaffnet die Höhe.

Pfeilgifternte

Botó

8/18 Nach Wegschlagen einer Rindenschwarte, ritzt er den weicheren kambiumnahen Teil sorgfältig in einem V an, und hebt dessen Spitze an, vom Stamm weg. Diesem Penis (Bo-tó) soll das zäh- bis dünnflüssige Rinnsal folgen und in den daruntergestellten Bambus tropfen. – In kurzer Zeit sind schräg übereinander liegende Kerben geschlagen. Reichlich fliesst der Saft, dem Lauf der Kerben folgend, von Schwelle zu Schwelle abwärts und sammelt sich im Bambus. Nach zehn Minuten ist dieser patschvoll, und wir klettern runter. «Schade um das weiter austretende Gift», doch wir haben kein zweites Gefäss zur Hand. Der Bambus selbst ist gesprungen, und schnell patscht Seluang ein-zwei Handvoll lehmiger Erde auf die Rinnstelle. Giftspritzer auf der Haut ätzen leicht.

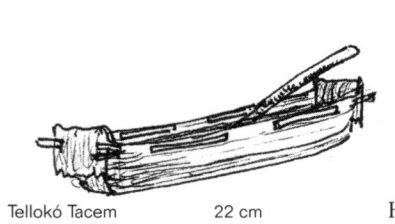

Tellokó Tacem 22 cm

Telapíh 25 cm

Zu Hause faltet Seluang zwei schön grosse Zentralblattwedel von Dá-un (Botó Dáun) zur Pfanne, in der das Gift über dem Feuer eingedickt wird. Zur Festigung wird der ‹Tellokó Tacem› mit Stäbchen aus Dá-un-Stengeln den Rändern nach verstärkt. Sorgfältig müssen die Gefässe auf feinem Holzrost vor seitlichem Kippen geschützt werden.

Im Handumdrehen ist ein weiterer Dá-un Blattwedel zum Trichter und zugleich Sieb (Telapih) verwandelt, durch den der kostbare Milchkaffee aus dem Bambus

8/19 in die Blattpfanne gefiltert wird. Nach einer Weile des heftigen Feuers, wobei die Flammen auf keinen Fall den Pfannenboden berühren dürfen, bildet sich auf der erhitzten Flüssigkeit eine Haut, gerade wie die ‹Nidle auf der Milch›, in Punansprache ‹Kellapit Pó-é›. Sie wird entfernt; in ihr soll sich der Latex-Anteil (Pelep) befinden, der die spätere Wasserlöslichkeit des Pfeilgifts bremsen würde.

In der Hitze des Feuers schrumpfen die Blattgefässe, und plötzlich überläuft das ‹Tacem›. Schnell ist eine dritte Pfanne gefaltet. –

Paham. Seluang potenziert die Giftwirkung durch Beimischen eines kaum sichtbaren Körnchens alten Gifts, das er mit dem Messer aus der Rille eines Pfeiles löst. Weiter hat er zuoberst auf einem Lat-Spiess ein erbsengrosses Abschnittchen des bodennahen Triebs von ‹Long Tilo Pú-an› gesteckt. Mit drehender Messerspitze bohrt er daraus ein kleines Stäubchen, und gibt es in das heisse Pfeilgift. «Das war vielleicht schon zuviel, Petugun.», meint er.

Je nach Ausgiebigkeit des Feuers dickt das Pfeilgift innert ein – zwei Tagen zum zähflüssigen schwarz-braunen Kleister ein. Während des Erkaltens erstarrt es vollends. Kurz vorher wickelt es der Eingeborene, nach Entfernen von Randverstärkung* in das Blattpaket, und bewahrt die tödliche Droge an sicherem Ort.

* und ‹Rutup› → überhitzte, knusprige Krümelchen der Droge von brauner Farbe.

8/20 Freund Seluang zieht es sonntags talwärts. Die Zweisamkeit bekommt ihm nicht auf die Länge, und er sehnt sich nach Geselligkeit. – Die familiären Bande sind stark. Die Städte Miri und Marudi, mit all den vielen fremden geschäftigen Menschen – ohne einen einzigen altbekannten Freund – hatten den jungen Mann schnell wieder nach Hause getrieben. Seluang hat auch eine Liebste in einem Punandorf talwärts. Doch solange deren Vater erwartet, dass sich der Bräutigam von seinen nächsten Verwandten trennt, und sich im Dorf des Schwiegervaters ansiedelt, verzichtet Seluang klar auf Heirat.

Eher untypisch für Punans, ist Seluang von muskulösem kräftigem Körperbau, mit dicken schwarzen Augenbrauen und energischem, draufgängerischem Blick.

Auf seinen jagdlichen Streifzügen geht er in Turnhosen und barfuss, um sich lautlos an das Wild anpirschen zu können. In Gesellschaft und auf Besuch trägt er billigste Rubber-Schuhe, und anstelle des verlöcherten Leibchens ein leuchtendes Hemd. Vielleicht schmiert er sich auch Haaröl auf den Kopf. Wir alle brauchen wohl unsere Status-Symbole.

Seluangs Herz ist vor allem im Dschungel. In der Reisfeldsiedlung, fern vom Wild, langweilt er sich. Sind seine Hosen durch, Taschenlampenbatterien ver-

8/21 braucht, das Buschmesser gebrochen und Patronen verschossen, so sucht er sich einen Job talwärts, bei einer Kompanie oder im Mulu-Nationalpark. Hat er sich wiederum mit den wenigen Erleichterungen des täglichen Lebens eingedeckt, kehrt er zurück in den Dschungel und seiner Passion.

Kurz vor Einnachten des nächsten Tages buckelt Seluang eine Wildschweindame zu unserem Unterschlupf. Er hat sich eine Knarre ausgeliehen, und war unterwegs einem ziehenden Wildschweinrudel (Babui Metó) vom Ulu Seridan begegnet. «Babui

Tinen Ipa Ikep», bezeichnet er die Beute, was soviel heisst, wie «Bache mit einer Fettschicht dick wie die Schale der Ikep-Frucht».

Am nächsten Morgen machen wir uns auf, den grössten Teil der Beute dem Besitzer der Flinte und seinen Genossen zu überbringen. Jene sind schon seit einigen Tagen hungrig, das heisst, ohne Fleisch, und verarbeiten einen anstrengenden Marsch von uns entfernt Sago.
Doch wir erreichen eine verlassene Siedlung. Die Bewohner sind noch nicht vom Tagewerk zurückgekehrt. So zerteilt Seluang die Beute fachgerecht, kocht einen Teil des Fleisches und röstet den andern, damit es nicht verderbe.

Dabei meint er: «Denke nicht, dies ist nicht meine Hütte, das geht mich nichts an. Wir Punans helfen einander, gehen gar Wasser holen und Brennholz schlagen, wenn wir auf Besuch sehen, dass da Not ist. Und vielleicht haben wir die Siedlung längst verlassen; dann kommen die Besitzer der Hütte müde von der Sagoverarbeitung zurück, und freuen sich ob der Hilfe.»

Und bald sitzen wir ein Dutzend Menschen, vom Kind bis zum alten Mann, zufrieden im Kreis um die Kauá-Pfanne und langen kräftig zu. Als vor Einnachten gar ein Jäger mit einem Hirschkalb und der Baumechse ‹Kewok› zurückkommt, fühlen sich alle wie im Paradies. – Das Reptil hat neben Käfern gar einen fingergliedlangen weichen Stein verschluckt. – Die liebenswerteste Hausmutter versorgt uns für die Nacht mit einer Decke, und gibt uns am nächsten Morgen Sago und viele andere Gaben mit auf den Weg. So schön ist das.

Noch bevor wir unsere Hütte erreichen, sind wir schon gefasst auf einen riesigen auffliegenden Schmeissfliegenschwarm. Seluang hatte die

rohe Haut mit Schwarte und Fettschicht ganz einfach auf dem Boden gespreitet liegen gelassen. Ein Heer und Gewühle von feisten sich streckenden-reckenden Maden. Mir graust es, und Ungewohnte würde gewiss der Brechreiz packen. Doch Seluang bereitet lässig sprodelndes Wasser, und begiesst damit die Ekel erregende Schar. Da flüchten auch gleich ein paar Pillendreher. Für einmal haben sie ihren gewohnten Werkstoff getauscht in zartes Schweinefett, und drolen die weissen Kugeln hinweg – weiss wohin.

Nach gehörigem Auswaschen, kocht Seluang das Fett ein. Doch es wird eine Spur des unangenehmen Geruchs beibehalten.

Um das grob zerhauene Wildschwein zu buckeln, hatte Seluang aus einer daumendicken Liane auf einfachste Weise durch zwei Verschlingungen, mit Rattan verknüpft, ein Traggestell gebastelt, die ‹Tegalu›. Sie wird mit einigen Blättern belegt, die Beute daraufgeschichtet, mit weiteren Blättern bedeckt und das Ganze weiter mit Rattan zum festen Paket verschnürt. Als Träger benutzte Seluang ein Rindenband des Bäumchens Kametan. Die Traglast wog wohl um die vierzig Kilogramm, und musste teilweise durch pfadlose Steilhänge und glitschige Seitenborde gebuckelt werden. Wieder Erwarten verursachte das Lianengestell keine schmerzverursachenden Druckstellen: Seine Bodenverschlingung kommt unter das Gesäss des Trägers zu liegen. – Die ‹Tegalu› wird nur gefertigt, wenn wirklich schwere Lasten, es können auch grosse Mengen von Früchten sein, transportiert werden müssen.

~90 cm
‹Tegalu›

Dezember

Auf jagdlichem Streifzug. Während ich unter einem von Medok-Affen besuchten Tawakun-Baum* Nachlese halte, prescht ein Wildschwein aus getarntem Versteck den Steilhang hinunter. Nach langem verliere ich die Spuren. – Überall fallen im Überfluss Gissam-Früchte, Hirsch und Stachelschwein scheinen der Nahrung des Fischgift-Baums überdrüssig. An kleinem Wasserlauf könnte man gleich Säcke füllen, so dicht sind die für den Menschen ungeniessbaren Gaben gehäuft.
Ein Hirsch hat sich Tiban-Lianenfrüchte schmecken lassen. Der Eingeborenen verzehrt kaum das fade Fleisch der kleine ‹Melonen›. Der innere Aufbau der Frucht mit

* schon im Oktober vereinzelt reife Früchte gefallen.

Hohlraum lässt sie, wie die Nonok-Lianenfrüchte, als Feigen erkennen. Ihre Eigenart besteht darin, dass sie anscheinend zuerst Fruchtkörper bilden, in denen die Staubgefässe enthalten sind. Bestäubung ist nur möglich, wenn diese Fruchtkörper von Insekten angebohrt werden, um ins Innere zu gelangen, oder wenn die reifen Früchte fallen und beim Aufschlag zerplatzen.

So schwirrt eine grosse Gesellschaft von roten Lengurepbienchen (Lengurep Bala) um die Spuren und krabbelt auf den Staubgefässen rum – sich mit vom Pollen dicken weissen Plumphosen schmückend.

Im Vorbeigehen streife ich einige der grossen Blätter eines Benuá-Tokong-Bäumchens. Ihre Unterseite ist wie mit Watte belegt. Da sehe ich eine grosse Schar von Faltern, die ihre zartesten weich-weissen Flügel nach Widderchen-Art über dem Rücken zusammengelegt haben. Doch mit einem kecken ‹Tik› setzt da und dort einer im Riesensprung davon – und die Gesellschaft entpuppt sich als Kolonie der Wanze ‹Yap Lepuhan›.

Auf Hügelkamm durchstöbert eine Familie von Kasekhühnern das Laub. Als ich ihren langgezogenen feinen Ruf imitiere, werden sie auf nächste Nähe angelockt. Eine Freude ist's, den prächtigen Haarbüschel auf dem Kopf der Hähne zu bestaunen.
Der Marder Megá springt von Ast zu Ast. In einem Tümpel hat soeben ein grosser Eber gesuhlt.

8/26 Ein Bachlauf ist mit Fallholz versperrt. Vorsichtig setze ich meinen Fuss in Zwischenraum des Dornen-Rankendickichts. Da bricht der morsche Stamm unter mir, und die zentimeterlangen Widerhaken der Durú-Ranken reissen quer eine Wunde über die Fussohle, wie mit einem Buschmesser gehauen.
Müde und ohne Beute, doch trotzdem glücklich, erreiche ich bei Einnachten unser Hüttchen.

Hatten einst einige Punanjungen von Long Ballau, mit hohem Lohn von der Kompanie WTK geködert, die Blockade der Nomaden vom Magoh-Fluss durchbrochen und des nachts Farbmarkierungen für Bulldozerwege angebracht in deren Gebiet, hat nun eine weiterer Punan quergeschlagen. Der vielleicht 22jährige Ditá, sesshaft in Long Napir, wurde von der Kompanie gekauft. Er versuchte seinen Stiefvater Polisi, Häuptling der Nomaden vom Magoh, zum Unterschreiben eines Vertrags zu überreden. Dieser hat die angebotenen Dollars abgelehnt – die Erhaltung des Lebensraum, der Jagd- und Sagogründe ist nicht verkäuflich. – So hat sich der dreiste Junge einfach als Stellvertreter und Nachfolger seines Stiefvaters ausgegeben, die Dollars angenommen und unterschrieben, und führt nun die Kompanie selbst in Nomadengebiet. Ditá ist einer der wenigen Punans,

8/27 die Bildung genossen haben. – Die traditionelle Scheuheit der Nomaden scheint es nicht zu erlauben, gegen eigene fehlende Verwandte vorzugehen, und wenn nötig, mal einem tüchtig den Hintern zu versohlen, der allzu ungezogen ist.
S.O. David Kallá ist mit seinem Polizeitrupp wieder talwärts gezogen. Dabei haben sie den Ärmsten des Landes mit Knast gedroht, falls sie meine Person unterstützen, und mir selbst bei der nächsten Begegnung mit dem ‹Weissen Tuch›. In einem anonymen Brief versichert einer der Räuber-Bande, dass meine Tage gezählt seien.
Meine grundlegende Friedfertigkeit wird auf harte Probe gestellt. Soll ich meine Hand sich zur Faust ballen lassen? –
Jemandem an die Gurgel zu springen kann nur letzter Schrei von Aussichtslosigkeit sein. Weiter versuche ich, dem Ideal zu folgen: ‹Sterben bevor töten.›
Ich frage mich manchmal ob es in der Natur, über die sich der Mensch zu erheben scheint, soviel Falschheit und Schäbigkeit gibt, wie bei der Krone der Schöpfung?
Gewiss lockt die Kannenpflanze die unwissenden Ameisen in ihre Tümpel-Falle. Und die Spinne spannt mit Hinterlist ihre Fäden und lauert auf das Opfer.

8/28 Auch der Makakken-Boss mag seinen jüngeren Genossen eine Frucht abjagen, und sie egoistisch allein verzehren.
Tier wie Pflanze folgen bei der Nahrungsbeschaffung nur ihrem Lebenstrieb. Und diese Gier ist zu stillen.
Teilnahmslos schaut der satte Leopard, wie sich Wildschweine in nächster Nähe an seiner Beute gütlich tun.
Viele Menschen scheinen aber von arger Krankheit befallen, welche im Reich der Natur unbekannt ist: Sie heisst Gier nach Reichtum. Und diese ist unersättlich, sage unheilbar.
Und so wütet hier im Land des Dschungelvolks, das noch kaum Schule und Dollar kennt, rücksichtslos eine Maschinerie, an deren Spitze die längst Reichsten von hohem Bildungsgrad stehen.
Politik und Wirtschaft sind engste Verbündete. Da wäscht eine Hand die andere, und die Führer können gar nichts anderes als reine weisse Westen tragen.
An der Front, wo das Land der Ärmsten zerstört wird, sind die schmierigen Methoden allerdings offenbar.
Als die WTK-Company erstmals ins Gebiet des Magoh-Flusses drang, beehrte der Boss den Nomaden-Häuptling mit einigen Geschenken, und legte ihm die Arme um die Schultern: «Wir sind doch Freunde?» «Ja», konnte nur die Antwort der friedfertigen Seele

8/29 sein. Als die Nomaden aber ihr Land der Kompanie verbieten wollten, wurde der Manager rabiat: «Für was hab ich euch all die Gaben gegeben..?» – Der Häuptling Polisi gab das Wurfnetz zurück; ohne Kette war es sowieso unbrauchbar. –
«Ihr könnte euer Land nur retten, wenn ihr uns beim Farbenanbringen führt. Wir geben euch auch Lohn. Wir bauen eine Strasse nach Bareo. Das ist Regierungsauftrag.»
Als die Nomaden ihre Blockade nicht freigaben, unter Drohung, mit Giftpfeil zu schiessen, wurde stärkeres Geschütz aufgezogen. Ein in Punansachen versierter chinesischer Bulldozerführer wurde angestellt. Er drohte den Dschungel-Bewohnern: «Hütet euch in der Nacht. Da komm ich und morde euere Kinder, wenn ihr die Blockade nicht freigebt!» – Die Kompanie erhielt Polizeischutz. Mehrere Male wachten zwei-drei Polizisten an der Front der wühlenden Bulldozer, um die Arbeiter vor eventuellen

Aktionen der Eingeborenen zu schützen. – Doch das scheue Volk, hinten und vorne betrogen, ist nicht ein Volk von Kämpfern. – Resigniert haben sie sich in entfernteres Gebiet zurückgezogen. Hier hören sie wohl täglich und nächtlich Bulldozerbrummen, die Stimme des ‹Teufels mit dem dicken Bauch› wie sie die Ungetüme nennen. Resigniert meint einer: «Schaut den dicken Bauch des Managers an, und guckt euch unsere Bäuche an, dann wisst ihr schon Bescheid!»

«Hört auf! Genug! Mir brummt der Schädel!», meinte der Manager einst bei einem Meeting mit den Eingeborenen. In vernünftigem Gespräch ist wohl das Abholzen des Lebensraums der Ärmsten, welche seit Generationen und Menschengedenken ein Gebiet bewohnen, durch Neuankömmlinge, kaum zu rechtfertigen.

Die Unternehmer, die Contractors, sind es natürlich lästig, sich mit opponierenden Eingeborenen rumzuschlagen. Sie wollen einfach in Ruhe arbeiten. Gerne zahlen sie Schmiergelder an Häuptlinge, um diese stillzusetzen.

Die Holzgesellschaften können sich ihrer Legalität* rühmen, da sie von den Lizenzinhabern, gewöhnlich hohen Politikern, gegen Beteiligung am Gewinn (~30%) Erlaubnis für Gebiete erhalten. Dort bei den niemals erreichbaren Lizenzinhabern, und dem Politiker, der sie hinter verschlossenen Türen verteilt, ist eindeutig die Verantwortung an der Abholzung des Dschungels zu suchen – mit anderen Worten bei der Spitze der Regierung selbst. Und diese kennt ‹ihr› Land gewöhnlich nur aus der Vogelperspektive, und scheint sich bis jetzt einen Deut um Wohl oder Wehe der darin lebenden Einwohner zu kümmern, deren fremde Sprache sie nicht einmal verstehen.

* Wenn auch nicht alle. So hat die chinesische Kompanie (Manager: Mestalu) des Camps Layun B 1985 den Laden dichtgemacht, und ist nach Lawas abgehauen, ohne einem Dutzend Punans den Lohn von drei Monaten Arbeit zu bezahlen.

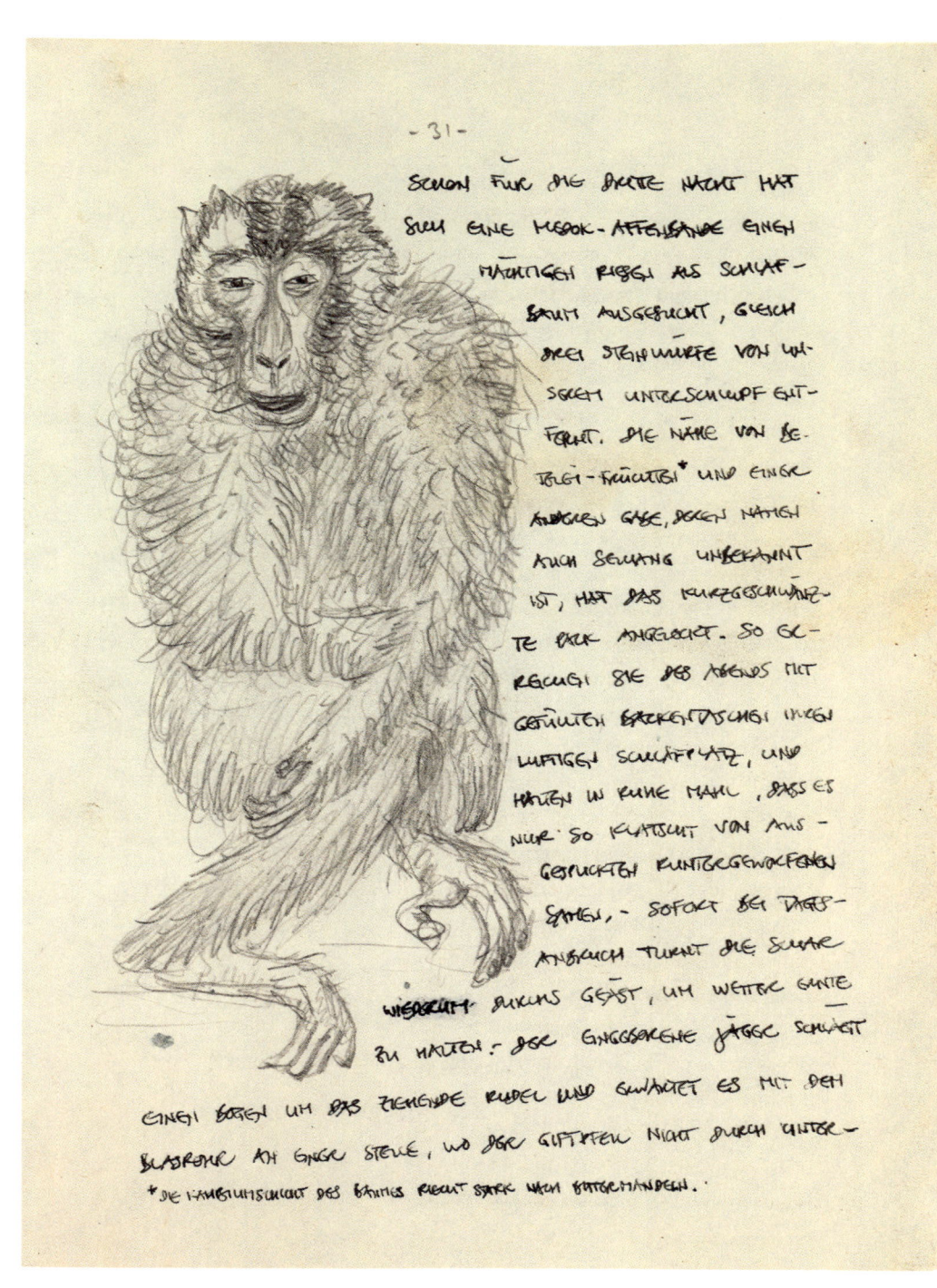

Schon für die dritte Nacht hat sich eine Medok-Affenbande einen mächtigen Riesen als Schlafbaum ausgesucht, gleich drei Steinwürfe von unserem Unterschlupf entfernt. Die Nähe von Betelei-Früchten* und einer anderen Gabe, deren Namen auch Seluang unbekannt ist, hat das kurzgeschwänzte Pack angelockt. So erreichen sie des Abends mit gefüllten Backentaschen ihren luftigen Schlafplatz, und halten in Ruhe Mahl, dass es nur so klatscht von ausgespuckten runtergeworfenen Samen. – Sofort bei Tagesanbruch turnt die Schar wiederum durchs Geäst, um weiter Ernte zu halten. – Der eingeborene Jäger schlägt einen Bogen um das ziehende Rudel und erwartet es mit dem Blasrohr an einer Stelle, wo der Giftpfeil nicht durch Unter-

* Die Kambiumschicht des Baumes riecht stark nach Bittermandeln.

wuchs in seinem Flug behindert wird.

Auch eine Kuiat-Familie wird von den Gaben angelockt. Mit sattem Bäuchlein spielen die Kinder unbeschwert ‹Fangis›, jagen hangelnd, sich fallen lassend, kletternd und Kapriolen schlagend durchs Geäst, – Erquickung für die betrachtende Seele, dass dein Herz gleich mithüpft.

Eines Abends hört Seluang dahindösend «Wuschschhhh». Sogleich ist er mit dem Blasrohr auf den Beinen. Der vermeintliche Niakit-Affe entpuppt sich als steinaltes einzelgängerisches Medok-Männchen. Gleich auch verbellen die Hunde den aufgeplusterten Muskelprotzen. Dieser antwortet von oben mit ruppiger Sprache, dass jeder merken muss: Da ist nicht gut Kirschen essen! Etwa nach einer halben Stunde fällt der getroffene Veterane von seinem Ast, und in dieser Zeit hat auch schon die Dunkelheit ihr Tuch über den Dschungel geworfen.

Nun sitzt der Gast mit schlaffem Körper in unserer Hütte. So schnell kann man in's Paradies abfliegen, wenn das Schicksal uns ruft! – Abgewetzte Zähne und Magerkeit zeugen von dem Grossvaterdasein des Affen. So sind auch seine Backendrüsen* wenig ausgebildet. Aus ihnen bereitet die Punan-Köchin, oder der Koch, eine Spezialität. Die Drüse wird mit Darmfett gemischt und

* Púh Medok; je eine unterhalb der Ohren, vor allem bei fetten ♂ ausgebildet.

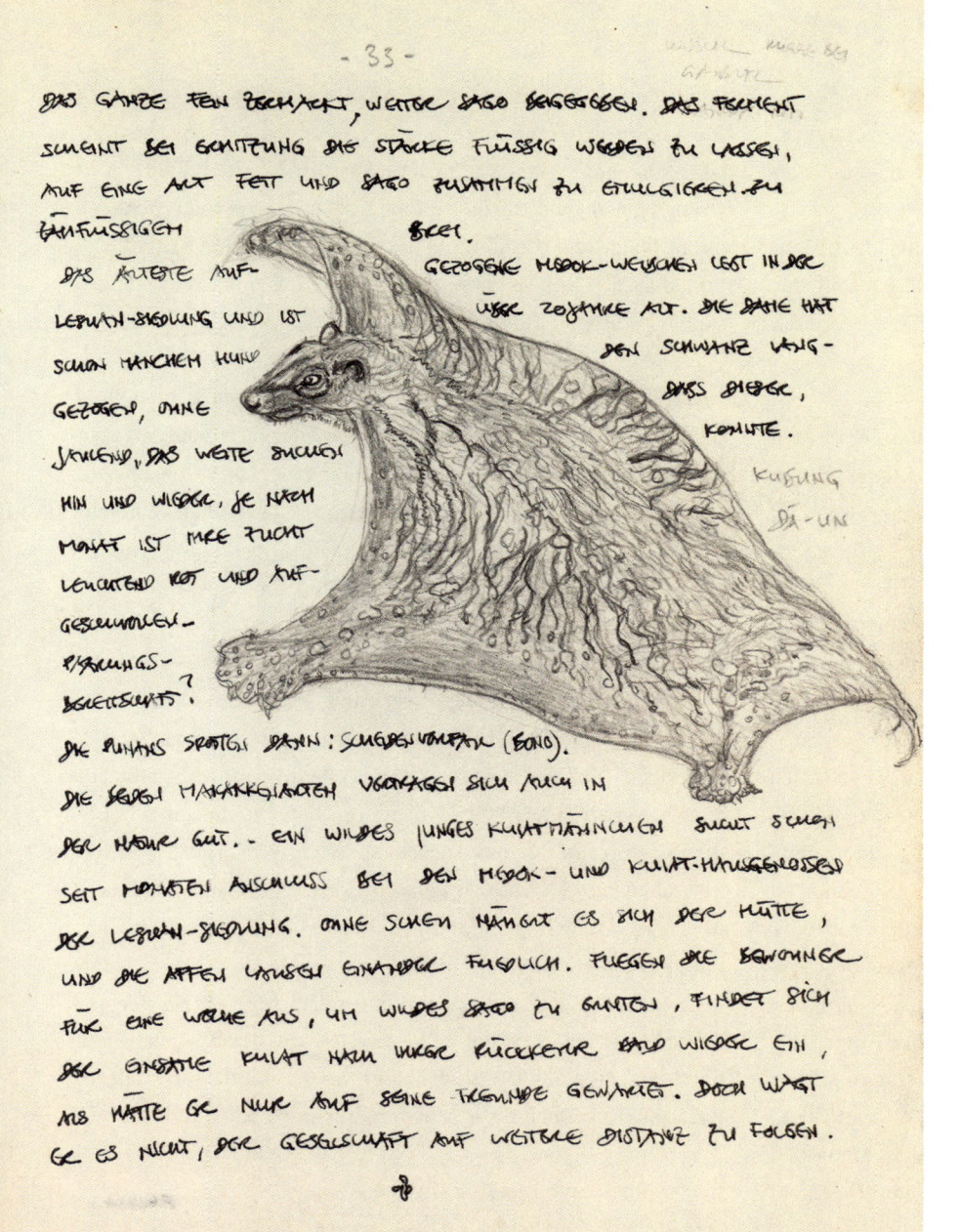

das Ganze fein zerhackt, weiter Sago beigegeben. Das Ferment scheint bei Erhitzung die Stärke flüssig werden zu lassen, auf eine Art Fett und Sago zusammen zu emulgieren zu zähflüssigem Brei.

Das älteste aufgezogene Medok-Weibchen lebt in der Lesuan-Siedlung und ist über 20 Jahre alt. Die Dame hat schon manchem Hund den Schwanz langgezogen, ohne dass dieser, jaulend, das Weite suchen konnte. Hin und wieder, je nach Monat ist ihre Zucht leuchtend rot und aufgeschwollen – Paarungsbereitschaft?

Die Punans spotten dann: Scheidenvorfall (Bono). Die beiden Makakkenarten vertragen sich auch in der Natur gut. – Ein wildes junges Kuiatmännchen sucht schon seit Monaten Anschluss bei den Medok- und Kuiat-Hausgenossen der Lesuan-Siedlung. Ohne Scheu nähert es sich der Hütte, und die Affen lausen einander friedlich. Fliegen die Bewohner für eine Woche aus, um wildes Sago zu ernten, findet sich der einsame Kuiat nach ihrer Rückkehr bald wieder ein, als hätte er nur auf seine Freunde gewartet. Doch wagt er es nicht, der Gesellschaft auf weitere Distanz zu folgen.

Kubung
Dá-un

Einer der seltenen Flugfüchse (Kubung Dá-un) fällt Seluangs Giftpfeil zum Opfer. Vor dem noch nackten, sich an die Mutter klammernden Jungen fürchtet sich aber der Jäger und wirft es gleich den Hunden zum Frass. Der Eingeborene unterscheidet mehrere Arten: Kubung Kellasi, K. Mohim, K. Pelanok, K. Dá-un, wobei der zweite Name auf Farbe und Zeichnung des Pelzes hinweist.

Innerhalb von zwei Jahren bin ich nur zwei Mal dem Gleiter begegnet. – Der kleine Zeh ist bei ihm der längste, um die Flughaut weiter zu spannen. Eine weitere Eigenart ist die Stellung der Brustwarzen: Je zwei stehen übereinander in der Armhöhle. Der Eingeborene hat ihren Namen für geschwollene Lymphknoten an dieser Stelle übernommen (Sakit Itek Kubung), die bei Wundinfektion oder Schlangenbiss an Hand oder Arm schmerzen. –

Der Ubung-Fluss hat seinen Namen nach dem Tier erhalten, da die Alten an seiner Mündung einst einem Flugfuchs begegnet sind und ihn geschossen haben. Er fiel aber ins Wasser und wurde davongeschwemmt. Der Kubung bewohnt Baumhöhlen und zieht nur ein Junges auf. Seine Nahrung besteht aus Jungtrieben und verschiedenen Früchten wie Rahá. Die Kubunglosung ähnelt der vom Reh-Kizz. Wie die meisten Säugetiere und Reptilien des Dschungels ist der erbeutete Flugfuchs von Darmparasiten befallen (Spul- und Bandwürmer).

Der scheue Punan geht Auseinandersetzung gewöhnlich aus dem Wege. Und so werden Unstimmigkeiten einfach geduldet. Drücken diese allzusehr, mögen sie im eigenen Kreise angesprochen werden, doch dem Fehlenden selbst kommt kaum je eine Rüge zu Ohren.

So mag der Eingeborene zwei sich widersprechenden, gegensätzlichen Ansichten beipflichtend zustimmen, ganz einfach, weil er ein herzensguter Mensch ist, und es jedem recht machen will. –

Entsprechend ihrer Entstehungsgeschichte ist wohl jede Ansicht richtig. Doch erst durch Paarung, sich Gegenübersetzen der Widerparte entsteht Leben, Entwicklung. Das offene Gespräch ist der einzige Weg zur Wahrheit.

Die drohende Gefahr, das Bewusstwerden über die Zerstörung ihres Lebensraums, hat nun aber doch einige Köpfe erhitzt. Innerhalb des Kreises der Beraubten werden einige Stimmen laut, und vertreten

8/36 mutig ihre Ansicht. Verlassen sie aber die Hütte der Gleichgesinnten und begegnen den Räubern in Person, verstummen die meisten. – Und jene, welche den Mund aufzumachen wagen, sind wohl schnell mit Einschüchterungen stillgesetzt.

Es ist eine betrübliche Tatsache, dass die Ärmsten des Landes von den Reichsten, welche schon längstens saniert sind und erst noch Bildung genossen haben, ausgebeutet werden – ganz ohne Scham und erst noch mit Machtdemonstrationen. Manchmal ist die Welt des Menschen mit seiner Hinterlistigkeit und Profitgier zum kotzen! Doch manchmal ist die Welt des Menschen in seiner Liebe zum achtungsvollen Staunen und sich Freuen. Und diese Freude lass ich mir nicht nehmen! – Viele der Eingeborenen des Dschungels sind richtig liebe Menschen, wie du sie nur selten in unserer modernen längst entfremdeten Welt antriffst. Persönlich hab ich mein Ideal aufgegeben, es jedem Menschen rechtmachen zu wollen, eines jeden Freund zu sein. Dies geht auf Kosten der Ehrlichkeit. Wer aber Ehrlichkeit nicht verträgt, auf dessen Gesellschaft lässt sich reuelos verzichten.

Menschlichkeit vor Wirtschaftlichkeit ist die

8/37 Forderung. Je mehr Gewicht der Wirtschaft gegeben wird, umso mehr wird der Mensch und das Leben zur Nummer degradiert. – Die enge Verknüpfung von Politik–Wirtschaft–Geld mag der Grund sein, dass Politiker in ihren Aktivitäten oft Ethik vermissen lassen.

Nein – ich sehe nicht nur schwarz-weiss. Bestimmt hat jeder Mensch – wir alle – unsere Fehler wie unsere Qualitäten. Untersucht man die Dinge näher, werden es oft grosse Problemkreise. Im Gespräch verwandeln sich die Feindbilder immer wieder in den Menschen, mit all seinen Bedürfnissen und Sorgen.

Der japanische Brückeningenieur ‹Fujiokka› hat mit dem Bau von zwei Eisenbrücken am Limbang- und Tutohfluss den Holzfällern Zugang in den Lebensraum des Dschungelvolkes geschaffen. Eine weitere ist im Bau in Lawas und eine geplant am Patáh-Fluss. – Der alte Knacker, etwas versoffen und aufgedunsen – hatte sich, obwohl verheiratet, ein junges knuspriges Kellabit-Mädchen geangelt und Cowboy-Hochzeit gefeiert. Die streng christlichen Dorfbewohner hatten das Spiel mit Schleier mitgespielt – in der Hoffnung, dass einst auf alle von dem Reichtum abfalle. – Nun so denn, wir schlagen uns mit zusammengerollten Zeitungen auf den Schädel, dass

8/38 es nur so knallt – und wir lachen zusammen bis die Tränen fliessen. So übel kann der Mann nun doch wieder nicht sein. «Weisst du, dass durch deine Arbeit hier die Eingeborenen viele Sorgen erhalten? Weißt du, dass sie gegen Holzfällerei eingestellt sind in ihren Lebensgebieten?» – «Fortschritt, Entwicklung, Plantagenbau und klingende Münze – das sind die Aspekte, welche heute Bedeutung haben...»

Im einstigen Gespräch mit Holzfällern, einige von ihnen liebe Kerle, andere auch weniger vertrauenserweckend. Der eine, kahlgeschoren, sein Naturell kundgebend mit einer kläffenden Bulldogge – auf die Brust tätowiert; «Wir sind nur Kulis, und suchen unsern Job. Was der Manager uns befiehlt, das tun wir. Redet mit ihm. Ruft er uns zurück, so legen wir sofort die Arbeit hier nieder und verlassen euer Gebiet.» Chinesischer Schnaps übelster Sorte wird gekippt. Ein anderer meint: «Verteidigt nicht euren Lebensraum! Denn dann werden wir Holzfäller arbeitslos.» Ein Freund meint: «Wenn das so ist, versuch ich mich in anderes Gebiet versetzen zu lassen. Ich will den Eingeborenen nichts zu Leide tun. Hätte ich nicht Frau und Kind, würde ich sofort aufhören. Doch ist es schwierig für mich, als Bulldozer-

8/39 führer einen andern Job zu finden.» –

Alle Holzfäller arbeiten im Akkord. Die Löhne variieren von ~300.– $ MS Dollar im Monat für einen Entrinder bis zu 2–6'000.– $ MS im Monat für Holzfäller und Bulldozerführer. Die Spitzen werden nur in der Trockenzeit erreicht; bei Regen muss die Arbeit oft niedergelegt werden. Sonntag und Nachtzeit sind keine Ruhenötigung für Bulldozer.

Diese hohen Löhne ziehen viele junge Männer an. Es entsteht eine grosse Diskrepanz zu den traditionellen Reisbauern und Dschungelbewohnern, welche praktisch alle von der Hand im Mund leben.

Auch wird Voraussetzung zu ‹Arbeitslosigkeit› geschaffen, welche in der traditionellen Bauernbevölkerung vorher unbekannt war. Kaum einer der Holzfäller mit gutem Verdienst wird je wieder in die heimatlichen Reisfelder zurückkehren und sich dort unter heisser Tropensonne abmühen.

Sitzen die Hauptschuldigen an der Zerstörung des Dschungels nur in ihren Bureaus, sind es die einfachen Arbeiter, welche das Werk ausführen. Ohne sie wäre jegliches Operieren unmöglich.

In diesem Sinn liegt bei jedem Beteiligten Verantwortung für das Geschehen. Denn letztendlich werden alle Kompaniemitglieder nur von einem in die abgelegenen Dschungelgebiete gelockt: Vom Geld.

Und so wüten die Bulldozer seit Anbeginn unerbärmlich weiter, allen Bitten und Forderungen der Urbevölkerung des Landes zum Trotz. Das Paradies wird abgeschlachtet. Der einstige Magohfluss treibt nun milchkaffeebraun talwärts, geschmückt mit geleerten Heinecken-Bier-Büchsen. Seine Ufer von Steingeröll sind verschlickt mit glitschigem Lehm, Spuren der Erosion aus den quellwärts geschlagenen Wunden. Konntest du noch vor wenigen Monaten die Fische im kristallklaren Wasser sich tummeln sehen, treiben sie nun hin und wieder als Leichen* talwärts: In der Trockenzeit gingen Holzfäller den Geschuppten mit Gift zu Leibe. Auch selbstgebastelte Unterwasserbomben** sind üblich. Gleich Säcke voll muss geerntet werden, auch wenn ein Teil der Beute später einfach verrottet. Das Paradies muss sterben.

* Der begehrteste Fisch Ayat (malaysisch: Ikan Cemá) hält sich nur in klaren sauerstoffreichen Gebirgsflüssen auf und verträgt kein schlammiges Klima.

** Benzin in einer Flasche wird mit einem Glühbirnchen und Taschenlampenbatterie über langes Kabel gezündet.

Mutter Natur spendet weiter mit vollen Händen, wo sie noch nicht geschändet wurde. War es eine Warnung, als sie mit dem letzten Hochwasser einen der Waldschädlinge beim Fischen talwärts spülte? Als Leiche wurde der Traxführer an die 30 km weggeschwemmt (Ulu Magoh – Long Tarawan). Die Wasserbüffel sind da zäher. Sie steigen nach einigen Kilometern Flussfahrt wieder an Land (Long Seridan – Long Leng/Long Kidáh). Ein Hochwasser kann sich gar bei klarem Wetter urplötzlich als aufrechte Wand nähern, alles, was sich ihr in den Weg stellt lawinenhaft mit sich reissend.

Leider fehlt bei der einheimischen Bevölkerung weitgehend Bewusstsein für ihre Umwelt. Für die am Wasser siedelnden Stämme ist der Dschungel oft nur unfreundliches Niemandsland, das gemieden wird. Aufklärung, Gedanken des Landschaftsschutzes, liegen bei den wenigen jungen Gebildete, welche noch nicht allen Idealismus dem Geld und der Bequemlichkeit zu Liebe über Bord geworfen haben.

Einzig die Punans, vor allem die Nomaden, sehen, was auf sie zukommt – denn der unberührte Dschungel bedeutet für sie Leben. Doch Schmiergeld und Drohung verbreiten auch da lähmende Wirkung.

Messer

Die Steinzeit liegt weit zurück, und auch die alten Grossväter erinnern sich nicht an Überlieferungen. Seit Generationen hat der

Dschungelnomade Messer und Buschmesser von Kellabit-, Kayan- und Belawan-Stämmen bezogen, welche von chinesischen Händlern importiertes Eisen verschmiedeten. Die Verhüttung von eisenhaltigem Gestein scheint in der Region des Baramflusses unbekannt, obwohl vereinzelt Erze vorkommen.

Die Gestalt des von allen Volksgruppen verwendeten Messers ist durchwegs dieselbe: die ~fingerlange Klinge ist leicht gekrümmt und zugespitzt, und nur einseitig angeschliffen. Linkshänder müssen sich darum speziell ein Messer schmieden lassen.

Die Führung der Klinge zielt immer vom Körper weg; beim Schnitzen von Pfeilen, Dünnschneiden von Rattan oder Herstellung von ‹Ceprut› wird der Zeigefinger unter dem bearbeitenden Holz angelegt, und so fallen wie bei der Führung eines Hobels schön gerollte Locken und Späne. Durch weiteres Anlegen des oft bis ~30 cm langen Holzgriffes an den Unterarm entsteht Widerhalt und eine Art Hebelwirkung. Hin- und wieder ist jener mit Schnitzereien, wie stilisiertem Nashornvogelkopf verziert.

Der traditionelle Griff des Punanmessers ist durchwegs Knochen. Am beliebtesten ist der Oberschenkelkochen des Niakit-Affen; weiter wird jener des Kellasín-, Medok-Affen

Griff aus Oberschenkelknochen des Niakit-Affen

sowie der von Leopard und Bärenkind verwendet. Die Enden des gekochten Knochens abgetrennt, schabt der Punan dessen Oberfläche mit dem Messer glänzend und steckt den zugespitzten Schaft darein, verkittet ihn mit erhitztem wilden Latex vom ‹Ketipa›- oder ‹Gerigit›-Baum.

Um Fleisch zu zerschneiden kann zur Not ein Messer aus Bambus verwendet werden – doch verlangt seine Bearbeitung das Vorhandensein einer Eisenklinge. Verwendet wird der Sewului-Bambus wegen seiner Härte. Ein Spältling wird einseitig bis zum ‹Rinden›teil dünngeschnitzt. Dessen Kante ist äusserst scharf.

Einige Punans haben das Schmieden den Kellabits und Kayans abgeguckt, und versuchen sich selbst darin. Ein rundgeschliffener Stein des Bachgerölls oder eine Axt dienen als Amboss, eine weitere Axt als Hammer. Verschmiedet werden gebrochene Buschmesser zu Speerspitzen und Messern. Neuerdings sind 5-Haken im Gebrauch, welche von den Holzfällern in die Stirnseiten der Stämme geschlagen werden, um diese am Springen zu hindern; sie haben ideale Breite. Hauptarbeit obliegt aber der Feile, unter der die Messerklinge Gestalt annimmt.

Um die nötige Hitze zu erreichen, sind nur ganz wenige ausgewählte Hölzer angebracht: Belawan, Lemanien, Kaiu Kelit, sowie die rambutanartigen Meté, Pagung, Gulut, Melamun.

Alle von ihnen äusserst hart und schwer und von hohem Herzwert. Die ersteren sind von den Kellabits allgemein als Feuerholz in der Küche gebräuchlich. Eigenartigerweise werden die zähen Blasrohrhölzer Tanyit, Páy und Niagang nicht verwendet: Trotz Schwere und Härte besitzen sie keine Glut (‹Ma-láh›) in grünem, frischgeschlagenem Zustand.

So schlägt und hämmert's unter Kuraus's Hütte von morgens bis abends, und in warmem Rot glühen die Eisen, abgelöst vom Geräusch des hastig wippenden Windfächers (Pesong). Nur wenige der Nomaden verstehen sich auf's Schmieden, und bei der Gelegenheit bringt dieser und jener einen Patienten mit sanfter Bitte zum Handwerker.

Kurau ist vor 4–5 Jahren seinem Schwiegersohn in die Sesshaftigkeit gefolgt, pflanzt ein klein wenig Maniok und bestellt ein Reisfeld an der Leng-Mündung. Doch wie alle Nomaden hasst er prallen Sonnenschein, und hat seine Hütten unter schattigem Laubdach erstellt. Der Wunsch nach Sagospeise treibt ihn immer wieder für

einige Tage zurück in den Dschungel zu den Uwut-Palmen.

Eine Delegation von Punanführern des Gebiets folgt einer Einladung der Umweltschutz-Organisation ‹SAM› nach Marudi. Sämtliche Appelle der Eingeborenen an die Regierung und Holzgesellschaften, die angestammten Jagd- und Sago-Gründe zu schonen, waren auf taube Ohren gestossen. Die Vertreter erhoffen sich handfeste Hilfe gegen die Zerstörung ihres Landes…
Bei dieser Gelegenheit stattet Kurau dem S.O. einen Besuch ab, da ihm ein Geschäftsinhaber den Verkauf von Patronen für sein Gewehr verweigert, trotz Vorweisung des Waffenscheins. «Du erwartest Hilfe von mir – ja – wie soll ich dir helfen, wenn du nicht meinen Anweisungen folgst? Dann werden meine Vorgesetzten böse, und ich verliere meine Stellung.» (David Kalla ist der einzige Punan in der Regierung. – Kurau hatte ihm und der Polizei letzthin die Führung zu den Nomaden des Magohflusses verweigert). – «Ja», entgegnete ihm Kurau, «wir sind geborene Punans

Kurau

und müssen zusammenstehen. Gerne will ich deinen Anweisungen folgen. Doch soll ich einfach zusehen, wie die Bulldozer unser Land zerstören, das uns tägliche Nahrung spendet? Warum kannst du unser Interesse nicht unterstützen?»
Der Second Officer blieb ihm die Antwort schuldig. Doch mit der Genehmigung zum Bezug von Patronen für sein Schiesseisen und einem Sack voll gespendeter Altkleider verliess der Eingeborene das Regierungsgebäude.

Die Schönheit der jungen Frau ‹Ubung› fasziniert mich. Als ich sie zeichnen will, verschwindet sie für eine Weile in ihre Hütte, kramt einen Spiegel hervor, kämmt ihr Haar, und zupft die breitgewachsenen Augenbrauen zu dünnen Strichen. Ich lächle…
Ihr Mann ‹Galang› spielt unterdessen auf der Bambusflöte (Kerinbon) alte Weisen, die er seinem Grossvater abgelauscht hat. Sanfte Melodien, mit der Nase geblasen.
«Laio-laio selá Ilí magat selá kó amé.»
Die schöne Ilí sitzt faul in der Hütte und scheut schmutzige Arbeit:
«Nur dein schön gescheiteltes Haar lieben wir, Ilí!»

8/47 Ubung

8/48 In anderer Melodie wird die Qualität einer Frau besungen, welche unter unscheinbarer äusserer Gestalt verborgen liegt:
«Bua mahá mé, tetapi kapan ipá»
«Süss ist die Mahá-Frucht*, doch dick ihre Schale.»

«Purai lessei bok ko Uei, bok bali bok ko Uei.»
«Wunderschön, wie die Blütenschnüre der Lesseipalme, wallt dein Haar, Uei.», flüstert der Verliebte seiner Angebeteten ins Ohr.

Galang hat mit seiner Frau vor kurzem die Siedlung Pa-tik verlassen, und ist dem Ruf seiner Mutter nach Long Leng gefolgt. Der etwa 5-jährige Junge ist verstört, und hängt mit Leib und Seele am Vater, der ihm jeden Wunsch gewährt. Ein Geschwisterchen könnte Ausgleich schaffen. Doch Ubung schluckt seit der Geburt ihres Sohnes die Pille. (Pa-tik hat ein Flugfeld und wird monatlich vom Flying Doctor per Helikopter besucht.)

* Aus der Familie der Rambutan

8/49 **Bärengeschichten**

Iman brennt Meister Petz mit einer Schrotpatrone einige Löcher in den Pelz. Der Getroffene flüchtet aus seinem hohlen Lusingstamm, und der Jäger verfolgt ihn. In steilem Seitenhang schiesst er ein zweites Mal. Der Bär verliert den Halt und rutscht die Böschung runter, genau auf den Jäger, und bohrt seine langen Krallen in dessen Knie. Mit dem Buschmesser schlägt Iman auf ihn ein, bis die Waffe seiner Hand entglitscht, und der Bär weiter abwärts rutscht bis an kleinen Wasserlauf. – Doch nun verliert auch der verletzte Iman im glitschig-steilen Gelände den Halt und saust abwärts – genau auf den Bären – der sogleich seine Zähne in die Hand des Jägers bohrt und sein weiteres Heil in der Flucht sucht.

Blutüberströmt erreicht Iman seine Hütte. ‹Belat› [unleserlich], seine hochschwangere Frau, begleitet ihn im Boot nach Long Seridan zum Verarzten, und gebärt in derselben Nacht einen Sohn, ihr fünftes Kind.

Missachten einiger ‹Tabus› werden nach der Punantradition durch Bärenbiss bestraft: Tingen.
– Packe nicht heisse Speise in der Hast als Reiseproviant. (Iman hatte heissen Reis zuvor eingepackt)
– Verweigere niemandem Tabak, wenn dich jemand darum bittet, und du im Besitz davon bist

8/50 – Geh nicht am vom Bären zuvor geplünderten Bienennest Honig naschen.

Doch der Eingeborene weiss sich bei Übertretung des Gebots auch zu schützen: Er wirft ein wenig der heissen Speise vor sich auf den Weg, und spricht mit dem Geist des Bären, heisst ihn, andere Pfade zu gehen.

Während zwei Tagen sucht der Bruder Iman's mit den Hunden vergeblich nach dem verletzten Bären, um sich zu rächen.

Meister Petz mit seinen schlechten Augen findet das Bienennest seiner schnüffelnden Nase folgend, wie auch die festen Maden des Pesungá-Käfers in fallenden Uwut-Palm-Stämmen. – Mit dem Regen rinnt der Geruch vom Bienennest abwärts bis an den Fuss des Stammes.

Mit seinen Zähnen beisst er den Eingang zum Höhlenbau auf. Kann er die Scheite nicht mit seinen Pranken aufreissen, fährt er mit seinem Schädel in die Öffnung, bis dünnere Stämme aufwärts spalten und brechen und der begehrte Honig und Bienenkinder

8/51 in Griffnähe kommen. – Nach der paradiesischen Mahlzeit bis zum Überdruss, soll's dem Bären oft schlecht werden, und er erbricht wieder einen Teil des Zuckerstosses.

Der Bruder von Ué hatte einst verbotenerweise am frisch geplünderten Bienennest Nacherte gehalten. – Als er darauf mit seinem Feuerstein Funken für seinen Glimmstengel schlagen wollte, kam ihm gerade ein Bär über die Brücke des Baches, ein gefallener Stamm, entgegen. Der mutige Mann warf sofort seinen Feuerstein von sich, erwartete den Bären und stiess ihm zweimal die Speerspitze in den Leib, dass er tot vom Stamm runterfiel. – Doch da kam sogleich ein zweiter, grösserer Bär über die Brücke geeilt, und biss ihm in die Hand, bevor er erneut seinen Speer zustossen konnte.

8/52 ‹Laki Megut›, der kahle Mann, machte sich einst hungrig auf den Weg, um im Dschungel nach Nahrung zu suchen. Neben einem Verhau des äusserst stachligen Rattans ‹Seggelá› sah er frühmorgens oben auf einem Baum die Blätter sich bewegen: Zwei verschlafenen Bären rieben sich die Augen und kletterten beim Anblick des Jägers sofort von ihrem Nest aus gebrochenen, geknickten Ästen stammabwärts.

Der Punan stiess sogleich dem einen die Speerspitze in den Leib, und suchte sein Heil in der Flucht, verfolgt vom wütenden grossen Genossen des Verletzten. Mit grossem Sprung* setzte der Flüchtende aufwärts und erkletterte einen Baum. Tatsächlich schoss der schlechtsehende Meister Petz untendran vorbei.

Nach einer Weile kam er wieder zurück und verliess mit seinem verletzten Genossen das Gelände. Als sich Laki Megut in Sicherheit wusste, fasste

* um Geruchspuren zu vermeiden

8/53 er wiederum Fuss auf Dschungelgrund, nahm sein hingeschmissenes Blasrohr und machte sich aus dem Staub.

Mit einem Kampfgefährten kehrte er zum Ort des Geschehens zurück, und zusammen folgten sie den Spuren. Schweiss hier und da, und an einer Ruhestelle lag gar ein grosser geronnener Blutklumpen wie ein Herz des Niakit-Affen: Die Verletzung des Bären durch die Speerspitze ist gewiss tödlich. Doch die Spuren führten in wirriges Stacheldickicht. «Da drin hocken die beiden. Während der eine wohl schon tot ist, wacht der andere, und ist bereit uns anzugreifen.»

Voll Angst, die Bären könnten nun den Spiess umdrehen, und ihnen im Dornengebüsch den Garaus machen und sich rächen, verliessen die beiden Jäger den Platz, ohne je wieder dahin zurückzukehren.

‹Lejeng› flicht an einer Matte für die Sagoherstellung. Der ‹Tabau› dient als Gefäss zum Auffangen des sagohaltigen Wassers, und muss äusserst dicht geflochten werden, damit das Sago nicht ausrinnt. Um die Rattanstreifen zu verdichten, benutzt die Punanfrau einen gebrochenen Hirschknochen.

Niakit-Affen

Da und dort raschelts im Geäst des dichten Laubmischwaldes, nahe dem Bergkamm. Aha – ein Niakit-Patriarch mit seinem Harem von Gemahlinnen und Jungschar. Friedlich bewegt sich die Bande von Langgeschwänzten durch den Raum des Dschungels. Ein kleines Affenbaby klammert sich an die Brust seiner Mutter, während diese einen Zweig vom Nachbarsbaum heranzieht, überwechselt, und am sich abwärts biegenden Ast sanft ein Stockwerk tiefer gleitet. Der Führer des Verbandes balanciert aufrecht über querstehendem dicken Ast, hangelt sich weiter durchs Laubdach, setzt sich in Stammnähe auf seinen Hintern, späht kurz aus und kratzt sich unter dem Arm. Und schon bald klatschen da und dort Betelei-Früchte aus der Krone des Baumes; mit seinen Gaben lockt dieser die Schar zum Besuch.

Der junge ‹Peng› lässt lautlos seine Traglast zu Boden sinken, und pirscht sich duckend an. Doch da ruft der Vogel ‹Pengiong› und verrät die schleichende Gefahr. Die Affen recken, gewarnt, ihre Hälse, und schon schallt's «Hok-o-hok-o-hok-o-hok!» laut durch den Dom des Waldes.

8/56 Die Röhrenknochen der Gliedmassen sind gebrochen, wie bei allen andern Affenarten, damit sich die Beute nicht in den sagenhaften Bösen Geist ‹Pennakóh› verwandeln und, als Traglast geschultert, den Jäger morden kann. Nur wenn der Eingeborene die Oberschenkelknochen zu Messergriffen verarbeiten will, lässt er sie unbeschädigt. Der Mund des Affen ist mit einem Blätterknäuel verstopft; die geschlossenen Kiefer sind in der Starre beim Zerteilen der Beute kaum auseinanderzubringen.

Das Fleisch des Niakit-Affen ist wohlschmeckend, im Gegensatz zu Makaken-Braten. Wie bei allen anderen grösseren Jagdbeuten sind die gekochten Augen begehrte Kindernahrung. Der Schädel wird in der Glut weitergeröstet; so verhärtet die elastische Decke und kann leicht aufgeschlagen werden. Das Hirn ist vorwiegend zahnlosen Kleinkindern zugesprochen. – Nach Genuss von giftigen ‹Utung›- oder ‹Pa-an-niakit›-Früchten erzeugt das Fleisch Brechreiz und kann nicht verwendet werden.

Hauptnahrung des Niakit's und seiner Verwandten sind junge Blatt-Triebe neben ver-

8/57 schiedenen Früchten. Dem Affen wird auch von andern Volksstämmen kräftig mit dem Schiesseisen zu Leibe gerückt, auf der Jagd nach dessen begehrten Magensteinen. Diese entstehen vermutlich nahrungsbedingt, denn die wie Bachkiesel schön flachrund oder länglich zugeschliffenen Steine von glänzender braunrötlicher Farbe entstehen in verschiedenen Gebieten zu bestimmten Zeiten.* – Der Händler talwärts wägt den selten anzutreffenden Stein mit der Goldwaage und bezahlt für einen kleinfingerlangen bis ~800 $ MS. Kein Wunder, versuchen viele Individuen, dem ungebildeten Eingeborenen die Kostbarkeit für wenige Dollars abzujagen, um weiter talwärts selbst weiter übers Ohr gehauen zu werden.

Der Stein findet in der chinesischen Medizin, und wohl auch zu magischen Bräuchen Verwendung.

(Fortsetzung → S. 64)

* Am Batu Lulau (Tutoh) Juli - August, am Ludin-Fluss (Magoh) Oktober. Im Ulu Mago Dezember - Januar.

8/55 «Heuschrecke! Schwarzohr! Wart einen Moment!», lästert der Jäger einem Langgeschwänzten entgegen. – Doch dieser lässt sich ganz einfach einige Meter durch luftigen Raum abwärts fallen, und landet «wuschschschhhh» im Geäst dass das Laub erzittert. Und «wuschschh» – «wuschhschh» folgen alle Mitglieder eiligst das Weite, ohne sich auch nur einen Moment umzuschauen.

Des einen Freud – des andern Leid. Einige Tage später lacht dem Jäger das Glück, und er bringt für die hungrige Sippe Beute nach Hause. Durch wenige Hautschnitte in Finger und Zehen, hat der Eingeborene auf raffinierte Weise Fuss und Hand verbunden – und so verwandeln sich Beine und Arme des Affenmännchens in Tragriemen.

Je nach Anspannung verändert sich die Ton-

Knoten 75 cm
Klangschlitz
Saite
Spannhölzchen
Knoten

lage, und das Instrument kann gestimmt werden; wobei sich die Musikantinnen nach persönlichem Geschmack richten.

Es ist erstaunlich, welch eine Vielfalt von Rhytmen die Frauen der Beschränktheit von nur vier Tönen entlocken können.
Dem Männervolk ist das Zupfen der Pagang-Saiten untersagt. Bei Übertretung des Gebots könnte er von einem Bären gebissen werden (→ Tingen).
Nach einer Weile erkennt auch der Uneingeweihte bestimmte Melodien, die sich immer wiederholen. Es sind uralte Weisen, welche die Töchter seit Generationen ihren Müttern und Grossmüttern abgelauscht haben. Einige spielen das Instrument auch, einfach der Stimme des Herzens folgend. Meistens aber klingt ein ein- oder zweizähliger Reim aus den Melodien, der sich immer wiederholt, und den Körper zu befreiender Bewegung und Tanz lockt.

«Lejut – lejut batang kapon, betik tepun batang kapon»
«Es schwankt der Kaponstamm, der Tigergeist ist draufgesprungen.»

«Podo diwáh temedo, podo saliá temedo, ko koi!»
«Das Nashorn ersteigt die Senke, das Nashorn ersteigt den Bergsattel – he – Freund!»

«Kemedut – medut daté tiwang, daté tiwang medam»
«Nachrückwärts schauen die Blätter des Daté Tiwang, des Giftigen»

«Ma ké bakéh matai aseu baniang. Bau-bau de ké tuáh»
«Freund, wo bleibst Du? – Das Hundekind Baniang ist tot! Hinauf – hinauf lass uns zwei schnell fliehen!»
Ein junger Hund hat ein Wildschwein verfolgt. Der grosse Eber verschanzte sich in einer Lehmhöhle (Lobang Lina) und tötete

Pagang

Wenn paradiesische Gaben in Fülle reifen, und die Männer des Abends oft mit erbeuteten Wildschweinen von der Jagd heimkehren, dann kramt die Punanfrau ihr Bambusinstrument hervor und spielt zum Tanz.

Die Musikantinnen fertigen sich ihr urtümliches Instrument selbst: Am begehrtesten ist der Lengiang-Bambus wegen seinem schönen Klang, der Adan-Bambus wie auch andere Arten können verwendet werden, doch sind sie leicht spaltbar oder gewichtig. Nach Auswählen eines längeren Abschnittes, wird dieser ausserhalb seiner Knoten abgetrennt. Mit dem Messer löst die Frau vier Faserbündel aus dessen Randschicht. Durch Unterklemmen von je einem Hölzchen an den Enden heben sich die Stränge vom Bambus ab und verwandeln sich in Saiten.

den allzudreisten Kläffer. Die beiden Jäger fürchten sich vor den langen Hauern des wütenden, angreifenden Borstentiers, und fliehen aufwärts in einen Baum.

8/61 Krone der Lebenslust ist der Tanz der Puppe: Die Saiten zupfende Ukun hat sich mit Lengurep-Wachs ein langes Haar an den Nagel des Zeigefingers geklebt. Eine Gehilfin hält das andere Ende und stützt den Pagang-Klangkörper. In lustigen Sprüngen tanzt daran das Püppchen aus dem Stengelmark der Uwutpalme in Leichtigkeit auf und ab und hin und her und ringsherum und entlockt schallendes Gelächter.
Der einstige Bastlendenschurz aus Talun wurde vom ‹Ti-áh Ná-bá› abgelöst. Diesen bezogen die Punan-Frauen für hohen Preis von Kayan-Stämmen talwärts: Ein schwarzes Tuch ist mit Sternen und farbigen Rändern bestickt. Heute von billigen Sarongs aus der Massenfabrikation verdrängt.

8/62 «Sen ke dá, petad láh toh. Taben ké dá, petad láh tóh.»
Der Jäger macht sich frühmorgens auf, und heisst seine ins Tuch gewickelte schlummernde Gattin aufstehen, und sich hüten «Erinnere dich, Freund, nun heisst es scheiden
Verstick nicht in deinem Tuch, nun scheiden wir!»

«Litá-litá tanyit patá, dua patá tanyit patá»
«Gross und aufrecht stehen zwei Tanyit-Stämme»

«Pedung-pedung-uwut. Pedung-pedunguwut»
Der Palmherz Erntende hat mit dem Buschmesser zu hoch angesetzt und erwischt nur den oberen Teil der köstlichen Speise. ‹Pikeng› – ‹Die Schlucht›, nennt sich der Rhytmus, zu dem die Frauen ihre Solos tanzen. – Eine gebräuchliche Melodie ladet alle zum Tanz, und Namen, wie ‹Die Stimme des Kallabit-Pagang›, ‹Ihrer vom Kayan-Fluss›, ‹Das Keniak-Buschmesser› deuten an, dass dieses Bambussaiteninstrument wohl bei den meisten Volksstämmen Borneos einst in Gebrauch war, um die Menschenherzen zu erquicken.

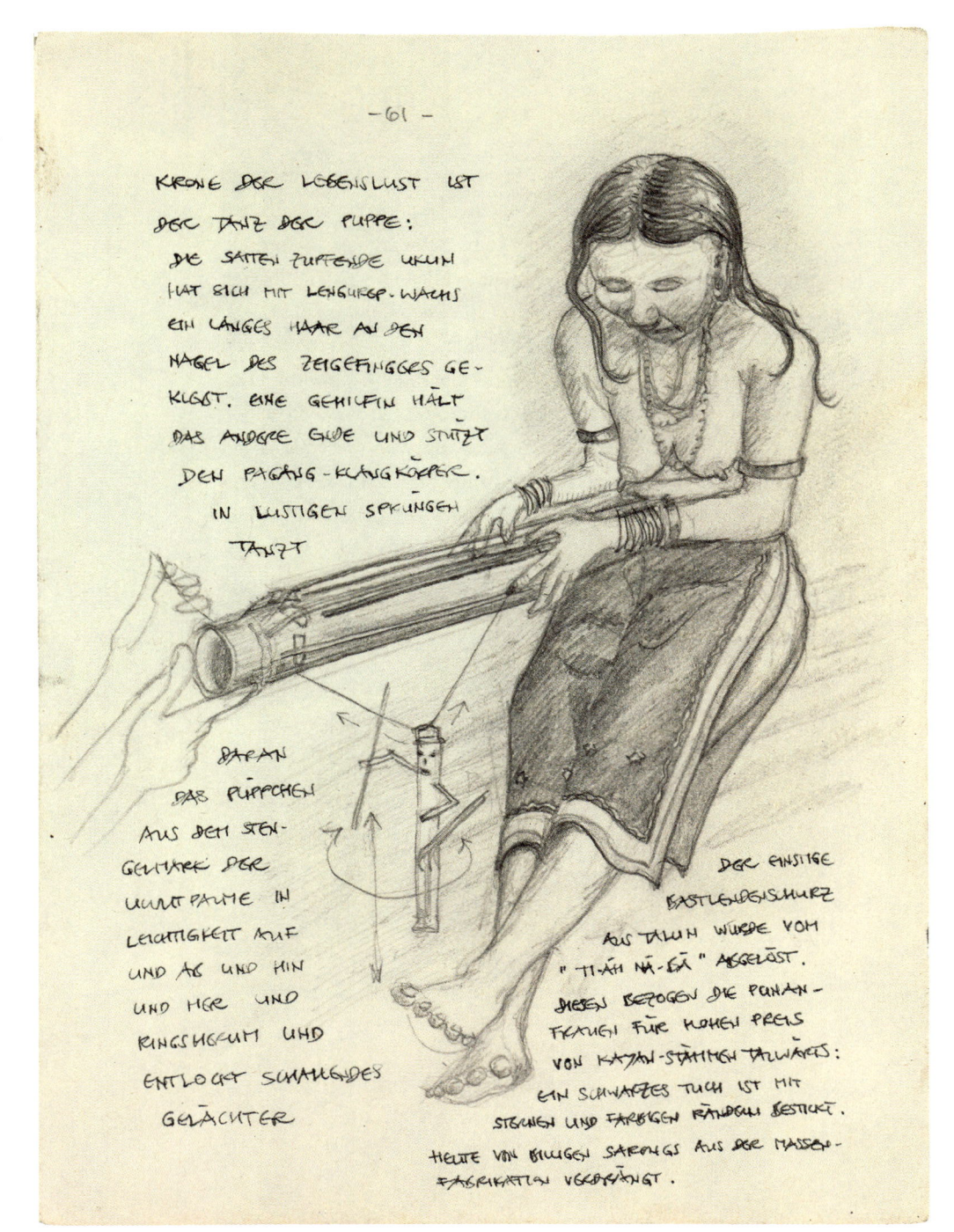

«Ua péh ahmé kiwu ke dá», würden die zuhause Bleibenden gerne ihren Abschied nehmenden Freund folgen. 8/63
Lejeng kreiert auch modernere Weisen:
«Papid buto moto – papid buto moto»
Das Motorboot quert den Tutoh-Fluss

«Ha toto djian Bruno toto djian», ehrt sie spitzbübisch meine Person.

«Belegin kau ko. Belegin kau ko»
klimpert's aus dem Bambusrohr. Der Sinn des Verses scheint in Vergessenheit geraten, und auch die alten Frauen wissen nicht um deren Bedeutung.

8/34 Kindsraub

Die Niakit'affen haben eine festgelegte Gesellschafts'ordnung. Alle Weibchen folgen mit ihren Kleinkindern einem einzigen Männchen. Der Patriarch duldet keine Nebenbuhler. Ausserhalb dieses Familienverbandes (Panien), schliessen sich die übrigen Männchen zu kleineren Trupps (Pest) zusammen. Auf der Suche nach Mitgliedern wurden diese Männer-Banden des öfteren von Eingeborenen bei organisiertem Kindsraub beobachtet. Das Vorgehen mutet menschlich an: Während einer der Ledigen den Beschützer seiner Herde davonlockt und von diesem verfolgt wird, versucht ein anderer, irgendeiner Mutter ihr Kind zu entreissen. Rauhe Gewalt wird da angewendet, und die eingeschüchterten furchtsamen Weibchen haben nicht viel Chance ohne scharfe Eckzähne. Da sollen Haarbüschel fallen und Blut fliessen, und die Streitenden manchmal im Getümmel vom Baum runterfallen. Hat der Räuber ein Kind gepackt, und stellt fest, dass es ein Weibchen ist, beisst er es und wirft es enttäuscht weg; nur Jungen sind als Bandenmitglieder erwünscht.

Wird ein alter Patriarch von jüngerem, stärkeren abgelöst, kehrt er zurück in die Männerbande.

TAGEBUCH 9

Rindenpfannen

9/65 Bevor die chinesische Kaua-Pfanne, heute bei allen Volksstämmen Borneos im Gebrauch, Eingang in den Dschungel fand, musste sich der Nomade alle zwei-drei Tage nach einem neuen Kochgefäss umsehen. Denn die meisten zur Verfügung stehenden pflanzlichen Materialien sind nach einmaliger Verwendung angebrannt. Zur Herstellung des ‹Telloko› wird die stammumfassende Stengelbasis* bestimmter Palmen dünngeschnitten und nach Erwärmen gefaltet. Nur wenige ausgewählte Baumarten liefern genügend zähe Rinde, welche beim Vorgang des Faltens nicht bricht.

Taditionelle Kochgefässe aus

Niwung-Palme ⎤
Uwut-Palme ⎬ Stengelbasis-Schicht
Jakáh-Palme ⎦

Dá-un ⎤
Kawó ⎬ Blatt
Lenguamb ⎦

Tellak ⎤
Keré   ⎥ Bambus : Stammabschnitt
Labou ⎥ Wildschwein : Magen
Kelletang ⎬
Messá ⎥ Rinde
Betelei ⎥
Purou ⎥
Beripun ⎦

Tenang (Anak Rangá)

* Stengelbasis eines Niwungwedels

9/66 Der Faltvorgang des ‹Tellokos› bleibt bei allen verwendeten Materialien derselbe.

Mit einer Rattanverschnürung oder angespaltenen Ästchen wird das Gefäss in Form gehalten und seine Rückverwandlung verhindert. Beim Tellokó aus Blatt werden die oberen Ränder mit Stäben gestecknadelt und verstärkt. Die so gefertigten Pfannen sollten möglichst bis nahe an den Rand mit Flüssigkeit gefüllt werden, um Anbrennen und Schrumpfen zu bremsen.

Das Gefäss mit Kochgut wie Sagobrei (Ná-ó) oder zu siedendem Fleisch wird mit Holzscheiten über dem Feuer abgestützt. Die Blattpfanne verträgt keinen direkten Flammenkontakt, während beim Rindengefäss nur die Seitenwände vor züngelnden Flammen abgeschirmt werden.

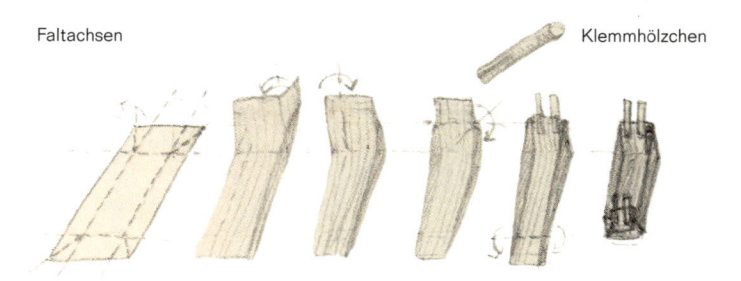

Am beliebtesten werden Niwung und Tellako verwendet. Die Rinde des Letzteren kann sogar die Sagomatte (Tabau) ersetzen und beide dienen weiter zur Herstellung von Messerscheiden.

Das Dschungelvolk hat in alten Zeiten wohl selten Fleisch gekocht, die Jagdbeute aber ganz einfach über der Glut geröstet. Auch das Einsieden von Wild-

9/67 schweinfett, und das Frittieren von Fischen oder Sago in heissem Fett wurden erst mit der Einfuhr von Metallpfannen von talwärts ermöglicht.

Einige Nomaden benutzen heute einen von Kellabit's geschmiedeten Dreifuss, um die Pfanne abzustützen, anstelle der nach kurzer Zeit verbrannten Hartholzknebel (Odong).

In der Kaua-Pfanne mit ihrer weiten Öffnung flieht die Hitze sogleich nach oben, und so strodelt das Wasser nur bei heftig angefachtem Feuer. Der Eingeborene siedet das Fleisch gewöhnlich nur für kurze Zeit, und das Kochgut ist dementsprechend oft zähe – vor allem, wenn es sich um ein altes Makaken-Männchen handelt.

Eine weitere Erleichterung an der Herdstelle bringt in diesem Sinn die Pfanne mit Deckel (Rajang). In ihr verwandelt sich steinharte monatelang gelagerte Hirschhaut und Wildschweinschwarte in zart-weiche Speise. Die meisten Punans lieben das über Stunden lindgekochte Fleisch (Kellotó) wenig, sofern sie Zähne zum Beissen haben: Ihre Muskeln könnten durch dessen Genuss genau so schlaff und kraftlos werden. Aus dem gleichen Grund verzichten viele Männer auf den Verzehr von frischgeborenen Jungtieren, deren Knochen noch nicht gefestigt sind.

9/68 Nach dem Kochvorgang werden die Fleischbrocken aus der Pfanne gefischt, und der Sud mit Sago gebunden (Bá Má-wat). Diese Fleischbrühe ist oft wohlschmeckend und kräftig, vor allem, wenn die Jagdbeute ein fettes Tier war.

Bambus als Kochgefäss erübrigt der Beschreibung. Wegen seiner Seltenheit im Primärwald wird er vom Nomaden kaum als Pfannenersatz verwendet. Doch dient er zur Speicherung von Wildschweinfett, als Wasserbehälter und Giftpfeilköcher.

Wildschweinmagen: Die Fleischbrocken werden dareingefüllt mit etwas Wasser, Magenein- und Ausgang mit Rattan verschnürt und über dem Feuer aufgehängt.

Grumen. In uralten Zeiten hatte der Nomade wohl weniger seine Speisen gekocht, doch sie vorwiegend geröstet, oder im Blattpaket in der Glut gebacken. Am liebsten werden Fettteile frischer Jagdbeute mit Innereien und Schwarte fein zerhackt und mit Sago gemischt. Die gestecknadelten Da-un-Blattwedel liefern das gebräuchlichste Pack-Material. Die Grumenspeisen zeigen

Faltachsen   Klemmhölzchen

Varietät je nach Jagdbeute. Es kann auch Blut, Palmherz, und neuerdings vielleicht einmal Zucker beigemischt werden. Backen im Blattpaket ist auch üblich mit ganzen Jungtieren/Embryos, mit Fischen und Palmherz.

9/69 **Mondkind (Teléo Laséh), Dictyophora Indusiata**
Heftiges Gesumm lässt mich sichernd im Schritt innehaltend: Auf eine Begegnung mit stechlustigen Wespen verzichte ich freiwillig. – Oh – dort am Wegrand – surren dicke schwarze Brummer um eine Stelle. Ein eigenartig-süsser Geruch berührt meine Nase. Nein, das stinkt nicht nach Verwesung. Da löst sich das Rätsel: Eine Schleierdame steht da in hauchzartem Kleid, und lockt mit ihrem Duft eine Vielzahl von Geflügelten zum Besuch: Die dicke Mondkind-Fliege (Langau Tello Laséh) hat gleich den Namen des Pilzes angenommen, auf dem sie regelmässig anzutreffen ist. Sie gleicht in der Gestalt der Einsiedlerhummel (→ Kema-bong)

Höhe: 18 cm

9/70 und während ihre Flügel lautstark vibrieren, steht ihr Körper gleichsam in der Luft still. – Als Einod funkelt die kleine Schrecke ‹Pfeiffe› des donnernden Bali (Sekupang Bali Liwen); auch sie ist ein Stammgast des eigenartigen Pilzes. – Da spaziert eine Kakerlake auf dessen Hut, während sich viele kleine Käfer im Schutze des netzartigen Schleiers paaren. Ein grosser Schattenfalter kommt geflogen und tastet das zarte Wesen mit gebogenem entrollten Saugrüssel ab. Verschiedene Bienchen* folgen der Einladung des lockenden Duftes. Eine grosse Schlupfwespe** kommt geflogen; will sie sich aus der grossen Versammlung ein Opfer ergattern?

Die Schleierdame ist nur während wenigen Tagen rund um den Vollmond zu treffen. Nach der Sage wirft der sterbende Mond sie als Schössling seiner selbst auf die Erde. – Der zarte Pilz hat nur eine Lebensdauer von wenigen Stunden: Man kann seinem Wachsen und Werden und Vergehen gleichsam zusehen. Während der kurzen Zeit des Zeichnens verliert der gewelltgewölbte Schleier seine Form und hängt schlaff und kraftlos da. – Nach anderer Sage ist der Schleier

* Ni-uan Seketit – (kleine höhlenbrütende Honigbiene), Lengurep Kellore, L. Bala
** Pelaná

9/71 die verwandelte Lunge von Verstorbenen, während Stamm und Hut deren Herz darstellen.

<u>Liebeszauber</u> (Pelep Pugei): Ein wenig vom Scheitel des Hutes der Schleierdame wird mit einer Träne des Kauzes Tuóh* und Lengurep-Wachs gemischt. Ins Haar des begehrten Partners geklebt, soll dieser dem Zauber zum Opfer fallen und sich unsterblich verlieben.

Weihnachten 86

Freund Sigang hat mich begleitet auf dem Weg zu den Nomaden des Magoh. Doch vergeblich schleppten wir unsere Lasten bergaufwärts; die Hütten standen seit langem verlassen, und der neue Siedlungsplatz war unserem Spürsinn abhold.

Nun ist Sigang wieder talwärts gezogen, während ich einen Tag ruhe, um später die Suche wieder aufzunehmen. So hocke ich nun am Weihnachtstag mutterseelenallein in der Weite des Dschungels ... Doch der Geist ist frei! Und so fliege ich – und guck bei den paar lieben Menschen, die mir verbunden sind, mal ins Stübchen.

Während nächtlichem Gewitter ist ein Termiten-

*siehe Sage dort ...

9/72 schwarm ausgeflogen. Der Punan nennt die geflügelten ‹Lebáh›, und kaum einer weiss um deren Ursprung.*

Der kalenderlose Nomade kennt keine Zeitrechnung. Alter, Geburtstag und Feiertage haben für ihn keine Bedeutung, und sind seinem Wesen fremd. Was einzig zählt, ist die Nahrung. Sie bestimmt Ruhe- und Arbeitstage. Gähnt in der Sagotasche Leere, so weiss der Eingeborene, was er zu tun hat. Und jeder Tag, wo das Jagdglück hold ist, wird zum Fest. Das Fällen von Sagopalmen erfolgt wöchentlich, und ist nicht an eine Jahreszeit gebunden. Schmale und fette Zeiten werden genommen, wie sie fallen. Das wandernde Dschungelvolk unterscheidet sich hiermit wesentlich von allen sesshaften Dayak-Volksstämmen Borneos. Deren Brandrodung ist strikte an die jährlich wiederkehrende Trockenzeit gebunden (August-September). Säen, Unkrautjäten und die Reisernte haben ihren festen Platz im Jahresablauf, und Tradition und Brauchtum der Reisbauern sind darauf gegründet.

* In diesem Fall: Anai aus Ngo-Turmnest

9/73 Nun hab ich die Siedlung der Nomaden aufgespürt. Doch auch sie scheint seit längerem verlassen. Glücklicherweise gibt ein Punan-Brief (Oró) Auskunft: Der schräge in den Boden gesteckte junge Schössling eines Baumes (7) zeigt in die Richtung, in welcher die weggewanderte Sippe zu finden ist.

Zwei gleichlange Hölzchen (1) sagen: «Gleiches Herz, Freund. Wir sind hungrig (2, gefaltetes Blatt) und gehen Sagopalmen fällen (3, stilisierter Palu, Holz um sagohaltiges Mark aus dem Stamm zu schlagen). Vier Familien sind wir losgezogen (4, vier entwurzelte Schösslinge). Folge dem Weg (5, Schnitzel), wir schlagen unsere Hütten ganz in der Nähe auf (6, angekohltes Stück Holz).»

Der Pfad ist mit vielen Buschmessermarken gezeichnet und Kreuzungen sind abgesperrt. Nach zwei Stunden Marsch erreiche ich die Siedlung. Doch auch sie scheint seit längerer Zeit verlassen. Einige kleine Kinder haben sich richtige Punan-Hütten en Miniature gebaut. Mitsamt Feuerstelle und Holzrost, gerade gross genug, um einen Lausejungen oder ein Lausemädchen darin zusammengekauert zu beherbergen, und für einmal wie die

9/74 grossen Hausmeister zu spielen, und ein eigenes Feuerchen am eigenen Herd in eigener Hütte in Gang zu bringen.

Vergeblich suche ich nach einem Brief, der Auskunft über den weiteren Verbleib der Sippe gibt. Nach mehrstündigem erfolglosen Suchen schlage ich einen Bogen heimwärts zu meiner

Hütte. In Windeseile jage ich bei Einnachten über Bachgeröll, durch Schlucht und Tümpel des Besale-Flusses talwärts. Gerade um vor stockdunkler Nacht mein Heim glücklich zu ertasten.

Auf der Suche nach einer fruchtenden Uwut-Palme, da die Sagotasche klopfleer ist. Doch die Nomaden haben gründlich Ernte gehalten, und aus Mangel des begehrten Mehl's die Gegend auch verlassen. So prüfe ich einige jüngere Palmen (Uwut Sin) auf Gehalt: Mit der Axt wird eine Kerbe in den Stamm geschlagen, und ein wenig zerhacktes Mark zwischen Daumen und Zeigefinger kräftig zusammengedrückt (Bo Uwut). Bleibt weisses Mehl auf der Haut haften, so kann die Palme gefällt werden. – Doch alle geprüften Stämme sind im Innern noch feucht, das heisst noch nicht trächtig. Als ich dann eine vermeintliche Palme fälle und sie in steilstem Erdrutsch-Schluchtgelände verhängt, nehme ich ein wenig Prüfgut nach Hause, um sicher zu gehen, und unnötige mühsame Arbeit zu ersparen. Im Wasser ausgedrückt, findet sich am Grunde des Beckens keine Spur von weissem Bodensatz.

Uai Selapang

Der «Gewehr-Rattan» mit seinen stengelumgebenden Stachel-Rosetten ist einer der am häufigsten anzutreffenden Vertreter der Familie. Sowohl hügelwärts als in den Niederungen weit verbreitet. Sein Stengel wird von fleissigen Punanfrauen zu mannigfaltigem Flechtwerk wie Taschen und Sagomatten verarbeitet.

Sein Herz ist essbar und gilt wie dasjenige von Kawó und Dá-un als Medizin bei Vergiftungen durch Fleisch- oder Pilzgenuss.

Niwung

Morgens in der Früh fälle ich drei Niwungpalmen. Die weiche Axt stumpft schnell ab, dass die Schneidkante glänzt – so hart sind die Burschen. – Beim Fall winden die Wedel des schlanken Gewächses wie ein Haarschopf durch den Raum. Die bis 30 m hohe Palme wächst in steilstem Gelände und reckt ihre kurzbewedelte Krone oft zwischen Laub-Bäumen himmelwärts. Während des Fällens ist Vorsicht geboten: Oft spaltet der Stamm plötzlich vom Fallkeil aufwärts und bricht weiter oben, so dass sein Hintern in die Höhe schnellt. (Beré). Die bis über fingerlangen schwarzen Dornen gehören zu den unangenehmsten aller Sawit-Arten. Sie sind äusserst spitz und brechen leicht ab im Fleisch. Doch das Palmherz schmeckt süss, und es soll für einige Tage neben Fisch meine einzige Nahrung sein.

Beim Aufschlag bricht die Krone oft unterhalb des Herzens ab. Hin und wieder saust eine gefällte Palme im Höllentempo abwärts bis auf den Grund der Schlucht.

(Oncosperma)

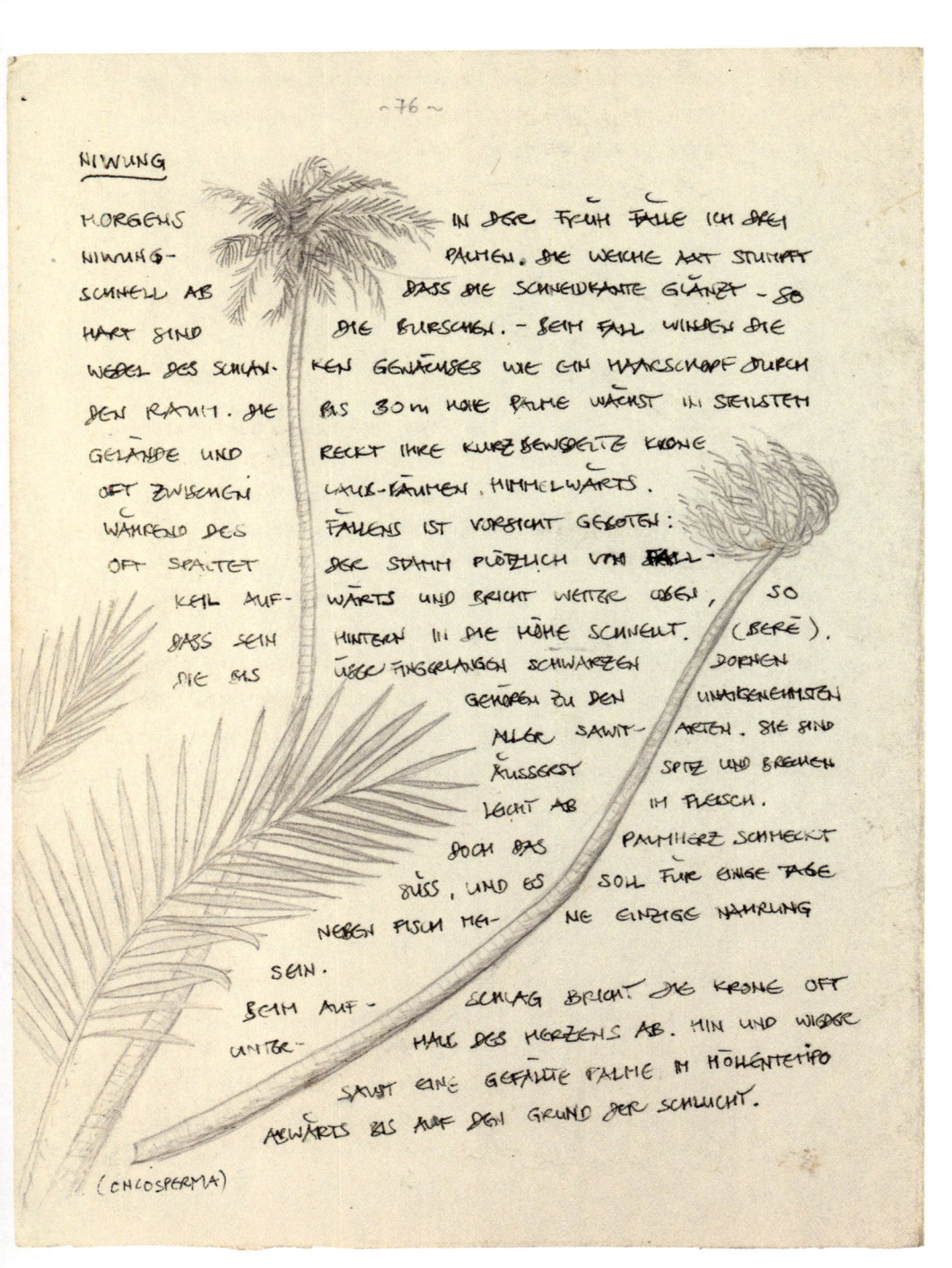

9/77 Um des Palmherzens habhaft zu werden, schlägt der Eingeborene eine tiefe Kerbe quer in den Ansatz der Krone. Darauf schlitzt er die Stammspitze darüber mit Buschmesserschlägen in einer Linie längs auf. Die Stengelbasisschicht eines jeden einzelnen Wedels, wohl gegen zwanzig, liegt satt wie ein Hemd um die begehrte Speise.
Die Überhemden der älteren Wedel sind verhärtet, doch je tiefer man durch die äusserst stachligen Schichten dringt, um so feiner werden sie. Das innerste Hemd ist gleichsam wie Unterwäsche weiss und weich, und selbst die zart vorgebildeten Dornen lassen noch nichts von ihrer späteren Verwandlung erahnen.
Durch hebelartige seitliche Buschmesserbewegungen kann das gekappte Palmherz aus seiner Lage gedrückt und aus dem Hemdensammelsurium gelöst werden. Der essbare zarte Teil ist kaum 50 cm lang. Die Blattwedel sind darin dicht gefaltet wie eine Handorgel und schmecken süss. Bruchstellen laufen schnell grün an, und um Oxydation zu bremsen, kann das Herz im Wasser aufbewahrt werden. –
Seitlich, in steigenden Folgen liegen die Fruchtknospen flach am Fuss des Herzens an.

9/78 Die Niwungpalme enthält kein Sago, als einziges grösseres wildes Palmgewächs. Im Gegensatz zu ihren Verwandten, die gleichsam schon sterben während der Fruchtbildung, treibt Niwung weiterhin junge Blattwedel aus.
Die anfänglich zart-weichen Fruchtblätter verwandeln sich bis zur Reife in richtige Stachelschweinkinder und sind kaum anzufassen. Sie beherbergen wie wallendes Haar die Schnüre, auf welchen die gelben Blüten und später die Früchte sitzen. Makaken und die Nashornvögel Metui und Lukap lassen sich das Fruchtfleisch schmecken, während das Wildschwein später die Nüsse knackt, und seine Anwesenheit mit knackendem Geräusch dem Jäger verrät.

Eine grosse Echse steigt aus dem Tümpel eines Bachs. Durch umsprudeltes Geröll watend, pirsche ich mich mit gezucktem Buschmesser duckend an. – Da setzt gleich ein Greif mit schwarz-weisser Schwanzbinde zum Gleitflug ab. Will der Kewok von den Krümeln dessen Mahlzeit kosten? – Plötzlich scheint der kleine ‹Saurier› Gefahr zu wittern. Und auch nur ohne sich ein einzig Mal umzuschauen, trippelt er in rasanter Flucht den Steilhang hinauf unter gestürztem

9/79 mächtigen Mutan hindurch in Sicherheit. Der plumpe Körper der Echse beschreibt im Gang eine Schlangenbewegung. Doch rudern die Beinchen dabei flink-lustig seitlich. –

Im Gegensatz zum Mengingfluss, wo stets eine kleine Stromschnelle mit fischreichem Tümpel wechselt, scheint der Besale-Fluss eher arm an Geschuppten (wegen geeigneten Deckungsmöglichkeiten?). So scheue ich den Marsch nicht bis an den Magoh-Fluss, um dort mit dem Wurfnetz mein Glück zu versuchen. – Da lacht mein Herz, wenn ich im glasklaren Wasser am Kopf der Stromschnellen die silbrigen Bäuche der ‹Kolem› blinken seh – wie die Warzennasen im Schwarm spielerisch Algen vom Bachgeröll picken, einander nachjagen und sich tummeln. Lebenslust!

9/80 Nein – ich will euch nicht allen den Garaus machen. Freut euch weiter des Lebens! Für meinen Magen ist schon gesorgt.
Der edle Ayat (Ikan Cemáh, Malays.) hält sich oft direkt unter der in einen Tümpel mündenden Stromschnelle auf. Wegen den vielen silbrigen Luftblasen, durch Spiegelungen und Reflexionen auf der bewegten Wasserfläche mag er die drohende Gefahr von oben kaum wahrzunehmen. Wie die meisten Fische folgt der Früchtefresser dem Ruf eines Steinwurfs. Breitet sich das Wurfnetz mit platschendem Geräusch um ihn, gibt der goldgeschuppte sein Bestes und versucht kräftig zappelnd, den Fängen zu entkommen. Und da die Maschen meines Wurfnetzes für solch grosse Burschen viel zu eng sind, gehen die meisten durch die Lappen, und entwischen unter der gewichtigen Kette hindurch wieder in die geliebte Freiheit. Doch ein paar Prachtskerle werden mir geschenkt. Zwischenhinein wärme ich meinen unterkühlten Körper und sauge gierig die warmen Sonnenstrahlen auf, meine Glieder im Ufergeröll gespreitet.
Nun aber hurtig nach Haus, bevor die Beute stinkt. Schnell Feuerholz geschlagen, und schon

9/81 ist's wieder Nacht. – Ein Gewitter prasselt nieder. Doch zufrieden, mit sattem Bäuchlein, ein Liedlein auf den Lippen, hocke ich beim Schein der Harzfackel. –
Oha! Schnell gehe ich im Bach aufbewahrtes Niwung-Palmherz holen, bevor es vom Hochwasser weggeschwemmt wird. – Die Erde selbst scheint ein Bachbett; im ebenen Gelände staut sich das Regenwasser und läuft nur langsam ab. Der Eingeborene plaziert darum seine Hütte nie in einer Mulde, doch erhöht, oder auf leicht geneigtem Untergrund. – Der Bach ist schon trübbraun am Anschwellen. Ich ertaste das mit einem Lianenstrang gebundene Palmherz – und – judihui-patschnass – zurück zum Feuerchen, um da die Fischbeute zu rösten.

Die letzte Glut ist am Verglimmen. Ich lieg auf dem Rücken und meine Seele wird davongetragen. Das Geprassel der Himmelsschleusen hat sich gelegt, doch nun wälzen sich die Wassermassen unter ohrenbetäubendem Rauschen, unheimlich grollend ihre Macht kundgebend, talwärts. – Da plötzlich kracht es in nächster

Nähe über mir in den Baumkronen. – Aufgeschreckt, mit zusammenschnürendem Gefühl im Magen, starre ich lauschend in die stockschwarze Nacht. Ich kann den fallenden Riesen nicht orten. Hilflos hocke ich sprungbereit da, ohne zu wissen, wohin ich meine Flucht wenden soll, während der Todgeweihte berstend-krachend-brechend stürzt und dumpf aufschlägt. Ein raunender Windhauch lässt meine über dem Kopf gebreiteten Arme wieder sinken, doch noch für eine Weile bleibe ich mit mulmigem Gefühl behaftet. – Ich bedanke mich bei meinem Schutzengel.
Die beiden Brüder von ‹Lí› hatten einst weniger Glück und wurden erschlagen. ‹Pun Luiú› konnte sich einst durch einen Sprung retten, während ein dicker gebrochener Ast sein Kopfkissen, eine mit Reis gefüllte Rattan-Tasche, durchbohrte. – Fallende Bäume sind die auch unter Eingeborenen gefürchtetste Gefahr des Dschungels.

Nun hab ich die Suche nach den Nomaden nochmals aufgenommen. Doch vergeblich erspähe ich eindeutige Pfade. So versuch ich einfach mein Glück und folge der einen Spur. Sie verliert sich nach einiger Zeit, es war wohl nur ein Streifzug-Pfad. Gegen Abend empfiehlt drohendes Gewitter, schnell ein Schutzdach und Pritsche zu erstellen. Und schon ist's wieder Nacht und die Himmelsschleusen öffnen sich. Im Feuerschein verspeise ich mein Gastgeschenk – ins Blattpaket gewickelte, geröstete Fische – selbst. Mein Knüppellager entpuppt sich als äusserst hart; wie ich mich auch drehe, schmerzen nach einer Weile die Knochen. –

Ich vermute die Nomaden am Vogel-Fluss, und entschliesse, dem Bachlauf folgend, nach Spuren der Sagoverarbeitung Ausschau zu halten. Und schon nach kurzem treffe ich auf rottendes Palmmark. Der Wasserlauf zeigt unzählige Mäander, und eine Landzunge wechselt mit der andern. Nirgends sind frische Trittsiegel auszumachen. – So steige ich aus der ewigrauschenden Tiefe wieder etwas bergwärts, um nach Punanart in der Stimme des Argus-Fasans nach Hilfe zu rufen (Ngu-ou). – Tatsächlich antwortet mir ein Freund von hoch oben von einer Bergspitze, in deren Nähe ich schon vergeblich Suche gehalten hatte. – Als ich sicher bin, und wir uns einige Male geantwortet haben, nicht's wie los, die langen Steilhänge aufwärts, zurück auf den Gipfel. Gegen Abend erreiche ich erleichtert den Kamm und folge dem Pfad. Doch weder treffe ich auf

9/84 frische Spuren, noch werden meine Ku-ou-Rufe beantwortet. Die untergehende Sonne sendet ihre letzten Strahlen und taucht die Bergkämme in warmes wohltuendes Licht. – Ich ernte ein wenig Uwut-Palmherz und lege einige Stengel auf den weichen Boden als Schlaflager. – Kaum hat sich die Nacht gesenkt, schon schiebt sich ein trüber Vorhang vor das Sternenzelt. Bis am Morgen prasselt's ohne Unterbruch. Mein Schutzdach ist viel zu klein und zwingt zu Embryo-Stellung, bis die Knie schmerzen. Keine Möglichkeit, diese zu strecken ohne nass zu werden. Auch so bleiben Kopf und Füsse von all den Tropfenspritzern kaum trocken. – Am Morgen dampft die Landschaft, und die Nebel steigen aus den Tälern.

9/85 Da hat mir wohl ein Jäger, weit entfernt von seiner Siedlung, am Vortage in der Stimme des Argusfasans geantwortet. – Frische Fussspuren führen mich nochmals in die Irre, bis gegen Abend ein ganzer Chorus von jenseits des Vogelflusses herüberruft. – Glücklich und erleichtert schliessen wir uns in die Arme, und ‹Sayá› führt mich mit einer Schar von Jungen bergwärts in die Siedlung.

Das kleine Dschungeldorf steht unfreundlich in abgelebter Gegend. Die Dachbedeckungen sind vergilbt, die Hütten schmutzig und die Pfade ausgetrampelt und glitschig. Die Familie des Sippenältesten Agan und seines Bruders Sigan erwecken Mitleid. Die Gestalten vom Scheitel bis zur Sohle russverschmiert, in zerrissenen Sarongs und Hemden. Alle Mitglieder sind verschnudert und ständig spuckend und schneuzend. Vor allem die Kleinkinder, 1–5jährig, kränklich-rachitisch, mager, von eiternden Ekzemen (Butou) geplagt. Durch Mangel an Hygiene besteht wohl ständige Kontamination mit Krankheitserregern. Hier beim Jungwuchs findet die Auslese statt; die Kindersterblichkeit ist relativ hoch*.

* 1986. Von ~200 Nomaden starben 4 Kleinkinder (Infektion Atemwege...) = 2%, ein 22jähriger Junge (Nierenstau?); 25jährige schwangere Frau, eine 65-jährige alte Witwe. → 3 1/2 % der Bevölkerung

9/86 Ich fühle mich in all dem Schmutz nicht allzuwohl, und empfehle, die Schnudernase nicht einfach an den Pritschenstangen abzustreichen, wo der Nächste wieder dreinlangt; den Kindern, Fleischbrocken vorher mit den Augen auszuwählen – nicht alles zuerst zu betopen, und wenn's nicht zusagt, zurück in die Pfanne zu werfen. Eine Woche am Flussufer, mit spielerischem Bad im Wechsel mit Sonne, würde wohl Krankheit und Schmutz wegspülen, und den Körper etwas stählen. –

Die kleinen Lausemädchen Bungan und Miri nehmen voll Freude ein Stück Seife entgegen – in Anbetracht des kommenden Schaumspiels. «Wenn du nach dem Bad noch die gleich schwarzen Füsse hast, klopf ich dich!», drohe ich Unend; scheu-frech guckt's mich aus den Augenwinkeln an. Die jüngste Seleng, Häuptling der Schmutzfinke, kräht beim Fallen des Wortes Waschen sogleich aus vollem Halse. – Nie würden die Eltern ihre Kinder zu irgendetwas zwingen.

Agan's Familie ist bei allen Sippen bekannt als die schmutzigste. Sauberkeit ist – in Mangel von Wasser hoch auf den Hügeln – kaum Punantradition, doch gibt es auch recht reinliche Haushaltungen. Pegas Frau vermeidet gar beim Bereiten von Speise, diese mit den Händen zu berühren: «Haben Nomadinnen Periode, so lassen sie im Wechsel ihre Freundinnen Sago treten. Man-

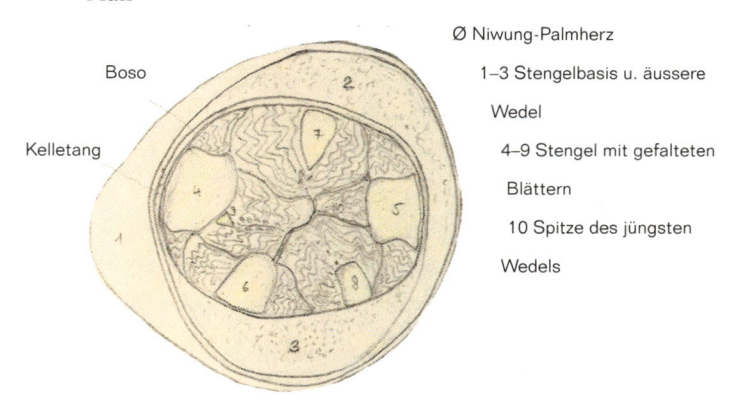

```
Boso
Kelletang
                    Ø Niwung-Palmherz
                    1–3 Stengelbasis u. äussere
                        Wedel
                    4–9 Stengel mit gefalteten
                        Blättern
                    10 Spitze des jüngsten
                        Wedels
```

9/87 che aber auch nicht – die Schmutzigen.»

Durch die Nähe der Logging-Aktionen hat das Dschungelvolk in den letzten Monaten Verbindung zur Zivilisation bekommen: Vermehrt Kleider, hier und dort eine billigste Uhr, ein Radio scheppert und übertönt die Zikadenkonzerte. Die Wegwerfkultur der modernen fortschrittlichen Welt wirft nun auch hier ihre Spuren, und macht die Armut der Zigeuner erst offensichtlich: Zerschlissene Plastiktüten und verbrauchte Taschenlampenbatterien liegen im Matsch um die Hütten verstreut.

Ein Reh (Tellá-ó) und ein Nashornvogel (Tawa-un) werden erbeutet. Das Fleisch von diesem ist wegen der Bürzeldrüse wenig wohlschmeckend, mit deren Sekret der Vogel sein Gefieder fettet. Doch Schnabel und Schwanzfedern sind begehrte Tauschartikel. – Die Gesellschaft ist eher hungrig, da zur Zeit keine Wildschweine in der Gegend weilen. Zucker hat nun auch Eingang in den Dschungel gefunden, und der Nomade tunkt das stäubendtrockene Pí-ong (gebackenes Sago) im gesüssten Saft. – Sayá hat die weissen Kristalle im Logging-Camp gekauft; ein Iban-Holzfäller hatte ihm ein Gibbonkind für 40 $ abgenommen (Handelswert talwärts: ~1000.– $), aus dessen Erlös sich der Eingeborene

9/88 weiter einige Schrotpatronen und Batterien erstand.

Häuptling Agan, Vater von 12 Kindern, lebt mit seiner jungen Frau Supang zusammen. Es ist seine dritte, respektive fünfte Gattin. Der alte Mann steht am Ende seines Lebens, und die körperlichen Kräfte ziehen sich zurück.

Gerne übermittelt er von seinem reichen Wissen, und erzählt von Feuerschlagen, Bastkleidern und Pfeilgift. Wohl die Hälfte aller von Nomaden verwendeten Blasrohre entstammen seiner Werkstätte. Er hatte deren Fertigung den Kayan- und Belawans abgeguckt, und als Erster einen langen Bohrer erstanden. – Sämtliche Punans erinnern sich mit Wohlwollen der ehemaligen britischen Kolonialherren. Diese hatten in Long Melinau alle paar Monate einen Markt veranstaltet, wo sie mit dem Dschungelvolk wildes Latex (Pelep), Harz (Niateng Pellaio), Langurmagensteine (Batu Niakit) und Rattan-Flechtwerk, Leopardenzähne, -häute, und Nashornvogelfedern gegen Gewehre, Patronen, Pfannen, Äxte und Baumwollstoffe tauschten, und den Eingeborenen gute Preise boten, und sie mit Tabak und anderem beschenkten. Auch wurde den Punans unter der britischen Krone die Unantastbarkeit ihres Lebensraums im Ulu Tutoh/Limbang garantiert.

talwärts doppelten Preis zu bezahlen, während er für seine Dschungelgüter nur die Hälfte erhält, oder gar schäbig über's Ohr gehauen wird. –

Seit die Malaysische Regierung ihr Augenmerk auf die Ausbeutung des Niemandslandes Dschungel geheftet hat, weht kein guter Wind. Motorsägengeheul und Bulldozerwühlen lassen Schlimmes ahnen. Sämtliche Appelle von Ureinwohnern an die Sarawaksche Regierung, ihr Land zu schonen, werden über-

* Tamagung Bayá von Long Tarawan (Tutoh) scheint das Handelsmonopol innegehalten zu haben. Es war den Punans bei Strafe untersagt, mit Kellabits zu tauschen.

hört. Profit scheint das einzige Handelskriterium der verantwortlichen politischen Häupter.

Viele Dayak-Volksstämme leben in natürlich gewachsenen Dorfgemeinschaften als unabhängige Reisbauern im inneren Borneos. Die Holzfällerei bereichert nur die direkt Beteiligten, während sie die Lebensqualität der betroffenen Gemeinschaften vermindert: Schmutziges Trinkwasser, zerstörtes Land, Fischesterben, übermässige Jagd und Verscheuchen des Wildes. Kein Wunder, wehren sich viele Eingeborene gegen die Logging-Companies, welche ungerufen und ohne jegliche vorherige Absprache ganz einfach eines Tages erscheinen und sich unerbärmlich durchs Land fressen, weder Reisfelder, Fruchtbäume noch Grabstätten schonend. – Verständnislos werden Gesuche um Kommunal-Wälder abgelehnt, und Companies verweigern in der Regel Bezahlen von Schadenersatz an die Betroffenen. – Nach einer Studie* verbucht die Polizei in den letzten drei Jahren jährlich 20-30 Einsätze gegen Ureinwohner, die sich erdreisteten, Logging-Camps zu besetzen oder Wege zu sperren, um ihren

9/91

* INSAN: Logging in Sarawak

9/89 **Tobó Pakan Aseou (Globba)**
Wundermittel, um faule Hunde jagdtüchtig zu machen. Eine der kompliziert aufgebauten Blüten wird fein zerhackt, und mit Sago gemischt verfüttert.

9/90 Nach Auflösung der englischen Kolonialregierung (1962) und Eintreten in den Malaysischen Staatenbund hat sich, ausser einigen Missionarinnen, die sich um Seelenheil und Erziehung kümmerten, niemand der Punans angenommen. Sie waren vom Handel gleichsam abgeschlossen, respektive auf einheimische Zwischenhändler angewiesen*. Von diesen konnten sie keine gerechte Preise für ihre Dschungelprodukte erhoffen, und es wurden keine Märkte mehr veranstaltet. – Bis heute steht der Punan unter schlechtesten Bedingungen am Ende respektive am Anfang einer Handelskette: Als Ärmster hat er für Produkte von

Forderungen etwas mehr Gewicht zu verleihen. Sie alle mussten feststellen, das ihre Meinung bei den Herren Regierung nicht gefragt ist, und die Würfel über Wohl oder Wehe ihres Lebensraums längst hinter verschlossenen Türen in Kuching gefallen sind: – Die Verteilung von Lizenzen geschieht willkürlich, und immer zum Nachteil der Langhausgemeinschaften. Lizenz-

9/92

inhaber entstammen meistens dem Clan der Regierung und der oberen Schicht, und entbehren meistens Kenntnis der an sie vergebenen Gebiete, deren Einwohner und Traditionen. – In der Regel überlassen sie die Arbeit Kontraktoren, und kassieren ihren Anteil, ohne selbst Kapital und Risiko investieren zu müssen.

Die traditionellen Landrechte der Ureinwohner wurden von schlauen Köpfen im Laufe der Jahre so weit beschnitten, dass heute auf legitime Weise ganze Sippen ihres angestammten Lebensraumes enteignet werden können.* Machtlos, ‹wie Vogelkinder ohne Federn›, stehen die eingeborenen Bauern und Jäger der Situation gegenüber. Wirtschaftliche Plantagenprojekte im grossen Stil und Staudämme sollen reichen Gewinn abwerfen, und traditionelles Bauern-

* siehe: ‹Natives of Sarawak›, Evelyne Hong, Malaysia 1987

9/93 tum ersetzen. Der Betroffene wird gezwungen, seine Unabhängigkeit dem allgepriesenen Fortschritt zu opfern. Er soll sein Heim, seine Erde und seine Tradition tauschen gegen das Leben in einer schematischen Arbeitersiedlung. Dort soll er Trinkwasser, medizinische Verpflegung und Einkommen finden, welches ihm ermöglicht, seine Miete zu bezahlen und Nahrung zu kaufen.

Fragen des Seelenlebens können bei solchen Projekten kaum berücksichtigt werden. – Was geschieht, wenn plötzlich die Preise für Kautschuk, Palmöl, Kakao, Tee und Pfeffer fallen oder wenn die Monokulturen durch Epidemien zerstört werden, bleibe dahingestellt. – Die Regierung schafft mit solch künstlichen Projekten Abhängigkeit, und muss Verantwortung übernehmen. Einer Steigerung des Staatsumsatzes auf diese Weise steht die Entwurzelung ganzer Sippen gegenüber, die gegen ihren Willen der Tradition, ihres Heims und Bodens beraubt werden. Ein Staat von entwurzelten Menschen aber steht auf wackligen Beinen.

Das Dschungelkind ‹La-wang› kennt nichts anderes als das Leben unter dem immergrünen schattigen Laubdach. Weder kann es lesen noch schreiben noch rechnen. Geburtsort und Alter sind ihm unbekannt. Kein Missionar hat ihm aus der Bibel gepredigt. ~.
Während seine Eltern Sagopalmen fällen, oder auf der Jagd sind, hütet das vielleicht achtjährige Mädchen all seine kleineren Geschwister, schlägt mit dem Buschmesser Feuerholz und geht an kleinem Quell die Bambusse mit Trinkwasser füllen. 9/94

Aufmerksam guckt das Mädchen den Frauen beim Verarbeiten 9/95 von Rattan zu, und flicht sich schon selber eine Tragtasche.
«Töte ihn nicht!», rief mir Lawang weinend nach und vergass für einen Moment ihr blutüberströmtes schmerzendes Bein, als ich den Hausgenossen ‹Medok› mit einem Giftpfeil ins Jenseits

befördern wollte. Der Kurzschwanzmakakke hatte innert einigen Tagen mehrere Kinder gebissen. – Verdutzt hielt ich inne, um nach einer Weile das Geschoss aus dem Blasrohr zu saugen und zurück in den Köcher zu stecken. Und so freut sich der Schelm und Taugenichts noch heute seines Lebens, füllt sich seine Backentaschen mit Diebesgut und treibt Schabernack.

Tief verneige ich mich vor der Seele dieses Kindes, das in zerschlissenem Sarong vor mir sitzt. Es beweist noch in seiner Armut mehr Ethik als mancher ein Politiker und Kompanieboss, der in gepflegtester Runde in weisser Weste, bei Kaffe und ausgelesenstem Kuchen gebildete Gespräche führt, doch in seinem Handeln Menschlichkeit vermissen lässt.

Der Weg des Herzens fragt nicht nach Titeln und längst vergangenen Taten. Nur in der Gegenwart spielt sich wahres Leben ab; in deren Anblick müssen die hohlen Masken fallen.

Der Manager der WTK-Company hatte den Nomaden vom Magoh-Fluss gedroht, er werde geschwänzte Menschenfresser zu Hilfe rufen, welche sich auch aufs Giftpfeilschiessen verstehen, und die ihr Land verteidigenden Punans töten und fressen werden. – Einige geschmierte Oberhäupter von sesshaften Eingeborenen blasen nun auch aus dem Rohr der Kompanies: «Gut, wir geben unser Land, sonst wird uns die Polizei verhaften und Bomben über uns werfen!» So verkauften die Punans von Long Ballau zwei weitere Schläge ihres als Reservat erklärten Gebiets für wenige Dollars...

Nachdem die Kompanie heimlich den Seridanfluss überquert und ein Dutzend Ranga-Bäume umgelegt hatte, beschweren sich die Punans von Long Ballau: «Du hast deine Holzfäller geheissen, in unserm Reservat zu wüten?», fragten sie den Mandor ‹Lau›. – «Nein.», antwortete dieser. – «Alle unserer Fäller arbeiten im Akkord, und einige von ihnen übertreten die ihnen zugewiesenen Gebiete und holen das Holz, wo es am leichtesten erreichbar ist.» – «In diesem Fall setzen wir eine Strafe von MS 800.– $. Die gefällten Stämme dürfen nicht verwendet werden und sollen an Ort und Stelle verrotten!», erkärte Lian. Doch das Dorfoberhaupt meinte, 100.– $ seien genug Strafe und gab später die Stämme frei...

Warmgolden schimmert's im Laub der Kronen. Frieden senkt sich übers Land, doch mein Herz weint. Mensch – wo stehst du? Wo bettest du das dir anvertraute Kind?
Zertreten und zerstampft
liegen die Blüten im Schmutz

Kireng

Einst vergass sich ein Medok-Kind, dem Ruf des Vogels ‹Kang-kaput›* lauschend, und fiel dabei von seinem Baum runter ins Dornengestrüpp. – Die erzürnten Affeneltern packten den Sänger, und drosselten seine Kehle mit Rattan.** Da rief ihnen der winzige Nager Kireng entgegen; «Tötet nicht Kang-kaput! Mit seiner Stimme ruft er den Bäumen zu blühen und zu fruchten. Bedenkt wohl – was werdet ihr essen, wenn keine Früchte mehr reifen? Schaut mich an: Ich führe ein armes Leben und ernähre mich nur von Rinde!» Da gaben die erbosten Makakken ihr Vorhaben auf, und schonten das Leben des Vogels. – Seit dieser Zeit aber hat Kang-Kaput einen kahlen Hals.

Laki Padeng, Ubung

* Oft ist die Stimme dieses drosselgrossen schwarzen Vogels zu hören: ‹— — ›, ‹— — ›.
Doch kaum einer hat ihn je zu Gesicht bekommen. Unerreichbar für den Giftpfeil, ruft er von hoher Warte meistens aus der Krone eines morschen Baumes.

Kireng Buá

** [Anmerkung steht auf Seite 7/99]

Das ‹Kireng› und der Vogel ‹Zu-í› sind die kleinsten Vertreter ihrer Gattungen, und gleichsam Könige im Tierreich. Denn nach der Sage hat der Schöpfer Bali Niebutun sie als erste Vertreter im Tierreich geschaffen.

Der Eingeborene unterscheidet das ‹Kireng Buá› vom etwas grösseren ‹Kireng Pá›; dieses lebt in der Epiphytenstufe (Payáh), hat Gesichtsstreifen und bewimpelte Ohren. – Beide ernähren sich von Rinde*** und fallen oft den Pfeilen von streifenden Lausbuben zum Opfer. Diese Zwerge der Nager bauen ihr Nest in Baumhöhlen. Zwei Jungtiere.

** Kaput Ki-wáh; die Rattanfaser, mit welcher der Eingeborene seine Traglast verschnürt. [Die Anmerkung verweist auf S. 98]

*** d.h. vom Kambium bestimmter Bäume wie Wa-oket und Pá.

9/100 Auf Fischfang im wilden Magoh-Fluss. Durch schluchtiges Gelände, wo Stromschnellen mit tiefen Tümpeln wechseln. Bis der Körper vor Kälte zittert und bibbert. Das Wurfnetz verhängt oft in den starken Strömungen und leidet erheblich, trotz Tauchen. Doch prächtige Ayat-Burschen erfreuen unser Herz. – Bei heftigem Regen erreichen wir kurz vor Dunkelheit unsere Siedlung hoch oben auf dem Berg. Mit leerem Bauch seit gestern langen wir kräftig zu der gebotenen Speise.

Der alte Agan klagt über Kopfschmerzen. Einer der bösartigen Blutegel* ist in sein Ohr gekrochen und hat sich vollgesogen. Nach langem Hantieren kann der Übeltäter mit einer Vogelfeder aus seinem Versteck gelöst und unschädlich gemacht werden.

Geschützt durch einen grossen Panzerschild, der ringsum mit seinen Rändern auf dem Stein anliegt, bewegt sich dieses Insekt unter Wasser auf dem Bachgeröll. Zwei kleine Augenfenster erlauben dem Krabbler Sicht in die Umgebung.

* Kematek Kemirau

9/101 Unterwegs. Es raschelt neben unserer soeben erstellten Hütte. ‹Abun› vermutet ein Mausreh, packt Gewehr und Taschenlampe und zielt in die zwei fluoreszierenden Augen. Der unerwartete Besucher entpuppt sich als Zibetkatze (Palang Alut). Sie ist der nächste Verwandte des Senáh's, und hat wie dieser Hundeschnauze, Ohrentaschen und stark riechende Afterdrüse (Sí-mang). Der Bodengänger ist nachtaktiv und ernährt sich von Kleingetier, Heuschrecken und Ameisenlarven, und von Beripunfrüchten. – Wegen seiner verborgenen Lebensweise begegnet der Eingeborene dem Tier nur selten: Auf nächtlichem Streifzug, als Opfer in der Schlinge, oder wenn die Hunde einen Bau ausfindig machen. Die Zibetkatze wirft 3–4 Jungtiere in einer Baumhöhle.

Wegen des starken Geruchs verzichten die meisten älteren Punans auf den Genuss des Fleisches. Die Reisszähne werden hin- und wieder als Halsschmuck getragen, während der schönweiche schwarzgestreifte Pelz als Kopfputz (Pekáh) dienen kann.

9/102 Ein Vertreter der Organisation ‹SAM› hat zu einem Punanmeeting gerufen. Vertreter aller Nomadensippen und Sesshaften vom Limbang, Tutoh, Layun, Apo und Patá scheuen die weite Reise nicht. Doch der Initiator selbst bleibt aus. Enttäuschung... Die Eingeborenen entschliessen, verschiedene in ihrem Gebiet operierende Kompanien an Schlüsselpunkten zu gleicher Zeit zu blockieren. – Die Aktion sollte organisiert und für Publizität und Unterstützung gesorgt werden. ‹SAM›, als landeseigene Umweltschutzorganisation, könnte die Blockade koordinieren.

Meine Hoffnung ist allerdings ein wenig getrübt, blieb unser Kontakt doch bis anhin auf schönen unerfüllten Versprechungen beschränkt. Schaumschläger? Die Hosen voll?

Als ‹Fremdling› in diesem Land scheue ich mich, Führerrolle zu spielen. Der Eingeborene sollte sich auf seine eigene Tradition besinnen, und aus den eigenen Wurzeln Kraft schöpfen. – Doch angesichts der modernen, in sein Land dringenden Welt, fühlt sich der Eingeborene meist machtlos.

Glücklicherweise finden sich Vereinzelte, welche ihre Gedanken mit Verstand aussprechen können. Bei einer offenen Begegnung und Ge-

spräch mit Regierung und Kompanies müssen diese den Kürzeren ziehen, und bleiben Antworten schuldig. Der einzige Kommentar, den einst der Residen [Resident] von Miri bei einem Treff mit Punans vom Layun/Apo und Patáh geben konnte, war: «Verfaulter Advokat». Auf diese Weise beschloss er die Rede eines jeden Sprechers, der sein Land nicht enteignet und von Bulldozern durchwühlt sehen wollte. Das den Eingeborenen angetane Unrecht kann nicht verleugnet werden. ~

Besuch eines australischen Freundes. Er gehört keiner Organisation an, und scheint nur dem Herzen zu folgen. Peter will die Sache der Punans unterstützen und gibt selbstlos Hilfe. In engstem Hüttchen verbringen wir dichtgedrängt die Nacht, und bei dieser Gelegenheit haben wohl auch einige Läuse deren Besitzer gewechselt. Mein Herz fasst neuen Mut.

Laki Amá hat in fruchtbarer Ebene am Ludinfluss ein Reisfeld erstellt. Doch vom Reis sind nur gerade eine Handvoll Halme zu sehen. Die ganze Fläche ist dicht bedeckt von dem lästigen Unkraut ‹Tip›*: Es ist eine Art Segge

* Nach der Kellabit Sage die Messer verstorbener Männer.

mit dreikantigem Stengel und äusserst scharfen Blatträndern. Bei einem Gang durch die Pflanzung schneiden diese im Vorbeistreifen die Haut, dass nachträglich Arme und Beine von roten blutigen Strichen bedeckt sind. – Warum kein Reis wächst, frage ich den erfolglosen Bauern? – «Mangel an Saatgut und Geld, welches zu kaufen. Heuschrecken taten ein Übriges.»
In Wirklichkeit hatte die kinderreiche Familie die letzten Reiskörner mit hungrigen Bäuchen selbst verspiesen, und ist in den Dschungel zurückgekehrt um nach der traditionellen Nahrung Sago und Wild zu suchen. Auch hat der Säer gescheut, das schiessende Unkraut unter heisser Tropensonne zu jäten. – So überlässt er die Ernte der wenigen, kaum eine Mahlzeit ergebenden Ähren den Vögeln. – Ohne Unterstützung durch Saatgut und Anleitung zu sachgemässer Pflanzung von verschiedenen Früchten und Gemüsen neben Reis, wie Bananen, Zuckerrohr, Mais, Gurken, Erdnüsse, Papaya usw. kann die Landwirtschaft nur eine halbherzige sein, und das Nahrungsangebot des Nomaden nicht ersetzen.

Ein Kellabit von Long Napir spricht in einem Brief an mich seine Sorgen aus und bittet um Veröffentlichung. Er klagt die Regierung

in vier Punkten an:

1. [«] Sie sagen, sie besässen nun unser Land. Nicht wie die Briten früher, welche Gemeindegrenzen zwischen den Dörfern schufen, damit wir nicht über das Land streitig werden sollten.
2. Weiter sagen sie, nur gerade das Land, welches unter Kultivation steht und eingewachsene Reisfelder seien uns. Von was leben wir aber, wenn sie uns verbieten, in Primärwald zu pflanzen?*
3. Weiter sollen die Regierung und die ‹Bumi-putera›** Anteil am Gewinn der Logging-Companies erhalten. Wer sind aber die Bumi-putera? Bumi-putera von Malayen, oder Bumiputera von Regierungsvertretern? Von Reichen? Von Distrikt- und Dorfoberhäuptern? Nicht mehr wir, sondern die Bumi-putera geniessen nun die Rechte des Landes, sagen sie.
4. Gesuche für dorfeigene Waldreservate (Kommunal-Wald) werden von der Regierung abgelehnt. Von was aber bauen wir unsere Häuser und unsere Boote, wenn die Kompanies alle Bäume fällen?

Die Regierung sagt, sie brauche das Holz. In Wahrheit braucht sie aber kein Holz, sondern nur Geld – so dick wie ihr Bauch?

** ‹Söhne des Landes›

* Nach Art der Vier-Felderwirtschaft rodet der Reisbauer alle paar Jahre ein Stück Dschungel. Nach 5–10–15 Jahren, wenn sich der Boden regeneriert hat, rodet er den Sekundärwuchs (Temuda) erneut. Die Asche der gebrannten Rodung liefert Nährstoffe für die Pflanzung.

Warum zeigt die Regierung kein Herz mit uns, die wir flussaufwärts wohnen? Wir alle, Punan, Kellabit, Kayan und Keniak, sind Volksstämme des Landesinnern. Wir alle sind vom Wald abhängig; der Wald spendet uns Leben.

Nun ist der Wald in unserer Dorfnähe (Long Napir) schon geloggt. Das Wild ist von Bulldozergebrumm und Motorsägengeheul vertrieben. Die Fische sind aus dem nun stets schmutzigen Wasser verschwunden, und wir haben es schwierig, die gewohnte Nahrung zu finden.

So denken wir in unserem Dorf. Stets werden Wahlen veranstaltet, und wir sollen Leute gross machen. Wenn aber die Regierung uns überhaupt nicht unterstützt, was sollen wir da wählen? Selbst einen ‹Menteri Pektama› oder ‹Kucil Negeri›, was sollen wir ihnen Symphatie schenken, wenn unter ihren Händen unser Land enteignet und zerstört wird?»

Sei ins Gebet eingeschlossen, im Namen Jesus Christus.
Herzlich Dein Freund J.

9/107 Lá-Ué (Pinanga)

Dieses Sawit-Gewächs findet sich regional häufig, sowohl bergwärts als in Wassernähe. Die Vertreter am Ubung-Fluss und Magoh sind von gedrungenem, kräftigem Wuchs, während jene am Kuba-an durch schlanke, aufgeschossene Gestalt auffallen.** Die Pflanze findet vielseitige Verwendung in der Punantradition: Die bis armspannenlangen Blätter sind beliebtestes Dachbedeckungsmaterial, und dienen als Packpapier für Speisen sowie des Fackelharzes. Das Herz wie die Früchte der Palme sind essbar. Das Stämmchen liefert Stangen für die Liegepritschen. Die Basisschichten der stammumfassenden Blattstengel sind von weichem Flaum bedeckt; dieser wird abgeschabt und dient mit verkohltem ‹Lat Uwut›* vermischt als Zunder (Mpub), um die Funken vom Feuerstein aufzufangen.

* Stengelmark der Uwut-Palme
** Im Ulu Limbang findet sich eine weitere Lá-ué-Art mit eingeschnittenen Blättern.

9/108 Vergeblich warte ich auf den Besuch eines Freundes von ‹SAM›. Persönliche Hilfe und Unterstützung sind versprochen im Kampf der Punans, doch steht die Organisation unter Regierungsdruck und kann nicht offen zu meiner illegalen Person stehen. Ich möchte klaren Tisch, und hoffe einige längst prophezeite Utensilien wie Briefmarken, Taperecorder und Bargeld endlich über diesen Kanal übermittelt zu bekommen.

Da, im letzten Moment erscheint der Ersehnte, begleitet von einer australischen Filmcrew, der das Schicksal der letzten Regenwälder am Herzen liegt. Doch mein Freund kommt mit leeren Händen und gibt sich wortkarg. Anstatt nach einem Interview das Filmteam in bedrohtes Nomadengebiet zu führen, wo die Companies wüten, will er sie zu Aufnahmen zu einigen Langhausgesellschaften am Baramfluss geleiten. Ich nehm's ihm nicht übel, dass er in erster Linie seiner eigenen Verwandten und Stammesangehörigen dort gedenkt.

Meinen Freunden war die Wartezeit zu lang geworden, und sie sind ohne mich losgezogen. Am Ulu Bare wollen sie fischen und Sago verarbeiten, und dort soll ich sie treffen.

So ziehe ich zwei Tage später allein

9/109 los, um das wandernde Völklein einzuholen.

Da, auf einmal habe ich den Pfad verloren und finde mich abseits. Klettern auf einen Baum bringt Gewissheit, und ich erschrecke: Genau gegenüber klaffen die Wunden der aufgerissenen Erde am Tarum (Magoh). Und ich drehe mich um: Da nähern sich die Bulldozer von talwärts und ziehen Richtung Barefluss. Die Kompanies haben es eilig, das Nomadengebiet trotz aller Widerstände zu zerstören, und die Zange schliesst sich langsam. Ich habe mich auf einen falschen Bergkamm verlaufen. Da höre ich unter mir im Tobel das laute Klopfen, wenn der Eingeborene mit seinem Schlagholz auf die ausgehölte Palmrinde schlägt, um das im Innern haftende Sago zu lösen.

Ich folge den Spuren, und bald wird mein Ngu-ou-Ruf beantwortet. Der alte Knacker Lawang schliesst mich lächelnd in die Arme und fragt spottend, ob ich mich verlaufen habe? Balan drückt mir ein Stück einer oberschenkeldicken Python* als Wegzehrung in die Hand, und führt mich zu Ika's Hütte.

* In hohlem Baum aufgespürt, den Spuren folgend. Zwei Flugfüchse (Kubung) hatte das Reptil verspiesen.

9/110 Schnell hat der junge Mann ein paar zusätzliche Pritschenstangen geschlagen und die Rattanverschnürungen verstärkt, damit das Hüttchen nicht durch die zusätzliche Last des unerwarteten Gastes zusammenfalle.

Ikáh war in diesem Monat Januar das Jagdglück hold. Gleich vier Niakitaffen mit Magensteinen hat er am Ludinfluss mit dem Blasrohr erbeutet. Eigentlich wäre er nun ein reicher Mann. Doch wurden ihm die Steine in Long Seridan abgenommen; einer für 40.– $, zwei andere im Tausch gegen einen jagdtüchtigen Hund, der sich als unbrauchbar erwies. Der Käufer soll in Limbang für einen Stein 1'000.– $ erhalten haben. Ich rate dem Eingeborenen, seinen letzten Stein aufzubewahren, und ihn bei Gelegenheit selbst talwärts zu verschachern. – Doch Unkenntnis des Landes und der Sprache dort sind ein Hinderungsgrund. Am liebsten würde er die Kostbarkeit mir zum Weiterverkauf übergeben. Doch ist Handeln meinem Wesen fremd, ganz abgesehen von meiner wenig rosigen Situation. –

Mein Gastgeber möchte eigentlich am nächsten Morgen Sagopalmen verarbeiten. So lehne ich Führung ab, in der Meinung meinen Weg zu finden.

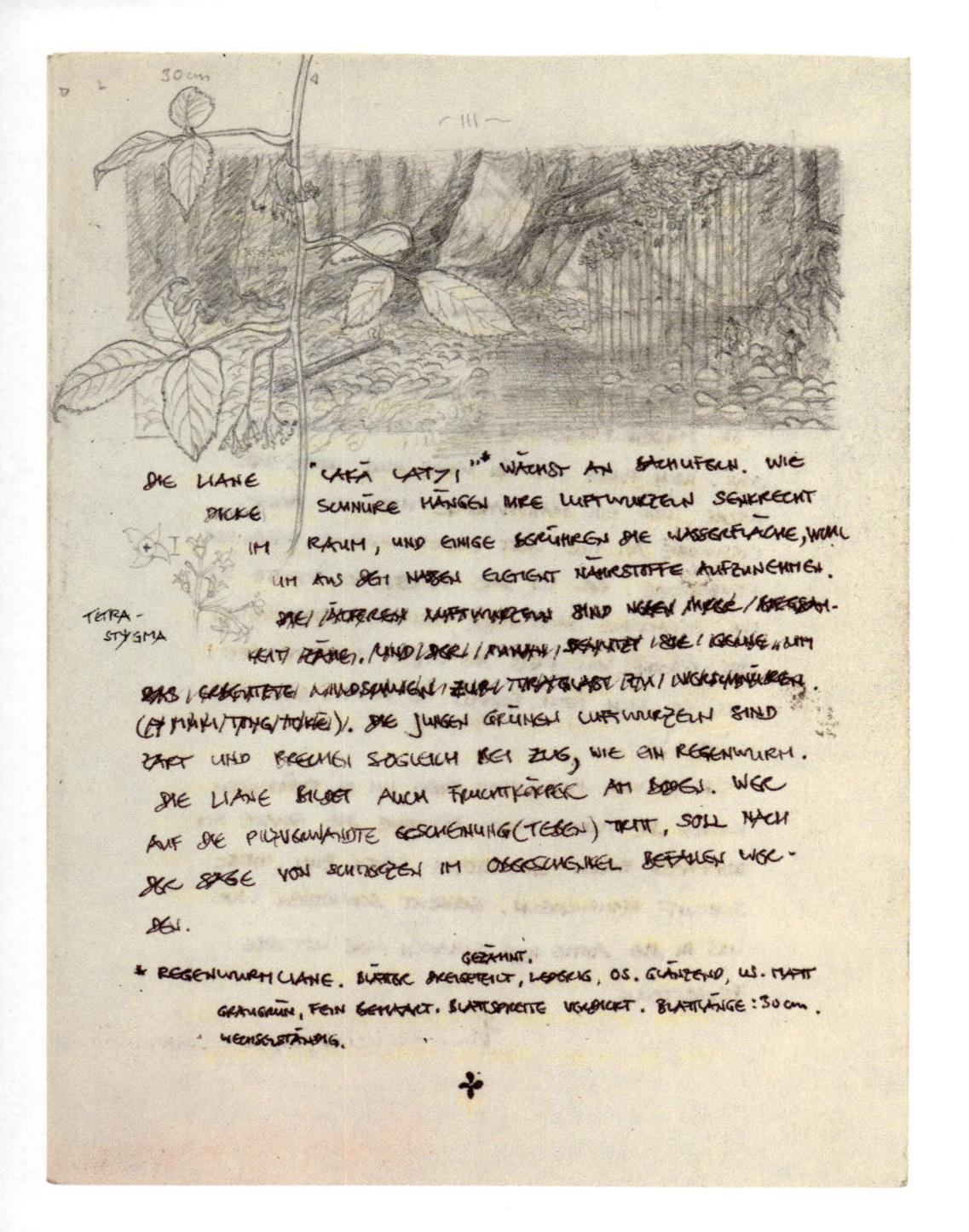

9/111 Die Liane ‹Laká Latyi›* wächst an Bachufern. Wie dicke Schnüre hängen ihre Luftwurzeln senkrecht im Raum, und einige berühren die Wasserfläche, wohl um aus dem nassen Element Nährstoffe aufzunehmen.

Die jungen grünen Luftwurzeln sind zart und brechen sogleich bei Zug, wie ein Regenwurm. Die Liane bildet auch Fruchtkörper am Boden. Wer auf die pilzverwandte Erscheinung (Teben) tritt, soll nach der Sage von Schmerzen im Oberschenkel befallen werden.

*Regenwurmliane. Blätter dreigeteilt, gezähnt, lederig. Os. glänzend, Us. matt. Graugrün, fein behaart. Blattspreite verdickt. Blattlänge: 30 cm. Wechselständig. Tetrastygma

9/112 Nach einigem Suchen erreiche ich erleichtert die Mündung des Bären-Flusses, enttäuscht muss ich feststellen, dass meine Freunde entgegen unserer Abmachung schon weitergezogen sind. Ein Punan-Brief gibt Auskunft: «Hungrig, auf der Suche nach Sagopalmen. Gleiches Herz, folge uns, Freund!»

Sie müssen morgens in der Früh aufgebrochen sein. Noch findet sich ein wenig Glut unter der Asche, und ein brandmagerer Hund mit arger Bisswunde am Fuss liegt zusammengerollt neben der Feuerstelle. Er ist des Todes. So bereite ich mir gebackene Sagospeise, und dem Todgeweihten eine Pfanne voll Reis als letzte Hundemahlzeit. Soll er sich noch einmal so richtig satt essen können!

Kurz vor Dunkelheit finde ich in strömendem Regen die Hütte meiner Freunde, die gerade so tropfnass frisch geerntetes Sago zum Unterschlupf heimbuckeln. Erfreut schliessen wir uns in die Arme und scharen uns um die Feuerstelle.

Sepopong

«Kuk – kukuk», «kuk – kukuk» ruft's von einem Adui-Baum, und da ist ein Gezwitscher und Vogelgeflatter. Der Zwergkauz ‹Sepopong› hat sich wie eine Fledermaus an einem Ast aufgehängt.* Mit seiner eigenartigen Erscheinung lockt er allerlei Federvolk.** Kommt ihm einer der neugierigen Gefiederten zu nahe, so mag er die scharfen Krallen seines freien Fusses in das Opfer schlagen, mit der Beute ein Stück abwärts fallen und sogleich auf einem benachbarten Ast landen, um seinen Fang zu rupfen und zu verspeisen. In diesem Fall wird der nur handgrosse Eulenvogel selbst Opfer, und endet im Magen einiger Punanjungen.

* Doch nur mit einem Fuss

** Wie Zu-í, Lo-op, Tuley, Niakit, Zit, Tebulou, Bi-uik, Mangang, Pi-áh und andere.

‹Berhem Ná› von Pa-tik ist ein sanfter Einzelgänger. Der vielleicht vierzigjährige Altledige ist meistens mit seiner Flinte unterwegs, um für gedeckten Tisch zu sorgen. Aus seinen Schlitzäuglein sprechen Liebe und Schalk. Wohl sei seit längerem eine Witwe in seiner Siedlung auf Besuch, doch denkt er nicht ans Heiraten und will noch ne Weile rumvagabundieren.

Seit er sich einst in Limbang neue Zähne machen liess, läuft er wie ein zivilisierter Mensch durch die Gegend. Man hatte ihn dort gelehrt, dass Lendenschurz, Rossschwanz und lange Ohren mit Gehänge eine Dummheit seien. So liess er sich in Hosen stecken, seinen Haarschopf scheren nach moderner Manier, und seine verlängerten Ohren abschneiden. Sein Gebiss ist ihm in der Zwischenzeit bei einer Mundspülung in den Dschungelfluss gesprungen und unwiederbringlich davon gespült worden. Während einem Jahr hatte er für eine Keniak-Familie von Long Laput (Baram) eine Höhle vor Schwalbennestdieben bewacht. Danach war er der Einsamkeit überdrüssig und kehrte in seine Siedlung nach Pa-tik zurück. Sein Nachfolger, ein Eingeborener aus Kalimantan, hatte weniger Glück. Eines Tages wurde er tot aufgefunden. Nein, er war nicht verhungert – die Vogelnestdiebe hatten ihn gemordet und ihm ein Stück Holz in den Hintern getrieben.

Amulett der Unverwundbarkeit (Pelep Kesallá)

Berhem erzählt: Vom alten Tedi von Long Ballau erhielt ich einst den Talisman. Ich bewahrte das Wachs in einem Leopardenzahn am Hals. Bei einem Weihnachtsfest in Bareo sprach mich ein Malaysischer Soldat auf meinen Halsschmuck an. Ich verriet ihm dessen Bedeutung, worauf er den Zahn unbedingt haben wollte. Doch ich lehnte ab. – Später suchte ich ihn in seinem Lager auf. «Aha – Du willst mir den Zahn geben!» – «Nein, ich komm nur so auf Besuch.» – Der Soldat wollte meinen Talisman auf seine Echtheit prüfen, und ich war damit einverstanden. «Aber sei mir

nicht böse, wenn er zerstört ist, ich werd ihn dir nicht ersetzen!»
– «Ok.» – Da legte der Soldat seine schöne Uniform an, schmierte sein Maschinengewehr, spuckte darauf und zielte auf den einen Steinwurf entfernt angebundenen Hahn; auf dessen Rücken hatten wir den Leopardenzahn befestigt. Er schoss einmal, daneben. Ein zweites Mal, daneben. Ein drittes Mal, doch nur Erde

Itap Ku-Uai
Blattlänge 30-60 cm, mit Mittelrippe
Häufiger Epiphyt in allen Lagen
Ophioglossum

‹Haarseife› Pela-ang Bok – So lang und schön wie die fleischigen Blätter dieses Epiphyten soll das mit den zerquetschten Blättern gewaschene Haar werden.
In den Niederungen, Länge: 150 cm

spritzte neben dem Hahn auf. Da liess der Soldat «ta-ta-ta-ta-ta-ta» sein ganzes Magazin durch. Der Hahn flog aus der Staubwolke davon.

Der Schütze rief einen Kollegen. Wir banden den Hahn wieder an, und jener versuchte sein Glück. Doch das Schauspiel wiederholte sich. Auch er schoss ein Magazin leer, dass die Erde nur so aufspritzte – und das Hennentier am Leben blieb.

Darauf kramschte der Soldat sämtlichen abkömmlichen Besitz zusammen, 80 $, eine Uhr, ein Hemd, Zucker und Salz und anderes, und ich gab ihm meinen Talismann.

In dem Leopardenzahn war weiter Vogelwachs (Pelep Djuhit) gemischt, das den Träger leichtfüssig und schwindelfrei machen sollte. Berhem's Vater hatte es einst dem Vogel ‹Peté›* abgenommen. Es klebte an dessen Füssen. Nach Entgegennehme des Geschenks liess er den mit der Hand gefangenen Vogel wieder fliegen.

Nach einer guten Woche Wanderung, wobei wir während 2-3 Tagen Sagopalmen verarbeiteten, erreichen wir den Kuba-an Fluss in der Nähe von Pa-tik. Vom einstigen Langhaus der Kellabits ist nicht die geringste Spur zu entdecken. Doch hatten die Reisbauern einst

* Am Bachufer, Stimme: Si-si-si

Iman-Palmen neben ihrer Siedlung gepflanzt, welche nun als aufrechte Zeugen dastehen. Die Punans hatten vor kurzem eine sagoträchtige gefällt, um ihre Vorratstaschen wieder aufzufüllen. Ein Punanbrief (Oró) will uns eine Nachricht übermitteln. Doch der alte Schreiber selbst muss uns die Botschaft enträtseln: Gleiches Herz, Freund (1, zwei gleichlange Hölzchen). Es schmerzt das Herz = hüte dich (2, geschabte Rinde). Es sind zwei Kellabits hier (3, zwei Glimmstengel), die fischen (4, zwei zugeschnittene Blätter, symbolisierte Fischschwänze). – Die Botschaft warnt, uns nicht sehen zu lassen, da meine Ankunft geheim bleiben soll. –

Oró Sagit
Am Rande des Pfades gibt hin und wieder eine Botschaft kund, wo ein Eingeborener gedenkt, ein Stück Dschungel zu roden, um

BEGEGNET: OLEN. DER SCHREIBER WARNT: KOMM NICHT HIERHER. ODER ICH SCHLAG DICH MIT DEM BUSCHMESSER (AUS HOLZ STILISIERT). GEMEINT SIND PUNANS VOM BARAMFLUSS, DIE IN DAS GEBIET DRINGEN, UM NYAKIT-MAGENSTEINE ZU ERBEUTEN.

EIGENTUM UND BODEN, VOM TEILEN

IN DER PUNANTRADITION GILT DAS RECHT DES ZUERST DAGEWESENEN, DES EINWOHNERS, DES ENTDECKERS, DEM SICH DER BESUCHER UND NACHFOLGENDE IN DER REGEL FÜGT. STREITIGKEITEN UM BESITZ SIND DEM NOMADEN GÄNZLICH UNBEKANNT; DENN SEINE GEMEINSCHAFT IST AUF DEM PRINZIP DES TEILENS* AUFGEBAUT. ES GIBT NICHT ARM UND REICH. WER HAT, DER GIBT, OHNE DASS IHN DER ANDERE DARUM BITTEN MUSS. UND WER NIMMT, BRAUCHT NICHT DANKE ZU SAGEN, DENN TEILEN IST SELBSTVERSTÄNDLICHKEIT. DAS EINGESORGTE DSCHUNGELVOLK BEWEIST IN SEINEM WESEN MEHR SOZIALITÄT ALS ALLE UNSERER ZIVILISIERTEN GESELLSCHAFTEN, WO MEIST PROFITDENKEN TRIEBFEDER DES HANDELNS IST.

VERARBEITET EINE FAMILIE SAGO – EINE ANSTRENGENDE TÄTIGKEIT, SO GIBT SIE JEDER ANDEREN EINEN KLEINEN ODER GROSSEN BROCKEN

* TULAT

ein Reis- oder Maniokfeld zu erstellen. Nach Ná steht das gegabelte Hölzchen symbolisch für den Griff der einst verwendeten Axt (Pasen alo), nach Galang für das ‹Á-ut› (Kellabit); mit dem Widerhakenholz wird Jungwuchs während des Rodens seitlich gezogen, worauf die Stämmchen unter Anspannung leicht mit dem Buschmesser zu kappen sind.
Am Tepunfluss waren wir einem weiteren Zeichen

9/118 begegnet: Olen. Der Schreiber warnt: Komm nicht hierher, oder ich schlag Dich mit dem Buschmesser (aus Holz stilisiert). Gemeint sind Punans vom Baramfluss, die in das Gebiet dringen, um Niakit-Magensteine zu erbeuten.

Eigentum und Boden, vom Teilen
In der Punantradition gilt das Recht des zuerst Dagewesenen, des Einwohners, des Entdeckers, dem sich der Besucher und Nachfolgende in der Regel fügt. Streitigkeiten um Besitz sind dem Nomaden gänzlich unbekannt; denn seine Gemeinschaft ist auf dem Prinzip des Teilens* aufgebaut. Es gibt nicht arm und reich. Wer hat, der gibt, ohne dass ihn der andere darum bitten muss. Und wer nimmt, braucht nicht Danke zu sagen, denn Teilen ist Selbstverständlichkeit. Das eingeborene Dschungelvolk beweist in seinem Wesen mehr Sozialität als alle unserer zivilisierten Gesellschaften, wo meist Profitdenken Triebfeder des Handelns ist.
Verarbeitet eine Familie Sago – eine anstrengende Tätigkeit, so gibt sie jeder anderen einen kleinen oder grossen Brocken

* Tulat

Ein Lächeln 9/119
Ka-tó, Pa-tik – So ein lieber Kerl!

131

9/120 des Ertrags*. – Jede Jagdbeute wird meist zu gleichen Teilen auf alle Anwohner verteilt. Behält auch manchmal ein Schütze, welcher im Schweisse seines Angesicht's die Wildsau nach Hause gebuckelt hat, einen grösseren Anteil für sich, so verzichtet ein anderer auf ein Mehr, und lässt die Beute von einem Nachbarn zerhauen und aufteilen. – Selbst wenn ein kleiner Singvogel einem Pfeil zum Opfer gefallen ist, wird das Prinzip des Teilens angewendet. Der Anteil eines Kindes mag dann kaum die Grösse eines Fingernagels haben.

Der Begriff ‹Eigentum› hat kaum Bedeutung in der Punantradition; alles sind Gaben der Natur, und wo Not und Mangel am Mann ist, da gibt der Besitzende, ohne um nach Lohn zu fragen. Dies gilt auch für Dinge, die nur unter Mühe zu beschaffen sind, wie z.B. ein Blasrohr, dessen Herstellung eine Woche Arbeit verlangt.

Herrscht Überfluss an paradiesischen Gaben in einer Region, so mögen deren Bewohner die Nachbarn zum Früchte Schmausen einladen.

Neigt sich die Saison dem Ende, und die Anwohner geraten in Sorge, zu viele Sago-

* Ábut Apo

9/121 Palmen werden durch den Bevölkerungszuwachs gefällt, so mögen sie die Besucher bitten, das Gebiet wieder zu verlassen. Natürlich leisten diese Folge.

Mit verschiedenen Symbolen gibt der Eingeborene kund, dass er ein Gewächs gesehen hat, liebt, oder von ihm Besitz ergreift, bis zum Aussprechen eines Verbots unter Androhung von Strafe. Ein in den Boden gesteckter Ast mit symbolisiertem Palu-Holz zeigt in Richtung einer sagoträchtigen Palme: «Schau, hier ist ne schöne Palme, wenn Du Sago brauchst, so fäll sie!»

Gedenkt der Eingeborene selbst eine Palme zu verarbeiten, so säubert er ihren Stamm in Bodennähe mit dem Buschmesser. – Ähnlich reserviert er sich ein Stämmchen erstklassigen Feuerholzes wie ‹Kaiu Kelit› oder ‹Posong› durch Einklemmen eines Holzscheites. Fällt nun ein anderer die so gezeichnete Palme oder schlägt Brennholz von einem markierten Bäumchen, ist das kein Grund zur Unstimmigkeit. Das Bedürfnis und die Not der Gegenwart haben Vorrang. Der Zeichner aber sagte einfach aus: «Das Gewächs lieb ich!», ohne es im Moment zu gebrauchen.

Gewichtiger ist die Besitznahme angezeigt durch einen aufgehängten Rattan-Ring (1), ein symbolisierter Gong, oder

9/122 [Bild]

9/123 durch ein geschnitztes Holz (2), symbolisiertes Buschmesser: «Selbst wenn du mir einen Gong und ein Buschmesser dafür geben willst, so geb ich dir die Palme nicht!»

Symbolisierte Augen und Mund verstärken weiter die Besitznahme: «Selbst für einen Menschen geb ich dir's nicht!» Missachten dieser Kundgebungen verursacht Unstimmigkeit. Der Eingeborene wird nur Hand an das Gewächs legen, wenn ihn der Hunger dazu zwingt, und ist dann auch entschuldigt.

Olen: Zwei gekreuzt in den Boden gesteckte Äste drücken ein ganz klares Verbot aus. Sie stellen Grenze dar zu einem Gebiet oder einem Fruchtbaum, dessen Besitzer Zugang verweigert. Bei wiederholtem Missachten des Verbots mag der Schreiber wütend drohen; mit symbolisierten Messern und Macheten, oder gar mit Mord:

In das Olen gesteckte Giftpfeile sagen «Ich schiess dich mit dem Blasrohr!» und eine aufrecht in den Boden gesteckte Riesen-Nao-Gabel mit einem Erdklumpen zwischen deren Zinken gesteckt sagt: «Wenn du das Verbot nicht achtest, wirst du Erde fressen!» – Die symbolisierte Gabel ist auch Zeichen für einen Todesfall.

9/124 Seit Holzfällergesellschaften Punanland verwüsten, sind vermehrt Olen mit Morddrohung aufgestellt worden. Der Nomade erfährt Zivilisation auf negativste Weise: Fremdlinge dringen mit Maschinen ins Land und nehmen, Räubern gleich, ohne auch nur einen Moment ans Teilen zu denken. Den Beraubten aber lassen sie zurück im zerstörten Lebensraum. Mit sattem Bauch kümmern sie nicht die Sorgen des Hungernden.

Ein auf die Spitze gestelltes geschnitztes Quadrat findet sich hin und wieder auf Durian-Bäumen und Imanpalmen, sowie anderen edlen Gewächsen. Sie verbieten nachhaltig Fällen, unter Androhung einer Verwünschung: «Pukin soll dich fressen!», wobei ‹Pukin› das Böseste vom Bösen sein soll.

9/125 Die Tradition des Teilens steht unter Gefahr im Ansturm der Zivilisation. Schon in der Begegnung mit der Sesshaftigkeit muss der Nomade feststellen, dass der Bauer nicht einfach alle gepflanzten Güter frei zur Verfügung stellt. Dass das <u>Eigentum</u> ist, von dem man nicht, wie im Dschungel gewohnt, sich mir nichts's dir nichts bedienen kann.

Der Nomade verbringt sein Leben meist in kleinen streunenden Familienverbänden von 2–10 Hütten. Wird eine Siedlung nach Regierungsanweisung gegründet und zentralisiert, so wird die Gesellschaft zu gross, und die Praxis des Teilens erschwiert sich. Wegen zu grosser Bevölkerungsdichte ist die Gegend bald leergeschossen und wildarm. Teilt aber ein Jäger eine kleine Beute, wie ein Mausreh, auf zwanzig Familien auf, so bleibt er selbst hungrig.

Weiter muss der Eingeborene in der Begeg-

Pa-tik

9/126 nung mit der modernen Welt erfahren, dass da nicht selbstverständlich geholfen wird, wo Not ist. Dass der Hungernde für seine Nahrung dem Besitzenden Geld geben muss. So sind schon viele Eingeborene mit leerem Bauch von talwärts zurückgekehrt; zum Glück gibt es aber auch zivilisierte Menschen mit Herz. Nehmen braucht nicht Bedingung zum Geben zu sein.

Pa-tik

Die ehemalige Kellabitsiedlung erhielt ihren Namen nach dem in der Nähe reichlich vorkommenden Bambus, welcher zu Feuerzeugköchern (Kellabit: Tik, Penan: Tekek) verarbeitet wurde. Noch steht das verlassene Langhaus neben dem eingewachsenen Flugfeld. Der Wunsch nach besseren Verbindungsmöglichkeiten talwärts liess die Reisbauern den abgelegenen Ort fliehen und sie siedelten nach Bareo und Long Seridan um. Auf Geheiss der Regierung wurden einige Nomadenfamilien in dem Gebiet sesshaft und pflanzen nun Reis und Maniok.* Versprochene Unterstützung blieb aus, bis Datuk Balan Seling** Wellblechdächer und gar eine Motorsäge zur Verfügung stellte. – Ein Punan verwaltet eine kleine Apo-

* Analog zur Situation am Patáh-Fluss, wo Kayan-Sippen talwärts nach Uma Akem und an den Apo umsiedelten, und Punans in deren Gebiet sesshaft wurden.

[** siehe S. 128]

theke, und monatlich wird die Siedlung vom ‹Flying Doctor› per Helikopter besucht.

Es fällt auf, dass kein Säugling an der Mutterbrust hängt und kein einziges Kleinkind rumroppelt. ‹Familienplanung› heisst es so schön, und die meisten Frauen schlucken seit Jahren die Pille. Die Mission hat nachhaltig gewirkt, und ähnlich den Kellabits, findet sich die Gemeinschaft beinahe täglich vor Morgengrauen im kleinen Gotteshaus zum Gebet.

Der Grundstock der sesshaften, 6–7 Familien, geniesst nun das Dorfleben. Maniok (Ubi Kaiu) ersetzt die traditionelle Sagonahrung, und wird in verschiedenen Sorten angepflanzt. Ähnlich der Verarbeitung von Palmen, kann die Stärke aus den geraffelten Knollen ausgewaschen werden; sie liefert schneeweisses Mehl. – Weiter sorgen Zuckerrohr und Bananen, sowie Mais Gurken und Kürbis als Zwischenfrucht im Reisfeld für ausgewogenere Ernährung.

** Der ehemalige Minister steht bei allen Bauern und Jägern in Ehren. Er sei einziges Regierungsmitglied, wo Bitten nicht auf taube Ohren stossen.

[Anmerkung zu S. 126]

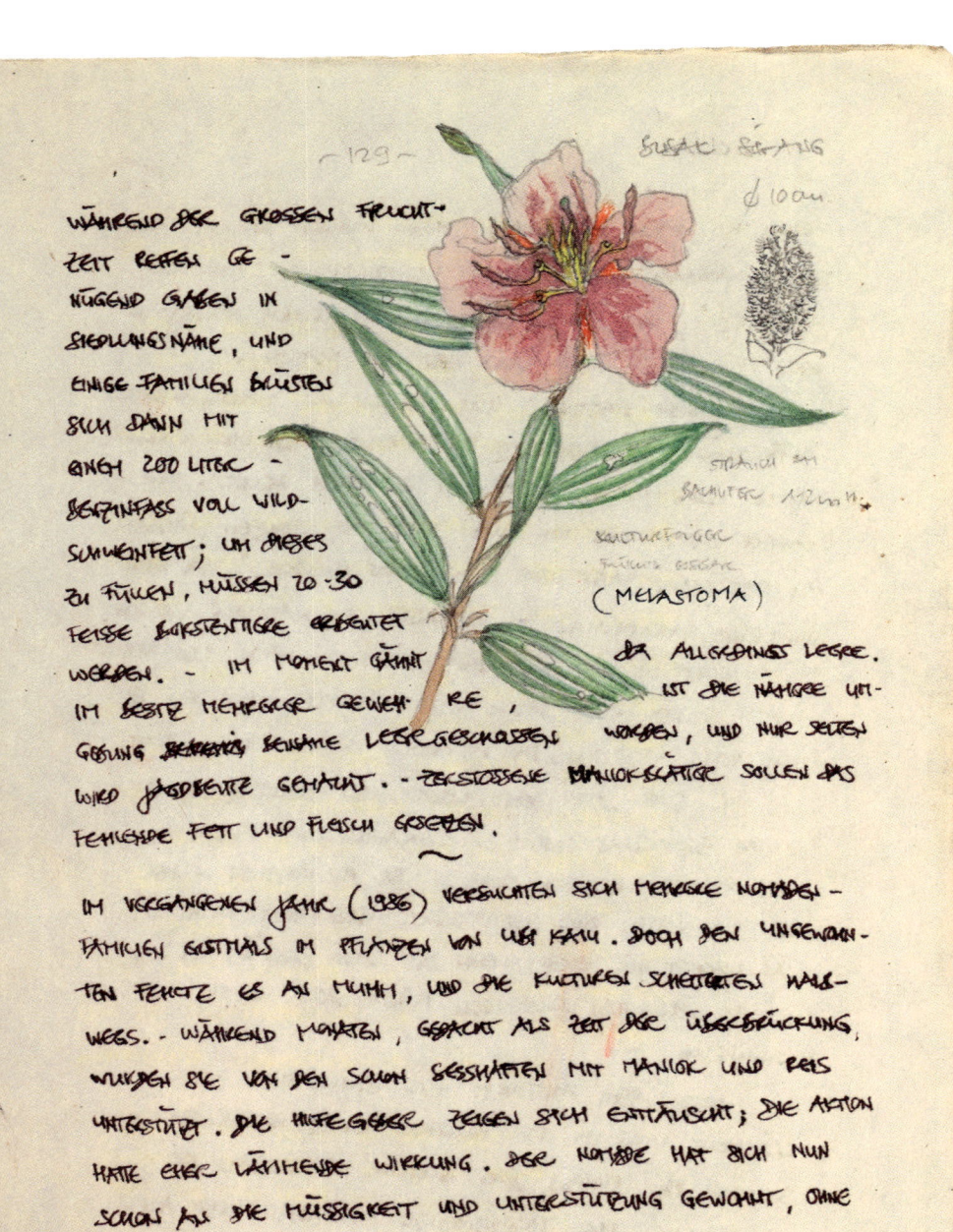

tion hatte eher lähmende Wirkung. Der Nomade hat sich nun schon an die Müssigkeit und Unterstützung gewohnt, ohne

Busak Siang Ø 10 cm

Strauch am Bachufer 1–2 m H

Kulturfolger

Früchte essbar

(Melastoma)

seinen Teil dazu beizutragen. Wohl täglich besucht er seinen Nachbarn und fordert: «Wo ist Maniok? Wir sind hungrig!», und einige bedienen sich gleich selbst in der Pflanzung, ohne gar erst zu fragen. –
In einem ‹Meeting› versuche ich die immer wieder ausbrechende Unstimmigkeit zu lösen: «Wenn ihr wirklich Maniok essen wollt, so pflanzt es euch selbst. Verwandelt euch nicht von einem Volk von stolzen Jägern zu Bettlern. Sagt nicht: «Wir sind hungrig.» Da sind genügend Sagopalmen im Dschungel, die Nahrung liefern. Ahmt nicht Wildschwein und Makakken nach, und nehmt einfach selbst. – Im Falle von Krankheit und bei Besuch von 2–3 Tagen, da ist Euch Hilfe gewiss. Nur wenn ihr gute Sitte zeigt, werdet ihr Unterstützung gegen die Zerstörung eures Lebensraums erhalten.»

Die Situation hat sich ergeben, da die Nomaden in der Nähe von Patik zur Sesshaftigkeit überredet wurden: «Was werdet ihr essen, wenn das Land zerstört ist?», denn im geloggten Dschungel müsste der Nomade glatt verhungern. ~

Unter dem Ansturm der Zivilisation zerbröckelt langsam die Kultur eines Naturvolkes. Sollen die Punans das gleiche Schicksal erleiden wie die Ureinwohner Amerikas und Au-

9/129 Während der grossen Fruchtzeit reifen genügend Gaben in Siedlungsnähe, und einige Familien brüsten sich dann mit einem 200 Liter Benzinfass voll Wildschweinfett; um dieses zu füllen, müssen 20–30 feisse Borstentiere erbeutet werden. – Im Moment gähnt da allerdings Leere. Im Besitz mehrerer Gewehre, ist die nähere Umgebung beinahe leergeschossen worden, und nur selten wird Jagdbeute gemacht. – Zerstossene Maniok-Blätter sollen das fehlende Fett und Fleisch ersetzen.

Im vergangenen Jahr (1986) versuchten sich mehrere Nomadenfamilien erstmals im Pflanzen von Ubi Kaiu. Doch den ungewohnten fehlte es an Mumm, und die Kulturen scheiterten halbwegs. – Während Monaten, gedacht als Zeit der Überbrückung, wurden sie von den schon Sesshaften mit Maniok und Reis unterstützt. Die Hilfegeber zeigen sich enttäuscht; die Ak-

9/131 straliens? Ihrer Wurzeln, ihrer Selbstständigkeit beraubt müssen sie in elenden Ghettos enden. Der Bau einer Strasse in das Dschungelinnere bedeutet den Anfang vom Ende. Schulung ist ein weiterer Faktor. Ernüchternd stellt ein Vater fest: «Seit meine Tochter zur Schule gegangen ist, sitzt sie nur noch in der Hütte von morgens bis abends und schreibt Briefe. Zu einfachsten Arbeiten wie Feuerholz Schlagen und Wasser Holen ist sie kaum mehr fähig.» – Der junge Bursche ‹Main›, welcher in Limbang zur Schule geht, meinte einst: «Nein, nach Pa-tik kehre ich nicht zurück. Das ist mir zu weit, und ich hasse die vielen Blutegel.» – Bequemlichkeit ist der Trumpf der Zivilisation...

Ein ~achtjähriges Mädchen wurde von einer Pit-Viper* in den Unterarm gebissen. Arm und Hals schwollen an, und das Kind starb im Verlauf des nächsten Tages. – Keraji hat bis heute einen verdickten Zeh seit einem Pitviper-Biss vor zwei Jahren.

* Urem. Ein Junge wollte mit der kurz zuvor erschlagenen Schlange Kinder erschrecken. Und warf sie diesen entgegen...

9/132 **Sape**

Morgendliche Saitenklänge haben die zur Reisernte und Jagd aufbrechenden Nachbarn in Gat's Hütte gelockt, und ihre Pläne vereitelt. – Der Musikant spielt traditionelle Weisen und begleitet den improvisierten Wechselgesang der anwesenden Männer und Frauen.

«Welche von all euch Frauen ist so schön wie Luiú, den Münzengürtel* um die Lenden gewickelt?»

«Se totó djáh ... inou kurang ke telou polong redo djáh ... Luiú ketem beteng ringit totó?»

* Aus britischen Münzen.

Mit einem Ausruf des Mitgefühls kündet der Sänger Mutter Lahai die bevorstehende Trennung: «Madeng ke dá, Tinen Lahai, kallai bé molé peh amé sagam dá!»

Da werden die Wedel der Uwutpalme – Symbol des Lebens – besungen – und

9/133 manch einer schöpft aus der Erinnerung. Wie da ein feistes Borstentier erlegt und nach Hause gebuckelt wurde, wie der Jäger dem gestreiften Frischling nachrannte, ihn erwischte und seiner Liebsten als Geschenk überreichte.*

Wie ein anderer, vom Bären verfolgt, davonrannte, sich sein Lendenschurz während der Flucht öffnete, und der Mann sich nackt auf einen Baum rettete. – Wie die Jungen beim Klettern nach Kemawang-Früchten von einem Wespenschwarm schlagartig in die Flucht getrieben wurden, doch trotz der drohenden Gefahr zurückkehrten und nicht von den verlockenden Gaben lassen konnten.

* Jäger bringen es oft nicht übers Herz, Jungtiere zu morden. Frischling, Marder, Peso, Makakken u.a. sind beliebte Haustiere. Andere wie Tella-o, Niakit, Fledermäuse und Vögel gehen gewöhnlich nach ein paar Tagen ein mangels sachgemässer Fütterung.

9/134 Wie ‹No› mit schwerster Bürde von Nakan-Früchten in steilem Gelände ausschlipfte, dass ihn noch während Wochen die Knochen schmerzten. Doch in der Erinnerung behält die Süsse der Früchte mehr Gewicht als die schmerzenden Knochen.

Alle Anwesenden werden zum Singen aufgefordert, und einige Scheue wollen mithören, doch kneifen sie selbst. «Da ist noch ein Mädel hinter der Hütte! Komm heraus aus deinem Versteck, wir alle warten auf dich und wollen deine Stimme hören!», singt einer. Doch die Mutter des Mädels entschuldigt sich in eigentümlicher Punan-Melodie für die sich drückende Tochter.

Als ein junger Mann sich genügend Mut gesammelt hat und zum Singen ansetzt, zischt ihm eine ältere Dame ins Ohr «Mit lauter Stimme!», so dass dieser sogleich verstummt. Nach einer Weile presst der Gesang eine Oktave höher durch den Raum.

9/135 Mariem

9/136 Das Sape-Instrument wird aus weichschnittigem Holz wie Gitá, Tellakó oder Pauá gefertigt. Der Rücken des Klangkörpers ist hohl und aus einem Stück samt Griffbrett geschnitzt. Als Saiten wird heute gewöhnlich Draht verwendet; traditionelle Materialien sind die Wurzel der Jaká-Palme, von Lemujan, der zugeschnittene Rattan Bukui. Auch können die in die Stengelbasisschichten der Iman-Palme gebetteten Haare (Ihat) Saiten liefern, doch verringern sie wegen ihrer Flachheit die Klangqualität. Die drei Saiten werden in Quinte und Oktave gestimmt, wobei zwei davon Schwingsaiten sind. Die Oktave wird durch Einschlagen eines Hölzchens auf halber Saitenlänge erreicht. – Die Wirbel sind einfach konisch zugeschnittene Hölzchen, und werden durch Einschlagen ins Bohrloch am Verstellen verhindert. Das Sape-Instrument besitzt keine festen Stege. Der Musikant klebt mit dem Wachs des Bienchens ‹Lengurep› jeweilen vor dem Spiel kleine Hölzchen in steigender Dicke unter die Saite, und verschiebt und wechselt aus, bis der Klang rein ist. Stimmung [Text fehlt]

9/137 Auch Galang's Frau Ubung versteht sich auf's Saitenspiel. – Dem Unwissenden bleibt der Sinn der Weisen verborgen, da in der Regel die Melodien rein instrumental gespielt werden.
«Ting-ting-ting pupáh tuwai jumen ko!» ruft die Verliebte ihrem Stern zu: «Dreh dich um und zeig mir dein Gesicht!»

Ein Mädchen gedenkt in Kummer ihres Geliebten, der unwiederbringlich in die Ferne verschwunden ist.
«Schwarz sind die Berge von Lawas. Ich kehre heim, Freund – ich kehre heim und weine.»
«Madeng ke panai, padeng pegé lawas, mole akou tude, mole akou mauga»

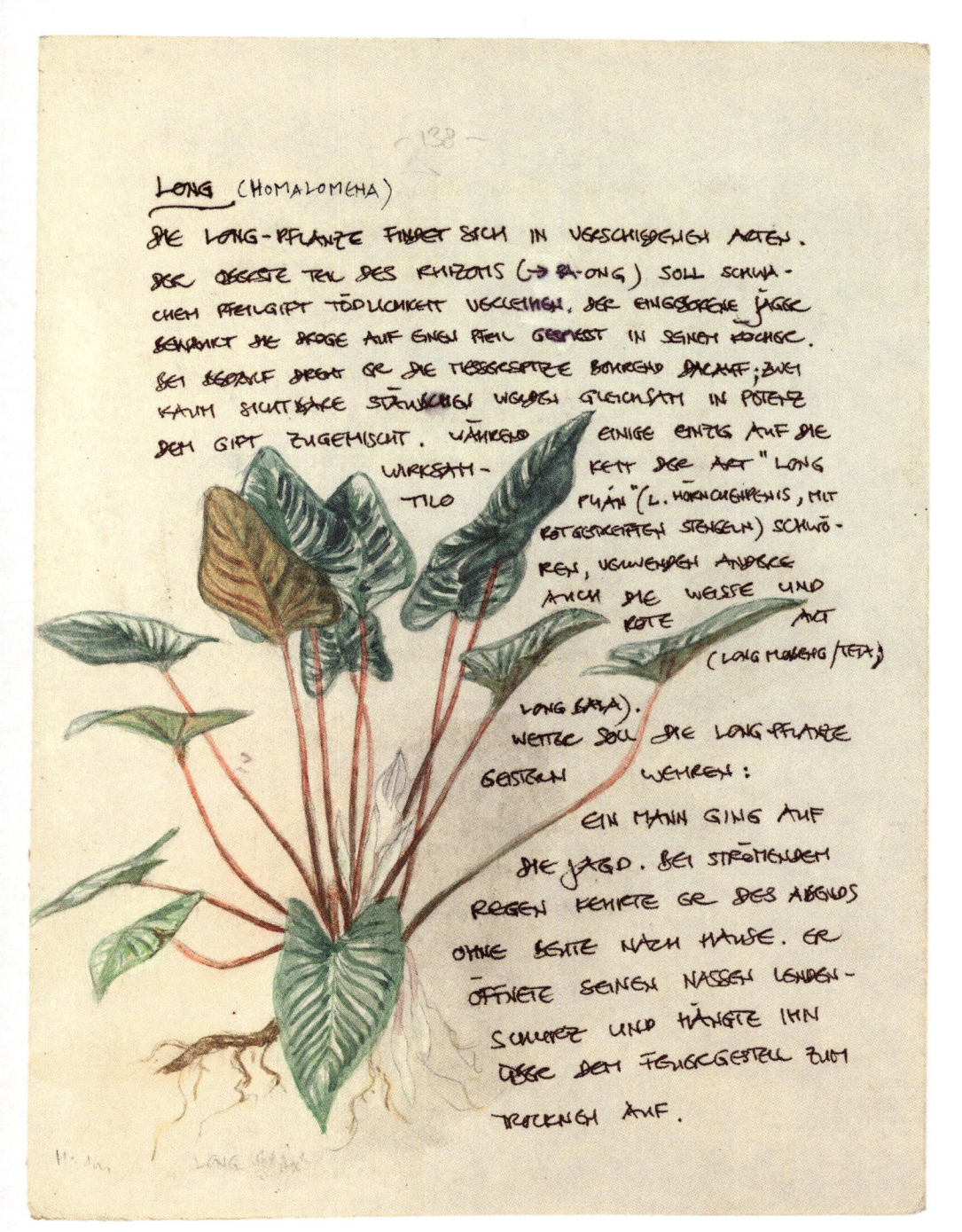

hängte ihn über dem Feuergestell zum Trocknen auf.
Long Bala
H: 1 m

Da rief das Kind aus: «Hier riecht's nach Hoden!» (Bó bano bato buhan). – «Oih, das kann nicht die Stimme meines Kindes sein!», dachte der Jäger, zog sofort seinen Schurz wieder runter, wickelte ihn um seine Lenden und suchte das Weite.
In Wirklichkeit hatte der Penisgeist* die Gestalt seiner Frau und des Kindes angenommen, und eine Hütte, der seinen gleich, in den Weg gezaubert.
«Kéléngem-lengem gem, kéléngem-lengem gem»,** spurtete der Geist dem Flüchtenden nach, so schnell, dass nur die Abdrücke seiner Zehen als Spur in der Erde zurückblieben. In einem Hochmoor (Tetá) holte er den Jäger ein, und die beiden kämpften verbissen miteinander. «Nun fress ich zum ersten Mal einen Hoden!», erklärte der Geist und «tup», tönte ein Knacken. «Hier fress ich nun seinen Gespanen!», erklärte er weiter. Da riss der Jäger eine weisse Longpflanze aus und schlug damit auf den Geist ein. Sofort starb dieser; sein Blut aber färbte die Bätter der Longpflanze rot. Auf diese Weise soll ‹Long Bala› aus ‹Long Tetá› entstanden sein.
Galang Aiu, Long Leng

* Nach der Sage irren bei der Geburt verstorbene Wöchnerinnen als ‹Ungap Tilo› umher, und versuchen sich beim Mannenvolk für ihren Tod zu rächen.

** Mit gekrallten Zehen

Long (Homalomena)
Die Long-Pflanze findet sich in verschiedenen Arten. Der oberste Teil des Rhizoms (→ Pa-ong) soll schwachem Pfeilgift Tödlichkeit verleihen. Der eingeborene Jäger bewahrt die Droge auf einen Pfeil gespiesst in seinem Köcher. Bei Bedarf dreht er die Messerspitze bohrend darauf; zwei kaum sichtbare Stäubchen werden gleichsam in Potenz dem Gift zugemischt. Während einige einzig auf die Wirksamkeit der Art ‹Long Tilo Puán› (L. Hörnchenpenis, mit rotgestreiften Stengeln) schwören, verwenden andere auch die weisse und rote Art (Long Mobeng/Teta; Long Bala)

Weiter soll die Long-Pflanze Geistern wehren: Ein Mann ging auf die Jagd. Bei strömendem Regen kehrte er des Abends ohne Beute nach Hause. Er öffnete seinen nassen Lendenschurz und

Die Long-Pflanze soll dem Jäger weiter Jagdglück prophezeien: Zwei aufeinandergelegte Blätter werden an der Spitze gehalten und fallen gelassen. Kommt das eine auf den Bauch, das andere auf den Rücken zu liegen, ist dem Jäger Beute gewiss.

Nélasek. Ähnlich wird der Hautstreif eines Longstengels in der Mitte gefaltet und um den Zeigefinger gewickelt. Auf Zug löst sich die Wicklung geschwinde, und der Jäger versucht sofort, seinen Zeigefinger in den Falz zu stecken. Verfehlt er sein Ziel, so wird ihm auch seine Beute entkommen.

Drei-vier Familien haben den Weiler Patik verlassen, und siedeln etwas talwärts in wildreicherer Gegend, Hirsch und Reh besuchen des Nachts die Salzquelle (Sungan) gleich hinter der Hütte. – Der alte Abeng (= Sakabeng, der Linkshänder) ist von sehniger Gestalt, und die anfängliche Scheuheit überwunden, tanzt er gar aus eigenen Stücken ein Solo. – Eigentlich würde er gerne zu seinen Nomadenbrüdern am Magoh zurückkehren, doch seine Frau leidet seit einem Anfall mit Nasenbluten an heftigem Zittern (→ Parkinson?) und braucht Pflege.

Geborgenheit 9/141

Dichtgedrängt – wie ein satte Welpenschar im Nest – strecken wir unsere faulen Glieder. Den Kopf in Grossväterchens Schoss gelegt, bin ich und sinne. Ein kleiner Junge lehnt auf meinem Bauch und ist ins Reich der Träume abgeflogen. Zwei Lausemädchen streicheln meine beflaumten Beine – Wolken ziehen am blauen Himmel

Die kleine Frau / Redo Si-ik

Liebeszauber 9/142

Einige weitere Pflanzen werden verwendet, um sich eine Seele geneigt zu machen.
Das <u>Wasserbüffelholz</u> (Kaiu Krbau) wächst in den Niederungen in Wassernähe. Fussend-kriechend. L ~50–150 cm, H ~50 cm, Ø 1 cm.

Blätter kreuzweise ggst., L 15–30 cm, glänzend, ältere Blätter matt, spärlich behaart auf Bergen. Kambium ~ latexhaltig. Sicheres Bestimmungsmerkmal der sonst geruchlosen Pflanze ist die stark riechende Wurzel; sie hat ihr den weiteren Namen ... Hörnchenpenis (Keramai Boto Púan) eingetragen.

Die Kellabits verwendeten die Pflanze, um einen neu zugekauften Wasserbüffel oder Hund zutraulich zu machen. Der Punan verbrennt deren Wurzel zusammen mit zwei Samen der Hundeklette (Pugei Aseou) und einer Schwanzfeder des schneeweissen Vogels ‹Periuai›*, und vermischt etwas Asche mit dem Wachs des Bienchens Lengurep. Dieses klebt er dem scheuen Hund auf die linke Wange, oder dem unwilligen Partner ins Haar.

* Langgeschwänzt, häufig in Sekundärwald, Nest aus Fadenpilzen (Lukun)

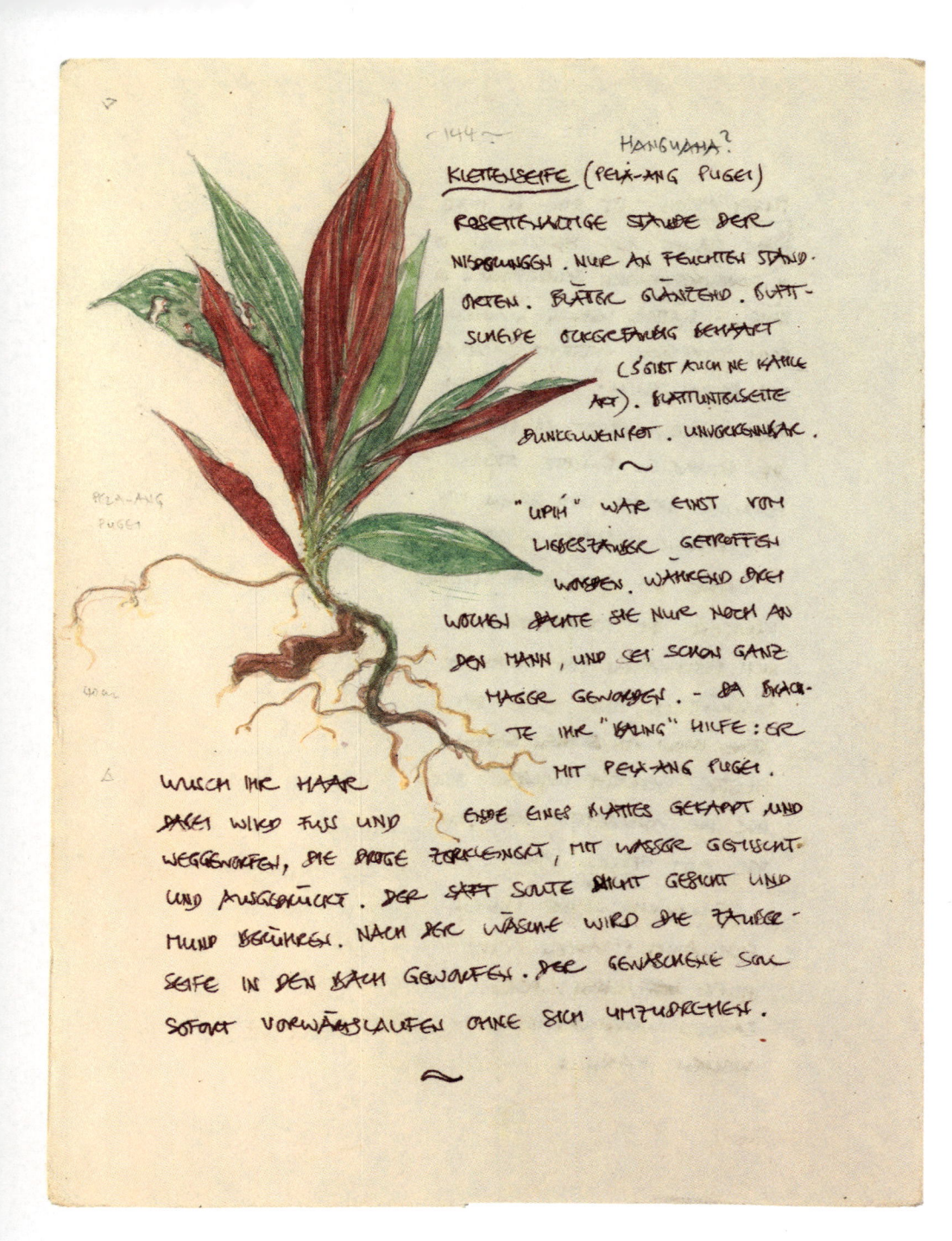

Pugei Aseou ist eine bis meterhohe Staude der Niederungen, oft in sonnenbeschienenen Seitenhängen in Wassernähe. – Blätter lederig-glänzend-trocken. Beim Zerreissen entsteht dasselbe Geräusch wie von Tuch. – Drängt die Pflanze zur Blüte, schiesst ein Halm in die Höhe. Die behaarten Früchte stehen auf einfacher Dolde, und sollen von Heuschrecken verzehrt werden (?).

Gerade so wie diese kleinen Kletten im Vorbeistreifen sich festkrallen und nicht abzuschütteln sind, soll der Hund an seinen neuen Meister gekettet werden, oder der/die Angebetete dem Zauber zum Opfer fallen.

Glücklicherweise finden sich auch Pflanzen, mit deren Hilfe der Zauber weggewaschen werden kann:

Klettenseife (Pela-ang Pugei) Hanguaha?

Rosettenartige Staude der Niederungen. Nur an feuchten Standorten. Blätter glänzend. Blattscheide ockerfarbig behaart (s'gibt auch ne kahle Art). Blattunterseite dunkelweinrot. Unverkennbar.

‹Upíh› war einst vom Liebeszauber getroffen worden. Während drei Wochen dachte sie nur noch an den Mann, und sei schon ganz mager geworden. – Da brachte ihr ‹Baling› Hilfe: Er wusch ihr Haar mit Pela-ang Pugei. Dabei wird Fuss und Ende eines Blattes gekappt und weggeworfen, die Droge zerkleinert, mit Wasser gemischt und ausgedrückt. Der Saft sollte nicht Gesicht und Mund berühren. Nach der Wäsche wird die Zauberseife in den Bach geworfen. Der Gewaschene soll sofort vorwärtslaufen ohne sich umzudrehen.

Pelá-ang Pugei, 40 cm

9/145 **Stachelholz (Kaiu Zu-há) Zanthoxylum**

Das auffällige, bis armdicke Bäumchen findet sich als Kulturfolger im eingewachsenen Reisfeld. Der 2–3 m hohe grüne Schössling erinnert im Habitus an einen Rosentrieb.

Die Fiederblätter des ausgewachsenen Bäumchens sind bis 80 cm lang, Os. glänzend, Us. matt. – Hält man ein Blatt im Gegenlicht, so zeigt es sich durchwegs hell durchscheinend punktiert. Es sind wohl die Kammern des ätherischen Öls. Beim Zerdrücken eines Blattes stösst dieses aufdringlich in die Nase, und ist auch im weichzarten Holz vorhanden. – Das Dschungelvolk empfindet die meisten Blüten- und Pflanzendüfte als unangenehm. – So legt der Heiler im Gehen dem vom Zauber Getroffenen von hinten ein zerquetschtes Blatt des Stachelholzes auf die Schulter. Dieser wird den Kopf seitlich wenden, und sofort instinktiv die Nase rümpfen. – «Nhh – nhh!» – und sich von dem lästigen Gestank befreien. Und damit ist auch der symphatetische Zauber gebrochen.

9/146 **Keramai**

Diese weitere Pflanze mit weissgepunkteten Blättern, kreuzw. gegenstg., Höhe 30–40 cm, findet sich regional in Seitenhängen. Jene mit sieben Blättern wird ausgewählt für den Liebeszauber.

Mehr vom Teilen

Galang hatte seinem Grossvater einst
ein Liedchen abgelauscht:
Tai beté ahmo lié
Djáh mega ala rié, djáh pú-an ala ké
Sin-son manu ué tulang-tulang nanu ke
Tai beté ahmo kepeh
Djah payau nanu ue: Djah tella-ó ala ké
Apai kapan-liei atai nepé nanu ke [ganzer Abschnitt teilweise unleserlich]
«Wir gingen zusammen auf die Jagd, mein Onkel und ich.
Er schoss einen Marder, ich ein Hörnchen
Das Fleisch ass er selbst, mir gab er nur die Knochen.

9/147 Da gingen wir nochmals auf die Jagd.
Mein Onkel schoss einen Hirschen. Ich ein Reh.
Die dicke Leber ass er selbst, die dünne gab er mir.
Da wollte ich wütend werden. Doch ich verzieh ihm.
Denn er war auf einem Auge blind.»

Das traditionelle Teilen (Petulat) jeglichen Ertrags aus dem Dschungel ist keineswegs angeboren. Der Mensch erblickt das Licht der Welt als Ich-bezogenes Wesen. Die Begegnung mit dem Du ist ein Lernprozess. Die Kleinen lernen von den Grossen, oder, wie im folgenden Fall, wirkt die Frau als soziale Erzieherin.

Marder und Echse

Es war eine hungrige Zeit, und man hatte nichts zu essen. Da sprach die Echse Surut Takang zum Marder Megá: «Wohin auch immer du auf die Jagd gehst, ich folge dir.» – «Oh, wenn das so ist, komm! Ich baue hier eine Hütte. Geh du in der Zwischenzeit Dá-un-Blätter für die Dachbedeckung holen!»

Als Surut Takang mit den Wedeln zurückkam, war die Hütte des Marders schon entstanden. «Bau du dir selbst deine Hütte», sprach dieser, «während ich auf einen abendlichen Streifzug gehe.»

Spät in der Nacht kehrte der Marder schwer beladen

9/148 mit Fischen heim. Die Echse aber liess er leer ausgehen mit den Worten: «Selbst gefangen, selbst gegessen!» So musste Surut Takang zusehen, wie Megá die Fische zubereitete und selbst verspies. Hungrig, mit leerem Magen, döste er quer neben der Feuerstelle. Da flog ihm plötzlich ein Kebureng ins Gesicht «jnhh – jnhh – jnhh, du stinkst!», rümpfte er die Nase und rief er dem schwarzen Käfer entgegen. – «Oh, sprich nicht so», entgegnete Frau Käfer. «Gut, du sagst zu mir: ‹Mmhh, fein duftest du nach Ludan-Öl und Sakan, Grossmutter!› – So will ich dir Fleisch geben.» – «Oihh, wenn das so ist: «Mmhh, fein duftest du nach Ludanöl und Sakan, Grossmutter!»» «Geh Morgen flussaufwärts», sprach darauf Frau Käfer, «bis an die Mündung des schmutzigen Bachs. Folge ihm bis zur Suhlhöhle (Lobang Lina) rechterhand. Dort wirst du ein Wildschwein treffen. Erstich es mit deinem Speer!»

Am nächsten Morgen tat Surut Takang wie geheissen. Tatsächlich traf er das Wildschwein am genannten Ort und tötete es. Zurück in der Hütte röstete er das Fleisch.

Gegen Abend kehrte Megá wieder mit Fischen beladen von seinem Streifzug zurück. Surut Ta-

Kebureng

9/149 kang lud ihn ein: «Hier Freund, da ist Fleisch. Nimm und iss!» – «Nein», antwortete jener, «selbst erbeutet, selbst gegessen!», und so hielten sie ihre Mahlzeiten getrennt.

Am nächsten Tag kehrten die beiden heim zu ihren Familien und übergaben den Ertrag ihres Streifzugs ihren Frauen. Als diese

die Traglasten öffneten, sahen sie, dass die beiden Männer ihre Beute nicht geteilt hatten und wurden wütend.

Die Gemahlin des Megás kochte Fleischbrühe im Kuren, gab jenem aber keinen Löffel. So streckte er seinen Kopf durch den engen Hals des Gefässes um zu essen, und blieb darin stecken. Da schlug ihm seine Frau kräftig mit der Tanyit-Kelle auf den Kopf, bis er wieder befreit war. – Da wurde Surut Takang verlegen und kehrte sich um. Seine wütende Gattin aber nahm einen Kamm und schlug damit seinen Rücken.

Seit jener Zeit besitzt der Megá einen flachen Schädel und Surut Takang einen gekämmten Rücken.

Ná Anan, Pa-Tik
Die Sage ist Penans vom unteren Baram (Bella-it) abgelauscht

9/150 Der Käfer <u>Kebureng</u> kommt oft mit surrendem Geräusch des Nacht's in die Hütte geflogen. Der Penan mag ihm zurufen: «Masek siná, pó, siná messip djäh sagam!» «Geh dort hinein [in die Dachbedeckung], Grossmutter, dort werd ich morgen Fleisch reinstecken!»

Am Ansatz der Arme befinden sich zwei goldig schillernde ‹Augen›. Sie haben wohl Bedeutung im Sichtkontakt der schwarzen Brummer. Die Augen befinden sich unter grossem Kopfschild. – Käfer während des Starts, mit geöffneten Deckflügeln. Während des Flugs verbreitet das Insekt einen eher unangenehmen Geruch. – Die kräftigen Gliedmassen sind äusserst wendig und die zwei hinteren Paare können gar über den Rücken bewegt werden. Dies erlaubt dem Käfer unheimlich geschwind in der Bodenvegetation, in Falllaub und Erde unterzutauchen.

Gebirgswasser (Ba Paiáh)

Eigenartig. Das Wasser des Kuba-an – und Ngelah-Flusses zeigt stets eine bräunliche Färbung. ‹Ba Payah› nennt es der Penan, und meint, es stamme aus moosiger Epiphytenstufe bergwärts. Zeigte sich am sonst kristallklaren Ubungfluss bei schönem Wetter diese Erscheinung, so wusste der Nomade dort um einen Regenschauer im Quellgebiet. Vielleicht sind die Erdrutsche in dem steilen Gelände dafür verantwortlich, vielleicht laugenhaltige pflanzliche Lösungen; das Wasser fühlt sich äusserst weich an und zeigt oft Schaumbildung.

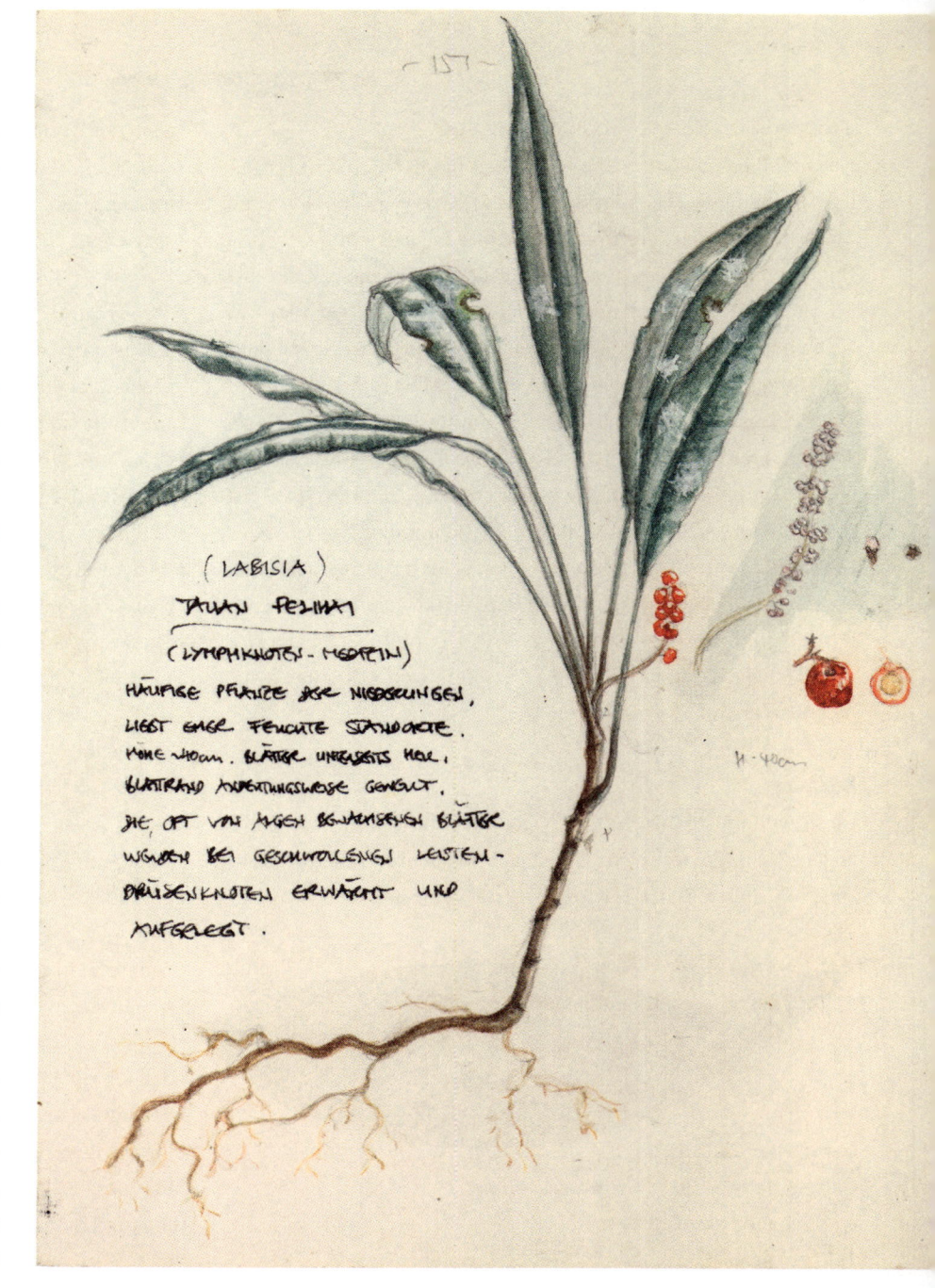

Tauan Pelihai (Labisia) (Lymphknoten-Medizin) 9/151

Häufige Pflanze der Niederungen, liebt eher feuchte Standorte. Höhe ~40 cm. Blätter unterseits hell, Blattrand andeutungsweise gewellt. Die oft von Algen bewachsenen Blätter werden bei geschwollenen Leistendrüsenknoten erwärmt und aufgelegt.

H ~40 cm

Wahlkampfreisende Politiker fliegen durchs Dschungelland und sind auch im abgelegenen Weiler Pa-tik gelandet. Die Penans sind hilfsbereite Menschen und wagen kaum, Nein zu sagen. So gaben sie dem Hilfe Suchenden ihre Stimme, obwohl sie ihn kaum kannten. Doch nur, wer im Besitze einer Identitätskarte ist, hat Wahlrecht. Und das sind in Pa-tik nur gerade zwei Mann. – Die wenigsten der Sesshaften und keiner der nomadisierenden Penans sind bis jetzt nummeriert worden. Das soll sich ändern, und die Regierung beginnt, sich um das Dschungelvolk zu kümmern. Ende 86 wurden sie in die Kellabitdörfer Long Seridan und Bareo eingeladen zur Herstellung von Ausweisen (auch ein Grossteil der Kellabits und anderer Volksstämme flussaufwärts entbehren noch der Papiere). Nach einer Woche Wartezeit und zwei Tagesmärschen erhielten sie gegen Gebühren erstmals einen Taufschein. Die Beamten hatten die Bitten überhört, die von weit hergekommenen Ärmsten des Landes zuerst zu berücksichtigen.

Die Penans von Pa-tik haben Gelegenheit, als Lastesel ein paar Batzen zu verdienen. Ein Bewohner von Bareo sägt am Ulu Kuba-an Jemenging-Bäume mit der Motorsäge zu Pfählen auf, welche beim Hausbau Verwendung finden. Ein Pfahl des zähen Hartholzes, von drei Meter Länge, wiegt um die 30 kg, und gilt in Bareo um die 60.– $.

Bekkelá-Staude H: 30–40 cm
Blätter wstg., Os/Us. dicht behaart
25 cm

In zwei Tagesmärschen erreicht der Träger mit seiner Last Bareo und erhält 13.– $ Entlöhnung für seine Mühen (gute drei Dollar Taglohn).
Noch drei Tage nach Berhems Rückkehr von Bareo sind die Abdrücke der Rindentraggurten sichtbar – als rote Striemen, quer über seine Schultern. Selbst Penanfrauen schleppen hin und wieder einen solchen Pfahl!

Sandpapier
Ná greift ein grosses Medangblatt vom Boden und schleift damit während des Gehens gemütlich sein Blasrohr. Schon bald dunkelt das Holz, und ein feiner Glanz fliegt über die Waffe. Rot bleibt der Schleifstaub am Blatt haften, und es wundert, wie dieses das zäheste Tanyit-Holz anzugreifen vermag. Begehrtestes Schleifpapier liefern die äusserst rauh anzufassenden Blätter von Bekkelá: Der Penan unterscheidet drei verschiedene Gewächse mit ähnlichen Blättern. Eine kleine Staude (B. Laká), ein Bäumchen (B. Awai) und ein Klettergewächs (B. Laká). Alle in den Niederungen anzutreffen.

9/154 Pusáh

Erst seit zwei Generationen versteht es das Dschungelvolk, sich selbst Holzblasrohre zu fertigen. Zuvor bezog es seine Waffe von talwärts siedelnden Kayan/Keniak-Stämmen, die im Besitz von langen Metallbohrern waren. Mit was ging der Nomade in Urzeiten auf die Jagd? – Unmöglich, einen Tanyit- oder Pá-Stamm mit der Steinaxt zu fällen. Die zähen Burschen wollen gar dem Eisen trotzen – und nur mit gut gehärtetem Stahl wagt sich der Eingeborene an die Arbeit.

Pusah ist der Vorfahre des heutigen Blasrohrs. Es ist dies ein Knotenabschnitt des Bolo Pane (= redender Bambus). Er wächst nur im Hochgebirge, in der unwirtlichen, menschenfeindlichen Paiáh-Stufe. Im Quellgebiet des Kuba-an soll er an gewissen Stand-

Ø 1.5 cm

orten wie angepflanzt im Dickicht stehen. Der nur fingerdicke Bambus ist eigentlich ein Klettergewächs.* Die 10–15 m langen Triebe legen sich gegen oben hin seitlich und finden Stütze und Halt an benachbarten Bäumen, ohne die sie umfallen würden. Allein dieser Bambus besitzt bis 1,20 m lange Knotenabschnitte. Ein solcher wird ausgewählt (jene aus der Höhe mit Seitentrieben sind hart), abgelängt, und wenn nötig über dem Feuer gerädet. Und schon ist die Waffe einsatzbereit. Die Alten sollen damit am Salzquell dem Reh, Hirschen und Languraffen gepasst haben, und auf der Würgfeige allen früchteschmausenden Besuchern. – Der Pusah hat nicht die gleiche Kraftentfaltung wie das lange Holzblasrohr mit spiegelglänzender Innenfläche, und wird heute nur noch von Kindern verwendet. Auch kann an dem Röhrchen keine Speerspitze befestigt werden, und bei seitlichem Druck spaltet es leicht.

* Wie sein Verwandter auf den Hügeln der Niederungen, Bolo Aput, mit kurzen Knotenabschnitten.

60 cm

Pusáh ~120 cm

Grossväterchen Ná hat mich trotz seines Greistums bis an einen Standort vom ‹Redenden Bambus› geführt, und unterwegs auf manche Heilpflanze gedeutet und Geschichten erzählt. –
Vor unserem Abstieg will ich die Gelegenheit nutzen, und ein wenig Weitsicht geniessen. ‹Batu Laui›, ein grosser Felsklotz im Ulu Limbang, soll von hier aus sichtbar sein. – Ich erklettere einen Baum, doch vorstehende Baumkronen verdecken den Ausblick. Da benamst Grossväterchen plötzlich aus einem Nachbarsbaum über mir Berge und Flussgebiete, mit ausgestrecktem Arm in verschiedene Richtungen weisend. Schnell verlasse ich meinen Platz, um mich zu ihm zu gesellen.
– Auf halber Höhe weiss ich plötzlich nicht mehr weiter und zögere. Wo ist der alte Mann bloss aufgestiegen? –
Weit muss ich hinauslehnen und meine Arme strecken, um einen Ast vom Nachbarsbaum heranzuziehen und überwechseln zu können. – Alle Achtung! Ich staune und bewundere die Wendigkeit meines Führers, wo die meisten älteren Menschen Schwindel haben. Wolkenverhangen steht der Batu Laui, doch nach einer halben Stunde lupft sich

die grauweisse Decke sachte immer höher – und mein Herz freut sich.

Märchenlandschaft! Majestätisch erhebt sich der kahle Fels als gleissende Persönlichkeit aus dem ewig wallenden Dschungelgrün. Der Riese Mukak, mit Schienbeinknochen so gross, dass ein Hirsch in deren Höhlung spazieren kann, soll sich die Erhebung in der Landschaft einst als Stuhl gewählt haben. Auf dem Batu Laui sitzend schlug er wütend mit seinem Buschmesser den Fels am Ufer des Limbangflusses. – Noch heute sind die Spuren, wohl 50 km talwärts, am Batu Metá (unterhalb Long Tu-an) sichtbar.
«Der Batu Laui* und der Batu Magung** waren miteinander verfeindet und bekämpften sich. – Der Batu Laui verlor die Schlacht. Noch heute ist der Unterkieferknochen seiner getöteten Frau als kleinere Erhöhung neben ihm zu sehen.»
Ná Anan, Patik

* dh. sein Geist (Bali)

** am Baramfluss

9/158 **Der Pfeilköcher**

Verwendeter Bambus:

Bolo Mu-un/Bolo Bala.

Ein älterer Stamm mit Seitentrieben wird ausgewählt. Ø 7–10 cm. Gegen die Höhe zu wird die Bambuswandung dünner*; dort vergleicht man mit einem Blatt die Ø zweier benachbarter Knotenabschnitte: Jener für den Verschluss muss ein wenig grösser sein als derjenige für's Gefäss. –

Grosszügiges Ablängen der Knotenabschnitte mit dem Buschmesser. Dieses muss in flachem Winkel angesetzt werden, um ein Springen des Rohrs zu vermeiden.

Bleichung:

Darauf wird mit einem Medangblatt oder Erde der weisse Belag (Dang) auf der Oberfläche weggerieben, in nassem Zustand. – Um einen schön gelben Köcher zu erhalten, wird die Rohware während ein paar Tagen an der prallen Sonne aufbewahrt und so getrocknet.

* und der entstandene Köcher leichter im Gewicht

Tiba

Traggabel 40–50 cm

Rattanreif (2–5 cm)

Köcherschlund

Rattanreif (3–5 cm)

9/159 Schnellbleichung in aufrechter Stellung, mit Wasser gefüllt, innert kurzem neben dem Feuer.

Abmessung
Verschluss: 4-fingerbreit
Tiba: Zeigefingerlänge
Gefäss: Eine Handspanne (Urek)

Der so entstandene Köcher wird 40–50 cm lang. Bei kleinerem Ø entsprechend kürzer. Mit scharfem Messer wird das Rohr auf der gewünschten Höhe ringsum quer gerillt – so tief bis es bricht. – Der Fuss des Gefässes wird unterhalb des Knotens angebracht.
Die Verschluss'stelle (Tiba) wird mit dem Messer sorgfältig konisch zugeschnitten, sie stets drehend, bis der Deckel passt. Darauf dichtet man sie ab gegen Wasser:
Versiegelung mit dem klebrigen Kambiumssaft des Baumes Lusing, oder mit dem Harz der Blutliane (Laká Dahá). Ein Abschnitt dieser wird in Abständen keilförmig gekerbt; innert 5–10 Minuten tritt das rote Harz aus den Schnittstellen, und die Tiba kann damit eingestrichen werden. Sofortiges Schwärzen mit Pfannenruss, oder direkt über der Fackelflamme, und Trocknung neben dem Feuer. Darauf

Köcher
Verschluss
Knoten
Fuss

9/160 wird eine zweite Couche Harz darübergegeben und getrocknet. Behandlung mit Lusing entsprechend; die Tiba wird mit der klebrigen Kambiumseite der Rinde eingestrichen, und nimmt mit der Trocknung Lack-Glanz an.
Polieren. Bevor die gebleichten Knotenabschnitte abgelängt werden, schleift man sie auf Hochglanz: Ein Sandstein (Batu Oso), an Quellwässerchen in weisslicher oder gelblicher Färbung vorkommend, wird mit der Rückseite der Axt auf einem Stein zu ‹Mehl› zerhauen. Dies wird in ein Stück Tuch gegeben und angefeuchtet, und über dem Bambusrohr hin- und hergezogen. Innert einer halben Stunde beginnen die Flächen zu glänzen – es ist ne Freude!
Die traditionelle Traggabel (Ja-ang) wird aus dem zähen Blasrohrholz Pá gefertigt, meist ein Abschnitt einer Stützwurzel. Das rote Holz nimmt im Alter schwarzglänzende Färbung an. Ornamente, Spiral- und Wellenmuster (Kalong) sind der Fantasie des Handwerkers überlassen. Der Nashornvogel (im gezeichneten Fall: Tawa-un) ist beliebtes Schnitzmotiv.

9/161 Die Traggabel des Kinderpfeilköchers ist meist nur eine flachwinklige Astgabel eines härteren Holzes*, deren Fertigung wenig Aufwand verlangt. Die meist zu starke Spreizung der Schenkel wird vermindert durch Zusammendrücken, Fixieren und anschliessender Trocknung des grünen Holzes über dem Feuer.
Verschluss und Gefäss sind je mit einem geflochtetenen Rattanreif (Ulat) versehen. Sie sollen Spalten des Rohres verhindern, und dienen als Befestigungsstelle der Traggabel und des Köcherschlunds. Ihre Herstellung ist recht kompliziert, und sei gesondert besprochen (siehe Seite 240). Der begehrteste Rattan (Uai Bukui) liefert zugleich widerstandsfähiges und schön anzusehendes Rohmaterial.

Die Traggabel wird mit einer Rattanfaser am Fuss des Köchers befestigt. Dieselbe, schön anzusehende Verschnürung kann verwendet werden, wie bei der Verbindung von Gurt (Tellihan) mit Buschmesserscheide (Takeng Roé).
Traditionelle Materialien des <u>Köcherschlunds</u> (Teggoro Tello) sind ein getrockneter Hautstreif vom Rücken des Mausrehs (Pelanok), vom Schwanzkamm der Wassserechse (Seluen Ikó Belirang), oder die zur [weiter auf S. 9/163]

[* fehlt]

Unterkieferknochen erbeuteter Tiere, hier von Wildschwein und Langschwanzmakaken (Kuiat), zeugen von alten Siedlungsplätzen. Oft hängen sie erhöht, bleich mit grünlichem Schimmer, wo sämtliche Spuren der einstigen Behausung längst vermodert und verschwunden sind.

[Fortsetzung von S. 9/161] Schnur gedrehten weissen Haare der Luftwurzel von Uwut (Ihat Basong). Sämtliche Materialien sind äusserst zäh und reissfest.

Ein so entstandener Pfeilköcher ist ein glänzendes Schmuckstück und der Stolz des Jägers. Auf dem Verschluss klebt oft im Lengurep-Wachs als persönliche Zier ein Stück funkelnder Kristall (oder Spiegel), eine Glück verheissende Pfeilspitze oder ein geliebtes Vogelfederchen. – Leider verstehen sich nur wenige Eingeborene auf die fachgerechte Köcherherstellung.

<u>Köcherinhalt</u>: Pfeile (Tahad/Belat) und deren Rohmaterial (Lat/Betou Tahad), der Betukan (Holz zur Herstellung der Pfeilhintern, von gleichem Durchmesser wie Blasrohröffnung). Ein Messer mit Knochengriff. Pfeilgiftbestandteile (Pa-ong Long oder Schössling der Tuak-Liane). Weiter findet sich ein Bambusröhrchen mit magischen Jagdglücksbringern (Sihap Tello) und hin und wieder ein Stückchen Ginger (Liáh) von talwärts, das als Medizin bei Leibschmerzen gilt.

Ná Anan stammt vom Quellgebiet des Peliran (.Division). Einige seiner Stammesmitglieder seien einst den Belawan (Wá-e) auf ihrer grossen Wanderung über das Apau-Gebirge an den Baram gefolgt. Einige zogen weiter auf dem Wasserweg talwärts und den Tutoh-Fluss rauf bis Long Tarawan. Manche folgten dem Beispiel der Belawan und versuchten sich im Reisanbau, doch Epidemien trieben die meisten wieder in den Dschungel. Ná's Vater soll sesshaft gewesen sein. Doch betont der Sprecher, ein Penan zu sein, im Gegensatz zu den seit vielen Generationen sesshaften Punans auf Bellagá-Seite*. Diese würden Bär, Python und Makakken essen, und keine Tabus (Kilin) in der Ernährung kennen.

Ná zog das Nomadenleben vor und verliess sein Heimatdorf am Peliran. Jahrelang streifte er durch die grünen Hügel, vom Quellgebiet des Tinjar (Lemeteng) bis zum Tutoh- und Magoh-Fluss. Da suchte er sich Nahrung sowie wilden Kautschuk (Pelep Ketipai, Gerigit, Jakau, Pellutan u.a), Pellaio-Harz und Niakit-Magensteine. Diese Dschungelprodukte tauschte er mit britischen Händlern am Baram gegen Gewehr und Munition, Pfanne, Buschmesser, Tuch und Feuerzeug. Am Batu Lulau (Tutoh) sei er einst den Keramo-Penans (vom Quellgebiet des Akah) begegnet. Die führten ein armes Leben und hatten nur Bastkleidung (→ Talun), Bambusblasrohr (Pusa) und als Zeichen von talwärts winzige Buschmesser. – Er selbst war reich vom Handel mit den Briten, dazu ein begabter Jäger mit guten Hunden. So gab er den hilfsbedürftigen Blasrohr, Buschmesser und Messer.

* Von nun an sei diese Terminologie für das Dschungelvolk am Baram gebraucht. Das ‹e› in ‹Penan› ist ausgesprochen als ə wie im engl. ‹summer›

Einmal gingen sie Paren Kusil am Bare Fluss besuchen. Sie trafen das Ehepaar krank und hungrig. Angst vor Ansteckung liess die andern Sippenmitglieder fliehen. – Auch Ná's Begleiter suchte das Weite, während Grossväterchen sein Gepäck und Kinder nachholte, um das kranke Paar zu umsorgen und für es Nahrung zu suchen.

Als dann seine Söhne vor einigen Jahren auf Geheiss der Regierung sesshaft geworden sind, ist der Witwer ihnen gefolgt.

Ná ist ein geborener Kletterer, und wo andern der Mut versagte, da wurde bis vor kurzem er gerufen, um paradiesischer Gaben habhaft zu werden. –

Einmal sei er auf einen Mepang-Baum geklettert. Da versagten plötzlich seine Muskeln und er konnte sich nicht bewegen, weder rauf noch runter. Da suchte er, und fand das böse Zeichen: Magisches Wachs klebte am Fuss des Stammes.

Kerejut

Die krautige Pflanze findet sich an schattigem Standort in Ufernähe. Das Stengelinnere unterhalb des Herzens (Pa-ong) gilt als Wundermittel, um faule Hunde jagdtüchtig zu machen (Pekasang Aseou). Die Zähne des Hundes werden damit eingestrichen. – Blühende Pflanze äusserst selten zu treffen. Seine grosse Schwester ist der Rehbell [(Tohok Tellá-o), mit bis 1 metrigen Blättern. Diese sollen, zerhackt und ins Wasser geworfen, Regen verursachen. › Betou]

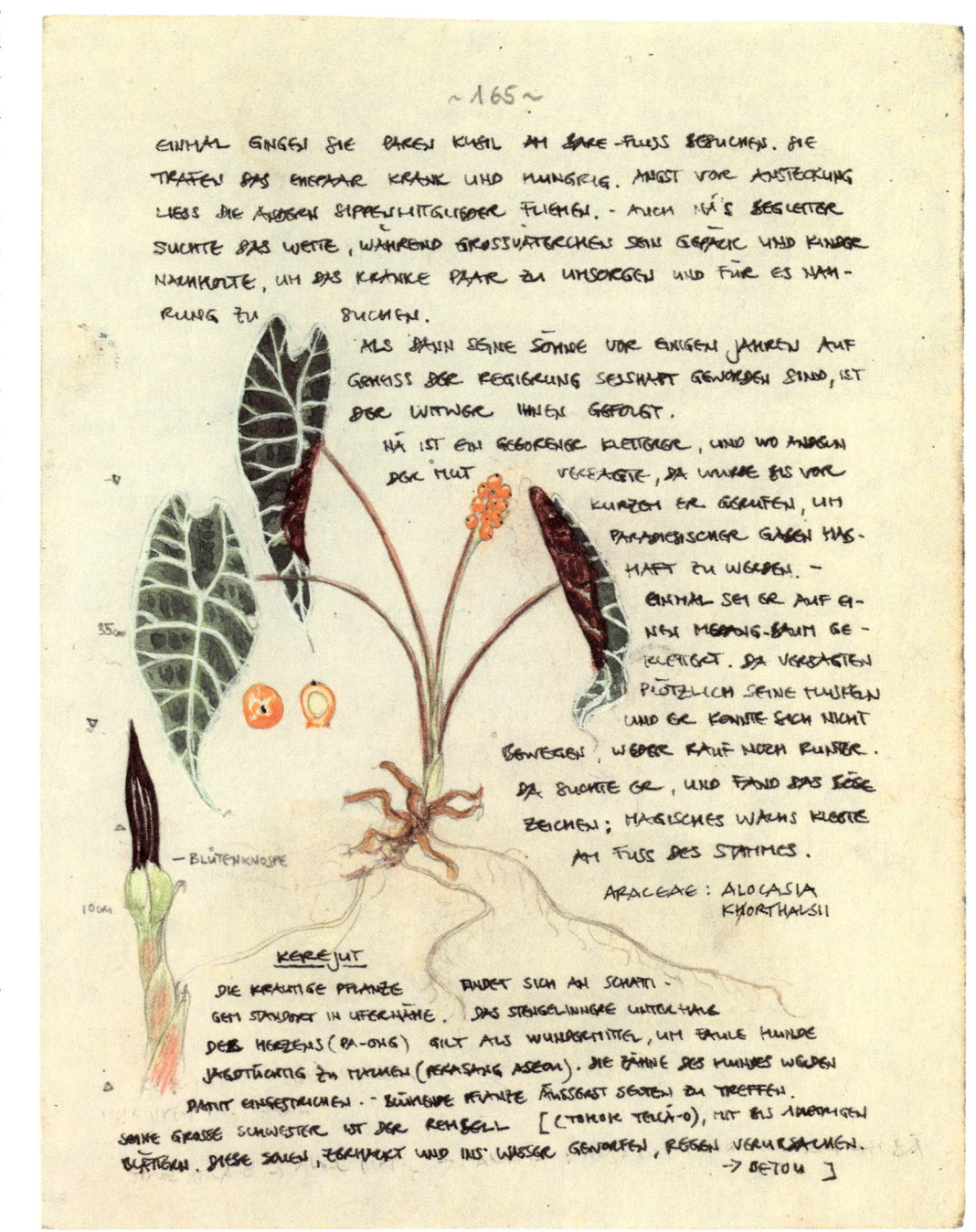

35 cm

10 cm

Blütenknospe

Araceae: Alocasia khorthalsii

9/166 Ein andermal fiel er bösem Zauber zum Opfer: Jemand hatte Teuflisches verbrannt, und der Rauch berührte ihn. Da seien grosse Schmerzen über ihn gekommen und innert 2–3 Tagen fielen ihm alle Zähne aus bis auf einen.*

Heute nun macht Grossväterchen Ná keine grossen Sprünge mehr, doch führt das beschauliche Leben der Alten. Er freut sich, wenn Singvögel und Zwerghörnchen zur Hütte kommen. Leider überhören die Lausejungen und Männer all seine Mahnungen, die kleinen Besucher zu schonen, und die meisten Gäste fallen bald dem Pfeil zum Opfer.

«Geht diese Nacht, und umarmt ihn!», ratet er den Mädchen «denn morgen nimmt er Abschied.»

Ná – du liebe Seele!

Als wir am nächsten Tag schon losgezogen sind, hören wir eine halbe Stunde später Rufe hinter uns: Grossväterchen ist uns nachgesprungen, um mir in dieser mageren Zeit ein Stück Fleisch nachzutragen, von einem soeben erbeuteten Wildschwein.

Als wir uns umarmen, glänzen seine Äugelein, und eine Träne kollert über das Antlitz des alten Mannes.

* Im Glauben des Penans sind alle plötzlich auftretenden Erkrankungen angehext

9/167 **Verknaxt-Trost (Sela Pelingou)**

Dieses kleine Blümchen ziert oft den Pfad längs Bergkämmen. – Dicht beieinander stehen Pflanzen mit weisser Blattzeichnung oder ohne. – Bei verknaxtem Fussknöchel werden die zerkauten Blätter aufgelegt. Nach anderer Information sei das Pflänzchen Medizin

für flechtenartige Hauterkrankungen (Tauan Kiká).

Höhe: 10–15 cm

Blätter: Kreuzweise ggstg, gezähnt

(Sonerila)

1:²⁄₃

Wanderung. Die Strecke Pa-tik – Long Seridan ist in Zeiten der Not schon in einem Tag abgelaufen worden. Der Penan benötigt meist eine gute Woche, da er unterwegs auf die Jagd geht und Sago herstellt.

‹Ugai›, der Nackte, führt mich mit Frau und Schwager an den Magohfluss. – Der junge Mann hatte sich bis vor wenigen Jahren geweigert, seinen Körper zu bekleiden. Dabei schoss er mit seinem Blasrohr schon Langur-Affen und hatte krauses Schamhaar. – Die zivilisierten christlichen Bewohner von Bareo klärten ihn auf, dass der Mensch schon längstens aus dem Paradies vertrieben worden sei und sich seiner Nacktheit zu schämen habe. Bis am Ende glaubte er es, schämte sich und stieg in Hosen.

Bekleidung. Während die älteren Männer noch den traditionellen Lendenschurz tragen, ziehen die meisten jüngeren Hosen sowie modernen Haarschnitt vor. Along vom Adangfluss trug als einziger Penan noch Bastkleidung (→ Talun). Seit der japan. Invasion hatten Baumwollstoffe von talwärts das eigenständige Material verdrängt, aus dem Lendenschurz, Rock und Hemd einst hergestellt worden waren. 9/168

Kinder führen noch das unbeschwerte Leben der Nacktheit. Die etwas Grösseren tragen ein Lendenschürzchen oder oft arg zerlöcherte Hosen, wo Hintern und Schnäbelchen da oder dort rausgucken.

Beim Kleiderwechseln und Baden verdeckt der Mann heute seine Blösse mit der Hand. – Während Penan-Frauen mit Kindern meist nur ihren Sarong um die Lenden gewickelt haben, verstecken ledige Mädchen ihre Brüste – und gar Büstenhalter sind in Gebrauch.

Am dritten Tag unserer Reise erreichen wir den Magohfluss. Unterwegs hat Ugai ein Stachelschwein (Tetong Uwut) am Pfad gespeert, und eine Schildkröte (Di-áh) ist im Kochtopf gelandet. – Als sich Ugai an ein Rudel Kurzschwanz-Makakken anschlich, bekamen diese Wind und türmten. Der Jäger hat sie verfolgt, und konnte ein Affenkind lebend fangen – und zuhause seiner Liebsten den Zögling überreichen. – Ansonsten ist der Dschungel wie leergeschossen. Während einer Woche bildet Niwungpalmherz Fleischersatz und einzige Zugabe zum faden Stärkemehl.

Malerische Ahau-Mündung. 9/169

Tümpel zwischen Fels, von Sagopalmen gesäumt, mit ihren zarten Wedeln. Stromschnellen wechseln mit weitem Bachbett, wo die Sonne rundgeschliffenes Geröll bebrütet. Uwutpalmen fallen gleich vom Fels in den Fluss, wo wir die Stämme verarbeiten. – Mit dick geschwollenem Fuss gibt Ugai nach zwei erfolglosen Tagen die Suche nach dem Nomadenvolk auf und kehrt nach Patik zurück. – So mache ich mich mit gemischten Gefühlen wieder einmal selbst auf den Weg...

Was, wenn ich Agans Sippe nicht finde? – Mein Sagovorrat reicht eine Woche. Weder Wurfnetz noch Sagomatte trage ich mit, und neben Buschmesser sind ein Bambus-Blasröhrchen (Pusáh) und einige Giftpfeile meine einzige Waffe. –

Da flieht ein Makakkenrudel. Es hat sich die

9/170 Gaben des Paua-Baums schmecken lassen. Stark duften die erbsengrossen gefallenen Früchte. – Das Holz des Baumes kann zur Dschungelgitarre (Sapé) zugeschnitzt werden, und seine Blätter sind Kopfweh-Medizin. – Oh, schau daher! Da kann ein kleiner Affe das Naschen nicht lassen, obwohl alle seine Genossen längst getürmt sind. Mit ausgestreckten Armen turnt er in den äussersten Kronästen und füllt sich hastig die Backentaschen. – Meine Freunde hatten mich einst vergeblich erwartet, und sind weitergezogen. In einer Botschaft rufen sie mich nach:
In dieser Richtung (1) sind wir, zwei Familien (2), weitergezogen. Gleiches Herz, Freund (3), komm, und folge uns (4). Beeile dich (5); das spiralig gerillte Holz soll sozusagen den Hintern stopfen (Mesok Lotok).
Doch auch die nächste Siedlung steht verlassen. Da erreiche ich schweissgebadet einen sprudelnden Bach mit kristallklarem Wasser. Du kühles Nass! Du lebensspendende Urkraft! Du Reinheit! Und während sich Körper und Geist mit erfrischender Energie aufladet, knabbert

9/171 [Bild]

9/172 ein Krevettchen an meinem Fuss. «Lass das, du kleiner Schelm!» ~

Frühmorgens auf dem Bergkamm, da rufen die Kellawet-Affen im Duo ~ Faszination, wie die Stimmen durch den Raum hallen. Da fühle ich mich unsicher. Ich stelle meine Last ab um den Pfad auszukundschaften. Plötzlich flieht ein Rehbock (Tellá-o) mir entgegen, und bleibt 3–4 m vor mir stehen. Schon vorher hatte ich einen Pfeil in mein Flinten-Blasrohr gelegt. «Phhhhh!» – und erschreckt vom Geräusch, jagt das Wild davon. – Ich hab in das falsche Röhrlein geblasen und belächle meine eigene Dummheit. Auf gut markiertem Pfad erreiche ich eine weitere Siedlung am Penalangfluss. Ich untersuche die Feuerstelle; da ist's gar noch warm in der Asche. Gestern haben meine Freunde den Ort verlassen. Ich erkenne Agans Fuss'spuren; der alte Mann hat im glitschigen Hang seine Zehen tief in den Lehm gekrallt. Glücklich höre ich gegen Abend Kinderstimmen und werde freundlich, doch mit sorgenden Minen empfangen.

<u>Kelleran</u>. Hin- und wieder schmerzt plötzlich ein Glied beim Streifen der Vegetation. Schaut man nach, entdeckt man da ein kleines raupenartiges Wesen in leuchtenden Farben. Dicht gespickt ist es mit vielverzweigten glasigen Brennhaaren. Ohne Beine, bewegt es sich fort wie eine Schnecke. Das Kelleran ernährt sich von Blättern. Der Penan unterscheidet zwei Arten. Der Getroffene zerquetscht den Körper des Tieres und tropft den Saft als Medizin auf die schmerzende Stelle.

Nomade, Kompanie und Polizei
März 87
Mandor Lau, der chinesische Verwalter der WTK-Company hat die Nomaden des Magoh zu einem Meeting gerufen. Er bringt gleich zwei Wagen bewaffneter Polizisten mit. «Ihr könnt uns das Land nicht verbieten! Wir bringen weiter Farbe an!», erklärt er den lendengeschürzten Eingeborenen. – Busak Lon, eine junge Penanfrau von Long Ballau, mit ihrem Säugling im Arm, wirkt als Übersetzerin*. Als sie ihre eigene Meinung über die Zerstörung ihres Lebensraums bekunden will, wird abgewunken: «Frauen haben hier nichts zu sagen!» – Doch Toi verteidigt sie: «Ihr könnt unsern

* Die junge Mutter ist inzwischen bei einem Unfall während eines Transports durch die WTK-Company samt ihrem Kind ums Leben gekommen

Frauen das Wort nicht verbieten – denn ohne sie könnten wir Männer allein im Dschungel nicht überleben. – Wer flicht unsere Sagomatten und Traggefässe? Wer schleppt unser Trinkwasser und schlägt Brennholz wenn wir Männer auf der Jagd sind? – Aber sag, warum bringst du so viele Polizisten mit dir, mit Karabinern bewaffnet? Willst du uns erschrecken oder töten?» «Nein. – Wir suchen den weissen Mann. Ist er bei euch?» – «Warum sucht ihr ihn bei uns? Kommt, und folgt mir in meine Hütte wenn ihr mir nicht glaubt, und schaut selbst nach! Doch ich werde euch nicht zurück hierher führen – ihr müsst euren Heimweg selbst finden.» – «In diesem Falle folgen wir nicht», meint der Polizeihauptmann.

Da lässt ein Uniformierter ohne Vorwarnung mit einem Knall eine Leuchtrakete neben der Versammlung steigen. – Es ist ihm gelungen, die Penans zu erschrecken. Doch einer seiner Kollegen mit Verstand weist den ‹kleinen Helden› zurecht. Doch das Spiel von Drohung geht weiter. Ein anderes Mitglied des Field-Force-Trupps prahlt mit seinem M-16-Karabiner: «Auch wenn du dich hinter einem grossen Tanyit*-Stamm

* zähestes Blasrohrholz

versteckst, wird dich die Kugel treffen. So klein der Einschuss, aber sooo gross der Ausschuss...» Ein friedfertiges Volk wird in die Enge getrieben. – Einer blättert vor Selai ein Bündel Geldscheine hin. – 3'000.– MS $. Der Eingeborene verzichtet auf den Judaslohn – und unverrichteter Dinge löst sich die Gesellschaft wieder auf.

Die WTK-Company ist nun daran, das Gebiet des Tarumflusses (Magoh) abzuholzen. Nur gerade hier findet sich der begehrteste Rattan (Uai Bukui) in grosser Menge, nachdem seine andern Hauptstandorte am Yap- und Sungan-Bach schon gelogged worden sind. Der Rattan Bukui – und nur er – liefert die beste Qualität von Flechtwerk. Doch die Kompanie schenkt den Nomaden kein Gehör; denn sie braucht weder Rattan, noch Pfeilgift, noch Sagopalmen, noch Fruchtbäume. Sie braucht nur Nutzholz.

Von Hunden und Jagd
Toi kehrt von einem Streifzug zurück. Fragend schauen wir ihn an. Er spasst: «Einen Hirschen

9/176 haben wir erbeutet. Doch ich war nicht stark genug, ihn nach Hause zu buckeln, und hab ihn gleich den Hunden verfüttert!»

In Wirklichkeit hatte der Hirsch die Hunde am grossen Fluss abgeschüttelt, die meisten Hunde sind wasserscheu und fürchten, weggeschwemmt zu werden. Nur wenn sich der Jäger beeilt, hat er eine Chance.

Des Nachts scharen sich die räudigen Hunde um die Feuerstelle, um sich zu wärmen. Die Versammlung – auf der Suche nach einem Stücklein Geborgenheit – mutet menschlich an. –

Sämtliche Kläffer besitzen kleine Ohrentaschen wie der Sewáh und die Zibetkatze (Palang Alut), und sind wohl gleichen Ursprungs.

Von sämtlichen Hüttengenossen weiss der Penan nur seinen Hunden Namen zu geben, im Gegensatz zu Affenkindern, und andern Zöglingen des Dschungels.

9/177 Djá-au Maten (Gross-Auge), Aseou Bilung (Leoparden-Hund, wegen des getigerten Fells), Bulak (getupft), Sewáh (→ Färbung wie Sewáh), Niak (fett; weil der Hund einst Fettvorräte geplündert hat), Layuk (Biene; weil der Hund einst von Bienen gestochen wurde), Megut (kahl; räudig).

Die hohe Wertschätzung der Vierbeiner ist Folge deren Hilfegebung bei der Nahrungsbeschaffung – während alle andern Haustiere nur Maskottchen sind.

Folgende Tiere wurden schon durch Hundemeuten überwältigt und totgebissen: Wildschwein (Bache, Jungtiere), Hirsch (Kuh und Kalb), Reh, Mausreh, Kurzschwanzmakakke, Stachelschwein, Sewah, die Baumechse Kevok.

Dabei büsst aber auch hin- und wieder ein Hund sein Leben ein durch Biss von Bär, Wildschwein und Kurzschwanzmakakke (♂). Ein Hund starb einst, da er von einer Borste des Stachelschweins genau in den Hals getroffen wurde, und ein anderer, der nie mehr zurückkehrte, war vermutlich einer Python über den Weg gelaufen. Andere Todesursachen sind Schlangenbiss (Kobra, Viper), Baumechse Bohó und Überfall durch einen Wespenschwarm (Lengiang).

Die meisten Hunde allerdings gehen ein in schmalen Zeiten wegen Unterernährung und Räude. – Findet 9/178 sich eines Tages ein solch ausgemergeltes Opfer unter der Hütte, wird ihm eine Rattan-Leine um den Hals gebunden. Daran schleift man den Leichnam etwas abseits und verbuddelt ihn.

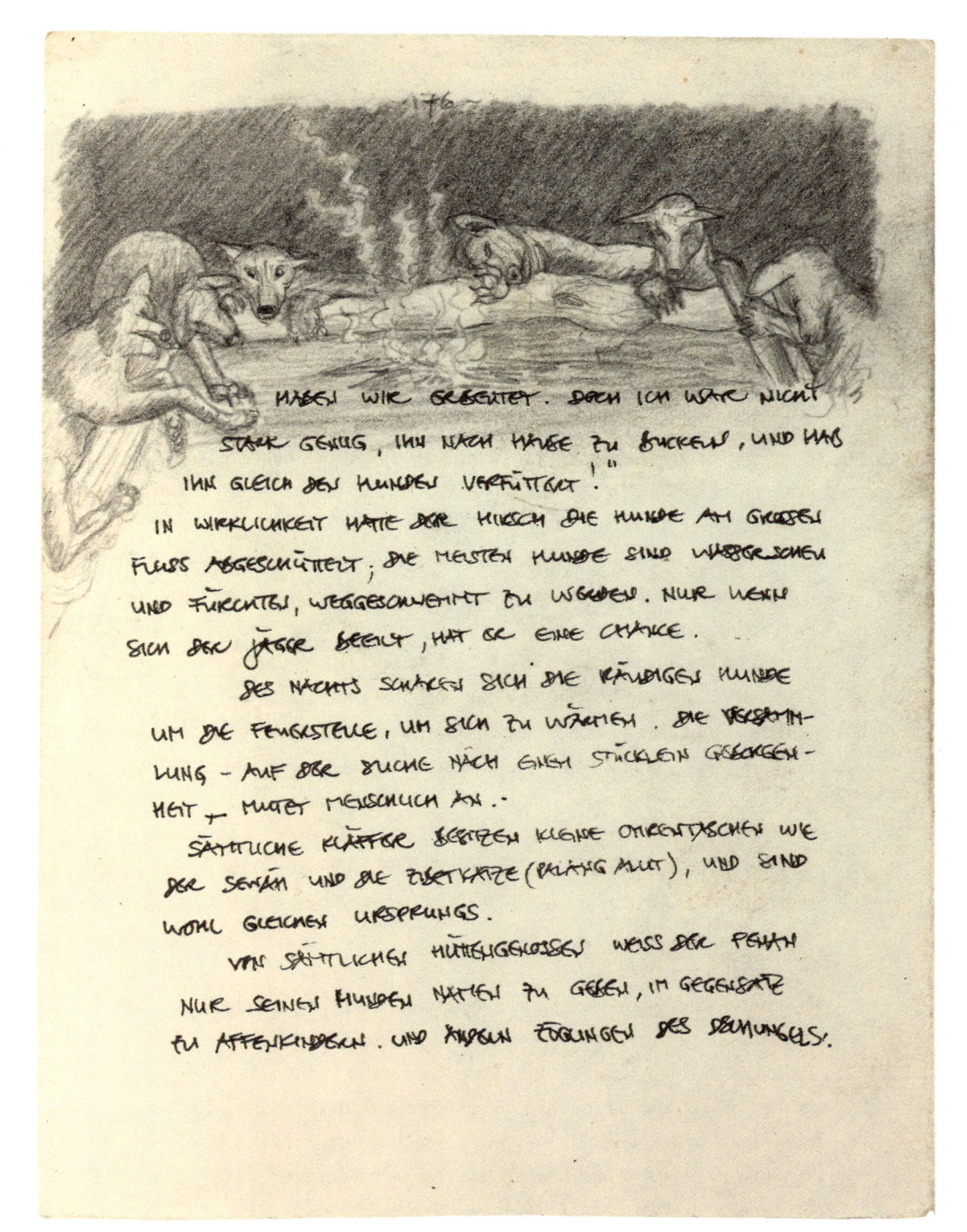

Mehrere Hunde gingen schon ein an den Folgen von Biss durch einen Artgenossen. Ist die Wunde im Genick, am Hals oder Rücken und unzugänglich für die Zunge des Patienten, halten bald Maden Festmahl. Mit Tabakbrühe wird in solchem Fall die Wunde behandelt, um die Maden abzutöten.

Der <u>Flughundknochen-Strauch</u> (Tulang Pa-uat) kommt vor allem in Wassernähe, als auch an lichten Standorten bergwärts vor, in vielen verschiedenen Arten.

Drei* Arten mit unterseits weinrotglänzenden Blättern (Tulang

Pauat Bá), am Bachufer, gelten medizinal: Blutstillung in frischer Wunde durch Draufstreichen von verkohltem Blatt.

* 1) Blätter glänzend, kahl 2) Blätter behaart 3) Blätter mit haarigen Schuppen

Auf Fischfang

Am Meli-it. Die Fische lieben längs eines Flusses ganz bestimmte ihnen zusagende Standorte. Während viele Würfe des Netzes leer ausgehen, bleiben an einer Stelle überhalb einer Stromschnelle beinahe zwei Dutzend Kolem-Fische in den Maschen hangen – in einem einzigen Wurf! Der Ayat – findet sich nicht in grösseren Exemplaren – ob die kleinen Wasserfälle talwärts eine Sperre für ihn darstellen?

Da begegne ich einigen Penankindern. Mit einem Stellnetz bewaffnet folgen sie dem Flusslauf. Ich geselle mich zu ihnen. Nach dem Spreiten des Netzes werfen sie viele Steine ins Wasser, um die Fische zur Flucht zu veranlassen, und oft wirkt die Methode. Doch der Dschungelbewohner, von bleicher Hautfarbe, unterkühlt schnell im kalten Wasser. Immer wieder spreiten wir unsere schlotternden Glieder auf dem warmen Bachgeröll. Als wir im Sonnenschein Jakáh-Palmherz schmausen, bis sich die Lippen vom oxydierenden Saft braunrot färben, da werde ich plötzlich gewahr: Alle Kinder haben rotgefleckte Schenkel. Dem Penan ist diese Erscheinung geläufig, und er nennt das Muster ‹Betek Kare›.

Den im heissen Sonnenschein Ungewohnten ist das Blut fleckig unter die Haut getreten.

Da macht sich plötzlich eine Echse aus dem Staub. Als der ‹Belirang› in der Flucht innehält, erschlagen wir ihn mit dem Buschmesser. Der Körper des ~170 cm langen Reptils ist mit unzähligen grossen Narben bedeckt und gar sein Schwanz zeigt Zackenmuster. War er einst einem Wildschwein zwischen die Hauer geraten? – Beim Todesstoss soll einst eine dieser grossen Wasserechsen mit dem Schwanz ausgeschlagen und ein Blasrohr zerbrochen haben; die Waffe war kaum von erster Qualität. –

Ein feiner Hautstreif vom Kamm des Belirang-Schwanzes wird getrocknet und dient als Köcherschlund (Tegoró Tello), um den Verschluss lose mit dem Gefäss zu verbinden.

Begehrte Braut

Zwei Männer waren in dieselbe Frau verliebt und wollten sie zur Gemahlin nehmen. Da stellten die Grossen den beiden Männern

je eine Aufgabe. Wer sie zuerst löse, solle sich mit dem Mädchen freuen. – Sie hiessen den einen eine Kiwáh voll Tap-Burai-Blättern suchen, die nicht durchlöchert sind. Den andern schickten sie aus, eine Kiwáh voll wilder Bananenblätter (Seká) zu suchen, die nicht zerrissen sind.

Beide kehrten sie bis am Abend mit leeren Traggefässen nach Hause. Unmöglich. Da hiessen die Grossen den einen ein Wildschwein bis am Abend heimzubringen, den anderen einen Löffel voll Schildkrötenhirn. – Natürlich gewann der Erstere.

Galang Ayu, Long Leng

<u>Tap Birai</u> ist ein Baum, bis ~50 cm Ø in Bachnähe. Triebe mit 1–3 Blattpaaren. Blätter typisch durchlöchert (Frass'spuren). Os. mit vielen Flechten und Algen bewachsen. Us. matthellgrün. Holz weich, weiss.

Von Streit und Mord

Die Penans sind ein friedfertiges Volk und Streitigkeiten sind beinahe unbekannt. Scheuheit ist Tradition. Ein Geschädigter weist selten den Fehlenden persönlich zurecht. Die schlechte Rede ist dann – wie bei uns – Ersatz, um den entstandenen Missmut loszuwerden.

Stirbt ein vorher gesunder Mensch plötzlich innert kurzer Zeit, so könne nicht Krankheit die Ursache sein. Bestimmt ist er durch Gift oder Magie ums Leben gekommen. Dieser Glaube ist kaum auszurotten, und in vielen Fällen werden Mitglieder fremder Sippen des Mordes bezichtigt. Es sind wohl immer nur Anschuldigungen.

Im Gebiet des Ulu Tutoh/Limbang sind innert einem halben Jahrhundert nur zwei beglaubigte Morde durch Penans vorgekommen. Der eine geschah in den 40er-Jahren, nach der japanischen Invasion:

Pedeu's Vater hatte ein Verhältnis zu einer verheirateten Frau. Er beschloss, deren Mann zu töten. – Während dieser Jakah-Rundlinge buckelte, schoss er ihm mit dessem eigenen Blasrohr einen Giftpfeil in die Brust. – Der Sünder wurde später festgenommen und angeblich talwärts erschossen.

Der andere geschah vor etwa zwanzig Jahren:

Berin Salah war von einem Bären in den Oberschenkel gebissen worden, und wurde talwärts im Krankenhaus Miri behandelt. Die Versetzung des älteren Mannes aus seinem vertrauten Dschungel in eine gänzlich fremde Welt, ist ihm schlecht bekommen. – Zwei Frauen kicherten, als sie den lendengeschürzten, halbnackten sahen Mahlzeit halten. Das hatte der Mann nicht vertragen. Er griff sein Buschmesser und schlug zu. – Darauf wurde er von den Behörden in Gewahrsam genommen und blieb trotz Suche durch seine Verwandten bis heute verschollen.

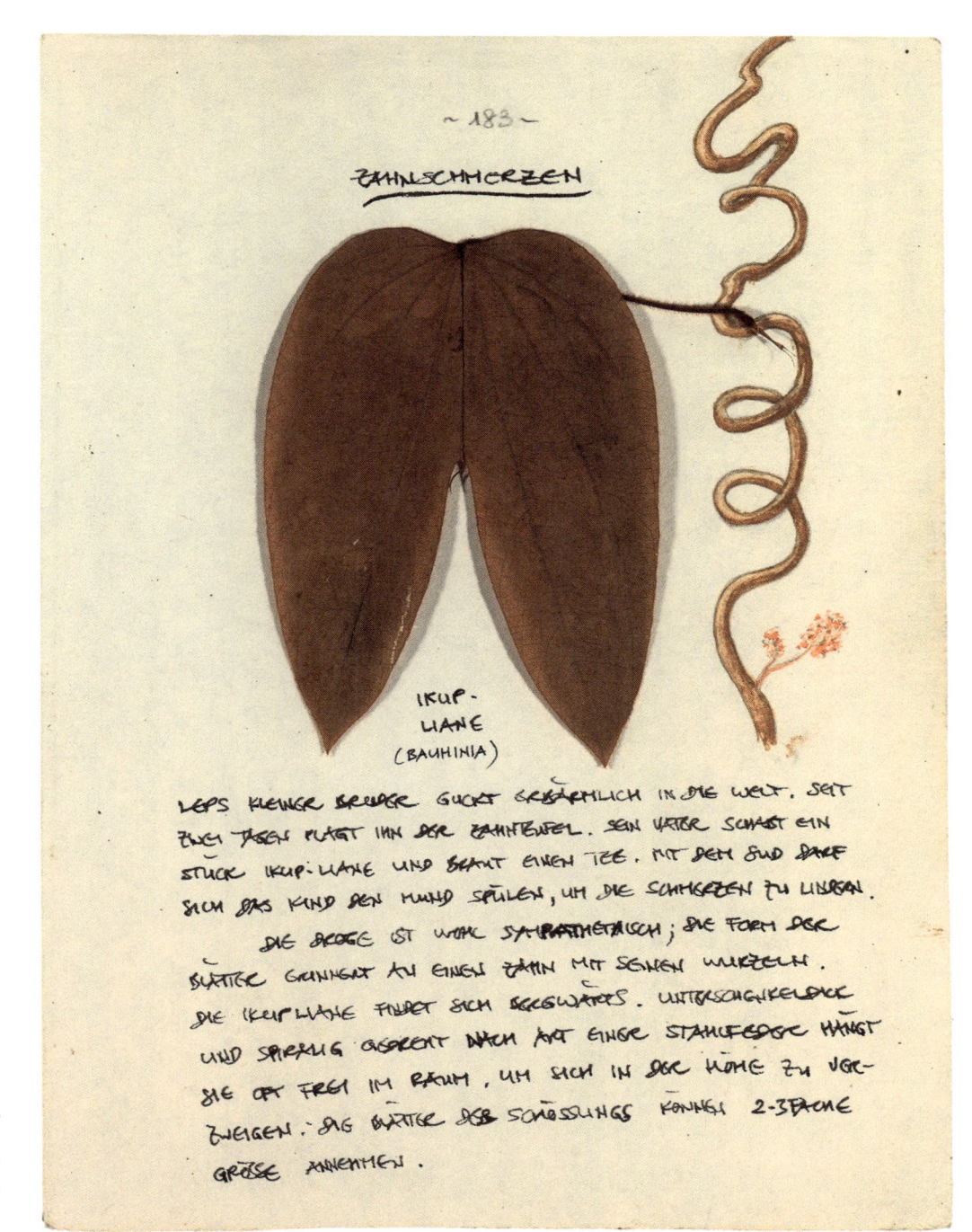

9/183 **Zahnschmerzen**

Leps kleiner Bruder guckt erbärmlich in die Welt. Seit zwei Tagen plagt ihn der Zahnteufel. Sein Vater schabt ein Stück Ikup-Liane und braut einen Tee. Mit dem Sud darf sich das Kind den Mund spülen, um die Schmerzen zu lindern. Die Droge ist wohl sympathetisch; die Form der Blätter erinnert an einen Zahn mit seinen Wurzeln. Die Ikupliane findet sich bergwärts. Unterschenkeldick und spiralig gedreht nach Art einer Stahlfeder hängt sie oft frei im Raum, um sich in der Höhe zu verzweigen. – Die Blätter des Schösslings können 2–3fache Grösse annehmen.

Ikup-Liane (Bauhinia)

9/184 Vielen jungen Penanmännern und -frauen fehlen die oberen Schneidezähne, und ich vermutete einen Kult. Doch nichts dergleichen: Abgebrochen, verfault oder gezogen. – Schon die Zähne kleinerer Kinder sind meist in hoffnungslosem Zustand. Was mag die Ursache sein? – Der Nomade kannte bis anhin kaum weissen Kristallzucker, und nur selten begegnet er einem Bienennest und plündert es, um sich Honig von den Fingern zu schlecken. Gewiss sind die wilden unedlen Früchte dafür verantwortlich, deren hoher Säuregehalt den Zahnschmelz angreift. – Ausserhalb der Fruchtsaison mit ihren süssen Gaben reifen sie das ganze Jahr über. Einige von ihnen würde der zivilisierte Mensch wohl als ungeniessbar bezeichnen. Bei einem Versuch der Rattanfrüchte Ja-nan und Denging oder von Lepeso schüttelt es den Körper vor lauter Säure, und die Gerbstoffe trocknen sofort den Mund aus. Vor allem die Kinder sprechen diesen Vitaminspendern im Übermass zu. – Die Gier ist das Kind des Mangels: Oft werden unreife Früchte wie Pellutan verspiesen, bei denen ein Bissen schon genügt, ‹lange Zähne› zu machen. Der Penan nennt diese geläufige Erscheinung ‹Kennilou›.

Etwas erhöht, wo die Sandfliegen weniger ihr Unwesen treiben, haben sich drei Schwestern ein paradiesisches Schlafhüttchen gebaut.

9/185 [Bild]

9/186 **Gebranntes Kind**

Eine Pfanne mit strodelnd heissem Wasser, Wildschweinsud, war einst gekippt und hatte einem Säugling den Hinterkopf verbrannt. Das Ereignis hatte das Kleinkind gleichsam getauft, und ihm neben der Narbe seinen Namen eingetragen: ‹Anak Laso›. Der Witwer ist in den Fünfzigern und wird wohl nächstens seine ersten Urenkel erhalten. Seine Frau war vor Jahren bei der Geburt ihres neunten Kindes gestorben.

Der Lendengeschürzte, mit seinem gedrungen-knorrigen Wesen, seiner gepressten Stimme mit nasser Aussprache, und seinen stets von Sorgen gezeichneten Gesichtszügen, war mir in seiner Erscheinung hässlich vorgekommen. – «Hüte dich, Urteile zu fällen!», sprach es in mir…

Kein Penan nennt den andern bei seinem richtigen Namen. Meist spottende Übernamen sind gebräuchlich. ‹Toi› wird der Mann von den Sippenmitgliedern angesprochen und sie lästern damit: «Du nichtsnutziger, fauler Mensch!» – Toi lächelt, denn die Penans sind ein humorvolles Völklein.

9/187 Toi

9/188 **Von Füssen**

Toi's Trittsiegel sind unverkennbar. Der grosse Zeh des rechten Fusses steht ab wie der Daumen an der Hand. Diese Erscheinung findet sich bei einem grossen Teil der älteren Männer. – Denkt man noch an die flache Nase und den vorstehenden Mund des Penans, lässt sich schon die Theorie ‹vom Affen zum Menschen› untermauern.
In diesem Fall klärt der Eingeborene selbst auf: Die extrem abstehende grosse Zeh ist nicht angeboren, sondern rührt von einem Unfall. Gewöhnlich geschah es auf der Jagd mit Hund und Speer – wie die meisten bösen Fussverletzungen – wenn der Jäger lospreschte, um möglichst schnell das von den Hunden gestellte Wild zu treffen. Da trat er dann in vollem Lauf zwischen zwei Steine oder Wurzeln, oder ein Holz geriet ihm in den Zwischenzehenspalt... so wurden die Zehen unheilbar verrenkt.
Wie das Dschungelvolk Westmalaysias, die ‹Orang Asli›, besitzen die Penans von Natur weit gespreizte Zehen, und so verbreitert sich der Fuss gegen vorne erheblich. Es geht die Theorie, dies sei Anpassung an das Gehen im Fluss, wo die

9/189 gespreizten Zehen Halt im Bachgeröll finden. Dazu sei nur gesagt, dass die Penans ein Volk der Berge sind und meist weit entfernt von grossen Flüssen siedeln. Als Nichtschwimmer fürchten sie das nasse Element und meiden es in der Regel.
Die gespreizten Zehen sind die natürliche Fussform des Zehengängers. Verlagert man das Körpergewicht auf den Vorderfuss, spreizen sich als Folge des erhöhten Druckes die so belasteten Zehen. (Ähnlich klaffen die Klauen des Schalenwilds auf der Flucht abwärts auseinander).
Der moderne Mensch imitiert – meist unbewusst – den Zehengänger. Wer's nicht glaubt, der mache eine Wanderung mit Schuhen ohne Absätzen...
Barfussgehen in steilem Gelände will gelernt sein. Der Sohlengänger – für einmal ohne Widerhalt findendes Profil unter den Füssen – hat keine Chance. Rückenlage in glitschigem Hang heisst soviel wie auf dem Hintern gehen. – Beim Steigen aber krallt der Eingeborene seine Zehen richtig in den Untergrund.

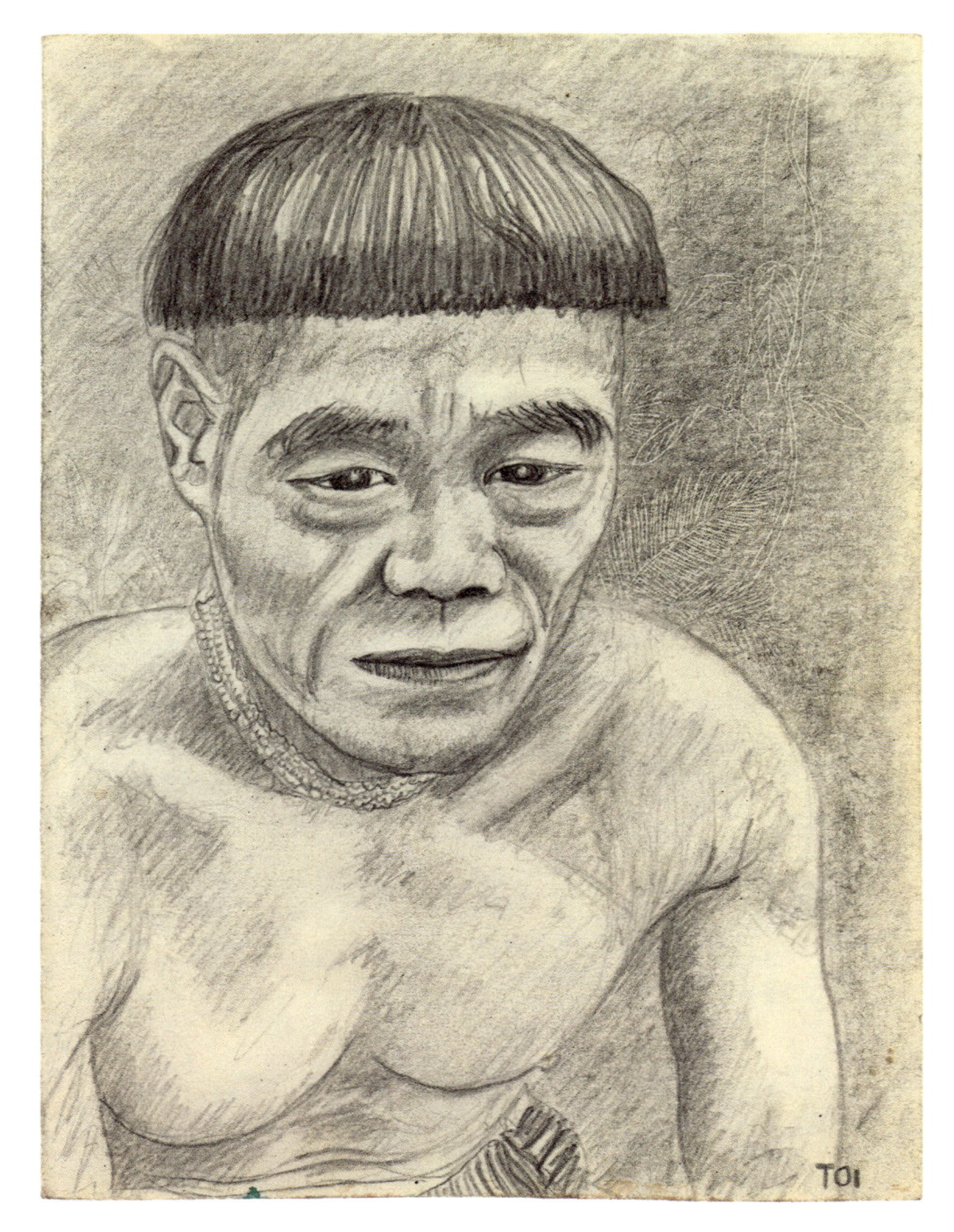

Wie die beweglichen Kleinkinder verstehen es erwachsene Penans, ihre Füsse als Hände zu benutzen; oft werden Gegenstände elegant vom Boden aufgehoben, ohne sich zu bücken. – Beim Spalten von Rattan wird dieser traditionsgemäss fortwährend mit den Zehen gegriffen und nachgezogen.

Der Meli-it Fluss

Fantastisch gibt sich die Gegend dieses Gewässers zwischen Kerangan- und Therimá-Mündung. Kleine Wasserfälle ergiessen sich in tiefe Tümpel. Wassermassen schiessen weissschäumend über den Fels, sich in Mäandern durchs Gestein fressend. – Da stehen Uwutpalmen links und rechts im Hang der Schlucht, strecken ihre feinen Wedel himmelwärts, und lassen ihre Luftwurzeln wie Haarschöpfe felsabwärts hangen. Fledermäuse kichern aus dunklen Spälten und rot drücken Tila-Quellen aus dem schwarzen Gestein. – Gar ein Bär hat sich in der wildromantischen Schlucht rumgetrieben und ein Bienennest geplündert; aufgebissen ist die Höhle im Stamm des Bekakang-Baumes, in dessen Krone orange-rote Früchte leuchten.

Guckst du mit der Tauchbrille in die Welt unter Wasser, da perlen und wirbeln die Luftblasen silberhell durchs kristallklare Element. Ayat-Fische nähern sich und begrüssen dich, und du kannst ihnen in die Augen schauen und sie schier berühren.

9/191 [Bild]

9/192 Wohl selten haben sich Menschen in dieses steile Gelände verirrt, wo Fels und tiefe Tümpel Vorwärtskommen hindern. Doch die Sagopalmen haben unsere Sippe in diese Schlucht gelockt. Man gedenkt, die taube Kompanie ein zweites Mal am weiteren Eindringen und Zerstörungswerk zu hindern, doch trächtige Palmen sind in der Gegend des Tarum-/Belengang-Flusses kaum zu finden. So will man die Sagotaschen reichlich füllen.
Da und dort hallen Axtschläge von den Felsköpfen, und «hschschsch…» sausen die Stämme bis auf den Grund der Schlucht. Während einer Woche schlagen wohl täglich Männer Palmmark und Frauen tänzeln im Ja-an.
Felskuppe und tiefgrüner Tümpel reizen zum Spiel. Freund – komm – und spring mit mir! Kribbelnde Wonne! Noch etwas höher… und noch etwas höher… Da bekomm ich die Quittung für Prahlerei und Übermut: Die harte Wasserfläche schlägt beim Hechtsprung mein Weichteil. Mit gespreizten Beinen erklimme ich den Hang bis in unsere Siedlung bergwärts.

[Skizze] 9/193

9/194 **Karte Skizze**

[Karte mit Flüssen und Ortschaften]

9/195 **Zählung der Penans im Ulu Tutoh/Limbang 1987**

Tutoh:

	Anzahl	
	Familien	Mitglieder
Ubung*	8	33
Long Leng	3	15
Long Ludin	2	11
Ba Lesuan	6	17
Long Ballau	14	69
Magoh*	5	29
Bare*	6	20
Puak*	3	8
Síang*	7	27
A-é*	1	10
Tepun*	8	30
Long Bakaua	4	19
Patik(*)	20 (*)	86 (*)
	87	374
Ulu Tutoh*	2	5

Limbang

Long Napir	19	73
Long Sulung	8	36
Long Sembayang	7	38
Adang*	13	53
	47	200
	134	574

* = Nomaden

Sippen		Familien	Mitglieder
10	Nomaden	51	210
8	Halb-sesshaft	83	364
18	Total	134	574

Die meisten Penans wurden innerhalb der letzten 10–15 Jahre sesshaft und die Anzahl der Nomaden wird sich in Zukunft weiter verringern. – Doch praktisch keine einzige der sesshaften Sippen kann sich das ganze Jahr über mit selbst gepflanztem Maniok und Reis über Wasser halten. Neigen sich die Vorräte dem Ende,

9/196 kehrt man zurück in den Dschungel, um wilde Sagopalmen zu verarbeiten.

Auch wechseln oft Familien für einige Jahre die Sippe, dem Ruf von Verwandten folgend.

Die gegebene Liste hat Gewähr. Ein Namensverzeichnis sämtlicher Penans des Gebiets ist vorhanden.

Neben vielen jungen Ehepaaren mit ein-zwei Kindern, stehen einige Familien mit grossem Kindersegen. Anzahl Mitglieder einer Familie sind durchschnittlich vier.

Ausserhalb des besprochenen Gebiets gibt es vermutlich nur noch eine einzige Nomadenfamilie: Ein altes Ehepaar, dem sich ein alter Witwer angeschossen hat, am Ba Selá-an/Long Ajeng (Ulu-baram). Nach ‹Lawang› und ‹Ná› seien alle übrigen Sippen in der 4./5./7. Division sesshaft.

Gegenüber der kleinen Gruppe von Penans im besprochenen Gebiet stehen um 600 Familien (2'400 Mitglieder) von Penans im unteren Tutoh (Layun/Apo), und oberen* Baram (Patah/Akah)

* linksseitigen. Penans des Tinjar/Apau noch unbekannt.

9/197 Das Tellá-ó Sa-ho ist der grösste und häufigste Vertreter der drei Reharten. Sein Geweih weist wie dasjenige des hiesigen Hirschen kaum mehr als sechs Enden auf. In der Regel finden sich Gabelböcke. Der Eingeborene trocknet die Frontpartie des Kopfes über dem Feuer und verkauft den Hornschmuck für wenige Dollars talwärts.

«Gekrümmt wie der Zahn des Tellá-os (Nahan pikok bari jipen tellá-o neriuit)» sagt man von einer stark gebogenen Messerklinge. – Die äusserst scharfen Reisszähne stehen leicht seitlich am Oberkiefer; sie dienen als Waffe bei Auseinandersetzungen, und an Folgen von Verletzungen serbelnde Tiere sind gefunden worden. – Unachtsame haben sich schon selbst verwundet. Ein Reisszahn soll beim Absetzen der geschulterten Beute eingehängt, und gar dem Jäger die Halsschlagader durchschnitten haben. Ist ein Zahn übermässig gekrümmt und seine Wölbung nähert sich dem Kreis, gilt er als Amulett der Unverwundbarkeit, analog zum Hauer des Ebers (→ Taring).

Der feine rötliche Balg wird manchmal getrocknet

9/198 und als Schlafunterlage verwendet. ‹Pega› hatte letzthin einen nie zuvor gesehenen Falben am Magoh erbeutet; der ‹Weisse Geist› hatte ein helles Haarkleid wie eine alte Gemse.

Das Tellá-o streift gewöhnlich als Päärchen durch den Dschungel. Durch pfeiffende laute Rufe, einem gefalteten Blatt entlockt (→ Ngi-ong), lässt der Jäger das flüchtende Wild innehalten.

Das Reh sucht regelmässig Salzquellen auf, und frisst neben Blatttrieben auch Djiann- und Beripun-Früchte, sowie Pilze.

Seine Feinde sind die Python, der Leopard, die kleine Raubkatze ‹Bekulo› und der marderartige ‹Besuá›; dieser soll dem Reh auf den Rücken springen und gleich auf dem lebenden Opfer Mahlzeit halten, ohne dass das wehrlose den festgekrallten Bösewichten abschütteln kann. Wiederholt sind verendende Tiere gefunden worden, in deren Rückenwunden sich die Maden tummelten.

9/199 **Streifzug**

Ein Bär erklettert gerade einen Baum, um oben in der Krone Rulúh-Früchte zu schmausen. Sofort schiesst ihm ‹Abun› einen Giftpfeil ins Schulterblatt. Der Getroffene gibt sein Vorhaben auf und sucht das Weite. Vergeblich springt der junge Jäger hinter dem flüchtenden drein, um ihm den Speer in den Leib zu stossen. – Der erfahrene Vater schüttelt nur den Kopf ob der Übereiltheit seines Jungen. – In der trockenen Vegetation sind kaum Trittsiegel auszumachen. Nur in der Lage verändertes Falllaub verrät, wo der Flüchtende hingetreten ist (→ Karat). Der Bär quert Seitenhänge und kleine Bäche, im Auf und Ab. Unter der Giftwirkung wird die Flucht unkontrolliert und planlos. Wiederholt verlieren wir den Faden, treffen dann wieder auf einige Blutstropfen und Exkrementspuren. Nach mehreren Stunden geben wir die Suche auf. ~ Vor Einnachten kehrt Pegá mit einem Hirschgeweih und in den Magen verpacktes Fleisch nach Haus. – Was ich befürchtet hatte, war eingetroffen: In Eile ziehen wir am nächsten Morgen unserem Ziel entgegen, ohne uns weiter um die weit entfernte Beute zu kümmern.

[Text reicht auf S. 201 hinüber] 9/200

«Wir treffen uns am Fuss von Lemujan», geht das Sprichwort, wenn einige zusammen gähnen. Gemeint ist die Seele, einst nach dem Tod.

«Temou tong pú-un lemujan.»

Lemujan (Salacca) 9/201

Die zumeist fussende Lemujan-Palme findet sich regional häufig an Ufern kleinerer Bäche; sie ist die grosse Schwester der quellwärts siedelnden Sepelak-Palme. Ihre langen Wedel können sich wegen benachbarter Bäume oft nicht voll spreiten, und stehen steil aufwärts.

Die langen, bis 6 cm langen flachen Stacheln sind beim Jungtrieb angelegt, und stellen sich im Alter seitwärts. Blätter glänzend dunkel, oft von Algen und Flechten bewachsen. Die drei Blatt-

merkbar. «Vergesst mich nicht!», ruft der angebundene der wegziehenden Schar nach. Ich befreie das Langschwanzmakakkenkind und setz es mir auf die Schulter. Sofort klettert der kleine Kerl im grünlichen Pelz einen Stock weiter aufwärts und setzt sich auf meinen Kopf. – Ein kleines Mädchen wird gerufen, um den Affen zu holen. Ich winke ab, denn der Langgeschwänzte hat meine Symphatie gewonnen und ist mir keine Last. – «Du kannst ihn nicht tragen, das ist schlecht. Er wird dich bescheissen!», protestieren meine Freunde, und schon hat ihn einer zu meiner Entrüstung gepackt und bindet ihn dem Mädchen an seine Rückentasche.

«Warum habt ihr mir nicht erlaubt, den Affen zu tragen? Gibt's da ein Tabu (Kilin)?», frage ich später. «Damit der Affe nicht stirbt. Du bist nicht gewohnt mit ihm. Dein Bali Pú-un* hasst vielleicht dessen Geruch und wird ihn töten.»

Dann erreichen wir das Dschungeldörflein der Nomadensippe vom Adang-Fluss (Ulu Limbang).

* Pú-un: Eigentlich der Fuss eines Baumstammes

Am Quellwässerchen neben der Siedlung sind drei mit wunderschön langen Holzlocken beschnitzte Stecken in den Boden gesteckt. Along hat diese ‹Ceprut› gefertigt, um den wütenden Geist des Wassers zu versöhnen (Bali Ba). – Das Dschungelvolk hatte seine Hütten in dessen Revier aufgeschlagen und seine Ruhe gestört. Gewächse sind gekappt, Bäume gefällt, der Boden zertrampelt. Es riecht nach Schmutz und Scheisse und Kinder lärmen durch die Gegend. So hat der Geist des Wassers einem Kind Fieber angeworfen (Nekkenáh Anak).

«Hier gebe ich dir harte Menschen», sprach Along mit dem Geist. «Verschone uns mit Krankheit!»

Nach der Gabe der Cepruts schnitzte Along Augen und Mund in ein Stückchen Holz (→ Butun) und sprach zu dem Püppchen: «Dies bist du, Bali, der dem Kind Fieber gebracht hast. Gut, du nimmst die Krankheit wieder hin-

Butun

weg!» – Das Püppchen baumelt noch jetzt am Handgelenk des in der Zwischenzeit genesenen Kindes.

---

nerven sind eigenartigerweise auf der Oberseite vortretend. Die unterseits matt-hellen Blätter knistern beim Zerdrücken laut.*

Das Herz von Lemujan ist essbar. – In Mangel von Uwut fertigt sich der Eingeborene aus dem Mark der Stengel Pfeilhintern. Doch die so gefertigten ‹Lats› sind hart und bleiben gerne im Blasrohr stecken.

Die 5–6 mm dicken Luftwurzeln von Lemujan, dh. ihr zäher Kern, kann zur Sape-Saite dünngeschnitten werden.

* Sie dienen als Packmaterial und werden wie Dá-un mit aus den Stengeln gefertigten ‹Pits› gestecknadelt.

9/202 Krankheit, Schaden durch Geist (Tekkenáh)

Alle haben wir unsere Lasten geschultert und einige sind schon losgezogen. Da macht sich ein kleiner Kuiat-Hausgenosse be-

Der Schöpfer (Bali Niebutun/B. Tenangan) hat alle Wesen der Erde, Mensch, Tier und Pflanzen geschaffen. In allem Leben steckt Bali; er ist gleichsam der Atem, und ohne ihn muss man sterben. Dabei scheint jede einzelne Seele ihren persönlichen Bali (Bali Pu-un) zu besitzen.

Wenn bei erstmaliger Begegnung zweier Seelen die ungewohnte, ängstliche erschrickt und darauf krank wird, so deutet der Penan den Bali Pu-un der Persönlichkeit dafür verantwortlich.

Während die Symptome von Tekkenáh bei Kindern Erbrechen und Fieber sind, klagen Erwachsene über Schmerzen unterhalb des Brustbeins im Zwischenrippenspalt (= Ubatai). In diesem Fall wird die Persönlichkeit zur Therapiegebung aufgefordert: Pejab. Der Heiler netzt seinen Finger mit Spucke und streicht damit über die Stelle oberhalb des Nabels, die Worte sprechend:

9/205 «Péj djáh, peí duáh, peí telou
Keliwáh kellesaíh
Hun sakit djin Bali Bu-un ke, maolah!
Mai manou ikáh sakit!»

«... wenn du, mein Bali Pu-un sie krank gemacht hast, genug! Schick fortan kein Leiden mehr!»

Inmitten der Siedlung der Penans vom Adangfluss stehen zwei mächtige bolzengerade Ahit-Stämme, ähnlich wie Weisstannen in den Niederungen auf gründigem Boden. Doch weit laden die Kronäste des feinblättrigen Laubbaumes. Eine Unzahl von schlank-zarten Kindern spriessen rund um seinen Fuss und spreiten ihre hellgrünen Arme im Kreuz.

«Fein wie Ahitblätter auf eine schwarze Felskuppe geworfen» (Moman bari ujung ahit tedá bau batu bila), bewundert der Penan erstklassiges Rattan-Flechtwerk aus fleissiger Frauenhand, geziert mit lebenden Ornamenten.

Das weiche Ahitholz war früher beliebtes Schindelmaterial und wird heute zu Brettern aufgesägt.

Ahit (Podocarpas imbricatus)

9/206 Urgrossväterchen Beluluk muss einst von athletischer Gestalt gewesen sein. Sich verfeinernde Muskeln bedecken nun seinen grossen knochigen Körper und lassen Greistum ahnen. Der alte Mann sitzt von morgens bis abends in der Hütte neben der Feuerstelle, dreht sich Glimmstengelchen und sinnt wohl über das Leben. Zur Arbeit ist er kaum mehr fähig.

Des Nachts singt Beluluk in der Geistersprache (Ha Kelitá). Diese wird in der Regel nur bei verloschenem Feuer praktiziert. Seine Frau übersetzt den Sinn der Worte, die sie wohl versteht, doch nicht nachzuahmen vermag.

Beluluk erzählt von alten Zeiten, als er noch stark und kräftig war. Er erinnert sich an seine Lebensgenossen, an Pagang-Saitenspiel und Tanz. «Heute nun bin ich alt und schwach geworden...»

Das Wildschwein (dh. sein Geist, Bali Babui) spricht: «Ich bin ein grosser Eber mit langen Schnauz- und Backenborsten. Meine Schwanzquaste bewegt

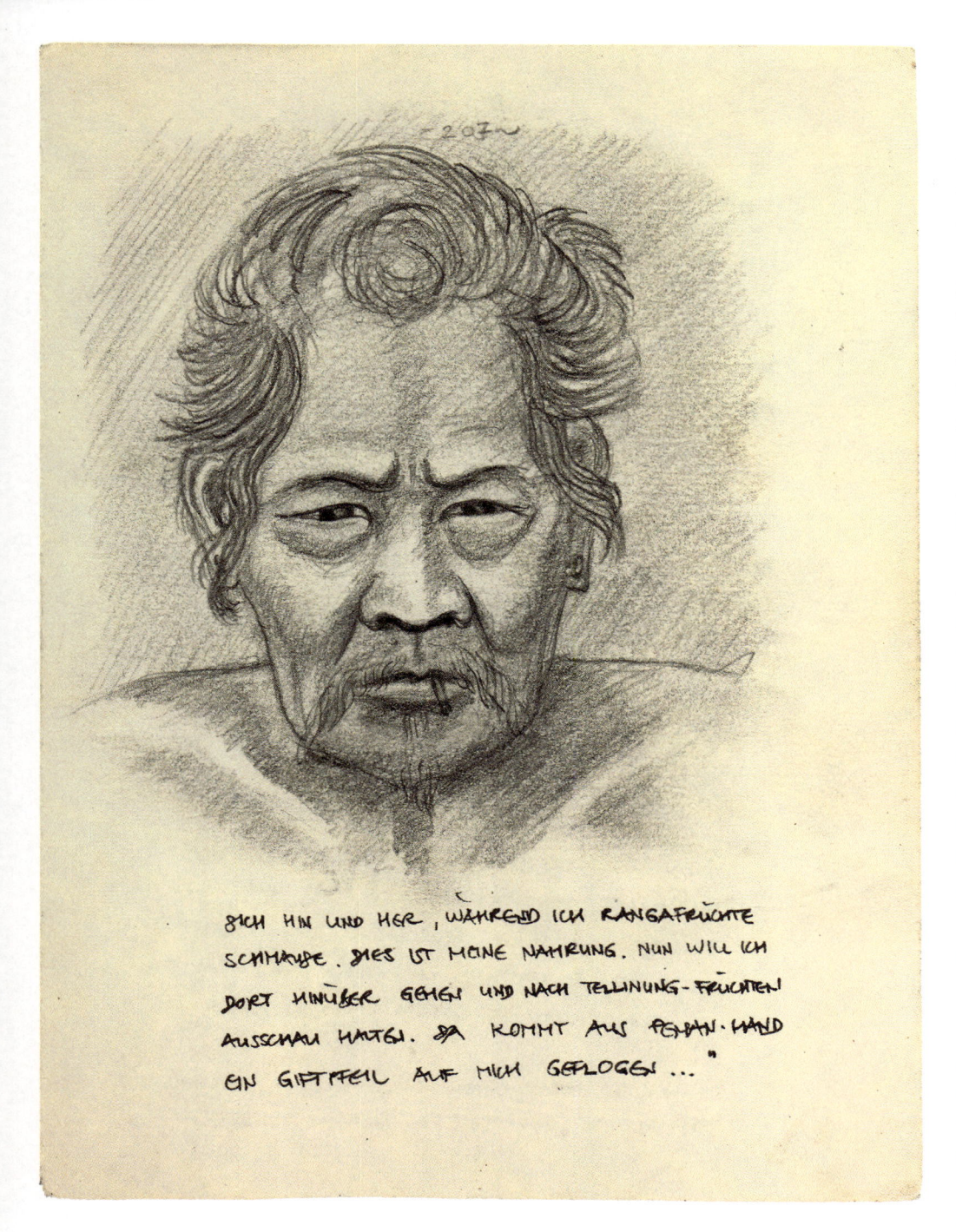

z. B. ein dreigeschwänztes Hörnchen und Albinos gelten dem Eingeborenen als Amulette.

Schon Vater und Grossvater von Beluluk Tewai waren durch die Weite des Dschungels im Ulu Limbang gestreift. In der wild- und sagopalmenreichen Gegend hatten die zwei-drei Handvoll Familien paradiesisches Leben. So rief Beluluk einst die hungernden Angehörigen seiner Frau vom Melinau-Fluss (Tutoh) zur Umsiedlung. Der damals alle paar Monate von den britischen Kolonialherren veranstaltete Markt in Long Melinau hatte viele Nomaden in die nähere Umgebung jenes Flusses gezogen, um da ihre Dschungelprodukte wie Rattanflechtwerk, wilden Kautschuk und Harze zu tauschen. Das Nomadenleben aber erlaubt keine grosse Bevölkerungsdichte, die sofort Knappheit des Nahrungsangebotes verursacht.

Feindschaft

«Mutter Bär hatte Mutter Libui getötet. Doch eine Eidechse (Kelliap) lief über deren Körper und erweckte sie wieder zum Leben. Dann erkletterte Mutter Libui einen Nakanstamm und warf eine der grossen Früchte auf ein Wildschwein darunter. Der Grunzer wurde dabei erschlagen, und die Frau trug ihre Beute nach Hause. Der Mutter Bär gab sie nur die Lunge als Anteil, welche die Innerei kochte. Als das Wasser strodelte, stieg die Lunge in der Pfanne und fiel bis am Ende in die Asche. – Da angelte Mutter Bär vom Feuergestell der Mutter Libui gebackene Sagospeise (Pi-ong Grumen); doch es waren nur Harzbrocken...» *Galang Ayu*

Misslungene Kletterei

Ein kleiner Junge ruft um Hilfe; er hat eine Bärenkatze (Pasui/Sapen) mit dem Blasrohr geschossen. Das getroffene Tier ist aufwärts geflüchtet und hat sich in ein Epiphytendickicht auf ausladendem Ast verkrochen. Eine armdicke Tiban-Liane* hängt lose dicht am mächtigen Stamm abwärts. Soll ich daran mein Glück versuchen? – Ein heisses Eisen – denn bis in die Krone ist nirgends unterwegs ein Ruheplatz auszumachen. Kein Nachbarsbaum lädt zum Klettern, und Pegá's warnende Rufe in

sich hin und her, während ich Rangafrüchte schmause. Dies ist meine Nahrung. Nun will ich dort hinüber gehen und nach Tellinung-Früchten Ausschau halten. Da kommt aus Penan-Hand ein Giftpfeil auf mich geflogen...»

An einem von Beluluks Füssen, da zähle ich eine sechste Zehe und staune. Kepelin nennt der Penan solch seltene Spielereien der Natur, des Schöpfers Bali Niebutun. Sie gelten als Glückszeichen und sollen ihren ‹Träger› entsprechend reich machen; die sechste Zehe einen reichen Läufer und Jäger, der sechste Finger (eines Penans am Layun) einen reichen Werker. Ein Muttermal (Luti Matendau) am Mund einen reichen Redner.
Sämtliche tierischen Pelins wie der Tareng des Wildschweins (übermässig gebogener Hauer) und andere Anomalitäten, wie

den Wind schlagend, eile ich aufwärts. Einige Meter unterhalb dem Ziel verlassen mich langsam die Kräfte. So kehre ich, begleitet vom schadenfrohen Gelächter meiner Freunde, wieder um und lasse mich abwärts gleiten. Einige Mannshoch über Boden schlipfen meine kraftlosen Hände plötzlich der Liane entlang abwärts. –

Mit brennenden Gliedern finde ich mich am Fusse des Stammes auf einer der grossen tischartigen Stützwurzeln sitzend, geklemmt von dem Klettergewächs. Innenseite von Händen, Armen, Schenkeln und der Bauch sind bis auf's Blut geschunden, und für eine Weile verliere ich das Interesse

* siehe S. 218 [der Bezug findet sich auf S. 9/220]

für die Bärenkatze. Diese ist weder durch lautes Geschrei, Lianenrütteln noch heftiges Klopfen aus ihrem Versteck zu treiben. Nachdem ihr Pegá von erhöhter Warte einige Giftpfeile in den Unterschlupf nachgejagt hat, wenden wir unsere Schritte erfolglos heimwärts. Eine langbeohrte alte Frau reibt mir kräftig Minyak Kapak* in die Wunden, und lacht herzhaft auf, als ich vor Schmerz mein Gesicht verzerre.

Während zweier Wochen nässen die Schürfungen und legen mich lahm. Trotz Desinfektion bildet sich immer wieder Eiter unter sich verhärtender Kruste. Während zweier Tage suche ich Kühlung im klaren Bach und wasche die Wunden sauber. Doch die Linderung währt nur so lange das erfrischende Nass sprudelt. Darauf kehrt das Feuer wieder zurück, und der Spott aller Weiber bleibt mir nicht erspart.

Die traditionelle Medizin bei Verbrennungen sind das Latex von

Nierotong und Gitá, welche die Wunde abdichten. Heisses Sagomehl darübergestreut soll die Verletzung trocken halten.

* Mischung von ätherischen Ölen wie Menthol, Eucalyptus, Campfer, wohl gebräuchlichstes Allheilmittel in Südostasien.

April 87

Es regnet Nektar vom Himmel. Das Bachgeröll ist dicht gelb gesprenkelt und weiter fallen die ‹Steinblüten› aus dem blauen Dach. Bali/die Verstorbenen brauen Früchteschnaps (Borak Bua), das untrügliche Zeichen für ein bevorstehendes grosses Fruchtjahr, indem alle edlen Gewächse blühen und im Überfluss ihre Gaben spenden.

[ein schwarzer Pfeil zeigt auf einem gelben Fleck auf der Tagebuchseite, der wohl von einer der erwähnten ‹Steinblüten› herrührt]

Pfeilvergiftung (Moso Tahad) 9/214

Das Pfeilgift (Tacem) wird als braunschwarze, zerdrückte Wurst im Blattpaket aufbewahrt; es ist der über der Hitze des Feuers innert zwei Tagen eingedickte Milchsaft des gleichnamigen Baumes. Bei Bedarf schnetzelt der Eingeborene ein wenig der so getrockneten Droge in das zum ‹Oso› gehefteten Dá-un-Blatt und fügt einige Tropfen Wasser bei. Mit einem Hölzchen (Pegut Tacem) werden die Schnitzel gedrückt und geknetet, und mischen sich dabei schnell mit dem Wasser zu einem zähflüssigen Brei. In diesem werden die Pfeile (Tahad) bis zu einem Drittel ihrer Länge gedreht und sofort neben dem Feuer kreuzweise gestapelt. Sobald das Pfeilgift daran nach 20–30 Minuten getrocknet ist, werden die zum Einsatz bereiten Geschosse im Bambusköcher versorgt.

Der alte Tau vergiftet seine Pfeile

9/213 Der Leberfarn (Paku Hatai)

fusst am Bachufer auf felsigem Untergrund. Ich begegne ihm erstmals am Ba Lepukan (Ulu Limbang), im Ulu Tutoh scheint er nicht vertreten. – Er gilt medizinal bei Nasenbluten.
Hunderte dicht behaarter Raupen krabbeln eines Tages auf dem Riesenfarn, und fressen die 3–4 m langen Blattwedel bis zum Abend kahl.
Ulet Lepuhan.
Als die Seele eines Verstorbenen (Bruen) ins Paradies (Lepuhan) eintreten wollte, war da eine Riesenraupe als Wächter. Drohend. Die Seele erschlug sie, doch der Geist des Paradieses warf wütend die Fleischstücke (Uwab) des getöteten Wächters auf die Erde → verwandelten sich in viele Ulet Lepuhan. Die Bruen verwandelte sich aber in ein Toten-Geist (Ungap), da er geflohen war.

Pfeile mit Metallspitze (Belat) werden grosszügig mit Tacem 9/215 eingeschmiert und mit ihrem Hintern leicht geneigt am Rand der Feuerstelle in den Boden gesteckt. Bei übermässiger Hitze verkrustet das Pfeilgift rotbraun (→ Rutup) und verliert seine Wirksamkeit.
Bei fachgemässer Trocknung bilden sich auf der Pfeilspitze sogenannte Muskeln oder Sehnen (Kelluhad). Der Penan meint dann lächelnd ‹Tacem Paió›, einwandfreie Droge. – Der typische unter der Pfeilspitze in Fallrichtung erstarrte Tropfen (Eté Belat) wird entfernt.
Das Pfeilgift besitzt eine enorme Löslichkeit und kann Feuchtigkeit aus der Luft aufnehmen. So verkleben hin- und wieder Pfeile in undichtem Köcher. Der Jäger trocknet solche Patienten wiederholt am Feuer oder dreht sie kurzerhand im Sagomehl.

Rohes, nicht bis zur Zähigkeit eingedicktes Pfeilgift setzt bei längerer Lagerung Schimmel an. Dieser wirkt dem Auge störend, doch soll er die Tödlichkeit der Droge nicht vermindern.

Die Pfeilschäfte sind in kurzen Abständen gegen die Spitze hin gerillt; diese soll Entfernung des Geschosses aus der Wunde verhindern. Bei leicht seitlichem Zug durch Affen oder Nashornvögel bricht der Pfeil.

9/216 **Jagdbeuten durch die Adang-Sippe (13 Familien, 53 Mitglieder) innert zwei Wochen (März 87)**

4 Kellawet Affen (♂, ♂ juv, 2 ♀), Kellawet
8 Langschwanz-Makakken (5 ♂, 2♀, 2 juv), Kuiat
13 Kurzschwanz-Makakken (8♂, 3♀, 3 juv), Medok
16 Languraffen (4 ♂, 11 ♀, 1 juv) Niakit
6 Hirsche (♂, 2♀, 3 juv) Payau
11 Rehe: Tella-o Boheng (3♂)
             Tella-o Saho (2♂, 6♀)
1 Bärenkatze (♂) Pasui
2 Mega (2♀)
1 Sewáh (♂ juv)
2 Bekulo (2♂)
1 Lebun (♀)
1 Pu-an (♂) Streifenhörnchen
1 Kewok (♀)
1 Lukap (2♀)
2 Penyamou (2♀)
~20 kg Fische (Ayat, Bessaien, Kolem, Sayá, Mupo)

Der Grossteil der Beuten geht auf's Konto des Pfeilgifts. Ein Hirsch und 6 Rehe wurden mit dem Gewehr geschossen; der Rest der Hirsche und Kälber, sowie acht Kurzschwanzmakakken, Bekulo, Kewok, Penyamou wurden von den Hunden gestellt und gespeert. Die Fische blieben in den Maschen eines Wurfnetzes hangen.

Die Liste mag $1/3$–$1/2$ aller geschossenen Tiere

9/217 darstellen. Viele gehen ein, ohne dem Menschen zur Nahrung zu dienen. – Bis die tödliche Wirkung des Pfeilgifts eintritt, vergehen 10–60 Minuten (abhängig von verwendetem Gift, Pfeil, Ort der Verletzung und Art der Beute). Werden getroffene Affen des Jägers gewahr und fliehen, so gibt dieser oft von vorneherein die Suche auf. Regenschwall und Einnachten sind weitere Gründe. Singvögel und Zwerghörnchen sind in der Liste nicht aufgezählt. – Das Wildschwein ist nicht vertreten; Ende Dezember 86 hatten die letzten Borstentiere den Ulu Limbang/Magoh verlassen und waren dem, hier diese Saison ausgefallenen, Früchtesegen talwärts gefolgt. Das sich von Tewangáh-Früchten ernährende Standwildschwein ist im genannten Gebiet kaum heimisch, da die Uwut-Palme nur verstreut zu finden ist (im Gegensatz zum Ubung-Gebiet).

Zum Vergleich die extrem karge Liste von Jagdbeuten durch Mitglieder der Bare/Tepun/Siang-Sippen (11 Familien, 44 Mitglieder) innert zwei Wochen (August 85)

1 Wildschwein ♂
3 Languraffen
1 Hirsch ♂
2 Kewok
1 Mega
2 Pu-an

Alle Tiere wurden mit dem Blasrohr erbeutet. Die Nomaden waren damals weder im Besitz von jagdtüch-

9/218 tigen Hunden, noch eines Gewehrs. Etwa 15 kg Fische hatten den Speiseplan dank meines Wurfnetzes aufgebessert. – Wegen einer bevorstehenden Geburt war man damals trotz Hunger in leergeschossener, abgeernteter Gegend geblieben. – «In der Not frisst der Teufel Fliegen», und so wurde das faulend-stinkende Fleisch eines sechs Tage zuvor geschossenen Hirschen den hungrigen Bäuchen zugeführt. Einziger ‹Fleisch-Ersatz› in Mangel von Wild und Zugabe zum eintönigen Sago findet sich im Palmherz.

Die Adang-Sippe kennt kaum Not in der Ernährung. Sie durchstreift ein weites Gebiet, ohne mit anderen Nomaden in Berührung zu kommen, und hat die geringste Bevölkerungsdichte. Obwohl die Beweglichkeit begrenzt ist durch eine Urahne und einen Patienten, die jeweilen an den neuen Siedlungsort getragen werden müssen, machen viele rüstige Jäger durch mehrtägige Streifzüge das Minus wieder wett.

In warmem Rot – Hagebutten gleich – leuchten die Früchte der Leopardenkralle. Ihr weiss-saftiges Fruchtfleisch umgibt fünf Samen und schmeckt süss-sauer. Der seltene Baum wächst in der Niederung in Wassernähe: Ø 10 cm, Blätter kreuzweise gegenstg., glänzend, Us. hell, nur Mittelnerv sichtbar.

Streifzug

9/219 Mit dem Wurfnetz unterwegs. Hirschspuren. Und schon geben die Hunde Laut, und das Gebell wendet sich Richtung Fluss. Eine alte Hirschkuh stellt sich am Ufer den Hunden, da ihr Kalb zögert, ins Wasser zu folgen. Nialin macht kein langes Federlesen und stösst ihr die Speerspitze ins Herz. In einigen mächtigen Sprüngen setzt sie durch knietiefes Wasser und bricht zusammen. Die Hunde verbeissen sich in ihrem Leib, während einige dem über den Fluss fliehenden Kalb nachjagen. Alle bis auf einen werden sofort von der heftigen Strömung in die weissschäumende laut rauschende Stromschnelle fortgerissen. Jener verbeisst sich in dem Hirschkalb, welches laut aufschreit. Nialin eilt dahin und ersäuft das Tier.

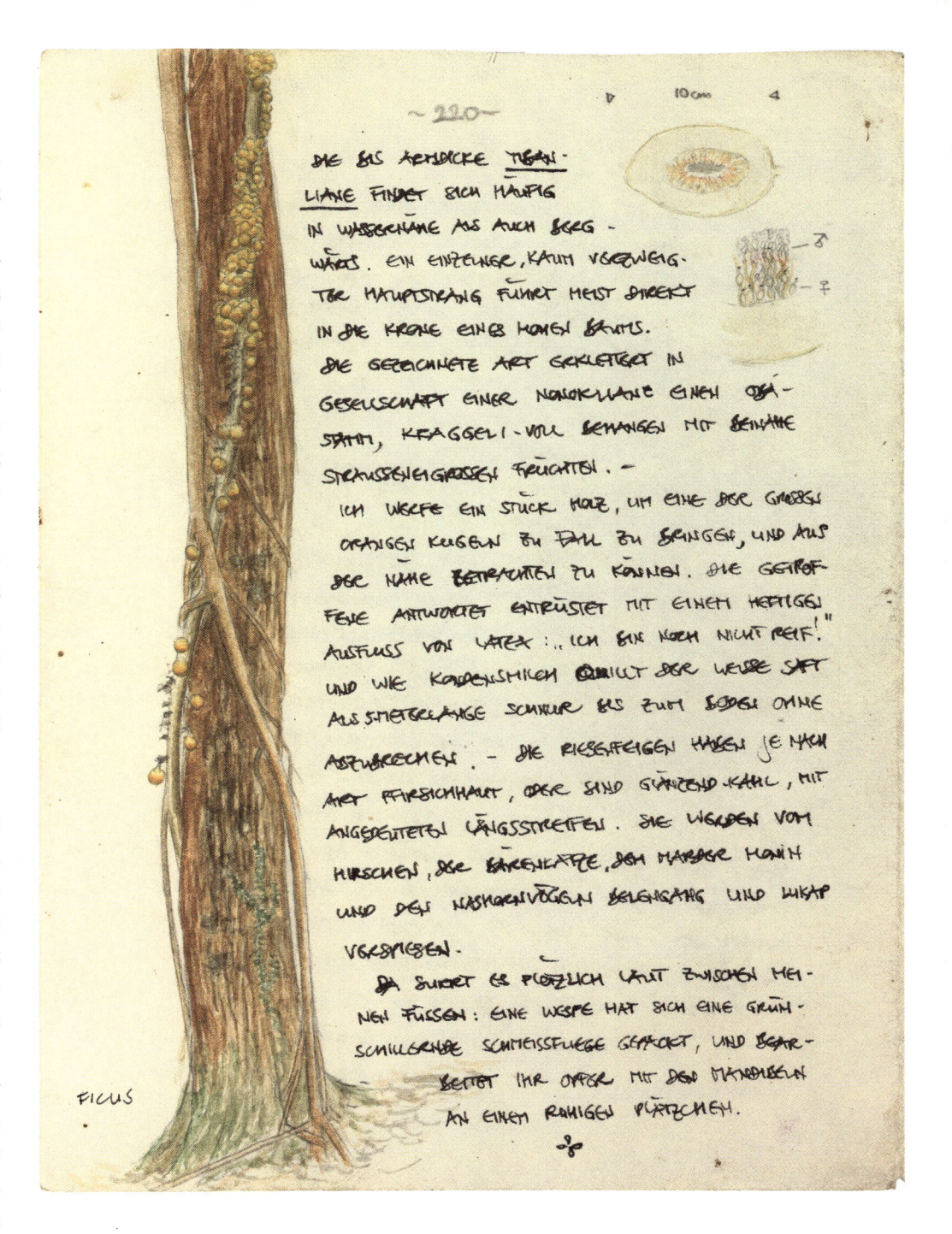

Einen Moment schockt mich die Brutalität – die Selbstverständlichkeit – mit der getötet wird. Doch Leben und Sterben sind das tägliche Brot des Eingeborenen – und gewiss auch des zivilisierten Menschen. Nur geschieht in der modernen Welt das Schlachten von Tieren (und alles was mit Tod zu tun hat) gewöhnlich hinter den Kulissen, und soll das Gewissen von filetverspeisenden zarten Gemütern ein wenig erleichtern. – Und selbst der Vegetarier kommt nicht darum herum, die Karotte und den Blumenkohl ins Jenseits zu befördern, um selbst am Leben zu bleiben. Der Tod ist die Bedingung des Lebens. – Das ‹Wie› ist wohl letztendlich wesentlicher als das ‹Was›.

9/220 Die bis armdicke Tiban-Liane findet sich häufig in Wassernähe als auch bergwärts. Ein einzelner, kaum verzweigter Hauptstrang führt meist direkt in die Krone eines hohen Baums. Die gezeichnete Art erklettert in Gesellschaft einer Nonokliane einen Obá-Stamm, kraggeli-voll behangen mit beinahe strausseneigrossen Früchten. –

Ich werfe ein Stück Holz, um eine der grossen orangen Kugeln zu Fall zu bringen, und aus der Nähe betrachten zu können. Die Getroffene antwortet entrüstet mit einem heftigen Ausfluss von Latex: «Ich bin noch nicht reif!» Und wie Kondensmilch quillt der weisse Saft als 5-meterlange Schnur bis zum Boden ohne abzubrechen. – Die Riesenfeigen haben je nach Art Pfirsichhaut, oder sind glänzend kahl, mit angedeuteten Längsstreifen. Sie werden vom Hirschen, der Bärenkatze, dem Marder Monin und den Nashornvögeln Belengang und Lukap verspiesen.

Da surrt es plötzlich laut zwischen meinen Füssen: Eine Wespe hat sich eine grünschillernde Schmeissfliege gepackt, und bearbeitet ihr Opfer mit den Mandibeln an einem ruhigen Plätzchen.

10 cm
♂
♀
Ficus

Sandfliegen (Yeng) 9/221

Die winzigen Plagegeister finden sich gewöhnlich bei Dämmerung ein und treiben in der frühen Nacht ihr Unwesen. – Des Tages trifft man sie in Scharen wo reife Früchte fallen, in Wassernähe, am Wildschweinbau und wo die Erde von den Borstentieren geackert wurde (Kelian).

Treiben es die Blutsauger in der Siedlung allzubunt, wird unter der Hütte Feuer entfacht, oder der Knüppelrost kurz abgeflammt. Hantiert der Penan so mit einem brennenden Holzscheit, so rufen ihm die Sandfliegen entgegen: «Wenn du uns mit Feuer vertreiben willst, verstecken wir uns unter dem Hintern der Traggefässe!», denn dort wird gewöhnlich auf eine Feuerbehandlung verzichtet (Hun kaau niarap, mokou ra lotok kiwáh ahmé)

Verschiedenen Sagen nach sind die Sandfliegen verwandelte Geister:

«Ein Mann ging auf einen mehrtägigen Streifzug. Als er eines Abends in seiner Hütte sass, tauchten plötzlich zwei Frauen aus dem Dschungel auf uns sprachen: «Wir kommen und folgen dir!» – Der Jäger war damit einverstanden. Er bot ihnen Speise an, doch sie lehnten ab. Später sah er die zwei morderndes Holz von einem morschen Stamm essen. Während der Jäger des Nachts schlief, tönte es: «Terep-terep-terep»; die zwei Frauen assen Fleisch vom linken Arm des Schlafenden. – Am folgenden Tag ging dieser auf die Jagd. Sein Arm schmerzte, und er wunderte sich, wo das Fleisch daran geblieben war. – Des Nachts aber assen die zwei Frauen von seinem rechten Arm. Da wurde er der wahren Umstände gewahr, er häufte eine Riesenmenge Harzbrocken (Niateng) in der Herdstelle und zündete sie an. Darauf weckte er die beiden schlafenden Frauen: «Kommt, steht auf und wärmt euch am Feuer!» – «Wir wollen uns nicht am Feuer wärmen!», antworteten diese. – «Kommt nur!», forderte der Jäger die zwei wiederholt auf. Da setzten sie sich neben die Herdstelle und lehnten auf eine Stange des Feuergestells (Pa-an Paso). Da stiess er sie in das flüssige Niateng und presste ihren Leib in den schwarzen See, dass ihre Arme nur hilflos ruderten. So verbrannten die zwei Geister. Im entweichenden Rauch verwandelten sie sich aber und leben weiter fort als Sandfliegen.»
Ugai Megih, Pa-tik

«Grosser Mann» – begrüsste mich Along einst, verneigte sich und wollte schier meine Hand küssen. Ich schämte mich und sagte ihm, er solle das lassen. Ich sei nur ein kleiner Mann und er brauche vor mir nicht aufzuschauen. Er könnte ja mein Vater sein. – Da entschuldigte er sich und meinte, er habe mal im Film gesehen, dass man das so macht. Weiter erniedrigte er sich. «Ich selbst bin kein Häuptling und haben keinen Verstand. Die Grossen sind alle weggestorben. Ich spreche nur für unsere Sippe, weil sonst niemand den Mund aufmacht.» –
Die Begrüssung durch Tebaran Aguth von der Tepun-Sippe war eine andere: Abweisend und herausfordernd fragte er einst mit lauter Stimme: «Woher kommst du, was willst du – warum kommst du in unser Land?», misstrauisch geworden durch das sich nähernde Gebrumm der wühlenden Bulldozer. –
Ich vermute, die Nomaden kannten ursprünglich kein Häuptlingswesen. Sie streunten traditionsgemäss in kleinen Familienverbänden durch den Dschungel. Sie hatten kaum Kontakt untereinander und noch weniger zur Aussenwelt. – Sämtliche Beschlüsse werden demokratisch gefasst, nach langen Gesprächen. Die Meinung der Grossen (Ikáh Dja-au), dh. der Sippenältesten mit Verstand, ist gefragt. Doch kennt der Penan keinen Zwang, und letztendlich folgt jeder seinem Herzen. Die meisten Nomaden sind scheu und wortkarg, und hören lieber zu, als selbst zu reden.

Die ersten Penanvertreter gegen aussen wurden wohl einst von der britischen Kolonialregierung gewählt, und seither gibt es Häuptlinge.

Lange guckt Along mit gemischten Gefühlen dem Treiben einiger Bienen zu. Er möchte Honig naschen, doch fürchtet er Racheakte des emsigen Volkes. – Nachdem die höhlenbrütende Biene (Ni-uan) einen der Ruhestörer erfolgreich vertrieben hat, räuchert Along und setzt weiter die Axt an. – Nach mühseeliger Arbeit im Wechsel, schweissgebadet, erblicken wir frohlockend gelbe Wabenwände. Doch sämtliche Honigzellen sind leer...

Kringelwesen

Kaum ist Nialin zur Jagd aufgebrochen, schon jault einer der Hunde drei Steinwürfe von der Hütte entfernt durch die Gegend. Eine unterschenkeldicke Python hat dem vorwitzigen in die Pfote gebissen. Der Jäger zückt sein Buschmesser, doch noch bevor er zum Hieb ansetzen kann, greift das Reptil den Dreisten an. Dieser springt im Bachbett zur Seite und schlägt sein Knie an einem Stein blutig. Darauf köpft er die Schlange mit einem kräftigen Hieb und schlitzt ihr den Bauch auf; Nialin schneidet ein langes Gesicht – nein – da ist leider kein begehrtes Fett zu finden. Noch nach einer Stunde kringelt sich der ~6 m lange und um die 25 kg schwere Leib des Pythonmännchens, obwohl längstens ohne Kopf und Herz. Nur langsam ziehen sich die Lebenskräfte aus der Materie zurück.

Nein – es ist kein Märchen: Ein alter Penan behauptete einst, die Python besitze winzige Füsse. – Seitlich des Afters befindet sich je eine kleine behornte Klaue. Sie ist über ein Gelenk mit einem freistehenden feinen Knöchelchen verbunden. Relikt aus der Urgeschichte, als die Tierwelt aus dem Wasser aufs Land gestiegen ist? Die Krallen sind von starkem Geruch und haben möglicherweise Bedeutung im Paarungsverhalten.

Wie andere Schlangen und Echsen besitzt das Python-♂ zwei Penisse. –

In tiefen Farben leuchten die Muster. Das hungrige Tier hat sich wohl vor kurzem gehäutet. – Das Fleisch ist kaum von den Bauchschuppen zu trennen; so verwende ich nur den Rückenteil. Ich fälle einen weichholzigen Benuá-Stamm, um die Haut darauf zu fixieren und Schrumpfung während des Trocknungsvorgangs zu vermindern. – Da plötzlich, sticht's mich ins Bein; flach angelegt am Stamm klebt das Nest der wespenähnlichen ‹Kemien›. Unter papieriger Decke finden sich einige wenige Kammern mit Jungbrut des schlanken Insekts. ~

Aus den Stengeln der Jakáh-Palme, das gebräuchlichste Pfeilschaftmaterial, lassen sich Holznägel schnitzen. Mit Leichtigkeit treiben sie bei Schlag ins weiche Benuá-Holz.

Eine Unzahl von Schmetterlingen, Lengurep-Bienchen und Schmeissfliegen besuchen die unter Sonnenschein gespreitete Haut, und bis am nächsten Tag tummeln sich schon die Maden. Ich beende den Trocknungsvorgang über dem Feuer.

Die Python ernährt sich von vielerlei kleineren und grösseren Säugetieren und Reptilien, die ihr über den Weg laufen. Penans haben im Magen erbeuteter Tiere den Flugfuchs (Kubung), die Marder Monin und Mega, den Sewáh, den Ameisenbären (Amam), die Bärenkatze (Pasui), das Stachelschwein (Tetong), Wildschwein, Hirschkalb, die Baumechsen Kewok und Bohó, sowie Rehbock und -geiss gefunden. Eine verendete Python wurde getroffen; sie hatte einen Rehbock vom Hintern her verschlungen. Das Geweih hatte ihren Körper im Genick durchstochen.

Der alte Ná hatte einst eine oberschenkeldicke Python erschlagen, und in ein Lianengestell (Tegalu) verpackt. Als er später die Beute holen wollte, war sein Traggestell leer. Die betäubte Schlange hatte das Weite gesucht. Den Spuren folgend fand er ihren Unterschlupf, und köpfte das Reptil.

<u>Python-Horn</u> (Uheng Kemanen). Die weitausladenden Dornfortsätze des Oberkieferknochens gelten als Amulett, und sollen seinen Träger leichtfüssig und zum unermüdlichen Läufer machen.

Der Affenschwanzbaum (Ikó Kuiat) hat seine Früchte auf das Bachufer abgeworfen. Die schwarzen zylindrischen Bohnen beherbergen eine lange weisse Tablettenrolle. Beim Inspizieren der Medizin rümpft sich wohl die Nase und «ənhh-ənhh-ənhh!» entledigt sich schnell wieder des unangenehmen Duftes. Dieser verflüchtigt sich schnell beim Öffnen der Kapseln. Der Hirsch verspeist die gefallenen Früchte. Während er das harte Fruchtfleisch verdaut, erbricht er die Samen wieder (→ Kulluhá). Ähnlich den Samen von Djann sind sie dann in der Nähe des Fressplatzes angehäuft zu finden.

Tapit

Along hat mit seiner Frau Yut 13 Kinder gezeugt. Drei davon sind gestorben und vier verheiratet mit Nachwuchs. –

Ich grüsse seinen Sohn Tapit. Weich und kraftlos fühlt sich die Hand des grossen Burschen an. Seit etwa zwei Jahren ist Tapit in beiden Beinen gelähmt. Dem etwa 22-jährigen war es einst plötzlich schwindlig geworden, und nach 2–3 weiteren Anfällen innert zwei Monaten versagten seine Beine ihren Dienst gänzlich.

Der Patient hat sein Wohn- und Schlaflager gegenüber der Feuerstelle, wo er auch seine Notdurft verrichtet. Obwohl in der Gesellschaft integriert, ist er doch von ihr abgetrennt; er bereitet sich seine Mahlzeiten selbst im eigenen Kochgeschirr, und entbehrt jeglichen Körperkontakts. Niemand scheint ihm Hemd und Decke zu waschen, und niemand sucht die Läuse auf seinem Kopf. Da wimmelt's nur so von krabbelnden Blutsaugern.
Von morgens bis abends hockt Tapit da, vor sich hindösend, oder den Ereignissen des Tages lauschend. Wird er angesprochen, so weiss er wohl zu antworten. Hin und wieder atmet er pfeiffend durch den Mund aus, wie es hierzulande üblich ist, wenn die Last im Steilhang allzusehr drückt und dem Träger der Schnauf ausgeht. Ohne jegliche Energie, weiss er sich nicht zu beschäftigen.

Alle trächtigen Sagopalmen in der Nähe sind gefällt und zwingen zur Umsiedlung. Along trägt seinen Sohn in eigens zu diesem Zweck gefertigter Kiste mit einem schmalen Sitzbrettchen. Tapit ist ist in sein stinkendes Tuch gewickelt und mit einem Baststreif angegurtet. Er hält einen Bambus mit Trinkwasser in den Händen, aus dem er sich hin und wieder einen Schluck in die Kehle rinnen lässt.
Das Gelände ist teilweise steil und glitschig. Der Pfad führt in Kletterei über gefallene Stämme und zwischen Dornenranken. Immer wieder verschnauft Along, im Schritt innehaltend. Selbstmitleidig beklagt er sein Schicksal; nur von seinem älteren Sohn findet er Hilfe. Von den anderen Sippenmitgliedern sei keine Unterstützung zu erwarten. «Soll ich...?» – Nein, ich bin kein Held im Lastentragen. Was soll ich mich da abmühen, bis der Rücken und die Knochen schmerzen...?, denkt es in mir.
Doch meine Kiwáh ist leicht, und ich sehe, wie sich der Alte Along abmüht. So nehme ich die lebende Bürde, und es geht ganz ordentlich. «Am Bach wechseln wir wieder», meint Along. – In Sorge, mitsamt meiner Last auszuschlipfen, stelle ich ermüdet schon vorher ab. – Als ich am Bach Tapit waschen und mit einer Seifenschaumprozedur von seinen Läusen befreien will, lehnt er ab: «Das Wasser ist zu kalt und Seifengeruch widerlich. Später mal mit warmem Wasser.»

Tamen Ra-áh

«... Da schickte Mutter Ra-áh ihren Mann talwärts, um Salz und einen Rock zu besorgen. – «Und wenn das Salz nur so gross ist wie der Kopf des Vögelchens Sekutit, so nimm es!», mahnte sie den Davonziehenden.
Im Kellabitdorf erhielt Vater Ra-áh eine Stange Salz* und einen Rock. – «Selbst wenn du ihn um den Stamm der Lemujanpalme wickelst, sieht er schön aus!», pries der Händler seine Ware. Weiter erstand Vater Ra-áh einen jagdtüchtigen Hund, der gepriesen wurde, gar Fische zu jagen, und ein Blasrohr, bei dem sich getroffene Wurzelstöcke in Wildschwein und Hirsch verwandeln sollten.

Auf dem Heimweg begegnete Vater Ra-áh dem Vögelchen Sekutit, und schoss es mit dem Blasrohr.

* In der Nähe von Bareo gewinnen Kellabits die gräulichen Kristalle durch Eindampfen von salzhaltigem Quellwasser. Der Ertrag wird in Dá-un-Wedel verpackt und als erstarrte Würste über der Feuerstelle aufbewahrt.

Sekutit

1 : ⁵/₄

«Ah», erinnerte er sich. «So gross wie der Kopf des Vögelchens Sekutit hat mich Mutter Ra-áh geheissen.» So nahm er sein Messer hervor und schabte sorgfältig die Salzstange ringsum – immer wieder mit Kopf des Vögelchens Sekutit vergleichend – bis beide gleich gross waren.

Da erblickte er am Wegrand eine Lemujanpalme. Er kramte seinen neu erstandenen Rock hervor und schürzte damit deren Fuss.

«Ach schau her, die haben mich angeschwindelt! Das sieht aber gar nicht schön aus!», und er liess den Rock hocken wo er war. Als er den Fluss erreichte, erinnerte er sich an seinen als jagdtüchtig gepriesenen Hund. Er band ihm einen Stein an den Hals und warf ihn ins Wasser. Lange wartete er, und watete flussauf und flussab. Doch der Hund tauchte nicht mehr auf. «Schau her, die haben mich angelogen, als sie sagten, der Hund verstehe es, Fische zu jagen.»

Darauf prüfte er seinen neuen Blasrohrspeer und warf ihn an einen Wurzelstock. Doch dieser verwandelte sich weder in Wildschwein noch Hirsch. Entrüstet ging er seines Weges, und liess das Blasrohr hocken.

Zu Hause angekommen, erzählte er seiner Frau, wie es ihm unterwegs ergangen war. Diese schillt ihn ob seiner Dummheit und belehrte ihn eines Besseren.

Abun Anak Laso, Ba Adang

Dank

Herausgeber und Verlag danken folgenden Institutionen, Firmen und Personen, die mit ihren Beiträgen und Zuwendungen das Erscheinen der Publikation möglich gemacht haben:

Alfred Richterich Stiftung; Christoph Merian Stiftung; Stiftung Corymbo; Basellandschaftliche Kantonalbank Jubiläumsstiftung; Ernst Göhner Stiftung; Stiftung Dr. Robert und Lina Thyll-Dürr; Volkart Stiftung; Migros-Kulturprozent.

Bank Coop AG; Jumbo-Markt AG; Victorinox AG; Weleda AG; Greenpeace Schweiz; Lotteriefonds Appenzell Innerrhoden; Lotteriefonds Basel-Land; Lotteriefonds Basel-Stadt.

Jürg Holinger, fairplay-Stiftung; Hans-Peter & Marianne Ming; Markus Koch; Urs-Peter Stäuble; in Erinnerung an Barbara und Peter Nathan-Neher; Kaspar Müller, der wesentlich dazu beigetragen hat, dass dieses Buch erscheinen konnte; Beat von Wartburg, Claus Donau, Oliver Bolanz und den übrigen Mitarbeitern beim Christoph Merian Verlag sowie allen anderen, die durch ihre finanzielle oder tatkräftige Unterstützung zum Gelingen dieses Projektes beigetragen haben.

Bibliografische Information der Deutschen Bibliothek
Die Deutsche Bibliothek verzeichnet diese Publikation in der Deutschen Nationalbibliografie; detaillierte bibliografische Daten sind im Internet über http://dnb.ddb.de abrufbar.

ISBN 3-85616-214-3
(4 Bände)

cmv
christoph merian verlag

© 2004 Christoph Merian Verlag (1. Aufl.)
© 2004 Tagebücher (Text und Bild): Bruno Manser
© 2004 Übrige Texte: die Autoren

Manuskripterfassung Elisabeth Sulger Büel, John Künzli, Marc Bugnard, Dany Endres, Mira Wenger / *Lektorat und Korrektorat* Klaus Egli, André Bigler, Claus Donau / *Gestaltung und Satz* Atelier Urs & Thomas Dillier, Basel / *Litho* Gubler Imaging, Märstetten/TG; Atelier Urs & Thomas Dillier, Basel / *Druck* Basler Druck + Verlag AG, bdv / *Bindung* Grollimund AG, Reinach/BL / *Schriften* Centennial light, Folio / *Papier* Munken Lynx 115 g/m²

Beiträge (Band 1) John Künzli (1970), eidg. dipl. Umweltfachmann, arbeitet seit 1996 für den Bruno-Manser-Fonds, zuerst als rechte Hand und Assistent Brunos, seit dessen Verschwinden als Leiter der Geschäftsstelle. / Ruedi Suter (1951) lebt als freier Journalist in Basel. Spezialgebiete: Indigene Völker, Umweltprobleme und Menschenrechte. Er begleitete Bruno Manser seit 1990 journalistisch und beteiligte sich 2001 an einer Suchexpedition nach dem Verschollenen.

www.christoph-merian-verlag.ch
www.bmf.ch

TAGEBÜCHER AUS DEM REGENWALD

BRUNO MANSER
TAGEBÜCHER AUS DEM REGENWALD
TAGEBUCH 10–12

BRUNO-MANSER-FONDS (HG.)
CHRISTOPH MERIAN VERLAG

Band 1

John Künzli	Einherzig. Statt eines Vorwortes ein Brief	6
Ruedi Suter	Zurück zur Einfachheit	9
	Die Tagebücher. Editorische Notiz	22
	Tagebuch 1	25
	Tagebuch 2	53
	Tagebuch 3	73
	Tagebuch 4	93
	Tagebuch 5	115
	Tagebuch 6	133
	Impressum	160

Band 2

Tagebuch 7	5
Tagebuch 8	87
Tagebuch 9	111
Impressum	176

➔ **Band 3**

Tagebuch 10	5
Tagebuch 11	85
Tagebuch 12	139
Impressum	208

Band 4

Tagebuch 13	5
Tagebuch 14	53
Tagebuch 15	123
Tagebuch 16	139
Impressum	176

TAGEBUCH 10

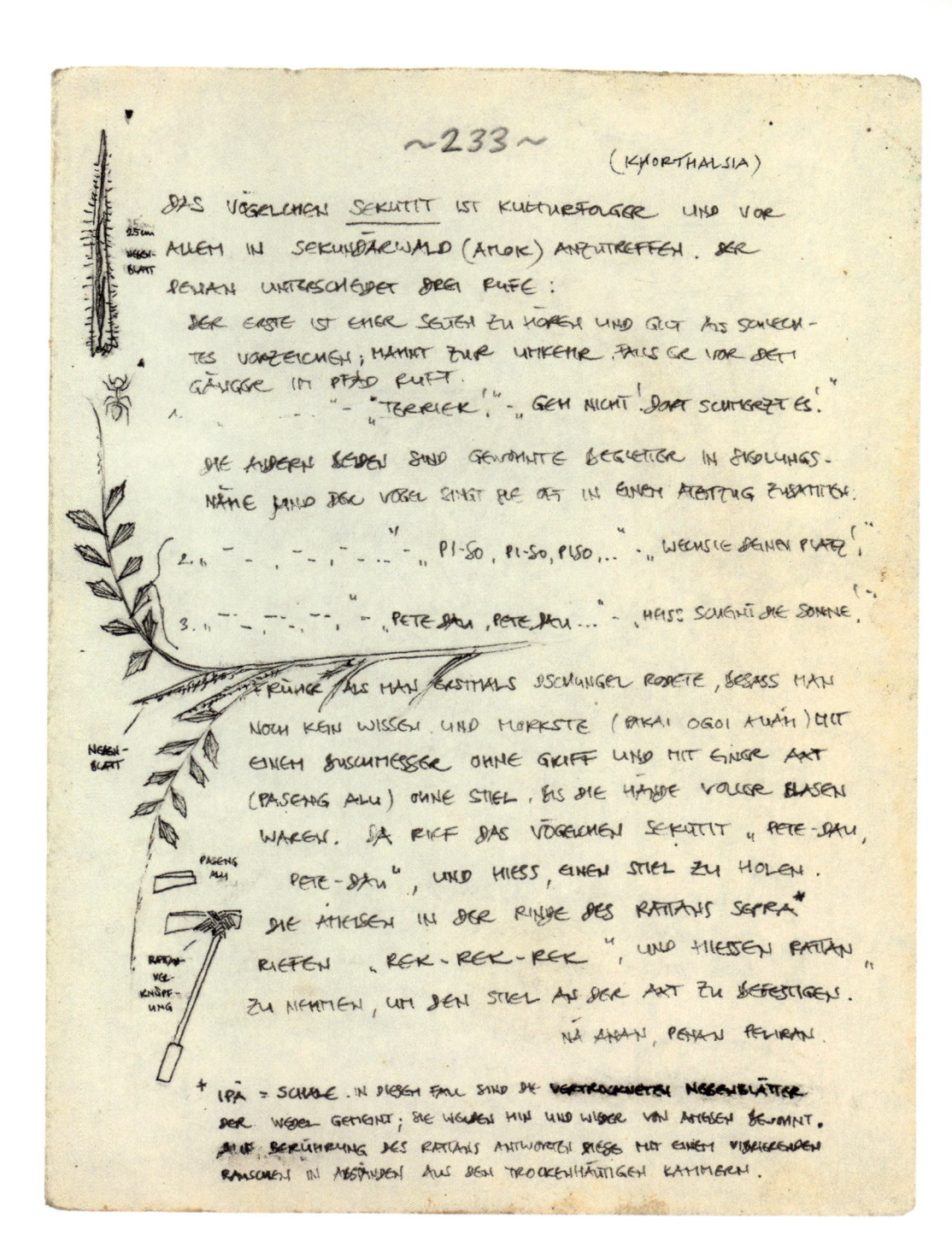

Das Vögelchen Sekutit ist Kulturfolger und vor allem im Sekundärwald (Amok) anzutreffen. Der Penan unterscheidet drei Rufe:
Der erste ist eher selten zu hören und gilt als schlechtes Vorzeichen; mahnt zur Umkehr, falls er vor dem Gänger im Pfad ruft:
1. «... – .» – «Terriek!» – «Geh nicht! Dort schmerzt es!»
Die anderen beiden sind gewohnte Begleiter in Siedlungsnähe und der Vogel singt sie oft in einem Atemzug zusammen.
2. «–_,–_,–_ _ » – «Piso, piso, piso, ..» – «Wechsle den Platz!»
3. «— _ , — _ , — » – «Pete-dau, pete-dau...» «Heiss scheint die Sonne!»
Früher, als man erstmals Dschungel rodete, besass man noch kein Wissen und morkste (Pakai Ogoi Auáh) mit einem Buschmesser ohne Griff und mit einer Axt (Paseng Alu) ohne Stiel, bis die Hände voller Blasen waren. Da rief das Vögelchen Sekutit «Pete-dau, pete-dau», und hiess, einen Stiel zu holen. Die Ameisen in der Rinde des Rattans Sepra* riefen «Rek-rek-rek», und hiessen Rattan zu nehmen, um den Stiel an der Axt zu befestigen.
Ná Anan, Penan Peliran

* Ipá = Schale. In diesem Fall sind die vertrockneten Nebenblätter der Wedel gemeint; sie werden hin und wieder von Ameisen bewohnt. Auf Berührung des Rattans antworten diese mit einem vibrierenden Rauschen in Abständen aus den trockenhäutigen Kammern.

(Korthalsia)
25 cm
Nebenblatt
Nebenblatt
Paseng Alu
Rattanverknüpfung

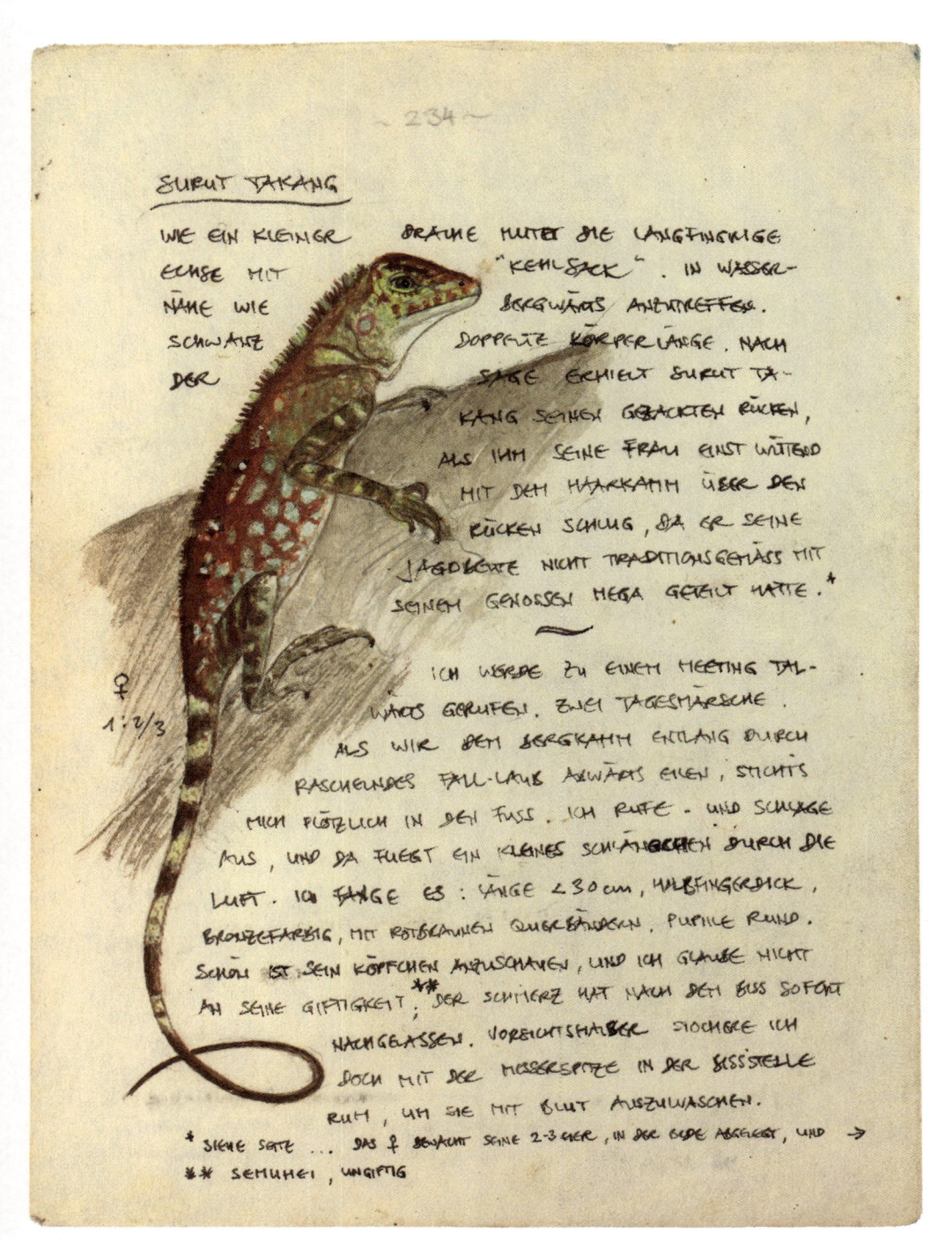

Surut Takang

Wie ein kleiner Drache mutet die langfingrige Echse mit ‹Kehlsack›. In Wassernähe wie bergwärts anzutreffen. Schwanz doppelte Körperlänge. Nach der Sage erhielt Surut Takang seinen gezackten Rücken, als ihm seine Frau einst wütend mit dem Haarkamm über den Rücken schlug, da er seine Jagdbeute nicht traditionsgemäss mit seinem Genossen Mega geteilt hatte.*

Ich werde zu einem Meeting talwärts gerufen, zwei Tagesmärsche. Als wir dem Bergkamm entlang durch raschelndes Fall-Laub abwärts eilen, sticht's mich plötzlich in den Fuss. Ich rufe – und schlage aus, und da fliegt ein kleines Schlängchen durch die Luft. Ich fange es: Länge < 30 cm, halbfingerdick, bronzefarbig, mit rotbraunen Querbändern. Pupille rund. Schön ist sein Köpfchen anzuschauen, und ich glaube nicht an seine Giftigkeit;** der Schmerz hat nach dem Biss sofort nachgelassen. Vorsichtshalber stochere ich doch mit der Messerspitze in der Biss'stelle rum, um sie mit Blut auszuwaschen.

* Siehe Seite… das ♀ bewacht seine 2–3 Eier, in der Erde abgelegt, und →[Fortsetzung der Legende auf S. 10/235]

** Semuhei, ungiftig

♀, 1:²/₃

Mein Begleiter Abun schüttelt unverständlich den Kopf, als ich das kleine Reptil unversehrt wieder in Freiheit gebe. ‹Aug um Aug, Zahn um Zahn›, ‹Wie du mir, so ich dir›, scheint das ursprüngliche Gesetz auch des Dschungelvolks. Rache (Ngeliuáh) ist üblich, und meist heisst sie Todesstrafe. Der Eingeborene kennt kein Pardon für Skorpion und Schlange, für Wildschwein und Bär, wenn er durch diese Tiere verletzt worden ist. Und auch der Baum, welcher einen morschen Ast aus seiner Krone auf einen darunterstehenden abgeworfen hat, wird gefällt. Und so droht Gerawet, den Jeep-Lenker umzubringen, in dessen Wagen seine junge Frau Busak samt Säugling um's Leben gekommen ist. – Die Botschaft Jesu bringt eine andere Dimension. «Die Schlange hat mich nicht aus Böswilligkeit gebissen, und ich kann ihr darum auch nicht böse sein. Ich bin selbst schuld, da ich sie unachtsam getreten habe,» erkläre ich Abun. – Als wir kurz nach Einnachten unseren Treffpunkt erreichen, sind unsere Freunde schon wieder mit dem Boot talwärts gezogen. Als Botschaft haben sie nur ein Hakenhölzchen zurückgelassen: «Folgt uns nach!» Eigentlich haben wir alle schon müde Knochen. Doch es sei nur zwei Stunden Marsch bis zur

kennt darin keine Furcht. Mit geblähtem Kehlsack hat es schon dreiste Lausbuben in die Flucht geschlagen und gar verfolgt. [Fortsetzung der Legende von S. 234]

Siedlung talwärts, und der Mond steht am Himmel. Also vorwärts!

Doch sein Licht wird meist von der dichten Vegetation über uns abgefangen, und wir irren im Dunkeln, den Pfad suchend. Along gibt unterwegs auf, er verstehe es nicht, nacht's zu gehen. So folge ich schweissgebadet dem Hintern Abuns. Dann, nach Queren des Flusses dürfen wir uns durch Kompanie-Schlachtfeld abmühen, über Baumleichen kraxelnd, und da und dort von Dornenranken der zusammengeschlagenen Vegetation gekrallt. Das ewig grüne Dschungeldach hat sich hier geöffnet und ist der modernen Maschinerie gewichen. Hell steht Meister Mond über den dunkeln nächtlichen Hügeln und schickt seinen Schein bis auf den grossen Limbangfluss. – Und wieder tauchen wir ein ins schattige Reich. Ein gutes Dutzend Mal kommen wir Kemirang-Heerschaaren in die Quere – eine harte Prüfung für die gute Laune. Genau an der steilsten Stelle, wo du im Dunkeln vorsichtig Griff und Tritt suchst im Fels, um nicht abwärts zu sausen, blasen die ekligen Ameisen einmal zum Angriff...

Als wir in der Nähe der Siedlung nochmals den Fluss queren wollen, werden wir beinahe weggespült oberhalb der Stromschnelle und kehren um. Beim Versuch ohne Gepäck kommt s'Wasser bei starker Strömung bis an den Hals. So wecke ich unsere schlafenden Freunde in der Siedlung, um Gepäck und Freund Abun überzusetzen mit dem Boot. –

Es ist halb zwei Uhr morgens. Das waren lange zwei Stunden, von halb acht. Der japanische Journalist hat den Trip flussaufwärts trotz Blockade durch die Behörden geschafft, die das Gebiet für Ausländer gesperrt haben, seit die Penans Logging opponieren. Er verspricht, in seinem Heimatland für die Sache der Penans weiter Wind zu machen.

Freund Leteh* ist, wie sein Vater Ué, von äusserst zierlichem Körperbau und kleiner Gestalt. Dieser gab das stets kränkelnde Kind einst talwärts, in Sorge, es würde in seinen Händen sterben. Ein Mann vom Stamme der Murut nahm das Kind an, um es stark und feiss zu machen. Nach einigen Jahren gab der Pflegevater den Schützling seinen wirklichen Eltern zurück, die in der Zwischenzeit sesshaft geworden waren. Als Lohn oder Dank für den geleisteten Dienst, schenkte Ué dem Pflegevater einen

[*] Leteh = ‹Der schwache Gänger›

Gong. Dies ist ein für den gewöhnlichen Mann kaum erschwingbarer Artikel, und meist sind es Erbstücke.*

Leteh ist heute um die 27 Jahre alt, ledig, und wohnt mit weiteren sechs Familien in Long Sembayang. Der zierliche Mann ist ein kleines Genie, und ich verneige mich vor ihm. Er war nur wenige Jahre zur Schule gegangen, kann lesen und schreiben, und versteht Kellabitsprache, wie auch Malaysisch.

Einst sah ich eine von ihm gezeichnete Karte des Ulu Limbang bis zum Batu Lawe; er hatte die ganze Gegend innert zehn Jahren abgelaufen und an die 2–300 Flüsse aufs Papier gekritzelt, die er ~ alle zu benamsen wusste. Das sah aus wie eine Baumkrone, vom Stamm zu den Ästen bis zu den feinsten Zweiglein.

Ein andermal brachte jemand eine nichtfunktionierende Armbanduhr zu ihm. Leteh öffnete den Patienten mit einer feinen Messerspitze, nahm da von blossem Auge und ohne fachgerechte Hilfsmittel die Innereien, Federchen und Schräubchen heraus, prüfte, und setzte wieder zusammen – und die Uhr lief!

Ein neuer Kasettenrekorder zeigt schon nach ein paar Tagen die ersten Beschwerden, und wie ein Esel hock ich da und weiss nicht weiter. – «Da ist vielleicht ein Keilriemen zu straff, oder das Deckpapier in der Kasette zeigt Reibung», meint Leteh, und will sein Bestes versuchen. Nach ein paar Stunden bringt

* Im Hause des einstigen D.O. von Marudi sah ich einst Gongs gleich haufenweise gestapelt.

er das Gerät zurück, und hat gleich noch zwei Drähte montiert, an dem ich grössere 1,5 Volt-Batterien anschliessen kann. Ein kleines ‹Eisen› sei verbrannt, und er habe es aus seinem Rekorder ausgewechselt. – «Aber wo bekommst du den Teil wieder her für dein Gerät?» – «Keine Diskussion. Wir sind beide gleich arm. Gott wird mir helfen!», lächelt er. – Ironie: Als Kind der Zivilisation lass ich mir vom Eingeborenen das Tonbandgerät flicken. Woher zum Teufel er über diese Dinge der modernen Welt Bescheid wisse? – Er habe einst in Limbang dem Uhrenflicker an der Strassenecke ein wenig auf die Finger geschaut und 3–4 Monate in einem Laden gearbeitet, der auch Musikkästen verkaufe.

Leteh ist nach Long Sembayang gekommen um für Nahrungsnachschub bei der Blockade talwärts zu sorgen. So drescht er Reis und rafflet Maniokknollen, um die Stärke (‹Sago›) daraus zu gewinnen. Einige Kinder haben ihn dabei begleitet. – Ich geniesse 3–4 Tage ihre Gesellschaft, in verstecktem Hüttchen. Leteh hat seine Habseeligkeiten aus der Siedlung gezügelt und hier im Verborgenen gelagert. Denn seine letzte Behausung flussaufwärts sei verbrannt, obwohl er das Feuer mit Wasser gelöscht hatte. Er vermutet die Kompanie als Brandstifter, da diese böse auf ihn sei, weil er ihnen mehrmals die Meinung mutig ins Gesicht gesagt hat. – Der Manager habe ihm gar gedroht, einst seinen Schädel nach Japan mitzunehmen. Falls es ein Scherz war, jedenfalls ein schlechter.

* Aham, der Ameisenbär
** Ulun Djann, den Kopf der Stiege
*** Kalu totok, das Hackholz; ein Hartholzknebel dient meist als Unterlage, um Haut u. Fleisch zu verhacken.
**** Telum Medok, die Kannenpflanze

Kraftspiele*

Ngelebú (Handaufdrücken). Dieses Spiel ist wohl bei Kindern und Verliebten rund um den Erdball verbreitet.

Memutui Ipong (Armbrechen). Während ein Junge den ausgestreckten Arm aushält, versucht ein anderer, dessen Ellbogen zu biegen, Hand und Oberarm fassend. Gelingt es ihm, die Hand herumzudrücken, so zwackt er den Besiegten ins Narrenbeinchen und spricht:
«Knochenmark essen!»
«Kuman-kuman utek sulau!»**

Pulet (Fingerumdrücken). Die Gegner spreizen Zeige- und Mittelfinger der rechten Hand und strecken diese einander entgegen. Nur gerade die Fingerkuppen berühren sich. Beide versuchen, die Hand des Partners herumzudrücken.

* Bei Penans selten im Gebrauch. Vor allen bei der Kellabitjugend beliebt, die auf mannigfaltige Art ihre Kräfte messen. Siehe dort.
** Sulau: Tür zum Häuschen einer Meeresschnecke. Die runden flachen Scheiben mit Spiralzeichnung dienen als Halsschmuck. Gemeint ist hier deren weisse Farbe

Hin und wieder werden abwertende Urteile den Analphabeten gegenüber laut. Und viele Nomaden bekennen in ihrer Bescheidenheit selbst: «Wir haben keinen Verstand. Wir leben nur wie Wildschwein und Affe… »
Drück einem Eingeborenen tausend Dollar und ein Flugticket in die Hand, und stell ihn im Zentrum von Singapore ab – das Dschungelkind wird sich gewiss hilflos vorkommen…
Gerade so hilflos wie ein Universitätsprofessor, dem du ein Buschmesser und Sagomatte in die Hand drückst und ihn irgendwo in der Weite des Dschungels absetzest.
Die Nomaden sind genauso Leute vom Fach. Wer sie ihn ihren Tätigkeiten nachzuahmen versucht, wird sich nur allzu oft selbst als Tolpatsch entpuppen.
Die Herstellung der traditionellen Rattanreife (Ulat) verlangt Köpfchen.

Rätsel

Kennst du den Schindelvater (Tamen Kupang)? Wohin er auch geht, trägt er seine Schindeln mit!*

Wen hälst du jeden Tag, wie den Kopf der Mutter?**

Wenn der Jäger Wildschwein oder Hirsch erbeutet hat, steigt ein kleiner Mensch in die Hütte. Fütterst du ihn, so wird er mager. Hungert er, so bleibt er fett. [*** fehlt in Original]

Hoch oben im Gebirge, wo selten ein Mensch hingeht, halten Frauen in den Bäumen hängend, Versammlung. Jede hält einen Regenschirm und ihre dicken Bäuche sind mit Wasser gefüllt!****

Einfacher Ulat (5 Umgänge)

3–4 Dutzend winzige Rattanreiflein (Ø ~15 mm) sind rings der Öffnung der in reichen Ornamenten geflochtenen Tragtaschen (Serut) angebracht. Sie dienen als Führung des Stricks, der zugleich Träger ist. Auf Zug schliesst sich die Öffnung automatisch. Dieser Rattanreif wird auch am Buschmessergriff angebracht, um das Holz am Springen zu hindern. 2–3 Reife aneinander angeschlossen, und heutzutage auch mit Kupferdraht.

1 2 3	1 2 3 4	1 2 3	Schluss
	links	rechts	2u1o^L (1.üs)
	über	über	2u1o^R
	rechts	links	2u1o^L
I. + I.	III.		IV.

Beim III. Umgang werden die beiden vorangehenden zweimal übereinander gekreuzt.
Der IV. Umgang geht dem I. parallel voran

(2u2o^R (Us) = 2 Stränge kommen

                unter dem Führenden zu liegen,

2u2o^L 2 oben.   R=Rechts L = Links M = Mitte

2u2o^R üs = I. überspringend (Schluss)

3u Schluss   us = I. unterspringend (u)

Das Ende kommt genau über den Anfang zu liegen

Der doppelte und dreifache Ulat gestaltet sich recht kompliziert, und ihre Erfindung ist geniös. Nur eine Handvoll Männer des Gebiets verstehen ihre Fertigung, die Gedächtnis und Übung verlangt.
Dem Ulat liegt das Prinzip einer ganz regelmässigen, in sich selbst verschlungenen Wellenlinie zu Grund. In der modernen Sprache ausgedrückt, ergibt sich das Bild von seitlich verschobenen Sinuskurven, die sich überlagern

Einfacher Ulat (3 Umgänge), –3 lhat.

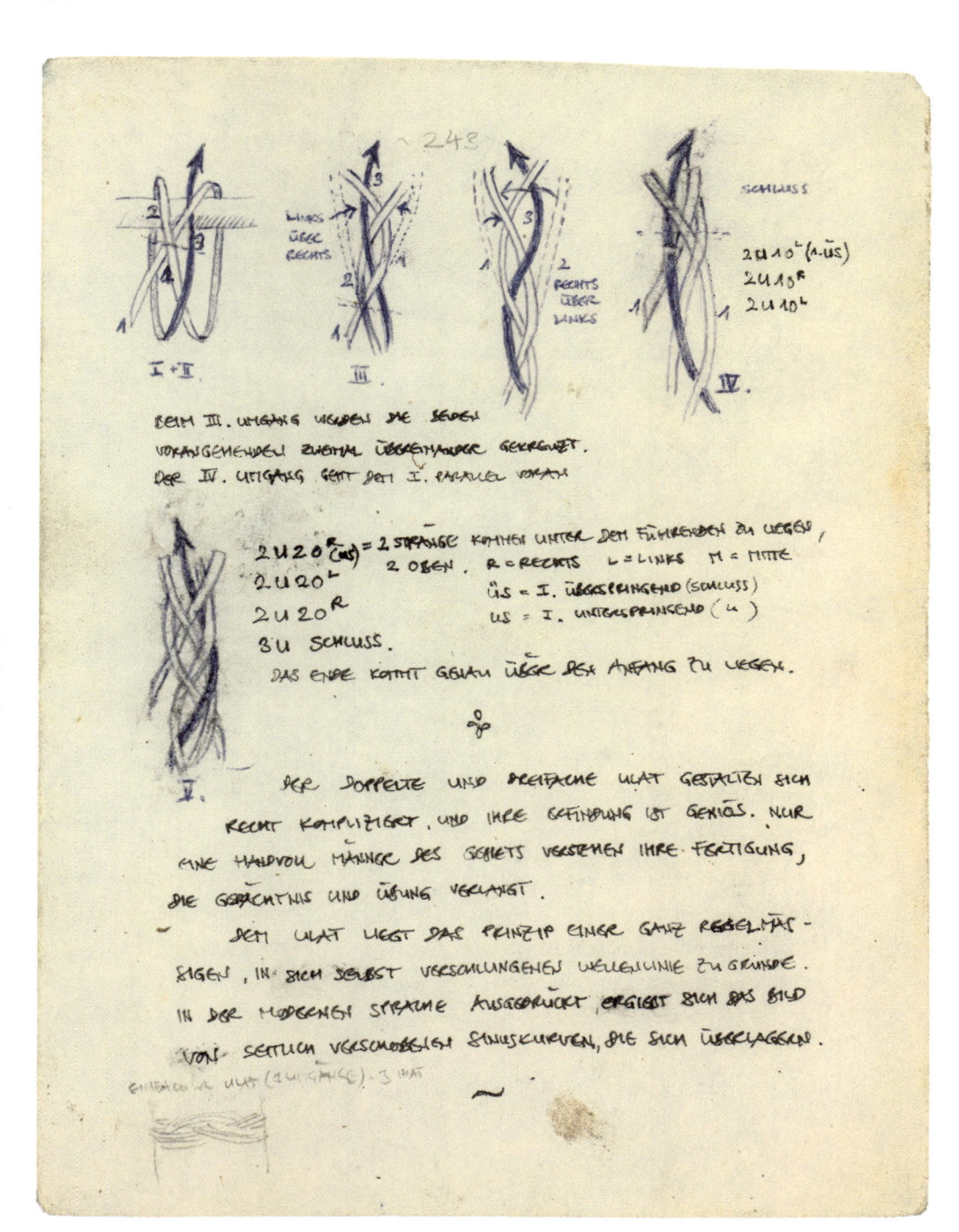

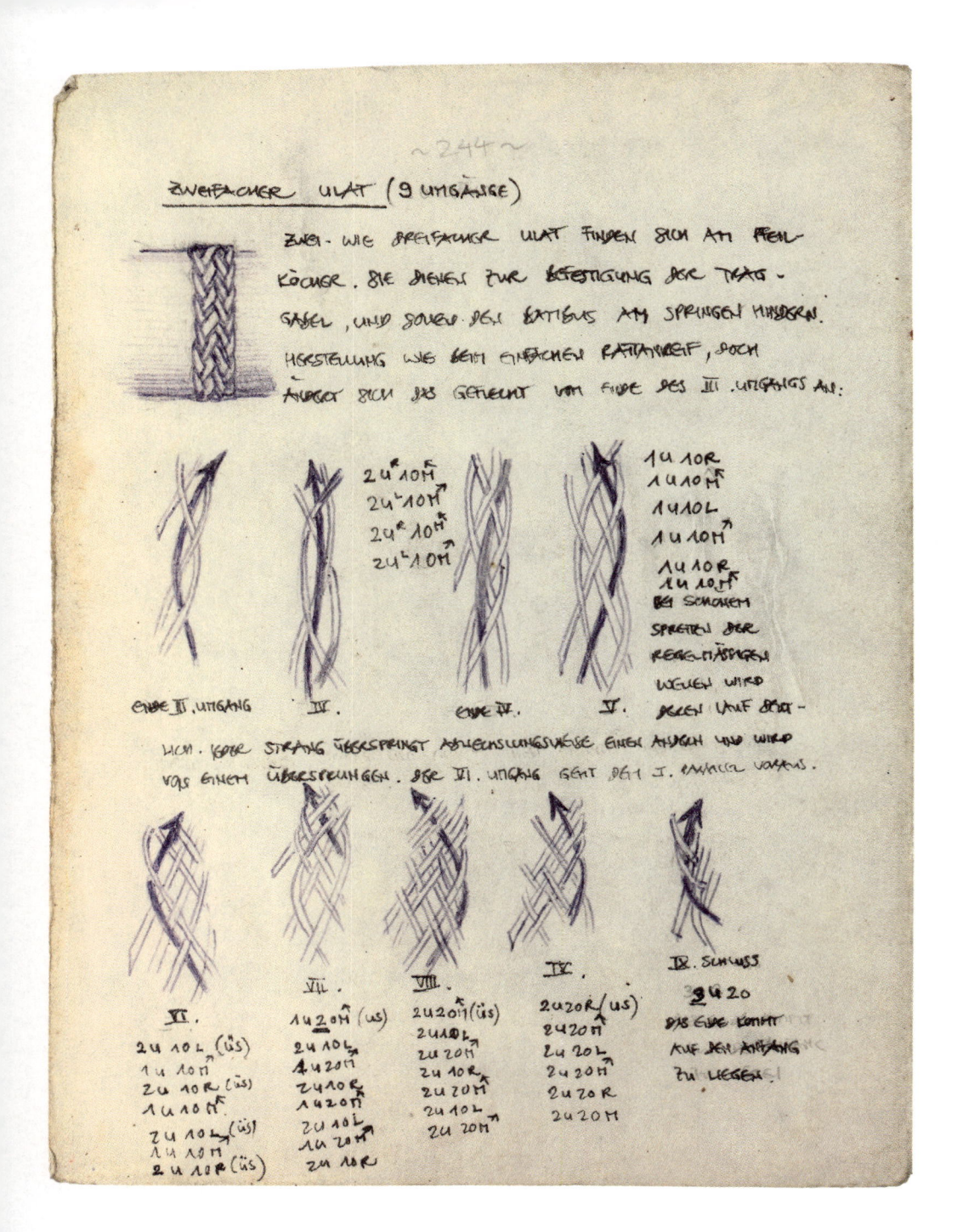

Zweifacher Ulat (9 Umgänge)

Zwei- wie dreifacher Ulat finden sich am Pfeilköcher. Sie dienen zur Befestigung der Traggabel, und sollen den Bambus am Springen hindern. Herstellung wie beim einfachen Rattanreif, doch ändert sich das Geflecht vom Ende des III. Umgangs an:

2u^R1oM		1u1oR		
2u^L1oM		1u1oM		
2u^R1oM		1u1oL		
2u^L1oM		1u1oM		
		1u1oR		
		1u1oM		

Ende III. Umgang   IV.   Ende IV.   V.

Bei schönem Spreiten der regelmässigen Wellen wird deren Lauf deutlich. Jeder Strang überspringt abwechslungsweise einen andern und wird von einem übersprungen. Der VI. Umgang geht dem I. parallel voraus.

VI.	VII.	VIII.	IX.	IX. Schluss
2u1oL (üs)	1u2oM (us)	2u2oM (üs)	2u2oR(us)	3u2o
1u1oM	2u1oL	2u1oL	2u2oM	Das Ende kommt
2u1oR (üs)	1u2oM	2u2oM	2u2oL	auf den Anfang
1u1oM	2u1oR	2u1oR	2u2oM	zu liegen
2u1oL (üs)	1u2oM	2u1oR	2u2oR	
2u2oL	2u1oL	2u1oL	2u2oM	
1u1oM	1u2oM	2u2oM		
2u1oR (üs)	2u1oR			

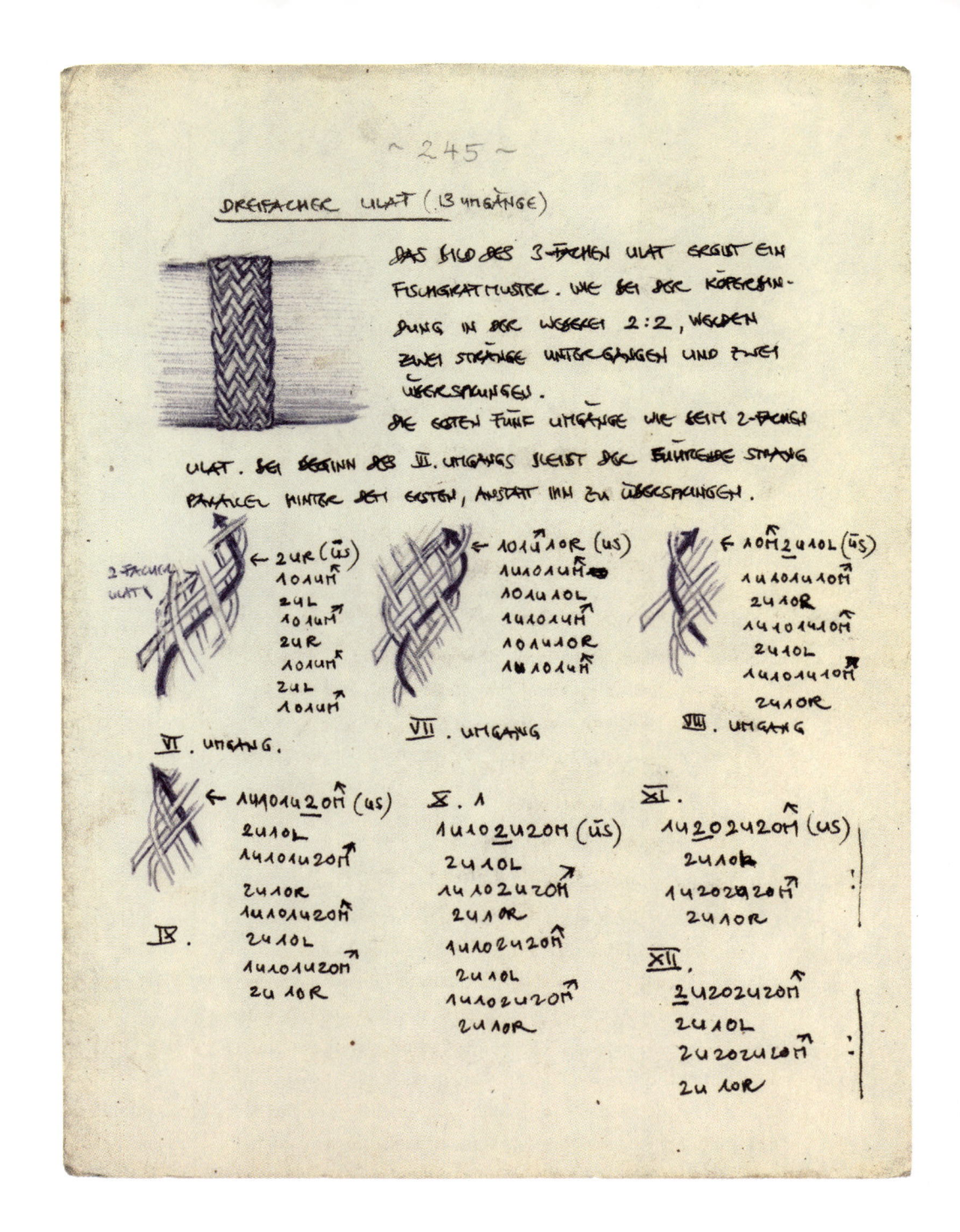

Dreifacher Ulat (13 Umgänge)

Das Bild des dreifachen Ulat ergibt ein Fischgratmuster. Wie bei der Köperbindung in der Weberei 2:2, werden zwei Stränge untergangen und zwei übersprungen.

Die ersten fünf Umgänge wie beim 2-fachen Ulat. Bei Beginn des VI. Umgangs bleibt der führende Strang parallel hinter dem ersten, anstatt ihn zu überspringen.

2 facher Ulat				VI. Umgang	VII. Umgang	VIII. Umgang
	2uR(üs	1o1u1oR (us)	1oM2u1oL (üs)	1u1o1u2oM (us)	X.1	XI.
	1o1uM	1u1o1uM	1u1o1u1oM	2u1oL	1u1o2u2oM (üs)	1u2o2u2oM (us)
	2uL	1o1u1oL	2u1oR	2u1oR	1u1o2u2oM	1u2o2u2oM
	1o1uM	1u1o1uM	1u1o1u1oM	1u1o1u2oM	2u1oL	2u1oR
	2uR	1o1u1oR	2u1oL	2u1oL	2u1oR	XII.
	1o1uM	1u1o1uM	1u1o1u1oM	1u1o2u2oM	2u1oR	2u2o2u2oM
	2uL		2u1oR	2u1oR	1u1o1u2oM	2u1oL
	1o1uM				2u1oL	1u2o2u2oM
						2u1oR
						2u2o2u2oM
						2u1oR

XIII. Umgang

2u2oR(us)
2u2o2u2oM!
2u2oL
2u2o2u2oM

Schluss: das Ende kommt über den Anfang zu liegen. Während des Flechtens ist darauf zu achten, dass die Rattanfaser nicht verdreht. Ihre Länge und Grösse richtet sich nach dem Durchmesser des Köchers (L ~4 m bei 3-fachem Ulat und grossem Ø). Falls angesetzt werden muss, überdeckt der Anfang 2–3 Sprünge des Endes.

Als Ahle dient eine Stachelschweinborste oder ein Wadenbeinknochen irgendeines Affen. Diese sind aber relativ weich, und wenn verfügbar, so benutzt der Eingeborene einen Nagel oder den Hintern einer Feile.

Die ersten Umgänge werden ganz locker geflochten, da gegen Ende hin der Platz immer enger wird. Unter Morksen verletzt man die Faser leicht mit der Ahle. –

Beliebtester Rattan ist ‹Uai Bukui›. Als Ersatz für diesen gelten ‹Uai Saput› und ‹Uai Inang›. Die zubereitete Faser wird vorher am Feuer getrocknet, da sonst der Rattanreif später lose wird.

Eben lächelte noch Frau Sonne – und nun streckt ihr ein dunkler Wolkenmann die Arme ins Gesicht und wirft seinen schwarzen Mantel über die Landschaft. Lichte Regenvorhänge stehen talwärts. Soll ich umkehren? – Das könnte eine patschnasse Züglerei geben. – Ach was, vorwärts! Und schon stretzt's vom Himmel [regnet es Bindfäden]. Alles rinnt, und nur verschwommen sehe ich durch die beschlagenen Brillengläser. – Kurz vor Einnachten erreiche ich die Sulung-Mündung. Hochwasser. Das romantische Bächlein, welches wochenlang meist nur knöcheltief um die Steine gesprudelt war, hat sich in einen reissenden Bach verwandelt.

Einem Krebs ist das grollende Geröll nicht ganz geheuer und er flieht aufs Land. – Ich lasse schweres Gepäck und Blasrohr am Pfad zurück und eile durch die Nacht vorwärts. Weiss'schäumend und gewaltig rauschend jagen die Wassermassen zwischen den schwarzfelsigen Uferböschungen talwärts, drohend wie ein anschwellendes Höhlengewässer. Ich verlasse und umgehe den unfreundlichen Ort der Gewalt, und finde glücklich mein Hüttchen. Auch hier ist alles feucht und nass. Da schnitz ich mir einen Haufen ‹Vögel›, und nachdem mit Hilfe von Harz ein Feuerchen in der Herdstelle zu flackern kommt, ist die Welt wieder in Ordnung.

Über den heftigen Regenschwall hat ein Niuwi-Baum seine blinden Früchte abgeworfen, weitverstreut liegen die gelben Birnen ringsum den Stamm. Sie fühlen sich weich und schlammig an, und ihre Haut ist eigenartig fein gekörnt; jedes Wärzchen wie mit zwei Pollenkammern besetzt. Doch bleibt die wahre Struktur dem Auge verborgen, und weder Lupe noch Mikroskop sind zur Hand. – Das Innere der blinden Frucht erinnert an feuchte Watte und schmeckt fade-säuerlich.

Die reife Frucht wird über faustgross und enthält viele Samen in rotem, sauer schmeckenden Fruchtfleischmantel; von Hirsch und Reh, als auch vom Penan begehrt.

Der Niuwibaum wächst in Wassernähe. Ø ~50 cm. Rinde glatt, rötlich. Kambium wie Frucht latexhaltig. Blätter unregelmässig, ganzrandig, andeutungsweise gewellt-gekerbt, fest, Os. glänzend, Us. filzig behaart.

Wohl wechselständig – ich klettere nicht in die Krone ums rauszufinden.

Das weisse harte Holz wird zu Blasrohren verarbeitet.

Morgends ~

Eine Heerschar von Getungan-Ameisen versperrt mir den Weg. Verstört und ziellos krabbeln diese grössten Ameisen des Dschungels auf 6–7 m rings am Pfad. Da ist kaum ein Zwischenraum für den Fuss zu finden, und ich zögere, weiterzugehen. – Was ist wohl hier geschehen? – Hat ein Ameisenbär ihr Bodennest geplündert? – Vor allem grossköpfige Soldaten sind unterwegs. Packen sie mit ihren scharfen Mandibeln zu, so fliesst Blut. – Ich stelle meine Traglast ab, um herauszufinden… Da bietet sich mir ein grausiges Schlachtfeld. Überall Leichen, ineinander verbissen. Ein Kämpfer hat mit seinen Mandibeln einen Fühler des Gegners gepackt, bevor er geköpft wurde. Erfolglos versucht nun dieser, sich von dem baumelnden Kopf zu befreien – die scharfe Kieferzange bleibt fest verschlossen. – Da und dort mühen sich Genossen im gleichen Sinne ab – unmöglich, sich der meist zweigeteilten Opfer zu entledigen.

Ich merk mir's: Bei der nächsten klaffenden Verletzung geht's auch ohne Nähzeug. Die Wundheftklammern sind gleich im Dschungel zur Hand, denn die Getunganameise ist überall häufig und sowohl tag- wie nachtaktiv.

Begegnen sich in dem ungeordneten Gekrabbel zwei entgegenkommende, so zeigen sie Drohverhalten: Aufgerichtet betrommeln sie sich gegenseitig mit den Fühlern die Köpfe. Sind sie nicht gut aufeinander zu sprechen, so zucken sie mit geöffneten Scheren gegeneinander. – Doch die Schlacht scheint vorbei, und

Pengióng Nigré
♀,1:⅓
Der taubengrosse Vogel mit dickem Flaumgefieder gilt als Omen (Amen), wenn er am Pfad ruft.

alle Kämpfer sind müde und gehen einander aus dem Weg. Und auch ihren Betrachter nehmen sie kaum wahr. ~ Machen sich die Getunganameisen zum Hochzeitsflug auf, so verwandeln sie sich nach der Sage in Wespen (Lengiang).
Trifft der Penan streitende Getunganvölker, so sollen sich auch Menschen talwärts bekriegen.
Statten Getunganameisen den Sagoverarbeitenden einen Besuch ab und krabbeln übers Palmmark, so gibt's am Abend als Zugabe zum Stärkemehl Fleisch.

10/251 Wo Jagdbeute im Dschungel über Nacht gelagert wird, finden sich die Klemmer bestimmt am nächsten Morgen zum Festschmaus versammelt.
Salz übt sowohl auf Bienen (Laiuk, Ni-uan, Lengurep), als auf die Getunganameise grosse Anziehungskraft aus. Plastiktüten sind bald durchbissen, und oft sind sie in Gesellschaft auf Schweiss'spuren, an Urinierstellen und am Salzquell (Sungan) nippend zu finden. Spiegelt sich da die chemische Verwandtschaft von Salz und Säure?
Der Vogel Pengióng ernährt sich von Kleingetier und Früchten.
– Zwei seiner Zehen schauen nach vorne, zwei nach hinten. –
– Gelege von ~3 Eiern in Baumhöhle.
Omen. – Kreuzt er direkt vor dem Gänger den Pfad, so warnt er vor angriffigem Tier oder Menschen und ratet Vorsicht.
– Ruft er wiederholt links, so hat es nicht, und der Jäger geht ohne Beute nach Hause.
– Ruft er wiederholt rechts, so hat es.
– Ruft er zuerst rechts, dann links, wird der Jäger ein Männchen, einen Eber oder Hirschstieren erbeuten. Im umgekehrten Fall ein weibliches Tier.

10/252 **Lengeset**
Lauchartiger Geruch liegt in der Luft. Ein Teppich von weissen Blütensternen bedeckt den Boden. – Als ich eine Woche später an den Ort zurückkehre, um in Ruhe zu bestaunen, ist der Zauber schon verschwunden. – Nur einige leeren Blütenstände und blinden Früchte zeugen von der Hochzeit des Baumes: Lengeset kann bis Armspannen-Durchmesser zeigen, und ich sah ihn schon von der noch mächtigeren Würgfeige (Mutan) umarmt und gedrosselt.

Streifig löst sich die rauhe Rinde längs des Stammes, darunter kommt eine rotbraune krümelige Schicht zum Vorschein, die sich mehlig zwischen den Fingern zerreiben lässt. Der unverkennbar würzige Geruch des Lebenssafts aus dem Kambium hat's mir angetan, und ich bewahre einige Rindenstücke in der Schlafmatte als Kopfkissen.

Warze

17 cm
12–16 Fiederblätter

Fruchtknospe
Kelch
Fruchtstand

35 cm

Unerwartet bitter – wie Galle – schmeckt die Droge im Mund. 10/253 Ihr Sud gilt medizinal und wird bei asthmatischen Beschwerden getrunken.*
Unerreichbar hoch stehen die belausten Triebe und heben sich wie Strahlensterne vom Himmel ab; die Fiederblätter legen sich rings ihrer aufrechten Mittelachse seitlich. – Nach einigem Suchen entdecke ich ein junges Bäumchen, welches den Blättern nach ein Lengeset-Kind sein könnte. Doch seine Rinde ist gänzlich anders anzusehen, und auch der Geruch ist verschieden, erst nach einer Weile des Entfernens der Rinde entwickelt er das typische Aroma des grossen Baumes. – Wie viele Hölzer, die im Alter zerrissene, gefurchte Borke zeigen (wie Pappeln, Weiden und Birke), findet sich die Rinde des jugendlichen Stammes glatt, doch verstreut von Warzen bedeckt; das Innere hat an diesen

Stellen gleichsam die Haut gesprengt und quillt aus den Öffnungen heraus.

Lengeset hat ein ~ weiches Holz. → wird zu Gewehrkolben verarbeitet.

Die Blüten sind wohl fünf-blättrig, da die gefallenen Kelche beim Antrocknen Fünf-Eckigkeit zeigen. ~Die Fiederblätter erinnern an jene der Esche.

* Er wird weiter wie der Sud von Niekup übers Reisfeld gesprüht, um Heuschrecken zu vertreiben.

10/254 Perasang Uin (Tabernaemontana pauciflora)

Bis zwei Meter hohes Bäumchen der Niederung, am Bachufer. Blätter 7–13 cm, kahl, Oberseite glänzend. Die gegenständigen Blätter zeigen ungleiche Länge; jeweilen das sich abwärts legende kann über doppelt so gross sein, als sein überstehender Partner. Trotz dieser Verschiedenheit zeigen die Triebe Hang zu Spiegelsymmetrie.

Das Holz wird geziert von 2–3 Schotenpaaren. Wegen deren Ähnlichkeit mit Paprika wird es auch P. Ketubah genannt. Unter der orange-leuchtenden Schale kommen purpurrote Samen, resp. Fruchtfleisch zum Vorschein. Weisser Milchsaft fliesst, und sein Geruch ist unangenehm wie der vom Mohn, und erinnert an frisches Opium.

Unter dem Sammelbegriff Perasang versteht der Penan eine Menge verschiedener Drogen, welche müde Hunde jagdtüchtig machen sollen (wie P. Niet / P. Tuiang Ngung / P. Kerejut…)

Der Eingeborene schabt die Wurzel, fügt etwas Wasser bei und drückt in einem trichterförmig gefalteten Blatt (Tellapih) aus – direkt ins Nasenloch des Hundes, mit den Worten (Ha-tiwai): «Du steigst in die Nase des Hundes, damit er Wildschwein und Hirsch verfolgt… » Bei dieser unangenehmen Prozedur werden die Lebensgeister des niesenden Hundes geweckt. – Auch die Kellabits verwendeten diese Pflanze: Ein verbrannter Trieb, d. h. seine Asche ins Futter gemischt, soll nicht nur Hund, sondern gar den Menschen aggressiv machen.

10/255 Ausflug

In unwirtlichem Schluchtgelände versteckt, hab ich mir einen Unterschlupf gebaut. Die mächtigen Stützwurzeln eines Tanyit-Stammes bieten Nische und Tarnung für das Hüttchen im Steilhang. Selbst ein trainierter Polizeitrupp wird sich kaum an diesen unfreundlichen Ort verirren, wo jeder Schritt Mühe verlangt. Wild sei der Limbangfluss weiter quellwärts der Rayáh-Mündung. Mit tiefen Tümpeln zwischen steilfelsigen Uferböschungen. Man könne da nicht dem Wasserlauf folgen, und ich solle die Gegend meiden.

Verbote reizen, und so mach ich mich eines Tages auf den Weg, nachdem meine Freunde talwärts gezogen sind, um die Logging-Companies zu blockieren. Kleine Höschen, Messer und Buschmesser sind meine einzige Ausrüstung, ich gedenke, auf dem Landweg die Schlucht zu umgehen, um dann gleich talwärts zu schwimmen.

Hoch muss ich auf einen Berg klettern, und auf der andern Seite steil wieder runter, bis ich den Hirschbach erreiche. Wildschwein- und Hirschspuren. Während dem Ernten von Jakáh-Palmherz färbt sich der Himmel schwarz und schwärzer, und Bedenken steigen in mir: Was, wenn ein Hochwasser kommt, während ich inmitten der Schlucht talwärts schwimme, ohne Fluchtmöglichkeit?

Fortsetzung S. 263

10/256 Kang*

Plötzlich springt Lejo im Gehen erschrocken zur Seite. Da sitzt ein ganz merkwürdiger Zeitgenosse getarnt im Laub. – Ich guck dem Wesen ins Angesicht und staune lächelnd. Die Winkel seines riesigen Rachens grimmig gegen abwärts verzogen, bläst sich der Frosch Kang drohend auf. «Chchhhh! – Rühr mich nicht an!», stößt er missmutig seinen Atem aus. Weit wölben sich die Augendeckel vor und die Nase ist zugespitzt.

«Keine Angst, ich schlitz dir nicht den Bauch auf, um deinen Speiseplan herauszufinden!» – Angeblich Ameisen und anderes Kleingetier. – Fauchend gibt sich der Murrige in sein Schicksal, als ich ihn in eine Rattantasche sperre. Ich versprech dem kurligen Kauz, ihn nach dem Zeichnen wieder auf freien Fuss zu setzen.

Die meisten Eingeborenen fürchten den Frosch, und nur einige Wenige loben seine Fleischigkeit und Schmackhaftigkeit seiner Eier.

Bajon's Hunde hatten einst einen dieser eigenartigen Gesellen verbellt. Kurz angebunden sprang

* Das Amphib erhielt seinen Namen nach seinem Ruf, der bei Regenwetter in Bachnähe vor allem abends und nachts zu hören ist.

10/257 der Belästigte einem der Kläffer an den Kopf und zwackte ihn ins Ohr, worauf dieser jaulend das Weite suchte. Als der Jäger darauf den Erzürnten erstechen wollte, biss ihm Kang knirschend in die Speerspitze.*
Kang besitzt keine eigentlichen Zähne, doch der Rand seines Rachens ist rauh-sandig, ähnlich dem des Fisches ‹Bukeng›. – Der ockerfarbige Rücken ist bescheiden mit vereinzelten schwarzen zugespitzten

* sein Todesmut wurde sprichwörtlich: ‹Sakat Bari Kang›
♀
Das ♂ soll nur zweifingerdick sein

10/258 Warzen geschmückt, symmetrisch angeordnet. Wird's Herrn Kang zu mulmig, zieht er seine Glotzaugen hinein in seinen Schädel und schliesst die Scheuklappen.

Depung

Das Ehepaar Kasek und Kang gingen einst Sago verarbeiten. Nach dem Schlagen des Palmmarks schliff Herr Kang auf einem Stein sein Buschmesser, mit wippenden Augendeckeln. Da kam die Schlange Depung daher und lästerte

«Kang – kelle-wa-ang

Resdáh – roré

Rarau – roré!» *

«Kang, der Fettsack, schleift sein Messer!»

Darauf machte sich die Schlange weiter über die roten Füsse der Sago-tretenden Henne Kasek lustig:

«Rek-re-sek reratek rala ra gem!»

«Oh –, spotte nicht!» warnte Frau Kasek, «wenn die Männer es hören, werden sie wütend!»

* Die Schlange spricht mit Akzent → Medáh po-é, dja-au soré

Doch sogleich rief die Schlange wieder:
«Kang kelle–wa-ang
Resáh – rohé
Rarau – roré!»
Da hieb Kang kurzerhand die Schlange mit dem scharfen Buschmesser entzwei.
Seit jener Zeit ist die Depung kurz, früher war sie so lang wie die Python.

Roslin, Long Sembayang

Die Depung soll nur gut meterlang doch bis unterschenkeldick werden. Sie ernährt sich vom Mausreh (Pelanok) u.a. Kleinsäugern, und wird weiter vom Penan verspiesen.

Verhexter Abend

Während ich gemütlich in der Pfanne den Sagokleister (Na-ó) rühre, lässt mich heftiges Summen aufmerken. «Das tönt aber nicht friedlich wie emsig beschäftigtes Bienenvolk», stellt es in mir unwohlig fest. Wild jagen einige schwarze Punkte durch den Raum, und scheinen meine nass aufgehängte Turnhose anzugreifen.

Und schon «Sssss – ssssssss», hat sich eines der Biester in meinem Haar verfangen und sticht zu, bevor ich es zwischen meinen Fingern zerdrücke. «Aha, die grosse Honigbiene (Layuk), welche ihre riesigen freihängenden Nester baut.»
Schnell entferne ich das Kleidungsstück und fächle heftig ins Feuer, um die unwillkommenen Besucher zu vertreiben. Da wieder – «Sssssss» – «Ssssssss» werde ich von zweien in den Kopf gestochen. – Immer heftiger wird das Summen um mich, und langsam wird's mir mulmig. Hurtig steig ich in Hose und Hemd und zieh mir die Decke über die Ohren, weiter Rauch fächelnd. «Tak» – «Tak» – «Sssss» – «Ssss» spür ich den Aufschlag der Angreifer, die sofort zustechen. Da durch die Hose ins Knie, dort durch Decke und Leibchen in den Rücken. Ich weine vor Rauch und will verschmachten, unter meinem Tuch neben dem heiss lodernden Feuer. Schweissbächlein fliessen. «Tak», da sticht mich eine in den Augendeckel. – Soll ich den verflixten Ort fliehen? Da oben auf dem Berg ist nirgends Wasser um unterzutauchen und die Verfolger abzuschütteln.

Nein – gescheiter ich bleib bei der Herdstelle. Nach etwa zwanzig Minuten verzieht sich der Feind langsam. Neun Stiche hab ich abgekriegt, und mehrere Stacheln stecken in der Decke. Als ich die Giftspritzen entferne, staune ich: Wie ein abgetrennter Eidechsenschwanz noch geraume Weile Leben zeigt, bewegen sie sich noch während Minuten, wohl um den schmerzverursachenden Saft ins Opfer zu pumpen. –
«Warum seid ihr böse mit mir?», schimpf ich mit dem Bienenvolk. «Noch kein einziges eurer Nester hab ich geplündert, und letzthin hab ich gar eins eurer Mitglieder aus den tödlichen Fängen von Sóu-Ameisen befreit!» Und wütend schmeiss ich drei hilflos im Sago taumelnde Bienen ins Feuer.
Als die Luft rein zu sein scheint, geh ich hurtig meinen verbrauchten Holzvorrat erneuern. Und schon nähern sich zwei-drei schwarze Punkte «Sssss» – «Ssssss», fahren sie mir ins Haar.

Wild schlag ich mit einem belaubten Zweig um mich, was die Angreifer keineswegs einzuschüchtern vermag. Während ich ins Unterholz fliehe, «Autsch!» – Was sticht mich hier in die Hand? – Wohl an die 2–300 Brennhaare einer Raupe spicken meinen Handrücken. Im Schutze vor mich gehaltener Laué-Blätter, such ich mich ihrer zu entledigen. Ohne Pardon schlagen die Krieger gleichsam mit dem Hintern voran stechlustig daran. Sie haben es eindeutig auf mich abgesehen. Schnell flieh ich zurück zum Feuer in meinem Hüttchen. – Oha! Da ist mein Buschmesser auf der Strecke geblieben, und ich suche vor Eindunkeln danach. «Autsch! Was zum Teufel ist das? Ein Nest bösartiger Sandfliegen?» –
Wie feine Nadelstiche fährt's mir über Kopf und Brust, und abermals fliehe ich. – Zurück auf meinem Lager darf ich mir zu guter Letzt zwei Kemirang-Blutegel aus den Hosen fischen.
Wütend zerreiss ich die Muskelstränge.
Ich bin nun wohl wie ein Gnom anzuschauen – einäugig – mit dick angeschwollenem

Gesicht. – In der Nacht statten mir dann noch Kemirang-Ameisen einen Besuch ab. Damit alle Plagegeister einmal über die Bühne gelaufen sind. –

Später belehren mich die Penans, dass Rauchgeruch angriffiges Bienenvolk gleichsam anzieht. In Long Seridan sei einst ein Wasserbüffel überfallen und getötet (!) worden

Ausflug [Fortsetzung von S. 255]

In Eile jag ich talwärts, bis an das Ufer des Limbangflusses, steck mir s'Palmherz hinten in die Höschen und schwimme flussabwärts. – Meine Penanfreunde haben etwas übertrieben; nirgends entdecke ich die Schlucht zwischen hohen senkrechten Felswänden. – Die unfreundlichen, schwer begehbaren Uferböschungen bilden kein Hindernis für den Schwimmenden. Über Stromschnellen steig ich aus dem Wasser und umgehe sie, um gleich darunter wieder ins nasse Element zu plumpsen.

Die drohenden Wolken lichten sich wieder und gemütlich schwimm ich auf dem Rücken talwärts. – Da flitzen Schwälblein übers Himmelszelt, und weit lehnen die grossen Besukui-Bäume von links und rechts über den Wasserlauf und spreiten ihre Kronen. Blätter torkeln durch die Luft und landen sanft auf der spiegelnden Wasserfläche. Pollenstaub steht und wandert in Schlieren zwischen den felsigen Ufern.

Da, als ich mich inmitten eines tiefen schwarzen Tümpels vom Rücken auf den Bauch kehre, um vorwärts zu blicken, taucht gerade vor mir ein Kopf unter, und ich erschrecke. Ein kleiner Wellenberg breitet sich rings. Mit mulmigem Gefühl im Bauch denke ich, s'wird wohl nur eine Wasserechse (Belirang) gewesen sein. Es ist schon ne Weile her, dass das letzte Krokodil weiter quellwärts bei der Adangmündung gesichtet worden war.*

Fischadler (Pelaki) und Reiher (Kujúh) fliehen stets vor mir und baumen flussabwärts auf oder erwarten mich auf vorspringendem Fels hockend. Sobald ich mich nähere, heben sie ab, und begleiten so den merkwürdigen Schwimmer. Mit müden Knochen, doch glücklichen Herzens, erreiche ich gegen Abend mein Hüttchen.

* Später erfahre ich, dass gleich in der Nähe dieses Tümpels vor wenigen Jahren ein Krokodil geangelt worden war. Ein weiteres wurde 1985 des Nachts bei Long Sembayang geschossen.

Flugfuchs (Kubung)

Der Penan unterscheidet fünf verschiedene Arten dieser Gleiter. Da sie nachtaktiv sind, begegnet man ihnen nur selten. Sie ernähren sich von Blatt'trieben, ihre Losung gleicht der des Reh's. Paare mit Nachwuchs bewohnen Baumhöhlen.

Ein Jäger hat ein Muttertier mit dem Giftpfeil geschossen und das an deren Brust hängende Kind herzlos weggeschmissen. – Viele Penans fürchten sich vor dem grossäugigen Tier. Nach der Sage hat sich der Kubung Dá-un aus den Raupen ‹Ulet Lemurang› verwandelt. Diese finden sich in riesigen Versammlungen auf Eichen (Tekmet) und dem Beteley-Baum: Libai will einen gesehen haben, dessen Hinterteil während der ‹Metamorphose› noch aus den gleichfarbig behaarten Raupen bestand – und

Along fand einst drei noch gelähmte Tiere unter einem dieser Raupenschwärme. – In ihrer Furcht vor den Raupen – in der Fusssohle abgebrochene Brennhaare einiger Arten können jahrelange Schmerzen verursachen – haben beide wohl nicht genau hingeschaut. Eine Penanfrau hatte einst ein Kubungkind bis zu Flugfähigkeit aufgezogen, mit gekochtem Sago (Ná-o) und gebackenem Palmherz. – Wie andere Schösslinge des Dschungels, hatte er nach einiger Zeit die Freiheit des wilden Lebens gewählt, und verschwand in der Weite des Laubdachs. Ich versuche, der frierenden Seele etwas Wärme zu geben. – Das eigenartige Geschöpf hängt sich zum Schlaf unter einem querstehenden Ast hängematten-artig auf. – Sein Ruf erinnert an den des Geckos (Malays: Cicak). Doch nach 3–4 Tagen lässt die Munterkeit des Langbekrallten plötzlich nach ~ und er geht ein ~ ins Flugfuchs-Paradies.

Kubun Dá-un
1:2/3
juv.

Spring

Vor bald einem Jahr durfte ich Anderson Mutang kennenlernen. Ein liebenswerter junger Kellabit-Mann mit Bildung. Er hatte schon damals eine Blockade durch die Bevölkerung seines Heimatdorfes Long Napir geplant, und hoffte auf Zusammenschluss mit den Penans. Von der das Land zerstörenden Kompanie sollte Schadenersatz und Gewinnbeteiligung gefordert werden. – Ich gab ihm damals meine Meinung kund, dass es nicht der Mühe wert sei, um Geld zu kämpfen, um das sich erfahrungsgemäss die eigenen Dorfbewohner betrügen. Ein Zusammenschluss mit den Penans sei nur sinnvoll mit der einstimmigen Forderung nach einem Waldreservat, wo Holzfällerei nichts verloren hat. – In der Zwischenzeit hat sich der junge Idealist gar mit wenigen Gleichgesinnten von seinen geldorientierten Stammesangehörigen getrennt, um voll die Penansache zu unterstützen. – Ich geb meinem Freund den Namen ‹Spring›, denn seine Seele ist erquickend wie um Steine sprudelndes Quellwasser. – Seine Hilfe ist ein Segen – da er mit bürokratischen Wassern gewaschen – im Kampf eine Brücke der ungebildeten Eingeborenen zu den Mächtigen der Zivilisation schlagen kann. – Als Einheimischer hat er Bewegungsfreiheit, die kaum von den Behörden eingeschränkt werden kann. Spring wird mein einziger Kontakt talwärts und Mittelsmann der Eingeborenen zur Organisation ‹SAM›.

Meine Beziehungen zu den Freunden vom Office in Marudi waren wegen der Illegalität meiner Person von Anbeginn problematisch. Unter Regierungsdruck konnten sie nicht Farbe bekennen. Versprochene Unterstützung liess lange vergeblich auf sich warten, und enttäuscht stelle ich fest, dass die Seifenblasen geplatzt sind. Die von Roger Graf aufgesetzte Petition für ein Penan-Waldreservat im Ulu Limbang/Tutoh, von beinahe 7'000 Menschen unterzeichnet, von 14 Organisationen gestützt (1986), würde nach SAM wohl noch heute der Übergabe harren. – Noch nach einem Jahr scheint sich keine /..

[Fortsetzung auf S. 10/269]

Streifenhörnchen (Pú-an)

Diese schmucken Nager sind weitverbreitet und häufige Beute streifender Jungen. Trotzdem verlangt die Jagd auf sie Geschick, denn meist turnen sie hoch in den Baumkronen. Äusserst flink vermögen die scheuen Gesellen gar mit dem Rücken nach unten unterhalb von waagrechten Ästen davonjagen – dank ihrer langen Krallen – und weit von Ast zu Ast hechten.

Das Männchen besitzt eine äusserst stark riechende Drüse auf den Hoden (Letá Tulin Tilo = geplatzte Hoden). Die Wurzel der im Liebeszauber verwendeten Pflanze («Kerapet Tilo Pú-an») hat denselben Geruch, und darum den Namen ‹Hörnchen-Penis› angenommen. – Auch eine in der Pfeilgiftmischung verwendete Pflanze (Long Tilo Púan) wird so genannt, weil ihre Stengel rot gestreift sind wie die Hoden dieses Nagers.

Das Pú-an baut sich ein Kugelnest über einer Astgabel, aus geraffelter Holzwolle. 3–4 Junge. Nahrung: Eicheln, Nüsse, u.a. In der Ebene talwärts findet sich das etwas kleinere Streifenhörnchen Beliáh, welches sich oft ohne Scheu in Hausnähe aufhält.

Das Kingah, etwas grösser als eine Maus, ist nur selten anzutreffen.

1:1/4
Pú-an ♂

[Fortsetzung von S. 10/267]

Gelegenheit gegeben zu haben, mir einige versprochene Kleinigkeiten wie Briefmarken zu besorgen. – Dann erreicht mich die Erklärung, dass die Schelme den grösseren Betrag aus meinem Konto selbst längst verbraucht hätten…* So hoffe ich nur, das die Führung im Hauptbüro in K.L. etwas mehr Aufrichtigkeit zeigt – denn die Eingeborenen sind in ihrem Kampf unbedingt auf die Unterstützung einer landeseigenen Organisation angewiesen.

Es braucht einmal mehr den Mut eines Landesfremden, den Widerstand der Penans gegen die Zerstörung ihres Lebensraums der Publizität bekannt zu machen. Der australische Botaniker Peter Faigl – ein Mann der Tat – sagte die Blockaden in einem Press-Release an und bat um Unterstützung. – Er wurde bald darauf festgenommen und erhielt den Tritt in seinen Ehrenwertesten. – Die Blockaden waren auf den 23. März 87 angekündigt. Die Behörden reagierten mit Field-Force-, und Polizei-Aufgeboten, welche die heisse Gegend abriegeln sollten. Symphatisanten [Sympathisanten] und Reportern war der Zugang verwehrt. So lief Freund Spring in Begleitung eines Engländers in die Sperre; dieser wurde sofort deportiert. – Doch gelang es im April einem Japaner, dank Spring, mich zu treffen und von der Limbang-Blockade Video-Aufnahmen zu machen. Der Resident drohte darauf dem Dorfschulzen von Long Napir, ihn seines Amtes zu entledigen, da er den Reporter heimlich im Maschinen-

* Gott verzeih mein Lästermaul

Häuschen versteckt und so vor den Fängen der Polizei bewahrt hatte.

Die Verteidigung des Lebensraums hat Feuer gefangen. Das Dschungelvolk ist nun aufgestanden und verlangt ein Stop der Zerstörung. Wohl gegen hundert Familien mit Stumpf und Kegel sind an 12 Blockaden beteiligt, die sich vom unteren Baram (Tutoh, Layun, Pata, Magoh) bis an den Ulu Limbang erstrecken. Polizeiaufgebote kreuzen mehrmals an den Orten der Auseinandersetzung auf, ihrer Pflicht folgend. Doch niemand wird festgenommen, und es bleibt bei Mahnungen, keine Gewalt anzuwenden. Glücklicherweise finden sich gar unter den Amtsmännern Symphatisanten [Sympathisanten] die das Dschungelvolk in ihrem Tun ermuntern, «...aber sagt niemandem, ich habe das gesagt, sonst werden meine Vorgesetzten böse». Nur der Polizeihauptmann F.L. wagt es, eine Penanabsperrung in deren Abwesenheit in den Abhang zu schmeissen.

Die Tageszeitungen strotzen von Schlagzeilen. Die Person des illegalen Ausländers wird wiederholt zum Sündenbock gemacht, um vom Wesentlichen abzulenken: Dass der Lebensraum der Eingeborenen entgegen all deren Bitten und Proteste zerstört wird. – Der Staatssekretär schimpft die blockierenden Penans als Piraten; in dem Sprichwort streitender Kinder «Was man sagt, das ist man selbst», liegt wohl eine tiefe Psychologie.

Wie ironisch – dass der einzige gewichtige Vorwurf der Behörden meiner Person gegenüber auf sie selbst genauso zutrifft: In dem Land, welches sie zerstören, gelten sie selbst als Fremdlinge, weder der Sprache noch der Sitten, noch der Geographie kundig. – «Andere Interessengruppen könnten letztendlich aus den Protesten der Penans Gewinn ziehen» und «Unterstützende Organisationen wollten die Penans im Museumszustand erhalten, um sie in Ruhe studieren zu können»,

Bulan ~

hört sich die Argumentation eines Regierungssprechers fade an. Man redet vom Hauptstrom der Entwicklung – und zerstört, scheubeklappt, fröhlich weiter.

Nach langem Nachfragen sage ich zu einem Treff mit einem Reporter des Borneo Bulletin zu. Dieser könnte klarstellen, dass meine Person keineswegs Penan-König und Blockadenführer ist, wie das in der Presse dargestellt wurde. In Wirklichkeit hatte ich mich von dem Geschehen in den letzten Monaten zurückgezogen, doch all meine Hoffnungen in die legitime Organisation ‹SAM› gesetzt.
Bei dieser Gelegenheit erkenne ich überrascht ‹Ubung›, das Töchterchen eines Gemeindepräsidenten von Long Napir wieder. Dann rückt sie mit der Sprache raus: Der Resident so wie ihr Vater wollen mich sehen. Nicht amtlich – nur so – als Freunde. –
Hab mir doch gedacht, dass das Mädel ne Mission hat. – Ich lehne ab, da ich vermute, man wolle mich kaufen. Dann erreicht mich die Botschaft: «Sei nicht so zahm den Fängen des Spions!» – Ja – eigentlich. Ihr Vater ist von der Kompanie gekauft und arbeitet für diese in dem als Reservat verlangten Gebiet, für welches er einst unterschrieben hat. Er scheint Opportunist. Sein Bruder hatte mich einst verpfiffen, und gesagtes Töchterchen ist Sekretärin in einem Timber-Konzern. – Wieviel Symphatie [Sympathie] ist wohl echt und wie viel gespielt? –

Nach mehreren Wochen des Alleinseins, zieht's mich zu all meinen Freunden talwärts. Auf heimlichen Wegen und bei Nacht und Nebel erreiche ich das kleine Dörfchen am Rand der Logging-Strasse. Kalter Wind bläst über den Bergrücken und in die Glut verlöschender Feuerstellen, und kaum jemand wird des Besuchers gewahr. Zwei-drei Weiber organisieren, und bald ist in der bestgeeigneten Hütte mit einer Tepa-Matte* eine doppelte Wand erstellt; hinter der ich verschwinde.

Als zarte Sichel steht der Mond über den Hügeln, und doch ist sein Rund zu sehen. Von Ferne leuchten die Feuer der Herdstellen aus dem dunkeln Wald ~ Symbol des vereinigten Widerstandes.

* Aus Rá-á-Blättern geflochten, Kellabit-Tradition

Ngá Tokong

Baum auf der Höhe. Ø ~bis 50 cm. Rinde weisslich-rötlich, Blätter wstg, 10–15 cm, robust, trocken, weisslich bekleckst. Nervatur in geschlossenen Feldern. Basis der Blattstengel verdickt. Sicheres Erkennungsmerkmal: Schwarzes Latex unter Rinde. Äste brüchig. Das Kernholz älterer Stämme ist wunderschön rotbraun und kann zu Blasrohr oder Gewehrkolben verarbeitet werden. ~
Pangó hat an seinem Oberschenkel eine grosse Brandwunde. Er hatte sich auf der Jagd ein Weilchen auf einem gestürzten Ngá-Stamm sitzend ausgeruht. Das austretende Latex verletzte ihm die Haut und verursachte die Verbrennung.
Zwei Tage darauf fertige ich mir ein Schlagholz (Palu) zur Sagoverarbeitung. Und plötzlich schmerzt's mich an Bauch und Armen: Da klebt schwarzes Latex. Ich habe ‹Ngá Bá› erwischt, das dunkelrindige Stämmchen von 10–15 cm Ø und ~25 cm lange Blätter zeigt.

Utung (Hydnocarpus)

Baumgewächs, Ø bis ~40 cm, Holz hart-brüchig. Blätter wstg, fest, L 10 cm, Os dunkel, Us hell-matt, Nervatur in geschloss. Feldern.
Along's Sippe hatte einst am Ahaufluss einige Niakit-Affen geschossen. Nach dem Genuss des Fleisches fühlten sich alle sterbenselend und erbrachen sich. Einige Hunde, welche sich an den Innereien gütlich getan hatten, gingen ein. –
Das Fleisch vom Stachelschwein, Langur-Affe und dem Hörnchen Lébun verursacht Vergiftungserscheinungen, wenn diese zuvor Utung-Früchte geschmaust haben. – Wer das Erlebnis hinter sich hat, wird wohl niemehr vom Fleisch des betreffenden Tiers essen. – Vermutet der Jäger Utung-Früchte, so zupft er dem erbeuteten Lébun ein Schwanzhaar aus / oder schlägt die Beute gegen einen Dá-un-Stamm, um die Giftigkeit aufzuheben. – Erfahrene werden durch den Geruch der geflammten oder gekochten Beute vor dem Genuss gewarnt. Als Gegengifte gelten das Herz des Gewehr-Rattans (Uai Selapang), der Zwergpalme ‹Dá-un›, sowie die geschabten Zähne der Schildkröte ‹Labey›.

Streifzug

Bei Morgengrauen macht sich Along wortlos auf den Weg. Ich möcht ihm auf der Jagd ein wenig auf die Finger schauen und folge seinen Schritten. Doch er scheint alles andere als begeistert; über die Gesellschaft; die ihm das Wild verscheuchen könnte. – Nach einer Weile faltet er ein Blatt und heisst mich, ein wenig Blut daraufzustreichen. «Hab keine Angst, ich tu nichts Böses.» – Aus Blutegelbisswunden fliesst genügend des roten Saftes; ich tu ihm den Gefallen, und wundere mich, was wohl weiter geschehen wird. – Along streicht darauf vom Blut seiner eigenen Füsse darauf, um murmelt während des Gehens:
«Sei nicht aufmerksam, flieh nicht vor uns! So wie sich unser Blut hier mischt, soll sich das Blut von Wildschwein und Hirsch vereinigen [den Erbeuteten].»

Darauf steckt er das gefaltete Blatt am Pfad in die Erde: «Dies soll uns vor Jagdpech verschonen.» – Doch kein Reh folgt den Lockrufen, die geschossenen Makakken fliehen bodenwärts, bevor die lähmende Giftwirkung einsetzt, und auch das Folgen frischer Spuren führt nicht zum Borstentier. Mit leeren Händen und müden Knochen kehren wir bei Nachteinbruch in die Siedlung zurück. ~

Kellasíh

Ein Giftpfeil trifft den Affen am Rand der Ferse, doch schon nach ~zehn Minuten fällt er tot aus seinem Baum. – Der Kellasíh-Affe, sein Pelz leuchtet warm wie mit Zwiebelschalen gefärbte Schafwolle, bewohnt die menschenfeindliche Gebirgsstufe (Paiáh) des tropischen Regenwaldes, und ist darum selten anzutreffen. Nur gerade am Melinau, wo sich kaum zugängliche Karstfelsen schroff aus der Ebene erheben, ist er in den Niederungen anzutreffen.

Die Limbang-Blockade

Anfangs April 87 vereinigt sich die Penanbevölkerung des Gebiets zusammen mit einigen Kellabits an der Strassenverzweigung ‹Lamin Lajang›, pflanzt ihre Hütten und sperrt den Logging-Verkehr.
«Stop for all oil- and logging-trucks!»
«We block up to Govn'ts reply!»*
leuchtets in weissen Lettern von Schildern.
Die beiden im Gebiet operierenden Companies bleiben taub der Forderung, sämtliche Arbeit sofort niederzulegen, bis die Situation geklärt sein wird. Sämtliche Besuche von Regierungsvertretern und Polizei beschränken sich auf der Anweisung, einige Dollars ‹Sago fürs Herz› anzunehmen, und die Absperrung zu öffnen. Selbst nach zwei Monaten hat sich noch kein einziger der verantwortlichen Zerstörer des Landes rausgetraut, um die Sorgen der Einwohner anzuhören und darauf einzugehen. Sie scheinen alle nur darauf zu warten, dass dem besitzlosen ungebildeten Volk in Mangel von Nahrung der Schnauf ausgeht. – Und gerade so warten die Blockadenmitglieder darauf, dass sich Diesel- u. Benzinvorräte in den Tanks der Wütenden der Ebbe neigen.

* Sowie: «Our land is our bank», «We cant change like other tribes»

Tatsächlich gestaltet sich die Beschaffung von Wildbret und Sago immer mühsamer, nachdem die Gegend leergeschossen und Palmen in der Nähe gefällt worden sind. Mutter Natur hat während zwei Monden gespendet und rund 150 Blockadenmitglieder vorwiegend aus Jagd und Sammelwirtschaft ernährt.
Vor allem einigen der Frauen, welche die Herdstellen hüten, und nun auf schmal- und schmälere Kost gestellt werden, geht die Sanftheit abhanden.
Die Frau ist wohl in allen Kulturen genauso mitbestimmend wie der Mann, doch aus der Stille des Hintergrundes wirkend. Die Krassheit der Situation lässt nun aber die an der Öffentlichkeit stets schweig- und duldsame Weiblichkeit, entgegen aller Tradition, aufmucksen – und ihre Schimpftiraden ohne Scheu den Managern, Regierungsvertretern und Polizisten an den Kopf schmeissen.
«Wir wollen nicht mit euch sprechen; ihr habt keinen Verstand und kein Recht!»

«Vielleicht haben wir keinen Verstand, doch einen Bauch haben wir – habt ihr etwa keinen?! – und der gibt uns das Recht! Sooo dick sind eure Ranzen, die ihr euch in unserm Land angefressen habt! Hier! Guckt euch unsere Bäuche an!»

Und wütend schmeissen einige der Entrüsteten ihre Sarongs von sich, setzen sich mit gespreizten Beinen der aufgeblasenen Zuvielisation gegenüber und einige pissen gar... Verlegen wenden sich die Angesprochenen ab.

Das demonstrative Zeigen der weiblichen Geschlechtlichkeit scheint unter allen Volksstämmen hier äusserst verpönt, und erzeugt gar unter den Blockadenmitgliedern gemischte Gefühle.

«Ihr denkt wohl, wir seien dumm, unsere Bausis zu enthüllen? – Nein, das hat seinen Sinn! Was sollen wir uns wieder und wieder müde reden, wenn ihr uns doch nicht zuhört?!»

In der Tat kann sich der Hochmut von Männern der Frau gegenüber entblössen, wenn sie den Ort erblicken, aus dem wir schliesslich alle zum ersten Mal das Licht der Welt erblickt haben.

Die Namen der angriffigsten Frauen, mit denen nicht gut Kirschen essen ist, sind bald bei den Vertretern der Profitgier berüchtigt.

Ale, das energische kleine Frauchen, hat sich nach der Geburt ihres siebten Kindes sterilisieren lassen, und kennt wohl Leiden wie Freuden des Lebens. Mit theatralischer Gebärde äfft das Mädel den vor der Polizei Ängstlichen nach, wie er, mit eingezogenem Genick, stotternd, seinen Sorgen Ausdruck gibt – und den von der Kompanie geschmierten Dorfchef, wie er, mit abgewinkelter Hand und schräg himmelwärts gerichtetem Blick, materialisierte Falschheit, zu seinen Stammesgenossen spricht. Lassen die ‹Lange Frau› Libai und Gut ihrem Verdruss freien Lauf, so bleibt wohl kein gutes Haar an den Gelästerten.

Roslin, herzensgute Mutter mit lebensfrohen rehäugigen Kindern, würde um keinen Preis ihre Weiblichkeit der Öffentlichkeit preisgeben. Doch will sie das Land bis zum Tod verteidigen, und wurde schon vom Manager Lau geschla-

gen, als sie sich ihm einst allein in den Weg stellte und Durchfahrt verweigerte.

So zeigen einige Vertreter des ‹schwachen Geschlechts› Mut und handeln, wo Männer nur zusehend abseits stehen.

Verwundert las ich die Blockadenplakate in englischer Sprache. Wer sie wohl geschrieben hat? – Die Polizei deutete natürlich sofort auf meine Person, und nahm den Penan ins Kreuzverhör, der die Schriften verfasst haben wollte.

Juga Lesu von Long Ballau ist einer der wenigen, zwei-drei Penans des Gebiets, die fliessend Englisch sprechen*. Der Schläuling hatte sich in langen Nächten schon alle Antworten zurechtgelegt, die er einst auf gestellte Fragen geben würde.

«Warum blockiert ihr hier?»
«Weil wir unsere Sorgen der Regierung mitteilen wollen.»

«Habt ihr nicht Angst, von uns Polizisten festgenommen zu werden?»

* Er war nach der Schule, angebotene Stellen ausschlagend, in seine Heimatsiedlung zurückgekehrt.

«Ja, wenn ihr mich als Einzelnen verhaften wollt. Doch wir sind hier alle gleich falsch. Warum verhaftet ihr uns nicht alle?»

«Wir werden euch alle festnehmen, bestrafen und ins Gefängnis werfen.»
«So wissen wir jetzt schon, dass ihr Polizisten alle uns Penans töten wollt, damit sich niemand mehr den Kompanies in den Weg stellt und diese weiterarbeiten können.»

«Warum ändert ihr Penans nicht euer Leben wie andere Volksstämme?»
«Kannst du einen Fisch vom Meer in einen Bergbach werfen, oder einen Fisch der Quellgewässer ins Meer? – Bestimmt sterben sie. Obwohl beide den Namen Fisch tragen, führen sie eine verschiedene Lebensweise. So auch wir Menschen auf der Erde.»

«Warum habt ihr die Kompanie nicht blockiert, als sie erstmals in euer Land drang?»
«Wir sind wie aufrechte Bäume. Dann, wann der Wind sie erreicht, so werden sie sich

biegen. – Wir sind wie ein spärlich fliessender Bach; dann, wenn heftiger Regen fällt, verwandelt er sich in einen reissenden Fluss.»

«Wo ist euer Häuptling?»
«Wir sind alle gleiches Herz und eine Seele. Obwohl Frau und Säugling, so sind wir gewiss alle zusammen Häuptling.»

«Wisst ihr, dass dies Land der Regierung ist?»
«Nein, das wissen wir nicht. Dies ist unser Land, weil wir darin leben. Wir streifen da wochenlang durch den Wald, doch noch nie sind wir dabei der Regierung begegnet.»

«Kennt ihr das Gesetz?»
«Nein, wir kennen das Gesetz nicht, weil niemand kommt, und uns darum lehrt. Wir kennen nur das Gesetz der Makakken und aller Wesen, die im Dschungel leben.»

10/285 Unser Land bedeutet Leben
Der Wald schenkt uns Nahrung und alles was wir zum Leben brauchen
Djá-Au Lat

10/286 «Wollt ihr die Holzfäller töten?»
«Wenn wir töten wollten, würden wir nicht hier stehen. Wir blockieren weil wir friedliche Leute sind.»

«Warum tragt ihr Buschmesser und Blasrohr?»
«Dies ist unsere Tradition. Wohin wir auch gehen, tragen wir unsere Waffen mit.»

«Dies kann nicht euer Land sein, denn ihr habt weder Geburtsschein noch Identitätskarte.»
«Wir Penans leben seit jeher in diesem Land. Auch Affen besitzen keine I.C., und doch sind sie seit Urzeiten Bewohner des Dschungels.»

10/287 «Blockiert ihr hier auf Anweisung des weissen Mannes?»
«Weder auf Geheiss von Menschen noch von unserem eigenen Sinn. Je weiter die Kompanie in unser Land dringt, umso leerer unser Magen. Dieser lässt uns aufstehen und einstimmig dem Zerstörungswerk der Holzgesellschaften einen Riegel setzen.»

«Pelanok!* Du bist wirklich ein Schlaukopf», muss der Uniformierte mit zwei Bändeln auf der Schulter sich dem jungen Penan gegenüber geschlagen geben.

Juni 87
Drei Penanvertreter werden nach Limbang gerufen, um den Ministerpräsidenten bei seinem Besuch zu ehren. Ihre dringenden Sorgen können sie dabei nicht aussprechen, doch dürfen sie sich ne Rede anhören, die sie ermuntert, bei den nächsten Wahlgängen fleissiger zur Urne zu gehen. – Ironischer-

* Zwergreh; nach der Sage das intelligenteste hinterlistige Tier

weise besitzt keiner von ihnen eine Identitätskarte, und somit 10/288 auch kein Stimmrecht.
«Wir bezahlen euch keine zweite Übernachtung im Hotel.», erklärt der Resident, und schickt sie am nächsten Tag ins Armenhaus*. Ein Meeting mit dem vielleicht reichsten Mann von Sarawak ist angesagt: D.J. Wong**, der Minister und Inhaber der LTL-Companie, verfügt im Ulu Limbang über 300'000 Acres Land, das er kleinholzen lässt. Die Ureinwohner wundern sich, wie der Politiker und Geschäftsmann als Ortsfremder ohne ihr Wissen dazugekommen ist. – Auf seine Anweisung wurde den Penans von Long Napir eine Baracke aufgestellt, um sie in der Sesshaftigkeit zu fördern. Weiter erhielt das Dorf letzthin eine

Wasserleitung, einige Obstbaumsetzlinge und Enten, und jede Familie einige Aaren vermessen und verbuchtes Land, das ihnen genügend Nahrung spenden würde.

Er fordert Along, den Nomaden vom Adangfluss, auf, die Blockade zu öffnen. Es bestehe kein Grund zur Sorge. Er werde für die Penans Sagopalmen pflan-

* Lamin Sakai: Dort, wo alle armen Reisenden kostenlos ein Dach über dem Kopf erhalten.

** Sein Vater soll von China nach Sarawak immigriert sein.

10/289 zen, viele tausend Dollar Entschädigung bezahlen, und das Wild werde wieder in die gelöggten Gebiete zurückkehren, sobald die Kompagnie abgezogen sein wird.

Along antwortet ihm: «Wenn du all die Sagopalmen und Meranthi-Bäume wieder pflanzen kannst, wie der liebe Gott, warum tust du das nicht in deinem Land? – Komm nicht in unsern Wald! Und wenn du alle Kaufhäuser von Limbang nach Long Napir versetzen würdest, so begehren wir das nicht! Selbst wenn du einen Sack voll Geld daherschleppst, zehntausend Millionen, so schwer, dass dir die Augen aus dem Kopf treten, so wollen wir das nicht – wir brauchen unser Land! – Wir werden die Blockade erst öffnen, wenn du uns garantierst, mit deinen Bulldozern auf Nimmerwiedersehen abzuziehen.»

«Genug geredet. Morgen treffen wir uns wieder», erwiderte der Geschäftsmann, um am nächsten Tag wegen dringender Angelegenheiten abzureisen.

10/290 Toi hat die Grabstätte seiner Frau besucht und festgestellt, dass sie noch nicht von Bulldozern überrollt ist.

«Gut, du führst uns an den Ort, damit wir darum wissen. Wieviel Dollar verlangst du, wenn wir dort Bäume fällen?» fragt ihn Mandor Su.

«Die Frage ist nicht wieviel», entgegnete Toi. «Wer den Frieden der Toten stört erhält den Giftpfeil!»

Penans vom Apo, Layun, Tutoh, Magoh und Limbang klagen über zerstörte Grabstätten. Trotz deutlicher Markierung durch die Eingeborenen werden immer wieder Gräber bei vollem Bewusstsein überrollt. Bei heftigen Klagen bezahlen Kompanies in der Regel ~200.– $ an die Angehörigen als Entschuldigung, um für denselben Preis alle weiteren dahinzufegen. Denn an solchem Ort geschlagenes Nutzholz mag im Wert zwischen 10'000.– und 50'000.– $ schwanken. – Der Penan fürchtet aber Rache der gestörten, übelwollenden Totengeister.

10/291 «Alongs Mutter sei nicht gut», erreicht uns die Nachricht. Nun ist also das steinalte Weiblein in die ewigen Jagdgründe eingegangen.

Nie werde ich die Begegnung mit diesem Menschen vergessen: ‹Tinen Along› habe keinen Appetit – ich solle zu ihr gehen und für sie beten, baten mich einst deren Angehörige. Wie ein Relikt aus Urzeiten mutete die Greisin an. Zusammengekauert sass sie, mumiengleich, neben der Feuerstelle und rückte die Glut zurecht, und schien gleichsam auf den Tod zu warten. Seit Jahren unfähig, sich nur zum Verrichten der Notdurft ein paar Schritte wegzubewegen, wurde sie bei Züglereien von ihrem jüngeren Ehemann, selbst ein Urgrossvater, auf dem Rücken getragen, an den neuen Siedlungsort. – Knie- und Schienbeinknochen der alten Parre waren nur von Haut bedeckt, und weit überragten die langen aufwärtsgebogenen Nägel die Fingerkuppen. Unter schütterem weissem Haar guckten plötzlich zwei aufmerksame Augen aus ledrigem Gesicht, verschrumpfelt wie ein Boskop-Apfel Ende April: «Wer hat gesagt, ich wolle nicht essen?»

Kaum ist Along in den Dschungel zurückgekehrt,

10/292 um seinen Verwandten beim Zügeln der Traglasten zu helfen*, da erreicht uns wiederum Nachricht: ‹To-óh› spricht mit bebender Stimme ins Tonbandgerät und ruft seine Brüder – sein Kind ‹Tissing› sei schwer krank und verweigere Nahrung. – Doch als die Botschaft gehört wird, ist das Kind schon nicht mehr – und weiter schwellen Grossvater ‹Beluluks› Glieder an. Seine Söhne Nialin und Pegá eilen, ihm in schwerer Zeit beizustehen.

Entgegen aller Abmachungen öffnen Penans von Long Ballau ihre Blockade quellwärts. «Eure Freunde talwärts haben ihre grosse Absperrung bereits aufgehoben», werden sie vom Kompanieboss angeschwindelt. Unter dem weiteren Einfluss ihres geschmierten Dorfoberhauptes unterschreiben sie eine Vereinbarung, die ihnen einsuggeriert, sie würden nun ihr dorfeigenes Reservat im Seridan garantiert haben. Der Manager der WTK-Co. verspricht, nicht im Gebiet des rechtsseitigen Magoh/linksseitigen Seridan-Flusses zu loggen – Gebiete, die sowieso ausserhalb

* Bei Todesfall wird die Gegend fluchtartig verlassen und während Jahren gemieden, aus Angst vor übelwollenden Totengeistern.

10/293 seiner Area liegen. Die Penans von Long Ballau verzichten weiter auf Ansprüche im linksseitigen Magoh, dort wo die Kompanie wütet, und erhalten 500.– $ für das einmonatige Öffnen der Blockade, währenddem geschlagenes Holz talwärts transportiert werden soll. – Kaum einer der zur Unterschrift Genötigten war sich des Inhalts des Dokuments bewusst.

Als schwerbeladene Trucks die grosse Limbang-Blockade erreichen, und Durchlass verlangen, werden sie voll Entrüstung zurückgewiesen. – Die Neuigkeit erreicht auch das Nomadendörfchen fernab im Dschungel. Wütend über die scheinbar hoffnungslose Situation, macht Along seinem Ärger Platz und spricht auf Band: «Drei-vier Wochen würden die Blockaden dauern, hast Du einst prophezeit. Nun sind schon drei Monate vergangen, und sie haben uns nicht einmal angehört! Wo bleiben die Briten und all die weissen Männer, die angeblich helfen? Haben sie die Hosen voll, dass während dieser langen Zeit keiner aufgetaucht ist? Fotze! Langsam zweifle ich! Du hast gesagt, schiesst nicht!, und wir sind bis anhin deinen Anweisungen gefolgt. Doch wenn die Kompanie nicht stoppt, gut wir empfangen die nächsten Farbanbringer mit dem Blasrohr! Ihr alle könnt mich mal, die ihr keinen Mut zeigt und den Geldköder verschlingt! Die paar Dollars reichen ja nicht mal für ein paar Nähnadeln und Angelhaken. Kauft euch von dem Geld ein Auto und ein Flugzeug – und an anderm Ort ein Stück Land, so gut wie das unsere, welches die Kompanie zerstört – wenn ihr könnt! – Könnt ihr? Steckt euch die Millionen ins Arschloch – nicht genug, ums zu zerreissen! Ich bleib bei meinem Wort – ich glaub nur ans Land. Und sei es ein Sack voll Geld, ich werd ihn verbrennen! Nein! – Ich komm nicht zurück zur Blockade – wir haben hier genügend familiäre Sorgen mit Kranken und Sterbenden.»

10/294

Mit Maleng fernab auf Nahrungssuche. Der ‹Musketier› spricht nicht viel, doch ist meist schon um Morgengrauen mit Flinte oder Blasrohr unterwegs, um erst mitten in der Nacht oder dann am nächsten Abend heimzukehren. Vor und nach seinem Tagwerk setzt er sich aufrecht im Dunkeln hin, dankt dem Schöpfer, und bittet um den Segen für jegliches Tun. Hin und wieder verschläft er ein–zwei Tage in der Hütte, sich von den Anstrengungen der Dschungelgänge erholend. – So mutig und gewandt er in die Kronen hoher Bäume klettert, so ängstlich weicht er allen menschlichen Auseinandersetzungen aus. – Nachdem wir ein paar Abokfrüchte geerntet haben, sticht er mit seinem Buschmesser einige Löcher in ein Termitennest am Pfad, und legt in jedes sorgfältig eine der roten Kugeln, sie mit Blättern vor Nachkommenden tarnend. «Für Numi*», lächelt er, als ich ihn fragend anblicke.
Seele – du bist mir nah!

* sein einziges Kind

Maleng   10/295

Verlaufen

10/296

Mit ausgeliehener Flinte zieh ich früh morgens mit leerem Magen los, nach Penanart die Seitenhänge unterhalb des Bergkamms querend. (‹Memutui I-ot Ba› – Die Quellgebiete verbrechen). «Uuuut – ut – ut» ~ Wunderschön ruft ein Kellawet-Affenweibchen von der Höhe. Als ich mich anpirsche, taucht plötzlich ein Penyamou vor mir auf. Weit steht sein buschiglanger Schwanz in die Höhe und spielt als riesiger Wuschelputz geisterhaft durchs Unterholz. Der kleine Kerl guckt mich an und sucht sogleich das Weite. – «Tok-tok» flieht eine Rehgeiss (Tellá-o) mit geschlossenen Sprüngen und gibt bellend ihren Missmut kund. Der Geruch des Zweibeiners scheint ihr nicht zu behagen. Einem gefalteten Tobo-Blatt entsauge ich pfeiffende

Rufe (Ha Ki-ong), um das Reh zur Umkehr zu locken. Da stampft's plötzlich unerwartet hinter meinem Rücken. Der Bock ist meinen Rufen bis auf wenige Schritte gefolgt, und wollte mir wohl mit der Nase

Das Spinnchen wird als Amulett im Köcher aufbewahrt.
So viele Opfer in seinem Netz hängen bleben, so reich soll der Jäger Beute machen.

in den Hintern schubsen – und prescht sogleich in entgegengesetzter Richtung davon, noch bevor ich die Flinte auf ihn anzulegen bekomme. ~ Mit schallendem Lachen spotte ich meiner eigenen Unerfahrenheit.

Gegen Abend knurrt der Magen, und ich fälle eine Uwutpalme, um mir ihr Herz schmecken zu lassen. Da öffnet der wolkenverhangene Himmel plötzlich seine Schleusen. Alles fliesst, und die Nacht scheint sich über den Dschungel zu senken. – Oben, entlang dem Bergkamm führt ein Penanpfad; dem gedenke ich talwärts zu meiner Hütte zu folgen, die glitschig-steilen Seitenhänge umgehend. Doch bis dorthin wird die Vegetation immer dichter und undurchdringlicher. Steiles Gelände mit Fallholz – dazwischen die angeschwollenen Bächlein rauschen und als weissschäumende Wasserfälle in die Tiefe stürzen. Alles fliesst und verschwommen gibt sich der Blick durch die Brillengläser. Als ich endlich den Kamm erreiche, kann ich keinen Penanpfad ausmachen – nur Dickicht. Und schon senkt sich die Nacht. Verlaufen. Das kann ja noch heiter werden, nur in kurzen Hosen in dieser kalten Landschaft, wo die moosige Vegetation (Paiáh) nur so trieft vor Nässe…

Schnell sammle ich einige gefallene Äste und schlage weiteres Brennmaterial von lebenden Stämmchen. In völliger Dunkelheit entferne ich die durchnässte Rinde, und schnitz aus dem Inneren einen Riesenhaufen Späne; diese Betätigung hält zugleich den Körper warm. Nach langem Hantieren und Blasen flackert ein Feuerchen, und mit Behagen entdecke ich Sterne am weiten schwarzen Himmelsgewölbe. Es ist um Neumond. Da hock ich nun in meiner Moosnische, an wärmender Glut einnickend.

Als ich des Morgens erwache, ist das Feuer im Boden verschwunden; es hat seinen moosigen Untergrund durchgebrannt bis auf eine Höhlung darunter. – Stockdicker Nebel hindert die Sicht. In gebücktem Gang, wenn nicht auf allen Vieren, folge ich dem Bergkamm talwärts durch Dornenverhau, Wurzelwerk und Mooshöhlen. Da! – Ganz nahe über mir ruft's «Ku-ka-ki!», und zwei rotbehaarte Kellasíh-Affen springen von Krone zu Krone. – Eine Weile später begegne ich den beiden wieder und schiesse. «Hschsch-hschsch» fliehen sie, und wenig später höre ich den Aufprall des Fallenden. Lange suche ich das undurchdringliche Gelände nach dem Getroffenen ab, während sein Kamerad nun allein auf einem Ast hockt – ergebnislos. Immer noch Nebel und wieder beginnt's zu regnen.

Der Bergkamm entpuppt sich als äusserst lang, hin- und wieder steigend und wieder fallend. Aus dem dichten Nebel dringt entferntes Bulldozergebrumm. Hab ich mich auf einen Kamm des Tuan-Flusses verirrt? Der gegenüberliegende Bergrücken scheint wohl der richtige zu sein – und ich eile, ihn zu erreichen. Doch der laut rauschende Bach hat sich tief ins Gestein gefressen, und nur mit Mühe finde ich einen Abstieg ins schluchtige Gelände. – «Endlich!», ruft's in mir erlöst auf, schweissgebadet den Bergkamm erklimmend – um gleich darauf wütend-enttäuscht festzustellen, dass auch da nur dornengespicktes, triefend-nasses Moosdickicht zu finden ist, doch nirgends ein Pfad. Klettern auf einen Baum bringt ein wenig Gewissheit. Durch ein Nebelfenster sehe ich in der Ferne die rotbraunen Wurmgänge der Kompanie, die sich ins grün wogende Meer der Hügel fressen, wohl ins Magohgebiet. Hab ich mich bis an den Quellen des Bedúh-Fluses verlaufen? Hatte ich meinen Schritt wohl abwärts, in der Meinung talwärts gewendet, hatte der wellige Kamm getäuscht, und mich in die verkehrte Richtung quellwärts geführt. Schon steht die Sonne tief. Werd ich mein Hüttchen erreichen?

Sofort wende ich meinen Schritt und eile los. Und wieder stretzt's vom Himmel [regnet es Bindfäden]. Kurz vor Einnachten schlag ich mir schutzsuchend eine Pritsche und Feuerholz. Doch ein Heer von bösartigen Sandfliegen lässt den Hackenden missmutig seine Tätigkeit aufgeben, und er wickelt sich in sein durchnässtes Tuch. Dornen schmerzen im Fleisch. Ermüdet schlafe ich ein, noch bevor ein Feuer zu Stande kommt. – Kälteübermannt erwache ich nachts, und schnitz mir in völliger Dunkelheit Späne, bis es raucht und Flammen zu lodern kommen.

Am nächsten Morgen quere ich all die steilen Seitenhänge in Richtung meiner Hütte. Wildschwein, Reh, Makakken- und Languraffen erquicken meine Seele. Die Munition, zwei Patronen, hab ich längst verschossen. – Rohes Uwut-Palmherz bildet nun schon den dritten Tag den einzigen Trost für den knurrenden Magen. – Da, eine junge Palme: «Dein saftiges Herz soll meine ausgetrocknete Kehle erquicken», und mit gezücktem Buschmesser nähere ich mich dem Gewächs. Doch erschreckt weiche ich zurück: Wie ein Wächter hockt da an deren Fuss ein grosser dunkelgrüner Skorpion. Als ich ihm s'Buschmesser hinhalte, klemmt er mit seinen Scheren drein und wölbt seine Giftschwanzspitze nach vorne. – Skorpionsstiche sind nicht ernsthaft; sie verursachen nur vorübergehenden Schmerz, Zungenlähmung und trockenen Mund.

Der Abend nähert sich. Hoch von einem Baum spähend wird mir bewusst, dass meine Hütte unmöglich am heutigen Tag erreichbar ist. Auf jedem weiteren Bergrücken angekommen musste ich feststellen, dass sich dahinter noch kein vertrauter Blick dem Auge bot. – Sich in Quellgebieten verirren und weiter talwärts den Weg zurück zu suchen bewährt sich nicht; die Distanzen vervielfachen sich rapide, sobald man Hauptkämme verlässt – und all die zu querenden Ausläufer fordern vom Gehenden viel Energie im Auf und Ab, geschweige der zu umgehenden Hindernisse im pfadlosen Gelände.

Unterhalb von mir erblicke ich die grosse Logging-Strasse, welche vom Limbang ins Seridan-Magoh-Gebiet führt. Auf dieser könnte ich des Nachts auch

Appendicula

[Karte: Flüsse]

ohne Lichtquelle marschieren, und die Penansiedlung bei der Blockade erreichen. Meine Freunde sind gewiss in Sorge und suchen nach dem Vermissten. Gerade bei Einnachten berühre ich die Spuren der gewaltsam gewühlten Erde. Einmal mehr mit der Erfahrung, in steilem Gelände nicht den Wasserweg zu wählen. Zu umgehende Wasserfälle, glitschige, sich lösende Steine in Erdrutschgebiet, die dir die Fuss'sohle zerschneiden, und immer wieder der Bachlauf versperrt von ins Tobel gestürzten, geborstenen Bäumen, von bedornten Lianen umwachsen, welche alles ein geschwindes Vorwärtskommen verunmöglicht.

Nach einer erfrischenden Waschung unter sprudelnd-klarem Schwall sinken meine Füsse tief ein im Lehm'matsch, während ich die grosse Strasse ersteige.

Maten Kiwáh. Der begehrteste Rattan des Hochgebirges. Ein Traggestell aus seinem Geflecht kann bis zwei Jahre verwendet werden, während eines aus anderen Rattanspältlingen unter den Feuchtigkeitsschwankungen nach wenigen Monaten reisst und seine Robustheit einbüsst.

‹Tegahang Kewok›

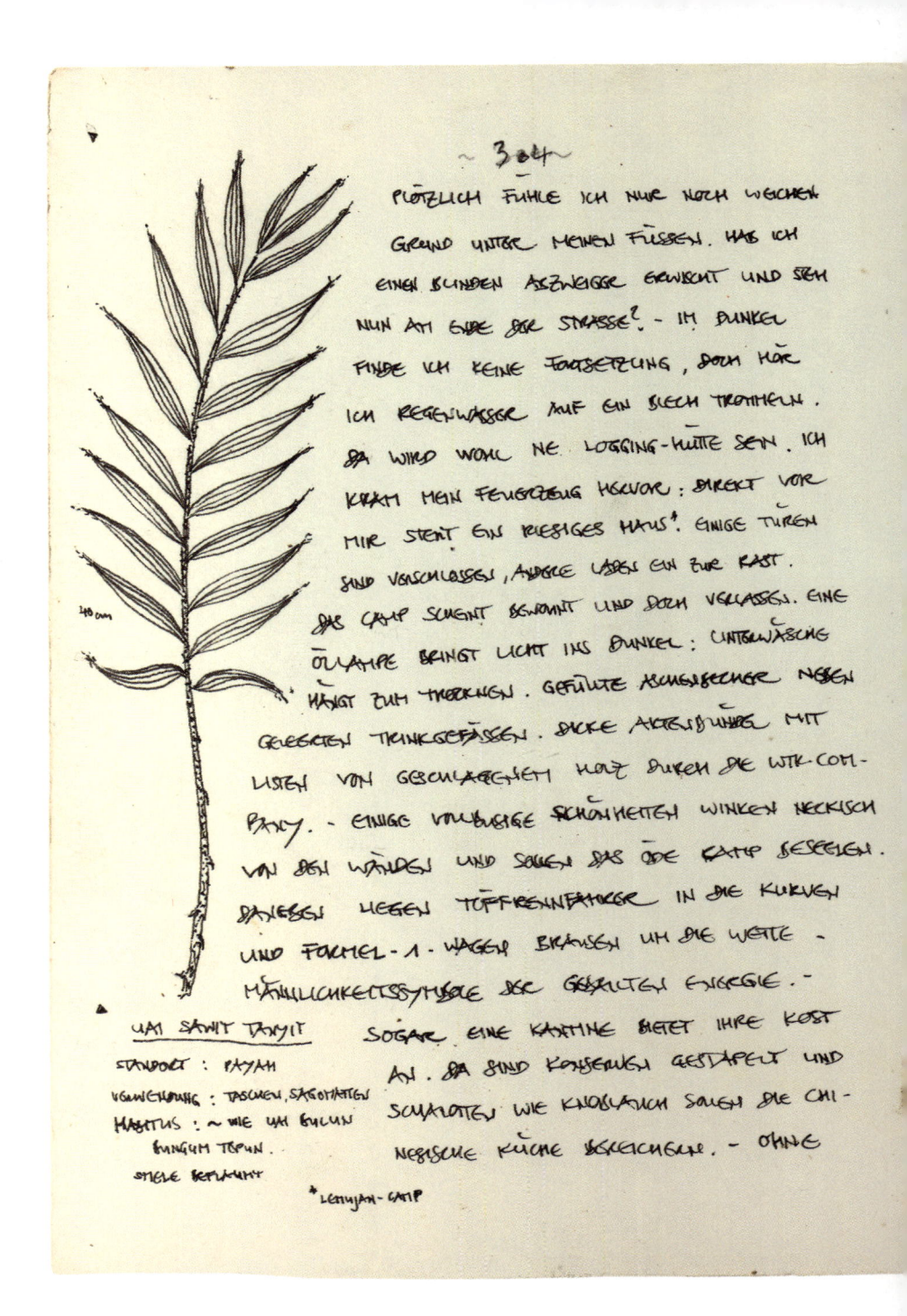

10/303 Ein Gewitter nähert sich donnergrollend – rabenschwarz verhangen ist die Nacht.
Wie ein Blinder taste ich mich durchs Dunkel und versuche, stets den hartgepressten Boden der Wagenspur unter den nackten Füssen zu behalten. Doch so breit die Strasse ist, verliere ich hin- und wieder den Faden, um plötzlich links oder rechts davon in steiles Gelände abzustolpern. Nahe der Erschöpfung erwarte ich dankbar jedes Wetterleuchten und Blitze, welche den weiteren Lauf der Strasse für einen Moment sichtbar werden lassen – um zugleich geblendet, wieder in vollkommene Schwärze zu tauchen. Der Marsch um Neumond bringt mich an meine eigenen Grenzen. Es scheint absurd, sich auf einer 5–6 m breiten Strasse zu ‹verlaufen›; die Situation nachzufühlen hiesse, mit geschlossenen Augen einige Kilometer weit zu gehen. – Ich versuche, ein gewisses Marschtempo beizubehalten, um weniger von der Richtung abzukommen. «Autsch!» Schlägt der ausschreitende Fuss an einen auf den Weg geschmissenen Steinklotz, dass sich die Zehen umbiegen.

10/304 Plötzlich fühle ich nur noch weichen Grund unter meinen Füssen. Hab ich einen blinden Abzweiger erwischt und steh nun am Ende der Strasse? – Im Dunkel finde ich keine Fortsetzung, doch hör ich Regenwasser auf ein Blech trommeln. Da wird wohl ne Logging-Hütte sein. Ich kram mein Feuerzeug hervor: Direkt vor mir steht ein riesiges Haus.* Einige Türen sind verschlossen, andere laden ein zur Rast. Das Camp scheint bewohnt und doch verlassen. Eine Öllampe bringt Licht ins Dunkel: Unterwäsche hängt zum trocknen. Gefüllte Aschenbecher neben geleerten Trink-

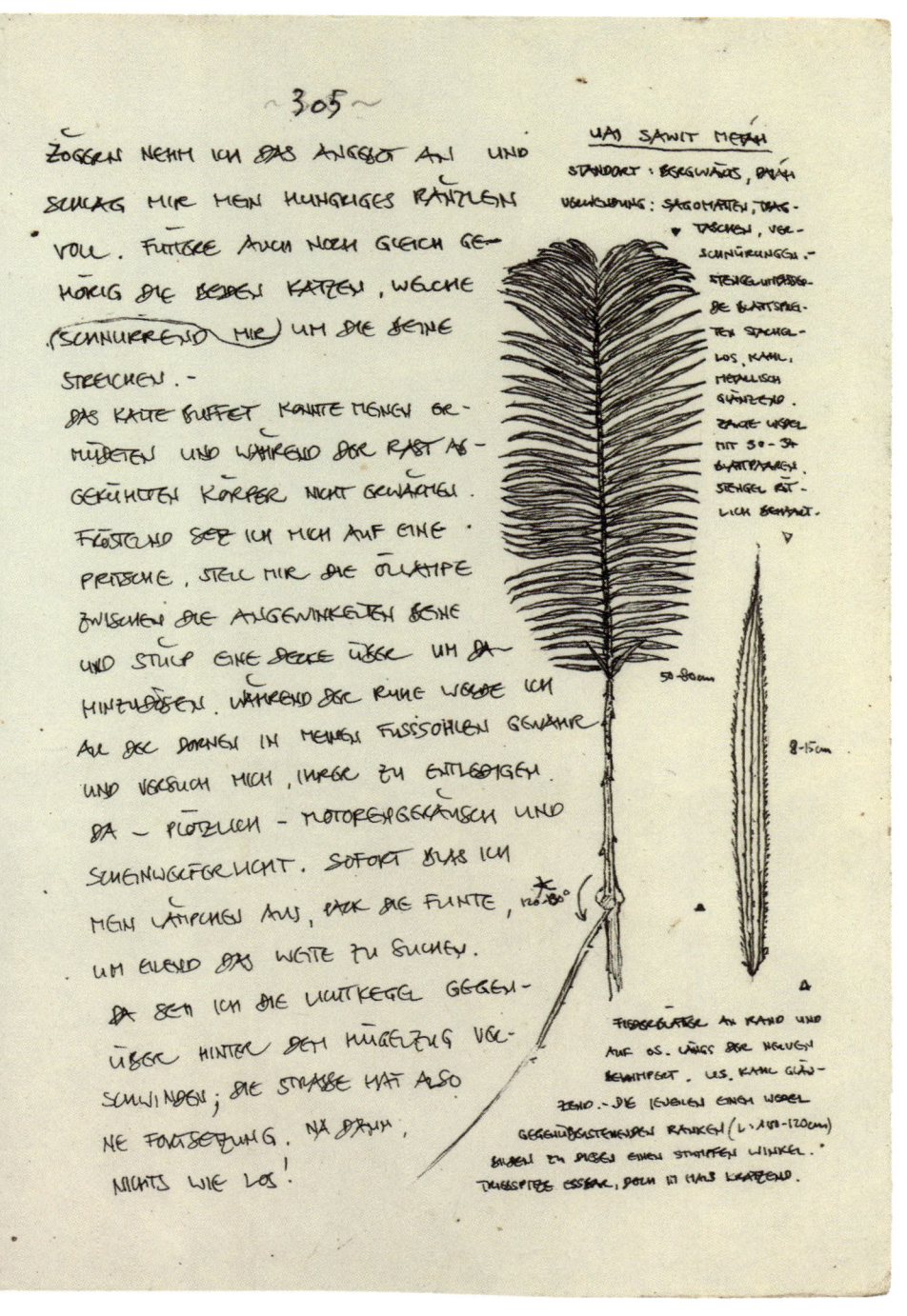

Zögern nehm ich das Angebot an und schlag mir mein hungriges Ränzlein voll. Füttere auch noch gleich gehörig die beiden Katzen, welche mir schnurrend um die Beine streichen. –

Das kalte Buffet konnte meinen ermüdeten und während der Rast abgekühlten Körper nicht erwärmen. Fröstelnd setz ich mich auf eine Pritsche, stell mir die Öllampe zwischen die angewinkelten Beine und stülp eine Decke über um dahinzudösen. Während der Ruhe werde ich all der Dornen in meinen Fuss'sohlen Gewahr und versuch mich, ihrer zu entledigen. Da – plötzlich – Motorengeräusch und Scheinwerferlicht. Sofort blas ich mein Lämpchen aus, pack die Flinte, um eilend das Weite zu suchen. Da seh ich die Lichtkegel gegenüber hinter dem Hügelzug verschwinden; die Strasse hat also ne Fortsetzung. Na dann, nichts wie los!

Uai Sawit Metáh
Standort: Bergwärts, Paiáh
Verwendung: Sagomatten, Tragtaschen, Verschnürungen.
– Stengelumfassende Blattspreiten stachellos, kahl, metallisch glänzend. Zarte Wedel mit 30–34 Blattpaaren. Stengel rötlich behaart.
50–80 cm / 8–15 cm / 120–190°
Fiederblätter am Rand und auf Os. Längs der Nerven bewimpert. Us. kahl glänzend. – Die jeweilen einem Wedel gegenüberstehenden Ranken (L: 100–120 cm) bilden zu diesen einen stumpfen Winkel.
Triebspitze essbar, doch im Hals kratzend

Die Wolkendecke hat sich in der Zwischenzeit etwas gelichtet, gerade so, dass die Konturen der Strasse sichtbar sind. Nach halbstündigem Marsch vermute ich mich nahe der Blockadensiedlung. Stimmen auf der Anhöhe und Taschenlampenlichter heissen mich umkehren und in die Büsche schlagen. Da will ich ein Nickerchen halten, bis die Luft rein ist. Denn Polizei u. Field-Force-Aufgebote lagerten in letzter Zeit oft im Logging-Camp neben der Siedlung des Widerstandes.

Ein kalter Wind kündet das baldige Ende der Nacht, als ich mich heimlich zwischen den verschlafenen, nebelverschleierten Hütten vorbeibewege. Nur gerade in der Herdstelle meiner Gastgeberfamilie züngeln gelbe Flammen. Ich erklettere die Hüttenstiege und streck meinen Kopf in die Behausung. Sofort zieht mich Freund Maleng herein, umarmt mich fest und schickt ein

gefässen. Dicke Aktenbündel mit Listen von geschlagenem Holz durch die WTK-Company. – Einige vollbusige Schönheiten winken neckisch von den Wänden und sollen das öde Camp beseelen. Daneben liegen Töffrennfahrer in die Kurven und Formel-1-Wagen brausen um die Wette – Männlichkeitssymbole der geballten Energie. – Sogar eine Kantine bietet ihre Kost an. Da sind Konserven gestapelt und Schalotten wie Knoblauch sollen die chinesische Küche bereichern. – Ohne

* Lemujan-Camp

40 cm
Uai Sawit Tanyit
Standort: Payah
Verwendung: Taschen, Sagomatten
Habitus: ~wie Uai Bulun Bungum Tepun. Stiele beflaumt

Dankgebet zum Schöpfer. – Gerade füllt seine Frau Bulan Reis in Blattpakete, Proviant, um nach zwei Tagen erfolglosem Ausschauhalten nun ernsthaft die Suche nach dem Vermissten aufzunehmen. – Tot oder lebend? – Der Ténung-Kult gibt dem Penan Aufschluss über den Verbleib von Vermissten:

10/307 Tenung Apo. Während die Männer ihr Blasrohr befragen (→ Tenung Kelleput), sucht die Frau Antwort vom Sagomehl (Apo). Nach Möglichkeit wird ein Gegenstand des Gesuchten während des Kults berührt. Eine Handvoll gut getrocknetes Mehl wird in die Herdstelle gegeben, ringsum Feuer anfachend: «Lebt der Betreffende, so balle dich zusammen, Sago, ist er tot, so verstreue dich!» – Im ersteren Fall kann das zusammengeballte Sago mit einem Pfeil aufgespiesst werden. Im zweiten verbrennt es vollständig zu Asche.
Teruet (Tenung Jipen Baiáh): Ein Krokodilszahn wird aufrecht in eine kleine Höhlung eines Schleifsteins gesetzt: «Wenn der Vermisste lebt, so bleib stehen! Ist er aber tot, so falle um!»
Weiter können Handspannen auf dem Arm abgemessen werden (Ténung Urek), oder Kohlestriche auf einem Holzscheit abgezählt werden (Ténung Aréng).

[Bild doppelseitig] 10/308
10/309

34 | TAGEBUCH 10

10/310 **Belengang**

Der Nashornvogel Belengang, das Wappentier Sarawaks, ist gleichsam der König des Dschungels. Laut erschallt sein lachender Ruf durch die Landschaft, und «Hschsch-hschsch-hschsch» hörst du seinen Flügelschlag, wenn er über's Laubdach fliegt.

In alten Zeiten soll der Belengang stumm gewesen sein wie der Ameisenbär (Aham) heute, denn er hatte einst mit diesem die Stimme getauscht: «Gut, du gibst mir deine Stimme, denn sie ist dir doch nicht von Nutzen. Wildschwein, Bär, Leopard und der Mensch folgen deinem Ruf und töten dich.» Der Ameisenbär war mit dem Tausch einverstanden, und seither trompetet's gewaltig durch die Lüfte, wenn der Nashornvogel Täler überfliegt.

Nachdem einst die Kröte Kang der lästernden Schlange Depung den Schwanz abgehauen hatte, wurde sie von der Kröte Kup verarztet; dese stülpte ihr Rattantäschchen über den Stummel. – Dann aber riet das Zwerggreh Pelandok [Pelanok], dem Nashornvogel Belengang, sich das wohl blutigrote Täschchen auf den Schnabel zu binden; dann würde er wirklich prächtig aussehen. Dieser tat so, und flog stolz über den Himmel. Und da er sich selbst gefiel, hat er das Täschchen bis zum heutigen Tag behalten. 10/311

(Abeng Jeluan, Patik)

Nashornvögel gelten als Symbol der Männlichkeit, und so singt die sich in den Fremden Verliebte:

Belengang galang galo
Tawáun jikun jiko
Seputin bako dain

Der Penan unterscheidet den kleineren ‹Belengang Iá› vom grösseren ‹B. Bewong›. Das ♂ besitzt einen schwarzen Streif (Pajit = Schläfe) auf seinem Schnabelaufsatz, ist rotäugig, mit schwarzem Gaumen, während das Weibchen helläugig ist mit rotem Gaumen. 10/312

Im Streit mit seinen Vettern Tawá-un sei der hohle Schnabelaufsatz schon gesprungen. Dieser kann als Gürtelschnalle dienen, doch verblasst das leuchtend warme Rot nach einigen Monaten.

Die Schwanzfedern des Belengangs sind begehrte Tauschartikel; sie werden von Kellabits, Kayan u. Keniaks zum Tanz getragen, und Penans mit Führerrolle schmücken damit ihre Rattan-Kopfbedeckung (Pekáh).

Das Fleisch des Belengangs riecht unangenehm wegen dem Sekret der Zirbeldrüse. Diese wird auf einen Pfeil gesteckt, über dem Feuer getrocknet, und im Köcher aufbewahrt. Sie liefert einen leuchtend gelben Farbstoff, mit dem der Jäger die verschiedenen Pfeile markiert.*

Im Flügelknochen des Belengangs vewahrten die Alten eine winzige Tabak-Not-Reserve.

* sowie Blasrohr fettet und poliert.

Der Belengang ernährt sich von allerlei Kleingetier wie Heuschrecken, Hundertfüssler, Kakerlaken und Skorpionen. Nur wenige Früchte des Dschungels wie Nonok (Würgfeige). Tuban-Liane, Puniau Békakang, Rahá, Keramoh und Beripun werden von ihm verzehrt.

Das Weibchen lässt sich in seiner Nisthöhle einsperren, wo es ein Jungtier aufzieht. Der Eingang zum Nest (Péjawan) wird mit einem Gemisch von verschiedenen Harzen wie Bétáo und Cú-ui*(?) bis auf eine kleine Öffnung verkittet, durch die das Männchen seiner Familie Speise zubringt.

Der einzige Feind des Belengangs ist der Mensch. Das Leben aller Nashornvögel ist in Gefahr, da ihre Nistbäume, meist grosse Meranthi – und Jit-Stämme begehrtes Nutzholz liefern.

Belengangs baumen meist auf hohen Bäumen auf. Wiederholt wurden auf sie abgeschossene Giftpfeile mit dem Schnabel aufgefangen, nachdem sich deren Geschwindigkeit wegen der weiten Distanz verringert hatte.

* sowie Kewahá. Der Nashornvogel Belok benutzt nur Lehm.

Vom Kampf

Juni 87: Holzfällerei und Jagd

Nun stehen die Bulldozer still. Die Kraftstoffvorräte der WTK-Company sind verbraucht. Einige arbeitslose Holzfäller verlassen ihre Camps und ziehen talwärts. Deren Mehrheit aber hofft auf ein baldiges Öffnen der Blockade und überbrückt die Zeit der Arbeitslosigkeit mit Dschungelstreifzügen. Einige finden gar aus Jagd und Fischerei ein neues Einkommen und verkaufen Hirsch, Wildschwein und Reh an übrige Campbewohner. Der jungfräuliche Magohfluss birgt paradiesischen Fischreichtum – und dem rücken nun die Ibanholzfäller – meist versierte Fischer – mit Wurfnetz, Harpune, Fischgift und selbstgebastelten Bomben zu Leibe. Tageserlös ~200.– MS $.

Mit Wehmut und Ärger sieht der Nomade machtlos wie gar Sagopalmen auf der Strecke bleiben, und sich die Holzfäller nun in direkte Nahrungskonkurrenten verwandeln.

Auch die stets um Blockaden streifenden Polizei- und Field Force-Aufgebote gehen in der Speisekammer der Penans auf die Jagd. Ausgerüstet mit Halogenscheinwerfern leuchten sie vom Jeep aus die nächtlichen Strassenböschungen ab. Die Augen des geblendeten Wildes fluoreszieren im Widerschein und bilden einfache Zielscheiben für die tödlichen Kugeln. So beklagt ‹Libai› an der Blockade, die Uniformierten hätten innert zwei Nächten sechs Hirsche*, zwei Wildschweine und einen Ameisenbären erlegt. Sie hätten sich geweigert, einen Teil der Beute an die Urgemeinschaft zu verteilen.**

Die Jagd mit Giftpfeil und Blasrohr verlangt vom Jäger Geschmeidigkeit, Wissen um das Verhalten des Wildes und vor allem die Kunst, Spuren zu lesen. Im gelogten Dschungel kehren aber auch begabte Jäger öfters beutelos heim. Das wenige Wild, welches den Ansturm der Holzfäller überlebt, findet ideale Deckungsmöglichkeiten innerhalb der Kompanieschlachtfelder. Die Kronen auf den Boden geschmetterter Bäume haben jüngere Genossen im Fall zusammengeschlagen. Das Ganze wird bald von vielen stachligen Rattan- und Lianengewächsen in einen kaum durchdringlichen Verhau verwandelt, in dem lautloses Anpirschen und Spurenlesen beinahe unmöglich werden.

* Saftige Lianenschosse versuchen, die aufgerissene blossgelegte Erde entlang von Logging-Strassen zu überwuchern. Sie sind, ähnlich den jungen Reisschossen, begehrte Nahrung und locken den Hirschen aus der Wildnis in die Nähe der Menschen, was manch einem zum Verhängnis wird.

** ‹Tulat›; es ist Penantradition, Jagdbeuten unter der Gemeinschaft zu verteilen.

Nur bei Herz- oder Nierenschuss, oder wenn eine Hauptschlagader vom Giftpfeil getroffen ist, verendet das Tier innert Sekunden. Andernfalls innert 5–60 Minuten, je nach verwendetem Pfeilgift und Art der Verletzung. – Schätzungsweise 2/3 aller getroffenen Tiere verenden unauffindbar.

Kein Wunder, wünscht sich jeder Eingeborene eine Flinte. Viele alte Schiesseisen aus der Kolonialzeit sind in Gebrauch, welche die Penans damals gegen wilden Kautschuk, Weihrauch (Niateng Pellaio) und Rattanflechtwerk getauscht hatten. Die jetzige Regierung verweigert strikte Austeilung von Lizenzen an Eingeborene. Nur wer mit entsprechenden Beamten befreundet ist, darf nach teurer Zahlung und langer Wartezeit hoffen. – Einzig Schrotpatronen sind gegen Vorweisung der Lizenz zum Verkauf freigegeben; die Behörden sind vorsichtig. Der Penan klagt: «Die Kompanien zerstören unser Land. Viele Pfeilgiftbäume wurden trotz Kennzeichnung und Protest gefällt oder fielen Bulldozerschaufeln zum Opfer. Wie beschaffen wir uns unsere Nahrung, ohne Pfeilgift und ohne Gewehr? – Will die Regierung uns töten?»

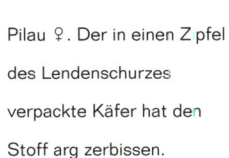

Einige Eingeborene wissen sich jedoch selbst zu helfen, und sind nicht auf den Kopf gefallen. Mit einfachstem Werkzeug, Feile, Schraubstöckchen, Hartlot, Eisensäge, Glut und Axt entstehen aus Alteisen und Leitungsrohren sogenannte ‹Wurzelgewehre› (Selapang Lakat). Sie sind bei vielen Volksstämmen Borneos, sowohl in Kalimantan, Sabah, als auch in Sarawak im heimlichen Gebrauch. – Um Grosswild zu schiessen werden

Pilau ♀. Der in einen Zipfel des Lendenschurzes verpackte Käfer hat den Stoff arg zerbissen.

hin- und wieder Schrotpatronen geöffnet und die Bleikugeln zusammen zu einem einzigen Geschoss eingeschmolzen.*

Die Moral der blockierenden Eingeborenen ist bedenklich. Seit Monaten hat sich kaum ein Wildschwein gezeigt, und die nähere Umgebung der Siedlung ist von den rund 30 Familien innert drei Monaten leergeschossen worden. Sago ohne Fleisch bedeutet aber Mangel in der Ernährung.

Der Resident von Limbang bietet Hilfe. Er will die Blockadenmitglieder für die Zeit eines Monats frei verpflegen, sofern sie die Blockade aufheben, um geschlagenes Holz talwärts zu führen. – Doch der Vorschlag wird abgelehnt. Schon wiederholt sind Penans angeschwindelt worden**, und man fürchtet, der Resident werde sein Versprechen wiederum nicht halten

* Dabei ist Vorsicht geboten. Ein Junge mit vernarbtem Gesicht wurde beim Giessen von flüssigem Blei getroffen, das aus dem Erdloch spritzte.

** So wurden die Grabstätten von Alongs Angehörigen entgegen Abmachung zerstört, und die LTL-Kompanie drang in das Penan-Reservat am rechtsseitigen Sembayang-Fluss.

Die Organisation ‹SAM› organisiert ein Meeting. Zwölf Vertreter verschiedener Volksstämme (Penan, Kellabit, Kayan, Iban) werden nach Kuala Lumpur begleitet. Sie sollen ihre Sorgen bei der Hauptregierung anmelden, da alle Bitten bei den Sarawak'schen Oberhäuptern auf taube Ohren gestossen waren. – Der Resident von Limbang verbietet dem Gemeindepräsidenten von L.N. dem Trüpplein zu folgen, doch dieser stellt sich nun auch taub.

Der Besuch tut seine Wirkung. Nun endlich wird auch die breite Öffentlichkeit über die Geschehnisse in Sarawak informiert: Dass der Lebensraum der Ureinwohner gegen deren Willen zerstört wird. Höchste Regierungsvertreter hören die Sorgen der Dayak-Völker an und versprechen freundlich Hilfegebung. Symphatie [Sympathie] entsteht auch bei Nichtbetroffenen für die Ureinwohner Sarawaks.

Der Abong, das Oberhaupt Malaysias, kommt allerdings nicht aus seinem Häuschen. Fürchtet er sich vor Stellungnahme?

Den Orang Asli auf dem Festland geschieht nämlich dasselbe Unrecht wie den Penans in Sarawak. Auch sie werden ihres angestammten Landes beraubt und haben als Plantagenarbeiter in Regierungsprojekten (FELCRA) zu enden, ohne jegliches Mitspracherecht. Da könnten sich einige Regierungsmitglieder die Finger ver-

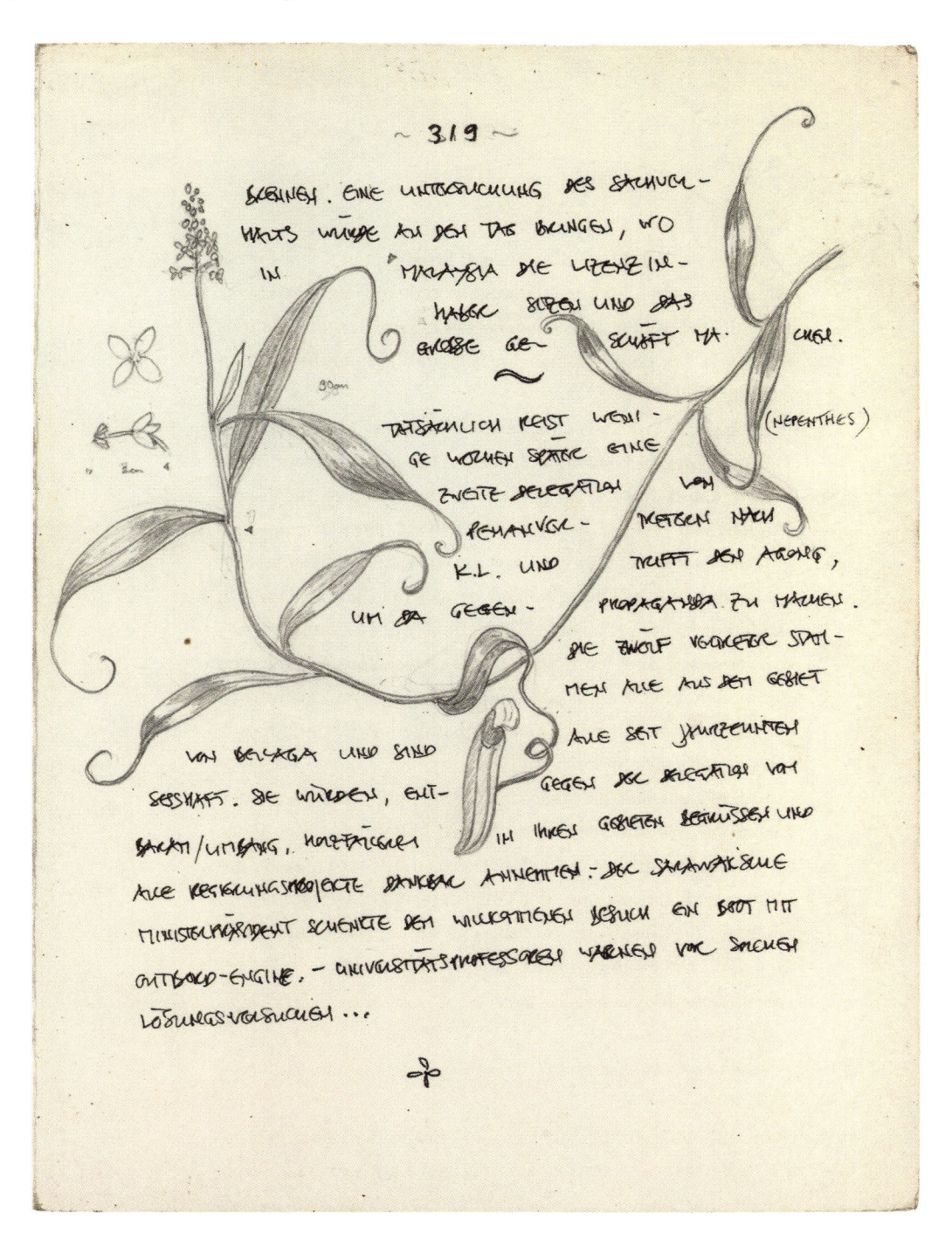

brennen. Eine Untersuchung des Sachverhalts würde an den Tag bringen, wo in Malaysia die Lizenzinhaber sitzen und das grosse Geschäft machen.

Tatsächlich reist wenige Wochen später eine zweite Delegation von Penanvertretern nach K.L. und trifft den Agong, um da

Gegenpropaganda zu machen. Die zwölf Vertreter stammen aus dem Gebiet von Bellaga und sind alle seit Jahrzehnten sesshaft. Sie würden, entgegen der Delegation vom Baram/Limbang, Holzfällerei in ihren Gebieten begrüssen und ihre Regierungsprojekte dankbar annehmen. – Der Sarawak'sche Ministerpräsident schenkte dem willkommenen Besuch ein Boot mit Outbord-Engine. – Universitätsprofessoren warnen vor solchen Lösungsversuchen…

30 cm

2 cm

(Nepenthes)

10/320 **Besuch**
Zwölf Jeeps mit M-16-Karabinern bewaffneten Field-Force-Männern tauchen an der Limbangblockade auf. Ein Helikopter brummt und landet. Ihm entsteigt ein hohes Tier, nachdem es eine Nacht mit dem Manager im Logging-Camp verbracht hat; und hält ne Rede*:

«Ich bin der Polizeichef von Sarawak**, ein guter Mann. Hab nun während einer Woche Penanblockaden besucht und mein Hemd beschmutzt. Habt keine Angst, wir werden euch nicht schiessen! Wir geben euch einen Ort, der noch nicht von der Kompanie zerstört ist. Dort bauen wir ein Haus für euch, mit Schule und Spital, die ihr benützen könnt. Weil ihr keine Schule habt seid ihr arm und könnt nicht Polizeichef wie ich, Doktor oder Pilot werden. – Wir verstehen auch eure Sorgen, dass Menschen von talwärts kommen und in euren Gebieten auf die Jagd gehen. Das werden wir verbieten und Gewehre beschlagnahmen. Wenn ihr gut seid, können wir selbst an euch ein Gewehr geben.
Eure Blockade hier ist ungesetzlich. Ihr habt nicht das Recht, dies zu tun. Bei andern Volksstämmen hätten wir schon lange die Blockade aufgelöst. – Doch wir wissen um eure Sorgen, darum sind wir nachsichtig. Wir Polizisten sind gute Männer und hüten nur das Gesetz, welches die 48 Männer, welche demokratisch von uns gewählt wurden, gemacht haben.***

* Nach einer Tonbandaufnahme aus dem Malaysischen übersetzt

** Datuk Mohamed Yassin

*** Kaum einer der Anwesenden hat I.C, und somit auch kein Stimmrecht.

10/321 Die Kompanie hat hier nicht grossen Profit; die Hälfte geht an die Regierung. – Viele Unkosten für den Kauf von Bulldozern, Wagen und Löhne – es bleibt nicht viel übrig. Vor zwei Jahren sind die Holzpreise gesunken und viele Kompanies Bankrott gegangen. Nun steigen die Preise wieder. 5000 m³ geschlagenes Holz liegen hier bereit, und können wegen eurer Blockade nicht talwärts befördert werden. – Dies ist ein grosser Schaden. – Wieviele Penans seid ihr hier?» – «134.» – «Wie viele Kellabits?» – «Um die dreissig.» –

«Die Kompanie ist bereit, euch 1000.– MS $ zu zahlen, wenn ihr die Blockade öffnet. Seid ihr einverstanden? Wer ist euer Häuptling?» – «Wir haben keinen Häuptling, sind alle gleich.» – «Das kann nicht sein! Da muss ein Häuptling sein! – Wenn ihr nicht öffnet, werde ich die Blockade selbst beseitigen – aber dann erhaltet ihr keinen Cent von der Kompanie! Datuk James Wong* sagt zu euch: ‹Was die Regierung helfen kann, das hilft sie, was sie nicht kann, das hilft sie nicht!› – Es gibt kein Penanland, Kellabitland, Ibanland! Dies ist alles Land der Regierung!»

«Wie heisst dieser Bach? Wie heisst dieser Hügel? – Wenn das Regierungsland ist, müsst ihr deren Namen wissen», wirft ihm ‹Uian› entgegen.

* Umwelt- u. Tourismusminister, Inhaber der grössten Logging-Company im Limbang.

10/322 Durio Testudinaria

Baum Ø ~25 cm

In feuchten Seitenhängen in Gesellschaft mit Niwungpalme, Jit.

Blattstiele verdickt, Blätter wstg, L~40 cm,

Os. glänzend-dunkelgrün, Us. bronzefarbig, Bast → Träger (?)

Blüten Ø ~15 cm

Deckblätter 2

Kelch ~5

Blüten ~5

♂♀

10/323 «Schweig! Du bist nicht gefragt, wenn die Grossen reden!», klopft der Polizeichef patriarchalisch mit seinem Stock auf den Boden. [«]Der weisse Mann, B.M., ist ein falscher Kerl*, glaubt ihm nicht! Der ist nicht König. Wenn ihr in sein Land geht, werdet ihr geschlagen! – ‹SAM› will euch helfen, doch sind sie nicht von der Regierung. – Nun wissen wir um eure Sorgen und helfen. Doch könnt ihr nicht einfach rumhocken und wir füttern euch! – Ihr müsst arbeiten! Die geflohenen Tiere werden wieder zurückkehren…

Ihr Penans versteht nicht zu sprechen! Ihr seid wie kleine Kinder! Sagt nicht einmal Ja – und dann wieder Nein!»

Heftige Diskussionen, Geschnatter, vor allem der Frauen. Noch bevor die heftig diskutierende Menge antworten kann, bedankt sich der Polizeichef, lässt vom Manager das Geld aushändigen und steigt in den Helikopter.

«Nimm's Geld nicht! Gib's zurück!» – und nach heftigem Hin- und Her wird der Betrag dem Manager zurückgegeben. –

«Eine Regierung die Leben bringt, hört den

* Paling Tipú

10/324 Sorgen ihrer Kinder zu; sie haben uns nicht ein einziges Mal Gelegenheit zum Sprechen gegeben! – Nur selbst geredet!», kommentiert ein Penan später.

«Wenn das wirklich euer Land ist, und wir einen von euch töten, dann bringt seinen Leichnam nicht talwärts, sondern begrabt ihn hier!», doppelt ein anderer nach.

Juni 87

Nomaden des Magoh werden vom Manager der WTK-Company ins Camp gerufen: «Unterschreibt hier! Gebt mir euer Land, damit wir in Frieden arbeiten können.» – «Du gibst uns Reis und Zucker, doch sieh, die Berge spenden uns Nahrung seit jeher.», antwortet ihm der alte Polisi Agan. – «Sprich nicht so schlecht wie jene an der Blockade! Wir müssen einherzig zusammenarbeiten. Was verlangst Du?» – «Wo ist mein Radio, den du einst zu flicken versprochen hast?» – «Radio? – Oh, es wird sich ein anderer finden.» – «Wo ist das versprochene Fischnetz?» – «Frag nicht Dinge von mir!

Makakkenfledermaus
(Kelit Medok) 1:5/6

Das Geschöpf mit seiner kurlig-kauzigen Nase lebt einsiedlerisch im Unterholz und wird häufige Blasrohrbeute kleiner Jungen

10/325 Verlange Geld – das kann ich dir geben. Mit der Münze kaufst du dir selbst, was dein Herz begehrt.»

Beschenkt mit Reis, Zucker und Tabak verlassen die Nomaden das Camp, ohne ihre Daumenabdrücke auf das vorgelegte Papier gedrückt zu haben.

Ein Kellabit-Anwohner, von der Kompanie einen lächerlichen Betrag Schweigegeld kassierend, empfiehlt den Penans:

«Ihr könnt nicht gegen die Kompanie opponieren. Wir haben kein Geld, keine Mittel, kein Flugzeug. – Es ist besser, wir verlangen ein klein wenig Entschädigung, so lange die Kompanie arbeitet.» – «Du hast gut reden, du hast dein Reis und deine Felder, doch wir leben seit Urzeiten in den Bergen und Quellgebieten... »

Hilfe?

Zwei Millionen Dollar Hilfe an die Penans werden von der Regierung veranschlagt; sie sollen aus dem Geschäft mit der Waldabschlachtung abgezwackt werden, um sogenannte Entwicklungsprojekte zu finanzieren. Datuk Bujang Nuor, der Staatssekretär, wird Vorstand der Kommission. Er hatte die Logging-Operationen hindernden Eingeborenen als Piraten beschumpft. – Der junge Penan Dità Agan kommentiert: «Wir haben nicht Geld verlangt – wir verlangen Recht zu unserm Land.»

Obáh Kamai

10/326 Baum, Ø 70 cm, bergwärts. Blätter kreuzw. ggstg., glänzend, Us. Hell-matt, 15 cm.

Juli. Zaghaft reifen die ersten Früchte. Rot überhaucht stehen die Kronen des Obáh Kamai-Baums und locken die Penanjungen aufwärts. Die Kinder scheinen keinen Schwindel zu kennen, und klettern an schwankenden Lianensträngen in die Höhe, wechseln von der Krone kleinerer Bäume auf die untersten

Verzweigungen der alt-bronzefarbenen Obáh-Stämme. Da schlagen sie sich nun wie die Affen ihr Ränzlein voll, und kaum eine Stimme ist zu hören, da ihr Mund stets mit Früchten gefüllt ist. Nun endlich kann der Mangel an Vitaminen gestillt werden.

Die fruchtenden Triebe des Kamai-Baums erinnern im Habitus an Holunder, doch sind die Trauben kreuzweise gegenständig aufgebaut. Die anfänglich weissen Früchte färben sich mit zunehmender Reife rosa-rötlich – bis schwarzrot. Sie beherbergen einen grünen Samen, der zerbissen, unangenehm im Hals kratzt. Das Fruchtfleisch schmeckt fade-süsslich, kirschenähnlich, und wird vor allem von Vögeln, vom Niakit, Medok, Kuiat, Monin, Pasui, Busan und Peraien verspiesen. Einige Eingeborene halten die Frucht für giftig – doch erzeugt ihr Genuss keinerlei Beschwerden.

Syzygium

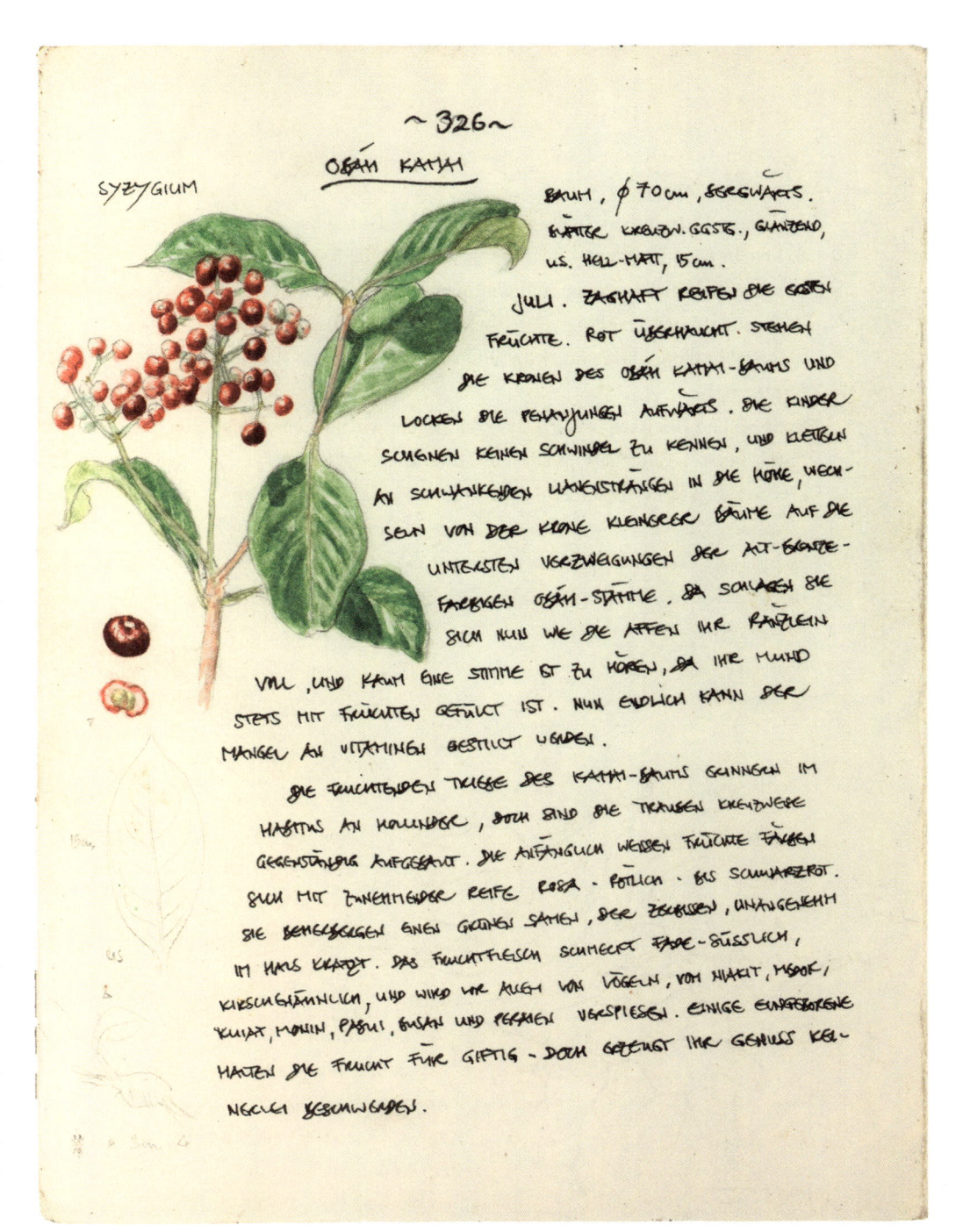

Für jene, welche nicht klettern können, werden mit dem Buschmesser einige Äste gekappt. Fällt so ein oberschenkeldicker schwerer Ast, umklammert der Hantierende wohl mit mulmigem Gefühl im Magen seinen vom Rückschlag aufwärtsschnellenden schwankenden Halt. –

Alle besuchten Kamai-Bäume zeigen gegen die Endtriebe hin warzige, knollenförmige Verwulstungen; es sind die Nester eines winzigen gelben Ameisleins mit schwarzen Augen – das wahrscheinlich die Schwellungen verursacht hat und in Symbiose mit dem Wirt lebt.

Fett, dessen Hauptlieferant das Wildschwein ist. * /.

[Anmerkung auf S. 328]

Wandernde Wildschweinrudel (Babui Metó)

Wenn der Nashornvogel Metui plötzlich in grossen Verbänden in einem Gebiet auftaucht und der Vogel Niak ruft, ist der Eingeborene gewiss, dass fette Wildschweine nahen. – Das Wildschwein ist nur vereinzelt standorttreu; nämlich dort, wo Uwutpalmen in grosser Zahl das ganze Jahr über ihre Früchte fallen lassen (→ Babui Tewangáh). – Die Rudel folgen dem Ruf der grossen Fruchtzeit, welche regional nur alle zwei-vier Jahre einsetzt. –

Fällt der Früchtesegen in einem Gebiet für zwei Jahre aus, so leidet der Dschungelnomade, falls er nicht ein geschickter Jäger ist, Mangel in der Ernährung. Neben Vitaminen fehlt es vor allem an

Doch werden die mageren Jahre durch die fetten wieder wettgemacht, in denen paradiesischer Überfluss herrscht.

Der Eingeborene ohne Zeitrechnung kann keinen genaueren Aufschluss über die Fruchtzeit-Rhythmen und Wildschweinwanderungen geben. –

Das Wildschwein paart sich nur in grossen Fruchtjahren in Massen. Die Paarungszeit fällt mit der Dschungelblüte Juli-August-September zusammen. Die Frischlinge werden nach ~vier Monaten Tragzeit ~um Weihnachten geworfen. Reife Früchte* finden sich von November bis April je nach Art, wobei zuerst jene in den Niederungen, entlang Flussläufen, im Sekundärwald reifen (→ höhere Temperaturen), darauf jene in den kühleren Bergregionen. Die Reifezeit der Früchte entspricht der ~Reiserntezeit Dezember-Februar.

Im grossen Fruchtjahr sollen sämtliche edlen Gewächse in Fülle Frucht tragen. Obwohl im Jahr 85 die Botuiur-Bäume längs der grossen Flüsse in leuchtendem Rot standen, sowie nun 1987 dazu Steinblüten gefallen sind**, bestreiten die Einwohner des Magoh/Limbang, dass seit 1983 ein grosses Fruchtjahr stattgefunden habe.

1986 soll im Ulu Baram/in Westkalimantan/sowie im Gebiet des Patah-Flusses Überfluss an süssen Gaben geschenkt worden sein – der Tutoh- und Limbangfluss wurden gänzlich verschont. Dafür blühte der Dschungel im Ulu Limbang dieses Jahr schon im April, und während nun im August die ersten Früchte reifen, finden sich auf denselben Bäumen zugleich wieder frische Blütenknospen. Ursache für diese regionalen Schwankungen bedürfen zur Klärung überregionale langfristige Beobachtungen.

./* Gleichwertig dem Wildschweinfett ist nur jenes der Python, die nur selten erbeutet wird. Die meisten anderen Dschungeltiere wie Affen und Bärenkatze sowie die edlen Fische lassen in der schmalen Zeit Fett vermissen. Als Ersatz dient Hirsch- und Reh-Fett, welches wegen seinem hohen Schmelzpunkt wenig bekömmlich und schwer verdaulich ist.

* Der edlen Sorten

** Beides Boten des grossen Fruchtjahrs

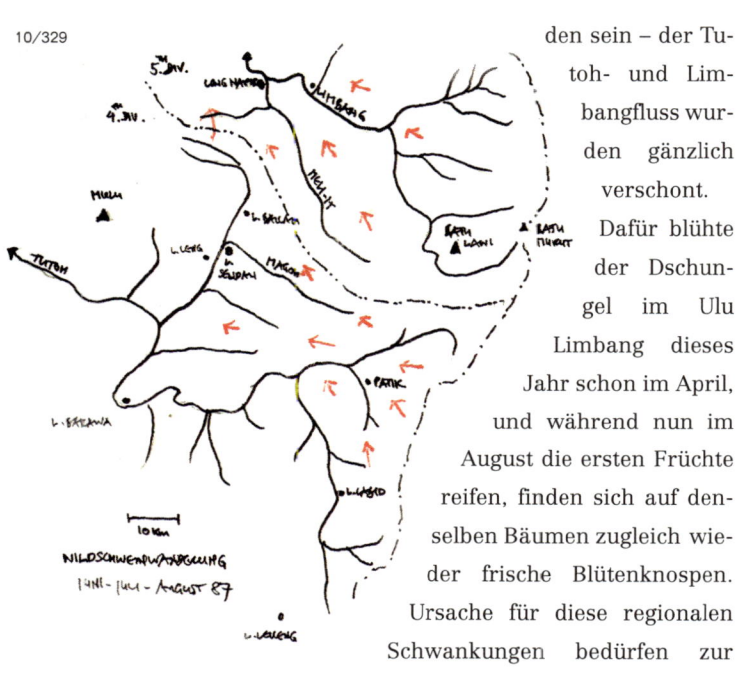

Das ‹Wildschweinloch› (Lovang Babui), aus dem die Borstentiere entströmen, soll nach Angabe eines alten Penans jenseits des Usun-Apau-Gebirges, im Herzen Kalimantans liegen. Regelmässig wandern fette Wildschweinrudel aus den Quellgebieten des Tutoh/Baram/Limbang/Magoh-Flusses im Juni-Juli-August talwärts. Grosse Flüsse werden an bekannten Stellen, meist bei Mündungen von den Rudeln durchschwommen (Long Sen/Long Selaná/Long Magoh...). In alten Zeiten sollen solche Rudel bis zu 50–60 Mitglieder gezählt haben – heute selten mehr als 20. Grosse Keiler magern während der Paarungszeit. Ziehen die Wildschweinrudel Ende Jahr wieder quellwärts, sind sie oft mager. In den Berggebieten fressen sie ich wieder eine Fettschicht an mit Eicheln, Kastanien und wohl auch Flugfrüchten, den Meranthi-Verwandten/Kapur (Ranga, Jit, Tellinung, Abang, Kapon...)

10 km

Wildschweinwanderung Juni-Juli-August 87

L. Lelleng

Issen wurde auf einem Streifzug plötzlich von einem Wildschweinrudel überrascht. Ein grosses Borstentier verfolgte wütend eine quietschende Jungschar und schlug sie in die Flucht – und mit ihr den Penanjungen, der sein Blasrohr von sich warf und sein Heil aufwärts suchte. Nach einer Weile verliessen die Angstgefühle den etwa Zehnjährigen. Er kletterte wieder von seinem Baum runter und schoss einem fetten Eber einen Giftpfeil in die Kehle. – Das Rudel von etwas zwanzig Tieren hatte einen geackerten Pfad zurückgelassen. Darauf rannte der Junge nach Hause, erzählte, wie er sein erstes Wildschwein geschossen hatte, und zeigte seinem Vater als Beweis den abgebrochenen Pfeilschaft mit Blutspuren*.

Ist die Beute tot oder lebend, kann sie aufgefunden werden? – Der Jäger befragt den Terukau-Geist (Bali Terukau):

Terukau

Taui nimmt den abgebrochenen Pfeilschaft (Ungáh) zusammen mit zwei Rohpfeilen in die Hand und spricht: «Hier, nimm den Geruch vom Blut des getroffenen Wildschweins, Bali Terukau.»

* Alle Pfeile werden zur Spitze hin gerillt, damit sie nicht herausgezogen werden könne, doch in der Wunce abbrechen.

[«]Das Feuer lasse deine Zauberkraft (Rengénid) erwachen. Wenn das Wildschwein tot ist, und ich's in der Pfanne kochen werde (auf diese klopfend), so brich mitsamt der Flamme. Wenn das Wildschwein nicht tot ist, so nenn es nicht, brich nicht entzwei, sei so hart wie Eisen (auf ein Buschmesser klopfend). – Hüte dich, nun werd ich dich verbrennen. Bis dorthin (zum Ort der Beute) sollen deine Zauberkräfte führen.»

Darauf spuckt Taui auf die beiden in der Hand gehaltenen Rohpfeile und hält sie mit den Worten ins Feuer:

«Ungáh metáh temden luten poleng babui. Hun néh be matai, mai ke maáu, mai ke putui!»

Hell lodern die Flammen an den brennenden Rohpfeilen, und rotglühend kringeln sich die Enden. Mitsamt der Flamme bricht der rechte Pfeil zur Spitze hin und fällt in die Asche.

«Nicht weit von hier werde ich die Beute finden», meint Taui, und macht sich mit seinem Jungen auf die Suche. Den Spuren folgend, trifft er tatsächlich nach kurzem auf den fetten Keiler. Dieser wird nach Hause gebuckelt, und gleichmässig auf die 28 an der Blockade beteiligten Familien verteilt.

Der abgebrochene Pfeilschaft steckte während dem Kult am Rand der Feuerstelle in der Asche. *Taui* zieht ihn heraus und streicht vom Blut des nun gefundenen Wildschweins darauf:

«Belüg mich nicht [in der Zukunft], hier ist das Tier, welches ich von dir gefragt habe, Freund.», und wirft den abgebrochenen Schaft weg.

«Wenn du dich nicht bei Bali Terukau bedankst, ihn fütterst, so wird er dir später nicht mehr helfen.», erklärt der Jäger. – «Schon Dutzende von Malen habe ich in all den vergangenen Jahren Bali Terukau befragt – ohne ein einziges Mal fehlzugehen.»

- Bricht der Rohpfeil sofort, so ist die Beute nahe
- Bricht er erst nach langem, oder bei einer zweiten Befragung, ist die Beute weit.
- Bricht der rechte Pfeil, wird der Befragende die Beute selbst finden,
- Bricht der linke Pfeil, so sein Begleiter.
- Kringeln sich die glühenden beiden Rohpfeile kreuzweise übereinander, gerade so wie die Bastgurte, mit denen man erlegte Wildschweine schultert, wird man die Beute treffen.

Der Terukau-Kult sei vom Ahnen ‹Jellore› überliefert. Dieser soll mit dem Pfeil in der Hand Höhlen erleuchtet haben auf der Suche nach den Knochen seines Bruders.

Python

Kurzschwanzmakakken warnen mit aufgeregten Rufen. Pango nähert sich dem Spektakel, bis seine Hunde kräftig Laut geben. Ein Prachtsexemplar von Python schlingt sich an kleinem Rinnsal aufwärts und sucht Schutz in einem mächtigen hohlen Kérégau-Stamm. – Nach langem Ausräuchern flieht sie ihre Schutzburg und fällt dabei der Speerspitze zum Opfer: Oberschenkeldick, ♀, 6 m L, mit viel begehrtem Fett in der Bauchhöhle. Nase und Hals des Reptils sind gelb-rötlich, im Gegensatz zur normalen Pythonzeichnung.

Ein paar Tage darauf streife ich mit Pango Terasa-bachwärts. Mh-mh-mh! Widersträubt's unseren Nasen. – Leichengeruch! – Da – mitten im Bach spielen die Wellen mit an einem Ast hängengebliebenen langen Schlangenkörper, der vom Hochwasser talwärts gespült worden ist. Links und rechts am Ufer Wildschweinspuren. Auch die Grunzer hatten den Geruch in den Rüssel bekommen und wollten Leichenschmaus halten. Doch fanden sie das Opfer nicht. – Wahrscheinlich sind die Hauer eines Keilers der Python zum Verhängnis geworden. Mit gerümpfter Nase und gemischten Gefühlen guck ich Pango zu, wie er mit dem Speer ausweidet, und das begehrte Fett in einen Bambus füllt – auf diese Mahl werde ich ohne Reue verzichten!

Grosse Honigbiene (Layuk)

Wohl täglich geht ein Raunen durch den Raum, ähnlich eines sich nähernden Fahrzeugs, bis sich die ihre Köpfe Reckenden des wandernden Bienenschwarms gewahr werden – als Wolke von schwarzen Punkten die Baumkronen überfliegend.

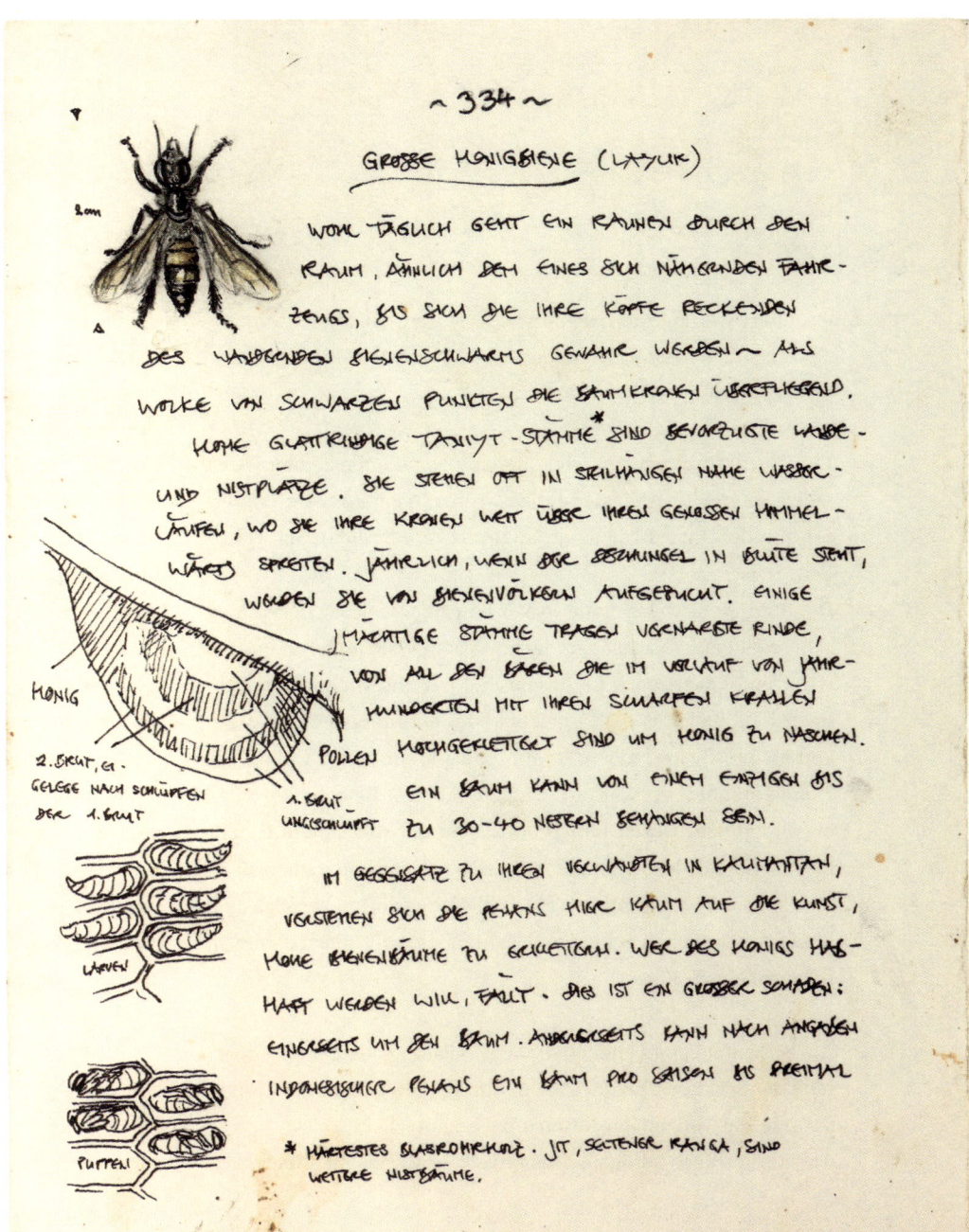

Hohe glattrindige Taniyt-Stämme* [Tanyit-Stämme] sind bevorzugte Lande- und Nistplätze. Sie stehen oft in Steilhängen nahe Wasserläufen, wo sie ihre Kronen weit über ihren Genossen himmelwärts spreiten. Jährlich, wenn der Dschungel in Blüte steht, werden sie von Bienenvölkern aufgesucht. Einige mächtige Stämme tragen vernarbte Rinde, von all den Bären die im Verlauf von Jahrhunderten mit ihren scharfen Krallen hochgeklettert sind um Honig zu naschen. Ein Baum kann von einem einzigen bis zu 30–40 Nestern behangen sein.

Im Gegensatz zu ihren Verwandten in Kalimantan, verstehen sich die Penans kaum auf die Kunst, hohe Bienenbäume zu erklettern. Wer des Honigs habhaft werden will, fällt. Dies ist ein grosser Schaden: Einerseits um den Baum. Andererseits kann nach Angaben indonesischer Penans ein Baum pro Saison bis dreimal

* Härtestes Blasrohrholz. Jit, seltener Ranga, sind weitere Nistbäume.

2 cm

Honig

2. Brut, Eigelege nach Schlüpfen der 1. Brut

Pollen

1. Brut ungeschlüpft

Larven

Puppen

10/335 erklettert werden um neugebaute Nester zu plündern. In guten Jahren soll dort eine Familie um 20 Kanister (~100 Liter) Honig ernten, wichtiger Handelsartikel.

Ein Glück, fürchten sich viele Penans vor Bienenstichen – und einen Stamm des zähesten Holzes, von 150 cm Fuss-Durchmesser, mit der Axt zu fällen, verlangt mehrere Stunden Schwerarbeit.

Die Stihl-Motorsäge, made in West-Germany, unter deren ausschliesslichem Geheul der Sarawaksche Dschungel gemordet wird, unterstützt auch in diesem Fall hin und wieder kurzsichtigen Raubbau. Als der Penan ‹Labou› allerdings einst das bekettete Schwert an einen Stamm anlegte, um ohne Mühen des Honigs habhaft zu werden, zeigten sich die Betroffenen nicht einverstanden. Durch Rauch und Lärm der drohenden Gefahr bewusst geworden, sammelten sie sich zum Angriff. Labou suchte sein Heil in schleunigster Flucht, von hunderten verfolgt, und fand arg zerstochen Schutz und Kühlung durch Untertauchen im nahegelegenen Fluss.

10/336 Auf schwindeligem, einfachen Gerüst (Palang) legt Maleng oberhalb der Stützwurzeln die Axt an und fällt den kleineren Tanyit-Stamm, der von sieben Nestern behangen ist.

Angst vor rachsüchtigem Bienenvolk liess ihn die Übernachtungshütte in genügender Entfernung bauen. Weiter fertigte er mit vielen Blättern am Fuss eines hohlen Nachbarstammes einen Unterschlupf, im Falle die erzürnten Bienen zum Angriff blasen sollten. Denn kein Bach in der Nähe ist tief genug, um darin unterzutauchen.

Kaum nach einer Stunde neigt sich der schräggewachsene Stamm mit ächzendem Todesschrei und schlägt berstend-splitternd auf. Schnell eilt Maleng, mit zwei Tobowedeln schützend über sich gehalten, zwischen den wild summenden Bienenvölkern dahin, sucht Stücke der dahingeschlagenen zerfetzten Nester und legt die Wabenwände in einen Eimer. – Den Bienen ist's vom Fall ‹trümmlig› geworden, und planlos krabbeln sie im Bild der Zerstörung. An 2–3 Stichen darf sich der Räuber nicht stören, doch schmiert sich vom klebrigen Honig auf den Körper, um Stechlustige irrezuführen. – Der meiste Honig ist beim Aufschlag in die Gegend verspritzt und verlorengegangen.

10/337 Etwas abseits betrachte ich eine grosse Wabenwand, um Aufschluss über deren Aufbau zu bekommen: Ein Bienennest besteht aus einer einzigen Wabenwand, die beidseits mit Honig- und Brutzellen bestückt ist. Ein grosses Nest kann bis 150 cm Länge zeigen, und ist unter querstehenden Ästen, seltener unter Warzschirmen am Stamm angebaut. Die Honigkammern befinden sich Richtung Triebspitzen, die Pollenkammern auf der dem Stamm naheliegenden Seite.

Dazwischen in halbkreisförmigen Bändern die verschiedenen Stadien der Jungbrut. Nach dem Schlüpfen werden in leere Zellen wieder Eier abgelegt.

«Weile nicht hier! Komm, lass uns das Weite suchen. Wenn die Bienen unsere Beute riechen, werden sie uns verfolgen.», warnt Maleng und entfernt sich. –

Oh, – nur zwei Stiche hab ich bis jetzt abbekommen. Die Bienen scheinen freundlich. Nun, s'ist wohl besser, ich folge dem Rat des Erfahrenen, und während ich meine Last verschnüre – autsch! aziu! werde ich innert Sekunden von einem Dutzend Bienen gestochen, und suche Hals über Kopf das Weite. Arg geschwollen erreiche ich Maleng. «Das sind die vom Ausflug zurückgekehrten Bienen, die wütend die Bescherung gesehen haben, oder jene, welche sich in der Zwischenzeit vom Sturz erholt haben und zur Besinnung gekommen sind.» Nein, bevor ich meinen Angstschweiss nicht weggewaschen habe, wage ich mich nicht zurück, um den Beutel zu holen.. – Maleng schafft das spielend.

10/338 Bo-Blätter

Dieser Epiphyt mit bis 1 m langen fleischigen Blättern ist bergwärts wie in den Niederungen häufig anzutreffen. Verschiedenste Pflanzen wie Pfeilgiftbaum (Tacem), Würgfeigen (Nonok), und Obáh-Bäume dienen als Wirte. Der Stammteil direkt unterhalb des Herzens (→ Páong) dient zur Behandlung von Aissen (Kupáh Djuhit) und Furunkeln (Kupáh Dapá): Nach Erwärmung im Blattpaket wird eine dünne Scheibe von ihm abgeschnitten und auf die entzundene [entzündete] Stelle, d.h. deren Zentrum (‹Ujun› = Mund) gelegt, um sie schnell zum Reifen zu bringen.

Aissen sind eine verbreitete Unannehmlichkeit unter den Dschungelvölkern, und auch ich selbst werde nicht verschont. Scheinbar aus dem Nichts bildet sich unter der Haut eine hitzige schmerzhafte Schwellung, deren Mund sich nach ein

Raphidophora Pá-ong

10/339

paar Tagen der Reifung öffnet, worauf sich ein Blut-Eiter-Gemisch entleeren kann. Meistens befindet sich die Infektion am Hintern, so dass du für ein paar Tage nicht weisst, wie du hocken sollst.

Im Glauben der Penans ist die Erkrankung vom Wildschwein angehext; nämlich dann, wenn das Borstentier den Geruch des sich anschleichenden Jägers in die Nase bekommt und missmutig, ihn verwünschend, das Weite sucht: «Hmm-hmm-rébud-rébud!»

Sesshafte Penans bringen die Entzündung durch Auflegen von erwärmten Chilly-Blättern (Ketuban) zur Reife. Dabei wird ein kleiner Schoss auf dem Buschmesser übers Feuer gehalten und von der Grösse eines Fingernagels aufgelegt; innert einem Tag soll sich Eiter bilden. – Kellabits trinken bei öfterem Befall den Sud eines 1–2 m langen Kriechgewächses, an Flussufern, Ø ~5mm, nach Schälen und Schnetzeln des fleischigen Triebs.

Ansetzen von Blutegeln bringt rasche Reinigung der entzundenen Stelle, doch wird diese Methode von den Penans nicht angewendet.

10/340

Einige Kinder leisten mir an abgelegenem Ort für ein paar Tage Gesellschaft. Wir suchen uns die tägliche Nahrung auf Streifzügen, und verarbeiten Sago.

Herzhaft lacht das mir folgende Mädchen, als ich im glitschigen Hang ausschlipfe und auf dem Hintern lande. Als ich mich umdrehe, hält es sich scheu die Hand vor den Mund, doch die Schadenfreude ist grösser und schallt zwischen den Fingern durch. Nach einer Weile begleitet mich Kichern. Was ist nun wohl Lustiges passiert? Ich dreh mich um und werde der langen Rattan-Ranke gewahr, die mich am Hintern gekrallt, wohl schon ein gutes Stück des Weges begleitet hat. «Redo Bruen! – Mädel, dein Kristallgelächter wird mir in den Ohren liegen, und die einsame Seele einst erquicken!»

10/341

22./23. Juli 87 Reisbauern am unteren Limbangfluss brennen ihre Dschungelrodungen. Wie ein Atompilz steht das Rauchmonstrum am Himmel und aus dessen Scheitel quellen Cumulus-Gewitter-Wolken. Die erhitzten Luftmassen kühlen sich in der Höhe ab und verschleiern den Raum. Und schon bald bringt Sturmwind Flugasche, gefolgt von heftigem Regenfall.

Wo Bulldozer die Erde aufgerissen haben, leuchten meist rotbraune lehmige Farben. Auf der Höhe zwischen Tuan- und Terasafluss findet sich ein wunderbar blauweisser Sandstein (Batu Oso). Dieser dient zum Glänzendschleifen des Pfeilköchers aus Bambus. – Der zum Teil lehmige Boden ist wie mit Blutgefässen von feinen rostigen Eisenadern durchzogen. Auch Quarzbänder sind in den Sandstein gebettet. Die Lehme wechseln in ihren Farben von warmen Ockern und Gelbweiss bis zu Violettgrau und Orange-Braun. Die Erosion nimmt ihren Lauf. – Der zerstörte natürliche Untergrund beim Bau einer Strasse überwiegt je nach Steilheit des Geländes ihre Länge um das Vier- bis Zwanzigfache. Kein Wunder, dass Logging-Companies bei Verträgen mit ungebildetem Reisbauernvolk, wenn überhaupt, dann nur Entschädigung für zerstörtes Land entsprechend Längeneinheiten erstellter Strassen bezahlen, niemals aber für den wirklichen Schaden in seiner Breite.

10/342 Raubkatzen

«Uot – uot – uot» kündet ein heimkommender Jäger sein Glück an. – «Bilung!» rufts wie ein Lauffeuer durch die Siedlung, und alle Bewohner strömen zusammen, um zu begucken.

Uan, geschmückt mit gefalteten Palmschösslingen, stellt die mit Lianen geschnürte Beute ab. Neugierig lauschen die Versammelten, als der Jäger erzählt: Zweimal hatte er des Nachts auf den Leoparden geschossen – jedoch vergeblich nach dem Getroffenen gesucht. Tags darauf war er an den Ort zurückgekehrt und staunte; lange hatte er im Dunkeln unwissend neben dem Opfer gesessen, dessen Geruch wahrnehmend, und nach der Beute ausspähend.

Nun sind die Frauen beschäftigt, alle Bewohner mit Palmwedeln zu schmücken. Während einige Männer die Raubkatze zerteilen, besorgen anderen den ‹Atui›, einen geschälten Baumstamm, der als Trommelholz dient...

Der Penan unterscheidet den Leoparden nach Grösse in drei Arten, die alle gleiche Fellzeichnung zeigen:

Bilung Niakíh (gross), Bilung Layiú (mittel), Bilung Lumúnd (klein). Die seltenen Raubkatzen sind vor allem nachtaktiv, und nur wenigen Jägern ist das Glück hold, einer zu begegnen. Der Schöpfer (Bali Kenangan) beehrt nur gute Menschen mit diesem Geschenk, um das eine Menge Kult und Brauchtum kreist.

Der Leopard ist nach der Überlieferung das Grosskind des Tigergeistes Tepun*. Nach anderer Sage hatte sich der begabte Jäger Alang Kuli nach ergebnislosen Streifzügen in die Raubkatze verwandelt.

Verschiedene Omen künden den baldigen Tod einer Raubkatze:
– Paking. Der Leopard wälzt seinen Körper auf den eigenen Urinstellen, die auf Bergkämmen zu finden sind. Ist diese schwarze Spur quer zum Kamm, anstatt längs, so wird der Betreffende bald sterben.
– Trifft ein Jäger auf Paking, so heisst er seine Frau daraufzutreten, nicht lange, und der so beschämte* Leopard wird sterben.

Darauf spuckt der Jäger aus, schiesst, und sein Pfeil wird das Ziel erreichen.

Ein von Hunden gestellter Leopard darf nicht mit dem Speer erstochen werden; wird diesem Tabu nicht Folge geleistet, bricht das Blasrohr entzwei, oder ein Hund wird totgebissen, oder der begehrte Reisszahn der Raubkatze bricht.

Hat der Jäger einen Leoparden erbeutet, geht er nicht sogleich zum Opfer hin, sondern schmückt sich vorher Oberarm, Handgelenk, Kopf, Köcher und Blasrohr mit Bändern aus dem ungeöffneten Mitteltrieb der Dá-an-Palme (Sang). Diese sollen den Träger vor dem sich rächen wollenden Geist des Opfers schützen, und kein Penan berührt den Leoparden ohne ein Sang-Band am Handgelenk. –

Weiter schüchtert der Jäger den Geist des Opfers ein: Er fasst die Beute dreimal am Schwanzansatz und wirft sie ein Stück von sich weg: «Oh, ich will den Leoparden anfassen, doch er flieht vor mir – weil ich ein guter Mensch bin.»*

Darauf fertigt er ein Lianengestell und verschnürt die Beute mit Rattan. Dabei kommt der Kopf nach unten zu liegen, um zu verhindern, dass der Geist des Leoparden (Bruen) dem Träger in den Hals beisst, respektive dessen Seele (Sahé).

– Begegnet ein Leopard einem verletzten Artgenossen, so beschimpft er ihn: «Wir Leoparden sind edel und gut. Du – mit deiner Verwundung bist ein schlechter Kerl!» – «Wenn das so ist, will ich nicht weiterleben. Gut, die Menschen töten mich!»

– Je ein schwarzer Fleck auf dem Rücken und auf dem Schulterblatt haben die Form eines Schleifsteins. Bei langlebigen Leoparden ist diese Fellzeichnung sauber geschlossen, nicht zerrissen, sich auflösend.

Trifft ein Jäger einen Leoparden und schiesst zweimal daneben, so spricht er zu diesem: «Beleg mich nicht mit einem Tabu (Mai Ngilin Akou). Mein Grossvater, unsere Vorfahren waren gute Menschen, haben das Nashorn erlegt und gegen den Feind gekämpft!»

* Ein verwandelter Mensch, siehe …

* Die Frau gilt wegen dem Scheidenblut in diesem Sinne als schmutzig, unrein (Segit).

Bevor der Jäger die Siedlung mit seiner Last erreicht, imitiert er die Stimme des Kauzes «Uat» – und kündet so den Bewohnern die Art der Beute an.

* Hatten Kellabits in alten Zeiten einen Leoparden getötet, so führten sie dessen Geist folgenderweise hinter's Licht: Die Jäger legen den Leichnam auf einen schrägen Baumstamm und entfernen sich. Nach einer Weile kommen sie aus anderer Richtung zurück: «Oh, ein toter Leopard!» – «Durch was ist er getötet worden?» – «Oh, ein fallender Baum hat ihn erschlagen!»

Haben alle Versammelten Armbänder aus Sang um die Handgelenke, so befühlen und betasten die Jäger die Beute und berichten. Kindern ist die Berührung des Leoparden untersagt.

Nach dem Häuten wird ausgenommen. Penis und Galle werden an chinesische Quacksalber talwärts verkauft. – Die Beute wird weiter zerhauen und muss unbedingt zu gleichen Teilen an

lars in den Händen eines chinesischen Händlers. – In alten Zeiten wurde sie zum Tabit zugeschnitten und sich um den Hintern gebunden. Die Kellabits verzierten diesen mit Federn des Nashornvogels und trugen ihn zum Tanz. – Laiá ist ein Umhang, der durch eine zentrale Öffnung über den Kopf gestülpt wird, und von kriegendem Kellabitvolk einst getragen wurde. Der Pekáh aus Leopardenfell, zu breitem Band geschnitten und vernäht, darf nur von ‹grossen› Menschen getragen werden, d.h. von älteren Männern mit Herz und Führerrolle. Der begehrteste Artikel des Leoparden sind seine Reisszähne. Sie schmückten bis vor kurzem die Ohren von stolzem Kellabit, Kayan – sowie Keniak-Mannenvolk.

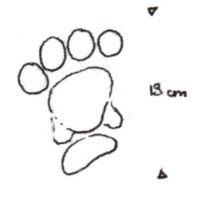

Trittsiegel in Sand, LV.
Die Krallen sind bei normalem Gang eingezogen und hinterlassen keine Spuren.
→ Lautloses Anschleichen.
19 cm

alle Familien vergeben werden. Ansonsten könnte der erzürnte Geist des Leoparden Macht über den unedel handelnden Jäger gewinnen.

Kilin Frauen war der Verzehr von Leopardenfleisch untersagt; es würde sie krank machen.
Kinder durften nicht von den Pranken essen (damit der Geist ihre Seele nicht krallen kann), vom Brustfleisch (→ Umarmung), vom Kopf (damit sie nicht gebissen würden), vom Schwanz (der sich hin- u. herbewegt, von Tieren verbellt, bevor die Katze vorschnellt, um ihr Opfer zu packen). Heute wird diesen Tabus nicht mehr Folge geleistet.

Die Haut wird mit Rattan auf waagrechtem Gestell gespannt und so über dem Feuer getrocknet. Meist endet sie für wenige Dol-

Um den Geist des Leoparden am Betreten der Siedlung zu hindern, wird ein Olen zu jener Richtung hin gestellt, aus welcher der Jäger die Beute hergetragen hat. Das Diagonalkreuz, Zeichen für ‹Halt!›, ist reich mit Holzlocken (Ceprut) beschnitzt. Weiter werden daran ein Stück des Schwanzes, Pranken und Füsse des Leoparden aufgehängt.
Während der ganzen Nacht und weiter folgender Tage wird der Atui zum Tanz getrommelt. Ein Stamm von 20–30 cm Ø wird entrindet, auf 5–6 m abgelängt und gegen seine Enden hin je zwischen zwei Pfählen auf eine Rattanverknüpfung gelegt. Der so frei liegende Klangkörper wird an seinen konisch zugeschnittenen Enden mit Holzknebeln rhythmisch geschlagen; meist von zwei Männern, die auch Sang-Wedel um ihre Stirn

gewickelt haben. Doch ist jedem das Spiel erlaubt, und auch Frauen können die Schlägel ergreifen, und an folgenden Tagen die Kinder. Die lauten Trommelgeräusche sollen den Leopardengeist vertreiben und von der Siedlung fernhalten.* – Traditionelle Atui-Hölzer mit schönem Klang sind Djann, Abang, Tenanó (Anak Meranthi), Dat, Pauá.

Die Pfähle der Aufhängung des Atui werden mit Sang Merui geschmückt, und der Schädel des Leoparden draufgesteckt. Einige zügeln den Schädel an neuen Siedlungsplatz und fertigen auch dort einen <u>Atui</u>, um weiteres Jagdglück anzuziehen.

<u>Sihap Iko Bilung</u>. Findet sich an einem Leopardenschwanz ein wenig Harz klebend so gilt dies als Amulett; es soll seinen Träger zu gewandtem Springer und Anschleicher machen.

* Erhalten entfernt lebende Familien einen Teil der Beute, so erstellen auch sie einen Atui.

<u>Sang Nerui</u>. Schon die kleinen Penanmädchen verstehen es, sich Armbänder aus Sang herzustellen: Ein ungeöffneter Mitteltrieb von Dá-un wird gekappt, und dessen robuste Wedel längs der Blattnerven aufgerissen. Ein einzelner Streif dient als Rohmaterial. Ist Imitation auch einfach, so hat die Idee Köpfchen verlangt:

1. Zwei Schlaufen werden übereinandergelegt und waagrecht verbunden
2. Eine dritte Schlaufe (E) darunter, um wiederum waagrecht zu verbinden (F)
3. Die innere Schlaufe (B) wird durch Zug an der äusseren (C) zusammengezogen.
4. Die äussere Schlaufe (C) wird über's Handgelenk gestülpt und durch Zug an der unteren Schlaufe (E) zusammengezogen und angepasst.
5. Das Ende wird abgetrennt, während der vorstehende Anfang handorgelähnlich gefaltet wird (= Merui).

Die drei seltensten Grosstiere des Dschungels sind der Leopard (Bilung), das Nashorn (Temedo) und das nun wohl* ausgestorbene Wildrind (Bedúh). Nur gerade bei der Erbeutung von ihnen wurde der Sang-Kult angewendet.

Im Gebiet des Ulu Tutoh/Limbang (2000 km²) wird wohl schätzungsweise pro Jahr ein Leopard getötet. Das heisst, dass rund 100 Jäger ein Jahr lang täglich auf die Jagd gehen, bis einer einem Leopard begegnet. Gingen bis anhin Beuten etwa zu gleichen Teilen auf Blasrohr und Hund sowie Gewehr, vermehren sich die Opfer in den letzten Jahren durch die nächtliche Jagd mit Lampe (Nitui):

* in Sarawak

1 → A C B D
2 E F
3 B C
4 C E
5 K

10/351 Blasrohr:	♂ Meli-it 80, ♂ Ubung 82, 2 ♂ Bare 84	
Hund:	♂ Meli-it 85, Adang 86, Anau 83	
Gewehr und Lampe	Segudan 82, Tu-an 82, Meli-it 86, ♀ ♂ ♂ Senaka 87, Tegan 87, Seluin 87	

So wurden dieses Jahr innert sechs Monaten schon drei Leoparden erbeutet, der eine auf der Logging-Strasse vom Auto aus, mit beweglichem Scheinwerfer (an Batterie angeschlossen).

Der Leopard wurde schon mit folgenden Opfern angetroffen: Stachelschwein, Bärenkatze, Reh, Hirschkalb, junges Wildschwein, Monin. Dabei enthaart er seine Beute mit Hilfe seiner äusserst rau bewarzten Zunge. Er frisst sorgfältig, gepflegt (Ni-ai = sonntäglich). Eine schwerere Beute wie junges Wildschwein mag er teilen, um die eine Hälfte aufwärts in Sicherheit zu bringen.*

Nerui
Einzelner
aufgeschlitzter
Wedel

Geschichten

- Jawá bückte sich unter gestürztem Stamm durch und hörte ein Fauchen über sich. Er schoss der aufwärts fliehenden Katze zwei Pfeile in den Leib, worauf sie gleich, tödlich verwundet, runterfiel (Tepun 75).
- Ngitun lockte mit pfeiffenden Geräuschen (Ngiong) ein Reh. Doch ein Leopard folgte seiner Stimme, und wurde mit der Flinte geschossen. (Brunei, ♂, 70).
- Andere wurden geschossen, während sie Langschwanz-Makakken, Bärenkatze oder Medok verzehrten. Pango entdeckte einst eine im Epyphytendickicht schlafende Katze, die sich nach einem Stachelschwein-Mahl satt aufwärts verzogen hatte. – Die Krallspuren der aufwärtskletternden Katze bleiben lange sichtbar und verursachen bei Hölzern wie Niagang und Niuwi Latex-Ausfluss.
- Selai begegnete einst einem satten Leoparden. Daneben taten sich kannibalistische Wildschweine an den Überresten seiner Beute gütlich (Patáh, ~84)

* Im Magen einer erbeuteten Katze wurde gar einst frisch verzehrtes Durian-Fruchtfleisch gefunden.

- 10/352 Ameng traf zweimal auf Leopardenleichname, an denen sich Wildschweine schon ihren Teil geholt hatten (I-ot Sen ~80 / Rayáh ~60), Todesursache unbekannt. – Die drei Tiere Leopard, Python und Bär scheinen sich aus dem Weg zu gehen und wurden noch nie streitend beobachtet.
- Buki fand einen von Langschwanzmakakken getöteten Leoparden. Die Bisswunden waren über dessen ganzen Körper verteilt und gleichen Messerschnitten (Bare ~82). Der Kuiat scheint der einzige Affe, welcher dem Leoparden den Garaus machen kann. – Trotzdem wurde auch schon ein Leopard von den eher ängstlichen Kurzschwanzmakakken (Medok) getötet: Er hatte sich an ein Rudel von Männchen (Pesí) herangemacht, welche Kelletang-Früchte schmausten. Neben seinem Leichnam, die Leber war aus der Verwundung sichtbar, lagen zwei tote junge Medok-♂. Ein älteres Affenmännchen war noch am Leben und wurde vom Penan ins Jenseits befördert (Melinau ~65).
- Sich verfolgende fauchende Leopardenmännchen wurden schon beobachtet. Ein erbeutetes Tier hatte im Schulterblatt die Bisswunde durch einen Artgenossen.*
- Männer hörten des Nachts den Todesschrei eines Wildschweins. Als sie am nächsten Morgen Ausschau hielten fanden sie das Opfer mit durchbissenem Kreuz. In seiner Schnauze klemmte das abgebissene Ende eines Leopardenschwanzes (Brunei).
- Ein unter der Hütte angebundener Kuiatzögling lärmte des Nachts – und die geweckten Bewohner sahen einen Leoparden fliehen. Als er ein zweites Mal sich anschleichen wollte, wurde er vom lauernden Penan mit einem Knebel erschlagen (Brunei).
- Keraji hörte während der Sagoverarbeitung Kuiat-Gebell. Er pirschte sich an und schoss den Leoparden. Dieser kletterte sofort an einem mächtigen Jit-Baum in die Höhe, fiel aber nach einiger Zeit unter der Giftwirkung abwärts (Meli-it, ♂, 75).

* Das ♂ floh aus einem hohlen Baumstamm, nachdem Jäger daraus ein Stöhnen gehört und mit einem Ast darin gestochert hatten. Sie speerten die Raubkatze. In der Wunde, ~4 Stiche durch die Reisszähne, tummelten sich Maden.

- Keraji begegnete einst einem Leoparden, ihm im Pfad entgegenkommend. Er schoss ihm zwei Giftpfeile in den Leib und sah den tödlich Verletzten umfallen. Doch als er hintrat, war die Beute verschwunden, und alles Suchen blieb vergeblich: <u>Ngiliú</u>. Einige seltene Tiere können zaubern, besitzen magische Kräfte, und bleiben unauffindbar. (Rengend). – Da hörte der Jäger «Sip–sip–sip» unbekannte Stimmen aus dem Dickicht. Hinter einem gefallenen Stamm, zwischen den plattenförmigen Wurzeln eines stehenden morschen Baums, fand er drei Leopardenkinder. Das Nest war vor Regen geschützt durch eine Uwutpalme, die ihre Wedel darüber spreitete.

Keraji packte die unterschenkeldicken Zöglinge in seinen Gau-ung und überreichte das Geschenk seiner Familie. Trotz reichlicher Fütterung durch rohes frisches Wildschweinfleisch gingen sie nach ~zwei Wochen ein (2 ♂, 1 ♀, Penalang ~65)

Der Vater Kerajis hatte einst einen Leoparden aufgezogen. Bis die Milchzähne ausfielen und die Reisszähne ~4 cm lang waren. Die Raubkatze folgte dem Jäger auf seinen Streifzügen und erbeutete dabei selbst Tellá-o (Reh), bis sie nach einigen längeren Ausflügen von der Weite des Dschungels zurückgerufen wurde.

– Eines Morgens hörte Keraji ein Streifenhörnchen bellen. Da guckte er gleich vor sich einem Leoparden ins Gesicht, der seine Glieder auf dem Wurzelwerk eines Keriging-Stammes gespreitet hatte. Die Raubkatze knurrte und zeigte ihr Zähne und floh darauf. Ihr Pelz war rötlich, mit weisslichen Haarspitzen, eine Musterung kaum sichtbar
(Surúh, L.W. 80) [Angabe: Ort, Jahr]

– Polisi schoss einst einen schwarzen Panther (~Kuba-an, ~50).

– Kellabits am Yap-Fluss erbeuteten in alten Zeiten einen Leoparden, der ihre Fischfalle (→ Bareng) plünderte (Magoh, ~40).

– Juni 87. ein Leopard wird gesichtet, I-ot Mutek (Meli-it)

– Ein Leopard flüchtete vor ihn verfolgenden Hunden aufwärts. Aji fällte den Baum und erstach die Katze mit dem Speer. Diese biss ihm in die Speerspitze, dass sie brach, doch erlag den tödlichen Verletzungen (Ngelaú ♂, 60)

– Einige Hunde wurden schon von gestellten Leoparden totgebissen. Einmal wurde gar eine Raubkatze von einer grossen Hundemeute ins Jenseits befördert, bis der Jäger den Ort des Geschehens erreichte.

– Taui sah einst ein Kurzschwanzmakakkenrudel (Panien = ♂ + ♀ + juv.) sich zur Übernachtung auf einen Schlafbaum zurückziehen. Des Nachts kletterte er mit dem Blasrohr bewaffnet aufwärts. Doch er erblickte in seiner Nähe nur Jungtiere. Da kratzte er mit den Fingernägeln auf seinem Köcherverschluss. Das Geräusch lockte sofort den Patriarchen an, welcher wütend seine Schützlinge vor dem ‹sich anschleichenden Leoparden› beschützen wollte. Taui blies ihm einen Giftpfeil in den Leib.

Der Wunsch vom Fliegen

Jengeto sprach zu seiner Frau. «Ich hier bin geschwind. Nur eins, Fliegen, habe ich noch nicht ausprobiert.» – «Oh. Wenn dir nicht von Geburt Flügel gewachsen sind, wirst du zu Tode fallen!» –

«Oh nein, ich bin wirklich geschwind! Wie viele Menschen haben schon gegen mich verloren – ich bin unbesiegbar!»
Jengeto war im Besitz des Leopardenschwanzamuletts und konnte in der Höhe von Baumstamm zu Baumstamm springen. Als die zwei ein Farnfeld erreichten, machte sich Jengeto daran, auf einen schrägen Stamm aufwärts zu kraxeln. «Von dort oben werde ich fliegen!» –

«Wenn du gehst, wirst du sterben!», warnte seine Frau.
«Oh nein!», und oben angekommen rief er zu seiner Liebsten herunter: «Schau her, grosse Frau, hier flieg ich nun zum ersten Mal!», spreitete seine Arme und sprang in die Luft...
«Wep» klatschte es aus dem Farnfeld darunter, und «Ááhh – ááááhhh» stöhnte darauf die Stimme des Gefallenen.
«Das ist die Stimme des Sterbenden, der fliegen wollte!» und lange fächelte ihm seine Frau Wind zu, bis er wieder zum Leben kam. «Na, du wolltest fliegen – wo sind nun deine Flügel, Freund?» spottete sie.
«Oh, ich hab wirklich gedacht, ich könne fliegen, da ich so geschwind bin.»
«Jengeto – pelono – petem o–o»
Reimt der humorvolle Erzähler aus dem Stehgreif. «Jengeto ist samt dem Termitennest runtergefallen.»

Along Segá, Ba Adang

Ipá

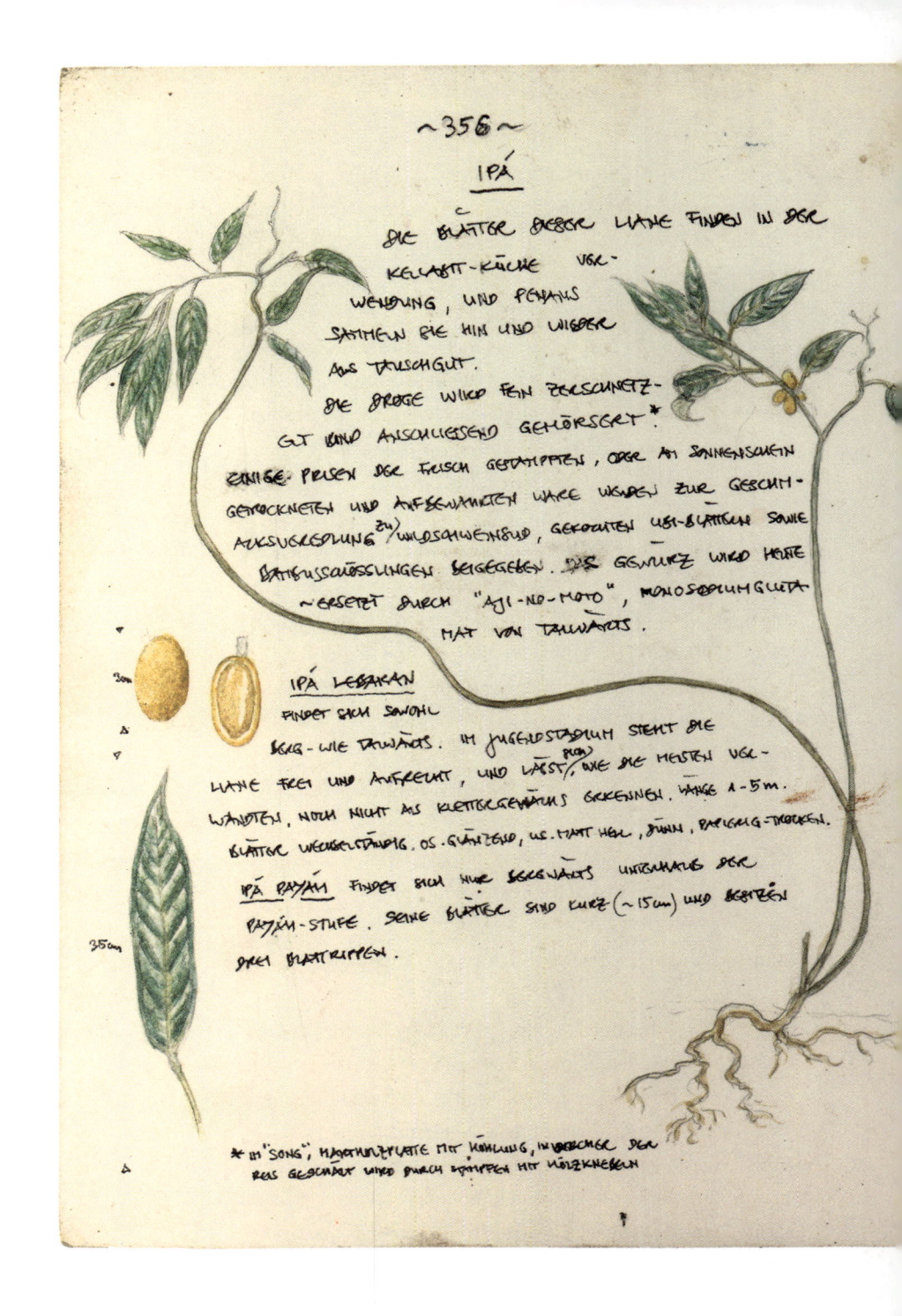

Die Blätter dieser Liane finden in der Kellabit-Küche Verwendung, und Penans sammeln sie hin und wieder als Tauschgut. Die Droge wird fein zerschnetzelt und anschliessend gemörsert.* Einige Prisen der frisch gestampften, oder am Sonnenschein getrockneten und aufbewahrten Ware werden zur Geschmacksveredlung zu Wildschweinsud, gekochten Ubi-Blättchen sowie Bambusschösslingen beigegeben. Das Gewürz wird heute ~ ersetzt durch ‹Aji-no-moto›, Monosodiumglutamat von talwärts.

Ipá Lebakan

Findet sich sowohl berg- wie talwärts. Im Jugendstadium steht die Liane frei und aufrecht, und lässt sich, wie die meisten Verwandten, noch nicht als Klettergewächs erkennen. Länge 1–5 m. Blätter wechselständig. Os. glänzend, Us. matt hell, dünn, papierig-trocken. Ipá Payah findet sich nur bergwärts unterhalb der Payáh-Stufe. Seine Blätter sind kurz (~15 cm) und besitzen drei Blattrippen.

* Im ‹Song›, Hartholzplatte mit Höhlung, in welcher der Reis geschält wird durch Stampfen mit Holzknebe n.

3 cm

35 cm

Ú-eng

Einige Kinder werfen von der Loggingstrasse Steine auf einen von Erde verschütteten Baumstamm, wo schwarze Brummer ein- und ausfliegen. Und prompt bekommen sie die Quittung für ihr Treiben. Das erzürnte Volk greift an, und sticht dem einen und dem andern in Kopf und Bein, und belehrt sie eines Besseren.

Die U-eng ist berüchtigt für ihren schmerzhaften Stich. – Sie baut ihr Nest im Schutz gebrochener Bäume oder in Erdlöchern.

Des Nachts hocken vier–fünf der Insekten vor dem daumengrossen Eingang und fächeln mit ihren Flügeln Wind. – Ich lege einige brennende Holzscheite auf die Öffnung, um den Bau auszuräuchern. Da rumorts ganz heftig aus dem Innern des steilen Erdrutsch-Geländes, und vom heftigen Windhauch wir mein Feuerchen gleich ausgeblasen. Schnell such ich das Weite, als da drohende Brummer

30 cm

Ei und Maden

Made

Puppe

mir um den Kopf fliegen. Nach einer Weile wage ich einen zweiten Versuch; wohl an die dreissig Tiere verbrennen. Die U-eng scheint zur Nachtzeit ziemlich lahm.

Das etwa 30 cm lange Nest wird sichtbar nach Durchtrennen des Stamms mit der Axt. Eine grosse Wand ist mit einigen Stützen an die Unterseite des Stammes geklebt, und darunter finden sich zwei weitere Wabenwände geheftet. Trotz der Geneigtheit der Stockwerke, stehen die Waben senkrecht. Da finden sich alle Stadien vom Ei zur Larve und Puppe bis zum schlüpfenden Jungtier. – In kurzen Abständen rauscht es aus dem Nest, gerade so, wie die Ameisen bei Berührung ihrer Behausung aus dem Rattan Seprá knirschen; es sind die wohl hungrigen Maden, welche alle gleichzeitig nicken, und ihre Kiefer an der Wandung ihrer Zelle reiben. Einige drehen ihren Oberkörper in rhytmischen Rechtskreisen.

Ein geschlüpftes Jungtier lässt sich eine bei der Herausnahme des Nests zerquetschte Made schmecken. – Vor der Verpuppung wird die Zelle mit einem zähen feinen Schleier eiförmig verdeckt. Die Puppen wandeln sich von zartester, völlig weisser Gestalt langsam zum chitin-festen schwarzen Insekt.

Die Nahrung der U-eng ist kaum bekannt; in ihrem Bau finden sich keine Vorräte gestapelt. U-eng mit

Die schlüpfende U-eng beisst mit ihren Mandibeln ihre verdeckelte Puppenzelle auf.

überwältigten Spinnen wurden schon beobachtet.*
Während der Verzehr von Insekten und Amphibien in der Penantradition unbekannt sind, lassen sich die Kellabits gerne die U-eng-Jungbrut schmecken.** Die Maden sind roh geniessbar, und dem Beispiel meines kleinen Penanfreundes folgend, komm ich in Mangel von Fleisch gar auf den Geschmack. Die weissen Maden enthalten ein leberfarbiges Organ, welches er entfernt.

Das hinterlistige Zwergreh (Pelanók) hatte einst Meister Petz zu einem U-eng-Nest gelockt: «Oh, komm her, Freund! Hier sind wunderschöne Sapeklänge zu hören!» – Der irregeführte suchte darauf, verstochen, sein Heil in der Flucht.

Entlang der Logging-Strassen mit ihren Fallholzschlachtfeldern sind bald ein gutes Dutzend U-eng Nester bekannt und berüchtigt; vorbeigehende Penans verschnellern ihren Schritt oder schlagen einen Bogen – denn jeder Zunahekommende wird sofort angegriffen.

* Wahrscheinlich Verwechslung mit der grossen Schlupfwespe (Pelaniá). – Nach Tipong ernährt sich die U-eng von Pollenstaub der Sagopalme Uwut (→ Puráh), sowie von süssen Früchten wie Bananen, Buá Paduk

** gekocht oder gebraten.

Kerong Kasek
Microcos hirsuta — 12 cm

Baum Bergwärts. Ø 30 cm. Blätter wstg. Os/Us. glänzend. 3 Hauptnerven. Nervatur in geschlossenen Feldern.

Kerong kommt in drei verschiedenen Arten vor. Die Früchte sind essbar, schmecken jedoch säuerlich. Das leicht spaltbare Hartholz liefert begehrtes Brennmaterial. – Fallen Früchte in reicher Zahl, finden sich oft auch Wildschweine zum Schmaus ein.

Reisanbau
Die traditionelle Brandrodung («Slash and Burn») ist sehr arbeitsintensiv. Das ausgewählte Gebiet wird kahlgeschlagen und nach einer Trocknungszeit gebrannt. Die Asche dient als Dünger für die Reissaat. Zwischenkulturen wie Gurken, Mais und Maniok sind gebräuchlich. Nach der Ernte wachsen die Felder ein, und werden nach einer Ruheperiode von 10–20 Jahren wiederum gerodet und gebrannt. Wird diese Zeit verkürzt, so sinkt der Ertrag mangels Dünger. – Der Bauer ist somit gezwungen, jedes Jahr einen anderen Flecken Land zu roden und zu kultivieren. – Wird Kulturland verlassen, so verwandelt es sich innert 50–80 Jahren in lichten Laubmischwald, der vom Laien kaum als ehemaliges Reisfeld identifiziert werden kann.

Der Nassfeldreisbau (Padi Sawa), wie er vor allem in Thailand, aber auch in den Niederungen Borneos wie auf dessen Hochebenen (Bareo) praktiziert wird, ist der

Brandrodung überlegen. Doch verlangt er geeignetes ebenes Gelände und genügend Wasserzufuhr. Nach mühsamer Nivellierung und Kanalerstellung kann am selben Fleck Jahr für Jahr Reis gepflanzt werden. Dünger wird mit dem Wasser zugeführt, und Unkrautjäten erübrigt sich.

Land und Gesetz
Nach dem ‹Customary Land Rights› fällt Dschungel mit dem Akt der Rodung in den Besitz des Bauern. Seit 1958 werden allerdings Rodungsrechte von einer Regierungsgenehmigung abhängig gemacht. Dies war mehr ein Akt der Theorie, da die quellwärts lebenden Dayak-Stämme weder Lese- noch schreibkundig waren und zum Teil noch sind, da die Ländereien kam vermessen sind, und die Bauern, fernab von Regierungsstellen natürlicherweise ihrer Tradition des Reisbaus folgen.

Die Nomaden vom Stamm der Penans wurden vom Gesetz übersehen. Obwohl sie seit Urzeiten gewisse Dschungelgebiete ihr Eigen nennen, in denen sie ungestört aus Jagd und Sammelwirtschaft ihr Leben bestritten, wird ihnen kein Recht auf Land eingeräumt. Im Gegensatz dazu hat sich die Regierung selbst das Recht gegeben, Land ihr Eigen zu nennen, auf das sie nie Fuss gesetzt hat. Dem Minister ist unumschränkte Macht gegeben, Landgebiete nach Belieben mit Projektzonen zu betiteln;

was im Klartext soviel heisst wie Landenteignung der betroffenen Einwohner. Deren Rechte wurden in den letzten Jahren drastisch beschnitten.*

Gesetz und Kompanies
Die allmächtige Regierung verschenkt Lizenzen für Holzfällerei nach Gutdünken meist an Politiker und Verwandte. Diese verkaufen die Rechte unter Gewinnbeteiligung an operierende Kompanies, Contractors und Subcontractors weiter. Einwohner der betroffenen Gebiete haben kein Mitspracherecht, wenn es um Wohl oder Wehe ihres Lebenraums geht. Sie haben sich damit abzufinden, dass eines Tages Ortsfremde in ihr Land dringen und die Bulldozer und Motorsägen wüten lassen.** Von Einwohnern angesprochene Kompanies verweisen auf die Regierung, welche sich taub zeigt. Beinahe alle Gesuche für Kommunalwälder werden abgelehnt. Der Betrachtende ist geneigt, die geschaffenen Gesetze als ‹Unrecht› zu bezeichnen, da sie die Profitgier einer Minderheit schützt und fördert – auf Kosten der betroffenen Mehrheit.

Darüber hinaus werden Gesetzesverstösse von Seiten der Kompanies kaum je untersucht. Obwohl Lizenzen

* siehe: Nativs [Natives] of Sarawak, Evelyne Hong.
** siehe: Logging in Sarawak, Bellaga Experience, INSAN.

nur für Primärwald gelten, zerstören Kompanies immer wieder Kulturlandgebiete, pflügen ihre Strassen durch Temuda (ruhendes Reisfeld), durch Obstbaumgärten und bulldozern Grabstätten zusammen, selbst Reisfelder werden nicht verschont.* – Die Kompanie, welche im Camp Layun B 1985 operierte, verliess damals plötzlich das Gebiet, seinen Angestellten, darunter Penans von Long Leng, mehrere Monatsgehalte schuldig bleibend. Bei Klagen wird in den seltensten Fällen von der Kompanie lächerlicher ‹Schadenersatz› bezahlt, sogenanntes ‹Sagu Hati›, Nahrung fürs Herz.

Reisanbau und Holzfällerei

Die regionale Zeitung ‹Peoples Mirror›, offensichtlich von Logging-Riesen finanziert, will der Bevölkerung in einer Serie von Artikeln ein wahres Bild der Verhältnisse im Dschungel geben. – Der traditionelle Reisanbau, der auf eine jahrtausende-alte Geschichte zurückblickt und Lebensgrundlage aller sesshaften Dayak-Stämme Borneo's ist, wird dabei verdammt im Vergleich zum jungen, lukrativen Geschäft welches sich ‹Selectiv [Selective] Logging› nennt.

Die Holzfällerei verursache keinerlei Schaden für die Umwelt, beraube die Ureinwohner weder an Nahrung noch klarem Trinkwasser, und geloggte Gebiete würden sich

* So sind Klagen gegen LTL-Co, von Long Napir, Terasa – , Beduhfluss (Limbang), Sembayang gegen WTK-Co, am Melinau, Seridan, Yap, Tarum (Magoh) gegen Samling in Long Kawa, Layun, am unteren Tutoh

nach zwanzig Jahren wieder in jungfräulichen Dschungel verwandeln. – Wo aber ein Reisfeld erstellt worden sei, da werde niemals mehr ein dicker Baum wachsen* noch Wild anzutreffen sein.

«Sag den Leuten, der Limbangfluss sei voll von Fischen!», meint Datuk James Wong, Tourismusminister und Inhaber der grössten Logging-Company in Limbang, ein Prachtsexemplar in Händen. – Wo er den wohl gefangen hat? – Bestimmt nicht im lehmbraunen Schlickwasser nahe der Limbang-Mündung! Immer wieder fliegen Helikopter mit Regierungsvertretern zum Fischvergnügen in die (noch) klaren Quellgewässer, nach Long Adang.

Holzfällerei wie Reisanbau verändern das ursprüngliche Bild der Natur. Brandrodung stiftet aber kaum nennenswerten Schaden, da sie nur gebietsweise praktiziert wird und den Untergrund nicht angreift. Die alles überrollende Holzfällerei aber, tiefe Schneisen in Mutter Erde schlagend, welche in steilem Gelände oft Erdrutsche in 2–300 m Länge verursachen, löst langwierige Erosionsprozesse aus. Bei Regen werden die Lehme in die Bäche geschwemmt und stören den Fischhaushalt. – Ungezählte edle Fruchtbäume, wie Durian, um deren Besitz sich talwärts Leute vor Gericht streiten, Alimi, Nakan, Pfeilgiftbäume u. Blasrohrhölzer fallen den Loggern zum Opfer; da sie vom lieben Gott gepflanzt wurden, brauchen sich die Eindringlinge nicht darum zu kümmern. – Beeinträchtigung des Wildbestandes ist Sekundärwirkung von Logging; sie beruht auf Überjagung.

* Ironischerweise schlagen die Kompanies Nutzholz in ehemaligen Reisfeldern, so am Yap/Tarum (Magoh). Auch die ehemaligen Reisfelder wo Ngituns Vater noch Ernte hielt (am Terasa) wurden von der LTL-Co. geloggt. Innert ~40–50 Jahren erreicht ein Meranthistamm um 60 cm Ø.

Rodungsverbot

Die meisten der sesshaft gewordenen Penans versäumen wegen der Blockade, neue Reisfelder zu erstellen. Sie sind sich bewusst, dass ohne ihren aktiven Protest die Kompanies weiterwüten werden. – Zwei–drei von ihnen, die nicht auf Reis und Maniok in der Ernährung verzichten wollen, roden ein Stückchen Dschungel in Blockadennähe.

Da erscheint eines Tages der ‹Tuhan Forest›, der Herr des Waldes, ein höherer Beamter des Walddepartements. Der Dschungel bergwärts gehöre der Regierung. Nur das Land entlang der grossen Flüsse, meist eingewachsene Reisfelder (Temuda), seien Besitz der Ureinwohner. Nur dort sei es erlaubt, zu roden. Auch verbietet er allen in Long Selidung kultivierenden Kellabits von Long Napir, weitere Felder zu erstellen. Die Penans werden genötigt, eine Erklärung zu unterschreiben: Keine neue Rodungen im Primärwald zu erstellen. Dafür zeigt sich der Tuhan Forest gnädig, und erlaubt, in den frisch erstellen Rodungen zu pflanzen für diese Saison – jedoch keine langfristigen Kulturen wie Fruchtbäume (!).

Klage*

«Wie viele Monate blockieren wir nun schon, Halt verlangend der Zerstörung unseres Landes – vergeblich? Wir warten auf Antwort der Regierung, doch niemand hört uns an. Einige Holzfäller haben Symphatie [Sympathie] gezeigt und sind talwärts gezogen. Andere stören immer noch unseren Frieden. Selbst die Polizei geht in unserm Land auf die Jagd. All diese Fremden denken nicht daran, Jagdbeuten mit uns zu teilen, wie es unser Brauch ist. Wie können wir ein gutes Herz zeigen? Unsere Familien, Frauen und Kinder, sind hungrig. Nahrungsbeschaffung wird schwieriger. Einige von uns sind vor Jahren in Long Napir sesshaft geworden und pflanzen Reis, auf Geheiss der Regierung. Dieselbe Regierung will uns nun verbieten, Dschungel zu roden um Reis und

Fruchtbäume zu pflanzen. Ist die Regierung verrückt? Von wo bekommen wir unsere Nahrung her, wenn die Kompanies unser Land zerstören, wenn nicht aus unseren Feldern? Mit was gehen wir auf die Jagd, wenn unsere Pfeilgiftbäume von den Kompanies gemordet sind, und die Regierung Verkauf von Jagdgewehren an uns verbietet? Langsam verlieren wir unsere Geduld. Wenn die Polizei unsere Blockade gewaltsam öffnet, das würde bedeuten – die Regierung glaubt uns nicht – so werde ich zurück in den Dschungel gehen, wütend für immer. Wer weiter den Frieden unseres Landes stört – ich werde ihn bei einer Begegnung als Feind behandeln!»

* Aus einer Tonbandaufzeichnung. Blockadengespräche.

10/367 Der Resident von Limbang spricht zu Penanvertretern von Long Sembayang: «Weil ihr blockiert, erhaltet ihr keine Reismühle.» Eine solche war den sesshaft gewordenen Penans vor etlichen Jahren versprochen worden.

Layun-Blockade

Ngau Luing und Uan Sopé berichten* von Lonk [Long] *Kevok.*

[«] Wir blockieren weil die Regierung (wie Minister und Staatssekretär) behauptet, wir hätten kein Recht in unserem eigenen Land. Warum sollten wir kein Recht haben, da wir seit Urzeiten hier leben? –

Wir verlangen Schadenersatz für zerstörtes Land, und dass die Kompanies die Arbeit einstellen und abziehen. Wenn unsere Sagopalmen, Frucht- und Pfeilgiftbäume gefällt sind, wenn die Wildschweine verschwunden sind – das fürchten wir.

Regierungsvertreter und Kompanies verlangen Öffnen unserer Blockade ohne jegliches Meeting oder Zugeständnis. – So öffneten wir auf Anweisung des Residents von Miri für 14 Tage. In dieser Zeit werde er nach Kuching gehen und unsere Anliegen vorbringen. Da er aber nach der abgemachten Zeit nichts von sich hören liess, sperrten

* Nach Tonbandaufzeichnung, Aug. 87

10/368 wir den Abtransport weiterer Stämme. ‹Wir werden euch eine Million Dollar geben und ein Haus mit elektrischem Licht bauen.›, wird uns versprochen. Doch wenn unser Land der Preis ist, stimmen wir nicht zu. Ein leeres Haus ohne Nahrung nützt uns nichts. –

Polizei kam, und drohte, unsere Blockade zu beseitigen. ‹Öffnet nicht, wir warten auf ein Gespräch mit der Regierung.› baten wir. Doch die Polizei entgegnete, sie könne nicht warten. Sie habe den Auftrag, zu öffnen – und schaffte unsere Absperrung aus dem Weg. –

Darauf errichteten wir wiederum eine neue Blockade. Doch das Spiel ging im gleichen Styl weiter, 3–4 Male. – Da blockierten Kayans von Long Bedian uns Penans; sie verboten uns, auf der Strasse oder in ihren Booten talwärts nach Marudi zu reisen, und verweigerten Behandlung in der öffentlichen medizinischen Klinik in ihrem Dorf. – ‹Warum straft ihr uns so?›, fragten wir sie. ‹Wir blockieren nicht euch, sondern die Kompanie, welche unser Land zerstört.› – Doch sie hörten nicht auf unsere

Stimmen. Viele von ihnen sind wütend auf uns, da sie in den vergangenen Jahren Arbeit in der Holzfällerei gefunden haben, nun aber wegen unserer Proteste wieder joblos geworden sind. Auch beziehen sie von den Kompanies Kommissionen, die sie allerdings mit uns – den wirklich Betroffenen – nicht teilen.

So starb eines unserer Kinder, das nicht verarztet werden konnte.

Kayans von Long Bedian greifen uns im Auftrag der chinesischen Arbeitgeber, wie Supui/Manager Mikong von Sam-Ling-Kompanie an. – Meine Frau wurde geschlagen, ihr Hemd zerrissen. Sie wurde im Spital in Marudi behandelt. Ich klagte der Polizei im Layun-Camp sowie in Marudi, doch erhielt nur die Antwort ‹dass sie nicht zuständig wären›.

Eines Tages durchbrachen Kayan-Truck-Driver mit 7–8 Lastwagen unsere Blockade. Einige der Beistehenden wurden verletzt. – Da verloren wir unser langes Herz, und einige Brücken der Kompanie gingen in Flammen auf. Sieben von uns, darunter ein ~zwölfjähriger Junge, wurden festgenommen und von der Polizei nach Long Bedian gebracht und dort geschlagen (vom Dorfbewohner Kajan, Name des betreff. Polizisten unbekannt). – Nun sind sie schon drei Wochen im Gefängnis – und unsere Herzen sind schwer…»

Moos-Medizin (Tauah Lumud)

Epiphyt des Gebirges, die feinen Wurzeln werden gesotten. Der bittere Tee getrunken bei Beschwerden im Atmungssystem (Asthma, Tuberkulose, Husten).

Der Manager Mestalu sprach zu uns: «Auch wenn ihr uns nicht erlaubt, in eurem Land zu arbeiten, so lange die Regierung uns den Auftrag gibt, werden wir nicht stoppen. – Selbst wenn ihr uns mit Giftpfeilen schiessen wollt! – Doch wenn ihr Kommission verlangt, so bin ich bereit, zu bezahlen. – Was, wenn die Regierung für euch ein Stück Land sucht, welches noch nicht zerstört ist, mit Sagopalmen. Werdet ihr alle Penans dorthingehen?»

«Wenn die Regierung eines [ein] solches Land hat, warum geht ihr Kompanies nicht dorthin? – Wir können und wollen nicht! Unser Land ist hier. – Wir Penans sind gewohnt, weit verstreut in kleineren Verbänden zu leben. Alle von uns an einem Ort zusammenzusiedeln, würde im Streit resultieren.»

«Das weiche Wasser besiegt den harten Stein»

Diesen Sinnspruch Lao-Tses geb ich den Rat Suchenden mit auf den Weg. «Schaut, wie die Wirbel innert Jahren Kolke in den Fels fressen. Schaut, wie die sich talwärts rollenden Blöcke runden und sich bis zuletzt in Sand verwandeln. –

Sitte der Gewalt zu zeigen, bedeutet nicht Sieg; die Regierung wird mit Gegengewalt antworten, und der Teufel wäre los. Unterstützende Organisationen werden auch Mühe haben zu reden, sobald ihr gewalttätig werdet. Doch bleibt standhaft, obwohl ermüdet.

10/372 Nur eure Friedfertigkeit kann zum Ziel führen. Sie wird einst eure Ausbeuter beschämen.»

Auch Penans vom Patah-Fluss suchen Rat. Polizei hatte auch ihre Blockade gewaltsam geöffnet. Dabei wurde ein Hemd zerrissen und ein Kasetten-Rekorder beschädigt.

Keraj Niagung von Long Sembayang beklagt all das Nutzholz, welches von der LTL-Company versaut würde. Er könne zu etlichen Stämmen führen, die nach dem Fällen einfach liegengelassen wurden. Darunter ein Kapur-Stamm, wo ein dahinter stehender gerade noch darüber sehen kann (→ Ø ~160 cm) «Warum verbietest du uns das Land?», wurde er einst vom japanischen Projektleiter angemacht. «Hab ich dir nicht einst geholfen? Wo wäre dein Kind nun, hätte ich es nicht damals talwärts ins Spital gefahren?» – «—»

10/373 Wenn du in unser Land kommen willst, so komm! Lebe mit uns zusammen, pflanze mit uns Reis und geh mit uns fischen und auf die Jagd. Du kannst auch für immer bei uns bleiben und so leben wie wir.» – «Nein», entgegnete der jap. Manager. «Ich bleib nur fünf Jahre, bis meine Arbeit getan ist, dann ziehe ich wieder ab...»

Der Resident von Limbang spricht in seinem Büro zu Blockadenmitgliedern. «Ihr könnt die Kompanie nicht blockieren – die arbeitet so oder so. Doch kann ich euch helfen und ein Haus bauen lassen.»

«Nein! Wir glauben nicht an ein Haus – nur ans Land. Wenn du uns wirklich helfen willst, so ruf die Kompanie zurück. Nur dann glauben wir dir.»

«Deine Rede ist falsch!»

«Nein, meine Rede kann nicht falsch sein – dies ist unser Land.» ./..

10/374 **Schwarzfärbung**

Verschiedene Pflanzen werden von der Penanfrau verwendet, um Rattan schwarz zu Färben. Dabei wird die Droge zusammen mit dem Flechtmaterial während ~einer Stunde gekocht. Dieses behält aber seine helle Farbe. Erst nach Aufbewahrung im Lehmmatsch bildet sich innert eines Tages die Schwärze.* Das gewaschene Gut wird an der Sonne getrocknet. – Ist das Ergebnis unbefriedigend grau, wird die Prozedur wiederholt. – Verwendete Pflanzen:

– Kayiú Bok (Blätter, Rinde), beliebteste Färbpflanze
– Tekaiá (Blätter)
– Benuá Amok (Blätter)
– Télauá (Blätter)
– Leman (Rinde)

Aus der Rambutanfamilie:
– Kémauá (Rinde/Blätter/Fruchtschalen)
– Meté (Blätter/Fruchtschalen)
– Tello-ong (Blätter/Fruchtschalen)
– Rupá (Blätter)
– Gulut (Fruchtschalen)
– Sebangánd (Blätter).

<u>Rotfärbung</u> durch Kochen des Flechtwerks mit unreifen Früchten des Udat-Rattans.
<u>Hellfärbung</u> durch Bleichung an der Sonne.

* wie die Alten darauf gekommen sind, bleibt ein Geheimnis.

10/375 «Manager Lau behauptet, Grabstätten, Pfeilgift- und Fruchtbäume seien nicht markiert gewesen.» «Das stimmt nicht. Etliche Bäume wurden gefällt, und Grabstätten überrollt trotz deutlicher Zeichnung.» – «Wenn du so im Gericht redest, werden sie dich ins Gefängnis werfen!» – «Wollen sie mich fertigmachen? Wo bleibt ihr Herz? Ich störe niemanden in seinen Geschäften talwärts – ich bin in meinem Land...»

Wie die Baumechse ihr Auge versteckt

(«Bari Kevok Kelim Maten») geht das Sprichwort für Menschen die Hals über Kopf fliehen, um dann getötet zu werden. – Libai spricht damit jene Penans an, welche Auseinandersetzung scheuen, ohne das Land zu verteidigen: «Von was leben wir, wenn das Land zerstört ist?»

Die Baumechse Kévok drückte schon auf der Flucht ihren Kopf in ein kleines Erdloch in Mangel eines geeigneten Verstecks. Ihr ganzer übriger Leib blieb aber sichtbar – und so wurde sie vom Feind erschlagen.

Teufel 10/376

Ein Penanjäger streifte einst durch die Wälder. Da begegnete er einem Mann. «Was tust du hier?», wurde er von diesem gefragt. «Oh, ich gehe auf die Jagd, doch hab ich kein Wild angetroffen.» – «Ich bin mit meinen Hunden unterwegs, ein junges Wildschwein hab ich erbeutet.» Aus seinem durchlöcherten Tragbeutel tropfte Blut, und darin war ein frischgeborenes Penankind. «Lass uns die Beute hier braten und zusammen Mahlzeit halten.», schlug der Unbekannte vor. – «Oh, dann geh ich schon Feuerholz sammeln», antwortete der Jäger und machte sich davon. Er suchte aber Buhau – und Getimang* und zündete sie an. «Tek–te–rek» platzten die Blätter laut im Feuer und der Teufel floh deren Geruch. *Na Anan, Pat-ik*

* Die beiden bis armdicken Bäumchen enthalten ätherische Öle, werden bei vielen Beschwerden medizinal verwendet, gelten als Gegengift zum Pfeilgift, und sollen böse Geister vertreiben.

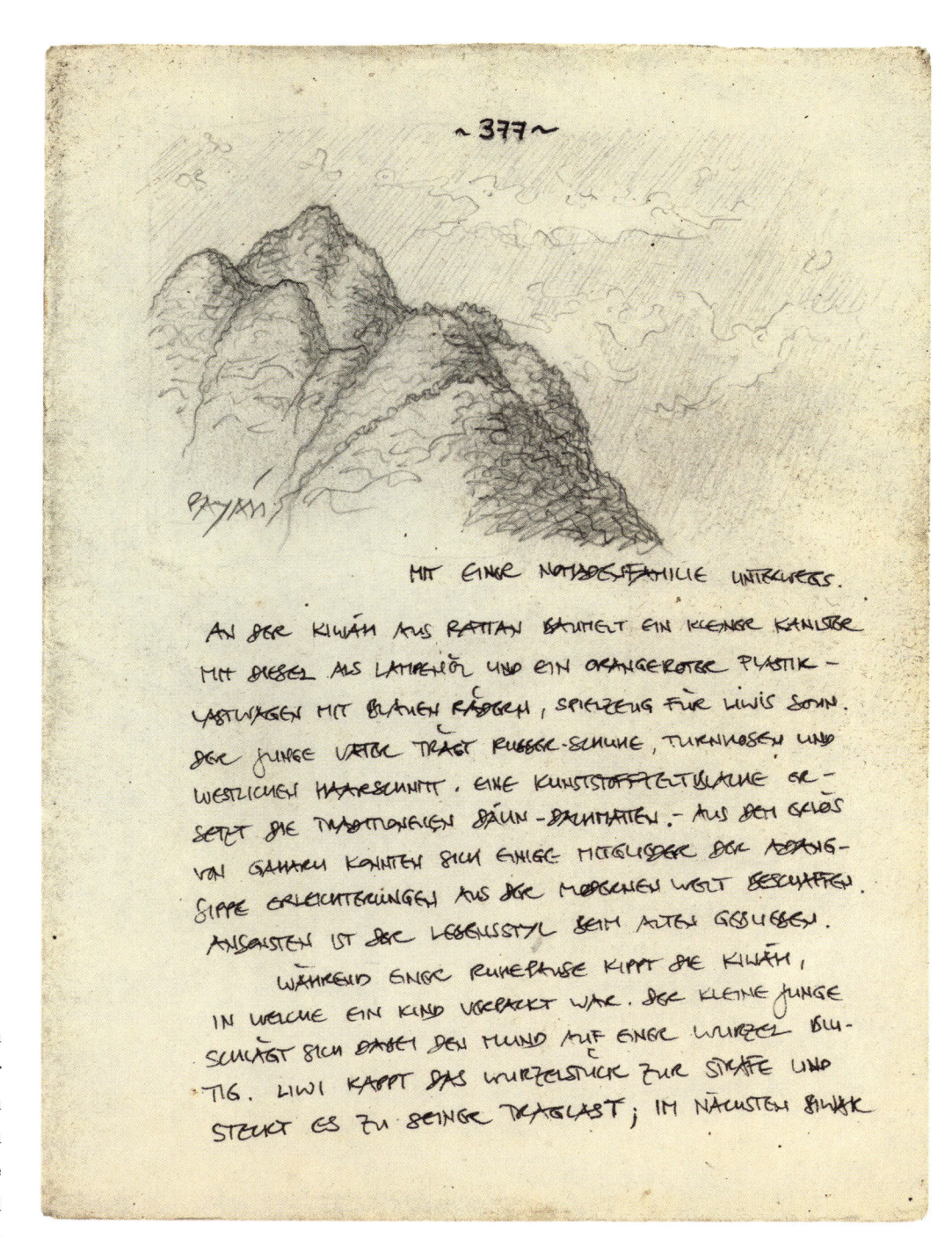

10/377 Mit einer Nomadenfamilie unterwegs. An der Kiwáh aus Rattan baumelt ein kleiner Kanister mit Diesel als Lampenöl und ein orangeroter Plastiklastwagen mit blauen Rädern, Spielzeug für Liwis Sohn. Der junge Vater trägt Rubber-Schuhe, Turnhosen und westlichen Haarschnitt. Eine Kunststoffzeltblache ersetzt die traditionellen Dáun-Dachmatten. Aus dem Erlös von Gaharu konnten sich einige Mitglieder der Adang-Sippe Erleichterungen aus der modernen Welt beschaffen. Ansonsten ist der Lebensstyl beim Alten geblieben.
Während einer Ruhepause kippt die Kiwáh, in welche ein Kind verpackt war. Der kleine Junge schlägt sich dabei den Mund auf einer Wurzel blutig. Liwi kappt das Wurzelstück zur Strafe und steckt es zu seiner Traglast; im nächsten Biwak

Payáh

10/378 wird er es verbrennen.
Ein Wolkenbruch lässt uns innehalten. Die Kinder könnten durchnässt frieren – ein kaum zweiwöchiger Säugling ist mit dabei. Nachdem wir eine Wasserstelle ausfindig gemacht haben, bauen wir in strömendem Regen eine Hütte.

Wi-ui-Hähne schleifen ~ Boten der nahenden Fruchtzeit. Ein Stolzling verfolgt wütend seinen Rivalen bis dicht an unsere Hütte; ein paar sanfte weisse Federn bleiben als Spuren der Auseinandersetzung auf der Strecke. – Rufe sich buhlender Wildschweine gröhlen rauh durch die Landschaft; Ende August. – Die Blase erbeuteter Eber kann zur Brunstzeit bis oberschenkeldick werden; die Keiler nehmen zu dieser Zeit kaum Nahrung auf, zehren jedoch von ihren Fettvorräten. Die anhaltende Paarung verursacht Blasenstau und damit verbunden wohl den aufdringlichen Geruch des Fleisches von erbeuteten Ebern.
Nächtliche Hornissen werden von unserm Lichtlein angelockt. Das Auá-Nest muss ganz

[fehlt] 10/379
[fehlt] 10/380

wir ein qualmendes Feuer zustande. Der Marsch hätte wohl manch einen Soldaten auf den Hund gebracht. Alle unsere Füsse sind blutig rot; längs des Gebirgspfads wimmelte es nur so von dicken lauernden Blutegeln – und im Verlauf des Marsches hab ich gewiss um die 200 (!) der lästigen Blutsauger entfernt.

Unsere Traglasten verlangen ihren Tribut, und alle werden wir, unter unsern Blachen zusam-

10/383 mengekauert, für ein Weilchen davongetragen.

Mit müden Knochen begleite ich Liwi, um die weitergezogene Sippe auszumachen. Doch auch der neue Siedlungsort steht seit kurzem verlassen. Wir folgen den Spuren hangabwärts, unsere Nguou-Rufe* werden nur ein einziges Mal beantwortet – sie haben wohl Angst. Wir spurten der Stimme entgegen. – Da erblicken wir plötzlich über uns auf dem Bergkamm drei Mann, mit Blasrohr und Gewehr bewaffnet, die uns ruhig beobachten. Vorsicht liess sie hastig ihre Siedlung verlassen, um den unbekannten Ankömmlingen – vielleicht Kopfjäger oder sonst böse Menschen – aufzuwarten. – «Was geht ihr hier? Was für schlechte Botschaft?», fragen sie aus sorgenvollen Mienen, als sie in uns vertraute Gesichter erkennen.

Nach kurzer Begrüssung in der Siedlung und hastigem Mahl rennen wir wiederum bergauf zurück, mit wachsenden Bedenken, unsere An-

* Hilferuf, Imitation der Argusfasanstimme

10/381 Ein jeder von uns – einsamer Pilger im Schoss der wundervoll sanften merkwürdig grässlichen Mutter Natur

10/382 Mühsamer Marsch in der Payáh-Stufe. Über felsige Kämme, Aussichtspunkte, schräghanglaufen.

Ist die Sippe noch an ihrem zuletzt bekannten Siedlungsort, oder schon weitergezogen? Ta fragt sein Blasrohr (Tenung Kelleput). Doch weiss er plötzlich nicht mehr weiter und bittet seine Schwiegermutter um Anweisung. Das aufs Blasrohr geklebte Wachs wandert tatsächlich… Wir werden nicht leere Hütten antreffen.

In strömendem Regen erreichen wir müde die Siedlung – kalt, trostlos und verlassen. Die junge Mutter mit ihrem zweiwöchigen Säugling nickt zusammengekauert ein. Fröstelnd bringen

10/384 gehörigen nicht mehr bei Tageslicht zu erreichen. So schnell wir können, bis unsere Atemstösse pfeiffen und die Knie weich werden wollen. Nach vierzig Minuten Eilschritt hangaufwärts erreichen wir Hörweite, gerade vor vollkommener Dunkelheit. Tá kommt auf unsere Rufe mit brennenden Holzscheiten entgegen, während wir unsere hitzigen Köpfe im Bach kühlen.

Danksagung

In der Penansprache gibt es kein Wort für ‹Danke›.* Alle Erträge aus Jagd und Sammelwirtschaft werden traditionsgemäss geteilt. Die Natur spendet – und man nimmt; Nehmen und Geben sind Selbstverständlichkeit.

Trotzdem kennt der Nomade die Geste der Danksagung, der Bezahlung. – Der Dschungel ist von unzähligen Geistwesen (Bali) bewohnt, die an bestimmten Standorten heimisch sind, oder eine Art Schutzpatrone für bestimmte Erscheinungsformen des Lebens darstellen. Der von Ort zu Ort ziehende Nomade dringt in deren Reviere oder tötet deren Schützlinge,

* Das ‹Therima Kasih› st aus dem Malaysischen übernommen.

10/385 [fehlt]
10/386 [fehlt]

10/387 Pellutan-ungá-Liane

Die ersten Früchte seien reif. Ich folge einigen Mädchen und Kindern, um Ernte zu halten. Das Schlinggewächs ringelt sich – oberschenkeldick und bogenschlagend in die Kronen benachbarter Bäume. Auf Verletzung antwortet es mit heftigem Latexausfluss. Eine aus diesem wilden Kautschuk – ehemaliger Handelsartikel zu britischer Kolonialzeit – geformte Kugel ist auch mit schärfstem Buschmesser kaum in einem Hieb zu spalten. Dieser elastischste aller Naturstoffe dient dem Penan als Leim, um Kleider zu flicken. Frisch ausgetretenes flüssiges Latex wird auf die verlöcherten Stellen gestrichen und durch Faltung oder Abdeckung verklebt. Weiter wird die schneeweisse Milch, auf zähe auf der Haut klebende Flecken anderer Latex-Arten gegeben, um sich deren zu entledigen. Nach Antrocknung können sie weggerieben werden (bei reichlichem Körperhaar nicht empfehlenswert).

In reicher Gesellschaft hängen faustgrosse Birnen in den Kronen – doch nirgends entdecke ich orangerote: «Wo sollen all die reifen Früchte sein? Ihr habt mich wohl angeschwindelt? Für saure unreife Gaben nehm ich mir nicht die Mühe zu klettern.» – «Guck, dort!» «Wo?» – «Dort!» – «Ich seh nichts.» – «Da. Eins–zwei–drei», streckt das Mädel den Arm aus. – Als ich mich an einer

10/388 Liane aufwärts ziehe ruft's mir nach: «Klettere nicht! Klettere nicht! Du wirst zu Tode fallen! Kehr um, kehr um!» Und als ich oben ankomme alsogleich «Wo sind Früchte? Wirf runter, wirf runter!»

Die Lausemädchen haben mich wirklich angeschwindelt. Blattgrün sind alle Früchte. Schon nach Verzehr einer einzigen ist der Mund ausgetrocknet und sind die Zähne lang geworden (Kennilou) von all den zusammenziehenden Gerbsäuren. Der Bedarf an Vitaminen wohl lässt den Eingeborenen weiteressen, wo die Zähne schon «Halt!» gerufen haben. Die Pellutan-unga-Frucht ist in reifem Zustand angenehm süss.

Während sich die Gesellschaft nach der Ernte heimwärts begibt, erlaube ich mir talwärts eine Wäsche und Bad. Da, plötzlich sticht's mich in den Fuss – bienengrosse Insekten fliegen auf – und ich such schleunigst das Weite. «Was war das wohl? Das schmerzt ja rasant», und ich leg Blasrohr und Beutel hin und kehre vorsichtig um, um herauszufinden. Noch bevor ich die Stelle erreiche, sticht mich ein zweites

10/389 Biest in die Hand. Nach zweiter Flucht wage ich einen dritten Versuch, um nicht ganz vergeblich gestochen worden zu sein. Da fliegen schwarze Brummer auf aus ihrem Bodennest, als Antwort auf das geschmissene Holzscheit – und ich verlasse unverrichteter Dinge die Nähe der drohenden Gefahr. Hand und Fuss schwellen an, samt der Leistendrüse, und erst am dritten Tag klingt der Schmerz ab. Die Narbe soll noch nach drei Monaten sichtbar sein.

Meine Penanfreunde meinen, ich sei in ein Wespennest getreten, doch lassen in der Regel Schmerzen durch Stiche nach eine zwei Stunden nach. Wie die U-eng vertragen die Wespen keinen Spass, doch gehen bei Ruhestörung sofort auf Angriff über. Wespen sind beim Penan berüchtigt, da sie, einmal gestört, oft über weite Distanzen verfolgen. –

So war das Mädchen ‹Pi-it› einst auf der Rattansuche von zwei Dutzend Wespen verstochen worden, und ein Hund ging an den Folgen der Stiche ein, da er jaulend die Flucht versäumt hatte.

10/390 Mutek-Wasserfall

Der Regenbogengeist (Berungan), ein drachenartiges Wesen, wurde einst von einem mutigen Jäger getötet. Während sein Kopf an die Mündung des Meli-itflusses flog, und dort als Moloch gekenterte Bootsinsassen in die Tiefe zieht, verwandelte sich sein Schwanz nach der Sage in den Mutek-Waserfall.

Nach einigen Stunden Marsch durch steile Seitenhänge und Lianendickichte erreichen wir den Fuss der Felswand. Mein junger Begleiter und Führer fürchtet sich und bleibt trotz Zureden und Winken zurück – schade, kann er sich nicht an dem Schauspiel ergötzen. – So bewirkt der Anblick desselben Geschehens in jedem von uns verschiedene Gefühle, je nach Erfahrungshintergrund.

Stundenlang könnte ich mich in die lebenden, meditativen Bilder der sich stürzenden Wassermasse versenken.

Das Element fällt keineswegs als eintönig monotones Etwas nach unten, doch verdichtet sich immer wieder zu sich wandelnden Figuren, Wesen gleich. Die Bilder sind denen fallender brennender Harztropfen verwandt: Zerstäubt schiessen Wasser nach dem Aufschlag, als

10/391 [Bild]

10/392 geballte Nebel durch den Raum. – Als ich aufschaue, ist mein Begleiter schon verschwunden. Die sich neigende Sonne an wolkenverhangenem Himmel mahnt zum Aufbruch. Meine Seele sträubt sich, den Ort zu verlassen.

Leuchtet bei einem Schauer ein Regenbogen am Himmel, so ist dies der Schatten des sich badenden Drachen. Gelb ist sein Bauch, grün die Leber und rot sein Leib. Der Penan fürchtet sich in der Regel bei dessen Anblick, der andere Herzen entzückt. Es ist nicht erlaubt mit ausgestrecktem Finger auf ihn zu zeigen, weil er ein grosser Geist ist. – Wie die sich in den Schwanz beissende Schlange, der Ukoboros, Symbol des Lebens, hütet der Drache, wenn er seinen Bogen weit über den Himmel spannt, die Erde in seinem Kreis. Erscheint er von Tag zu Tag wieder, wird er als schlechtes Omen gedeutet: Er kündet Zerstörung des Landes. Auch ein kurzer Regenbogen weist auf die Wut des Geistes. – Auf kreisrundem Stück Land (Tana Leleng Bekungan) baut der Nomade keine Hütte; der darin wohnende Regenbogen könnte wütend werden und krank machen.

Jagdbeuten

10/393 Jemalang hat eine Bärenmutter samt ihrem Kind geschossen. Beide zusammen auf ein Lianengestell (Tégalu) geschnürt, erreicht er mit seiner Last die Siedlung. Da, während betrachtet, befühlt und der Geschichte gelauscht wird, tauchen andere Gestalten auf. Liwi hat einen Rehbock geschultert, Tá und sein Begleiter buckeln einen mageren halbierten Keiler. – Der besitzlose Eingeborene lebt im Paradies – vorläufig noch. Weiss er es zu schätzen? Um die weiter erbeuteten Languraffen kümmert sich niemand – es herrscht Überfluss. – Ich mahne, der Tierwelt Achtung entgegen zu bringen: «Tötet nur, wenn ihr hungrig seid. Nun könnte ihr drei–vier Tage eure Blasrohre und Flinten ruhen lassen.» – Doch am nächsten Morgen machen sich wiederum einige auf – das Jagdfieber ist wohl eine Sucht. «Wir wollen Fleischbrühe essen», entgegnet eine alte Frau; nur mit frischer Beute kann schmackhafter Sud gekocht werden. – «So wechselt euch ab in der Jagd. Und Sagoherstellung. Ist doch schade um all die Tiere, wenn die Hälfte des Fleisches verkohlt und von Maden gefressen wird.»

«Ich geh für mein Kind ein Reh schiessen», entschuldigt sich Sayan, «Es isst kein Wildschweinfleisch...» Ich lächle; der Säugling hängt noch an der Mutterbrust und redet Kauderwelsch.

‹Bergkoralle›

Standort: I-ot Muték, Ulu Limbang. Feuchter, moosbärtig verhangener Gebirgswald.
Nach Jahren von Dschungelgängen begegne ich erstmals einer eigenartigen Pflanze, deren Name und Verwendung selbst dem Nomadenvolk unbekannt scheint. Orangerot leuchten Fruchtkugeln aus dem Schattendasein. Sie recken ihre Köpfe aus weissbesternten bauchig-knolligen Mänteln, die, wie eine dichtgedrängte Pilzschar zum Polster vereint, an einen Korallenstock erinnern. –
«Du seltenes Gewächs ohne grünes Laub, wer gibt dir Kraft, wenn nicht die Sonne? Zapfst du Lebenssaft von Deinen Nachbarn?» Aus einigen Gefässen sprossen Knospen, die kleine fleischige Blüten beherbergen. Nach Öffnen der vier Blütenblätter steht weisser Pollenstaub streifig auf zentralem Paket. – Die ‹Korallenstöcke› besitzen gelbliches Fleisch wie Wurzelknollen. Auf Schnitt tritt weisses Latex aus. Abgestorbene Mitglieder der Gesellschaft gähnen als dunkle Krater.
(Balanophora ♀)
1:²/₃

Mit Iteng auf Pfeilgifternte. Da hören wir vom gegenüberliegenden Berg den imitierten Ruf des Argusfasans. Wir antworten und gehen entgegen. Wer mag da wohl um Hilfe rufen? Nomaden vom Magoh? –
To-óh taucht auf, und bittet um Gespräch zwischen den älteren ihrer getrennt lebenden Sippe. Ich folge ihm. – Am Salzquell sichert ein Rehbock. Der Jäger bläst ihm einen Giftpfeil nach. – Da, im aus dem Stein drückenden seichten Wasser schwimmen gewandt dutzende äusserst wendiger Blutegel.
Der <u>Pénnatá</u> ist spezifisch nur im Salzquell zu finden, wo er auf Wild lauert. Mit gelbem Seitenstreif erinnert er an den Tiger-Leeches. Oft ist er in Mund und Rachen von erbeutetem Reh und Hirsch zu finden, die sich der angesogenen Schmarotzer nicht mehr selbst entledigen können.

Nach langem Marsch erreichen wir Alongs Siedlung. Der Führer kommt gerade von der Jagd zurück; ein halbes Wildschwein und zwei Kellawetaffen hat er gebuckelt. – Während talwärts selten ein Wildschwein erbeutet wird, und wenn, dann ein mageres, stehen hier die Fettbambusse in reicher Zahl. Ich geniesse die Mahlzeit; doch nach einem Jahr beinahe fettloser Ernährung wird mir übel von der salzlosen, ungewürzten Kost. Einen vollen Tag währen die Beschwerden. ~

Zwischenmenschlich

Wie in der modernen Welt tuscheln im Dschungel Menschen über andere. Angeschuldigte sind dabei chronisch abwesend und hören, wenn überhaupt, nur vom Rücken die böse Nachricht. – Unser ‹Ich› neigt dazu, jegliches Fehl von sich und aus seinem Bereich abzuweisen, und findet wohl Selbstbestätigung im Deuten auf andere. Der ‹Dörfligeist› ist eine kollektive Manifestation dieser Erscheinung.

Bei Gegenüberstellung fehlt dem Kläger dann meistens der Mut – doch sie ist das einzige Heilmittel klarzustellen. – Bei näherer Untersuchung findet sich die Ursache von solchen Ängsten und Anschuldigungen im Fehl des eigenen Ichs des Betreffenden. Along wünscht Zusammenschluss der wenigen Verbliebenen Sippenmitglieder, die nicht talwärts gezogen sind zu Blockaden; so könnte man einander helfen im Fall von Krankheit und Unfall. – In seinen Reihen sind innert kurzem zwei Menschen gestorben. Der Tod ist etwas Dunkles, Unannehmbares – und schon haben Mitglieder, gleichsam in Furcht vor Ansteckung die unglücklichen betroffenen Angehörigen geflohen.

Doch darüber zeigt sich Tá unwillig, dem Ruf zu folgen, und beschuldigt Along, ihn und seien Sohn töten zu wollen. Gerade so wie Along Aweng fürchtet: Weil dieser böse Dinge angerührt habe, seien ihm die Fingerkuppen einst abgefault (→Nagelkrebs). In der Zwischenzeit bin ich mit allen Beteiligten ein klein wenig gewohnt und habe sie in ihrer Eigenart als freundliche, scheue, oder ängstliche Menschen kennengelernt, die keineswegs über magische Kräfte verfügen. – Viele Eingeborene haben Mühe, Realität und Gedankenwelt auseinanderzuhalten. Vage Vermutungen, seien sie noch so hergezogen und phantasievoll, werden schon bald als Tatsachen weitererzählt.

Along beschuldigt weiter seinen Schwiegersohn, er wolle sich von seiner Tochter trennen, um deren Schwester zur Gemahlin zu nehmen, doch scheut er Gegenüberstellung. – To-óh gibt zu, mit seiner Frau wütend zu sein, doch richte sich sein Auge keineswegs auf deren Schwester. In der Trauerzeit seines verstorbenen Vaters und Kindes (ihres Stiefkinds), sei sie geflohen zurück in die Familie ihres Vaters, und er habe die schwere Bürde ganz allein tragen müssen. Seit zwei Monaten schon teile er nicht mehr das Schlaflager mit ihr. ~ Nur in gemeinsamen Gesprächen können die Spannungen gelöst werden. Trotz all den Ängsten hinter den Kulissen, sind die Penans ein äusserst liebenswertes, freundliches Volk, indem [in dem] Streitereien beinahe unbekannt sind. Die angeborene Scheuheit verbietet direkte Rüge und Ausleben von Konflikten; selbst ein Bestohlener wird in den seltensten Fällen den Dieb zurechtweisen. – Einzig in der üblen Nachrede finden Spannungen ein Ventil. – Wo Menschen sind, da ‹menschelet's›, in noch so heilen Welten sind bei genauerem Hinsehen auch lähmende Kräfte verborgen. So wie

10/400 Verliebte ineinander gleichsam Prinz und Prinzessin sehen, das Idealbild des ‹Du's› – Gott –, ernüchtern die Gemüter nach Gewöhnung, wenn neben dem Licht auch Schatten offenbar geworden sind. – Der Mensch ohne Fehl ist nicht existent. Doch können wir dem Idealbild nachleben, Gott in uns zu verwirklichen.

(Nepenthes)

Im Gebirge (Paiáh)

«Iss nicht alles, was dir vorgestellt wird!»* – «Bleib nicht lange weg!» – «Geh nicht in steilem Gelände Sagopalmen fällen!» – «Hüte dich vor dem Bären!» – «Dein Kind ist hungrig!», rufen Abschiednehmende einander nach, während ihre Körper schon in der dichten Vegetation untergetaucht und verschwunden sind. Auf der Wasserscheide Limbang–Meli-it ziehen wir talwärts. ‹Die zwei Berge› (Selukíh Patá) erheben sich hoch aus der Landschaft; moosbärtig bewachsen wie ein Moor. Warmrot leuchten faustgrosse Rhododendren,

* Angst vor Vergiftung

10/401 träumt unauffällig eine seltene Orchidee, hängen Kannenpflanzen* im Gezweig. – Die Erscheinung der Pflanzen sind dem kühleren Klima angepasst: Festere Strukturen, kleinwüchsiges ledriges Laub, Coniferen- und bärlappartige Gewächse. – Hier war Sayán kürzlich einem Leoparden begegnet. Mauersegler flitzen über die Bergkämme. Der Adler ruft, blickt unter sich und zieht seine Kreise, vom Wind aufwärts getragen. ~ Dies ist das Paradies. ~ Das zu durchquerende dichte Gestrüpp mit allen lauernden Blutegeln, die Nässe und Erschöpfung, die Farbanbringungen der Kompanie bis in diese abgelegenen Gebiete – das ist die Hölle. – Dschungel – du wunderames Gemisch der Extreme! ~ «Uut – uuut – uuut – ut-ut – ut-ut-ut-ut-uttutuut» hallt der Ruf eines Gibbonweibchens von Bergkuppe zu Bergkuppe. Der Kellasíh-Affe, typischer Bewohner des Paiáh, scheint aus dem Gebiet verschwunden, welches nur eine kleine Insel bildet. Die grossen Paiáhgebiete sind weit entfernt am I-ot Sembayang/Adang/Batu Laui/I-ot Meli-it/Magoh/Terasá.

* Telló Medok = Makakkenköcher. Das Wasser in ihrem Leib kann getrunken werden, sofern es klar ist. Dickbäuchige Arten sollen gar als Kochgeschirr dienen, doch werden sie wohl angebrannt sein, bevor ein Reisgericht linde ist.

Durchtrennte Kehle – Rattan (Uai Meto Teggoró)

10/402 Dieses unverkennbare Rattan-Gewächs findet sich nur in der Gebirgsstufe (Paiáh). Die gezeichnete Jungpflanze zeigt zwei Meter Höhe, Ø 3–5 cm, Wedel 2 m Länge, Blatt-Unterseite weiss. Es ist dies das einzige giftige Sawitgewächs, dessen Genuss tödlichen Ausgang haben soll. In der Kellabitsprache wird er ‹Hundert-Rattan› (Ué Atu) genannt; nach der Sage soll der Feind, welcher ins unwegsame bärtig-bemooste Dickicht des Gebirges geflohen war, in Mangel von Speise die Herzen (Sin; Wachstumszentrum) dieses Rattans verspiesen haben. Hundert Mann seien darauf gestorben. – Die Herzen aller übrigen Rattanarten können dem Eingeborenen zur Nahrung dienen; doch sind die meisten bitter und wenig schmackhaft, und man bedient sich ihrer darum meist nur bei wirklichem Hungergefühl in Entbehrung edlerer Palmgewächse.

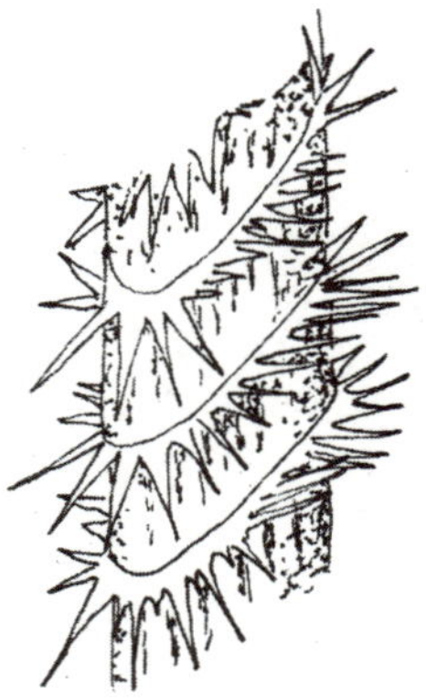

Typische Stachelkränze rings des jungen Stamms.

Unterwegs

10/403 «Töte kein Wildschwein, das würde unseren Marsch nur unnötig aufhalten. Wir haben genügend Reiseproviant», mahne ich Tau. – Nicht lange, da dröhnt ein Schuss. «Oh, ich hab nur ein kleines Ferkel geschossen.»

Mit Usak klettere ich den Steilhang hinunter. Eine einzige Schrotkugel hat den gewichtigen Eber getroffen. Genau ins Hirn. «Bringt die Beute herauf!», ruft uns Tau nach. «Oh –, komm sie selbst holen, dein Ferkel ist uns zu schwer!» –

Die einzige vernünftige Lösung ist, in der Nähe zu biwakieren. – Doch nirgends ist Wasser zu finden. So teilen wir das Fleisch auf und ziehen schwerbepackt weiter.

Wildschweinspuren noch und noch, und wiederholt begegnen wir Borstentieren. – Während am nächsten Tag das Fleisch geröstet und das Fett eingekocht wird, schiesst der Junge Usak sein erstes Grosswild: Gleich zwei fette Keiler fallen dem Gift zu Opfer. – Unmöglich können wir all das Fleisch ohne längere Rast verwerten. Doch auch Fettbehälter sind keine vorhanden; Bambus fehlt in dieser Gegend. Während die eine Beute dem Frass der Maden überlassen wird, schleppen wir

10/404 [Bild]

10/405 nur etwas Fleisch und die Rohhaut mit Speck in unserem Gepäck mit.

Tá kappt einige Triebe des im Gebirge häufigen Tigerschwanzrattans (Uai Bulun Bungum Tepun), und zieht das sich mit Widerhaken in den Kronen haltende Gewächs in Rücken [ruckartig] abwärts. Nach Entfernen der Blatt'triebe und Schälen ihrer stammumfassenden Blattspreiten, wickelt er den Rattan zu Rollen und bindet diese auf seine Traglast. Im Kellabit-Dorf wird er sie gegen Patronen und Salz tauschen.

Die Bergkämme des Paiáh sind nur von niegriger Vegetation bewachsen, und über Fels darf der Wanderer manchmal einen Lichtblick in die Ferne erhaschen.

Der Dschungel des Tutoh- und Limbang bietet, abgesehen vom phantastischen Karst des Mulu, vom Batu Laui, neben einigen schluchtig-wilden Fluss'strecken und Wasserfällen kaum landschaftliche Augenweiden. Der Betrachter ist stets im Grün des Waldes untergetaucht und gefangen. Nur wer den Affen nachahmt, darf in der Regel Weitblick bis über die nächsten paar lieblichen Hügel geniessen.

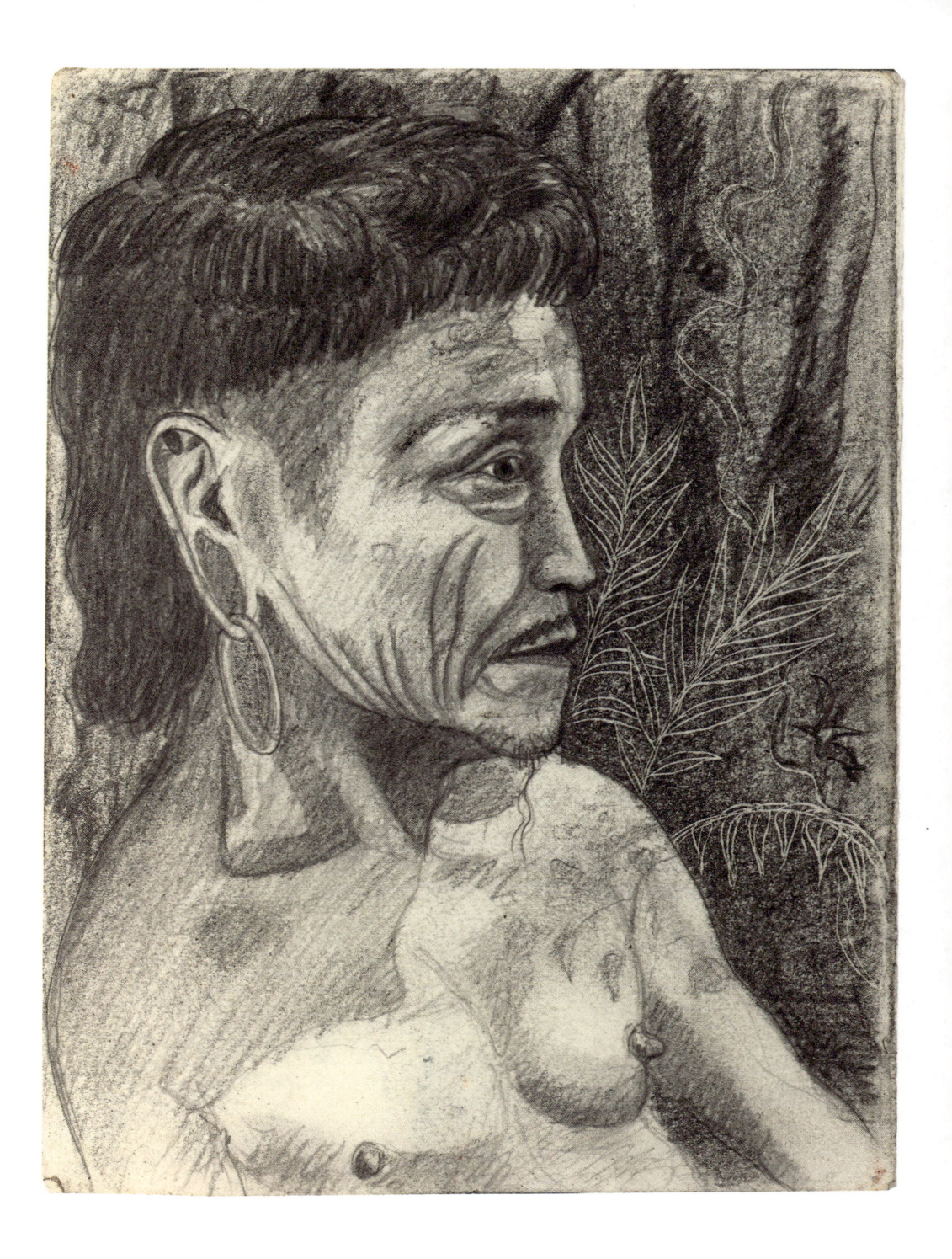

10/406 [Bild]

10/407 Die Adang-Sippe weist gleich drei ein-äugige Mitglieder auf.Ménín war als kleiner Junge beim Ausweiden eines Languraffen mit dem Messer ausgeschlipft, und so sein Bruder Tapit beim Zerteilen eines Gibbons.* Dieser wurde talwärts behandelt und trägt nun ein Glasauge. –
Auch der alte Tau teilt deren Schicksal, seit er einst beim Beute Zerhauen zugeschaut hatte; ein zum Schlag ausholendes Buschmesser traf ihn dabei ins Auge. – Der ~60-jährige Urgrossvater tut jede Arbeit langsam, mit geduldigster Sorgsamkeit. Dabei ist sein Leben gewürzt mit einer Prise Humor. – Da maultrommelt er, wie der Kurzschwanzmakakke nach der Sage seelig mit dem entwendeten Instrument hoch auf einem Tanyit-Stamm spielt, bis ihm der Krebs in die Hoden zwackt – und birst in schallendes Gelächter.

Oder er imitiert das Liedlein des beutelos heimkehrenden Affenjägers:

Mole ké tou – Tuieng kepú
Mole ké tai – Tuieng kepú
Ich wende mich hierhin – Schwanken im Wind.
Ich wende mich dorthin – Schwanken im Wind.

* «die Strafe Gottes, weil er am Sonntag zur Jagd gegangen war», meint dazu ein bekehrter Penan.

Krutek 1:1
Unscheinbar, erdfarben.
Bauch hell

Der Jäger hatte sich wiederholt an vermeintliche Beute angepirscht, um festzustellen, dass ihn der Wind jedes Mal getäuscht hatte. – Tau nennt all die Omenvögel, nach denen die Alten ihr Tun richteten, und die Herstellung von Jagdamuletten. «Doch heute haben die meisten von uns diese Dinge weggeworfen, da wir die ‹Stimme Gottes› gelehrt werden. – mit melodiöser Stimme spricht Tau die Reime des uralten Heldenepos: ‹Oia Abeng›.*

Am Regenbogentümpel (Bauang Berungan)
Auf Bergsenken und Sätteln trifft man hin und wieder kleine stehende Gewässer – meist unansehnliche Wildschweinsuhlen, in deren Lehmmatsch die Füsse tief einsinken. – Doch hier am I-ot Rauan steht ein kleiner knietiefer Weiher besonderer Art. – Gesäumt von Felsblöcken spiegeln sich lieblich malerisch die Wedel der Uwut-Palme im glasklaren Wasser, und darüber rufen Krutek-Fröschchen aus den Bäumen. –
Der Weiher hat seinen Namen erhalten, weil an dieser Stelle nach der Sage der Regenbogendrache besiegt sein worden soll. Nach anderer Version wegen darin einst gefundenen Fadenwürmern (Bok Berungan).

* siehe dort…

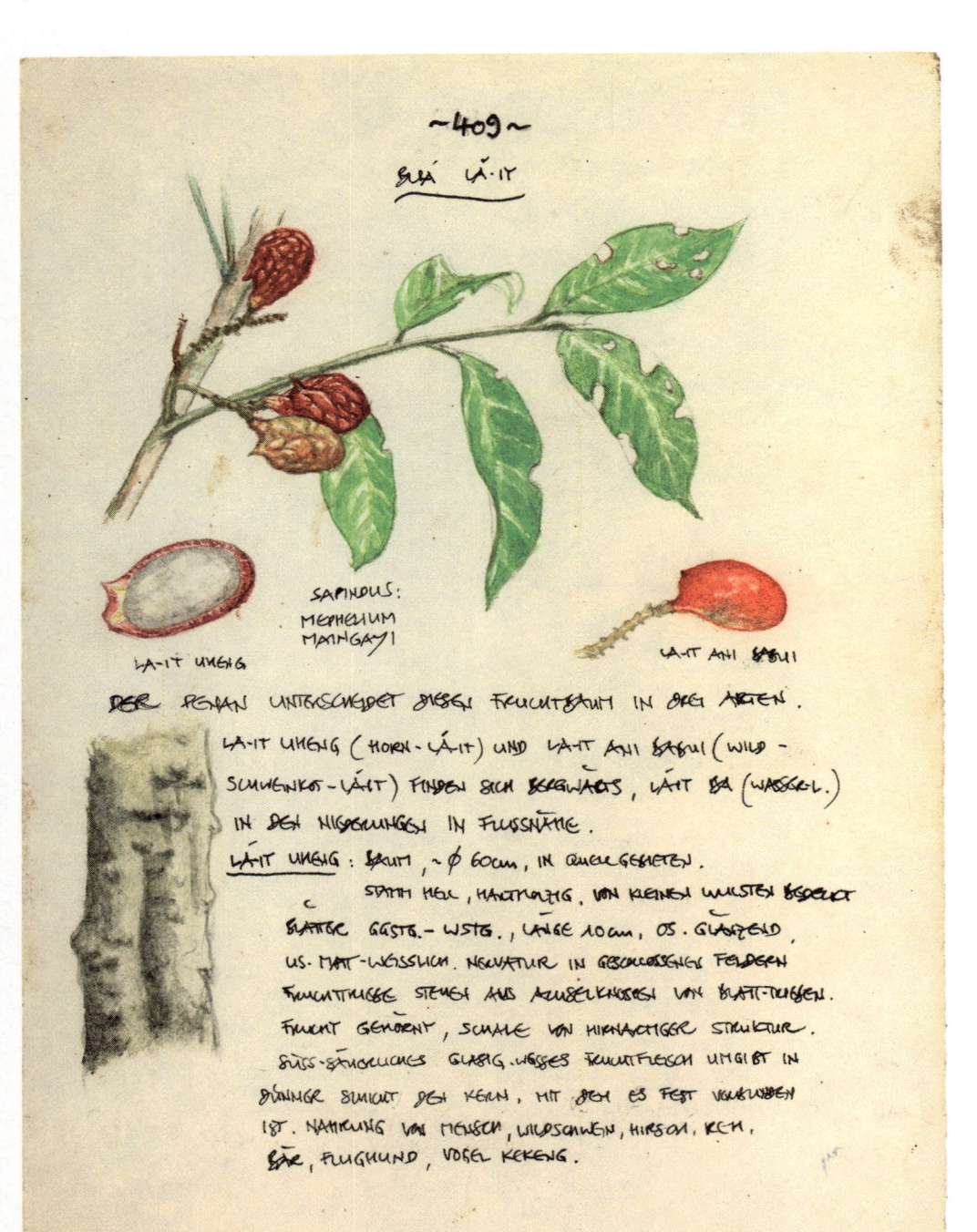

Buá Lá-it
Der Penan unterscheidet diesen Fruchtbaum in drei Arten. La-it Uheng (Horn-Lá-it) und La-it Ani Babui (Wildschweinkot-Lá-it) finden sich bergwärts, Laít Ba (Wasser-L.) in den Niederungen in Flussnähe.
Lá-it Uheng: Baum, ~Ø 60 cm, in Quellgebieten.
Stamm hell, hartholzig, von kleinen Wulsten bedeckt. Blätter ggstg. – wstg., Länge 10 cm, Os. glänzend, Us. matt-weisslich. Nervatur in geschlossenen Feldern. Fruchttriebe stehen aus Achselknospen von Blatt-Trieben. Frucht gehörnt, Schale von hirnartiger Struktur. Süss-säuerliches glasig-weisses Fruchtfleisch umgibt in dünner Schicht den Kern, mit dem es fest verbunden ist. Nahrung von Mensch, Wildschwein, Hirsch, Reh, Bär, Flughund, Vogel Kekeng.

La-it Uheng
Sapindus mephelium maingayi
La-it Ani Babui

10/410 Da hat ein Bär einen Lá-it-Baum erklettert, um Früchte zu schmausen. Zwei oberschenkeldicke Äste hat er ganz einfach abgebissen. – Über eine armdicke Sebet-Liane erklettere ich mit dem Jungen ‹Usak› den Baum, um für unsere Genossen einige fruchttragende Äste abzuschlagen. Bärenkrallen sind tief in die Rinde gezeichnet, und nach dem Mahl hat sich's Meister Petz in der Krone gemütlich gemacht, und auf einigen hinunter gebrochenen Ästen ein Nickerchen gehalten (→ Apin).

Nachdem wir einige Äste gekappt haben, schlagen wir uns selbst die Ränzlein voll: «Wir sind die Kurzschwanzmakakken oben – sie die Wildschweine unten», spasst Usak; denn oft finden sich Wildschweine unter Bäumen ein, auf denen Affen Mahlzeit halten, in der Hoffnung, dass für sie auch etwas abfalle.

Während meine Freunde den Samen gleich runterschlucken, spucke ich diesen wieder aus. Schon nach kurzem werden meine Zähne empfindlich (→ Kénilou), und gar die Mundschleimhäute werden von der Fruchtsäure angegriffen. Mit brennendem Mund klettere ich – enttäuscht vom Paradieses-Mahl – wieder runter. –

Die Ernte wird für die zuhausegebliebenen Freunde in die Taschen gefüllt. – Usak schmückt seine Finger spielerisch mit halbierten Schalen, die sich so in Fingerhüte verwandeln.

10/411 ‹Tá› kommt mit einer halben Wildsau auf dem Buckel von der Jagd zurück. Entrüstet und verlegen zugleich berichtet er; nachdem er mit ausgeliehener Flinte auf den Eber angelegt hatte, fand er sich plötzlich nur noch mit dem Gewehrkolben in der Hand. Der Lauf – ein altes Stück Leitungsrohr – war entlang der Naht geplatzt.

Am nächsten Tag folgen ihm einige Kinder, um den Rest der Beute, in einem Bach gelagert, heimzubringen. Auch mangelt es an Fettbehältern, und so will man einem der bergwärts selten anzutreffenden Bambusstandorte einen Besuch abstatten.

Der junge ‹Usak› entdeckt in einem morschen liegenden Baumstamm ein Nest des stachellosen Bienchens ‹Léngurép›. Schnell ist mit der Axt der hohle Stamm geöffnet, und zu unserer Freude finden wir viele gefüllte Honigkammern. Der zuckersüsse Saft des ‹Lengurep-kellore-Bienchens›, der kleinste Vertreter [des kleinsten Vertreters] seiner Familie, ist in dünnwandigen Wachskugeln vom Marmelngrösse gelagert; diese platzen schon beim geringsten Druck, und auch bei vorsichtiger Entnahme läuft der Honig über die Finger, die wir uns gehörig schlecken. In denselben Kammern wird der Pollen gelagert, benachbart den Brutzellen. Er ist feucht und zeigt Essigstich.

10/412 Das Lengurep-Bienchen brütet normalerweise in Baumhöhlen stehender Stämme, erhöht, oder dann abwärts im Strunk, wo es besser vor Feinden geschützt ist.*

Vom Bären geplünderte Bienennester sind ein gewohntes Bild beim Gang durch den Dschungel; Meister Petz beisst dabei einfach den Baumstamm auf, bis er an das begehrte Süss kommt. Gekautes Lengurep-Wachs wird vom Penan-Jäger auf den Verschluss seines Pfeilköchers geklebt. Es dient zum Beschweren von Pfeilen, zum Befestigen loser Pfeilhintern, zum Verkitten gesprungener Blasrohre und Bambuswasserbehälter, sowie als Basis für eine Unzahl von Amuletten.

Der Eingeborene unterscheidet das Lengurep-Bienchen in drei Arten. Bei genauerem Hinsehen erhöht sich die Zahl auf gegen sieben. – Allesamt sind sie, in Mangel eines Giftstachels, harmlos. Doch oft werden sie lästig, wenn sie in Scharen den Schwitzenden besuchen, um Schweiss zu trinken, und dir ums Gesicht oder gar beim Essen in den Mund fliegen.

Die Honigkammern des grösseren ‹Lengurep-sihai-Bienchens› sind bauchige, 4–5 cm lange Gefässe von brüchigem Wachs. Das dünnflüssige Nass ist wenig schmackhaft und brennt im Hals und der Penan bezeichnet den Pollen mit Essigstich als giftig.

* Dabei stehen die Brutzellen in waagrechten Wabenwänden.

[fehlt] 10/413
[fehlt] 10/414
[fehlt] 10/415
[fehlt] 10/416

10/417 Leine. Die Gaben locken auch Tau, und ich staune, wie gewandt der Einäugige in seinen alten Tagen himmelwärts steigt. – So lassen wir uns die vor der Reife stehende Früchte schmecken, bis das unangenehm an den Zähnen haftende Harz zum weiteren Aufbruch drängt.

Nach einer Mahlzeit mit verdorbenem Fleisch wird mir plötzlich übel. Ich verzieh mich an den Limbangfluss, wo nach ergiebigem Auskotzen und Durchfall ein Bad im nächtlichschwarzen Wasser kühlt.

Kein Fisch hatte sich über Nacht in die Maschen des gestellten Netzes verirrt, und auch kein Bambusbehälter war auffindbar, um darin Pfeilgift aufzufangen. So verlassen wir die von riesigen Wildschweinrudeln geackerten Ufer des Limbangflusses, und begeben uns auf den Rückweg.

Trotz meiner Mahnung, keine Tiere aus Spass zu töten, legt Tau auf einen fetten Keiler an. Wütend geh ich meines Weges. Alles was sich bewegt, dient dem Eingeborenen in der Regel als Zielscheibe. Zu Treffen hebt unser Selbstgefühl, und kaum je bleibt der Pfeilköcher des Jägers verschlossen, wenn er auf Wild trifft. Lässt schon der zivilisierte profitorientierte Mensch in seinen Raubbautechniken Mitgefühl und Achtung für /..

[Fortsetzung auf S. 10/419]

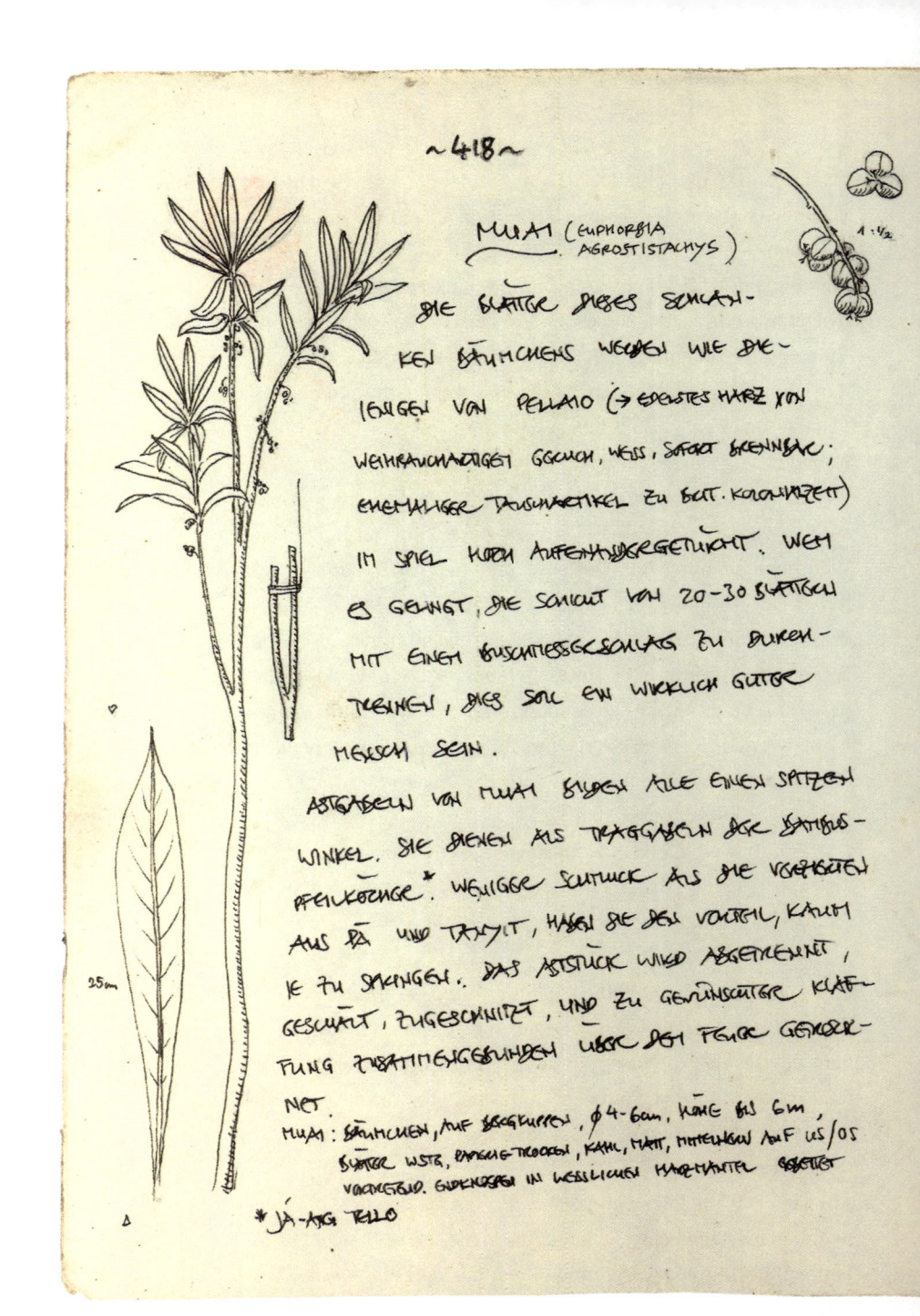

10/4·8 **Muai (Euphorbia agrostistachys)**

Die Blätter dieses schlanken Bäumchens werden wie diejenigen von Pellaio (→ edelstes Harz von weihrauchartigem Geruch, weiss, sofort brennbar; ehemaliger Tauschartikel zu brit. Kolonialzeit) im Spiel hoch aufeinandergetürmt. Wem es gelingt, die Schicht von 20–30 Blättern mit einem Buschmesserschlag zu durchtrennen, dies soll ein wirklich guter Mensch sein.

Astgabeln von Muai bilden alle einen spitzen Winkel. Sie dienen als Traggabeln der Bambuspfeilköcher.* Weniger schmuck als die verzierten aus Pá und Tanyit, haben sie den Vorteil, kaum je zu springen. Das Aststück wird abgetrennt, geschält, zugeschnitzt, und zu gewünschter Klaffung zusammengebunden über dem Feuer getrocknet.

* Já-ang Tello

spärlicher, seit weit und breit Logging-Companies wüten. Der Wildbestand wird rapide dezimiert, und die heutige Generation darf nur noch den Geschichten der Alten von mächtigen Wildschweinrudeln lauschen.
Adui Aheng**

* Kérotong

** Die Frucht kommt in einer grösseren Art (Adui Poh) vor. Süss-säuerlich, bewirkt das an Zähnen haftende Harz, wie jenes von Cu-ui, Überempfindlichkeit. – Nahrung von Menschen, Affen, Wildschwein.

Lassen Eingeborene in der Regel Mitgefühl für die lebende Kreatur vermissen, ähnlich dem Kind, welches noch in sich selbst gefangen ist, spüren vereinzelte das ‹Du›: So lässt ‹Niawé› das Medok-Weibchen unberührt in seinem Epiphytendickicht, nachdem er die Geburt eines Affenkindes beobachten konnte. Und ein Jäger singt durch seine Nasenflöte:

«Luok-luok na pulong medok, silong kelit
Hatung ragat ne manai kuiat mejun dá-an
Beripun tauab, silong kelit.»

Er trifft auf ein Kurzschwanzmakakenrudel. Ein prächtiges Männchen ist dabei – der Jäger freut sich am Anblick und geht seines Weges. Da trifft er auf Langschwanzmakakken, die Beripun-Früchte verspeisen. Wiederum freut er sich des Bildes, geht seines Weges. Am Abend kehrt er ohne Beute nach Hause, jedoch mit einem Liedlein auf den Lippen ~ welches seine Seele bereichert.

* Das grossäugige Fledermäuschen flattert nachts durch die Hütte und wird dank fuchtelnder Hände gefangen. Es beisst mich 3x blutig und fliegt davon bevor sein Portrait vollendet ist. Hält sich oft bei wilden Bananen (→ K. Seká) auf.

[Fortsetzung von S. 10/417]

seine Umwelt vermissen, so darf man vom Dschungelnomaden noch weniger Bewusstsein erwarten. Im Besitz eines Gewehrs und einer Schachtel Patronen würde er am selben Tag fünf Wildschweine umlegen, ohne diese ihrem Wert gemäss verwerten zu können: Geröstetes Fleisch – die einzige Konservierungsmethode – verliert innert 4–5 Tagen seine Schmackhaftigkeit und verwandelt sich in harte, angekohlte Brocken*, sofern nicht Maden schon zuvor ihrer Mission nachleben. –
Folgt der Penan seiner traditionellen Lebensweise, so bildet er einen Teil des harmonischen Ganzen und fügt Mutter Natur, schon wegen der geringen Bevölkerungsdichte, kaum Schaden zu. – Nichtsdestoweniger belehrt ihn nun die Realität, dass der Dschungel nicht unerschöpflich ist; die Jagdbeuten werden

Vom Kampf

August 87. LTL/WTK-Kompanie drohen gegen einige blockierende Penans und Kellabits gerichtlich vorzugehen, falls sie die Absperrung der Logging-Strasse nicht innert sieben Tagen aufheben. – Doch die Blockierenden bleiben hart.

Zehn Tag darauf erscheinen 21 Wagen, über hundert Leute, am Ort der Auseinandersetzung. Darunter Gemeindepräsidenten und Pungulu's von Iban-, Murut- und Kellabitstämmen talwärts nebst vielen arbeitslosen Holzfällern und Kompanievertretern. Der ‹Herr des Waldes› (Tuhan Forest) Dennis Long, eröffnet das Wort, eine Bibel himmelwärts streckend: «Lasst uns beten.»

«Lieber Gott. Wir sind alle Brüder in deinem Namen. Mach du die Herzen der Penans weich, damit sie die Blockade öffnen. Damit sie sich im christlichen Weg nicht verirren... Amen.»

Ein Penan antwortet: «Ja, Gott, du hast diese Erde gemacht. Doch ist es dein Wille, stehlen zu heissen? Die Kompanie ist in unser Land gefallen, ohne uns zu fragen, ob wir damit einverstanden wären. Wir alle beten. Wenn Dennis lügt und unser Land stehlen will, so wirst du ihn kennen und bestrafen.»

Auch ein Pfarrer ergreift das Wort und bittet um friedliche Wege zum Lösen des Konflikts.

Dennis, Vertreter des Walddepartements, ergreift weiter das Wort: «Dies ist Regierungsland. Ihr habt kein Recht, die Strasse zu blockieren. Wir geben euch ein Stück Land hier am Terasafluss, wo ihr Sesshafte wie Nomaden leben könnt.* Hindert die Kompanie nicht an der Arbeit. Sie hilft euch, und baut eine Strasse, damit ihr einst ein besseres Leben habt.»

«Nur wenn unsere beiden Kellabit-Mittelsmänner zustimmen, werden wir öffnen, unter der Bedingung, dass keine weiteren Bäume gefällt werden.»

An diesem Tag zieht die ganze Bande unverrichteter Dinge wieder ab, doch erscheint am folgenden in Begleitung von Freund Henry, dem Mittelsmann zu SAM. Dieser stimmt unbegreiflicherweise, entgegen aller Abmachungen, zu, und die Blockade wird geöffnet. Die Vereinbarung wird nicht schriftlich festgehalten: «Öffnen der Blockade für einen Monat (27.8–27.9), um gefällte Stämme (~5'000 tons) talwärts zu transportieren. Während dieser Zeit dürfen weder Bäume gefällt, noch Strassen und Farbmarkierungen fortgesetzt werden. Am 10. Sept. wird das Kabinettsmitglied A. Johari erscheinen, und auf Wünsche und Forderungen der

---

* Das bezeichnete Gebiet wurde einst von den Anwohnern als Reservat beantragt, doch von der Regierung abgelehnt, und ist mittlerweile grösstenteils von der Kompanie zerstört worden.

Penans eingehen. Bei Nichtbefolgen der Abmachungen kann sofort wieder blockiert werden. Die Kompanien bezahlen für die Öffnung der Blockade je 1'000.– MS $.»

Mit gemischten Gefühlen schauen die Penans zu, wie ihre Absperrung unter dem Beifall der Meute demontiert wird. – Coca-Cola und Bisquits sollen die Besitzlosen erquicken, doch ist es keinem um's Festen. Einige Weiber lästern: «So gross ist eure Unterstützung: Eure Büchse Bisquit's, wo reicht sie hin? Die Kinder müssen sich drum streiten und sie ist leer, bevor noch jeder seinen Teil bekommen hat.»

Mitten in der Nacht wird Aweng, einer der älteren Blockadensprecher, aus dem Schlaf geweckt. Polizei streckt ihm eine Anklageschrift, unterschrieben vom hohen Gerichtshof, unter die Nase, und fordert ihn auf, seinen Daumen auf das Papier zu drücken. Er und weitere Blockadengenossen werden der kriminellen Handlung, eine Strasse abzusperren, bezichtigt.

Aweng verweigert die Unterschrift, da er zur Zeit um den Tod seines Bruders trauert (Ngelumo). Der Polizeichef von Limbang, Jaru S., verlangt Beseitigung der Blockadenhütte am Strassenrand, nachdem die Absperrung schon beseitigt worden war «...damit der Minister bei seinem Besuch Penans mit gutem Herzen antrifft. Ich habe die Anweisung zu schiessen, falls ihr die Blockade nicht aufgebt, und eure Hütte anzuzünden und wegzuräumen.* Doch folge ich nicht dem Befehl, denn ich bin ein guter Mensch und will euch helfen. In alten Zeiten hab ich selbst den Lendenschurz getragen, und war wie ihr...»

Der Nomade Pégá hört davon, dass die Polizei davon geredet hat auf Penans zu schiessen, und sternshagelverrückt geht er am nächsten Morgen auf diese zu, und spricht zu ihrem Boss: «Du hast drei Sterne auf der Schulter – ich hab keinen. Warum? – Weil ich ein Penan bin und im Dschungel lebe. In meinem Land – nicht in deinem! Wenn du uns angreifst, anstatt uns zu helfen, warum trägst du Sterne auf deiner Schulter? – Gib mir dein Hemd, ich verbrenne es! Ich glaube dir nicht! – Warum trägst du ein Gewehr? Ich höre, ihr wollt uns erschiessen. Na, schiess!», und Pega spreizt seine Arme. «Bist du nicht verlegen? Du, Polizist, drei Sterne hast du – wieviel Leben? – Der Schöpfer hat uns Leben gegeben, mir eines und dir eines.

---

* Nach Ngitun: «...was wollt ihr? Selbst wenn ihr euch mit 20 Blasrohren bewaffnet in den Weg stellt, wenn wir unsere M-16 spielen lassen, seid ihr schon alle in einer halben Minute umgefallen. Wenn das ganze malays. Militär hier aufkreuzt, wo seid ihr dann? Wieviel seid ihr schon? Ihr habt keine Chance...»

10/425 Der Schöpfer hat die Erde gemacht, nicht du! Wenn du schiessen willst, so schiess! Doch was wird später mit dir sein?»
Der angeredete Uniformierte geht auf Pegá zu, und will ihm freundschaftlich den Arm auf die Schulter legen und ihn begrüssen – doch dieser wendet sich wütend ab. – «Oh, sei nicht böse mit mir, ich bitte um Entschuldigung. Wir kommen nicht mit bösen Absichten hierher. Ich bin nur wie ein Hund und folge den Anweisungen meiner Vorgesetzten. Wird die Blockade total geöffnet, so werde ich satt sein, ansonsten hungrig. – Wir geben euch zwei Tage Zeit, die Hütte zu entfernen.»
«Wir Penans blockieren hier, weil wir friedliche Leute sind. Wieviele Bulldozer sind bis jetzt in Flammen aufgegangen? Wievielen Kompaniemitgliedern haben wir Schaden zugefügt? Noch niemandem haben wir ein Haar gekrümmt! Doch wenn bis am Ende niemand auf uns hört, werden wir zurück in den Dschungel gehen und Ruhestörer mit Blasrohr und Giftpfeil vertreiben!»
Nachdem die Polizei abgezogen ist, beseitigen einige eingeschüchterte Penans selbst ihr Blockadenhüttchen.

Pegá 10/426

Zehn Tage danach. 10/427
Motorsägen heulen auf, schwerbeladene Lastzüge rattern durch die Gegend, Stämme poltern beim Umladen. Caterpillars haben ihr Zerstörungswerk wieder aufgenommen, und treiben ihre Wühlgänge weiter in den jungfräulichen Dschungel.
Die WTK-Company hat ihr Versprechen nicht gehalten, jedoch Kraftstoffvorräte und Maschinenbesatzungen in die Quellgebiete geschickt.

«Unsere Herzen sind wie Pfannen über heissem Feuer, in denen das Wasser wallt und strodelt.»

«Sind wir Makakken? Du gibst ihm zusammengekratzte schlechte Sagospeise, und er ist fröhlich. – Geld ist wie leere Fruchtschalen, wie Vogelfedern, wie Wind.»

«Wir müssen alle Sippen einherzig zusammenstehen und einander die Hand halten, damit keiner von uns sich verirrt und ins Dunkle fällt.»

Auch das Herz von Freund Spring sowie meines wallt, ob der blödsinnigen Auflösung der Blockade. Waren all unsere Bemühungen umsonst? Die Kompanien waren nahezu bereit für die Auslösung des geschlagenen Holzes eine Summe von ~80'000.– MS $ an die Einwohner des Landes zu bezahlen. – Auch bei Wiederaufnahme der Blockade nun wird es wohl 2–3 weitere Monate dauern, bis den Maschinen mangels Kraftstoff der Schnauf ausgeht.

Die japanische Stiftung ‹JICA› gewährt beinahe zinslose Darlehen für Entwicklungsprojekte in Ländern, die während des 2. Weltkriegs von der Nation besetzt worden waren – als Wiedergutmachung. So hatte sie Strassen- u. Brückenbau von talwärts nach Long Napir finanziert. ‹Guroda›, Vertreter der Organisation ‹International Rainforest Network› hat vom Rummel im Penan-

So sind wir beide unverrichteter Dinge – doch immer wieder nach neuen Wegen suchend.

13. September. Die Penans nehmen die Blockade wieder auf. Lastzüge mit frisch geschlagenen Stämmen wollen talwärts ziehen. Wütend hält mir Pegá nasse Ranga-Rinde hin und knallt sie auf den Boden. – Die Absperrung soll diesmal eine totale sein und jeglichen Verkehr unterbinden. Doch ist die Mehrheit der Teilnehmer gemässigt – ängstlich – und sollte von den wenigen Mutigen geführt werden. Nur wer sich mit einer gewissen Konsequenz der gebildeten Falschheit entgegenstellt, kann sein Ziel erreichen.
Noch vor einem Moment hat Pegá seiner Wut Ausdruck gegeben, und mit einem einzigen Hieb seines scharfen Buschmessers ein Bäumchen gekappt. Da erreichen Fahrzeuge die Blockade. «Lass dein Buschmesser hier bei mir zurück», mahnt seine Frau. Doch er beruhigt sie, er werde nur mit dem Mund kämpfen zu dieser Zeit. – Dann sehe ich von Ferne eine Menschenmenge auf der Strasse versammelt. Aufgebrachte Stimmen und Rufe dringen bis

zu mir. Während Dieselmotoren von Ladefahrzeugen brummen und Stämme poltern, steht die Sonne hoch am Himmel. Rotbraun leuchten die Erdrutsche entlang der ins Dschungelgrün geschlagenen Schneisen, und wohl wie in Urzeiten schallen Zikadenrufe durch die Gegend. Mein Herz ist Schwere.

land gehört und zweifelt, ob die Strasse wirklich den Einwohnern Hilfe bringt – wie sonst würde sie von diesen blockiert?*
Ein weiterer engl. Reporter sucht sein Glück. – [der vorhergende Absatz ist ins Tagebuch eingeklebt]
Spring war weiter für mich nach K.L. gereist, um eine zur Verfügung gestellte Summe auszulösen. Mit dem Betrag hätte er ein Videoaufnahmegerät posten sollen, um damit Unterlagen und Dokumentationen über den Kampf, sowie Penantradition und Kultur zu sammeln. Doch die Botschaft hatte enttäuschend reagiert.

[*] Der Inhaber dieser Strasse ist LTL-Company. Die Konkurrenz WTK muss jener für die Benutzung monatlich 30'000.– MS $ bezahlen. LTL-Co. sollte beweisen, dass die Strasse dem Wohl der Bevölkerung dient.

Ukung*

«Lasst uns nicht sein wie Makakken-Affen, die nur an die Nahrung des heutigen Tages denken. Sie fressen die für sie bereitgelegten Ausschussgurken, Mais und Maniok – und das Tor fällt hinter ihnen zu – sie sind in der Falle gefangen. Nicht mehr können sie durch die Weite des Dschungels streifen und selbst bekömmliche Früchte suchen, denn man schlitzt ihnen am nächsten Tag den Bauch auf. – Wir lieben unser freies Leben und brauchen den Käfig der Regierung nicht!»
Polisi Agan's Meinung zu Ansiedlungsprojekten der Regierung für seine Nomadensippe

* Von Kellabits bei ihren Pflanzungen aufgestellte Käfigfallen. Die Köder sind über eine Leine mit dem Falltor verbunden.

Tacem Sinouai

«Wir müssen uns alle vereinigen wie die Zutaten der grossen Pfeilgiftmischung. Sind diese aufeinander abgestimmt, so wirkt das Gift absolut tödlich. ~ Ist von einer Zutat zuviel (Petugun), so bekämpfen sie selbst einander und das Gift wird unwirksam.»
Lejo, Long Napir

«Die Kompanie ist wie ein grosser Keiler. Er hat sich eine dicke Fettschicht angefressen und gar seine eigenen Frischlinge verspiesen. – Doch einst wird er selbst Opfer und gefressen werden.»
Polisi Agan, Magoh

15. Oktober 87
Blockadenmitglieder wurden von WTK-Company der kriminellen Handlung bezichtigt, eine öffentliche Strasse abzusperren, und sind an den Gerichtshof nach Limbang zitiert.
«Was sollen wir der Einladung Folge leisten? – In Limbang sind wir Fremde – unser Land ist hier!»
Da Advokatenhilfe via ‹SAM› zugesichert ist und Kellabitfreund Spring die Aktion leitet, vertrauen die Penans.

Kläger und Behörden verweigern Hilfe für Transport und Verpflegung des Dschungelvolks. – Protest-Fussmarsch nach Limbang?.....! Die im Schatten Gewohnten fürchten brütende Sonnenhitze, Hunger und böse Menschen talwärts.
Ein Stamm wird in den Weg gerollt: «Wenn du uns nicht mitnimmst, so sollst auch du hierbleiben, oder mit uns zu Fuss gehen.», fordern Blockierende den talwärts zur Verhandlung reisenden Manager auf. Doch dieser lässt den Stamm mit Motorenkraft und Drahtseil beiseite schleifen und geht seines Weges. «Hätten wir ihm die Luft abgelassen…»
Spring organisiert, doch müssen die hohen Kosten aus eigenen Taschen bezahlt werden.
Die Verhandlung wird in Englisch geführt, Tonbandgeräte werden konfisziert. Nach zwei Tagen, noch bevor ein angeklagter Penan zu Wort gekommen ist, wird die Sitzung vertagt. – Auch nach der zweiten Vertagung sind erst drei der 17 Angeklagten zu Wort gekommen.
Die Verpflegung der weitergereisten Besitzlosen wird aus Spenden symphatisierender [sympathisierender] Öffentlichkeit bestritten. Als der Resident die Angeklagten ruft um über den Lauf der Dinge informiert zu werden, trifft er keine fröhliche Schar, und wird selbst in die Zange genommen. Er konfisziert die Tonbandkassette des aufgenommenen Gesprächs und kündet den Penans und Kellabits ihren Unterschlupf. «SAM soll euch helfen!»

Kellirang (Artocarpus)
Baum, ~Ø 80 cm, bergwärts. Blätter 15 cm, wstg, ganzrandig, fest. Us. weissgrün, matt, mit gelblichen Nerven.

76 | TAGEBUCH 10

Der Dschungel spendet eine ganze Reihe von süssen, schmack- und nahrhaften Früchten, die einer Familie angehören. Alle Stämme sind latexhaltig, weichholzig und meist grossblättrig. – Die Fruchtknospen finden sich an Endtrieben. Die reifen Fruchtkörper schwanken je nach Art zwischen Pflaumengrösse (→ Purou), bis zu ein Kilogramm schweren Kugeln (Beripun Tahab/Médang Léwúan). – Rings auf dem fleischigen verlängerten Fruchtstiel sitzen die Samen, jeder in einen süss-schmierigen Mantel gepackt, das Ganze geborgen und geschützt in einer dicken weichen Schale, von feiner Oberflächenstruktur. ‹Pupud› ist die kleine Schwester von ‹Kellirang›, mit gelappten Blättern, ‹Taua› die grössere. Diese findet sich am Ufer grösserer Flüsse – und rot leuchten die reifen Gaben. Der sich in ein junges Mädel Verliebte spielt auf der Nasenflöte: «Nein, Taua-Frucht, du bist noch nicht reif; ein Hörnchen und eine Maus werden dich einst essen!»
«Dahau késak tauá, djáh púan, djáu telle kon káau wam!» Und meint damit, ein anderer wird das Mädel einst zur Frau nehmen. Während die genannten Arten kaum durch Geruch auffallen, verströmen die Beripunfrüchte intensives Zwiebelaroma, und selbst ein Blinder weiss um die Nähe reifer Medang-Kugeln.

Medang (Artocarpus odoratissimus)
Grossblättriger Baum, Ø ~80 cm, weitverbreitet in vier Arten. Rinde leicht gefurcht, hell. Äste kaum verzweigt, kahl, nur gegen Triebspitze beblättert. Früchte nur als Endknospen. Blätter 20–40 cm, rötlich behaart. Verwendung der Blätter als Schleifpapier (→ Blasrohr), als Dachbedeckungsmaterial. Holz aus dem Wurzelbereich kann zu Buschmesser-

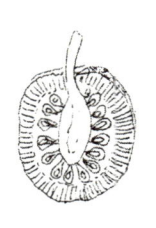

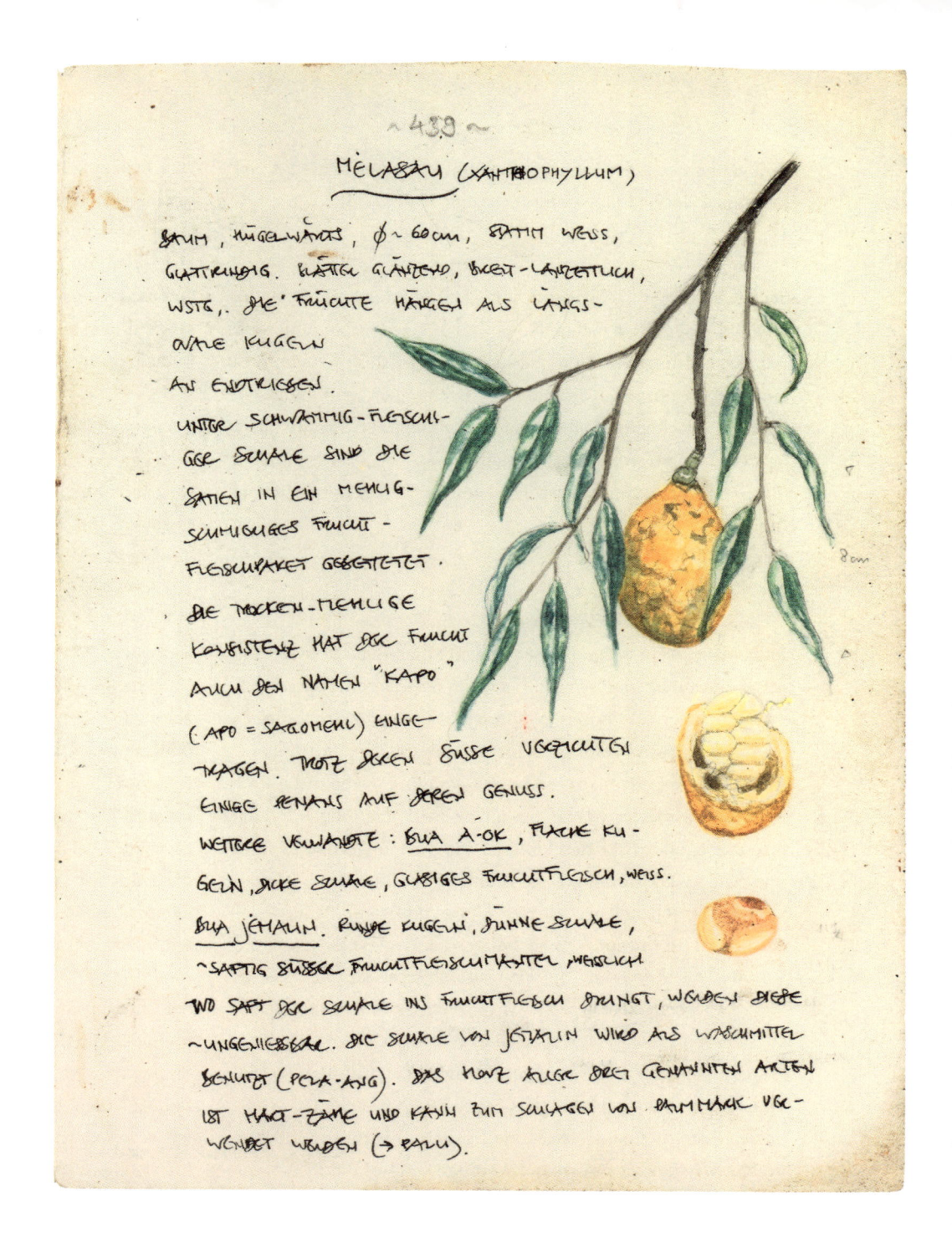

griffen verarbeitet werden. Das weisse Latex unter der Rinde gilt medizinal bei geschwollenen Leistenddrüsen**, während die geschabte Rinde auf Biss- und Schnittwunden gestreut wird. Sie

* Medang Asou: s.o., Fruchtschalen schon vor Reife gelblich. Medang Lewúan: Die edelste Art mit bis Kilogramm schweren Früchten, oft kultiviert

Medang Bellumúng: Blätter klein (L ~15 cm), äusserst rauh-schmierig → Schleifpapier Medang Beláh:

** sowie als Tötungsmittel von Maden

10/435 [fehlt]
10/436 [fehlt]
10/437 [fehlt]
10/437 [fehlt]
10/438 [fehlt]

Melasau (Xanthophyllum)

Baum, hügelwärts, Ø ~60 cm, Stamm weiss, glattrindig. Blätter glänzend, breit-lanzettlich, wstg. Die Früchte hängen als längs-ovale Kugeln an Endtrieben.

Unter schwammig-fleischiger Schale sind die Samen in ein mehlig-schmieriges Fruchtfleischpaket gebettet. Die trocken-mehlige Konsistenz hat der Frucht auch den Namen ‹Kapo› (Apo = Sagomehl) eingetragen. Trotz deren Süsse verzichten einige Penans auf deren Genuss. Weitere Verwandte: Bua Á-ok, flache Kugeln, dicke Schale, glasiges Fruchtfleisch, weiss.

Bua Jemalin. Runde Kugeln, dünne Schale, ~saftig süsser Fruchtfleischmantel, weisslich. Wo Saft der Schale ins Fruchtfleisch dringt, werden diese ~ungeniessbar. Die Schale von Jemalin wird als Waschmittel benutzt (Pela-ang). Das Holz aller drei genannten Arten ist hart-zähe und kann zum Schlagen von Palmmark verwendet werden. (→ Palu).

10/440 Nakan

Die Nakanfrucht ist verwandt mit Kellirang, Medang, Beripun, doch wachsen die Fruchttriebe jeweilen aus dem Stamm, oder hängen bei jüngeren Bäumen auch in den Ästen. – Es ist dies eine der begehrtesten Früchte des Dschungels, und kaum ein Eingeborener würde einen solchen Baum zur Ernte fällen; denn in jedem ‹grossen Jahr› spendet das Gewächs jemandem über 100 Kilogramm schwere Gaben. Der Penan unterscheidet drei Arten.

Nakan		
Paduk	:	Gross
Batang	:	Gross, länglich
Uké	:	Klein, kurz

Reife Früchte verströmen einen angenehmen Geruch, fallen von selbst herunter und werden von vielen Tieren, vom Wildschwein, Affen und Bären verspiesen. – Das gelbe Fruchtfleisch ist schmierig-süss und du schleckst dir danach die Finger… Nahe vor der Reife stehende Gaben werden angehäuft und mit Blättern zugedeckt, worauf sie innert 2–3 Tagen der Vergänglichkeit zugeführt werden können: Die Samen werden gekocht und mit Wildschweinfett zusammen gegessen. Wie Durian-Samen werden sie bei grosser Menge auf dem Feuergestell getrocknet (→ Gurém), um sie haltbar zu machen.

Unreife Früchte können in der Glut gebacken werden, bis die Schale verkocht ist; Fleisch sowie Samen können darauf gegessen werden, doch schmecken fade und trocken (→ Zugabe v. Wildschweinfett). Der verlängerte Fruchtstiel, auf dem die Samen sitzen, dient getrocknet als Fermentationslenker (wie Hefe) bei der Fruchtschnapsherstellung. – Das Holz kann zu Schüsseln und Gewehrkolben verarbeitet werden. – Mutter Bär (Tinen Buang) erbeutete einst ein Wildschwein, als sie während der Ernte eine Nakanfrucht auf den Schädel des Borstentiers unter dem Baum warf.

10/441 Auf Einkauf

Der junge Penan Dita will sich in der Stadt Limbang einige Dinge besorgen. In einem Geschäft lässt er eine Plastiktragtasche mit eingekauftem Gut für eine Weile aufbewahren. Als er mit reichlicher Verspätung dorthin zurückkehrt, hat das Geschäft seine Türen schon geschlossen. Der aufgesuchte Inhaber erklärt dem jungen Mann, er habe den Plastiksack vor dem Laden deponiert. – Doch er war verschwunden. – Dita begegnet einigen Polizisten und fragt sie um Hilfe: Was für Gegenstände abhanden gekommen seien? – Zwei Schachteln Patronen für's Jagdgewehr seines Vaters, nebst anderen Kleinigkeiten. Wo sein Waffenschein sei? –

Dita besitzt keinen. Das Gewehr ist ein Relikt aus dem Handel der britischen Kolonialherren mit dem Nomadenvolk, das Papier längst abhanden gekommen.

«Oh, wenn du keinen Waffenschein hast, müssen wir dich büssen! 200 $, ansonsten nehmen wir dich fest!» Am Ende der Diskussion bezahlt Dita 150 $ an die Polizisten – ohne Quittung – und zieht unverrichteter Dinge wieder quellwärts.

10/442

Toi ist im Besitzt eines Waffenscheins für seine alte Flinte. Trotzdem von der Regierung ausgestellten Papier verweigert ihm der Geschäftsinhaber den Kauf von Munition und schickt ihn zum Resident. «So lange ihr Penans eure Blockaden nicht öffnet, werden wir den Verkauf von Patronen an euch verbieten!», erhält er zur Antwort.

Schwarze Magie?

Nach dem Besuch bei der Limbangblockade fällt ein hoher Polizeifunktionär in Koma. Nach drei Wochen ist er immer noch ohne Bewusstsein. Die Mediziner finden weder Ursache noch Heilmittel. Ein sogenannter Hellseher aus Sabah wird um Rat gefragt, ein weiterer in Kuala Lumpur; beide deuten auf die Blockade. Penans dort werden um Heilhilfe gebeten, falls sie das Leiden angehext hätten. Uian verneint, etwas mit der Sache zu tun zu haben: «Wenn wir jemanden töten wollten, so würden wir unsere Wut am Manager auslassen!» –

10/443

Selbst unter Penans ist die Furcht vor Tod und Krankheit durch dunkle Praktiken weit verbreitet; oft werden Mitglieder anderer Sippen oder Volksstämme beschuldigt, ‹Dinge› am Pfad vergraben zu haben. Wer drauftritt, soll dem üblen Zauber anheimfallen. – In Wirklichkeit entpuppen sich solche Anschuldigungen meist als leere Vermutungen.

Angesteckt

Dem Beispiel der Penanblockaden folgend, sind auch Mitglieder anderer Dayak-Sippen Sarawaks aufgestanden und verlangen ihre Rechte. – Doch die meisten Demonstrationen werden sofort von der Polizei aufgelöst. So werden 2–3 Dutzend Kayans von Umah Bawang (Baram) festgenommen, da sie ihre Blockade nicht freiwillig aufgeben.

Einige Kellabits von Long Napir blockieren talwärts in Long Sidung. Sie fordern Anerkennung ihrer traditionellen Gemeindegrenze, Arbeitsgebung von operierenden Kompanies an Einwohner, und wollen in ihrem Gebiet abgebauten Stein be-

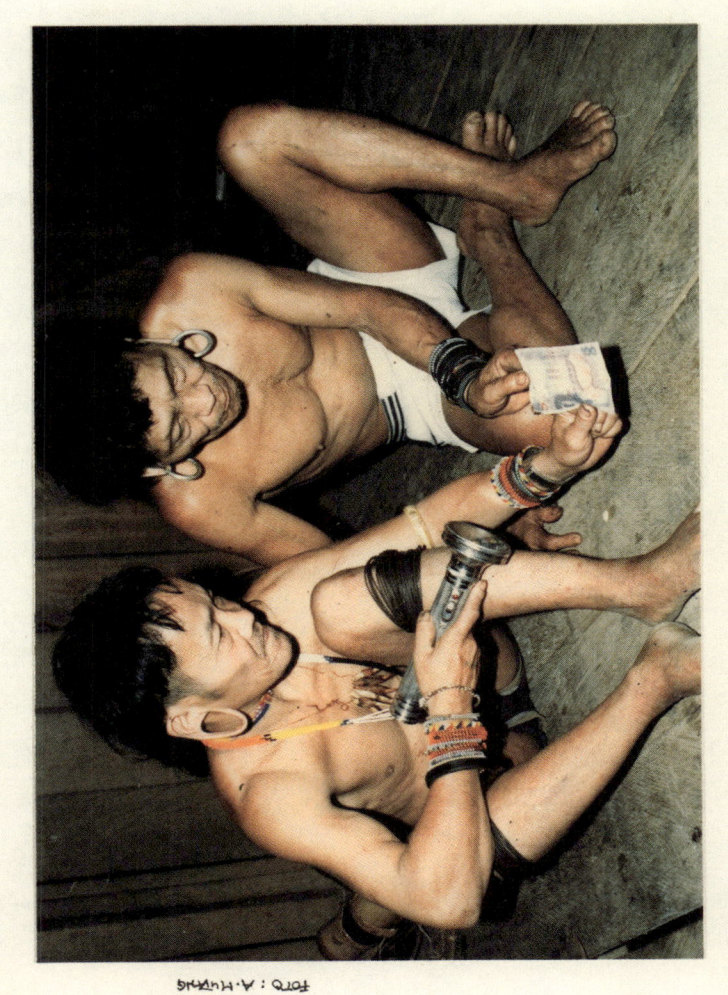

10/444 steuern. Doch nach einigen Tagen löst sich die Gesellschaft zerstritten auf. Drohungen von Seiten der Behörden und Misstrauen gegen Führer, sie wären von der Kompanie gekauft, waren die Gründe.

Abtrünnig

Manager Lau erscheint eines Tages mit vier jungen Penans an der Blockade. Ohne jeden Kommentar wird ein Drahtseil an der Absperrung befestigt und mit Motorenkraft gezogen, Rattanverknüpfungen mit dem Buschmesser gekappt, Pfähle ausgezogen und weggeschmissen. Unter fassungslosem Zusehen der Blockadegenossen. Der Manager drückt 2000.– $ in Ditá's Hand, und heisst die Anwesenden zu unterschreiben – doch nur dessen Verbündete folgen der Anweisung – und verlassen schnurstracks den Ort.

Nach grosser Entrüstung und kurzem Meeting stellen die Anwesenden die Absperrung wieder auf. Da erreicht der Manager wiederum den Schauplatz. Er nimmt den Blockadenältesten zur Seite: «Wenn du öffnest, geb ich dir 500.– $..! Nur dir..!» – Aweng lehnt ab.

10/445 Tá und Tau, zwei Nomaden vom Adangfluss, halten zum ersten Mal in ihrem Leben einen 100.– $-Schein in Händen – und staunen. Dieses Stückchen Papier, weder glitzernd noch funkelnd, ohne Gewicht und im Augenblick zerrissen und verbrannt, hat also denselben Wert wie ein erstklassiger Blasrohrspeer?!
Foto: A. Mutang

Gericht

Die meisten bestehenden Blockaden am Baram werden von den Behörden aufgelöst. Nur dort, wo die Kompanies gegen Blockierende gerichtlich vorgegangen sind, kann die Polizei nicht einschreiten, solange die Verhandlungen laufen.

7. Nov. Nach der zweiten Vertagung verliert die klagende WTK-Kompanie den Prozess und die angeklagten Eingeborenen werden freigesprochen, noch bevor sie alle zu Wort gekommen sind. Es war ein Kampf zwischen Advokaten, in englischer Sprache, dessen Inhalt kaum einer der Anwesenden verstehen konnte. – Die von der Kompanie erstellte Strasse wird nicht als öffentliche, sondern als private taxiert. – In der Eile vergisst man ganz, dem Kläger die Unkosten zu belasten. –

Während die mittellosen Angeklagten und Sympathisanten [Sympathisanten] in miserabler Unterkunft zu nächtigen hatten, schmeichelte Manager Lau einer Handvoll Männer, und liess sie im vornehmen Hotel mit Ruftelefon unterbringen – zum Leidwesen der übrigen Genossen.

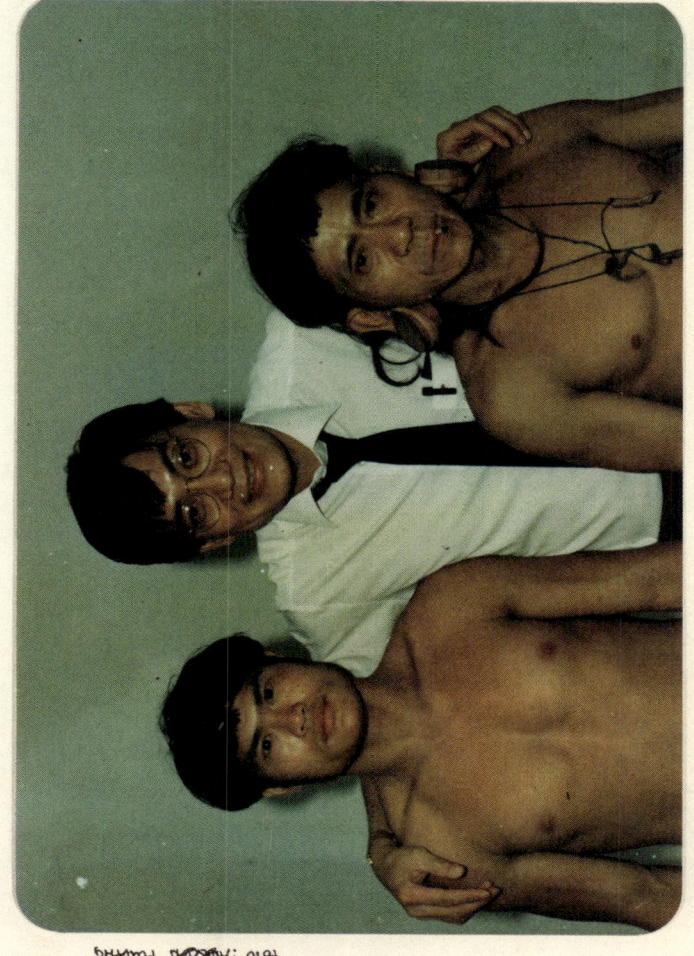

Harrisson Ngau, Vertreter von ‹SAM› in Marudi, welcher sich vehement für die Dayak-Völker Sarawaks und ihre Landrechte einsetzt, wird unter ‹ISA›* festgenommen, zusammen mit einigen Dutzend weiterer Personen, die der Regierung ungenehm sind. Während acht langen Monaten haben Ureinwohner auf Anhörung und Unterstützung der Verwaltung gewartet. – Vergeblich? – Die Behörden lehnten von Anbeginn der Auseinandersetzung bis zum heutigen Tag strikte jeglichen Dialog mit Eingeborenen ab. Die Antwort auf die friedlichen Blockaden wurde nun von der zivilisierten und fortschrittsgläubigen Regierung klar gegeben: Bewaffnete Polizei- u. Field-Force-Aufgebote wurden im Krisengebiet stationiert und beseitigen sämtliche bestehenden Blockaden mit Gewalt.

‹Geneng› berichtet von der Limbangblockade: «Einige Wagen voll bewaffneter Polizisten tauchten in Gesellschaft des Managers an unserem

* ISA: Internal Security Act: Im Höchstfall bis 2 Jahre Haft ohne belastende Beweise und Verhandlung.

Ort auf. Die meisten von uns waren unterwegs auf Jagd, Sagoverarbeitung, oder hatten die Gegend aus Furcht vor drohender Auseinandersetzung geflohen. Hilflos standen wir wenige bei und mussten zusehen, wie unsere Blockadenhütte demontiert und beseitigt wurde.

«Wir folgen nicht unserem eigenen Herzen, wenn wir das tun. Wir führen nur den Befehl unserer Vorgesetzten aus, ansonsten diese wütend mit uns werden.», entschuldigt sich ein Polizist. Darauf stationierten die Uniformierten im nahegelegenen Holzfällercamp. – Zwei Tage darauf kamen sie wieder, schütteten einige Kanister Diesel über die demontierte Blockade und steckten sie in Brand. Dabei richteten aufgestellte Wachen ihre Gewehrläufe gegen uns. Libai warf wütend ihren Rock von sich und pisste demonstrativ auf den Weg.»

Mit Befriedigung stellen die Behörden fest, dass das Geschäft der Holzgesellschaften wieder läuft wie gewohnt. Sämtliche Kompanien fahren mit schwerem Geschütz und

10/447 Der idealistische Advokat David Um hat vor Gericht kostenlos die Interessen der angeschuldigten Eingeborenen vertreten. Wie ein Symbol der Hoffnung legt er – als Kind der Zivilisation – seine Arme um die Schultern von Suti Tilo und Along; ohne handfeste Hilfe aus der modernen Welt, scheint der Kampf der Dayak-Völker für ihre Umwelt verloren. Das einzige, was das Dschungelvolk der gebildeten Profitgier mit seiner ganzen Maschinerie entgegen stellen kann, ist seine Unschuld.
Foto: Anderson Mutang

Öltanks zurück in die Quellgebiete. – Doch unter der Oberfläche ist alles andere als Frieden. Die moderne Welt mit ihrem Glauben ans Geld, mit Einschüchterung und Korruption, lässt Völker spalten und Kulturen zerbröckeln. Einige der wenigen Mutigen, die klar verweigern, den Haken mit magerem Köder zu verschlucken rufen nach Gewehren und Kampf. Die Mehrheit aber bleibt scheu und furchtsam.
Ich hab einen schweren Stand mit Laotses Vers zur Gewaltlosigkeit: Das weiche Wasser besiegt den harten Stein.

Der Resident von Limbang enthebt den Gemeindepräsidenten von Long Napir, Pun Nuih, seines Amtes; er war einst entgegen des Willens des Distriktobersten einer Delegation nach Kuala Lumpur gefolgt, um dort die Sorgen seiner Dorfbewohner über die Zerstörung des Landes durch Holzfällerei zu klagen. – Ob allerdings die Bevölkerung von Long Napir einverstanden sei, welche einst ihren Dorfschulzen demokratisch gewählt hatten, kümmerte den Residenten bei seinem Entschluss wenig. –

Vor drei Monaten hatte der Polizeikommandant einen Jagdbann für alle Kompaniemitglieder und Ortsfremde ausgesprochen. Gewehre von Fehlenden im Gebiet des Ulu Baram/Limbang sollten konfisziert werden. Doch überhaupt nichts ist geschehen. Nach wie vor gehen Holzfäller, Geschäftsleute von talwärts und gar Polizei in der Speisekammer der Penans auf die Jagd.

‹Dja-au Lat›, der grosse Pfeilhintern*, schnitzt sich Geschosse. Er ist noch von altem Schrot und Korn. An seinem Hals baumelt eine besonders lang-gebogene Bärenkralle**, seine einzige Bekleidung bildet ein um die Lenden gewickeltes Stück Tuch. Die Mundwinkel des Wortkargen

* seir altes Blasrohr hat einen besonders grossen Lauf, dem sich auch der Ø der Pfeilhintern anpasst.

** → Tareng, Amulett

zeigen meist gegen abwärts, vor allem wenn er schläft. Die Kinder heissen mich wieder und wieder, seinen grimmigen Gesichtsausdruck zu ihrem Gaudi nachzuäffen.

Niarú Béti berichtet von Long Iman.
Nach mündlichem Versprechen des Polizeichefs, von Sarawak, uns Hilfe zu geben betreffs unserem verlangten Reservatsgebiets, heben wir im Juli 87 selbst unsere Blockade auf. Als dann aber später die Kompanie unsere Forderungen weiter missachtete, sperrten wir wieder. Polizei kam und beseitigte unsere Absperrung: «Ihr seid falsch!» – «Tut uns leid», antworteten wir, «an fremdem Ort würden wir falsch sein, in unserem eigenen Land hier, wo ist unser Fehl?» – «Nein, nur weil ich euch helfe, nehme ich euch nicht fest. Falls ihr die Kompanie wiederum stoppen wollt, werde ich euch ohne Kommentar verhaften! Im Gefängnis ist's nicht gut. Denkt an eure Frauen und Kinder! Wer wird für sie sorgen? – Wie sind eure Namen?» … Nachdem er alle notiert hatte, fragten wir ihn um seinen. «Den braucht ihr nicht zu wissen!» – «Warum fragst du unsere Namen, wenn du den deinen nicht bekannt gibst?» Der Polizeifunktionär entfernte sich, die Antwort schuldig bleibend.

Long Kidáh
Bulldozer und Jeeps mit bewaffneter Polizei erreichen unsere Blockade. «Wir müssen öffnen im Auftrag der Regierung.» – «Oh, wenn das so ist, gut wir warten hier zusammen auf die Regierung.» – «Ich hier bin von der Regierung!», meldet sich ein Gemeindepräsident von Bareo. «Wo ist dein Brief?» – «–» – «Wenn du keinen Brief hast, glauben wir dir nicht.» – Darauf zog die Gesellschaft wieder ab, doch tauchte zwei Tage später wieder auf. Ein Helikopter landete. Der Resident von Miri war dabei. Wir waren froh, endlich einen Grossen der Regierung zu sehen. Doch er hörte uns gar nicht an, bezichtigte aber einfach der Falschheit. Zweimal zogen mich Polizisten mit Gewalt von unserer Absperrung weg und beseitigten sie (31.10.87): *Niakú Beti*. «Wenn ihr blockiert, werden wir euch nicht festnehmen. Doch wenn ihr Bulldozer oder Brücken zerstört, werden wir euch weich schlagen und darauf ins Gefängnis werfen!» Ein Polizeifunktionär von Limbang zu Gerawet, Nomade vom Magoh.

Lauid Dá-un
Dezember 87
Nun ist die Fruchtzeit vorbei, doch sie wird sogleich von der nächsten abgelöst. Einige Bäume wie Jet und Cu-ui standen gar schon wieder in Blüte, während sie noch von reifen Gaben behangen waren. Überall schwellen Fruchtknoten an, Platz schaffend für die schwellenden Samen. – Die Schalenfrüchte Ikép und Lauid-dá-un sind die Nachzügler, nachdem alle anderen Gaben schon gefallen sind. Kraggelivoll [gestopft voll] ist der schlanke Stamm und Äste von Lauid-dáun-Trauben behangen. Das säuerliche Fruchtfleisch erzeugt in grösseren Mengen genossen ‹lange Zähne› und Durchfall.

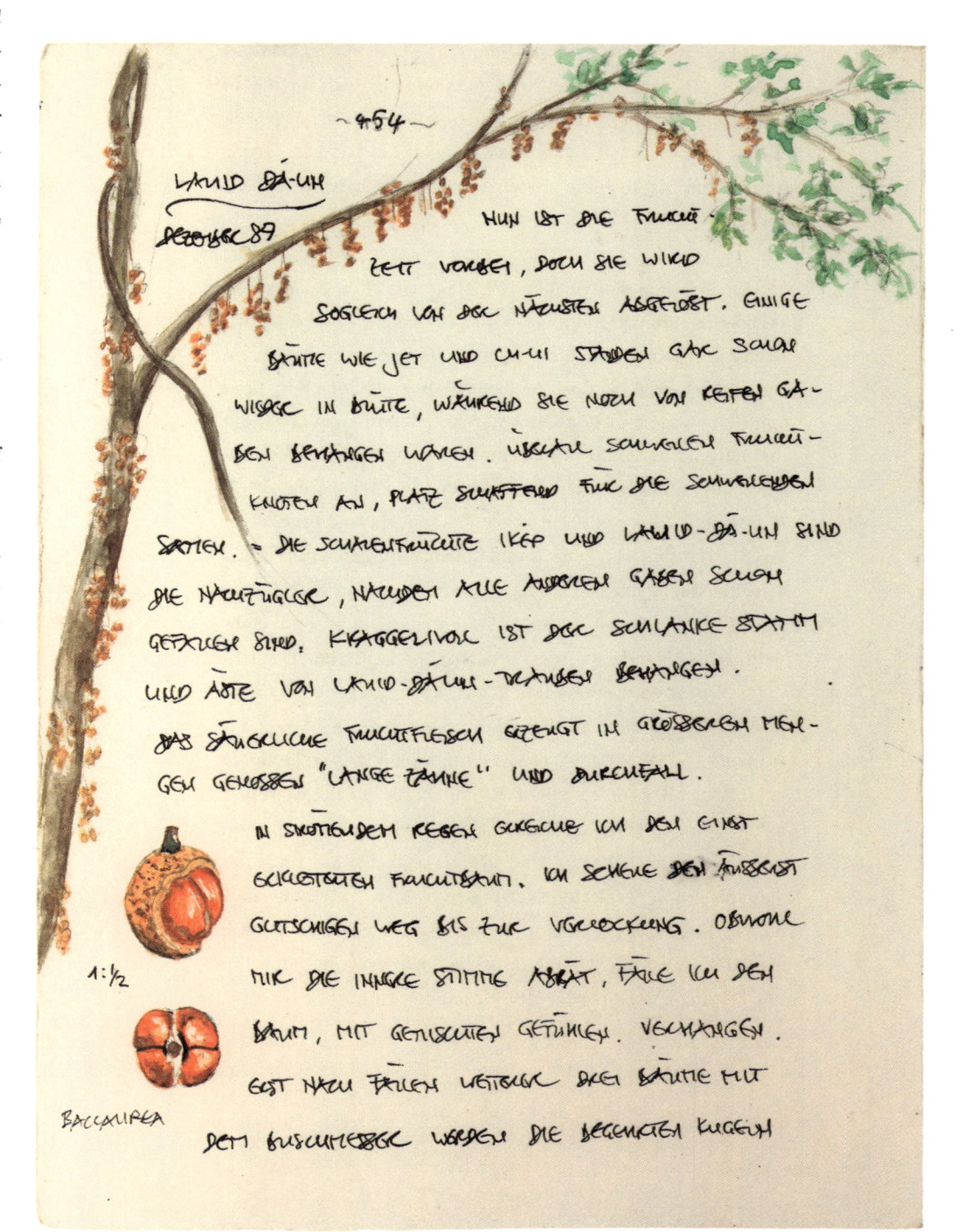

In strömendem Regen erreiche ich den einst erkletterten Fruchtbaum. Ich scheue den äusserst glitschigen Weg bis zur Verlockung. Obwohl mir die innere Stimme abrät, fälle ich den Baum, mit gemischten Gefühlen. Verhangen. Erst nach Fällen weiterer drei Bäume mit dem Buschmesser werden die begehrten Kugeln

1:½
Baccaurea

10/455 erreichbar. – Als ich die erste Traube pflücken will, kommt ein rotes Insekt geflogen und sticht mich ins Ohr. Auá! Die nächtlichen Hornissen! Und schon kommen weitere drohend angeflogen. Schnell flüchte ich in den nahegelegenen Bach und empfange die Angreifenden mit spritzendem Wasserschwall. Ein zweites Biest sticht mich in die Hand, und auch mein Affenkind auf der Schulter wird nicht verschont. – Schöne Bescherung! Tragtasche, Blasrohr und Köcher samt dem Grund aller Mühen sind wild umschwärmt vom aufgestörten Hornissenvolk. Was nun? Die Narbe eines Stichs bleibt noch nach zwei Jahren als Andenken sichtbar. Feuer ist nicht in Griffnähe. So ganz benackt nach Hause zu kehren, schäme ich mich. – Mit einem dicken Wuschel Tobo-Blätter über den Kopf gehalten wage ich mich eine halbe Stunde später in die Nähe der Gefahr. – Das erboste Volk hat sich in dieser Zeit scheinbar verzogen. So kann ich sogar Ernte halten. Bis mich ein weiteres Biest in die Leiste sticht...

10/456 **Ditá**
Der Sohn des Nomadenältesten vom Magoh hatte einst seine Sippe verlassen und war in Limbang-Gebiet sesshaft geworden. Als einziger von seinen Mitgliedern hat er Bildung genossen, kann lesen und schreiben und ist intelligent. – In Zeiten der Not durch Kompanies hatte ihn einst sein Vater zurückgerufen um Hilfe gegen die fremden Zerstörer des Landes – vergeblich.
Nachdem dann die Nomaden selbst eine Blockade errichtet hatten, liess sich Ditá von der Kompanie anstellen und brachte eine weitere Gruppe von Penans und Kellabits für Farbanbringung bis in die Quellgebiete des Magoh. – Alle übrigen betroffenen Eingeborenen wurden wütend. Da er später während eines Meetings als Ungerufener erschien, Tonbandaufnahmen machte, eine Schrift entwendete und sofort für eine Nacht das Camp des WTK-Managers aufsuchte, vermutete ich ihn als Spion der Kompanie. – Als später Penans und Kellabits des Limbang blockierten, folgte er als stiller Mitläufer. All die Rügen seiner Angehörigen, zum Teil berechtigt, zum Teil hergezogen, liessen den jungen Vater schweigsam werden. Doch bei Meetings mit Kompanies und Regierungsvertretern war er, als einer der wenigen mit Bildung und der malaysischen Sprache kundig stets dabei. Als dann seine Stimme später in grossen Lettern in einer Zeitung zitiert wurde: «Wir verlangen

[Fortsetzung auf S. 11/457]

TAGEBUCH 11

[Fortsetzung von 10/456]

Land, nicht Geld!», war mein Herz erleichtert, und ich schenkte ihm Glauben. Doch seine Angehörigen blieben misstrauisch. Immer wieder folgte er Kompanievertretern talwärts und traf sich auf eigene Faust mit Resident und Beamten. Doch nie sprach er über die Ereignisse mit Blockademitgliedern und bekam darum von diesen immer wieder vorgeworfen, er sei von der Kompanie gekauft. Dità zog sich verbittert und einsam, ohne Freunde, in sein Schneckenhaus zurück und blieb schweigsam. – Im Gespräch wies er alle Anschuldigungen zurück. Er sei einst nur der Kompanie gefolgt, um diese auszuspionieren, und deutete auf sich selbst als das Mausreh (Pélanok), welches nach der Sage hinterlistig Bär und Nashorn und Krokodil durch Schwindel besiegte und tötete.

Als dann Dità aber plötzlich eines Tages mit dem Manager an der Blockade erschien, und mit wenigen Verbündeten diese öffnete, war der Faden zu den übrigen Genossen gerissen. Eigene Angehörige reden von Mord und andere beschwichtigen. – Mein Herz ist schwer, zu sehen, wie sich die Gruppe versplittert und zerstreitet, und der eigentliche Usurpator allen Übels, die ins Land fallende Profitgier, sich ins Fäustchen lacht. –

Während der Gerichtsverhandlung talwärts hatten die wenigen zu Wort Gekommenen nur das Land in Limbang-Area erwähnt, obwohl Penans vom Seridan und Magoh an der Blockade teilgenommen hatten. Enttäuscht wendeten sich diese ab. – Gleich drei Kasettenrekorder scheppern nun im Chor wild durcheinander aus dem vorher friedlichen Dschungeldorf. Dies ist der Fortschritt, welchen Regierung und Kompanies ermöglicht haben, und weiter dessen Wege bahnen.

Dità hat sich ins Magohgebiet zurückgezogen, verbittert und zerstreitet. Selbst sein Schwiegervater will seine Tochter zurücknehmen. Seither folgt der Einsame der Kompanie, und will seine Angehörigen vom Magoh zum Sieg führen, geht das Gerücht.

Der Manager der WTK-Kompanie führt einige Penans vom Magoh- und Seridan zum Resident nach Miri. – Dieser weist an, Gesuche für Waldreservate einzureichen. Nomaden des Magoh unterschreiben darauf, von allen Geschehnissen demoralisiert, nur für das Quellgebiet des Flusses, wo noch keine Prospektoren Farbmarkierungen angebracht haben. Sagopalmen sind dort genügend zu finden, doch fehlt der Pfeilgiftbaum (Tacem), der qualitativ beste Rattan Bukui, und auch die Mehrheit der edlen wilden Fruchtbäume finden sich flussabwärts*.

Gesuche solcher Art werden erfahrungsgemäss alle abgelehnt, oder bleiben viel mehr über Monate hinaus unbeantwortet. Sie sind in Wirklichkeit Mittel, Opposition versanden zu lassen. Die Holzgesellschaften wüten ungestört weiter, um dann in die Reservatsgebiete zu dringen. Denn die Lizenzen sind längst vergeben.

Spring

Mein bester Freund im Kampf für Menschlichkeit ist der Kellabit-Sohn Anderson Mutang. Als Gebildeter hat er sich voll für die von der Holzfällerei betroffenen Dschungelvölker eingesetzt. Sein Christentum ist gelebt – nicht eine hohle Maske unter der sich selbstische Interessen verbergen. Seine unschuldige Seele erfrischt wie um Stein sprudelndes Gebirgswasser. – Doch wie jeder Idealist, wird auch er wiederholt geschlagen und muss der

* Der Ratáu- und Djuhit-Mündung

Realität ins Auge blicken. – Über Monate hinaus hat er sein eigenes Geschäft vernachlässigt und Unkosten auf sich genommen, um zu helfen. Nun sieht er, wie Betroffene selbst abtrünnig werden. In seinem Brief (2.12.87) schreibt er:

«Mein Freund ~

Du bist ein guter Bruder im Kampf für Menschlichkeit. Ich fühle mich einsam seit ich hergekommen bin, weil ich dich nicht treffe [treffen] und mir dir reden kann.

Ich war kaum eine Woche in Bintulu, da wurde ich wegen eines Meetings unserer Leute mit dem Manager dschungelwärts gerufen. Da ich kein Geld hatte, musste ich mir welches borgen. Wegen einer Augenentzündung konnte ich nichts für mein Geschäft tun.

Auf dem Flugplatz Limbang traf ich Dità und vier weitere Penans vom Magoh und Seridan auf der Heimreise von Miri. Sie hatten Radios unterm Arm, neue Kleider und neuen Haarschnitt. Als ich Manager Lau in ihrer Begleitung sah, stieg mein Blut. Ich war wütend, dass sie mich, unsere Gruppe, alle Penan- und Kellabitblockadegenossen betrogen hatten – denn sie hatten uns nicht über ihre Mission informiert.

Ich fürchte, Dità erzählt den Behörden über all unsere Arbeit und Pläne; so wissen sie, mit uns umzugehen, weil sie unsere Schwächen kennen… Als ich in der Zeitung die Warnung las an Leute, die mit dir in Verbindung stehen, dachte ich, die Polizei würde mich festnehmen. Manchmal fühle ich – sie sind sehr nahe. All deine Briefe und Schriften habe ich schon verpackt…

Verschiedene Film- und Fernsehgruppen aus Europa warten, dass ich sie dschungelwärts führe. Doch ihre Geschichten werden in Malaysia bekannt werden, und die Behörden werden herausfinden, wer sie hereingebracht hat…

Danke für deinen Brief, welcher mir Mut macht. Doch gebildet und allein unter dem Dorfvolk und Nomaden fühle ich mich töricht, entmutigt.

Nun ist Ende 1987. Beinahe ein Jahr ist verstrichen und ich habe nichts erreicht. Unsere Blockade ist fruchtlos, alle sind wir müde und schwach und viele geben auf. Der Kampf ist ein Traum für andere. Deshalb unterstützen sie nicht, sondern versuchen etwas gemeinsam mit der Kompanie zu tun, um ihren eigenen Magen zu füttern. Ich selbst fühle mich oft depressiv. Ich fühle, ich ruiniere meine Zukunft, da ich kein Geld spare fürs Geschäft, und auch auf Heirat zu warten und Familie zu haben. Ich werde älter und will meine Zukunft gesichert. Doch wenn ich an die Penans und ihren Kampf denke – so hilflos, etwas zu tun – ich will weiterfahren und bleiben, alle Hilfe geben, dir mir möglich ist. Gott allein weiss, wie weit meine

Kräfte reichen...

Seit die Polizei die Blockade geöffnet hat, fühlen sich die Leute hilflos. Advokaten helfen, doch auch der Gerichtshof scheint nicht fähig, die Kompanie an der Arbeit zu hindern. Jedesmal wenn ich die Laster Stämme talwärts bringen seh, werde ich wütend innerlich, unfähig, sie stoppen zu können. – Vielleicht wäre ein Hungerstreik effektiv, aber ich wundere, ob ich das tun kann: – Tausend Dinge flitzen durch mein Hirn, doch ich sehe kein Ziel, so lange nicht alle Eingeborenen in Sarawak zusammenschliessen und eine ganze Bewegung gegen das Unrecht am Volk tun.

Dies ist wirklich eine einsame Strasse, die wir wählen. Obwohl viele Leute mit unserem Kampf sympathisieren, dann, wenn wir ihre Hilfe brauchen, ist sie nicht da. Jedermann versenkt seinen Kopf ins Ostrichloch – wie die Muschel in die Sicherheit ihrer Schale.

Moral an der Blockade ist tief. Viele sind zurück in den Dschungel gegangen. Wir versuchen, zusammenzutrommeln und nochmals einige Blockaden zu errichten. Wir sind bis jetzt sehr geduldig und friedlich gewesen. Wenn wir wieder blockieren, wird die Polizei verhaften. Warum nicht gebrannte Brücken und Bulldozer und Camps? Die Kompanie kennt nicht unsere schlimme Seite bis anhin, darum arbeitet sie friedlich weiter. –

Ich werde morgen nach Limbang gehen; mein letzter Versuch zu friedlicher Lösung. Wenn nichts geschieht, werden wir wieder blockieren. Wir haben den Manager gewarnt. Doch es ist ihm gleich, was wir der Kompanie tun, dh. er ist gewiss, dass ihn die Polizei unterstützt.

Dein Freund N. fragt um internationale Unterstützung. Falls die Hilfe nur halbherzig ist, fühlt er sich nicht glücklich. Sie sind nicht bereit, Verhaftung zu riskieren, wenn nicht sofort Gerichtsverhandlung folgt; wie die 42 Verhafteten Kayans vom Baram. Die Verhandlung wird erst beinahe ein Jahr später stattfinden. Doch inzwischen ist die Barrikade geöffnet und das Land wird zerstört, was ist der Sinn?

Wie weit werden wir internationale Hilfe erhalten? Werden Advokaten zur Verfügung gestellt, uns wieder auf freien Fuss zu setzen? Werden wir Waffen erhalten, wenn uns keine andere Alternative bleibt als Kampf? – Denn wir wollen gegen Behörden und Unterstützer der Kompanies, welche unseren Wald zerstören, kämpfen. – Wenn du nicht bejahst, werden wir eben mit was auch immer für Plänen gegen die Kompanie verhandeln.* Mach unseren

* Dh. Verlangen von lächerlichem Schadenersatz

Sinn nicht halb-herzig! Schreib Briefe und kläre die Situation. Vielleicht wird uns die Regierung töten, und was wird das Ende sein? Wir werden hinter deinen Worten stehen.

N.

[Die obenstehende Signatur ‹N.› deutet darauf hin, dass der Brief ein Zitat enthalten muss, welches aber nicht gekennzeichnet ist. Der Brief – er ist von Spring – wird unten fortgesetzt]

13.12.87. Long Napir

Heute landete das ‹Select Commitee for Penan› per Helikopter. Wir waren alle so erwartungsvoll, doch sie kamen nur und gaben ungewollte Reden, mit all ihren leeren Versprechungen. Es war keine Gelegenheit, um Dialog zu halten, sie kamen in grosser Eile. Im grossen Ganzen fühlten wir uns alle betrogen, denn sie machten keinerlei Versprechen, noch erklärten sie die Funktion ihres Komitees, noch in welcher Weise von Entwicklung sie die 1 Million Dollar für das Volk verwenden würden. Der Vorsitzende des Komitees ist YB. Abang Johari, gefolgt von YB. Datuk Balan Seling; weitere Mitglieder sind Polizeichef, Militärchef, Chef des Spezialdienstes, ASS: [,] Minister für Landwirtschaft, und andere.

Nimm dich in Acht! Verschiedene Truppen, sogenannte Kommandos, die sich Umweltschützer nennen, streunen durch die Gegend. Von Long Napir, Long Penuh, Long Seridan, Long Kemawang und Long Adang versuchen sie dich einzukreisen...

Fröhliche Weihnachten

Dein Spring

Kommentar

Maleng zum Besuch der hohen Regierungsbeamten: Abang Johari sagte zu uns: «Nur wenn ihr der Kompanie folgt, könnt ihr reich werden und ein besseres Leben führen. Werdet sesshaft! Wer immer die Kompanie an der Arbeit hindert, wird festgenommen!»

Niemand gab uns Gelegenheit, zu sprechen. Diesen Ministern glauben wird nicht.

Zeugenberichte

Rajá Jemale berichtet von Long Palo (Layun):

«Ich war nach Miri zum D.O. gegangen, um Hilfe gegen die unser Land zerstörenden Kompanies zu bitten. Er solle die Holzfäller zurückrufen. – Dies sei nicht möglich, war seine Antwort. Da ging ich zum Resident: «Lasst die Kompanie arbeiten, bis sie alles Nutzholz geschlagen hat», entgegnete dieser. Da war mein Herz schwer. Ich suchte den Inhaber und Manager der Kompanie auf. Doch dieser drohte mit der Polizei, falls wir ihm unser Land verbieten. «Warum willst du die Polizei rufen? Haben wir Menschen getötet oder verletzt? Wir diskutieren nur mit guter Sitte und verlangen Meeting.»

Da niemand auf uns hörte, blockierten wir die Strasse. Sieben Wagen voll bewaffneter Polizei tauchten auf und ein Hubschrauber landete. Der Polizeichef verlangte von uns, die Blockade zu öffnen, um gefälltes Holz talwärts zu führen: «…Wenn die Kompanie später nicht auf euch hört, seid ihr nicht im Fehler und könnt wiederum blockieren.» Da waren wir einverstanden und unterzeichneten mit dem Residenten eine Karte unseres verlangten Waldreservats.

Als dann aber die Kompanie später entgegen unserer Abmachung neue Bäume fällte, errichteten wir entrüstet eine Barrikade. Und wiederum kam Polizei.

«Wollt ihr hier die Regierung, grosse Menschen bekriegen?!» – «Wir verteidigen nur unser Land. Hier, die Karte unseres Waldreservats. Nun ist es beinahe zerstört. Deshalb verbieten wir der Kompanie weiterzuarbeiten, denn sie gibt uns nicht unsere tägliche Nahrung. – Wo ist unser Fehl? Wenn ihr von der Regierung seid, warum helft ihr uns nicht, und bewahrt unser Land, das uns Leben gibt? Warum zerstört ihr unsere Sagopalmen und Fruchtbäume, und all das, was wir zum täglichen Leben brauchen? Wenn ihr so handelt: Ihr von der Regierung bekriegt und bestehlt uns in Wirklichkeit! Wir selbst sind friedfertige Leute und diskutieren mit guter Sitte.»

Doch die Polizei ballerte nur mit ihren Karabinern in der Gegend rum, um uns einzuschüchtern, und drohte, uns festzunehmen, falls wir unser Land bewahren wollen. – Darauf öffnete sie unsere Blockade.

Darum ist mein Herz schwer, weil die Regierung unser Land zerstört und keine Hilfe gibt. Einen einzigen Block (=250 Acres) Kulturland will sie uns gewähren. Geh du, und versuche darin auf Jagd zu gehen und deine Nahrung zu suchen. Wahrlich, da sagen wir, wir haben's nicht leicht!

Früher haben wir in zwei Stunden ein Wildschwein gejagt und Früchte gefunden. Doch heute haben wir ein schweres Leben.

«Wir hatten die Grabesstätte meiner Eltern markiert. Doch die Holzfäller hörten nicht auf uns und drangen in das abgegrenzte Gebiet – jauchzend. Darauf beschuldigten sie uns der Lüge: «Wir bulldozern die Erde, doch nirgends haben wir Knochen gefunden!» –

«Warum sollte ich falsch sein? Wo ist mein Vater? – Im Wald. Wenn mein Vater noch lebt, kannst du sagen, wir lügen.» Dies macht unser Herz krank. Der tote Vater bewegt sich nicht, und meine tote Mutter kann nicht rufen…»

Rajá Jemale, Long Palo

…Der Manager Miong kam mit Polizei: «Hier sind meine Soldaten! Wo habt ihr Penans Polizei, auf die ihr hofft? Na – zeigt sie uns!» – Da alle Polizisten Gewehre trugen verstreuten wir uns, damit wir nicht alle getötet würden, falls sie schiessen…

Tamen Ipin, Long Palo

…Wir fürchten uns. Einige Mitglieder der Kompanie, Ibans, verstehen sich auf schwarze Magie (Beliau). Viele der Holzfäller machen uns das Leben schwer.

Eines Abends, als ich von der Jagd heimkehrte, stand unser Haus leer. Alle Frauen und Kinder waren in den Wald geflüchtet, nachdem sie von Mitgliedern der Kompanie mit der Fischharpune geängstigt worden waren. Solche Ereignisse hindern uns, mutig zu verteidigen. ~

Eines Tages begegneten wir Beret* tot am Weg. Sie sagten, Autounfall. Doch es war in ebenem Gelände; der Wagen stand unbeschädigt und aufrecht am Weg. Beret war mit einem Tuch zugedeckt. Als wir seinen Körper nach Verletzungen absuchen wollten, wurde uns das nicht erlaubt. ~

Ein Kayan-Holzfäller liess die Hosen runter, während ihm sein Freund mit dem Blasrohr ein Palmmarkzäpfchen (Lat) in den Arsch schoss. So lästern sie uns…

* Penan von Long Bakawa

Auch unter uns Penans gibt es schlechte Leute. Wie das Dorfoberhaupt von Long Kevok; er hat sich mit der Kompanie angefreundet und bekommt Geld.

Hunderte von Fruchtbäumen, Sagopalmen und Grabstätten sind nun schon zerstört. Dies ist der Beweis, dass sich die Kompanie im Weg verirrt hat und falsch ist. Längst ist sie satt – warum wütet sie weiter? Nun baut sie eine Brücke gleich neben unserm Haus. Bald können wir kein Land mehr sehen, an dem sich unser Herz freut.

Tamen Rene, Long Palo

Raymond Paren berichtet von Long Kidáh (Magoh):
Etwa fünfzig Polizisten erreichten unsere Blockade, ein Helikopter landete. S.O. David Kallá sprach: «Ihr müsst die Blockade öffnen! Die Regierung will keine Schwierigkeiten.» – «Wir werden nicht öffnen!», antworteten wir. – «Wenn ihr kämpfen wollt, werde ich euch sofort festnehmen. 150 Mann Soldaten kann ich sofort von Marudi hierherrufen. Wollt ihr das?», sprach der Polizeichef. –
«Wenn du rufen willst… Wir haben keinen Menschen getötet. Wir verlangen nur unser angestammtes Land, weil wir Schwierigkeiten haben durch die Kompanie.» –
«Ihr könnt kein Land verlangen!» wurde uns entgegengeworfen. Darauf wurden wir verscheucht und mussten

hilflos zusehen, wie unsere Blockade beseitigt wurde.
Darauf sprach der Polizeichef befriedigt: «Nun ist's gut, wenn ihr auf die Regierung hört. Ich gehe nun nach Kuching. Ihr selbst könnt nicht übers Land entscheiden; das obliegt der Regierung. Sie wird euch Land geben, doch nicht viel: Einen Block (250 Acres).»
Nachdem die Soldaten abgezogen waren, erstellte einer von uns wiederum eine Absperrung. Als Kayanholzfäller daraufstiessen, versicherten sie, die Polizei zu rufen, um den Übeltäter festzunehmen, und zogen wieder ab. Einer der Genossen beseitigte schnell wieder die Absperrung, in Furcht, sein Freund könnte verhaftet werden.
Da tauchten vier Wagen voll bewaffneter Polizisten auf. Keuchend kam der Chef auf uns zu, zeigte den Karabiner auf Diki, mich und meine Schwester Linai und fragte: «Wer hat die Blockade erstellt? Wer?! – Wer?» Dabei liess er das Magazin spielen und zeigte abwechslungsweise mit dem Lauf auf jeden von uns.
Linai antwortete: «Ja, Soldaten wie ihr, das geht nicht an! Wir meinen, die Soldaten sind von der Regierung. Ist es Sitte der Regierung, mit uns wie mit Kurz- und Langschwanzmakakken umzugehen? – Wenn wir solcher Sitte folgen, können wir gleich mit dem Blasrohr pusten!»
«Oh –, ich schiesse euch nicht. Wer hat die Blockade erstellt?» Dabei fummelte er an seiner Seite, zückte

weiter eine Pistole und zeigte fragend auf jeden. «Wer ist euer Häuptling, wo ist euer Komitee?» – «Wir haben weder Häuptling noch Komitee! Dies ist unser Häuptling, unser Mund, dies ist unser Komitee!», und wir klopften auf den Bauch. – «Wir sind nur Menschen, die im Wald wohnen.»

Darauf verbot uns der Polizeichef auf's strengste, je wieder eine Blockade zu erstellen. «Wenn je ein Giftpfeil in einem von uns gefunden werden sollte, werden wir nicht suchen, wer geschossen hat, sondern ganz einfach euch Penans von Long Kidáh festnehmen!»

«Wenn in einem von uns je eine Patrone gefunden werden sollte, werden wir nicht fragen, wer?, sondern mit unserm Blasrohr antworten!»

«Versuchts!», sagte er todernst, – «Na, schaut mal her!» und er liess mit einem Knall eine Granate (?) steigen. Darauf schossen die Soldaten neben unseren Hütten «ra-ta-ta-ta-ta» auf Bäume und zogen ab.

Wir Penans hier in Long Kidáh werden wir Hunde und Affen behandelt!

Nun sind fünf Bulldozer hier. Jedesmal folgen Soldaten den Arbeitenden und ballern links und rechts in der Gegend rum.

Nun geht das Gerücht, die Kompanie werde nächstens in Begleitung der Polizei wiederkommen, um uns Geld zu geben. Falls wir nicht annehmen wollten, so würden sie schiessen. – Opponierende würden nicht nur festgenommen, sondern weiter mit Eisenstangen geschlagen, und mit Medikamenten geimpft, die willenlos machen, erschreckte ein Manager weiter Penans und raunen Kellabits in Long Napir.

Doch vielleicht sind auch Menschen bei der Regierung, die helfen wollen. Letzthin waren einige Vertreter bei uns in Long Kidáh. Sie brachten Äxte, Pfannen, Blachen u.a., und wollen den ehemaligen Tauschhandel wie zu Kolonialzeit wieder aufleben lassen. Sie haben uns geheissen, Flechtwerk herzustellen und wildes Latex zu suchen.

Raymond Paren ist auf der ganzen Linie von den Logging-Companies enttäuscht. 1985 wurde er mit anderen Penans aus dem Dschungel mit dem Boot vom Manager Mestalu talwärts zur Arbeit gerufen. Vier Monate lang schälte er am Layun, Camp B, Stämme. Wie alle seine Genossen kehrte er ohne einen Cent Entlöhnung wieder heimwärts, nachdem die Kompanie Hals über Kopf aus dem Gebiet geflohen war.

Auch von der WTK-Kompanie wurde er vergangenes Jahr für einige Monate angestellt, – als Gehilfe des Bulldozer-Mechanikers. Doch beinahe sei er geschlagen worden, wäre nicht ein Kellabit dazwischengetreten: «Penans sind zu nicht's nutze», wurde er von seinem Chef beschumpfen [beschimpft]. «Ja, ich habe nicht behauptet, ich sei nützlich. Ich bin allein hier, weil mich der Manager wiederholt gerufen hat.» – Auch wurde ihm immer wieder mit Lohnkürzung gedroht. «Als mich meine Eltern wegen Krankheit nach Hause gerufen hatten, musste ich dem Manager einen Brief unterschreiben, nicht länger als drei Tag wegzubleiben. Doch ich kehrte nicht mehr ins Camp zurück, da wir unser Land verteidigen wollen.»

Bei Long Meté wollen sie eine Brücke über den Magoh bauen, um in das Land zu dringen, welches wir nicht erlauben. Tamagung Baiáh von Long Tarawan habe die Lizenz für die Area talwärts vom Ubungfluss, eine Kompanie namens Aju sei der Kontraktor, während die Kompanie Tsa-Tsing das Land des Seridan besässe.

Bérehém berichtet von Patik

Eines Tages kam ‹Sabin› von talwärts in unser Dorf zurück. Er hatte einen Radio, neue Kleider, Röcke für seine Frau und viele andere Dinge heimgebracht. Als wir ihn fragten, woher er das Geld genommen habe, um all die Dinge zu kaufen, schwieg er. Doch später erfuhren wir die Wahrheit. –

Die beiden Kellabit-Dorfoberhäupter von Bareo, Don Rajá und Agan Ujan hatten ihn mit dem Flugzeug nach Miri gebracht, und überredet, einen Brief mit der Kompanie zu unterschreiben. Darauf bezahlte der Manager 2500.– MS $ an das ‹Komitee›, wovon Sabin 500.– $ erhielt, während die beiden andern den Rest unter sich aufteilten. – Angeblich will die Kompanie nun Bulldozer per Helikopter in unserem abgelegenen Weiler landen lassen...

Januar 88

Penan vom Magoh klagen:

Seit alle Blockaden geöffnet sind, arbeitet die Kompanie in grosser Hast. Der Manager konnte sesshafte Penans von Long Ballau und Long Napir überreden, in unserem Gebiet Farbe anzubringen. –

Die Verteidigung des Landes beschränkt sich darauf, Markierungen an Bäumen mit dem Buschmesser zu entfernen – als ob das die vordringenden Bulldozer aufhalten könnte...

Nachdem Alongs Sippe den reifenden Früchten talwärts gefolgt war, will sie sich nun nach deren Ernte wieder bergwärts wenden. Denn Sagopalmen sind hier im Meli-it-Gebiet nur in kleinen Verbänden zu finden. Doch Krankheit lässt die Züglerei verzögern. Die Sagogewinnung wird wegen der entfernten Distanzen immer mühsamer.

Nach drei Stunden Marsch fällt Peng zwei Uwutpalmen, und wir flössen die Rundlinge Obáh-flussabwärts.

Faszination. Mit dem Gibbonkind auf der Schulter durchschwimme ich die Schlucht bei der Pulet-Mündung, die Stammabschnitte auf ihren Weg leitend. Doch die Flösserei bei Niedrigwasserstand bedeutet Kräfteverschleiss. Trotz dem Morks [Murks] muss das rohe Sago immer noch zwei Stunden gebuckelt werden, bis man die Siedlung erreicht.

So wird beschlossen, auf einem mehrtägigen Ausflug Palmen zu verarbeiten, während Alte und Kranke zu Hause bleiben. Voluminös bepackte Gestalten, mit Kleinkindern im Arm steigen runter vom Berg und waten flussaufwärts. Wo Mädchen und Buben beim Bachqueren die Hand gereicht werden muss, bleiben wasserscheue Jungwelpen jaulend zurück. «Ngo-ngong-pooo ~ ngo-ngong-poo-poo» locken die Frauen in langgezogenen Sopranrufen und haben alle Hände voll zu tun, immer wieder umzukehren, um einige all zu ängstliche am Krips [Genick] oder Bein zu packen und überzusetzen.

Ein prächtiges Bild, wie Tamen Niáees kraftstrotzende fünfzehnköpfige Hundemeute in Einerkolonne den Obáh-Bach quert, während das Sonnenlicht in ihrem Pelz glänzt und mit dem kristallklaren Wasser spielt. Perlweisse Tropfen spritzen. Nach dem Hüttenbau gehen einige Männer mit den Hunden auf Jagd. Gerade als wir Zurückgebliebene unsere Gabeln im Sagobrei drehen wollen, nähert sich am Abend aufgeregtes Gebell der Siedlung. Schnell packe ich mein Blasrohr und eile entgegen.

Ein grosser Keiler flieht, von den Hunden gehetzt, bachabwärts. Ich erwarte ihn mit gezückter Speerspitze. Doch anstatt sich vor mir seitlich zu wenden und das Hinderniss zu umgehen, stürmt er unerwartet genau auf mich los. Während ich zögere, die Waffe am schmalen Schädel anzusetzen, werde ich beinahe überrannt. – Da bekomme ich den Grunzer am Backenbart zu fassen – mit schnappendem Kiefer – und stosse ihn weg, um die fingerlangen Hauer von mir abzuwenden. – Wie ein Wunder finde ich mich unverletzt, während der Keiler weiter entkommt, und von den Hunden verfolgt mitten zwischen den Hütten durchprescht, dass Weiber und Kinder kreischend aufwärts Richtung Fleischgestell fliehen.

Im Dickicht stellt sich das Borstentier grimmig den Hunden und greift wiederholt allzudreiste schnappend an. – Zwei Jäger sind in der Zwischenzeit herangeeilt.

Als Berauks Vater einst einen Keiler erstechen wollte, rutschte er von seinem Felsblock runter und das Borstentier verbiss dem ausgeschlipften [ausgerutschten] arg den Arm.

und halten mich davon ab, dem Wild ins Rattandickicht zu folgen. Nach weiterer Flucht und Getümmel erhält der Keiler eine tödliche Speerverletzung, fällt im Bach und streckt alle Viere von sich, während sich die Hunde in der Seite verbeissen.

Meine Freunde belehren mich: Folge dem Wildschwein nicht ins

Sá-ai Birai 1:1

Dieses spitznasige, unscheinbar erdfarbene zarte Fröschlein war soeben von einem Schlängchen gepackt worden: Marmoriert, fingerdick; L~60 cm [vermutlich eher mm], rötlicher Hals, weisses V auf Nacken, Pupille rund, starker Artendrüsengeruch.

Dickicht, wo du keine Fluchtmöglichkeit hast. – Suche dir einen erhöhten Platz, um mit dem Speer zuzustossen. Erwarte den Angreifer in freiem Gelände, wo du seitlich springen kannst, oder hinter einem Bäumchen stehend; wählt jener den rechten Weg, so springst du links, um zuzustossen, und umgekehrt.

Menin hat einst sein Blasrohr hingeworfen und ist aufwärts geklettert, während der Keiler vergeblich seine Vorderfüsse aufrichtete um zu folgen, wütend mit dem Kiefer schnappend.

Toi war einst von einem Keiler überrannt worden* und trägt seither eine fingerlange Narbe über den Rippen.

Agan's Grossvater speerte einst einen grossen Keiler, den seine Hunde am Bach gestellt hatten. Doch wurde er von diesem überrannt und erlag bis am nächsten Tag den vielen Bisswunden, die ihm das Borstentier zugefügt hatte.

Erfahrene Jäger mit Zielsicherheit und scharfer Waffe stellten sich schon der Gefahr. So stiess Jémalang einst einem angreifenden Keiler den Speer mitten in die Stirn. Und Lesu folgte einst einem Borstentier ins Rattandickicht, packte es am Backenbart und durchschnitt ihm von unten mit dem Buschmesser die Kehle.

* nachdem seine Speerspitze gebrochen war.

«Hüte dich vor dem Feind! Hock nicht wie Lénguóng hinter deinen Briefen vertieft!» mahnt Along.

Lénguong

Da sprach Vater Ra-áh zu seinem Sohn Kékihan: «Gibbon-Fleisch will ich essen. Geh mir einen Affen schiessen!» – «Oh nein!» warnte Mutter Ra-áh, «Geh nicht! Wieviele Menschen hat jener Gibbon schon getötet. Dein Vater will dich in den Tod schicken!»

Kékihan aber verzierte seinen Pfeil- und Feuerstein-Köcher mit reichen Ornamenten und machte sich vor Morgengrauen auf den Weg, um den Gibbon zu treffen. «Bali Puling! Mach mich so klein, dass ich ins Grillenloch passe!» – Und schon schlüpfte er darein und schoss von dort dem Affen einen Giftpfeil in den

♂ Langur-Affe (Niakit)

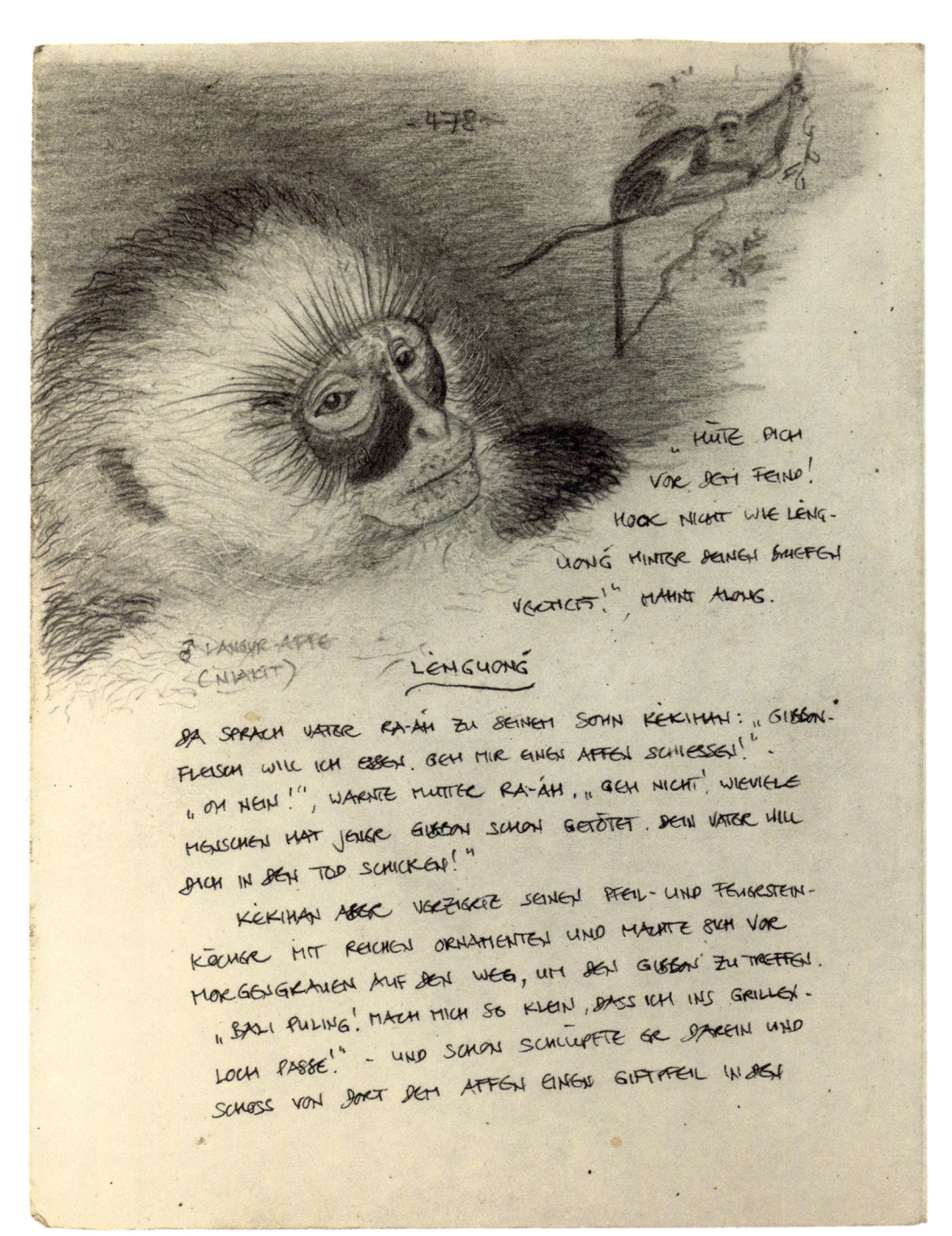

11/479 Leib. – Da kam der hütende Geist und wollte Kékihan fressen. – «Oh, schau hier!», sprach Kékihan zu ihm. «Wo hast du einen Pfeilköcher wie ich? Guck dir die Verzierung an!» – Während der Geist die Ornamente betrachtete, rief der getroffenen Gibbon herunter: «Oh, Lénguóng, komm und bring mir Wasser! Ich seh den Himmel rot!»

Als Lénguóng sich dorthinwenden wollte, sperrte ihm Kékihan den Weg: «Geh nicht dorthin! Schau hier! Wo hast du Köcher und Tabo* so schön wie diese? Wenn du keine hast, wirst du später nicht darum wissen.» – Da beguckte Lénguóng fasziniert all die Verzierungen auf Kékihans Behältern.

Wiederum rief der Gibbon herunter: «Oh, Lénguóng, komm schnell! Rot seh ich den Himmel! Wenn du mir kein Wasser bringst, sterbe ich!»

«Oh, geh nicht! Schau hier!»

Da fiel der Gibbon tot aus dem Baum herunter. Kékihan aber verliess das Grillenloch, nahm die Beute und trug sie nach Hause.

Along Segá, Ba Adang.

* Tabo: Kürbisähnliche Frucht, die zum Aufbewahren der Pfeilhintern (Lat) dient.

11/480 **Liebeslieder**

Eine Frau will nach einiger Zeit der Trennung zu ihrem Liebsten zurückkehren. Dieser hat aber in der Zwischenzeit ein anderes Mädel geheiratet.

«Da ging ich, Freund, die Berge schauen –
Schwarz sind die Berge
Tränen – Tränen folgen dem Horizont
Ich kehre heim, ich kehre heim.
Da ging ich schauen – eine wunderschöne Fahne dort
Ich kehre heim, ich kehre heim.»

Tai ko bet na-áno pégé. Padéng pégé
Molé ko bét molé akou
Teté-teté ba maten teté
Nieliko arit pégé
Tai ká ko na-ánó bélurá kotá gallau sina
Molé amé, molé amé

Aiong liebte einst Jaua:
«Gut ist's, dem Leoparden zu folgen, ein schönes Leben!
Da bist du satt, isst Sago und Brustfett vom Wildschwein jeden Tag.

Gut der kleinen Raubkatze zu folgen
Auf dem gestürzten Stamm leckt sie nach dem Fressen ihre Pfote.
Da gehst du unter dem grossen Berg, Freund!»

Djian kiwu bilung. Murip ussai kiwu bilung
Murip apo, murip beso kiwu bilung.
Murip kuman niak késba babui tio-tio kiwu bilung.
Djian kiwu békulou kirang – máɔ ngetá, nilá ojo bau batang
Lakan rá tokong toto kaau laú dadé.

Die Sitte erlaubt es nicht, Menschen beim Namen zu nennen. Die Sängerin verwendet ein reimendes Synonym wie ‹Penté› für Telle, wie ‹Puniau› für ‹Gí-uau›. Selbst beim Erklären des Liedes vermeidet Tinen Surut Namennennung und umschreibt ‹Gi-uau› als ‹Das Tier des gebrochenen Stammes›*
Sadan liebte einst Giuau:
«Stirb, Windlein stirb, wenn du so bist
Puniaufrüchte schwanken, schwanken im Wind»

Matai ké peliú, né ká ké péliú
Mgeruiun pungun puniau
Ruiun – ruiun pungun puniau

* Wo sich das rattenartige Hörnchen gewöhnlich aufhält.

Rodo liebte einst Téllé:
«Welchen Vogel liebt ihr?»
«Oh, ich selbst, das Penté-Männchen hab ich gern
Ich weine, Vogel Penté
Du fliegst flussab – du fliegst flussauf
Stirb, Penanmädel von quellwärts, wenn du
ihn dort nimmst!»

Da die Verliebte auf taube Ohren stösst, verwünscht sie im Kummer mögliche Rivalinnen.

Djuhit inou agat ka-ah?
Hun akou magat djuhit, djuhit lalung penté agat ké
Tété ke lalung penté
Mento ba-eng mento daiáh lalung penté
Matai ke Penan daiáh, nun ka-au ala sina-áh,
Matai ké Penan daiáu.

Eine Frau liebt den Witwer Aban Yu in blauem Hemd, wie das Gefieder des Vogels Bi-uik.

«Bi-uik-Männchen, azurblau leuchtet deine
Schulter, du riechst nach Parfum, u. trägst
Einen neuen Kamm – komm – und treff mich!»

Lalung bi-uik ko bi-uik
Marung pékú ko bi-uik
Ba-o bungai ko bi-uik
Nessai mareng ko bi-uik
Lakau tuwai ko bi-uik!

‹Pesong lep Megá›
Windfächer der mit Geistern in Verbindung Tretenden

Kelitá

Kelitá ist die Sprache, oder besser der Gesang, mit dem der Eingeborene, Mann oder Frau, mit Geistern in Verbindung tritt. Dieser Gesang unterscheidet sich individuell sowohl im Wortlaut als im Klang. Neben Ausdrücken aus der Penansprache finden sich einige aus dem Malaysischen (wie Bulan = Mond, Sungai = Fluss) neben vielen unbekannten. Es scheint, dass jeder seine eigene Sprache findet, vermischt mit Ausdrücken, die er den Alten abgelauscht hat. So können meist nur Ehepartner und miteinander Gewohnte die genaue Übersetzung angeben, während ganz Alte bruchstückhaft den Gesang aus anderer Gegend verstehen. Die Kelitá wird in der Regel nur nachts bei geloschenem [gelöschtem] Feuer praktiziert, oft gegen drei Uhr morgens.

‹Mutter Surut› fertigt für ‹Sigang› einen kleinen Windfächer (‹Mega-knie›); ein kleiner Sang-Trieb wird mit blauem und rotem Stoff im Zickzackmuster verziert und rot gerandet. Dieser soll dem von weit herkommenden Geist, und wohl auch dem Sänger Frische zufächeln.

In der Kelitá schüttet der Sänger sein Herz aus, schildert all die Bilder, die seine Seele bewegen – oder er sucht Rat und Kommunikation von und mit den Geistern (Bali...) im Falle von Krankheit und Schwierigkeiten. Ginger (Liáh) wird dabei zum magischen reinigenden, das Böse abwendenden Heilmittel, vermischt mit der Spucke des Magiers; es wird über Leib und Gliedmassen des Kranken gestrichen, in symbolischer Prozedur. Auch Tabak ist wichtiger Bestandteil, doch sind auch Nichtraucher zu treffen. – Die Kelitá ist im Aussterben begriffen: Jene, welche sie noch praktizieren, sind alle über fünfzig Lenze. Der alte Agan hat sein Kind gewiegt und übersetzt:

«Nun bin ich alt und schwach und spreche gleichsam leere Worte, um mein Kind zu wiegen. Wie ich dieses liebe – so, wie die Téllirung-Schosse drüben am Fluss rot leuchten – wie ein rein weisser Hahn, dessen Feder wir früher zur magischen Stärkung (→ Pélitá) benutzten. – Wie die Insel am Bésale-Fluss. Jeden Tag nun, wo man betet, sehe ich, wie Vater und Mutter, all die Traumgeister (Bali Niupin). Ich will mich nicht von ihnen trennen. Mein Herz ist schwer. Gerade so werden wir geheissen, Tabak und Ginger und all diese Dinge wegzuwerfen. Ich bin gewohnt, in den Quellgebieten zu streifen. Da gehst du, und siehst das Morgenrot [→ den Geist, Bali Keruan], und der Muték-Wasserfall [→ Bali O-ong]. Ich singe allein, um mein Kind zu wiegen in Frieden – wohl fliegt der Nashornvogel Belengang, und du siehst ihn, und Pagang und Nasenflöte (Kéringon) werden gespielt – doch bin ich nun alt und fern...»

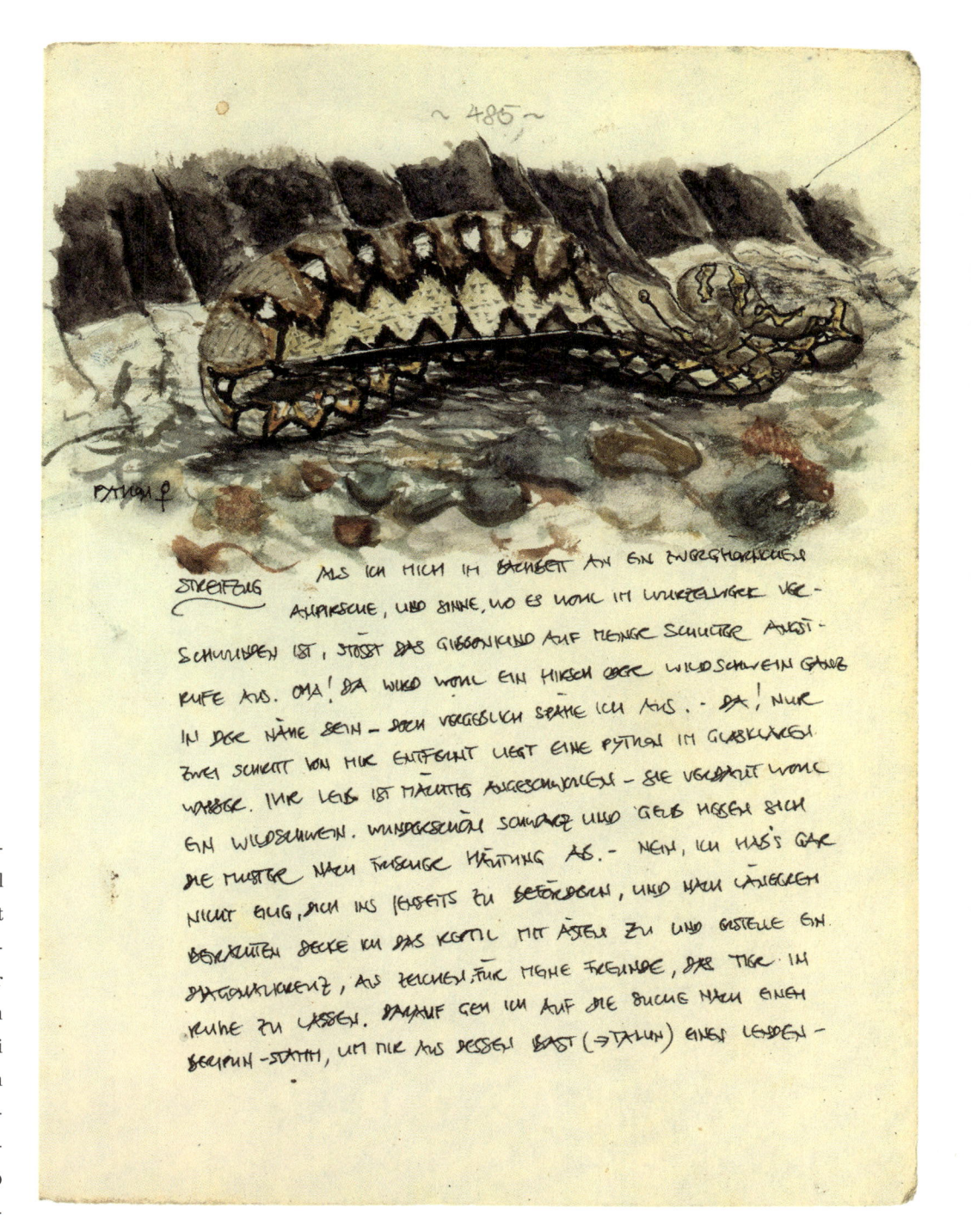

11/485 **Streifzug**

Als ich mich im Bachbett an ein Zwerghörnchen anpirsche, und sinne, wo es wohl im Wurzelwerk verschwunden ist, stösst das Gibbonkind auf meiner Schulter Angstrufe aus. Oha! Da wird wohl ein Hirsch oder Wildschwein ganz in der Nähe sein – doch vergeblich spähe ich aus. – Da! Nur zwei Schritt von mir entfernt liegt eine Python im glasklaren Wasser. Ihr Leib ist mächtig angeschwollen – sie verdaut wohl ein Wildschwein. Wunderschön schwarz und gelb heben sich die Muster nach frischer Häutung ab. – Nein, ich hab's gar nicht eilig, dich ins Jenseits zu befördern, und nach längerem Betrachten decke ich das Reptil mit Ästen zu und erstelle ein Diagonalkreuz, als Zeichen für meine Freunde, das Tier in Ruhe zu lassen. Darauf geh ich auf die Suche nach einem Beripun-Stamm, um mir aus dessen Bast (= Talun) einen Lenden-

Python ♀

11/486 schurz zu fertigen. – Erst gegen Abend wende ich mich wieder heimwärts. Als ich da meine Glieder im Fluss kühle, dringt mir plötzlich ein fettartiger Geruch in die Nase. Unerklärlich… Von der Hütte? Da sehe ich weiter flussaufwärts einen Fettschleier auf einem Hinterwasser, und entrüstet geht mir ein Licht auf. Als ich den Schauplatz erreiche, bekommen die sich entfernenden Weiber, schwer mit Pythonfleisch beladen, des Scheltwort «Palui!» an den Kopf geschmissen. Schade um die schöne Haut. Die Frauen hatten im Bachbett einen faustgrossen Klumpen Pythonlosung* entdeckt, doch vergeblich nach dem Reptil gesucht. Als sie darauf ein Bad nehmen wollten, streckte dieses plötzlich gleich nebenan seinen Kopf aus dem Laub, dass ein Mädel gleich kreischend aufwärts kletterte. Die Schlange hatte wohl den jungen Keiler (‹Babui Letá Jipen› – Hauer fingernagellang sichtbar) in der vorhergehenden Nacht verschlungen. Der Kopf des fetten, ~ ca. 45 kg schweren Schweins war schon angedaut, die Borsten lösten sich von der Haut. Im Leib des Schlangenweibchens fanden sich Eier im Anfangsstadium (Kébéréi).

[Fortsetzung auf S. 11/488]

* Knochenlosung: Fein zermantschte Knochen sind in eine schneeweisse geronnene Eiweiss-Schicht gebettet.

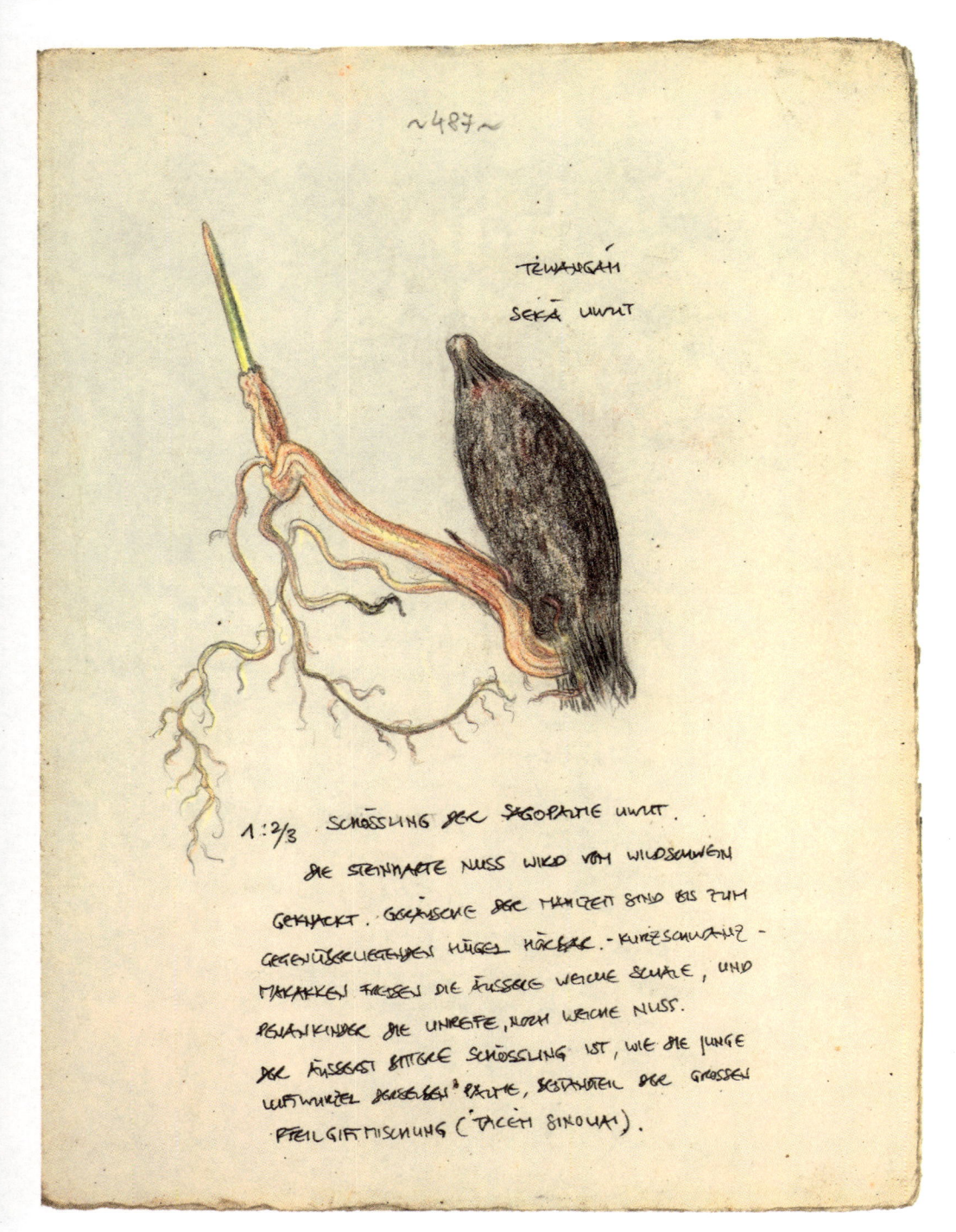

wirbel bildet das Fleisch noch drei Traglasten.

Und so leben Schlangengeschichten auf. Lian ist schon mehrere Male von Pythons angegriffen worden und zeigt auf eine Narbe auf seinem Oberschenkel, die ihm vor vielen Jahren zugefügt worden war:

«Am Ludinfluss pirschte ich mich an ein Hörnchen an. «Kchchch!» tönte es neben mir und schon fühlte ich mich gepackt. Die Schlange hatte sich in meinem Bein verbissen, samt Hand und Blasrohr. Als ich flüchten wollte, zog sie mich zurück, ihren Schwanz um eine Wurzel schlingend. Erst beim dritten-vierten Versuch konnte ich mich losreissen. Darauf schoss ich ihr einen Giftpfeil in den Leib. Das Pythonweibchen mass vier Handspannen Umfang.

Einmal griff mich in der Gebirgsstufe (Paiáh), im Quellgebiet des Terasa eine Python an, als ich mich unter einer Wurzel durchbückte, um einen Kellasíh-Affen zu schiessen.

Ein Andermal hörte ich den Drohruf der Python neben mir, als ich mich bückte, Hirschgeruch in der Nase. Sie kam unter Sum-Wedeln vorgeschossen. Ich tötete sie mit einem Buschmesserhieb. –

«Oh-ohh», hörte ich einst das Todesstöhnen eines Rehs. Eine Python war gerade daran, es zu verschlingen. – Einst fand ich eine tote Python: Das Geweih eines Reh-Bocks (Tellá-o Sako) hatte Magen und Bauchwand durchstossen. – Als ich einst einen Kurzschwanzmakakken geschossen hatte, stieg dieser vom Baum runter und floh. Da hörte ich ihn schreien. Als ich nachschauen ging, kringelte sich im Bach eine Python um ihr Opfer.

Einst wollte ich nachschauen, ob ein Lai-Baum schon reife Früchte trug. Da kämpfte an ihrem Fuss eine Kobra mit einer Kuang-utang. Sofort griff mich die Kobra an und biss mir in den Schenkel, dass Blut rann. Ich floh, doch hatte ich keine weiteren Schmerzen. (→ Das Gift war schon vorher verbraucht).

Python und Depung wurden schon Opfer durch Kobras. – Die giftige Lauin und eine Kobra wurden schon im Zweikampf beobachtet; beide töteten sich gegenseitig.

11/487 Schössling der Sagopalme Uwut. Die steinharte Nuss wird vom Wildschwein geknackt. Geräusche der Mahlzeit sind bis zum gegenüberliegenden Hügel hörbar. – Kurzschwanz-Makakken fressen die äussere weiche Schale, und Penankinder die unreife, noch weiche Nuss. Der äusserst bittere Schössling ist, wie die junge Luftwurzel derselben Palme, Bestandteil der grossen Pfeilgiftmischung (Tacem Sinouai).

Tewangáh Seká Uwut

1:²⁄₃

11/488 Wenige Tage darauf begegnet To-oh einer weiteren riesigen Python. Auch sie hat ein Wildschwein verschlungen und kühlt sich im Wasser des Pulet-Bachs. Ihre Haut ist schwarz und kaum gezeichnet. So schwer wie ein Hirsch; nach Entfernen der Rücken-

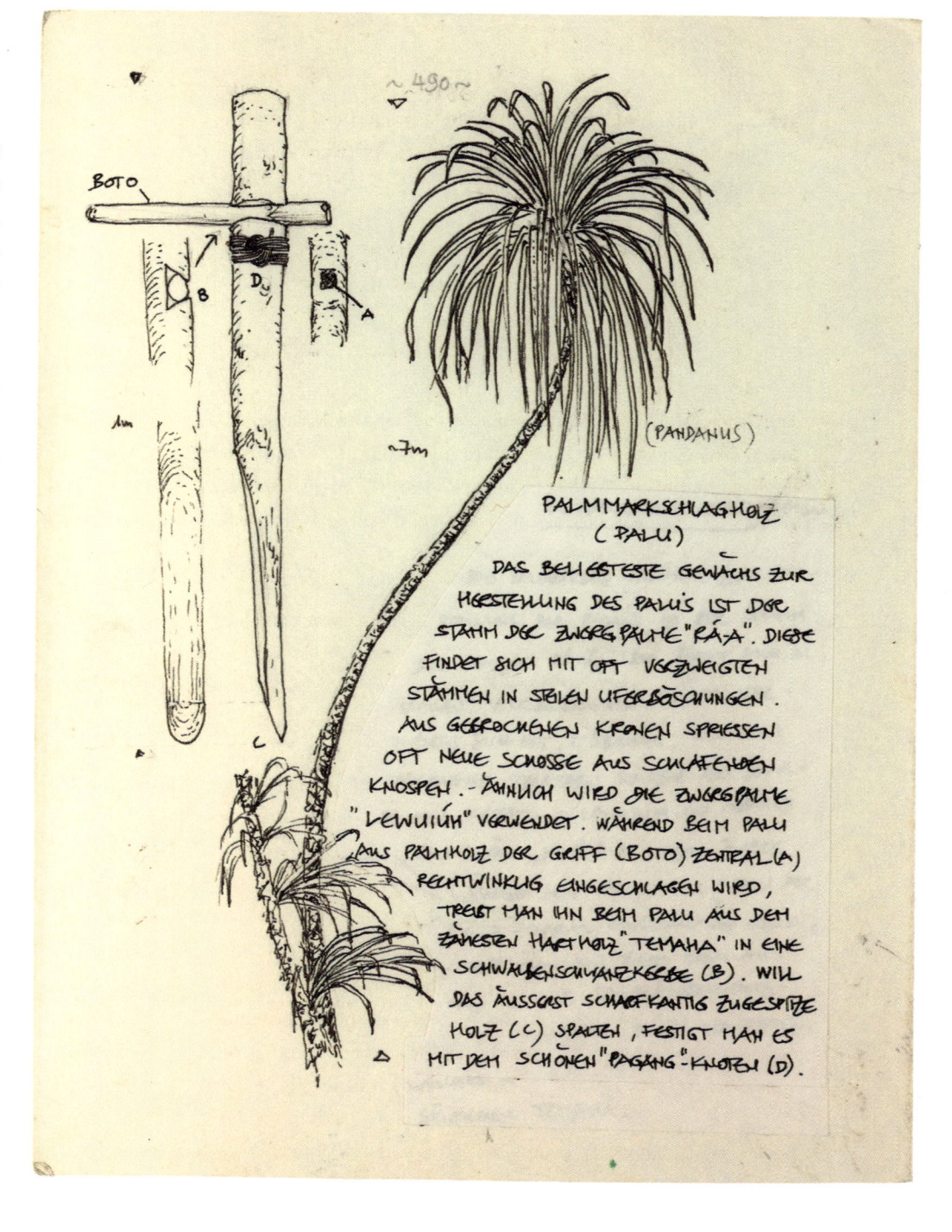

11/490 **Palmmarkschlagholz (Palu)**

Das beliebteste Gewächs zur Herstellung des Palús ist der Stamm der Zwergpalme ‹Rá-a›. Diese findet sich mit oft verzweigten Stämmen in steilen Uferböschungen. Aus gebrochenen Kronen spriessen oft neue Schosse aus schlafenden Knospen. – Ähnlich wird die Zwergpalme ‹Lewuiúh› verwendet. Während beim Palu aus Palmholz der Griff (Boto) zentral (A) rechtwinklig eingeschlagen wird, treibt man ihn beim Palu aus dem zähesten Hartholz ‹Temaha› in eine Schwalbenschwanzkerbe (B). Will das äusserst scharfkantig zugespitzte Holz (C) spalten, festigt man es mit dem schönen ‹Pagang›-Knoten (D).

(Pandanus)
Boto
B D A
1 m
~7 m
C

11/491 **Pagang-Kopf-Bund (Ilit Ulun Pagang)**

Dieser schmucke und widerstandsfähige Knoten wird am Kopf des Bambussaiteninstruments traditionell als Aufhängung angebracht. Weiter dient er, um die zwei Holzseiten der Buschmesserscheide aufeinanderzubinden. Seine gebräuchlichste Anwendung findet sich, wenn während der Sagoverarbeitung das Palmmarkschlagholz (Palu) spaltet. Seine Fertigung ist so simpel wie schön: Ein dünngeschnittenes Rattanband (Ihat) wird in sorgsam aneinandergelegten in sich verschlungenen Achterschlingen um den Knebel gelegt. Die Oberseite des Bandes kommt dabei immer nach oben zu liegen.

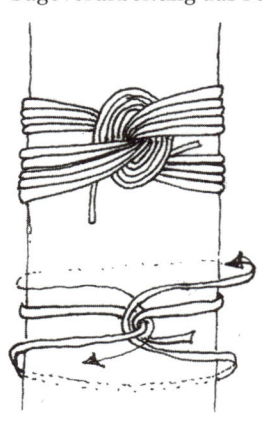

Lebensuhr

Als Ligung* einst von der Rattansuche fernblieb, gingen ihn seine Angehörigen am nächsten Tag suchen. Vergeblich. – Erst am Tag darauf hörte man seine Hündin ‹Kebit› winseln. Ihr Herr lag bewusstlos daneben; sein Körper war kalt, doch zeigte schwachen Puls. In Gesicht und Wunden liefen frischgeschlüpfte Maden, und so auf der Baumechse, die er erbeutet und in seiner Tragtasche versorgt hatte. –
Ligung war auf einen hohen Baum geklettert, um

* «Seine Spur sah aus wie die einer gefallenen Lim-Frucht, nachdem sein Vorderfuss amputiert worden war.»

11/492 Bukui-Rattan zu ernten. Beim Kappen hatte er das Gleichgewicht verloren und war abwärts gestürzt. – Eine Hütte wurde erstellt, und sein Körper erwärmt. Erst zwei Tage darauf kam er zu Bewusstsein. – Seine Zeit war noch nicht gekommen.

Aiong fiel einst aus einem hohen Pagang-Frucht-Baum. Während ihrer mehrstündigen Bewusstlosigkeit begegneten ihr im

Traum ein alter Mann und ein junges Mädchen. Dieses sprach: «Komm, wir essen sie!» – «Nein», erwiderte der Greis, «sie gehört noch ihnen.»

Nach längerem Leiden begegnete der alte Beluluk im Wald einem, der ihm die Hand drückte. Er wusste, dass der Tod nun nahe war und starb am nächsten Tag.

Mensch und Schicksal

Wenn der Embryo im Mutterleib so gross wie ein Daumen ist, kommt der Schöpfer (Bali Niebutun) und fragt die Seele: «Wie lange willst du leben? Willst du als Greis sterben, oder schon als Kind?» – Die eine Seele mag da antworten: «Oh nein, ich will nicht gross werden. Lass mich als Säugling sterben, dann kann ich mich nicht erinnern und das ist gut.» Eine andere Seele mag antworten: «Oh ja, lass mich leben bis mein Haar weiss ist.» – So lange, wie die Seele es wünscht, schenkt der Schöpfer Leben. Darauf fragt er sie: «Schau! So sieht der Bär aus. So der Tigergeist. So der Feind. Bist du mutig?» – Wenn die Seele verneint, spricht der Schöpfer: «Dann ist es gut, du wirst eine Frau, die Hütte und Herd hütet.» – Antwortet die Seele: «Oh ja, ich werde kämpfen», so wird es ein Mann.
Along Segá, Ba Adang

Sebungau Gogok ♂,
Insektenfresser
Der Penan imitiert nicht seine Stimme, noch macht er sich über den Vogel lustig, damit der Geist nicht wütend wird und Unwetter schickt (→ Li-uen)

In Wirklichkeit gibt es natürlich auch feige Männer neben mutigen Frauen. So haben Supang, Lejeng und Tinubung schon mehrere Keiler mutig ins Jenseits befördert. Die Letztere war gar einst vor einem Bären aufwärts geflüchtet, und hatte dem ihr nachkletternden mit scharfen Buschmesserhieben von oben Pranke durchtrennt und Brust und Schädel eingeschlagen.

Besuch

Mit gemischten Gefühlen sehe ich einige Penans abtrünnig werden. Einschüchterungen und Korruption nagen an der Unschuld des Dschungelvolks. Der Widerstand erlahmt zu Hilflosigkeit, denn es fehlt an Führungskräften innerhalb der Penangemeinschaft. Doch viele warten nur auf ein Zeichen zur Tat. Wenn eine Dorfschaft wiederum wagt aufzustehen, werden alle anderen einheitlich folgen. Trotz Drohung von zwei Jahren Gefängnis und bis 6'000.- $. – Persönlich kann ich nur zu Wiedererrichtung von Barrikaden zustimmen, wenn sie

1. Möglichst gleichzeitig über das ganze Gebiet in Gemeinsamkeit stattfinden
2. Ganze Familien mit Stumpf und Kegel daran teilnehmen
3. Sogleich Wohnhütten als Barrikade in den Weg gepflanzt werden
4. Sich jeder die Hand hält, und das Feld nicht räumt, bis alle verhaftet sind
5. Dabei friedfertig, aber standhaft zu bleiben.

Doch die Kompanies werden selbst auf eine solche Aktion kaum ihr Wüt-Werk stoppen. Internationale Proteste und Unterstützung tun Not; dabei kann ich den Penans keine anderen Versprechungen machen, als dass helfenden Organisationen ihr Bestes tun werden,

doch haben alle Fremdling in diesem Land – ach – so gebundene Hände, einer Regierung gegenüber, die trotzig Augen zukneifft und Ohren verstopft, selbst den Einheimischen gegenüber.

Dabei wäre ich verlegen, den Eingeborenen eine Tat zu heissen, die ihn ins Gefängnis bringen könnte. Die Entscheidung, die schwere, bleibt ihm selbst überlassen. – Doch erlaube ich mir anzuweisen, falls es an Mut zur Tat fehle, auf keinen Fall

- Dokumente betreffs Land mit Kompanies oder Regierung vorläufig zu unterschreiben
- Noch der Kompanie zu folgen im Lohnverhältnis, oder deren Arbeit zuzustimmen.

Ansonsten würden helfende Organisationen und Advokaten weitere Hindernisse in den Weg geschoben.

In Sorge, Sigang könnte mit seiner Familie schon den einsamen Siedlungsplatz verlassen haben, höre ich gegen Abend Gekläff spielender Welpen und sichtlich fröhlich Stimmen aus dem Dunkel der Hütte. Niemand scheint mich zu bemerken, und so entferne ich einen Steinwurf weg mit dem Buschmesser die Blutegel von meinen Füssen und zerhacke sie klopfend auf einer Wurzel.

«Der liebe Gott hat dich geschickt, gerade jetzt, wo wir zwei Wildschweine erbeutet haben. Komm, steig in die Hütte, setz dich hier neben die Pfanne, und iss mit uns Fleischbrühe.»

So stelze ich über auf Blättern gespreitete frisch zerhauene Fleischstücke und setz mich zwischen die schmutzigen Gestalten in zerlöcherten Kleidern. Wie arm und besitzlos ist doch dieses Volk! Doch im Dschungel, im unberührten, leben sie wie Könige, so lange ihre Pfanne gefüllt wird. Lächelt das Jagdglück, wird der Tag zum Fest. Kinder lachen, und es kümmert sie wenig, wenn von ihrem Hintern mehr zu sehen ist als von der zerschlissenen Hose. – «Nein», meint Sigang auf meine fragende Miene, «von uns folgt niemand der Kompanie beim Farbeanbringen. Schau selbst in unserer Hütte nach, wieviel Säcke Reis und Zucker und Dollars wir verstaut haben. Vielleicht wirst du ein Salzkorn finden... Ja, der Manager ruft uns immer wieder zur Arbeit – doch warum sollten wir der Kompanie helfen, unsern Wald zu zerstören?»

11/497 Sein Sohn trägt gleich zwei Armbanduhren, Erlös aus dem Verkauf von talwärts begehrten Peta-Früchten. Mit diesem Geld beschafft er sich auch Patronen; der Manager verkauft eine Schachtel davon pro Monat. «Nein, selbst wenn ihr der Kompanie folgen würdet, so wäre ich nicht wütend – doch mein Herz wäre schwer. Dies ist euer eigenes Land, nicht meines. Wer sich ins eigene Fleisch schneidet, hat selbst den Schaden. Nur so lange ihr an euer Land glaubt, dürft ihr auf Hilfe von aussen hoffen.»

Am Mékélit-Fluss

Der Sippenälteste des Magoh hat seine Hütte mit weiteren drei Familien inmitten eines Jakáh-Palmgartens aufgeschlagen. Kellabits hatten hier vor Jahrzehnten Reis gepflanzt. Spuren des ehemaligen Siedlungswesens sind längst von der heftigen tropischen Vegetation überwuchert und vom feuchten Klima der Vergänglichkeit zugeführt worden. – Das Leben im Dschungel ist intensiv und kurz. Ewig bleibt nur der Rhytmus, gleichsam als Atmen, welches Leben gebärt und sterben lässt.
Kaum ein einstiges Volk hier hat Zeichen in Stein gehauen, und Höhlenmalereien wie in Niah sind noch nicht andernorts bekannt geworden. – Amphoren-

[Bild] 11/498

armige chinesische Tonkrüge, in denen Kellabits die Überreste 11/499 ihrer Vorfahren bewahrten, sind einzige offenbare Beweise einstiger Kulturen. Ein hundertjähriger Sekundärwald verrät sich dem Uneingeweihten kaum als ehemaliges Reisfeld.

Batu Maput

In weiter Umgebung erhebt sich der ‹Stein ohne Loch› einzig aus dem immergrünen Krondach der Hügel. Nur selten tritt im Dschungel Fels ans Tageslicht, was sich jedoch schnell ändert, seit sich Bulldozer durch die Vegetation fressen.
Mit drei Lausejungen statte ich dem Klotz einen Besuch ab, der seine Verwandten im Schweizer Jura findet. Es soll sich da eine

Fledermaushöhle befinden, und gar Bienen (Layuk) hätten schon im Fels gebrütet. – Als wir um die Blöcke streichen, gähnt da eine schwarze Öffnung. Aus dem Dunkel «Hi-hi-hi-hi-hi» kichert das Schattenvolk wild durcheinander. – Auf der andern Seite sei ein ebener Eingang. – Gespannt gucken meine drei Begleiter darein, erpicht, ein paar Flattertiere zu erbeuten. «Hütet euch! Wo's Fledermäuse hat, da lauern Schlangen!», warne ich. – Doch schon verschwinden die Lausbuben mit Zweigen bewaffnet im Fels, denn da schimmert Licht von der andern Seite durch.

11/500 «Hschsch-hschhsch» schlagen sie mit ihren Ruten heftig hin und her. Das aufgebrachte Volk antwortet in hundert Stimmen, und Geflatter raunt durchs Gewölbe. Innert kurzem sind zwei Dutzend Fledermäuse vom Schlag getroffen, die sich in die Enge des Eingangs gewagt haben. – Die Steinfledermaus (Kelit Batu) mit rötlichem Bauchhaar gleicht der Kelit Seká; beide haben grosse Augen, die letztere äusserst scharfe Zähne. – Die Beute wird dann zu Hause mit Haut und Haar über dem Feuer aufbewahrt, bis sie knusprig ist. Fette Fledermäuse sind bei den Kellabits eine begehrte Leckerei.

Während ich mir eine Spanfackel schnitze, versuchen die Buben weiter mit dem Blasrohr ihr Glück. – Unansehnlich vergilbte Versinterungen hangen von der Decke; kalkhaltiges Gestein ist im Baram nur inselartig zu treffen. Die Füsse treten auf einen weichen Guanoteppich. Doch bei genauerem Betrachten ist da ein Gewimmel von Leibern, Fühlern und Beinen. Und in Fledermausleichen – oh Graus – quillt's nur so von Leben. – So bedingen Gegensätze einander selbst; ohne Abbau kein Aufbau, ohne Tod kein Leben.

Da ruft vor mir eine feine Stimme «Uuu», wie ein verängstigtes Gibbonkind. Was bist du wohl für ein Tier? Als ich mit der Fackel leuchte – «Uuu» – warnt vor mir zum Angriff aufgerichtet eine Schlange*. – Schnell klemme ich ihr mit der Rute den Hals und rufe die Buben, das Licht zu halten. «Ihr seid im Dunkel beinahe auf die Schlange getreten. Ein Wunder, dass sie euch nicht gebissen hat.» – Oha! Und schon ist die

* Diese zischen in der Regel

11/501 Fackel verlöscht. «Hier, das Feuerzeug, zünd sie wieder an!» Als wieder Licht ins Dunkel kommt, bemerken wir erschreckt, dass sich das Reptil ein Stück weit befreit hat und wütend aufrichtet. Schreiend wirft Liou die Holzscheite von sich und alle drei trampeln wie gehetzt davon aus der Höhle. «Komm zurück! Bring mir das Feuerzeug!» – «Ist bei der Schlange runtergefallen!», höre ich vom Eingang her. – So spring auch ich ein Stück zur Seite – das ist mir zu mulmig. Mit der Rute vor mir auf den Boden klopfend taste ich im Dunkeln die Umgebung nach dem Feuerzeug ab. Vergeblich. Das ist während der Flucht weiss der Teufel wohin gespickt. – So eilen die Buben zurück in die nahegelegene Siedlung, um eine Taschenlampe zu holen.

Weiss fluoreszieren die Augen der Fledermäuse, und ein unglückliches Tier ist, vom Giftpfeil durchbohrt, im Fels hängengeblieben. Die stockdicke Schlange aber hat sich längst in ein Loch verkrochen.

Nach der Sage ist der blinde Stein (Batu Maput) am Mekelit* ein verwandeltes Kellabitlanghaus: → S. 504

* Melinau, Seridan-Fluss

11/502 Frühmorgens um halb vier. Mondlicht erhellt den Himmel, doch ausser ein paar Grillen sind die meisten Stimmen verstummt. Da singen plötzliche die kleinen Mädchen aus ihren selbstgebauten Schlafhütten unter Blätterdach hervor:

«Oh, wenn ich ein Gibbonweibchen bin, so rufe ich nun über die Landschaft!» Und im Wechselgesang erinnern sie sich an Erlebnisse vergangener Tage:

«Oh, schau dort, am Ufer des Tepun-Flusses – eine grosse fruchtende Sagopalme (Uwut). Ohne eine Kerbe in ihren Stamm zu schlagen und ihr Mark zu drücken (→ Bo), wissen wir – du enthälst reiches Sago.»

«Doch die Palmen hoch oben im Gebirge (Paiáh) sind klein und mager!»

«Morgen, lass uns Jet-Früchte schmausen gehen!» – «Ja, und weiter bergwärts haben Kurzschwanzmakakken Pagung-Schalen aus dem Laubdach runtergeworfen, gelbe und rote – die sind bestimmt reif...»

11/503 Der Nashornkäfer Tip-tungáh wird nur selten getroffen, und seine Lebensweise scheint dem Penan unbekannt. Lehmspuren auf seinem Leib lassen vermuten, dass er sich im Erdinnern aufhält. – Was auf den ersten Blick als riesiger Kopf erscheint, entpuppt sich bei genauerem Betrachten als dreigehörnter Brustschild, indem [in dem] der hakennasige Schädel versenkt ist. Findet der Eingeborenen einen solchen Käfer, so endet sein Vorderteil meist talwärts in einem chinesischen Krämerladen.

Eine geschossene Baumechse hat in ihrem Rachen den Kopf eines Mouse-Deer-Kindes (Pelandok).
Eine grosse Kobra verschlingt eine kleinere Artgenossin → beide tot.

11/504 Einige Kinder banden Ayat-Heuschrecken* an und hetzten sie aufeinander: «Guck, mein Wasserbüffel ist wirklich stark!» – Im Hause aber wurden zu dieser Zeit Fische und Krebse gekocht. Da fing das Wasser in der Pfanne an zu wallen und strodeln und überlaufen
«Kererek – kererek matai sirek!»
«Kererek – kererek – tot – im Hals steckengeblieben!»
Der Geist aber sprach zu zwei Brüdern: «Flieht! Bleibt nicht hier! Kappt keine Bäume, Hölzer unterwegs, nur Tobo-Wedel!»
Da flohen die zwei Brüder. Das Haus versteinerte darauf mitsamt seinen übrigen Bewohnern (→ ‹Lamin Pá-un›, Batu Mutan). Ein kleinerer Felsblock, der etwas abseits zu sehen ist, diente einst als Reisspeicher. *Agan Jeluan, Magoh*

* Eine grasgrüne bis fingerlange Heuschrecke; sie hat ihren Namen wohl nach demjenigen Fisch erhalten, der oft mit ihr als Köder geangelt wird (Ayat, in malaysisch; Ikan Cemá)

11/505 **Zeugenbericht: Toi von Long Penúh**
Jan 88
Die Polizei kam, und sprach zu uns: «Wir kommen hierher, um euch zu hüten, und vor Kommunisten und dem Feind zu schützen. Um für Ruhe zu sorgen, dass weder ihr die Kompanie, noch die Kompanie euch tötet!» – «In unserem Land gibt es keinen Feind. Ihr seid nicht Polizei, die das Leben hütet – ihr seid nur Polizei der Kompanie!» – «Oh, sprich nicht so! Das hören wir nicht gerne!» – «Doch es ist die Wahrheit. Dies ist der Beweis, weil ihr die Camps der Kompanies bewohnt und dem Manager folgt!» – «Oh, wenn ihr Penans Hütten für uns baut, werden wir einziehen!» – «Wie können wir Hütten für euch erstellen? Wir haben euch nicht gerufen, und haben genügend zu tun, unsere tägliche Nahrung zu suchen.»
«Wir kommen nur hierher, um Bäume im Wald zu zählen, und alles, was ihr Penans zum Leben braucht. So wurden wir von der Regierung geheissen.»
«Was wollt ihr aufschreiben? Was ihr zerstören, oder was ihr bewahren wollt? Unsere Augen sehen nun rotes Land*, und wir sagen, unsere jezige Regierung

* Wunden durch Bulldozer

* brit. Kolonialherren

Zahnwehkraut
(Tauan Sakit Jipen)
Standort: Hügelwärts. Seridan (Magoh).
Die Sporenpflanze wird bei Zahnschmerzen verbrannt, die Kohle über der schmerzenden Stelle auf die Backe gestrichen.
50 cm
Ø
(Schizaea)
Höhe: 50 cm

[fehlt] 11/507
[fehlt] 11/508

Zeugenberichte 11/509

John Senatan, Long Ballau. Jan. 88
Am 25. April 87 starteten wir unsere Blockade in Long Kemawang, um die WTK-Company an der Arbeit zu hindern. – Dies, weil die Gesellschaft unser Land zerstört, schmutziges Wasser und Fischsterben verursacht, unser Wild vertrieben. Wir hiessen die Company, uns ein Haus zu bauen. Doch es wurde geantwortet, das würde 28'000.– MS $ kosten, das sei zu teuer.
Am 27. Juni 87 besuchte der Polizeichef von Sarawak unsere Blockade, Datuk Yassin, und hiess uns, die Blockade zu öffnen für einen Monat, damit die Kompanie gefälltes Holz talwärts führen könne. In dieser Zeit würde er in Kuching vorsprechen, und sich für unsere Anliegen einsetzten. Er versprach uns ein Waldreservat, ein Haus,

11/506 ist schlecht, weil sie uns nicht hilft. Unsere alte Regierung*, das war eine wahre Regierung.»
«Oh sprich nicht so! Das hören wir wirklich nicht gerne!» – «Doch es ist die Wahrheit! Oder nicht? Von ihrem Sitz sagt die Regierung: So weit Farbmarkierungen sind, so weit wird das Land genommen. Doch die Prospektoren ruhen nicht und dringen immer weiter in unseren Wald. Wie können wir der Regierung glauben, wenn sie niemals ihr Gesicht zeigt und zu uns kommt?» … «Wenn ihr eine Blockade erstellt, werden wir euch festnehmen.» – «Wo schmerzt es die Kompanie durch uns? Wo sind verbrannte Brücken und Camps? Wo haben wir den Frieden von Leuten talwärts und ihre Läden gestört? Dies hier ist seit Urzeiten unser Land, und wir verbieten dessen Zerstörung. In Wirklichkeit ist die Kompanie der Übeltäter!»

Schule, Klinik, Pflanzung, zwei Gewehre, eine Million $ jährlich, Projekte. – Falls er das nicht klarstellen könne, so dürften wir wiederum die Kompanie blockieren. –
Da öffneten wir unsere Barrikade, und erhielten vom Manager 500.– MS $.

Nun werden wir langsam böse mit der Kompanie, und diese böse mit uns. Wir hoffen auf Hilfe, um Schlimmes zu vermeiden. Wenn die Holzgesellschaft arbeiten will, soll sie zurück in ihr Land gehen wo sie hergekommen ist. Unser Land ist nicht gross, doch ein Teil schon arg verwundet.
Aiong Padá, Long Ballau.

11/510

Mein Vater ist im Wald. Dort bin ich. Nein, ich wünsche kein Projekt des Hauses. Das Projekt, welches ich liebe, heisst: Uwut, Rattan, Reh. Mein Herz freut sich in den Quellgebieten. Da will ich die Stimme des Argusfasans hören, des Hirschen, des Nashornvogels Béléngang. – Doch mein Herz ist schwer. Ich will Fischen gehen mit meinem Netz – da sind keine Fische mehr. Die Erde ist rot…

11/511 *Uan Limun, Long Ballau*
Was wir in unserem Land brauchen: Die Sagopalmen Uwut und Jakáh, den Seprá- und Bukui-Rattan um unsere Matten, Taschen und Traggefässe zu flechten. Blasrohrhölzer und Pfeilgift (Tacem), Laué und Dá-un für unsere Dächer, Harze (Pellaio), wilden Kautschuk (Ketipai, Gerigit, Jakan), Bär und Leopard. – Wildschwein, Hirsch und Reh geben uns Leben. Die Stimmen der Nashornvögel Tawá-un und Béléngang, des Vögelchens Pedá Pá-an, erfreuen unser Herz. – Im Wald sterben wir nicht bei unseren ‹Sardinen-Konserven›, denn wir verstehen sie selbst zu suchen. – Doch nun sind die Fische im Bach verschwunden, das Wild geflohen, der Rattan teuer geworden.
Seit Urzeiten leben wir im Wald, nicht von sogenannten Projekten. Wenn uns die Regierung ein Haus und Pflanzung gibt, so können wir da sein. Doch unser wirkliches Leben ist im Wald. Nur gerade jetzt höre ich das Wort Projekt, und weiss nicht, was das bedeuten soll…

11/512 *Rikod, Long Ballau.*
Ja, ich war in der Schule, doch nicht in hoher. Leute mit höherer Bildung sind arbeitslos. Ich folge nur Vater und Mutter und der Arbeit, und was sie mich heissen, das tue ich…

Tebaran Siden, Long Ballau
Vor über 15 Jahren sind wir am Seridan-Fluss sesshaft geworden. Seit dem Jahr 1981 bis heute suchen wir Meeting mit den Kompanies und der Regierung und fragen nach Hilfe und Unterstützung. Die Regierung sagt: «Es hat.» Wir warten wie viele Jahre – es hat nicht. Wir wissen nicht, wie lange ein Jahr, ein Monat dauert – die Regierung weiss es. – Sie macht uns ein Versprechen. Wir warten – und warten – vergeblich. Falls es hat, so sind wir verlegen, wenn es nicht hat, so darf sich die Regierung schämen. – Komm, und schau unser Haus an: Wir haben es selbst gebaut, unser Dach und die Nägel selbst gekauft und bezahlt.

11/513 [fehlt]
11/514 [fehlt]

«Wir wollen unser Land verteidigen und bewahren. Doch wir sind wie Tiere ohne Zähne – niemand hört auf unsere Sorgen.» 11/515
Lakei Pétujek, L. Napir

«Der Manager sagte zu uns: Kommt, ich werde euch Geld geben. Lasst uns arbeiten. Wenn ihr das Geld nicht annehmt, werden wir trotzdem weiterfahren in unserer Arbeit. Denkt an eure Kinder. Auch sie wollen Zucker essen…»
Iteng

«Nach wie vielen Jahren Versprechen, hat uns die Regierung nun eine Reismühle geschenkt. – Kein einziger von uns Penans in Long Napir hat letztes Jahr Reis gepflanzt. Als wir damals in der Nähe unserer Blockade Dschungel roden wollten für unsere Felder, wurde es verboten. So besitzt keiner von uns Reisvorräte – wir alle verarbeiten Sagopalmen und essen Maniok (Ubi Kayú), das wenige, das geblieben ist.»
Kellawet

«Einige von uns sind nun weichgeworden und folgen der Kompanie. Wir fühlen uns doppelt betrogen.

Wie lange haben wir bei den Blockaden ein armes Leben geführt, 11/516 mit Schwierigkeiten, unsere tägliche Nahrung zu beschaffen. Warum? – Weil wir an unseres Land, an unsere Kinder dachten. – Die Kompanie aber beschenkt jeden Überläufer ‹reich›. Nun haben sie plötzlich Radios, Kasettenrekorder mit grossen Lautsprechern. Ditá bewahrt sein Geld gar in der Bank und hat nun in unserem Langhaus einen Laden eröffnet. – Auch gewährt die Kompanie nur gerade diesen Transporte talwärts; während wir Opponierenden es schwer haben, führen einige nun ein leichtes Leben.»
Redo Kebit

«Sie* sagen: Nein, wir nehmen kein Geld! Doch sie sind dabei wie leckende Hunde, die beim Beute zerhauen zugucken (Bari aseou nilá ujun dehe iráh niapá). Wie die Schildkröte Labi ihren Kopf einzieht, wenn sie eine Bewegung sieht – nicht lange – streckt sie wieder ihren Hals, so sind jene, welche von der Kompanie Geld angenommen haben, nur für einen Moment verlegen (Bari labi kélap gilá).
Along, Ba Adang
* die Überläufer

Verhaftung und Flucht 11/517
Pfingstfest 86, Long Napir. Aus der Erinnerung.
Wiederholte Gerüchte, Penans und Kellabits des Ulu Limbang würden nun der Kompanie das Land erlauben und Kommissio-

nen beziehen, drängen mich zu einem Besuch in Long Napir. – Nachdem dessen Bewohner einst zugestimmt hatten, Logging in ihrem Heimatland zu bannen, wurde von Roger Graf in der Schweiz eine Petition an die malaysische Regierung aufgesetzt, von diversen Organisationen unterstützt, mit der Bitte, das Gebiet des Ulu Limbang/Ulu Tutoh unter Schutz zu stellen. ~

Da zieht mich während des Besuches Pun Luiú beiseite: «Der Mann, dem du eben einen Drink offeriert hast, ist ein Field-Force. Er hat mich über dich befragt. Ich bin in Sorge; es ist besser, du verlässt sogleich das Dorf.»

«Ja, ich werde es verlassen, sobald ich die Situation geklärt habe.» – Am nächsten Morgen sitze ich mit drei Dorfoberhäuptern in der Runde, und bitte sie, frei ihre Meinung und Haltung zu äussern, um Missverständnisse zu vermeiden. Alle drei stehen zu ihrem einstigen Wort und unterzeichnen mein vorbereitetes Dokument. Nur Lejó, der Sprecher der Penansippe, lässt auf sich warten.

Da tritt ein Mann unter die Türschwelle, guckt mich schief an und winkt meinen Gastgeber Ngitun beiseite. Sogleich folge ich den beiden und frage den

11/518 Unbekannten, was er wolle. – Unfreundlich streckt er mir sofort seinen Ausweis vors Gesicht, dass er beinahe meine Nase berührt: «Inspektor Lorez!», und sein Kumpel doppelt auf dieselbe Weise nach: «Inspektor Al Nuar!» – Weitere drei-vier Polizisten sitzen da im Vorraum versammelt; alle sind sie in Zivil gekleidet, und anscheinend spasseshalber nach Long Napir zum Pfingstfest gekommen.

«Wir wollen deinen Pass sehen!»

«Tut mir leid. Den hab ich nicht mitgebracht; der ist in Seridan-Gebiet aufbewahrt.»

«Dann musst du uns zur Kontrolle talwärts auf die Immigrationsbehörden folgen.»

«Was hat das für einen Sinn? Ohne meine Papiere können die nicht's kontrollieren.»

«Keine Widerrede! Du folgst uns sogleich talwärts. Wenn alles in Ordnung ist, bringen wir dich wieder hierher.»

«Warum tust du das? Seid ihr nicht ausser Dienst?»

«Auch ausser Dienst wachen wir immer.»

«So weiss ich, dass dich niemand geheissen hat, mich festzunehmen, doch dass du eigenem Herzen folgst.»

«Man hat uns gesagt, dass, wer auch immer dich festnähme – du würdest in den Dschungel fliehen. Darum lassen wir dich nicht mehr laufen, pack deine Sachen!»

«Das passt mir gar nicht, doch ihr habt die Macht.» –

Während mir zwei folgen und auf die Finger schauen, deponiere ich meinen Sack und nehme nur Flöte, Briefe und Hemd mit mir. – Händeschütteln und Abschied von meinen Kellabit-Gastgebern. Der Field-Force, welcher mir die Situation beschert hat, steht auch da. Meine Hand ballt sich zur Faust. Soll ich sie ihm ins Gesicht schlagen mit den Worten: «Dies ist mein Lohn für dich?» Ach was – bleib friedlich. Gott wird ihm seinen Lohn geben, und mit Handschellen zu reisen ist kaum angenehm. Und während ich seinem Nachbarn die Hand reiche, deute ich auf den Mann: «Mit so liebenswerten Leuten wie dem da neben dir verzichte ich freiwillig zu grüssen.», schaff ich meinem Missmut Raum.

Darauf werde ich in ein anderes Haus gebracht. «Sitz!», befiehlt mir mein Wächter. «Nein danke, ich steh lieber!» – In meinem Herzen wallt es. Ich kann mir schon vorstellen, wie das rauskommt: Zwei-drei Tage Atmen bürokratischer Luft und dann den Tritt in meinen Ehrenwertesten. Mit der Gnade und Gunst der Behörden ist kaum zu rechnen. Vielleicht lassen sie mich nicht einmal von meinen Penanfreunden Abschied nehmen. Ist das wirklich das Ende meines Dschungellebens – wo ich noch so viel zu entdecken und zu tun hätte? Wiederum wird das Haus gewechselt; die Polizisten wollen vor der Abreise noch Mahlzeit halten. Freundlich offeriert mir die Kellabit-Frau Speise. Nein, danke, mir ist's wirklich nicht um's Reis essen. Wie abwesend schau ich in die Ferne ~

Aufbruch. Ich werde aufgefordert, voranzugehen zum Wagen. – Da steht der Polizeijeep. – Nanu, meine Leibwächter sind etwa zwanzig Schritt zurückgeblieben. Soll ich mich sogleich in die Büsche Richtung Penansiedlung schlagen? Die Bullen von Limbang werden in der Gegend kaum gewohnt sein. Doch noch während ich zögere, erreichen sie den Wagen.

Während sich die beiden Inspektoren in die Frontkabine des Jeeps setzen, hocke ich mit einem dritten dahinter. Dieser hat eine Jagdflinte auf seine Schenkel gelegt. Während der Fahrt stehe ich wie gewohnt aufrecht auf die Laderampe, mich an der Dachverstangung haltend; da hast du wunderbare Aussicht übers Land, angenehmen Wind und riechst nicht die lästigen Abgase – und vielleicht gibt sich Gelegenheit, abzuspringen. Doch schon bald stoppt der Wagen, und Inspektor Lorez befiehlt mir, mich ins Wageninnere zu verziehen. – Als wir die Kreuzung nach Seridan passieren und rasant talwärts Richtung Limbang fahren, denke ich, für Flucht sei es nun zu spät. Nun so denn. Ein einziges Positives hat die Sache; so darf mein Auge einmal die Gegend des unteren Limbang erblicken. Und vielleicht sind die Behörden dort gar nicht so übel.

Mein freundlicher Sitzgenosse mit dem Gewehr auf dem Schoss scheint nicht Polizist zu sein. Und nach einer Weile stelle ich fest, dass er Lehrer, und seine

Waffe ungeladen ist. Dann setzt sich Tuan Lorez zu uns und bietet mir freundlich eine Büchse Heinecken-Bier an. «Nein danke.», ich hab keinen Grund zum Prosten.

Die Landschaft öffnet sich vor uns. «Sungai Tuan», beantwortet der Lehrer meine Frage. Nie gehört. Ob jenseits der Quellen dieses Flusses jene des Seridan sind? Die Wasserscheide wird jedenfalls kaum durchdringliches Hochgebirgsdickicht sein, wo man sich wegen schlechter Sicht leicht verirrt. –

Nicht lange nach Queren der Brücke stoppt unser Wagen. Der Chauffeur öffnet den Tankdeckel, um aus einem Kanister Brennstoff nachzufüllen. Ich pisse am Strassenrand. Da – nur drei-vier Steinwürfe unterhalb wälzt sich trübbraun und feindlich der Limbangfluss in engen Mäandern talwärts. Und da – ein steiniger eingewachsener Bulldozerpfad, versperrt von Fallholz, zieht steil abwärts. Soll ich? – Die Hirschliane streckt ihre Arme, die geschändete Erde wiederum mit Grün zu bedecken, geziert mit ihren grossen gelben Blütensternen. Ich pflücke mir eine der Windenblüten und halt sie mir unter die Nase. Geruchlos. – Die beiden Inspektoren mit ihren Bäuchen scheinen vor allem gewohnt, zu sitzen und zu befehlen. Soll ich? – «Ja, flieh jetzt!», sagt es in mir.

Ich schaue zurück. Da steht Tuan Lorez einige Schritte von mir entfernt und scheint zu spüren. «Willst du mir folgen?», frage ich ihn. – Befremdet guckt er mich an. Ich wiederhole die Frage und zeige auf den eingewachsenen Bulldozerweg: «Ich geh in diese Richtung!» – «Mai!!!» ruft es entrüstet, doch schon bin ich losgespurtet. «Pawwww!», tönt ein Schuss in meinem Rücken. – Oha, der hatte ne Pistole unterm Arm versteckt! Die übertreiben aber, Gebrauch von Feuerwaffen wegen einem vermuteten Verstoss gegen das Immigrationsgesetz!, denkt es in mir in Sekundenbruchteilen. «Pawww!» knallt es ein zweites Mal. Nur vorwärts – und schon erreiche ich steiles Gelände und hechte kopfvoran abwärts ins Dickicht. Junge Bäumchen fassend finde ich mich wieder auf den Beinen und rasant weiter abwärts bis ans Ufer des Limbangflusses. Nanu, kein Knacken und Krachen von Verfolgern in meinem Rücken zu hören? – So stürz ich mich nicht in die trübe Flut, doch spring am Ufer von Stein zu Stein, von Wurzel zu Wurzel Spuren vermeidend flussaufwärts und schlag mich in einem Bogen zurück zur Strasse. Doch auf halbem Weg geht mir der Schnauf aus, Herzklopfen und Halsklemmen – und ich ruh einen Moment. – Nach vorsichtigem Spähen quere ich in einem Spurt die Offenheit der Strasse und klettere weiter bergan.

Wo meine Begleiter wohl geblieben sind? Haben sie sich gleich talwärts nach Limbang gewendet, um Verstärkung zu holen, sind sie noch am Suchen, oder zurück nach Long Napir gefahren?

Im Haus von Väterchen Pun Luiú in Long Seridan habe ich meine Habseeligkeiten deponiert, mit dem Versprechen, einen kleinen Sack mit wichtigstem Gut auf keinen Fall an wen auch immer auszuliefern. Werde ich den Ort vor der Polizei erreichen? Der Weg zurück auf der Logging-Strasse scheint der schnellste zu sein. Doch wenn die Hüter des Gesetzes Ernst machen, werden sie noch in derselben Nacht in Abständen Wachen mit Funk am Strassenrand absetzen. Vielleicht besser, ich versuch mich durch wild-unberührten Dschungel durchzufinden, wo kaum einer Menschenseele zu begegnen ist.

Eine lange Hose, ein Gurt, ein Taschenmesser, ein Feueranzünder und ein Haarkamm sind mein einziges Reisegewicht. – Ich bind mir die lange Hose als Bündel hinter den Kopf und gehe nackt; das Kleidungsstück behindert nur und treibt den Schweiss. Mit dem Taschenmesser ernte ich mühsam ein junges durststillendes Uwutpalmherz; es wird für zwei Tage meine einzige Mahlzeit sein.

Oberhalb der Logging-Strasse die Seitenhänge querend, steige ich dann an den Tuanfluss runter und wende mich quellwärts. Eins-zwei, senkt sich die Nacht und Regentropfen fallen. Das kann ja noch heiter werden, ohne Hemd. Mit dem Messer kappe ich drei Jakáh-Palmwedel und errichte ein kleines Schutzdach am Ufer. Da hock ich nun im Stockfinstern auf dem Fels, zusammengekauert und patschnass. Keine Rede von dicht. Auf meine Knie gelegte Benuá-Blätter sollen den Regenschwall etwas ableiten. Ich danke Gott, dass er keine Sandfliegen und Mosquitos geschickt hat, mich zu plagen. Immer wieder reibe ich die Handflächen kräftig zwischen den gepressten Knien warm, bis endlich der Morgen graut.

Der Fluss ist etwas angeschwollen und als grosse Felsblöcke den Weitergang erschweren klettere ich bergwärts, bis an die Strasse. Das Land links und rechts davon ist auf eine Breite von je ~zwanzig Metern kahlgeschlagen, und in steilem Gebiet von langen Erdrutschen gesäumt. Da gibt sich oft auf weite Distanz kaum Deckungsmöglichkeit. So sammle ich an verstecktem Ruheort jeweilen Kraft, um mich bis zum nächsten durchzuspurten. Die Sorge, mich im gänzlich unbekannten Quellgebiet jenseits der Wasserscheide in ein fremdes Flusssystem zu verlaufen, vielleicht jenes des Medalem, lässt mich mein Glück auf der Loggingstrasse suchen. Einmal die Abzweigung nach Seridan-Area passiert, werden käumlich Patrouillen aufwarten. Niemand geht in der unbewohnten Gegend zu Fuss, und Fahrzeuggeräusche sind von weitem hörbar.

Dann erreiche ich die Terasabrücke, auf 2–300 m offenes Gelände ohne Deckungsmöglichkeit. Und jeden Moment könnte aus der entgegenkommenden Richtung ein Fahrzeug auftauchen. Als dann ein Wagen bei der Brücke parkiert, muss ich mich auf mühsamen Umwegen durch steiles Gelände und Fallholzschlachtfelder, am Bachlauf bis zu den Knien im Erosionsmatsch einsinkend, durchschlagen. –

Ein Hahnenruf kündet ein Camp, und wiederum darf ich Bögen schlagen. Dann weicht der Tag der Nacht. – Gar lustig hör ich's aus dem Dunkeln plätschern. Wasser! Meine ausgetrocknete Kehle möchte zusammenkleben. Doch der verlockende Ort ist von vielen Stämmen mit gähnenden Spälten [Spalten] versperrt, und erst nach langem vorsichtigem Durchtasten erreiche ich das Nass. – Ich wundere mich, dass die Strasse abwärts zieht. Ob ich einen falschen Abzweiger erwischt habe? Und plötzlich stehe ich am blinden Ende, das Richtung Sipai-Fluss zieht, neben einigen verschlossenen Hütten. Am liebsten würde ich schlummern, doch die Zeit drängt, und so kehr ich wieder um, und weiter vorwärts.

Da zeigt ein Licht auf ein weiteres bewohntes Camp am Weg. Unmöglich, es in stockfinsterer Nacht zu umgehen, und so nächtige ich im Fallholz überhalb der Strasse. – Als ich des Morgens mir die Äuglein reibe, stehen schon Gestalten auf der Strasse. Wie eine Echse muss ich mich bäuchlings in den Wald roppeln, um nicht gesehen zu werden. – Das Land ist frisch verwüstet, und umso mehr schmerzen die scharfen Steine und gesplitterten Hölzer im Bulldozerweg. Über den Bergkämmen liegt der lauchartige Geruch von Niekup-Früchten, -Blüten.

Oha, da merke ich, dass mein Taschenmesser an meinem Schlafplatz auf der Strecke geblieben ist. Und als ich es nach langem Rückmarsch, wiederholtem Imitieren der Echse in Händen halte, freut sich mein Herz.

Nach weiterem Umgehen von Camps, nähert sich plötzlich piepsend eine Fischotterjungschar. Bis auf Greifnähe – und kehren erschrocken wieder um: «Keine Angst; trotz leerem Magen liegt es mir fern, euch zu verspeisen.» –

Da zieht die Loggingstrasse in einer langen Geraden ohne Deckungsmöglichkeiten dahin. Rechts davon scheint das Seridangebiet zu sein. Als ich mich in dessen Tal begeben will, versperrt ein kaum durchdringliches Fallholz-Schlachtfeld, Spuren der Zivilisation, den Weg, und ich muss meinen Schritt wenden. Nicht lange, und plötzlich finde ich mich auf einem kleinen Pfad, dessen ich mich mit Freuden erinnere: Auf ihm haben Männer einst unzählige Traglasten Reis von Long Seridan über die Wasserscheide nach Long Penuh gebuckelt, um das Getreide per Boot weiter talwärts nach Limbang zum Verkauf zu bringen. Nach hurtigem Lauf hangabwärts ladet das kristallklare kühle Wasser des Seridanflusses zum Bad. Ich eile, die Penansiedlung noch vor Nachteinbruch zu erreichen. Schon steht die Sonne tief. Kurz bevor meine Füsse eingewachsene Reisfelder betreten, kündet die Zikade ‹Rí-á› baldige Dunkelheit. Im Anblick des Maniokfeldes erinnere ich mich an meinen leeren Magen seit vorgestern. Gierig zieh ich eine Pflanze aus. Doch oha, deren Wurzelknollen sind verholzt und ungeniessbar. Und schon öffnet der Tropenhimmel seine Schleusen, dass alles zu fliessen scheint. Kein Haar bleibt trocken.

Ob die Luft in Long Ballau rein ist? Vorsichtig nähere ich mich einer Hütte, streck meinen Kopf bei einer Herdstelle herein und gebe Zeichen. – Da steigt sofort die alte Ti-jon aus der Hütte runter, umarmt mich mit tränenden Augen und zieht mich an der Hand, schnell in die Behausung zu steigen. – Sofort werde ich von allen Bewohnern umringt, umarmt und wärmstens begrüsst, wie ein totgeglaubtes, wiedergefundenes Kind. Und man bringt mir soviel Reis, Sago und Wild daher, dass ich unmöglich alles verzehren kann.

Das Gerücht meiner Flucht, das Schiessen der Polizei und von Blutspuren hatten das Dorf schon erreicht und seine Bewohner Schlimmes ahnen lassen. – Wenige Stunden zuvor hatte ein bewaffneter Polizeitrupp Long Ballau besucht und Richtung Long Seridan verlassen; ich komme zu spät.

Dann wird schnell organisiert; jeder Bewohner spendet irgendetwas, was man zum Leben im Dschungel braucht, und bald bin ich mit Buschmesser, Axt, Sagomatten, Schlafmatte, Decke, Hemd, Taschenlampe und Proviant gerüstet. Der Dorfälteste Sidén sorgt mit magischem Wachs für mein leibliches Wohl; das eine Amulett (Pélep Lirép) soll unsichtbar machen, das andere (Pelep Késallai) feindliche Geschosse von ihrem Ziel ablenken. – «Polizei!», ruft's hastig durch die Siedlung, und während ein Trampeln durch die Hütte geht, bin ich schon ins Maniokfeld gesprungen. – Nach langem werde ich in der Nacht aufgesucht: «Palui, diese Kinder! Falscher Alarm,» – «Das war ne gute Übung.»

Endlich darf ich in einem Reisspeicher meine Glieder zur Ruhe spreiten. Doch schon um drei Uhr morgens werde ich aus tiefem Schlaf gerüttelt, und zu essen geheissen – wo ich noch zur Hälfte im Traumland wandle, und man drängt zum Aufbruch. – Nach unbeabsichtigtem Besuch im Dickicht finden meine Führer unsere Kumpanen, die uns per Boot über den hochwasserführenden Selidanfluss [Seridanfluss] übersetzen – zurück in unberührte Wälder.

Publizität

Freund Spring wurde von verschiedenen Film- und TV-Gruppen bedrängt, in Penanland eingeschleust zu werden. Dies ist für ihn ein heisses Eisen. Neben Verhaftung drohen ihm als Landeseinwohner verschiedene Massnahmen, die ihm das zukünftige

Leben erschweren könnten, falls was schief geht. In dem für Weisse gesperrten Krisengebiet, auf nur zwei Zufahrts'strassen erreichbar, sind etliche Polizei- und Field-Force-Truppen stationiert. – In Angstträumen wird Spring von der Polizei festgenommen, ins Gefängnis geworfen, und erwacht, bevor er weiss, welche Art von Folter ihm angetan wird. –

Dann ist es soweit; während ich mit dem Waldvolk in einem anderen Winkel des Dschungels schwere Nakanfrüchte buckle, werde ich gerufen. – Als wir auf dem 2-Tage-Marsch eine grosse Loggingstrasse queren, laufen wir beinahe einem bewaffneten Kommando in die Arme; Hals über Kopf, mit schreiendem Gibbon-Kind auf der Schulter – ich halte ihm den Mund zu – schlagen wir uns rasant in die Büsche, und

alsogleich öffnet der Himmel seine Wolkenschleusen. Nach einem Hindernislauf durch steile Erosionsgebiete, durch den Strassenbau verursacht, erreichen wir des Nachts patschnass unseren Treffpunkt.

Der Schwedische Filmmacher Frederik hat den Ort mit seinem Team schon eine Weile vorher erreicht. Spring hatte die vier Mann samt ihrer schweren Filmausrüstung am Rand einer Loggingstrasse abgesetzt, ihnen ein Buschmesser in die Hand gedrückt und sich empfohlen. Ohne Proviant, Pfanne und Dach über dem Kopf, doch mit dem Trost von zwei Flaschen Wodka verbrachten die Stadt-Gewohnten eine regnerische Nacht in ihrem blättergedeckten notdürftigen Wildschweinnest.

Frederik und John waren schon Jahrs zuvor im Penanland auf Besuch, jedoch ohne mir zu begegnen. Während ihrer Abreise damals wurde Frederik im SAM-Büro von hinten eine Hand auf die Schulter gelegt, mit der Nötigung, auf den Polizeiposten zu folgen. Während er sein Flugzeug von Marudi abheben hörte, öffnete der Polizeikommissar Frederik Lesu seinen Hosenladen, nahm die Pistole aus dem Halfter, legte sie langsam, mit auf den Schweden gerichteten Lauf; auf den Tisch und eröffnete das Verhör. Ob er dem ‹rotten apple› begegnet sei? Eine Karte klebte an der Wand mit gesteckten Fähnchen, wo der unerwünschte Fremdling wann gesichtet worden war. «Nein» – blieb die aufrichtige Antwort auch noch nach drei Stunden, und der Festgenommene wurde wieder auf freien Fuss gesetzt.

Die schwere Filmausrüstung bringt Qualität, doch behindert Spontaneität und Beweglichkeit in schlipfrig- [schlüpfrig-] steilem Gelände. Magie der Präzision und Technik; die Aaton-Kamera verzaubert gleichsam, Tiefe ins Bild bringend, während das Superaufnahmegerät mit Richtmikrophon den Ton selbst Raum werden lässt. –

Und während das Dschungelvolk einmal mehr Gelegenheit bekommt, seinen Sorgen Ausdruck zu geben, werde ich selbst genötigt, vor der Kamera für etwas Abwechslung zu sorgen. Doch Helden, die niemals ausschlipfen [ausrutschen], existieren nur in der Phantasie. – Ich bin im Zwiespalt, dem Bild nachzukommen, das von mir gewünscht wird, oder ganz einfach mich selbst zu bleiben mit all meinen menschlichen Schwächen und Mängeln. Und gerade das scheint meine Schwäche – meine Schwächen nicht preisgeben zu wollen, mich nicht im Jetzt-Zustand festlegen zu lassen, doch eigenem Idealbild nachzueifern.

Als der hühnenhafte Nordländer mit kindlichem Herz Abschied nimmt – schleust Spring sogleich den Australier Paul Tate mit seinem gut organisierten Team ein. Camping-Ausrüstung und Proviant, samt Schäufelchen, um seine tägliche Notdurft möglichst sofort dem Auge und der Nase zu verbergen und dem Humus zuzuführen, samt dem ‹Spirituellen Etwas› sind vorhanden und sorgen für offenen Atmosphäre.

Und als Spring die heimlichen Besucher bei Nacht und Nebel wieder talwärts bringt, werden seine Nerven einer weiteren Zerreissprobe ausgesetzt. Hinter jeder nächsten Wegbiegung könnte ein Polizeikommando entgegenkommen.

Und in der Tat errichtet die Polizei talwärts eine Strassensperre, um die Besucher abzufangen, nachdem jemand geplaudert hatte. – Gerade kurze zwei Stunden zu spät.

Stimmen*

Dja-au Lat, Long Napir, schüttet sein Herz aus.

Das Bulldozergebrumm macht mich wütend. Nur wenn die Kompanie unser Land verlässt und nach Hause geht, kann ich gutes Herz zeigen. Wo werden unsere Kinder und Grosskinder leben, wenn das Land zerstört ist? Ich bin ein armer Mann und finde nicht genügend Nahrung, seit die Kompanie unsern Lebensraum zerstört. – Die Polizei hatte unsere Blockade beseitigt und mit Gewehren auf unsere Frauen gezeigt. Wenn ich kein langes Herz hätte, könnte es schon Tote gegeben haben.

Wir gehen nicht talwärts ihre Geschäfte stören. Wenn sie weiterarbeiten wollen, sollen sie das in ihrem eigenen Land tun. Wir verbieten unser Land. Doch sie hören uns nicht an. Wie soll das weitergehen? Wie können wir alle das aushalten? Wo werden wir unsere Nahrung, Wildschweine und Sago finden? Und so das verschmutzte Wasser; trinken die etwa gerne schmutziges Wasser? Sie sind bereits reich und haben viele Nahrung talwärts. – Warum kommen sie und stören unser Leben?

* Die folgenden Aufzeichnungen sind mehrheitlich Übersetzungen auf Grund der Filmaufnahmen von Frederik und Paul, Februar 88.

Wir machten Blockade, um die Kompanies zu stoppen und Meeting mit der Regierung zu verlangen, auf deren Geheiss die

Kompanies operieren. Doch die Regierung verweigerte von Anbeginn, uns arme Leute anzuhören.

Dann wurden wir vor Gericht zitiert. Der Kläger verweigerte uns Transport talwärts nach Limbang. Dort mussten wir an einem schmutzigen Ort nächtigen und erhielten keine Unterstützung für unsere Verpflegung. – Wir gewannen den Fall; wenn wir ihn verloren hätten, wie hohe Bussen hätten sie uns auferlegt – doch wir erhielten keinen Cent Entschädigung.

Die Regierung fragt: «Warum lasst ihr die Kompanie nicht arbeiten? – Lasst sie! Wir geben euch Projekte, pflanzen Sagopalmen für euch.» – Doch wir lehnen ab; denn wir sind gewohnt, all die Dinge zu essen, welche der liebe Gott für uns gepflanzt hat. – Aber wir verstehen es nicht, die Kompanie selbst zu stoppen. Wie soll das weitergehen? Ohne Hilfe von aussen fühlen wir uns verloren.

King Berim, Long Sembayang

Ein Vorwurf bleibt der Regierung nicht erspart: Dass sie kommt und das Land der Ureinwohner zerstört – um sich erst danach, nach vielen Protesten – um die Sorgen der hungrig gewordenen zu kümmern. Anstatt ihnen zuvor Haus, Pflanzung und Lebensunterhalt zu geben.

Di-áh, L.N.

In der Vergangenheit hatten wir keine Sorgen. Doch nun, seit wir unter der Regierung ‹gleich schwarzes Haar und Auge› sind, haben wir kein leichtes Leben. Die Kompanie zerstört unser Land, wo wir unsere tägliche Nahrung, unsern Rattan finden, und verschmutzt unsere Bäche. – Dies ist's, was uns arm macht. – Dann werden uns Projekte angekündigt – und du wartest und wartest. Und dann bringen sie dir einige Setzlinge – können wir etwa Holz essen?

Gut Tiuan, Long Napir

Ich bin Along Segá vom Adangfluss. Alle Umstehenden sind meine Verwandten. Doch wenn man nach mir fragt, so bin ich nur wie ein Waisenkind – denn ich verstehe nicht die malaysische Sprache. Ich bin nicht verlegen zu sprechen, denn mein Mund ist nicht mit Schmiergeldern verstopft, wie jener von verschiedenen anderen Dorfoberhäuptern. Meine Hütte ist nur wie ein Vogelnest, ein Wildschweinbau, da sind keine Blumen der Regierung zu finden.

... sie machen Propaganda, und heissen uns, sie zu wählen.* Wie können wir sie wählen? – Er – der Chiefminister ist der Kopf von all denen, die unser Land zerstören. Die Regierung – wir sagen nicht ‹Regierung›, wenn sie unser Land zerstört.

* Der sprechende Nomade besitzt keine Identitästkarte, und hat somit kein Wahlrecht.

Zur Zeit der Blockade fragte mich Datuk Amar James Wong* in Limbang: «Warum lasst ihr die Kompanie nicht arbeiten? Was verlangt ihr? – Geld?» – «Und schleppst du einen Sack voll Ringit** daher, so schwer, dass dir die Augen aus dem Kopf treten – wie glauben dir nicht! Deine Dollars – wie viele Millionen – nicht deine Dollars von dir selbst, Dollars von unseren zerstörten Ländern und Flüssen! Wie kommen nicht, um Geld oder Gewehre zu verlangen, doch um euch von der Regierung zu bitten, unser Land zu schützen und zu bewahren.» Der Minister verliess den Ort, eine Antwort schuldig bleibend.

Zuzusehen wie unser Land zerstört wird, das ist, wie ohne Leben zu sein. – Nun kannst du den Batu Laui*** schon von der Logging-Road aus erblicken. Unser Land ist nicht gross... Wenn wir die Kompanie mit unsern Blasrohren schiessen, sagen sie, wir wären falsch. Wir könnten es tun, doch nachher knallen sie uns ab wie Haustiere.

Begräbnisstätten von meinem Vater, Grossvater, Bruder und Onkel sind bereits von Bulldozern überrollt. Wir haben ihnen den Ort verboten, geredet, deutlich markiert und abgesperrt – doch sie hören nicht.

Sie kommen und fragen: Wo ist der Ketua Kampong[4]? Dann halten sie eine Karte in die Höhe, doch sie geben sie uns nicht. Sie sagen, es sei ihr Land, doch sie haben es selbst genommen. Wenn wir sie – von

* Tourismus-Minister, wohl einer der reichsten Männer Sarawaks, Lizenzinhaber über 300'000 Acres Dschungel im Limbang-Gebiet und Besitzer der dort operierenden Limbang-Trading-Company
** Malaysische Währung
*** Kalkklotz im Ulu Limbang
[4] Dorfoberhaupt

der Regierung – heissen, in unserm Land Sagopalmen zu verarbeiten und Pfeilgift anzuzapfen – sie wären nicht fähig, so zu tun. Sie behaupten, sie hätten Kuasa* in unserm Land. Wie oft rufen wir sie – sie kommen nicht. Wenn sie mir nicht Begräbnisstätten den Uwutpalmen hier folgend zeigen können, wo ihre Verwandten ruhen, glaube ich ihnen nicht.

Wir Penans haben in Wirklichkeit Kuasa in unserem Land. Die Grossen von der Regierung – sie liegen falsch. Wir wollen nicht kriegen und haben niemanden gestört. Doch die Regierung weiss nicht zu helfen. Wir sind hungrig im zerstörten Land.»

Along Segá, Ba Adang

Ich bin nur eine arme Frau – ohne Verstand – nicht ein Mann. Aber wenn ich an die Regierung denke, ich bitte um Vergebung – sie ist gerade wie ich – ohne Verstand. Wir bitten um Schutz unseren Landes, doch sie hören nicht auf uns. Doch dies ist das

Land unserer Väter und Grossväter – von diesem denken wir. Einige von uns Penans sind sesshaft geworden, auf Geheiss der Regierung. Für wie viele Jahre bewohne ich nun Reisfelder – doch bin ich weder wohlhabend geworden, noch hab ich ein einfaches Leben. Von diesem die Regierung möge weiterdenken. Meine Verwandten** im Dschungel sehen,

* Das Recht, Gesetz

** Nomaden

11/537 dass wir's nicht besser haben als sie – darum folgen sie uns nicht, auch wenn wir sie rufen. – Hier, dies ist mein Bauch – so hungrig bin ich. Wenn mein Land zerstört ist, wie kann ich wohlhabend werden? – Hier, meine Füsse – ich bin gewohnt, meinem Mann auf seinen Streifzügen zu folgen. Früher hatten wir ein leichtes Leben auf der Jagd – doch nun läufst du dich müde und deine Füsse schmerzen, ohne Wildschwein und Hirschen zu treffen.

Wie die Regierung? Will sie ihren Namen selbst gross machen und allein reich werden? Von wem, wenn nicht von der Bevölkerung?

In der Vergangenheit wagte kein Mund einer Penanfrau so zu reden. Warum tut er's jetzt? Weil er sieht, dass die Regierung gerade wie ein Weibermund ist – da ist nicht's Schönes, noch Gutes, noch Reiches darüber.

Was ich meiner Regierung sagen möchte: Wenn wir blockierten, so verlangten wir Stop der Zerstörung unseres Landes und baten um Unterstützung von euch. Doch ihr habt Polizei geschickt, unsere Blockade zu zerstören. Am nächsten Tag kamen sechs Bewaffnete und zeigten mit ihren Gewehrläufen auf uns wenig verbliebene Frauen, während sie Feuer setzten.

Wir standen nur dort – ohne zu reden noch zu verteidigen. Aber unsere Herzen sind verletzt.

11/538 Je mehr wir um Vergebung und Hilfe bitten, umso mehr Polizei sendet ihr uns einzuschüchtern und uns armes Volk zu verhaften. Wie können wir ein leichtes Leben haben auf diese Weise? Von diesem mögt ihr weiterdenken.

Libai Niagung, Long Sembayang

Von April 87 blockierten wir die Logging-Road für acht Monate. Was war das für ein armes Leben, unsere tägliche Nahrung zu suchen. Wie viele Male haben wir mit Kompanies betreffs unseres Landes geredet, sie hören uns nicht an. Wir haben nie Geld verlangt, doch die Bewahrung unseres Landes.

Die Gebiete des Sembayang- und Terasa-Flusses sind bereits zerstört. Aber nicht nur hier – überall in Sarawak geschieht dasselbe. Wer hat nicht Schwierigkeiten durch die Logging-Companies. Wir selbst wollten die Kompanie stoppen, weil wir zusehen mussten, wie unser Land, Sagopalmen, alles war wir zum Leben brauchen zerstört wurde und wird. Wie viel Polizei auch kommt uns einzuschüchtern – wir haben keine Angst, denn es ist unser Land seit jeher.

Kayah Etek, Long Sembayang

«Wir alle, Männer Frauen und Kinder machten nicht Blockade, 11/539 um die Regierung, Residen [Resident], D.O., anzugreifen. Doch um Meeting mit den Köpfen der Regierung zu verlangen und um Hilfe zu bitten betreffs unseres Landes. Wenn da zerstörte Bulldozer und Camps wären, könnten sie uns schlechtes Volk schimpfen... Wir sind im Schatten des Waldes gewohnt. Wo haben wir Leben unter brennender Sonne und Zerstörung? Wie Blasrohrholz – das ist unser Leben. Pfeilgift. Die Sagopalmen Uwut und Jakáh. Das Latex Ketipai und Gerigit für unsere Buschmesser. Der Rattan Seprá und Bukui für unsere Matten und Traggefässe. Wenn unser Land zerstört ist, haben wir wanderndes Volk kein Leben; wo gehen wir Wildschweine jagen, wo Sagopalmen fällen und unsere Nahrung suchen? –»

Anak Laso Jeluan, Adang-Magoh

Ich bin kein grosser Mensch, habe weder Vater noch Mutter. Doch wenn man uns Projekte geben will, stimme ich nicht zu. Unser Land zu bewahren, das uns Leben gibt, nur das liebe ich. Ohne Land sind wir wie auf die Erde geschmissene Fische. Es ist unsere Tradition, dem Wildschwein und dem Hirschen nachzustellen und

wildes Sago zu essen. Wenn die Regierung wirkliches Leben bringen will, so soll sie die Kompanien zurückrufen. Wir haben Mühe, im zerstörten Land auf Jagd zu gehen, wie die Affen in den gefällten Bäumen zu turnen, in der brütenden Hitze zu gehen. Wir besitzen kein Fahrzeug und die Kompanie gewährt nur selten Transport. Und darüber hinaus sind schon drei von uns bei Autounfällen durch die Kompanie getötet worden…
Ason Luau, Long Ballau

Es wird uns gesagt: «Macht euch keine Sorgen wegen der Kompanie. Die gefällten Bäume wachsen wieder nach.» – Warum kommen sie dann in unser Land? – Und gehen wir talwärts, nach Limbang, dann sehen wir: Da sind nirgends Kapur, Jit – und grosse Meranthi-Bäume zu treffen – nur eingewachsenes Rodungsdickicht… Und dann sagen sie ‹Projekt› und bringen einige Setzlinge*. Wie können wir ihnen glauben?
Bala Tinggang, Pa-tik

* Tello Ani = Scheiss-Schössling; wo der Penan in der Fruchtzeit seine Notdurft verrichtet, spriessen bald junge Fruchtbäume. Viele alte Siedlungsplätze sind als auf diese Weise natürlich entstandenen Fruchtgärten gekennzeichnet.

Vom Nomadentum

(Am Beispiel der Ubung-Sippe).

Das Wanderwesen des Penans wird vor allem von zwei Dingen bestimmt: Vom Vorkommen trächtiger wilder Sagopalmen (Uwut/Jakáh) und von Wild. Das letztere wiederum hängt ab von der Fruchtzeit; das Wildschwein, aber auch Affen, der Bär und gewisse Fische folgen dem Nahrungsangebot von oben.

Da Sago tägliche Grundnahrung des Penans bildet, kann er sich nicht über Wochen hinaus von Sagopalmstandorten entfernen.

Zu Beginn der Fruchtzeit (Nov–Dez) finden sich die ersten Gaben in den Niederungen der Reisfelder und im Sekundärwald, um darauf in den kühleren Gebieten bergwärts zu reifen. Mit den letzten edlen Früchten (Metuna, Kénnirén) fallen ein Heer von verschiedenen Eicheln (von Februar bis April–Mai), Hauptnahrung des Wildschweins in der Saison.

Mitglieder der Ubungsippe halten sich darum während der Fruchtzeit meist im Gebiet des Kidáh-Lesuah-Flusses auf, um darauf den Wildschweinen in die Quellgebiete der Ubung-Ausläufer zu folgen. Da Fruchtzeit und Wildschweinwanderungen regional variieren, folgt der Eingeborene ganze einfach dem Nahrungsangebot, wo es am einfachsten zu besorgen ist. So kann sich die Sippe auch quellwärts bis ins Gebiet des

Roo Putui Ugen

Seine weissgespitzten Schwanzfedern sind gestuft. Gefieder schwarzgrün.

11/542 Buke-Flusses begeben oder bis in dasjenige des Tepun-Flusses. Wo Sagopalmen (Uwut) reichlich vorhanden sind, findet sich das Wildschwein als Standwild. So hält sich der Nomade bis zur kommenden Fruchtzeit meist in den sagoreichen Gebieten quellwärts auf, wo fern menschlicher Störung auch reichlich Wild zu treffen ist.

Zur britischen Kolonialzeit wurde dieser Rhytmus beeinträchtigt durch den alle ~fünf Monate in Long Melinau veranstalteten Markt, wo das Dschungelvolk wildes Latex, Harze, Magensteine, Rattanflechtwerk und anderes tauschte, – heute durch die drohende Holzfällerei.

Zwei der sieben Nomadenfamilien des Ubung ziehen oft einsiedlerisch durch die Gegend. Dem Herzen folgend splittert sich die Sippe hin und wieder auf in je 2–3 Familien, um sich nach einiger Zeit wieder zusammenzuschliessen.

[Karte] Wanderrouten der Ubung-Sippe und anderer Penangruppen im unteren Magoh-Fluss

Legende

→ gebräuchliche Routen

┈┈→ Wirkliche Routen der Ubung-Sippe von 1984–1988, vereinfacht. Zeitweise Trennung einzelner Mitglieder wegen Verwandtenbesuchen, verarzten in Long Seridan, Gaharu- und Rattansuche, Geburten nicht berücksichtigt. Meetings und Blockaden seit der Bedrohung ihres Lebensraums durch Holzfällerei hinderten die Nomaden, sich allzuweit in Quellgebiete zu entfernen.

→ Richtungen wo halbsessehafte Penans zeitweise nach Sago, Wild und Rattan suchen (Streifzüge während 1–10 Wochen).

Nomaden des Bare / Puak / Tepun-Flusses

|||| In Jahren 85–88 geloggte Gebiete – Lizenzen für alles Land ausserhalb des Nationalparks vergeben.

⊥⊥⊥⊥ Grenze des Gunung-Mulu Nationalparks

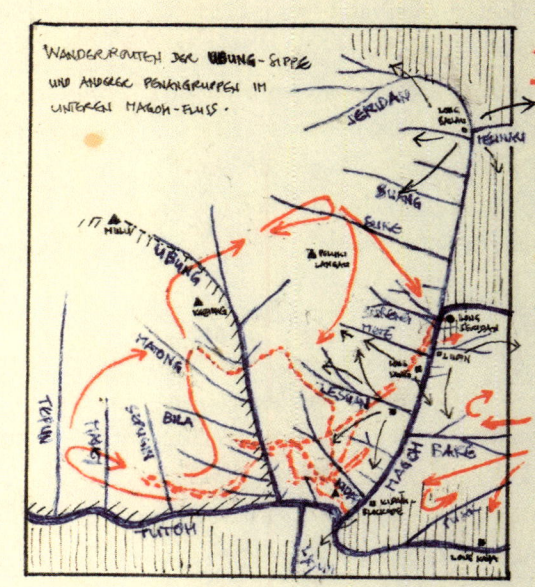

114 | TAGEBUCH 11

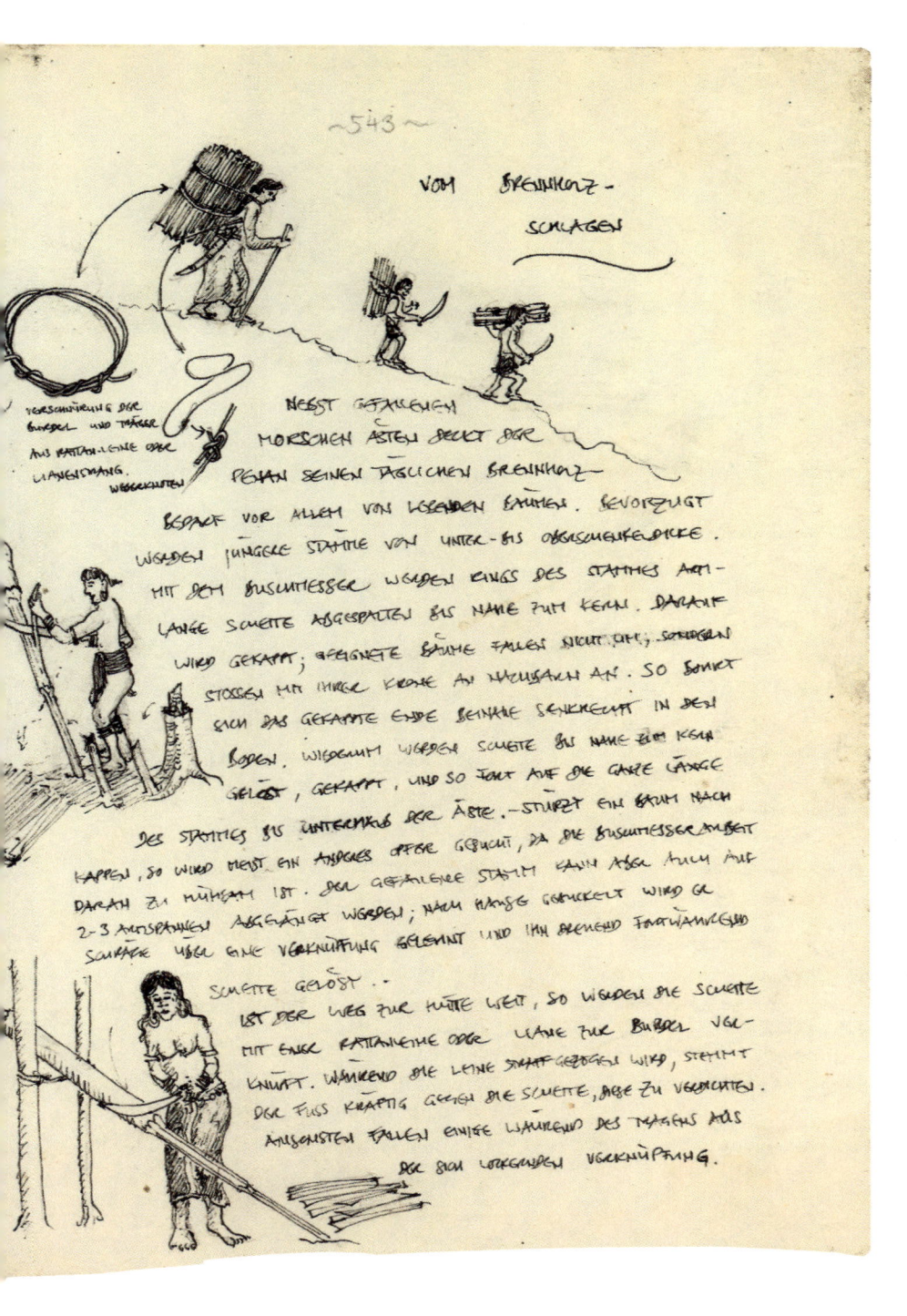

gebuckelt wird er schräge über eine Verknüpfung gelehnt und ihn drehend fortwährend Scheite gelöst. –

Ist der Weg zur Hütte weit, so werden die Scheite mit einer Rattanleine oder Liane zur Burdel verknüpft. Während die Leine straff gezogen wird, stemmt der Fuss kräftig gegen die Scheite, diese zu verdichten. Ansonsten fallen einige während des Tragens aus der sich lockernden Verknüpfung.

Verschnürung der Burdel und Träger aus Rattan-Leine oder Lianenstrang.
Weberknoten

Das grüne Holz wird auf dem Feuergestell getrocknet. – Brennholzschlagen wird schon von den kleinen Buben und Mädchen gelernt, die wohl Stolz ihre Ernte nach Hause buckeln. Doch die Arbeit ist nicht ungefährlich, kaum ein Eingeborener ohne Narben, wenn die Machete am harten Holz abschlipft [abrutscht] und vorbei ins Knie, Schienbein oder Knöchel saust. – Das scharfkantige Ende eines gekappten Stammes hatte sich einst gleich durch den Fuss des jungen Sigan gebohrt und ihn an die Erde genagelt.

Welches Holz geeignet ist, sagt eine Probe mit dem Buschmesser an. Bevorzugt werden härtere, leicht spaltbare Hölzer, deren Gewicht auf hohen Heizwert deutet.

Die beliebtesten Feuerhölzer sind Kemaniáh, Kayoú Kelit und der Fruchtbaum Posong. Werden deren Scheite über dem Knie oder Kopf gebogen, so brechen sie und splittern äusserst fein auf. Diese ‹Kirit› von getrockneten Scheiten fangen sofort Feuer.

Die meisten edlen Fruchtbäume liefern (leider) auch beliebtes Feuerholz. –

Zieht ein Sippenverband an einen neuen Siedlungsort, so mag da und dort eine Frau während des Hüttenbaus einen begehrten Baum sehen und durch Einklemmen eines Scheites für sich reservieren. Die erstklassigen Feuerhölzer wie Kayou Kelit, Kayou Lutén, Bélawan, Posong, Dapa

11/543 **Vom Brennholzschlagen**

Nebst gefallenen morschen Ästen deckt der Penan seinen täglichen Brennholz-Bedarf vor allem von lebenden Bäumen. Bevorzugt werden jüngere Stämme von Unter- bis Oberschenkeldicke. Mit dem Buschmesser werden rings des Stammes armlange Scheite abgespalten bis nahe zum Kern. Darauf wird gekappt; geeignete Bäume fallen nicht um, sondern stossen mit ihrer Krone an Nachbarn an. So bohrt sich das gekappte Ende beinahe senkrecht in den Boden. Wiederum werden Scheite bis nahe zum Kern gelöst, gekappt, und so fort auf die ganze Länge des Stammes bis unterhalb der Äste. – Stürzt ein Baum nach Kappen, so wird meist eine anderes Opfer gesucht, da die Buschmesserarbeit daran zu mühsam ist. Der gefallene Stamm kann aber auch auf 2–3 Armspannen abgelängt werden; nach Hause

werden wegen ihres hohen Heizwertes gerne zum Schmieden verwendet. Kellabits häufen deren Scheite und löschen das heftige Feuer mit Wasser, worauf Holzkohle entsteht.

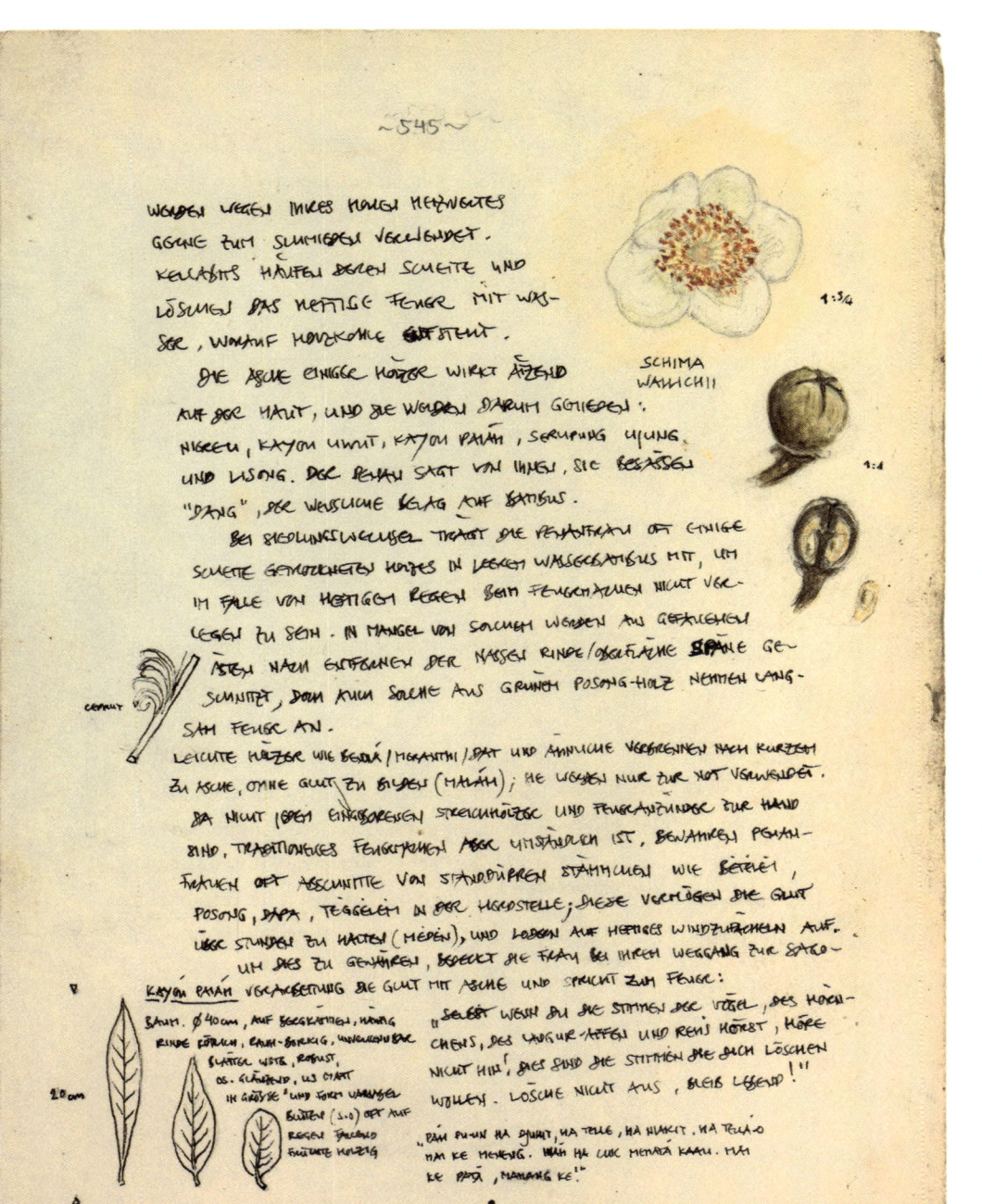

Die Asche einiger Hölzer wirkt ätzend auf der Haut, und sie werden darum gemieden: Niereu, Kayou Uwut, Kayou Paiáh, Serupung Ujung und Lisong. Der Penan sagt von ihnen, sie besässen ‹Dang›, der weissliche Belag auf Bambus.

Bei Siedlungswechsel trägt die Penanfrau oft einige Scheite getrockneten Holzes in leerem Wasserbambus mit, um im Falle von heftigem Regen beim Feuermachen nicht verlegen zu sein. In Mangel von solchem werden aus gefallenen Ästen nach Entfernen der nassen Rinde/Oberfläche Späne geschnitzt, doch auch solche aus grünem Posong-Holz nehmen langsam Feuer an.

Leichte Hölzer wie Beniá/Meranthi/Dat und ähnliche verbrennen nach kurzem zu Asche, ohne Glut zu bilden (Malám); sie werden nur zur Not verwendet. Da nicht jedem Eingeborenen Streichhölzer und Feueranzünder zur Hand sind, traditionelles Feuermachen aber umständlich ist, bewahren Penanfrauen oft Abschnitte von standdürren Stämmchen wie Bétéléi, Posong, Dapa, Tégélém in der Herdstelle; diese vermögen die Glut über Stunden zu halten (Médén), und lodern auf heftiges Windzufächeln auf. Um dies zu gewähren, bedeckt die Frau bei ihrem Weggang zur Sagoverarbeitung die Glut mit Asche und spricht zum Feuer:

«Selbst wenn du die Stimmen der Vögel, des Hörnchens, des Langur-Affen und Reh's hörst, höre nicht hin! Dies sind die Stimmen die dich löschen wollen. Lösche nicht aus, bleib lebend!»

«Páh pu-un ha djuhit, ha telle, ha niakit, ha tellá-o mai ke meneng. Hiláh ha luk mematá kaau. Mai ke patá, mahang ke!»

Schima Wallichii 1:3/4

1:1

Ceprut

Kayoú Paiáh

Baum Ø 40 cm, auf Bergkämmen, häufig.

Rinde rötlich, rauh-borkig, unverkennbar

Blätter wstg, robust,

Os glänzend, Us g att

In Grösse und Form variabel

Blüten (s.o.) oft auf Regen fallend.

Früchte holzig

20 cm

Wiedersehen

Nach Jahren darf ich für ein paar Tage bei der Nomadenfamilie weilen, die mich als erste Einblick in das Leben des Dschungelvolks gewähren liess. – In der Zwischenzeit ist die älteste Tochter schon verheiratet und Mutter geworden, und hat, ihrem Mann folgend, das streifende Leben aufgegeben und ist ihm in die Offenheit der Reisfelder gefolgt – Pajaks Frau, also Grossmutter geworden, gebar ihr sechstes Kind, ein Mädel, wie alle vorigen in der Einsamkeit des Waldes.

Die Familie hat meinen angekündigten Besuch erwartet, während die restlichen Mitglieder der Ubungsippe den Ort kurz vorher verlassen haben, um am Leng- und Ludin-Fluss Früchte zu schmausen.

Die Hütte steht inmitten eines Sagopalmgartens, vom lieben Gott gepflanzt. Selbst Feuerholz muss einige Steinwürfe entfernt geschlagen werden – da sind ringsum nur die Wedel der Uwutpalme zu sehen, und am gegenüberliegenden Berg jenseits des Tutoh-Flusses die rot klaffenden Wunden der sich bedrohlich nähernden Strasse, begleitet von Bulldozergebrumm und Motorsägengeheul. Der Frieden der unberührten Wälder und ihrer Bewohner ist getrübt.

Ich wundere mich, dass nach zwei Monaten Siedlungszeit von vier Familien immer noch Palmen mit verlockend saftigem Palmherz gleich neben den Hütten der Ernte trotzen. Der Reichtum wird gewahr wenn man bedenkt, dass eine Familie pro Woche rund zwanzig junge Palmen zur Beschaffung des traditionellen Gemüses fällt, und weitere vier bis fünf ältere, meist blühend oder fruchtende Palmen zur Gewinnung von Sago. Das bedeutet für die sieben Nomadenfamilien des Ubung einen jährlichen Konsum von 1'785 sagohaltigen Palmen und über 7'000! jüngerer.

Pajak meint gelassen, dass die Palmen vom streifenden Volk nicht ausgerottet werden. In der Vergangenheit hätten über zwanzig Familien das Ubung-Gebiet bewohnt, ohne je Mangel an Nahrung zu leiden. «Doch die Kompanie…» stellt er betrüblich fest.

‹Nan›, Pajaks Frau ist von kleinem Wuchs und eigensinnigem Wesen. Sie versteht es, ihre kleinen, und zum Teil einen Kopf grösser gewordenen Knirpse, an der Hand zu nehmen und zu führen, den Schmerzenden zu trösten, den Anschmiegsamkeit Suchenden in Geborgenheit zu wiegen, selbst wie ein Kind zu scherzen. Doch weiss sie auch den Unwilligen zu lästern und dem Ungehorsamen eine Schimpftirade an den Kopf zu schmeissen. – Und wie oft, wenn ich Ehepaare im Stillen betrachte, bekomme ich den Eindruck, dass das weibliche Wesen, die Frau, den Gang der Dinge ebenso – wenn nicht mehr bestimmt als der Mann. Doch wirkt sie mehr im Stillen als Triebfeder, während der Mann in Handlung tritt. «Ich folge nur den Anweisungen», sagte einmal Tama Ating, mit lachendem Schalk auf seine fleissige Gemahlin deutend.

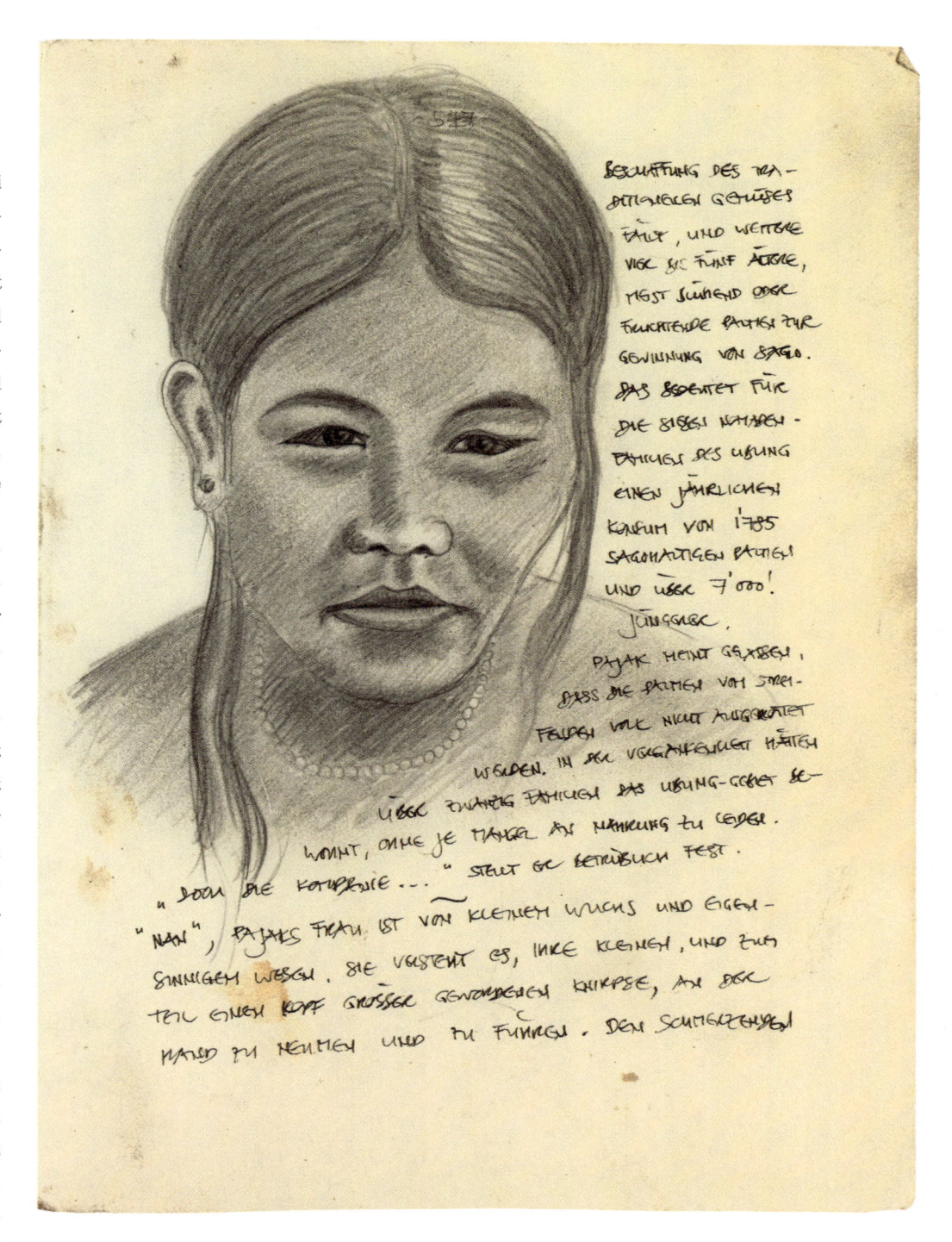

Während die grösseren Wildschweine schon dem Eichelfall in die Quellgebiete gefolgt sind, finden sich talwärts (hier am I-it-Bach/Kidáh) noch viele fette Jungtiere. Sind die jagdlichen Streifzüge auch mühsam – wohl tägliche heftige Regenfälle – ist das Jagdglück hold, so wird der Abend zum Fest. Penanjäger sind ausdauernde Läufer; bei Morgengrauen ohne vorherige Mahlzeit gestartet, wird kaum einer beutelos vor Einnachten heimkehren. Meine eigene Konzentrationsfähigkeit, in schwierigem Gelände möglichst lautlos und aufmerksam zu gehen, lässt nach erfolglosem Streifzug um ~zwei Uhr nach, und so kehre ich wiederholt vor meinem Freund Pajak heimwärts.

«Mole babui panien kiwu paiáh i-ot ba babui panien lú láh dá!»
«Die Wildschweinfamilie kehrt heim den Bergkämmen der Quellgebiete folgend Freund ~ lass uns ne Wildschweinfamilie sein!» Bläst Pajak sanft in seine Nasenflöte

[Bild ist mit Text überklebt]

Dá-un (Liguala)

Diese Zwergpalme spielt in der Penankultur eine so wichtige Rolle, wie Pfeilgift und Rattan, und ist aus dem täglichen Leben des Nomaden nicht wegzudenken. Mit Vorliebe siedelt der Eingeborene, wo sich Dá-un in reicher Gesellschaft findet, an manchen Orten wie angepflanzt. Nur die Hochgebirgsstufe (Paiáh) wird von Dá-un gemieden.

Die Früchte von Dáun schmecken fade-süsslich; ein schwammig-mehliger Mantel umgibt den Samen. Sie werden, wie das daumendicke Palmherz, von Kindern verspiesen, und sind begehrte Wildschweinnahrung. Angeblich sollen vor allem tragende Muttertiere den Gaben frohnen [frönen] – kaum je wurde ein Keiler beobachtet, mit seinen Vorderfüssen am meterhohen Stamm steigend, um den Fruchtstand runterzuknicken. Hier am Ubung finden sich zur Zeit viele Spuren (Penahan), an hunderten von Palmen, und der Jäger weiss den Borstentieren aufzuwarten. –

Insgesamt finden sich an die zwanzig verschiedene Verwendungen von Da-ún.

Mitteltrieb (Sang): Die weich-elastisch-robusten Wedel des noch ungeöffneten gelblichen Mitteltriebs werden getrocknet, gespreizt, und zu Schlafmatten (Saméng) und Regenschirm (Saméng Dokong) vernäht. Weiter dienen sie dem Raucher zum Rollen seiner Glimmstengel; in rohem Zustand als Träger (Tragen von Reh) und zum Verschnüren. Sang kann über den Verbleib von Jagdbeuten befragt werden (→ Terauai) und spielende Kinder, sowie der einen Leoparden erlegt habende Jäger fertigt sich Armbänder daraus (→ Sang Nerui).

Die grünen Wedel dienen vor allem als Dachbedeckungs-

material, aneinandergestecknadelt, oder einige Triebe aufeinandergelegt, sowie als Windschutz. Die einzelnen Wedel dienen nach Faltung und Fixierung als Gefässe: In der Blattpfanne (Telloko) kann sich eine Mahlzeit gekocht oder Pfeilgift eingedickt werden, im ‹Oso› verdünnt der Jäger die Droge wiederum mit etwas Wasser, um die Pfeile zu vergiften. Mit einem Löffel aus Dá-un (Tarok) schaufelt der Nomade geröstetes Sago oder löffelt Fleischbrühe. Mit in kurzer Zeit gefertigter Schöpfkelle (~ Telloko) füllt die Penanfrau Trinkwasser aus seichter Stelle in den Bambus. Durch Nadeln mit gespaltenen Stengel-Abschnitten (Pit) können die Wedel beliebig zu grosser Fläche verlängert werden. Auf diese Weise entstehen Dachmatten sowie Packpapier für diverse zu

[Fortsetzung auf S. 11/553]

Buá Irou

1:³/₄

Dá-un Mú-un. Ein Mitteltrieb sich öffnend. Einer geschlossen. Ein Fruchtstand vom Wildschwein geplündert

4,5 m

siehe ./..

Long Leng Magoh

Viele Fettbambusse stehen in der Hütte. Auf dem Feuergestell türmen sich Brocken getrockneten Wildschweinfleisch's, – niemand begehrt danach; man ist übersättigt. Kellabits geben Penans Gewehr und Munition und schicken sie auf die Jagd. Für ein erbeutetes Borstentier erhält der Jäger zehn Dollars (MS $ 10.–), während ein Grunzer, je nach Gewicht, in Limbang 150–200.– $ MS gilt.

Einige Anwohner klagen über die Kakerlakenplage und deuten auf Frass'spuren im Gesicht und an den Armen. Und als ich meinen Blick aufwärts richte, packt mich das Grauen: Das Getier, welches sich ansonsten tagsüber in Nischen versteckt, findet sich hier dichtgedrängt und offen unter der Dachbedeckung, dass es nur so schwarz glänzt. Da sind abertausende von Leibern – und bei Nacht kommen sie alle runter auf Nahrungssuche…

Dies Problem ist dem Nomaden unbekannt, da er selten länger als 1–2 Monate eine Siedlung bewohnt, während der sesshaft gewordene für ein Jahr inderselben [in derselben] Dschungelrodung weilt. Dachbedeckungen aus Blättern sind vorbildliche Brutstätten des lästigen Volks, dem man auf Schritt und Tritt im Fall'laub des Dschungels begegnet.

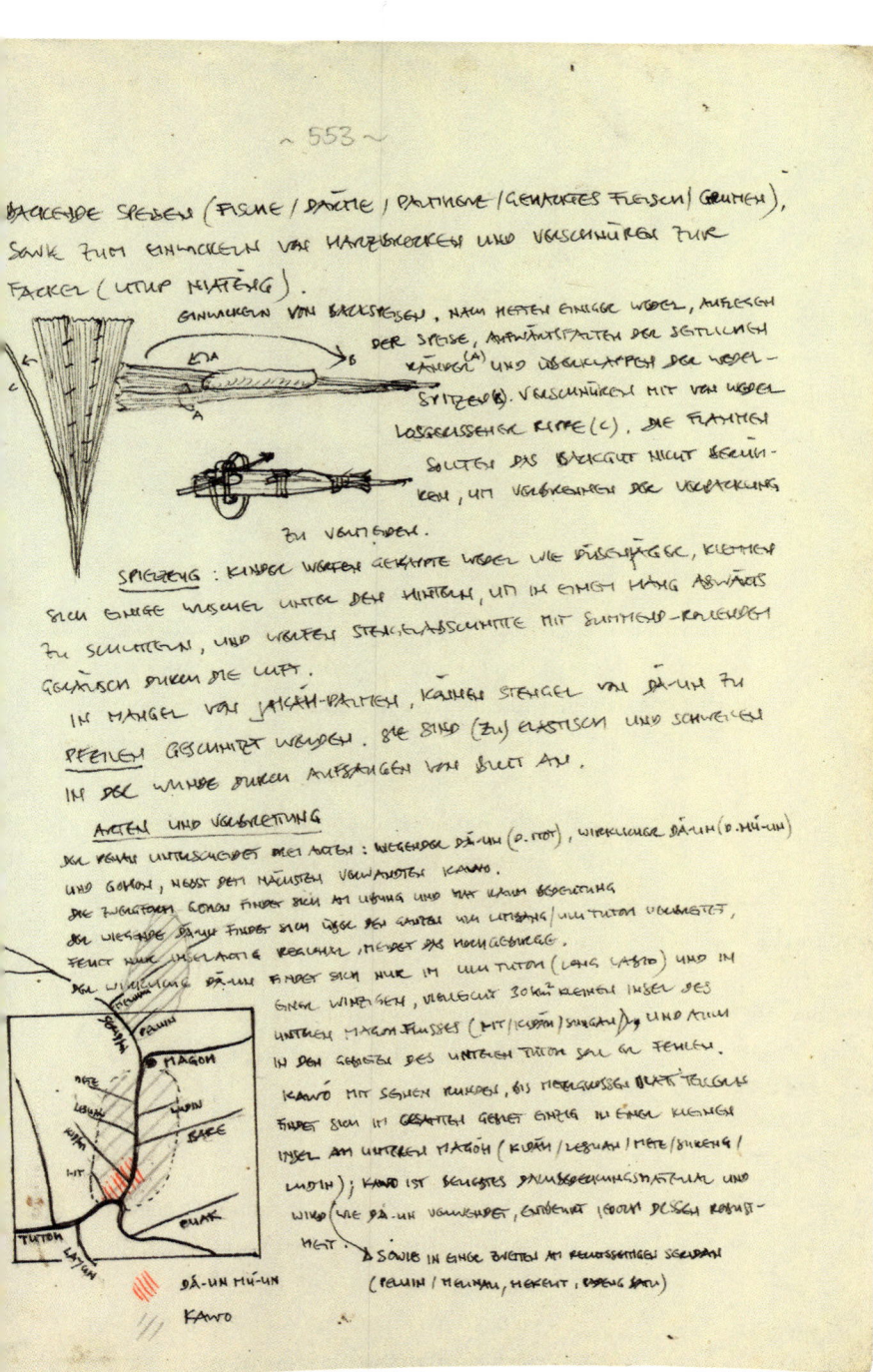

backende Speisen (Fische/Därme/Palmherz/gehacktes Fleisch/Grumen), sowie zum Einwickeln von Harzbrocken und Verschnüren zur Fackel (Utup Niaténg).

Spielzeug: Kinder werfen gekappte Wedel wie Düsenjäger, klemmen sich einige Wuschel unter den Hintern, um in einem Hang abwärts zu schlitteln, und werfen Stengelabschnitte mit summend-rollendem Geräusch durch die Luft.

In Mangel von Jakáh-Palmen können Stengel von Dá-un zu Pfeilen geschnitzt werden. Sie sind (zu) elastisch und schwellen in der Wunde durch Aufsaugen von Blut an.

Arten und Verbreitung

Der Penan unterscheidet drei Arten: Wiegender Dá-un (D. Itot), Wirklicher Dá-un (D. Mu-un) und Gohon, nebst dem nächsten Verwandten Kawo.

Die Zwergform Gohon findet sich am Ubung und hat kaum Bedeutung

Der wiegende Dá-un findet sich über den ganzen Ulu Limbang/Ulu Tutoh verbreitet, fehlt nur inselartig regional, meidet das Hochgebirge.

Der wirkliche Dá-un findet sich nur im Ulu Tutoh (Long Labid) und in einer winzigen, vielleicht 30 km² kleinen Insel des unteren Magoh Flusses (I-it/Kidáh/Sungan), und auch in den Gebieten des unteren Tutoh soll er fehlen.

Kawó mit seinen runden, bis metergrossen Blatttellern findet sich im gesamten Gebiet einzig in einer kleinen Insel um unteren Magoh (Kidáh/Lesuan/Mete/Sukeng/Ludin) sowie in einer zweiten am rechtsseitigen Seridan (Peluin/Melinau, Mekelit, Padeng Batu); Kawo ist beliebtes Dachbedeckungsmaterial und wird wie Dá-un verwendet, entbehrt jedoch dessen Robustheit.

Einwickeln von Backspeisen. Nach Heften einiger Wedel, Auflegen der Speise, Aufwärtsfalten der seitlichen Ränder (A) und Überklappen der Wedelspitzen (B). Verschnüren mit vom Wedel losgerissener Rippe (C). Die Flammen sollten das Backgut nicht berühren, um Verbrennen der Verpackung zu vermeiden.
[Karte mit Flussnamen]
C A A B
Dá-un Mú-un \\\
Kawo   ///

Vom Fruchtjahr

Während im Limbanggebiet im Frühjahr 87 Früchte reiften, fällt der Segen 88 bis auf eine kleine Insel am Sipai-Fluss aus. Dafür wird das Jahr 87/88 (Nov.–April) im Tutoh (Layun, Ubung, Magoh) nach einer Pause von drei Jahre zum grossen Fruchtjahr.

Alle edlen Gewächse spendeten mit vollen Armen, und manch ein Penankind soll gar Durianfrüchten überdrüssig geworden sein. Nun, Ende März, findet das Schwelgen im Paradies mit den trächtigen Kénnirén-Bäumen seinen Abschluss.

Und so verlassen auch die fetten Wildschweine nach der Ernte das Gebiet, um den fallenden Eicheln bergwärts zu folgen; erst ein Jahr – vielleicht zwei Jahre später, werden die Borstentiere wieder auftauchen.

Kénnirén

«Wie nächtigende Fliegen unterm Dach» (Bari langau palem ra sapau) umschreibt der Penan die kragelivollen [gestopft vollen]

Fruchtstände, deren viele Gaben sich als schwarze Punkte vom Himmel abheben.

Wo Makakken Ernte gehalten haben, ist der Boden rings des Stammes von einem dichten Schalenteppich bedeckt. Und wo reife Früchte fallen ist der Grund unterhalb des Krondachs von Borstentieren geackert.

Der glattrindige Kénnirén-Baum wächst bergwärts, Ø ~80 cm. Sein Holz ist hart; der weisse Splint liefert Kellen und der rötliche Kern kann zu Blasrohren verarbeitet werden.

Die Frucht hat die Grösse eines Sperlings-Eis, und auch dessen dünne Schale: So sagt der Penan von einer vorbildlich geschnittenen Holzschüssel: «Dünn wie Kénnirénschale» (Nápé bari ipá kennirén, lalit) – Einige Stunden nach Verletzung tritt ein rötliches Harz aus der Rinde. Es gilt medizinal bei Zahnschmerzen. Der so verarzte [verarztete] Patient hütet sich, einen Schoss des Baumes zu kappen, um den Geist nicht wütend zu stimmen. – Um der Früchte habhaft zu werden, fällt der Penan den Baum. Die Ernte der kleinen Eier ist ein langwieriges Tun. Sie werden von den Fruchtständen gestrupft und vom Boden aufgelesen. Ein Baum kann bis zu drei Säcken liefern.

Unter der blauschwarzen dünnen Schale liegt lose der flache Same, in einen süss-schmierigen Schokoladenmantel gebettet. Diese werden alsogleich verschluckt, oder nach Absaugen des Fruchtfleisches ausgespuckt. Wer lädierte Zähne hat, erinnert sich nach dem Genuss von Kénnirén daran, die so kariesfördernd sind wie Schokolade. – Das Fruchtfleisch kann auch nach dem Schälen in Wasser ausgedrückt und getrunken, oder mit Sago vermischt zu Pi-ong verbacken werden. – Da die Früchte ~trocken sind, können sie, sofern unbeschädigt, bis zwei Wochen gelagert werden. – An Bachufern findet sich der Verwandte von Kénnirén: <u>Léngéhai</u>, Ø 1 m, Fruchtfleisch säuerlich.

1:3

Blätter 5–8 cm wstg, Os glänzend Us. matt

Metamorphose Ei–Larve–Puppe– von kleinem Käfer in Kennirenfrucht.

Einige Exemplare haben Augen auf hornartigen Fortsätzen, flacher Kopfschild.

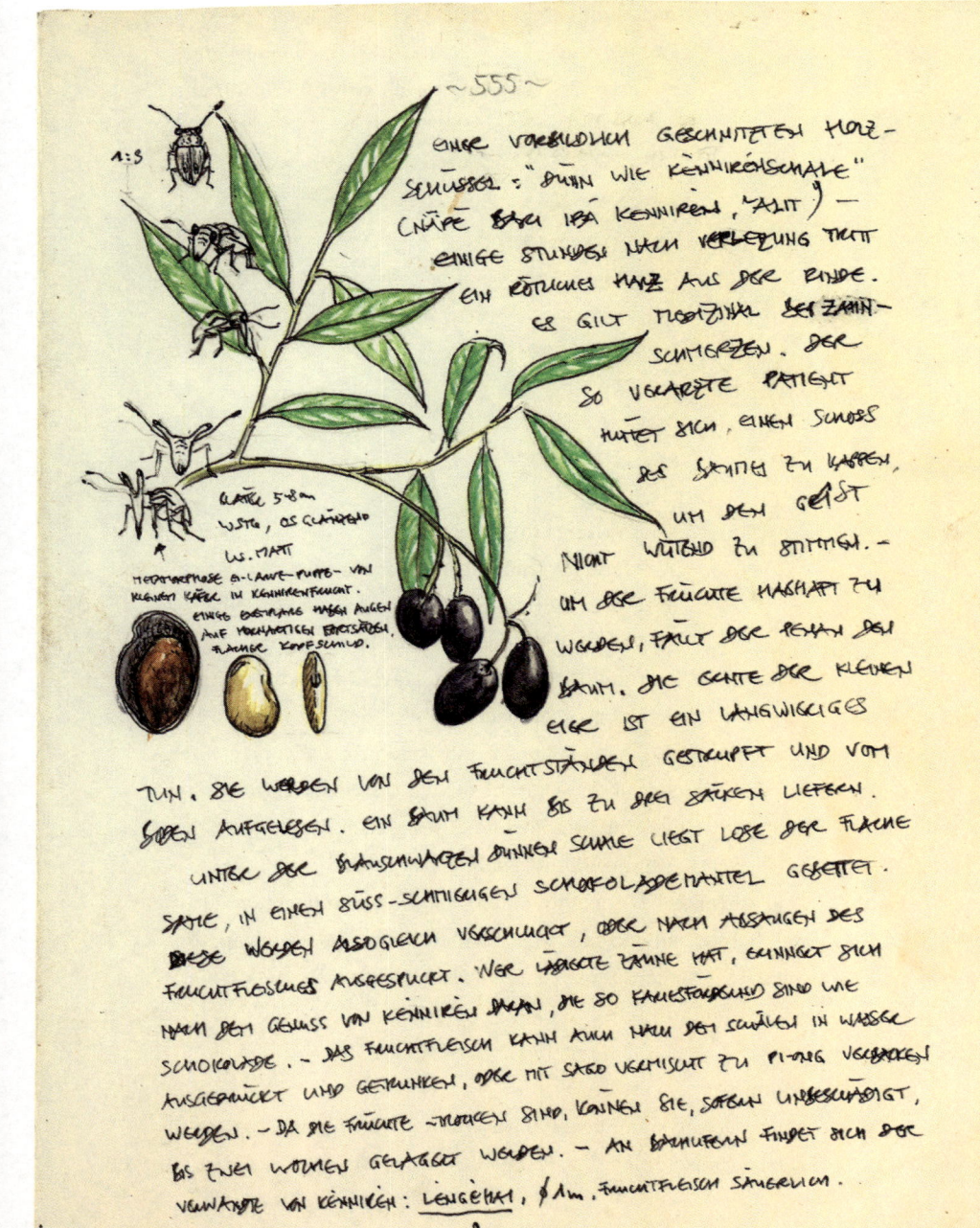

11/556 «All unsere Schwierigkeiten sind von der Regierung selbst verursacht. – Früher haben wir in Frieden gelebt und waren nicht arm wie jetzt…»
Tama Bá-un, Long Leng. Layun

11/557 **Zeugenbericht**
Der D.O. und Residen [Resident] behaupten: «Ihr Penans habt kein Recht (Kuasa) – die Regierung besitzt das Recht.» – Ich sprach zu ihnen «Gut, ihr bedenkt: Woher kommen die Penans? Ihr habt bestimmt das Recht talwärts, in eurem Lebensraum. In unserem Land haben wird das Recht. Wenn ihr nicht zustimmt, so helft uns wenigstens.» – Doch sprechen wir höhere Regierungsbeamte um Hilfe an, so verneinen sie wiederum, Recht in unserm Land zu haben und deuten kopfschüttelnd nach Kuching. «Flieh von deinem Büro!», sprach ich zum Kusin, «Wenn du kein Recht hast, was hockst du im Regierungsgebäude?»
Layun Blockade 87: Der Polizeihauptmann, ein Iban von Miri, hiess den Kayan-Truck-Führer unsere Barrikade mit seinem Fahrzeug zu durchbrechen. – «Oh, dann gibt es Tote!» – «Nein, nur vorwärts!» – Da griffen die Laster-Lenker unsere Blockade an, dass wir zur Seite springen mussten. Eine Frau wurde dabei verletzt. – Da wurden einige von uns wütend und setzten sechs Brücken in Brand.
Darauf kam die Polizei und verhaftete sieben von uns. Sie hiessen uns, gegenseitig zu schlagen. Mein Sohn wurde nackt ausgezogen. Ein Holzfäller wurde handgreiflich gegen einen von uns. – Drauf brachte man uns nach Miri zum Verhör! «Auf dein Geheiss sind die Brücken verbrannt worden?», deutete man auf mich. «Nein, auf Geheiss des Polizeihauptmanns selbst! Denn er hatte so an-

11/558 geordnet, da er unsere Blockade angegriffen hat.» – «Wenn ihr gesteht, im Unrecht zu sein, setzen wir euch morgen auf freien Fuss. Wenn nicht, behalten wir euch sieben Wochen im Gefängnis!» – Da gestanden die eingeschüchterten jungen Burschen, und unterschrieben – doch ich antwortete: «Selbst ein Jahr im Gefängnis, das liebe ich. Niemals werde ich zustimmen, im Unrecht zu sein! Mein Land ist von der Kompanie zerstört, während ich niemandem ein Haar gekrümmt noch die Kompanie sonstwie geschädigt habe.» – Darauf wurden wir belehrt, dass die Protokolle der Einzelverhöre nicht rechtsgültig seien, doch unser Wort während der Verhandlung gelte. So widerrufen die Penanjungen, und wenige Tage später waren wir auf freiem Fuss.
Ich ging in Marudi auf den Polizeiposten: «Ihr unterstützt reiche Menschen, die Besitzer von Kompanies! Ihr habt mich armen Mann talwärts gebracht, wer bringt mich zurück? Da wurde mir zuerst das Reisegeld verweigert und erst nach langem hin- und her erhielt ich einige Dollars für das Bootsticket. –

Seit die Blockaden geöffnet wurden hat die Kompanie beinahe unseren gesamten Lebensraum erschlossen. Fünf Maniokfelder wurden in den ver-

11/559 gangenen Monaten verwüstet. –
Trotz Protesten der Penans von Long Leng scheissen die Layun-Camp-Bewohner weiter oberhalb des Dorfes in den Fluss, wo jene das Trinkwasser beziehen und weigern, die Latrine zu entfernen. Erstellen einer Wasserleitung wurde von der Kompanie abgelehnt.
Falls wir wieder blockieren würden, würde man uns verhaften, ohne je das Ziel talwärts zu erreichen...
So stehen wir und wissen nicht, wo das enden wird.
Tama Báun, L Leng

«Wie viele Male haben wir Briefe an D.O., Residen [Resident], Kusin und Ketha Menteri geschickt, mit Polizeichef, Toke und Managern gesprochen – sie alle können uns nicht helfen. Dies ist die einzige Hilfe des Ketha Menteri: Er schickt Polizei und Militär, uns zu verhaften. Die sarawaksche

11/560 Regierung handelt wie Kommunisten* – und greift uns Penans an. – Wenn die britische Regierung die Situation nicht klären kann, so werden wir vergeblich sterben. Denn unser Land ist inzwischen beinahe ganz zerstört, Wildschweine, Vögel und andere Tiere sind geflohen oder getötet, unser Trinkwasser schmutzig.
Apai Mirai, Long Leng, Layun

Hilfebringer
Ende 87 erschien ein älterer Mann vom malaysischen Festland mit seinen beiden ‹Söhnen› im Krisengebiet, um den Penans Hilfe und Frieden zu bringen. Angeblich hatte sich der Pensionierte einst bei den Orang Asli** verdient gemacht, deren Lebensraum bis heute so unerbärmlich abgeholzt wird wie derjenige der Penans. – Nach vergeblichen Anschlussversuchen beim Nomadenvolk landeten die drei schliesslich nach langem Zureden auf Sippenführer Kurau in der Blockadensiedlung Long Kidáh. Die Penans bauten den dreien eine Hütte, sorgten für deren Brennholzbedarf und teilten traditionsgemäss gesammelte Früchte und erlegtes Wildbret wie Hirsch und Reh mit den Besuchern.
Über mehrere Monate bewohnten die drei die Blockadensiedlung, ohne irgend etwas anderes zu tun, als dem Treiben der Penans zuzugucken, Bilder zu knipsen und zu verteilen und sich in der Penansprache belehren zu lassen. Dabei waren sie stets freundlich und unbewaffnet, und zum Beweis seiner Hilfe, verteilte

* Im malaysischen Sprachgebrauch wird Kommunist üblich übersetzt mit «Bösen Menschen, die stehlen, morden und Frauen vergewaltigen.»
** Eingeborenenstämme in den Quellgebieten der malays. Halbinsel

11/561 ‹Kassim› selbst Medizin und verabreichte Spritzen, und liess dann seinen eigenen guten Arzt samt Helfern vom Festland kommen, da die lokale Dispensary* ungenügend sei. Befragt über seine Tätigkeit antwortete Kassim, er bringe «Lohn des Lebens». Als dann aber Kassim's sogenannte Söhne in Long Seridan einen Mann verhaften wollten, und darüber hinaus mehrmals in Gesellschaft mit ‹Kommandos› gesehen wurden, die in Zivilkleidung da und dort neben Logging-Strassen im Versteckten campieren, bestätigte sich das Misstrauen vieler.
Nur Sippenführer Kurau konnte an keine Hinterlistigkeit seines Freundes glauben, der ihm mit so vielen Annehmlichkeiten schmeichelte.
Dann kündete Kassim an, er werde einen Helikopter anordnen, um Kuraus TB-kranke Frau, samt seinem Sohn und Grosskind talwärts behandeln zu lassen, und Kurau selbst zum Residend [Residenten] von Miri bringen, wo er seine Sorgen betreffs des Landes aussprechen könnte. – Entgegen aller Mahnungen der Blockadenbewohner, dass er, der malaysischen Sprache unkundig, in talwärts gelegte Schlingen treten könnte, und dass betreffs des Landes nur im Kreise der Gemeinschaft mit der Regierung verhandelt werden sollte, besteigt dann Kurau den Helikopter – «Unterschreib keine Dokumente!» ruft ihm einer nach, um dann für viele Wochen vergeblich auf Kuraus Rückkehr zu warten.

Stachelschweinvogel
(Djuhit Tetong)
1:1/2, ♀, der Vogel erhielt seinen Namen wegen seinem borstenartigen Gefieder. Er baut sein Nest auf der Uwut-Palme, in deren Umgebung er auch singt und seine Nahrung – Kleingetier – sucht.

*Der sarawaksche Krankendienst ist vorbildlich und kostenlos für den Patienten. Alle Anwohner des Gebiets können sich in Long Seridan bei einem medizinischen Mädchen für alles verarzten lassen. Monatlich einmal erscheint der ‹Flying Doctor› und für dringende Fälle werden stets Helikopter zur Verfügung gestellt.

Neues Gesetz
11/562 Nach harten Debatten wurde von der Legislatur Sarawak das Waldgesetz (Forest Ordinance) revidiert, und am 25. Nov. 87 unter dem Segen des ‹Yang Di-pertua Negeri Tun Datuk Patinggi Haj Ahmad Taidi Abruce Bin Muhammed Noor›, dem Regenten des Landes verabschiedet.
Er erlaubt dem Minister, Lizenzinhaber ihrer Lizenz zu entheben, sei es, da diese ihre Verpflichtungen vernachlässigen, oder

in öffentlichem Interesse. Der Yang Di-pertua Negeri hat bei Einwänden das letzte königliche Wort, welches in keinem Prozess anzufechten ist.

Weiter erlaubt es, gegen Holzfällerei blockierende Eingeborene draste vorzugehen, unter Drohung von sofortiger Verhaftung, MS $ 6'000.- Busse pro Person und zwei Jahren Gefängnis sowie Übernahme entstehender Unkosten.

Es wurden Stimmen laut, dass dies Gesetz die Rechte der Ärmeren des Lande noch mehr beschneide. Doch viele Politiker fürchten um ein Versiegen auch ihrer persönlichen finanziellen Quellen, falls dem um sich greifenden Blockieren von Logging-Kompanies durch Eingeborene nicht rechtzeitig ein Riegel geschoben wird. – Hier ein Auszug:

7.90b. (1) Any person who

(a) lays, erects or sets up or causes to be laid, erected or set up any structure, stone, log, tree or any other article on any road constructed or maintained by the holder of a licence or permit issued under this ordinance so as to cause a barrier or obstruction to the passage of that road; or

(b) wilfully prevents, obstructs or molests any forest officer or police officer in the execution of his duties or the holder of a licence or permit or his employee or agent from removing the barrier or obstruction or the exercises of his rights within the area covered by the licence or permit,

shall be guilty of an offence: Penalty, imprisonment for two years and a fine of six thousand dollars, and in the case of a continuing offence, a further fine of fifty dollars in respect of every day during which the offence continues.

(4) any forest-officer may without a warrant, arrest any person who was or is being concerned in an offence against subsection (1)...

Humor

Siden, der Dorfälteste von Long Ballau war in Begleitung seines Sohnes Jugáh talwärts geflogen. Auf dem Flugplatz Miri sprach ein Polizist den hageren Lendengeschürzten an, dessen Körper mit Adler und Schlangengetier tätowiert ist.

«Mein Vater versteht nicht die malaysische Sprache. Was wollen Sie? Ich kann übersetzen.»

«Wenn ihr Penans vom Seridan seid, dort soll sich der gesuchte weisse Mann aufhalten. Seid ihr ihm nicht begegnet?» – «Ja, schon mehrere Male sah ich ihn», sprach Jugáh gelassen – «Oh, wirklich?», merkte der Uniformierte hellwach auf. «Wo bist du ihm begegnet? Früher war eine Belohnung von 55'000.- MS $ ausgesetzt für Angaben die zu seinem Ergreifen führen. Sie wurde nun auf 85'000.- MS $ erhöht. [»]– «Wo sahst du ihn?» – «In der Zeitung.» – «Oh», griff sich der Polizist enttäuscht an den Kopf. «Das ist nicht von Nutzen. Dort sah ich ihn auch schon. Genügend Zeitungen bewahre ich in meinem Haus.»

Froschjagd. Mit Taschenlampe, Buschmesser und Blasrohr bewaffnet, folgen zwei Penanjungen in einer klaren Nacht einem seichten Bachlauf. Weiss fluoreszierend reflektieren die Augen der Sa-ai-Frösche das Licht. Einige haben sich zum Paarungsspiel eine Burg (Likung) gebaut; das Bachgeröll ist rings einer Delle von 50 cm wallförmig geschichtet. Nach zwei Stunden sind beinahe ein Dutzend der Amphibien Lio's Pfeilen zum Opfer gefallen. Einige vom Licht angelockte Kleinfische wurden mit dem Buschmesser erschlagen (→ Ló-ong, Patan, Bukéng, Katey). Und der Stolz der Beute bildet die langnasige Wasserschildkröte ‹Labey› in ihrem ledrigen essbaren Rückenschild.

Ihre Zähne, eine scharfkantige Platte über dem Kieferknochen, werden von der Hausmutter aufbewahrt. Sie gelten geschabt medizinal bei Vergiftung.

Als dann die heranwachsenden Mädchen das Getier in ihrem selbstgebauten Hüttchen im Fett braten, steht plötzlich das dürre Blätterdach in Flammen. Nach viel Geschrei und hastigem Hantieren ist der Spektakel gelöscht, wobei die Mutter beim Manöver Kopf nach unten, Beine nach oben von der Hütte fiel und ihre Weiblichkeit preisgab. Doch nichts Ernsthaftes ist geschehen, und die ganze Gesellschaft lacht vergnügt.

Markttag

Der stille Junge Suleiman erzählt: «Ich war allein nach Limbang gegangen, um Péta-Früchte zu verkaufen. Da kamen die Leute, öffneten meine Säcke, griffen nach den langen Schoten, bedienten sich und verliessen den Platz ohne dass ich ihnen wehren konnte. Selbst der Sack unter meinem Hintern war nicht sicher. Die Hälfte meiner Ernte hatte sich schon selbstständig gemacht, da kam ein Iban-Lehrer dazu und schilt mich: «Aber wie verkaufst du deine Früchte? Doch nicht so!», und zu den Umstehenden: «Zeigt nicht schlechte Sitte. Denkt daran, heute ist der grosse Tag!»*

Da bezahlte da und dort einer und bis am Ende hatte ich 40.- $ zusammen. Davon gab ich einen Teil dem Lehrer für seine Hilfe.»

Auch der junge Riki klagt, dass sich beim Verladen des Gutes sogleich Leute auf die Säcke stürzten und einige auf Nimmerwiedersehen verschwanden.

Der Markt für Péta-Früchte ist erst in den letzten drei Jahren erschlossen worden, seit einfache Transportmöglichkeiten talwärts bestehen.

Und so kann der Eingeborene, welcher meist

*Sabbat, Freitag

nur von der Hand im [in den] Mund lebt, in der Pétázeit (~April) in wenigen Tagen einige hundert Dollar verdienen. Das Geld wird sogleich am Ort wieder umgesetzt in Taschenlampenbatterien, Buschmesser, Kleider- und Prestigeartikel wie Uhren, Riesenkasettenrekorder. Nun rennen Penanjungen mit Plastikmaschinengewehren, U.-K.-Design, made in Hongkong, durch den Dschungel…

Die feinen Fiederblätter vom Péta-Baum erfüllen das Laubdach mit Zartheit. Die mächtigen Stämme (Ø –1 m) stehen oft in steilen Böschungen, nicht allzufern von Wasserläufen. –

Um an die Früchte zu kommen muss gefällt werden. Das weissgelbe Hartholz verlangt seinen Tribut von Schweisstropfen. – Die Peta-Bestände werden in den kommenden Jahren drastisch dezimiert werden, doch besteht kaum Gefahr, der Ausrottung, da der Baum überall häufig ist.

Die vor allem von Malaien begehrten Schoten beherbergen ein gutes Dutzend von giftig-grünen Samen. Diese sind von scharfwürzigem, lauchartigem Geschmack und bei der Reife in einen dünnen süsslichen Mehlmantel gepackt. Sie werden roh oder gebacken genossen, vor allem als Zugabe zu Reisgerichten. Beim Penan selbst ist die Frucht wegen ihres aufdringlichen Geruchs weniger beliebt. Er bewahrt sich selbst im ausgeschiedenen Urin, sowie in der Leber des Wildschweins, welches die gefallenen Früchte verspeist.

Niawung Telle

(Dacryodes)

Baum, Ø 5 cm, hügelwärts. Triebe 3–5blättrig. Blätter ganzrandig. Os–Us glänzend, kahl. Blattstiele an Basis verdickt. Häufig. Blätter und Rinde von angenehm-würzigem, mangoartigem unverkennbarem Geruch. Gibbon-Affe und Kinder essen Jungtriebe und Blattsteile. Zerriebene Blätter gelten medizinal bei Kopfschmerzen → Einreiben von Stirne und Schläfen.

Der grosse Niawung-Baum (Ø ~50 cm) trägt zwetschgenartige Früchte mit süss-saurem, leuchtend-gelbem Fruchtfleisch und wird darum hin und wieder gefällt.

Seelennahrung

Auf dem schönen Hügel, da freut sich unser Herz, wenn das Sonnenlicht in den Fächern der Uwutpalme spielt und schwarzblau die Berge in der Ferne stehen. Ein Lüftlein lässt die feinen Blätter des Obáh-Kellasíh-Baums erzittern und wiegt sanft Dáun-Wedel hin und her ~ Blüten fallen. Und steigst du weiter bergan, raschelt das trockene Laub unter deinen Füssen. Du hörst Vogelstimmen, den Ruf des Argusfasans und des Gibbon-Affen. Dabei vergisst Du selbst deinen leeren Magen, so erfreut der Anblick dein Auge und Herz.

Doch schaust du auf die andere Seite, wo die Bulldozer brummen, da gibt es nichts, woran sich deine Seele freuen kann. Rot klaffen die Wunden, und du weinst wenn du das zerstörte Land siehst und hast keine Hoffnung. Und weinen wir auch – das macht die Erde nicht wieder heil. – Und so das von der Kompanie verschmutzte und

verschlammte Wasser: Wo du gehst, sind die Steine von einer glitschigen Schlickschicht bedeckt. – Nicht wie hier, wo die Bäche kristallklar sind. Du siehst all die Fische sich tummeln und am Grund den Sand und die verschiedenfarbigen Steine.
Suleiman Beralík, Long Ballau

Jagdglück

Tagsüber stand die Siedlung verlassen. Alle Bewohner waren ausgeflogen bis auf mich, der wegen dringender Übersetzungsarbeiten an die Hütte gefesselt war. Bei Einnachten tauchen schwerbeladenen Gestalten schweigend aus der Vegetation auf, entledigen sich ihrer Lasten und verschnaufen.

Da sind Säcke voll Peta-Früchte, ein Wildschwein, ein Reh, eine Bärenkatze und eine Baumechse. – Und schon bald prasseln die Feuer in den Herdstellen und die soeben noch wie ausgestorbenen Siedlung wird mit Leben erfüllt. Fröhliche Stimmen hallen unter dem vom Flammenschein erhellten Laubdach, und jeder sich nähernde Eingeweihte würde schon von Ferne wissen, dass da Jagdglück hold war und's in den Pfannen strodelt und an den Spiessen bratet. Ein Nachbar ladet den andern spassend zum Schmaus – und sind die Bäuche satt, so werden Geschichten erzählt, und vielleicht kramscht einer seine Maultrommel aus dem Pfeilköcher und lässt seine Seele singen ~

Vorratshaltung

Die einzige Konservierungsmethode von Nahrungsmitteln beim Dschungelvolk ist Trocknung über dem Feuer. Sämtliche feuchten Speisen gehen schon nach Stunden in Gärung über und verderben bis am nächsten Tag.

Frisch geschlagenes Uwut-Palmherz nimmt schon nach zwei Stunden einen unangenehmen Geruch an. So intensiv die Wachstumsprozesse im tropischen Klima, so intensiv ist deren Abbau. Des Lebens beraubte Organismen bleiben nicht lange tot, sondern werden sofort umgewandelt und wieder dem Leben zugeführt. Des Morgens erlegtes Wild zeigt schon bis am Abend Madenbefall, und eine gebrandete Dschungelrodung grünt schon nach wenigen Regenfällen und wächst innert zwei-drei Jahren zu undurchdringlichem Gestrüpp.

Neben dem wöchentlich verarbeiteten Palmmark, welches über dem Feuer getrocknet und als Sagomehl in Rattantaschen bewahrt wird, ist der in der Pfanne zu Fett eingesottene Wildschweinspeck wichtigster Vorratsartikel.

Sofern die Bambusse dicht verschlossen bleiben, ohne dass Regenwasser eindringt, halten sie sich über viele Monate, sofern sie nicht in verlassenen Hütten vom Bären geplündert werden. – Verdorbenes Fett kratzt und brennt unangenehm im Hals.

Süss-schmieriges Durian- und Nakan-Frucht-Fleisch wird in Blattpaketen über dem Feuer getrocknet (→ Dust), und bleibt für 2–3 Wochen haltbar. Ebenso deren Samen können auf einem Rost über der Hitze getrocknet werden und halten sich über Monate (→ Gurem).

Geröstetes Fleisch bleibt nur für drei-vier Tage wohlschmeckend. Wird nicht ständig Rauch zugeführt, um Fliegen den Zugang zu wehren, quillt im Innern der Fleischbrocken schon nach kurzem die Lebenslust. Nur wenn die Oberfläche des Gutes durch langandauernde Hitze hartgetrocknet, und somit meist geschwärzt und angekohlt ist, verliert es seine Bedeutung als Madenbrutstätte, aber zugleich auch als Genussmittel. Der Penan spricht von ‹Kerotong›, das den Hunger zu stillen vermag ohne den Gaumen zu erfreuen. – Selbst vorbildlich getrocknetes Fleisch zeigt bald Schimmelansatz, wie auch Sagomehl, wenn es in verlassenen Hütten aufbewahrt wird; die Feuchtigkeit des Klimas ist durchdringend.* Dazu werden die Fleischvorräte von einem Insekt befallen, das sich als haariges Wesen verpuppt; der Verzehr des Fleisches verursacht Halsbrennen.

So mag ein Penan in Zeiten des Hungers zu verlassenen Hütten zurückkehren, um da Wildschweinschwarte, unansehnliche Hirschhaut und vergammeltes Fleisch zusammenzuraffen vom Feuergestell – Dinge, die beim Vorhandensein frischer Jagdbeute und aus ihr gekochter Brühe überhaupt keine Anziehung auszuüben vermögen.

* So verliert eine frischgebackene warme Sagospeise schon innert ein-zwei Minuten während der Abkühlung ihre Knusprigkeit.

Unscheinbare Raupe, langgeschwänzt, Hinterfüsse je mit zwei Haftzehen.

Ich empfehle den Jägern, abwechslungsweise ihr Glück zu versuchen, um einen Verschleiss an Jagdbeuten zu vermindern. Doch das Fieber, erfolgreich zu sein, verdrängt oft den Verstand, und manch ein Jäger wird am selben Tag noch ein drittes Wildschwein erlegen, obwohl er nur eines nach Hause buckeln wird.
Kellabits trocknen manchmal, nach reichem Fang, ihre Fische in Bambusbehältern. Die Beute wird, wenn vorhanden, mit etwas Salz gemischt, abgefüllt, und die Öffnung mit Blättern leicht verstopft. Die Rohre werden in verkehrter Richtung schräg über dem Feuer aufbewahrt. Während dem Kochvorgang fliesst alle freigewordene Flüssigkeit ab. Nach drei-vier Tagen wird die Knochensubstanz, d.h. Knorpel und Gräte, weich und können ohne Bedenken verzehrt werden.

‹Lissem›: Wildschweinfleisch und Speck wird zerhauen, mit Salz und rohem Reis gemischt und im Tonkrug, Bambus oder Büchse aufbewahrt. Innert wenigen Tagen macht das Gemisch eine (Milch?) Säuregärung durch und wird roh geniessbar. – Diese von den Kellabits oft angewendete Konservierungsmethode ist äusserst sinnvoll, doch der Penan imitiert sie kaum; einerseits mangelt es oft an Salz, andererseits bekommt ihm der aufdringliche silageartige Geruch des ‹Lissem› nicht.

Penans von Patik haben festgestellt, dass sich mundgerecht zerhauene Fleischstücke, in heissem Fett gebraten, für einige Tage halten, sofern sie in sauberem Gefäss aufbewahrt werden und Berührung mit Händen vermieden wird.

Doch meine heimliche Lebensweise verbietet die Gesellschaft – und so such ich meinen Trost in der Wahrheit der Sternenwelt. – Nicht lange, und ein Wildschwein, welches das Maniokfeld zu plündern gedenkt, bekommt unerwünschten Geruch in seine Nase und macht sich murrend davon.

Streifzug

Während sich einige Jungens aufmachen, einen Stachelschweinbau auszuräuchern, folge ich einer fröhlichen Gesellschaft mit viel Kindern, uns am Sonnenschein und klaren Wasser zu freuen. Weder Cervelat's noch Konserven bereichern unser Gepäck, doch Fischharpune und Wurfnetz sollen uns und allen zurückgebliebenen Dorfbewohnern die Pfannen füllen.

Ein kleines, aus Talun-Bast geknüpftes Netz wird sackförmig an zum Kreis gebogenen Rattan (Ø ~60 cm) befestigt. Die Kellabitfrauen fahren damit durch den Untergrund des Bachs und werfen den Inhalt, Laub und Sand, ans Ufer auf der Suche nach Krebsen und Crevetten (Loléh). Weiter klemmen sie es im seichten stark strömenden Wasser zwischen die Füsse und kehren davor die Steine. Die fliehenden ‹Steinbeisser› (Lékét/ Tédok Tulang Jato) werden ins Netz davon-

Sikep: Maschenweite ~4 mm [Randbemerkung]

[fehlt]

Nach vielen Monaten unter dem schattig-kühlen Laubdach, trete ich in die Offenheit einer Dschungelrodung. Da brennt dir tagsüber die Sonne unerbärmlich auf den Buckel – und des Nachts öffnet sich über dir die Weite des Firmaments. Klar leuchten in der Neumondnacht die Sternenwelten, Sirius, Orion im Westen. Der auf den Polarstern deutende grosse Bär im Norden, Skorpion im Südosten und die hellen Sterne des Schützen im Süden. Ich versuche mir die vergessenen Bilder in Erinnerung zu rufen. Doch was soll die Namengebung? – Die Weite des Universums mit seinen Spiralwirbeln und Galaxien bleibt unfassbar ~ Wunder des Lebens ~ gerade so unfassbar, wie sich im Mikrokosmos des Samens Chaos ordnet und zum Leben substanziert.
Da hör ich aus der nächtlichen Siedlung unter mir Sapeklänge, Freudenrufe und Gelächter. – Und es zieht mich, mitzutanzen.

gespült. – Die junge Frau Supang ist begabte Fischerin; ohne Tauchbrille und jegliches Fanggerät wirft sie wohl zwei Dutzend erbeuteter Fische ans Ufer, die sie mit blossen Händen in ihren Verstecken aufgespürt und gepackt hat. Doch das kühle Wasser lässt den Körper bibbern. – Welch eine Wonne, mit der Tauchbrille den Raum des Wassers zu ergründen! Selbst eine seichte Bachstrecke gewinnt, von innen betrachtet, Tiefe und Weite. Und wie die Optik täuscht! Alles an die Oberfläche gebrachte schrumpft in seiner Grösse, und manch ein Penan, der einen Fisch speeren wollte, hat sich schon wundernd am Kopf gekratzt, wenn ihn das Geheimnis der Lichtbrechung berührte, und sein Speer im nassen Element eine andere Richtung zeigte. – Und da, im Schutz von Wurzeln und Schwemmholz und unterspülten

Ufern streichen Schwärme von Dutzenden von Fischen durch ihr kristallklares Reich.

Während einige Kinder die süssen, zuckerrohrähnlichen Wurzeltriebe des im Bachgeröll wachsenden Grases Budut (H ~ 1 m) kauen, schmieren sich andere das Latex der Pellutan-Ungap (= Geist) -Liane aufs Haar, um es schön schwarz und geschmeidig zu machen. Als sich plötzlich eine Fischotterfamilie nähert, sind die auf dem warmen Bachgeröll in der Sonne gespreiteten Glieder schnell auf den Beinen. Und nach viel Geschrei ist ein bissiges Kind gefasst, laut göissend [schreiend] wie ein Jungwelpe, und soll als Hausgenosse die Herzen erfreuen.

11/577 **Heuschreckenfalle (Buhou Karáh)**

Die kleinen Mädels strupfen spielerisch zwei Dutzend Maniok-Bätter (Ubi Kayú), um Nahrungsnachschub für ihr Argusfasankind habhaft's zu werden: Ein Blattstengel (A) wird quer über die Innenhand gelegt und drei weitere zwischen den Fingern darübergelitzt (B). Ein Querbalken (C) wird angelegt und die Enden des ersten darübergebogen (D). Und sofort werden ein Dutzend Blattstengel waagrecht angelegt, und immer der vorhergehende mit seinen Enden über den Nachkommenden gelitzt. Um den Boden des Nest's zu schliessen, werden einige weitere Stengel (zwischen B) eingefügt. Das Ganze wird mit der Hand zusammengehalten und dann an einem Maniokstämmchen befestigt. Ein zerhacktes Ubi-Blatt wird in dem Käfig als Köder aufbewahrt. Während die angelockten Heuschrecken darin fressen, schliesst der Herankommende die Öffnung schnell mit seiner Hand. Die sesshaft gewordenen Penankinder haben die Fertigung des Nests den Kellabitkindern abgeguckt.

Himmelswurzel (Lakat Langíd) nennt der Penan eine eigenartige meteorologische Erscheinung: Bei starker Wolkenbildung mit Gewitterstimmung geht hin und wieder ein Brommen, ähnlich dem Geräusch strodelnden Wassers (→ Ha Dá) durch den Himmel. Es scheint verursacht durch heftigen Wind, der sich weiter bergwärts an einem Kamm bricht und darüber hinwegfegt. Er kündet keinen, oder nur spärlichen Regenfall.

Buhou Karáh
B
B B B D C A
B B B A C

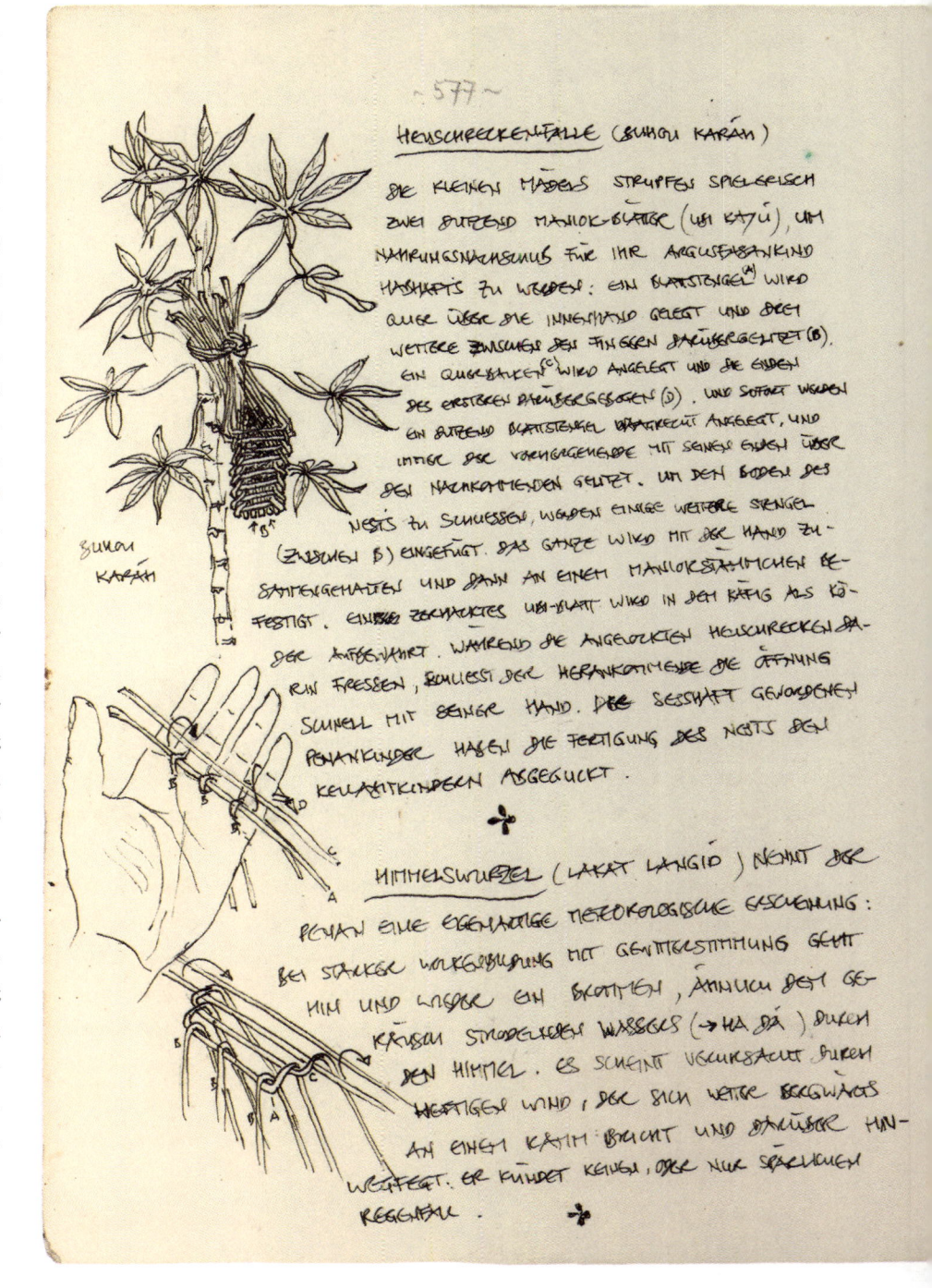

Waldkinder

Die kleinen Mädels bereiten sich spielerisch aufs Leben der Erwachsenen. Sie haben sich zusammen ein kleines Hüttchen samt Feuerstelle gebaut und kochen sich da eine Sagomahlzeit. Und darauf wird Markt gehalten, wie sie das einmal in Limbang gesehen haben, wo vielerlei begehrenswerte Dinge gestapelt waren. So liegen da Säuglingstragtücher aus gefalteten Blättern geschichtet, Röcke und andere Kleidungsstücke sind in Taschen gestopft, und zarte Metamyú-Schosse bilden die Kasse. Doch am meisten Zuwendung geben die Möchte-Gern-Mütter ihrem Kleinod. Das Kind ist gebettet auf einem Makakkenarmblatt (Pésuis Medok), auf einem weichen Kissen des ‹Flughundknochens› (Tulang Pawat). Die Augen des zarten Blattkindes bilden zwei rote Blütensternchen. –

Wie wenig doch ein Kinderherz bedarf, und schon ist's Paradies auf Erden verwirklicht: Der junge Lejo findet sein Glück im Sammeln eines Strausses von nur ein-fingrigen Maniokblättchen, und Juán in einer sesselförmig gebogenen Liane, die zum Rasten einlädt. Und während sich die Kleineren Kreisel fertigen, gehen die Grösseren Brennholz schlagen und Wasser holen.

Leben aus den Wurzeln

Spendet Mutter Natur uns Menschen nicht alles war wir zum Leben brauchen?

In unserer modernen Zeit mit ihrem Spezialistentum entfremdet sich der Mensch zusehends von seiner Umwelt. Herkunft, Herstellung und Einflüsse von vielen Dingen, die wir wie selbstverständlich im täglichen Leben konsumieren und benutzen sind uns oft unbekannt. Woher das Papier, die Tinte, der Inhalt der Konserve, die Plastiktüte, die Münze, das Brillenglas, der Schwefel am Zündholz, die Medizin..?

Diesen Fragen nachzugehen lässt uns Zusammenhänge gewahr werden, und kann zum Bewusst-Sein führen, dass unsere Erde mit all ihren Erscheinungsformen wie ein lebender Organismus funktioniert – wo ein Ding zum andern in Beziehung steht.

Sich möglichst viele Lebensnotwendigkeiten selbst herzustellen schafft Kommunikation, Auseinandersetzung mit der Materie und daraus Wissen und Freiheit.

Der Weg der Selbstversorgung ist ein Weg der Liebe; er schafft Beziehung zum ‹Du›, zur Umwelt, zu allem mit dem wir zu tun haben.

Können wir auch kaum alle Dinge selbst fertigen, so kann Einblick zumindest Ahnung

11/580 Zwei Schwestern

11/581 vermitteln; wie aus dem Eisen ein Messer, aus Kupfer und Zinn eine Bronzeglocke, aus dem Pelz ein Mantel, aus Haut Leder und aus dem Leder ein Rucksack entsteht.
Von der Saat des Weizenkorns – zur Ernte – zum Brot; von der Geburt des Lamms zur Wolle – zum Kleidungsstück, von der Milch – zum Käse, vom Fleisch – zum Braten –
Da werden dem aufmerksamen Gärtner, Ackerbauer, Viehzüchter und Handwerker Eigenschaften der Materie und Wandlungsprozesse des Werdens und Vergehens gewahr – wie alles Leben von der Harmonie der Elemente abhängt. – Wo im Organismus ein Teil leidet, leidet das Ganze. Insofern besitzen wir alle Verantwortung für unsere Umwelt, die heutzutage nur allzuoft unter allen künstlichen Einflüssen krankt. Das Heilmittel zu einem Besseren liegt in jedem Einzelnen von uns selbst. Es bedeutet, sich auf das Wesentliche zu besinnen, und einen Teil unserer vielgepriesenen Bequemlichkeit zu opfern – nach dem Motto – Wer begreift und nicht handelt hat nicht begriffen.

11/582 Libai singt zu Sapeklängen

«Wir lieben dich – Waldgitarre!
Seit vielen Zeiten – deine Stimme kommt von den Bergen und Quellgebieten, wo gutes Leben ist. – Doch dies ist kein Gesang des Glücks, sondern des Schmerzes. Denn nun haben wir's nicht leicht. Wie können wir es lieben, wenn unser Land zerstört wird? Wir wollen die Stimme des Argusfasans und des Gibbon-Affen hören, wir wollen Früchte schmausen und blühende Uwutpalmen vor dunklen Bergkämmen sehen. –
Nein, wir fürchten euch nicht, ihr Polizisten! Doch unsere Herzen weinen. Schmutziges Wasser und aufgerissene Erde…»
Libai Miagung, Long Sambayang
Blockadengesang 87

Bengú-ui
L:25 cm. Oft in Wassernähe. Bewacht Eigelege (2) über Bodennest. Selten

Schoss der Adlerkrallenliane (Laká Silun Pelaki). Überall häufig. Früchte essbar. Sauer. –
Der an Zahnschmerz Leidende gibt seinem Helfer ein Messer, welcher es am Fuss der genannten Liane in den Boden steckt. Darauf schneidet er ein fingernagelgrosses Stück heraus und gibt es dem Leidenden, der es in den hohlen Zahn steckt. Das Eisen des Messers soll den Leidenden, den Helfenden, wie den Geist der Liane stark, hart machen.

11/583 Botschaft

Di-áh, einer der wenigen gebildeten Penans mit Staatsanstellung schreibt: «Bruder, ich würde dich gerne treffen, doch die Polizei hat uns Lehrern Kontakt mit Anderson Mutang, Vertretern von SAM und dir verboten. – Weiter hat mich Dità bei den Behörden und der Kompanie denunziert. Er gibt sich als Stellvertreter seines Vaters Agan Jeluan, alter Führer der Magoh-Sippe aus, und kassiert jährlich 7000.– MS $, da er der Kompanie das Land erlaubt. Er und einige Anhänger bewohnen das WTK-Camp und arbeiten nun als ‹Prospektoren› und Farbanbringer. Seit er damals die Limbangblockade auf eigene Faust mit dem Manager geöffnet hatte, besitzt er gleich drei Kasettenrekorder, führt einen kleinen Laden im Langhaus und bewahrt sein Geld auf der Bank…
Letzthin hat mir die Kompanie Transport verweigert, und ich musste eine weite Strecke zu Fuss gehen. So machen mir eigene Leute das Leben schwer. Blockademitglieder werden wie Hunde behandelt. Ich hasse die Kompanie und als Soldat würde ich kämpfen bis zum letzten Blutstropfen. Wo wird das enden? Ich bin frustriert
Dein Diáh

Ich bin traurig. Warum die Angst? Ich muss es meinem Freund selbst überlassen, die Bequemlichkeit seines Jobs mit dem Kampf gegen Ungerechtigkeit und für mehr Menschlichkeit auf die Waage zu legen. Dieser

11/584

Kampf ist ein einsamer und verlangt Mut – vor allem wenn er friedfertig bleiben soll nach dem Motto ‹Sterben bevor töten.› Und als Lohn winken vielleicht nur Schläge. Und so stehen die meisten Sympathisanten [Sympathisanten] schweigend bei, wenn ihre Handlung Not tut. Und andere, die gestern noch für ihr Land und gegen Holzfällerei gesprochen haben, schälen heute Stämme... Doch wo ein Wille – da ist ein Weg

Long Napir, 12.4.88

Wir Penans wurden ins Kellabitlanghaus gerufen, wo die Regierung einen Film zeigte. Da sahen wir Plantagenprojekte, wühlende Bulldozer, Militärparaden mit Flugzeugen und grosse Menschen mit dicken Bäuchen und vielen Auszeichnungen auf der Brust. Innerhalb der letzten 15 Jahre sei Sarawak zum wohlhabenden, selbstständigen Staat geworden...

Der D.O. fragte uns: «Ist es wahr, dass ihr am 15ten dieses Monats wieder blockieren wollt? – Tut es nicht! Wir werden euch hart anfassen! Ihr von der breiten Bevölkerung könnt euch nicht grossen Menschen widersetzen. Die Kompanie ist wie euer Vater – ihr könnt sie unmöglich stoppen! Doch wenn ihr Hilfe, ein wenig Geld verlangt, so können wir euch unterstützen...»

Überall in den Logging-Camps verteilt sind nun Field-Force-Truppen stationiert. Innerhalb der letzten drei Monate hat die Kompanie den Sangeng- und Terá-Fluss erschlossen, und erreicht nun das Gebiet des Rauan. Doch auch am rechtsseitigen Meli-it wühlen sich die Bulldozer quellwärts.

No Megiu, Maleng, Bang

15.4.88

Auf der Heimkehr von einem Verwandtenbesuch in Long Napir, begegneten wir einem Polizeitrupp bei der alten Blockade. Als sie uns sahen, schossen sie mit ihren Karabinern in die Luft, bis die Magazine leer waren.

Baling Siden, Long Ballau

Nachdem der Polizeichef von Sarawak sowie der Resident von Miri mündlich Hilfe an Penans versprochen hatten, reichte der Ketua Kapong von Long Ballau, Tebaran Siden, ein Gesuch ein. Darin bat er um Unterstützung in Sachen Waldreservat, Hausbau, Wasserleitung, WC, Lizenz für Jagdgewehr und Reismühle. Die Behörden gingen nicht weiter auf das Gesuch ein, und der Resident von Miri, Gary Tay, lehnte es im Namen des Pegawai Daerah, Baram, folgendermassen ab: «... kein Kommunalwald für Penans Long Ballau, weil das Gebiet als geschützter Wald (Protected Forest) Apo-Tutoh geplant ist, in dem der Herr und die Kinder des Dorfes Holz für Eigenbedarf nehmen dürfen.» (29.3.88)

Und so wird im ‹geschützten Wald› weitergewütet, bis alles Nutzholz geschlagen ist.

Markt

Penans von Long Ballau hatten vergeblich gehofft, die Kompanie würde ihnen einen Transport nach Limbang gewähren. Das zum Verkauf gerüstete Gut – Petá-Früchte – stand in vielen Säcken bereit. Nach beinahe einer Woche Wartezeit, in der die Früchte reiften und an Wert einbüssten, klappt es dann doch. Penans sind alles andere als geborene Kaufmänner. Markten ist ihnen fremd, und ohne jegliches Feilschen vergeben sie ihre Ware dem ersten Besten. Viele von ihnen fürchten, über Nacht in der Stadt zu bleiben und wollen möglichst sofort wieder heimwärts ziehen. – Bungai hatte einen Hirschen erbeutet und in Limbang verkauft. Er wurde nach Gewicht bezahlt. Der Hirsch wog genau 20 Kilogramm!

Zeugenbericht

Manager Te kam wütend auf uns zu und schrie uns an: «Ihr Penans, was habt ihr für Hirne? Schweinshirn! Affenhirn! Warum könnt ihr die Lehre von uns Managern und Regierung nicht annehmen? – Ihr bekämpft uns!» – Als er mit geballter Faust sich weiter uns näherte, trat der Polizeichef dazwischen. Zugleicher [Zu gleicher] Zeit hatte Radu einen Pfeil in sein Blasrohr gelegt, doch schon richteten fünf Poli-

11/587 zisten ihre Gewehrläufe «Rek-rek-rek» auf uns. – Da sprach ihr Hauptmann zu uns: «Oh, ich weiss, was süss ist und was bitter.»

Die Polizei sagte zu uns: «Ihr könnt keine Blockade machen. Ihr habt kein Recht (Kuasa) im Land, wir von der Regierung und vom Militär haben das Recht. Wenn ihr kämpfen wollt, könnt ihr? Wo ist euer Gewehr? Wo eure Fesseln? Ihr Penans seit nur tausend, wir aber sind hunderttausend. Wir können von der Luft kommen und Bomben auf euch werfen und auf dem Landweg!» –
– «Wir wollen nicht die Regierung bekämpfen, wir verlangen nur ein Waldreservat, wo wir leben können. Wenn sich unser Wald in ein Sandfeld verwandelt, wo finden wir unsere Nahrung?» – «Oh, ein Waldreservat könnt ihr verlangen, doch selbst wenn sich das ganze Land in Sand verwandelt, so werdet ihr Leben haben, denn die Regierung wird euch helfen und viele

Buong 1:1
Dies ist wohl das Insekt mit dem lautesten Fluggeräusch. Es wird hin- und wieder angebunden und soll Kleinkinder vom Weinen ablenken und besänftigen. Hält sich vorwiegend in Dschungelrodungen, an Wasserläufen auf. Baumt auf aufrechen Baumstümpfen auf. Nest in Baumhöhle (→ wie Kemabong). Trinkt angeblich Nektar der Hirschlianenblüte (Busak Laka Payau), deren grosse gelbe Sterne auf einwachsenden Bulldozerwegen zu finden sind. Die weissarmige ‹Buong› ist harmlos, während die voll schwarze einen Stachel besitzen soll.

11/588 Dinge für euch pflanzen. So lange ihr der Sitte eurer Väter folgt, könnt ihrs nicht leicht haben. Doch folgt ihr uns, so werdet ihr wohlhabend und ein gutes Leben haben. Ihr könnt nicht vom Wald allein leben!»
«Von was leben wir, wenn nicht vom Wald? Er hat uns seit Generationen ernährt, noch bevor ihr je Fuss hierher gesetzt habt.»
«Ihr müsst unsern Anweisungen folgen! Falls ihr wieder Blockade machen wollt, seht hier, unsere Karabiner! Hier, da zielen wir auf Flugzeuge, hier, auf Wildschweine, und hier, auf Menschen. Das Letztere werden wir gebrauchen, wenn ihr Blockade macht und uns bekämpfen wollt!»
Raymond Paren, Long Kidáh, April 88

Zur Situation

Erhöhte Polizei- und Fieldforceaufgebote und eine Welle von Schreckensgerüchten wurden im Umlauf gesetzt seit erneutem Blockadengemurmel. Penans fürchten nicht nur, verhaftet zu werden, man redet von Schlagen, von Verhungern im Gefängnis, von auf eine ferne Insel gebracht werden ohne Wiederkehr, von Ersäufen. Einige dieser Greuelgeschichten mögen auch in der eigenen Phantasie des Eingeborenen entstanden sein, der nun ständig von bewaffneten um sich schiessenden fremden Männern bedroht wird.

Und so sinkt die Moral betrüblich tief. Einige wenige Penans sind 11/589 den Verlockungen der Kompanie erlegen, und entgegen aller Mahnungen von Angehörigen und der Gemeinschaft übergelaufen. Mithorcher aus den eigenen Reihen erschweren öffentliche Meetings und nähren Misstrauen. Behörden scheinen bald über Beschlüsse betreffs Blockaden informiert. – Einige der scheuen Nomaden sind schon zurück dschungelwärts geflohen, und viele Sesshafte sind im Zwiespalt, ob sie aufgeben und einfach geschehen lassen, oder ob sie erneut Widerstand leisten sollen. Viele Meetings bleiben ohne Beschlüsse, oder dann werden Beschlüsse wieder über Bord geworfen. Man imitiert den Langschwanzmakakken, der sagte: «Morgen bau ich mir eine Hütte, denn heute regnet es.» – Seine Hütte wurde nie gebaut.

Manch ein Penan sagt: «Ja, ich will mein Land verteidigen, doch allein kann ich nichts tun. Nur wenn wir zusammenstehen, gemeinsam blockieren, ist es möglich.» – Doch niemand wagt den ersten Schritt, und so geschieht gar nichts.

In meiner Rolle als Ratgeber fühle ich mich unglücklich. Wie oft juckt es mich, zu handeln, wo ich nur reden darf – gleichsam mit gebundenen Händen. Ein eingeborener Führer tut Not, der vorangeht, und dem alle vertrauen. Es liegt mir fern, meine Freunde stossen zu wollen. Doch lege ich klar, dass ohne weiteren Widerstand das gesamte Land bis in die Quellgebiete in den kommenden Jahren gebulldozert werden wird. Und dass die Blockade der einzige friedfertige Versuch ist, diesen Prozess zu bremsen und zum Halt zu bringen.

Wie mühsam sind doch diese Gespräche, die das Zerstörungswerk kaum stoppen – und wie viel wirksamer wäre es, die beiden Eisenbrücken, welche Erschliessung des Landes erlauben, in die Luft zu jagen. – Die meisten opperierenden Kompanies würden über Monate hinaus lahmgelegt…

Omen

Während wir gegen Abend heimwärts schreiten, donnerts gar heftig grollend durchs Firmament. Mein Begleiter sagt: «<u>Lalam</u>; ich denke, heute werden wir Besuch von sehr weit erhalten.» Kaum fünf Minuten darauf hören wir Stimmen hinter uns. Penans von Long Ajeng, Ulu Baram, sind einen Monat weit durch den Dschungel gewandert, um uns zu treffen.

So hatten von den Blockaden gehört, suchen Rat und wollen sich anschliessen, bevor die Kompanies ihren Lebensraum erreichen. – Während Nomaden und halbsesshafte Penans des Tutoh nur kleine Gemeinschaften bilden, zählen die sesshaften Penans des oberen Baram um die zwanzig Dorfschaften in Langhäusern bis zu vierzig Familien.

Am Salzquell

Wo der prächtigste Schmetterling des Dschungels friedlich unter dem Laubdach segelt, wirst du bestimmt einem Mineraldruck begegnen. Diese finden sich meist an Bachufern, wo das Gestein zu Tage tritt, können aber auch in Seitenhängen aus dem Erdreich drücken. Da steht trüblich-weisses Wasser im Schotter, das wohl Schwefel-ähnlichen Geruch aufweist, doch nicht wirklich salzig schmeckt.

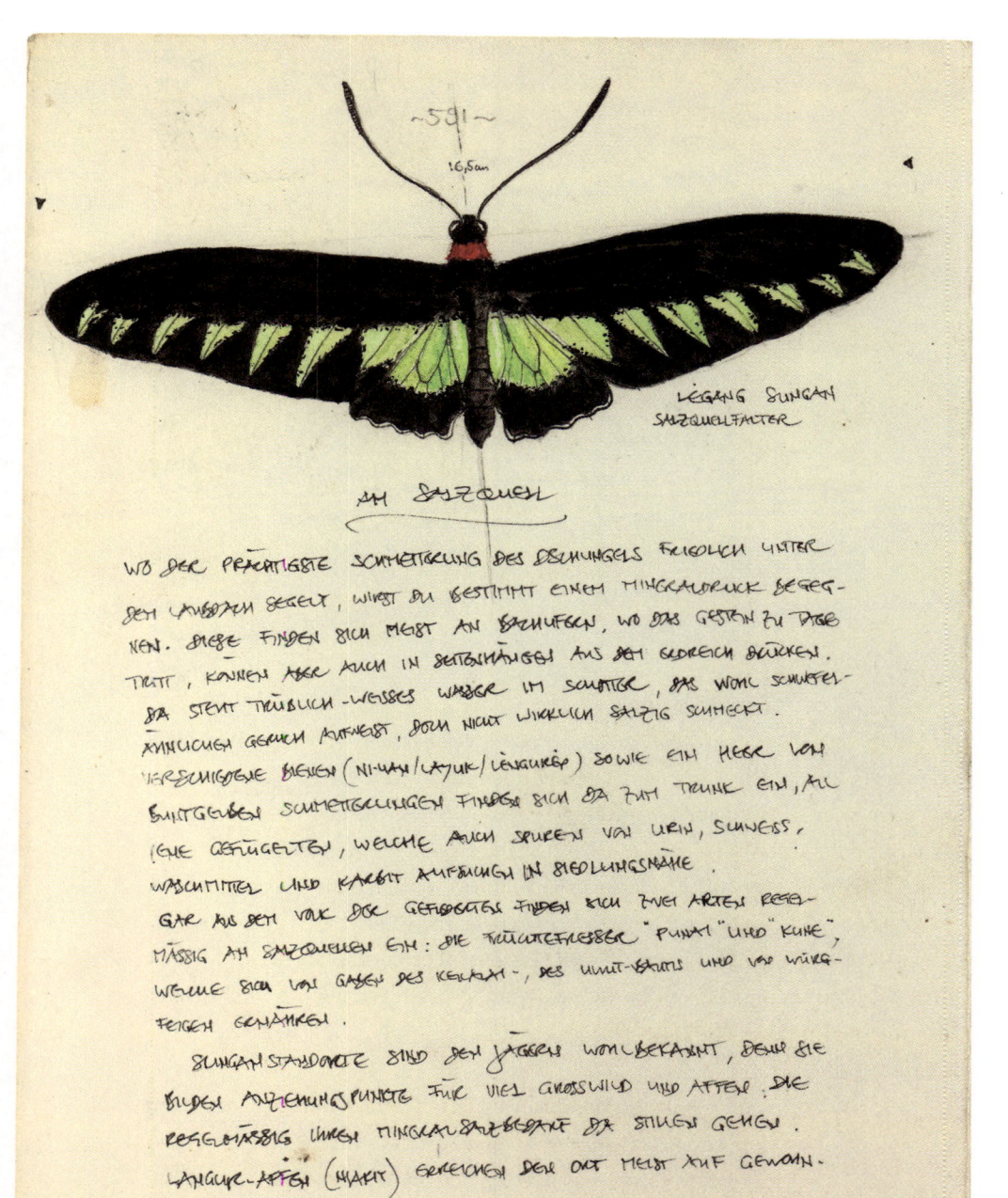

Verschiedene Bienen (Ni-uan/Layuk/Léngurép) sowie ein Heer von buntgelben Schmetterlingen finden sich da zum Trunk ein, all jene Geflügelten, welche auch Spuren von Urin, Schweiss, Waschmittel und Karbit [Karbid] aufsuchen in Siedlungsnähe.

Gar aus dem Volk der Gefiederten finden sich zwei Arten regelmässig an Salzquellen ein: Die Früchtefresser ‹Punai› und ‹Kune›, welch sich von Gaben des Kellalai-, des Uwut-Baums und von Würgfeigen ernähren.

Sungan Standorte sind den Jägern wohlbekannt, denn sie bilden Anziehungspunkte für viel Grosswild und Affen, die regelmässig ihren Mineralsalzbedarf da stillen gehen. Langur-Affen (Niakit) erreichen den Ort meist auf gewohntem Weg, so das der Stamm eines Baumes da schwarzgeschliffen stehen kann, von all den Affenhänden und -füssen, die jahraus, jahrein daran runter- und hochklettern.

Kaum ein Salzquell ohne Spuren von Wildschwein, Hirsch und Reh (Tellá-o), wohl die meisten pflanzenfressenden Säuger finden sich da ein, wie Zwergreh (Pélanuk), in alten Zeiten das Wildrind, das Nashorn, und selbst der Nager ‹Megá›. – Am Seridan-Fluss soll einst ein Kellabit-Wasserbüffel von einem Hirschen am Salzquell getötet worden sein.

Und im Schatten lauern gelbgestreift Tiger-Leeches-ähnliche Blutegel (Pénatá) auf Besucher. Die gewandten Schwimmer saugen sich am Maul des trinkenden Hirschen und Rehs und führen parasitisches Leben. Sie sind allein am Salzquell zu treffen.

Wie alle eigenartigen Erscheinungen der Natur Ausdruck von Geistwesen sind, besitzt der Sungan im Penanglauben seinen ‹Balei›. Eingeborene vermeiden, sich quellwärts des Ortes zu waschen, vor allem Frauen mit Kleinkindern. Denn der Geist könnte über die Geruchstörung entrüstet Krankheit schicken.

Salzherstellung: Kellabits vom Bareo gewinnen Salz durch über dem Feuer eindampfen (→ Holzarmut). Wo in der Hochebene ein fündiger Druck vermutet wird, grabt [gräbt] man ein ‹Salzloch›, worin sich die Mineralien im Tümpel gelöst sammeln. – Kurz vor der Kristallisation wird das Salz in Bambusabschnitten durch Brennen dieser zu zylindrischen Würsten erstarrt und in Dá-un-Blätter verpackt. Man unterscheidet weisses Salz (Ussen Mobeng) vom gräulichen (Ussen Awau). Feinkörnig. Schmackhaft. Wird auch talwärts gehandelt.

Der Falter besitzt ein reges Verdauungssystem. Drei beobachtete Exemplare trinken während rund 1 1/2 Stunden, beinahe ohne Unterbruch. Dabei spritzen alle ~zehn Sekunden einige Tropfen verdautes Nass aus dem Hinterteil (am Nachmittag). Dieses ist in zwei Flügeln aufklappbar.

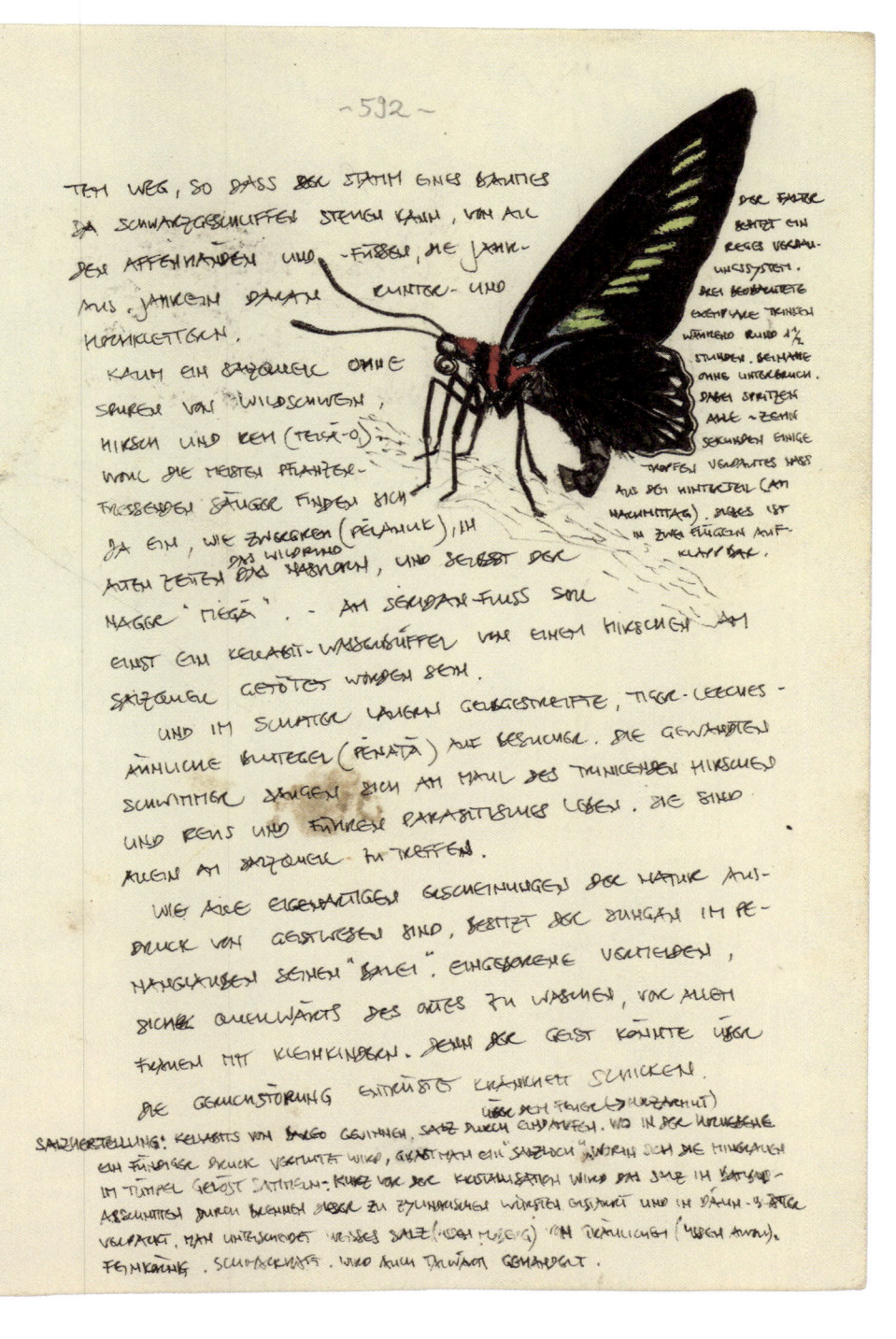

Liedlein

Guet's Mörgeli. Der Dschungel isch verwa-a-acht
Zi-kade rüefe us em Laubdach
E rötliche-e Schimmer stoht am Himmel
Näbelschleier striche überem Fluss

Stand uf, Bürschtli
Los – d'Vögeli singe
Stand uf, Bürschtli
Und rib dr die letschte Tröim
Us de Öigli

Dört äne am Bärg hoggt e Gibbon
Luegt übers Land – und rüeft den erschte Sunnestrahle
Emsigi Bienli summe durchs Himmelszält
Uf dr Suech nach Bluememähl und süesse Nektartröpfli

Stand uf, Bürschtli
Los – d'Vögeli singe
Stand uf Bürschtli
Rib dr die letschte Tröim
Us den Öigli
Und mach di uf dr Wäg

TAGEBUCH 12

TB/S. Pit-Viper (Urém)

12/594 In Begleitung zweier Familien geht's bergan in kaum berührte Quellgebiete. Hoch oben auf einem Kamm liegt eine giftig grüne Schlange etwas erhöht gekringelt am mit Uwut-Palmen gesäumten Pfad. Als ich das Reptil fangen will, wenden sich meine Freunde warnend ab und gehen ihres Weges. – Voll Wunder betrachte ich die feindliche Faszination. Gar böse und wütend mutet der Blick aus senkrechter Pupille, und sich wendend und krümmend sperrt die am Genick gefasste ihren Rachen weit auf, dass sich gar die Kieferhälften je spreizen, und klappt ihre Giftzähne auf. – Nach dem Bannen auf's Papier gebe ich die gekränkte wieder in Freiheit. ‹Utin Tassa› nennt einer der Penans die dickköpfige mit hochkantigem Rücken. – Pango's Zeh schmerzte nach einem Biss noch nach zwei Jahren. – Ein ~zehnjähriges Mädchen starb nach einem Biss am folgenden Tag*; ein Bursche hatte die geschlagene totgeglaubte dem Mädel angeworfen, es zu ängstigen. Einzig bekannter Todesfall.

* dabei schwollen Arm, Lymphdrüsen und Hals dick an.

Utin Tassa

L: 55 cm

Später gefangenes Exemplar: Länge 80 cm, ohne Augenstreif. Mitte der Seitenstreifen hellblau.

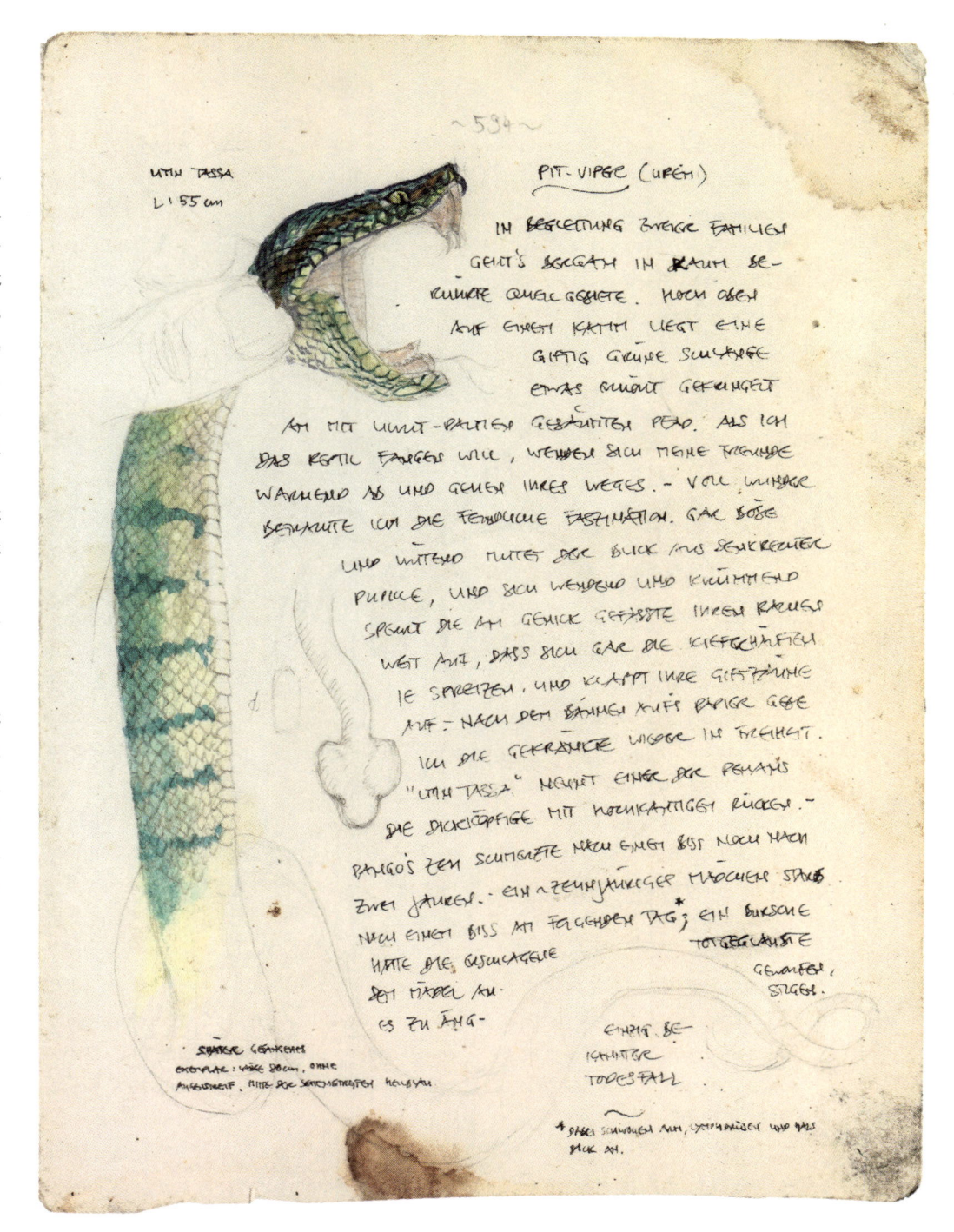

12/595 Ein Haarshampoo und eine Zahnbürste

1 : 1/2

Ohne Haarshampoo im Gepäck durch den Dschungel zu streifen, war für mich einst eine gemütsbewegende Angelegenheit. Als ich mich dann für zwei Tage ohne Wasser und vier Tage ohne Mahlzeit durch den Hochgebirgs-Wald kämpfte, verlor das Haarwaschmittel seine Bedeutung. Das aus Kannenpflanzen-Bäuchen geschlürfte Nass, verhängnisvolle Falle für Ameisen und anderes Kleingetier, verwandelte sich in paradiesischen Trunk für die ausgetrocknete Kehle. Und später vertrieb die Freude der Dschungelkinder in eingeschäumten Köpfen die Wehmut über das zur Neige gehende kaum ersetzbare Fläschchen Shampoo.

Wie in Entwicklungsprozessen die Lebensformen immer differenzierter und verstrickter werden, klärt sich auf dem Weg zurück zum Ursprung das Gelände. Ähnlich, wie sich im Anblick des Todes Wesentliches von Unwesentlichem scheidet. – Der moderne Mensch nimmt oft Haben für Sein. Durch den Besitz von Statussymbolen sichern wir uns Stellung und Anerkennung im Gefüge der Gesellschaft. Alle Entwicklung scheint auf einer Verbesserung der materiellen Verhältnisse, auf eine Anhäufung von Besitz zu zielen – ‹wohlhabend› zu werden – und dabei wird das

‹Sein› vernachlässigt. Manch ein Mensch von heute mag schon vor seinem

Riesenspinne im Bergwald, friedfertig. Trotz wiederholtem Stören lässt sie sich behäbig am Faden runter. Kann aber auch hurtig davonrennen. Wo der Faden aus dem Körper tritt stehen wie fünf Fingerspitzen. Zwei davon sind äusserst beweglich; sie scheinen den Faden zu führen und am Blattwerk zu verkleben.

12/596 geöffneten Kleiderschrank gestanden haben, unschlüssig, welchen Anzug, welchen Rock er für einen bestimmten Anlass tragen sollte. So sind wir in der Zuvielisation umgeben und gebettet mit einer Unmenge von Dingen, die wir eigentlich gar nicht brauchen, und gehen gleichsam schwer wie ein trübbrauner ballast-trächtiger Strom nahe seiner Mündung.

Freund Romeo, der Strahler, stellte einst fest: «Es lohnt, gegen den Strom zu schwimmen; je mehr du dich den Quellen näherst, um so klarer wird das Wasser.»

Dies ist eine Faszination im Leben des der Tradition folgenden Dschungelnomaden. Besitz hat in der Penankultur keine Bedeutung. Beinahe alles, was er zum Leben braucht, findet er in seiner nächsten Umwelt, lernt er, sich zu beschaffen und herzustellen und teilt er mit der Gemeinschaft. Und die Vergänglichkeit lässt nicht's halten; «Wie gewonnen, so zerronnen.»

Und so führt mich mein Experiment zum Ursprung auf das Lernen von Verzicht und Besitzlosigkeit. – Unter innerlichem Sträuben hatte ich mich einst von meinem selbstgemachten Gurt

12/597 getrennt, einziges materielles Überbleibsel aus meiner schweizerischen Vergangenheit, nachdem all meine übrigen Habseeligkeiten längst vorher geraubt worden waren. Doch Dinge zu verschenken, die nur lästiger Ballast sind, und die man sonst fortwerfen würde, sind wohl wertlos.

Und als mir Freund ‹Spring› eine Bürste und Zahnpasta schenkt, um meine gelbgewordenen Zähne zu pflegen, scheue ich zuerst, sie zu benutzen. – All meine Eingeborenenfreunde, auch sie hätten Zahnpflege nötig, doch sind sie mittellos. – Nein, das Glück des strahlenden Lächelns kann nicht von einer Tube Colgate abhängig sein. Und so stelle ich Zahnbürste und -pasta jedem zur Verfügung. Und wenn sie leer ist, so erübrigt sich Diskussion, und man benutzt wiederum die üblichen Holzzahnstocher. –

In den vergangenen Jahren habe ich mir das Wissen angeeignet, theoretisch mit Messer, Buschmesser und Axt im Dschungel zu überleben. Doch ist dies für ein Stadtkind härteste Prüfung, denn es verlangt enorme körperliche Energie. Selbst der Eingeborene folgt heute dem Trend zur Bequemlichkeit; ein Feuerzeug ersetzt Kristall und Eisen, eine Plastikblache das Blätterdach. Eine Pfanne das Kochgeschirr aus Rinde: Ein leichter Kunststoffteller die geschnitzte Holzschüssel. Eine widerstands-

12/598 fähige Nylonschnur die schnell in der Feuchtigkeit Qualität einbüssende Rattanfaser. Ein Gewehr das Blasrohr. Einmal an Salz und Zucker in der Ernährung gewohnt, schmecken alle Speisen ohne diese Zutaten fade. –

Eine lange Hose und ein langärmeliges Hemd schützen beim Hüttenleben vor Mosquitos, Sandfliegen und Kälte. Ansonsten trage ich nur Turnhose oder Lendenschurz; ich möchte nicht's besitzen, was für meine Eingeborenenfreunde schwerlich zu beschaffen wäre, all die ‹begehrenswerten› Dinge der Aussenwelt. Doch konsequent sein kennt seine Grenzen: Brille, Papier und Malzeug werde ich nicht fortschmeissen – und dies wird mich wohl immer vom Eingeborenen unterscheiden.

Es geht nicht darum, die Zivilisation an sich abzulehnen, doch sei es erlaubt, ihr Mass in Frage zu stellen. Trotz Komfort und zeitsparenden Einrichtungen wie Wasserleitung, Waschmaschine, Fertig-Konservengerichte, Auto, Flugzeug und Telefon scheint man immer weniger Zeit zu haben. Aller Luxus der Modernen, abgesehen davon, dass er oft auf Kosten der dritten Welt geht deren Masse ihn nicht teilen kann, hat den Schlüssel zum Tor der Glückseeligkeit nicht zu drehen vermocht. Ansonsten müssten die Gesichter von Gross'stadtmenschen glücklicher dreingucken, als die von ‹Primitiven› welche ihr tägliches Trinkwasser und Feuerholz buckeln.

Eine gesunde Umwelt und genügend Nahrung sind die äusserlichen Bedingungen zum Glück. Wer mit sattem Bauch in friedlicher Umgebung klagt, der wird noch klagen, selbst wenn er die halbe Welt besitzt.

In der Zwerghörnchenhöhle*

12/599 Steigst Du von den Quellen des Kéranganbachs weiter bergan, der Wasserscheide zwischen Seridan- und Bedúh-Fluss folgend, versperrt plötzlich Fels den Weg. «Unüberwindbar», hatte der ängstliche Uan festgestellt. Scheust du nicht, dich zu bücken, durch eine Engstelle zu winden und über scharfkantigen Dolinenkamm zu klettern, ist der Weg durchaus begehbar, sofern ohne Gepäck.

Da fällt ein Hörnchen vom Pfeil getroffen ins schroffe Gestein. Ich geh es suchen, und weit muss ich im steilen Fels abwärts klettern. Das Hörnchen finde ich nicht – wo ist es wohl verhangen? – Doch da steigt Guanogeruch in meine Nase, begleitet vom Gekicher der Flatterer. Ein Spalt zieht abwärts, und im Halbdunkel ist der Grund der Höhle zu erkennen.

Am folgenden Tag bewaffne ich mich mit einer Taschenlampe, befestige vorsichtshalber einen kräftigen Rattantrieb als Strick und steige abwärts. Die Wände der spaltigen Höhle wurden wohl in Jahrtausenden vom Element Wasser ausgewaschen ~ gleichsam weich sind ihre Formen. Wo sie sich senkrecht aus dem Schotter erheben, ist ihr Fuss gespickt mit beinahe fingerlangen Kakerlaken; diese scheinen sich von einem flügellosen Larvenstadium in das beflügelte Insekt zu verwandeln. Da, inmitten all der orangebraun scheinenden Leiber dämmert ein weisses Exemplar nach der Häutung, wie ein zarter Schoss, der noch nicht ans Licht getreten ist.

Die Höhle erniedrigt sich über einem Tümpel gewölbehaft. Klar steht das Wasser, doch tief und tiefer sinken die Füsse im Guano und wirbeln den Schlamm auf. – Ein Fledermäuschen schiesst im Flug in den unerwarteten Besucher und fällt ins Wasser. Mit ruckartigen Flügelschlägen bewegt es sich vorwärts über die Wasserfläche – es kann schwimmen. Nach einigen vergeblichen

* ‹Lovang Telle›, da ein Telle den Weg wies.

Die Höhle ist von drei verschiedenen Fledermausarten bewohnt:

Schwarz, 1:1

Flügelspannweite 32 cm

Schwanz 4 cm

Schwanzhaut taschenförmig

Eigenartige, doppelte, schräggeteilte Schneidezähne – Eckzahn

Zahnformel: [siehe Faksimile]

Braun-ocker 1:3/4

Flügelspannweite 30 cm

Schwanz 2.5 cm

[Zeichnung] 4 mm vorstehend

Augen verkümmert kaum sichtbar

ZF: [siehe Faksimile]

♀: Gelblicher Bauch/Nacken

Die ‹Hirschnase› besitzt ausgeprägte Augen und bewegt sich vor allem in der Eingangsregion. Behaarung spärlich. ♂ besitzt zwei leuchtend gelb-orange Haarwuschel seitlich am Hals. – Bei Störung fliegen sie zu hunderten aus. Dieses Fledermausrudel macht seine Anwesenheit durch grosses Gelärm auf 100 m Höhlendistanz noch bekannt. Möglicherweise hat es andere Unterschlupfe in der Nähe. – Diese Fledermaus ist fett und schmackhaft, im Gegensatz zu ihren vielen Verwandten.

1:2/3 ♂

Schwanz: 1 cm

Flügelspannweite 50 cm

Zahnformel: [siehe Faksimile]

verkümmert [zwei Pfeile zeigen auf Zähne]

12/600 Versuchen, an der senkrechten Höhlenwand aus dem Tümpel zu steigen, macht es kehrt und sucht einen anderen Landeplatz. – Hinter einer Engstelle scheint sich der Raum zu weiten – dem schallenden Gekicher seiner Bewohner an. Über eine Holzstange erreiche ich dessen Rand. Wie ein kleiner Dom mutet die Erscheinung und ladet zu Gesang. Doch senkrecht steht der Fels unter mir und schwarz gähnt ein Guanotümpel. Wie weit wirst du darin einsinken? Bis zum Hals? – Da bist du allein – wenn dir etwas passieren sollte, kannst du nicht auf Hilfe von aussen rechnen. – Es könnte dein Grab sein, denn kaum werden sich meine Penanfreunde ins Dunkel wagen. – Schon vorher hatten sie scherzend gewarnt: «Der weiche Mann»;* wenn ich nicht zurückkommen sollte würden sie von der Oberfläche stochern, dort wo man auf Weiches trifft befindet sich der Leichnahm [Leichnam].

Und doch lockt das Dunkel... So kappe ich einen weiteren kräftigen Rattantrieb,** verschlaufe ihn über einem Felszacken und steige mit mulmigem Gefühl im Bauch abwärts. Wie doch Nacht und Dunkel – die Wahrheit dem Auge verbergend – Verhältnisse verzerren können! Weder ist der Fels so steil und glitschig wie vermeint, noch der Tümpel so weit und tief. Faszination ~ Gebetsgesang ~ wie das Heer von Fledermäusen über der Wasserfläche kreist – geborgen im Schoss des Domgewölbes.

In der gegenseitigen Richtung steigt der Höhlenboden sanft an – es tropft von der Decke – und endet in einer Engstelle. Ich lasse Buschmesser zurück und schliefe [krieche] vorwärts. «Krrrrrrr!»

* Lakei Kébut; Weise nach verkrochenen Pythonschlangen zu suchen.

** Als Halteseil benutzte Ratantriebe sollten in ~80 cm Distanz je mit sich selbst zu Knoten verschlungen werden. Die an sich schon glatten Triebe bieten sonst, einmal schlammverschmiert, keinen Halt, doch die Hand glitscht daran abwärts.

12/601 knurrt es mir nach einer weiteren Biegung entgegen. Schleunigst kehre ich um, und mit der Machete bewaffnet wage ich einen weiteren Vorstoss. – Da liegt als Lagerstreu ein grosses Medangblatt, daneben eine vergammelte Bello-engfrucht, in alten Zeiten geknackt. Die frischen Trittsiegel zeugen von einem katzengrossen Tier. Hat ein ‹Bérét› Reissaus genommen? – Ein Stachelschwein hatte ich in der Nähe der Höhle gesichtet, doch von ihm sind keine knurrenden Warnlaute bekannt.

Schwarze Fledermäus'chen hängen in reicher Zahl greifbar nahe. Sie erbeben aufgeregt, den Besucher ahnend, und drehen ihre Köpfe hin- und her, um dann abzusetzen und loszufliegen. «Wo bloss die Schlangen bleiben?», denkt es in mir, um gerade noch zu sehen, wie ein im Licht glänzender Leib in einer Gesteinsnische ins Unsichtbare entgleitet.

Da piepst und schäkkert es aus nahem Deckenkolk. Als ich kletternd meinen Kopf im verengenden Gestein drehe, um aus der Nähe zu betrachten, erschrecke ich: Eine Handspanne vor meiner Nase hockt – spinnenhaft – ein langbeiniger Centipedes und verspeist gemütlich eine grosse Höhlenschrecke, nachdem er sie mit einem Giftbiss gelähmt hat. – Zwei-drei Deckenkolke sind da dicht gefüllt mit fetten Fledermäusen, für die Hand unerreichbar. Nach Stochern mit dem Buschmesser werd ich zwei fliehender habhaft. Sie gehören der hirschnasigen Art an, die sich vor allem in der Eingangsregion der Höhle aufhält. Gelb fluoreszieren die Augenpaare aus hohen Deckenkolken und gucken, aufgeregt ihre Köpfe drehend und reckend, ins unbekannte Licht.

12/602 Die kleine Insel von Kalkgestein befindet sich zwischen zwei Bergeinschnitten, erstreckt sich vielleicht auf 200x200 m vom Hauptkamm Richtung Seridan, als mit der Spitze talwärts weisendes Dreieck. Auf Bedúh-Seite fällt der Fels senkrecht ab, und ein weiterer Kalkklotz erhebt sich da aus der Landschaft; an dessen Fuss finden sich unter überhängendem Fels Hirsch- und Wildschweinlager.

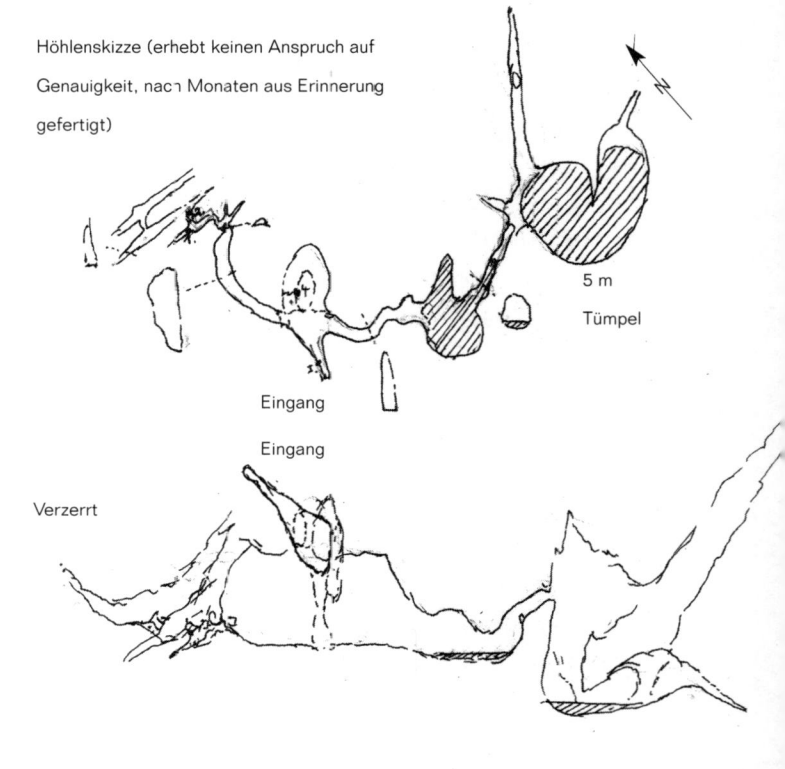

Höhlenskizze (erhebt keinen Anspruch auf Genauigkeit, nach Monaten aus Erinnerung gefertigt)

5 m
Tümpel
Eingang
Eingang
Verzerrt

1. Beret-Lager – Deutet auf 2. Eingang
2/3. Gesichtete Schlangen
4. Vogelnest

Der Urmensch

12/603 Auf dem Weg zurück zum Ursprung bleibt eines rätselhaft: Wie haben die Vorfahren das Leben gemeistert, bevor das Eisen kam?

Der eingeborenen Penan erinnert sich keiner Überlieferungen. Wohl kann Fleisch mit Bambus zerschnitten werden, doch können damit weder Pfeile geschnitzt, noch Rattan verarbeitet werden – und zu seiner Herstellung ist eine Eisenklinge notwendig.
So erübrigte sich in der Urzeit auch die Verwendung des Blasrohrs aus dem Pane-Bambus und die von Pfeilgift.
Speerspitzen aus der Niwung-Palm-Rinde, Hartholz und Bambus, aus dem Unterschenkelknochen des Hirschen sind tödliche Waffen, doch auch sie bedürfen zur Herstellung Eisen.
Auch die Verarbeitung von Sagopalmen scheint ohne Vorhandenseins eines Buschmessers unmöglich, sowie die Ernte von Palmherz, des einzigen Penangemüses.
Während der grossen Fruchtzeit, die nur alle paar Jahre einmal einsetzt, kann sich der Mensch auch ohne jegliche Hilfsmittel nach Affenart seine Nahrung beschaffen, ohne Mangel zu leiden. Wie aber überbrückte er die übrige Zeit? Sein Speiseplan könnte folgendermassen ausgesehen haben:

Früchte:	(Erklettern, Sammeln von gefallenen)
Fische:	(Betäuben mit pflanzlichen Fischgiften, Fangen mit Händen)
Wild und Vögel:	(Stellen mit Hunden, falls vorhanden, Erschlagen mit Knüppeln, Stein, oder Spiessen mit Knochenspeer. Verfolgen von Affenkindern. Plündern von Nestern. Ausräuchern von Bauen (Stachelschwein/Ameisenbär))
Reptilien:	Erschlagen von Pythons und ähnlichem Schlangengetier. Auflesen verschiedener Schildkröten (Di-áh/Labey/Daran)
Kleinvögel:	Vogelleim (→ Béripun Kup/Tahab Burai)
Hühnervögel:	Schlingenlegen (Argusfasan/Wiui/Kasek...)
Kleinsäuger	" (Zwergreh/Stachelschwein/Péso/ Busan/ Sewáh)
Palmherz*:	Einzig der obere Teil des Mitteltriebes der Bohó-Palme ist durch Ziehen pflückbar.
Latex:	Wenige Milchsäfte von Bäumen (Purou/Niauai/ Pellutan Unga, Gerigit) sind essbar
Kambium:	Einzig die dünne weisse Schicht unter der Rinde des harten Pá-Baums ist essbar
Amphibien:	Fangen von Fröschen, Kröten (zum Teil giftig) und ihrer Jungbrut
Weichtiere:	Sammeln von Kegelschnecken (Sé)
Insekten:	Erklettern und Ausräuchern von freihängenden Nestern der Hornisse (Auá) und der grossen Honigbiene (Layuk). Verzehren des Honigs und der Jungbrut.

* Die Wachstumszentren beinahe aller übrigen unedlen Sawit-Gewächse/Rattan/Zwergpalmen sind relativ leicht erntbar, doch schmecken oft bitter.

Kéwalan* (Gleichenia)

Dieser seltene Kletterfarn wächst fernab menschlicher Behausungen im Hochgebirgswald (Paiáh), dort, wo sich unter Kämmen und Bergsätteln etwas Humus angesammelt hat und Bäumen erlaubt, sich bis in 10–15 Meter Höhe zu recken.
Aus einem Wurzelausläufer mögen in Abständen bis zu 5–6 der langstengeligen Farne spriessen. Stengel kahl, glänzend, 10–15 m lang, Ø 8–10 mm, sich in Baumkronen haltend. Schale trocken-holzig, beantwortet starkes Biegen mit Brechen. Eine schwarze reissfeste Seele ist in kompakten hellen Mantel gepackt.
Blatt'triebe in Abständen von 1,5 m, gegenständig. Spiegelsymmetrisch aufgebaut, sich 3–4mal verzweigend.
Fiederblätter 5–12 cm, Os glänzend, Us matt graugrün, an Spitze V-förmig gekerbt.
Aus der robusten elastischen Seele von Kéwalan wird der Ring (Ulat) am traditionellen Feuersteinköcher geflochten. Weiter können daraus Arm- und Beinreife, Schmuck von Kellabit- und Penanmännern und –frauen gefertigt werden.

Irop

Gleicht im Habitus dem Kewalan, doch bildet feinere Triebe, die keine verfestigte ‹Seele› enthalten, und hat somit keine Verwendung. Er wächst auf nährstoffärmsten Böden und bildet kaum durchdringliche 2–3 m hche Dickichte über Erd'rutschen und gebrannten felsigen Bergkuppen, und bietet da allerlei Schlangengetier, Zibetkatze und Wildschwein Unterschlupf.

* oder ‹Namam›

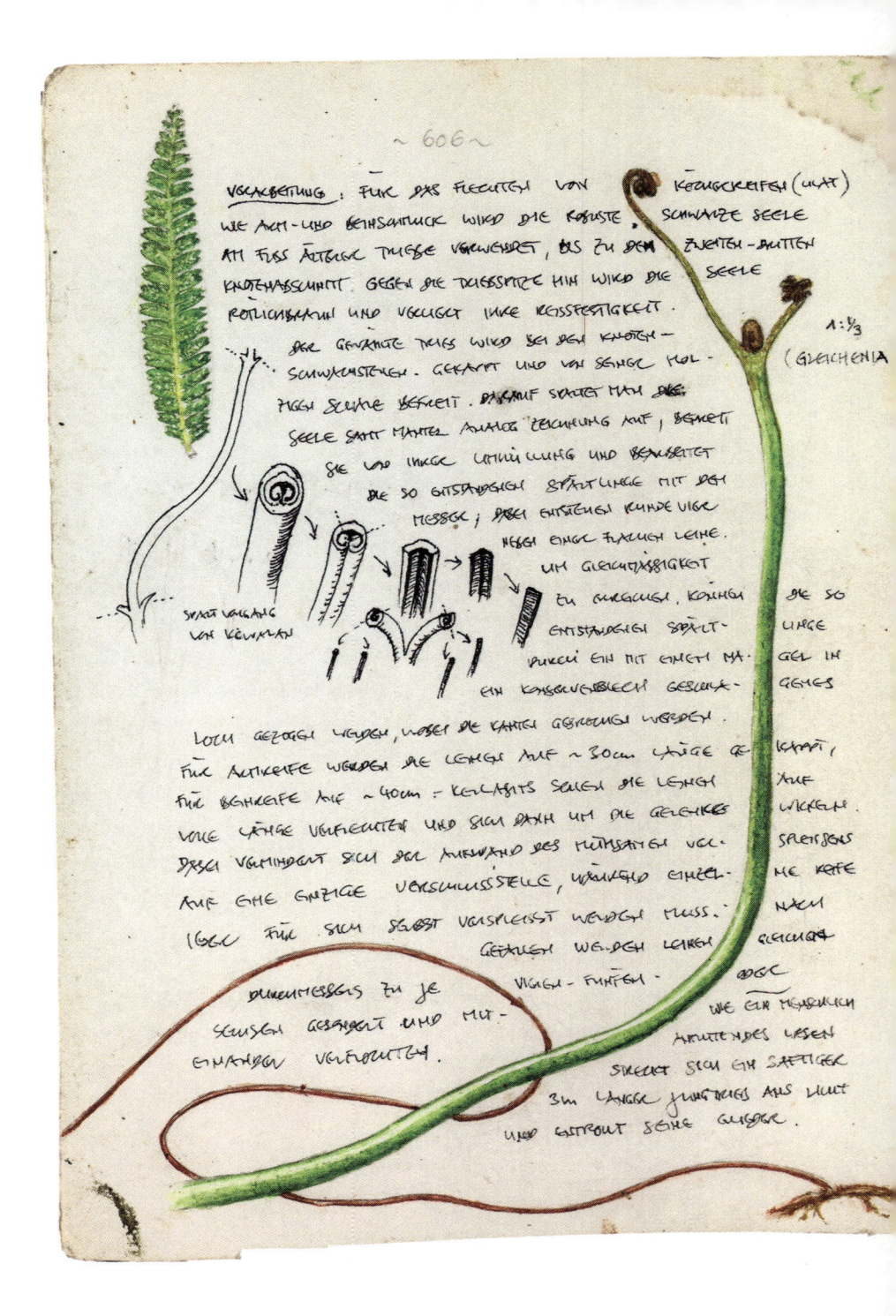

12/606 **Verarbeitung**: Für das Flechten von Köcherreifen (Ulat) wie Arm- und Beinschmuck wird die robuste schwarze Seele am Fuss älterer Triebe verwendet, bis zu dem zweiten-dritten Knotenabschnitt. Gegen die Triebspitze hin wird die Seele rötlichbraun und verliert ihre Reissfestigkeit.

Der gewählte Trieb wird bei den Knoten-Schwachstellen gekappt und von seiner holzigen Schale befreit. Darauf spaltet man die Seele samt Mantel analog Zeichnung auf, befreit sie von ihrer Umhüllung und bearbeitet die so entstandenen Spältlinge mit dem Messer. Dabei entstehen runde vier neben einer flachen Leine. Um Gleichmässigkeit zu erreichen, können die so entstandenen Spältlinge durch ein mit einem Nagel in ein Konservenblech geschlagenes Loch gezogen werden, wobei die Kanten gebrochen werden.

Für Armreife werden die Leinen auf ~30 cm Länge gekappt, für Beinreife auf ~40 cm. – Kellabits sollen die Leinen auf volle Länge verflechten und sich dann um die Gelenke wickeln. Dabei vermindert sich der Aufwand des mühsamen Verspleissens auf eine einzige Verschluss'stelle, während einzelne Reife jeder für sich selbst verspleisst werden muss. Nach Gefallen werden Leinen gleichen Durchmessers zu je vieren-fünfen – oder sechsen gesondert und miteinander verflochten.

Wie ein menschlich anmutendes Wesen streckt sich ein saftiger 3 m langer Jungtrieb ans Licht und entrollt seine Glieder.

(Gleichenia) 1:1/3

Spaltvorgang von Kéwalan

Dabei verknüpft die Penanfrau die so bereiteten Fasernbündel nebeneinander an einer Querleine, die sie vor sich sitzend auf Kopfhöhe gespannt hat. Für vorbildlichen Schmuck werden pro Gelenk rund 50–80 (!) Reife gezählt. Die Flechtweise ist äusserst einfach und bildet ein flaches Zopfmuster: Im Prinzip werden die Fasern in ihrer Mitte gescheitelt. Bei ungerader Zahl wird mit der überstehenden das Flechtwerk begonnen: Abwechslungsweise wird die äusserste Faser einer Seite über ihre Nachbarn zur Mitte hin gelegt, darauf die äusserste der gegenüberliegenden Seite. – Der Spleiss wird mit einer feinen Knochenaale analog dem entstandenen Muster auf 3–4 Gänge ausgeführt.
Je nach gewünschter Strick-Dicke kann die Zahl der einzelnen Leinen beliebig erhöht werden. – Neben der Seele von Kewalan sind für geflochtene Arm- und Beinreife weiter die ‹Haare› der Iman- sowie der Jakáh-Palme in Gebrauch, dh. deren Fasern der Stengelbasisschichten – sowie weiter die schwarzgefärbten Fasern der stachligen Rot-Liane. Auf die Verarbeitung dieser Gewächse sei später eingegangen.

4 Leinen	1 2 3 4
5 Leinen	1 2 3 4 5
6 Leinen	1 2 3 4 5 6 4

Palok

Der Kleine Palok war auf eine fruchtende Würgfeige* geklettert, um da mit seinem Blasrohr auf schmausendes Kleingetier zu lauern. – Einige Vögel vielen [fielen] getroffen herunter – einige flatterten hierhin, andere dorthin. – Da sah er plötzlich unter sich – gerade wie eine Bande lärmender Schulkinder auf dem Heimweg – Geister! – «Bist du's, Kleiner Palok?», fragten diese. – «Ja.» – «Viele Vögel hast du geschossen. Gibst du uns welche, Freund?» – «Ja. –Sammelt die Vögel ein, auch jenseits des Bachs, wo immer ihr findet!», antwortete Palok. – «Ja, wenn du deine Beute mit uns teilen willst?» – «Häuft nur alle Vögel an einem Ort zusammen! Wenn's viele sind, so werd ich mit euch teilen. Wenn's nur wenige sind, ja – dann werd ich euch keine geben.» –
Da suchten die Geister die ganze Umgebung unter der Würgfeige ab und sammelten die getroffenen Vögel an einem Ort zusammen. – «Oh, Palok, steig herunter! Wirklich viele Vögel hast du geschossen!» – «Nein. Noch

* Nonok Mutan

* Tegaleu

** Palok verheimlicht den Ort, um den Grossen Palok vor den böswilligen Geistern zu schützen

Mutan-Würgfeige mit erdrosseltem Mutterbaum

du zurückgekehrt. In jener Richtung werde ich suchen. Als ob ich nicht selbst die vielen Vogelstimmen hören könnte!», antwortete der Grosse Palok.*

Des Nachts aber, anstatt zu schlafen, schnitzte er viele Pfeile, bis rings um ihn Berge von Spänen waren – und wartete ungeduldig auf Tagesanbruch. «Kräh, Hahn!» schubste er diesen in den Hintern, «Kräh, auf dass es Morgen wird und ich losziehen kann!» –

Kaum aber dämmerte es, da machte sich der Grosse Palok mit gefülltem Köcher und Blasrohr in jene Richtung auf, von der Kleiner Palok zurückgekehrt war. –

Nicht lange, da hörte er viele Vogelstimmen und entdeckte die fruchtende Würgfeige. «Aha!» Hier treff ich also den Ort, welchen Kleiner Palok mir verheimlichen wollte», und er kletterte hinauf um auf Vögel zu lauern. –

«Bist du's, Grosser Palok?», rief es plötzlich von unter herauf. «Ja.» – «Viele Vögel hast du geschossen. Gibst du uns welche?» – «Ja. – Sammelt nur zusammen, auch jenseits vom Bach, wo immer ihr findet.» – «Oh, gerade so hat Kleiner Palok mit uns gesprochen, um uns dann keinen Vogel zu geben!» – «Oh, ich bin nicht wie der Kleine Palok. Ich kann mit euch teilen.» – «So komm herunter. Viele Vögel hast du getroffen.» – Da kletterte der Grosse Palok runter: «Entfernt euch dort hinüber, auf dass ich die Vögel verteilen kann! Der Platz ist viel zu enge.»

* Fruchtende Würgfeigen verraten sich auf weite Distanz durch die Rufkonzerte sie besuchender Vögel.

«Oh, genauso hat uns gestern der Kleiner Palok verscheucht und betrogen. So ist's gut wir packen ihn», besprachen sich die Geister, stürzten sich auf den Grossen Palok, fesselten ihn und nahmen all seine Vögel. ~

Kleiner Palok wartete und wartete, doch der losgezogene kam nicht zurück. «Oh, darum hab ich so mit ihm gesprochen. Da

sind's nicht viele!» – «Oh, komm runter und schau selbst nach! Da ist ein ganzer Haufen!» Als Palok herunterkletterte sah er: «Oh, wirklich viele! Da ist der Platz viel zu enge, sie zu verteilen. Entfernt euch dorthin – schafft mir Raum! .... Viel zu eng! Hab ich gesagt. Entfernt euch! Geht nach dort drüben! Weiter!» – «Weit sind wir, Freund!», antworteten die Geister. «Weiter-weiter!», drängte Palok, bis sich die Geister ausser Hörweite begeben hatten. – Da packte der Kleine Palok hastig all seine Vögel zusammen und trug sie schleunigst in seinem Lianengestell* heimwärts. – Da waren die Herzen der Geister böse.

«Oh, wo hast du vielen Vögel geschossen?», fragte der Grosse Palok. «Oh Freund, wenn Du's bist – selbst wenn du sagst, du..!»** – «Oh.. – Von dort bist

sind gewiss die gleichen Stimmen wie gestern, die morden wollen», und er machte sich auf. –

Die Geister waren gerade im Begriff, die Fesseln vom Grossen Palok zu lösen, um ihn zu metzgen, und stellten da Schüsseln hin, um sein Blut zu trinken. Kleiner Palok blies einem von ihnen einen Giftpfeil in den Leib. «Autsch!», rief der Getroffene aus, «Dieser Mückenstich schmerzt wirklich!», und kippte um. Palok schoss einen weiteren Pfeil, und ein zweiter Geist fiel um. – Geschwind sprang der Schütze zum Gefesselten hin und trug ihn, so schnell er konnte, davon. Weit entfernt kletterte er mit seiner Last auf einen schrägen Baum und versteckte sich.
«Wooo bist duuu, Paaaloook?», rief der Geist
«Hier oben, auf dem schrägen Baum sind wir!», antwortete der Grosse Palok. – Schnell kletterte der Kleine Palok mit seiner Rückenlast herunter, sprang davon, und versteckte sich in einer Erdhöhle.
«Wooo bist duuu, Paaloook?», rief wiederum der Geist
«Hier, in der Erdhöhle sind wir!», antwortete der Grosse Palok, und wiederum musste Kleiner Palok fliehen. Da verstopfte er die Ohren von seinem grossen Bruder mit Palmmarkzäpfchen*, damit dieser die Stimmen des Geistes nicht mehr höre und Antwort gäbe. Dann kappte er eine Tiban-Liane an deren Fuss, kletterte daran in die Höhe, zog das Ende nach – und endlich konnte er verschnaufen. Nachdem er sich ausgeruht hatte, kletterte er wieder herunter und ging nach Hause.

* Lat, die Pfeilhintern mit gleichem Ø wie Blasrohröffnung

Der Kleine Palok ging darauf, die Geister schlecht zu füttern*. Während diese ihr Reisfeld ernteten, ass er all deren Fleischvorräte**. Darauf stellte er sich neben der Hüttenstiege auf den Kopf. Als die Geister zurück'kamen, da sahen sie: «Oh, gut Glück, hier hat uns der Schöpfer*** einen Tonkrug[4] geschenkt.», und deuteten auf den Kopf stehenden Palok. Abwechslungsweise tranken sie aus dessen Arschloch. Da war ein alter Mann. Als er trinken wollte, zuckten die Afterschliessmuskeln. «Oiih! Ein wirklicher Mensch! Was sagt ihr da, Tonkrug, ein wirklicher Mensch!», rief er aus. – «Wenn du alt und schlecht bist, trink nicht von diesem Tonkrug, denn es ist ein Geschenk des Schöpfers!», antworteten die Vielen entrüstet und tranken abwechslungsweise weiter. – «Willst du nicht trinken?», fragten sie den Alten. Doch während dieser trank, zuckten wiederum die Aftermuskeln. Da wurden die vielen wütend: «Willst Du etwa unsern Tonkrug zerbrechen?! Geh, und lass uns allein trinken!»
Palok aber gab sich darauf den Geistern zu erkennen, und dass er sie zum Narren gehalten hatte, und ging nach Hause.
Bala Tá-ang, Long Ballau

* Palok will sich an den Geistern rächen;
Ngéripen: Ein Kind von einem befeindeten Stamm oder ein gefangenes Tier aufzuziehen. Kann gut gemeint sein, meist aber mit negativem Vorzeichen: Dem Zögling Abfälle und schmutzige Speise füttern.
** Bá-an: Zugabe zu Sago oder Reis, meist tierischen Ursprungs
*** Balei Niebutun oder Balei Ngebutun
4) Kacau. Gemeint ist wohl einer der grossen Tonkrüge, in welchen Reis- und Maniok-Schnaps hergestellt wurde. Abwechslungsweise besaufen sich die Teilnehmer, über ein Bambusröhrchen vom alkoholischen Getränk schlürfend.

Streifzug

Ist's Verrücktheit des Lebens? Gerade wie es einen Verliebten zuwider aller Vernunft zu seiner Angebeteten zieht, oder den Jäger auf die Jagd, so zieht's mich plötzlich, bergaufwärts zu kraxeln und von Felsvorsprüngen über's Land zu blicken – oder talwärts einem Bach auf seinem Weg talwärts durch Schluchten bis zur Mündung zu folgen.
Und so klettere ich eines Tages, nach vielem Wenden, Bücken und Kriechen durch Moosdickicht auf einer Hügelkuppe in einen Baum. Da brech ich zuoberst in der Krone nach Bärenart einige Äste und setz mich in das Nest, umgeben von einem Chor schmucker Kannenpflanzen. Und als ich die unberührten Täler des Seridanflusses sehe – bis hinauf auf die grün wallenden Bergkämme, die kaum je ein menschlicher Fuss betreten hat, da kommen mir schier die Tränen. Natur – du bist Wahrheit – auch ohne menschliches Zutun. – Wolken ziehen am Himmel, und da entladen einige ihre Last in graublauen Vorhängen über einer Talschaft, während über einer anderen Frau Sonne lacht. Und mein Herz weint wie Todesgesang – muss das Paradies wirklich sterben und Motorsäge und Bulldozer weichen? Ein ökologisches System, einem Organismus gleich, das sich in Jahrtausenden unangetastet in all seinen verschiedenen Erscheinungsformen entwickelt hat. –
Wo vor drei Jahre noch keine Spur von Zivilisation zu sehen war, klaffen nun die Wunden so weit das Auge blickt, und weiter fressen sich die Wurmgänge der

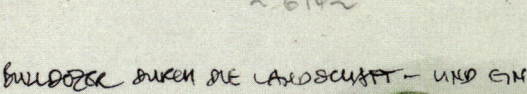

12/614 Bulldozer durch die Landschaft – und ein Flussgebiet nach dem andern wird abgeschlachtet, unter dem schönen Wort ‹Entwicklung› und ‹Fortschritt› – allen Protesten zum Trotz. «Ja, – Menschlein, willst du etwa Retter spielen für ein Stück unberührter Natur, kaum so gross wie ein Fliegendreck auf unserem Erdball? – Retter für ein Urvölklein, dessen Namen bis anhin kaum jemandem bekannt war? Willst du eine aussterbende Kultur und Tradition bewahren? – In Jahrtausenden aus Wurzeln gewachsen – ein Jahrzehnt menschlicher Gewinnsucht genügt, sie auszutilgen! Die Erde und der Mensch nehmen ihren Lauf. Törichter, willst du etwa das Rad der Zeit anhalten?» – Mensch und Erde müssen wohl leiden. – Warum? – Der Schöpfer dieses Universums weiss es. – Ohne Leiden keine Erkenntnis. Leiden öffnet unserm ‹Ich› den Weg zum ‹Du›. –
«Nein, ich bilde mir nicht ein Retter zu sein. Doch was auch geschehe; ein aufrichtiges Herz darf sich vor Allem beugen, nur vor Einem nicht: Dem Unrecht – welches in diesem Fall dem Völklein der Penans und ihrem Lebensraum angetan wird.»

Polygala venenosa
8 Staubgefässe, 1:1
Griffel 2-teilig
Standort: Gebirge
I-ot-bedúh
Höhe: 80 cm
Stengel holzig
Blätter 10–16 cm

150 | TAGEBUCH 12

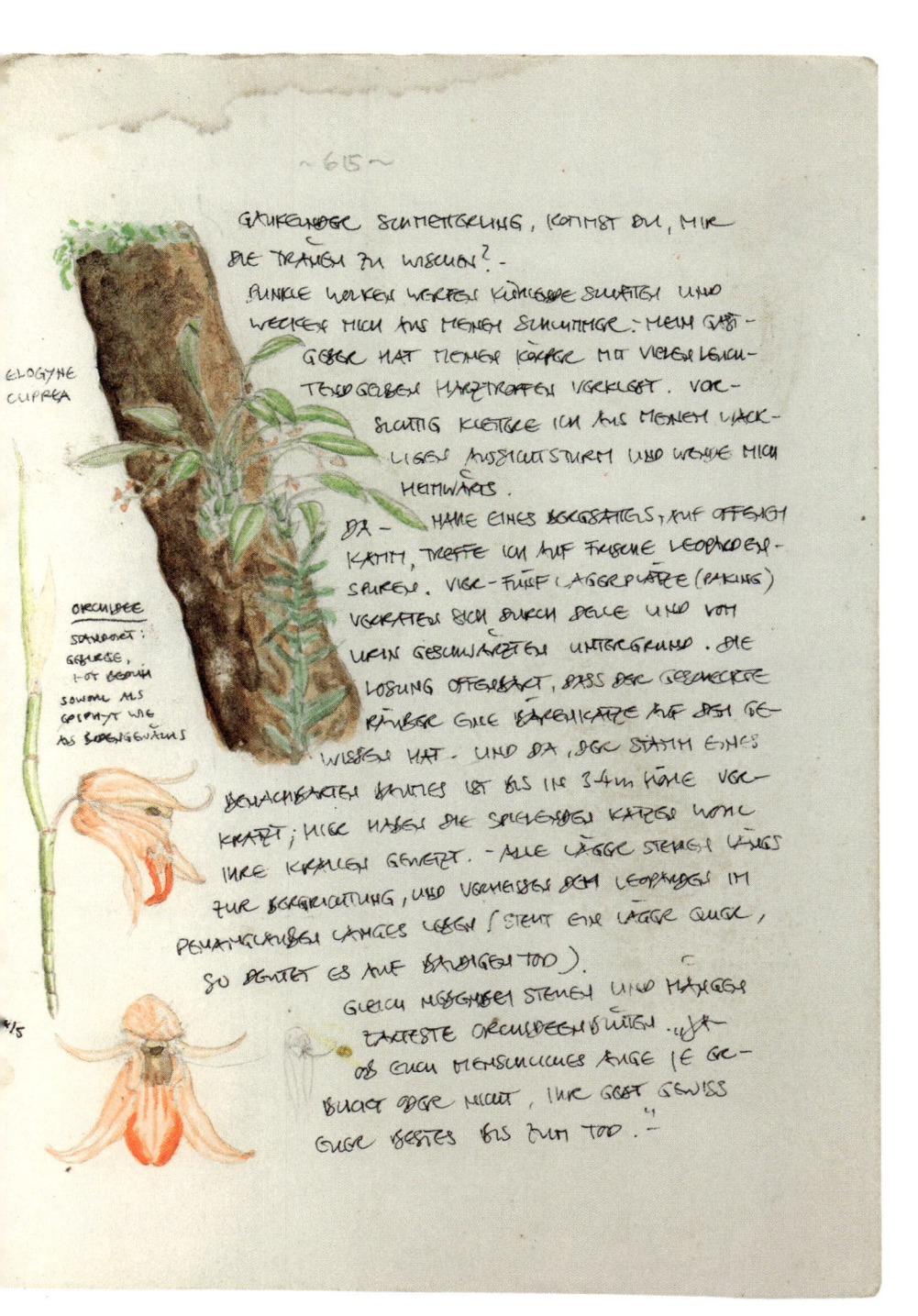

Gaukelnder Schmetterling, kommst du, mir die Tränen zu wischen? –

Dunkle Wolken werfen kühlende Schatten und wecken mich aus meinem Schlummer. – Mein Gastgeber hat meinen Körper mit vielen leuchtend gelben Harztropfen verklebt. Vorsichtig klettere ich aus meinem wackligen Aussichtsturm und wende mich heimwärts.

Da – nahe eines Bergsattels, auf offenem Kamm, treffe ich auf frische Leopardenspuren. Vier-fünf Lagerplätze (Paking) verraten sich durch Delle und vom Urin geschwärzten Untergrund. Die Losung offenbart, dass der geschechte Räuber eine Bärenkatze auf dem Gewissen hat. Und da, der Stamm eines benachbarten Baumes ist bis in 3–4 m Höhe verkratzt; hier haben die spielenden Katzen wohl ihre Krallen gewetzt. – Alle Läger [Lager] stehen längs zur Bergrichtung, und verheissen dem Leoparden im Penanglauben langes Leben (steht ein Läger quer, so deutet es auf baldigen Tod).

Gleich nebenbei stehen und hängen zarteste Orchideenblüten. «Ja – ob euch menschliches Auge je erblickt oder nicht, ihr gebt gewiss euer Bestes bis zum Tod.» –

Coelogyne Cuprea

Orchidee

Standort: Gebirge I-ot Bedúh sowohl als Epiphyt wie als Bodengewächs

1 : 4/5

Eigenartiges Gefühl; ganz ruhig steh ich da, mit offenen Augen, und in mir ist eine tiefe Ehrfurcht und Glückseeligkeit, gepaart mit einer ebensotiefen Traurigkeit. Ich komm mir vor wie ein Pilger auf unserm Planet Erde. Nach was pilgere ich wohl? Sinn und Wahrheit zu ergründen?

Im Nu bin ich in Dunkelheit getaucht als ob die Nacht einbrechen würde, und bindfädengleich prasselt's kalt und feindlich herunter. – Patschnass und müde, doch im Innern gestärkt von allen aufgenommenen Bildern des Lebens, erreiche ich unsere Siedlung, wo ich warm und freundlich empfangen werde.

Mit etwas mulmigem Gefühl folge ich den Trittsiegeln von Meister Petz an einem schrägen Stamm aufwärts bis in ein Epiphyten-Polster-Nest. Als ich darüber einige Äste kappe, um Aussicht zu gewinnen, schreckt meine Hand plötzlich zurück; hab ich da mit dem Ast eine Raupe angefasst? Und als ich hingucke: Da klebt ein etwa 25 cm langes Echslein mit Haftfingern, in vollkommener Tarnfärbung – so grau-weiss wie die Rinde seines Ruheplatzes, mit seinem flachen Körper gleichsam mit seiner Unterlage verwachsen: Pupillen senkrecht. Als ich das seltene Reptil näher betrachten will, lässt es sich in die Tiefe fallen.

Zikaden

Im Gegensatz zum europäischen ‹Urwald›, wo die Morgen- und Abendstunden von Vogelgesang erfüllt sind, beherrschen im Dschungel andere Flügelwesen die Geräuschkulisse. Wenn die Dunkelheit dem Tageslicht weicht, wenn die Sonne im Zenith steht, wenn sich der Abend nähert, wenn der Dschungel in nächtliche Schwärze getaucht wird, jeder der Musikanten weiss, wann die Stunde seines Auftritts gekommen ist. So bilden sie die natürliche Uhr des Eingeborenen. – Kaum glaubhaft, wie die nur fingerdicke Zikade ‹Nyit› mit einer Lautstärke zu trompeten vermag, die von einem Hügel bis zum nächsten reicht. – Der Laut entsteht in einer Membran unter der Flügeldecke. Der hohle, aufgeblasene Hinterleib dient als Klangkörper.

Die Zikaden brauchen eine Anlaufzeit, spielen sich sozusagen warm, bis sich ihr Klang voll entfaltet – und ebenso leiert ihre letzte Sentenz aus. Ob der Laut durch Blas/Saugwirkung entsteht? – Möglicherweise mussen [müssen] die Sänger zuerst ihren Hinterleib mit Luft vollpumpen bis genügend Druck herrscht. – No meint, er habe einer Zikade einst den ‹Mund› zugehalten, und trotzdem hätte sie weitergesungen. Die meisten der Musikanten spielen von hoher Warte und bleiben dem Auge in der Regel verborgen. Selbst dem Eingeborenen ist ihre Erscheinung

Lakat Tessen (→ Wurzel eines der mächtigsten Bäume des Dschungels, Ø 2 m)
Diese Zikade findet sich bis ins Hochgebirge und singt bei Schönwetter um die Mittagszeit.

12/618 oft unbekannt, und er benamst die verschiedenen Zikaden entsprechend ihren Lautäusserungen. Des Nachts werden hin- und wieder diese Insekten vom Feuerschein angelockt; ihre Identifikation ist dann schwierig, da sie zu dieser Zeit keine Laute von sich geben. Sie enden dann meist mit schmatzendem Geräusch in einem Katzen- oder Affenmagen. –

Dringt frühmorgens der Ruf der Zikade ‹No-énd› und ‹Mi-ang› ans Ohr, so freut sich das Herz des Eingeborenen; sie sind gute Wetterboten. Weniger beliebt sind die Zikadenrufe des Einnachtens. Oft erschallen sie, wenn der Jäger noch unterwegs ist, und drängen ihn zur Eile. Nyit-Zikaden können sich auch, gerade wie der Mensch, von allzudunklem Gewittergewölk täuschen lassen und die Nacht ankünden, obwohl da erst vier Uhr ist. ‹Blasrohrzerbrechende Zikade› (Nyit Memutui Kéllérut) wird eine von ihnen genannt, da einst ein Jäger nach Erschallen ihres Rufes übereilig heimwärts rannte und dabei seine Waffe zerbrach, obwohl die Nacht noch ferne war. – Der Ruf der Nacht-Zikade (Nyit Merem) mit seinen reinen Trompetenstössen ist eine der ergreifendsten Dschungelstimmen. Wenn er zum ersten Mal erschallt, hat der Jäger noch rund eine halbe Stunde vor sich, um die Hütte vor Nacht zu erreichen. Stimmt dann die Zikade ‹Ri-á› mit ein, wird es innert fünf Minuten unter dem Laubdach dunkel sein. –

12/619

Über die Lebensweise der Zikaden ist kaum etwas bekannt. Ihr langer unter die Brust gelegter Saugrüssel deutet auf Nektarernährung aus langtrichterigen Blüten. Doch belebt ein ganzes Heer von verschiedenen Zikadenarten auch ausserhalb von Blütezeiten den Dschungel; möglicherweise trinken sie Pflanzensäfte durch Anbohren staudiger Kräuter? –

Eines Tages entdeckte ich am Fuss eines Stammes eine leere Zikadenhaut. Sie war nach Art der Libellen- und Steinfliegenlarven über dem Rücken gesprengt, um das voll entwickelte Insekt zu freiheitlichem Flug zu entlassen. Spuren von Lehm an der leeren Haut deuten auf ein Larvenstadium im Erdinnern. – Alle befragten Eingeborenen schütteln unwissend die Köpfe. –

Sporangien auf Teil-Blattunterseite

Hin- und wieder werden Zikaden bei der Kopulation auf dem Erdboden getroffen.–
Die aus dem Kopf tretenden Augen erlauben den Sängern Überblickung eines weiten Gesichtsfeldes. Sie haben es nötig, auf der Hut zu sein, denn da lauern überall Feinde, auf deren Speiseplan die Zikade steht. Vor allem die streifenden Affenbanden. Und so versuchst du dich wohl meist vergeblich darin, dich nahe an ein singendes Exemplar anzupirschen.–
Singt die Zikade Nyit plötzlich mitten in der Nacht, gilt sie als Überbringerin einer Todesbotschaft (→ Surá).

Asplenium Vivipara
Farn mit wurzelnder Jungpflanze auf Blatt. 1:1
Blattlänge 30–40 cm mit je ~40 Teilblättern

12/620 Singt die Zikade ‹No-énd› bei Morgendämmerung, mag der Penan etwas Sagomehl in die Hand nehmen und zu ihr sprechen: «Hier geb ich dir Sago, No-énd, binde damit den Sud von Wildschwein und Hirschen, die ich bald nehmen werde.»*, dass Sagomehl in deren Richtung werfend und auf diese Weise um Jagdglück bittend.

* «Iná apo ké, noénd, ko mawat ba babui ba payan ala ke dá-ap!»

Zikaden

Name:	Stimme:	Rufzeit:	Aussehen:	Vorkommen
- No-énd	No-end, no-end, no-end kräftig	5.30 Morgendämmerung bei heiterem Wetter	spitze Nase	Niederung bis Bergwärts
- Mi-ang	Mii-ang, mii-ang, mi-ang - miiiiiiiiiii	~6:00 bei heiterem Wetter/17:00		"
- Lakat Tessen	Raiii_raiii_raiii	9:00–12:00–15:00 bei heiterem Wetter		Bergwärts
- Li-ui		~16:00		
- Níaéee	Niaeeee_niaeee_niaeee kräftig	16–18:00 auch bei trübem Wetter	grasgrün	überall häufig
- Nyit Petaket Médok (Nyit Metuitui Keleput)	Nyiiit-nyiit-nyit-it-it-it kräftig	~17:00		häufig
- Nyit Ba	Nyyyyyyyyyyyyy~~~ schrill und langezogen, weniger kräftig	~17:30		häufig
- Sebauai	Breggegerek_breggegerek-breg_	~17:30		Gebirge
- Kerui	Keruiiii – sí – sí – sí	~17–18:00		Gebirge
- Nyit Merem	(fein) Nyyiit-Nyit-Nyiit-it-it-it, kräftig, rein	18:00–18:30	fingerdick, schwarz, Flügel durchscheinend	häufig
- Riá	Ria_ria_ria_ria_ria-ia-ia-ia-ia Crescendo, auch im Flug	~18:30 bis Dunkelheit		häufig

‹Spielereien des Wachstums›
12/621

Wo der Funken des Lebens aus Mutter Natur geboren wurde – da drängt er mit aller Kraft, sich in der Materie zu entfalten, bis auf dass seine Bestimmung erfüllt ist. – So sammeln sich die Lebenskräfte der Uwut-Palme nach der Blüte in ihren Früchten, während die Mutterpflanze selbst nach dem Fruchtfall eines natürlichen Todes stirbt – gerade so wie ein Greis, müde seines Lebenswerks, entschläft.

Wird jedoch das Leben vor seiner Erfüllung gewaltsam bedrängt, sucht die innewohnende Schöpferkraft trotz Widerständen den Plan zu erfüllen. So schlagen entwurzelte, gestürzte Uwutpalmen an ihrem Fuss wieder aus, und selbst aus den absterbenden Kronwedeln mag ein neuer – wenn auch serbelnder Trieb erwachen. Der Drang von keimendem Leben ans Licht ist kaum zu unterdrücken: Kann sich ein auf dem Kopf stehender Same auch kaum selbst im Erdreich drehen, so wird sein Spross den Bogen schlagen und den Weg um Hindernisse finden. – Einst sah ich in einem Kellergewölbe gelagerte Kartoffeln, deren meterlange

Schosse alsogleich die Artgenossen über sich durchbohrt hatten und auf direktestem Weg Richtung Licht drängten.

In jedem Wesen, ob Pflanze, Tier oder Mensch, schafft diese Schöpferkraft, so lange sie genährt wird und ihre Reserven reichen.

Sie wirkt gleichsam als innerer Arzt, der geschlagene Wunden heilt und lebensbedrohende Einwirkungen abzuwehren versucht.

Sie ist es, welche im Pflanzenreich Verletzungen mit Harz verklebt, bei gebrochenem Astwerk schlafende Knospen erwachen lässt, und bei angebrochenen Trieben die Wachstumsrichtung ans Licht korrigiert und ‹Hakenhölzer› (Kaioú Lébiku) entstehen lässt. Durch sie schlagen entwurzelte Pfeilgift- sowie hartholzige Tahá-Bäume wieder aus, so dass aus einem gestürzten gleich drei-vier junge Bäume aufrecht sprossen.

Sie ist es auch, welche im menschlichen Körper Knochenbrüche verknorpelt, und klaffende Wunden durch Gewebeneubildung schliesst. Sie ist es, welche den Körper über Erbrechen, Durchfälle, Schwitzen und Hautausschläge von Giftstoffen zu entledigen sucht und in hitzigem Fieber feindliche Bakterien bekämpft. Der Obstbaumgärtner weiss beim Ziehen seiner Pflanzen diese Kraft zu lenken. Er unterstützt sie, wenn er bei einer grossen Stammverletzung den unterbrochenen Saftstrom durch Überbrückung mit eingesetzten Trieben wiederherstellt. Gerade wie der Arzt, welcher bei einer grossflächigen Verbrennung Gewebe verpflanzt.

So tun wir bei allen Krankheitssymptomen gut daran, zu fragen, was die innere Schöpferkraft damit zu erreichen versucht – um sie in ihrem Bestreben zu unterstützen.

Schlimmes Erwachen

Da reib ich mir vor Sonnenaufgang die Äuglein und wundere mich, noch halb in der Traumwelt weilend, über heftiges Gesumm. «Azíh!» – und schon hat mir die Satanswespe ins Ohr gestochen. Dieses schwillt bald hitzig an und soll für die kommenden zehn Stunden schmerzen. – Wespen sind in der Regel, fern ihrer Behausung, kaum je angriffig. Doch können sie lästig werden, wenn sie in frischen Verletzungen auf Nahrungssuche gehen. Meist kommen sie in die Nähe des Menschen, um da Fliegen oder Lengurep-Bienchen zu schnappen und im Flug mit sich davonzutragen. In der Nähe ihres Bodennests oder Baumhöhle allerdings verfolgten sie schon zufällig Vorbeigehende in grosser Zahl; wer da allzulange zögert kann ein Dutzend Stiche abbekommen. – Der Stachel der Wespe bleibt nicht im Opfer stecken wie derjenige von Bienen.

Begegnung

Gang durch mühsames Gebirge, um nach einem zurückgelassenen Ehepaar jenseits der Wasserscheide Nachschau zu halten. Minimalgepäck, Schlafdecke, Hemd und Feuerzeug, sollen leichten Gang gewähren. – So geschwind es der Atem erlaubt, erklimme ich den langen Steilhang. Da – plötzlich – schrecke ich auf und halte mit offenem Mund im Schritt inne: Und guck eine

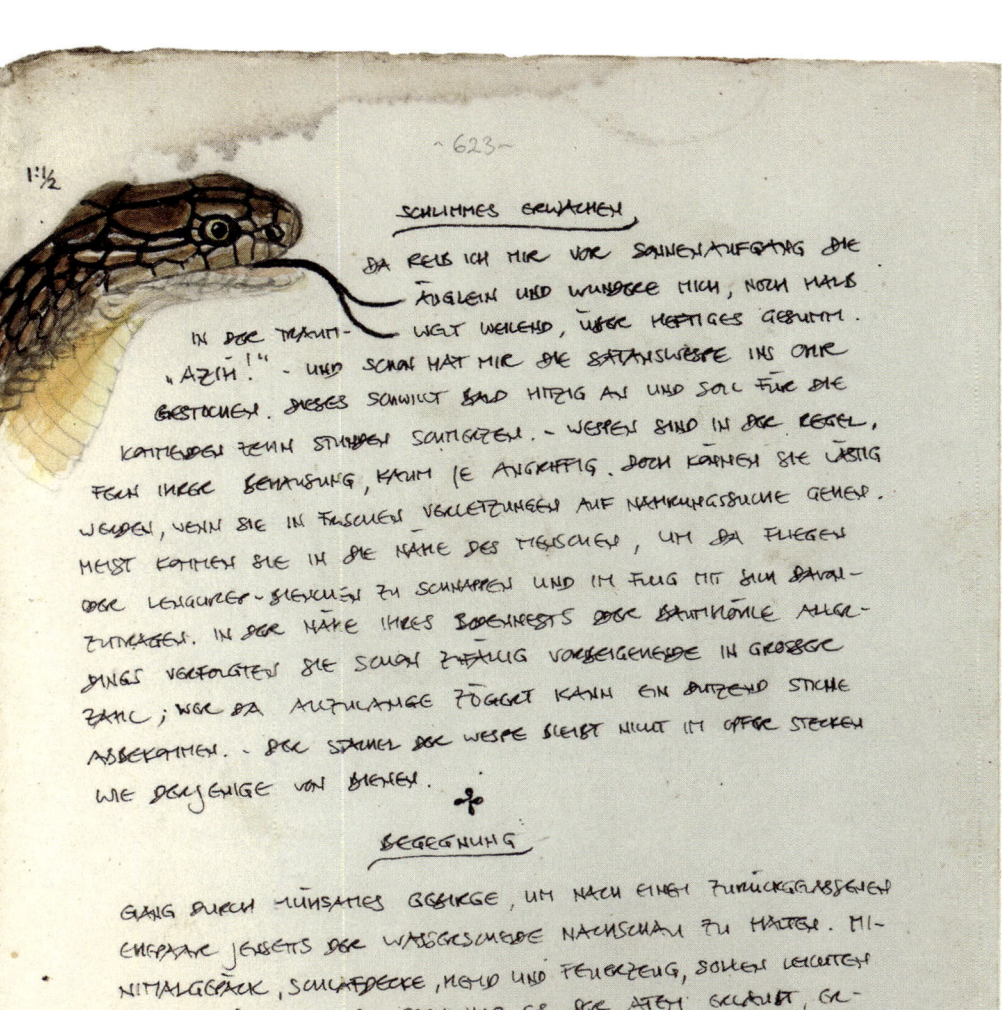

Armlänge vor mir einer aufgerichteten Kobra ins Gesicht. Sie hat sich hier im moosigen Gebirge mitten im schmalen Pfad gesonnt und versperrt mir furchtlos den Weg. Wohl beide sind wir gleich

1 : 1/2

gebannt und stehen bewegungslos – uns visierend. – Mit einem Buschmesserhieb befördere ich sie ins Jenseits. – ‹Schwarze Schlange› (Torok Padeng) nennt der Penan die Kobra. – Während die eine Art vollkommen schwarz-violett gezeichnet ist, samt den Bauchschuppen, leuchtet der gestellte Halsschild der ‹Kesiam› rötlichgelb. – Voll Wunder betrachte ich das Reptil. – Obwohl ihre Pupillen nicht feindselig geschlitzt sind, wie diejenigen der Vipern, verheisst ihr gestochener Blick kaum Freundschaft. – Zentral auf der ‹Oberlippe› ist eine Aussparung, die es der Schlange erlaubt, mit geschlossenem Mund zu züngeln. –

Uan wollte einst nach gefallenen Lai-Früchten nachschauen. Da kringelten sich am Fuss des Baumes eine Kobra im Kampf mit der ungiftigen Bésauá. Sofort liess die Kobra von ihrem Opfer und biss Uan in den Schenkel. – Bis auf einige Blutstropfen blieb das Ereignis ohne bösartige Folgen, denn glücklicherweise hatte die Kobra ihre Giftdrüsen schon im Kampf mit der Besauá geleert. ~

Ich lege das Reptil unten in meine Rückentasche, um Verletzung zu vermeiden, und gehe meines Weges.

Da im Moos-bärtigsten Dickicht, wo der Pfad schmal und beschwerlich ist, versperrt mir ein Heer von angriffigen, stachelbewehrten Siley-Ameisen den Weg. Da ist nirgends eine einladende Umgehung – und so nehme ich einige der momentan schmerzhaften Stiche in Kauf.

Kobra (Késiam)
Länge 2,2 m
Schwanz: 40 cm

Kurz vor völliger Dunkelheit nähere ich mich dem Siedlungsplatz. Doch da lacht kein Feuerschein, um Seele und Körper zu wärmen. Schwarz und verlassen gähnt die leere Hütte – und ein kalter Wind bringt Regen und lässt mir ne Hühnerhaut wachsen.

Nach einigem Hantieren und vielem Späneschnitzen kommt dann ein Feuer in Gang, und während meine Beute im Kochkessel landet, fixiere ich die Haut mit Holznägeln auf einem geschälten Stämmchen, um sie zu trocknen. –

Die Nächte im tropischen Gebirge sind beinahe so kalt wie in nördlichen Breitengraden. Andauernder Wind lässt mich trotz Schlafdecke mehrmals fröstelnd erwachen, um verlöschende Glut wieder anzufachen und mich am Feuer aufzuwärmen.

Des Morgens weckt mich eine Kasek-Familie, unter den Hütten nach Nahrung stöbernd. Schön rot stehen die Haare auf dem Kamm des Hahns, während sein Gefieder schwarz-grün metallisch schillert. Als das Hühnervolk des Beobachters Gewahr wird, stiebt es davon.

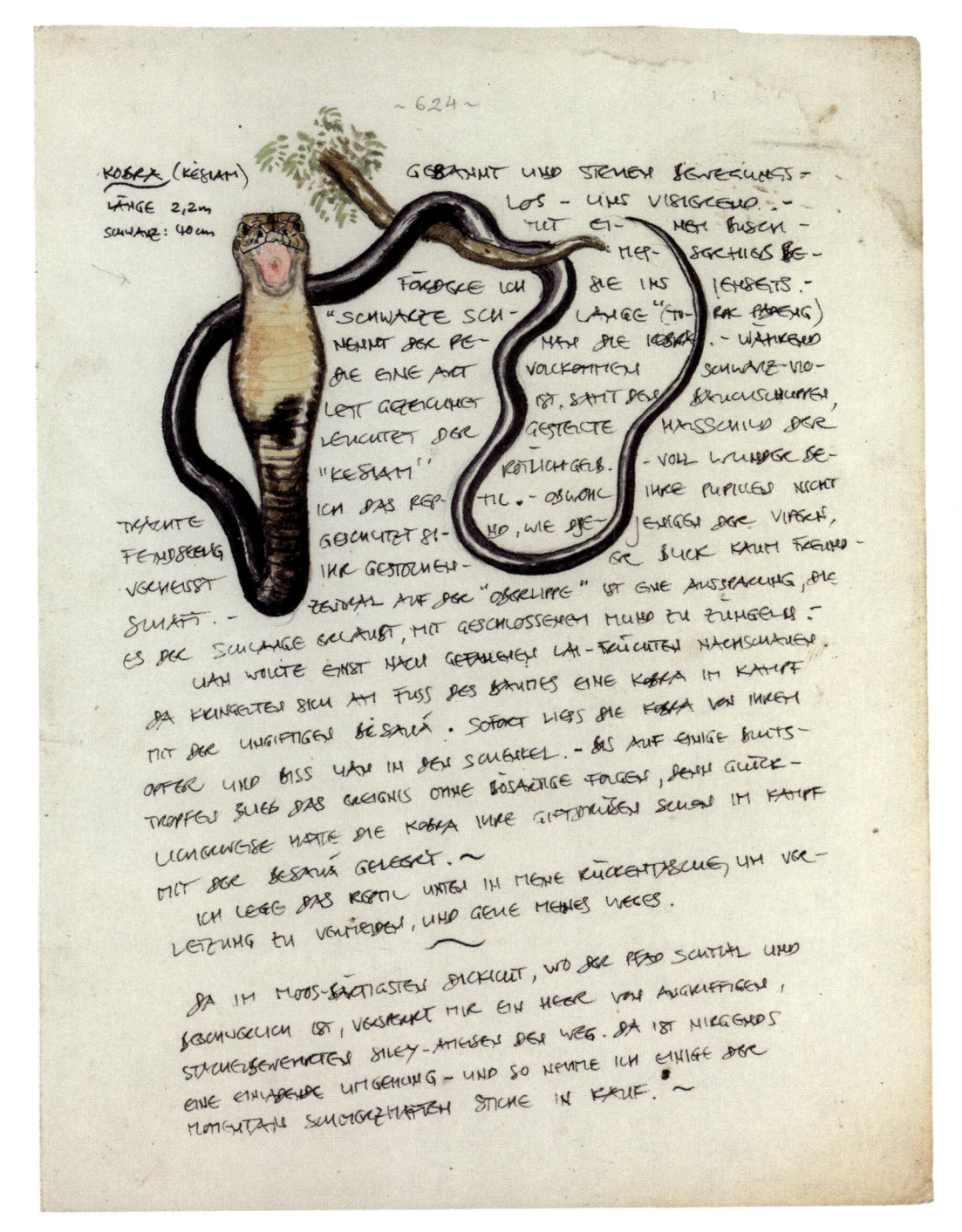

12/626 Botschaft

Uan hat eine Nachricht hinterlassen:

(1) Warte hier auf mich! (Ein Trieb ist aufrecht in den Boden gesteckt über einem Bett von gestrupften / gekappten Blatt-Trieben [Pelun], die die Sitzunterlage symbolisieren).

(2) Wir sind hungrig! (Ein gefaltetes Blatt, [Len Lá-au], symbolisiert den leeren Magen).

(3) Wir gehen ans Wasser. Am Bach wirst Du unsere Hütte finden. (Der entblätterte Stengel eines Sawit-Gewächses symbolisiert die Angel, [Bo], mit der man Fischen geht.)

(4) Ich gehe Affen schiessen (Ein Pfeil [Tahad] mit aufgesteckten kleinen Blättern deutet auf Kleinwild).

(5) Zwei Tage werde ich fernbleiben (zwei Knoten [Tebukou] in einer Rattanfaser; die Anzahl Knoten symbolisieren die Anzahl Tage). –

Wohin bist du wohl gegangen? Ich vermisse einen schräg in den Boden gesteckten Zweig, welcher die Richtung angibt. Die Asche in der Feuerstelle war am Vorabend noch warm; vor übermorgen wird mein Freund nicht hierher zurückkehren. – Ich male mir vier Möglichkeiten seines Aufenthaltes aus, und versuche auf gut Glück, ihn zu treffen. – Bei Dunkelheit finde ich mich am Ufer des Seridanflusses – bis auf Fischotterlosung keine Menschenseele. Schlage mir ein paar Stangen als Pritsche, auf's felsige Ufer abgelegt, bitte, mich mit Regen zu verschonen, und wickle mich todmüde in meine Schlafdecke.

(1) Pelun
(2) Len Lá-au
(3) Bo
(4) Tahad
(5) Tebukou

12/627 Tabo-luiang-Frucht (Cucurbifaceae?)

Wie glasiert glänzen die orangen Kugeln. Dank ihrer kompakt-harten Schale können sie als Behälter für die Pfeilhintern aus Palm-Mark (Lat) verwendet werden, sowie als Klangkörper des Kellore-Blasinstruments. Doch wird für beides in der Regel die birnenförmige Frucht der kultivierten Tabo-Ranke verwendet. Vielmehr wird das schwammig-süsslich-fade, trockenen Mund verursachende Fruchtfleisch von Kindern verzehrt, denen die schmucken Kugeln darauf als Spielzeug und Gefäss dienen. Die Früchte sind im unreifen Zustande latexhaltig. Liane. Bis armdick. Schwarz. Hart.

Eine Natter (Dá-an Anau) liegt am Rande eines sonnenbeschienenen Farndickichtes geringelt. Ich fange sie: Hochkantprofil,

Ø 9 cm
Frassspur vom Hörnchen Pú-an

schwarz-grau gezeichnet. Weisser Bauch, weisser Rückenstreif; dieser hat dem Reptil den Namen eingetragen: ‹Gestreift wie der Stengel der Anau-Palme.› Länge: 2 m. – Ich gebe das Tier wieder in Freiheit, und langsam verzieht es sich ins Gestrüpp. ~ Da fliegt auf dem Bergkamm ein Vogel auf. Da – auf einem Stengel der Uwutpalme hat die Eule aufgebaumt. Vorsichtig nähere ich mich. Die Eule guckt mich aus ihren roten Kugelaugen an. Immer näher und näher und näher, ganz langsam, stets einander ins Auge blickend. Da steh ich nun, zwei Armlängen vor der weissgebrauten

Bauch Rücken
Same 1:1

Kellore
6 Bambus-Abschnitte mit eingelegten Stimmblättern werden mit Wachs verkittet

Mundstück

12/628

Eule ‹Kong›, und lange gucken wir uns an. «Nein, ich tu dir kein Leid. Weder werd ich dich erschlagen, noch schiessen, noch verspeisen. – Dank dir für die Augenweid!» Und freudig geh ich meines Wegs. –

Eigenartig. Auf einem eintrocknenden Tümpel fluoresziert es längs den Schattenrändern, die davorstehendes Laub und Vegetation im Sonnenlicht darauf werfen. Ist der Tümpel von lichtempfindlichem Blütenstaub oder Algen bedeckt? Ich entferne ein schattenwerfendes Blatt: Grünlich-gelb fluoresziert die soeben im Schatten gelegene Stelle, um innert ~zwei Minuten zu vergilben und einem Weiss Platz zu machen. Ob die Reaktion umkehrbar ist? Ich halte mein Blasrohr davor ins Sonnenlicht; es wirft einen harten Schatten. Innert ~zwei Minuten verwischen dessen Konturen – und als ich das Blasrohr entferne, leuchtet's an dessen Stelle fluoreszierend grünlich-gelb. –

Ohne meinen Freund getroffen zu haben, deponiere ich etwas Tabak als Gabe in seiner Hütte, samt Botschaft, wann ich wiederzukommen gedenke, und mach mich eilig auf den Heimweg. – Frisch sind die Spuren des Leoparden – er ist aus meinen gelegten Schlingen entwischt. In strömendem kalten Regen eile ich durchs Gebirge meiner Hütte zu

12/629 Obáh Lusing (Syzygium)

Unter dem Begriff ‹Obáh› fasst der Penan eine Familie verschiedenartigster Bäume zusammen*. Ihnen eigen ist der Standort bergwärts, und ihr hartes Holz mit rotem Kern.** Ansonsten variieren sie stark voneinander in Habitus und Fruchtbildung. Obáh Lusing findet sich in Berghängen und Hochtälern auf eher gründigem Boden. Sicheres Erkennungsmerkmal: Rotes klebriges Harz tritt aus verwundeter Rinde. Diese ist ~1 cm dick, kompakt und brüchig. Ältere Stämme sind rotbraun mit typischen wellenförmig-gerundeten Marken – und oft mit Krallensiegeln vom Bären geziert; dieser scheint es zu lieben, am ~weichrindigen Baum zu klettern, angeblich um seine Krallen mit dem Harz zu härten: Ein gesehener Stamm von ~120 cm Ø bot einem höhlenbrütenden Bienenschwarm (Ní-ua̱n) Schutz; an 2–3 Stellen hatte ein Bär versucht, den Stamm über dem Nest ~ in 7 m Höhe aufzubeissen, doch wohl geahnt, dass die Honigwaben tief unter dem harten Holz verborgen hängen und bald aufgegeben. Die Früchte des Baumes sind Wildschweinnahrung.

Verwendung: Das Harz des Baumes wurde von Kellabits einst zur Behandlung ihrer Wurfnetze, wohl aus Leinenfaden talwärts, benutzt, um sie zu schwärzen und gegen Fäulnis widerstandsfähig zu machen. Dabei wurde die Rinde zerklopft (nach Säuberung), mit Wasser angefeuchtet und Russ gemischt und das Garn für 1–2 Tage darin aufbewahrt und so gebeizt. – Der Penan mag auf ähnliche Weise damit die Tiba seines Pfeilköchers schwärzen und abdichten.

* Obáh Kamai, Obáh Lesegan, Obáh Keilabín, Obáh Babui...
** Einzige Ausnahme: Obáh Geragá in Wassernähe, mit Luftwurzeln und weichem Holz

Treue Begleiter

Mucksmäuschenstill hat sich No bei Morgengrauen aufgemacht. Zwei Bergkämme weiter bemerkt er einen Verfolger auf seinen Fersen. Weder durch gutes Zureden noch durch Schelten ist der Hund ‹Tapit› abzuschütteln; er will nicht von seinem Meister lassen.
In geeignetem unbeobachtetem Moment springt No in einem Satz vom Boden erhöht an einen Baum und klettert in dessen Krone. Als sein Hund ‹Tapit› den Platz erreicht, schnüffelt er lange vergeblich hin und her, um Wind in seine Nase zu bekommen. Erst nach geraumer Zeit gibt der Hund auf und trottet wieder heimwärts.
Auch Aiai bekam bald nach seinem Aufbruch einen unerwünschten Begleiter. Mit wütenden Ausrufen schickt er den Hund ‹Kit› nach Hause, denn auf jagdlichem Streifzug verscheuchen die Beller nur das Wild. Aiai sagt ihm wiederholt alle Schande, doch der Vierbeiner lässt sich nicht vertreiben. Als dann Aiai mit einem Knüppel fuchtelnd droht, flieht der getadelte nicht, sondern nähert sich sofort, legt sich vor dem Jäger bäuchlings auf den Boden, und bittet gleichsam schwanzwedelnd um Verzeihung*. –
Die Geste berührt Aiais Herz. Er kann der Kreatur kein Leid antun und lässt seinen Knüppel

* Ähnlich lähmt nach Hundemanier das Kehlebieten eines unterlegenen Artgenossen die Bissreaktion des Stärkeren.

wieder sinken. – Hund –, willst du den Menschen lehren, wie der Teufelskreis von Gewalt und Gegengewalt vermieden werden kann? –

So folgt der Hund Kit dem Jäger, und vertreibt kläffend das Rudel Gibbon-Affen, noch bevor der Getroffene, von der Wirkung des Giftpfeils gelähmt, runterfällt. Und als sich Aiai vorsichtig an Langur-Affen anschleicht, verdirbt wiederum der Hund die Pirsch. – Und so bleiben die Pfannen an diesem Tag leer.

Juli – August

Zwei Rehböcke (Téllá-o Saho) im Bast werden erbeutet. Dies scheint die Zeit des Geweih-Wechsels. Im Glauben des Penans bewirkt das Reiben an dem stechend-brennende Schmerzen verursachenden Pai-Stamm Ausfall des Geweihs. –
Wildschweine sind nun in den Quellgebieten des Seridan/Terasa nur selten zu treffen, da nirgends Bäume fruchten. Einzig wenige Grosstiere sind als Standwild geblieben; sie folgen den Früchten der Niwung- und Uwutpalmen, die das ganze Jahr über fallen, sowie wühlen die Erde auf der Suche nach Würmern und Kakerlaken.
Ein Wildschwein mit gelbem Speck und Körperfett bleibt auf der Strecke. Unter den hunderten von Borstentieren, welche die beiden älteren Jäger in ihrem Leben erblickt haben, befanden sich zwei einzige mit der seltenen Erscheinung. Ursache unbekannt. Vermutlich nach Genuss einer seltenen Wurzelknolle (Lu-an?), deren Carotin die Färbung bewirkt.*

* Ähnlich wie das Milchfett von Kühen auf der Alm nach Verzehr von carotinhaltigen Pflanzen sich gelb färbt.

Standhaft

No hat einer Makakkenmutter ihr Baby abgejagt*, und es seinem vierjährigen Sohn Rahem als Geschenk nach Hause gebracht. – Als die Familie später ein Holzfäller-Camp passiert, findet jemand Gefallen an dem Affenkind und will es kaufen. Zwanzig Dollar streckt man Rahem hin. Doch dieser schweigt; und hält seinen Schössling nur um so fester. Gar einen jungen Hund ist man bereit, darüber hinaus zu tauschen. Doch Rahem scheint von nicht's wissen zu wollen.

Erst als die Familie das Camp hinter sich gelassen hat, verzieht sich die drohende Wolke, und die Sonne lacht wieder in Rahems Herz.

* Die meisten Makakkenmütter suchen bei Gefahr ihr Heil in der Flucht und vergessen darüber hinaus ihr Kind.

Von Stachelschweinen

Schwerbepackt nähern wir uns einem neuen Siedlungsort. Da gibt ein Hund laut. Schnell entledigen wir uns der Lasten um nachzusehen. – Aufgeregt scharrt der Vierbeiner am Fuss eines hohlen Stammes und steckt, laut schneuzend, seinen Kopf in die Öffnung der Baumhöhle. Maleng stochert mit einem Stock, was mit einem «Tub-tub-tub» beantwortet wird. Und sogleich stürzt sich ein Borstentier, gefolgt von einem Jungen, in die Freiheit – und die Hunde preschen hintendrein. Als das dritte Stachelschwein seinen Bau verlassen will, rammt ihm Maleng den Speer in den Leib und folgt darauf den Hunden. – Als ich Unwissender den Bau auf weitere Bewohner prüfen will, springt ein weiteres Jungtier zwischen meinen Händen heraus, in denen zwei Stacheln steckenblieben. Mit gezücktem Buschmesser jage ich hintendrein, doch schlage ins Leere und das Tier entkommt glücklich. – Während ein fliehendes Kind von den Hunden totgebissen wurde, verschanzte sich das Muttertier in einem tiefen Erdloch. Maleng entfernt mit klopfendem Buschmesser die Borsten des erstochenen Männchens, und seine Geliebte sondert sich einige als Aalen [Ahlen] zur Rattanverarbeitung aus. Darauf nimmt er aus und bewahrt Magen und Gedärm erhöht auf einer Astgabel – ausser Reichweite der Hunde, die sich damit vergiften könnten.

Später in der Hütte landet die Beute im Kochtopf, während das Jungtier nach dem Häuten im Blattpaket gebacken wird. Nach anfänglichem Zögern, ob das Fleisch nicht durch Verzehr von Utungfrüchten giftig sei, langten wir kräftig zu. ~

Am I-it-Fluss. Nachts um zwei Uhr, bei stockdickem Nebel um unsere Siedlung auf der Hügelkuppe, weckt mich ein eigenartiges Rasseln und Schleifen. Und bald zeigt sich im Lichtkegel der Taschenlampe der nächtliche Spaziergänger und macht sich nach dem Knacken einiger fortgeworfener Knochen wohl auf zu seinem benachbarten Fressplatz, wo ein Utung-Baum reichlich Kugeln aus seiner Krone fallen lässt. – Schon in vorigen Nächten war das Stachelschwein ohne Scheu gar bis unter die Hütte der Schlafenden gekommen, um da unter der Herdstelle Knochen zu fressen.

Arten: – Tetong Ubut : Bis 15 kg schwer. In Niederungen grosser Flüsse
→ Zahnformel [siehe Faksimile]
– Tetong Parai : ~5 kg, überall häufig
– Tetong Padeng: Klein, schwarz, selten Losung:
– Beret : Klein, selten
Bau: Erdhöhlen, Baumhöhlen.
Feinde: Mensch, Leopard, Phyton
Jungtiere: 1–2
Lebensweise: vor allem nachtaktiv
Nahrung: Früchte wie Utung, Gissam, Bello-eng, Putup-Eichel, Repé, Aum, Petá, alle Durian-Verwandten, Ketokep. Wurzelknollen wie Lú-an, Bowet. Sagohaltiges Palm-Mark; dabei frisst er oft an Stirn-

‹Reisstachelschwein› (Tetong Parai)
Der häufigste Vertreter, von Niederungen bis ins Hochgebirge
Losung 3 cm Fein wie Rehlosung

seiten von gerüsteten Palmrundlingen. Fällt selbst Jakáh- und Bohó-Palme, so wie Dá-un und Sum. Frisst auch Palmherz. Knochenreste in Siedlungen.

Verteidigung: Das Stachelschwein (v.a. Tetong Parai) kann lange Rückenstacheln auf Angreifer werfen; auf ~3 m Distanz. In Baumstümpfen steckende Borsten zeugen von solchen Begegnungen. Auch Penans hatten schon Unterschenkel gespickt ~ schmerzhaft, entzündlich.

Einer von Malengs Hunden folgte einst in einen Bau und starb darauf infolge der Verletzungen durch auf ihn geworfene Stacheln, in Hals und Brust ~ ca. 5–6 cm tief, bis auf schwarze Marke. – Bei solchen Verletzungen soll die Wunde rasch heilen, wenn der ausgezogene Stachel gekappt wird.

Aberglauben: Alte wollen gar hoch in der Krone des Alim-Baumes in dessen Früchten steckende Stachelschweinborsten gesehen haben, von diesem selbst abgeschossen

Verwendung: Fleisch zur Nahrung. Nagezähne als Kinderhalsschmuck, Borsten als Aalen [Ahlen], Zahnstocher Magenstein (selten) als teures Handelsgut talwärts

Vergiftung: Nach dem Genuss von Gift-Utung-Früchten erzeugt das verzehrte Stachelschweinfleisch Übelkeit, Erbrechen. Ein Kind von Tedi (L. Ballau) starb einst nach dem Verzehr von Pythonfleisch, während alle Übrigen mit Erbrechen davonkamen; die Python hatte einen Tetong verspiesen, welcher Utung-Früchte gefressen hatte.

Gegengift: Stark saure Früchte wie Lepeso, geschabte Zähne der Labey-Schildkröte, sowie das Herz des Rattans ‹Selapang›, Saft der Sewului-pú-an-Liane, Pénauand Mé (‹Süsse Medizin›; kleine fingerlange Blätter, Liane Ø bis Armgelenk. Essen von Kambium. In Wassernähe)

Fangmethoden: Erspiessen, erlegen mit Hunden, Bau-Ausräuchern. Schlingenlegen; in die Falle Getretene beissen sich gar manchmal die eigene Hand ab, um zu entkommen.

Sagen: Das Stachelschwein hat seinen rasselnden Schwanz zum Lohn für seine Hilfe an den im Sarg eingesperrten Jemang erhalten. Diese Kellabit-Sage lobpreist betrügerische Schlauheit:

Jemang

Die Vielen waren mit dem Boot flussabwärts gegangen, und hatten Jemang geheissen, bei ihren Frauen und Kindern zu bleiben. Dieser ging mit dem Wurfnetz fischen und mit den Hunden auf die Jagd, und schlief des Nacht's mit allen Frauen. Als Jene von talwärts zurückkamen, fanden sie all ihre Frauen geschwängert. Wütend sperrten sie Jemang nackt in den Sarg*, vernagelten ihn und liessen ihn flussabwärts treiben. –

«Bist Du's Jemang?» fragte der Hirsch, als er bei diesem vorbeitrieb. – «Ja, kannst du mir helfen und mich befreien?» – «Nein», antwortete der Hirsch, «du bist es, der uns immer mit den Hunden jagt und tötet, so lange du lebst!» –

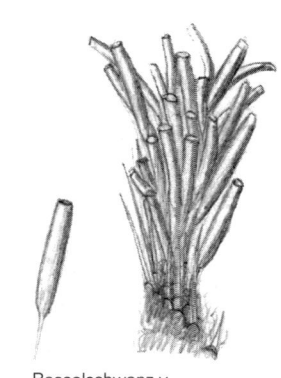

Da fragte Jemang die Fische und die Schildkröte. «Könnt ihr mir helfen und mich befreien?» – «Nein, du bist es, der uns

* Lungun: der traditionelle Kellabitsarg war in Hirschform geschnitzt.

Rasselschwanz v. Stachelschwein 1:½

immer mit der Angel und dem Wurfnetz nachstellt!» – Da trieb Jemang am Mausreh vorbei und bat es um Hilfe: «Oh nein, du bist es der uns jeweilen Schlingen legt!» – Und weiter wurde Jemang in seinem Sarg flussabwärts getragen. – Da bat er das Stachelschwein, ihn zu befreien. – «Oh, wenn du mich nicht tötest, kann ich dir helfen.» Jemang versprach es, und darauf biss das Stachelschwein den Sarg auf, bis die Nägel herausfielen.

«Hier belohne ich dich, und schmücke deinen Lendenschurz mit Glöckchen», sprach Jemang, und befestigte Bowan-Früchte am Schwanz des Borstentieres. – Seit jener Zeit raschelt der Stachelschweinschwanz.

Der nackte Jemang aber hörte ein Boot flussaufwärtskommen; es waren malaysische Händler. Schnell wälzte er seinen nassen Körper im Sand und legte sich rücklings ausgestreckt ans Ufer. Als sich das Boot näherte richtete er sich plötzlich auf und rief. «Ich fresse euch!» – Da sprangen die Händler aus dem Boot und flüchteten alle. – Jemang aber nahm das Boot und stachelte flussaufwärts. In der Nähe seines Dorfes versteckte er alles Handelsgut und ging nach Hause. «Wer bist du, der wie Jemang aussieht?» fragten die Dorfbewohner. «Oh, ich bin's, Jemang!» –

«Bist du nicht ein Geist?» – «Nein», antwortete Jemang. Darauf grüsste er seine Frau und Kinder. Alles erbeutete Handelsgut verteilte er aber den Frauen, welche er geschwängert hatte.

Während die Vielen Dschungel rodeten und neue Reisfelder erstellten, ruhte Jemang nichtstuend in seiner Hütte. Kurz vor der Ernte aber baute er einen Reisspeicher in deren Pflanzung. «Oi, was tust du so in unseren Feldern?» – «Dies sind nicht eure Felder! Dies ist mein Feld!» – «Nein!» – «Doch! Dies ist mein Feld. Eure Pflanzungen sind davongeschwemmt.» – «Wie ist das möglich? Wie kann ein Feld davongeschwemmt werden? – «Oh, wenn ihr mir nicht glaubt, kann ich den Schöpfer* fragen.» – «Tu's!»

Da hiess er seine alte Mutter sich im Erntekorb** verstecken und hängte diesen unterm Dachgiebel auf. «Wenn ich frage: ‹Mein Reisfeld?›, antworte: ‹Ja.› Wenn sie fragen, schweig!» – Darauf vergrub er ein Ferkel am Fuss der Hüttenstiege.
Als die Vielen kamen, fragte er Balei Niebutun, ob dies sein Reisfeld sei. «Ja», antwortete seine Mutter vom Dachgiebel herunter. Als die Vielen fragten, kam keine Antwort. Da fragte Jemang den Gott von unten***, und stampfte auf die Erde. – Da quietschte das unter seinem Fuss vergrabene Ferkel… «Oh, wenn das so ist, sind unsere Felder vielleicht wirklich davongeschwemmt.», meinten die Vielen.

* Balei Niebutun

** Bú-an

*** Balei Pjin Rá.

Als der Reis reif war, sprach Jemang: «Ich kann euch helfen. Ihr könnt mit mir in meinem Feld ernten und ich werde euch Anteil geben.» – Auf diese Weise aber betrog er seine Dorfbewohner jedes Jahr.
Kerají Niagung, Long Sembayang

Vergiftung

Selu erzählt: Ich hatte ein Stachelschwein erbeutet. Da warnten mich meine Nachbarn, es rieche nach Utungfrüchten. – «Oh nein, das Fleisch schmeckt gut wie Wildschwein», antwortete ich und ass mit Appetit. Nicht lange, da wurde es mir kotzelend. Alles begann sich vor den Augen zu drehen, wohin ich auch blicken wollte. Mehrmals übergab ich mich, bis ich das Kraut ‹Penauand Mé› in Siedlungsnähe fand. Sofort kaute ich dessen Kambium, worauf sich mein Zustand besserte. – Später vergiftete ich mich ein zweites Mal. – Seither bin ich geheilt. Um das Fleisch zu prüfen, brätst du ein Stück. Schon nur sein Geruch verursacht Übelkeit, falls das Stachelschwein Utungfrüchte verzehrt hat, und du dich schon einmal vergiftet hast.

Blut-Egel

«Ich gehe Freund, gehe auf Leben und Tod.», sprach der Blutegel zu seiner Frau und Kindern. «Wenn es Nacht wird, und ihr auf mich wartet, wenn ich nicht zurückkomme – ja – dann hat mich der Feind getötet!» Dann machte er sich auf den Weg, während seine Frau und Kinder zu Hause blieben.
Dann steigt der Blutegel an unsern Füssen und will fressen, und wir nehmen ihn und zerhacken ihn mit dem ‹Busch'messer›. Getötet ist er und wird nicht zu Frau und Kindern zurückkehren.

«Bei trockenem Wetter komm ich nicht aus meinem Versteck, denn ich will nicht sterben.», sprach der Blutegel.
Nach der Sage fallen die Blutegel mit dem Regen vom Himmel; sie sind verwandelte Muskeln von Verstorbenen, die uns fressen wollen, damit wir gleich tot sind wie sie. Nach anderer Sage sind die Blutegel aus gefallenen Schnitzeln entstanden, als der Donnergott (Baley Liuem) eine Puppe (Butun) geschnitzt hatte.
Bérauk Limun, Long Ballau

Blutegel sind in fünf Arten vertreten: 1. Bergegel (Kematek Tokong); schwarzer Rückenstreif, häufig. 2. Tiger-Egel (K. Kemirau), gelber Seitenstreif, schmerzhafter Biss, in Wassernähe auf Blattwerk lauernd. 3. Gebirgsegel – gross, weissgetupft, nur im Gebirge. 4. Wasseregel (Jama), in Bächen. 5. Salzquellegel (Pénnata)

‹Ringelwurm›*. 1:1 Nach dem Fällen einer Niwung-Palme liegt ein blindschleichenhaftes Wesen auf dem Sand des Ufers. Es hat möglicherweise die Krone des Palmgewächses bewohnt. Knopfaugen, gelber Seitenstreif. Äusserst lebhaft sich kringelnd bei Berührung. Länge: ~20 cm. Ulu Seridan.
Ringmuskeln aus Bauchmitte

* Ilang Alim: Bewohnt Uferregion von Flüssen. Bei Verwendung von pflanzlichen Fischgiften (→ Tuwáh) sollen sie in reicher Zahl vom Wasser ans Land steigen.

Waldseifen (Péla-ang)

Im kalkarmen Gebiet des Ulu Tutoh, Ulu Limbang fühlen sich die Wasser weich an. – Schaumbildung bei Hochwasser deutet darauf, dass da viele laugenhaltige Pflanzen sind. – Der Eingeborene kennt diese, und bei einer Waschung am Bach pflückt er sich oft am Ufer einige Blätter, zerreibt diese zwischen den Händen und drückt den Saft – Waldshampoo im wahrsten Sinne des Wortes – über seinem Kopf aus und streicht damit seine Glieder ein. Sesshafte, am Wasser siedelnde Stämme reiben sich damit das Tauchbrillenglas ein, um dessen Beschlag zu lösen, wenn sie mit der selbstgebastelten Harpune den Fischen nachstellen.
Penanfrauen benutzen oft die Blätter des Posong- und Metanyínd-Baumes, um Schmutz und Fett zu lösen; es sind dies zwei wilde Fruchtbäume aus der Familie der Rambutan, die häufig in Hüttennähe auf Hügelkuppen zu treffen sind.
Die meisten verwendeten Waschmittel stammen von Lianen: ‹Daka Kemelut› ist das mächtigste Klettergewächs des Dschungels – sein Umfang kann dem des menschlichen Leibes gleichkommen, – ein Stück von ihr wird auf einem Stein zerklopft, wobei die stark riechende Lauge austritt. Diese brennt in den Augen und wird auch als Läuse-Tötungsmittel verwendet. Weitere, seltener gebrauchte Lianen sind (Tegurak, ← Strauch Blätter verw.) Péla-ang Bedúh, Péla-ang Mobeng, Péla-ang Auai. Doch keine einzige der genannten Drogen erreicht die Schaumkraft von künstlich hergestellter Seife und deren pH-Wert.

Ihr Berge

Einst Feuersglut – dann getaucht in Ozeane
Nun steht ihr da – Erde geworden
Erhebt euch wie Inseln aus dem Meer der Nebel
Auf euch wallen die grünen Wälder
Bevölkert von der Erde Wesen
Aus eurem Felsenschoss springen die klaren Wasser.
Einmal windgepeitscht, von Regenschwällen beschwemmt –
Dann sonnengebrannt, unter Sternenwelten gekühlt
Ob von Schwalben umsegelt
Vom Adler umkreist
Ob von Bulldozern verwundet
Vom Menschen geschändet
Mit Gleichmut tragt ihr euer Los

Mutter Lebui*

Der Mann von Mutter Lebui ging auf die Jagd. Als er nicht rasch mit seiner Beute heimkehrte, ging diese ihn suchen. Bei jeder Flussmündung riss und klopfte sie ihre Scheide; erst dort, wo diese funkte, in jener Gegend war ihr Mann zu finden, und sie folgte dem Bachlauf quellwärts.
Dicke Rauchschwaden wallten durch's Gebüsch, und da war der Jäger gerade daran, sich von seiner Beute eine Mahlzeit zu braten. ‹Tinen Lebui› aber trat hin und frass ihm sogleich alles weg. Am nächsten Tag ging Vater Lebui wiederum auf die Jagd. Mutter Lebui wartete und wartete, doch er kam nicht zurück. Da ging sie ihn wiederum suchen, bei jeder Flussmündung ihre Scheide klopfend. Funkte es nicht, so war ihr Mann fern; wo sie aber funkte, an jenem Bachlauf war ihr Mann zu finden.

Da war er, umgeben von Rauchschwaden, hungrig seine Beute bratend. Tinen Lebui trat hin und verschlang sofort alles rübis und stübis [mit Stumpf und Stiel]. – Und auf diese Weise tat sie jedesmal, sich von der funkenden Scheide leiten lassend.** – Ihr

* Das Weibchen des grossen Geistes Balei Gérasí

** Nach anderer Version liess sie sich vom auf's Klopfen austretenden Scheidenblut den Weg weisen. – Dieses verwandelte sich in die wohl eisenhaltigen vom glitschigroten Belag gezeichneten Mineraldrücke, die längs Bachläufen aus dem schwarzen Schiefer treten (→ Tila).

12/644 Mann aber blieb hungrig und magerte zusehends.

Da floh Vater Lebui, und traf auf eine erhöhte Hütte. Eine Frau trat heraus und sprach zu ihm: «Wenn du hungrig bist, tritt ein und halte Mahlzeit!». Da stieg der Jäger in die Hütte, und die Frau bot ihm Speise. –

Nicht lange, da ertönte die Stimme von Mutter Lebui unter ihnen. «Bist Du hungrig?» fragte die Frau von oben. – «Wo ist mein Mann?», entgegnete Tinen Lebui. – «Hier, wenn du hungrig bist, kann ich dir Speise geben wie deinem Mann.» – «Oh ja, ich will essen!» – Da fächelte die Frau einen grossen Stein rotglühend: «Wenn du essen willst, öffne deinen Mund!» – Als Mutter Lebui ihren Rachen aufsperrte, liess die Frau den Stein darein fallen, so dass jene sogleich tot umfiel*. Vater Lebui aber blieb bei der Frau in der hohen Hütte und hatte von da an ein besseres Leben.

Bala Ta-ang Long Ballau

* Nach anderer Version schmiss sie ein rotglühendes Axteisen (Paseng Alu, Vorgänger der heutigen Axt) mitten auf den Leib (→ Obatai) der auf dem Rücken liegenden.

12/645 **Von Eichen** (Lithocarpus)

Der tropische Regenwald Borneos beherbergt an die zwei Dutzend vom Penan unterschiedene Eicharten, deren Mitglieder von den Niederungen bis ins Hochgebirge vertreten sind. – Ihr gemeinsames Familienmerkmal sind das Aussehen der Früchte und des Holzes, sowie der wechselständigen, meist ganzrandigen unterseits hellen Blätter.

Gleichen wohl einige von ihnen Eichen aus gemässigt-kühlem Klima, findet sich nirgends eine mit deren typisch-gelappten Blattform; – ein Baumgarten von ‹Tekalet Palan› könnte irgendwo in europäischem Land stehen, wie ein Eichenhain aus alten Zeiten. Als einzige Art erreicht ihr Stammdurchmesser Mächtigkeit von über Armspannenweite. Und gerade wie bei den europäischen Eichen verdoldet der kurze Stamm in grob-gefurchter Rinde nahe über dem Boden. –

Die verschiedenen Eichen vari-ieren erheblich im Habitus; neben schlanken oder auch dicken Bäumen in heller glatter Rinde (T. Mobeng Da-an / T. Kedere) finden sich solche mit grob gefurchter Borke. Eine Art besitzt ihren Fuss gespickt mit Luftwurzeln (T. Geragá). –

Das Holz aller Eichen ist hart und leicht spaltbar, mit hellem Splint und dunklem Kern, und wird darum gerne als Feuerholz geschlagen. Es zeigt Glutbildung und somit hohen Heizwert. Eine einzige Eichart bildet Ausnahme (T. Kupat); die kleinen weichholzigen Bäume finden sich v.a. in Sekundärwald.

Die Eicheln selbst sitzen meist auf ihren Fruchtständen, sind glänzend oder auch mit Flaum beschlagen, abgeflacht oder rund oder länglich in ihrer Form. Der Hut zeigt grosse Variabilität, kann winzig sein (T. Buá), oder die ganze Frucht mit einem Mantel umgeben (Putup); die meisten Arten jedoch durchbrechen ihren Knospenmantel und bersten während der Reife aus dem Kelch. Einige von ihnen sind gar behaart, bewimpert, nebst den meistens quergefurchten Erscheinungen.

Während der Reife wandelt sich die Farbe der anfangs grünen Eicheln in Ocker, Sepia oder Rostbraun – und bei Windstössen fallen die Eicheln während Tagen aus den Kronen. –

Der Jäger liebt die Eicheln, da sie ihm mit Bestimmtheit Jagdbeute schenken. Eicheln bilden Hauptnahrung des Wildschweins, und wo sie fallen, stellen sich Rudel ein,

12/646

Tekalet Boto Monin Moninpenis
Jungfrucht 1:1
Fruchtfall Jan-Feb
Baum Ø
Auf Bergkämmen
Blätter wstg. 5–8 cm, fest, Os.
Glänzend, gegen Spitze gezähnt.
Die Früchte werden vom Wildschwein, Reh, Hirschen, Bären, Makakken und Hörnchen verzehrt. Reife Eichel bis 4 cm lang. Standort. Obáh

Weissastige Eiche
(Tekalet Mobeng Da-an)
oder
Glänzende Eichel (Tekalet Melau Lo-ong) 1:1
Fruchtfall: März
Standort: Seridan

Knusprige Eichel
(Tekalet Kezéh)
Nahrung von Wildschwein, Reh, Makakken, Hörnchen   1:1
Fruchtfall: April
Standort: Ubung

12/647
[Doppelseitiges Bild] 12/648

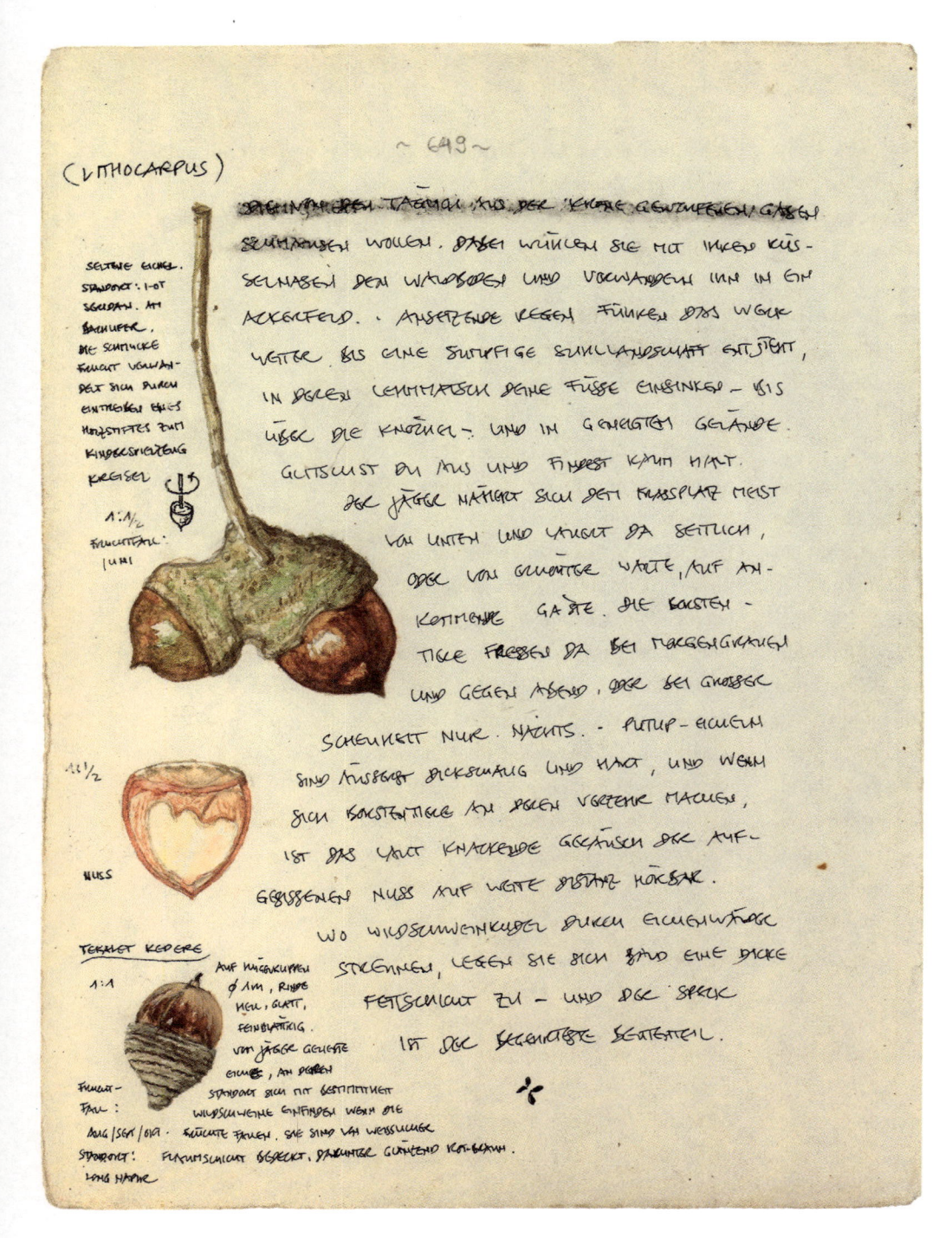

Wo Wildschweinrudel durch Eichenwälder streunen, legen sie sich bald eine dicke Fettschicht zu – und der Speck ist der begehrteste Beutenteil [Beuteteil].

(Lithocarpus)

Seltene Eichel.

Standort: I-ot Seridan. Am Bachufer. Die schmucke Frucht verwandelt sich durch Eintreiben eines Holzstiftes zum Kinderspielzeug Kreisel. 1:1/2

Fruchtfall. Juni

Nuss, 1:1/2

Tekalet Kedere

1:1

Fruchtfall: Aug/Sept/Okt

Standort: Long Napir

Auf Hügelkuppen

Ø 1 m, Rinde hell, glatt, feinblättrig. Vom Jäger geliebte Eiche, an deren Standort sich mit Bestimmtheit Wildschweine einfinden wenn die Früchte fallen. Sie sind von weisslicher Flaumschicht bedeckt, darunter glänzend rotbraun.

Die Larvenstadien von Hirschkäfern fressen sich in grossen Gängen durch's Eichholz. Gespaltene Stämme dienen manchmal einem Bienenvolk [als] Unterschlupf, und in gehöhlten Gewächsen kann sich gar eine Bärenmutter mit ihrem Kind aufhalten.

Pango hat seinen Blasrohrspeer auf ein Eicheln schmausendes Wildschwein geworfen. Dessen Leib war von der Klinge durchbohrt, doch das Borstentier rannte mitsamt dem Geschoss davon, wobei das Blasrohr mit Knallen an anstehenden Wurzeln aufschlug. Pango sah seine wertvolle Waffe schon gebrochen, denn Blasrohre sind äusserst empfindlich auf seitlichen Schlag – da lag es mit blutiger Speerspitze auf der Erde; es war von selbst aus der Wunde gerutscht. Spuren des Netzmagens klebten daran. Der Jäger folgte den Blutspuren des fliehenden Tieres auf weite Distanz und kehrte dann erfolglos nach Hause. –

Zwei Wochen später schoss Maleng hoch oben auf einem benachbarten Berg eine in einer Suhle schlafende Bache; ihr Leib und die Leber darin waren durchbohrt. Die vom Speer geschlagenen Wunden waren schwarz angelaufen, jedoch ohne Eiter oder Fäulnisgeruch. Das Wildschwein hatte gar gefressen. – So zähe ist dieses Schalenwild!

12/649 die von den täglich aus der Krone geworfenen Gaben schmausen wollen. Dabei wühlen sie mit ihren Rüsselnasen den Waldboden und verwandeln ihn in ein Ackerfeld. – Ansetzende Regen führen das Werk weiter bis eine sumpfige Suhllandschaft entsteht, in deren Lehmmatsch deine Füsse einsinken – bis über die Knöchel – und in geneigtem Gelände glitschst [rutschst] du aus und findest kaum Halt. Der Jäger nähert sich dem Frassplatz meist von unten und lauert da seitlich, oder von erhöhter Warte, auf ankommende Gäste. Die Borstentiere fressen da bei Morgengrauen und gegen Abend, oder bei grosser Scheuheit nur nachts. – Putup-Eicheln sind äusserst dickschalig und hart, und wenn sich Borstentiere an deren Verzehr machen, ist das laut knackende Geräusch der aufgebissenen Nuss auf weite Distanz hörbar.

Tekalet Palan Paiáh

Eiche im Hochgebirge. Standort: I-ot Bedúh

1:2/3

Fruchtfall: Mai. Die Eichel wird selten vom Wildschwein geknackt.

Kern, harte Nuss

Frasspuren von Nagern

Zahnmarken von Hörnchen

Telle und Lébun

Auf Nussoberseite

Neben-Nerven wellenförmig

Blätter ganzrandig, wstg.

35–40 cm. Us. weissgrün.

Papierig fest. ~knisternd

12/651 ~ Morgens ~

Die Erde dampft
Gebärendes Sonnenlicht
bricht sich in Regenbogenschimmern
wirft seine Strahlenbündel durchs Gezweig
Den Dschungel zum Dom verzaubernd
Auf dessen Altar
sich Leben dem Leben opfert
und schon ist der Spuk
mit steigenden Dämpfen
verblasst und erloschen –
und da steht die Klarheit
des neuen Tages.

12/652 Kobra und Blutegel

Die Kobra ging zum getigerten Blutegel (Kématék Kémirau) und bat ihn um Gift. «Oh, nur ein klein wenig von meinem Gift kann ich dir geben. – Wir Grossen haben Herz und Verstand – du jedoch bist noch ein unwissendes Kind. Viel zu viele Menschenleben würdest du vergeuden, da du stets nur fressen willst.», und der Egel gab der Kobra nur ein kleines Biss'chen von seinem Gift.
Tau, Long Adang

Python

Die Python war einst giftig. Doch die Königin der Schlangen hiess Python wie Depung, ihr Gift fortzuwerfen. Da erbrachen sich die beiden. – Alle heutzutage giftigen Tiere aber wie Kobra, Lauin, Skorpion, Hundertfüssler, Kemirang und Sogok-Ameisen, Wespen und Hornissen bis zur Echse Bohó und Spinnen hatten von deren Erbrochenem gegessen, worauf sie giftig wurden.
Tau, Long Adang

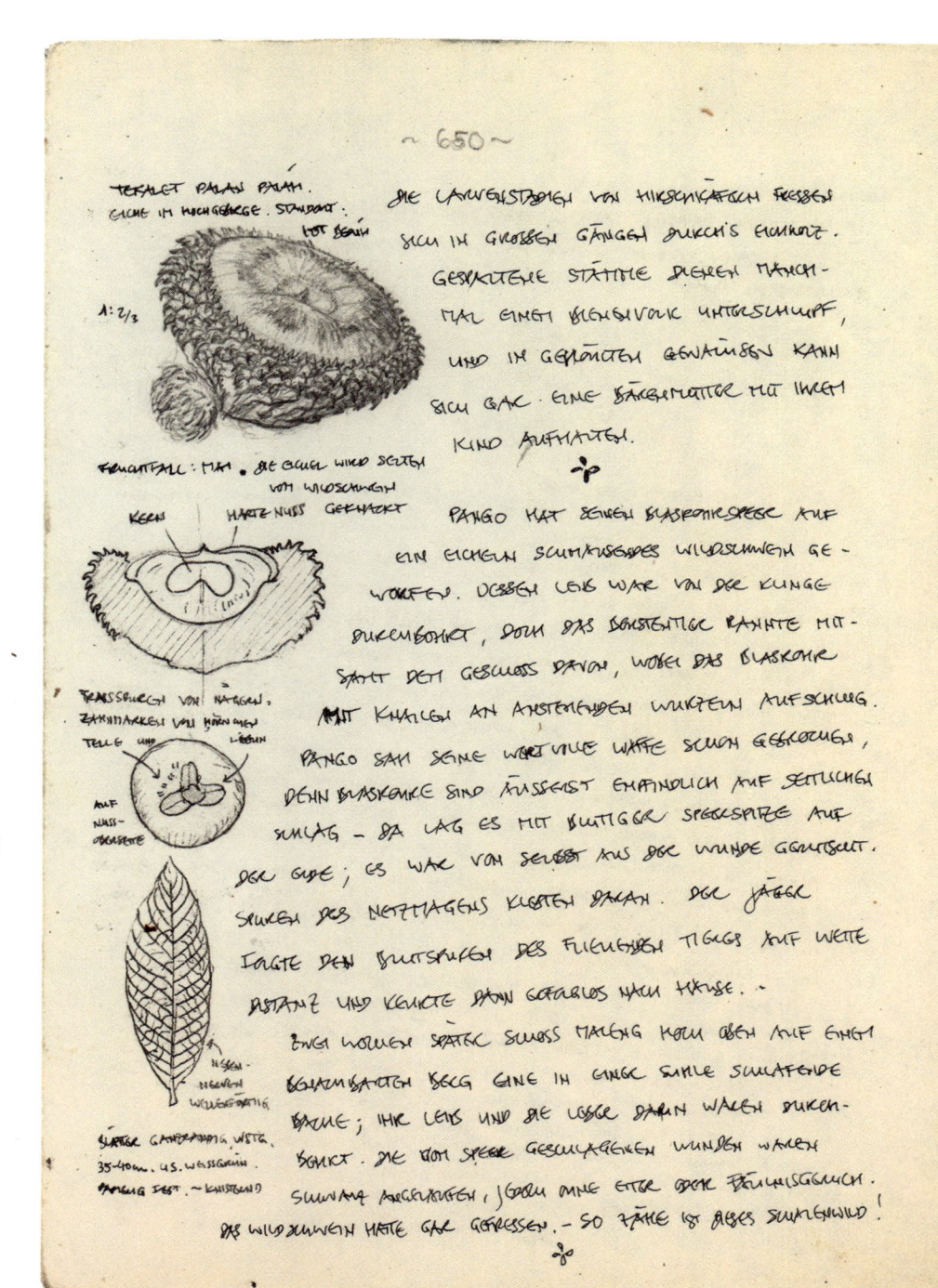

Nestplünderung

Wie Düsenjäger fliegen startende Bienen mit lautem Fluggeräusch in pfeilgerader Richtung aus dem Zwischenraum zwei enganstehender plattenförmiger Wurzeln einer mächtigen Eiche. Und da, in Eingangsnähe krabbeln ein-zwei Dutzend Vertreter des emsigen Volkes, befühlen sich, sammeln sich in kleinen Grüppchen und scheinen Zwiegespräch zu halten. Dabei drehen sich einige tänzelnd am Ort, eng umringt von Artgenossen. Und wippen jene hin- und wieder ihre Flügel nach oben, antwortet der ganze Chor sogleich in derselben Weise. – Ist dies nun der Bienentanz Heimkehrender, die den Zurückgebliebenen die Richtung lockender Tracht bekanntgeben soll? Auch nach 2–3maligem aufmerksamen Betrachten finde ich in den Tanzbewegungen noch nicht die offenbarende Regel.

12/653

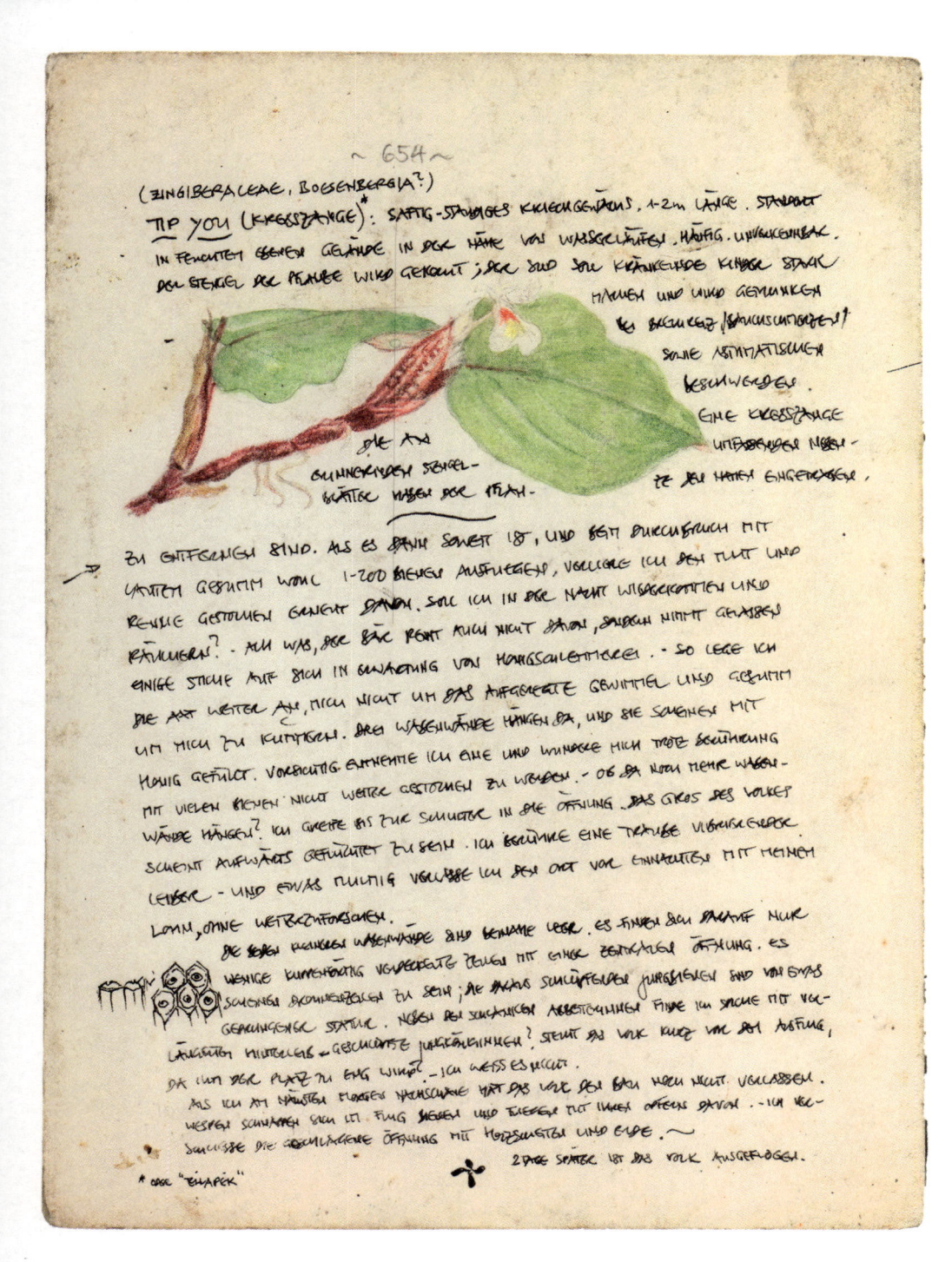

Wo sich viele Vertreter der höhlenbrütenden Biene Ni-uan am Eingang versammelt halten und Wind fächern, sollen im Innern die Honigkammern gefüllt sein. Weder entdecke ich Windfächler, noch tragen Heimkehrende farbige Blütenstaubhosen. – So ahme ich eines Tages Meister Petz nach, in der Hoffnung auf klebriges Süss, und lege die Axt an. Doch bevor der Stamm von der Seite bis auf die Höhle aufgeschlagen ist, bricht der Stiel. – Eine Woche später dann stillt sich mein Wunder. Nach drei-viermaligen Angriffen einzelner erboster Mitglieder, Stich, ‹autsch›-Ruf und Flucht, nähere ich mich vorsichtig wieder, um in meinem Tun weiterzufahren bis es vollendet ist. Kurz vor dem Durchschlag federt das harte Holz über der Höhlung und will der Axt trotzen. – Schon fliegen Bienen aus der Öffnung; ängstlich vor erneuten Angriffen stopfe ich das Loch sofort wieder, um eine grössere Presche [Bresche] zu schlagen, aus der die Wabenwände unverletzt zu entfernen sind. Als es dann soweit ist, und beim Durchbruch mit lautem Gesumm wohl 1–200 Bienen ausfliegen, verliere ich den Mut und renne gestochen erneut davon. Soll ich in der Nacht wiederkommen und räuchern? – Ach was, der Bär rennt auch nicht davon, sondern nimmt gelassen einige Stiche auf sich in Erwartung von Honigschlemmerei. – So lege ich die Axt weiter an, mich nicht um das aufgeregte Gewimmel und Gesumm um mich zu kümmern. Drei Wabenwände hängen da, und sie scheinen mit Honig gefüllt. Vorsichtig entnehme ich eine und wundere mich trotz Berührung mit vielen Bienen nicht weiter gestochen zu werden. – Ob da noch mehr Wabenwände hängen? Ich greife bis zur Schulter in die Öffnung. Das Gros des Volkes scheint aufwärts geflüchtet zu sein. Ich berühre eine Traube vibrierender Leiber – und etwas mulmig verlasse ich den Ort vor Einnachten mit meinem Lohn, ohne weiterzuforschen. – Die beiden kleineren Wabenwände sind beinahe leer. Es finden sich darauf nur wenige kuppenförmig verdeckelte Zellen mit einer zentralen Öffnung. Es scheinen Drohnenzellen zu sein; die daraus schlüpfenden Jungbienen sind von etwas gedrungener Statur. Neben den schlanken Arbeiterinnen finde ich solche mit verlängertem Hinterleib – geschlüpfte Jungköniginnen? Steht das Volk kurz vor dem Ausflug, da ihm der Platz zu eng wird? – Ich weiss es nicht.

Als ich am nächsten Morgen nachschaue hat das Volk den Bau noch nicht verlassen. Wespen schnappen sich im Flug Bienen und fliegen mit ihren Opfern davon. – Ich verschliesse die geschlagene Öffnung mit Holzscheiten, und Erde. ~

2 Tage später ist das Volk ausgeflogen

(Zingiberaceae boesenbergia?)

Tip You (Krebszange)*: Saftig-staudiges Kriechgewächs. 1–2 m Länge. Standort in feuchtem ebenen Gelände in der Nähe von Wasserläufen. Häufig. Unverkennbar. Der Stengel der Pflanze wird gekocht; der Sud soll kränkelnde Kinder stark machen und wird getrunken bei Brechreiz (Bauchschmerzen) sowie asthmatischen Beschwerden. Die an eine Krebszange erinnernden stengelumfassenden Nebenblätter haben der Pflanze den Namen eingetragen. * oder ‹Téllapek›

Der falsche Lido

Lido sprach zu den Makakken Kuiat und Medok: «Dort drüben sind wirklich viele Früchte.» – «Oh, wir wollen essen! Lasst uns zusammen gehen.» Auf halbem Weg hiess er die Kuiat's Brennholz sammeln: «Hier wollen wir uns eine Mahlzeit braten. Ich bin wirklich hungrig. Bringt viele dürre Äste heran, denn bald gibt's viel Fleisch.», und er setzte ein Feuer in Gang. – Da packte Lido plötzlich drei-vier-fünf Kuiat's, hielt ihnen die Hände über dem Rücken, und flammte sie kurzerhand im Feuer. – Als der Medok die gebrannten Gesichter sah rief er: «Lache nicht, Kuiat! Die Rede des Lido ist falsch – denn er will uns töten.», und floh sogleich mit den übrigen Genossen.

Da begegneten sie dem Mausreh (Pelandok) [Pelanok]: «Wo geht ihr hin?», fragte dieses. «Wir wollen Früchte essen.» – «Oh, lasst uns zusammen gehen.» – Als sie einen Maha-Baum erreichten, sprach das Mausreh: «Ich bin kein starker Kletterer. Gut, du, Kuiat, kletterst hinauf und wirfst die Früchte herunter, und ich sammle sie in unsere Tasche.» – Da kletterte der Kuiat hinauf und kappte einige fruchttragende Äste. Das Mausreh rief ihm zu: «Mein Kopf schmerzt und mein Bauch schmerzt, ich kehre um und geh nach Hause.», doch schloff [schlüpfte] dabei heimlich in die Tasche und bedeckte sich mit Früchten.

Der Kuiat aber kletterte vom Baum herunter, sammelte die Früchte ein und füllte sie in die Tasche und trug die Last nach Haus. In der Hütte angekommen rief er vergeblich nach dem Mausreh. Da machte er Feuer und kochte Reis. Als er Früchte essen wollte, schüttete er die Tasche aus: «Tup» fiel das Mausreh auf den Hüttenboden. – «Puiatan! Teufel! du drückst dich vom zu Fuss gehen?» – «Oh Freund», antwortete das gescheltene [gescholtene] Mausreh, «darum hast du einen Menschen getragen, weil er schwer krank ist und an Bauchschmerzen leidet.» – «Oh wenn du Bauchweh hast, so setz dich hin ans Feuer und wärme dich», und der Kuiat umsorgte den Patienten und fütterte ihn. –

Während dem Abflammen verwandelt sich das Gesicht von Affen zur hämisch lachenden Gruselmaske, die wohl den meisten Europäern sogleich den Appetit auf Affenfleisch verdirbt.

Am nächsten Morgen berieten die beiden. «Wohin gehen wir heute?» – «Lass uns nach Früchten Ausschau halten.» – «Welche liebst du?» – Meté-Früchte möcht ich essen. Doch meine Hand schmerzt.», sprach das Mausreh, da es nicht zu klettern versteht. – Der Kuiat aber kletterte in den Baum und kappte einige Äste. – «Jene in der Krone will ich essen!», rief das Mausreh hinauf. «Welche?» – «Diese da, die roten» deutete es auf den Penis des Kuiat. «Welche?» – «Ja, diese da.» – «Oh, du spottest meinen Penis!» – «Oh, ich scherzte nur, weil da viele Früchte sind.» – «In diesem Fall bin ich dir nicht böse», und der Kuiat stieg herunter.–

«Mir ist schlecht. Mein Kopf dreht sich. Mir ist's nicht ums Früchte schmausen. Ich kehre heim.», sprach der Kuiat. Während das Mausreh die Früchte einsammelte, schloff der Kuiat heimlich in das Tragegefäss und bedeckte sich mit Früchten. – Das Mausreh trug die Last nach Hause und rief seinen Freund: «Steh auf, wir wollen essen.» – Doch niemand antwortete. Als es die Axt aus der Tasche nehmen wollte, «Tup», fiel der Kuiat auf den Hüttenboden. «Palui, Freund, dich hab ich getragen!» – Oh Freund, darum hast du einen Menschen getragen, weil er am Kopf Schmerzen litt und ihm übel war.»

Bera-uk Limun, Long Ballau

Pénnakóh

Ein junges kinderloses Ehepaar ging auf einen mehrtägigen Streifzug. Am Bestimmungsort angekommen, bauten sich die zwei eine Hütte, schlugen Brennholz und füllten die Bambusbehälter mit Wasser. Und so sassen sie nach vollbrachtem Werk gegen Abend in ihrer Behausung. Da kam ein Langur-Affe durch die Baumkronen über ihrer Hütte geklettert. – Der Jäger blies ihm einen Pfeil nach. Schon bald erbrach sich der Getroffene unter der Giftwirkung und fiel abwärts. – Verhangen im Gezweig. Der Schütze machte sich daran, den Baum zu erklettern. Doch seine Frau warnte: «Klettere nicht, fäll den Baum!» Aber schon war der Mann aufwärts verschwunden.

Als er oben ankam, erwachte der getroffene Affe sogleich zu neuem Leben, erhob sich, packte den Jäger, zerriss und frass ihn auf der Stelle. –«Hier werf ich die Knochen des Affen runter!», imitiere er die Stimme seines Opfers, und machte sich daran runterzusteigen.

Da ahnte die Frau Schlimmes. – Schnellt türmte sie Harzbrocken am Fuss des Stammes, kappte ein Kemitan-Stämmchen und einen gegabelten Ketipai-Schössling. Darauf zündete sie das Harz zu heftig loderndem Feuer, schälte das Kemitanstämmchen und stellte es schräg an den Baum an und erwartete den bösen Geist Pénnakóh: «Dann sag ich, du bist gut, wenn du auf meiner Stiege runtersteigst!», rief sie ihm entgegen. Da sprang Pénnakóh, sein Penis wie eine Schlange, auf das glitschige Kémitan-Stämmchen, schlipfte [rutschte] sofort aus und fiel ins Feuer. Die Frau aber gabelte alsogleich seinen Penis mit dem Ketipai-Schössling und verdrehte ihn, so dass Pénnakoh im flüssigen Harz untertauchte und verbrannte.

Darauf sammelte die Frau sorgfältig die verstreuten Knochen ihres Mannes, wickelte sie in ein weisses Tuch und nahm sie mit sich nach Hause.

Keraji Niagung. Long Sembayang

12/659 ‹Uut›

Gibbons sind begehrte Hausgenossen und wurden bis anhin für teures Geld talwärts gehandelt. Der Anblick des Affen in dunklem Pelz erfreut jeden Menschen. – Und als ich da während Tagen ein Gibbon-Mädel mit engem Halsring neben Ngalin's Hütte gebunden sah, erweichte mein Herz. Doch der Verstand verbot mir, nebst allem Sorgen von versteckter Lebenweise unnötige zusätzliche Bürden. – Derselbe Verstand hiess mich dann später, den Affen zu erstehen, als Symbol, unser Sein nicht allzutodernst zu nehmen, doch einfach den Augenblick möglichst intensiv zu leben.

‹Uut's› Mutter war einst von Ngalins Giftpfeil getroffen worden und samt ihrem Schössling aus hoher Krone gefallen. Dabei hate das Affenkind einen Arm gebrochen, der aber innert Monaten verheilte.

Mit ~ca. 20 Monaten begann Uut mit der Stimme erwachsener Weibchen zu rufen.* Jeder Eingeborene liebt diesen Ruf, der im jungfräulichen Dschungel frühmorgens mit den ersten Sonnenstrahlen weit von Bergkämmen erschallt. – Doch was uns Menschen wie fröhlicher Vogelgesang mutet, ist hinter den Kulissen nicht nur Spiel, sondern Ausdruck einer Lebensnotwendigkeit: ‹Uut› war nur zu dieser Lautäusserung zu bewegen, indem man sie den langen Morgen ungefüttert neben der verlassenen Hütte gebunden liess. Der Penan sagt: Das Weibchen rufe damit seinen Gespanen [Gefährten] nach der nächtlichen Trennung zur ge-

* Há Ngéwawan

Gibbon-Miene des Mitgefühls

meinsamen Nahrungssuche und Mahlzeit; Gibboneltern nächtigen getrennt. Darum geht die Redeweise von getrennt schlafenden Ehepartnern: Sie nächtigen wie Gibbons (Bari Palem Kéllawét)

Als erstes hatte ich meinen Zögling von seinem Heer von Läusen zu befreien. Übermässiger Lausbefall gepaart mit Infektion der Atemwege, Durchfälle, sind häufigste Todesursache der Hausgenossen. – Die Prozedur ist äusserst einfach und Bedarf keiner speziellen Gifte: Nach gehörigem Einseifen und Einwirkenlassen des Schaums für eine Weile unter warmem Sonnenschein, fallen die Blutsauger in Ohnmacht und können leicht ausgewaschen und ausgekämmt werden. Selbst die Nissen werden vom Seifenschaum lädiert. Bei der ersten Waschung war der Kamm nur so schwarz von Dutzenden der Blutsauger. – Nach drei Behandlungen dürfte jeder Patient – ob Mensch oder Tier – lausfrei sein, bis auf dass sich neue Besucher einstellen.

Sich gegenseitig zu lausen ist angeborene Affenmanier, wobei die Geste der Zuneigung gleiche Bedeutungsstärke besitzt wie die Betätigung selbst. ‹Uut› übte sich darin auch ungeheissen auf meinem Kopf, ohne dabei auf reiche Beute zu stossen. – Bei dieser Beschäftigung gucken alle Affen mit todernster Miene drein.

Doch mit seinen ‹gstabig› [ungelenk] – überlangen Gibbonfingern eine winzige Laus zu fassen ist ein Kunststück – und wenig glaubhaft. So benutzt der Affe, wenn er es wirklich ernst meint, seine Zähne, um die Läuse zu knacken.

Miene der Entrüstung

Ich wollte mein Mädel ohne Strick in Freiheit erziehen. Über unsern Körperkontakt versuchte ich, eine enge Bindung und Beziehung entstehen zu lassen. So liess ich ‹Uut› auf meiner Schulter hocken, wann immer sie wollte und bei mir in der Hängematte nächtigen. – Ich hoffte so dem Wildwerden vorzubeugen: Viele aufgezogene Affen nehmen bei Gelegenheit Reissaus, um dem Ruf aus der Weite des Waldes zu folgen. –

Stubenreinheit war ein hartes Lernstück – und häufigster Grund für Meinungsverschiedenheiten. Während du dich an Wild heranpirschst, riechst und spürst du plötzlich die Bescherung. –

Nach mehrmaligem unsanften Flug von meiner Schulter, während ich meinen Rücken von der schmackhaften Verzierung zu befreien suchte, begann das Mädel zu verstehen. Schon bald hangelte es sich zur Verrichtung seiner Notdurft von selbst in die benachbarte Vegetation.

Wann immer ‹Uut› eine Frau oder ein Kind weinen sah, verliess sie sofort meine Schulter, ging zum Weinenden hin, tröstend die Hand anlegend. Dabei verzerrte sich sein Gesicht zur trübseeligen Grimasse: «Tətətətətətətəə». Dieselbe Manier zeigte sie, wenn eine Mutter in der Nähe ihr Kind wiegte oder Kauderwelsch mit ihm schäkkerte [schäkerte]. –

War ‹Uut› aber mit einer Behandlung wie gewaltsamer Trennung nicht einverstanden, wusste sie diesem lautstark mit weitgeöffnetem schräglippigem Mund «Uut! Uuuut-ut!» Ausdruck zu geben.

12/662 Die natürliche Nahrung des Gibbons besteht vorwiegend aus Früchten, nebst jungen Blatt'trieben und Kleingetier. Dabei hat der Affe erstaunlichen Weitblick; oft stieg ‹Uut› von meiner Schulter um entfernt an einem Baum eine als Blatt oder Holz getarnte Heuschrecke zu erhaschen, oder in einem von Insekten gerollten Blatt nach Larven zu suchen. – Nachdem ich einmal einen But-Blattstil gegessen sowie meiner Genossin einen angeboten hatte, ging diese oft selbst einen pflücken, wenn sie die Pflanze am Pfad entdeckte.

Beliebteste Speise in Mangel von Früchten war rohes Palmherz, doch nimmt der Gibbon auch Sago, Reis, Süssigkeiten und Fleisch an. Allzufettige Dinge verursachen Durchfälle, und ein Zögling war einst nach dem Genuss von eingesottenem Speck eingegangen.

Während den Mahlzeiten sollte man Hund wie Affen in Frieden lassen; als ein unartiger Junge dem Mädel seine Frucht entwenden will, wird er prompt in den Augendeckel gebissen. – Im Gegensatz zu anderen Affenarten besitzt das Gibbon-Weibchen beinahe so scharfe Reisszähne wie sein männlicher Genosse. – Der Gibbon ist der schnellste aller Affen. Fehlt ihm auch der Schwanz, und der Jäger spottet dem entkommenen ‹Durchlöcherter Hintern!›*, sowie ‹Gabeltäschchen!›**, wird dieser durch die verlängerten Arme vollständig ersetzt.

* ‹Upong Lotok!›

** ‹Sekepit!›, da der schlanke Leib mit spitzem Hintern, frei in der Luft hängend, an den Aufbewahrungsort des Essbesteckes erinnert

12/663 Nach der Sage ist der Gibbon ein vom Feind erschlagener, geköpfter Mensch, der auf Händen geht; der Hintern war die Anwachsstelle des Kopfes, die Beine haben sich in Arme verwandelt und umgekehrt.

Die langen Finger sind im Ruhezustand gekrümmt. Dies erlaubt dem Affen, ohne Kraftanstrengung einhändig lianenzuschwingen und spielerisch vergnügt in der Luft zu hängen – für uns Menschen nicht nachahmbar. Die gekrümmten Finger verursachen hin und wieder Verhängen eines getroffenen Tiers. An Lianen oder Astwerk.

So gewandt der Gibbon im luftigen Raum sich fortbewegt, so hilflos ist er mit seinen ‹gstabig› [ungelenk] langen Armen im ihm fremden Element Wasser; er kann nicht schwimmen. Beim Queren eines Flusses hielt sich ‹Uut› immer ängstlich an meinem Kopfhaar.

Mit sattem Bäuchlein konnte das Gibbonmädel sich tollen wie ein junger Hund. Da läuft es, die Arme in die Luft werfend, über den Boden, springt am Ort in die Höhe, purzelt nach links und stolpert nach rechts – und beisst seine Zuschauer spielerisch in die Waden – s'ist ne Freude, anzuschauen und mag herzhaftes Lachen entlocken.

Meine Begleiterin entpuppte sich als aufmerksamer Wächter: Oft machte sie mich mit einem Ausruf auf Hirsch, Reh, Python oder einen Greif aufmerksam.

In brenzligen Moment auf der Flucht konnte es vorkommen, dass ich dem Mädel den Mund zuhalten musste, um seine lauten Ausrufe zu unterdrücken und meine Fluchtrichtung geheimzuhalten.

12/664 Eines Tages, nach einem Besuch in einer Siedlung, wo gerade eine Grippe-Epidemie ihr Unwesen trieb, wurde auch mein Gibbonmädel dahingerafft. Des Morgens hatte sie sich noch spielerisch von Hütte zu Hütte gehangelt, um dem Treiben der Nachbarn zuzuschauen, um am Abend in der Herdstelle umgeworfen mit den räudigen Hunden zu schlafen. Schwer ging sein Atem. – Nur langsam erholte sie sich von dem Anfall. Hatte dabei aber bei den Hunden die Räude aufgelesen: Unaufhörliches Kratzen, begleitet von Haarausfall und Hautverkrustung. Es war wohl ein Fehler, ihr die Nähe des Feuers zu erlauben – das sie nun stet's aufsuchte. Das ständige sich Wärmen schwächt bestimmt die körpereigenen Abwehrkräfte. Nach vielen Wochen wurde sie ein zweites Mal mit Grippe angesteckt, und eines Morgens, da wusste ich: «Unnötig, dir Speise zu bieten.», und bald fühlte sich der Körper kalt an. Ich konnte mein Weh nicht unterdrücken. Wortlos zerriss ich meine Schlafdecke, bettete die Erquickung der Seele darein samt Essgeschirr und etwas Palmherz und kletterte bergan. – Als ich dessen Spitze erreichte, erschallten Gibbonrufe über die Weite der noch unberührten Täler. Viele rotbrüstige Singvögel flatterten da ohne Scheu auf Greifnähe um mich, als ob sie sagen wollten: «Weine nicht! Das Leben geht weiter!» Darauf bewahrte ich das Bündel nach Penan-Art zwischen zwei Rindentrichtern die zwischen die vier Zinken eines gegabelten mit Locken verzierten Stämmchens (Tapó) geklemmt werden, befestigte das ganze mit Rattan hoch in einer Baumkrone mit Weitblick über's Land, und zündete der Seele ein Kerzenstümpchen auf die Reise.

Tapó

Affen im Gebiet des Ulu Tutoh/Ulu Limbang
12/665 Fünf Primatenarten sind im Gebiet heimisch und werden vom eingeborenen Penan gejagt:

1. Kurzschwanzmakkakke (Médok). Grösster Vertreter. Überall häufig.

2. **Langschwanzmakkakke (Kuiat).** Häufig mit Vorliebe in der Nähe von Wasserläufen.
3. **Languraffe (Niakit).** Überall häufig. Der sich vor allem von Blattsprossen ernährende Affe ist begehrte Beute auf der Suche nach teuer gehandelten Magensteinen. Fleisch schmackhaft, doch kommen Vergiftungen vor (→ Utung-Früchte)
4. **Roter Schlankaffe (Kéllasíh).** Zweitgrösster Vertreter im Gebiet. Nach der Sage verwandelter Languraffe. Findet sich nur im Hochgebirge, in den Quellgebieten, sowie in den schroffen Karstfelsen, die sich aus der Ebene des Melinau erheben. Ernährt sich vor allem von Blattsprossen.
5. **Gibbon (Kéllawét).** Affe im Hochgebirge. Sein wunderbar anzuhörender Ruf wird ihm oft zum Verhängnis. In menschenarmen Gebieten auch talwärts zu treffen. Beliebtestes Haustier, da es nicht, wie entrissene Makkakken, die Hütten plündert.
(6.) **Nasenaffe (Sikok).** Nur im Flachlanddschungel von der Melinau-Mündung talabwärts. Vereinzelte Exemplare hatten sich schon quellwärts verirrt (Ubung / Kidáh)*
(7.) **Orang-Utan (Puiang).** Es ist ungewiss, ob dieser Primate einst im Gebiet heimisch war, doch wahrscheinlich, da in Penansprache ein Name besteht, der auf seine Erscheinung zutrifft.

* Nach Kurau/Tama Atting

Vom Umgang mit der Jagdbeute: Affen

«Hə̄ə̄ə̄ə̄ə̄.» – «Hooooo.» – «Hə̄ə̄ə̄ – Hə̄ə̄ə̄.», nähert sich ein Kurzschwanzmakkakkenrudel. Die reifen Früchte einer mächtigen Würgfeige (Mutan) laden zum Schmaus, und beinahe alle gefiederten und geschwänzten Dschungelbewohner folgen der Einladung. Während sich einige Mitglieder des Rudels auf dem Landweg nähern, springen andere in luftiger Höhe von Ast zu Ast, von Baum zu Baum.

Da dröhnt ein Schuss, worauf die ganze Gesellschaft davonstiebt. – Ein älterer Patriarch ist auf der Strecke geblieben, und Maleng freut sich, dass sich die Patrone nun in einen gefüllten Kochtopf verwandeln wird. –

Die Jagd auf den Kurzschwanzmakkakken mit dem Blasrohr ist problematisch; fliehen getroffene Tiere auf dem Landweg, werden sie entkommen und vergeblich verenden. Die meisten Makkakken werden vom Eingeborenen mit Hilfe von Hunden erbeutet, vor denen sie aufwärts fliehen, und sobald das Gift wirkt, wieder runterfallen – oder mit einem Gewehr. –

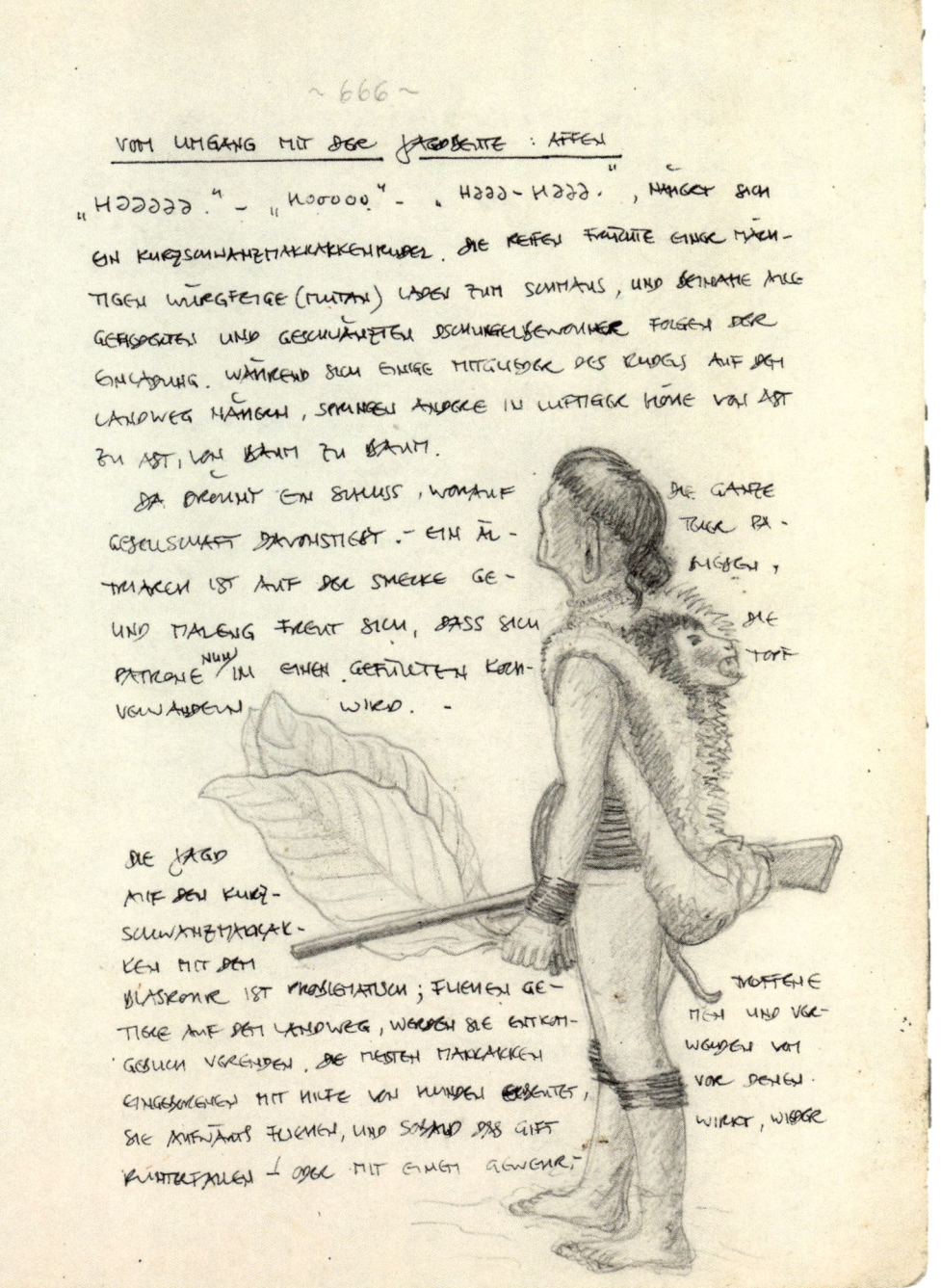

Der Umgang mit allen erbeuteten Affen ist traditionell: Der Jäger nähert sich dem Opfer und bricht ihm mit einem Knüppel oder dem Rücken der Buschmesserklinge die Röhrenknochen der Extremitäten; einerseits, um die Beute bequemer tragen zu können, andererseits um sich vor den Fängen des sich rächenden Geistes zu schützen (→ Sage). Darauf stopft Maleng den Mund des Affen mit einem Wuschel Blätter oder einem Stein; geschlossene Kiefer sind, wenn einmal die Totenstarre eingetreten ist, kaum mehr zu öffnen.

Um das Tier auszuweiden, wird ein waagrechter Schnitt über die Bauchdecke gezogen, am untern Ende des Brustbeins. Durch diese Öffnung können Magen und Gedärme herausgezogen werden. Nach deren Aufschneiden, Entfernen von Magen- und Darminhalt und Waschen am nahen Bach, werden sie zurück in die Bauchhöhle gegeben. Nach Anbringen einiger Hautschnitte wird ein Näh-Hölzchen dadurch geführt. Gerade so, wie man mit Nadel und Faden umgeht. Durch Einschneiden gegen dessen Enden verhindert man Entgleiten – und die Bauchdecke ist wieder verschlossen. Der erbeutete Affe wird wie ein Rucksack geschultert, wobei sich seine Extremitäten selbst in Tragriemen verwandeln: Rechte Hand wird mit rechtem Fuss, linke mit linkem verbunden durch einfaches Fingerverschlingen mit Hilfe von Hautschnitten. Dabei wird der Ringfinger[1] durch einen Hautschnitt der ‹Mittelzehe[2]› geführt. Einführen der vierten Zehe[3] durch einen Hautschnitt des Ringfingers hindert diesen am Entgleiten; der Traggurt ist entstanden.

Traggurt für Affen

1 2 3

rechte Hand

rechter Fuss

Verschluss der Bauchdecke.

Rippenbogen

~10 cm

Näh-Holz

12/668 Zerteilen der Beute (Affen)

Unterwegs pflückt Maleng einige gefallene grosse Blätter des Béripun-tahab-Baums. Auf ihnen wird er sein Jagdglück zerteilen. Zuvor jedoch flammt er den Pelz des Makakken über heftig loderndem Feuer, stets den Leib drehend und wendend, und das verbrannte Haar wegschabend, wobei schwelende Rauchschwaden steigen wie beim Hufschmied. Darauf wird die Haut mit einem Messer saubergeschabt und der Brandgeruch weggewaschen. Das Gesicht des Affen hat sich während der Prozedur zur hämisch grinsenden Maske verwandelt. – Affen mit dichtem Pelz wie Gibbon, Langur- und roter Schlankaffe werden gehäutet, um allzustarken Brandgeruch zu vermeiden.

1   Wegschneiden der Hoden → rösten
2   Kreisschnitt Penis; dieser wird herausgezogen, getrennt und weggeworfen
3   Lösen der Bauchdecke seitlich
4   Zentral-Schnitt Bauchdecke. Die beiden Hälften werden aufgeklappt und losgelöst.
5   Ausnehmen. Das Brustfell wird längs den Rippenbogen aufgeschnitten, Schlund und Gurgel mit der Messerspitze durch die Öffnung durchtrennt und samt Herz, Lunge und Leber herausgezogen. Entfernen der Gallenblase.
6   Das Beckenschloss wird zentral mit dem Messer durch sanften Schlag durchtrennt und durch einen tiefen Schnitt je seitlich des Schwanzknochens von der Wirbelsäule gelöst.
7   Auf starken seitlichen Zug lösen sich die Beckenknochen samt Schenkel von der Wirbelsäule und werden getrennt.

8 Lostrennen der Arme beim Schulterblatt. Dieses ist mit einem Knochen am Brustbein verwachsen (T. Angend), der nur Affen und springend-kletternden Nagern zu eigen ist und andern Säugern fehlt.
9 Lösen der Brust durch zwei seitliche, die Rippen durchtrennende Schnitte.
10 Kappen der Rippen je seitlich der Wirbelsäule.
11 Durchtrennen der Wirbelsäule beim Rippenansatz → in Filetteil (Zohot) und obere Wirbelsäule (Risang).
12 Diese wird in fingerbreite Stücke zerhackt.
13 Lösen von Hautlatz über den Backen und Wegschneiden der Backendrüsen (Púh).
14 Lösen von Kopfhaut und Trennen der Kiefer.

Verwertung

In Urzeiten wurde wohl beinahe alles Fleisch geröstet, da Herstellung einer Rindenpfanne umständlich ist. Heutzutage wird in Zeiten grossen Hungers die Beute gekocht und sofort verspiesen. Gekochtes Fleisch verdirbt aber innerhalb eines Tages. Eine gewisse Regel hat sich eingebürgert:

Kochgut: Kopf, Rippen, zerhackte obere Wirbelsäule (Risang), Hände, Füsse, Herz, Magen, – Därme. – Bauchdecke, Lunge

Direktes Grillieren } Leber, Nieren, Brust, Gedärme, Hoden in Glut (Nebáh)

Rösten zur Konservierung } Extremitäten, Filetstück, Lunge. Überschüssiges gekochtes Gut (Nihai)

Hirn: Der gekochte Schädel wird nach dem Entfleischen in die Glut gelegt bis er angebrannt (Lemetong) ist. Dabei verliert die Schädeldecke ihre Elastizität und kann leicht aufgeschlagen werden. Hirn ist beliebteste Nahrung und bleibt vorwiegend Kleinkindern reserviert. – Gekochte Augen sind beliebteste Kindernahrung.

Mark: Die grösseren Röhrenknochen werden aufgeschlagen, um des nahrhaften Marks habhaft zu werden, vor allem von Kindern

Tulang Angend
Púh
Zohot

Backendrüsen (Púh): Nur der Kurzschwanzmakakke, vor allem das Männchen, besitzt ausgeprägte Backendrüsen. Nach der Sage haben sie sich aus Kéramou-Früchten verwandelt, die der Affe in seinen Backentaschen aufbewahrt hat, denn sie besitzen dieselbe chemische Eigenschaft: Ähnlich eines Katalysators entsteht bei ihrem Beisein aus Stärke und Fett bei Zuführung von Hitze alsogleich Zucker! Dabei verflüssigt sich die Stärke, emulgiert gleichsam im Fett. Das Wildschwein besitzt zwei kleine Drüsen an der Milz/Magen, die dieselbe, jedoch stark abgeschwächte Wirkung besitzen.

Siso Púh: Der Penan hackt die Drüsen, mischt sie mit Körperfett und Sago zu einem Teig und bratet das Ganze im Fett. Die Masse verflüssigt sich dabei und wird zuckersüss. – Bei reichlichem Zufügen von Sago kann die Speise auch im Blattpaket in der Glut gebacken werden.

Verwendung anderer Körperteile

- Oberschenkelknochen des Languraffen und Kurzschwanzmakakken, seltener von Kéllasíh und Gibbon liefern Messergriffe.
- Wadenknochen des Languraffen liefert Aale [Ahle]
- Reisszähne des Oberkiefers von ausgeprägten ♂ Tieren werden hin und wieder als Halsschmuck getragen.
- Magensteine des Languraffen sind teuerstes Handelsgut und werden talwärts mit der Goldwaage gewogen. Gibbon's und Kéllasíh besitzen kaum je Magensteine.
- Gibbon-Pelz sah ich schon von Ibans auf trommelförmigen Holztischen gespannt. Von Penans ohne Verwendung
- Ein Stück umgestülpter Schwanzhaut des Languraffen wird von der Penanfrau über dem rechten Zeigefinger getragen, um diesen vor dem scharfen Rand des Bukui-Rattans während dessen Bearbeitung zu schützen.

Vom Knochenbrechen

Nach der Sage kann sich der böse Geist Pénnakóh in der Gestalt vieler kletternder Tiere verbergen und dem Jäger den Garaus machen. Um sich zu schützen, bricht dieser allen erbeuteten Affen, Halbaffen, Mardern und Hörnchen als erstes die Röhrenknochen der Extremitäten:

Es waren einmal zwei Brüder. Der ältere hatte einen Traum. Als er sich zur Jagd aufmachte, sprach er zu seinem jüngeren Bruder: «Bleib heute in der Hütte. Geh nicht aus, wenn du die Stimme des Kurzschwanzmakakken hörst!» – «Həəəəəə», rief da ein Makakkenkind. Der jüngere Bruder nahm sein Blasrohr, es zu schiessen. Da sah er einen winzigen Affen. Doch während er ihm folgte, wuchs er so dick wie der Oberschenkel. Als er eine Kémélut-Liane erkletterte, war er so gross wie eine Affenmutter. Oben, die Verzweigung erreicht, war es ein kräftiger Makakkenpatriarch. – Der Verfolger schoss ihm zwei Pfeile in den Leib und wartete. Als der Getroffene runtergefallen war, ging der Schütze, ihn aufzuheben. Doch da stand dieser [der Geist Pénnakóh] sofort auf, packte den Mann und frass ihn alsogleich bis auf die Knochen. –

Mit einem erbeuteten Wildschwein auf dem Rücken kam der ältere Bruder am Abend nach Hause. «Wo ist mein Bruder?», fragte er. – «Er ging, die Stimme des Makakken zu treffen und ist nicht zurückgekehrt.» – «Wenn das so ist, ist es nicht gut.»

Am nächsten Morgen machte er sich auf, seinen jüngeren Bruder zu suchen. Da hörte er, «Həəəəəə», die Stimme eines Makakkenkindes. Während er ihm folgte, wuchs das armgrosse Wesen dick wie ein Oberschenkel. Als es die Kémélut-Liane erreichte, war es so gross wie eine Affenmutter. Und oben in der Verzweigung angekommen, hatte es sich in einen kräftigen Makakkenpatriarchen verwandelt. – Der Jäger schoss ihn, und nicht lange, da fiel der getroffene herunter.

Doch dieser Mann verstand die Sitte. Mit seinem Messer kappte er ein daumendickes Meranthi-Stämmchen, und schälte es. Damit näherte er sich dem Gefallenen und schlug ihm auf den Oberarm – gebrochen. Alsogleich erhob sich der Makakke und sprach mit menschlicher Stimme: «Selbst wenn du so tust, so hab ich längst deinen Bruder bis auf die Knochen gefressen!» Da schlug der Jäger wütend all dessen Knochen, fachte Feuer an und flammte seinen Leib lebend darin: «Auf diese Weise – dann weisst du; du frisst sie – und ich esse dich!» – Darauf zerteilte er den Getöteten, briet einige Fleischstücke im Feuer und ass sie. Den Rest trug er mit den Knochen seines Bruders nach Hause. Dort fertigte er einen Mörser und stampfte darin den gespaltenen Kopf des Affen zu Mehl. Dieses streute er in kochendes Wasser und fütterte es den Hunden – denn er war wirklich wütend, dass sein Bruder getötet und gefressen war.

Keraji Niagung
Long Sembayang

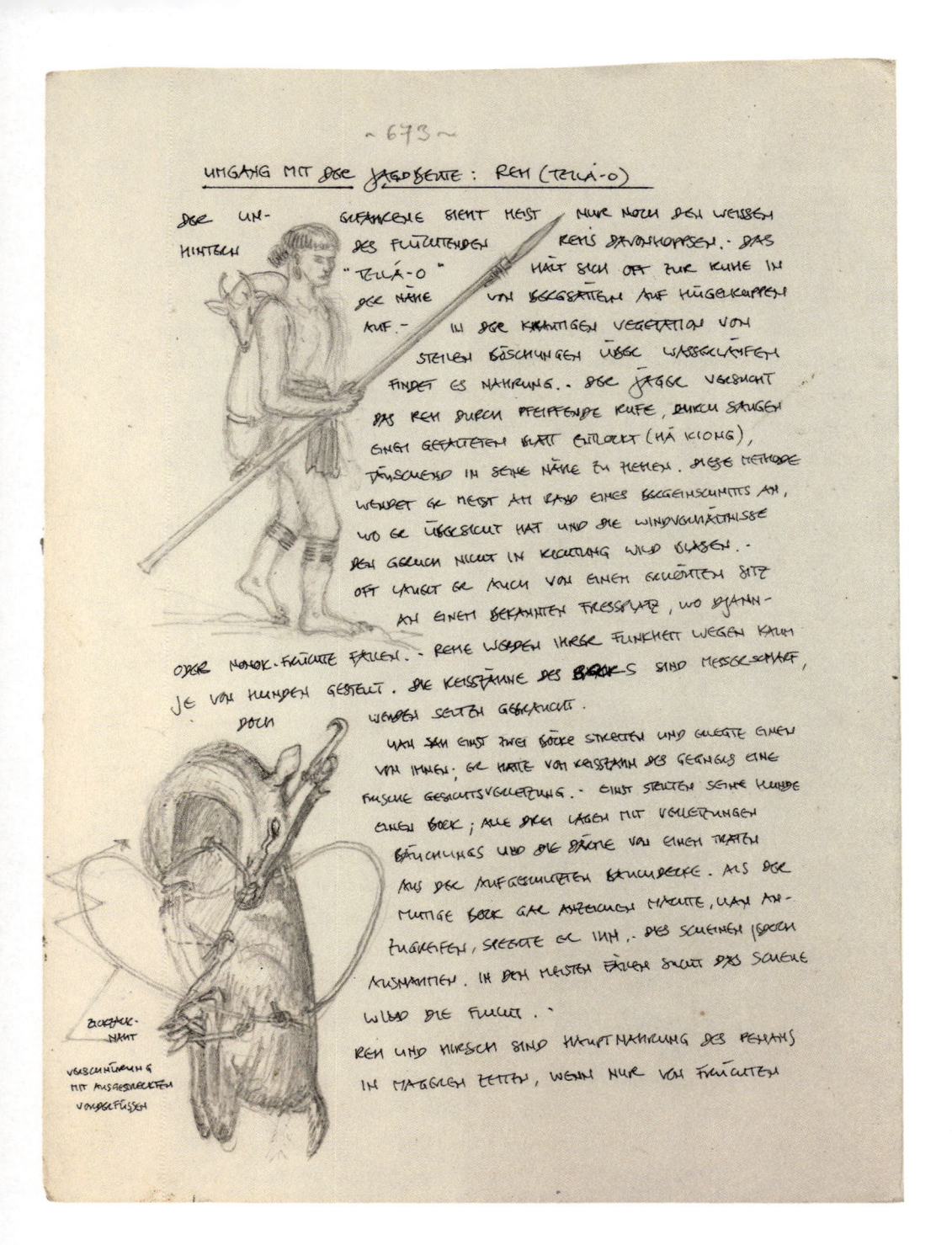

Umgang mit der Jagdbeute: Reh (Tellá-o)

Der Unerfahrene sieht meist nur noch den weissen Hintern des flüchtenden Reh's davonhoppsen. – Das ‹Tellá-o› hält sich oft zur Ruhe in der Nähe von Bergsätteln auf Hügelkuppen auf. – In der krautigen Vegetation von steilen Böschungen über Wasserläufen findet es Nahrung. – Der Jäger versucht das Reh durch pfeifende Rufe, durch Saugen einem gefalteten Blatt entlockt (Há Kiong), täuschend in seine Nähe zu ziehen. Diese Methode wendet er meist am Rand eines Bergeinschnitts an, wo er Übersicht hat und die Windverhältnisse den Geruch nicht in Richtung Wild blasen. –

Oft lauert er auch von einem erhöhten Sitz an einem bekannten Fressplatz, wo Djann- oder Nonok-Früchte fallen. – Rehe werden ihrer Flinkheit wegen kaum je von Hunden gestellt. Die Reisszähne des Bocks sind Messerscharf, doch werden selten gebraucht.

Uan sah einst zwei Böcke streiten und erlegt einen von ihnen; er hatte vom Reisszahn des Gegners eine frische Gesichtsverletzung. – Einst stellten seine Hunde einen Bock; alle drei lagen mit Verletzungen bäuchlings und die Därme von einem traten aus der aufgeschnittenen Bauchdecke. Als der mutige Bock gar Anzeichen machte, Uan anzugreifen, speerte er ihn. – Dies scheinen jedoch Ausnahmen. In den meisten Fällen sucht das scheue Wild die Flucht. –

Reh und Hirsch sind Hauptnahrung des Penans in mageren Zeiten, wenn nur von Früchten

Verschnürung mit ausgestreckten Vorderfüssen
Zickzacknaht

und Wildschweinrudeln zu träumen ist. –

Ein erlegtes Reh wird im Gelände ausgenommen, oder gleich als Ganzes nach Hause getragen. Zu bequemem Transport werden die Beine angewinkelt fixiert, indem man eine Klaue durch einen Hautschlitz am Oberschenkel führt (Téjukou). In grosser Eile verbindet der Jäger ganz einfach einige Sang-Wedel* oder einen 3 m langen Abschnitt eines Rattantriebs an seinen Enden – und schon ist der Traggurt entstanden, in den die Jagdbeute lose eingelegt wird. – Der Sorgfältige jedoch verschnürt seine Beute mit einem von den Füssen im Zickzack zur Brust hin vernähten Stück Liane. Dabei können die Vorderfüsse ausgestreckt über den Bauch gelegt, oder angewinkelt fixiert werden. Falls ausgenommen wurde, vernäht man den waagrechten Schnitt über der Bauchdecke. – Der Kopf des Rehs wird seitlich befestigt. – Bei langem Gehörn und mühsam zu begehendem Dickicht kann der Kopf abgetrennt und in der Bauchhöhle versorgt werden, um ständiges Hängenbleiben zu vermeiden.

* Junge Schosse der Daun-Zwergpalme

Verschnürung eines Bocks mit angewinkelten Vorderfüssen zum Transport. Verschnürungsmaterial: Rattan oder Lianenstrang, Tejukou

Zerteilen des Rehs

1. Entfernen von Penis und Hoden
2. Abtrennen des Kopfes; dabei werden die Fleischlappen über dem Schulterblatt (Uhem) gelöst und die Ansatzstelle des Halses durchtrennt.
3. Häuten einer Hälfte von Bauchdecke gegen Rücken
4. Entfernen der Schwanzhaut durch Ringschnitt und Zug
5. Lösen von Vorderfuss bei Schulterblatt.
6. Kehren der Beute, Häuten der Gegenseite, so dass Haut als Ganzes sich löst, Entfernen des zweiten Vorderfusses
7. Waagrechter Schnitt durch Bauchdecke unterhalb von Brust, Entfernen der Bauchdecke durch zentralen und seitliche Schnitte
8. Ausnehmen von Magen und Gedärm
9. Durchtrennen vom Brustfell. Durch Zug an Schlund und Luftröhre lösen sich Herz, Lunge und Leber. (Das Reh besitzt keine Galle!) Milz rund.
10. Trennen der Wirbelsäule bei Rippenansatz
11. Weghacken der Brust mit Buschmesser
12. "   der Rippen neben Wirbelsäule
13. Zerhacken der Wirbelsäule in daumenbreite Stücke
14. Trennen vom Schloss
15. Lösen des Gigot aus Beckenverankerung
16. Durchtrennen von Ellenbogen- und Kniegelenken. Grobes in Stücke Schneiden vom Fleisch des Oberschenkels
17. Kochgut: Pfannenfertiges Zuschneiden von Rippen, oberer Wirbelsäule, Zunge, Leber, Herz, ausgebeinelte Knochen mit Fleisch von Becken, Gigot.
18. Auswaschen von Gedärm und Magen als weiteres Kochgut.

12/676 Bratgut: Nieren, Leber und Hoden, die ‹Uhem›-Hautlappen über dem Schulterblatt, sowie ein zentrales zartes Muskelpaket im Innern des Gigots (→ Pédá Palu) werden oft zu sofortigem Verzehr in der Glut gebraten.

Röstgut: Alles übrige Fleisch, Schulterblätter, untere Wirbelsäule mit Filet, Hände und Füsse werden über dem Feuer getrocknet und so konserviert. Lunge und Muskelfleisch-Brocken werden zu diesem Zweck aufgespiesst.

Die zarte Roh'haut des Rehs mit rotem Haar kann aufgespannt und über dem Feuer getrocknet werden. Sie wird dabei nicht allzu hart und kann als Schlafunterlage verwendet werden.

Sin solo

Die Haut des Hodensacks dient als Aufbewahrungsgefäss von Zunder (→ Obo). Sie wird zu diesem Zweck vorsichtig entfernt, (ist an ihrem Ende äusserst dünn und reisst bei starkem Zug) und mit der Haarseite nach Innen auf einem Knebel fixiert. Während der Trocknung über dem Feuer nimmt sie die Form des nach Wunsch zugeschnittenen Holzes an. – In gleicher Weise kann der Hodensack vom Hirschen verwendet werden und auch als Tabaksbeutel diesen.

Obo

Die Schwanzhaut dient als Zier des Essbestecks. Sie wird über den zugespitzten Hintern der Sago-Gabel gestülpt und verklebt damit fest während der Trocknung. Zu diesem Zweck kann sie für einen Moment in kochendes Wasser getaucht werden; durch Rollen der Gabel zwischen den beiden Handflächen stellt sich das Haar seitlich und das Wasser spritzt davon.

Atip Iko
Tellá-o

12/677 Das Rehgeweih* bildet Handelsartikel talwärts, und der Nomade tauscht es meist gegen ein wenig Salz, Zucker, Tabak oder eine Patrone, und löst dafür kaum zehn Dollar. Es findest sich das Spiessergehörn (vom Tella-o Solo), das nur kleinfingerlange (vom Tellá-o Boheng), sowie das bis drei-endige (des grossen Tellá-o Saho). – Böcke im Bast finden sich von Juli bis September.

Der Penanjäger fertigt sich hin und wieder eine Köcheraufhängung aus Rehgehörn. So kann er seinen Pfeilbehälter in der Hütte sauber und griffbereit an einer Dachverstrebung einhängen. – Selten finden sich abnorme Gehörne, sie werden ‹Ta-ring› genannt und der Eingeborene spricht ihnen magische Schutzkräfte zu. Diese stammen meist vom Tella-o Boheng, und werden dann als Amulett am Hals getragen oder talwärts gehandelt.

Auch ein überlanger Reisszahn, dessen Biegung sich dem Kreis nähert, wird so genannt und in der gleichen Weise als Halsschmuck getragen.

Mit dem Klauenhorn des Rehs, wie demjenigen von Hirsch und Wildschwein kann ein Messer eingestrichen werden in heissem Zustand, um es darauf zu härten.

* Es wird mit Buschmesserhieben samt Vorderkopf vom Schädel gespalten, in einer Linie vom Haupt übers Auge zum Mundwinkel. Bei unsachgemässem Vorgehen zermantscht dabei Gehirn und Augensaft spritzt aus. Der Vorderkopf wird über dem Feuer samt Fell getrocknet. Bei zu hoher Hitze blättert das Geweih (→ Rutup), wie die Reisszähne bröckeln brüchig. Bei ungenügender Trocknung stellen sich Madenbefall und Schimmel ein.

12/678 Von einem erkletterten Aussichtsbaum hatte ich die Täler des Seridan erblickt, und seither reizte es mich, sie zu ergründen. – Da zieh ich mit einem Stück gebackenen Sago und viel Mahnungen als Gepäck los, um für zwei Tage den Durst meiner Augen zu stillen. – Doch kaum habe ich den schluchtigen Fluss in der Talsohle erreicht, da graut's betrüblich am Himmel – und schon prasselt ein heftiges Gewitter herunter. – Eine Eiche steht am felsigen Ufer, auf einem hohen moosüberhangenen Sockel aus Stelzenwurzeln. Ich kappe mir Öffnung und Raum darein und darf darin wie ein König schön geschützt und trocken den fallenden Regentropfen und den in Wirbeln talwärts ziehenden Wassermassen des Flusses zuschauen und mich in Schlummer davontragen lassen.

Geragá-Eiche

12/679 Nachdem Regen und Donner ihre Macht demonstriert haben, erklimme ich den Steilhang jenseits des Flusses. Bei Sonnenuntergang erreiche ich eine mit Uwut-Palmen bestandene Bergkuppe. Nach kurzer Meditation opfern sich einige dünne Stämmchen als Schlaflager und einige Palmblätter verwandeln sich in Dach und Windschutz. – Am nächsten Morgen begebe ich mich frei, wohin Schicksal, Zufall und Herz den Schritt wenden wollen. Doch der Wald scheint leer; der Grossteil aller Tiere ist wohl abgewandert in Gebiete, wo zur Zeit mehr Nahrung angeboten wird. Da winken am felsigen Bergbach einige Tobo-Kemanen-Früchte, sie zu pflücken. – Als ich mich wenig später über einen Wasserfall vorbeuge, um begehbaren Weg auszukundschaften, kollert die Leckerei aus meiner Rückentasche über den Kopf, und wird alsogleich vom weiss'schäumenden Schwall davongerissen. Nach Umgehung suche ich flussabwärts nach der davongeschwemmten süssen Frucht – und entdecke sie unter Schwemmholz verhangen. So wenig braucht's, ein kindlich Herz zu erfreuen.

Dann treffe ich auf eine mit Felsblöcken geschmückte Flussmündung. Das Laubdach öffnet sich da, Frau Sonne lacht und ladet zum Bad im kühlen Nass. Ayat-Fische kommen neugierig bis auf Griffnähe – sie haben wohl noch nie einen menschlichen Fuss erblickt.

12/680 All die Bilder lassen meine Seele aufleben, und sie reckt und streckt sich im Körper und lässt ihn tanzen und singen ~
Da zähl ich nun 33 Lenze – so alt, wie Jesus, als er sich ans Kreuz schlagen liess – doch vergess ich für einen Moment alle Vergangenheit und Verantwortung und springe wie ein törichter Narr von Stein zu Stein, von Felsblock zu Felsblock und geh auf Händen.

Nach anstrengendem Marsch durch glitschige Seitenhänge, Umgehen von schluchtigem Fels und Durchqueren von Dickichten, finde ich mich spät nacht's mit müden Knochen zurück in unserer Siedlung.

Da – während ich ein kleines Netz an einem Ende halte und in der sprudelnden Strömung des Bachs zwischen den rundgeschliffenen Felsblöcken treiben lasse, dringt mir plötzlich eigenartiger Geruch in die Nase; und in meiner Erinnerung taucht das Bild der Python auf, die einst ein Wildschwein verschlungen hatte. – Und als ich so sinne, bis über die Knie im Wasser stehend, erblicke ich einen weissen, faustgrossen Klumpen neben meinem Fuss; es ist die sogenannte ‹Knochenlosung› des Reptils: Geruchlos, wie geronnenes Eiweiss mit mehligen Einschlüssen der zermantschten Knochen durchsetzt. Da, am Ufer, eine unterhöhlte grosse Felsplatte. Ob sich die Schlange darunter versteckt hat? Mit einem gekappten Ast stochere ich darin – vergeblich. Gleich einen Steinwurf flussaufwärts hat ein grosser Keiler Eicheln geschmaust, und flussabwärts ein Fischotter seine stark riechende Losung erhöht auf einem Stein abgesetzt. Viele gestürzte Baumstämme längs des Ufers wie unterhöhltes Wurzelwerk bieten geeignete Unterschlupfe. Da fliegen einige Schmetterlinge auf: Ein kleiner Klumpen Haarlosung des Reptils. Hat die Python einen Otter auf dem Gewissen? –

Die Sonne neigt sich, und Schatten wachsen und mahnen zum mehrstündigen Heimweg. Ich folge einem Seitenarm des Seridans. – Da schiesst der Bach unter schattigem Laubdach als haushoher Wasserfall über eine Felsplatte in einen kreisrunden tiefgrünen Tümpel. Er bildet unüberwindliches Hindernis für die Fische, so weit sich auch das Gewässer weiter quellwärts erstreckt.

Da – wo sich die Felswände zur Schlucht verengen, fliegt plötzlich ein Greif davon. Hat er ein Hörnchen mit seinen Fängen gekrallt? – Der kleine Vogel ‹Periuai› mit seinen langen weiss blinkenden Schwanzfedern verfolgt den Räuber im Wellenflug zwischen den schwarzen Felswänden.

Rückentasche, Blasrohr und Pfeilköcher in die Höhe haltend, versuche ich, eine Tiefstelle in der Schlucht zu durchqueren. Doch das Wasser tritt über den Kopf und zwingt zur Umgehung. – Langschwanzmakakken fühlen sich da über dem Abgrund wohl, wo ein Sprung von Baumkrone zu Baumkrone reicht, um auf die gegenüberliegende Talseite überzusetzen.

<u>Kurzschwanzmakakkenmännchen</u> besitzen äusserst scharfe Reisszähne, die schon manch einem Jagdhund tödliche Verletzungen verursachten. Dabei wird der obere Reisszahn fortwährend auf einer Gleitfläche des unteren Eckzahns, sowie auf einem zu diesem Zweck verwandelten vorderen Backenzahn gewetzt; dessen beide Wurzeln sind in der Achse versetzt. – Unregelmässigkeiten im Gebiss kommen vor; so können linker und rechter Reisszahn beträchtlich in Länge variieren. Ein altes ♂ hatte nur 3 obere Schneidezähne. Bei einem andern trat ein Prämolar waagrecht unter dem Auge aus dem Oberkiefer.

Linker vorderer Backenzahn

Unter einem Niuwi-Baum* haben Wildschweine auf der Suche nach gefallenen Gaben die Erde geackert. Nach Jägerart nähere ich mich dem Frassplatz von unten, um Geruchsspuren zu vermeiden**, und harre des frühen Morgens.

Bald nach Sonnenaufgang tönen Rufe durch den Wald:
«Həə» – «Həə – Həə» – «Həəəəəə» –
«Oh – dort sind leckere Früchte! Kommt und lasst uns schmausen!» – «Komm Kind – beeil Dich!» – «Mutti, wart auf mich!», nähert sich vergnügt ein Kurzschwanzmakakkenrudel. Einige Mitglieder gehen auf dem Boden, andere springen von Baum zu Baum, wobei sich das beblätterte Astwerk unter einem Rauschen biegt. – Mit einem Klatschen schlagen die faustgrossen Kugeln nach dem Fall aus hoher Krone auf dem Boden auf. ***

Nicht nur ich habe das Geräusch der fallenden Früchte gehört: Da seh ich plötzlich die Rüsselnase eines Borstentiers, welches unter dem Baum Nacherte halten will. ****

Das getroffene Tier flieht. Doch die noch so lange Suche des Unerfahrenen, in dem Gewirr von Wildwechseln seine Beute zu finden, bleibt erfolglos.

So geh ich meines Weges. Am frühen Nachmittag treffe ich auf frische Hirschspuren. Diese

* Blasrohrholz

** Wildwechsel stehen meist ~parallel übereinander, Seitenhänge querend. Wind zieht längs Bachläufen und in Seitenhängen meist talwärts. Prüfung: Mit Speer oder Buschmesserklinge wird der Daumennagel angeschabt und die Fallrichtung der Schnitzel betrachtet.

*** Der Makakke ist berüchtigt, während seinen Mahlzeiten viele unreife

[Fortsetzung der Legende S. 12/684 unten]

sind durch das Fehlen von Afterklauenabdrücken von den Trittsiegeln kräftiger Keiler zu unterscheiden. Als ich aus dem Gebüsch in die Offenheit des Bachlaufs trete, erschrecke ich plötzlich: Da guck ich auf nächste Nähe zwei Hirschkühen ins Gesicht. Gebannt stehen wir alle wohl während zwei-drei Minuten da, auch sie gucken mich an, und ihre Nüstern spielen. Die menschliche Erscheinung ist ihnen doch nicht ganz geheuer, und langsam queren sie das kristallklare sprudelnde Gewässer und entfernen sich.

Die Stelle entpuppt sich als Mineraldruck. Das salzhaltige Wasser tritt aus unterhöhltem Fels am Flussufer, wo sich auch Reh-Spuren (Tellá-o) kreuzen. Ein Sechsender hat eine Stange abge-

stossen. – Als ich da auf einem Felsblock hocke, wer guckt da von jenseits des Ufers, mit seinem Schwanz wedelnd? –
Ein fettes Wildschwein wühlt die Erde – und erst, als ich mich bewege, trottet es gewarnt davon.
So nehm ich ein Bad und guck durch die Tauchbrille den Steinbeissern (Lékét) zu, wie sie in Gesellschaft der nur fingergrossen Tédok-Fischchen zwischen den Stromschnellen auf dem Fels kleben, und den Kolem-Fischen, wie sie sich spielerisch seitlich legen, dass ihre weissen Flanken silberhell das Sonnenlicht spiegeln. Und den

[Fortsetzung der Legende von S. 12/683.]

Früchte runterzuschmeissen und so zu vergeuden. In mageren Jahren werden die meisten Früchte von den Affen abgeerntet, bevor sie zu menschlichem Verzehr reif sind. Der Penan mag diese auf folgende Weise an ihrem schändlichen Tun hindern: Er schlägt einen Makakkenreisszahn in den Fuss eines geliebten Fruchtbaums und bannt (Pésupá) die Affen: «Wenn du, Makakke, von diesem Baum Früchte isst, werden dich deine Zähne schmerzen!»

**** Durch Imitieren der Makakkenstimme und Werfen eines Gegenstandes sind misstrauische Wildschweine manchmal zum Innehalten zu bewegen.

edlen Ayat-Fischen, wie sie vergnügt einander nachjagen. Und als ich da selbstvergessen wieder auftauche, ist's zu glauben? – Wem guck ich da ins Gesicht? – Eine weitere Hirschkuh in schwarzem Fell will den Salzquell besuchen – und macht sich auf und davon.
Einem Seitenbach des Seridan folgend, erblicke ich am jenseitigen Ufer eine Ansammlung von bunten Schmetterlingen. Sie werden wohl ihren Hunger auf Fischotterlosung stillen. Als ich mich der Stelle nähere, tritt mir Verwesungsgeruch in die Nase: Da, nur noch Haut, einige zermantschte Knochen und das Geweih eines Gabelbocks (Tellá-o) haben Wildschweine nach ihrer Mahlzeit zurückgelassen. Ob das Reh Opfer des Marders Bésuá oder eines Leoparden geworden war? –
Wenig später treffe ich auf einer Felsplatte des schluchtigen Bachs Spuren einer Leopardenmahlzeit: Die Raubkatze hat sorglich alle Borsten ihres Opfers – eines Stachelschweins – entfernt.

Verhangen

Uan hat einen Gibbonaffen geschossen. Als das Pfeilgift seine Wirkung zeigt, hockt das Männchen hoch in der Krone eines mächtigen Jit-Baumes. Die Fingermuskeln des sich an einem Ast haltenden werden in der geschlossenen Stellung gelähmt, und das Opfer bleibt unerreichbar. Erst nach zwei Tagen, als sich die Totenstarre löst, fällt der getroffene runter.
Gibbons sind dem Jäger wegen dieser Eigenschaft bekannt. Selbst fallende Tiere können verhangen, wenn die gekrümmten Finger des Opfers eine Liane oder einen Ast im Fall streifen.

Sehan

«Koi-koi-sáh» ruft der schwarze drosselähnliche Vogel die Hörnchen Telle und Pú-an zum Spiel. Und in der Tat trifft man die drei manchmal auf Greifnähe in nächster Gesellschaft. Oft ist der langgeschwänzte umringt von vielen kleineren Singvögeln, die ein Gezeter von sich geben; er folgt diesen eine Weile auf ihrer Wanderschaft (→ Paso), um sich dann wieder zu trennen und seine eigenen Wege zu gehen.
Die Jungvermählte ruft ihren Liebsten vor Morgengrauen beim Namen des Vogels – doch die Worte sind verborgen in einer Flötenweise:
«Steh auf, Selian Langan, dreh uns ein Glimmstengelchen, s'ist Morgen!»*

Python

Selu findet in einem erbeuteten oberschenkeldicken Reptil, in dessen Magen, einen ~60 cm langen grosszehendicken Ast. Er ist gespickt mit Wildschweinborsten und Haaren der Bärenkatze – Spuren einstiger Mahlzeiten. Er verklebt einige der Haare mit Wachs und wird damit versuchen, seine Hunde durch Füttern damit scharf und jagdtüchtig zu machen (→ Pérasang).

* «To-otláh, Selian Langan, rema láh dau méllén seguptoh!»

Der Name ‹Langan› deute auf ‹Ngelangan›: Wenn sich die Männer im Blasrohrpusten messen.

Kémirang*

Ein Mann ging auf dem Pfad. Da stieg ihm Fäulnisgeruch in die Nase. Als er nachschaute fand er ein totes Makakkenmännchen. Er trug es nach Hause. Da rief einer: «Mir die Hand!», ein anderer: «Mir die Hoden!», und erhielt sie. – Darauf wurde der Affe zerteilt, gekocht und Mahlzeit gehalten. –

Doch derjenige, welcher nach den Hoden gefragt hatte, vergass diese zu braten, und hatte sie auf einen Baumstamm gelegt. – Mit satten Bäuchen waren sie alle eingeschlafen. – Des Nachts wurden sie von einem Heer von Kémirang-Ameisen aufgesucht, die vom Geruch der Hoden angelockt worden waren. – So schmissen sie diese in hohem Bogen aus der Hüttennähe. Und so schmiss der Geist des Affen die Hoden auf jede Erde. – Seither finden sich Kémirang-Ameisen überall.

Berauk Limun. L. Ballau

1:1/2 unreif

Frass'spur von kleiner Ameise

Butúh-Saft

* Ameise mit Giftstachel, die in Heerscharen des Nachts umherstreift und ohne Warnung sofort angreift.

Butúh-Frucht

Einige behaupten, das Gewächs sei ein Baum, andere eine feinblättrige Liane. Nur die aus hohem Laubdach gefallenen Früchte sind greifbar nahe. Junge Mädchen halbieren eine Frucht und zerstochern mit einem Hölzchen die weich-glasigen Samen und Fruchtfleisch zu einem Brei. Mit dem unscheinbar durchsichtigen Saft verzieren sie ihren Körper; über Nacht färbt er sich auf der Haut tintenschwarz wie eine Tätowierung. Trotz öfterem Waschen mit Seife bleibt die Zeichnung rund 10 Tage sichtbar bis sie ganz verblasst und verschwindet. Auf dem Papier reagiert der Saft nicht zu Schwärze. Die Samen der reifen Frucht sollen schwarz und essbar sein.

12/688 **Langur-Affe***

Zwei Brüder gingen auf die Jagd. Da sahen sie einen Languraffen. Sie bliesen einen Pfeil auf ihn – getroffen. – Da warteten die beiden bis das Gift wirke. Nicht lange, da hörten sie, wie das Affenmännchen sich erbrach. – Doch die fallende Beute verhängte im Geäst. «Da bist du also! So klettere ich, dich zu holen!», sprach der eine und stieg auf den Baum. Nicht lange, da ertönte ein fallendes Geräusch. Der unten Wartende rief nach einer Weile zum Schützen hinauf: «Was machst du so lange dort oben?» – Da war aber der Geist Pénnakóh, seinen Bruder verspeisend, und rief abwärts: «Hier Freund, die Reheng-Knochen für dich!», und warf Beckenknochen, Schädel und Schulterblatt des soeben Hinaufgekletterten nach unten.

Da wusste der unten Wartende: «Wenn das so ist, Pénnakóh!» Er nahm junge Blattsprosse und rote Erde, und stopfte diese in den Pfeilhintern**. Dann strich er den Pfeilschaft mit Ginger*** ein, spuckte darauf, legte das Geschoss in sein Blasrohr und blies dem abwärts steigenden Pénnakóh einen Pfeil in die Hüfte. «Autsch! Eine Bremse!», griff Pénnakóh an die Stelle, und wurde sogleich von einem weiteren Pfeil getroffen: «Lang Piket!», rief er wieder aus. Als er den Fuss des Stammes erreichte, rammte ihm der Jäger die Speerspitze in den Leib, dass er tot umfiel.

Berauk Limun, L. Ballau

* Niakit

** Tédok Lat

*** Liám

12/689 In einem steilen Seitenhang hatte eine Gesellschaft von wohl 2–300 Spinnentieren auf gut Zweimannshöhe den luftigen Raum mit ihrem bauschigen zarten Geweb erfüllt. Es besteht aus einer Verstrickung von Kuppeln – und in jeder hängt ein Spinnchen gleichsam als seiner Behausung. Für ein durchfliegendes Insekt bleibt da kein Zwischenraum, der in die Freiheit führt. – Auch ein artfremdes winziges Spinnchen profitiert von der Nachbarschaft und hat seine Fäden in einer Fläche um den Mittelpunkt gespannt.

Bulan erzählt von einer Schwalbe, die in einem Spinnennetz von äusserster Zähigkeit mit Kopf, Flügeln und Beinen verhing ohne sich daraus befreien zu können. Die Falle war zwischen zwei grossen Felsblöcken gespannt.

Und da geht mir die Fabel durch den Sinn vom Gleichnis des Spinnennetzes als Gesetz, in dem nur die kleinen Sünder verhangen, die grossen jedoch als Schwalben entwischen, das Netz spottend zerreissen. Ob da doch einmal ein grosser Sünder auf der Strecke bleibt?

12/690 **Léngurép Bala**

Dieses eher seltene Bienchen hat sein Nest im Innern eines Jit-Stammes gebaut – sicher vor dem Plünderer Bär. Nach etwa zwei Stunden harter Arbeit mit der Axt liegt die Öffnung frei. – Der Baum bietet in seiner Höhlung auf engstem Raum zugleich der Amai-Termite sowie einem Volk von Kébuwu-Termiten Wohnung. Alle drei benachbarten Gäste scheinen in Frieden nebeneinander zu leben.

Das genannte Bienchen ist wie seine Verwandten ohne Stachel und harmlos, kann aber mit seinen Mandibeln zwacken und auf der Suche nach Salz-Schweiss – lästig werden.

H B P
1 m
Pollen von Uwutpalme

Léngurép-Bauten verraten sich durch ihre vom Stamm abstehenden Anflug-Löcher; sie sind röhrig und öffnen sich am Ende manchmal trichterförmig. Jene von L. Kellore sind wachsig weich, alle übrigen brüchig, nachdem ihr Baustoff, Harze verschiedener Bäume, erstarrt sind [ist]. – Die Bienchen umgeben alle Gänge und das ganze Nest mit einem solchen Harzmantel. Wohl 95% aller Lengurep-Bauten befinden sich im Wurzelbereich grosser Bäume – sicher vor allen Räubern. Nur wenn der Bau stammaufwärts deutet, dürfen Honignascher hoffen.

Léngurép Bala – das Völklein hat sein Nest auf etwa 1 m Länge als loses Konglomerat von Brut-, Pollen- u. Honigzellen gebaut, die miteinander wechseln. Brutzellen (B); die Puppen sind in eine dünne Haut gepackt und traubenförmig miteinander verbunden. Augen beinahe reifer Puppen sichtbar; frisch geschlüpfte Jungbienen haben noch schwarze Augen, während die von adulteren grün sind. In kleinen runden Wachskugeln (P) wird der Pollen gelagert. Es ist vorwiegend gelb und purpur – der letztere stammt von blühenden Uwutpalmen. Ein Teil der Pollentöpfe zeigt meist unangenehmen Essigstich. – Die Honig-

kammern (H) unterscheiden sich im Äussern kaum von den Pollentöpfen; die Ernte ist bei schlechtem Zugang problematisch – auf geringsten Druck geben die dünnen Wachswände nach und das begehrte Süss läuft aus. –
Das geknetete Wachs (Pölep) findet Verwendung wie Kitt zum Abdichten und Reparieren, sowie als Grundstoff von Amuletten. Das erstarrte Harz einstiger Bauten ist meist verwendeter Fackelbrennstoff, und findet sich, wenn Wirtsbäume gefallen ~ und verrottet sind.

Vom Mühsamen

11. Mai. Rund zwanzig Penan- und Kellabitfamilien errichten trotz Drohungen von Seiten der Polizei erneut eine Blockade im Ulu Limbang und sperren den Verkehr für die Logging-Company LTL, welche im Besitz des Minsters D. J. Wong ist. Behörden erscheinen und fordern die Demonstranten schriftlich auf, ihre Barrikade innert sieben Tagen zu öffnen – ansonsten würden sie verhaftet und nach dem neuen Gesetz bestraft – bis zwei Jahre Gefängnis und 6'000.– MS $ Busse. Doch man bleibt hart. – Anstatt am angekündeten Tag festzunehmen, wird eine zweite Frist von sieben Tagen gesetzt. Dabei bleibt die Polizei äusserst friedlich und geht einzig, trotz ausgesprochenem Jagdbann für Ortsfremde, auf Jagd und erbeutet Hirschen und Wildschwein. ~

Spring schreibt:
...Nie war ich mehr irritiert mit unserer Arbeit als in diesen wenigen Tagen, als ich Nachricht über die erneute Blockade erhielt. Ich rief Leute an, welche ich für unsere ernsthaften Unterstützer hielt. Doch ich erhielt keine ermutigende Worte, weder von Australien noch Japan, und selbst die lokalen Symphatisanten [Sympathisanten] scheinen von nichts wissen zu wollen. Ich fühle, dass sie Angst haben, mit mir in Verbindung zu stehen. Es war dann, dass ich mich wirklich einsam fühlte. Gerade in dem Moment, wo Hilfe Not tut, fehlt die Ermutigung. Selbst die unterstützenden Advokaten scheinen besorgt, und ich weiss nicht, was sie mich anweisen wollen zu tun. – So entschied ich, dass dies unser Kampf sei, und dass, wie gut auch die Absichten anderer seien, sie niemals ihr Herz 100% einsetzen werden, da es sie nicht wirklich selbst betrifft. So müssen wir selbst entscheiden. Was sollen wir unsere Zeit vergeuden zu kämpfen, für was nur ein Traum ist? – Die Behörden sind eindeutig in der oberen Hand. Sie machen die Gesetze und können sie biegen und ändern, um ihren Wünschen nachzukommen. Und wer sind wir schon? – Eine kleine Gruppe, die Helden spielen wollen für die Eingeborenen. Anstatt uns voll zu unterstützen, machen sich die übrigen Eingeborenen über uns lustig und die Regierung schimpft uns Rebellen! Ich selbst verstehe nicht, warum ich so rede. Doch ich habe so viel Druck ausgestanden, und selbst meine eigene Familie teilt nicht meine Ansichten. – Meine Frustration stammt vor allem von Leuten, die sagen, sie würden uns unterstützen, doch sich selbst nicht zeigen, wenn ihre Aktion gebraucht wird.
Kommenden Freitag, 27. Mai, werden die Behörden die Blockade mit Gewalt öffnen und deren Teilnehmer als Kriminelle festnehmen, falls sie sich widersetzen. Der Resident hat uns gewarnt, dass die Regierung niemals verlieren könne in dieser Auseinandersetzung. – Ich mache meine Empfehlungen, doch unsere Leute müssen selbst entscheiden. Was immer es sein wird, ich bin mit ihnen um beizustehen, in Meetings mit Behörden, Kompanies und Advokaten. Mein Herz ist stets für Gerechtigkeit und den Armen.
Dein Spring

No Mégíh berichtet:
Nach Ablauf der zweiten Frist erschien der Residen [Resident] mit den ‹Herren des Waldes› (Tuhan Forest) an unserer Blockade und forderte uns auf zu öffnen. Er werde zu den ‹Grossen› nach Kuching gehen und die Situation klären. Die Regierung werde den Einwohnern Land – ein Waldreservat – zugestehen und die Kompanie Transporte gewähren. In einer Woche werde er zurückkommen und berichten – doch nicht hier an der Blockade – unten im Langhaus werde er sprechen. – Doch während der Resident sprach, blickt er nur auf die Leere der Strasse – zu seinen ‹Waldherren› – und wieder auf die Leere der Strasse – guckte aber nie einen von uns an. – Da zweifelte ich an der Wahrheit seiner Rede. Uian drohte, man würde die Brücken in Brand setzen, falls die Behörden das angestammte Land verweigern. – Nach langem Zusprechen beseitigten die Kellabit's selbst die Blockade und frohlockend transportierte die Kompanie die Blockadenmitglieder zurück ins Langhaus. – Nur zwei Familien von uns blieben schweren Herzens neben der geöffneten Blockade, wo die schwerbeladenen Laster täglich talwärts brummten.»
Am angekündeten Tag des Meetings gingen wir alle ins Langhaus von Long Napir, um den Residenten anzuhören. Auch einige Nomaden waren drei Tagesmärsche weitergekommen. Da wurde uns gesagt, der Resident habe das Meeting eine Woche verschoben. Enttäuscht kehrten die Nomaden zurück in den Dschungel – und auch ich lief kein zweites Mal müde, denn ich schenkte dem Residenten keinen Glauben.

Bot berichtet:
Der Resident wollte getrennt zu den Kellabits und den Penans sprechen. Da erschien er in unserem Haus in Long Napir und sprach: «Die Regierung gibt euch Penans eine Million Dollar Hilfe. Hier, 100'000 $ sind in meinem Besitz, griffbereit, um euch

Penans in Long Napir zu unterstützen. Doch weil ihr die Regierung angreift und Blockade gemacht habt, werden wir euch weder ein Jagdgewehr, noch eine Motorsäge, noch eine Hard-Board-Engine geben. Wir werden das Geld für einen Hausbau oder Ähnliches verwenden.» –

Da ging ich zum Residenten und fragte: «Wo bist du zu den Grossen in Kuching gegangen? Was ist nun mit unserm Land?» «Ich war nicht in Kuching» – «Dann hast du uns angelogen und bist ein falscher Mensch!» – «Wie kannst du es wagen, mich einen falschen Menschen zu nennen?! – Meine Aufgabe war einzig, die Blockade zu öffnen und euch Hilfe zu geben.» Dann verteilte er Äxte, Ausschusshemden, kurze Abschnitte von Lendenschurzstoff, Zucker und Bisquits an uns. – «Was verlangt ihr?» – «Unser Land!», antworteten wir. «Wie gross?» – da nannten wir das Gebiet des Ulu Limbang bis zu den Quellen, sowie den Ulu Tutoh. – Die ‹Herren des Waldes› bückten sich darauf über deren Landkarten und einer sprach:

«So big!» – Ich entgegnete ihm: «Not so big! Unser Land ist nur klein und wir Penans brauchen es zum Leben!» – Dann verliessen die Behörden unsere Siedlung mit dem Versprechen, zu schauen, was zu machen wäre...

Auch auf den 11. Mai war eine Blockade in Long Kidáh geplant, zu der einige Familien von Long Ballau wie von Patik mit Stumpf und Kegel reisten. Doch Kurau, der Sprecher der anwohnenden Leng-Sippe schickte alle wieder nach Hause; denn er war vom Kommando-Boss per Helikopter nach Miri geflogen worden, und hatte dort bei dem Residenten ein Dokument betreffs des Landes unterzeichnet, obwohl der malays. Sprache wie der Schrift unkundig. Er wolle nun zuerst auf Antwort warten. Falls sie negativ sein sollte, würde er wiederum blockieren. – Enttäuscht löste sich die Gesellschaft wieder auf.

August

Nun sind schon zwei Monate verstrichen, ohne dass wir von den Behörden Nachricht betreffs der Bewahrung unseres Landes erhalten hätten. – Im Gegenteil, der Tuhan Forest hat uns verboten, Primärwald zu roden und Reisfelder zu erstellen. Die Kompanies haben die Arbeit in der Nähe unserer Siedlung wieder aufgenommen, um daselbst möglichst rasch sämtlichen Primärwald auszurotten. *Uian, Long Napir*

Blockadengespräch

Polizist zu einem Penan: «Hast Du Bruno gesehen?» – «Wer ist das, Bruno?» – «Der weisse Mann, welcher sich bei euch aufhalten soll.» – «Oh, ich weiss nicht's davon. Ich bin gerade erst hier angekommen, von weit drüben, von Patik. Warum sucht ihr den weissen Mann?», fragt der Lendengeschürzte. – «Weil er das Leben stört.» – «Oh, wenn er das Leben stört, falls ich ihn treffe, soll ich ihm einen Giftpfeil in den Leib blasen?» – «Oh, tu's nicht!» – «Warum nicht, wenn er ein böser Mensch ist?» – «Ja, die Regierung sagt, er störe das Leben. In Wirklichkeit will er euch in den Quellgebieten helfen.» – «Oh, warum sucht ihr ihn dann?» –

«Weil wir so geheissen werden. Doch falls wir ihn treffen, werden wir ihn nur festnehmen und nach Hause schicken. Wir selbst, uns gefällt es hier gar nicht – wüstes Land! Hier, schon mein zweites Paar Sandalen ist gerissen auf dem Weg zum Waschplatz in dem steilen, steinigen Gelände.» – «Ja, da seht ihr, warum wir hier blockieren. Uns gefällt das auch nicht, wenn die Erde überall von Bulldozern aufgerissen und verwüstet ist.» – Nachdem das Polizeikommando den Ort verlassen hatte, blieben bei ihrer Unterkunft – gleich sieben Paar gerissene Sandalen zurück.

Brief

Bruder, es ist traurig festzustellen, was ich denke. Vielleicht wirst du sagen, ich habe meinen Quell verloren – doch es ist die Realität:

I. Ich selbst bin in der Klemme zwischen den Forderungen der Kellabit's und einiger sesshafter Penans – und denjenigen der Nomaden. Viele Leute sagen, wir müssen zu einem Kompromiss und Ende kommen, ansonsten sei der Kampf fruchtlos. Sie klagen mich an, das Unmögliche zu wollen – den Wald.

II. In den Zeiten der Not bin ich jeweilen auf mich selbst zurückgeworfen, und alle versprochene Hilfe bleibt aus.

III. Unterstützung von Übersee, was hat sie gebracht? Sie hat die Regierung nur um so dickköpfiger gemacht gegenüber den Forderungen der betroffenen Eingeborenen. Sie vergeudet unsere Zeit mit Verhandlungen – währenddem wühlen die Bulldozer weiter. Sie klagen den sogenannten Champion der Eingeborenen als Grund für langsame Entwicklung. Wir würden unseren Leuten nicht wirklich helfen, doch die Regierung wende unseretwegen den Rücken gegenüber den Sorgen der Eingeborenen.

IV. Obwohl wir korrekt sind, können sie den Kampf zu ihrem eigenen Vorteil wenden und uns zu Scapegoat's erklären. Jene, welche für den Wald kämpfen sind verstreut und desorganisiert. Die Mehrheit der Betroffenen sitzt rum und schweigt. Wegen ihres Schweigens denkt die Regierung, sie würden den Kampf nicht unterstützen und fährt weiter mit destruktiver Holzfällerei.

Ich will meine Zeit nicht weiter vergeuden. Erfolg kann nur kommen, wenn alle Eingeborenen [sich] vereinen, um den Wald zu bewahren.

Obwohl ich zu erschwächen scheine, mein Herz ist immer noch stark im Kampf. Ich habe Mühe, meine Hände ganz davon zu lassen. Ich fühle tiefe Bitternis und Bedauern, falls ich nur so aufgeben würde. Ich bin bereit, meine Zeit und Profit aus meinem Geschäft zu opfern, um den Leuten zu helfen. Ich möchte ausruhen, doch es scheint unmöglich. Ich suche Wege, meinen Stammesmitgliedern beizustehen, doch ich bin nur ein kleiner Fisch.
~Spring

Stimmen

Am selben Tag, wo wir verabredet hatten, die Strasse abzusperren, landete ein Helikopter in unserem Dorf. Regierungssprecher wollten uns an unserem Vorhaben hindern, nichtsdestoweniger machten wir uns am 11. Mai auf den Weg. Als wir an unserem Bestimmungsort ankamen, erwartete uns da schon ein Aufgebot von Polizei und Forest-Beamten. – «Was macht Ihr da?», fragten sie uns, als wir Pfähle mitten in die Logginstrasse pflanzten. – «Wir blockieren.» – «Wo werden eure Hütten sein?» – «Hier», deutete einer von uns mitten auf die Strasse, «hier wird die Herdstelle sein wo ich bald ein Feuer in Gang setzen werde.» – «Werdet ihr nicht da drüben übernachten?» – «Nein, hier.» – «Wo werden wir von der Regierung Durchgang finden?» – «Für euch wird ein Zwischenraum bleiben. Wir verbieten nur Laster und Öltanks.»

Ein Verwandter sprach zu mir: «Was hat das für einen Sinn zu blockieren? Wenn du getötet wirst, erstehst du wieder zu neuem Leben?» – «Nein, wenn ich tot bin, bin ich tot. Doch wenn die Nachricht sein wird: «Tot, sein Land verteidigend», wird man einst von mir sprechen. Wenn ich nicht verteidige, wo werden meine Kinder und Enkel leben?»
Ngitun, Long Napir

Nachdem die Oberhäupter der Penansiedlungen am Pata-Fluss* in einem Dokument ihren Lebensraum – das gesamte Gebiet des Flusses von der Mündung bis zu den Quellen – den Holzgesellschaften zur Ausbeutung erlaubt hatten, gegen das Versprechen, als Gegenleistung eine Motorsäge und Reismühle zu erhalten, verliess Aueng seine Bleibe. Er kehrte von Long Nutan zurück an den Limbang-Fluss, wo sein Vater Zeit seines Lebens gewandelt war. – Doch nicht lange, da erreichte auch hier eine Logging-Company seinen Siedlungsort in Long Tegan. Der japanische Manager Senia hatte ihm eine 25-pferdige Hard-Board-Engine und 2000.– $ versprochen, gegen die Zustimmung bei der Grabstätte seiner Verwandten Bäume schlagen zu dürfen. Nach langem Überreden, hatte Aueng zugesagt. Viele Monate nach der Extraktion des Holzes tauchte Senia in Aueng's Siedlung auf: «Hier 500.– $.» – «Wofür?» – «Wegen der Grabstätte.» – «Wenn das so ist, geh nur wieder nach Hause.» – «Was verlangst du?» – «Unsere Abmachung war ein Motor fürs Boot und 2000.– $.» – «Nein, hier – 500.– $.» Nach langem Hin- und Hermarkten erhielt Aueng einen Betrag von 1500.– $ vom Manager Senia.

* Baram → Long Lilim, L.Kaui, L.Nutan, L. Item

Bula Lakat (=Wurzel-Eichel) 1:²/₃ Standort: I-ot Terasá, Hochtal   Balanophora ♀

Entlöhnung

Aueng berichtet:

Da wurde ich vom Residenten in Limbang zusammen mit anderen Dorfoberhäuptern von Penansiedlungen in sein Office gerufen.

«Hier, der Lohn des Ketua Kampong beträgt 300.– $ im Jahr», sprach er, «Aueng, ich werde dir den Lohn nicht geben!» – «Oh, gibst du, so gibst du. Gibst du nicht, so gibst du eben nicht. Ich bin vergeblich hierhergekommen, nur weil du mich gerufen hast. Ich bin kein Ketua Kampong – ich bin nur ein Kind des Volkes*.» – «Oh, wenn das so ist, mache ich dich alsogleich zum Ketua Kapong [Kampong]. – Allerdings», einige Banknoten vor Auengs Nase haltend, «Lohn gibt's nun keinen. Vielleicht nächstes Jahr.» – «Gibst du, oder auch nicht, ich bin nicht hergekommen, um Lohn zu verlangen. Dein Fehler – nicht meiner!» – «Verteidige nicht», tuschelte ein beistehender Ketua Kampong. Da legte mir der Resident den Arm auf die Schulter und sagte lächelnd: «Sprich nicht, Aueng!» – Darauf wendete er sich zu Kayan, dem Oberhaupt von Long Sembayang: «Du fragst nach dem Lohn des T.K.?» – «Ja. Hier bin ich und habe nicht genügend Mittel, meine Kinder hier in der Stadt zu ernähren.» – «Hast du schon Lohn erhalten?» – «Nein, auch vergangenes Jahr ist mein Lohn ausgeblieben.» – «Oh, in diesem Fall gebe ich dir 600 $, Kayan. – Oh, bist du nicht den Vielen gefolgt und hast einst die Kompanie blockiert?» –

* Anak Rayat

Kireng Pá 1:1

Der grösste Vertreter des kleinsten Nagers, neben Kireng Buá (→ siehe) [Seitenhinweis fehlt im Original] und Kireng Béreséng (mit weissem Augenstreif). Er hat nach der Sage dem Vogel Kang-Kaput das Leben gerettet, als erboste Makakken-Eltern diesen erdrosseln wollten.

«Ja, letztes Jahr habe ich blockiert.» – «Bei der neuen Blockade, warst du dabei?» – «Nein.» – «Du lügst! Was steht da dein Name als Mitglied?», schwenkte der Resident ein Stück Papier. – «Sie haben meinen Namen einfach auf die Liste gesetzt, als ich da mein Kind holte – ich habe nicht bei der Blockade gelebt.» – «Wenn das so ist, gebe ich dir nicht vollen Lohn. Hier –, 400.– $. Wenn du jedoch später wieder blockieren solltest, werde ich deinen Namen als Ketua Kampong wegwerfen!»

Und nach Auszahlung sprach er zu uns allen: «Wer von euch wiederum blockieren sollte, dem werde ich keine Hilfe, was auch immer, geben. Wer jedoch nicht blockiert, der wird ein leichtes Leben haben und meine Unterstützung finden.» – Darauf zog der Resident einige Geldscheine aus der Tasche und zählte, mir einzeln jede Note vor's Gesicht haltend «10.–, 20.–, 30.–, 40.– $», und gab sie mir als Unterstützung für die Tage in Limbang.

Trotz Drohung des Tuhan Forest ‹Dennis› in Long Napir: «Wer wiederum blockiert wird festgenommen und in die Ice-Box gesperrt!», wurde in einem Meeting erneut Barrikade angesetzt. Vertreter von fünf Penandörfern des I-ot Aka*, Baram, legen die

Distanz nach Long Napir in drei Wochen zurück, selbst eine Frau mit Kleinkind sind mit dabei.

* Long Benalei, Long Pengaran. Long Képang, Long Kerameu, Long Ajeng. Sie zählen zusammen rund 85 Familien.

12/702 *Lauai Turai von Long Képang erzählt:* Vergangenes Jahr wurde ich zu einem Meeting nach Long Lelleng gerufen. Da sprach der Kellabit Rajá Bala* zu mir; «Wir wissen, ihr Penans führt ein armes Leben. Hier, ich helfe euch. Sieben Schachteln Patronen geb ich, wenn du diesen Brief unterschreibst. Wenn die Kompanie kommt und arbeitet, wirst du Anteil erhalten.» –
Doch ich weigerte mich, meinen Daumen aufs Papier zu drücken, da ich weder lesen noch schreiben kann und den Brief nicht verstand. – Alle Kellabit-Einwohner von Long Lelleng unterschrieben, bis auf einen, der mit einer Penanfrau verheiratet ist.

Die Bulldozer nähern sich unserm Lebensraum vom Patáh-Fluss her. Rund ein Dutzend Dörfer, haben wir uns schon besprochen und wollen klarstellen, dass wir nicht der Holzfällerei in unserm Land zustimmen. – Wie ein Kleinkind weint und weint, solange es nicht die Mutterbrust erhält, sollten wir uns nicht durch sogenannte Projekte ablenken lassen. Erst dann, wenn unser Land zugesichert ist, werden wir schweigen und zufrieden sein.
Aus der Geschichte der Keniaks von Long San (Kussan) können wir lernen: Das Land des dortigen Kelame-Flusses war unter dem einstigen Tamagung Lauai zum Reservat erklärt worden. Doch nach dessen Tod drangen die Bulldozer in das Gebiet. Als sich die Bewohner talwärts beschwerten, das Reservat sei schriftlich

* Oberhaupt in einem der grössten Logging-Camps am Baram, Long Temala
Bula Lakat 1:1 Balanophora ♂

12/703 festgehalten worden, machten sich die Beamten auf die Suche nach dem Dokument von Marudi bis Kuching. Sie fanden es nicht, denn es wurde verheimlicht. –
Darauf taten sich einige Keniak-Dorfoberhäupter zusammen und verlangten in einem unterzeichneten Dokument Schadenersatz für zerstörtes Land und Kulturen. Darin wurde u.a. für einen gefällten Durianbaum 100.– $ verlangt.* Doch die Behörden stimmten nicht zu, sandten jedoch ein neu aufgesetztes Papier, worin der Schadenersatz rund auf die Hälfte gekürzt war. Die Ketua Kampongs unterschrieben…
Saund Buiang, Long Bénali

Der Initiant der Blockade hatte versäumt, alle Anwohner über das Ereignis zu informieren und zusammenzutrommeln. Einige sind hochschwanger, andere Patienten, und die Nomaden entfernt verstreut. Dazu stehen die neuen Rodungen vor Brand und Aussaat. Schon stehen die ersten in Flammen, und verursachen trübe Sicht und Regenfälle, anfangs August. – So wird das Datum um weitere zehn Wochen verschoben. In der Zwischenzeit wühlen – oh weh – die Bulldozer sich weiter in die unberührten Quellgebiete.

Die Besucher vom Aka Jeduh schlagen die Zeit über mit Beten und Singen, Frage-Antwortspiel mit Behörden und Kompanies, mit Jagd und Sagogewinnung und Pfeilgiftanzapfen. Im Gebiet des Aka sind tödlich wirkende Pfeilgifte selten, und die Droge wird zu hohen Preisen gehandelt, ein Päckchen gegen ein Blasrohr aus der Pá-Wurzel. –

* Das edle Gewächs trägt pro Saison Früchte im Wert von rund 1000.– $.

Tawá-un

Wo auch immer eine menschliche Seele das Lachen dieses Dschungelkönigs über der Landschaft hört, freut sich das Herz. Jäger locken den Vogel durch Imitieren seiner Stimme, und der an einem Verabredungsort Wartende ruft, sich die Zeit vertreibend, seinen Gespanen auf dieselbe Weise. «Kú-kú-kú-kú-ká-ká-ká-ká-kakakakakaká!» –

Der Nashornvogel Tawá-un begleitet die Seele des soeben Verstorbenen hinauf ins Himmelsparadies (Lepuhan). Ruft er bei Nacht, so gilt er als Todesbote: Gleichwie der die sonst nur tagsüber hallende Stimme hört erschrickt – sagt ihm der verschiedene Verwandte: «Eben war ich noch – nun weile ich nicht mehr bei euch.» (→ Surá/Gitá).

Der Penan unterscheidet den Vogel in den grösseren (Tawá-un Lewuning) mit kräftiger Stimme und den kleineren (Tawá-un Parun). Weibliche Tiere sind sofort kenntlich durch ihren weissblau gefärbten Kehlsack.

Der Mensch ist der einzige Feind des Gehelmten. Doch wird dieser nur selten vom Eingeborenen erbeutet, da er zumeist ausser Reichweite der Giftpfeile auf den mächtigsten Dschungelriesen aufbaumt. Hoch oben brütet das in seiner Nisthöhle eingeschlossene Weibchen ein einziges Ei aus und wird vom Männchen durch die mit Lehm und Harzen bis auf einen kleinen Spalt verschlossene Öffnung gefüttert. Schwanzlose weibliche Tiere verraten sich als kurz vor oder nach der Brut stehend. – Holzfällerei bedroht das Leben des Königs, da sie ihn seiner Nist-Bäume wie Jit, Lú-an und Pénnato beraubt. –

Im Gegensatz zu anderen Nashornvögeln ernährt sich der Tawá-un einzig von den Früchten der Würgfeige (Nonok)*, nebst Kakerlaken und Käfern (wie Pilau); in folgender Sage findet sich die Erklärung:

Einst wusch der Jahresgott (Balei Tá-un), welcher den Fruchtsegen bringt, sein Kind. Da flog der Tawá-un über den Himmel und rief plötzlich mit kräftiger Stimme «Ka-kak, ka-kak, ka-kak». Erschrocken fiel das Kind von seinem Ast zu Tode. Da verschwor** sich der Jahresgott mit dem Tawá-un: «Wenn du Früchte der grossen [Frucht-]Zeit isst, wirst du sterben!» –

* Nonok: Würgfeigengewächse blühen und fruchten unabhängig von der grossen Fruchtzeit, wo alle edlen Gaben reifen.

** Pesupá: Bündnis, Eid, Schwur, bei dem der Fehlende sterben wird. In alten Zeiten gebräuchlich bei der Versöhnung befeindeter Stämme (~ Blutsbruderschaft), wie bei der Klärung anschuldigender Streitigkeiten.

Täuschung

Durch unbekanntes Gebiet suche ich nach einem Streifzug den Weg zurück zu unserer Hütte. Irgendwo da unten wird sie sein. – Da höre ich deutlich kurz vor Einnachten Axtschläge hallen – von einem benachbarten Hügelzug. Oha! Da hab ich mich wohl verlaufen. Dort drüben fällt Freund Maleng neben unserer Bleibe wohl eine Niwung-Palme; in dem Gebiet sind wir die einzigen Bewohner, und vor Nachteinbruch wird sich mein Freund nicht weit von der Hütte entfernt beschäftigen. Eiligst wende ich meinen Schritt, um möglichst vor völliger Dunkelheit einen bekannten Pfad zu erreichen. – Doch ich werde in die Irre geführt. Spät nachts erfreut mich der Anblick von Feuerschein. Unsere Siedlung befindet sich am anfangs vermuteten Ort. Doch der Tawá-un (Nashornvogel) hatte mich von meinem Weg abgelenkt. Selbst Eingeborene liessen sich schon durch das Schnabelklopfen des Gehelmten in die Irre führen. – Diese Laut-Äusserung hat wohl denselben Sinn wie das Trommeln des Spechts.

Wohl ähnlich wie Widder aufeinander losrennen, wurde beobachtet, wie sich zwei Tawá-uns von benachbarten Bäumen anflogen, um mitten in der Luft mit ihren gehörnten Schnäbeln knallend aufeinanderzuschlagen (→ Téllanáng).

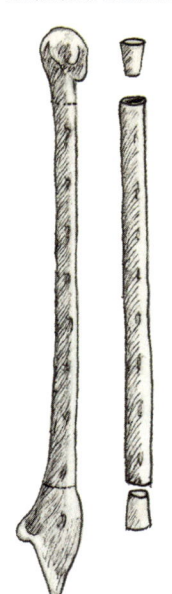

In Auseinandersetzung mit dem verwandten Béléngang, sei dessen hohler Schnabelaufsatz schon gespalten.

1:1/2

Pfeilgiftzutatenbehälter aus dem Flügelknochen des Nashornvogels. Die Knochenwände sind kaum millimeter dick und bewirken Leichtigkeit des Flugtiers. – Sorgfältig wird der Röhrenknochen an seinen Enden ringsum mit dem Messer gekerbt und die Gelenkteile abgetrennt. Nach Schaben der Knochenoberfläche werden die Öffnungen mit je einem Palmmarkzäpfchen verschlossen. Der Behälter wird im Pfeilköcher aufbewahrt und kann auch zur Aufnahme einer Notprise Tabak dienen.

Knochen, Schnabelhorn und Federschmuck finden Verwendung.

Flügelknochen: Pfeilgiftzutatenbehälter.

Pfeilspitzen

Spitze des Fingerknochens soll den Träger zu leichtem Gang befähigen. (Sihap)

Häutige Stützwände in spriessender Feder

Unter-/Oberschenkel: Die dünnen Wände der Röhrenknochen aller Nashornvögel wurden in alten Zeiten wie Bambus zu Pfeilspitzen verarbeitet, doch erinnern sich heutzutage Lebende nicht ihrer Herstellung. Seit langem werden die schärferen Bleche von Tellern und Konservendosen verwendet. Eine Prüfung zeigt, dass die Knochen sehr wohl mit dem Messer scharf zuschneidbar sind, deren Aufbewahrung über dem Feuer verursacht jedoch Sprödigkeit und Bruch.

Federschmuck: Die weissgespitzten Flügel- und Schwanzfedern des Tawá-uns* bilden traditionellen Kopfschmuck. Sie werden im schwarzen Teil von der Unterseite eingeschnitten bis der Kiel beinahe durchtrennt ist. Auf Zug gegen abwärts löst sich die Haut über der Mittelrippe und dient alsogleich, um die Flügelspitze zu befestigen. – Hin und wieder verschnürt ein Penan eine einzelne Federspitze an seinem Pfeilköcher. – Der aus Rattan fein geflochtene Pékáh, an dem die schwarzweissen Flügelspitzen baumelnd blinken, wird nur von Führerpersönlichkeiten getragen.

* sowie Schwanzfedern des Béléngangs und Flügelfedern des Béloks

Die Nashornvögel, welche innert Minuten Landschaften überspannen, für deren Durchquerung der Fussgänger Tage benötigt, gelten bei allen Dayak-Stämmen als Könige des Dschungels. – Kayan- wie Keniak-Angehörige schmücken die Bärenhaut, welche sie sich beim Tanz überstülpen mit deren Federn, und Kellabit-Mädchen bewegen Körper und Federfächer synchron harmonisch zu Sape-Klängen. Die langen braunen Mittelschwanzfedern des Tawá-uns werden vom Kayan- wie Ibantänzer aufrecht auf dem Kopf getragen.

Das Schnabelhorn des Tawá-uns findet vielseitige Verwendung. Das Stirnhorn ist hintergeben von einem äusserst zäh-harten schwammigen Knochengeflecht (Télanáng), und ist selbst beinahe unverwüstlich durch Stosswirkung. Mit Buschmesserhieben trennt der Eingeborene die beiden voneinander. Durch weichen in heissem Wasser wird dessen Verarbeitung erleichtert. – Die Schnabelspitze kann in heissem Zustand eingerollt werden. Sie behält die neue Form nach der Abkühlung, wird abgetrennt und verwandelt sich so in einen Halsanhänger. Das Stirnhorn erinnert an harten Wachs oder Plastik. Nach leichtem Schaben der Oberfläche leuchtet es gelb.

12/709 Das Stirnhorn männlicher Tiere ist beinahe doppelt so dick (~2 cm) wie dasjenige von weiblichen Tieren. Es wird in heissem Zustand mit dem Messer geschnitzt, oder auch mit einer Feile bearbeitet. Durch Runden der Ränder wie bei einem Bachkiesel und zentrale Bohrung verwandelt es sich zur Gürtelschnalle. Alte abgenutzte Blasrohrhintern werden durch Aufsatz eines Mundstücks aus Stirnhorn beinahe unverwüstlich. –
Das leuchtend gelbe Horn ist traditioneller Kellabitohrschmuck. Es wird mit reichen Ornamenten beschnitzt. – Bis anhin war es begehrter Handelsartikel talwärts, und landete wohl meist in der Bude von chinesischen Kunsthandwerkern. Der zentrale Teil des Schnabels kann zu einem Fingerring geschnitzt werden. Auch dessen, jedoch dünne, Seitenwände. Das Stück wird in heissem biegsamem Zustand um ein fingerdickes Holz gewickelt und fixiert bis zur Abkühlung. – Es behält seine Form bei.

12/710 Die beiden Nashornvögel Tawá-un und Beléngang besitzen leuchtend gelbe Bürzeldrüsen am Schwanzansatz. Sie fetten damit ihr Gefieder. Das Sekret riecht aufdringlich, und so das Fleisch des Vogels. Der Penanjäger steckt die Drüse, sofern er sie nicht zum Verzehr braten will, auf einen Spiess und bewahrt sie nach Trocknung über dem Feuer in seinem Köcher. Er färbt damit seine Pfeilhintern aus Palmmark mit Zeichen, um Pfeile verschiedener Verwendung und verschiedenen Gift's sofort unterscheiden zu können.

Nashornvögel sind meist von hunderten von winzigen Schmarotzern (Tumáh) befallen, die sich am Federansatz und längs der Kiele aufhalten. Um eine Übersiedlung der Blutsauger während des Transports zu verhindern, rupft der Jäger seine Beute meist am Ort. – Bei Befall, der sich durch unangenehmes Beissen bemerkbar macht, entledigt man sich der Besucher über dem Feuer.
Sämtliche Nashornvogelarten wie auch Gibbons und der Argusfasan wurden letzthin ge-

setzlich unter Schutz gestellt, und 12/711 deren Bejagung verboten. Nichtsdestoweniger stellt der Eingeborene wohl ohne Ausnahme allen Tieren nach, die ihm zur Ernährung dienen. Er hat dies seit Jahrtausenden getan, ohne Arten auszurotten oder das Gleichgewicht der Natur zu stören. – Und Gibbons, Nashornvögel wie auch der Argusfasan werden die Bejagung durch den Penan mit Blasrohr und Schlinge in den unberührten Quellgebieten überleben – jedoch nicht die unter dem Segen der Regierung vorantreibende Holzfällerei der wühlenden Bulldozer. – Diese zerstört den Lebensraum der bedrohten Arten und schafft Menschen mit modernen Waffen Zugang. Und in einem Land, wo selbst Gesetzeshüter gegen die Gesetze verstossen, kann man vom einfachen Mann nicht erwarten, dass er sich an sie hält – es sei denn, sie sind Tradition seines Volkes.

Kéllatang 1:1
Wo Kellabits auf eine Brutstätte dieses Hirschkäferartigen stossen, wird der Baum (wie die Eiche ‹Tékalet Boto Monin›) gefällt und aufgeschlagen. Der Lohn – einige Dutzend fingerdicker Larven – wird nach Entfernen der Eingeweide als Festschmaus im Fett gebraten.

Vergebliches Bemühen 12/712

Geplagt hängt Freund Maleng in der Hütte rum, und verweigert jegliche Mahlzeit. Ein Hemd über die Ohren gezogen, ist nur sein griesgrämiges geschwollenes Gesicht sichtbar. Jeglicher Appetit ist ihm vergangen – denn in seinem hintersten Backenzahn macht sich der Zahnteufel zu schaffen. Erst nach zehn Tagen klingen die Schmerzen ab, und der sichtlich abgemagerte Maleng spricht und isst wieder.
Wohl kennt der Eingeborene viele pflanzliche Drogen, die Zahnschmerzen lindern sollen, doch scheint kein Kraut gewachsen, das Rumoren in der Zahnwurzel wirklich zum schweigen zu bringen. Betäubende Arzneien wie das Latex der Mohnknospe sind dem Penan unbekannt. Verwendet werden vor allem gerbstoffhaltige Rinden (wie Posong/ Niépangám/Kaióu Mobeng) mit deren heissem Sud der Mund gespült wird. Bei dieser Behandlung trocknen die Schleim-

häute gleichsam aus und ziehen sich zusammen.

Bei meinem einstigen Abschied von der Zivilisation auf ungewiss hatte ich mir vorsorglich lädierte Zähne talwärts instandstellen lassen. Doch kaum zurück im Dschungel, fiel die erste Füllung schon wieder aus. Nur durch jeweiliges Zahnstochern nach den Mahlzeiten waren Speisereste aus dem hohlen Pa-

tienten zu entfernen. Drei Jahre danach machte sich dann der längst erwartete Zahnteufel zum ersten Mal spürbar ans Werken und verursachte schlaflose Nächte. Heisser Sud war mir dabei ganz und gar nicht bekömmlich, doch spülte ich den Mund nächtelang mit kaltem Wasser. Dabei erhöhte sich der Schmerz für einen Moment, um alsogleich für einige Minuten zu verstummen. Während Tagen geplagt, entschloss ich, das Übel an der Wurzel zu packen. Ich verschlaufte eine Angelleine an den Zahn und zog: «Tak» – «Ahhhh!», hielt ich unter einem Schmerzensschrei, begleitet von Gelächter der Nachbarn, – nur den gerissenen Silk in der Hand. Da verschnürte ich alsogleich zwei stärkere Fischleinen mit Zughölzchen, und versuchte, den Zahn durch Ziehen in abwechselnd seitlichen Richtungen zu lockern. Und dann, mich überwindend, mit einem Ruck «Ahhhh!» – Wiederum begleitet vom Gelächter meiner Genossen – hielt ich abermals nur die gerissenen Leinen in der Hand. – Am folgenden Tag sammelte ich wieder etwas Mut, und befestigte eine dickere gedrehte Kunststoffschnur an dem Zahn – und zog. Lange Geiferfäden rannen aus meinem Mund und dann – mit einem plötzlichen Ruck, gefolgt vom Schmerzensschrei – hielt ich nur die leere Schnur in der Hand; sie war über den Patienten gerutscht. Nach weiteren vergeblichen Versuchen bietet mir Bera-uk ein Stück kräftigen angerosteten Draht an. Ich verzichte freiwillig, und denke, die Zeit ist noch nicht reif, den Zahn zu ziehen.

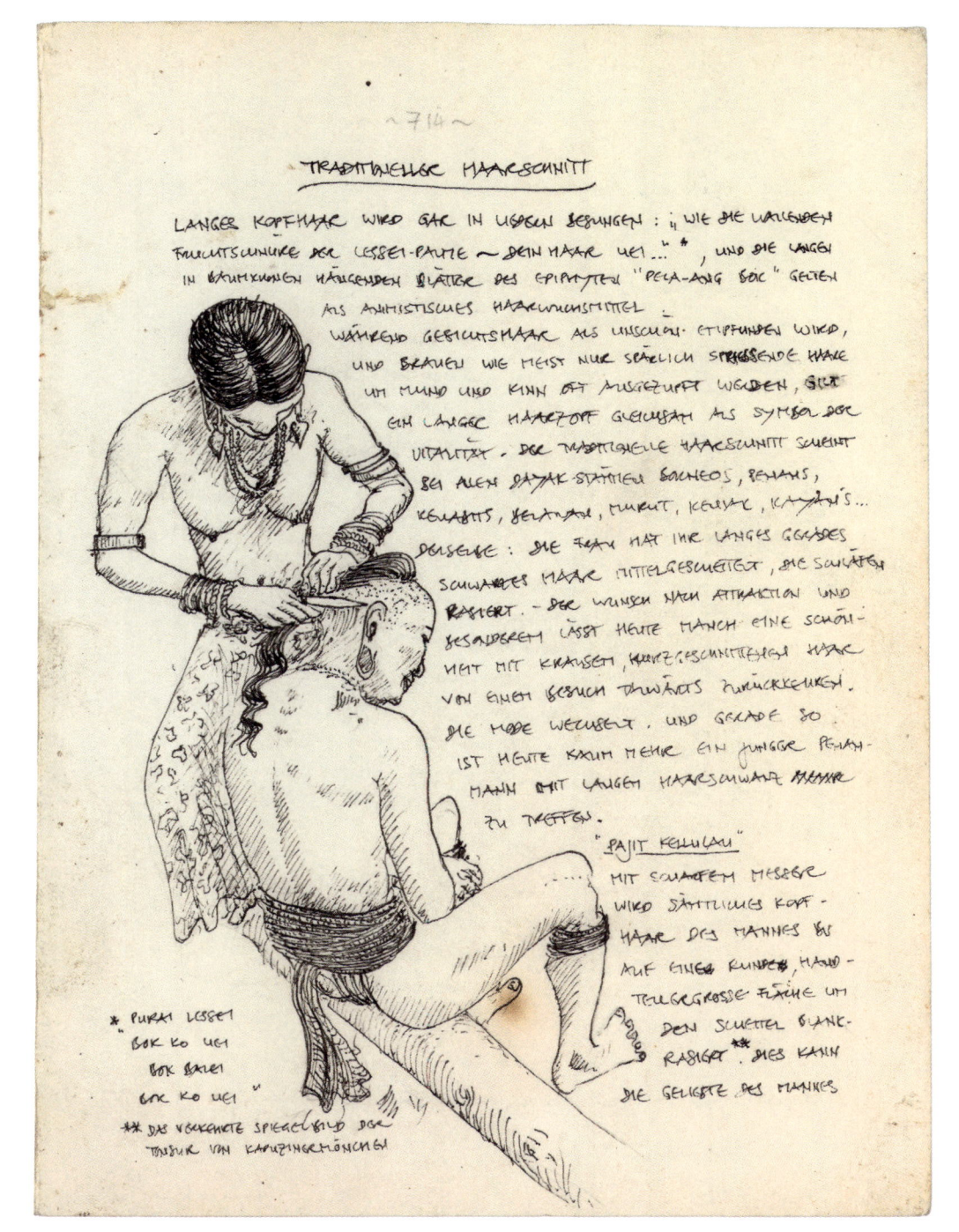

Tunying-Nest mit Jungbrut

Traditioneller Haarschnitt

Langes Kopfhaar wird gar in Liedern besungen: «Wie die wallenden Fruchtschnüre der Lessei-Palme ~ dein Haar Uei...»*, und die langen in Baumkronen hängenden Blätter des Epiphyten ‹Pela-ang Bok› gelten als animistisches Haarwuchsmittel. Während Gesichtshaar als unschön empfunden wird, und Brauen wie meist nur spärlich spriessende Haare um Mund und Kinn oft ausgezupft werden, gilt ein langer Haarzopf gleichsam als Symbol der Vitalität. Der traditionelle Haarschnitt scheint bei allen Dayak-Stämmen Borneos, Penans, Kellabits, Belawan, Murut, Keniak, Kayan's... derselbe: Die Frau hat ihr langes gerades schwarzes Haar mittelgescheitelt, die Schläfen rasiert. – Der Wunsch nach Attraktion und Besonderem lässt heute manch eine Schönheit mit krausem, kurzgeschnittenem Haar von einem

sonntags. – Nach der Rasur wird das abwärts gekämmte Haar des Vorderkopfs in einer harten Linie von Ohr zu Ohr über die Stirne abgeschnitten. Dabei wird das scharfe Messer mit der Schneide nach oben unters Haar gelegt und der ‹Bétukan›* darüber gerollt (Nebá), in Mangel einer Schere.

Der lange Haarschwanz am Hinterkopf wird bei Hitze und anstrengenden Beschäftigungen mit sich selbst zum ‹Sewatok› verknotet, oder ähnlich, gedreht bis er sich ringelt, um sich selbst gewickelt und der so entstandene Knäuel unter einem gespannten Haarstrang seitlich durchgeführt und auf diese Weise fixiert. –

Dieser Haarschnitt ist auf zwei Weisen sinnvoll; die Rasur beraubt die Kopflaus ihrer Verstecke und Brutstätte und kühlt gleichsam im tropischen Klima. Der geöffnete Haarschwanz deckt Nacken und Hinterkopf und schützt vor Mosquitos und in kühlen Nächten.

In Zeiten der Trauer (Ngelumo), bei Todesfall eines Ehepartners, schneidet sich der Überlebende das Haar auf Nackenhöhe kurz. – Der äusserst lange Haarschwanz einiger älterer Leute ist in seiner unteren Hälfte hin und wieder mangels Besuch eines Kammes komplett verfilzt (→ Tapin).

* Betukan: Holz zum Zuschneiden der Pfeilhintern aus Palmmark.

Pajit Kellulau

Séwatok

Rasurlinie (Pajit K.)

Schnittlinie (Tebá)

Besuch talwärts zurückkehren. Die Mode wechselt. Und gerade so ist heute kaum mehr ein junger Penan-Mann mit langem Haarschwanz zu treffen.

‹Pajit Kellulau›
Mit scharfem Messer wird sämtliches Kopfhaar des Mannes bis auf eine runde handtellergrosse Fläche um den Scheitel blankrasiert**. Dies kann die Geliebte des Mannes

* «Purai Lessei Bok Ko Uei Bok Balei Bok Ko Uei»

** Das verkehrte Spiegelbild der Tonsur von Kapuzinermönchen.

12/715 oder irgend ein anderes männliches Mitglied der Sippe besorgen. Geschah dies einst wann auch immer zu einer Zeit der Musse, rasieren sich heute die zumeist christianisierten Stämme

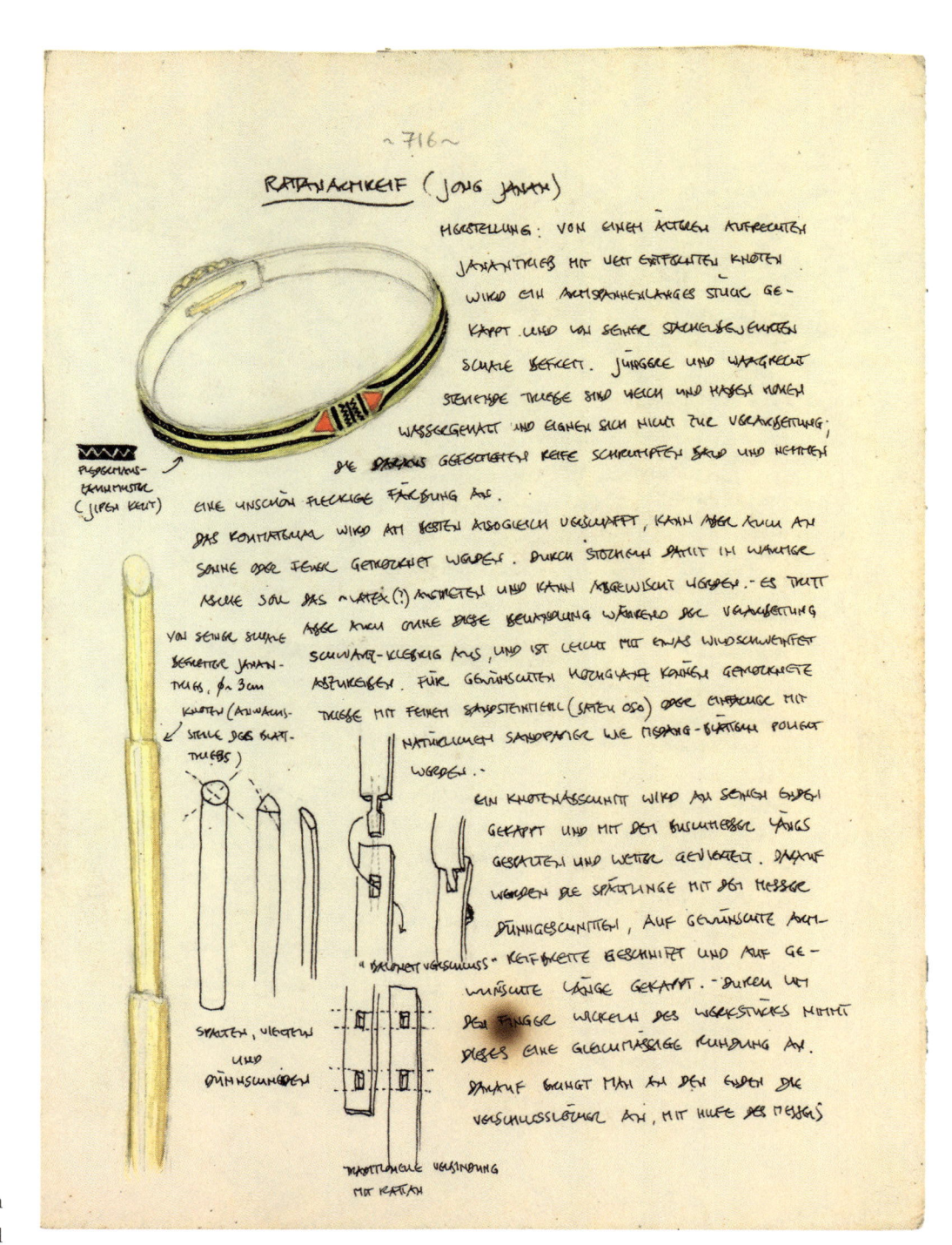

12/716 Rattanarmreif (Jong Janan)

Herstellung: Von einem älteren aufrechten Janantrieb mit weit entfernten Knoten wird ein armspannenlanges Stück gekappt und von seiner stachelbewehrten Schale befreit. Jüngere und waagrecht stehende Triebe sind weich und haben hohen Wassergehalt und eignen sich nicht zur Verarbeitung; die daraus gefertigten Reife schrumpfen bald und nehmen eine unschön fleckige Färbung an.

Das Rohmaterial wird am besten alsogleich verschafft, kann aber auch an Sonne oder Feuer getrocknet werden. Durch Stochern damit in warmer Asche soll das ~ Latex (?) austreten und kann abgewischt werden. – Es tritt aber auch ohne diese Behandlung während der Verarbeitung schwarz-klebrig aus, und ist leicht mit etwas Wildschweinfett abzureiben. Für gewünschten Hochglanz können getrocknete Triebe mit feinem Sandsteinmehl (Bateu Oso) oder einfacher mit natürlichem Sandpapier wie Medang-Blättern poliert werden. –

Ein Knotenabschnitt wird an seinen Enden gekappt und mit dem Buschmesser längs gespalten und weiter geviertelt. Darauf werden die Spältlinge mit dem Messer dünngeschnitten, auf gewünschte Armreifbreite geschnitzt und auf gewünschte Länge gekappt. – Durch um den Finger Wickeln des Werkstücks nimmt dieses eine gleichmässige Rundung an. Darauf bringt man an den Enden die Verschlusslöcher an, mit Hilfe des Messers

Fledermauszahnmuster
(Jipen Kelit)

Von seiner Schale befreiter Janantrieb, Ø ~3 cm

Knoten (Anwachsstelle des Blatttriebs)

Spalten, Vierteln und Dünnschneiden

‹Bajonett Verschluss›

Traditionelle Verbindung mit Rattan

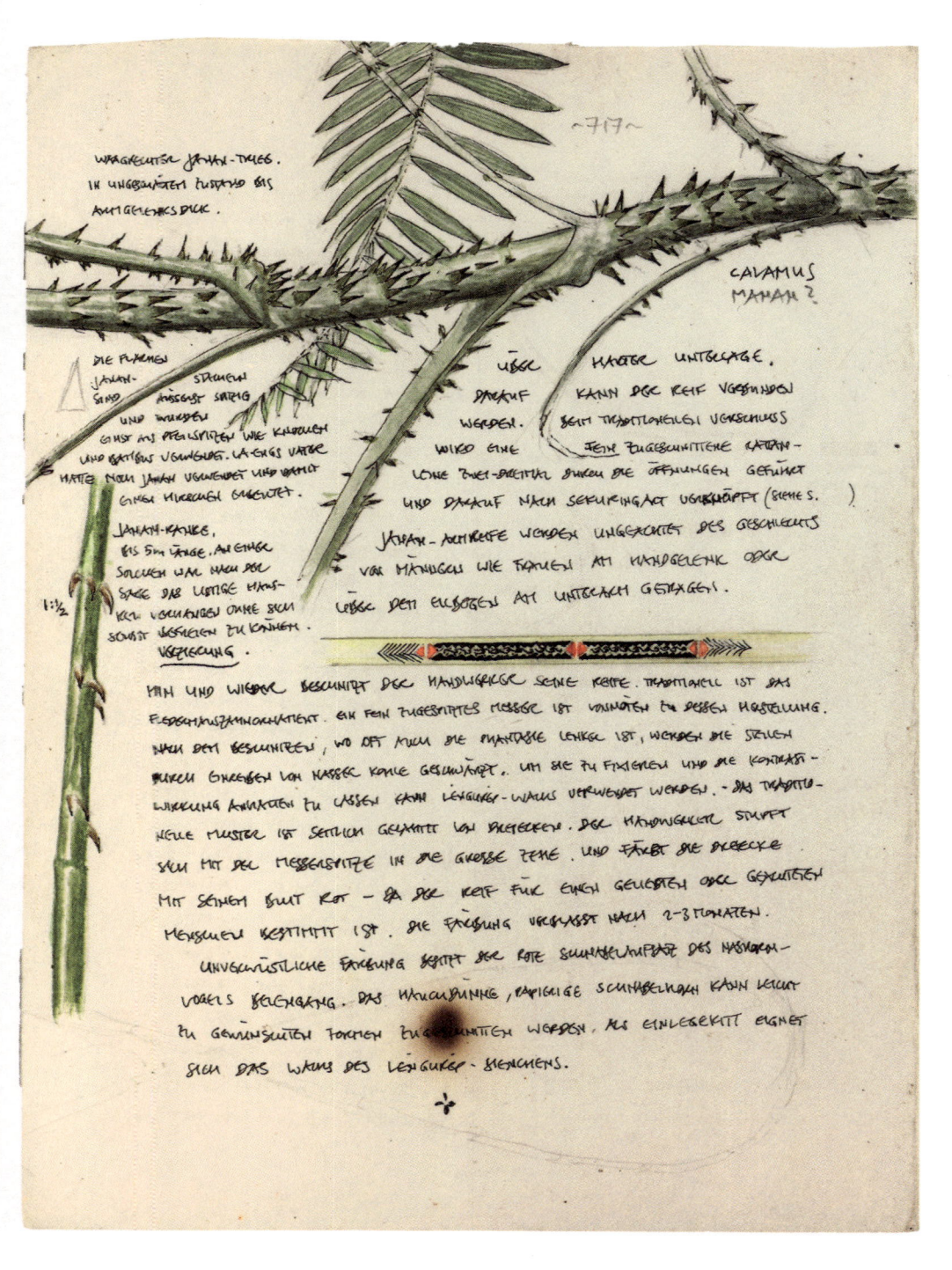

über harter Unterlage. Darauf kann der Reif verbunden werden. Beim traditionellen Verschluss wird eine feine zugeschnittene Rattan-Leine zwei-dreimal durch die Öffnungen geführt und darauf nach Sekuringart verknüpft. (siehe S. [722]). Janan-Armreife werden ungeachtet des Geschlechts von Männern und Frauen am Handgelenk oder über dem Ellbogen am Unterarm getragen.

Verzierung

Hin und wieder beschnitzt der Handwerker seine Reife. Traditionell ist das Fledermauszahnornament. Ein fein zugespitztes Messer ist vonnöten zu dessen Herstellung. Nach dem Beschnitzen, wo oft auch die Phantasie Lenker ist, werden die Stellen durch Einreiben von nasser Kohle geschwärzt. Um sie zu fixieren und die Kontrastwirkung anhalten zu lassen kann Léngurép-Wachs verwendet werden. – Das traditionelle Muster ist seitlich gerahmt von Dreiecken. Der Handwerker stupft sich mit der Messerspitze in die grosse Zehe und färbt die Dreiecke mit seinem Blut rot – da der Reif für einen Geliebten oder geachteten Menschen bestimmt ist. Die Färbung verblasst nach 2–3 Monaten.

Unverwüstliche Färbung besitzt der rote Schnabelaufsatz des Nashornvogels Béléngang. Das hauchdünne, papierige Schnabelhorn kann leicht zu gewünschten Formen zugeschnitten werden, als Einlegekitt eignet sich das Wachs des Léngurép-Bienchens.

Calamus Manan ?

Waagrechter Janan-Trieb. In ungeschältem Zustand bis armgelenksdick. Die flachen Janan-Stacheln sind äusserst spitzig und wurden einst als Pfeilspitzen wie Knochen und Bambus verwendet. La-Engs Vater hatte noch Janan verwendet und damit einen Hirschen erbeutet.

Janan-Ranke. Bis 5 m Länge. An einer solchen war nach der Sage das listige Mausreh verhangen ohne sich selbst befreien zu können. 1:½

Janan-Rattan

Dieser Stachelbewehrte findet sich überall in feuchten, gründigen Seitenhängen und klettert bis in hohe Baumkronen. Alte Triebe, deren Schalen längst verrottet sind, kringeln sich als glänzend grünes Schlangengetier durchs Unterholz. Länge bis 30–40 m, Blatttwedel 2,5 m.

Der Trieb selbst dient dem Penan zur Herstellung von Armschmuck, den Kellabits zum fertigen des Bodens von Erntekörben (Bú-an), zum Kreis gerollt und fixiert. – Waagrecht stehende Triebe enthalten viel Flüssigkeit; der Durst kann mit diesem reinen Nass gestillt werden, das sich hörbar durch Sog aus den vielen Porenschläuchen entleert. Das ‹Herz› dieses Klettergewächses schmeckt etwas bitter und wird kaum je vom Penan verzehrt, obwohl ungiftig. – Der weiche Trieb direkt unter dem Herzen* kann bei Zahnschmerzen aufgelegt werden. Die Blattwedel dienen zur Not als Bett und Unterlage, Sago zu verarbeiten.

Von einem jungen Schoss wird ein unterarmlanges Stück Stengel gekappt, über dem Feuer erwärmt und dann ausgewrungen. Einige wenige Tropfen des austretenden bitteren Saftes sind Bestandteil der absolut tödlichen grossen Pfeilgiftmischung (→ Tacem Sinouai).

Janan bildet eine Handvoll Fruchtstände, deren jeder mit bis zu hundert Gaben besetzt ist. Diese sind begehrte Affennahrung und auch vom Penan geliebt. Meist jedoch schmecken sie äusserst sauer und zusammenziehend, trockenen Mund bewirkend. Nur selten kann das in reifem Zustand leuchtend gelbe Fruchtfleisch süss genannt werden. Auch der unreife noch weisse Same ist essbar, bevor er sich zum schwarzen Kern verhärtet. Bei übermässigem ‹Genuss› bildet sich ein Zungenbelag von all den Fruchtsäuren. ‹Janan-Paiáh› findet sich im Gebirge; dessen längliche Früchte sind süss.

* Pá-ong 1:3/4

unreife Frucht

12/719 **Uai Kéllutup** (Kho othalsia)

Dieser Rattan wächst in feuchten Seitenhängen, in Gesellschaft mit dem Gewehr-Rattan (U. Selapang). Ø 1–2 cm. Länge bis 20 m. Unverkennbar. Blattriebe bis 2 m, in Ranken endend. Blätter unterseits graugrün. Basisblätter bedornt, trockenhäutig.

Das Rattangestell (Kiwáh)

Zur Herstellung des Gerüsts (Jekú Kiwáh) dienen folgend Rattanarten: Uai Kéllétup / Uai Mitai / Uai Tahai / Uai Inang / Uai Sawit Kup / Durú / Uai Séggéláh. Es wird ein Rattan von ca. ~1 cm Durchmesser gewählt, und ein gut 2 m langes Stück abgetrennt von einem älteren Trieb; dort, wo das Stämmchen in vergilbte Basisblätter gepackt ist, und die Blatt'triebe schon abgestorben sind, ist der Rattan am widerstandsfähigsten. Gegen die Triebspitze ist er zu weich (→ schrumpft beim Trocknen), während das nackte Stämmchen (Tahan) zur Wurzel hin beim Biegen gerne bricht.* – Mit einem Hölzchen wird die Höhe und Breite der Rückenwand des Traggestells auf den Rattan abgemessen, die betreffenden Stellen V-förmig gekerbt und darauf über dem Feuer im heissen Zustand gebogen.

* Nach dem Schälen werden die vorstehenden Anwachsstellen der Basisblätter (→ Silun) an den Knoten entfernt.

12/720

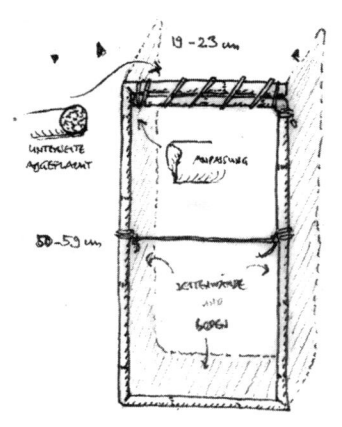

Während dem Biegen werden die vier Seiten der so entstandenen Rechtecks gerädet und in Form gebracht und fixiert, und innert zwei Tagen über dem Feuer getrocknet; dabei verliert das Gerüst an Gewicht, verhärtet und seine Form verfestigt sich.

Die Rückenwände der Penan-Kiwáh's variieren nur wenig in ihren Massen. – Die Traggestelle der Kellabits verbreitern sich gegen die Schultern hin; darin spiegelt sich die Erfahrung, dass schwergewichtige Lasten leichter getragen werden, wenn sie sich möglichst über dem Kreuz befinden. Auch der Penan verpackt darum schwere Dinge im oberen Teil seiner Kiwáh.

19–23 cm
Unterseite abgeflacht
Anpassung
50–59 cm
Seitenwände und Boden
Kellabit-Kiwáh lekú
23
19

Seitenwände (Maten Kiwáh)

Der begehrteste Rattan zur Herstellung des sogenannten ‹Augen› findet sich nur im Hochgebirge: Uai Bulun Bungum Tepun (= Schnauzhaar des Tiger-Geistes). Dieser äusserst feine Rattan (Ø ~1,5–2,5 mm) kann sofort als Ganzes mit sich selbst verschlungen werden. Alle übrigen verwendeten Arten (Bukui/Saput/Selapang/Sepra/Duru/Kellowong) müssen gespalten und bearbeitet werden und sind weniger langlebig.

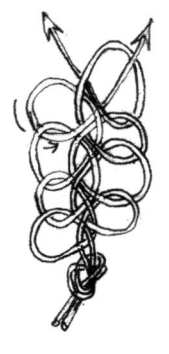

‹Lipan›

Begonnen wird mit dem ‹Hundertfüssler› (Lipan); er bildet die Mittelachse eines Rechtecks von ~25 cm Breite und einer Länge, welche sich den Massen des Gerüstes anpasst (2 Seiten-Wände + Boden). Zwei Rattantriebe werden nach Entfernen der Seitentriebe und Schälen miteinander verknotet, und abwechselnd verschlungen. Dabei wird der Linke in einer Schlinge nach rückwärts unter seinem Nachbarn durchgeführt, von unten durch die vorhergehende linke Schlinge geführt, über seinen Nachbarn und unter sich selbst durchgezogen.

12/721 Darauf wird entsprechend der Rechtsseitige verschlungen, und so fort, bis der ‹Lipan› seine Länge erreicht hat. Die einzelnen Schlingen werden möglichst gleich straff angezogen (~1,5–2 cm Ø), und die Knüpferei hin und wieder gerädet und gestreckt. Muss angesetzt werden, werden die Trieb-Enden wellenförmig um die Mittelachse des Lipans geführt und nach 2–3 Schlingen gekappt. Während dieser Arbeit färben sich die Finger schwarz vom aus dem Rattan tretenden, etwas klebrigen Harz. Beim Ansetzen wird der Rattan mit seiner Triebspitze angefügt. Die etwas vorstehenden Anwachsstellen der Blatt'triebe (→ Knoten) stören dann nicht beim Durchziehen.

Sekuring

Nachdem links- wie rechtsseitig des ‹Lipans› 6–7 Augenreihen angeschlungen sind, wird das so entstandene Rechteck (120 cm x 25 cm) an seinen Rändern verstärkt. Irgendein Rattantrieb (von 4–5 mm Ø wie Nai Semui, U. Kellowong, Sepá, Tanyit) wird ringsum angefügt und mit einer dünngeschnittenen doch kräftigen Rattanleine (wie Selapang) auf folgende Weise verknotet. Der schmucke ‹Sekuring› wird auch angewendet, um Armbänder aus dem Rattan Janan zu verknüpfen, sowie zur

12/722 Herstellung der Traggurtaufhängungen sowie Verschnürungsschlaufen; sogenannter Blutegel (Kématék), da sie wie ein sich fortbewegender Egel einen Bogen spannen (siehe nächste Seite):

Flechten der Rückenwand (Likoi Kiwáh)

<u>Zettel</u> (Ukat): Je nach Grösse des Traggestells werden etwa 30 Rattanleinen von ~3 m Länge zugeschnitten und an der Sonne oder in der Nähe des Feuers getrocknet. Sie werden dabei geringelt und mit einer Ausschussfaser fixiert. Während der Trocknung verdampft der Pflanzensaft (Ba Lemai) und das Flechtgut bleicht schön hellgelb. Ohne diese Behandlung würde der Rattan bald eine zersetzend rotbraune Färbung annehmen. – Darauf wird eine Leine nach der andern im symmetrischen Schlingen am Traggestell verknüpft. Der Zettel selbst bleibt dabei locker, doch die Knoten werden straff angezogen. Die einzelnen Leinen werden mit dem Weberknoten verbunden, traditionelle Weise des Dschungelvolks, Lianen wie Rattan miteinander zu verbinden.* Die vorstehenden Enden sollten etwa Fingerlänge betragen, um späteres Auflösen zu verhindern. Während dem Flechten werden die Knoten geöffnet und die vorstehenden Enden einfach übereinandergelegt und als einzelne Zettelleine verflochten. – Die so aufgespannten Zettellängen mögen um die 70–80 betragen.

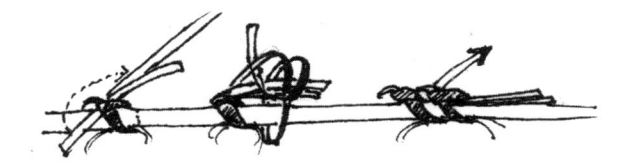

<u>Schuss</u> (Pékét): Die Querleinen werden traditionell schwarz gefärbt (Pékét). Das Flechtgut wird dabei während rund einer halben Stunde in einem Sud von B.....blättern [Brandloch im Original, Wort teilweise unleserlich], Tékkaiá, Leman-Rinde

* Der Knoten scheint wegen seiner Einfachheit unabhängig von Kulturen rings um den Erdball entstanden. Europäische Weber wie Sattler und Schuster verwenden ihn, gleichwie malaysische Fischer und Dayakvölker Sarawaks – und bei Prüfung bestimmt auch Eskimos wie Pygmäen und Eingeborenenvölker Süd- wie Nordamerikas.

Ansetzen

25 cm

Weberknoten

oder Sébangánd-Blättern gesotten.* nach dieser Behandlung hat sich keinerlei Reaktion gezeigt. Doch nach Einweichen in möglichst schlammigem Lehmmatsch, in Wildschweinsuhlen, verwandeln sie sich über Nacht in Rabenschwärze und nehmen unangenehmen Geruch an. Dieser legt sich jedoch während der folgenden Trocknung. Bei unbefriedigendem Ergebnis werden die grauen Leinen ein zweites Mal im Pflanzensud gekocht und wiederum im Schlamm aufbewahrt. Einige Penanfrauen beizen das Färbgut schon vor der Kochung im Schlamm.

Zum Flechten einer Rückenwand werden 25–30 Leinen von Armspannlänge (~150 cm) als Schussmaterial benötigt, was 120–160 Schüssen von ~25 cm Länge entspricht.

<u>Béték Pesun</u>.

Das ‹Oberarm-Ornament› wird von den Penan-Nomaden des Tutoh wie Limbang für ihre Traggestelle verwendet. Es ist symmetrisch aufgebaut und besteht aus zwei übereinander auf ihren Spitzen stehenden gerahmten Quadraten, die je vier weitere Quadrate enthalten.

* Die Färbpflanzen seien an anderer Stelle genauer besprochen. Wie der Eingeborene zum ersten Mal die Färbkraft der Drogen entdeckt hatte, ist ein Rätsel, da sich die Reaktion erst bei der Schlammaufbewahrung zeigt

◆ Vogel Auge (Matten Djunit)

▰ Koték

◢ Oberarm (Pésun)

◆ Tékiran

▰ → Tégamang (Hüfte des Traggestells)

12/724 Die schwarzen Schussleinen werden analog dem Zettel in symmetrischer Schlinge am Rahmen verknotet, und zwischen den Zettelleinen eingefügt. Dabei lernen die jungen Mädchen von ihren Müttern das Handwerk. Meist dient eine vorhandene Kiwáh mit geliebtem Ornament als Muster, von dem fortwährend abgeguckt und das Entstehende verglichen wird. Ist das Ende einer Schussleine kürzer als die Zettelbreite, wird es am Rahmen auf die übliche Weise verschlungen und dicht am Knoten abgetrennt. Die neue Leine wird ganz einfach mit über den Rahmen stehenden Anfang verflochten und dieser in die folgende Schlinge eingelegt, straff angezogen, und wenn der Rahmen fertig verflochten ist, also sämtliche vorstehenden Enden gekappt. –

Die Flechterei wird gegen das Ende hin äusserst mühsam, da sich der Zettel immer mehr spannt und unbeweglicher wird. Nur mit einer Aale [Ahle], wie Wadenbeinknochen des Languraffen oder einer kräftigen Rückenborste des Stachelschweins, kann die Arbeit vollendet werden. Die Schussleinen werden jeweilen mit den Fingernägeln aneinander verdichtet.

Die Ornamente, welche in dem Rückenteil der Traggestelle eingeflochten werden, sind in der Regel axialsymmetrisch aufgebaut. Das ‹Oberarm-Ornament›, welches etwas flach erscheint, wird einzig von den Nomaden des Ulu Tutoh/Limbang verwendet. Es

Bunga (Malaysisch: Blume)

Dieses Ornament wie das folgende haben die Nomaden verwandten Stämmen im Baram abgeguckt. Zwei auf der Spitze stehende Quadrate sind gerahmt von Kotek- und Kauit-Mustern

Témalet

Blumiges Ornament mit ‹Vogelaugen› gerahmt von ‹Kotek› und dem wellenförmigen ‹Kauit›-Muster. Es setzt sich nach oben entsprechend fort, eventuell in einer weiteren Blume

Darauf werden die Schlaufen zur Aufnahme 12/726 der Traggurte sowie zum Verschnüren der Traglasten geknüpft. Der Penan nennt sie ‹Kématék›, ·Blutegel, da sie wie die lästigen Schmarotzer einen Bogen spannen.* Ihre Knüpfweise ist analog den ‹Sekuring›.

Die Trägeraufhängung (A) wird auf die Mittelrippe der Seitenwände, angebracht. Für angenehmes Tragen müssen sie auf gleicher Höhe verschlauft werden. Um ein Reissen der Seitenwände bei allzuschwerer Belastung zu verhindern, wird ein kleinfingerlanges Hölzchen in Sekuringknüpfweise auf der Mittelrippe befestigt. Darauf wird eine Rattanleine in sechs Bögen dreimal hin- und kreuzweise darüber dreimal zurück gespannt und das ganze wiederum mit Sekuring-Knoten gefestigt.

Die Trägerführungsschlaufen (F) am Boden des Traggestells werden nahe der Biegung zu den Seitenwänden befestigt, und zwar seitlich auf der äusseren Seite der Mittelrippe; damit wird Rückenlage der Last vermindert. – Da sie, wie die Schlaufen zur Verschnürung der Last (V) weniger beansprucht wird, genügen zwei übereinandergelegte Achterschlaufen.

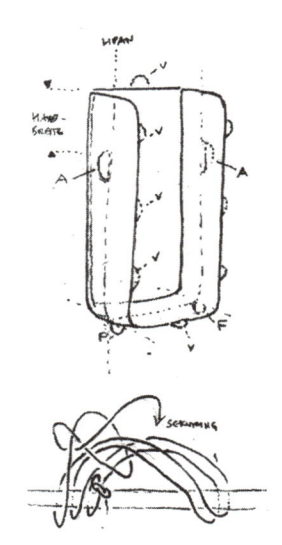

12/725 mag sich darin die scheue Lebensweise des Dschungelvolkes spiegeln – unter dem immergrünen Laubdach, wo Sonnen- und Schattenspiel auf der Vegetation Konturen verblassen lassen. – Im Gegensatz zu den von sesshaft gewordenen Stämmen übernommenen Mustern, die unter dem prallen Licht der Tropensonne auf die Rodungen entstanden sein mögen. – Einige wenige Penanfrauen wagen es hin- und wieder ihrer Phantasie freien Lauf zu lassen. Dabei entstehen symbolisierte Figuren wie auch asymmetrische Muster. – Nach Fertigstellen von Rücken- und Seitenwänden, werden diese mit einer Rattanleine zum eigentlichen Traggestell verbunden. Dabei wird die Leine in Abständen von 3–4 Fingerbreiten auf der Rahmen-Innenseite verknotet und darum geführt.

Tragriemen

Um bei schweren Lasten ein Einschneiden der Traggurte zu verhindern, werden sie möglichst breit und robust geflochten. Verwendet wird bevorzugt der Gewehr-Rattan (Uai Selapang); gewählt wird ein älterer Trieb, mit wenig vorstehenden Knoten, der sich grün und nackt in die Höhe windet**, nachdem die stachlige stammumfassende Basis der Blatttriebe verrottet

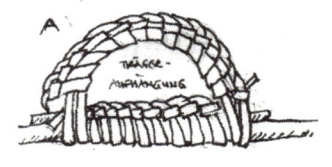

Lipan
Handbreite
A V P F
Sekuring
Trägeraufhängung
Ø ~10–12 mm

ist. Der gewählte Treib wird in 3–4 ~1,8 m lange Abschnitte gekappt. Diese werden in Wachstumsrichtung in drei Leinen aufgespalten,

* Sie werden auch hin und wieder rings der Öffnung von Rattantragbeuteln (Gau-ung) als Saum angeknüpft
** ‹Tahan›

welche wiederum halbiert und zerschnitten werden. Sie sollten nicht zu weich gefertigt werden (→ Einschneiden). So liefert ein Abschnitt 6 Leinen von 1,8 m Länge. Für einen Tragriemen werden 8 Leinen benötigt. Diese werden auf halbe Länge gefalzt und sodann ~parallel, mit der Oberseite nach oben nebeneinandergelegt und mit dem Fuss an dieser Stelle fixiert. Darauf scheitelt man sie in der Mitte, so dass vier Leinen nach rechts, vier nach links zu liegen kommen. Dann wird analog der Zeichnung geflochten, wobei ein hohler, seelenloser Strick entsteht. Dabei wird die äusserste rechte Leine (1.) von hinten über die zwei innseits liegenden linken Leinen gegen rechts gelegt, mit der Oberseite nach oben. Darauf entsprechend der äusserste Linke (2.) von hinten über die zwei innen liegenden rechten Leinen nach links gelegt, und so fort.

Nach 5–6 cm Länge wird das Flechtwerk gekehrt und auf dieselbe Weise in Gegenrichtung geflochten. Darauf falzt man den entstehenden Strick in der Mitte, so dass er eine Schlaufe bildet, und scheitelt sorgfältig die Leinen, so dass 8 nach links und 8 nach rechts weisen; die unteren liegen dabei rücklings.

Dann nimmt man die äusserste Leine der unteren von rechts und flicht sie folgendermassen nach links: 1 Überspringen (1o Temalet), 2 unten (2u, Kotek), 2o, 2u. Darauf nimmt man die äussere Leine von unten links und flicht sie nach rechts: 1o, 2u, 2o, 3u (Aniam Lépá). Analog wird abwechslungsweise weiter eine Leine rechts-links-rechts usw. geflochten. Die rücklings liegenden Leinen werden dabei am Rand einfach gefalzt (A, Ngá-Umb), so dass ihre Rückseite nach oben zu liegen kommt. Alle übrigen werden am Rand einmal verdreht (B. Ngélépé). So ist auf kurze Distanz zu Beginn die Unterseite von 4–6 Leinen sichtbar, bis alle am Rand gefalzt sind (in Zeichnung schraffiert).

Der so entstehende Riemen zeigt ein senkrecht weisendes Flechtwerk (Aniam Pejek), bestehend aus acht Reihen (Balé).

7. / 8. / 2. / 1. / 3. 3. / 5., / 4. / 6. 8.

5 mm

A / B

1o 2u 3u

1o 2u 2o 2u

Balé Balé

12/728 Das Flechtwerk vereinfacht sich ein wenig und wird symmetrisch, wenn zu Beginn eine Leine ausgelassen wird. Mit 15 Leinen (ungerade Anzahl) verhindert man das Überspringen von drei Leinen (Aniam Lépá). Die ausgelassene Leine wird später auf Fingerlänge gekappt und das Ende über eine benachbarte eingeflochten.

Hat der Gurt eine Länge von ~70–80 cm erreicht, lässt man ihn für die Aufhängung strickartig verjüngen. Dabei verwandeln sich die 8 inseits liegenden Leinen zur Seele (Ilo=Ei), während die äusseren 8 darum verflochten werden. Analog Zeichnung. Leine 1 und 2 wie die folgenden werden dabei möglichst straff angezogen, so dass sich der Gurt zusammenzieht. Die Flechtweise ist dieselbe wie zu Anbeginn (die äusserste Leine wird hinten rum zwischen der 2. und 3. Leine der gegenüberliegenden Seite durchgeführt, usf.).

Hat der so entstehende Strick gut Fingerlänge erreicht, werden die vorstehenden Seelenleinen auf ~2 cm Länge gekappt, der Gurt durch die Trägeraufhängungsschlaufe am Traggestell geführt, das Strickende darum gelitzt, so dass es eine Schlaufe bildet, und sämtliche Leinen auf der Trägerrückseite verspleisst. Der Riemen wird so am Traggestell befestigt, dass seine Oberseite auf die Schultern des Tragenden zu liegen kommt.

Die Leinen werden zum Verspleissen auf ~Handspannenlänge gekappt und zugespitzt. Mit einer Ahle wird das Flechtwerk etwas gelockert, wo die Leinen durchgeführt werden sollen. Der Spleiss wird dabei ganz gesetzmässig über die beiden mittleren senkrechten Geflechte des Traggurts gelegt. Zuerst die vier linken Leinen je unter

[Fortsetzung auf S. 12/736]

2/4/6/8/1/3/5/7

12/729 **Roter Schwanz (Bala Iko)**
Wie erstarrt lauert das Pit-Viper-ähnliche Schlängelchen in niedriger Vegetation. Kaum daumendick, Länge ~70 cm. Bauch abgeflacht, von weisser Schuppenreihe gesäumt. Kopf vergrössert. Pupille senkrecht.

Sein Biss verursacht nach einigen Stunden schmerzhafte Schwellung des Gliedes sowie der Leistendrüsen, die einige Tage anhält. Höherlagern des gebissenen Fusses schafft etwas Schmerzlinderung.

Vom Mühsamen
Uian von Long Napir berichtet Anfangs September 88
Da ertönte plötzlich Bulldozergebrumm gegenüber unseren Reisfeldern am Sen-Bach. Wütend gingen wir und sprachen zum Driver: «Nur

du hast einen Magen – wir haben keinen?! – Wo suchen wir unsere Nahrung? Wo hat unser Reis Leben, wenn die Erde gekehrt ist? Dies ist das Land, welches wir euch verbieten!» – «Wartet, wenn das so ist gehen wir zum Manager.»... «Kümmert euch nicht um die Penans, die werden euch kein Leid zufügen.», heisst uns der Manager zu arbeiten.– « Gut ihr erstellt eure Blockade und verbietet euer Land auf klare Weise.» –

So sperrten wir vier Familien den Weg. Da rief uns aber der Manager zu sich: «Doch kommt nicht viele! Vermischt nicht mit Kellabits! Ich will nicht viele Stimmen hören!» – Vier Mann gingen wir. «Was braucht ihr?» fragte der Manager. – «Unser Land!» antworteten wir. – «Wie gross?», fragte der Manager. – «Vom Tuan-Fluss quellenwärts. Doch ihr hört nicht auf uns. Wie weit ist es schon von euch zerstört! Den Sen-Bach in unserer nächsten Nachbarschaft verbieten wir wirklich!» – «Warum? – Hier, wenn ihr Bretter nehmen wollt, kann ich euch 3 m³ geben, sowie Gewinnanteil ¢ –.50 pro Kubikmeter.» – «Datuk James Wong*

* Tourismus- u. Umweltminister, Manager der operierenden LTL-Company.

hat uns einst ein kleines Reservat am Terasafluss und 3 m³ Bretter zugesagt. Inzwischen ist das genannte Land schon zerstört, und die versprochenen Bretter haben wir auch nicht erhalten. Wir glauben euch nicht! – Wir verlangen $ 2.– pro Kubikmeter Schadenersatz.» – «Lasst uns später darüber reden, und er nannte ein Datum. Während dieser Zeit gingen die Holzfäller wieder ans Werk. Am angesagten Tag des Meetings gingen wir und warteten bis am Abend, doch niemand erschien. – So halten sie uns zum Narren. Da erstellten wir wiederum eine Blockade und verlangten 60'000.– MS $, von wem auch immer sie öffnen will. Die Polizei kam, doch trat nicht in Aktion.
Da tauchte der Manager auf und sprach: «Geld können wir euch nicht geben, höchstens –.50¢ /ton. Doch mit Nahrung können wir euch unterstützen», und er verteilte drei Büchsen Bisquits, 5kg Salz, zehn Taschenlampenbatterien und Tabak an uns. Darauf versprach er, den Inhaber der Kompanie zu fragen, wie weit er bereit sei, Hilfe zu geben. –
Da kam er zurück und erklärte: «Das Einzige, was Datuk J. Wong zugestände, seien 3 m³ Bretter.» – «Wenn das so ist, könt ihr nicht weiterarbeiten!» – «Selbstverständlich können wir!», erwiderte der Manager. – «Nein! Wir verbieten es euch!» – «Dann werdet ihr bald verhaftet!» –
Da kam der ‹Herr des Waldes*› und sprach zu uns: «Wenn ihr bis in fünf Tagen eure Absperrung nicht öffnet, werdet ihr festgenommen! Gut, ihr beseitigt selbst die Blockade und geht nach Limbang zum Residenten. Er hat Geld bereit und wird euch Hilfe geben.»

* Tuhan Forest. Vertreter des Walddepartements

So öffneten wir unsere Absperrung und gingen nach Limbang zum Residenten. – Lange liess er uns da warten, bis wir einschlafen wollten. Dann rief er uns ins Büro und sprach: «Oh, wenn eure Blockade geöffnet ist, höre ich euch gerne an. Wenn ihr jedoch blockiert, werdet ihr mich vergeblich aufsuchen, und ich werde das Office durch die Hintertüre verlassen. – Was ist euer Kummer?»
«Früher hast du zu uns gesagt, dein Tisch sei voll von Geld, soviel, dass wir Penans es nicht zusammenraffen und zählen könnten. – Was wir wirklich brauchen, ist unser Land. Doch wenn niemand auf uns hört verlangen wir Schadenersatz.»
«Oh», erwiderte der Resident, «diese Dollars werden wir für Projekte wie Hausbau und Plantagen verwenden.»
«Du sagst ‹Regierung› – . Doch um was auch immer wir nach Hilfe fragen – da ist nichts.», antwortete ich.
«Oh, das ist wie das malaysische Sprichwort sagt: Einen Fisch* können wir geben, jedoch nicht das Wurfnetz. – So können wir euch eine Mahlzeit geben, jedoch nicht Dinge wie eine Motorsäge oder ein Gewehr.» – «Wenn du mir jetzt einen Fisch gibst, so werde ich heute satt sein. Doch was ist mit meinen Kindern und meiner Frau zu Hause? Gib mir ein Wurfnetz, und ich verstehe selbst, Nahrung für meine Familie zu beschaffen.» – «Oh, wenn das so ist», erwiderte der Resident, «lasst uns später wieder treffen und sehen was zu machen ist. Ich selbst könnte euch zwei Gewehre und Munition geben, die ihr im Dorf abwechslungsweise zur Jagd verwendet. Doch die Regierung erlaubt es nicht. – Geht, und

* Ayat (malays: Ikan Cemáh, edelster Süsswasserfisch)

redet mit dem D.O.* und der Kompanie.»
Darauf lud er uns zur Mahlzeit, und wir konnten Coca-Cola trinken.
So gingen wir zurück zur Kompanie. Deren Verwalter Pita Abong sprach: «Verbietet uns nicht das Land!» und verteilte Reis und Zucker an uns. – «Wir nehmen diese Nahrung. Doch ihr macht euch damit über uns lustig. Wenn ihr uns nicht Schadenersatz bezahlt, lassen wir euch nicht arbeiten.» –
Doch die Kompanie hört nicht auf uns. – Da kam ein Forest-Beamter und drängte mich, ein Papier zu unterschreiben – es sei eine gute Schrift. Darin werde ich am 19.9.88 um 9.00 an den Gerichtshof in Limbang gerufen. Ich weigerte, meinen Daumen auf das Papier zu drücken. Warum haben sie nur meinen Namen auf die Liste gesetzt? Wir sind viele, die unser Land verbieten.»

Schlängchen
Erinnert an Blindschleiche: Fingerdick, Länge ~60 cm. Kurzer Schwanz (1,5 cm) Kopf imitierend. Schwarz mit hellen Marken.

Bauch schwarz-weiss kariert. Knopfaugen. Heller Überaugenstreifen. Bei Einnachten in Flussnähe (Tu-an).

Schlängchen wie Pitviper. Kaum fingerdick. Länge ~30 cm. Rosa-grau mit vereinzelten schwarzen Marken, Musterung undeutlich. Schwanzspitze gelb. Kopf vergrössert. Pupille senkrecht. Nasenschild vorgewölbt. Bergwärts (Tu-an). Auf Boden, Wurzelwerk ruhend. Stellt sich tot, erstarrt in Form beim Fassen.

* District Officer, Untergebener des Residenten

12/733 **Meister Mond ~**

Wirfst deinen Silberschein
Schwarz steht der Wald.
Kind der Erde ~
Sonnenenkel ~
Du ziehst allein
Nach dem Gesetz,
Nach dem du angetreten
Beharrlich in deiner Bahn
Allein ~
Und doch geborgen
Im Reigen der Schöpfung
Wesen
Spielst mit wanderndem Gewölk
Gedeckt von Sternenwelten
Prangst heute in Vollkommenheit
Doch schweigend birgst Du meist
Dein Antlitz
Auch schattenverhüllt bleibt
die Gewissheit ~
Du bist.

12/734 **Brief**

Spring schreibt, 1. August 88.

... Die meisten meiner Stammesangehörigen haben gesehen was Logging-Companies an andern Orten getan haben, um die Eingeborenen für einen Moment ‹reich› zu machen. Da sie in der fruchtlosen Auseinandersetzung müde geworden sind, fragen sie nun nach Kompensation. Hinter meinem Rücken deuten sie auf mich, der es während der Gerichtsverhandlung abgelehnt hatte, 2.– $ pro m³ Kommission von der Kompanie anzunehmen. In Wirklichkeit hatte WTK-Co. mir wie Henry je 30'000.– $ für die Zustimmung offeriert. Doch wir hatten abgelehnt.

So steh ich in der Klemme zwischen den Forderungen meiner Leute nach Kommission, und jener der Penans nach der Bewahrung ihres Landes – und alle suchen sie meine Hilfe. Verlangen wir Schadenersatz, Gewinnbeteiligung, so geht die Zerstörung weiter. Wollen wir den Wald bewahren, kommen wir der Regierung in die Quere, welche entsprechende Schritte gegen uns unternimmt: – Schau, seit Harisson Ngau, der Vertreter von SAM* in Sarawak unter ISA** festgenommen worden ist, hat man nichts mehr von der Organisation gehört, und keine einzige erneute Blockade wurde in Baram erstellt. Für zwei Jahre ist dem SAM-Sprecher jegliche öffentliche Tätigkeit verboten. – Der Resident von Limbang hat dem Chief-Minister empfohlen, mich sowie Henry unter ISA festnehmen zu lassen. – Vor Gericht gebracht zu werden fürchte ich nicht. Doch ISA bedeutet, dass ich meine Meinung nicht mehr frei äussernd dürfte...

Das Gerücht von erneuter Blockade freut mich. Doch nur wenn die Kompanie geschädigt wird und mutigen Leuten gegenübersteht, wird sie in ihrem Zerrstörungswerk innehalten und zweimal überlegen.

Bruder, ich fühle, wie einsam es ist, den Weg der Gerechtigkeit allein zu gehen. – Ich gebe nicht auf, doch versuche zu rasten und zu analysieren, in welche Richtung der Kampf deutet.

* Sahabat Alam Malaysia

** ISA: Internal Security Act. Festnahme für 2 Jahre ohne Gerichtsverhandlung. Methode führender Politiker, Opposition versanden zu lassen

Was mich wirklich schwächt ist die Wahrheit des biblischen Wortes; «Die Rache ist mein, spricht der Herr.»

Sich rächen bedeutet, Böses mit Bösem zu vergelten. – Und wenn ich mich prüfe, so seh ich jedes Mal mein Herz brennen wenn ich getanes Unrecht sehe, und wünsche nach fairem Spiel. Und sprechen wir es aus, so schimpft uns die Regierung Rebellen und Aufwiegler des Volkes.

Darüberhinaus sind wir nicht gefragt, Leute zu belehren, was moralisch richtig und was moralisch falsch ist. Woher nehmen wir das Recht, wenn unsere eigenen Herzen uns betrügen. Was wir tun müssen ist für die Führer zu beten und um Gnade für uns selbst zu bitten.

Gleichwohl dieser zwei Einsichten, kämpfe ich weiter, Rache in meine eigene Hand zu nehmen. Doch letztendlich sehe ich, dass Rassen und Gruppen, die gegen die Behörden opponieren, nie erfolgreich sind. Gerade wurden 6 Richter vom malaysischen hohen Gerichtshof versetzt, da sie Fälle gegen die führende Partei entschieden hatten, und zwei Rivalen des jetzigen Ministerpräsidenten wurden öffentlich beschämt.

Was für ein kleiner Fisch bin doch ich selbst! –

Lass deine Seele nicht von meinen Gedanken bewolken! Ich steh hinter dir, und möchte auch in der Umarmung der Schöpfung wandeln, und nicht von der modernen selbstzerstörerischen Welt beeinflusst werden. Denn eine schwache Seele wird da untergehen und alles annehmen, was sie sieht, da sie allein nicht standhalten kann

Von Herzen

dein Spring

Kräftiges Spinnentier in Basisschicht eines Uwutpalmstengels.

1:2/3

Spinnenbisse kommen selten vor. – ‹Maren› war einst beim Pflücken von Rambutan auf dem Baum von einer rötlich behaarten gezwackt worden, fühlte darauf Halsklemmen und fiel eine Weile in Bewusstlosigkeit. – ‹Áh› hat eine gänseeigrosse Vernarbung auf dem Oberschenkel, wie von einer Brandwunde. Sie rührt von einem Vogelspinnenbiss, der talwärts während zwei Wochen behandelt wurde. Nach dem Biss krampften sich Finger und Zehen zusammen, und Áh blieb für Tage bewegungsunfähig, wurde von seinen Freunden heimgetragen.

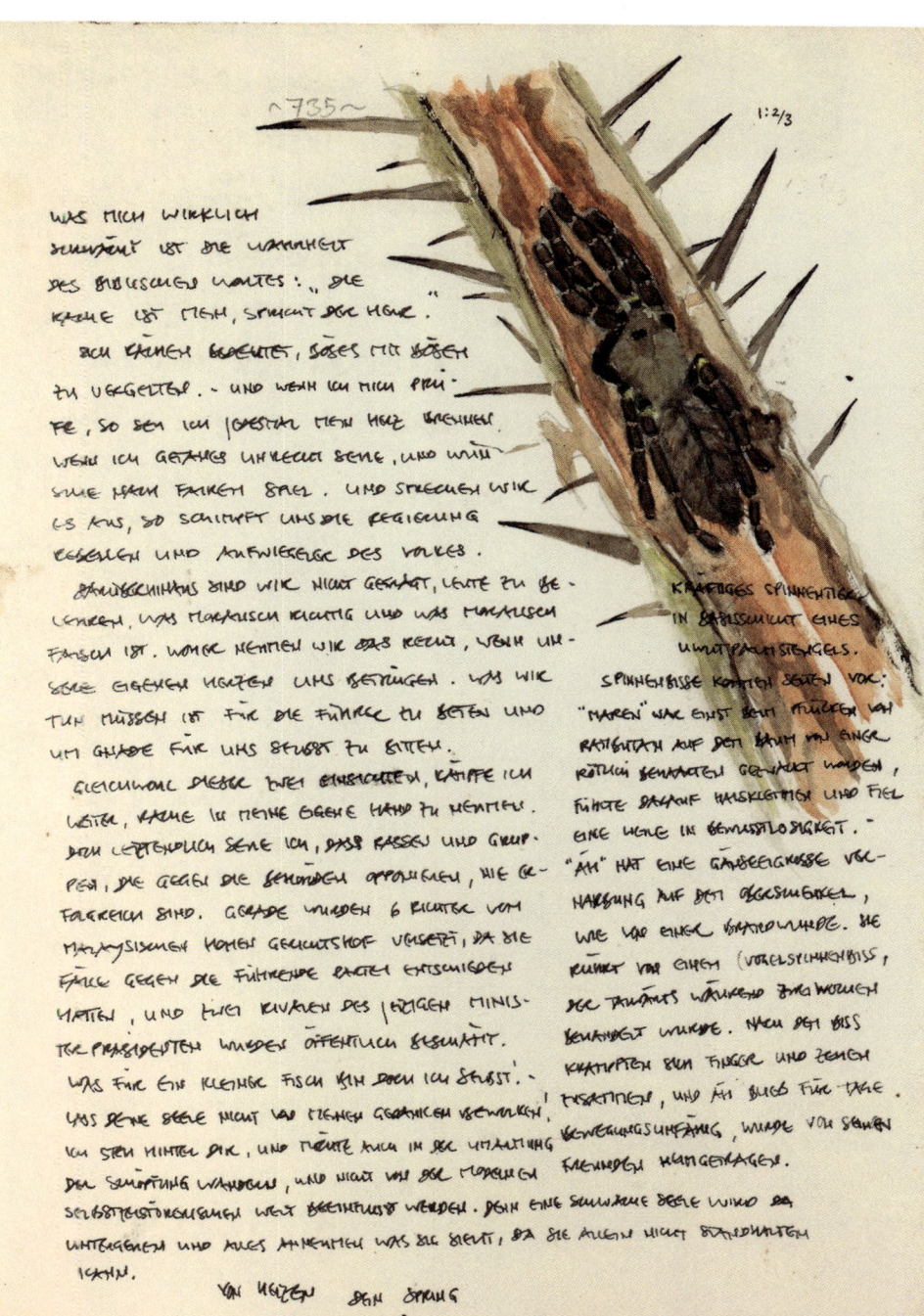

12/736 [Fortsetzung von S. 12/726]

den entsprechenden ‹Maschen› links, und nach straffem Anziehen die vier rechten, um den Träger zu fixieren. Beim weiteren Spleissen (je 2 Leinen oben/2 Leinen unten), kann die Spleissleine am Rand, beim Kehren in diagonaler Richtung nach unten [kleiner Pfeil der abwärts zeigt] mit Rücken- oder Bauchseite nach oben schauen. Nach einer Distanz von gut Fingerlänge werden alle Leinen dicht am Gurt gekappt, und der Träger ist entstanden. –

Verspleissen der Gurtschlaufe an der Aufhängung. Gurtunterseite

Die beiden unteren Trägerschlaufen werden mit einer ca. 150 cm langen Rattanleine, durch die beiden Trägerführungsschlaufen am Boden des Traggestells geführt, verbunden. Als Knoten dient der einfache Weberknopf. Das Traggestell kann so leicht ausbalanciert werden durch seitlichen Zug an den Trägern, bis beide gleich lang sind. – Durch zwei kurze Handgriffe kann die Länge der Träger durch einfaches Verschieben des Weberknotens dem Tragenden angepasst, verkürzt oder verlängert werden. – Der Penan vermeidet allzu lange Träger, welche den Transport mühsam machen, doch bindet seine Last kurz.

<u>Pflege</u>: Sämtliches Rattanflechtwerk verliert, in der Feuchtigkeit aufbewahrt, seine Elastizität und schöne Färbung. Nasse Traggestelle, Tragbeutel und Sagomatten werden darum immer wenn möglich in der Nähe des Feuers oder an der Sonne getrocknet.

12/737 In der Kiwáh transportiert der Nomade all sein Hab und Gut: Dachmatten, Sagomatten, Schlafdecken, Pfanne, Besteck, Wasser- und Fett-Bambusse, Feuerzange, Glutfächer, Pfeilgift, Sago- und Fleischvorräte, Axt und ~ noch kaum gehfähigen Kindernachwuchs.

Etwas einfacher und in Eile ausführbar ist die Herstellung des Kellabittraggestells. Die Schussleinen des Rückenteils werden ungefärbt in Köperbindung 3:3 gelegt. Nach etwa 20 Schüssen wechselt man die Richtung, so dass ein Zick-Zack Treppenmuster entsteht.

Für die Seitenwände wird ein loses Diagonalmuster mit weiteren quergelegten Leinen verflochten. (→ Maten Békang). Bei dem Geflecht kommt immer jeweilen eine Leine nach oben, dann eine nach unten zu liegen.

Die entstandene Kiwáh ist jedoch weniger robust. Lebensdauer: 2–3 Monate bei Beanspruchung
Köper 3:3

Dank
Herausgeber und Verlag danken folgenden Institutionen, Firmen und Personen, die mit ihren Beiträgen und Zuwendungen das Erscheinen der Publikation möglich gemacht haben:

Alfred Richterich Stiftung; Christoph Merian Stiftung; Stiftung Corymbo; Basellandschaftliche Kantonalbank Jubiläumsstiftung; Ernst Göhner Stiftung; Stiftung Dr. Robert und Lina Thyll-Dürr; Volkart Stiftung; Migros-Kulturprozent.

Bank Coop AG; Jumbo-Markt AG; Victorinox AG; Weleda AG; Greenpeace Schweiz; Lotteriefonds Appenzell Innerrhoden; Lotteriefonds Basel-Land; Lotteriefonds Basel-Stadt.

Jürg Holinger, fairplay-Stiftung; Hans-Peter & Marianne Ming; Markus Koch; Urs-Peter Stäuble; in Erinnerung an Barbara und Peter Nathan-Neher; Kaspar Müller, der wesentlich dazu beigetragen hat, dass dieses Buch erscheinen konnte; Beat von Wartburg, Claus Donau, Oliver Bolanz und den übrigen Mitarbeitern beim Christoph Merian Verlag sowie allen anderen, die durch ihre finanzielle oder tatkräftige Unterstützung zum Gelingen dieses Projektes beigetragen haben.

Bibliografische Information der Deutschen Bibliothek
Die Deutsche Bibliothek verzeichnet diese Publikation in der Deutschen Nationalbibliografie; detaillierte bibliografische Daten sind im Internet über http://dnb.ddb.de abrufbar.

ISBN 3-85616-214-3
(4 Bände)

cmv
christoph merian verlag

© 2004 Christoph Merian Verlag (1. Aufl.)
© 2004 Tagebücher (Text und Bild): Bruno Manser
© 2004 Übrige Texte: die Autoren

Manuskripterfassung Elisabeth Sulger Büel, John Künzli, Marc Bugnard, Dany Endres, Mira Wenger / *Lektorat und Korrektorat* Klaus Egli, André Bigler, Claus Donau / *Gestaltung und Satz* Atelier Urs & Thomas Dillier, Basel / *Litho* Gubler Imaging, Märstetten/TG; Atelier Urs & Thomas Dillier, Basel / *Druck* Basler Druck + Verlag AG, bdv / *Bindung* Grollimund AG, Reinach/BL / *Schriften* Centennial light, Folio / *Papier* Munken Lynx 115 g/m²

Beiträge (Band 1) John Künzli (1970), eidg. dipl. Umweltfachmann, arbeitet seit 1996 für den Bruno-Manser-Fonds, zuerst als rechte Hand und Assistent Brunos, seit dessen Verschwinden als Leiter der Geschäftsstelle. / Ruedi Suter (1951) lebt als freier Journalist in Basel. Spezialgebiete: Indigene Völker, Umweltprobleme und Menschenrechte. Er begleitete Bruno Manser seit 1990 journalistisch und beteiligte sich 2001 an einer Suchexpedition nach dem Verschollenen.

www.christoph-merian-verlag.ch
www.bmf.ch

TAGEBÜCHER AUS DEM REGENWALD

BRUNO MANSER
TAGEBÜCHER AUS DEM REGENWALD
TAGEBUCH 13–16

BRUNO-MANSER-FONDS (HG.)
CHRISTOPH MERIAN VERLAG

Band 1

John Künzli	Einherzig. Statt eines Vorwortes ein Brief	6
Ruedi Suter	Zurück zur Einfachheit	9
	Die Tagebücher. Editorische Notiz	22
	Tagebuch 1	25
	Tagebuch 2	53
	Tagebuch 3	73
	Tagebuch 4	93
	Tagebuch 5	115
	Tagebuch 6	133
	Impressum	160

Band 2

Tagebuch 7	5
Tagebuch 8	87
Tagebuch 9	111
Impressum	176

Band 3

Tagebuch 10	5
Tagebuch 11	85
Tagebuch 12	139
Impressum	208

➔ **Band 4**

Tagebuch 13	5
Tagebuch 14	53
Tagebuch 15	123
Tagebuch 16	139
Impressum	176

TAGEBUCH 13

Geschichten aus kriegerischen Zeiten

Das alte Männlein Pun Lun, der Schwiegervater von Abat in Long Seridan, erzählte uns einst: «Wenn ich damals nicht Glück gehabt hätte, wäre ich längst tot und könnte nun nicht hiersitzen und berichten.

Unsere Kellabit-Sippe bewohnte ein Langhaus auf der Indonesischen Seite Borneos*. Eines Tages trafen einige von uns auf eine Penan-Siedlung. Einzig zwei Kinder waren in den leeren Hütten geblieben, während die Erwachsenen unterwegs waren. Meine Stammesmitglieder verschleppten die zwei und töteten sie.

Lange lebten wir da, zwei – drei Monde, doch kein Penan erschien in unserer Siedlung. Da lästerten die unsern: «So feige sind die Penans! Da können wir nochmals gehen und einen ihrer Männer töten!»

Doch während dieser Zeit fertigten die Penans viele Giftpfeile. Sie trugen riesige Köcher aus dem Betong-Bambus und anstatt dem Tabo-Behälter** einen aus der Rebub-Frucht.

Da – eines Tages klopfte es an unsere Hauswand. «Was ist das für ein Geräusch?», fragten wir uns. «Oh, die Stimme eines Geistes», meinten einige. «Nicht die Stimme vom Feind?», fragten andere.

Einer trat aus unserm Haus, um nachzuschauen. Von vielen Pfeilen getroffen fiel er von der Stiege und die Hauswand war nur so gespickt von den Geschossen. ∫** Da wurde unser Haus verschlossen, und keiner getraute sich heraus. Denn wir besassen zu jener Zeit noch keine Gewehre und

* I-ot Mélébun
** Gefäss für Pfeilhintern (Lat) aus Palmmark
∫** «Penanfeinde!», rief es durcheinander.

auch kein Blasrohr wie die Penans, doch benutzten als Waffen einzig Buschmesser und Speer. –

Da fällten die Penans einen Baum mitten auf unser Haus. Kinder und Alte wurde im Kacaus*, Bú-ans** und Kéliméng*** versteckt. Doch die Penans fertigten darauf Céprut****, zündeten sie an und warfen sie auf unser mit Blättern gedecktes Dach. Bald stand unser Haus in Flammen. Da war ein Geschrei von Todesangst und Panik in unserer brennenden Siedlung – und die Fliehenden wurden niedergemetzelt.

Wie durch ein Wunder gelang mir als Einzigem die Flucht. Ich löste die Bootsverstrickung und ruderte talwärts bis zur nächsten Siedlung. Da rief ich: «Gemordet!» – «Von wem?», fragten jene. «Von Penans.». «Warum?» – «Weil wir zwei ihrer Kinder getötet hatten.» – «Oh, wenn das so ist gehen wir nicht. Das ist euer eigens Verschulden. Wir wollen nicht getötet werden.»
Bala Tinggang. Pa-tik.

* grosser Tonkrug
** Erntegefäss aus Rattanflechtwerk
*** Reisgutspeicher aus zylindrisch gebogener Rinde von ~1,5 m Ø und ~1 m Höhe. Bevorzugt wird die Rinde von Bétéley wegen ihrer Elastizität.
**** Holzspäne

Von Kopfjägerei

Eines Mittags erscholl heftigster Donner* gefolgt von einem leichten Schauer. – Als ich mich dem Kellabit-Langhaus am Kuba-an näherte, ertönte daraus Freudengesang. Dessen Bewohner waren mit Sang Nerui** geschmückt und tanzten in Einerkolonne, einander die Hände auf die Schultern gelegt.*** Als ich den Häuptling**** Pun Puding über den Grund des Festes fragte, deutete er auf eine am Giebel baumelnde Kebub-Frucht; auch sie war mit Sang geziert. Darin sei der erbeutete Kopf eines Feindes. Wenn ich ihn sehen möchte, müsse ich auf den erfolgreichen Krieger Pun Deráh warten – nur er dürfe die Frucht öffnen, jeder andere würde bei diesem Tun sterben.

Als Pun Deráh zurückkam, tanzte er mit gegürtetem Säbel[5], geschmückt mit Iman- Arm- und Beinreifen und sang. Dann öffnete er die Kebub-Frucht, dessen Hälften dicht verschlossen aufeinander gebunden waren. – Rund um den Kopf war das lange Haar: Grün war der Hals angelaufen im faulenden Saft – und mir wollte bei dem An-

* La-Lam: Omen für Ankunft von Feind, oder Besuch von Ferne
** Gefaltete gelbe Wedel eines Zwergpalmschosses →
*** Makui wird diese Tanzweise genannt
**** Pungulu
5) gekrümmtes Kopfjägerbuschmesser. Lang- und schmalklingig

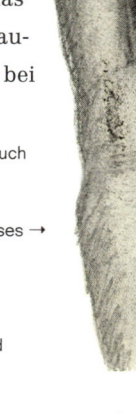

Po-E Badang

blick schlecht werden.* –

Kellabit's von Lebudut töteten öfters Kellabit's von Pa-tik. – Da ging einst Pun Deráh nach Lebudut, um sich zu rächen. Doch nur

einen Gong** erbeutete er, und brachte diesen als Raubesgut zurück in sein Langhaus. – Bei seinem zweiten Versuch versteckte er sich im Gebüsch am Pfad. Als ein Mann vorbeiging, sprang er heraus und streckte ihn mit einem Schlag des Kopfjägerbuschmessers nieder; der Hals war beinahe abgetrennt und klebte am Oberarm. Pun Deráh köpfte ihn ganz, während jene von Lebudut auf ihn schossen, jedoch verfehlten. Heil erreichte der Mörder mit seiner Beute das Langhaus am Kuba-an. – So bekriegten sich einst stammesverwandte Kellabits und waren miteinander verfeindet. Wir Penans kennen keine Kopfjägerei.
Abeng Jeluan, Pa-tik

Botschaft
Penans verteidigten sich einst gegen angreifende Feinde und töteten viele von ihnen. Einer war noch am Leben. Da trennten sie ein Stück Rehhaut und gaben sie ihm: «Wenn ihr so viele seid wie diese Haut Haare besitzt, könnt ihr wieder kommen.», und sie schickten den Feind nach Hause. Dieser kam nicht mehr.
Bulan Tewai, Limbang

* Erbeutete Köpfe dürfen nicht spielerisch gedreht werden, ansonsten könnte der Geist des Gemordeten den Betrachter fressen.

** Tauak

Der Vogeljäger
Er lauerte auf einer Würgfeige und schoss viele Vögel. Béléngang. Tana-Un. Metui und Lukap fielen getroffen herunter. Da kamen feindliche Keniaks und sahen die vielen getroffenen Nashornvögel: «Oh, wirklich gut!» – sie sammelten die Beuten zusammen und schauten suchend aufwärts, um den Schützen zu erblicken. Doch sie sahen ihn nicht, denn er besass ein Amulett der Unsichtbarkeit aus dem Stein vom Hörnchen Lébun und der Stabheuschrecke Yak. – Da entdeckten sie die Spitze des Blasrohrs: «Oh, dort ist er!» – Doch selbst nicht im Besitz eines Blasrohrs, fürchteten sie, mit Giftpfeilen beschossen zu werden. So erstellten sie eine Hütte unter dem Baum. Des Nachts fachten sie Feuer an und einer von ihnen kletterte auf einen benachbarten Baum. Gerade auf diesen aber war der Jäger übergewechselt, um daran runterzuklettern. Auf halber Höhe begegneten sich die zwei. – Getroffen fiel der Feind und die unten Lauernden stürzten sich alsogleich auf den Fallenden mit ihren Speeren, in der Annahme, es sei der Penan. Dieser aber war in der Zwischenzeit runtergestiegen und schoss einen nach dem andern mit seinen Giftpfeilen bis alle tot waren.
Galang Ayu, Pa-tik

Ist es gleichsam den Leuten die Würmer aus der Nase gezogen, Geschichten von Mord und Totschlag aus alten Zeiten festzuhalten? –

Auf der Suche nach Wahrheit und Bewusstwerdung darfst du, vom Licht gestärkt, einen Blick in innere wie äussere Tiefen wagen – doch lass dich nicht vom Dunkel verschlingen! – Letztendlich beinhalten die meisten der Geschichten eine Moral, wie, artig zu sein, nicht prahlerisch anzugeben, sich zu hüten und gute Sitte zu zeigen.

Ernte
Da gingen sie unter einem Durian-Baum nachschauen, ob da reife Früchte gefallen wären. «Hütet euch, der Feind ist nahe!», warnten die Zurückbleibenden.

Am Baum angekommen, fanden sie nur wenige gefallene Früchte. Eine Frau war da mit dabei, ohne Scheuheit und Verstand. Als eine Frucht fiel rannte sie kreischend dahin und sang «Die gehört mir!» – «Mach keinen Lärm, sonst hört uns der Feind!», warnten jene. – «Oh, klettere hinauf, dort oben hängen viele Durians! Wirf uns herunter!» Da stieg ein Mann auf den Baum und warf von den stachligen Kugeln abwärts. «Ho-Ho-Hoo! Die gehört mir!», rannte die Frau dazu, um eine gefallene zu schnappen und zu öffnen. Dann schleckten sie die Finger nach dem süss-schmierigen Fruchtfleisch – und der Feind trat aus seinem Versteck. – Wie man mit dem Buschmesser Bananenstauden kappt, streckte er Frauen und Kinder nieder. – Dann nahmen sie Köcher und Blasrohr des Hinaufgekletterten und schossen auf ihn. Dieser versteckte sich in einem Epiphytennest und wehrte ankommende Giftpfeile durch Umsichschlagen mit einem belaubten Zweig ab. – Da war der Köcher geleert, ohne getroffen zu haben. –
Der Penan aber besass einen Katzenstein.* Von einem Baum sprang er zum nächsten und so fort, erreichte den Boden und rannte, seine Verfolger abschüttelnd, heimwärts.
Der Feind aber machte sich unter Siegesgeschrei mit seinen erbeuteten Köpfen davon.
Da sammelten sich die Penans zur Vergeltung und verfolgten den Feind. Sie töteten einige und zerhackten in der Wut deren Körper.
Beluluk, Long Adang

Überrascht
Ein Jäger blies einem Wildschwein einen Giftpfeil in den Leib. Er folgte dem Tier. Als es tot war, verschnürte er seine Beute und trug sie heimwärts. Am Bach nahm er ein Bad. – Ein Feind hatte sich zwischen den plattenförmigen Stützwurzeln eines benachbarten Baumes versteckt.
«Aahhhhh…!» sprang er mit wildem Schrei** daraus, und lachte im Anblick des Nackten. Dieser aber griff geistesgegenwärtig seinen Speer und tötete den Feind.
Bulan Tewai, Limbang

* Amulett der Geschwindigkeit, soll auf dem Fuss des Tieres zu finden sein.

** Durch diese Art des Erschreckens soll der Geist des Angegriffenen (→ Balei Utung) eingeschüchtert und gelähmt werden.

Prahlerei

Ein Ehepaar ging Pusit-Früchte ernten. Der Mann fällte den Baum und sie sammelten die Früchte ein. Darauf setzten sich der Mann auf den in die Luft ragenden Fuss des gefällten Stammes, hielt sein Kind in die Höhe und rief: «Wenn ihr Feinde mutig seid, so kommt und holt euch dieses Kind!»

Nicht lange, da kam wirklich der Feind, packte die Frau und verschleppte sie. – Als sie sich darauf dem Mann näherten, warf dieser sein Kind dahin, ergriff sein Blasrohr und flüchtete heimwärts. Oberhalb seiner Siedlung hieb er mit dem Buschmesser auf sein Blasrohr.

«Wirklich?», fragte sein Schwager der Geschichte lauschend. – «Ja, hier habe ich mit dem Feind gekämpft», deutete jener auf sein Blasrohr. Da fertigten sie viele Giftpfeile, hiessen den Mann am nächsten Morgen, sie zu führen und nahmen die Verfolgung auf.

«Nur bis hierher komme ich. Da sind wirklich viele Feinde», sprach dieser. Deren Siegesgeschrei war noch zu hören. Die Verfolger schlugen einen Bogen und lauerten am Pfad. Die Frau war in der Mitte der Feinde an der Hand genommen. Gleichzeitig sprangen jene aus dem Gebüsch und befreiten Frau und Kind. Bruder, Vater und Schwiegervater kämpften. Von einem getöteten Feind schnitten sie etwas Halsfleisch, brieten es und gaben es der Frau zu essen. Dann hiessen sie diese, ihr Kind zu stillen. Jauchzend kehrten sie nach Hause. Der Schwager aber sprach zu dem Mann: «Wenn du solche Sitte zeigst, geben wir dir unsere Schwester nicht zur Frau!»

Beluluk, Long Adang

Aufgespürt

Die Kinder einer einsam lebenden Familie waren in der Hütte geblieben während diese Sago verarbeiteten.

Der Feind rief den Kriegsgott* zu Hilfe; er nahm zwei-drei Dornenranken eines Rattantriebs, brach diese und schwenkte sie hin und her: «Kratz du ihren Hals auf dass sie lärmen und wir ihren Ort aufspüren werden.» –

Da stiess der ältere Bruder ans Geschwür** des jüngeren, dass es blutete und dieser laut aufschrie und weinte. Der Feind aber hörte das Geschrei: «Oh dort, das ist der Ausruf der von der Dornenranke gekrallten Halshaut!»

Als Vater und Mutter nach Hause kamen, fanden sie ihre Kinder in Stücke gehackt rings um die Hütte.*** –

Beluluk, Long Adang

Unartig

Drei kleine Geschwister waren in der Hütte geblieben. Sie nahmen Sago, gaben es in die Pfanne und schütteten Wasser dazu. Da spielten sie lange um den sich verflüssigenden Brei. «Spielt nicht mit dem Sago!», warnten die Nachbarn. Doch die Kinder hörten nicht. Da kam plötzlich der Feind. Alle flohen, nur die Kinder spielten selbstvergessen weiter. Der Feind tötete sie, dass die Pfanne voller Blut war.

Bulan Tewai, Limbang

* Balei Amen Ayau

** Buteu Sikun

*** Feindschaft und Kopfjägerei in alten Zeiten scheint mehr Meuchelmord als mutiger Kampf gewesen zu sein, wurden doch ohne Unterschied Kinder und Frauen wie Männer aus dem Hinterhalt umgebracht.

Tiefschlaf

Ein Ehepaar lebte fern abseits von ihren Vielen. Da regnete es eines Nachts plötzlich heftig, begleitet von lautem Donner.* «Oh, schlaf nicht!», sprach die Frau zu ihrem in die Decke gewickelten Mann, «Vielleicht kommen Leute.» – Doch dieser hörte nicht hin. – Der Feindgott** hatte sein Auge weichgemacht. Da hörte die Frau Regentropfen auf die Speerspitze des sich anschleichenden Feindes fallen. Die Frau schüttelte den Mann, doch er war nicht wachzurütteln. Da füllte sie Glut in einen Bambus und rannte davon. – Während

* La-lam: Omen für Ankunft des Feindes

** Balei Amen Ayau

der Flucht hörte sie den Todesschrei ihres Mannes. Bei ihren Vielen angekommen, nahmen diese die Verfolgung auf, und lauerten am Weg. Sie benutzten stumme Blasrohre* und töteten viele Feinde – einem stiessen sie die Speerspitze in beide Knie, so dass er nicht mehr aufrecht stehen konnte. Dann lästerten sie ihn: «Du wolltest uns töten. Dort oben ist der Himmel! Wo gehst du nun heim zur Frau und isst süsse Speise?» Dieser aber zückte

sein Buschmesser. Während des Zuschlagens flog es aus seiner Hand. Jene aber töteten ihn vollends. – Dann zogen sie unter Siegesgeschrei heimwärts. – Die Frauen aber schmückten sich dort und gingen den Heimkehrenden entgegen. Sie gossen da Wasser aus geschältem Betong-Bambus auf den Scheitel der Siegreichen, damit ihr Kriegsgott nicht weich werde.
Tamen Aji, Limbang

Eingeschüchtert

Ein Ehepaar lebte allein mit seinem Kind. Der Mann war von mächtiger Gestalt, doch verkrüppelt. Seine Fingerkuppen waren alle einst durch Krankheit abgefault. – Er trug einen Speer, dessen Spitze so gross war wie ein Glutfächer.

Einst ging er den Adler um Rat fragen*, während
[Anmerkung zu ‹stumme Blasrohre› fehlt]

*Ngelakey: Der Adler gilt als Omenvogel. Die Art seines Fluges gibt Antwort auf gestellte Fragen.

Frau und Kind zu Hause blieben. – Da kam der Kellabitfeind und wollte diese rauben. – Als der Mann deren Geschrei hörte, rannte er dahin und erstach den Feind. Als dessen Genossen aus dem Gebüsch traten, richtete er sich gross auf, jauchzte mit seinem Speer in der Hand, und hiess die Feinde anzugreifen. Als diese aber seinen grossen Brustkasten sahen, bekamen sie es mit der Angst zu tun und kehrten wieder um.
Kuiá, Pa-tik

Tellako (Aquillaria malaccensis) [Aquilariamalaccensis]

Dieser Baum kommt in zwei Arten vor. ‹Sekau› wächst in Wassernähe, Ø ~30 cm. ‹Kaioú Tokong› (= Bergholz) mit feineren Blättern, Ø ~90 cm, findet sich bergwärts. – Sicheres Erkennungsmerkmal ist die Blattnervatur, welche kaum einem anderen Gewächs eigen ist: Die Nebennerven stehen ~ parallel waagrecht. Rinde hell, bei jüngerem Stämmchen glatt, Geruch nach Leinöl. Sie dient zur Herstellung eines Kochgefässes (→ Telloko), oder wird auf dieselbe Weise zum Hundenapf gefaltet und mit Rattan fixiert. Der Jäger benutzt die Rinde bis armdicker Stämmchen als Traggurte (Leng) für den Transport eines erlegten Wildschweins. – Das helle, weiche Holz* des Baums zeigt eher unangenehmen Geruch. Kaum jemand hat das Gewächs je blühen oder fruchten gesehen. – Obwohl Tellako in seiner Erscheinung recht unscheinbar ist, erkennt der Penan den Baum meist sofort schon auf weite Distanz: Denn innerhalb der letzten zehn Jahr ist eine goldrauschähnliche Jagd auf das Gewächs losgegangen, und viele Eingeborene durchstreifen wochenlang entfernte Dschungelgebiete, in der Hoffnung ihr Glück zu machen. Auf der Suche nach

*Sekau
Blattunterseite. L 15 cm
Mit typischer Nervatur.
Blätter glänzend, wstg., kahl*

Gaharu**

Nur in vereinzelten Bäumen, meist solchen mit Wachstumsstörungen wie Verletzungen, gebrochenen Ästen und Knorpeln, kann sich im sich abbauenden Holz ein wohlriechendes ätherisches, teeriges Öl bilden, welches das weisse Holz dunkel färbt.

Trifft der Eingeborene auf einen Baum in dem er Gaharu

* Kann zum traditionellen Sape-Saiteninstrument geschnitzt werden
** Malaysisch. In Penan: Garú

vermutet, fällt er diesen und schlägt ihn mit der Axt in kurzen Abständen bis auf den Kern auf. Ist der Stamm wirklich Gaharu-trächtig, wird er förmlich kurz und kleingehackt und die Ernte weiter mit dem Messer beschnitzt und von gesundem Holz gesäubert.

Handel. 1. Qualität Gaharu ist schwarz. Beim Verbrennen tritt das Öl kochend aus dem Holz und verströmt angenehmsten weihrauchähnlichen Geruch. Der Verkaufspreis für ein Kati (= 600 g) variiert talwärts von 300.– bis 500.– MS $. – Kaum jemand kann Auskunft geben, wo das Gut verbraucht wird. Möglicherweise wird Gaharu als magische Medizin in Saudi-Arabische Länder exportiert.

Heutzutage sind schon alle siedlungsnahen Gebiete abgeerntet und die meisten Tellako-Bäume gefällt. Durch mutwillige Verletzung oder Impfung an gepflanzten Bäumen könnte Gaharu wohl gezüchtet werden, doch sind keine Versuche bekannt.

Meist übergeben Penans ihre Ernte an Mitglieder benachbarter Stämme, welche das Gaharu talwärts an chinesische Händler verkaufen, die exportieren. – Oft erhalten Penans bei dem Handel einzig das Versprechen, später einen Teil vom Erlös zu bekommen. Und da die meisten Mittelsmänner trotz fleissigem Kirchgang noch Schlitzohren sind, ist dann später die Ernte bei der Bootsfahrt talwärts in den Fluss gefallen, oder der geringe Erlös schon für Reisespesen verbraucht worden; der eingeborene Penan am Ende der Handelskette wird regelmässig übers Ohr gehauen, und die Geschichten betreffs Gaharu-Verkauf sind so haarsträubend wie jene der teuren Magensteine von Languraffen.

Fund des Lebens

Maleng war vor wenigen Jahren im menschenleeren Quellgebiet

des Limbangflusses auf einen fündigen Baum gestossen. Seine Frau Bulan brachte zwei Plastik-Säckchen Gaharu 1. Qualität nach Bareo, und erhielt dafür in einem Geschäft einen Kasetten-Rekorder.

Der sehnlichste Wunsch eines Penanjägers ist wohl ein Gewehr, welches die Jagd ungemein erleichtert. Ein solches wäre talwärts für rund 1'000.– MS $ zu erstehen, doch die Behörden verweigern strikte Lizenzausgaben an Penans, die in der Regel bürokratisch gar nicht existieren, da weder Geburts'schein noch Identitätskarte vorhanden sind.*

Migang**, ein Bewohner von Bareo, hatte ein Gewehr feil. So trug die Familie ihre gesamte Ernte drei Tagesreisen weit ins Dorf. Radu Ajú, ein Verwandter von Migang, wog das Gut: 11 Senatan***. Rund 6 Senatan davon waren 1. Qualität. Die Ernte konnte talwärts rund 30'000.– MS $ einlösen. Traum des armen Mannes! Zum Vergleich buckelt ein Penan für 13.– $ einen 30 kg schweren Hartholzpfahl nach Bareo und ist vier Tage damit beschäftigt.

*Alle von Penans benutzten Gewehre stammen noch aus Britischer Kolonialzeit, in der sie für kaum 200.– $MS erstanden worden waren.

** in der Zwischenzeit verstorben

*** 1 Senatan = 10 Kati = 6 kg

Mit den Worten «Gott wird mich kennen», tauschte Migang das Gewehr ein und nahm die ganze Ernte in Besitz.

Einige Monate danach hiess er Maleng, die Waffe zurückzugeben; er wolle sie reparieren lassen. Gläubig übergab der scheue Penan sein Gewehr. – Doch später weigerte sich Migang, es wieder auszuhändigen: «Geht Maren Guna fragen!», denn er hatte das Gewehr inzwischen seinem Schwiegersohn gegeben, der Polizist war.

Maleng's Frau Bulan ging dahin und verlangte das Gewehr zurück. – «Ohne Waffenschein dürft ihr das Gewehr nicht gebrauchen. Hier – ich bin Polizist und kann euch festnehmen! Hast du nicht Angst?», entgegnete dieser. – «Nein. Du bist ein Mensch wie ich. Doch wir sind die ganze Familie wochenlang mit Kindern durch den Dschungel müde gelaufen auf der Suche nach Gaharu. Ihr seid im Unrecht!» – Doch Maren Guna hörte nicht hin, und benutzt das Gewehr bis heute selbst.

Einige Monate später brachte Bulan geröstetes Wildschweinfleisch zum Verkauf nach Bareo. «Oh, was trägst du da in deinem Beutel?», griff Maren Guna danach. «Komm, gib mir, ich bin hungrig!» – «Oh, mit Hunden und Speer kann man kein Wildschwein erlegen, nur mit einem Gewehr!», antwortete Bulan, immer noch hadernd. – Freundlich brachte Maren Guna's Frau Ananas, Zuckerrohr und Reis, und hiess Bulan zu essen und zu nehmen. Doch ohne die lockenden Speisen zu berühren, zog Bulan weiter: «Tut mir leid, ich hab dort drüben Schulden zu begleichen und bin in Eile.», um auf ihrem Heimweg einen Bogen um Maren Guna's Haus zu schlagen.

Aiai

Dieser junge Penan-Mann ist ein Gemütsmensch. – Er tut alles ohne Eile, und reisst sich in der täglichen Arbeit keine Beine aus. Knurrt der Magen nicht allzusehr, so geniesst er das Hüttenleben und schäkert mit seiner noch kinderlosen Frau. – Gemächlich saugt er an seinem Glimmstengelchen, und ist hin und wieder zu einem Spässchen, Tänzchen oder Maultrommelkonzert aufgelegt. – Überlässt er die mühsame und oft erfolglose Beschaffung von Wildbret auch lieber seinen Nachbarn, so ist er Fachmann der Sagogewinnung. – Wo viele Penans die erste beste Palme fällen, weiss er wie kaum ein zweiter die sagoträchtigsten Gewächse auszuwählen, bei deren Verarbeitung die Stärke sichtbar schon in der oberen Sagomatte verklebt.

Sein Pfeilköcher beherbergt einen kleinen <u>Amulettbehälter</u> aus dem Krokodil-Bambus (Bolo Baiáh). Er enthält einige Raritäten, die man nicht suchen gehen kann, und die Glück verheissen sollen: Ein abnorm verkürzter Schwanz des Hörnchens Niénd (1), ein Kopf einer Getunganameise, die sich im Rachen eines gefangenen Ayat-Fisches verbissen hatte (2), ein abnorm langes Haar vom Kopf eines Wildschweins (3), ein Wachsknöllchen, das im Gefieder eines Kó Tutúh-Vogels klebte (4), eine weisse Hennenfeder (5) und ein Verbrennungsamulett (6, Sihap Notong): Im Falle, dass jemand das Blasrohr verhext haben sollte (→ Natad), so dass alle Schüsse fehlgehen, wird von einem auf dem Stäbchen klebenden Wachsröhrchen auf die Spitze der Hennenfeder gegeben, verbrannt, und der Rauch in die Blasrohröffnung steigen gelassen, um den Zauber zu brechen.

Amulettbehälter
30 cm
Anak Bolo Baiáh

Geprellt

Tropenhölzer wurden schon in den 60-er-Jahren in Nomadengebiet längs den Ufern des Tutohflusses, am Ubung- und Magoh-Fluss geschlagen. Jene Holzfällerei aber hinterliess keine umweltschädigenden Spuren. Die Bäume wurden mit der Axt und Zweihändersägen umgelegt, die Rundlinge von Hand in den Fluss gereistet. Die Kompanies selbst waren Händler ohne Maschinerie und viele Angestellte, und beschränkten sich darauf, die von Einwohnern gefällten und geflössten Stämme talwärts in Empfang zu nehmen.

Einige nomadisierende Penan-Männer folgten damals dem Ruf von Kellabit-Nachbarn und halfen bei der kräfteverzehrenden Arbeit. Doch sämtliche beklagen, von ihren Auftraggebern nicht entlöhnt worden zu sein. So arbeitete Buki vom Barefluss einen Monat am Seridan, und Pajaks Familie am Ubungfluss, ohne jeglichen Lohn zu erhalten.

Uian erzählt: «Als junger Mann folgte ich zwei Bewohnern von Long Seridan während sechs Wochen am Magohfluss Bäume fällen und talwärts flössen. – Als die beiden von Marudi zurückkamen, stellten sie nur fest, dass sie nichts für die Stämme erhalten hätten – und so erhielt auch ich keinen Lohn. – Darauf fällte ich am unteren Tutohfluss Bäume, bis ich 80.– MS $ gespart hatte. Damit wollte ich ein Gewehr kaufen. Ein Bewohner von Long Tarawan bot sich an, mir zu helfen. Er wollte den fehlenden Betrag auf 150.– $ vorausbezahlen und die Waffe in Marudi besorgen. – Dann kam er mit leeren Händen zurück: Das Geld sei verloren gegangen.

~ Hundertfüssler ~

Der Penan unterscheidet drei Arten* dieses Krabbel-Wesens. Es findet sich häufig in der Bodenvegetation bergwärts, hält sich in den Kronen von Palmen auf, und findet geeignete Unterschlupfe in Dachbedeckungen aus Blättern sowie aufgehängter Wäsche. Seine vordersten Gliedmassen sind scharf zugespitzte Klemmen, die Giftdrüsen enthalten. Ein Biss verursacht zwei kleine Blutstropfen (wie derjenige von Giftschlangen im Abstand der Reisszähne), und baldiges Schwellen der Leisten- oder Armdrüsen. Einige Gebissene scheinen immun gegen das Lipan-Gift, oder die Giftdrüsen waren schon vorher geleert worden. Der Schmerz lässt nach 1–2 Stunden nach. – Sein Gift hatte der Lipan der Sage nach einst von der Kobra erhalten. – Äusserst flink bewegt sich der Hundertfüssler über dem Boden und beantwortet Störung sofort mit Biss. Er selbst soll sich von Kleingetier wie Kakerlaken ernähren, und wird selbst von Nashornvögeln** verspiesen.

Der Penan hat dem Bulldozer den Namen des Lipans gegeben, da er sich ähnlich vorwärtsbewegt.

Lipans wurden schon beobachtet bei Nahrungssuche auf frischem Wildschweinfleisch sowie eingesottener Schwarte. Einer trug gar einen Hüftknochen eines Langschwanzmakakken mit sich davon. Aij's Vater sah beim auf Wild lauern eine sich sonnende Eidechse plötzlich zappeln; ein Lipan war in einem Warzloch des Astes versteckt und hatte von unten seine Giftklemmen in sein Opfer geschlagen. Darauf ass er von dessen Rückenfleisch, erbrach es aber wieder, vom Giftpfeil getroffen. – Der Lipan häutet sich, und soll sein Gelege von etwa 20 Eiern in morschem Holz hüten.

* Lipan Tahum, Lipan Banio, Lipan Sawit

** Sowie Wildschwein und Adler

In der Fledermaushöhle

No hat auf einem Streifzug im I-ot Térasá ein Leopardengeistloch entdeckt. Wo sonst weit und breit kein Fels zu Tage tritt, überrascht der Anblick eines zerklüfteten kleinen Karstfeldes; es bedeckt eine ~Dreiecksfläche von ~100 m Kantenlänge und befindet mitten in einem Seitenhang, im Schoss eines sich verzweigenden unscheinbaren Bergrückens. Eine Öffnung zieht steil abwärts. Sogleich weitet sich der Raum und Fledermausvolk flieht wild durcheinander, einen Heidenspektakel von sich gebend. An der Decke des Gewölbes flattert ein weisses Band. Wie mag die Schlangenhaut da hinauf gekommen sein? – Drei-vier mannshoch über dem Boden, für einen Menschen, die Krone der Schöpfung, höchstens mit technischen Mitteln erkletterbar. – Während wir den unterirdischen Raum durchstöbern, stossen wir an drei Orten auf Schlangen. Alle lauern sie inmitten von senkrechten Felswänden, an winzigen Vor-

* Lovang Tepun
Tengelai Payau
Unverkennbar. Fleischig, einzeln stehende Blätter, L. ~50 cm, auf Gestein.
Wird bei Rückenschmerzen zerquetscht und aufgelegt. Selten.
(Monophyllea)

sprüngen Halt findend, auf vorbeifliegendes Schattenvolk. Eine ist gerade daran, einen gepackten Flatterer zu verschlingen. «Stengel der Anau-Palme»* nennt der Penan die ~2 m lange Schlingnatter: Runde Pupillen, weisser Rückenstreif und Bauch, starker Geruch der Afterdrüse. – Die Schlange findet sich häufig, bergwärts wie in den Niederungen, sich in Farnfeldern sonnend. Das reiche Nahrungsangebot hat sie wohl ins Dunkel des Höhlenreichs gelockt, dem sie sich anzupassen verstand.
«Kot-kot», gibt sie ihrem Missmut Ausdruck und verbeisst sich, am Genick gehalten, in ihren eigenen Leib.
Die Höhle besitzt mehrere Öffnungen an die Oberfläche. Ihre Decke besteht aus einem dünnen Dach von zerklüftetem Fels. Abgesehen vom Luftzug, mutet sie direkt wohnlich an mit ihrem ~trockenen, ebenen Boden und offenem Raum, der aufrechten Gang erlaubt.
Fledermäuse fliegen so dicht, dass dich der Hauch ihrer Flügelschläge berührt. Ich greife mehrmals blindlings in die Luft und fange so innert kurzem 6–7 Exemplare.
Gar zwei Penanfrauen sind uns gefolgt. Für einmal ihre traditionelle Scheu und Ängstlichkeit vergessend. Mit einer verzweigten, entblätterten Rute schlägt ‹Kiá› wild fuchtelnd um sich, und bald liegen da an die achtzig Fledermäuschen auf der Strecke. Die Erbeuteten werden dann später gehäutet und im heissen Fett gebraten, als Zugabe zum eintönigen Sagobrei. –
Neben den drei besprochenen Fledermausarten in der Hörnchenhöhle, ist eine vierte hufeisennasige vertreten. – Das Flattervolk zählt Tausende von Mitgliedern, und wo eines in den Guano fällt, da stürzen sich sofort die Kakerlaken auf den gedeckten Tisch. – Nach

* Dá-an Anau

(Caryota no?)
Junge Iman-Palme schosst
aus Karstgestein. Selten.
Wächst in felsigen Gebieten
meist über Wasserfällen in
Hochtälern. Auch gepflanzt.
Grösste Sagopalme; bis 1 m
Durchmesser des Stammes
auf $1/3$ Höhe.
Früchte der Imanpalme sind
Wildschweinnahrung. Alle
saftigen Teile der Pflanze
verursachen unangenehmstes
Beissen.

einer Stunde hat eine grosse Höhlenschrecke* ein anständiges Loch in den Leib eines erschlagenen Mäuschens gefressen.
Gerade als ich mich durch eine Engstelle zwänge, höre ich aufgeregte Rufe schallen: Ein Stachelschwein ist zwischen den Beinen der Besucher durchgetürmt und hat sich aus dem Staub gemacht. – Auch hier findet sich ein Lager aus einem Medang-Blatt, daneben eine vergammelte angeknabberte Gissam-Frucht. –
An einem Ort ist der Fels weiss überhaucht. Als ich da weile und das Dunkel des Raums auf mich wirken lasse werde ich dessen fluoreszierenden Ausstrahlung gewahr. –
Selbst das grossäugige Echslein ‹Bengú-ui› zählt zu den Bewohnern des unterirdischen Gewölbes.

Mitten aus verkarsteter scharfkantiger Felseninsel erhebt sich eine mächtige Würgfeige, ihre Wurzelhände streckend und ins Gestein krallend. Aus weit ausladender Krone wirft sie in Gesellschaft ihrer kleineren Schwester den Fruchtsegen nach unten und ladet Argusfasan, Reh und Stachelschwein zur Mahlzeit.
Drei der seltenen Imanpalmen schossen zwischen den Felsblöcken. «Koroh-koroh-koroh!» flieht ein Languraffe.
Frische Spuren eines Borstentiers führen da eines Tages

* Télening

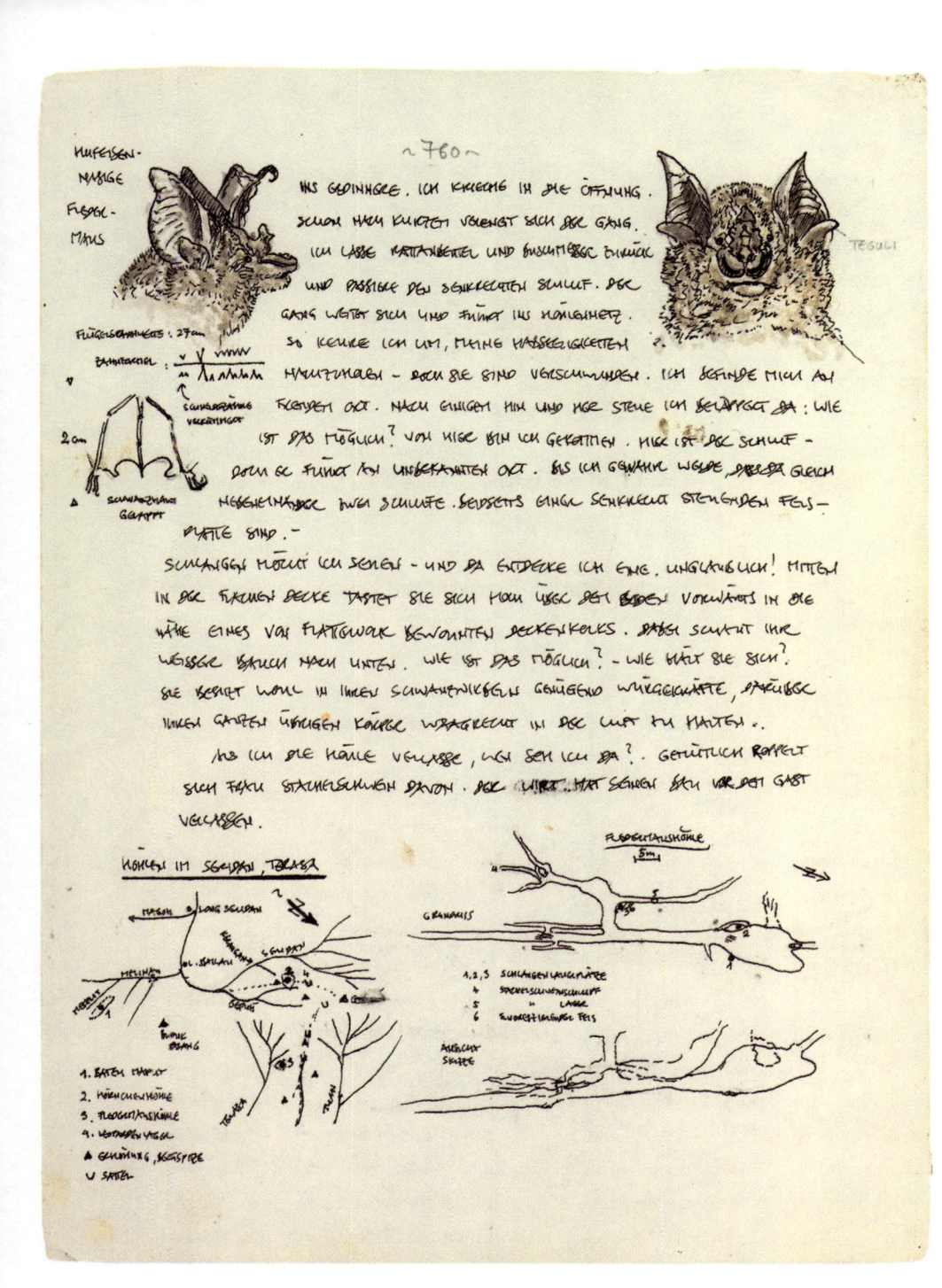

ins Erdinnere. Ich krieche in die Öffnung. Schon nach kurzem verengt sich der Gang. Ich lasse Rattanbeutel und Buschmesser zurück und passiere den senkrechten Schluf. Der Gang weitet sich und führt ins Höhlennetz. So kehre ich um, meine Habseligkeiten nachzuholen – doch sie sind verschwunden. Ich befinde mich an fremdem Ort. Nach einigem Hin und Her stehe ich beläppert da: Wie ist das möglich? Von hier bin ich gekommen. Hier ist der Schluf – doch er führt an unbekannten Ort. Bis ich gewahr werde, dass da gleich nebeneinander zwei Schlufe beiderseits einer senkrecht stehenden Felsplatte sind. –

Schlangen möchte ich sehen – und da entdecke ich eine. Unglaublich! Mitten in der flachen Decke tastet sie sich hoch über dem Boden vorwärts in die Höhe eines von Flattervolk bewohnten Deckenkolks. Dabei schaut ihr weisser Bauch nach unten. Wie ist das möglich? – Wie hält sie sich? Sie besitzt wohl in ihren Schwanzwirbeln genügend Würgekräfte, darüber ihren ganzen übrigen Körper waagrecht in der Luft zu halten.

Als ich die Höhle verlasse, wen seh ich da? – Gemütlich roppelt sich Frau Stachelschwein davon. Der Wirt hat seinen Bau vor dem Gast verlassen.

Hufeisennasige Fledermaus
Flügelspannweite: 27 cm
Zahnformel: [siehe Faksimile]
Schneidezähne verkümmert
Schwanzhaut gelappt 2 cm
Teguli
Höhlen im Seridan, Terasa

1. Bateu Maput
2. Hörnchenhöhle
3. Fledermaushöhle
4. Leopardenlager
▲ Erhöhung, Bergspitze
U Sattel
Fledermaushöhle
5 m
Grundriss
1, 2, 3 Schlangenlauerplätze
4 Stachelschweinschlupf
5   "   lager
6 fluoreszierender Fels
Ansicht Skizze

Was bleibt

Blendende Scheinwerfer
Stämmepoltern – Motorengebrumm
Türenschletzen
Nächtliche Rufe
Nun sind sie verstummt.
Nur Grillen zirpen
Und weisse Wolken ziehen
Unter weitem Sternenhimmel

Warmer Empfang

Nach vielen Monaten begebe ich mich in Siedlungsnähe, um Vorbereitungen zur Blockade zu treffen. Bis auf ein Camp seien alle unbewohnt, die Holzfäller talwärts gezogen, um Lohn zu kassieren. Um 2°° nachts trete ich auf die Offenheit der Strasse. Scharfkantige Gesteinssplitter. Lehmmatsch. Bald schmerzen die Füsse. Geruch nach Dieselöl. Zwei der Satansmaschinen stehen am Wegrand. Als ich die Tür einer Hütte öffne und mit der Lampe ins Dunkel leuchte: Da liegen drei Männer in ihre Decken gewickelt, und dahinter sind Mosquitonetze gespannt. Oha! Der Bau ist bewohnt. – Soll ich? – Zu stören würde das Spiel von Einschüchterung nur verschlimmern, unter dem der Eingeborene schon genug

[Fortsetzung S. 13/762 unten]

Ausflug

Oktober. Kurz vor Einnachten steht da eine Eiche am Weg, an der sich ein Schauspiel bietet. Hunderte von geflügelten Getunganameisen quellen aus einem Spalt hervor und versammeln sich am Fuss des Stammes. Da sind, wie gewohnt die dickköpfigen Wächterameisen mit kräftigen Mandibeln, deren Zwacken Blutfuss verursacht, neben einigen Arbeiterinnen. Das Ungewohnte sind die geflügelten Wesen; im Glauben der Penans verwandeln sich die Getungan-Ameisen in Wespen. – Neben einem Heer von kleineren flugfähigen Exemplaren, wohl die Männchen, finden sich wohl an die zwanzig respektable ‹Königinnen›.
Während es eindämmert ziehen diese plötzlich in Einerkolonne am Stamm aufwärts und der ganze Rattenschwanz hintendrein – bis der grösste Teil der Gesellschaft aus meiner Sichtweite in die Nacht entschwunden ist. Dort oben mag die Fortsetzung des Wohnungswechsels vor sich gehen.

[Fortsetzung von S. 13/761]

zu leiden hat – und ich gehe meines Weges. – Vor Morgengrauen in der Siedlung angekommen, wird mir kaum Schlaf gegönnt und schon zum Aufbruch gedrängt: «Heute morgen kommen uns Holzfäller besuchen.» – Als ich das Dorfoberhaupt um Gegenüberstellung bitte, lehnt er zuerst ab. Er hatte gar mit dem gehadert, welcher einen Teil meiner Last vorausgetragen hatte. – In den vielen Monaten meiner Abwesenheit hat sich die Haltung einiger Penans verändert, den steten Drohungen und Schmeicheleien von Regierungsbeamten, Kompanie und Polizei ausgesetzt. Alle fürchten um meine Person – vom Land redet niemand. So bin ich ~ wie ein geschlagener Hund ~

Vom Mühsamen

Die Regierung hatte Vertreter von verschiedenen Penan- und Kayan-Siedlungen nach Kuching eingeladen. Entgegen meiner Empfehlung folgten einige Mitglieder von Long Napir dem Ruf. – Nach ihrer Rückkehr üben sie sich in Schweigen gegenüber der Gemeinschaft. So sind sie wohl in die gelegten Schlingen getreten...
Weder hätten sie Grosse der Regierung getroffen, noch ein Dokument unterzeichnet, noch Geld angenommen. – Doch ihr Widerstand scheint vollends gebrochen.
In Kuching hatte man ihnen den Fortschritt und Wohlstand der modernen Welt gezeigt, den man ihnen bringen wollte, sie an den Ai-Staudamm, in Plantagen und ins Museum geführt und ein Krokodil gezeigt. – Da sei rein gar nichts gewesen.
Auf Umwegen erfahre ich: Kabinettsmitglied und Vorstand des Penan-Komitees Abang Johari habe zu ihnen gesprochen. In der Hand hätte er einen Brief gehalten, die von der Umweltschutzorganisation ‹SAM› aufgesetzte und von Penans des Baram unterzeichnete Petition zur Bewahrung des Landes; darin fordern die Ureinwohner vom Ministerpräsidenten, Holzfällereilizenzen betreffs ihres Lebensraums zurückzuziehen, da sie diesen zerstört und sie ihrer traditionellen Landrechte beraubt:
– Abang Johari soll gesprochen haben: «Dieser Brief hat keinen Nutzen, man kann ihn verbrennen. – Wenn viele Briefe dieser Art mich erreichen – so werde ich viele verbrennen. Folgt nicht den Leuten von

Harrisson Ngau!*» – Die Aktion hatte ihre Wirkung. Das angesagte Datum zum letzten Blockadenanlauf nähert sich – und so 55 Penans vom Baram, um mit Stumpf und Kegel daran teilzunehmen. Auch Penans von Patik weilen schon längere Zeit aus diesem einzigen Grund. Doch die Moral der meisten Einwohner von Long Napir ist betrüblich tief gesunken. – Einige sprechen klar aus, dass sie wegen anderer Beschäftigung nicht blockieren würden. – Der einzige wirkliche Hinderungsgrund aber sei und ist Angst. – Viele Flugzeuge hätten jene in Kuching gesehen, alles malaysische. Da waren keine vom ‹weissen Mann›. «Jene

Weissen aber, die uns helfen wollen, müssen sich verstecken und sie werden von der malaysischen Regierung festgenommen und in Handschellen abgeführt. Wer aber wird uns helfen wenn wir blockieren und im Gefängnis landen? Wir haben weder einen König, noch Soldaten noch Gewehre.» Und so hat der Sergeant Magoh in Long Seridan einst zu Tipong gesprochen: «Wenn hier einst ein britisches Flugzeug fliegen sollte, euch zu helfen, könnt ihr meinen Schwanz in drei Stücke hacken!». –

Ich erkläre, dass kein Grund zur Angst bestehe, wenn nur die Verteidigung des Landes friedlich bleibt, ohne Menschen Leid zuzufügen. – Doch Angst ist ein irrationales Gefühl, und bei einigen sitzt sie beklemmend tief. – Weiter fürchten gar Penans Vergeltungsaktionen, falls meiner Person etwas geschehen sollte. Und so wirken lähmende Kräfte. Dabei haben nun

* Der längst verhaftet wurde unter ‹ISA›.

13/765 Holzfäller gewagt, ihre Camps in direkte Siedlungsnachbarschaft zu verpflanzen. Sie werden geführt vom korrupten Kellabit-Dorfoberhaupt Tama Saging*, der für die Kompanie arbeitet. «Nun krachen die fallenden Bäume, begleitet von Jauchzer der Holzfäller, die uns so lästern: Na, wo seid ihr Penans, und wollt uns an unserem Tun hindern?». –

«Wie viele Male haben wir zu denen im Camp gesprochen. Sie hören nicht auf uns. So sind wir müde zu reden. Das Gebrumm der wühlenden Bulldozer und die aufheulenden Motorsägen sind unerträglich und machen uns krank.», und so verlässt Yat seine Siedlung und flieht zwei Hügel weiter.

«...Früher hatte er stark gesprochen und das Land der Kompanie verboten. Heute ist er schwach. Mit leerer Rückentasche war er einem Ruf ins Camp gefolgt, mit gefüllter kehrte er zurück**. So sind einige von uns wie Hunde: Ein neu erstandener Hund weigert sich zuerst zu folgen. Doch wenn du ihn einige Male fütterst beugt sich sein Wille.»

Bulan Tewai

* Der T.K. Pun Nue wurde längst vom Residenten diktatorisch seines Amtes enthoben, da er opponierte. Er war einst demokratisch von seiner Dorfgemeinschaft gewählt worden – im Gegensatz zum eigenmächtig vom Residenten eingesetzten Nachfolger.

** D.h. mit kleinen Gaben wie Zucker und Reis

13/766 Die Regierung hatte im Penandorf Long Napir ein Fest gegeben. Was davon in der Erinnerung von Selu bleibt: Dreizehn Büchsen Heinecken-Bier hätte er getrunken, ohne sich zu übergeben. Sein Genosse Dja-au Lat habe nach der zehnten Büchse gekotzt.

Uian war von den Holzfällern ins Camp gerufen worden, um wegen ihrer Arbeit und dem Land zu verhandeln. Er erhielt eine Mahlzeit und einige Gaben und habe zehn ‹Päk›* getrunken. Darum habe er sich gescheut, auf dem Heimweg den glitschigen Gissam-Stamm über den Bach zu beschreiten.

«Wenn ihr wieder blockiert werdet ihr festgenommen, splitternackt ausgezogen, und dann zündet man euren Schwanz mit Benzin an.», sprach ein Iban zu mir. [«] Davor haben wir Angst» – erzählt Uian.

So wurden Greuelgeschichten gesät und tragen reiche Frucht in den kindlichen Seelen, wo jedes Märchen ausserhalb ihrer Erfahrung glaubhaft erscheinen muss.

Da wird gewarnt vor hunderten von Kopfjägern, die heimlich durch die nächste Gegend streifen sollen. Ja niemand solle es wagen, auch nur zur Notdurft allein aus dem Haus zu gehen.

Inspektor Lorez aber soll zu Penans von L.N.

* billiger Schnaps im Plastik-Beutel

13/767 gesprochen haben: «Wenn ihr Penans getötet werdet seid ihr selbst schuld, da ihr nicht auf uns hört! – Wir werden Euch nicht helfen!» – Ein altes Weiblein aber bittet mich: «Erlaube nicht, dass sie Bomben werfen. Davor fürchte ich mich wirklich.» –

In Long Seridan aber sind 50 Soldaten stationiert worden und weitere am unteren Tutoh, von Auan Kassim, der einst vorgab, den Penans in der Landbewahrung zu helfen. – Es ist wie wenn die Behörden selbst Krieg heraufbeschwören wollten. Dabei ist während den Jahren der Auseinandersetzung keiner Menschenseele von Penanseite ein Haar gekrümmt worden...

Maleng geht, um in einer vor Monaten verlassenen Siedlung einige dort aufbewahrte Habseligkeiten wie Pfanne, Axt u.a. zu holen. Mit leeren Händen kehrt er zurück: Dort wo einst seine Hütte gestanden hatte, traf er nur noch was bei ‹selektivem Logging› übrig bleibt, nachdem die Bulldozer abgezogen sind: Ein Schuttfeld.

Auch Libai klagt: «Beinahe unsere gesamte Reisernte, 16 Säcke, und Besitz in Long Sembayang waren während der langen Blockadenzeit verschwunden, die Maniokpflanzung von Wildschweinen geplündert. – Und so sind alle Dinge, die wir sorgsam bei unserer Blockadensiedlung aufbewahrt hatten abhanden gekommen, während die Bulldozer in unserer Abwesenheit gewütet haben. So sind wir armes Volk zweimal geschädigt.»

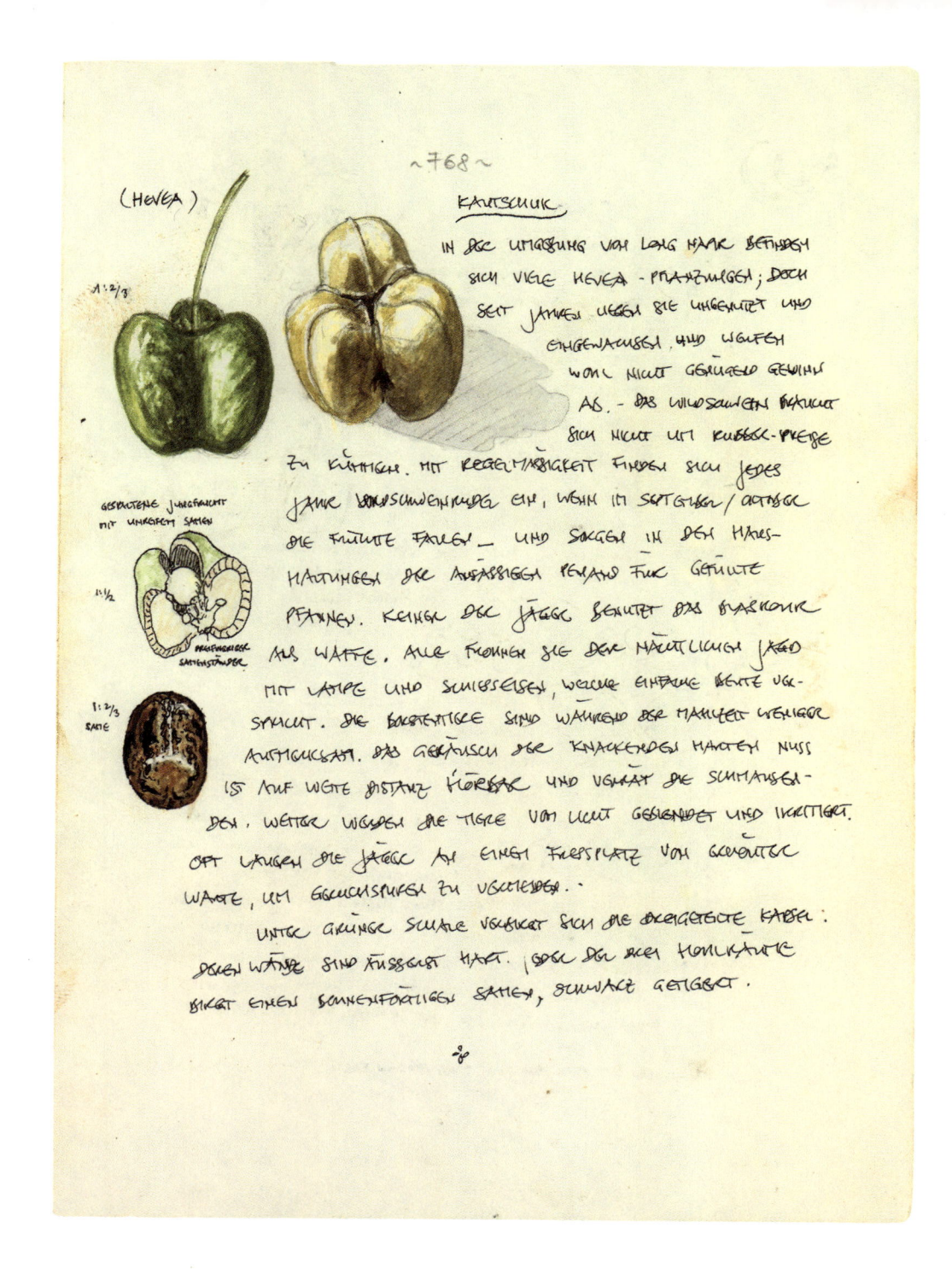

13/768 Kautschuk

In der Umgebung von Long Napir befinden sich viele Hevea-Pflanzungen; doch seit Jahren liegen sie ungenutzt und eingewachsen und werfen wohl nicht genügend Gewinn ab. – Das Wildschwein braucht sich nicht um Rubber-Preise zu kümmern. Mit Regelmässigkeit finden sich jedes Jahr Wildschweinrudel ein, wenn im September/Oktober die Früchte fallen – und sorgen in den Haushaltungen der ansässigen Penans für gefüllte Pfannen. Keiner der Jäger benutzt das Blasrohr als Waffe. Alle fronen sie der nächtlichen Jagd mit Lampe und Schiesseisen, welche einfache Beute verspricht. Die Borstentiere sind während der Mahlzeit weniger aufmerksam. Das Geräusch der knackenden harten Nuss ist auf weite Distanz hörbar und verrät die Schmausenden. Weiter werden die Tiere vom Licht geblendet und irritiert. Oft lauern die Jäger an einem Fressplatz von erhöhter Warte, um Geruchsspuren zu vermeiden. –
Unter grüner Schale verbirgt sich die dreigeteilte Kapsel: Deren Wände sind äusserst hart. Jeder der drei Hohlräume birgt einen bohnenförmigen Samen, schwarz getigert.

(Hevea)

Gespaltene Jungfrucht mit unreifem Samen 1:$^2/_3$

Dreifingriger Samenständer 1:$^1/_2$

Same 1:$^2/_3$

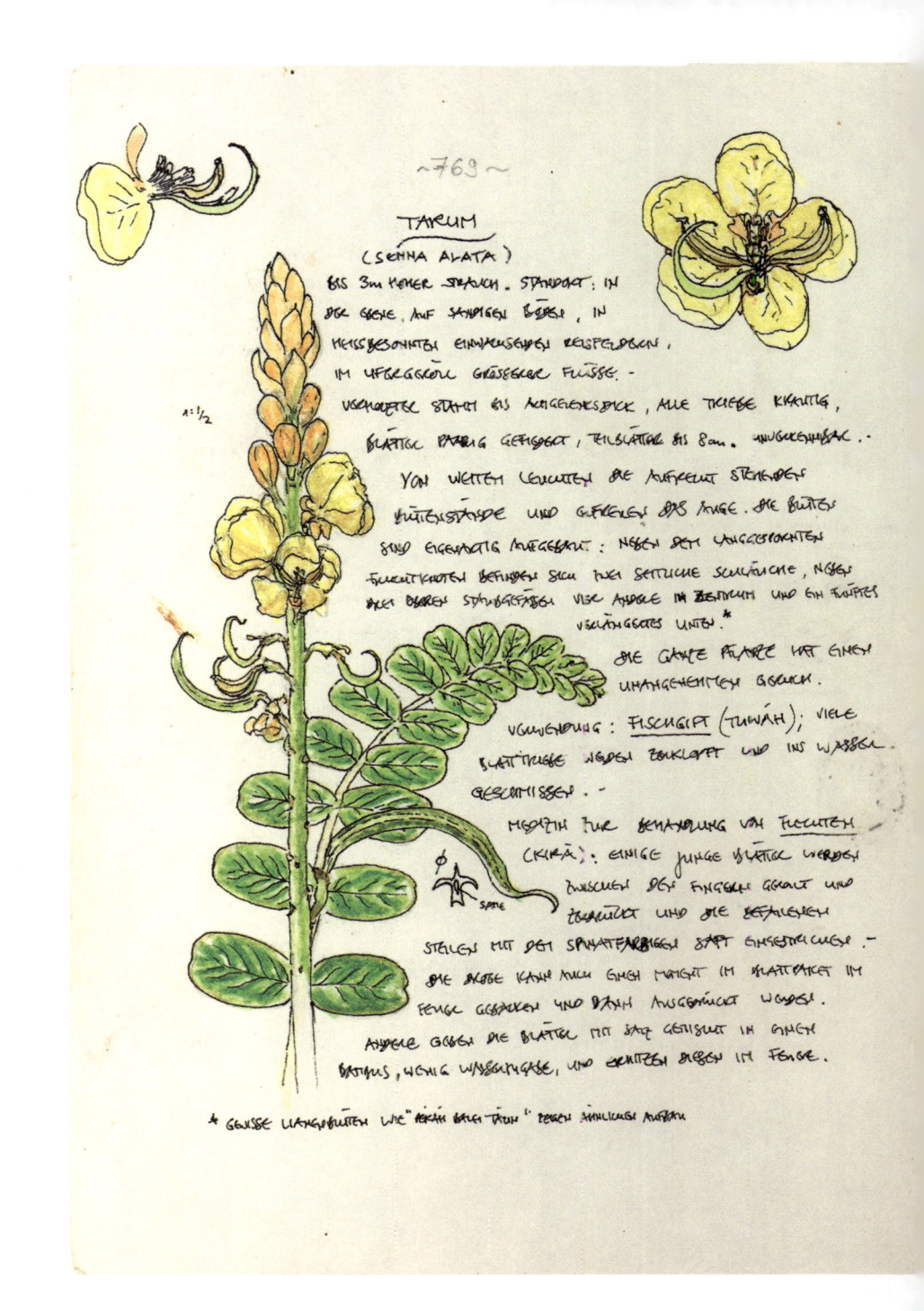

13/769 **Tarum (Senna alata)**

Bis 3 m hoher Strauch. Standort: In der Ebene, auf sandigen Böden, in heissbesonnten einwachsenden Reisfeldern, im Ufergeröll grösserer Flüsse. –
Verholzter Stamm bis armgelenkdick, alle Triebe krautig, Blätter paarig gefiedert, Teilblätter bis 8 cm. Unverkennbar. – Von weitem leuchten die aufrecht stehenden Blütenstände und erfreuen das Auge. Die Blüten sind eigenartig aufgebaut: Neben dem langgespornten Fruchtknoten befinden sich zwei seitliche Schläuche, neben drei oberen Staubgefässen vier andere im Zentrum und ein fünftes verlängertes unten.*
Die ganze Pflanze hat einen unangenehmen Geruch.
Verwendung: Fischgift (Tuwáh); viele Blatt'triebe werden zerklopft und ins Wasser geschmissen. –
Medizin zur Behandlung von Flechten (Kirá): Einige junge Blätter werden zwischen den Fingern gerollt und zerdrückt und die befallenen Stellen mit dem spinatfarbigen Saft eingestrichen. – Die Droge kann auch einen Moment im Blattpaket im Feuer gebacken und dann ausgedrückt werden. Andere geben die Blätter mit Salz gemischt in einen Bambus, wenig Wasserzugabe, und erhitzen diesen im Feuer.

* gewisse Lianenblüten wie ‹Pékáh balei Tá-u› zeigen ähnlichen Aufbau

Ein Penan habe sich von dem Leiden durch Trinken einiger Schlücke des grässlichen Suds befreit. Sein Genosse hätte dabei gekotzt.

Die Ringflechte ist eine unter Penans weitverbreitete Krankheit. Ledige junge Männer scheinen öfters davon befallen. – Im Glauben der Alten verursache versehentliches sich Setzen auf den Glutfächer das Übel. – Auch ich selbst hatte die Bescherung über einige getragene Beinreife eingefangen, ohne sie bis heute wirklich abschütteln zu können. Sie macht sich erstmals durch eine beissende gerötete Hautreizung bemerkbar. Auf Kratzen verbreitet sich diese ringförmig. Das Gehen in nassen Kleidern und Kontakt mit Blut und Fett verschlimmern das Leiden. – Ohne Behandlung könne es sich rasant verbreiten, bis es die gesamte Körperoberfläche bedecke (→ Losong). – Nach 3–4 maligem Verarzten vernarben die Flechten und verschwinden; sofern nicht gänzlich ausgerottet, kann das hartnäckige Leiden nach Monaten an einem winzigen Punkt wieder ausbrechen.

Weitere Behandlungsmethoden:

‹Kerotot›; aus einigen härteren Hölzern* tritt während der Verbrennung eine rötliche kochende Flüssigkeit, v.a. aus der Stirnseite gut getrockneter Scheite. – Diese teerartige Substanz wird meist gewonnen, indem einige heftig lodernde Scheite, oder die Feuerzange aus der Luftwurzel der Sagopalme (Baseng Uwut) über eine Buschmesserklinge oder Axt gehalten werden; der Rauch kondensiert auf dem kühlen Eisen flüssig und kann abgewischt werden. Beim Einstreichen wird die Flechte rings ihren Rändern zuerst eingekreist, um ihr Flucht zu versperren. Die Behandlung brennt wir Feuer: Die stillende Mutter streicht ‹Kerotot› auf ihre Brustwarze, um einem allzugrossen beissenden Kind das Saugen zu verleiden. Dieser ‹Harn des Rauches› beizt auch die Hände für Tage kotbraun nach Verwendung heiss werdender brennender Holzscheite als Fackel.

* wie Kajóu Kelit, Dapa u.a.

Payang: Der Same dieser Frucht wird etwas erwärmt, zerklopft, und damit die flechtenbefallenen Stellen eingerieben. – In gleicher Weise dient der klebrige Saft unter der Rinde des Dat-Baumes, vermischt mit Tabak.

Lohn der Arbeit

Um einem Batzen zu verdienen – zum Kauf von Taschenlampenbatterien und Patronen zur nächtlichen Jagd, für Zucker und Salz – folgen Penans hin und wieder dem Ruf benachbarter Stämme zur Fällarbeit, zur Aussaat und Ernte in deren Reisfeldern.

So roden drei von ihnen für einen Kellabit-Anwohner. Während dem Fällen splittert ein Baum und der hügelaufwärts schnellende Fuss demoliert die benutzte Motorsäge. Der geschädigte Arbeitgeber verweigert Entlohnung und verlangt Schadenersatz: 1500.– MS $ zum Kauf einer neuen Motorsäge. – Die Arbeitnehmer wollen nach Möglichkeit bezahlen um Streitigkeiten zu vermeiden – denn die Penans sind ein liebes Völklein. So sucht sich einer Arbeit talwärts und ein anderer im Logging-Camp...

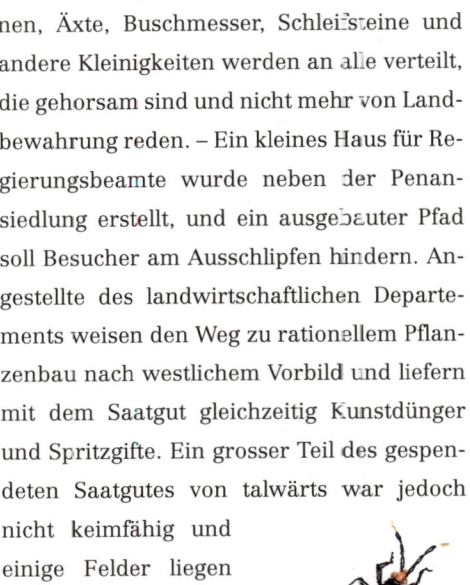

zwingen wir uns, das Stückchen Paradies der Vergänglichkeit zuzuführen.

Verdutzt. – Unverkennbarer Geruch von Insektiziden. Hier oben in den Quellgebieten? Und da liegt eine weggeworfene Plastiktüte: Ammoniumphosphat.

Seit all dem Blockaderummel erhalten Penans von Long Napir Hilfe von talwärts. Pfannen, Äxte, Buschmesser, Schleifsteine und andere Kleinigkeiten werden an alle verteilt, die gehorsam sind und nicht mehr von Landbewahrung reden. – Ein kleines Haus für Regierungsbeamte wurde neben der Penansiedlung erstellt, und ein ausgebauter Pfad soll Besucher am Ausschlipfen hindern. Angestellte des landwirtschaftlichen Departements weisen den Weg zu rationellem Pflanzenbau nach westlichem Vorbild und liefern mit dem Saatgut gleichzeitig Kunstdünger und Spritzgifte. Ein grosser Teil des gespendeten Saatgutes von talwärts war jedoch nicht keimfähig und einige Felder liegen brach. Dagegen hat sich das seit Generationen im Gebiet heimische Kellabit-Saatgut bewährt.

Feuerwanzen sind auffälligste Bewohner der schwarz verkohlten Brandrodungen 1:1

13/772 Verkohlte Stümpfe
Grünende Schosse
Weite Hügel
Wanderndes Himmelsgewölk
Mond – du gehst auf deiner Bahn
Ob Tag oder Nacht, ob heiter oder trüb
Mensch – trag dein Los mit Gleichmut
Das Leben nimmt seinen Lauf

13/773 Ist's das Geräusch eines Bären, der ein Termitennest plündert?... «Peeeyyyyy!» ruft da ein Hirsch, sein Geweih schabend und in der Rodung Reisschosse fressend. Ein Lendengeschürzter kommt mir entgegen. Wir schälen uns gegenseitig das seltene Geschenk von Bananen, und, lachend, streitend, abwehrend

Hügelreis

13/774 Während Penans ein Nomadenleben führ(t)en, den Standorten von Sagopalmen und Wildwechseln folgend, ist Reisanbau die Tradition der Dayakvölker Borneos. Ein gewähltes Stück Land wird gerodet und gebrannt. Die Asche liefert Nahrung für die Saat. Im auf die Ernte folgenden Jahr kann das einwachsende Feld ein zweites Mal durch Kappen und Brennen der nachwachsenden Vegetation kultiviert werden (Ata). Darauf sind die äusserst humusarmen Böden schon ihrer Nährstoffe beraubt. Nach einer Ruheperiode von 5–20 Jahren wird der entstehende Sekundärwald (Temuda/Amok) wiederum gerodet und gebrannt. – Am ertragreichsten sind Rodungen im Primärwald, wegen der hohen Rotaschedüngung; die Fällarbeit mit der Axt macht sie äusserst arbeitsintensiv, doch zeigen die Kulturen kaum Verunkrautung. –

Die Hälfte der bewirtschafteten Felder einer Dayak-Gesellschaft mag auf schon zuvor kultiviertes Land zu liegen kommen. Nach vielen Jahren, wenn Reisfelder weit von der Siedlung entfernt bewirtschaftet werden, zügelt(e) die Dorfschaft an einen benachbarten Ort, gleichzeitig, um das alte Langhaus aus Blätterdach, Bambus und Holz durch ein neues zu ersetzen. So nomadisierten auch die Dayak-Völker in einer gewissen Weise durch ihren der Vier-Felder-Wirtschaft verwandten Pflanzenbau.*

* Durch vereinfachte Transportmittel und langlebende Baumaterialen wie Wellblech sind heutzutage wohl alle Stämme sesshaft geworden. Völkerwanderungen in entferntere Gebiete wie diejenige der Kellabit, Keniaks und Kayans wie Belawans mag Verfeindung und Stammesfehden zur Ursache gehabt haben.

Sind auch die Böden arm, so spriesst das Leben im Treibhausklima der Tropensonne äusserst üppig und versucht jegliches entstandene Loch in der Vegetationsdecke rasch zu schliessen.

Diesem Bestreben der Natur könnte durch Erstellung von ineinandergreifenden Mischkulturen nachgekommen werden. Mais, Gurken, Kürbis, Maniok, Erdnüsse, Ananas, Zuckerrohr werden von Dayak-Völkern als kurzlebige Zwischenfrüchte gepflanzt, um nach deren Ernte das Gebiet einem Heer von wuchernden Lianen und nachschiessendem Jungwuchs zu überlassen. Durch Pflanzen von Bananen, Medang-, Rambutan- und Durianbäumen könnte sich das abgeerntete Reisfeld in einen Fruchtgarten, anstatt wirre Wildnis verwandeln. Dies wäre eine sinnvolle Verbesserung der Wirtschaftsweise.

Nassfeldreisbau, wie ihn die Kellabits von Bareo betreiben, ist viel weniger arbeitsintensiv als Brandrodung. Sind die Felder einmal erstellt, können sie jedes Jahr bewirtschaftet werden. Der Dünger wird mit dem Wasser geliefert und Unkrauten erübrigt sich.

Nach der Ernte fressen Wasserbüffel Reishalme und nachschiessende Vegetation. Doch diese Bewirtschaftungsweise ist nicht in jedem Gelände geeignet, verlangt sie doch nach Ausebnen und Erstellung der Gräben stete Bewässerungsmöglichkeit. – Ideal wäre eine Mischung der beiden Anbauweisen, wobei eine Gemeinschaft sowohl Hügelreis mit allen Zwischenkulturen anbaut, als auch Nassreisfelder bewirtschaftet, die Monokulturen sind.

Dschungel-Politik

«Welche Regierung hat uns einst geheissen, sesshaft zu werden, Dschungel zu roden und Reis zu pflanzen? – Welche Regierung verbietet es nun?»
Uian zu einem Forest-Beamten

Seit das lukrative Geschäft mit Tropenhölzern blüht, wurde der Brandrodungsbau der Dayak-Völker in Verruf gebracht. Lizenzinhaber nennen Millionen Dollars Verlustzahlen durch Hölzer, die sich unter dieser Bewirtschaftungsweise in Rauch und Dünger für die Saat verwandeln, anstatt in ihren Konzernen Gewinn abzuwerfen.

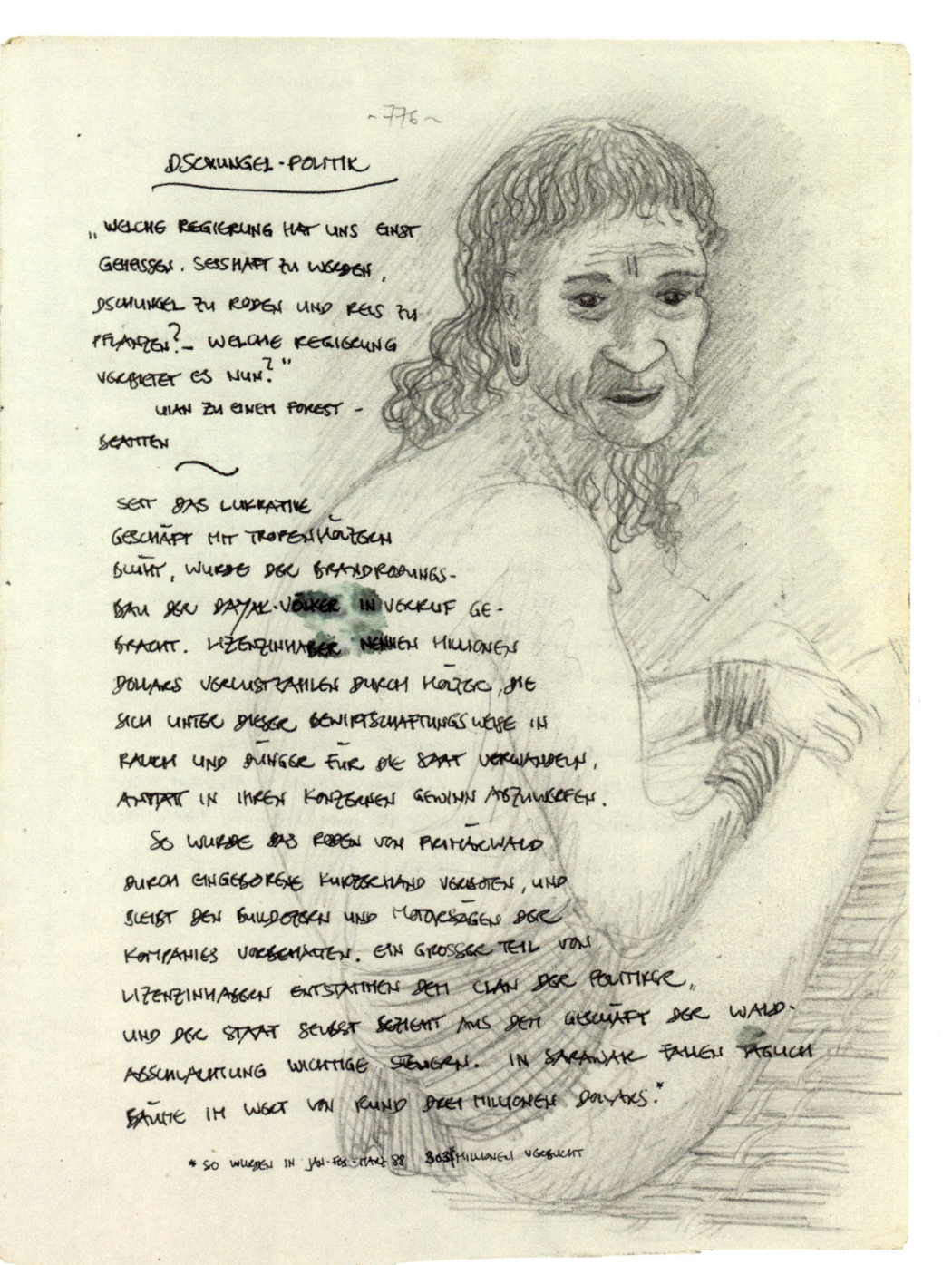

So wurde das Roden von Primärwald durch Eingeborene kurzerhand verboten, und bleibt den Bulldozern und Motorsägen der Kompanies vorbehalten. Ein grosser Teil von Lizenzinhabern entstammen dem Clan der Politiker, und der Staat selbst bezieht aus dem Geschäft der Wald-Abschlachtung wichtige Steuern. In Sarawak fallen täglich Bäume im Wert von rund drei Millionen Dollars.*

* So wurden in Jan-Feb-März 88 303 $-Millionen verbucht.

13/777 Die betroffenen Eingeborenenstämme andererseits beklagen die Zerstörung ihres Kulturlandes durch Bulldozer, Verschmutzung des Trinkwassers, Dezimierung des Wild- und Fischbestandes, Ausrottung aller Nutzhölzer für Boots- und Hausbau*, Verwüstung von Grabesstätten, sowie Verweigerung von Kompanies, Schadenersatz zu bezahlen. –
Brandrodungsbau ist die Tradition der Dayak-Völker Borneos; er hat sie über Jahrhunderte in selbstversorgerischer Weise zusammen mit Jagd und Sammelwirtschaft ernährt, und seine Funktionstüchtigkeit bewiesen. – Wohl ist die Brandrodung ein Einschnitt in das Gefüge der Natur; so lange sie nur inselhaft ausgeübt wird, bildet sie keine Bedrohung, denn sie greift kaum die Bodenkruste an, im Gegensatz zu den gewaltigen Erosionsschäden durch die Bulldozer. – Ein eingewachsenes Reisfeld ist nach 100 Jahren vom Laien kaum als solches zu erkennen, unterscheidet sich doch dieser Sekundärwald mit Bäumen bis nahezu Meter Durchmesser kaum vom jungfräulichen Dschungel.

* Gesuche von Dorfgemeinschaften für Kommunalwald wurden und werden von Regierungsstellen kommentarlos abgelehnt.

13/778 Seit langem werden nomadisierende Penans gedrängt, sesshaft zu werden und Brandrodung zu betreiben. Doch meist blieb es bei dem Hinweis, ohne Hilfegebung. – Um diesen Prozess voranzutreiben, baut nun die Regierung, respektive Kompanies, Barackensiedlungen für die Eingeborenen. – Einzig in Long Napir wurde vor vielen Jahren eine wellblechgedeckte Siedlung gegründet; sie steht meistens leer und wird vorwiegend von Hennen als Aufenthaltsort benutzt:
«Was soll ich in einem leeren Haus, wenn mein Magen knurrt?» – Meist sind die Bewohner ausgeflogen, um nach traditioneller Weise wilde Sagopalmen zu verarbeiten und Wildschweine zu jagen. – Ihre dürftigen eigenen Kulturen, zumeist Reis und Maniok, ohne Zwischenfrüchte, vermögen nur über kurze Zeit die Familie zu ernähren.
So sieht sich der Eingeborene zweimal vor den Kopf gestossen: In seinem von Holzfällern und Bulldozern zerstörten Land findet er als Nomade kaum mehr genügend Nahrung. Wird er aber sesshaft und rodet Dschungel zur Erstellung einer Kultur, droht ihm Gericht, Busse und Gefängnis.
Keine Alternative wird von Regierungsseite gegeben, und wie der Betroffene heute und morgen seine Familie ernähren soll, bleibt ein Rätsel.

Doch seit all dem Blockadenrummel erhalten nun Fenans von Long Napir Hilfe: Eine Reismühle, Wasserleitung, Enten, Pfannen, Äxte, Schleifsteine u.a. werden an all jene verteilt, die nicht mehr von Landbewahrung reden. Mit der Gabe von Insektiziden, Kunstdünger und Saatgut* wird der Penan schrittweise aus seiner Freiheit in Abhängigkeit geführt.

* Ein grosser Teil des Saat-Gutes von talwärts war nicht keimfähig und die Felder liegen nach der Saat brach. Im Gegensatz zum auf Grund und Boden gezogenen traditionellen Kellabit-Saatgutes.

Zú-ung 13/779
Diese seltene Echse hält sich in der Nähe grösserer Flüsse auf. Manchmal geht sie in schossenden Reisfeldern mit ihrer klebrigen Fangzunge ihrer Nahrung wie Heuschrecken, Feuerwanzen (?) und anderen Insekten nach. – Sie legt bis vier längliche Eier in eine Bodenmulde und bewacht die Jungbrut. Die Echse Zú-ung dient dem Penan weder als Nahrung noch als Zielscheibe, und er

♀
Rumpflänge 9,5 cm
Schwanz: 30 cm
(kleinere Art)

vermeidet, ihren Namen auszurufen oder sich über sie lustig zu machen; denn gerade so, wie das Reptil innert Sekunden seine Körperfärbung von leuchtend grün in rötlich und schwarz verwandeln kann, könnte es den Himmel verfinstern, Blitz und Donner schicken und den Frevler durch einen fallenden Baum erschlagen oder ihn gar in Stein verwandeln (→ Li-uen):
«Seit der Mission haben wir beinahe allen Glauben aus alten Zeiten samt Omen und Tabus weggeworfen. Doch ein Erlebnis bleibt uns tief in Erinnerung. An die dreissig Leute* säten wir ein Reisfeld ein. Da jagten zwei Zú-ungs spielerisch einander über einen gefällten Stamm nach. – Wir Jungen

*Gotong Royong (Malays.): Saat und Ernte wird meist von der ganzen Dayak-Dorfgemeinschaft tageweise abwechselnd in je einem Feld eines Mitgliedes besorgt.

riefen laut aus: «Oh, Wildschwein! Wildschwein!» und warfen 13/780 unsere Sä-Stöcke wie Speere nach den Echsen. Mein Vater aber hielt den Finger vor seinen Mund und gebot uns zu schweigen. Doch wir waren viele Kinder und hörten nicht hin, und versuchten weiter, die Echsen mit unseren Stöcken zu treffen. – Nicht lange, da verfinsterte sich der soeben noch klare Himmel. Sturmwind liess Bäume sich biegen und Äste fallen. Voll Angst begaben wir uns alle in die Mitte des Reisfeldes, um nicht von fallenden Bäumen erschlagen zu werden. Laut krachte der Donner (→ Li-uen) über unseren Köpfen.»
Aijeck Lagui, Ba Pulau

Hirsch, Schnecke und Zú-ung

Der schnelle Hirsch hiess die langsame Schnecke Zé sich im Spurt zu messen. Die Schnecke sagte zu und kroch auf den Fuss des Hirschen. Da rannte dieser los. Nach einer Weile rief er: «Wo bleibst du, Schnecke?» – «Hi!», antwortete es dicht hinter ihm. – Da rannte der Hirsch weiter, so schnell er konnte. «Schnecke, wo bist du?» – fragte er. «Hi!», antwortete die Schnecke wiederum aus nächster Nähe. Und so jedesmal. Bis der Hirsch todmüde dahinsank. – Da stieg die Schnecke auf seinen Leib und frass von seinem Herzen – Darauf ging sie ihres Weges und traf die Echse Zú-ung. «Einen Hirschen hab ich getötet und von seinem Herzen gefressen.» – «Wie gross ist ein Hirsch? So gross wie mein Finger?» – «Nein, viel grösser.» – «So gross wie meine Hand?» – «Nein, viel grösser.» – «So gross wie mein Kopf?» – «Nein, viel grösser. Drei-vier von deiner Sorte sind immer noch viel kleiner als ein Hirsch. Komm, steig auf meinen Rücken, und ich bring dich dahin, dann kannst du selbst sehen.» – Da stieg die Echse Zu-ung auf den Rücken der Schnecke Zé und liess sich tragen. – Als sie dort ankamen, schüttelte sich die Schnecke, worauf die Echse sogleich mitten auf den grossen Leib des Hirschen fiel. Da weinte sie voll Angst und wurde grün und wandelte ihre Farbe in rot und gelb und schwarz. – Seit jener Zeit kann das Zú-ung seine Körperfarbe ändern.

Gissa Paren, Long Kerameu

Ruf

Nov. 88

Ein französisches Fernseh-Team will mich treffen. – Alle bisherige Publizität konnte die Holzfällerei nicht zum Stoppen bringen; die Schwierigkeit der Umstände, ferne Distanzen und nahende Blockade lassen mich absagen. Doch meine Botschaft wird missverstanden – das Team ist schon losgezogen.

Da treffe ich den ersten Penan vom Baram.

Wir umarmen uns. Tränen stehen in Gissa's Gesicht. – 55 waren sie losgezogen den monateweiten Weg, um hier an der Blockade teilzunehmen. Doch unterwegs hackte sich einer mit dem Buschmesser ins Knie, und ein anderer wurde von einer Giftschlange gebissen. – So blieb die Hälfte auf der Strecke, und nur 22 erreichten das Ziel. Auch einige Frauen und Kinder sind dabei. Sie sind bereit, auf friedliche Weise Verhaftung zu riskieren, in der Hoffnung, die Bulldozer von ihrem Lebensraum fernzuhalten. – Doch viele in Long Napir ansässigen Penans sind der Blockaden müde und zeigen sich wenig begeistert. –

Viel Polizei wurde in der Gegend stationiert. Etwas zweiherzig begebe ich mich um 2°° auf die Offenheit der Strasse, passiere ein schlafendes Camp, und hole gegen Morgengrauen meine beiden vorausgeeilten Penanfreunde ein. – Unser Führer war schon seit 15 Jahren nicht mehr in dem Gebiet. Am dritten Marschtag irren wir vom Pfad ab und begehen unangenehmstes Moosdickicht des Hochgebirges (Paiáh). Auch nach mühsamer Buschmesserarbeit bleibt noch genügend unter Vegetation durchzuschlufen oder darüberzuklettern. – Malengs Mund wird von einer Dornenranke gekrallt, und ein in die Luft ragender gebrochener Ast sticht beinahe in Uian's Auge.

Dann wird es Nacht, ohne eine Wasserstelle zu erreichen. So sollen wir für rund 33 Stunden ohne Mahlzeit bleiben. Doch dann befördert Uian ein Reiseicheln schmausendes Borstentier ins Jenseits. Wir teilen die Beute auf unsere Traglasten auf, buckeln sie talwärts bis ans Wasser und halten da eine festliche Mahlzeit, bis wir mit dicken Wämmsten dahinschlummern. Das Wasser des Sirat-Bachs ist glasklar. Doch seine mit Farbklecksen gezeichneten Ufer künden, dass bald Bulldozer von talwärts dem Paradies ein Ende setzen werden. – Als ich da die Därme des Wildschwein auswasche, kommen die nur fingergrossen Ló-ong-Fische und junge Ayat's in Scharen und zupfen mir die Schläuche frech aus der Hand. Und als ich im Tümpel ein Bad nehme, knabbern sie ohne Scheu Hautpartikel von meinem Körper.

Am nächsten Tag freuen sich die beiden Penan-Jäger: Wo in heimischem Gebiet zur Zeit kaum eine Spur zu treffen ist, findet sich hier ein ganzer Hügelkamm getrampelt von Eicheln fressenden Wildschweinrudeln. Dann treffen wir auf den uns entgegenkommenden Sohn des Führers. Er hatte gerade mit dem Gewehr ein Tier aus einem Rudel geschossen. Der Lärm hatte einen oben Mahlzeit haltenden Bären runtersteigen lassen und den Jungen in die Flucht geschlagen. –

Da stehen die Kalkklötze des Budá-Berges, wo Höhlengrüfte locken, entdeckt zu werden, und dahinter breitet sich das Flachland küstenwärts.

Das Team findet sich nicht am Treffpunkt ein, doch hat es vorgezogen, in Bootsnähe eine Woche lang auf uns zu warten, anstatt die Wasserscheide zu erklimmen. – Etwas murrig, mit müden Knochen, steige ich in Gesellschaft talwärts. Gerade bei Einnachten erreichen wir das Team.

Jahren habe ich Mühe, mich in Französisch auszudrücken. – Die beiden möchten Blockade filmen, doch der Weg ist weit und das Risiko der Beschlagnahmung gross. So versuchen wir, das Beste am Ort zu tun. – Einerseits sträube ich mich ‹à jouer le guignol pour le camera›, andererseits möchte ich zum Gelingen des Films beitragen. Der Kameramann benötigt etwas Schuss in seine Aufnahmen. Ferngesteuerte Senderwahl scheint ihm ein Greuel, wo es dem Zuschauer erlaubt ist, sogleich aus dem Sessel auf den Knopf zu drücken, um sich von einem interessanteren Programm berieseln zu lassen ~ Freiheit der Moderne. –

Ja – Publizität wird wohl mehr von Fragen des Geschäfts als von Idealismus dirigiert. Trotzdem ist Jean-Luc mit seiner Seele dabei. In der Ebene des Medalem-Flusses stehen mächtige Bäume. Doch täglich heulen Motorsägen, und Bulldozer schleifen Stämme und verwandeln die Harmonie in ein Schlachtfeld. Und auf dieselbe Weise wüten in Sarawak wohl an die 100 Kompanies, mit einem Geschütz von über 1'000 Bulldozern und mehreren tausend Stihl-Motorsägen. – Dann nehmen wir Abschied – dem Kameramann zuliebe gleich drei Mal. – Die einheimischen Bootsmänner fürchten, mich auf dem Flussweg in bekannte Gefilde zurückzubringen. So treten wir den beschwerlichen Rückweg durchs Hochgebirge an. Tägliche Regenfälle verlängern unsere Reise.

13/784 Uai Inang (Calamus caesius?)
Dies ist die zweit-beste Rattan-Qualität nach dem Bukui-Rattan, und kann zu jeglichem Flechtwerk verarbeitet werden. Sie findet sich im Ulu Baram, am unteren Tutoh und Medalem. In Nomadengebiet ist sie nur vereinzelt im Ulu Sembayang und Adang zu treffen.
Unverkennbar, Seitentriebe ~sechsblättrig, Blattlänge 50 cm, Ranken bis 2 m Länge. Geschälter Trieb 1–2 cm Ø; durch Biegen blättert die glänzende Lasurschicht (Lutey) ab und der Rattan wird etwas weich und die messerscharfen Ränder von Spältlingen weniger fleischeinschneidend. Nur zur Herstellung von Rattanmatten aus Halblingen (Lapit) und zur Zettelherstellung an Traggestellen (Jkat Kiwáh) wird diese Schicht belassen.

13/785 Jean-Luc und Toni begrüssen freundlich. Wir verbringen drei Tage zusammen. Etwas enttäuscht, dass versprochene Nachrichten von meiner Familie ausgeblieben sind. – Nach all den

[fehlt] 13/786
[fehlt] 13/787

13/788 bin nicht durch die Unterstützung der Regierung gross geworden, doch meine Eltern haben mich aufgezogen und ernährt. – Doch wenn wir in unserem von euch zerstörten Land nicht mehr genügend Nahrung finden – könnt ihr uns jeden Tag, jede Woche, jeden Monat Nahrung geben?» –
«Nein.», antwortete der Resident. «Doch wir heissen euch, genügend grosse Kulturen zu erstellen.» – «Wo sollen wir unsere Felder erstellen, wenn unser Land von Bulldozern gekehrt ist? Leben da die Kulturen? – Darum verlangen wir unser Land!» – «Oh, Schritt um Schritt. Wir müssen langsam Wege suchen. Ich werde mit den Grossen in Kuching reden.» – «Dann sollen die

Kompanies so lange ruhen, bis die Sache geklärt ist.» – «Nein, die Kompanies können nicht ruhen...»

Klage
Dauat Usung von Batu Bungan:
«Unser Dorf liegt am Rande des zum Mulu-Nationalpark erklärten Gebiets. In diesem ist uns jegliches Fällen von Bäumen zu Eigenbedarf verboten. Inzwischen aber wird sämtliches Nutzholz in unserer Umgebung zur Erstellung von Touristenhäusern und Wegen im NP geschlagen, für uns Einwohner und dorfeigenen Hausbau wird nichts übriggelassen. Weiter machen uns Leute von Long Tarawan das Leben sauer. Sie behaupten, alles Land am Melimanfluss sei ihres, selbst wo nur wir Reis pflanzen. – In Wirklichkeit sind die Belawans vor der japanischen Invasion vom Patáh-Fluss (Baram) hier an den unteren Tutoh umgesiedelt und in Long Tarawan sesshaft geworden. Die ursprünglichen Einwohner aber vom Stamm Tereng waren an den Limbangfluss nach Lebo Aur umgezogen. –
Bei Streitigkeiten mit uns benutzen Bewohner von Long Tarawan nicht nur den Mund, doch lauern uns mit Fäusten auf und benutzen weiter schwarze Magie. Beklagen wir uns bei ihrem Dorfchef, dem Pungulu Baiáh, so heisst uns dieser einfach, geschehen zu lassen, selbst wenn wir Schwierigkeiten haben.»

Todesbotschaft (Surá)
«Ich arbeitete als Wächter in einem Hotel in Miri. Oben war eine Disco-Bar und Tanz. Um Mitternacht setzte sich die Zikade ‹Keniaee› über mir an die Hauswand und sang. – Drei Tage später erreichte mich ein Verwandter und bestätigte die Todesbotschaft: Mein Onkel war gerade drei Tage zuvor bei Lio Mato ertrunken als das Boot kenterte.»
Ajieck Lagui, Ba Pulau

Vermutet der Eingeborene eine Zikade als Todesboten, so spricht er zu ihr: «Wenn wirklich einer meiner Verwandten gestorben ist, so setz Dich hier über mich.»; nur wenn sie dem Ruf folgt, gilt das Omen. In ähnlicher Weise werden ungewohnt zur Nachtzeit ertönende Rufe des Gibbon-Affen, von Nashornvögeln und Hörnchen gedeutet. – Die Zikade ‹Keniaee› singt manchmal in heiteren Vollmondnächten: Sie lasse sich vom hellen Licht täuschen und meine, es sei Tag. – In gleicher Weise lässt sich die Zikade Nyit von drohenden, allzuschwarzen Gewitterwolken täuschen, und kann schon um 15°° Nachtanbruch künden. – Manchmal singt eine einzige Zikade Nyit gerade vor vollkommener Dunkelheit, nachdem alle anderen Stimmen verstummt sind. Der Eingeborene meint, sie habe sich verschlafen und so verspätet.

Lukap

Der Nashornvogel Lukap streift meist in Familienverbänden mit bis zu 10–15 Tieren durch die Gegend. Er ernährt sich von Früchten der Würgfeige, von Kerameu, und von Kleingetier wie Echsen und Hundertfüssler. – Seine Baumhöhle findet sich bevorzugt auf Pauá, Ranga und Lengehai. – Nicht nur das eigene Männchen, sondern die ganze Gemeinschaft füttert das brütende Weibchen, das in seiner Nisthöhle eingeschlossen ist. Diese Eigenart zeigen auch die Nashornvögel Belok, Belanand und Tekakáh. – Aji fand in einer Nisthöhle ein Weibchen auf vier Eier brütend, und meint, zwei davon seien von einem anderen Weibchen des Verbandes gelegt worden – sie würden einander im Brutgeschäft unterstützen. – Aueng traf einst gleich zwei brütende Weibchen in einer Nisthöhle.

Lukap, Metui, Belok und Belanand wurden gar schon beobachtet, wie sie artfremde eingeschlossene Nashornweibchen wie Belengang und Tawá-un fütterten.

♀
1:²⁄₃

Das ♂ ist leicht kenntlich an einfärbig schwarzem Schnabel

Berichte vom Baram

Ajieck Lagui, Ba Pulau

Im April 87 kam einer unserer einst abgewanderten Dorfbewohner, Berufssoldat geworden, in Gesellschaft eines malayisschen Mannes auf Besuch. Dieser gab sich als DistrictOfficer aus und nannte sich Kassim Ali.* Er sei ein Freund des weissen Mannes. Dessen Pass sei abgelaufen, und er wolle ihn nach Hause bringen. – «Wir wissen von nichts», antworteten wir, doch wir hatten aus Zeitungen von dem weissen Mann gehört.

Kassim Ali lebte zwei Wochen in unserem Dorf und wir waren freundlich zu ihm wie zu jedem Besucher. Dann, eines Tages, packte er Fotos vom weissen Mann aus und sagte, dies sei ein Kommunist. Die Kompanies hätten grossen Verlust wegen ihm. Er wolle ihn festnehmen. Dann zeigte er uns eine Karte und erklärte, er halte sich in dem umrandeten Gebiet auf. Sie wollten Bomben auf das Land werfen, doch das sei nicht möglich, weil Penans darin wohnen. Diese hielten ihn auch versteckt. «Was ist, wenn wir ihn treffen sollten? Wir haben Angst.» «Oh, ihr braucht euch nicht zu fürchten. Wir von der Regierung wissen Bescheid. Wenn ihr ihn festnehmt, tot oder lebend, bezahlen wir 50'000.– $. – Wenn ihr uns seinen Aufenthaltsort verratet, so gehen wir selbst und geben euch Lohn.» –«Oh, wenn wir

* In Wirklichkeit ein pensionierter Korporal (?), der seinen Beruf nicht lassen kann.

wissen, berichten wir gerne.» – Darauf zeigte er Bilder von zwei Penans in Handschellen; jene vom Layun, die einige Brücken in Brand gesteckt hatten, nachdem ihre friedliche Blockade mit Gewalt durchbrochen und eines ihrer Mitglieder verletzt worden war. – Als aber Kassim Ali, der sich auch Auang Kassim nannte, unser Dorf verlassen hatte, sandten wir sofort Boten in alle benachbarten Siedlungen und warnten. ~

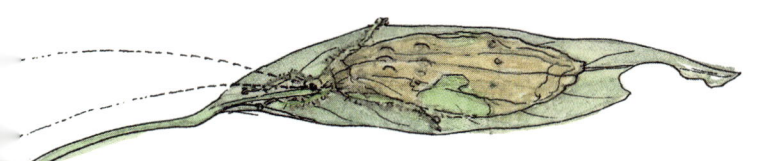

Eigenartige Schrecke. Rotbäuchig. Kann ihre Flügel wie ihre Verwandten senkrecht über Rücken falten, oder, um sich auf Rinde oder Blattwerk zu tarnen, diese flach über sich und auf die Unterlage anlegen. 1:$^1/_2$

Auf Mai 87 war ein grosser Markt* in Lio Mato angekündigt, und man hiess uns Rattanmatten und Taschen flechten und Blasrohre herstellen. Cérité, ein Vertreter des Residenten von Miri kam mit Anhang. Sie verschenkten Säcke voll Altkleider an uns, Schleifsteine, Salz, Zucker und Bisquits. Unsere Ware tauschten sie gegen Plastikblachen, Äxte, Feuersteine und anderes. «Hier, so gross ist unsere Unterstützung an euch. Nehmt nicht die schlechte Sitte der Penans vom Layun, Magoh und Limbang an, welche blockieren.» «Oh, wenn Bulldozer unser Land erreichen, blockieren wir selbstverständlich.» – «Unmöglich. Wenn ihr

* Tamo: Wie ihn einst die britische Kolonialregierung alle paar Monate veranstaltet hatte. Seit der Unabhängigkeit war kein solcher Markt mehr gehalten worden.

unsere Anweisungen missachtet, so seid ihr Kommunisten und wollt Böses. Ihr müsst gehorchen und den Bulldozern den Weg freigeben. Von was bezahlt die Regierung Projekte, wenn die Kompanies nicht arbeiten? Wir bringen euch Wohlstand und bauen eine Strasse. So könnt ihr Marudi leicht in einem Tag erreichen.» –

«Ja. – Wenn ihr uns wirklich helfen wollt, stimmen wir gerne zu. Doch wir wollen unser Land nicht zerstören lassen. Mein Freund ist am Layun durch ein Auto der Kompanie getötet worden. Wir wollen keine Strasse bis hierhin.»

«Von was bezahlt die Regierung Schullehrer und Ärzte? Diese arbeiten nicht zum Spass, doch verlangen ihren Lohn. Doch das Geld kommt von den Kompanies. Wenn ihr selbst die Lizenz fürs Land bezahlen könnt, so können die Kompanies stoppen.»

«Dies ist gleichsam die Lizenz fürs Land bezahlt. Hier ist die Grabesstätte meiner Grosseltern und Urgrosseltern. Hier leben wir seit Alters her.»

«Oh, du verstehst zu antworten, doch nach dem Gesetz bist du im Unrecht. Hier spreche ich im Guten und möchte euch warnen.»

Auf diese Weise wird nun alle paar Monate ein Markt veranstaltet, doch ist er nichts im Vergleich zum traditionellen, wo wir für 150.– $ ein Jagdgewehr und Munition erstehen konnten.

In der Zwischenzeit hat man uns angewiesen, einen Pfad von Lio Mato nach Long Lelleng zu erstellen: Letzthin war ein Armeehelikopter mit 32 bewaffneten Soldaten Besatzung in beinahe jeder Penansiedlung gelandet. Sie verboten uns, an Blockaden teilzunehmen, und fragten nach dem weissen Mann. –

Es war wohl das Gerücht durchgedrungen, dass wir Penans vom Baram an Blockaden talwärts teilnehmen wollen. Auf unserem Weg dorthin landete ein Hubschrauber in Patik; das war Kassim Ali, der uns auf halbem Weg abpassen wollte. Er gab vor, Medizin zu bringen, doch weigerte sich, in der dafür vorgesehenen Unterkunft zu verarzten.

Humor

Ein Polizist stellt die gebräuchliche Frage: «Hast du Bruno gesehen?» – Der Penanjunge Riki antwortet: «Oh, nein. Doch wenn du ihn siehst, so sag es mir. Auch ich will davon essen.» – «Wie meinst du??» – «Oh, Bruno, das ist ein fingerspannenlanger leckerer Pilz von roter Farbe.»

Grabesstätten

Im Glauben der Penans halten sich an den Ruheorten Verstorbener meist böswillige Geistwesen auf; sowohl der Verstorbene (Bruen), als auch von ihm angezogene Geister (Ungamb) wollen Menschenfleisch fressen:

«Sin duin – tellun atun – tellai litai – langínd siput» laden diese zum makaberen Schmaus.

Der Eingeborene schlägt meist einen Bogen um jene verrufenen Orte, oder er versucht die Geister mit einem magischen Spruch (Há tará) zu täuschen. Dabei legt er sich einen jungen weichen Blattspross auf die Zunge und spricht: «Wir alle haben eine verfaulte Zunge. ~

Telingá tuli telingá tangan tangan aseou me jalan urang bateu patá da réh semiláh.»

Auf dem Grab

Ein Lediger folgte seinem verheirateten Freund. Doch eines Tages fürchtete dieser: «Oh, du willst mir meine Frau nehmen!» – und beschloss, seinen Kameraden zu töten. «Lass uns auf mehrtägige Jagd gehen», schlug er vor, und die zwei machten sich auf den Weg.

Auf einer Grabstätte angekommen, hiess er seinen

[fehlt]
[fehlt]

Ha-ha-ham-kon-kon!» trat der Geist aus der gespaltenen Erde. «Warum rufst du mich?» – Vor Angst zitternd sprach der Mann: «Oh, ich gehe Wasser holen.» «Aha! Du willst vor mir fliehen?!» – «Nein. Ich will für uns eine Mahlzeit bereiten.», und er machte sich auf den Weg. Der Geist aber spähte im nach. Als jener

Die Sage habe Ursprung bei den Punan Silat, die wohl von Kalimantan her am oberen Baram sesshaft geworden sind. Ihre Sprache hat eine andere Wurzel als die der Penans. – Sie haben sich auf das Schmieden von Buschmessern spezialisiert.

Blick ins Jenseits

Balei* brachte den Magier Abeng Lian bis zum Sog, wo das Meer in der Erde verschwindet. Darin ist grosses Feuer, welches fortwährend das Wasser verbrennt; ansonsten würde die Erde im Meer ertränkt.

Da kam er an die Himmelsmündung, wo eine Stiege ins Paradies führt. Bungan Mujá** hatte da blumigen Bambus gepflanzt. Abeng Lian stieg aufwärts und oben angekommen, sah er: Da ist stets Tag und heiteres Wetter, weder Nacht noch Regen. Einst gestorbene Kinder spielten am Bach; sie fingen kleine Fische und brieten sie auf den vom Sonnenlicht heissen Steinen und assen sie. – Bereits verstorbene Menschen boten ihm Früchteschnaps an, doch er trankt nicht davon.

Dann kehrte Abeng Lian heim, obwohl er gerne im Paradies geblieben wäre. Lange hatten jene auf seine Rückkehr gewartet; denn ein Tag im Paradies ist wie ein Jahr auf Erden. Dann erzählte

* [Anmerkung auf S. 800]

** [Anmerkung auf S. 800]

Paradies-Huhn (Yap Lepuhan) 1:1/2

Springwanze auf Bukuia-Strauch. Das gefiederte Muttertier hütet die Jungbrut. Deren Rücken sind geziert von zartestem Flor, gespreitet wie ein Pfauenschwanz. Bei Gefahr rücken die Kinder eng zusammen und verlassen sich auf ihre Tarnung – oder setzen sich durch einen Sprung in Sicherheit. Möglicherweise dient das Blattwerk der Wirtspflanze als Nahrung.

Unter einem Muai-Strauch schimmert das Laub weissgrau; die Blattunterseiten der Pflanze sind dicht gespickt mit hunderten von ‹Paradieshühnern›; eine Art mit breitem Rückenschild. Als ich mich nähere, rücken sie nicht wie gewohnt zusammen, doch bleiben ohne Reaktion: Einzig ihr kräftiger Saugrüssel hält ihren Körper am Blatt, doch ihre Beine stehen in der Luft. Sie alle sind tot – Geheimnis. Nein – es sind nicht nur Überreste einer Häutung. – Viele verschiedenen Wachstumsstadien sind vertreten. 1:1

Winzige Paradieshuhnart; eins edlerisch; setzt mit schnippendem Geräusch zu gewandtem Sprung, der wohl hundertmal seine eigene Körperlänge übertrifft.

1:1

davonrannte, sprang er sogleich hintendrein, verfolgte ihn und holte ihn ein: «Warum hast du mich gerufen, wenn du vor mir fliehst? – Ich töte dich nicht. Doch einst wirst du vom Feind erschlagen gerade wie ich.» –

Da kehrte der Mann nach Hause. In seinem Körper fühlte er Hitze wie Feuer und ging sich waschen. Doch auch nach dem Bad war ihm noch heiss und ein zweites Mal ging er in den Fluss. Da kam der Feind und erschlug ihn. Sein Kopf aber hing darauf seitlich, gerade wie derjenige des Geistes.

Der ledige Mann sorgte von diesem Tag an für die zurückgebliebene Witwe.

Gissa Paren, Long Kerameu

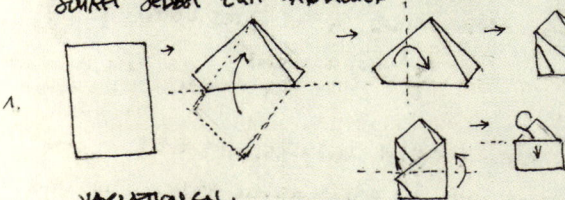

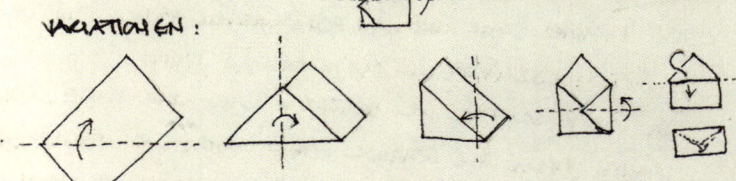

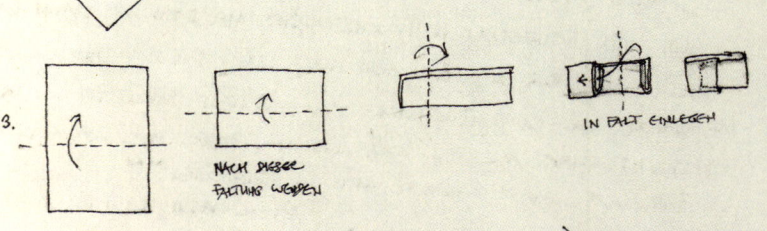

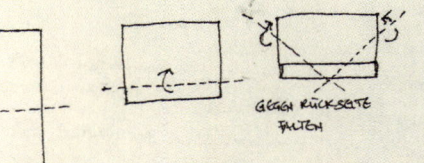

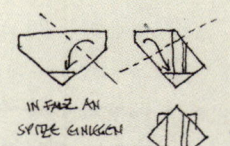

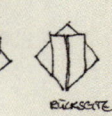

er. «Wenn Menschen sterben, braucht ihr nicht zu weinen und zu trauern. Wenn ihr wollt, kann ich euch zu ihnen führen.» – Dann brachte er einige bis ans Paradies und sie konnten selbst sehen, dass ihre verstorbenen Angehörigen da ein gutes Leben haben.

Ajieck Lagui, Ba Pulau

Steinblüten

Ein Mann war fröhlich unterwegs. Da kam er an die Paradies-Stiege und sah den blumigen Bambus, und als er zurückschaute – das war so weit.

Da wusste er, dass er gestorben war und weinte. Seine Tränen fielen als Schauer zur Erde***. – Die Paradiesgöttin bot ihm wunderbaren Fruchtschnaps an. Doch der Mann dachte nicht ans Trinken, denn sein Herz war schwer und er wollte zur Erde zurückkehren. Wütend schüttete er den Fruchtschnaps aus den Holzschüsseln. Dieser fiel abwärts bis zur Erde und verwandelte sich in Steinblüten****.

Ajieck Lagui, Ba Palau

* Der persönliche Geist, mit dem Menschen mit magischen Kräften in Verbindung stehen. [Anmerkung zu S. 799]

** Lepuhan oder Bungan Mujá, die Paradiesgöttin [Anmerkung zu S. 799]

*** Ein kurzes Gewitter ohne Wolkenverdichtung bei warmem, gelb-rötlichem Sonnenschein gilt als Todesbote.

**** Busak Bateu; diese finden sich unter freiem Himmel auf Bachgeröll und sprenkeln dieses in tropfengrossen Flecken gelb. Vermutlich ‹Pollen-Regen›. Steinblüten sind Boten eines grossen Fruchtjahres, wo Bäume so reich behangen sein sollen, dass Äste unter ihrer Last brechen.

Kleiner Käfer auf Uwut-Palme, Bauch orange; geruchlos 1:1

Brief-Falten

Briefumschläge sind im Dschungel schwer zu beschaffen. Schreibkundige Eingeborene falzen darum gleich die Botschaft selbst zum handlichen Couvert.

1.

Variationen:

2.

3. Nach dieser Faltung wenden   In Falt einlegen

4. Gegen Rückseite falten   In Falz an Spitze einlegen   Rückseite

Asan*

Eine Witwe lebte allein mir ihrem Sohn Asan. Dieser ging talwärts den reichen König Péngiran um ein Blasrohr fragen. «Ich hab keines.», antwortete dieser. – Da kehrte Asan nach Hause und bat seine Mutter, ihm ein Blasrohr zu fertigen. – «Oh, darauf verstehe ich mich nicht. Dein Vater einst, der wusste Blasrohre herzustellen.» – «Tu's einfach!», zwängte Asan. – Da nahm die Mutter ein Stämmchen vom Baum ‹Glitschiger Hintern›, entfernte das weiche Mark aus einem kurzen Abschnitt und gab ihn ihrem Sohn. – Dieser ging damit schiessen. Bald kehrte er zurück: «Oh, Mutter, einen Geist hab ich geschossen!» – «Wo? Zeig her! – Oh das ist kein Geist. Das ist eine Eidechse. Die kannst du essen. Brat sie dir.» –
«Mmh, das ist lecker. Wenn das so ist geh ich morgen wieder.» Als er am nächsten Tag nach Hause kam, rief er aus: «Oh, Mutter, schau, einen grossen Geist hab ich diesmal geschossen!» – «Oh, das ist kein Geist. Das ist ein Mausreh! Flamme seinen Pelz ab. Das ist essbar.» – Dann hielten sie Mahlzeit. «Mmh, das ist wirklich lecker. Da geh ich morgen nochmals auf die Jagd.» – Am nächsten Tag traf er eine grosse Python. Er legte einen Giftpfeil ein und wollte blasen. «Oi-oi-oi!»,

* ‹Asan› stammt vermutlich vom malaysischen ‹Asal›, was soviel wie Ursprung bedeutet. Die Sage hat der Penan von einem benachbarten Dayak-Stamm übernommen, wie alle traditionellen Geschichten, in denen Langhäuser, Reisfelder und Pflanzungen, Boote, Mosquitonetze, Tonkrüge und ähnliches Kulturgut vorkommen, die im Nomadenleben der Penans fehlen.

‹Glitschiger Hintern› (Laniáh Lotok)
Blätter wstg., gezähnt, kahl, Us. hell
40 cm
Weichholziger Baum, bis 20 cm Ø, vor allem in Sekundärwald als Kulturfolger. Rinde grün, bei älteren Stämmen weiss behäutet. Kaum verzweigt, jedoch Blätter aus Stamm tretend, wstg., Blattstiele fleischig-grün. Bei Bruch fadenziehender schmieriger Saft austretend. Das weiche Mark kann ausgestossen werden. Nach Dünnschnitzen kann ein Abschnitt als Kinderblasrohr dienen.

rief die Python aus. «Warum willst du mich schiessen? Willst du mir nicht folgen?» – Sofort richtete Asan sein Blasrohr auf, bewahrte es mit seinem Köcher und folgte der Schlange. – Da kamen sie an einen grossen Tümpel: «Halt dich an meinem Hals! Oh nein! Halt dich an der Mitte meines Leibes.» Asan tat so, und die Python tauchte bis auf den Grund des Tümpels.
Viele Leute waren da am Reis säen. «Oh, süsser Duft! Wir wollen essen!», riefen sie aus als sie Asan rochen. – «Mai!», gebot die Python. «Wenn er einst nicht gewesen wäre, so wäre ich jetzt tot.» – Da leckten sie den Hautausschlag Asan's, worauf dieser sofort heilte.
Dann führte die Python Asan zum König. «Wenn dich dieser essen heisst, iss nicht! – Nur wenn er dir den Ring Nummer zwei Schwänze gibt, so iss.», wies sie ihn an.
Da hiess der König Asan zu essen. Einen Gong, ein Blasrohr, einen Regenbogentopf und ein Schiff wollt er ihm geben. Doch Asan lehnte ab. «Was verlangst du?» – «Den Ring Nummer zwei Schwänze!» – «Oh, das ist möglich, wenn du nur isst!» – Nachdem Asan Mahlzeit gehalten hatte, überreichte ihm der König den Ring. – Darauf führte die Python Asan zurück zu seinem Blasrohr und Köcher. Er nahm diese und ging nach Hause. Seine Mutter wollte da sterben vor Hunger. Sogleich bereitete Asan ein Mahl und sie assen zusammen. Dann ging er in die grosse Ebene und kappte da das Unterholz, um ein Reisfeld zu erstellen. – Als er den Ring auf einem Stein rieb, war da sogleich ein Langhaus hingezaubert, indem die aufgehängten Gongs selbst sangen. Und Speise war da im Überfluss.
‹Rajá Pengiran› aber hörte talwärts Tag und Nachts die Gongklänge. Wütend hiess er seine Untergebenen, diesem ein Ende zu setzen. – Als sie Asans Haus erreichten, lud er sie sofort zu Trank und Speise. Da waren sie verlegen, sprachen nicht und kehrten nach Hause. – Da ging König Pengiran selbst auf Besuch. Er fragte Asan: «Willst du meine Tochter hier, Auang Item, heiraten?» – «Oh, ja, das ist möglich!», und so lebte Auang Item mit Asan.
Nach langer Zeit fragte seine Frau: «Wie kommt das, dass die Gongs ständig klingen und du ein Langhaus hast?» – «Dieser Ring hier.» – «Oh, wenn das so ist, gib ihn eine Weile mir.» – «Hier», überreichte Asan den Ring. Auang Item aber verliess sofort das Langhaus, stieg ins Boot ihres Vaters und zog unumkehrlich flussabwärts.

[Fortsetzung auf S. 13/806]

13/805 «Ihr kommt von talwärts und heisst uns, sesshaft zu werden und Reis zu pflanzen, und unsere Kinder zur Schule zu schicken. Warum? – Heissen wir euch etwa, Sagopalmen zu fällen und zur Jagd zu gehen? – Wir lieben unser Leben!»
Along Segá, Sprecher der Adang-Sippe, letzte Nomaden im Ulu Limbang.

13/806 [Fortsetzung von S. 13/804] Von da an tönten die Gongs im Haus vom König Pengiran – Asans Langhaus aber war samt den Gongs verschwunden. Da weinte Asan bitterlich. «Oh, warum weinst du?», fragten Katze und Maus. «Weil die Gong's gefallen sind. Weil mein Ring verschwunden ist.» – «Oh wenn das so ist, hab keine Sorge. Wir gehen ihn zurückholen.»
Da schwammen die zwei flussabwärts und erreichten jenseits das Haus vom Rajá Pengiran. – «Oh, ich bin wirklich hungrig», sprach die Katze. – «So warte hier, ich geh im Laden von Rajá Pengiran ein Bisquit stehlen.», erwiderte die Maus und tat's. – Als sie zusammen gegessen hatten, ging die Maus des Nachts den Ring suchen. – Rajá Pengiran hatte diesen in sieben Holztruhen verschlossen und diese neben seinem Mosquitonetz aufbewahrt. – Da nagte die Maus an den Truhen, was ein grosses Geräusch verursachte. «Bist du's, Maus?», erwachte darob Rajá Pengiran. – «Mi-au» antwortete die Katze. «Oh, gut, Katze, geh du Mäuse fressen!»
Nach langem hatte die Maus die sieben Truhen durchgenagt, nahm den Ring und floh. Als die beiden heimwärts schwammen, hielt die Katze den Ring im Mund. Er fiel in den tiefen Tümpel, und sofort nahmen ihn die Fische.

13/807 «Oh, gebt uns den Ring zurück!» – «Nein!», sprachen die Fische, und wollten ihn mit sich davontragen. – «Wenn ihr nicht zurückkommt, schütten wir morgen Gift* ins Wasser. Dann sterbt ihr alle, Brüder, Vater, Mutter und Kinder. Dann schlitzen wir jedem von euch den Bauch auf und suchen nach dem Ring.» – Da berieten sich die Fische. «Wenn das so ist, geben wir den Ring zurück; wir wollen nicht sterben.» – Katze und Maus nahmen ihn, und überreichten in an Asan.
Da erwachte König Pengiran talwärts und hörte die Gongklänge. Sofort wollte er nach dem Ring sehen. Doch die Truhen standen leer. «Wenn das so ist, gut, wir bekriegen uns.» Und er brachte sein Volk flussaufwärts.
«Wenn ihr kriegen wollt, so beginnt den Streit!», rief ihnen Asan entgegen. Da schossen sie mit ihren Blasrohren. Doch weder wurde Asan getötet, noch fielen die Gongs herunter. – «So bin ich nun an der Reihe», sprach Asan, und schoss sie alle mit dem Blasrohr seiner Mutter tot.
Galang Aiú, Pa-tik
* Tuwáh = Fischgift

Namen und Verwandtschaft

13/808 Von der Namengebung her lebt der Penan im Patriarchat. Kinder nehmen den Namen des Vaters an. Doch im Gegensatz zu westlicher Tradition, wo sich der Name des Stammbaumhalters über Generationen beibehält als Geschlechtsname, verliert sich dieser bei den Penans schon nach zwei Generationen.

Beispiele:	Vorname	Geschlechtsname	Vn.	Nn.
			2. Telle	.....
1. Urgrossvater	Anan	....	Jeluan	Telle
Grossvater	Ná	Anan	Agan	Jeluan
Vater	Melai	Ná	Sayá	Agan
Kind	Ross	Melai	Son	Sayá

- Nur vereinzelt erinnern sich Penans an den Namen ihres Urgrossvaters (wer von uns tut's?).
- Die Frau behält Zeit ihres Lebens auch nach der Heirat den Geschlechtsnamen des leiblichen Vaters bei.
- Kinder aus verschiedenen Ehen werden ‹wirkliche Brüder› (Pade Mú-uh) genannt, wenn sie denselben Vater, doch verschiedene Mütter haben; ‹Hundebrüder› (Pade Aseou) wenn sie die gleiche Mutter, jedoch verschiedene Väter haben.*
- Verwandtschaftliche Bande sind äusserst stark. So gelten Verwandte 2.ten Grades als Mitglieder der eigenen Familie. Cousin und Cousine werden mit Bruder (Pade Pata) angeredet, der Onkel gilt als Vater (Tamen).

* Uneheliche Kinder (Anak Ubu) übernehmen den Namen des Pflegevaters

13/809 [Bild]

13/810 Einen Stammbaum von verschiedenen Penansippen aufzuzeichnen wäre äusserst verstrickt, da die Beziehungen vielfältig sind, doch würde offenbaren, dass die meisten Sippen nahe verwandt sind. In der Penantradition kann der Mann, seltener die Frau, gleichzeitig zwei Partner haben (Kewuau). Scheidungen kommen öfters vor, und Verwitwete heiraten in der Regel wieder. – Mehrere Ehen finden sich mit grossen Altersunterschieden, wo der Ehemann Vater oder die Ehefrau Mutter sein könnten. – Weiter ist Heirat zwischen Verwandten zweiten Grades, zwischen Cousin und Cousine, gang und gäbe und beinahe Regel. Trotzdem sind bei Penans keine Mongoloide oder Trottel anzutreffen. Die ‹Inzucht› scheint ohne nachteilige Folgen.

Gleich wie im biblischen Schöpfungsbericht, soll der Gott Balei Niebutun einst einen Mann und eine Frau geschaffen und ihnen Leben eingehaucht haben. Sie gebaren Kinder, und Sohn und Tochter liebten sich und die Früchte ihrer Liebe vermählten sich und so fort, und auf diese Weise sind die verschiedenen Sippen entstanden.

Namengebung

Nomadenkinder werden namenlos geboren. Es besteht keine Dringlichkeit den Säugling zu benamsen, der in seinen ersten Lebenswochen noch kaum auf seine

13/811 Umwelt reagiert, doch voll von Ernährung und Verdauung in Anspruch genommen ist. –
Zeigt das Frischgeborene jedoch ein besonderes körperliches Merkmal, das von der Regel abweicht, so sind schnell Namen gefunden. – Wo wir im Westen Mängel an Schönheit verdecken und uns gekränkt fühlen, wenn man uns darauf anspricht, nimmt der Penan sein Schicksal sogleich als Name gelassen hin. Oft sind Tiere geeignete Namensgeber:

Selapan (♂)	: Mager wie der Leib des → Flugdrachens
Medok (♂)	: Gedrungene Gestalt wie der → Kurzschwanzmakakke
Saho (♀)	: Nasenwulste wie das gleichnamige Reh (Tellá-o Saho)
Ripíh (♀)	: → Mageres Fischchen in den Quellgebieten, dessen Mund gegen aufwärts schaut. Gerade so ist die gequollene Unterlippe des Mädels vorstehend.
Odong (♀)	: Kurz wie der als Pfannenunterlage dienende → Holzknebel
Upíh (♂)	: Von unentwickelter Gestalt wie eine unvollkommen befruchtete → Kümmerfrucht, mit nur vereinzelten Samen, ohne Fruchtfleisch.
Sá-ai (♀)	: Mit langen Oberschenkeln wie dieser → Frosch
Ló-en (♀)	: Mit dickem Bauch wie dieser → Frosch
Kellawet (♀)	: Langarmig wie der → Gibbon
Bala Ulun (♂)	: Roter Kopf
Bui (♂)	: Mit einem Augenschutz wie das Wildschwein (Babui)
Kong (♀) Uat (♀) Belangend (♀)	} Mit Glotzaugen wie die gleichnamigen → Eulen
Agung (♀)	: Mit Glotzaugen wie der Nabel des Gongs
Giuali (♂)	: Mit spitzem Penis wie der → Nager
Buang (♂)	: Mit O-Beinen wie der → Bär
Tipong (♂)	: Mit langem Unterarm (→ Ipong)
Itik (♀)	: Mit kleinem gekrümmtem Unterschenkel (→ Beté Si-ik)
Rang (♀)	: Mit hängender Unterlippe wie ein → S-Haken
Suti Tilo (♀)	: Kurzer Penis
Kolem (♀)	: Mit kleinem Mund wie dieser Algen fressende → Fisch

13/812

Leket (♂)	: Da er an der Mutter klebt (Peliket) wie → dieser ‹Steinbeisser› auf dem Bachgeröll
[K]Ubung (♀)	: Mager wie ein gehäuteter → Flugfuchs
Aham (♂)	: Oft in Embryo-Stellung schlafend wie der → Ameisenbär. / mit wenigen Zähnen wie dieser
Pango (♂)	: Kahlkopf
Obáh (♀)	: Mit sich häutender Rinde wie der → gleichnamige Baum (Obáh Kellasíh), nach Hautkrankheit.
Baiáh (♂)	: Mit Warzen (~Hautausschlag, Bibeli) wie das → Krokodil
Pasui (♀)	: Da die Mutter gleichzeitig mit dem eigenen Säugling ein gefangenes → Bärenkatzenkind gestillt hat.

Manchmal wird einem Kind der Name desjenigen gegeben, der als Geburtshelfer gewirkt hat, oder die Familie in der Zeit der Niederkunft versorgt hat (Lawang ♀), oder der Name eines Tieres, das die Mutter vor der Geburt gegessen hat (Monin, ♀, Ale ♀ [Kellabit: Eidechse]). Der Name kann auch auf den Geburtsort hinweisen (Tobo ♀ → im Dickicht dieser Pflanze).

Traditionelle Penannamen richten sich meist nach der Eigenart der Person, nach ihrem besonderen Aussehen, Wesen, oder einem mit ihr zusammenhängenden Ereignis.

Pihit (♀)	: Flinker Krabbler → Pepihit
Uee (♂)	: Imitiert die quäkende weinende Kinderstimme
Niaee (♂)	: Lautes Weinen wie der Ruf der → Zikade
Pedíh (♀)	: Heisst ganz einfach Säugling
Pú-an (♂)	: Wird der Junge genannt, der seinen Nachbarn einen Schenkel des → Hörnchens als Anteil überbringen hätte sollen, doch ihn unterwegs selbst ass.
Telle (♂)	: Auch dieser Junge ass den Anteil des gebratenen → Hörnchens selbst, anstatt ihn seinen Nachbarn zu überbringen. Doch dabei blieb ihm ein Knöchelchen im Hals stecken und er verschluckte sich.
Meniyínd (♂)	: Hatte im hohen Bogen Anwesende angepisst.
A-bet (♀)	: Hätte die Mutter am liebsten → weggeworfen (bet), da es unartig war.
Ngónd (♀)	: Von → weichem (Mengónd) Wesen
Payau (♀)	: Mit grossem Schlafbedürfnis wie der → Hirsch
Akot (♀)	: Mit lethargischem Wesen wie die bewegungsarme → Landschildkröte
Kevok (♂)	: Faul wie die → Baumechse
Sanam (♂)	: Von kleiner Gestalt wie die → Ameise, ohne Verstand.
Di-áh (♂)	: Da das Kind beim Hochhalten oft wie eine gefangene → Bachschildkröte was Menschliches von sich gab. Da dem Kind die Fingerspitze von der → Schildkröte abgebissen worden war.
Abeng (♂)	: Der → Linkshänder (Sakabeng = links)
Ná (♂)	: Freigebiger Mensch (Mená = geben)
Anak Laso (♂)	: Gebranntes Kind
Lipan (♀)	: Vom → Hundertfüssler gebissen
Sewáh (♂)	: Einen → Sewáh aufgezogen
Keraho (♂)	: ‹Runtergerutscht›, das sich der Lendenschurz des Jungen oft von selbst öffnete

Übernamen

Einen Menschen bei seinem wirklichen Namen anzureden sei, wie ihm ins Gesicht zu schlagen. Der scheue Penan wendet selbst beim Gruss sein Gesicht ab. – So besitzt jeder Eingeborene einen meist spottenden Übernamen, bei dem er gerufen wird. Ehepartner reden sich meist mit ‹Grosser Mann› (Lakei Djá-au) und ‹Grosse Frau› (Redo Djá-au) an. – In Unkenntnis eines Übernamens nennt man ~Gleichaltrige ‹Bruder› (Pade), ältere ‹Papa› (Amam, Mam) oder auch ‹Grosser Mann› (Lakei Dja –au), ‹Grosse Frau›, oder bei vertrautem Kontakt ‹Mutti› (Ö). Alte Leute werden mit Grossvater/Grossmutter (Po) angeredet: Eltern nennt man oft ‹der Vater/die Mutter von …›.

Einem Uneingeweihten bleibt meist der wirkliche Name eines Menschen verborgen, doch ist es erlaubt, danach zu fragen.

Kang (♂)	: Grimmig wie dieser → Frosch
Bajú (♂)	: Müssiggänger der ungerne zur Jagd geht, und meist ohne Beute heimkehrt (→ Baiúh).
Selai (♂)	: Der von weit her → Zugewanderte
Maleng (♂)	: Hiess oft, Speisereste einfach → fortzuwerfen (Ngaleng)
Kitong (♂)	: → Proviant-Täschchen, wann immer er zu Jagd geht, bringt er Beute nach Haus.
Petujek (♂)	: Mann mit → verkehrter Rede. Einmal spricht er so – dann so
Lakei Gaben (♂)	: → Bildmann, da er nur für ein Bild posieren kann, jedoch nicht zu sprechen versteht
Lakei Padeng (♂)	: Der → schwarze Mann, der sich selten wäscht.
Kelingen (♂)	: Hatte als Junge zum Beweis seines ersten erlegten Wildschweins nur gerade ein → Ohr heimgebracht
Kebit Bok (♂)	: → Lang-Haar
Djá-au-lat (♂)	: → Grosser Pfeilhintern; da er ein Blasrohr mit ungewöhnlich grossem Laufdurchmesser benutzte

Megut Iko (♂)	: → Kahlschwanz; da er einen winzigen kurzen Lendenschurz benutzte
Telle Lakat (♂)	: → Wurzelhörnchen; da er wie diese einst Tobo-Früchte ass und nicht davon lassen konnte.
Dengen (♂)	: Da er einst durch die Schlucht schwamm, mit einem erbeuteten Fisch im Mund, wie ein → Fischotter.
Redo Balu (♀)	: Die → Witwe
Lakei Nuwáh (♂)	: Der Fischvergifter, da er gerne den Fischen auf diese Weise nachstellte
Redo Mé-uénd (♀)	: Die → bucklige Frau
Redo Nguwung (♀)	: Die → serbelnde Frau, die wie ein verwundetes Tier weder lebt noch tot ist.

Manchmal wird ganz einfach der Name eines Menschen mit einer hervorstechenden Eigenschaft wie ‹Mut›, ‹Faulenzerei›, oder ‹vielen Augen› übertragen.

Stirbt ein Mensch mit gleichem Namen, so ändert der Überlebende den seinen, um die trauernden Angehörigen nicht unnötig an den Verstorbenen zu erinnern.

Sterben stets die Kinder einer Familie, so ändert der Vater seinen Namen in ‹Oiong›.

Heutzutage werden viele Penankinder im Dorf oder in der Klinik talwärts geboren. Da die Eltern kaum je einen Namen bereithalten, wählt der Geburtshelfer oder Beamte, welcher Papiere auszufüllen hat, meist irgendeinen Namen, oft aus westlicher Tradition (wie Billy, Henry, Rocky usw.). Seit der Mission sind auch biblische Namen in Gebrauch (wie Jakob, Markus, David, Joseph usw.).

Lästernamen*

Schleicht sich der Jäger an Wild an, doch dieses entflieht, ruft er dem Entkommenden oft leichten Herzens einen Schimpfnamen nach. Diese sind für viele Tierarten traditionell, und machen sich meist über deren Aussehen lustig.

«Wart, Rüsselnase!» (Moko de ke, Pussey!), ruft er dem Wildschwein nach, oder «Löffel!» (Tarok), dessen Unterkiefer ansprechend.

Hirsch (Payau)	: – Erdgeist! (Balei Tana) → Da er im Lehm suhlt
	– …. (Balei Joteng) → Da er die Erde stampft, beim Sichern
	– Eiterhals! (Butteu Batok) → erwachsene Hirsche haben am Hals einen Hautausschlag
Reh (Talla-o)	: – Sattelgeist! (Balei Sauá)
	– …. (Balei Buten) → Geist, der Blindheit bei Reh und Hund verursacht
Mausreh (Pelanok)	: Getupft! (Jelutá), → Fellmusterung am Hals
Kurzschwanzmakakken (Médok)	: Schmalohr! (Niepé kelingen) Teufel! (Pennakóh) → Sage Armreifschwanz! (Satek Gi-ua Iko) → Bei der Schwanzverteilung der Tiere war der Médok zu spät gekommen und erhielt nur ein Stück gedrehten Drahtes, wie er zu Armreifen verwendet wird.

*Há muau/Há nulá

Langschwanzmakakke (Kuiat)	: → Vorstehende Augenbraue! (Tekeng Likau)
	– …. (Dang Bolo Betong Likau) → Helle Färbung der Brauen wie der Belag auf dem Betong-Bambus
	…. (Lálut) ⎫ ~ Näuseler, Störenfried
	…. (Ri-ueng) ⎭
Languraffe (Niakit)	: Schwarzohr! (Padeng Kelingen) Heuschrecke! (Karáh) → gleiche Nase wie
Roter Languraffe (Kellasíh)	: Verschmürzeltes Gesicht! (Rutup Dáin)
Gibbon (Kellawet)	: Durchlöcherter Hintern! (Upong Lotok)
Bär (Buang)	: Verbrannter Fremdling! (Wáe Potong) → Sage
Leopard (Bulung)	: Kurzgesicht! (Sitá Dá-in)
Marder (Busan) (Monih) (Sewáh)	⎫ Verwandelter Hund! → Sage (Aseou Malui) ⎭
Zibetkatze (Palang Alut)	: Sohlschuppe! (Sápén Géti) → rauhe Sohlschuppen.
Bärenkatze (Pasui)	Gekringelte Schwanzspitze! (Oioi)
…. (Bérét)	: Gürtel! (Tellihan) → Musterung des langen Schwanzes wie geflochtener Rattangurt.

13/820

Stachelschwein (Tetong)	: Kurzschenkel! (Sutá Bété)		Nashornvögel (Belengang)	: Ameisenbär! (Aham) → Sage
	… (Utét!) → Furzgeruch, den er auf Flucht zurücklässt.		(Tawá-un)	: Kochendes Auge! (Medá Matem) → rotes Auge mit starrem Blick
	… (Nieteren!) → Verendet, im engen Erdloch verklemmt.		(Metui)	: Aufgeblasener Hals! (Ngelebó Batok) → Kehlsack
… (Peso)	: Stinkender Hintern! (Dja-au Bo Lotok!)		(Lukap)	: Lange Wimper! (Kebit Bulun Maten)
Streifen-Hörnchen	: Flechtenhals! (Kira Batok)		(Belok)	: Weisskopf! (Mobeng Uluh)
(Pú-an)			Argusfasan (Ku-uai)	: Fremdling-Penis! (Boto Wá-e) → Sage
(Telle)	} Verwandelte Raupe! (Ulet Malui) → Sage		… (Wi-ui)	: Blaue Backenhaut! (Marung Pélláeng)
(Gi-uan)			… Fasan (Kasek)	: Rot-Fuss! (Bala Gem)
(Lébun)				
Flugfuchs (Kubung)				

13/821 Ameisenbär : Assel! (Kelluem) → Die sich bei
(Aham)   Gefahr wie Same zusammenkringelt Käferlarve! (Tukang Bellatá) → Da er wie diese mit seiner Nase auf Nahrungssuche Erdlöcher bohrt.

Flughund : Alter Rock! (Ukun tiáh) → Geruch
(Pauat)

Fledermaus : ... (Jelomeng!)
(Kelit)

Fische (Seluang) : Gebrochener Regen! (Utui tá) → Da auf reichlichen Fang meist Regen folgt

Wasserechse : Langschwanz! (Kebit Iko)
(Belirang)

Baumechse : Weichnase! (Luhup Rong)
(Kévok)

Python : Verwandelte Frau! (Redo Malui) → Sage
(Kemanen)   ~ grosser Kothaufen! (Djá-au Tajuk)

13/822 **Kellabit**

Murut und Kellabit sind eng stammesverwandt und besitzen beinahe dieselbe Sprache. Ihre Wurzel liegt im südöstlichen Grenzgebiet von Sarawak mit Kalimantan. – Während die Muruts den östlichen Teil gegen Sabah bewohnen und zum Teil talwärts bis in Küstennähe umgesiedelt sind, haben sich die Kellabits heute in vier grösseren Dorfschaften im Ulu Limbang und Baram niedergelassen (L. Napir / Bareo / L. Lelleng / L.Seridan). Die einstige Verstreuung der Stämme hatte Flucht vor aus Kalimantan einfallenden Kayan- und Keniak-Stämmen sowie Suche nach neuem Kulturland zur Ursache. Die Gegend des Adangflusses (Ulu Limbang) war wohl für Generationen Wohnraum mit seinem nur mässig geneigten fruchtbaren Gelände. Von dort verstreuten sich die Sippen. Spuren von Reisfeldern finden sich bis in die Gegend des Batu Lawi (Tabun), von den Quellgebieten des Meli-it bis nach Long Napir, längs des Kuba-an über Pa-tik bis nach Bareo, sowie im Magoh (Tutoh).

Tradition der Kellabits ist Reisbau. Ihre Siedlungen befanden sich einst hügelwärts. Wo sie mit Hund und Speer und Fallen Wildschwein und Hirsch nachstellten. Innerhalb der letzten 40–50 Jahre lernten sie von talwärts den Bootsbau, und eroberten somit die Flüsse. Eröffnung der Nahrungsquelle Fisch und Erleichterung von Trans-

13/823 porten liess die Kellabits in Wassernähe umsiedeln. Heute sind sie Fachmänner des Fischfangs; Wurf- und Stellnetze sind meistgebrauchte Fangmethoden, die jeder Familie täglich das nötige Eiweiss zum Reisgericht liefern.

Doch weiterer Wandel und Ablösung der Kultur macht sich bemerkbar: Die Holzfäller-Gesellschaften eröffnen mit ihren Bulldozern den Landweg; zerstören aber gleichzeitig das Kulturland und die wichtigen Nahrungsquellen Wild und Fisch, die Lebensgrundlagen der Dayak-Völker. Keine Alternative ist gegeben von Regierungsseite. Durch neue Gesetze werden die Ureinwohner Borneos ihrer traditionellen Landrechte beraubt. Ihnen allen winkt das Los, sich von unabhängigen Jägern und Reisbauern in besitzlose Plantagenarbeiter innerhalb von Mammut-Kompanies zu verwandeln.

Grossväterchen Nué, der knochig-hagere Mann, dreht den Gashebel an seinem Aussenbordmotor, und das Boot bohrt sich mitten im Fluss gegen die reissende Strömung der Stromschnellen aufwärts, dass zur Spitze sitzende Insassen von der aufschlagenden Gischt gleich gebadet sind. – Magie der Technik, die

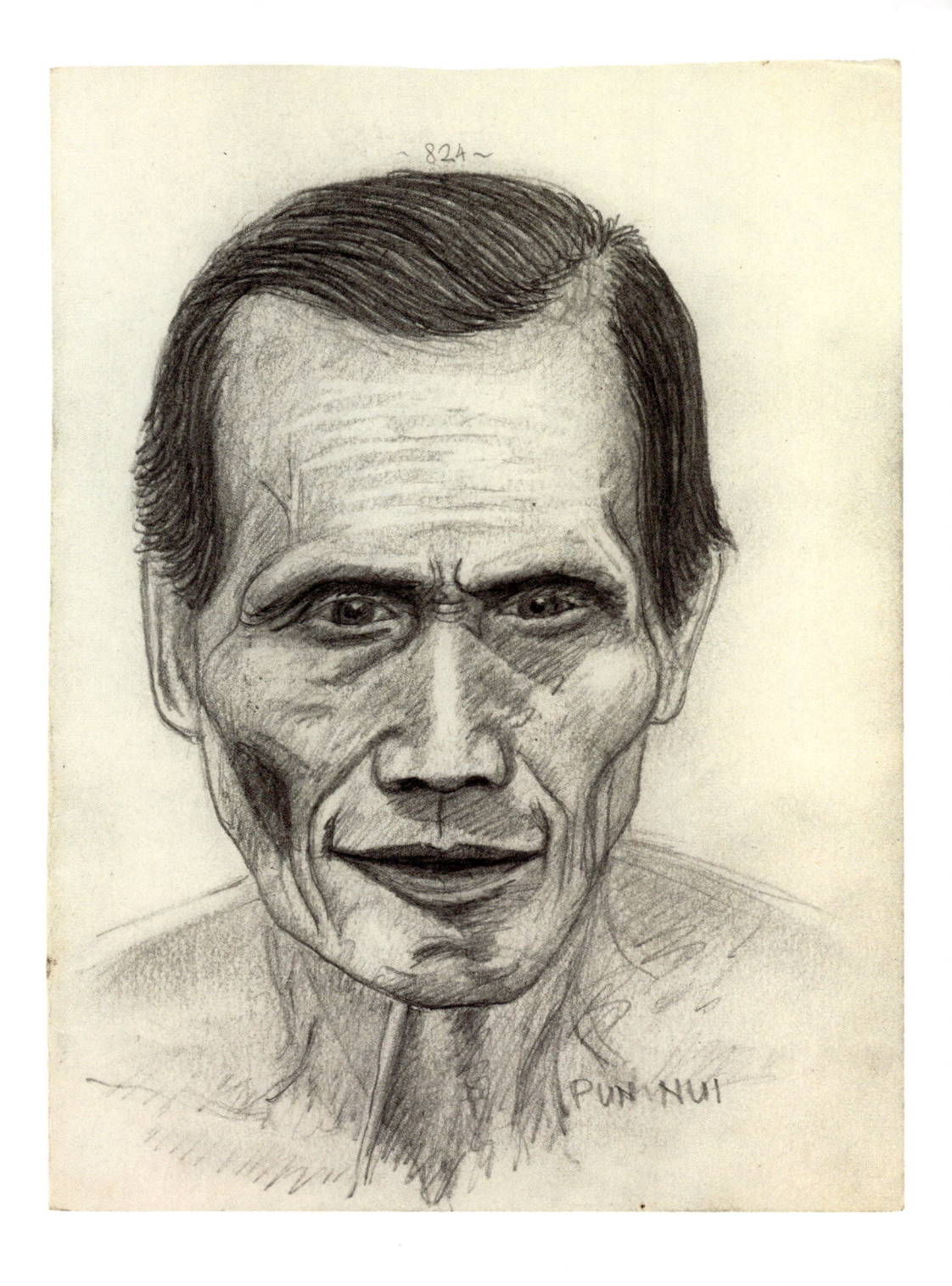

13/824 Pun Nui

13/825 uns Menschen ein Stücklein Macht über die Materie verleiht.
Pun Nue hat als junger Mann noch den Lendenschurz getragen. Wie beinahe alle Stammesmitglieder ist er der Mode von talwärts, dem gesellschaftlichen Druck gefolgt, hat seine bis auf die Schultern verlängerten Ohrläppchen samt schwerem Messingschmuck beseitigt und seinen Haarschnitt denen angepasst, die es wohl wissen müssen. Einzig die Löcher im Oberohr, in die der Kellabitmann bei festlichen Anlässen seine Leopardenzähne steckte, sind nicht zu verbergen, sowie die traditionellen Tätowierungen der Frauen nicht wegzuwischen sind. –
Doch Lendenschurz oder Hose mit Bügelfalte, die Seele, das Innere, ist nicht zu wechseln wie ein Hemd. Und haben die Kellabits vor der Mission vom Gott ‹Barú› vor jeglichem Werk den Segen erbeten, so sprechen einige von ihnen heute mit voller Inbrunst zum allmächtigen Schöpfer, dass die Luft erzittert und konventionelle Gebete aus dem Westen daneben wie kalter Kaffee erscheinen.

Einzig aus dem Erlös vom Reisverkauf hat sich Pun Nue Motorsäge, Generator und Aussenbordmotor erstanden. Sein Reichtum stammt vom Boden. Nachdem er es gewagt hatte, einer Delegation nach Kuala Lumpur zu folgen, um sich gegen die Schäden von Logging auszusprechen, wurde der demokratisch gewählte Bürgermeister von Long Napir kurzerhand diktatorisch vom Residenten von Limbang abgesetzt.

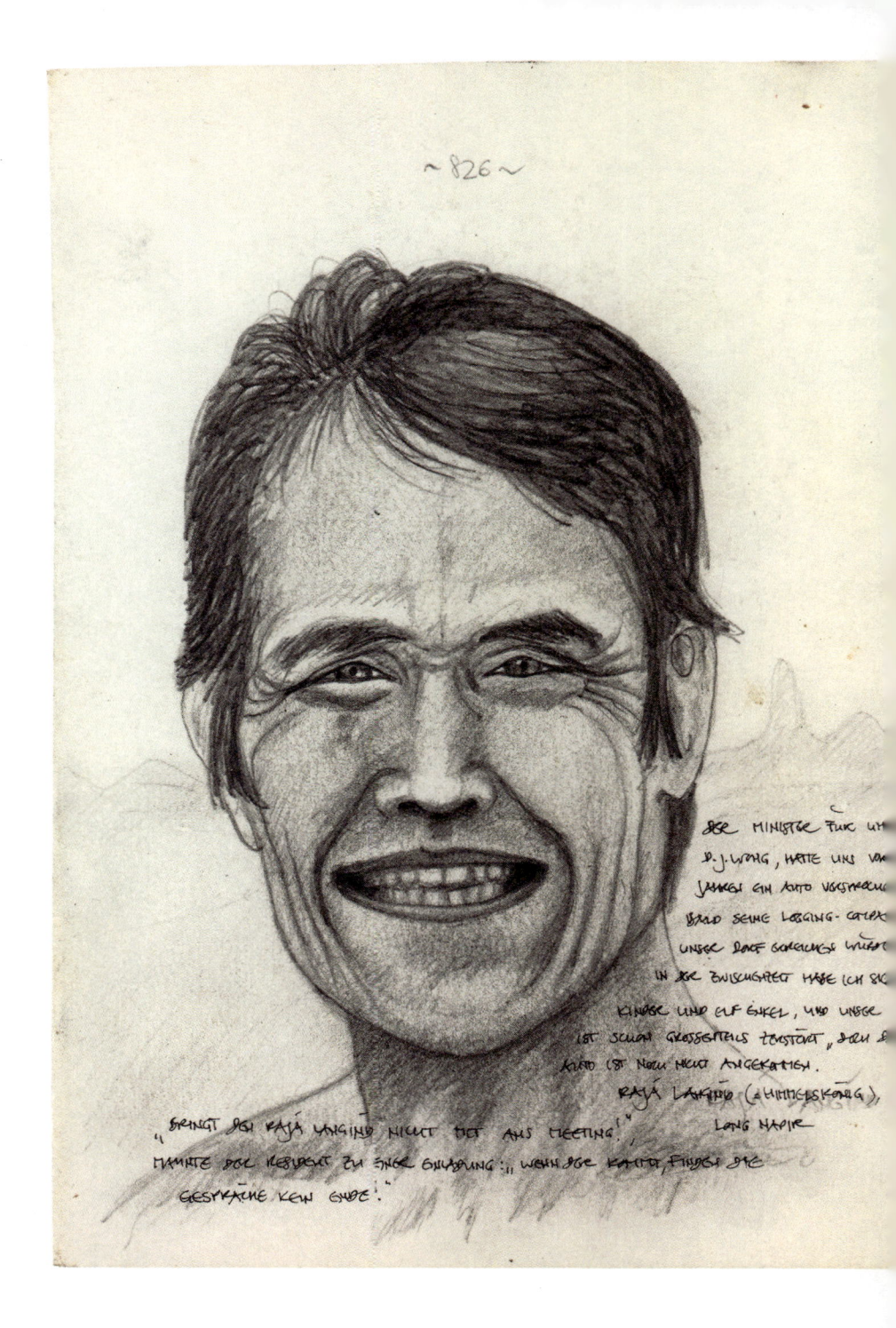

13/826   Der Minister für Umwelt, D.J. Wong, hatte uns vor vielen Jahren ein Auto versprochen, sobald seine Logging-Company unser Dorf erreichen würde. In der Zwischenzeit habe ich sieben Kinder und elf Enkel, und unser Land ist schon grossenteils zerstört, doch das Auto ist noch nicht angekommen.
Rajá Langínd (= Himmelskönig), Long Napir
«Bringt den Rajá Langínd nicht mit ans Meeting!», mahnte der Resident zu einer Einladung: «Wenn der kommt, finden die Gespräche kein Ende!»

13/827 Reis-Ernte

(Aus dem Brauchtum der Kellabits)

Wenn die Ähren reif sind, geht die ‹grosse Frau›* allein ins Reisfeld. Dort legt sie ein ♂ Blatt von Páhrenging quer unter ein ♀ und rollt diese zusammen. Mit einer Latey-Liane bindet sie das Päckchen an einen Reishalm und bittet um Segen und reiche Ernte. Darauf pflückt sie wenige Ähren in ein winziges Erntegefäss und kehrt heim. Dort spricht sie mit niemandem, und niemand spricht mit ihr.

Am nächsten Tag gibt die ‹grosse Frau› jedem Ernter ein gedreschtes Reiskorn ins leere Erntegefäss, damit dieses schnell voll werde**, und die Ernte wird eröffnet. Das gerollte Blattpäckchen aber wird jeweilen ein Stück weiter ins Reisfeld versetzt und an einen Reishalm gebunden, sobald die Ernter dessen Platz erreichen. Fällt einem Ernter das Messer zum kappen der Halme aus der Hand, muss er seine Tätigkeit sofort abbrechen und heimkehren. Nach der Ernte drescht die ‹grosse Frau› die zuerst in das winzige Gefäss gepflückten Ähren und bewahrt die Körner in einer Kebub-Frucht

* [Anmerkung steht auf S. 828]

** [Anmerkung steht auf S. 828]

Páh Renging

(Ficus deltoiclea)

Epiphyt. An Ufern grösserer Flüsse Ø ~1 cm, weisslich. L ~80 cm. Blätter wstg, dick, lederig. Os. dunkelgrün, kahl, L: 10–20 cm

Hauptnerven wie symm. gegabelter Baum zwischen orangen Schneeflocken; orange punktiert, jeder Punkt umgeben von ölig-wachsigem, wegwischbarem Fleck. Blattunterseite hell, porige Struktur Haupt-Trieb Latex-haltig.

Frucht ähnlich der Würgfeige. Kurzflaumig behaart. 1:1 Pflanzen, deren Blätter an der Basis zwei Punkte von schwarzer Färbung aufweisen, gelten als männlich.

Zusammenrollen wie Glimm-Stengel bei Erntekult ♀ ♂

auf. Wenn einst alle vorhandenen Reisvorräte verbraucht sind, wird aus ihnen eine schlichte Mahlzeit gekocht.

Von der japanischen Invasion (1942)

Nach Pun Nue, Long Napir

Unsere Rodungen waren gebrannt und bereit zur Reiseinsaat. Da tauchten plötzlich Soldaten an der Meli-it Mündung auf, eine Fuss'stunde von unserer Siedlung entfernt. Sofort flohen wir alle bergwärts, ohne mehr als unser Leben retten zu können. Einen alten Mann, der nicht gehen konnte, hatten wir in der Eile zurückgelassen. – Er wurde von den Japanern umgebracht. Im Quellgebiet des Terasaflusses trafen wir auf Penans. Ohne ihre Hilfe wären wir wohl verhungert, da wir Kellabits uns nicht

auf die Sagoverarbeitung verstehen. Sie versorgten uns über Monate mit Wild und Sago. Die Japaner, es sollen 3'000 Mann gewesen sein, plünderten all unser Hab und Gut, schlachteten sämtliche Wasserbüffel und Schweine und verbrauchten unsere Reisvorräte. Nach zwei Monaten zogen sie hungrig flussaufwärts Richtung Bareo. –
Wir fanden unsere Langhäuser rübis-stübis geleert. Nicht's hatten sie zurückgelassen. Die teueren chinesischen Tonkrüge aus alter Zeit hatten sie zerschlagen. Gongs, Schmuck und Werkzeuge waren verschwunden.
Doch Hunger und Krankheit raffte den grössten Teil der Japaner

* ‹Grosse Frau›, eine ältere weibliche Person von Ansehen
** .. der Geist (Balei) wird gleichsam gefüttert

13/829 dahin. Einige von uns folgten ihnen, in der Hoffnung vom Raubesgut zurückzuerhalten, das die Geschwächten wiederum fortgeworfen hatten. Da und dort lagen ihre Leichen limbangflussaufwärts verstreut. – Nur 400 von den 3'000 Mann erreichten Bareo, wo sie gefangengenommen wurden. Nach ihrer Kapitulation wurden sie auf zwei Schiffen heimwärts Richtung Freiheit gebracht. Doch kurz vor Japan mordeten sie die Besatzung. Ein Funker konnte vor seinem Tod den Aufstand melden, worauf die beiden Schiffe aus der Luft versenkt wurden. So erreichte keiner sein Ziel.
Bald nachdem wir in unsere geplünderten Langhäuser zurückgekehrt waren, brach eine Seuche aus, die wohl vorher manch einem Japaner das Leben gekostet hatte. Ohne Unterschied wurden Kinder, Frauen, kräftige Männer und Alte dahingerafft. – Wer heute einen anderen begrub, wurde morgen selbst zu Grabe getragen. Wer den ersten Tag nach der Ansteckung überlebte – mit heftigsten Leibschmerzen – war gerettet. Die Seuche verbreitete sich über das ganze Gebiet; am Kuba-an wurde eine gesamte Langhausbevölkerung bis auf zwei einzige Mitglieder ausgetilgt. Auch unsere Bevölkerung – wir waren einst viele Dorfschaften, schrumpfte auf nur drei Langhäuser.
Die Penans wurden von der Krankheit nicht betroffen, und sie unterstützten uns bis zur neuen Ernte mit Nahrung.

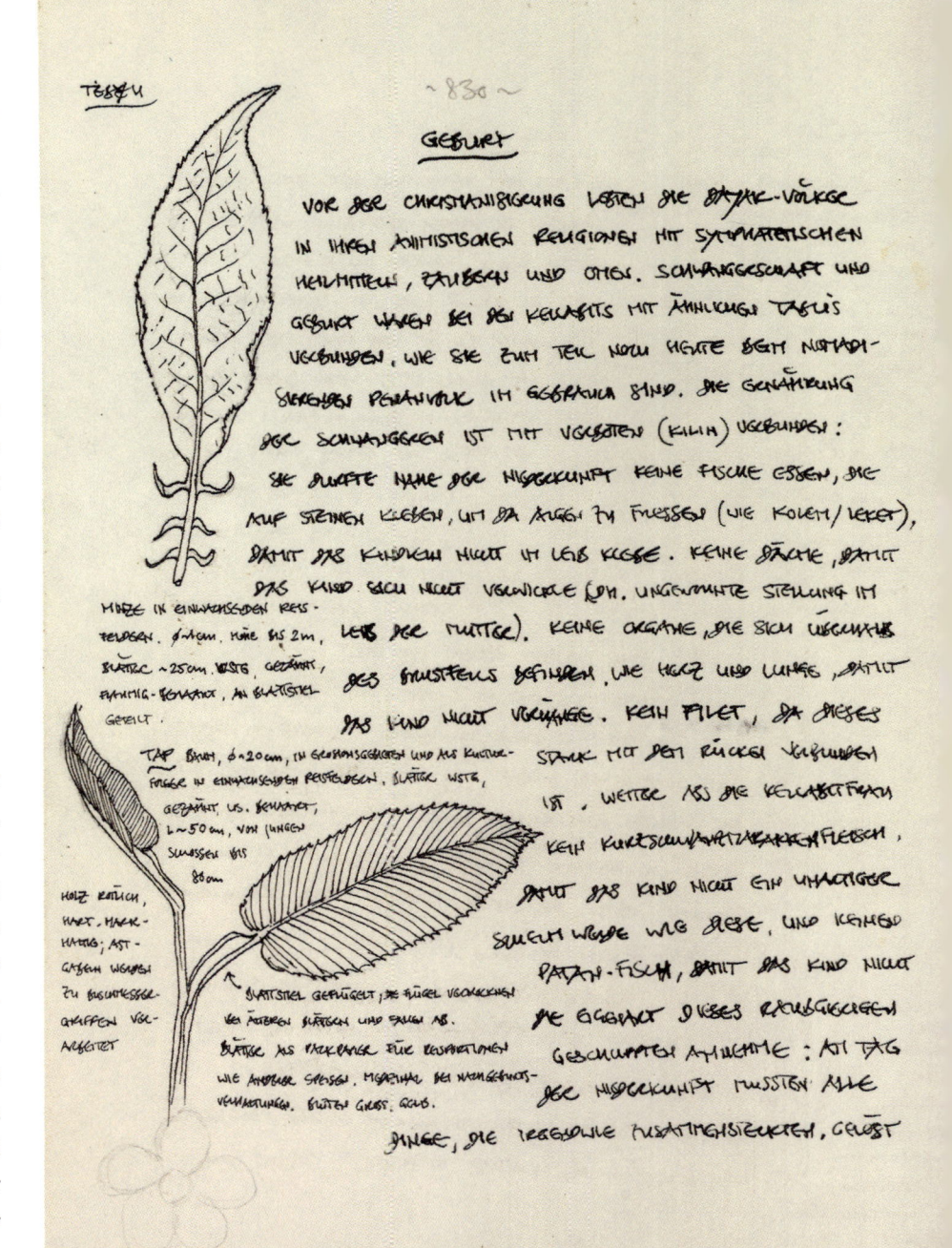

Geburt

13/830

Vor der Christianisierung lebten die Dayak-Völker in ihren animistischen Religionen mit symphatetischen Heilmitteln, Zaubern und Omen. Schwangerschaft und Geburt waren bei den Kellabits mit ähnlichen Tabu's verbunden, wie sie zum Teil noch heute beim nomadisierenden Penanvolk im Gebrauch sind. Die Ernährung der Schwangeren ist mit Verboten (Kilin) verbunden: Sie durfte nahe der Niederkunft keine Fische essen, die auf Steinen kleben, um da Algen zu fressen (wie Kolem/Leket), damit das Kindlein nicht im Leib klebe. Keine Därme, damit das Kind sich nicht verwickle (d.h. ungewohnte Stellung im Leib der Mutter). Keine Organe, die sich überhalb des Brustfells befinden. Kein Filet, da dieses stark mit dem Rücken verbunden ist. Weiter ass die Kellabitfrau kein Kurzschwanzmakakkenfleisch,

werden; so nahm man alle Messer und Buschmesser aus ihren Scheiden. Der werdende Vater streifte all seine Bein- und Armringe ab.

Während bei Penans Mannenvolk der Gebärenden beistehen, wirken bei den Kellabits erfahrene Frauen als Hebammen. Auch die Gebärstellung der beiden Stämme unterscheidet sich: Die Penanfrau sitzt mit gespreizten Beinen auf einem Rost. Ein Querholz dient den Füssen als Widerhalt, und weiter können während der Presswehen mit den Händen die Sitzstangen gegriffen werden. Der Körper des Gatten oder einige aufgerichtete Stangen dienen als Rückenlehne. Das Frischgeborene fällt durch einen belassenen Zwischenraum des Gebärsitzes nach unten.

Die Kellabitfrau gebärt in kauernder Stellung, inderselben Weise, wie wir in freier Natur unsere Notdurft verrichten. Zur Förderung der Wehen wird heisser Gingersud getrunken, möglichst in grosser Menge. – Während der Presswehen kniet die Frau, und hält sich jenachdem weiter mit den Händen an einem über ihrem Kopf befestigten Querholz. – Bei Nachgeburtsverhaltung legt der Penan einen erwärmten Stein auf den Leib, die Kellabit-Hebamme schlägt klopfend das Kreuz der Gebärenden damit das Kind nicht ein unartiger Schelm werde wie diese, und keinen Patan-Fisch, damit das Kind nicht die Eigenart dieses raubgierigen Geschuppten annehme: Am Tag der Niederkunft mussten alle Dinge, die irgendwie zusammensteckten, gelöst

Tébyu

Minze in einwachsenden Reisfeldern. Ø ~1 cm, Höhe bis 2 m, Blätter ~25 cm. Wstg, gezähnt, flaumig-behaart, an Blattstiel geteilt.

Tap Baum, Ø ~20 cm, in Erosionsgebieten und als Kulturfolger in einwachsenden Reisfeldern, Blätter wstg, gezähnt, Us. behaart L ~5 cm, von jungen Schossen bis 80 cm. Holz rötlich, hart, markhaltig; Astgabeln werden zu Buschmessergriffen verarbeitet. Blattstiel geflügelt; die Flügel vertrocknen bei älteren Blättern und fallen ab. Blätter als Packpapier für Reisportionen wie anderer Speisen. Medizinal bei Nachgeburtsverhaltungen. Blüten gross, gelb.

Tätowierung

Während sich bei den Ibans vor allem das Mannenvolk mit kriegerischen Symbolen über den ganzen Körper tätowiert, war das Nadeln und Einreiben von Russ und Saft von Bananenschossen bei Kellabits und Muruts nur bei weiblichen Personen Brauch. Die Muster sind wenig kunstvoll und Arme wie Beine scheinen auf Distanz wie in Tinte getunkt. Als junges Mädel wurde die Prozedur an den Beinen vollführt, nach dessen Heirat weiter an den Armen.

Über den Sinn der Tätowierung kann kaum jemand Auskunft geben. Ein alter Kellabit meinte, es soll, dunkel und hell, gleichsam weiblich und männlich polarisieren.

Nach der Geburt wäscht sich die Kellabitfrau mit einem Minzensud (→ Tébyu). Während drei Tagen isst sie nur Gingerreisschleim. Darauf als Zugabe das Fleisch von grösseren Fischen (Ayat), um die Milchbildung zu fördern. Zur Verhinderung von Unterleibsinfektionen mit entsprechenden Gerüchen wurde dieses gekocht, darauf zerhackt, in der Hand zu einem Knollen zusammengedrückt und über dem Feuer angetrocknet, bis es beinahe geruchlos war. Erst wenn das Kleinkind andere Speisen zur Muttermilch hin annahm, ging diese wieder zur gewohnten alltäglichen Ernährung mit Fleisch usw. über.

Namengebung (Kellabit)

Patriarchat. Kinder nehmen als Nachnamen denjenigen des Vaters an; dieser verliert sich schon nach der 2. Generation:

Bp:	Vorname	Nachname
Grossvater:	Taibilong	....
Vater:	Jangin	Taibilong
Kind:	Roseline	Jangin

Im Gegensatz zum Penan wechselt der Kellabit im Laufe seines Lebens zweimal seinen Namen. Die Änderung symbolisiert jeweilen einen neuen Lebensabschnitt: Vom Ledigen zum Familienvater und weiter zum Grossvater mit Enkelkindern. Die Namensänderung ist mit einem Fest verbunden, das der Betroffenen gibt; er verköstigt dabei die ganze Dorfgemeinschaft, schlachtet Schweine und verteilt Gaben. Wenn dann die Gemüter bei Tanz und Spiel hinter den Töpfen voll Reiswein* heiter

mit einem quer in der Mitte gefalteten, am Feuer erwärmten Tap-Blatt.

Die Nabelschnur des Frischgeborenen musste von der Mutter selbst durchtrennt werden. Ein Messer aus Bambus wird zu diesem Zweck verwendet – Eisen würde das Kind krank machen. Die Penanfrau versorgt die Nachgeburt in einem Blattpaket und bewahrt sie entfernt im Wald. Die Kellabitfrau gibt sie in einen Bambus, streicht reichlich Asche darauf und hängt das Gefäss unter das Langhaus – wo es, so konserviert, über Monate bleibt.

geworden sind, werden Namensvorschläge gemacht. Der Betroffenen wählt denjenigen aus, der nach seinem Herz ist:
‹Rayáh Bala› (Grosse Nachricht), ‹Rajá Langínd› (Himmelskönig), ‹Pun Beriuer› (Grossväterchen Wirbel), Pun Ngeruiom Aiun (menschenumarmende Grossmütter)...
Weniger romantisch werden ganz einfach die Namen von Kindern und Grosskindern (Erstgeborenen) übertragen, in denen Eltern wie Grosseltern gleichsam weiterleben:
‹Tamen Rang› ([der] Vater [von] Rang), ‹Sina Rang› ([die] Mutter [von] Rang), ‹Pun Nue› ([der] Grossvater [von] Nue).

*Seit der Mission Coca-Cola, Limonade, Milo und Kaffee.

Long Tegan

Da der Lebensraum der Penans am Patáh-Fluss beinahe vollkommen zerstört wurde, ist Aweng 1984 in das Land seines Vaters an den Limbangfluss zurückgekehrt. Nach Übereinkunft mit weggewanderten Kellabits wurde er in derem einstigen Kulturland in Long Tegan sesshaft. Die Dorfschaft zählt rund acht Familien mit insgesamt 40 Mitgliedern. ~Zwei Sippen haben sich zusammengeschlossen: Alle Dorfbewohner sind Nachkommen von Aueng und dem Ältesten No mit Schwiegersöhnen.

Die Siedlung macht einen ärmlichen Eindruck und die Bewohner sind hungrig. Deren Kulturen sind mehr als dürftig; nur ein wenig Reis ist von der letzten Ernte übriggeblieben. Weder Früchte noch Gemüse sind vorhanden, die Maniokfelder von Wildschweinen geplündert. Die Fische im Fluss sind auch hier rar geworden seit die Kompanie wütet, und so das Wild. – Alle Bewohner gehen wildes Sago verarbeiten; einziges Gemüse sind Palmherz und Maniokblätter. Doch die Distanzen zu erntbaren Sagopalmen werden je länger je weiter. –

So hat man die Vorteile des Nomadenlebens, wo stets dem Nahrungsangebot der Natur gefolgt wird mit der Trägheit in der Sesshaftigkeit getauscht, ohne daselbst genügenden Ausgleich zu finden. –

Die Hütten sind mit Blattwerk, Plastik-Blachen und einigen rostigen Blechen gedeckt, durch deren Löcher man den Himmel sieht. Daneben gleissen einige neue Wellbleche; der Resident von Limbang hat sie mit folgender Botschaft als Hilfe in die Pensiedlung geschickt: «Wenn ihr an der Blockade teilnehmt werde ich selbst kommen, euer Dach wieder abdecken und sie ins Wasser schmeissen. Aweng Tewai, der ruhige Dorfsprecher gesetzten Alters hat die Antwort bereit: «Schmeiss die Bleche ruhig in den Fluss – wenn nur unser Land bleibt!»

Aueng

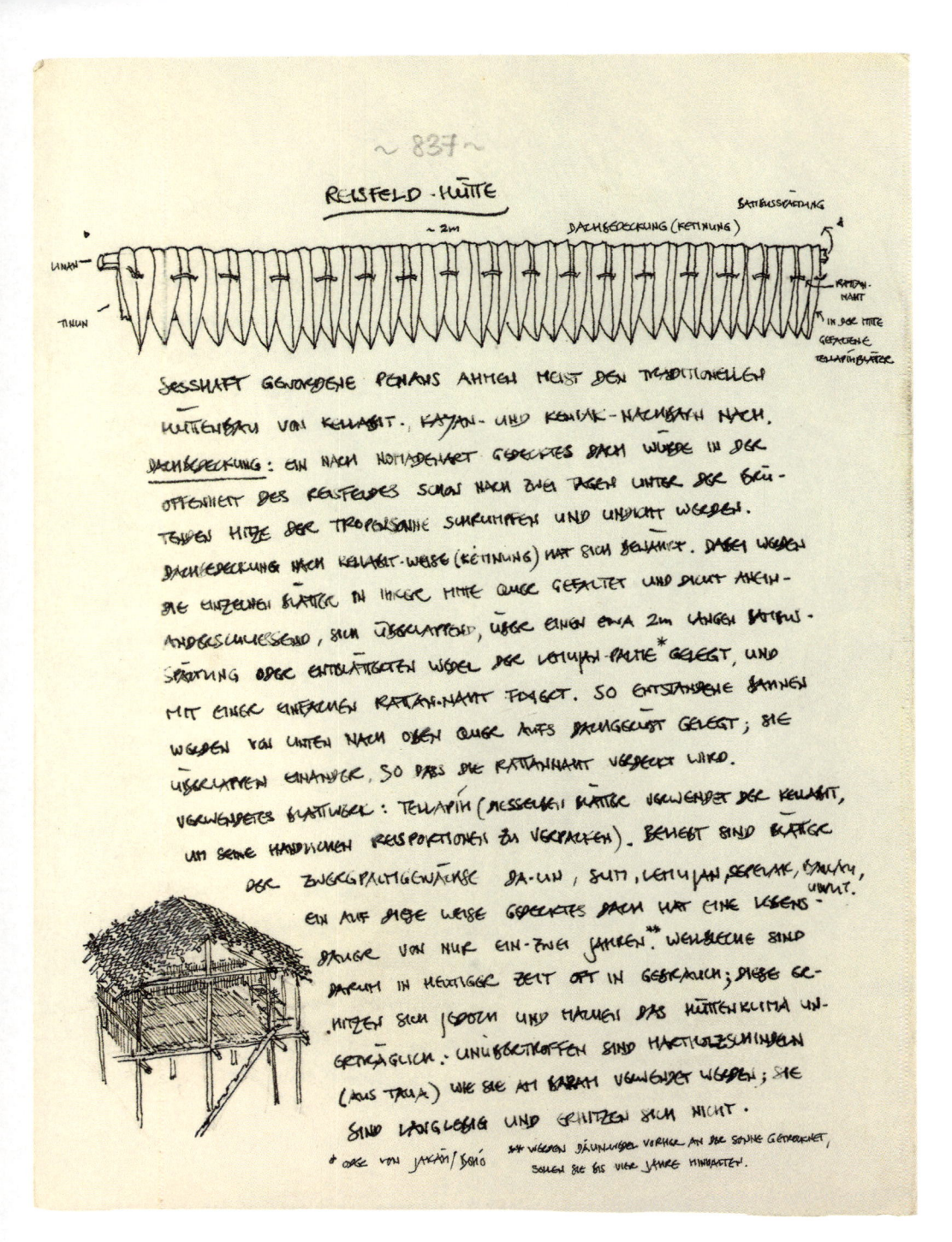

13/837 Reisfeld-Hütte

Sesshaft gewordene Penans ahmen meist den traditionellen Hüttenbau von Kellabit-, Kayan- und Keniak-Nachbarn nach.

Dachbedeckung: Ein nach Nomadenart gedecktes Dach würde in der Offenheit des Reisfeldes schon nach zwei Tagen unter der brütenden Hitze der Tropensonne schrumpfen und undicht werden. Dachbedeckung nach Kellabit-Weise (Kétinung) hat sich bewährt. Dabei werden die einzelnen Blätter in ihrer Mitte quer gefaltet und dicht aneinanderschliessend, sich überlappend, über einen etwa 2 m langen Bambusspältling oder entblätterten Wedel der Lemujan-Palme* gelegt; sie überlappen einander, so dass die Rattannaht verdeckt wird.

Verwendetes Blattwerk: Tellapíh (Dieselben Blätter verwendet der Kellabit, um seine handlichen Reisportionen zu verpacken). Beliebt sind Blätter der Zwergpalmgewächse Da-un, Sum, Lemujan, Sepelak, Ballau, Uwut. Ein auf diese Weise gedecktes Dach hat eine Lebensdauer von nur ein-zwei Jahren.** Wellbleche sind darum in heutiger Zeit oft in Gebrauch; diese erhitzen sich jedoch und machen das Hüttenklima unerträglich. – Unübertroffen sind Hartholzschindeln (aus Taua) wie sie am Baram verwendet werden; sie sind langlebig und erhitzen sich nicht.

* oder von Jakáh/Boró

** werden Dáun-Wedel vorher an der Sonne getrocknet, sollen sie bis vier Jahre hinhalten.

Dachbedeckung (Ketinung) ~2 m

Linan Bambusspältling

Tinun in der Mitte gefaltene Tellapíhblätter

Rattannaht

Die Hütte selbst besteht aus einem einfachen Pfahlgerüst. Zum Abwehren der lästigen Sandfliegen und luftigerem Hüttenklima wird der Boden in 1–2 m Höhe angebracht. Alle Fixierungen werden mit Rattan in einfacher Bundweise verknüpft. Ein grosszügiger Knüppelrost wird mit der Rinde des Dat-Baumes belegt. Diese liefert auch leichtes Material für Seitenwände oder Bedachung. Beliebtes leichtes Baumaterial ist Bambus. Zur <u>Herstellung des Bodens</u> werden armdicke Stämme geviertelt; dabei wird das Buschmesser mitten über die Stirnseite gelegt und mit einem Knebel eingeschlagen, bis sich das Bambusrohr auf eine Armspanne gespalten hat. Die Prozedur wird übers Kreuz wiederholt und zwei Knebel eingetrieben. Diese stehen an einem Widerhalt an, während das Rohr vorwärts gestossen wird und sich in einem Arbeitsgang sofort viertelt. Darauf entfernt man die Innenseiten der Knoten, bricht die Kanten und legt die Spältlinge (Bisan) auf dem Hüttenboden nebeneinander: Je an den beiden Enden und zur Mitte hin wird eine Rattan-Liane einmal hin- und zurückgeflochten, um den Rost zu fixieren. Ein auf diese Weise erstellter Hüttenboden ist leicht federnd und luftig*.

Zur <u>Fertigung der Seitenwände</u> wird ein Bambusrohr ringsum auf seine ganze Länge mit vielen Buschmesserhieben angespalten. Darauf wird die Spitze des Werkzeugs mit

* Um Frass durch kleine Holzkäfer (Bubuk) zu vermindern, werden die Spältlinge an der Sonne getrocknet und verhärten dabei.

Bisan Bolo

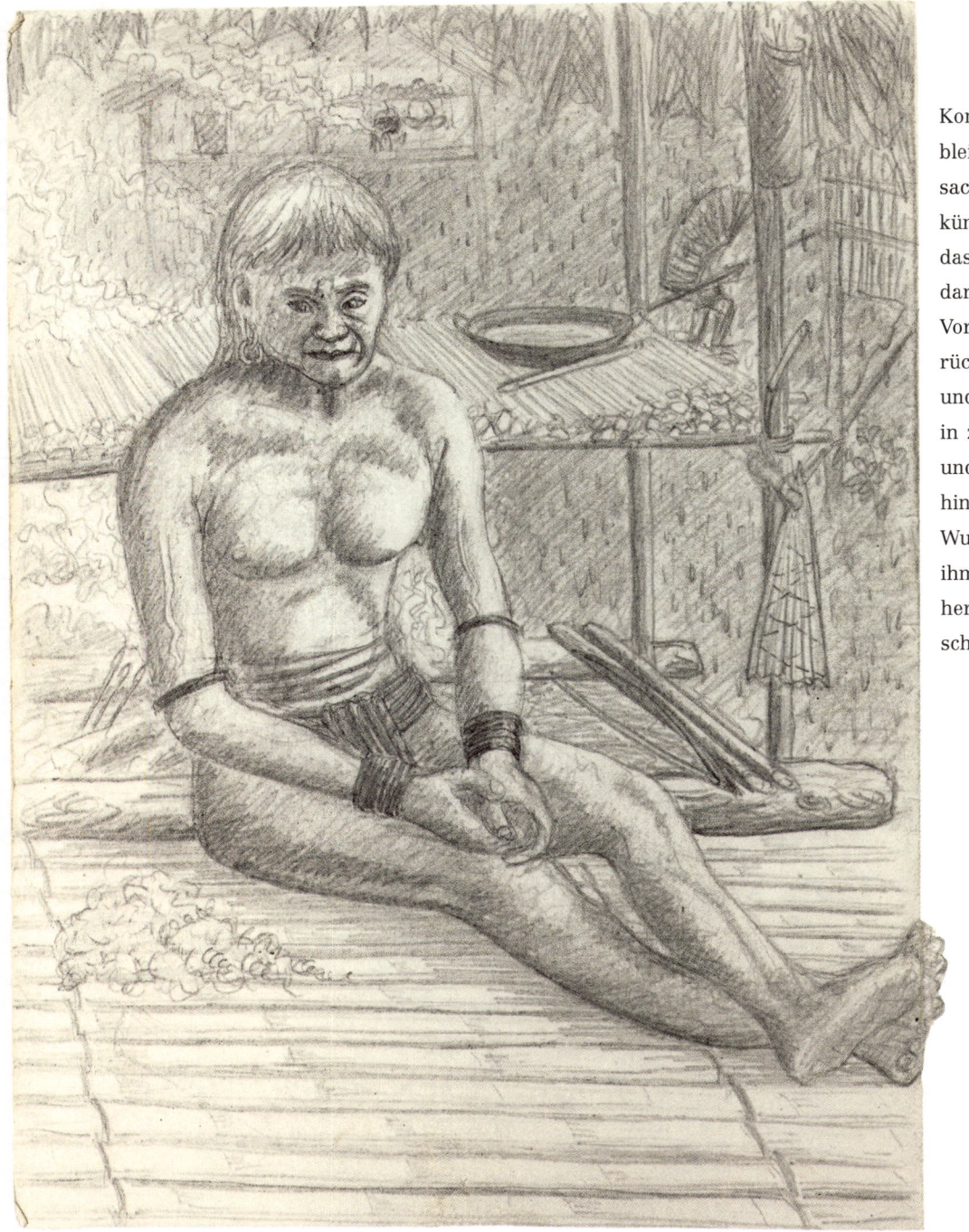

Kommt ‹Dang› mit der Haut in Berührung bleibt er nadelartig darin stecken und verursacht dasselbe unangenehme Beissen wie künstliche Glasfasern. Eine Waschung lindert das Symptom. – Wer mit Bambus arbeitet, trägt darum meist ein altes ausgedientes Hemd. – Vor allem ‹Dang› vom Adan-Bambus ist berüchtigt: Wird dieser an der Sonne verarbeitet und gelagert, kann der Wind die feinen Partikel in zum Trocknen aufgehängte Wäsche tragen und diese in Nadelkissen verwandeln. – Das hinterlistige Mausreh hatte einst dem Bären Wundermedizin für Weitsicht versprochen und ihm darauf ‹Dang› in die Augen gestreut; seither sind die Augen von Meister Petz geschrumpft und sein Gesichtssinn gestört.

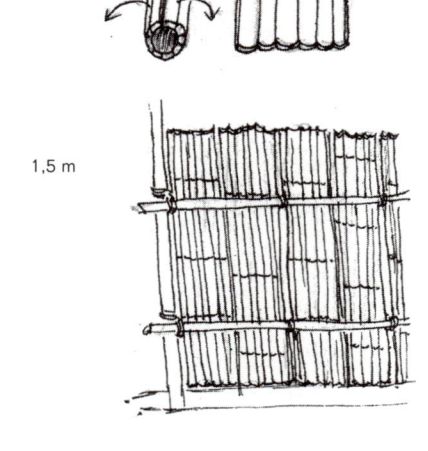

1,5 m

13/839 [Bild]

13/840 Knüppelschlägen einseitig durch die ganze Länge des Rohrs getrieben und dieses so aufgespalten. Durch weiteres Aufklappen und Flachtreten verwandelt sich das Rohr in eine Rechtecksfläche. – Die so erstellten Bahnen werden mit der Oberfläche gegen das Hütteninnere senkrecht nebeneinander zur Wand aufgestellt. Fixieren durch Klemmen zwischen zwei Hölzchen oder Bambusspältlingen je auf ¼ und ¾ Höhe.

Bambusrohre sind von einer glasfaserartigen Schicht (Dang) bedeckt, die deren Oberfläche matt weisslich erscheinen lassen. Am Bach ist diese durch Reiben mit nassem Sand oder Medang Blättern leicht zu entfernen, worauf der Bambus schön grün leuchtet.

Taubstumm (Ma-meng) 13/841

«Wildschweine haben des Nachts die Maniokpflanzen geplündert», meint frühmorgens mein Gastgeber, auf der Hüttenstiege sitzend. «Wie kannst du das wissen, da du weder das Haus verlassen noch mit jemandem gesprochen hast?» – «Usak hat's von Ferne gedeutet.» Das Mädel war vom Wasserholen zurückgekommen, hatte aufs Maniokfeld gezeigt, und mit einer weiteren Handbewegung die wühlende Nase eines Borstentiers nachgeahmt. – Die gesamte Verständigung zwischen der Taubstummen und der Gemeinschaft wickelt sich über die Zeichensprache ab. Das etwa 20jährige mollige Mädel versteht sich auf alle Tätigkeiten einer Penanfrau, die mit Herd und Rattan zu tun haben. Schwangerschaft und Geburt dieses ersten von zehn Kindern waren ohne spezielle Ereignisse. Als Kleinkind hätte Usak ein übermässiges Schlafbedürfnis gehabt, bis seine Eltern merkten, dass es nicht sprechen konnte. Im Gegensatz zu seinen Kameraden hätte es nie mit erbeuteten Singvögeln und Hörnchen gespielt. Zwei einzige Fälle von Taubstummheit scheinen bei Penans bekannt. Die Erscheinung scheint nicht vererbbar, besitzt doch ein taubstummes verheiratetes Kayan-Ehepaar ein sprechendes Kind. – Und geradeso wundert sich der Penan, dass das Kind eines verkrüppelten Ehepaars gehen kann.

13/842 Arm und reich

«Als wir unsere Gaharu-Ernte nach Limbang brachten, begegneten wir dort dem chinesischen Händler. ‹Wollt ihr das Haus des Toke sehen?›, fragte er uns, ‹So steigt in den Wagen!› – Darin war aber grosse Musik, wie wir sie in keinem anderen Fahrzeug gehört haben. – Als er an ein grosses wunderbares Haus kam, öffnete sich von selbst ein Tor und dahinter war Licht. ‹Hier, das ist das Haus des Toke. Doch in dieses dürft ihr nicht hineingehen. Ich bring euch in ein anderes, das in meinem Besitz ist.› –
Dort angelangt, führte er uns in einen Raum der mit Säcken voll Gaharu angefüllt war, und nahm uns unsere ganze Ernte ab – zwei Rückentaschen voll 1.klassiger Ware. – Sie woog nur zwei Kilogramm*. Da dachte ich, ein Kilogramm sei wirklich schwer. Er sprach: ‹Wenn ich euch einen hohen Preis zahle, verdiene ich nichts. Doch gut, ich gebe euch weniger; so habe ich Gewinn – und ihr habt zu essen.› Dann gab er uns 600.– MS $ für unser Gaharu, und seine Diener bereiteten eine Mahlzeit. Reis, Sardinen und Nudeln, und Coca-Cola konnten wir trinken. –
Dann verabschiedete sich der Toke: ‹Ich bin sehr beschäftigt und benutze Stunden. Nur drei Stunden komme ich her und reise wieder nach Brunej.›»

Upan No, Long Tegan

* In der Regel werden Kati's verwendet: 1 Kati = 600 g.

13/843 Pénnakóh*

Ein Ehepaar lebte allein mit seinem Kind. Der Mann ging auf die Jagd und schoss mit seinem Blasrohr eine Rehgeiss. – Den Spuren folgend fand er das Tier tot. Da trat ein grosser Mann dazu und sprach: «Dieses Reh hab ich geschossen! Hier, die Verletzung durch meinen Pfeil!», und er deutete mit seinem Finger auf After und Zucht des Wildes. – Darauf packte er den Jäger, tötete ihn, schnitt ihm seine Füsse ab und wickelte sie in Blattwerk. Dann nahm er den Lendenschurz des Jägers, gürtete sich dessen Pfeilköcher an die Seite, schulterte weiter das Reh und trug die Füsse des Gemordeten heimwärts bis unterhalb dessen Hütte. Dort legte er sie neben einen Baumstumpf.
«Oh, da ist Papa mit einem Reh!», sprach Uwi. Jener legte die Jagdbeute dahin, hielt den Kopf des Reh's hin- und herdrehend in Richtung des Kindes und sprach: «Aih, Uwi, bé ka-au medí maten tellawí?»**
«Aih, Uwi, fürchtest du dich nicht vor den Augen des Rehs?» Dann zerteilte er die Beute und leckte sich dabei die blutige Hand. Da wusste Uwi's Mutter Bescheid.
«Dort hab ich Pilze hingelegt. Geht ihr zwei nachschauen.», hiess er die beiden. – Als aber Tinuwi sah, sprach sie zu ihrem Kind: «Dies sind die Füsse deines Vaters.

* Böser Geist

** Der Teufel verspricht sich: Medí = Medai = Angst haben;

Tellawí = Tellá-o = Reh

Dein Vater ist tot. Dies hier ist Pennakóh. Wenn wir zwei hierbleiben werden wir sterben. – Wenn ich Wasserholen geh und zu dir sage: Wart hier, wenn du langsam bist, so ist das meine falsche Rede. Folge mir! Wenn du bleibst wirst du sterben.» – Dann kehrten sie zurück.
Tinuwi sprach. «Ich geh Wasser holen. Der Quell ist am versiegen Uwi, bleib du hier, wenn du langsam bist, damit ich schnell zurückkehre. Weit ist es bis zur Wasserstelle.» – Da schrie und weinte das Kind. Jener aber sprach: «So nimm Uwi mit dir.» Als die zwei an die Wasserstelle kamen, kehrte Tinuwi die Steine und sprach: «Krebs! Hölzer! Blätter! Frosch! Kröte! Kaulquappen! Wenn ihr den Teufel rufen hört «Kehr heim, Tinuwi» – antwortet ihm. Ruht nicht, zu antworten, denn ihr seid viele!» Dann floh die Mutter mit ihrem Kind.
«Komm heim, Tinuwi!»
«Ihh, das Wasser ist am versiegen!» ...
«Komm heim, Tinuwiii!»
«Oh, wart, bald komm ich. Noch sind die Bambusse nicht gefüllt.»
Die beiden aber erreichten die Vielen im Dorf. «Mein Mann ist von Pennakóh getötet! Wohin gehen wir?» – «Oh, kommt hier in diese Hütte.» – Darauf schälten jene einen jungen Baumstamm und hängten ihn mit Rattan wie einen Atui* auf.

* Atui; Baumstamm der mit Holzschlegeln getrommelt wird bei der Erbeutung eines Leoparden.

13/845

Darunter türmten sie einen Haufen Harzbrocken zusammen und zündeten diese an.
Pennakóh aber verfolgte die beiden. Als er an die Wasserstelle kam, zertrat er einen Bambusbehälter wütend unter seinen Füssen. «Verflixter Bambus! Falscher Krebs!», rief er aus. In seinen Händen aber hielt er den Kopf des Rehs, der ihm den Weg wies.
«Kelemlengem-gem Tinuwi
Iteu ke too bá-o ko
Tekkedi-kedi Tinuwi
Hier riechts noch nach dir!»

«Guru!» floh der Hirsch. «Oh, Hirsch, nicht dich will ich sehen.» «Guru!» sicherte das Wildschwein. «Oh Wildschwein, nicht dich will ich sehen.» – Dann erreicht er die Vielen im Dorf und fragte: «Wo sind die beiden?» – «Dort!» – «Wie komm ich dahin?» – «Über jenen Stamm.» Als er aber über den geschälten Stamm schritt, glitschte er aus, fiel ins Feuer und verbrannte. «Sip-sip-sip» verwandelte er sich in Harz.

Bala Ta-ang, Long Ballau

Version

.. Da floh Tinuwi mit ihrem Kind und erreicht die Hütte ihres Bruders. Dieser versteckte sie. Pennakóh kam und fragte: «Wo find ich Tinuwi, Schwager?» – «Hier!», warf dieser einen grossen Kürbis* runter. «Und hier!» weiter einen kleineren. «Dies ist das Kind welches ich schon gefressen hab. Dies ist dein Anteil!» – Da nahm Pennakóh die beiden Kürbisse und kehrte heim.

Bulan Tewai, Ulu Limbang

* Buá Kebub, in denen Kopfjäger ihre Trophäen bewahrten.

13/846 **Spottverse**

1. Lem tana lalun
   Pakai a-wet talun
   Iãh ináh suket Penan mú-un
   Médá péh a-wet tong pú-un pá-an, hun sayan
   Asan kávan pu-un
   Jadi murip tellalan
   Babui – payan-tellá-o
   Tai ame beté awé béso
   Kon grumen*, i-ok leit ngan liat*
   Jang tamo, kempan ngau sat
   Ngoreng, ngeringon, niape, ngejajan
   Iáh ináh urip senang – urip djian
   Urip ngidá – bari lem seruga.

Im jungfräulichen Wald
Den Bastschurz um die Lenden gewickelt
Das ist unsere Penan-Tradition
Reibt dieser auch am Oberschenkel beim Tanz
Wenn's nur Wild hat Ist dies ein lustiges Leben
Wildschwein, Hirsch und Reh
Gehen wir jagen bis wir satt sind
Braten Halsspeck, essen knusprige Schwarte
Palmherz, gebackene Därme, Grumen + Liat*.
Maultrommeln, blasen auf der Flöte
Zupfen Sapesaiten und singen
Ein leichtes Leben – ein gutes Leben.
Fröhlich wie im Paradies.

48 | TAGEBUCH 13

2. Tapi honiteu tana tassá
uwut kubá, jakáh kubá
Tacem kubá, duian kubá
Ká-an kelap, ba litut
Ame bara: «Bé patut!»**

Doch nun ist das Land zerstört.
Sagopalmen fallen
Pfeilgiftbäume fallen
Durianbäume fallen
Das Wild flieht und
Das Wasser ist schmutzig
Wir sagen: «Das geht nicht an!»

3. Tapi ame Penan bé omok kompani: La-áu.
Djin néh pu-ún pika djin kompani: Djá-au!
Djáu paku tedeng, djáu bengan pikok
Djáu zin, duáh pérésin!

3. Doch wir Penans können nicht klagen: Hungrig
Denn da ist Hilfe von der Kompanie: Riesig!
Ein rostiger Nagel, ein krummgesägtes Brett
Ein durchlöchertes Wellblech, zwei Pfennige!

* Gebackene Sagospeise aus Palmherz, Blut und Fett von frischer Jagdbeute
** Patut = an der Oberfläche treiben

Spott-Lied

1. Kezio honiteu – tusáh mú-um mú-um mú-um
    Neu kelluman singand bari Datuk Amar James Wong
    Datuk James Wong – djá-au bore
    Maneu besalve, ngebé tama ame
    Iáh tenge murup, hirau, kélébe ame Penan lá-au.

1. Die jetzige Zeit ist eine wirklich sorgenvolle
    Wegen unersättlichen Menschen wie Datuk J.W.
    Der mit dem dicken Bauch
    Macht Erdrutsche
    Zerstört unser Land bis ans Ende
    Er selbst lebt in Festen
    Doch wir Penans, beraubt, sind hungrig.

[Datuk Amar James Wong: damals Tourismus- und Umweltminister]

Refrain

Iáh inah, ame bará, périntáh, djian gagá
Iráh tuwai, beso tené, kuman buá lem tana ame.
Djáh auáh, buá lepeso, kelapé
Kat ipá bua auáh tulat ngan ame-e-e-e.

Drum sagen wir: Unsere Regierung ist die allerbeste
Sie kommen, schon zuvor mit vollem Bauch
Und essen die Früchte unseres Landes
Eine einzige – Lepeso* – lassen sie übrig
Und geben uns als Anteil – die leeren Schalen.

2. Sam-Ling, Tsá-Tsing
    WTK, Limbang Trading
    Iáh ináh kekat ngaran kompani
    Éh ngassau urip djin kelliman kari
    Tuhan-thuhan
    Ko mihn kat lori, kat lipan
    Kat toke, madun, managen
    Tai ke ra ketai
    Tong jalan sitan.

2. Sam-Ling, Tsa-Tsing
    WTK, Limbang Trading
    Dies sind die Namen der Kompanies
    Welche das Leben von uns armen Menschen stören
    Gott nimm alle Laster und Bulldozer
    Alle Verwalter, Vorarbeiter u. Manager
    Abwärts, dorthin wo der
    Teufel haust.

3. Polis djin bau – polis djin rá
    Ha selapang auáh rek-rek ká
    Seradu nabeng – seradu ná-au
    Ngan se ke telou cuk pekalan?
    Hun ke telou pitáh kellinan éh ngassau urip
    Ngamid managem, menan kelingen néh kebit!

* Äusserst saure, kaum je verspiesene Frucht

3. Polizei von unten – Polizei von oben
    Rek-rek tönen die entsicherten Gewehre da und dort
    Soldaten links – Soldaten rechts,
    Mit wem wollt ihr kriegen?
    Sucht ihr Menschen, die das Leben stören?
    So ergreift den Manager
    Und zieht ihm die Ohren lang!

4. Ame meniand djian – la-áh ngelawan
    Ame meniand roding [unleserlich] – ka-áh tojo selapang
    Tong redo, tong anak la-au.
    Iteu adet sinoho kelliman éh djá-au?
    Lem ha kaáu, kellunan dja-au
    Lem ha ame, kellunan nekau
    Taget ame, lem tana ame
    Doko jadi megá, seng maten send kelingen perintáh
    Sala-sala-sala ke telou – telou kulé sala.

4. Wir bitten um Verzeihung – ihr greift uns an
    Wir verlangen Gespräche – ihr zeigt mit Gewehrläufen
    Auf unsere hungrigen Frauen und Kinder
    Ist dies Sitte von grossen Menschen?
    In eurer Sprache: Grosse Menschen
    In unserer Sprache: Diebe!
    Unsere Blockade, in unserem Land
    Um Augen – und Ohrenpfropfen unserer Regierung zu lösen
    Dreimal seid ihr im Unrecht!

Vom Mühsamen

Ende November. – Wie einen Dolch im Fleisch zu drehen trifft mich die Botschaft, Bulldozer hätten nun den Tutoh-Fluss auch weiter talwärts überquert, um dem noch unberührten Gebiet der Nomaden am Ubung den Garaus zu machen. Der japanische Ingenieur Fiuyocka, eine Schlüsselfigur in dem Geschehen, baut eine weitere Brücke, wohl seine fünfte, nun über den Magoh-Fluss – und öffnet der unerbärmlichen Maschinerie fortwährend den Lebensraum des Dschungelvolkes.

Um die 200 ansässige Penans haben sich in der Bedrohung nochmals vereint und blockieren. Trotz neuem Gesetz, das jedem, der sich den Kompanies in den Weg stellt, mit 6'000.– MS $ Busse und zwei Jahren Gefängnis winkt. Doch für sie ist es Überlebensfrage. Dreimal beseitigt die Polizei ihre wiedererstellten Blockaden, doch weigert sich, Eingeborene festzunehmen; Publizität ist unerwünscht und das Gebiet ist für Reporter gesperrt.

In der Penansiedlung Long Napir erscheinen wöchentlich Regierungsvertreter und verbieten, Blockade zu erstellen. Hilfe sei nahe; der Ministerpräsident würde die Lizenzen für Holzfällerei zurückziehen. Man solle sich weitere drei Monate gedulden. – Aus dem Fond für Penanhilfe wurde ein flottes Haus für Beamte daselbst gebaut. Weiter lockt den Ansässigen Gewinn: Für einige tausend Dollar Lohn können

sie einen Pfad zu ihrem Haus ausbauen, damit Regierungsbesucher im glitschigen Gelände nicht auf dem Hintern landen. Weiter will man nun jedem Penan eine Identitätskarte geben, und ihm mit einer Nummer gewähren, dass er im bürokratischen Sinn existiert und somit Wahlrecht hat.

Zwei Dutzend Penans vom Baram hatten nach mühseligem Marsch Long Napir erreicht, um daselbst an der angesagten Blockade teilzunehmen. Einen Monat lang warten sie vergeblich auf Aktion. Die Initianten selbst versäumen, und sind nicht imstande zu organisieren. – Die ansässigen Penans selbst stehen ohne jegliche Begeisterung bei. – Sie haben vergangene Blockaden wegen schwieriger Nahrungsbeschaffung und Erfolglosigkeit in schlechter Erinnerung: Die erste Blockade war nach acht Monaten gewaltsam beseitigt worden, ohne jegliche Diskussion. Die zweite wurde von Kellabit-Teilnehmern selbst geöffnet gegen klingende Münze, ohne jegliches Zugeständnis betreffs des Landes. – Auch der Dorfsprecher findet keine ermutigenden Worte. Den wenig Verbleibenden sinkt das Vertrauen. Schweren Herzens machen sich die Penans vom Baram wieder auf den Heimweg, denn ohne Teilnahme der Ansässigen kann die Aktion nicht gelingen. Einige verlassen das Gebiet, um an der Kidáh-Blockade teilzunehmen.

Anfangs November.

Dann erst fassen einige neuen Mut: Advokatenhilfe von talwärts sei garantiert, und fällen ganz plötzlich den Entschluss. Kaum zwanzig Nasen zählt die Demonstration. Wenige Kellabitfamilien vereinigt mit noch wenigeren Penans.

Alle nötigen Anweisungen sind gegeben. Wenn nur eine Satzung missachtet wird, ist die Aktion zum Scheitern verurteilt.

1. Blockade besteht aus Wohnhütten, mitten in den Weg gepflanzt, totale Absperrung für jeglichen Verkehr
2. Ganze Familien mit Stumpf und Kegel als Teilnehmer.
3. Einzige Forderung: Erscheinen des Ministerpräsidenten in Person am Ort. Verlangen von Rückzug der Lizenzen und Bewahrung des Landes.
4. Verweigerung von Meeting talwärts, mit Beamten ohne Vollmachten sowie Vertretern von Kompanies.
5. Zugeständnis von Verhaftung nur wenn sämtliche Blockadenteilnehmer vereint und in Handschellen.
6. Verweigerung talwärts, jegliche Dokumente zu unterzeichnen, noch Unrecht auf Eingeborenenseite einzugestehen.
7. Falls Verhandlung verzögert und verschoben wird, Verzicht, auf freien Fuss gesetzt zu werden. – Ansonsten direkt Demonstration talwärts in Limbang/Miri, welche grosse Publizität auszulösen vermag. Hungerstreik daselbst empfohlen.

Ich möchte die Blockadenmitglieder nach traditioneller Weise auf die Satzung schwören lassen, um sie stark zu machen. Denn ich bin es müde, meine Zeit zu vergeuden. Es fehlt mir ein wenig an Vertrauen in die Kellabits, welche oft klingende Münze im Kopf haben. – Die Abmachung ist ganz klar: Nur Land wird gefordert. Doch ich versäume den Schwur, der dem Fehlenden das Leben kostet.

Beamte erscheinen an der Blockade, und fordern schriftlich auf, diese bis in zwei Tagen zu öffnen, und laden zu Meeting talwärts. – Die Teilnehmer verweigern.

Dann wird mir ein Blick von weitem auf die Barrikade gewährt: Die Wohnhütten sind <u>neben</u> den Weg gepflanzt... Und am selben Tag wir die Absperrung weggefegt:

«Da kamen plötzlich gegen Abend fünfzehn Autos voll bewaffneter Polizei. Ein Forest-Beamter ergriff kurzerhand eines unserer bei der Hütte aufgehängten Buschmesser und kappte die Rattanverschnürungen. Ich selbst, als einziger zur Zeit im Blockadengebäude, wurde grob beiseite gestossen. Diese wurde kurz und klein geschlagen und in den Abhang geworfen. Mit Motorsägen wurden die grossen in die Strasse gefällten Bäume beseitigt. – Am nächsten Tag wurden wir verhaftet, je zwei Mann mit Handschellen aneinander gekettet. Sie verweigerten, Frauen und Kinder zu binden.»

Gissa Paren

Verspätet

«Ich war ins Dorf gegangen, um einige Bewohner als Verstärkung an die Blockade zu rufen. Nur zwei stimmten zu. Als ich am nächsten Morgen aufbrechen wollte, war der eine Feuerholz schlagen gegangen, die andere fürchtete «dann werden sie Bomben auf uns werfen». So machte ich mich allein auf den Weg. Da holte mich ein Wagen der Kompanie ein, und lachend spotteten sie, die Blockade sei aufgelöst, deren Teilnehmer festgenommen. Ich stieg zu ihnen auf den Wagen und folgte alsogleich bis nach

Limbang, um mich von der Polizei verhaften zu lassen. Unterwegs war heftiger Regen. Nur im Lendenschurz schlotterte ich und umarmte meinen Vordermann, ungeachtet, dass er ein mir fremder Chinese war.

Im Polizeigebäude in Limbang traf ich alle Blockadeteilnehmer. Ein Beamter sah mich zittern und fragte, ob ich friere. Dann brachte er mir ein Hemd und eine Büchse Coca-Cola. Doch die Polizei verweigerte, mich zu verhaften.

Die Festgenommenen wurden nach zwei Tagen gedrängt, ein Dokument zu unterschreiben. Sie taten es, und wurden darauf auf freien Fuss gesetzt. Die Gerichtsverhandlung aber wurde angesagt, auf sieben Monate später.[»]

Maleng Tewai

13/855 Eine Handvoll weiterer Penans erreichten den Ort des Geschehens mit Verspätung. Unverrichteter Dinge kehrten sie sofort wieder heimwärts, unfähig, sich selbst in den Weg zu stellen – gebrannte Brücken scheinen einzig wirkungsvolle Blockade. – Bei der Entlassung der Verhafteten, verweigerte die Polizei, deren konfiszierte Blasrohre und Gewehre wieder auszuhändigen. Ein Nomade sprach. «Gut, behaltet mein Blasrohr! Hier, merkt euch meinen Namen: Ich bin Along Segá vom Adang. Ich werde nun zurück in den Dschungel kehren. Da sind genügend Blasrohre und Giftpfeile. Am Ende der Logging-Strasse, da werdet ihr wieder von mir hören!» –

Da gaben sie den beiden festgenommenen Nomaden ihre Waffen zurück und baten, diese nicht gegen die Kompanies zu gebrauchen. «Wenn die Holzfäller nicht ruhen, unseren Lebensraum zu zerstören, werden wir uns verteidigen.»

Dann brachte die Polizei die ganze Gesellschaft wieder nach Long Napir und die Kompanies wüten weiter, als ob nichts geschehen wäre.

13/856 **Kind des Himmelskönigs***

Es war einmal ein Mann, der zog Katey**-Fische auf. Als er zur Jagd aufbrach, sprach er zu seinen Kindern: «Füllt die Wasserbehälter nicht quellwärts. Sonst schliefen meine Fische darein!» – Doch darauf gingen die Kinder bachaufwärts Wasser holen und die Katey-Fische schloffen in die Bambusse. Die hungrigen Brüder aber töteten die Fische. – Als die Mutter sah, was geschehen war, sprach sie: «Nun sind die von Vater geliebten Fische tot. Wenn er heimkommt, wird er wütend sein.»

Der Vater aber ging Hunde kaufen; jene, welche nur bis Mittag jagten, nahm er nicht. Solche aber, welche das Wild unermüdlich von morgens bis abends verfolgten, diese kaufte er.

Dann nahm er seine Kinder mit zur Jagd. Während diese den Hunden nacheilten, machte er sich selbst auf den Heimweg. – «Wo sind unsere Söhne?», fragte seine Frau. «Oh, die folgen später nach.»

Die drei Brüder aber töteten gegen Abend ein von

* Anak Lajá Langind
** Schuppenloser Raubfisch in kleineren Fliessgewässern, ähnlich dem → Bukeng. Er geht bei Hochwasser auf Nahrungssuche und kann dann geangelt werden. Nach der Sage hat er sich aus der Häuschen-Schnecke ‹Belalang› verwandelt.

den Hunden gestelltes Wildschwein. Sie hatten sich dabei verlaufen und mussten daselbst nächtigen. Ohne Feuerzeug konnten sie die Beute jedoch nicht rösten und waren hungrig. – Ihr Vater aber machte sich nicht auf die Suche nach seinen Kindern. Ueng Kira, der älteste der drei Brüder, sprach: «Mein Zaubergeist!* Wenn ich in die Büsche gehe, verwandle meine Scheisse in Feuerstein und Zunder!» – Und seine Notdurft wurde zum Feuerzeug. Darauf zerteilten die drei Brüder die Beute und kochten, brateten und assen.

Am nächsten Tag fiel ein leichter Schauer, und die drei hörten plötzlich Flügelrauschen. Da landeten die Kinder des Himmelskönigs, legten ihre Flügel ab und badeten. Ueng Kira sprach: «Mein Zaubergeist, bring mir die Flügel vom Kinde des Himmelskönigs!» – Als nach dem Bad all dessen Geschwister heimflogen, suchte dieses vergeblich seine Flügel. Da wurde es Abend und Nacht. Ueng Kira hiess seinen Zaubergeist, den Tiger zu schicken um das Mädel zu erschrecken. Doch dieses sprach im Anblick der Raubkatze: «Du Tiger, komm nicht daher. Du bist's den Vater und Mutter einst aufgezogen haben.» – Da rief Ueng Kira seinen Zauber-

* Balei Puling

Fortsetzung siehe S. 894 [= Tagebuch 14]

TAGEBUCH 14

TB/S.

Mit vollem Herz

Zwei liebten sich. Doch die Mutter des Mädels wie die Mutter des Sohnes waren gegen deren Heirat. – «Ich liebe dich so fest, dass ich sterben könnte. Wie stark liebst du mich?» – «Ja, wenn die Eltern uns nicht erlauben zusammenzubleiben, und die Leute nur schlecht über uns zwei reden, ist's gut, wir sterben.» – Und sie stiegen hoch auf einen Berg, wo sie in der Ferne die schwarzen Hügel sahen. Da spielten sie Kellore, Nasenflöte und liebten sich. – Ein Alter aber lauschte den beiden. Und er sah, wie sie sich gegenseitig erstachen. –
Die Vielen aber in der Siedlung spotteten. «Wo bleiben die beiden? Sie lieben sich wohl im Versteckten!» – «Lästert nicht!», sprach der Alte. «Dort oben auf dem Berg sind die zwei. Sie werden nicht mehr in unser Dorf zurückkehren. Geht selbst nachschauen.»
Darum sprechen wir Älteren uns nicht gegen eine Heirat aus, wenn sich zwei wirklich lieben.
Along Segá, Adang

Eigenartige Mahlzeit

Schon eine halbe Stunde sind wir dagesessen, da deutet Gissa plötzlich auf den Fuss einer benachbarten Uwut-Palme: «Da ist Fleisch!» – Kaum eine Armspanne von uns entfernt hockt da stumm und wie erstarrt – Überbleibsel aus der Urzeit – das grösste Amphib Borneos, die wohl pfundschwere Bergkröte (Kup Tokong). – Den meisten Penans schaudert es beim Anblick der kurligen Erscheinung, und man geht ihr lieber aus dem Weg. – Bei sesshaften Volksstämmen wie den Kellabits, deren Tisch weniger reichlich mit Wildbret gedeckt ist, gilt das warzige Wesen jedoch als Leckerbissen. Gissa hat von ihnen die grausame Prozedur übernommen.
Er trägt die Kröte an ein Bächlein, schlitzt ihr die Füsse auf und zieht dem sich in sein Schicksal gebenden Wesen die Haut über. Dabei vermeidet er ängstlich Berührung mit dem aus Warzen tretenden klebrigen Milchsaft; schon eine geringe Spur in der Mahlzeit erzeugt Vergiftung mit Brechreiz. – Gissa trennt der Hilflosen die fleischigen Schenkel ab, schneidet sie in Abständen ein und drückt und knetet sie wiederholt im Wasser aus. Scheinbar herzlos geht er darauf seines Weges, die geschändete Kreatur liegen lassend. – Ich be-

Bergkröte ♀ 1:¹/₃

fördere die stumme Leidende mit einem Buschmesserhieb ins Jenseits. Dann erzähle ich meinem Kameraden von ‹Achtung vor dem Leben›.
Mit gemischten Gefühlen esse ich dann von dem Krötenfleisch, und bin erst erleichtert, als nach zwei Stunden noch keine Vergiftungserscheinungen aufgetreten sind.
Ernährung: Der Mageninhalt der Bergkröte bestand aus einem Hundert von Getungan-Ameisen, ihrer Hauptnahrung. Mit ihrer klebrigen Zunge schnappt sie nach Lengurep-Bienchen, lauert am Eingang zum Bau der Ingau-Biene sowie der stachelbewehrten höhlenbrütenden Honigbiene (Ni-uan) auf Anfliegende. –
Gissa schoss eines Nachts auf ein fluoreszierendes Augenpaar. Das vermeintliche Mausreh entpuppte sich als Bergkröte. Sie hatte gar eine Hornisse (U-eng) verspiesen, deren Stich äusserst schmerzhaft ist.
Das Amphib selbst kennt wohl kaum Feinde und schützt sich mit seinem Warzensekret. Die handgrosse Bachkröte (Beruang Kup) wird von Schlangen verschlungen. – Blutegel scheuen sich nicht vor der Bergkröte. –
Zur Laichablage sucht die Warzige Wassertümpel auf, wo sie die Eier als Schnur gedreht von sich gibt.

Sagen: Getäuscht

Die Kröte hatte sich in ein Mädel verliebt und verabredete sich mit ihm des Nachts am Fusse eines Bela-Baums. Doch der Angebetenen grauste es vor dem warzigen Wesen, und sie kleidete ihren Rock am Verabredungsort um einen Haufen der stachligen Bela-Früchte und floh...

Belehrung

In alten Zeiten war die Sagogewinnung äusserst einfach: Man schlug eine Kerbe in den Stamm der Palme, und sogleich floss das Sagomehl daraus in das darunter bereitgestellte Gefäss. Da kam die Kröte daher und sprach: «Aber doch nicht so! Schaut her, auf diese Weise verarbeiten wir bei uns Sago!» und sie fällte eine Palme, reistete deren Stammstücke bis ans Wasser, spaltete sie auf und schlug das Mark mit einem Holz. Darauf wusch sie das Sago mit den Füssen tretend aus. – Seit jener Zeit ist die Gewinnung der täglichen Nahrung mit Mühen verbunden.
Da kam ein Krieger mit erbeutetem Haarschopf daher. Die Kröte sprach: «Aber doch nicht so! Schau her: Auf diese Weise

bekriegen wir uns bei uns.», und sie schlug dem nächsten Besten den Kopf ab. – Seit jener Zeit gibt es Kopfjäger.

Da begegnete die Kröte einem Penanmann: «Oh, dein roter Lendenschurz gefällt mir!» – «Wenn du einen haben willst, kann ich dir einen fertigen», antwortete dieser. – «Oh gerne.» – Da spaltete der Penanmann einen Trieb des Kröten-Rattans, wickelte ihn um die Hüfte der Warzigen: «Halte still und sprich nicht, das tut weh! – Sonst wird der Lendenschurz nicht schön rot. «Dann zog er den scharfkantigen Rattanspältling an, dass sich die Hüfte der Kröte einschnürte. «Azih!», rief diese vor Schmerz aus. «Halte still und sprich nicht, sonst wird dein Lendenschurz nicht rot!»

[Fortsetzung auf S. 14/863]

Iput (Cyrtandra)

Kraut an feuchten Standorten. Unverkennbar. Blätter robust, kahl. Blattstiel jüngerer Blätter wollig behaart (L ~ 75 cm. Stiel und Blatt). Der fleischige Blattstiel ist nach Häutung essbar, fade. Blätter medizinal bei Kreuzschmerzen; sie werden nach Erwärmung aufgelegt. In derselben Weise bei Verstauchung und Verrenkungen (Seláh Pelingeu = Heil-Verrenkung). Die Asche verbrannter Blätter dient als Wundheilmittel für Hunde, wird in die Verletzung gestreut. Hirsche, Heuschrecken sowie Raupen verzehren die Blätter.

[Fortsetzung von S. 14/861]

Und weiter zog er den Rattan an, bis die Hüfte der Kröte vollkommen durchtrennt war. Da sprang der Kopfteil ‹Beruang Kup – Beruang Kup› hügelabwärts und verwandelte sich in die Wasserkröte. Der Hinterteil sprang hügelauf und verwandelte sich in die stumme Bergkröte.

Galang Ayu, Long Leng

Flötenweise (Keringon)

Kind: «Hol mich, Mutter, hol mich, Vater
Setzt mich auf die Warze des Gita-Stamms
Auf dass ich den Bachlauf sehe!»

Mutter: «Meine Scheisse ist ein Regenbogen
Verfault ist meine Hand
Nehmt mein Kind!»

Ala ke iná, ala ke amá
Petaket tong boto gitá
Titau sauang bá
Berungan ani ke
Borok ojo ke
Ala anak ke!

Gissa

Findelkind

Ein Ehepaar war kinderlos*. Eines Tages begegnete der Mann auf einem Tanzplatz des Argusfasans** einem Säugling. Er nahm das Kind nach Hause und seine Frau stillte es. Dieses sog stark an der Brust und wurde von Tag zu Tag kräftiger und fett; seine Pflegemutter aber magerte ab und wollte sterben vor Schwäche. Da wurde der Mann wütend und hieb das Kind mit dem Buschmesser. Da quollen Hunderte gesättigter, vollgesogener Blutegel aus dessen Leib.

Galang Ayu, Pa-tik

Von unwichtigen Dingen

Viele Penanjäger offenbaren pragmatisches Denken und ihr Auge begehrt nur eines zu sehen: Beute. Dinge, die den Magen nicht zu füllen vermögen sind oft bedeutungslos. Früchte zum Beispiel, die nicht essbar sind, werden mit ‹Adek› betitelt. «Das geht dich nichts an», und kaum eines Blickes gewürdigt. – Einige wenige aber, meist Menschen in ihrer zweiten Lebenshälfte,

* Frau ohne Kind: Nyalun

** Punan Ku-uai – magischer Ort

14/866

Tarnstellung
Dorn
1:1

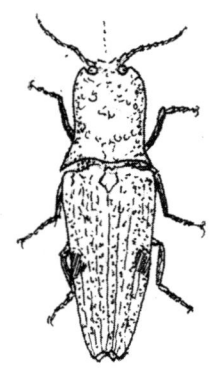

zeugen von der Gabe der Beschaulichkeit. Der alte einäugige Tau, sein langes Leben durch den Dschungel gewandert, weiss über die kleinen Wunder der Natur zu staunen. Er träumt vom schwarzsamtnen Sungan-Falter mit seinen leuchtendgrünen Flügelmarken. Er ahmt den Segelflug des scheinbar gewichtslosen ‹Alten Rocks› nach, der sich auf dem Schaum des Meeres und Wolkengebilden ausgeruht hatte während seinem Flug ins Paradies. Er erzählt von schneeweissem Blütenflor, der sich bei näherem Betrachten zusammenrückt, um bei weiterer Störung als Paradieshuhn in weitem Sprung sein Heil zu suchen. Gebannt hatte auch er am Tümpel einer fingergrossen Libelle ins Auge geguckt, die mit tief surrendem Geräusch eine Fingerlänge vor seinem Gesicht in der Luft stillstand, um dieses aus verschiedenen Positionen zu betrachten. Fasziniert hat er dem symmetrischen Paarungsflug sich visierender Libellenpartner zugeschaut. «Wie die Libelle ihren Hintern im Tümpel tunkt», sagt man von Leuten, die ihren Partner öfters wechseln, ‹viele Augen haben›. – Und Tau wundert sich, wie sich kleine Tiere, deren Penis nicht sichtbar ist, doch paaren können und Fische, Frösche, Kröten, Fliegen und gar Blutegel Nachwuchs bekommen.

Tin-tugá

Grosser Schnippkäfer auf gestürztem Baum am Bach. Erdfarbig. Tarnstellung durch Einzug von Fühlern und Extremitäten. Springt sich mit schnippendem Geräusch aus Rückenlage saltohaft auf Beine, durch Dorn der über Öffnung aus Brustschild schnellt.

14/867 **Das Zwerghörnchen* und der grosse Geist**

Zwei Kinder spielten unbesorgt neben der Hütte und entfernten sich langsam bis an einen Bachlauf. Da sahen sie das Hörnchen Kireng über einem Wasserfall an einer Wurm-Liane hochklettern. Gebannt schauten sie ihm zu. «Oh, wenn wir wie das Kireng sein könnten.» – Dann gingen sie zu der Liane und schwangen daran hin und her und waren vergnügt. –

Da kam der grosse Geist Balei Djá-au daher: «Oh, das riecht süss!», und wollte die Kinder fressen. – «Wir haben Angst!» – «Fürchtet euch nicht!», sprach das Kireng, und kletterte an der Liane hoch. Als sich aber der grosse Geist daran über den Bach schwingen wollte, knabberte das Kireng darüber «Tep-tep-tep» die Liane durch, und dieser stürzte zu Tode auf den Fels. Sein Schädel war gespalten, das Hirn herausgespritzt. «Geht hin und esst seine Hoden.», hiess das Kireng. – «Wir haben Angst!» – «Habt keine Angst», sprach das Kireng, ging

* Das Kireng ist der kleinste Nager und ernährt sich von Rinde, gilt aber gleichsam als König des Dschungels. Drei Arten. Mit Leichtigkeit springt es aus dem Stand seine zehnfache Körperlänge quer von Stamm zu Stamm. Seine scharfen Krallen bieten ihm Halt und ermöglichen, kopfüber sowie auf der Unterseite von Ästen zu gehen, gleichsam schwerelos. Schneidezähne wie die seiner grösseren Verwandten scharf, und Bisse schmerzhaft.

dahin und biss die Hoden durch. Die beiden Kinder wickelten sie 14/868 in Blätter. «Geht hin zur Frau vom grossen Geist, und heisst sie, euch eine Mahlzeit zu bereiten.», wies das Kireng weiter an. – Da gingen die beiden bis dorthin und sprachen: «Wir sind hungrig. Dort sind Pilze im Blattpaket. Backe sie in der Glut.» … «Oh, das riecht gut.» – «Iss ruhig. Wenn du gegessen hast, dann bereitest du eine Mahlzeit für uns.» – Da ass die Frau vom grossen Geist «Mmh, das schmeckt wirklich süss.» – Die Kinder aber flohen talwärts. Sie riefen zurück: «Schämst du dich nicht, die Hoden vom grossen Balei gegessen zu haben!?» – «Wie meint ihr?»

«Gilei-gilei ujung ubei»
Maniokblätter tanzen im Wind
«Wie meint ihr?»
«Gilai-gilai ujung parai»
Reishalme wiegen im Wind
«Wie meint ihr?»
«Gila-gila ujung upa»
Upablätter bewegen sich im Wind.

Da verstand sie und verfolgte wütend die beiden, welche nach jenseits des Flusses geflüchtet waren. – Sie legte eine Eisenstange darüber: Zu kurz. Sie verband sie mit Gurkenfrüchten und Scheidenhaaren – doch die Brücke war immer noch zu kurz und die Kinder entkamen.

Aji Niagung, Long Sembayang

Marsch

Während einer Woche suchen zwei Gesellen ihren Weg quellwärts durch jungfräulichen Wald. «Rok-rok» steigt ein Bär nach einer Bienennestplünderung von seinem Baum. – Gissa bläst ihm einen Giftpfeil in die Seite, worauf Meister Petz sofort flieht. Das Geschoss traf auf das Schulterblatt; ohne deutliche Blutspuren verzichtet der Schütze trotz meinem Drängen, die mühsame Suche aufzunehmen – schade. – Wildschwein, Hirsch, Reh und Bär wird nach Möglichkeit in die rechtsseitige Hüfte geschossen. Die Darmverletzung verursacht Schmerz und Bewegungsarmut (→ Adip), und lässt das Wild nicht allzuweit fliehen, bis es ein Opfer des Gifts wird.

Mehrmals kundschaften wir den Weg und verlaufen uns beinahe. Der Sonnenlauf korrigiert die Marschrichtung: Obwohl bergansteigend, sind wir auf dem Hauptkamm tal- anstatt quellwärts gelaufen. Dieser hat gegen seinen Fuss höhere Erhebungen als quellwärts. So wenden wir unsern Schritt wiederum bergab – und doch bergan.

Ebenso können gewisse Seitenkämme den Landfremden in die Irre führen (→ Tokong Mejo); ihre Gipfel erheben sich höher als die des Hauptrückens.

Ausgetretene Pfade verraten die Nähe einer bewohnten Nomadensiedlung. Sie steht – verlassen. – Wir folgen einer frischen Fuss'spur; Gissa deutet auf ihre Breite

[Bild]

und Kürze und meint, sie stamme von einem älteren Mann von kleiner Statur. – Die Länge des Fussabdruckes deutet in der Regel auf die Körperlänge. Frauen lassen durchwegs zierliche Spuren zurück.

Ein gekappter Trieb am Pfad riecht noch: Die Spur ist nass (Basá) und wenige Stunden alt. – Bei Einnachten werden unsere Argusfasanenrufe (Kuou) beantwortet. Freund Selai kommt mit Licht entgegen und geleitet uns in das in der Abgelegenheit des Dschungels liegende Dorf. Feuer flackern in den Herdstellen, Schüsseln klappern, Männer Gesprächen und Kinderstimmen hallen unter dem Laubdach.

Dorfleben

Sieben Familien haben sich hier in Alongs Siedlung zur Zeit vereinigt. Zwei Marschstunden entfernt haben vier Familien ihre Hütten aufgeschlagen, und in drei Stunden ist die Bleibe weiterer drei Familien erreichbar. – Die vierzehn Familien bilden die letzten Nomaden im Ulu Limbang, die sich selbst nach ihrem Hauptsiedlungsort nennen: Adang-Sippe.

Die Siedlung steht auf leicht geneigtem Gelände und fügt sich harmonisch in die etwas gelichtete Vegetation. Nur wenige Hütten sind mit Rinde und traditionellem

Dá-un-Blattwerk gedeckt; seit dem Handel mit Gaharu bilden Plastik-Blachen wichtige Habseeligkeit von talwärts, die das Leben etwas bequemer gestaltet. –

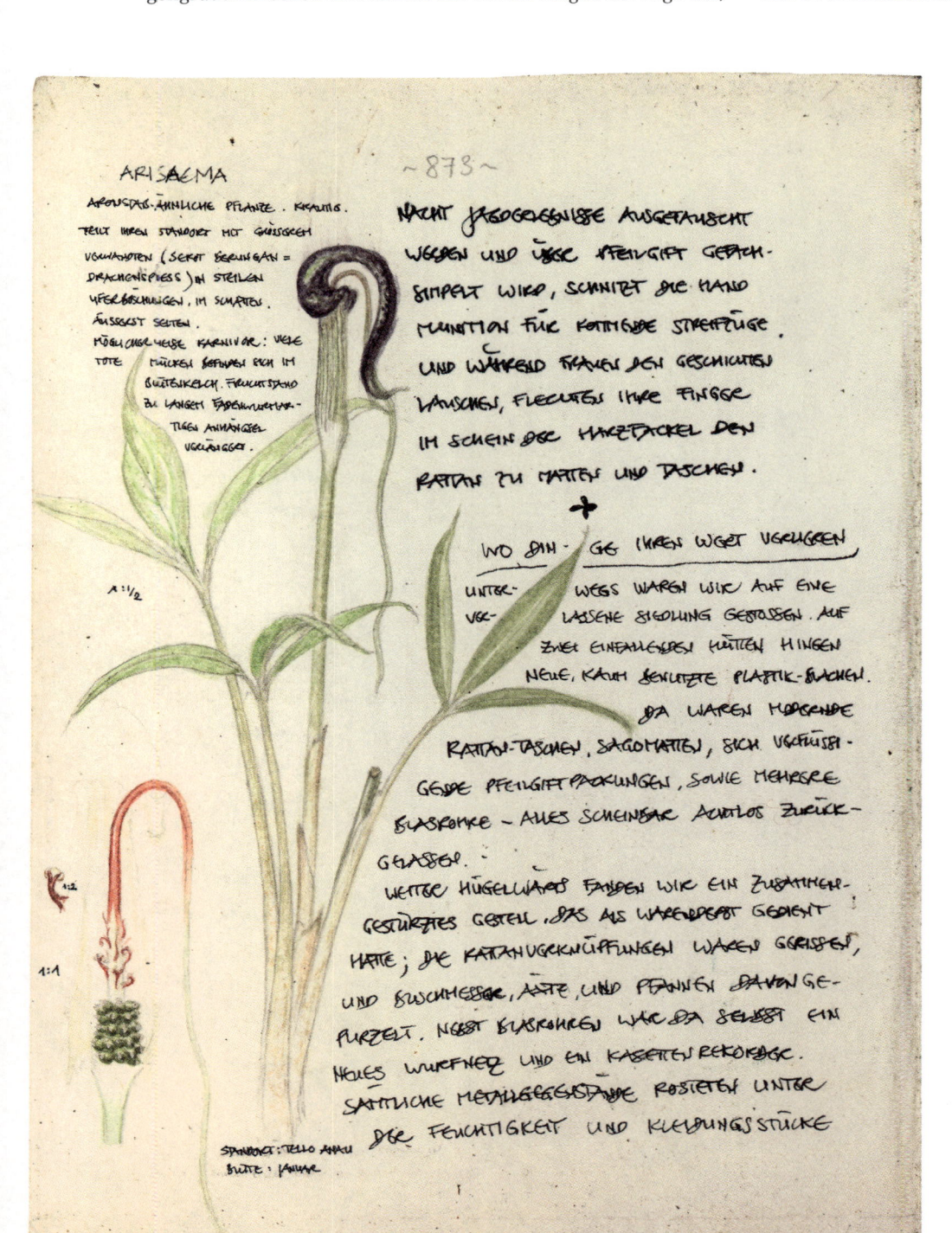

Des Tags herrscht reger Betrieb im Dschungeldorf. Buschmesserschläge hallen von Feuerholz schaffenden Frauen und Kindern. Einige gehen im benachbarten Rinnsal die Bambusbehälter mit Trinkwasser füllen, andere hüten ihre Kinder. Uníh flicht eine Rattanmatte. Pegá fertigt sich ein Blasrohr aus Niuwy-Holz und Toi inspiziert es fachmännisch. Einige sind Sago verarbeiten gegangen, auf der Jagd oder Pfeilgiftgewinnung.

Des Abends kehren dann die Männer meist mit erbeutetem Wild nach Hause. Affen, Reh, Hirsch und Wildschwein werden zerhauen und auf die Familien aufgeteilt. Und darauf bruzzelt es im Feuer und strodelt es in den Pfannen. Das Fleisch wird zum Teil gebraten, gekocht, und der grössere Teil geröstet.

Lange gestaltet sich das Tagwerk des Nomaden. Meist bei Morgengrauen brechen die Männer mit leerem Magen zur Jagd auf, um erst des Abends ihre erste Mahlzeit zu halten. Rohes Palmherz bildet einzige Erfrischung unterwegs, wenn dem Beute Schleppenden die Kräfte ausgehen. –

Kaum je sitzen Erwachsene müssig herum; während in der Nacht Jagderlebnisse ausgetauscht werden und über Pfeilgift gefachsimpelt wird, schnitzt die Hand Munition für kommende Streifzüge. Und während Frauen den Geschichten lauschen, flechten ihre Finger im Schein der Harzfackel den Rattan zu Matten und Taschen.

Wo Dinge ihren Wert verlieren

Unterwegs waren wir auf eine verlassene Siedlung gestossen. Auf zwei einfallenden Hütten hingen neue, kaum benutzte Plastik-Blachen. Da waren modernde Rattan-Taschen, Sagomatten, sich verflüssigende Pfeilgiftpackungen, sowie mehrere Blasrohre – alles scheinbar achtlos zurückgelassen. –

Weiter hügelwärts fanden wir ein zusammengestürztes Gestell, das als Warendepot gedient hatte; die Rattanverknüpfungen waren gerissen und Buschmesser, Äxte, und Pfannen davon gepurzelt. Nebst Blasrohren war da selbst ein neues Wurfnetz und ein Kasettenrekorder. Sämtliche Metallgegenstände rosteten unter der Feuchtigkeit und Kleidungsstücke

Arisaema 1:1/2
Aronstab-ähnliche Pflanze. krautig. Teilt ihren Standort mit grösserem Verwandten (Sekot Berungan = Drachenspiess) in steilen Uferböschungen. Im Schatten. Äusserst selten. Möglicherweise Karnivor: Viele tote Mücken befinden sich im Blütenkelch. Fruchtstand zu langem fadenwurmartigen Anhängsel verlängert.
Standort: Tello Anau
Blüte: Januar
1:2
1:1

schimmelten in grün-gelben Farbtönen. – Gissa hätte am liebsten ein gutes Blasrohr mit sich genommen. – Ich riet ihm ab; in dieser Gegend waren vor einem Jahr zwei Sippenmitglieder ums Leben gekommen. – Die Sippe hatte darauf das Gebiet fluchtartig verlassen, und wird es für Jahre meiden. Alle Gegenstände aber, die irgendwie mit dem Verstorbenen in Verbindung stehen, werden zurückgelassen. – Die Angehörigen könnten eine eigenmächtige Aneignung übel nehmen. – Hier war wohl auch eine unersätzliche Tonbandaufnahme mit traditionellem Sagengut und Gesang, die ich mehrmals vergeblich zurückverlangt hatte, verschollen und vergammelt.

Der Tod ist das einschneidenste Ereignis des Lebens – nicht nur für den Penan. – Bei dessen zurückgebliebenen Angehörigen löst er zugleich Gefühle der Trauer (Nge-lumo), Angst, Wut und Aussichtslosigkeit aus. Alles kann in Frage gestellt werden – und konventionelles Denken wird erschüttert. Materielle Dinge verlieren ihre Bedeutung; so hatte ‹To-óh› beim Tod seines Vaters zweitausend Dollar* verbrannt: «Wenn ich das Geld nicht mit meinem Vater teilen kann, was soll ich damit? – Geld kann man sich wieder beschaffen – doch mein Vater wird nicht wieder lebend.» –

* Erlös aus einem glücklichen Gaharu-Fund.

Blasrohr, Pfeilköcher und Pfanne des Verstorbenen wurden einst zerbrochen. – Angst, der Geist des Verstorbenen (Brúen) könnte bei deren Weiterverwendung zurück'kommen, nach seinen Dingen suchen und weitere Opfer fordern, scheinen Grund für diese Handlung.

Der Name des Verstorbenen wird gegenüber den zurückgebliebenen Angehörigen über Jahre nicht genannt, um ihren Trauerzustand nicht zu verschlimmern, und aus demselben Grund ändern gleichnamige Sippenmitglieder ihren Namen.

Erst seit der Mission werden Tote begraben. Zuvor wurden sie in Embryo-Stellung in Schlafmatte und Traggestell verpackt und in einer Hütte bestattet. Hin und wieder scheinen aber Sterbende ihrem Schicksal überlassen worden zu sein. Along erzählt: «Während mehreren Monden hatte mein alter Grossvater seine kranke Frau von einem Siedlungsort an den nächsten getragen. Als sie nahe am Tod war, verliessen alle übrigen Sippenmitglieder den Ort, während Grossvater bei der Sterbenden zurückblieb. –

Nachdem wir ein Reh erbeutet hatten, brachten wir ihm seinen Anteil, und forderten ihn auf, uns zu folgen. «Oh, Kind», sprach er, «so lange sie noch blinzelt und schnauft, werde ich bei ihr bleiben. Seid mir nicht böse! Geht ruhig eures Weges.» – Da verliessen wir den Ort, ohne jemals wieder dorthin zurückzukehren. –

«... Seine Frau war gestorben und wir drängten ihn, uns zu folgen. Da sagte er: «Ja, wenn ihr mich bittet, die Seele wegzutragen, werde ich euch eine Weile folgen. Doch nicht lange werde

ich bei euch weilen.» – Nach kaum fünf-sechs Siedlungswechseln war er tot.»
Nach Along Segá, Adang

«Der seit Jahren gelähmte ‹Kalo› war nahe am Tod. Aus seinem Mund redete es wirr wie von Pennakóh*, und wir fürchteten uns. Da verliessen wir die Siedlung und grenzten den Ort in weitem Umkreis ab. – Als nach zwei Monden ein Sippenmitglied nachschauen ging, hatte sich schon ein Bär an der Leiche gütlich getan.»
Nach Berehem Ná, Patik

* Teuflischer Geist

Tello Abing, ♂, 1:⁴/₅ (Aethopyga Temminckii)
Der Kolibri-artige Vogel findet sich vor allem bergwärts. Dort trinkt er im Rüttelflug Nektar aus rhododendrenartigen Blüten, von gewissen Lianen und vom Baum ‹Utui Paseng›. Trifft sich seltener in Niederungen, wo er blühende Maniokpflanzungen besucht. Kugelnest im Moos, auch erhöht unter Blattwerk, aus den zarten weichhaarigen Flugsamen des Gita-Baums (→ Bulun Atet Tipungáh). Soll sich auch von kleineren Insekten ernähren. Ist durch Imitation der Stimme vom Kauz ‹Sepopong› anzulocken.

Bruen

«Lasst uns diesen Ort meiden. Da geistern Verstorbene!», meinten die Vielen. – «Oh, dies ist eine alte Grabstätte; da haben wir nichts zu fürchten.», entgegnete einer und schlug sein Dach gleich daselbst auf. Die Vielen aber erstellten ihre Hütten entfernt. Darauf ging der Eine auf die Jagd. Seine Hunde verfolgten ein Mausreh. Als er es treffen wollte, war da der Geist der verstorbenen Grossmutter und warnte: «Komm nicht hierher!»

Zuhause in der Hütte aber erschien der Geist der Frau: «Gib mir dein Kind, damit ich es halte und hüte.» – «Nein!», entgegnete die Frau. – «Komm, gib es mir!» – Da gab die Frau ihr Kind. – Schon bald weinte dieses fürchterlich: «Warum weint mein Kind?», fragte die Mutter. «Weil ich es fresse. Herz und Leber hab ich schon gefressen!», und der Geist stürzte sich weiter auf die Mutter. – Die Vielen aber flohen, als sie das Geschrei hörten.

Penan Busang, Kalimantan
nach Apeng, Long Sa-it

Begonia
7. Art
Im Hochgebirge. Höhe 30 cm. Blätter rundlich, einheitlich grün. Kahl, Struktur porig. Us. weissgrün, zart steif, brüchig – mit knackendem Geräusch brechend. Trieb und Blattstiele tiefrot. Die säuerlichen roten Triebe werden gegessen als Medizin bei Blutstuhl.

14/878 (Begonia)

Tengelai Tellá-o

Pflanze in schattigen Steilhängen. Selten. Krautig. Blätter asymmetrisch. Geschmack wie Sauerklee; enthalten wohl Oxalsäure. Jüngere Blätter mit Seidenglanz.

Standort: I-ot Bateu

Blüte: Januar

Wird von Reh und Hirsch verspiesen.

Kellabits nennen die Pflanze ‹Gelaká Bera-uk›

(Krötenfärbkraut), da sich das Amphib damit seine

Finger gerötet haben soll. Und so zerstossen Kellabits die Pflanze und reiben sich damit die Hände oder

bewahren sie als Blattpaket darauf um diese rot zu färben.

1:$^{1}/_{2}$

1:$^{1}/_{6}$

6. Art: Am Bachufer

Trieb seitlich gelegt, wollig behaart

Blattunterseite tiefrot

1:1

5. Art. In Ebene, Sekundärwald, Höhe 40 cm. Blattoberfläche betupft – bestachelt, daselbst tiefrot. Pflanze sonst einheitlich grün.

Standort: Long Kuren

Stacheln auf Blättern

Blätter 12 cm, gezähnt

Höhe 30 cm

4. Oso Semaha. Unverkennbar. Blätter etwas fleischig, mit Seidenglanz, weisslich betupft, bis 30 cm Länge. Unterseite hell, Nebennerven äusserst spärlich. Porige Blattstruktur. In feuchten Hängen (Standort: L. Sá-it)

Blüte und Frucht von 4. 1:1

Kellabang Nyakit: ‹Schulterblatt des Languraffen›.

Weiterer Name der die Blattform der Pflanze anspricht. Der saure Saft der Pflanze dient, um Messing-Ohrschmuck zu reinigen. (→ ‹Oso Semaha›)

2. Häufigere Art mit grünlichem, gewuchteten Blättern, L ~12 cm

Diese auf Feldern zwischen Blattnerven oberseits axial weich ‹bestachelt›. Standort: Ba Talun

Blüte: Februar.

3. Art in Ebene, Sekundärwald. Pflanze wie 2., doch fleischiger, Blätter bis 20 cm, fein ‹bestachelt[›]. Frucht länglich, 3 cm.

1:$^{2}/_{3}$

Standort: Pengaran (Aka)

März 89

von rhabarberartigem Geschmack

← Samen äusserst fein

Auf Jagd

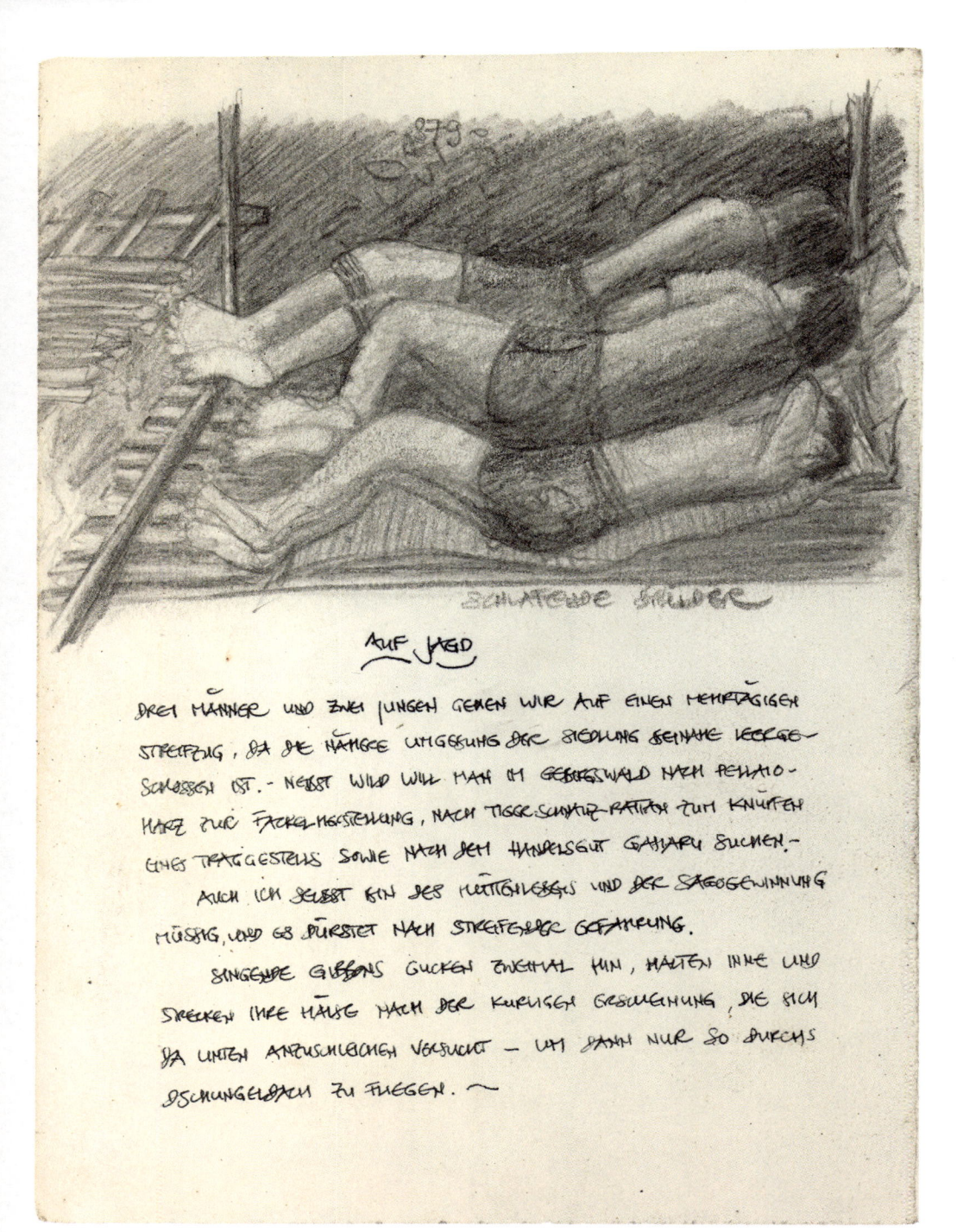

Drei Männer und zwei Jungen gehen wir auf einen mehrtägigen Streifzug, da die nähere Umgebung der Siedlung beinahe leergeschossen ist. – Nebst Wild will man im Gebirgswald nach Pellaio-Harz zur Fackelherstellung, nach Tigerschwanz-Rattan zum Knüpfen eines Traggestells sowie nach dem Handelsgut Gaharu suchen. –

Auch ich selbst bin des Hüttenlebens und der Sagogewinnung müssig, und es dürstet nach streifender Erfahrung.

Singende Gibbons gucken zweimal hin, halten inne und strecken ihre Hälse nach der kurligen Erscheinung, die sich da unten anzuschleichen versucht – um dann nur so durchs Dschungeldach zu fliegen. ~

Schlafende Brüder

Alle Pfeile verfehlen die hoch in einer Würgfeige schmausenden Kurzschwanzmakakken, oder werden vom Blattwerk abgelenkt. Tief bohren sich die Klauen eines hangab-fliehenden Hirschen in den Lehm – der Stier hat Wind bekommen. – Unter mächtigem Stamm liegen Repé-Früchte verstreut; die Zahnmarken darauf erzählen von einem Stachelschweinbesuch.

«Hu-hu» – «Həə» – streicht ein weiteres Kurzschwanzmakakkenrudel durchs Laubwerk und Äste biegen sich. Da! Nähert sich die Stimme eines Patriarchen auf dem Landweg. Schnell lege ich einen Pfeil mit Metallspitze für Grosswild ein und spähe vorwärts: Da setzt sich der Affenmann gerade mir gegenüber auf einen Stamm und kratzt sich. Ohne zu zögern blas ich ihm das Geschoss in die Brust, worauf er unter einem Ausruf von der Bildfläche verschwindet. Wohl kaum weit – die Verletzung allein könnte tödlich sein. –

Als ich nach dem gebrochenen Pfeilschaft nachschauen will, liegt da das Geschoss unversehrt. – Oha! Ich Törichter hab vergessen, das auf der Pfeilspitze gestockte Gift an den Rändern mit dem Messer wegzuschneiden, um die scharfen verletzenden Kanten freizulegen. Das weiche Weissblech einer Konservendose ist beim Aufprall aufs Brustbein des Affen sogleich wellig zurückgebogen worden. – Ich lächle.

Nach einem Festmahl von Tabofrüchten, steigt ein anderes Rudel bei Einnachten hoch in einen Jit-Schlaf-Baum. Wohl all meine Pfeile verfehlen ihr Ziel und bei Nacht erreiche ich ohne Beute – doch mit vollem Herzen unsere Hütte. –

./..

[Fortsetzung auf S. 14/883]

14/881 Alongs Hunde haben einen Kragenbären gestellt, worauf der Jäger das jugendliche Tier speert. – Ohne aufbauschende Worte meint der Sippenführer, er habe wohl schon über hundert der Honignascher zur Strecke gebracht – dank einem glücksbringenden Jagdamulet. Ein solches trägt er als Halsschmuck: Eine mit ihrer Spitze kreisrund in die eigene Nagelwurzel zurückgewachsene Bärenkralle. Ursache für diese Erscheinung ist bestimmt eine Handverletzung; die Krallen zeigen wegen nicht Abnutzung ein übermässiges Längenwachstum. – Krallen, Reisszähne und vor allem die Galle des Bären bilden Handelsartikel. Die Haut wird gegessen oder aufgespannt und getrocknet: Sie dient zur Fertigung des an den Hintern geschnürten ‹Tapit›, einer Art Sitzkissen, sowie als Tanzschmuck für andere Dayak-Stämme. Oberschenkelknochen dient zu Messergriff. Bärenfleisch wurde in älteren Zeiten, nicht von Penanfrauen verspiesen.

14/882 Auch die gewohnten Penanjäger kommen für zwei Tage mit leeren Händen nach Hause und klagen über schlechtes Pfeilgift. – Und so essen wir anstatt Wild-Brühe stäubend-trocken gebackenes Sago. – Eigenartig. In wildreicher Gegend wie unbefischten Flüssen gibt es Tage mit vielen Begegnungen, und an anderen scheint der Wald und Fluss leer.

Am dritten Tag dann wird Reh, Gibbon und ein Languraffe erbeutet, während eine Familie in der Nachbarschaft einen Hirschen speert und ein serbelndes Rehböckchen trifft; ein Leopard hatte diesem in den Rücken gebissen, worauf es der Raubkatze entwischt war.

Alle Männer der Adangsippe sind versierte Jäger und das Ausmass ihrer Beuten wird kaum von anderem Nomadenvolk übertroffen. Dies liegt einerseits am Besitz von jagdtüchtigen Hunden, andererseits in der körperlichen Fitheit des Mannenvolks; die Mehrheit der Familienväter steht vor oder anfangs der zweiten Lebenshälfte. Weiter wird die Beweglichkeit erhöht, indem die jungen Männer in mehrtägigen Streifzügen (Taitoro) entferntere Gebiete bejagen, um dann geröstetes Fleisch den in der Siedlung zurückgebliebenen Älteren und Müttern mit Anhang heimzubringen.

[Fortsetzung von S. 14/880]

14/883 Von den verschiedenen Jagdmethoden verspricht die Jagd mit Hund und Speer am meisten Erfolg. An zweiter Stelle steht das Schiesseisen, umsomehr, wenn es bei Nacht und blendendem Lampenschein angewendet wird. Erst an dritter Stelle steht das Blasrohr. Dessen Verwendung stellt höchste Ansprüche an Pfeilgiftqualität, sowie an die Kunst des sich Anpirschens und Spurenlesens. – In der Fischerei erzielt man mit dem Wurfnetz die geschwindesten Erträge, sowie mit Tauchbrille und Harpune, abgesehen von kurzsichtig angewendeten Fischgiften. Leider finden auch hier moderne ausbeuterische Methoden wie selbstgebastelte Bomben und elektrische Fischerei mit den Kompanies Zugang bis in die Quellgebiete.

Mit Hund und Speer

Ein glimmendes Holzstück in der Hand um seinem unterwegs verlöschenden Glimmstengel wieder Leben zu geben, fasst Along sein Blasrohr und ruft nach den Hunden: «Leopard! Grauer Hund! – Iiiiiiii. – Langnas!

Gescheckter! Fett-Hund! – Iiiiiiiiii.–», begleitet von lockenden Pfeifftönen. Einige der Beller erheben sich von ihrem Lager, schütteln und strecken sich, um voll Tatendrang ihrem Meister zu folgen. – Einigen Trägen, wie dem ‹Faulen› und dem ‹Weggeschwemmten› muss die Hausmutter mit einem Holzscheit winken; nur wer nasse Füsse nicht scheut, darf im Dschungel auf gedeckten Tisch hoffen.

Nach kurzem Nachfragen bei den Nachbarn über Wildwechsel und Spuren entfernt sich das Trüpplein von der Siedlung. Der vielleicht 14-jährige Ikéh und sein 10-jähriger Gespane Gauan folgen, der Erstere mit langem Speer bewaffnet, der Letztere mit spielerischer Leichtigkeit unbeschwerten Kindseins. Wild zieht sich nach der Nahrungssuche oft in schwer begehbares Dickicht zurück, wo es nur mit Mühen aufzuspüren ist. Der Hundenase aber bleiben dessen Schlafplätze kaum verborgen. – Die Jagdmeute geht voraus, da und dort schnüffelnd und folgt den Spuren. Along entnimmt aus dem Gebell der Hunde schnell die Art gesichteten Wildes, ob da Reh, Affe oder Schlange aufgespürt ist. «Iiiiiii. –», ruft er diese zurück als sie Laut geben, «oder wollt ihr mit Makakkenreisszähnen Bekanntschaft machen?!» – «Huss!» aber feuert er seine Meute an, als sie kläffend hinter einem dunklen Schatten nach-

jagt (Mangang). Nicht weit, da stellen die Hunde den Keiler und verbellen ihn (Mekong). Ikéh rennt dazu und wirft seinen Speer. Der junge Gauan will die aus der Wunde gefallene Waffe fassen, doch traut sich nicht allzunahe an die langen Hauer des Borstentieres heran, das immer wieder allzudreiste Hunde grimmig angreift und verscheucht. Nur der Abgrund eines Wasserfalles gibt ihm Rückendeckung, und als ich zustosse, fällt der Keiler über die abschüssige Felsplatte in die Tiefe. –

Along füttert Lunge, Gedärm und einen Teil der Leber seinen hungrigen Soldaten – Milz ist nicht erlaubt – und beschwert darauf die Beute in einem Tümpel mit Steinen. Ansonsten würden die nach wie vor hungrigen Vierbeiner zurückbleiben. – Eine Stunde später verfolgen die Hunde ein weiteres Tier und stellen es. Als die Jäger hereineilen, flieht das Wildschwein

Leben!

Opfere dich!

Der Tod bedingt das Leben – unumstössliches Gesetz. Bei Urvölkern tötet jeder Mann selbst Wild, Fisch oder Sagopalme, um Frau und Kinder zu ernähren. In der Zivilisation lässt man oft andere die Nahrung beschaffen.

14/886 Fallende Paiáh-Blüten ~

ihr bedeckt den morastigen Boden
mit weissem Blumenteppich –
mondbeschienen
und verwandelt ihn über Nacht
in einen Zaubergarten

weiter. – Mich wenig um das Gelände kümmernd, presche ich hinter dem sich entfernenden Hollatrio hintendrein, und finde mich plötzlich im Steilhang in dichtestem Lianengewirr verhangen. Bis ich mich daraus befreit und einen Durchschlupf in offene Vegetation gefunden habe, sind die Stimmen längst in der Ferne verstummt. Einen Kilometer weiter hatte sich die Wildsau am Bach gestellt und wurde mit dem Speer ins Jenseits befördert. – Along füttert wiederum, und die Kläffer fangen die zugeworfenen Happen mit schnappendem Geräusch. Nach Halbieren in Vorder- und Hinterteil über dem dritten Rippenbogen, verschnürt Along die zwei Traglasten mit Rattan und befestigt Tragriemen aus dem Bast von Buhau-paiáh. Dabei belehrt der erfahrene Mann über Speerhaltung und Geh-Art: Mit der rechten Hand wird zugestossen, während die linke unter dem Schaft gelegt als Führung dient. Nach dem Stoss wird sofort zurückgezogen, ansonsten das Wild die Waffe mit sich davonträgt.
(Shima)

14/887 Teuer zu erstellende Blasrohre brechen leicht bei seitlichem Schlag, und werden darum von Penan in der Regel nicht als Wurfspeer benutzt.

Die Jagd mit Hunden und Speer verlangt weniger Wissen und Geschicklichkeit, jedoch Geschwindigkeit: Wenn die Jäger zu langsam sind entwischt das Wild. Auch Furcht, wertvolle Hunde könnten im Kampf mit Makakken, Wildschwein und Bär arg verletzt oder getötet werden, gebietet Eile. – Gebrochene Zehen, klaffende Schnittwunden über Fusssohlen und Vernarbungen zeugen von solchen Hatzen durch steiles Gelände, scharfes Gestein, Wurzelwerk und Dornenrankengebüsch. –

Das flinke Reh entwischt in der Regel hakenschlagend. In einem Fall hatte ein Bock mit seinen messerscharfen Reisszähnen gleich drei Kläffer verletzt, und zwei davon gingen ein. – Wildschwein und Hirsch fliehen meist bergab und stellen sich dann irgendwann im Bachbett der Meute. – Einige Wildschweine sind berüchtigt für ihre ausdauernde Flucht (Ngeraiáh), wobei sie ihren Weg steilab-steilauf wählen, zwei drei Bergkämme und Flüsse querend. Mit schäumender Schnauze sucht das Gehetzte momentane Kühlung in Suhlen am Pfad, um dann weiterzupreschen.

‹Wildschweinklaue› (Silun Babui)
oder ‹Schwarzholz› (Diospyros) 1:1/2

Kaioú Padeng 1:1/3
Bis unterschenkeldicker Baum in Sekundärwald, Fruchtfleisch dünn, glasig, fade-süsslich. (Cucurbitaceae)

14/888 Die Verfolger bleiben meist im zweiten Steilhang selbst auf der Strecke, mit brennendem Hals – wie wenn ein Messer darin stecke – und das Wild entwischt. Wird es doch erbeutet, so versteift sich der Leib des Opfers im Todeskampf krampfartig (Osoi), und dessen Fleisch schmeckt fade. Begehrt sind feurige Hunde, die das fliehende Wild nach möglichst kurzer Distanz stellen. Meuten in Saft und Kraft sind gar fähig, Hirsch'stier wie Keiler selbst zu überwältigen.

Beim Erstehen von Hunden soll die Stellung derer Brustwarzen Auskunft über Jagdtüchtigkeit geben. – Eine ganze Reihe von Zaubermitteln sind in Gebrauch, um jagdfaule Hunde tüchtig zu machen (→ Perasang). Dazu gehören etwa zwei Dutzend verschiedener Pflanzen, bei deren Anwendung dem Geist gegenüber alle Wünsche in symphatetischem [sympathetischen] Sinne angebracht werden. – So wird der Kopf der Schlupfwespe ‹Pelaná› verwendet, denn wie diese mit kräftigen Mandibeln Riesenspinnen überwältigt, sollen die Hunde nicht von der Beute lassen. – Die Anwendung solch magischer Mittel ist jeweilen mit einzuhaltenden Geboten verbunden.

Buá Guhem (Dacryodes) 1:1/2

Baum, Ø 50 cm

In Quellgebieten, latexhaltig

aus der Kerameu-Familie

Teil von traubigem Fruchtstand. Nach Einweichen in heissem Wasser (→ Ngeledo) essbar, jedoch wenig schmackhaft, zusammenziehend. Nahrung von Nashornvögeln, Bär, Bärenkatze

Buá Setun 1:1/3

– Latexhaltig

Baum, Ø 1 m, bergwärts

Fruchtfleisch fest mit Samen verbunden

Sauer, verursacht ‹lange Zähne›: Über Stunden werden sie überempfindlich und schmerzen bei Kauvorgang. Verwandter am Flussufer (Buá Apú), kleinfruchtig, ~süss.

(Garcinia)

Buá Keré 1:1/2

Häufiger Baum

Ø 40 cm, bergwärts

Blätter ggstg, kahl, glänzend, L: 4–6 cm, Us. hell, Mittelnerv Us/Os vortretend, Seitennerven kaum sichtbar. Rinde rötlich. Borkig, wie (→ Cu-ui), durch leuchtend gelbes Harz unverkennbar. Nach Erwärmen und Anritzen zu Kochgefäss faltbar (→ Telloko). Harz leuchtend gelb. Wundheilmittel. Soll auf Wunde gestreut diese trocken halten.

Neben der kleinfruchtigen gezeichneten Art (Keré Aheng) unterscheidet der Penan eine grössere (Keré); Früchte rundlich, eine weitere Art länglich (~Ø 2 cm). Selten süsslich, meist äusserst sauer, v.a. von Affen verspiesen. Die Säure der Fruchtschale tötet einen Blutegel innert 1–2 Minuten.

14/889 Fund

Gesumm aufgestörten Fliegenvolkes macht mich in einem Seitenhang auf einen in sich zusammengekauerten Schatten aufmerksam. Heftige Regenfälle während Tagen haben Fäulnisgeruch zurückgehalten. Ich stosse den dunkeln Leib mit der Speerspitze, worauf er sich überpurzelt. – Was mag die Todesursache des Keilers mit fingerlangen Hauern gewesen sein? Sich lebhaft krümmende Maden quellen aus der Bauchdecke. Das Fleisch über dem Kieferknochen ist bereits verdaut und da ist ein Gewühl von tausenden von weissen Leibern, die Mahlzeit halten. – Wo das Auge noch standhaft ist, wird die Nase schwach. – Der Leichengeruch verschlägt mir den Atem und erzeugt Brechreiz – und schnell mach ich mich davon, noch bevor ich klargestellt habe. –

Auf dem Weg zu einer fruchtenden Würgfeige, um da auf Vogelvolk und Bärenkatze zu lauern, kommt mir Along mit seinen Hunden entgegen. Auf seinem Rücken trägt er ein junges Wildschwein und einen erbeuteten Kurzschwanz-Makakken. – Als ich ihm von dem Fund erzähle, bittet er, beim Tragen der Last behilflich zu sein und ihn dahinzuführen. «Meine Hunde sind hungrig!» – Obwohl mich das gar nicht gelüstet und ich ablehne, geb ich dann seinem Drängen nach. – Wir hieven Wildschwein und Affen an einem Rattantrieb über eine Astgabel aufwärts, ausser Reichweite der Hundeschnauzen, und gehen vorwärts.

Waldseife (Hoya) 1:1/8
(Pelá-ang)
Kletternde bleistiftdicke Liane. In Niederung, Ebene, an Flussufer. Unverkennbar durch Latex-Gehalt und äusserst dicke, fleischige Blätter. Wstg. L. 25 cm, steif, kahl. Anwendung: Zerstossen der Blätter; Lauge grün, weich, fadenziehend.
Standort: Adang

14/890

Ohne zu zögern beginnt Along, die stinkende Leiche zu zerhauen, welche eine Woche zuvor einem Giftpfeil zum Opfer gefallen war, und greift ohne Scheu ins Gewimmel der Maden. – Nein – der Gestank ist wirklich nicht auszuhalten! – Und ich geh inzwischen für den Dürstigen ein Palmherz ernten. Obwohl ich ihn bitte, später seine Hände gründlich zu waschen und auf mögliche Magenverstimmungen hinweise, greift Along alsogleich das saftig-süsse Gemüse und beisst genüsslich darein. – Ja, was soll ich Jüngling mir einbilden, Leute zu belehren? Was für mich selbst nicht gut ist – Along hat schliesslich der Sitte seines Volkes folgend rund sechzig Lenze überlebt. –

Meine einzige Bedingung an den Jäger ist, <u>vor</u> ihm auf dem Pfad heimzugehen, um meine empfindliche Nase mit Verwesungsgeruch zu schonen. – Als dann der Sippenführer des Nachts zur Speise einlädt, meint er lachend, er sei nicht böse, wenn ich seine zur Zeit stinkende Hütte nicht mit einem Besuch beehren würde. –

Arau Frucht 1:1/2

Luftwurzel (Si-ang Diáh) 1:1/3

In Mangel von anderem Fleisch wird hin und wieder arg verdorbene Ware vom Nomadenvolk verspiesen. – Der leicht süssliche Geschmack von ein-zwei Tage gewässertem Fleisch (→ Siwou), das sich nach kurzer Kochzeit leicht vom Knochen löst, wird von vielen geliebt. – Ähnlich wie Malayen rottende Prawns (Belajan) als würzige Zugabe lieben, soll der ‹Taube Mann› Wildschweinkopf 3–4 Tage grün anlaufen und von Madenvolk durchsetzen lassen, um es dann als persönliche Spezialität zu kochen.

Baum am Bachufer, in sumpfigen Quellgebieten, wo Wasser aus der Erde drückt: Ø 1 m, schwarz-rindig, spitze Luftwurzeln stehen aufrecht aus Wasser und bilden einen Teppich unter der Krone.
Verwendung: Holz zu Bootsbau. Rinde zu Hauswänden. Zerstossene Frucht als Seife. Sie wird von Hirsch und Reh verschluckt und vom Wildschwein gekaut. Der wütende Bär wollte nach der Sage mit den spitzen Wurzeln der lügnerischen Schildkröte Di-áh eine Falle stellen und sich an ihr rächen.

14/891 Weit und breit blühen Paiáh- und Gissam-Bäume und werfen ihren Betäubung verströmenden Schmuck abwärts. Die dicht weissen und rosa Wunderteppiche verwandeln sich nach ein paar Tagen in einen äusserst glitschigen Belag, dem kaum standzuhalten ist, und der auch von Penans hin- und wieder mit dem Hintern begrüsst wird. –
Ich richte mir unter einer Würgfeige aus Astwerk ein kleines Tarnversteck (Sigum), um da auf Affenvolk zu lauern. Auch eine Bärenkatze verrät sich durch ihre Krallensiegel in der Rinde, doch scheint nur nachts da Mahlzeit zu halten. – Der getroffene Metui-Vogel fliegt – weiss Gott wohin. Und als dann endlich ein Rehbock seinen Fressplatz aufsucht, bekommt er wohl unangenehmen Geruch in die Nase, verbellt den Eingenickten und hoppelt sich davon, weiter seinem Missmut lautstark Ausdruck gebend. – Der Boden ist bedeckt von gefallenen überreifen Gaben, die ein Heer von Sandfliegen anziehen.

14/892 Nach erfolglosem Lauern klettere ich über eine Liane in die Würgfeige, um da selbst einige der schwarzen zwetschgengrossen Früchte zu pflücken – und staune: Eine Bärenkatze hat sich auf einem ausladenden Epiphytensitz eine Toilette eingerichtet. Die matschige Losung, verdaute Würgfeigen, ist da hingepflättert wie ein riesiger Kuhfladen. Darauf trippeln langgehalstelanggestelzte Fliegen einen wunderbar synchronen Paarungstanz: Jeweilen zwei Partner visieren sich und vollführen im Duo spiegelbildliche Trippel- und Flugbewegungen. ~

Von Widersprüchen

Nun hab ich dem Urvolk das Wissen abgelauscht, um theoretisch auf bescheidenste Weise – einzig mit Axt, Messer – und Brille – das Dschungelleben schlecht und recht zu meistern. Der Wunsch, vom entfremdenden König der Zivilisation – dem Geld – möglichst unabhängig zu werden, ist erfüllt.

Viele Langnasen haben in den letzten Jahren Kontakte gesucht um zu helfen. Sie alle glauben an die Kraft der Publizität und wollen den Kampf der Urwaldbewohner idealistisch unterstützen. – Und so habe ich jeweilen meine eigenen Pläne zurückgestellt, bin den sich versprechenden Helfern tageweit entgegenmarschiert, habe mit Eingeborenen für die Kamera den ‹Guignol› gespielt und als Übersetzer fungiert. Organisation und Einfädelung solch heimlicher Meetings und Sorgen für das Wohl der im Dschungel

ungewohnten Besucher lag meist einheimischem Volk ob. Und 14/893 man tat es ohne Wenn und Aber, in der Hoffnung, diese Aktionen würden die Landzerstörung stoppen. Lohn für Zeitaufwand und müde Knochen sollten einst der vom Untergang bewahrte Lebensraum des Nomadenvolks sein. – Filmschaffende stimmen mündlich zu, im Falle von Verkauf von Informationen einen Drittel vom Erlös an die betroffenen Penans zurückzugeben. – Nach Abzug der jeweilen äusserst Freundlichen warte ich dann meist vergeblich auch nur auf einen lieben Brief, der dich in allem Bemühen stärken könnte. Hatte man, was man wollte? – In einer Nachricht werde ich einzig gebeten, für die Publikation eines Buches Unterstützung zu geben – in einer anderen Aufnahmen dringend zu übersetzen. – Wenn dann Reporte raus sind und in Penanhände geraten, und ich erklären muss, was der weisse Mann mit dem Champagnerglas in der Hand mit der Sache zu tun hat, und jener, welcher für Männermode posiert? – So wird mir bewusst, wie der ganze Journa-

(Lithocarpus)
1:1
Fruchtzeit: Feb.
Standort: Ba Bateu

Kedere-Eichel
1:⁴/₅
Ø 80 cm, sehr hart.
Hügelwärts. Eichel se dig beflaumt «wie der Hintern des Käfers Kedere[»]
Fruchtzeit: Feb.
Standort: Ba Bateu

1:⁴/₅
Fruchtzeit: Feb
Standort: Ba Bateu

lismus und TV-Kram hartes Geschäft ist. Ein weisser lendengeschürzter Mann und missachtetes Nomadenvolk sind gefundenes Fressen. Berichte und Filme scheinen finanziellen Erfolg zu bringen – doch die Landabschlachtung geht weiter. Von den idealistischen Helfern von einst hörst du nichts mehr – (doch neue stehen an). – Der Erlös aus Reporten und Filmen ist wohl schon für Reisespesen, Übernachtung im Luxushotel Brunej mit Déjeuner sowie zur Abzahlung der teuren Filmausrüstung verbraucht worden? Sind dann die armen Betroffenen nicht leer ausgegangen? – Das darf sich ja noch ändern. ~ Finanzen sind nötig für ethnologische Arbeit sowie Aktionen des Volks.

[Fortsetzung von S. 13/857]

Geist, das Krokodil zu schicken. – «Du, Krokodil*, komm nicht daher! Du bist's, das Vater und Mutter einst aufgezogen haben!», rief das Mädel dem Reptil entgegen. – Ueng Kira rief darauf den Drachen**. Doch auch dieser vermochte das Mädel nicht zu erschrecken: «Du, Drache, komm nicht daher! Du bist's, den Vater und Mutter einst aufgezogen haben.» – «Mit was kann ich dich wohl ängstigen?», dachte Ueng Kira. «Oh, mein Zaubergeist, schick eine grosse Stabheuschrecke mit ihrem Penis***» – «Ngung», kam diese dicht heran und sprach: «Ngung, ich will das Himmelskind bei seinem Badeplatz bummsen!» – Da blieb die Antwort aus, doch das Mädel floh auf die Böschung. «Ngung, ich will das Himmelskind auf der Böschung bummsen!» – Und das Mädel floh bis zur Hütte Ueng Kira's. – «Ngung, ich will das Himmelskind bei der Hüttenstiege bummsen!» – Und diese floh alsogleich Stufe um Stufe aufwärts, bis neben den Schlafplatz von Ueng Kira. «Ngung, ich will das Himmelskind neben dem Mosquito-Netz bummsen!», und voll Angst floh das Mädel unters Mosquito-Netz – und traf da Ueng Kira.
Lange blieben die beiden zusammen. Dann gab Ueng Kira dem Himmelskind seine Flügel zurück und folgte ihm zu seinen Eltern. Unterwegs aber zauberte er sich

* Tiger und Krokodil sind nach der Sage verwandelte zwei Penanjungen.

** Berungan: Der Regenbogengeist

*** Ngung; Geist mit sexueller Bedeutung

eitrige Geschwüre an. – «Pfui-Teufel!», riefen da Vater und Mutter des Himmelskindes aus, «Was willst du einen so schlechten Mann nehmen? Das haben wir dich nicht geheissen!» – «Darum lebt er bei uns, weil er ein Mensch ist. Wir dürfen ihn nicht schlecht machen.», antwortete deren Tochter.
Da wollte der Himmelskönig den Mann prüfen. Er schüttete einen grossen Trinkkrug* voller Glasperlen** ins Wasser und hiess ihn, alle wieder einzusammeln. – «Oh, mein Zaubergeist, lass die Fische alle verstreuten Perlen zusammentragen!» – Und bald war der Tonkrug so gefüllt wie zuvor.

Da gab der Himmelskönig dem Mann ein gebrochenes Buschmesser und hiess ihn, Dschungel zu roden für ein Reisfeld. «Oh, mein Zaubergeist, lass mich nur ein einziges Mal zuschlagen, und sogleich sollen alle Bäume fallen.» – Und seine Rodung war fertig erstellt vor all jenen, die gute Äxte besassen.
«Wie können wir ihn bloss loswerden?», dachte der Himmelskönig. – Da hiess er den Mann, mit der gebrochenen Axt ein Boot zu bauen. – Doch wiederum bewegte Ueng Kira das Werkzeug ein einziges Mal, und schon war der Baum gefallen und verwandelte sich in ein Boot. – «Oh, das ist unser altes Boot!», sprach der Himmelskönig und

* Kacau

** Talem Buko

wollte es vorwärtsziehen. Doch es war nicht zu bewegen. – «Mein Zaubergeist, einmal nur berühre ich das Ruder, und das Boot soll wie von selbst fahren!» Und als alle Dorfbewohner sich im Wettstreit auf dem Fluss massen, kam Ueng Kira als Erster an. – Da erst willigten Vater und Mutter in die Heirat ein, und gleichzeitig verschwanden Ueng Kira's Geschwüre.*

Melai Sey, Long Napir

Erinnerung an die grosse Fruchtzeit

Als wir Kinder Wasser holen gingen, stieg uns der Geruch von Alim-Früchten in die Nase. – Daheim erzählten wir unseren Eltern davon. – «Das ist der Gorbs-Geruch [Rülps-Geruch] des Tiger-Geistes!», ängstigten sie uns. – Nach langem, der Geruch liess uns keine Ruhe, und wir wollten essen. Als die Bambusse leer waren, gingen wir alle zusammen Wasser holen: Aji, Surut, Apai, Nalin, Pasui und ich. Das Buschmesser hatten wir zurückgelassen, um uns nicht zu verraten. «Esst nicht schlecht!», mahnte ich meine jüngeren Kameraden, «damit sie uns nicht erkennen.» –

* Die Sage ist bestimmt von einem benachbarten Stamm ta wärts übernommen: Roden von Dschungel, Bootsbau, Wettkampf, Mosquitonetz – alles Dinge, die im Leben des Penan-Nomaden keine Rolle spielen. – Die Sage beinhaltet dasselbe Motiv wie das europäische Märchen ‹von der Königstochter, die sich an Äpfeln gesund ass›: Der Mann muss Aufgaben lösen, bis der Schwiegervater in die Heirat einwilligt.

Viele Alim-Früchte waren da aus dem Baum gefallen. Wir schlugen die Schale auf Steinen auf. Das Fruchtfleisch war nicht vom Samen zu lösen, und wir sogen und kauten schmatzend, dass uns der klebrige Saft Mund und Hände verschmierte. – Nachdem wir uns sattgegessen hatten, gingen wir den Mund spülen, und wuschen Gesicht und Hände. Erst gegen Abend kehrten wir heim.
«Wo habt ihr euch so lange rumgetrieben?» – «Wir haben Wasser geholt.» – Da kam Nalin und setzte sich neben seine Eltern.

– «Woher kommt dieser Geruch?», fragte seine Mutter. – Wir schwiegen. – Da klebte noch an Nalins Mund Alim-Fruchtfleisch. «Was ist das?!», deuteten die Eltern darauf. «Ihr schwindelt uns an! Ihr seid heimlich Alim-Früchte schmausen gegangen! Du hast sie geführt», deuteten sie auf mich, die Älteste. – Ich schwieg.

Da kletterten wir auf einen Bären-Schenkel-Baum, um Früchte zu essen. «Wenn ihr nicht sofort runtersteigt, schiessen wir euch mit dem Blasrohr!», drohten die Erwachsenen. – «Wenn ihr drei Bauchschmerzen bekommt, rennt nicht dort in die Büsche, bleibt schön hier!» Schnell kletterten wir herunter.

Am nächsten Tag wagten wir uns nicht mehr, heimlich Alim-Früchte essen zu gehen. Doch oben auf dem Berg

14/898 da war ein Baum mit vielen Nakan-Früchten. Unsere Eltern hatten den Baum abgeerntet und alle Früchte am Fuss des Stammes zu einem Haufen getürmt und mit Blättern zugedeckt, um sie da reifen zu lassen. Sie selbst gingen jeweilen die reifen Früchte entkernen und trockneten das Fruchtfleisch im Blattpaket über dem Feuer. Uns Kindern aber gaben sie nichts davon. So gingen wir uns eines Tages selbst davon holen. Wir teilten auf: Drei Früchte für Nalin, drei für mich, drei für Surut. Wir schnitten sie längs auf uns spalteten sie, und gerade als wir essen wollten, hörten wir Schritte. Da kam Surut's Vater mit dem Blasrohr den Berg ansteigend. «Nun sind wir ertappt!» – Er lehnte seine Waffe gegen einen Baum und ass eine Frucht. «Esst nicht zuviel, sonst bekommt ihr Bauchschmerzen!», sprach er zu uns. – Wir wurden schon satt, bevor all unsere geöffneten Früchte gegessen waren. –

Zuhause aber erzählte Surut's Vater, und wir bekamen alle Schande zu hören. – Früh am nächsten Morgen machten sich unsere Eltern auf, die Früchte an anderem Ort heimlich zu lagern. Als wir später essen gehen wollten, war der Platz leer. – Doch wir fanden einen anderen reich behangenen Nakan-Baum. –

Als die Eltern zu Hause Nakan-Rülpsgeruchs gewahr wurden, schimpften sie: «Wenn ihr auf diese Weise geht, bleibt gescheiter zu Hause! Nicht wer, der dann später über Bauchweh klagt.»
Bulan Tewai
Long Napir

14/899 **Klage**
«Hier am Terasa-Fluss sind viele Begräbnisstätten meiner Verwandten. Da die Kompanie nun in der Nähe arbeitet, bin ich hierhergezogen, um die Stellen zu hüten, und habe ein kleines Reisfeld erstellt. – Bulldozerführer und Holzfäller versprachen mir, nicht in das mit dem Buschmesser gekennzeichnete und abgegrenzte Gebiet zu dringen.

Dann ging ich, meine verlassene Siedlung zu reparieren. Auf dem Rückweg von dort erkrankte ich. Als ich nach mehreren Wochen wieder gehen konnte und zu meinem Reisfeld kam, war die Kompanie gerade daran, die Begräbnisstätte meines verstorbenen Bruders zu verwüsten. «Habt ihr einen Kopf ohne Ohren?! Seid ihr dumm?!», hab ich sie gefragt. Der Manager verweigerte, über den Vorfall zu sprechen, doch heisst seine Angestellten, weiterzuarbeiten. – Sie hören nicht hin, doch wüten weiter. Während die Bäume fallen jauchzen die Holzfäller und lästern uns Geschädigte: Bulldozerführer kümmern sich einen Deut um unsere Kulturen. Erde und Bäume fallen nun bis in Yat's Reisfeld. Doch schon in der Vergangenheit hatte die LTL-Kompanie es gewagt, während unserer Abwesenheit Breschen mitten durch unser Kulturland zu schlagen. – Wir würden sie am liebsten mit Giftpfeilen töten. Wir tun's nicht, weil wir fürchten, darauf von ihnen umgebracht zu werden, denn die Regierung ist auf ihrer Seite und schickt Polizei und Soldaten mit Gewehren. Sie sind viele – wir jedoch sind nur wenige.
Aji Niagung, Long Napir, Nov. 88

14/900 Aji

14/901 **Liebeleien**

Der chinesische Manager der LTL-Kompanie war zu mir gekommen und wollte meine Tochter, die einst in die Missionsschule gegangen war, angeblich zu Büroarbeit für ein paar Tage ins Camp nehmen. In der Zwischenzeit ist sie seine zweite Frau geworden. Die einzige Hilfe, die der Manager an uns gibt, ist hin und wieder eine Plastiktüte voll Reis. Weiter hat er uns verbieten wollen, an Blockaden teilzunehmen. Ich habe ihm klargelegt, dass er selbst als Fremdling kommt und unser Land zerstört, und dass wir das nicht erlauben. Auch die Holzfäller belästigen uns ständig und zeigen schlechte Sitte. Beinahe täglich steigen sie in meine Hütte, um meine zweite Tochter zu treffen, und sind kaum abzuwehren – manchmal betrunken.
(Aji Niagung)

Frauen-Raub

Die zwei jungen Penan-Männer Ditá und Ní, beide mit Schulbildung, hatten sich in derselben Nacht mit ihren Geliebten aus dem Staub gemacht, um sich für Monate nicht mehr bei ihren Schwiegervätern sehn zu lassen, doch im entfernten Logging-Camp zu arbeiten. Der eine liess seine bereits schwangere Frau zurück, der andere Frau und Kind, um deren Schwester zu nehmen, samt einer Kasette an die Eltern: «Sprich lauter!», zischelt es darin, und die Stimme des Mädels «Macht euch keine Sorgen – Ditá hat mich genommen...» – Ja, im Camp, da ist ein leichtes Leben!

14/902 **Wanderung**

Melais Hunde stellen schon nach kurzem eine Hirschkuh. Wir speeren sie und teilen das Fleisch auf unsere Traglasten auf. Nach Queren des Limbang-Flusses mit Händereichen und viel Hundegebell, sichten wir trächtige Jakáh-Palmen; wir nähern uns dem Adang-Fluss.
Als die Hunde wieder Laut geben, werfen Männer und Frauen ihre Traglasten dahin und rennen rufend und kreischend, vergnügt wie spielerische Kinder, hinter der Meute drein. – Das Wildschwein durchschwimmt den Fluss. Lawang schiesst ihm eine Schrotladung nach – ohne Wirkung. Melai verfolgt das Wild im Wasser. Steilfelsige Uferböschung versperrt dem Borstentier jenseits den Fluchtweg. Als sich Melai mit gezücktem Buschmesser nähert, springt es zurück ins nasse Element und schwimmt wieder herüber. – Pegá rammt ihm den Speer in die Seite. Der Keiler schwimmt weiter flussab und steigt ans Ufer. Ich werfe mein Blasrohr nach ihm, die Speerspitze durchbohrt Brust und Leib des schon Verwundeten, doch weiter flieht er. Pegá sticht ein weiteres Mal zu. Das zähe Tier durchbeisst dabei die Speerverknüpfung aus Rattan. Ich fürchte, mein Blasrohr könnte im Leib des Tieres brechen – und während Pegá das Wildschwein zwingt, kann ich meine Waffe herausziehen. Gleich am Ort bauen wir uns eine Bleibe, um das Fleisch zu rösten.

Am Adang-Fluss

Wie eine Geschichte vom Paradies tönt es, wenn Nomaden des Limbang von ihrem Hauptsiedlungsgebiet erzählen: Da wachsen Jakáh-Palmen, dick wie Bäume, schwesterlich vereint. Bereit ihr Sago reichlich und ohne Mühen zu ernten. – Allerlei Affenvolk hält sich ohne Scheu in niedriger Vegetation auf, und lässt sich gar von Kindern erbeuten. Pfannen seien da stets mit Wildschwein, Reh und Hirschfleisch gefüllt, und das Wörtchen Hunger unbekannt. – In den kristallklaren Wassern des Flusses tummeln sich eine Unmenge Fische, und wo man das Netz werfe, zapple es in den Maschen.

Einzige Störer des Paradieses seien die teuflischen Sandfliegen, welche überall ihr Unwesen treiben. Der Penan meint, sie stammen aus den Grabstätten, wo ehemalige Murut- und Kellabit-Siedler ihre Angehörigen in grossen Tonkrügen bestattet hatten.

Nun endlich – darf mein Auge ein Blick in den Garten Eden werfen, wo Regierungsmitglieder sich auf Helikopterausflügen vergnügen, und ihre Tiefkühltruhen mit Fisch und Wild auffüllen.

Doch – oh arge Enttäuschung: Der gerühmte Adangfluss wälzt sich als lehmtrübe Gewässer talwärts. Die Logging-Kompanie Reven-Scott hat von Lawas her in Abwesenheit des Nomadenvolks die Wasserscheide überquert und frisst

Perasang 1:¹/₂
Staude, hügelwärts
Höhe: ~30 cm
Blätter kreuzweise gegenständig, Oberseite glänzend dunkelgrün, Unterseite hell. Durch austretendes Latex unverkennbar
Standort: I-ot Bateu, Feb. 89 (2. Name: ‹Umeng Babui›) 4 Blätter, Symbol der 4 Reisszähne der Hunde, werden mit Wachs vermischt nach Verbrennen.
Mittelnerv, Us/Os vortretend

sich in Wurmgängen durch die unberührten Quellgebiete des Flusses, und wird das ganze Land bis zum Batu Lawi bulldozern, falls kein Riegel geschoben wird.

Unsere erwarteten Langnasenfreunde lassen vergeblich am Treffpunkt auf sich warten. – Gleich drei Wildschweine fallen den Penanspeeren zum Opfer, nachdem sie von Hunden gestellt wurden. Ein Borstentier, in einem Tümpel versenkt und mit Steinen beschwert, soll vergeblich seiner Abholung harren. Alle Sippenmitglieder sind am folgenden Tag gesättigt und träge.

Als der erwartete Besuch auch am nächsten Tag ausbleibt, beschliesse ich, ihm entgegenzugehen. Doch ihn zu missen, hiesse, ohne Hemd und Decke unter freiem Himmel zu verbringen… Nach Erklärung des Geländes mach ich mich auf den Weg. Der Adang-Fluss zeigt in Mündungsnähe wenig Gefälle. Sein Bachbett besteht aus weiten Geröllfeldern und die Ufer sind gesäumt von langweiligem Sekundärwald. – Ein Trupp von Nashornvögeln (Bélanánd) zählt gegen dreissig Mitglieder, die mit rauhem Gekrächz den Raum überspannen. Als einzige menschliche Spur finde ich bis am Abend: Eine von einem Camp in den Quellgebieten talwärts geschwemmte Zahnbürste. Während ich bei Einnachten Feuerholz schlage, prasselt ein heftiges Gewitter vom

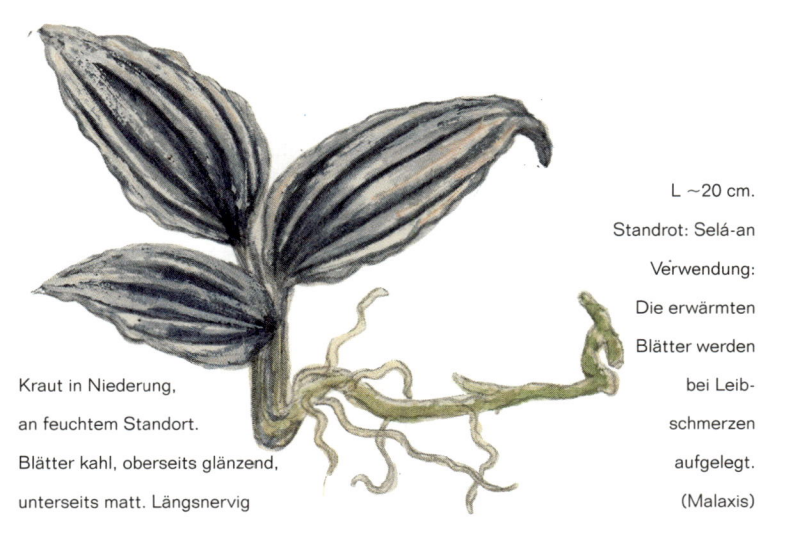

Kraut in Niederung, an feuchtem Standort. Blätter kahl, oberseits glänzend, unterseits matt. Längsnervig

L ~20 cm.
Standrot: Selá-an
Verwendung:
Die erwärmten Blätter werden bei Leibschmerzen aufgelegt.
(Malaxis)

Himmel. Unter einem Besukui-Baum zusammengekauert, bleibt kein Hautstreif trocken. Die lästigen Sandfliegen aber greifen in Scharen an und vertreiben jegliches Wonnegefühl.
Erst nach gehörigem Späneschnitzen flackert ein Feuer und vertreibt die Ruhestörer. –

14/905 Am nächsten Morgen finde ich mich in Embryo-Stellung auf von der Glut warmen Steinen zusammengekauert. – Da, als ich mich am jenseitigen Ufer an ein Langschwanzmakakkenrudel anpirsche, treffe ich auf frische Buschmessermarken. Der Affenpatriarch klettert in die Spitze eines hohen kahlen Baums und rüttelt da wie ein Wilder – wohl um seinen Sippenmitgliedern eine Probe seiner Männlichkeit und Stärke darzubieten. Ich lächle. ~ Über Lianen erklettere ich einen hohen Baum, und erspähe in nächster Nähe von Bulldozern aufgerissene Erde. – Ein Hirschstier erhebt sich von seinem Lager. Vom zweiten Giftpfeil getroffen flieht der Sechsender. Nach kurzem gebe ich die Suche nach dem Wild wie den Langnasen auf. – Diese scheinen weit entfernt zu lagern, und bei schwer verhangenem Himmel fürchte ich, eine zweite miserable Nacht nur im Lendenschurz verbringen zu müssen. – So schnell ich kann, wende ich meinen Schritt heimwärts und treffe auf talwärts weisende Spuren zweier Männer. – Mit Freude, die meinen verletzten Fuss eine Weile vergessen lässt, schliesse ich Freund Spring in die Arme.

Um Vollmond, 16:00, Mitte Februar. Klarer Himmel.
Wo die Wasser des Limbangflusses durch seichtes Geröll ihren Weg finden, da zappelt's in Scharen ums Gestein. Hunderte der bleistiftdicken Steinbeisserchen ‹Tedok› verlassen das nasse Element, um sich da in wühlendem Klumpen glänzender Leiber zu paaren.

Pa-tik 14/906
Im Gebiet des Ngeláh-Flusses sucht man vergeblich nach grossen Bäumen. In einer grossen Trockenzeit soll einst der Dschungel vom Kuba-an bis nach Bareo abgebrannt sein. Weiter spendete ein grosser Teil des Landes einstigen Kellabitsiedlern Boden für Rodung und Reissaat. Diese sind jedoch vor vielen Jahren nach Bareo und Long Seridan umgesiedelt, wo Flugverbindungen talwärts bestehen. Ein einziger junger Kellabitmann lebt mit einem Fuss in Gemein- und Nachbarschaft mit den Penans, während andere nur hin und wieder zu Jagd und Fischerei in ihren ursprünglichen Lebensraum zurückkehren. Gekaufte Oberhäupter von Bareo glauben an klingende Münze und unterstützen wortkräftig die Wünsche der nahenden Kompanies.
März 89. Nur wenige Familien besitzen Kulturen und die Reisernte ist dürftig; die Rodungen waren ungenügend verbrannt und die Felder sind stark verunkrautet. Die Maniokfelder waren von Wildschweinen geplündert, und wer nicht wilde Sagopalmen fällen geht und Jagdbeute macht ist – hungrig. Wo der

‹Tuban› Orchidee 1:1
(Ceologyne dayana)
Epiphyt auf Besukui-Baum am Flussufer.
Hängender Blütenstand
Ba Ngeláu
März 89
Blätter bis 40 cm, matt, Blattnerven auf Us. vortretend, robust. –
Exemplar mit Blättern von 1 m Länge. Über 50 Einzelblüten an hängendem Fruchtstand. –

Mensch bei leeren Pfannen noch zugreifen möchte, bleiben 14/907 kaum Speisereste für die Vierbeiner übrig: Hundenasen sind gespickt mit ungeschälten Reiskörnern. Wiederholt werden klapperdürre Kläffer von Reismörser und Matten verscheucht, wo die Körner vor dem Entschälen an der Sonne gespreitet und gehärtet werden. Mit sichtlich nicht allzugrossem Genuss versuchen die Hunde, ihren ärgsten Hunger zu stillen. –
Dem gegenüber soll die Fruchtzeit mit Übersättigung und Fässern voll Wildschweinfett stehen …

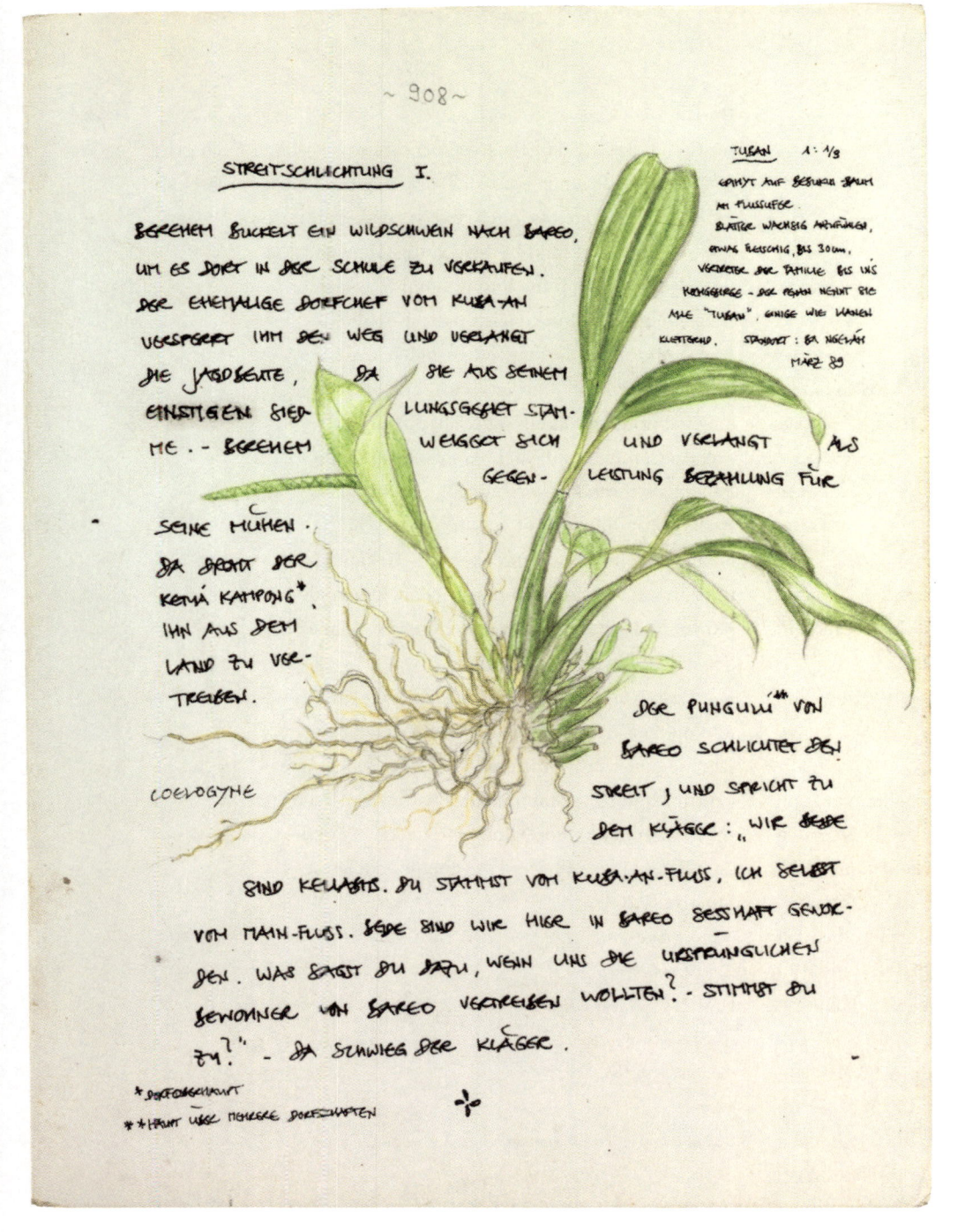

Tagen stank es nach toten Fischen, nachdem sie diesen mit Bomben nachgestellt hatten. Und sie schiessen Hirsch und Reh in unserer Siedlungsnähe.»
Melai Ná, Pa-tik

Streitschlichtung I. 14/908
Berehem buckelt ein Wildschwein nach Bareo, um es dort in der Schule zu verkaufen. Der ehemalige Dorfchef vom Kuba-an versperrt ihm den Weg und verlangt die Jagdbeute, da sie aus seinem einstigen Siedlungsgebiet stamme. – Berehem weigert sich und verlangt als Gegenleistung Bezahlung für seine Mühen. Da droht der Ketuá Kampong*, ihn aus dem Land zu vertreiben. Der Pungulú** von Bareo schlichtet den Streit, und spricht zu dem Kläger: «Wir beide sind Kellabits. Du stammst vom Kuba-an-Fluss, ich selbst vom Main-Fluss. Beide sind wir hier in Bareo sesshaft geworden. Was sagst du dazu, wenn uns die ursprünglichen Bewohner von Bareo vertreiben wollten? – Stimmst du zu?» – Da schwieg der Kläger.

* Dorfoberhaupt

** Haupt über mehrere Dorfschaften

Tuban 1:1/3

Cœlogyne

Ep phyt auf Besukui-Baum am Flussufer. Blätter wachsig anzufühlen, etwas fleischig, bis 30 cm, Vertreter der Familie bis ins Hochgebirge – der Penan nennt sie alle ‹Tuban›. Einige wie Lianen kletternd.

Standort: Ba Ngeláh, März 89

«Verrate uns nicht den Penans!» baten heimlich nach Pa-tik eingeschleuste Soldaten, als ein nächtlicher Kellabitjäger über ihr verstecktes Camp stolperte.

Klage: «Seit September 88 hat die Malaysische Regierung Kommando-Truppen in unserem Siedlungsgebiet stationiert, allein am Kuba-an um die 80 Mann. – Immer wenn wir das tiefe Brummen eines grossen schwarzen Hubschraubers hören, fürchten wir uns. Sie behaupten, es seien Kommunisten im Gebiet des Batu Iran, obwohl sie den Ort nie erreicht haben. Wir Einwohner selbst aber wissen, dass da nirgends Feinde durch den Dschungel streifen. Sie zeigen uns Granaten und schüchtern uns ein, dass sie uns mit ihren Gewehren töten könnten.

Wir fühlen uns bedroht und verlangen, dass die Truppen abziehen. Denn sie stören auch unsere Nahrungsquellen: Während

Streitschlichtung II 14/909
Wir Penans von Pa-tik wurden zu einer Verhandlung nach Bareo gerufen. Da waren viele Kellabits, Männer und Frauen, versammelt, während wir nur fünf Nasen zählten. – Nach dem Gebet hörten wir die Klage: «Wir erlauben euch nicht, Früchte aus unserem ehemaligen Siedlungsgebiet zu essen. Das sind nicht wilde Fruchtbäume, sondern gepflanzte – und ihr verstosst gegen das Gesetz.» Der alte Abeng erhebt sich: «Ja, ich bin's, der am Pfad auf eure Bäume klettert, wenn ich für euch Pfähle schleppe!» – «Oh, das ist deine Ausrede, weil du Früchte essen willst. Nicht du bist es – gleich alt und schwach wie wir – der Pfähle schleppt*, sondern die Jungen. – Doch wenn du mit deiner Familie da ankommst, sagt die Frau: Oh, pflück mir diese – und jene – und jene Frucht,

und ebenso rufen die Kinder, und bis am Ende bleibt nichts mehr für uns übrig. (Gelächter) – Doch du übertretest das Gesetz und die Rede von uns Dorfoberhäuptern – das steht dir nicht an!» (Schweigen, langes) Keiner der angeklagten Penans weiss Antwort. – Da erhebt sich Berehem mit ernster Miene: «Wir sind nicht Könige, nur Knechte. Wo wir in euren Pflanzungen für euch arbeiten, da essen wir auch. Denn eure Pflanzungen leben auch durch uns. – Verlangt ihr etwa

[Fortsetzung auf S. 14/911]

* Wohl alle Häuser in Bareo stehen auf Pfählen, die auf Penan-Rücken geschleppt wurden. Für den Transport eines rund 30 kg schweren Pfahls benötigt der Penan drei Tage und erhält dafür einen Lohn von 13.– MS $.

14/910 «Unser Mund, unser Bauch, unser Land ist unser Ministerpräsident auf den wir hoffen. Wenn unser Land zerstört ist, haben wir kein Leben.» *Berehem*

14/911 [Fortsetzung von S. 14/909] Kommissionen von Wildschwein, Hirsch und Affen, die von euren Früchten essen? – Ihr Frauen, wer von euch uns verbieten will, Früchte zu essen, erhebt alle eure Hände. – Ich denke, der liebe Gott macht die Früchte – oder bringt ihr den Fruchtsegen? – So sagt mir, wann ihr die Früchte macht. Beim Licht der Öllampe? Bei elektrischem Licht des Nachts? Oder des Tags? An welchem Tag heisst ihr die Früchte, reif zu werden?» (Schweigen).

«Ihr Männer, wie könnt ihr behaupten, ihr hättet die Macht, Früchte zu machen? – Gleich wie ihr eine Buschmesserscheide schnitzt, gleich wie ihr einen Rattanreif um den Messergriff flechtet, gleich wie ihr eine Sitzmatte fertigt, so macht ihr die Früchte? – Wenn ihr's könnt, so zeigt es uns! – Wir denken, der liebe Gott hat die Früchte gemacht. Und bedenkt: Eure Häuser sind nicht nur von euch erstellt; wir Penans haben alle Pfähle und Stützen geschleppt.» (Langes Schweigen).

Da ergreift der Gebetsführer das Wort: «Ja, wenn das so ist, wann immer ihr an Früchten vorbeikommt, so esst ruhig. Doch pflückt nur die reifen und schlagt keine Äste ab! – Was meinen die Herren Dorfoberhäupter?» –

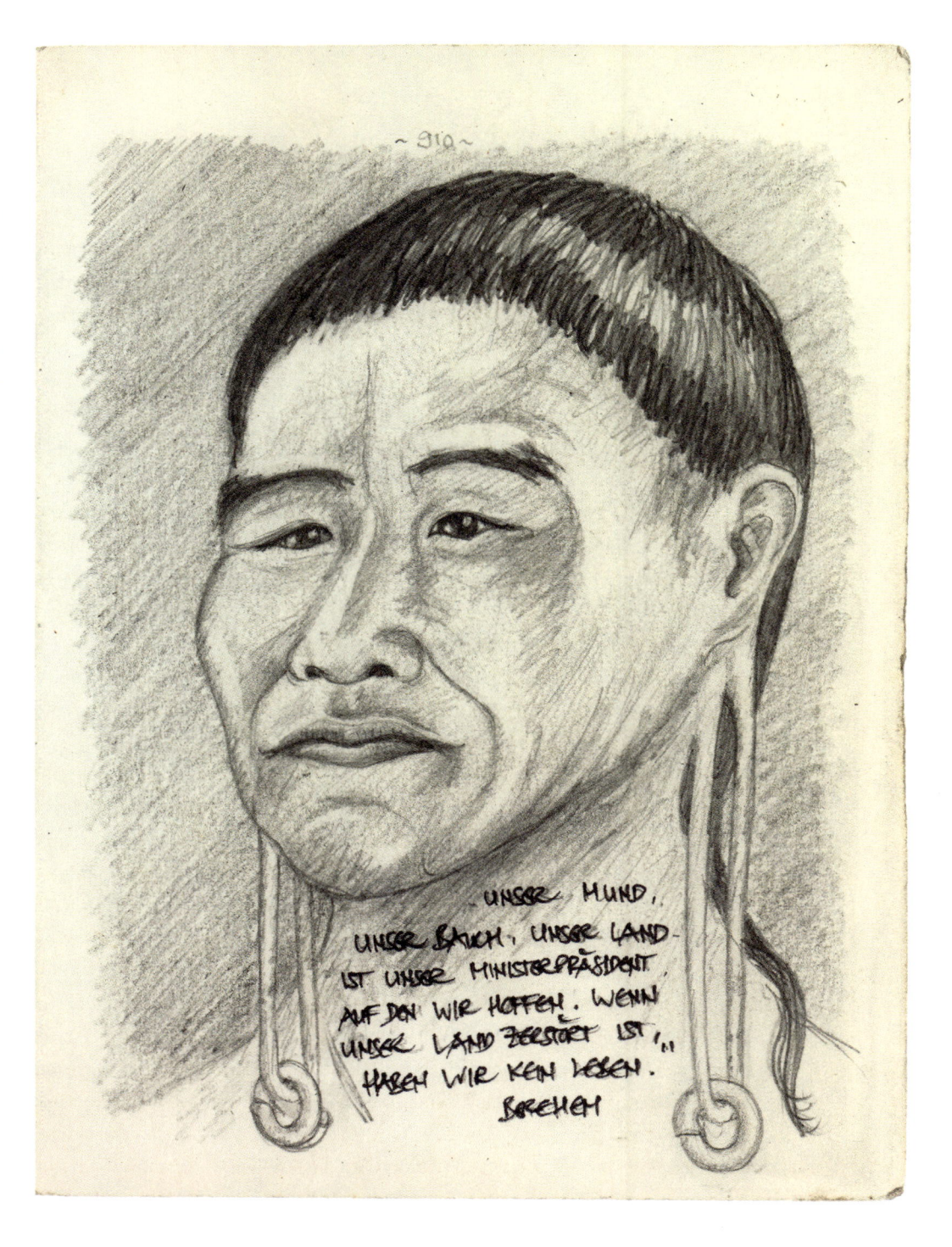

«Ja – da sind wir einverstanden. So bleibt auch noch etwas für uns übrig, wenn wir da vorbeigehen.» *(Nach Berehem Ná, Pa-tik)*

‹Helfer› 14/912

Der Veterane Auan Kassim vom malaysischen Festland hatte sich selbst und einige seiner kräftigen Jungens als ‹Volunteer Medical› getarnt, um in einer Mission den Penans betreffs Gesundheit und Landbewahrung zu helfen. Über Spritze und Medikamentenkiste sollte das Zutrauen der Eingeborenen gefunden werden.

Doch uniformierte Soldaten selbst haben auf ihn als ihren ‹Boss› gedeutet. Und verlegen wendete er einst sein Antlitz ab, als er von einem Penan talwärts in Monitur [Montur] eines Kriegsfachmannes erkannt wurde, während er sich durch Limbang chauffieren liess. Ausrüstung seiner medizinischen Helfer bilden neben Medikamenten Feldstecher, Funkgerät und Pistole, und Helikopter stehen zu Transporten zur Verfügung. – Nach sonntäglicher Andacht im Gebetshaus, fand der Dorfsprecher von Pa-tik seine Habseeligkeiten von einem der so freundlichen Helfer durchstöbert. – Finden diese nicht volle Unterstützung bei Einwohnern, so lagern sie in Dorfnähe versteckt an Pfadmündungen.

1 3/4
Schillernder Käfer
auf Ufervegetation,
Ba Ngelah

«Ja – auch wenn er Bärenkralle und Armreife trägt und ein Buschmesser gürtet, und uns viele Fotos von benachbarten Penans zeigt, denen er angeblich geholfen habe, so glauben wir ihm nicht!», meint ein Sprecher. –

In Wirklichkeit sollte die ‹Gang› in einer Langzeitaktion Kontrolle über das Krisengebiet gewinnen, Opposition von Eingeborenenseite gegen Logging versanden lassen, und weiter des weissen Mannes habhaft werden.

Stimmen

«Ich bin weder Häuptling noch Komitee, noch waren es mein Vater und Grossvater Doch ich lebe wie wir alle in diesem Land, darum spreche ich

Nein – ich habe keine Angst vor der Polizei. Das sind Menschen wie wir, haben einen Mund und können sterben. Werde ich auch festgenommen, wenn ich anderen den Hals abgeschnitten hätte, würde ich mich fürchten. Doch sie wollen uns einschüchtern: ‹Tu's nicht wieder, und wir lassen dich nach Hause.› Und dann bringt dich der Wagen, welcher gleichzeitig Diesel für die Kompanie transportiert heim – und alles ist beim Alten.

Doch das ist, wie wenn wir mit den Hunden auf Jagd gehen: ‹Hmm-hmm›, humpelst du mit einer Fussverletzung davon und hörst die Hunde in der Ferne Wild verbellen. Das Wildschwein entkommt und du kehrst nach Hause – hungrig – und hast dazu noch Schmerzen. Doch du gibst nicht auf. Erst dann bist du befriedigt: Hirsch- und Wildschweinfleisch landet in deinem Mund.» *Aiai*

«Wie kleine Steine im Bach. Bei Hochwasser werden sie fortgeschwemmt. Nicht so ein grosser Felsblock. Er bleibt an seinem Ort, standhaft. –
Ihr Völker von talwärts seid bei der Sintflut von der Meereswelle auf Reis, Maniok und Mais geschwemmt worden – wir Penans auf die Blätter von Uwut, Lessei und Iman. Ihr seid von Alters her an den Mündungen von Flüssen, wir aber sind ein Bergvolk. Gerade ihr Reichen stört den Frieden von uns Armen. Ihr könnt uns nicht aus unserem Land vertreiben.» *Sabin*

«Ich möchte nicht mit einer Rückenverletzung getötet werden, meine Verwandten von vorne. Ich zuerst ...» *Padeng*

«Wir Menschen sind nicht wie Hunde. Diese erbrechen sich und verschlingen das Erbrochene ein zweites Mal. – So ist es gut, wir werfen schlechte Rede fort – für immer.» *Aiai*

«Doch lasst uns nicht spielen, sondern ernst verteidigen. Nicht dass dann einige nur persönlichen Gewinn, Gaharusuche und Jagd auf Langurmagensteine im Kopf haben.» *Ugai*

«Ihr von talwärts lebt von Geschäften, seid Toke oder Kuli. Darum heisst ihr zu arbeiten oder lasst euch so heissen. Wir aber sind ein freies Volk und leben vom Land. Unser Wald gibt uns Leben. Wird er zerstört, so stirbt mit ihm unsere Sitte ...
Wie der liebe Gott. Als Lohn für Leiden schenkt er's Paradies. Zuerst leiden – dann Belohnung. Er gibt's nicht Müssiggängern und Faulenzern.» *Berehem*

«Da hat einer ausgerufen: ‹Und wenn sie nicht auf uns hören, so geh ich und brech ihnen Arm- und Schenkelknochen!› – Doch er ist niemals aus dem Dschungel gekommen, mit uns eine Blockade zu erstellen. – Und ein anderer Führer hat gedroht: ‹Wenn ihr mit euren Bulldozern weiter in unser Land dringt und nicht stoppt, so werdet ihr meinen Giftpfeil riechen! – Wo ist Tabak? – Ich will rauchen!› – Auf diese Weise werden wir unser Land nicht bewahren. –

Wenn wir verteidigen wollen, sag nicht am Tag, wo wir losziehen wollen: ‹Oh, mein Fuss schmerzt.› –, ‹Oh, meine Sagotasche ist leer!› –, ‹Ich hab Angst vor Hochwasser und Polizei – und wenn sie uns ins Gefängnis werfen.› – Wir müssen einherzig werden, samt Frau und Kindern – mit gleicher Stimme. Selbst wenn Soldaten kommen und drohen, eine grosse Bombe zwischen uns zu werfen – gut wir antworten ihnen:
‹Tut es ruhig!› – Dann können wir gewinnen. Doch kommen sie und drohen, ein Rauchbömbchen zu werfen, um unsere Augen schmerzen zu lassen – wenn wir ihnen angstvoll entgegnen: ‹Aih, tut's nicht! Öffnet die Blockade und nehmt unser Land› – dann wird unsere ganze Arbeit nichtsnützig sein und wir fangen besser gar nicht an.» *Kuiá*

«Wenn die Kompanies unser Land zerstört haben, wollen sie Kakao-, Tee- und Ölpalmplantagen errichten, und wir sollen ihre Sklaven werden. – Dann hast du einen Vorarbeiter, einen

Manager, der dir jeweilen sagt, was du zu tun hast. Vielleicht schmerzt dein Fuss, dein Kopf. Vielleicht möchtest du einen Tag

ausruhen. Doch dann hörst du früh am Morgen die Glocke, welche dich zur Arbeit ruft. Und auch wenn du keine Lust hast, so gehst du, um nicht getadelt zu werden, und um deinen Lohn zu erhalten. – Doch wenn unser Land lebt, so haben wir ein freies und leichtes Leben, gehen fischen, auf Jagd und Sagopalmen fällen – und wir sind selbst unsere Manager. Wenn ich an meine Brüder, Kinder, Enkel, Neffen und Onkels denke, dann will ich verteidigen. Auch wenn ich mich nicht darauf verstehe.
Leben wir weiterhin in den Tag hinein, so haben wir's leicht wie die Heuschrecke, welche hierhin- und dorthin hüpfte und sprach: ‹Ich hab ein gutes Leben!› – Die Getungan-Ameise baute sich eine Wohnung in der Erde: ‹Tu nicht so! Sammle dir Nahrung. S'kommt die Regenzeit – dann wirst du Schwierigkeiten haben.› – ‹Oh nein, so wie ich lebe ist's gut!› hüpfte die Heuschrecke lachend hierhin und dorthin. Doch dann kam die Regenzeit. Die Getunganameise machte sich's in ihrer Behausung gemütlich und zehrte von ihren Vorräten. Da kam die durchnässte Heuschrecke: ‹Oh, gib mir ein wenig Reis, wenigstens eine handvoll Sago.› – ‹Nein, das geht nicht an. – Darum hab ich dir einst gesagt: Sei bereit!› –
Gerade so, wenn wir uns nicht jetzt rüsten. Am Ende, wenn du dem Chinesen sagst: ‹Mein Bauch ist leer, ich bin hungrig. Gib mir wenigstens einen Teller Reis.› – ‹Wo ist Geld?› – Und nur wenn du ihm klingende Münze gibst, so isst du. Und stirbst du auch im Graben, so hilft dir niemand. Sag nicht: «Oh, ich hab keine Schwierigkeiten. Genügend Nahrung find ich im Dschungel.», doch denkt an Kinder und Kindeskinder.»
Galang Aiu

Blattlose Orchis, 1:1,2
Je ein Staubgefäss seitlich auf oberen Blütenflügeln angewachsen.
Höhe ~20 cm, Pflanze rein weiss.
Lebt wohl wie Braunwurz als Schmarotzer.
Standort: I-ot Ngeláh
Juni 89
1:1,2
Triebe hügelwärts in Gesellschaft aus nackter Erde.

(Agathis) Pellaio

Baum im Hochgebirge. Stamm bis 150 cm Ø, erinnert an mächtige Rottannen. Im Habitus ein Nadelbaum, besitzt er jedoch belaubte Triebe. Alle Teile des Gewächses von würzig-aromatischem Geruch, wie Weihrauch. Bei Verletzung tritt ein rein weisses Harz aus der Rinde (Nyateng). Dieses findet sich in bis kopfgrossen Brocken unter älteren Stämmen verstreut. Bruch erstarrten Harzes glasig und glänzend. Pellaio-Harz ist unübertroffener Zündstoff des Nomadenvolkes bei der Feueranfachung; es brennt sofort mit ruhiger Flamme, und kann in der Regenzeit wo sämtliche Vegetation vor Nässe tropft, in Notsituationen viel Mühe ersparen. –
In nussgrosse Stücke aufgeschlagen und Palmblätter gewickelt, liefert es beliebtesten Fackelbrennstoff und erhellt die nächt-

lichen Hütten, wo Männerhände Pfeile schnitzen und Frauenhände Rattan flechten. Pellaio-Harz bildete einst wichtigen Handelsartikel und wurde von den Penans über weite Strecken an Marktplätze mit der einstigen Kolonialregierung gebuckelt. – Zur Ernte trächtiger Bäume wurden diese gar hin und wieder gefällt. Verwendung des Harzes im Westen vermutlich als Weihrauch.

Blüte 1:1

Fruchtschuppe 1:1

Same einseitig geflügelt

Frucht 1:$^1/_3$

Wird bis faustgross. Ähnelt einem Arvenzapfen. Je ein weichhäutiger Same unter Fruchtschuppe gebettet. Die Nager Megá, Hörnchen Pú-an, Telle sowie roter Schlankaffe und Gibbon können sich daran gütlich tun. Unreife Frucht wenig milchsafthaltig.

Die Haare einiger Raupen sind giftig. Beim Treten auf deren Leib oder leerer Haut bohren sie sich tief in die Fuss'Sohle und können über Monate Schmerzen verursachen. Pellaio-Harz gilt medizinal: Der Fuss wird bei frischer Infektion über dessen weisser Flamme im Rauch geschwärzt.

Blätter dunkelgrün, glänzend, gegenständig, L 10–15 cm, längsnervig (→ einkeimblättrig). Bei seitlichem Bruch Nerven fadenartig vorstehend.

Oft von Flechten bewachsen.

Am Lençfluss (Magoh) findet sich ein einziger Pellaio-Baum. Er soll aus der Losung eines Fruchtzapfen verspiesenen Nashorns gesprossen sein.

Harze (Nyateng)

Was andern Völkern die Öllampe, ist dem Penan die Fackel. Nur bestimmte Harze eignen sich zur Beleuchtung; diese brennen mit ruhiger Flamme ohne Brandwunden verursachendes Sprutzeln. Folgende Harze sind in Verwendung:

1. Péllaio. Beste Qualität
2. Nyateng Djann
3. N. Lisan
4. N. Kaieu Padeng
5. N. Lengurep
6. N. Kaieu Mobeng
7. Kewama
8. Silep.

Die drei letztgenannten Arten, sind selten in Gebrauch. Kewama soll sich beim Verbrennen dünn-wässerig verflüssigen. Silep spendet essbare Früchte (aus der Kerameufamilie); harziger Geruch, leuchtend gelbes Fleisch, dreikantiger harter Kern. Nach Weichen in heissem Wasser können sie genossen werden; der Baum wird auch kultiviert.

Lisan wird auch ‹Kautschuk-Harz› genannt (N. Pelep), da es sich bei Erwärmung erweicht wie geronnenes Latex, oder ‹Stirnhorn des Nashornvogels› (N. Tuguk Tawáun), da es sich wie dieses von Ästen abhebt, wo es anklebt. Der Name ‹Lisan› deute auf seine Verwendung, um die Verschlussstelle des Pfeilköchers gegen Wasser abzudichten (Ngélisan).

Dabei wird das erwärmte, geweichte Harz auf die → Tiba gestrichen und anschliessend Kohle eines weichen Holzes darübergerieben. Diese Art der Abdichtung wird bei lockerem Verschluss angewendet; sie ist bei Jägern weniger beliebt, da die Öffnung des Köchers mit einem Geräusch verbunden ist.

Lisan-Harz findet sich nur vereinzelt als handgrosse schüsselförmige Klumpen von grauschwarzer Farbe. Sie sind schwammartig durchlöchert, und zur Erde gefallen, dienen sie Ameisenvolk zur Wohnung. Lisan ist in Wirklichkeit umgewandeltes Ranga-Harz*. Dieses findet sich häufig, meist als flächige Bruchstücke von gelber, brauner, roter, weisser wie schwarzer Farbe und ist zu Verbrennungszwecken gänzlich ungeeignet; mit knallendem Geräusch spritzen Harztropfen in die nähere Umgebung von 2 m Umkreis und verursachen Brandwunden. Während Flug erstarren solche Tropfen glasfaserartig und umspannen eine Fackel mit spinnwebartigem Schleier. – Ein gefundener Lisan-Brocken bestand zur Hälfte aus gelbem schiesswütigem Ranga-Harz; dieses tritt hoch aus Kronästen des Baumes. Für längere Zeit der heissen Tropensonne ausgesetzt, scheint es zu kochen (→ schwammartige Struktur) und eine chemische Umwandlung zu Lisan zu vollziehen. Um es als Lichtquelle zu verwenden, werden seine Bruchstücke in 1–2 gehefteten Dá-un-Wedeln verpackt, über dem Feuer bewahrt, in warmem Zustand geknetet und die kaum armgelenkdicke Fackel gezündet.

* Malaysisch: Meranthi Merah

Djann-Harz besitzt nach Pellaio die zweitbeste Brennfähigkeit; in trockenem Zustand nimmt es sofort Feuer an. Es findet sich in rundlichen bis handgrossen Stücken; und scheint eine Mischung von weissem Latex und grau-schwarzem Harz. Bäume mit reichem Harzbestand (1–2 Säcke voll) werden gar hin und wieder gefällt.

Kireng-Harz. Es kennzeichnet die grössten Dschungelriesen, welche bis 2 m Ø zeigen können, mit plattenförmigen Stützwurzeln von bis 8 m² Fläche. Die mächtigsten Exemplare werden ‹Tessen› genannt; der Jit-Baum wächst in humusreichen Hochtälern. Seine Flugfrüchte bilden wie Eicheln Hauptnahrung des Wildschweines. Ein Stamm kann mit Dutzenden der schmucken ‹Tropfsteingebilde› besetzt sein, die gerade wie das Hörnchen Kireng auf der Rinde kleben. Das Harz schiesst oft bei der Verbrennung und wird selten verwendet.

Schwarz-Holz-Harz (N. Kaieu Padeng*). Der Baum findet sich wie Jit bergwärts und stammt aus der gleichen Familie der Meranthi-Gewächse mit Flugsamen. Die Harzstücke sind flächig, von grauer Farbe, ihr Bruch ist glasig-schwarz. Das Harz brennt mit ruhiger Flamme.

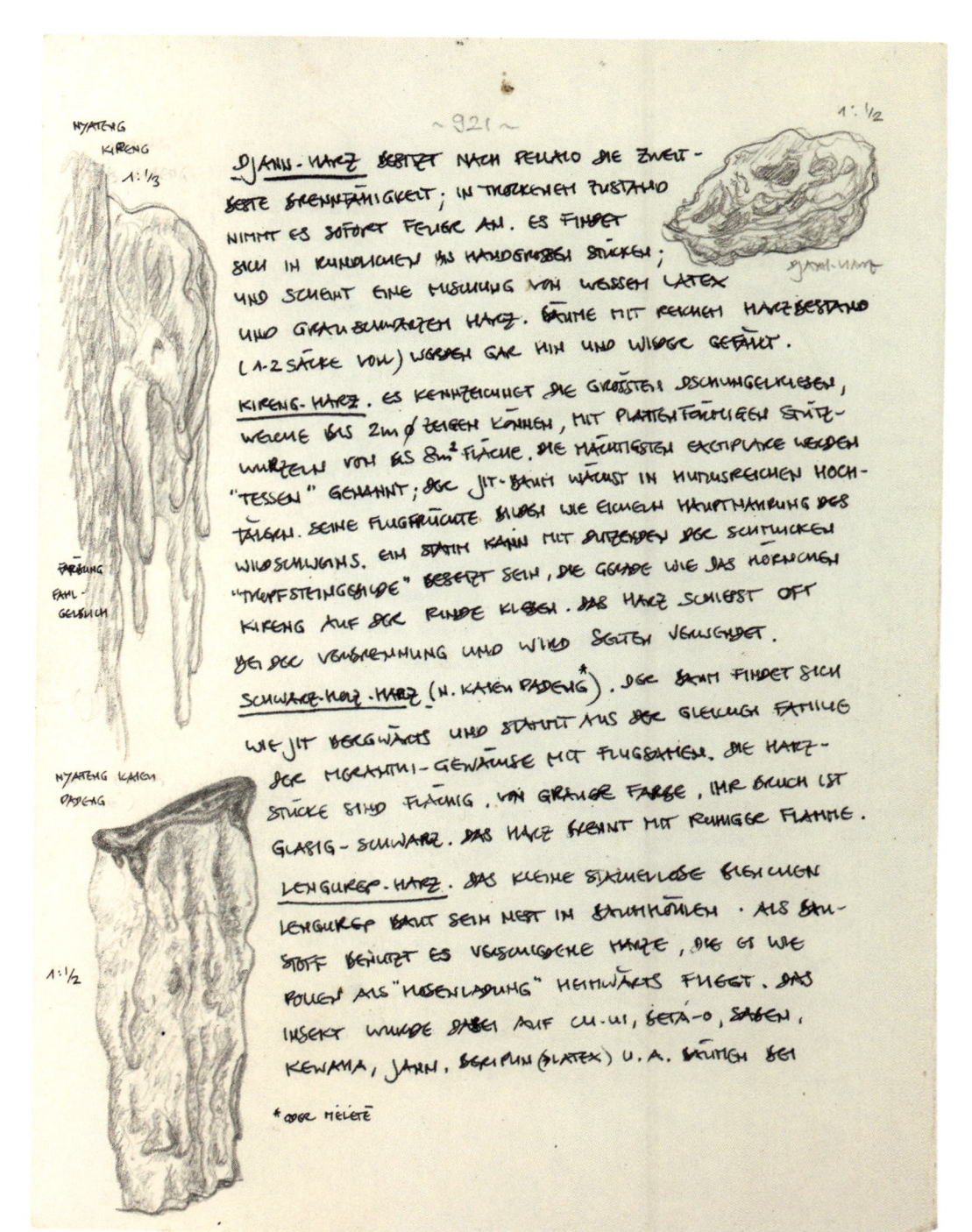

Lengurep-Harz. Das kleine stachellose Bienchen Lengurep baut sein Nest in Baumhöhlen. Als Baustoff benutzt es verschiedene Harze, die es wie Pollen als ‹Hosenladung› heimwärts fliegt. Das Insekt wurde dabei auf Cu-ui, Betá-o, Saben, Kewaha, Jann, Beripun (→ Latex) u. a. Bäumen bei

* oder Méleté

Nyateng Kireng 1:$^1/_3$

Färbung fahl-gelblich

Nyateng Kaieu Padeng 1: $^1/_2$

Djann-Harz 1:$^1/_2$

der Ernte getroffen. Die aus flüssigen Harzen und Milchsäften gebaute Wohnung ist anfänglich weich, wachsig, von schwarzer Farbe. Im Verlauf des Alters scheint der Baustoff sich chemisch zu verändern und zu hart-brüchigem Harz zu erstarren. Lengurep-Harz ist leicht kenntlich an den Bau-Gängen, die als daumengrosse Röhren die Klumpen durchziehen. Verwaschen altes Harz gleicht weissem Sandstein, vergilbt; wo Bäume längst verrottet sind, trifft man als Spuren das von der Feuchtigkeit allein nicht abbaubare Harz. – Die Grösse der Brocken richtet sich nach der Grösse der Baumhöhle und des einstigen Bienenbaus, und haben oft 3–4 kg Gewicht. – Äusserst selten sind Klötze gross wie ein Wildschwein zu finden; sie sollen ein verwandelter böser Geist (Pénakón) sein, der nach der Sage im Harzfeuer einst unschädlich gemacht wurde. – Nachdem kurz nach der Ernte eines solchen Klotzes, der in seinem Innern Blut enthalten haben soll, der Sohn des Penans gestorben war, fürchten sich Eingeborenen davor und rühren solch grosse Harzbrocken nicht an. Das ‹Blut› im Innern könnte sehr wohl purpurroter Blütenstaub der Uwutpalme gewesen sein, der regelmässig in den Vorratskammern des Lengurep-Bienchens eingesammelt ist. – Das genannte Harz findet, wie das Bienchen, häufigste Verbreitung und Verwendung. – Gesäubert und getrocknet brennt es ruhig; mit 1/3 Petrol od. ähnlichem Brennstoff geweicht, dient es Dayak-Stämmen flussabwärts zum Abdichten ihrer Boote.

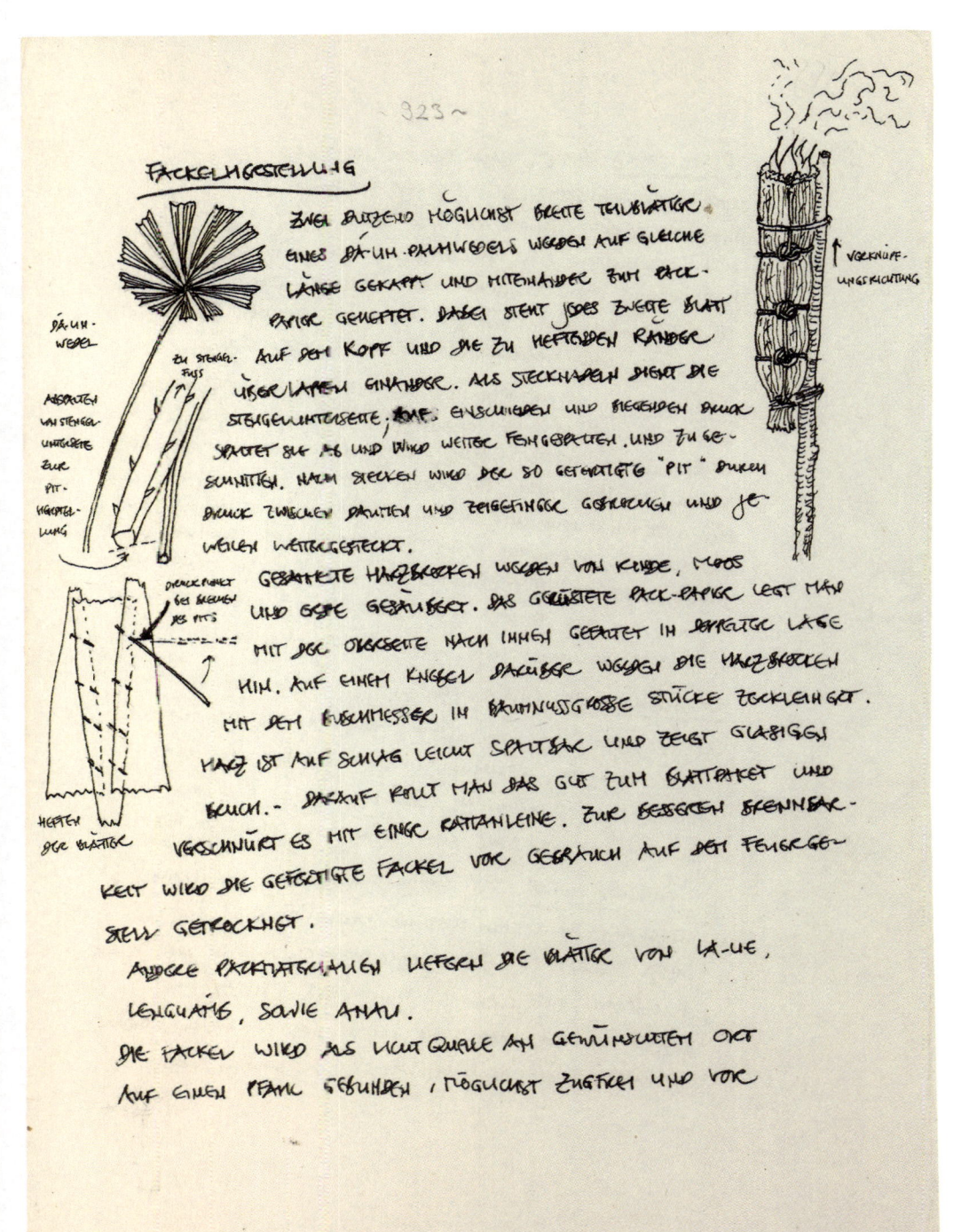

Fackelherstellung

Zwei Dutzend möglichst breite Teilblätter eines Dá-un Palmwedels werden auf gleiche Länge gekappt und miteinander zum Packpapier geheftet. Dabei steht jedes zweite Blatt auf dem Kopf und die zu heftenden Ränder überlappen einander. Als Stecknadeln dient die Stengelunterseite; auf Einschneiden und biegenden Druck spaltet sie ab und wird weiter feingespalten und zugeschnitten. Nach Stecken wird der so gefertigte ‹Pit› durch Druck zwischen Daumen und Zeigefinger gebrochen und jeweilen weitergesteckt.

Gesammelte Harzbrocken werden von Rinde, Moos und Erde gesäubert. Das gerüstete Pack-Papier legt man mit der Oberseite nach innen gefaltet in doppelter Lage hin. Auf einem Knebel darüber werden die Harzbrocken mit dem Buschmesser in baumnussgrosse Stücke zerkleinert. Harz ist auf Schlag leicht spaltbar und zeigt glasigen Bruch. – Darauf rollt man das Gut zum Blattpaket und verschnürt es mit einer Rattanleine. Zur besseren Brennbarkeit wird die gefestigte Fackel vor Gebrauch auf dem Feuergestell getrocknet.

Andere Packmaterialien liefern die Blätter von La-ue, Lenguámb, sowie Anau.

Die Fackel wird als Lichtquelle am gewünschten Ort auf einen Pfahl gebunden, möglichst zugfrei und vor

Dá-un-Wedel
Abspalten von Stengelunterseite zur Pit-Herstellung
Zu Stengelfuss
Druckpunkt bei Brechen des Pits
Heften der Blätter
↑ Verknüpfungsrichtung

Regen geschützt. – Durch Auflegen von Glut oder brennenden Holzscheiten wir das Harz angewärmt, verflüssigt sich nach einer Weile und fängt Feuer. – Bei unreinen Harzen müssen stets Schlacken durch Stören mit einem Hölzchen beseitigt werden, ansonsten das Licht erstickt. Harzflammen russen stark und schwärzen innert kurzem eine Dachbedeckung. – Undichte Fackeln, wo brennendes Harz ausfliesst, flickt man durch Einfügen eines Blattes oder Aufpatschen irgendeiner feuchten Masse wie Erde oder gekochtes Sago. – Mit faszinierend-eigenartigem Geräusch fallen blauflammende Harztropfen abwärts, und der Penan umschreibt damit den Drohruf einer grimmigen Bärenkatze (Pasui; Bari ha ani nyateng).

Durch Abdecken der Fackel mit einem Holzscheit wird diese erstickt und gelöscht. In seltenen Fällen brodelt die Fackel darauf und das flüssige Harz droht zu überlaufen (Ngelebú); es scheinen sich bei anfänglicher Abkühlung vermehrt Gase mit heftiger Blasenbildung zu entwickeln. – Die Alten sprachen in solchem Moment: «Blas dich auf, Harz, und ich werde satt sein, Freund!»*, und meint im sympathetischen [sympatetischen] Sinne, gerade so wie sich das Fackelpaket füllt mit ansteigendem Harz, so soll der Bauch satt werden von all dem erbeuteten Wild. –

* «Ngelebú ké nyateng, beso ko, dá!»

Alang Kuli

Nach einem Traum sprach Alang Kuli zu seinem Bruder: «Bleib nicht zurück! Doch wenn die Hunde eine Echse stellen, so speere sie!» – «Ja», antwortete dieser. Da gingen sie auf die Jagd, und die Hunde stellten die Baumechse Kevok. Alang Kuli wartete und wartete, und als sein Bruder nicht kam, da speerte er die Echse selbst. Ein Blutspritzer traf ihn, und als er kratzte, wuchsen da Haare, und er verwandelte sich in den Tigergeist, mit einem kurzen Gesicht wie ein abgehacktes Stück Holz. – Dann kehrte er zurück in die einsam gelegene Hütte, rannte da den Mäusen nach und erschreckte seine Frau Bungan: «Ich werde dich fressen!» – Bungan weinte vor Angst. «Weine nicht, Bungan, doch bereite uns zwei Speise[n]. Ich werde gleich mit meiner Schnauze aus der Schüssel fressen!» – Bungan wagte sich nicht in die Hütte und blieb auf der untersten Stiege: «Sie ist glücklich, weil du sie nicht bummst, Ngung! Geh hin mit deinem langen Penis!» – Wie das Licht einer Lampe leuchtete der Penis des Ngung, und schnell stieg Bungan angstvoll in die Hütte – und kochte eine Mahlzeit. Während der Tigergeist ass, wendete sich Bungan ab. –

Am nächsten Tag hiess er wieder, eine Mahlzeit zu kochen. Doch Bungan weinte nur und rührte sich nicht. – «Wenn du nicht kochst, fresse ich dich!», drohte er. – Da tat Bungan wie geheissen. Während der Tigergeist ass, weinte Bungan

Zui ♂ auf Obáh-Blüte 1:1

wütend und entfernte sich. Da traf sie die Eidechse Kelliap: «Oh, Kelliap, mein Mann hat sich in den Tigergeist verwandelt. Ich habe Angst. Hilf mir. Dieses Holz, schlag es und mach Lärm!» – «Ja», antwortete die Eidechse. – Zurück in der Hütte, nahm Bungan alle Wäsche und hängte sie zum Trocknen an der Sonne auf. «Ich geh Holz schlagen. Wenn's regnen sollte, nimm die Wäsche ein!», sprach sie zu ihrem verwandelten Mann. – Doch dann versteckte sie sich hinter dem Hüttenpfosten. «Goró-goró», schlug die Eidechse Feuerholz. «Rak», begann es zu regnen. – «Kehr heim, Bungan, deine Wäsche wird nass!», rief Alang Kuli. – «Wie meinst du? – Nimm du sie ein!», antwortete die Eidechse. Da warf er sein Tigergeist-Hemd dahin und rannte, die Wäsche einzunehmen. – Da preschte plötzlich Bungan hinter dem Hüttenpfosten hervor, packte das Hemd und schmiss es ins Feuer, dass es nur so schwelte und aufloderte. – «Das riecht nach meinem verbrannten Hemd! Wie kommt das?», rief Alang Kuli. – Das Hemd war schon verbrannt, und da stand er, ein Mensch wie zuvor, mit schönem Körper.

Bala Tá-ang, L. Ballau

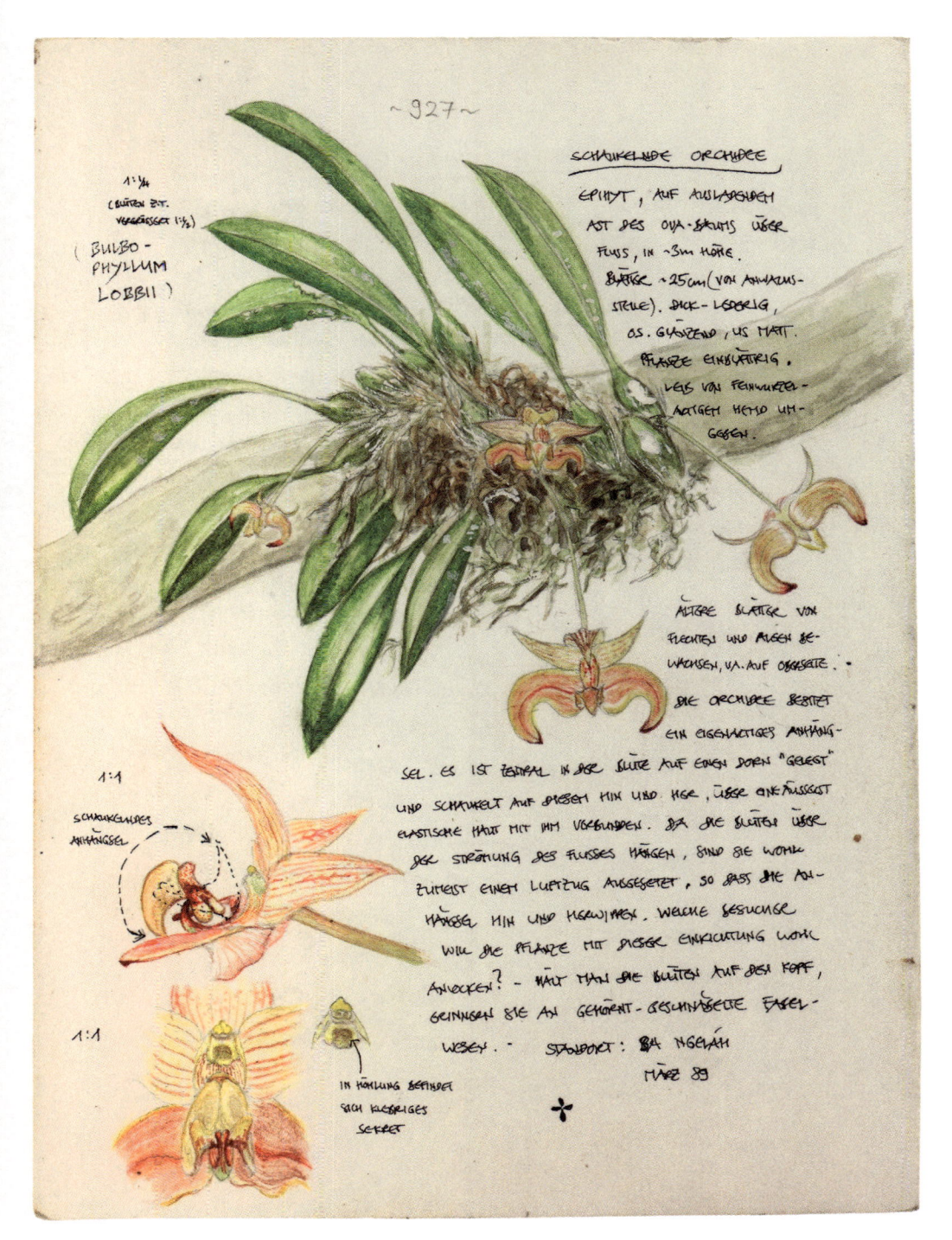

14/927 Schaukelnde Orchidee
Epiphyt, auf ausladendem Ast des Ova-Baums über Fluss, in ~3 m Höhe. Blätter ~25 cm (von Anwachsstelle). Dick-lederig, Os. glänzend, Us. matt. Pflanze einblättrig. Leib von feinwurzelartigem Hemd umgeben.
Ältere Blätter von Flechten und Algen bewachsen, va. auf Oberseite. – Die Orchidee besitzt ein eigenartiges Anhängsel. Es ist zentral in der Blüte auf einen Dorn ‹gelegt› und schaukelt auf diesem hin und her, über eine äusserst elastische Haut mit ihm verbunden. Da die Blüten über der Strömung des Flusses hängen, sind sie wohl zumeist einem Luftzug ausgesetzt, so dass die Anhängsel hin und herwippen. Welche Besucher will die Pflanze mit dieser Einrichtung wohl anlocken? – Hält man die Blüten auf den Kopf, erinnern sie an gehörnt-geschnäbelte Fabelwesen. – Standort: Ba Ngeláh März 89
(Bulbophyllum lobbii) 1:1/4
(Blüten z. T. vergrössert 1:1/2)
Schaukelndes Anhängsel 1:1
In Höhlung befindet sich klebriges Sekret 1:1

Rufe 14/928

«Wie der Regen vom Himmel fällt sind unsere Tränen, wenn wir an unser Land denken. – Unsere Regierung in Sarawak schenkt unseren Bitten keinen Glauben, doch weiter zerstören die Kompanies Sagopalmen, Wild und unser Leben. Doch unser Land ist nicht gross. – Ihr Könige, kommt und helft uns, bevor es zu spät ist. Wenn ihr nicht jetzt handelt, werdet ihr einst nur nach totem und leerem Land nachschauen. Königin Elisabeth! Sohn des Rajá Brook! Vom Scheitel bis zur Sohle hoffen wir auf eure Hilfe – jetzt!»
Along Segá, Long Adang

«Wie wenn die Sonne verdeckt ist und Regen vom Himmel fällt – weder Berg, noch Baum, noch Stein sind sichtbar – wir frieren in Wind und Nebel. Und unsere Herzen können sich nicht freuen. Das heisst, unserer Regierung hilft uns nicht. –
Was wir Penans wünschen: Eine Regierung, die ist wie Sonnenschein. Um Mittag; da rufen Argusfasan und Tekuhud, und Früchte reifen. Dann schauen wir alle mit frohem Herzen über Berg, Tal und Fluss, vom Kind, Frau, bis zum Greis. Das lieben wir wie Abendrot und Morgenrot. – So wollen wir euer Herz berühren, ihr Könige, und zum Aufstehen bewegen. – Wenn ein Mensch bei starkem Wind und Regenfall barfuss und ohne Hemd geht – friert er nicht? – Geradeso zerstört die Kompanie unser Land und Leben – allen Protesten zum Trotz. Wie können wir's leicht haben? – Was antwortet ihr uns?» –
Melai Beluluk, Long Adang

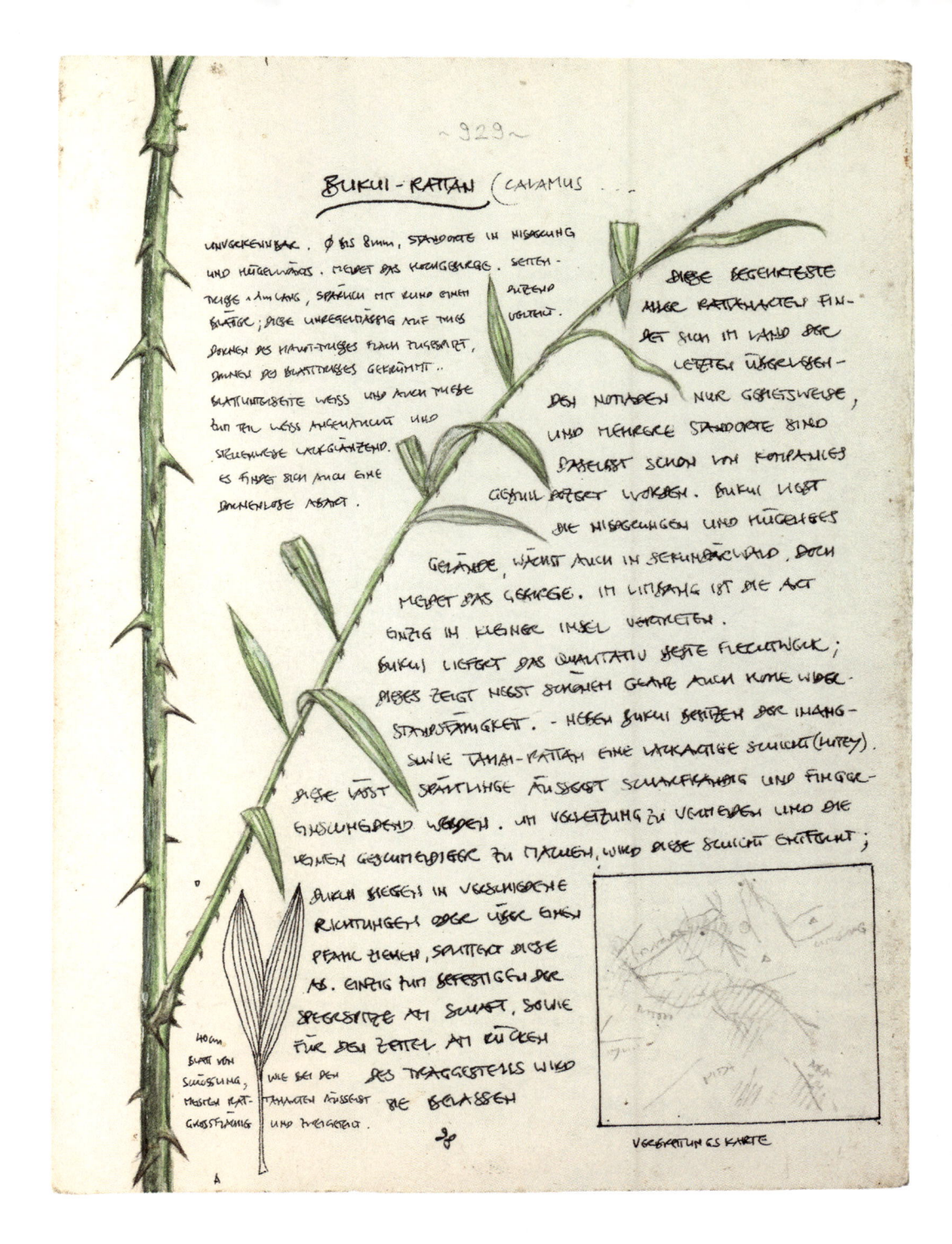

Bukui-Rattan (Calamus)

Diese begehrteste aller Rattanarten findet sich im Land der letzten überlebenden Nomaden nur gebietsweise, und mehrere Standorte sind daselbst schon von Kompanies gebulldozert worden. Bukui liebt die Niederungen und hügeliges Gelände, wächst auch in Sekundärwald. Doch meidet das Gebirge. Im Limbang ist die Art einzig in kleiner Insel vertreten.

Bukui liefert das qualitativ beste Flechtwerk; dieses zeigt nebst schönem Glanz auch hohe Widerstandsfähigkeit. – Neben Bukui besitzen der Imang sowie Tahai-Rattan eine lackartige Schicht (Lutey). Diese lässt Spältlinge äusserst scharfkantig und fingereinschneidend werden. Um Verletzung zu vermeiden und die Leinen geschmeidiger zu machen, wird diese Schicht entfernt; durch Biegen in verschiedene Richtungen oder über einen Pfahl ziehen, splittert diese ab. Einzig zum Befestigen der Speerspitze am Schaft, sowie für den Zettel am Rücken des Traggestells wird sie belassen.

Unverkennbar. Ø bis 8 mm, Standorte in Niederung und hügelwärts. Meidet das Hochgebirge. Seitentriebe 1 m lang, spärlich mit rund einem Dutzend Blätter; diese unregelmässig auf Trieb verteilt. Dornen des Haupt-Triebes flach zugespitzt, Dornen des Blatttriebes gekrümmt. Blattunterseite weiss und auch Triebe zum Teil weiss angehaucht und stellenweise lackglänzend. Es findet sich auch eine dornenlose Abart.

Blatt von Schössling, wie bei den meisten Rattanarten äusserst grossflächig und zweigeteilt. 40 cm

Verbreitungskarte

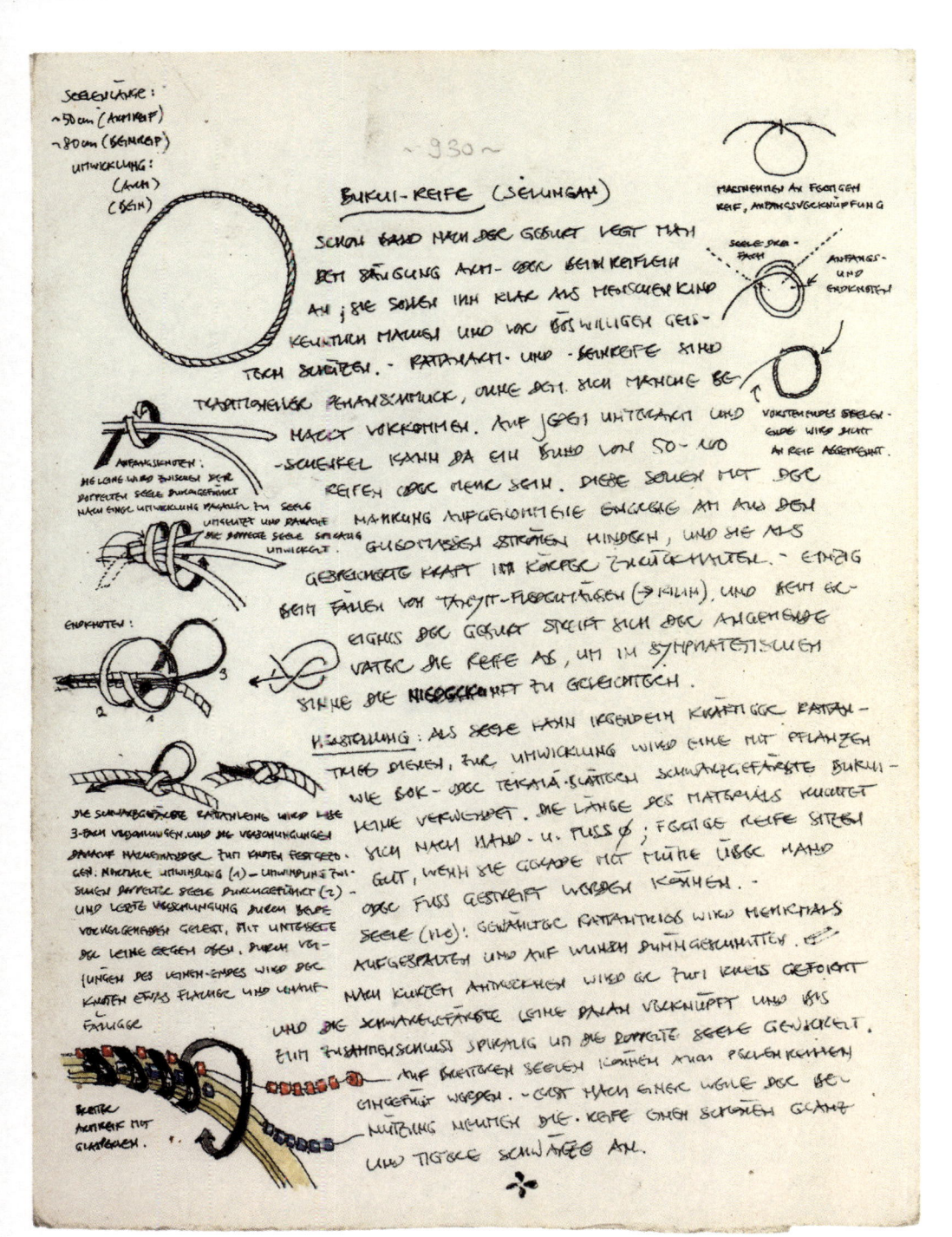

14/930 Bukui-Reife (Selungan)

Schon bald nach der Geburt legt man dem Säugling Arm- oder Beinreiflein an; sie sollen ihn klar als Menschenkind kenntlich machen und vor böswilligen Geistern schützen. – Rattanarm und -beinreife sind traditioneller Penanschmuck, ohne den sich manche beneckt vorkommen. Auf jedem Unterarm und -schenkel kann da ein Bund von 50–100 Reifen oder mehr sein. Diese sollen mit der Nahrung aufgenommene Energie am aus den Gliedmassen strömen hindern, und sie als gespeicherte Kraft im Körper zurückhalten. – Einzig beim Fällen von Tanyit-Fledermäusen (→ Kilin), und beim Ereignis der Geburt streift sich der angehende Vater die Reife ab, um im symphatetischem [sympathetischen] Sinne die Niederkunft zu erleichtern.

<u>Herstellung</u>: Als Seele kann irgendein kräftiger Rattantrieb dienen, zur Umwicklung wird eine mit Pflanzen wie Bok- oder Tekaiá-Blättern schwarzgefärbte Bukui-Leine verwendet. Die Länge des Materials richtete sich nach Hand- u. Fuss Ø; fertige Reife sitzen gut, wenn sie gerade mit Mühe über Hand oder Fuss gestreift werden können.

Seele (Ilo): Gewählter Rattantrieb wird mehrmals aufgespalten und auf Wunsch dünngeschnitten. Nach kurzem Antrocknen wird er zum Kreis geformt und die schwarzgefärbte Leine daran verknüpft und bis zum Zusammenschluss spiralig um die doppelte Seele gewickelt. Auf breiteren Seelen können auch Perlenreihen eingefügt werden. – Erst nach einer Weile der Benützung nehmen die Reife einen schönen Glanz und tiefere Schwärze an.

Seelenlänge:
~50 cm (Armreif)
~80 cm (Beinreif)
Umwicklung: (Arm)
(Bein)
Anfangsknoten:
Die Leine wird zwischen der doppelten Seele durchgeführt
Nach einer Umwicklung parallel zu Seele umgelitzt und darauf die doppelte Seele spiralig umwickelt.
Endknoten:
1 2 3
Die schwarzgefärbte Rattanleine wird lose 3-fach verschlungen, und die Verschlingungen darauf nacheinander zum Knoten festgezogen. Normale Umwindung (1) – Umwindung zwischen doppelter Seele durchgeführt (2) – und letzte Verschlingung durch beide Vorhergehenden gelegt, mit Unterseite der Leine gegen oben. Durch Verjüngen des Leinen-Endes wird der Knoten etwas flacher und unauffälliger
Breiter Armreif mit Glasperlen
Massnehmen an fertigem Reif, Anfangverknüpfung
Seele dreifach
Anfangs- und Endknoten
Vorstehendes Seelenende wird dicht am Reif abgetrennt.

Lessey

«Purai Lessey
Bok o uey
Bok Baley
Bok o uey»
besingt ein
Verliebter das lang
wallende Haar seiner
Angebeteten mit
einer Melodie auf
der Nasenflöte
«Wie die sich öffnenden
Blütenschnüre der
Lessey-Palme»

Diese schlankeste Sagopalme ist nur vereinzelt anzutreffen. Sie findet sich in einer kleineren Erscheinung (Lessey Djuhit), und in einer bis oberschenkeldicken Art (Lessey Iman), gleichsam die kleine Schwester der mächtigen Imanpalme. – Sie liebt eher feuchte Standorte, sowohl bergwärts als auch in der Ebene, vor allem in Sekundärwald. –
Lessey-Herz ist essbar und der Teil darunter (Pá-ong) soll gebacken auch geniessbar sein.
Hat die Palme Reife erreicht, so stirbt die Triebspitze, welche neue Blattwedel ausbildet ab, und gleichzeitig treibt die oberste Fruchtknospe in der Krone aus. – Aufeinanderfolgend sprosst von oben nach unten hin bei jedem Knoten eine schlafende Knospe und treibt Blütenschnüre aus.
Nachdem die unterste Knospe am Fuss des Stammes gefruchtet hat, stirbt die Palme gänzlich ab und verdorrt.
Die stark beissenden Früchte wurden am Apofluss (Tutoh) einst verwendet, um Krokodile zu vertreiben. Man schüttete von den Früchten oberhalb wie unterhalb der Siedlung in den Fluss. –
Wegen ihrer Schlankheit und Seltenheit wir die Lessey-Palme kaum je verarbeitet. Tut man doch so, darf weder ihr Name genannt, noch ihr Sagogehalt angesprochen werden (→ Kilin), ansonsten könnte dieser verschwinden (→ Tatad), und alle Mühe ist umsonst.

Das Sago der Lessey-Palme ist fein, rein weiss und ähnelt jenem von Jakáh.

Messerscheide

Gebräuchliche Materialien zu deren Herstellung sind Ipá Jakáh, Uwut und Tellako. Kellabits sollen auch Hirsch- und Bärenhaut benutzen. – Von allen pflanzlichen Materialien soll die stammumfassende Stengelbasis

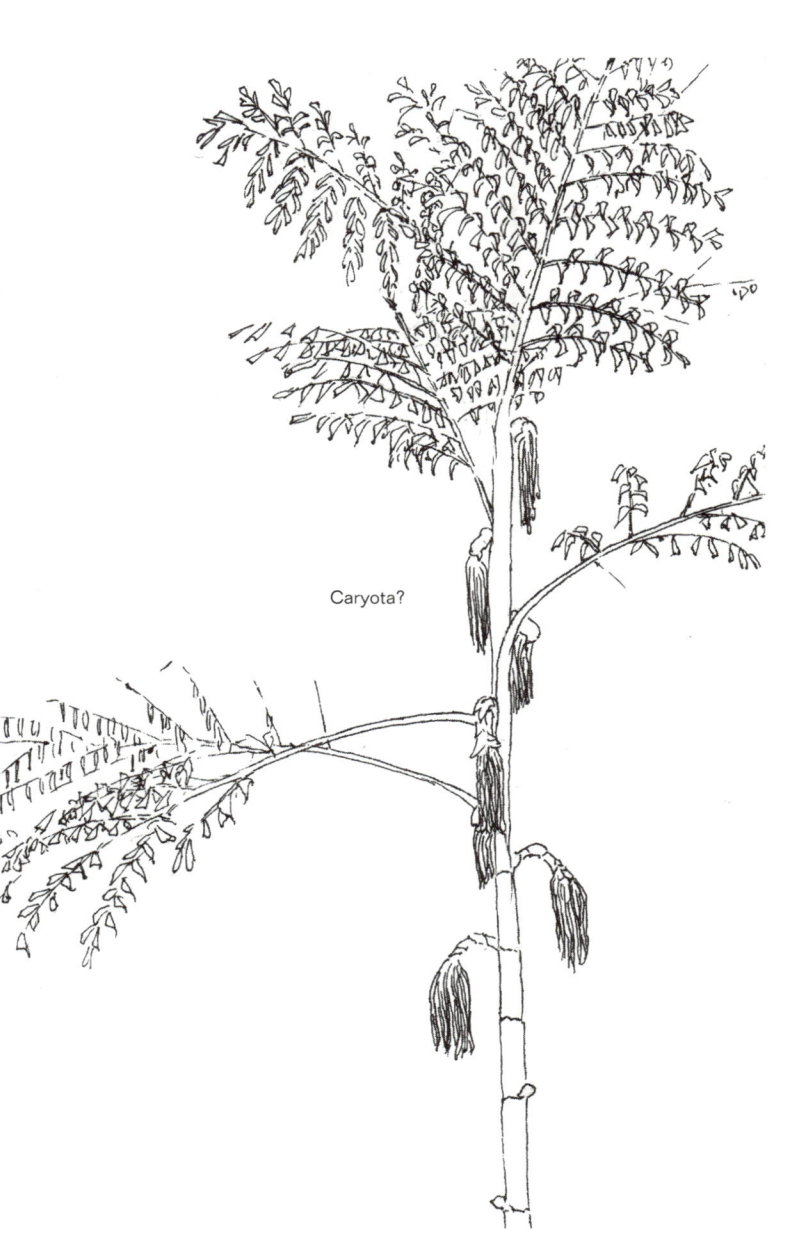

Fruchtknospen und Früchte. Same schwarz; Früchte und sämtliche nassen Pflanzenteile äusserst beissend.

Caryota?

Stengel

Fruchtstumpf

~50 cm

A)

B)

C)

D) Grob zugeschnittene Lessey-Rinde

E) Ritzen auf dünngeschnittener Aussenseite

F) Innenseite

Längsfaltung

Form wie Faltung richten sich nach Messergrösse.

G) 30 cm

H) Fixierung nach Kellabitweise 1 2 3 4

Unterseite 1 2 3 4

Oberseite

Unterseite

Oberseite

K) Befestigung der Messerscheide bündig auf der vom Buschmesser. Verwendet wird feine Rattanfaser verschlungen in

Form zugeschnitten (F). Der Rand kann mit einem Zick-Zack-Muster verziert werden. Bei Faltung von Rohrinden müssen diese vorher erhitzt werden, um Bruch zu vermeiden.

Die Scheide wird mit einer Rattannaht fixiert; mit einer Knochenaale werden die Löcher vorgestochen. – Gebräuchliche ‹Vernähung› (G) in umwindender Weise kann sich bei Bruch der Rattanfaser auflösen. Genial ist die Fixierung nach Kellabitweise. Dabei werden zwei kurze Rattanfasern miteinander verschlungen (H), oder auch eine einzige mit sich selbst (I), je in kurzen Abständen. Diese Verknüpfung hält noch, wenn die alte Scheide durchlöchert ist.

Long Kerameu (6 Familien. 20 Mitglieder)

Das oberste Penandorf im Ulu Aka. – Ein einziges der älteren Ehepaare mit Kindernachwuchs. Zwei der Familien leben nomadisch. Der Dorfälteste nennt sich ‹Penan Payang›; deren Ursprung sei im Apo-Layungebiet, und in kriegerischen Zeiten wären

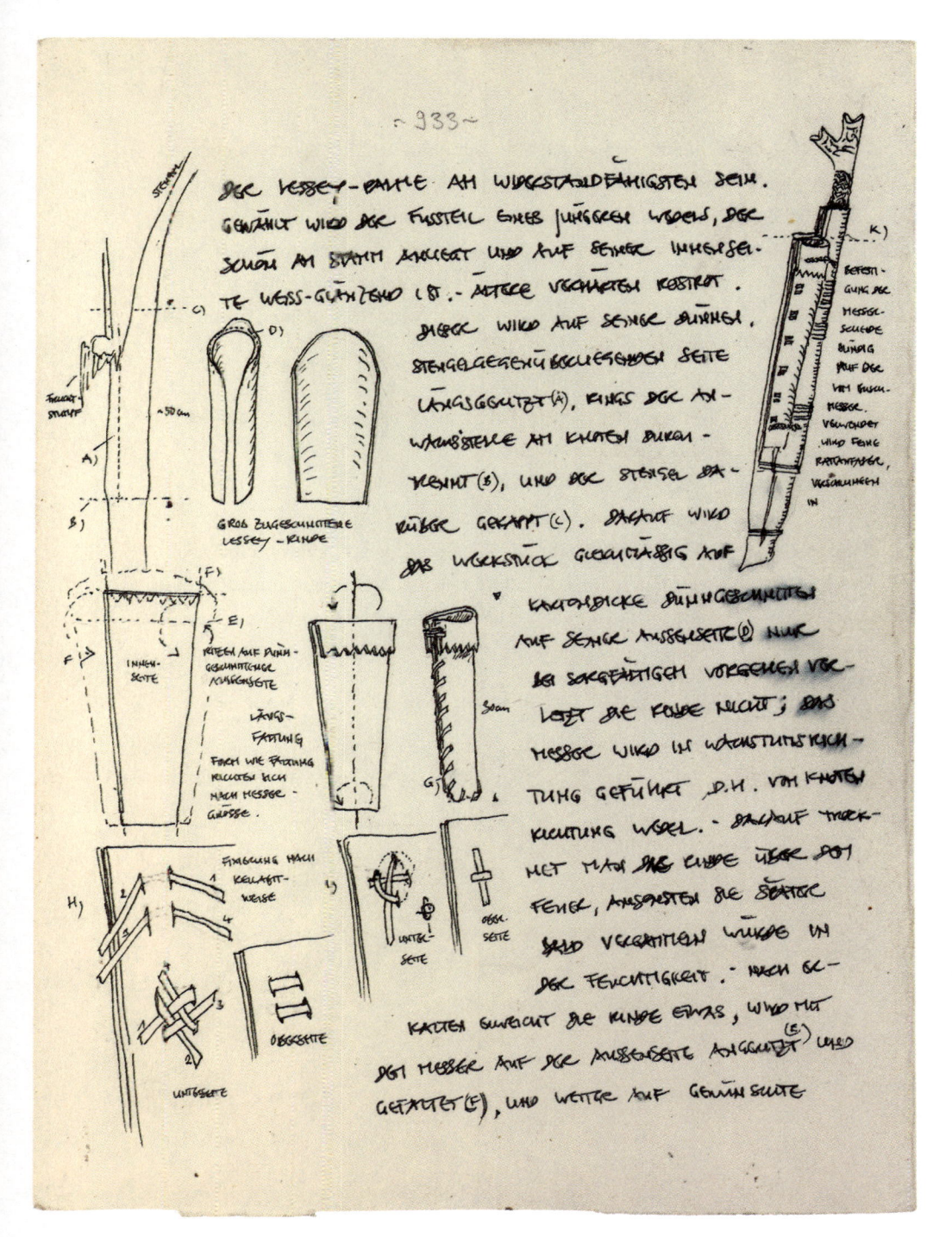

der Lessey-Palme am widerstandsfähigsten sein. Gewählt wird der Fussteil eines jüngeren Wedels, der schön am Stamm anliegt und auf seiner Innenseite weiss-glänzend ist. – Ältere verhärten rostrot. Dieser wird auf seiner dünnen, stengelgegenüberliegenden Seite längsgeritzt (A), rings der Anwachsstelle am Knoten durchtrennt (B), und der Stengel darüber gekappt (C). Darauf wird das Werkstück gleichmässig auf Kartondicke dünngeschnitten auf seiner Aussenseite (D). Nur bei sorgfältigem Vorgehen verletzt die Rinde nicht; das Messer wird in Wachstumsrichtung geführt, d.h. vom Knoten Richtung Wedel. – Darauf trocknet man die Rinde über dem Feuer, ansonsten sie später bald vergammeln würde in der Feuchtigkeit. – Nach Erkalten erweicht die Rinde etwas, wird mit dem Messer auf der Aussenseite angeritzt (E) und gefaltet (F), und weiter auf gewünschte

sie erst besiegt, wenn man alle von ihnen getötet hätte. Du kannst wohl kaum freundlichere Leute als sie antreffen. – Die letzten 3–4 Generationen pendelten zwischen rechts'seitigem Tutohfluss und in den Quellgebieten des Aka- und Patáh-Flusses. Auf Drängen ihrer Nachbarn, nur sesshaften Familien würde Pfarrer, medizinische Hilfe und Unterstützung von Regierungsseite gewährt, wurde das Dorf um 1982 auf ehemaligem Kellabit-Kulturland gegründet. – Hütten und Reisspeicher folgen in Bauweise Kellabit-Manier: Schindeldach aus Taha/Ranga, Wände aus Rinde. Boden aus Lemujan-Stengeln, Bambusspältlingen oder mit der Axt zugehauenen Ranga-Brettern. – Hauptnahrung bildet Reis. Sämtliche Maniok-Pflanzungen sind von Wildschweinen geplündert worden. Neben Wild und Fisch bereichern Farnsprosse, Gurken- und Maniokblätter, sowie vereinzelt Bananen, Papaya und Ananas den Speiseplan.

Die meisten Wildschweine werden mit Hund und Speer erbeutet. – Die Penans von Long Kerameu benutzen bis fingerdicke Blasrohr-Öffnungen, welche eine ungemeine Kraftentladung erlauben. Bei der Übergabe einiger Giftpfeile mahnt der Dorfälteste: «Schiess das Wildschwein nicht, wenn es waagrecht zu dir steht. Warte bis es sich schräg wendet, ansonsten durchbohrt der Pfeil den Leib und fällt auf der anderen Seite des Leibes samt Gift heraus.[»] –

Palan-Eichel (Castanopsis)
Standort: I-ot Aka
März 89
1:½
Unreifer geschälter Same
1:½
Gestachelte Eichel
(Tekalet Besuhau)
1:1
Standort: Ulu Tutoh
Eichel mit Seidenglanz, essbar. Bei reichem Fall barfuss gehen mühsam.
Mai 89

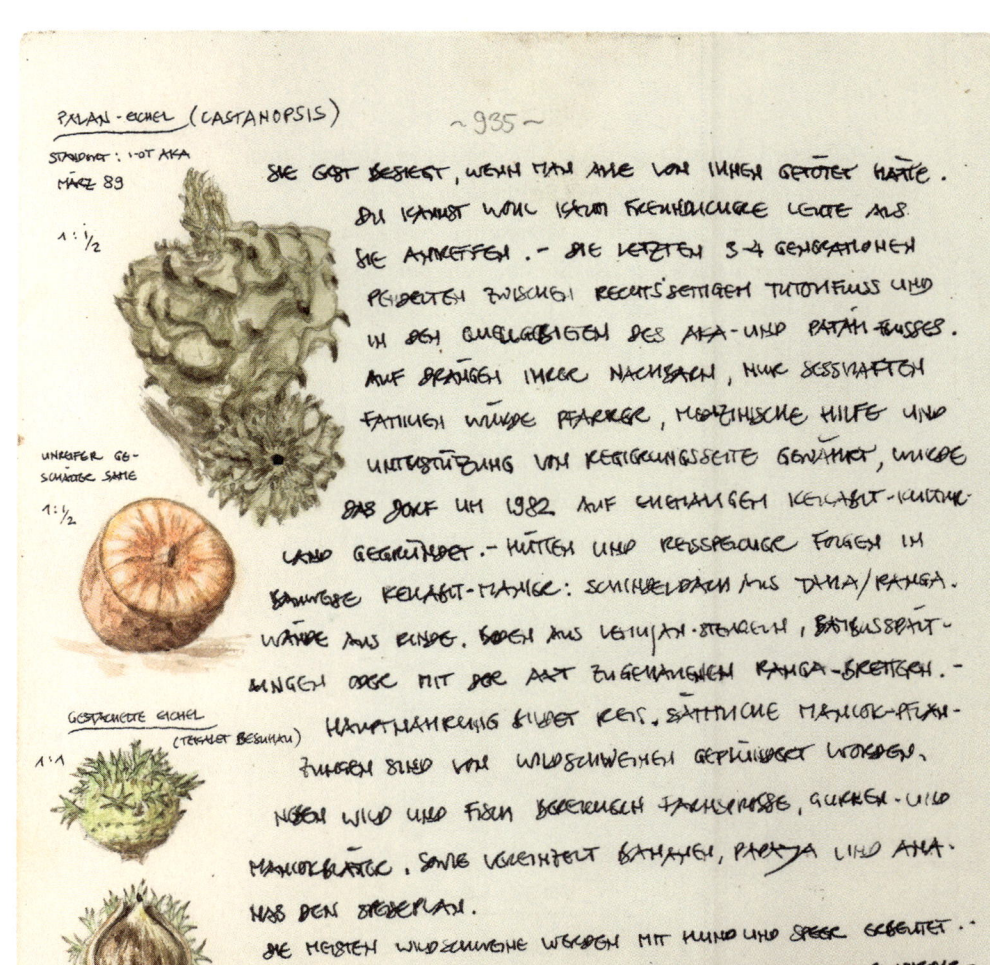

Der vielleicht 55-jährige Paren ist so schwerhörig, dass man wohl eine Bombe hinter seinem Rücken platzen lassen könnte, ohne dass er es merkt. Doch, o Wunder, wenn er auf Jagd geht, kommt er mit Beute heim. Entgeht ihm auch vieles, so leitet ihn allein sein Auge und Erfahrung beim Aufspüren von Wildschwein, und mit Rufen (Ngi-ong) vermag er Rehe anzulocken. – Er schläft auf einer Bärenhaut, kommt eines Tages gar mit einer fetten Python nach Hause, und kann für Stunden die grosse Klaue eines Keilers wieder und wieder betrachten, und bestaunen. Wir schnitzen uns jeweilen gegenseitig Zahnstocher und bedanken uns pathetisch lachend dafür.

Ein Dorfmitglied hatte sich einst in der Missionsschule als Gebetsführer ausbilden lassen, und jeden Morgen vor Tagesanbruch wird Andacht gehalten. Die einstigen australischen Missionarinnen leben in frischer Erinnerung.

Als ich eines Sonntags an einer Sitzung teilnehme und gelangweilt werde, schlage ich selbst die Bibel auf, um zu sehen, was sie mir zu sagen hat. Und da stosse ich im Römerbrief gerade auf die Stelle, welche auch schon andere Gemüter erhitzt hat: «Die Regierung ist von Gott eingesetzt. Darum soll man ihr in Allem gehorchen, Tribute zahlen und sich nicht widersetzen.» Hatte sich der Schreibling angeheischt, Gottes Wort zu reden? – Der Bibelkundige Paren versöhnt mich mit einer anderen Stelle. «Doch wenn Menschen schlechte, unaufrichtige Sitte zeigen, so folgt nicht ihrem Geheiss, denn es ist des Teufels.»

Vogelleim

Das Latex der Würgfeige (Mutan) sowie von drei Bäumen der Jack-Fruit-Gattung (Beripun Kup, Beripun Burai, Beripun Tahab) kann zum Vogelfang verwendet werden. Am beliebtesten ist Beripun Tahab. Dieser dunkelrindige Baum wächst oft in Seitenhängen in der Nähe von kleineren Wasserläufen. Er kann über 1 m Stamm Ø zeigen und fusst auf plattenförmigen Stützwurzeln. An seinen grossflächigen Blättern kondensiert Morgentau. Mit lautem Fallgeräusch landet geworfenes Laub, welches auch zur Dachbedeckung dienen kann. Reife Früchte verströmen ringsum einen zwiebelähnlichen Geruch und werden von Tier und Mensch verspiesen. Wie all seine Verwandten, beantwortet der Baum Verletzung mit heftigem Latex-Austritt.

Gewinnung: Wird nur ein klein wenig des Milchsafts benötigt, so schlägt man einige Kerben in den Baum und erntet am nächsten Tag das ausgetretene, in der Zwischenzeit geronnene Latex mit einem Hölzchen. Um Kleben zu vermeiden werden die Finger mit Spucke angefeuchtet, während man die Masse zur Kugel formt. –

Beim Ernten einer grösseren Menge von Milchsaft wird der Baum wie Pfeilgift angezapft, mit diagonal zueinander geschlagenen Kerben-

Überreife Beripun-Frucht

25 cm

80 cm

Sieb

Arto Carpus [Artocarpus]

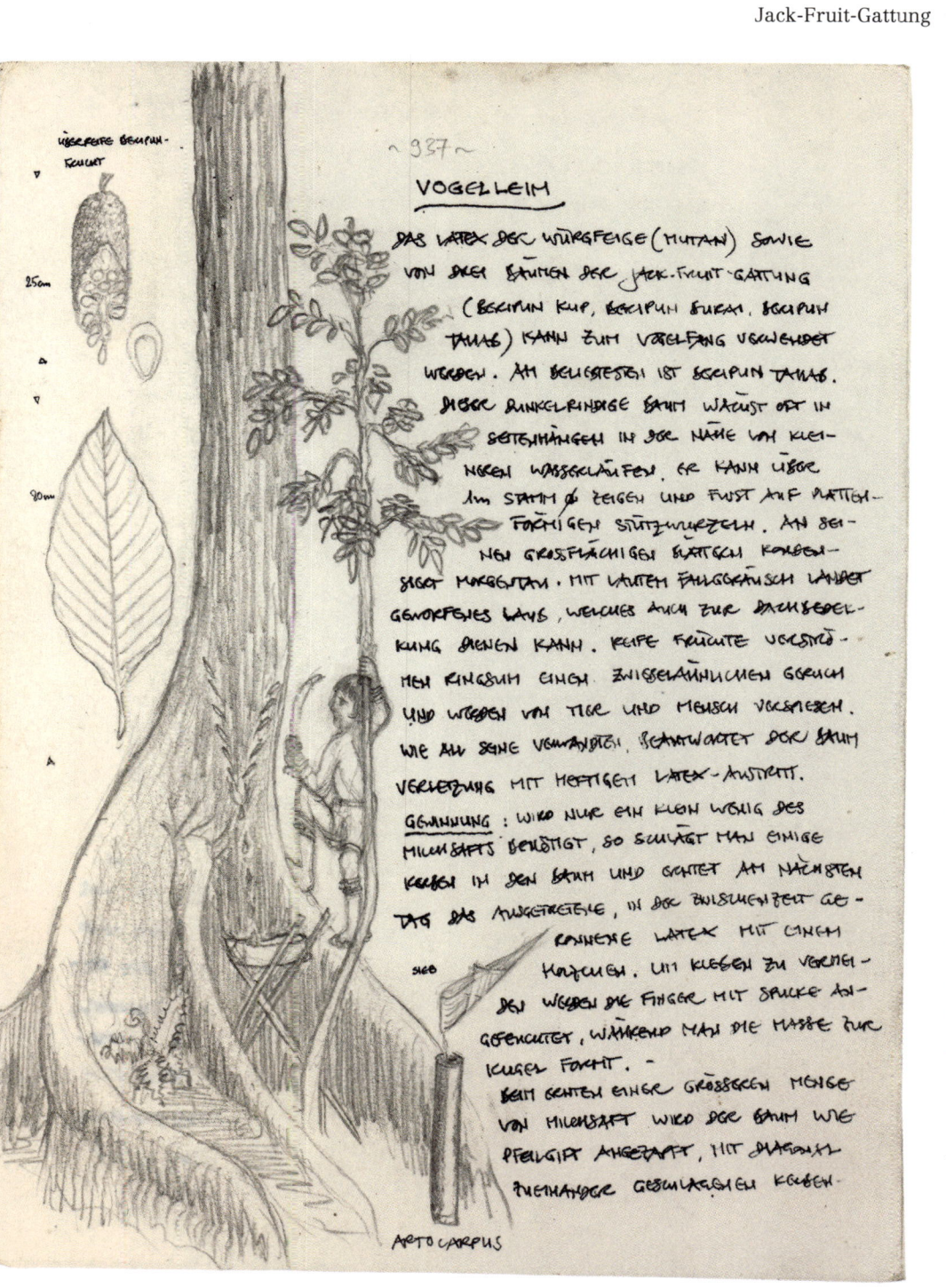

reihen. Der Saft fliesst von Stufe zu Stufe und vereinigt sich darunter im bereitgestellten Gefäss, ein gefaltetes Blatt oder ein Bambusabschnitt. Durch Umschütten durch ein trichterförmig gefaltetes Blatt siebt man Rindenunreinheiten aus.

In der Wärme der Feuers oder durch heftiges Lufteinblasen mit Hilfe eines kleinen Bambusröhrchens koaguliert das Latex nach einer Weile. Es wird mit nassen Händen zur Kugel geformt. Wärme erhöht die Klebfähigkeit der äusserst elastischen und fadenziehenden Masse. Sie kann in diesem Zustand an beliebigem Ort auf Ast- oder Stein gestrichen werden; oder man kappt einen Rattantrieb auf ~50 cm lange Abschnitte, und wickelt das fadenziehenden Latex, diese in der Hand drehend, spiralig auf. Die so präparierten Klebstäbe werden in einem Bambus aufbewahrt, bereit zum Gebrauch.

Anwendung: Unter die Dachbedeckung gesteckt dienen die Klebstäbe als Kakerlakenfalle. Im Reisspeicher auf ein Holz gestrichen, können Mäuse geleimt werden. Auch unerwünschtes Wespenvolk unter der Behausung kann auf dem Leim ‹festgenagelt› werden. – Waagrecht am Vogelbade- oder Fressplatz angebracht, werden alle kleineren darauf landenden Gefiederten Opfer der Falle; im Begriff abzufliegen, können sie den Fussgriff nicht lösen und bei Befreiungsversuchen verklebt weiter das Gefieder und macht den Vogel flugunfähig. Häufig geleimte Vögel sind Ase, Keniating Bateu am Badeplatz, Ko, Gibbonvogel am Fressplatz, Sit neben Blüten der wilden Banane, Kasek am Nest. Einst wurde gar eine Hörnchenratte (Gi-uau) selbst Opfer des Leims, als sie gefangene Vögel fressen wollte.

Vogelleim wird kaum je vom Nomadenvolk verwendet, das den Vögeln mit dem Blasrohr nachstellt.

Aufwickeln von Vogelleim auf Rattantrieb.

Die elastische Masse löst sich auf Zug zu einem Band wie ein Kaugummi.

Bambusbehälter mit Leimstäbchen

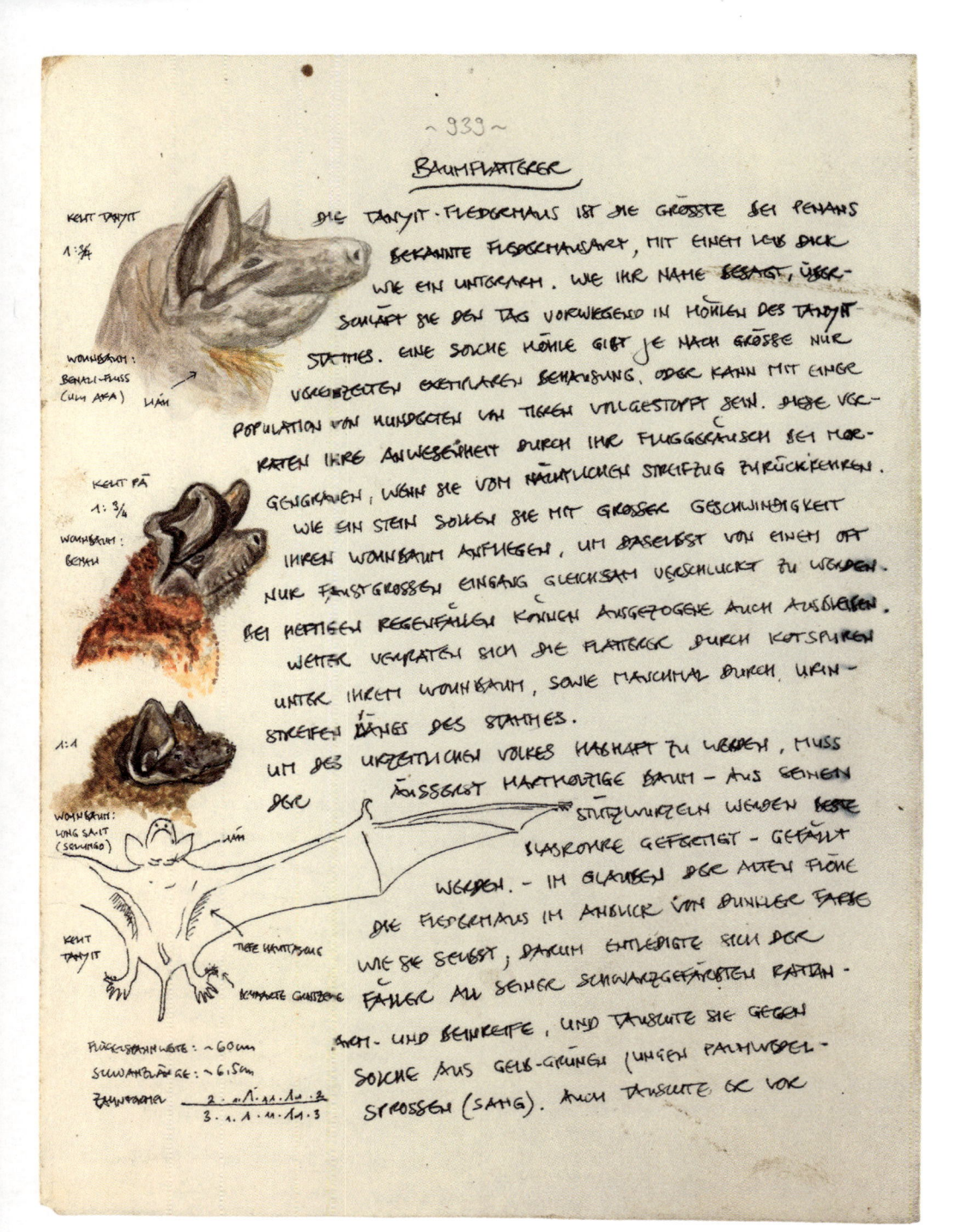

14/939 Baumflatterer

Die Tanyit-Fledermaus ist die grösste bei Penans bekannte Fledermausart, mit einem Leib dick wie ein Unterarm. Wie ihr Name besagt, überschläft sie den Tag vorwiegend in Höhlen des Tanyitstammes. Eine solche Höhle gibt je nach Grösse nur vereinzelten Exemplaren Behausung, oder kann mit einer Population von Hunderten von Tieren vollgestopft sein. Diese verraten ihre Anwesenheit durch ihr Fluggeräusch bei Morgengrauen, wenn sie vom nächtlichen Streifzug zurückkehren. Wie ein Stein sollen sie mit grosser Geschwindigkeit ihren Wohnbaum anfliegen, um daselbst von einem oft nur faustgrossen Eingang gleichsam verschluckt zu werden. Bei heftigen Regenfällen können Ausgezogene auch ausbleiben. Weiter verraten sich die Flatterer durch Kotspuren unter ihrem Wohnbaum, sowie manchmal durch Urinstreifen längs des Stammes.

Um des urzeitlichen Volkes habhaft zu werden, muss der äusserst hartholzige Baum – aus seinen Stützwurzeln werden beste Blasrohre gefertigt – gefällt werden. – Im Glauben der Alten flöhe die Fledermaus im Anblick von dunkler Farbe wie sie selbst, darum entledigte sich der Fäller all seiner schwarzgefärbten Rattanarm- und Beinreife, und tauschte sie gegen solche aus gelb-grünen jungen Palmwedelsprossen (Sang). Auch tauschte er vor

Kelit Tanyit 1:3/4 Wohnbaum: Benali-Fluss (Ulu Aka)

Liáh

Kelit Pá 1:3/4 Wohnbaum: Benali

1:1 Wohnbaum: Long Sa-it (Selungo)

Liáh

Kelit Tanyit, Tiefe Hauttasche, Behaarte Grosszehe

Flügelspannweite: ~60 cm

Schwanzlänge: ~6.5 cm

Zahnformel [siehe Faksimile]

14/940 seiner Fällarbeit den schwarzen in einen andersfarbigen Lendenschurz. Bei weissem sollen die Zehenkrallen der erbeuteten Fledermäuse weiss – bei rotem rot sein. –

Beim Fallen des Baumes ruft der Eingeborene: «Hochwasser! Hochwasser!»*, wenn er viele Tiere sieht. Würde der Name und Menge ausgesprochen, könnten sie sich alsogleich in nur wenige verwandeln, und die Ernte schlecht ausfallen (→ Kilin). – Die aus geborstener Höhle krabbelnden Tiere werden mit Rattanschlägen betäubt. Ein Holzknüppel würde bald brechen. – Der Penan hütet sich vor Fledermausparasiten. Einige (Tumáh) sollen bis erbsengross werden und auch auf den Menschen übergehen. Sie sind von rundlich-flachem Leib, von rotbrauner Färbung und rennen äusserst flink nach Krebsart seitlich – besitzen jedoch nur drei Beinpaare.

Die eher kahl anmutende Tanyit-Fledermaus ist leicht erkennbar an ihren tiefen Hauttaschen zwischen Leib und Flügel. In diesem soll die Fledermaus erbeutete Glühwürmchen aufbewahren – wohl ein Märchen. – Sie soll sich weiter von Pá-Früchten ernähren.

* «Djá-au Baa! Djá-au Baa!»

Kelit-Tanyit 1:3/4

Kelit Pá 1:1

Flügelspannweite: 32 cm

Schwanzlänge: 4 cm

Pelz fein, warmes Ziebelschalenrot

Zehen bewimpert

Haut, die die Ohren bildet, über Stirne verbunden.

Juv. umbrafarben 1:1

Flügelspannweite: 30 cm

Schwanzhaut 4 cm

Zahnformel [siehe Faksimile]

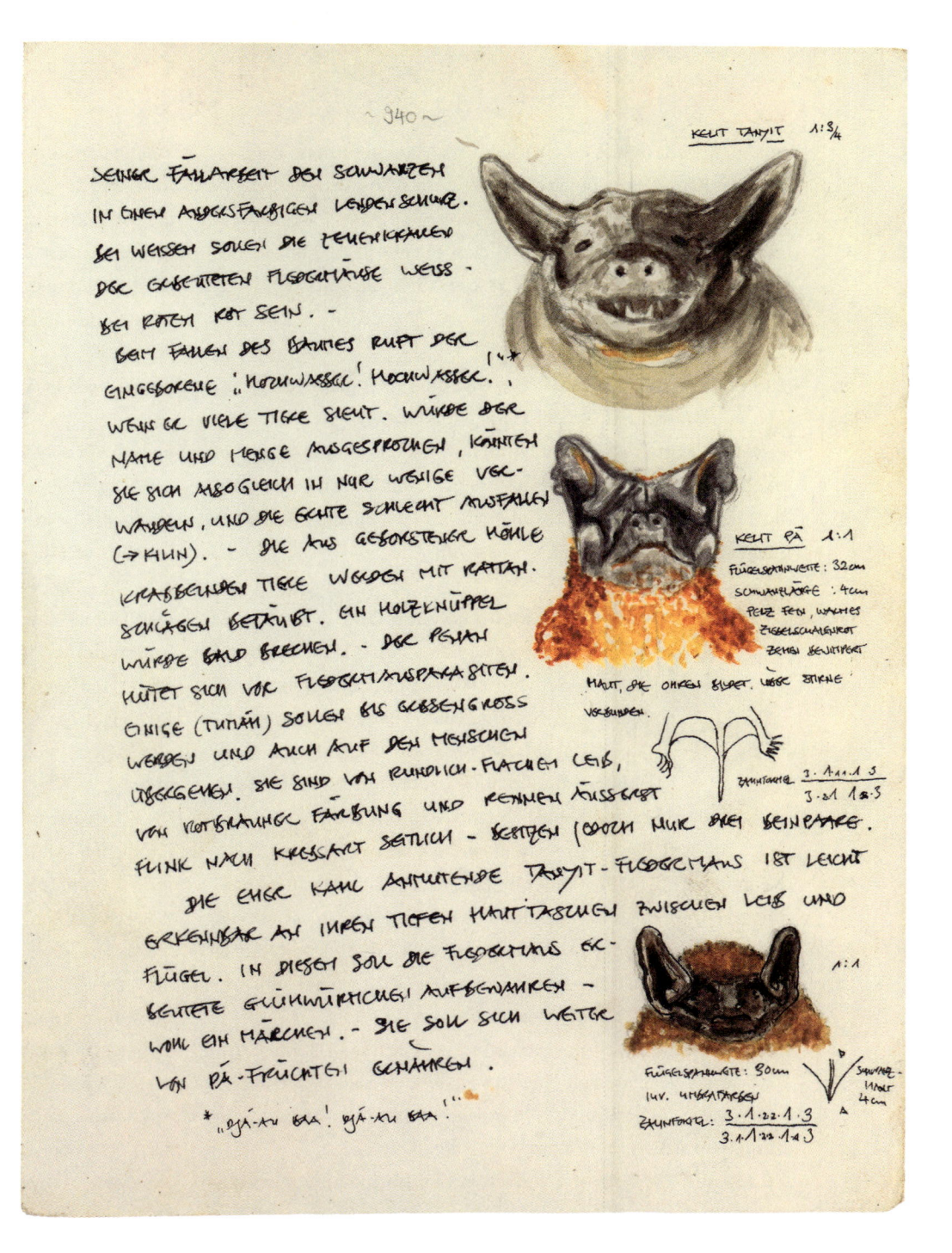

Stark sei der Geruch der gelblich behaarten Halsdrüse (Liáh). Zusammen mit Ketipai-Latex verbrannt gilt sie als Vertreibungsmittel von übelwollenden Geistwesen. – 14/941

In einigen Bäumen wurde die Tanyit-Fledermaus in Gesellschaft mit einer kleinen rotbraun gefärbten Art angetroffen (Kelit Pá). So finden wir nach Fällen eines Baumes eine einzige Tanyit-Fledermaus, nebst zwei Pá-Fledermäusen. Der Eingang hat sich beim Aufschlagen des Baums samt Stamm in die Erde gebohrt und wegen magerer Ernte scheut man die mühseelige Arbeit mit der Axt (Benali, 89). In einem weiter gefällten Stamm finden sich einzig ein Dutzend Exemplare eines anderen unscheinbaren Fledermäuschens (siehe Vorseite, Long Sa-it, 89). In der Nähe von Miri sei einst ein Alim-Baum gefällt worden, wo man 4–5 Säcke voll Tanyit-Fledermäuse erntete. – Ein Baum von drei Armspannen Umfang bot eine riesige Ernte von mehreren Traglasten. Die Beute war wohl schwer wie zwei Wildschweine und ernährte für einige Tage die ganze Dorfschaft. Die Fledermäuse seien äusserst fett gewesen, und man röstete sie und buk köstliche Speise (→ Grumen). *(Long Pesigen, Selungo, ~85)*

Überfall

Um Mittag. Plötzlich greift ein wütender Bienenschwarm an. Männer, Frauen und Kinder rennen aus den wenige Tage zuvor erstellten Hütten am Flussufer, und etwelche bekommen einige Stiche ab. Einzig Nalih und sein Freund kommen mit heiler Haut davon: Sie haben sich ganz einfach am Ort unter dem dichten Laub eines gefällten Baumes versteckt.

Kakerlaken und DDT

Das flachleibige Insekt mit Flug- und Schwimmfähigkeit findet sich bald ein, wo Nahrung und Versteckungsmöglichkeit geboten wird. Das lästige Krabbelvolk bildet an manchen Orten eine wirkliche Dorfplage und treibt vor allem des Nachts sein Unwesen. – Wo Speisen hingestellt werden, halten die ungeladenen Gäste mit Mahlzeit und krabbeln über Teller und Schüsseln, dass dir der Appetit vergeht. Und zerschlägst du auch ein Dutzend, so verstecken sich da Tausende der Leiber in Ritzen und Spalten. Des Nachts zwacken sie selbst dich, und nach wenigen Tagen erkennst du ihre Frass'spuren auf deinem Körper.

Die Behandlung des Übels ist einfach – sofern man handelt. Effektiver als Vogelleim ist folgende Falle: Eine Flasche wird halb mit Wasser gefüllt, ihr Halsinneres mit Fett eingestrichen, und das offene Gefäss unter dem Dach aufgehängt. –

Bis am Morgen sind die Flaschen mit krabbelnden und ertrunkenen Leibern gefüllt und liefern Hennenfutter. Nach zwei Wochen Behandlung nehmen die Populationen merklich ab. –

Es fällt auf, dass in Dörfern wo Geckos sind, Kakerlaken kaum eine Plage bilden; und dass

in Dörfern, wo DDT gespritzt wird, die Kakerlakenpopulationen Überhand nehmen, doch daselbst keine Geckos anzutreffen sind. – Die DDT-Spritzungen sollen angeblich Mosquito-Populationen eindämmen. Tatsache aber, dass in behandelten Behausungen fliegende Mücken genauso stechen wie in unbehandelten, lässt an der Behauptung zweifeln.

Malaria-Equipen spritzen auch in abgelegenen Dschungeldörfern in Abständen von drei-vier Monaten. Ein behandeltes Haus gleicht dem Innern einer mehlbestäubten Mühle. Selbst Pfannen, Essgeschirr und Gurkengemüse sah ich einst in Long Seridan weiss gesprenkelt. Wo du an eine weissbestäubte Wand anlehnst, nimmt dein Hemd oder Körper einen weissen Abdruck mit – und so spielende Kleinkinder, deren Hand auf Entdeckung der Welt öfters zum Mund führt.

Einen Spritzer einst auf Gefahren von DDT aufmerksam machend, meinte er lachend, dass er das Gift schon seit Jahren mit blossen Händen anrühre und keine nachteiligen Wirkungen festgestellt hätte. –

Eines Tages trieben tote Fische im Fluss. Kellabits von flussabwärts beschuldigten die Bewohner von Long Kerameu, Gift* in den Putokfluss geschüttet zu haben, um der Geschuppten habhaft zu werden. – Nein, – die DDT-Spritzer hatten nur ihr Geschirr im Fluss ausgewaschen und überschüssige Lösung ausgeleert. – Und so mögen wohl jährlich einige Tonnen DDT aus dem Landesinnern Borneos meerwärts geschwemmt werden. – Und wenn man denkt, dass unsere moderne Welt das Gift produziert und seit Jahren auch in andere 3-Welt-Länder exportiert – wen wunderts, dass da vom tropischen bis zum Eismeer kaum ein Fisch schwimme, der nicht Spuren von DDT – in seinem Leib hätte?

Doch es wird weitergespritzt – im Namen von Fortschritt und Entwicklungshilfe. Und auf dass sich die Geldbeutel der Produzenten weiter füllen und keine Arbeitsplätze verloren gehen. Wer schiebt den Riegel?

* Tuwáh, pflanzl. Fischgifte

Schildkröten

Sieben Arten von Schildkröten sind den Penans im Landesinnern Borneos bekannt. Drei davon sind äusserst seltene, vom Aussterben bedrohte Landschildkröten. Deren Flucht-Technik wird ihnen bei einer Begegnung mit dem Zweibeiner zum Verhängnis. – Am Wasser lebende Arten sind relativ häufig, da der Fluss viele Verstecke bietet, wo sie vom Menschen nicht leicht aufgespürt werden. Hauptverbreitungsgebiet aller Gepanzerten scheint der Ulu Baram.

Am Wasser:
1. Daran
2. Labey
3. Di-áh
4. Ipa Setun

Land:
5. Akot
6. Sí-an
7. Sihap Parai

1. Daran

Die grösste Süsswasserschildkröte Borneos. Langnasig. Lederiger Rückenschild rundlich, Schwimmhäute, nur drei der fünf Zehen und Finger bekrallt. Hals bewarzt, gelblich weiss. Der

Panzer (La)

Lederiger Rückenschild (Tabit)

Panzer der Daran ist gegen den Rand und Hinterteil hin von einem lederigen Rückenschild überlappt und gesäumt, der auch essbar ist. Älteste Tiere zeigen Algenwuchs auf ihrem Rücken. Mächtigste Exemplare haben einen Kopf so gross wie der des Bären; ihr Panzer Ø kann bis vier Fingerspannen messen, und auf die Seite gestellt bis zur Gürtellinie reichen. Zwei am Selungo gewogene Exemplare hatten ein Gewicht von je 36 kg und 54 kg. Der Lebensraum der Daran sind grössere Flüsse mit wenig Gefälle und mit Schwemmlaubansammlungen. Sie trifft sich vereinzelt auch in Quellgebieten. Im Ulu Limbang/Tutoh selten, lebt sie vor allem im Ulu Baram (Ulu Aka/Selá-an/Selungo). Die meisten erbeuteten Tiere wurden ein Opfer des Angels; sie ernähren sich von Blattwerk und Aas und nehmen Regenwurm, Fisch wie Fleisch als Köder an. Maleng erzählt: «Ich setzte einen Angel mit Lunge der Baumechse Kevok an der Lesuah-Mündung, in der Hoffnung, einen Bukeng-Fisch zu fangen. Als ich am nächsten Tag nachschauen ging, war da heftiger Zug an der Leine. Ich ging die Vielen rufen. Einer durchstach den lederigen Schild über dem Schwanz und befestigte einen Rattantrieb daran. Ein anderer versuchte das Tier zu erspiessen, doch die Speerspitze brach im Rückenpanzer. Da zogen wir die wild Wasser Schlagende an Land und töteten sie. – Ein paar Tage darauf zappelte es am selben Ort an der Leine. Das grössere Männchen hatte den Köder aus Makakken-Herz verschlungen und folgt so dem Weibchen. Wir alle wurden satt.» *(Magoh, ca. 75)*

Daran-Kind 1:¹/₃
Daran-Kinder verkriechen sich manchmal in Wasserhöhlen in senkrechten lehmigen Uferböschungen und verraten sich durch das lehmig getrübte Wasser.

Uan erzählt:
«Uek, uek», hörte ich eigenartige hohe Rufe. Hirsch? Oder Reh? Als ich nachschauen ging, sah ich einen grossen Kopf mit langer Nase aus dem Wasser auftauchen. Zwei grosse Schildkröten schwammen hierhin und dorthin, tauchten und trafen sich im Paarungsspiel, laut rufend, dass die Wellen klatschten. Ich schoss einem Tier einen Giftpfeil in den Kopf und ging die Vielen rufen. Wir fanden die beiden, sichtbar durchs kristallklare Wasser am Grund eines Tümpels. Ein gespeertes Tier biss grimmig in den Schaft, während das andere floh. Die erbeutete Schildkröte war schwer wie ein Keiler *(Melinau, Seridan, ~82)*

Eine grosses Daranweibchen wurde einen Steinwurf vom Tutoh-Fluss entfernt neben einem Taha-Stamm bei der Eiablage überrascht und getötet. Neben ~zehn gelegten Eiern fanden sich um die 20 weitere nebst Jungeiern im Leib (Long Tarawan, ~1978). – Die Eier sollen etwas grösser als die von Hennen sein und Gelege wurden auch schon am Fuss von Bambus gefunden. Daran-Schildkröten verraten ihre Anwesenheit durch Dellen in seichtem Bachgeröll. In der Trockenzeit, bei klaren Wassern, findet der Taucher ihre Ruheorte als Dellen in Schwemmlaubansammlungen. Mit Hilfe eines Stockes können die darin Versteckten stochernd aufgespürt werden. «Tok» tönt es, wenn der Stock auf einen Panzer trifft. Dreizacke sind zum Spiessen in Gebrauch und Mutige schiessen dem Tier mit selbstgebastelter Harpune ins Auge. Narben zeugen von Auseinandersetzungen mit dem für seine Bissigkeit bekannten Tier; sein Mund reicht beinahe bis zu den Füssen, wenn es seinen Giraffenhals voll ausstreckt. Hat sie mit ihren Kieferplatten zugeschnappt, tut der Taucher gut daran, zu folgen, um arge Verletzungen zu vermeiden, worauf die Schildkröte den Biss öffnet.

‹Sagap› Schildkröten und Fischspiess (Pengaran, Aka)

5. Akot

Landschildkröte, Schildlänge bis zwei Fingerspannen. In Niederung, eher sumpfigem Gebiet. Körperschuppen hart, Finger u. Zehen langbekrallt. Oberlippe mit zentraler Scharte. Weibchen soll Eigelege von zwei Eiern, länglich, am Fuss von Baum begraben, hüten. Fundorte: L. Napir, Benali, Pengaran. Ein aufgezogenes Tier wird mit Maniokblättern gefüttert. «Lasst das Tier leben wo immer ihm begegnet; bedenkt, es könnte schon gelebt haben bevor euer Grossvater einst geboren war!»

2. Labey

Dies ist die kleiner Schwester der Daranschildkröte, und findet sich auch noch in kleineren Fliessgewässern, sofern diese wenig Gefälle zeigen. Sie sieht einem Darankind zum Verwechseln ähnlich. Unterscheidungsmerkmale: <u>Alle</u> fünf Zehen und Finger bekrallt. Länglicher Rückenpanzer, Ø bis 30 cm, gegen Hinterteil zu bewarzt. Halsfärbung grünlich. – Eigelege in Bachnähe, bis zehn Eier, diese rundlich, leicht oval, ~Ø 2 ? cm. – Ein ♀ soll einst mit vier gelegten Eiern im seichten Wasser getroffen worden sein. Frisch geschlüpfte Labey's nur fingernagelgross. Die Schildkröte ernährt sich von Blattwerk und Aas und wird wie die ‹Daran› hin und wieder geangelt. – Ein Exemplar war einst gar in den Leib eines über Nacht gewässerten Wildschweins gekrochen, um darin wie eine Krebs Mahlzeit zu halten. – Das Gebiss der Labey, zwei einheitliche Knochenplatten die übereinanderschnappen (wie jene des sich aufblasenden Steinfischs im Meer) gelten geschabt als Medizin bei Vergiftung.

Bauchpanzer gelb-orange. Jedes Segment mit Strahlenmuster. Viele Wachstumsschichten auf Rückensegmenten deuten auf hohes Alter; genauso die stark abgenutzten Krallen. Fundort: Patáh. 1:¼

Eiform

Labey-Rückenschild mit axialem dunklem Rückenstreif und angedeuteten seitlichen Warzenreihen.

4. Ipa Setun

Sie gleicht der häufigsten Schildkröte Di-áh, wird jedoch nur handgross. Segmente gegen Schwanz hin zugespitzt, Bauchpanzer rötlich-gelb. Versteckt sich bei Störung unter Schutzhaube und verharrt bewegungslos. – Längliche Eier angeblich aufrecht in Boden gesteckt (3) [Skizze fehlt], in Bachnähe oder auch weit hügelwärts. Wie all ihre Verwandten v.a. nachtaktiv.

6. Sí-an

Landschildkröte so gross wie Kawoblatt. Langgeschwänzt. Füsse gespornt, Eigelege bis 20 Eier, ähnlich wie Hühnerei. Nur wenige Penans sind dem seltenen Tier je begegnet. Fundorte im I-ot Meli-it, Pengaran, Julan. Sei in Kalimantan häufiger. – Ein Jäger erzählt: «Ich hörte [hochfrequenzige] Rufe, ähnlich dem Lockruf des Rehs. Als ich nachschauen ging, fand ich zwei Sí-an-Schildkröten bei der Paarung. Während das ♂ auf das ♀ steigen wollte, rief dieses aus und wollte davonrennen. «Tup» schlugen die Schilde aufeinander und das ♂ fiel herunter und so fort. Panzer Ø ~50 cm. Beide landeten im Kochtopf.
(Benali, ~1980)

7. Sihap Parai (= Reis-Amulett)

Landschildkröte. Handgross. Mit scharfkantigem Schild und Rückenlinie. Eigelege drei fingernagelgrosse vogelähnliche Eier. Selten.

Ipa Setun in Schutzstellung, alle Gliedmassen und Kopf sind eingezogen. Panzer in Wirklichkeit etwas rundlicher. 1:1/2

Panzer hart-lederig, L: 8,5 cm, Oberseite unscheinbar erdfarbig. Halshaut längsgestreift. Finger 5, Zehen 4, Schwimmhäute. In kleineren Fliessgewässern, auch bergwärts. Flinke Fortbewegung.
Fundort: Pengaran
Gelege:

3. Di-áh

Häufigste Schildkröte am Bach. Harter Rückenpanzer wie Landschildkröte. Schild Ø ~25 cm. Färbung unscheinbar dunkel. Alte Exemplare tragen einen Moos- und Algengarten auf dem Rücken. Gelege nur zwei längliche Eier. Nahrung Blattwerk, Kelakat-Früchte. Wurde auch schon mit Wurm geangelt. – Nasenspitze gelblich. – Überall in Niederungen und Bächen ohne allzuviel Gefälle häufig.

«Unsere Hunde verbellten ein eigenartiges Wesen, das keiner von uns je gesehen hatte. Es glich der Di-áh, war jedoch schwarz; sein zwei-fingerspannenlanger Panzer war vollkommen mit Moos überwachsen, und trotzte dem Buschmesser. Wir knackten ihn mit einer Axt. Es roch nach Schlange [wohl deren Afterdrüsen]. Wir fürchteten, das Tier sei des Teufels, liessen es liegen und gingen unseres Weges. *(Kuba-an, ~1975, nach Bulan Tewai).*

Schildkröte und Mausreh

«Lass uns zusammen Früchte suchen!»*, sprach das Mausreh Pelanok zur Schildkröte Di-áh. – «Oh Freund, doch wenn wir da Früchten oder Tieren begegnen, sprich leise! Denn der Feind ist in der Nähe, und ich kann nicht flüchten.» – «Ja,», antwortete das Mausreh, «hörst du auch laute Rufe, so schlag ich damit den Feind in die Flucht.» – Da gingen die beiden und erblickten bald Tobo-Früchte.

* [Anmerkung fehlt]

14/951 Das Mausreh nahm eine und gab sie laut ausrufend der Schildkröte: «Hier, für dich!» – «Adoi! Mach keinen Lärm, sonst kommt der Feind und tötet uns beide!» – «Nein! Mit meinen Rufen vertreib ich den Feind.» – Darauf gingen sie weiter des Weges. «Oh, dort sind Tobo-Pelleng-Früchte!», und das Mausreh nahm eine und gab sie, wieder im laut ausrufend, der Schildkröte: «Hier für dich!», so laut, dass man's bis zum Fluss hören konnte. «Mai! Wir werden sterben!» Und schon hörten sie viele Menschenstimmen und Feindesschritte. – «Was ist das für ein Geräusch?», fragte die Schildkröte. – «Oh nein, das sind nur einige, die mit dem Wurfnetz fischen. Schweig.» – Der Feind aber kam näher und näher, bis er auch von der Schildkröte selbst gesehen wurde: «Oh, nun müssen wir sterben!» – «Ha-ha! Ich hab dich angelogen, damit der Feind dich tötet!», floh das Mausreh spottend.

Da kam der Feind und ergriff die Schildkröte: «Oh, gut Glück für uns! Wir erschlagen und fressen dich!» – «Oh, auf diese Weise könnt ihr mich nicht töten. Seht selbst – all die – Spuren von Buschmesserhieben auf meinem Rücken – und immer noch lebe ich.» – «So werfen wir dich einfach ins Feuer!» – «Seht selbst, wie schwarz mein Leib ist von all denen, die mich einst verbrennen wollten – und immer noch lebe ich!» – «Auf welche Weise töten wir dich, dass du wirklich

14/952 tot bist?», fragte der Feind. – «Nur auf diese Weise bin ich umzubringen: Nehmt einen grossen Kochtopf, füllt ihn mit Wasser und schmeisst mich darein. Darauf geht eures Weges. Kehrt ihr abends heim, so werde ich weich sein.» – «Oh, wenn dem so ist, lasst's uns auf diese Weise tun», und der Feind füllte die Pfanne mit Wasser, schmiss die Schildkröte darein und entfernte sich. Währenddessen schiss die Schildkröte, dass die Pfanne beinahe mit Scheisse gefüllt war und floh auf einen Stamm mitten im tiefen schwarzen Tümpel.

Am Abend kehrte der Feind zurück. Da öffneten sie den in Blättern verpackten Reis und schöpften sich von der Schildkrötensuppe in die Teller und assen. «Oh», sprachen einige, «das schmeckt schlecht!» – Andere sagten, das sei süss. «Oh nein!», riefen einige aus. «Das ist Scheisse!». «Ist's nicht das Fleisch der Schildkröte?», fragten andere. Fortsetzung siehe S. 957

Laka Parat

Niedrige Liane. Bleistiftdick, bis 3–4 m Höhe. Triebe fiederartig, mit 15–20 wstg. Blättern. Blätter dünn, Us + Os. glänzend, ganzrandig, zugespitzt, L: 15 cm.

Geruch der zerquetschen Blätter würzig-angenehm. Diese gelten medizinal bei Kopfschmerzen, und werden eingerieben. ‹Perasang›: Mittel, um faule Jagdhunde tüchtig zu machen; junge Triebe und Wurzel werden zerquetscht, ausgedrückt und den Hunden in Nase und Mund geträufelt: «So, wie sich das Wurzelwerk der Paratliane im Boden verzweigt, sollen die Hunde das Wildschwein verfolgen. Mit ebensostarken Sehnen. – Du, Liane Parat, verwandle dich in einen mächtigen Tanyit-Stamm und versperre dem Wildschwein den Weg.» Der behandelte Hund wird wiederholt um die Beine des Jägers herumgereicht: «Auch wenn du, Hund, bis in Quellen und Bergrücken Wildschwein und Hirsch verfolgst, komm wieder an mir vorbei, auf dass ich das Wild speere.» – Die ausgedrückten Reste des Wundermittels werden unter einen Stein gelegt: «Dein Bauch, Wildschwein, soll so schwer sein wie dieser Stein und dich auf der Flucht träge machen.»

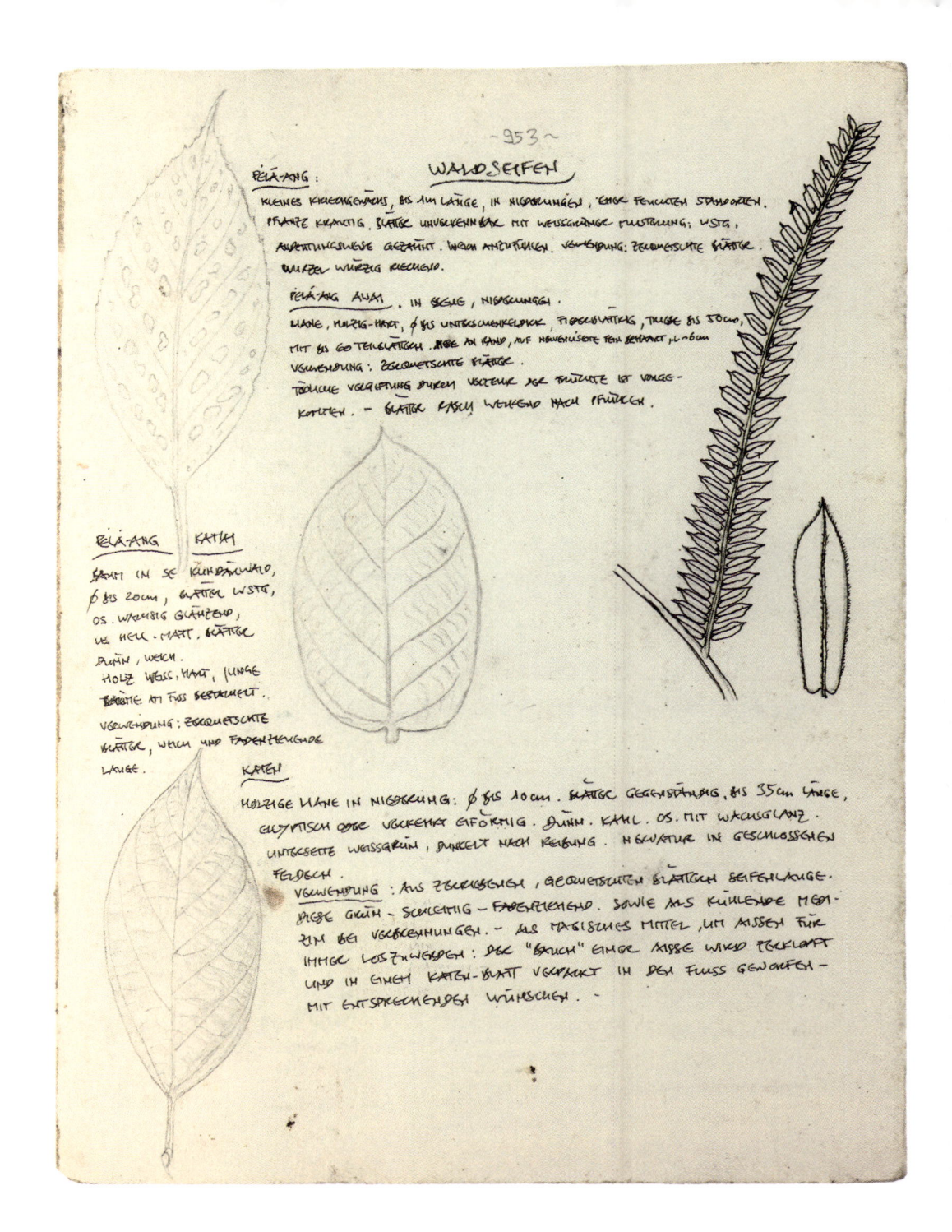

14/953 Waldseifen

Pelá-ang:

Kleines Kriechgewächs bis 1 m Länge, in Niederungen, eher feuchten Standorten. Pflanze krautig. Blätter unverkennbar mit weissgrüner Musterung: Wstg. andeutungsweise gezähnt. Weich anzufühlen. Verwendung: Zerquetschte Blätter Wurzel würzig riechend.

Pelá-ang Awai. In Ebene, Niederungen.

Liane, holzig-hart, Ø bis unterschenkeldick, fliederblättrig, Triebe bis 50 cm, mit bis 60 Teilblättern. Diese an Rand, auf Nervenu'seite fein behaart, L. ~6 cm Verwendung: Zerquetschte Blätter.

Tödliche Vergiftung durch Verzehr der Früchte ist vorgekommen. – Blätter rasch welkend nach Pflücken.

Pelá-ang Kamai

Baum Sekundärwald, Ø bis 20 cm, Blätter wstg, Os. wachsig glänzend, Us hell-matt. Blätter dünn, weich. Holz weiss, hart, junge Bäume am Fuss bestachelt. Verwendung: Zerquetschte Blätter, weich und fadenziehende Lauge.

Katen

Holzige Liane in Niederung: Ø bis 10 cm. Blätter gegenständig, bis 35 cm Länge, ellyptisch oder verkehrt eiförmig. Dünn. Kahl. Os. mit Wachsglanz. Unterseite weissgrün, dunkelt nach Reibung. Nervatur in geschlossenen Feldern. Verwendung: Aus zerriebenen, gequetschten Blättern Seifenlauge. Diese grün-schleimig-fadenziehend. Sowie als kühlende Medizin bei Verbrennungen. – Als magisches Mittel, um Aissen für immer loszuwerden: Der ‹Bauch› einer Aisse wird zerklopft und in einem Katen-Blatt verpackt in den Fluss geworfen – mit entsprechenden Wünschen.

14/954 **Tap Tellá-o**

Baum in Niederung wie hügelwärts, Ø ~25 cm,
Holz hart, markhaltig

Blätter 30 cm, gegen Triebspitzen in reicher Gesellschaft, wstg; fest-robust, ledrig anzufühlen, Os.-Us. wachsig-glänzend, Us. hell. – Spitzen von Seitennerven stehen wenig über gewelltem Blattrand.

Verwendung: Astgabel zu Buschmessergriff. Zerriebene Blätter als Seife; fadenziehend, leicht schäumend. Geschabte Rinde ausgedrückt, Saft äusserlich bei beissenden Hautkrankheiten, sowie Akne. 1:1/2

Pélá-ang Bedúh

Bis armdicke Liane in Ebene, Niederungen.
Blatt-Triebe fiederartig, mit 10–14 wechselstg. Teilblättern. Diese ganzrandig, schmal zugespitzt, L ~10 cm, Os. dunkelgrün mit Mattglanz, Us. hell-matt. Seitennerven spärlich, nur auf Blattunterseite sichtbar, Blattstruktur dazwischen homogen fein-porig.

Verwendung: Beliebteste Waldseife, um Fettspuren wegzuwaschen. Die Rinde wird zerklopft und ausgedrückt, schäumend, in Augen ätzend. Dient auch als Entlausungsmittel. 1:3/5

Blattunterseite. Mittelnerv vorstehend

Péla-ang Jekau

Bis 1 m hohes Kraut in einwachsendem Reisfeld. Aufrecht. Seitlich stehende Blätter wstg., langgestielt, L 15 cm, rundlich, andeutungsweise gelappt; fein gezähnt. Weich anzufühlen, fein filzig behaart, matt. Us. weissgrün. –

Oft von kleinen Käfern befallen, die Blätter siebartig durchlöchern.

Anwendung: Zerquetschte Blätter wie Seife. Fadenziehend, leicht schäumend. 1:1/3

Wildrindseife (Pélá-ang Bedúh)

Ø 6 cm. Der Rindenteil (Moos und andere Unreinheiten werden zuerst weggeschabt (→ Lun)) löst sich auf Klopfen vom holzigen Innenteil. Er enthält schaumbildende Lauge und kann, genügend weichgeklopft, alsogleich als Waschlappen dienen. Lauge wohlriechend. Die Liane kann auch in getrocknetem Zustand gelagert werden. Aus dem für Lianen typisch porigen Leib treten auf Kappen nach einer Weile rötliche harzartige Tropfen.

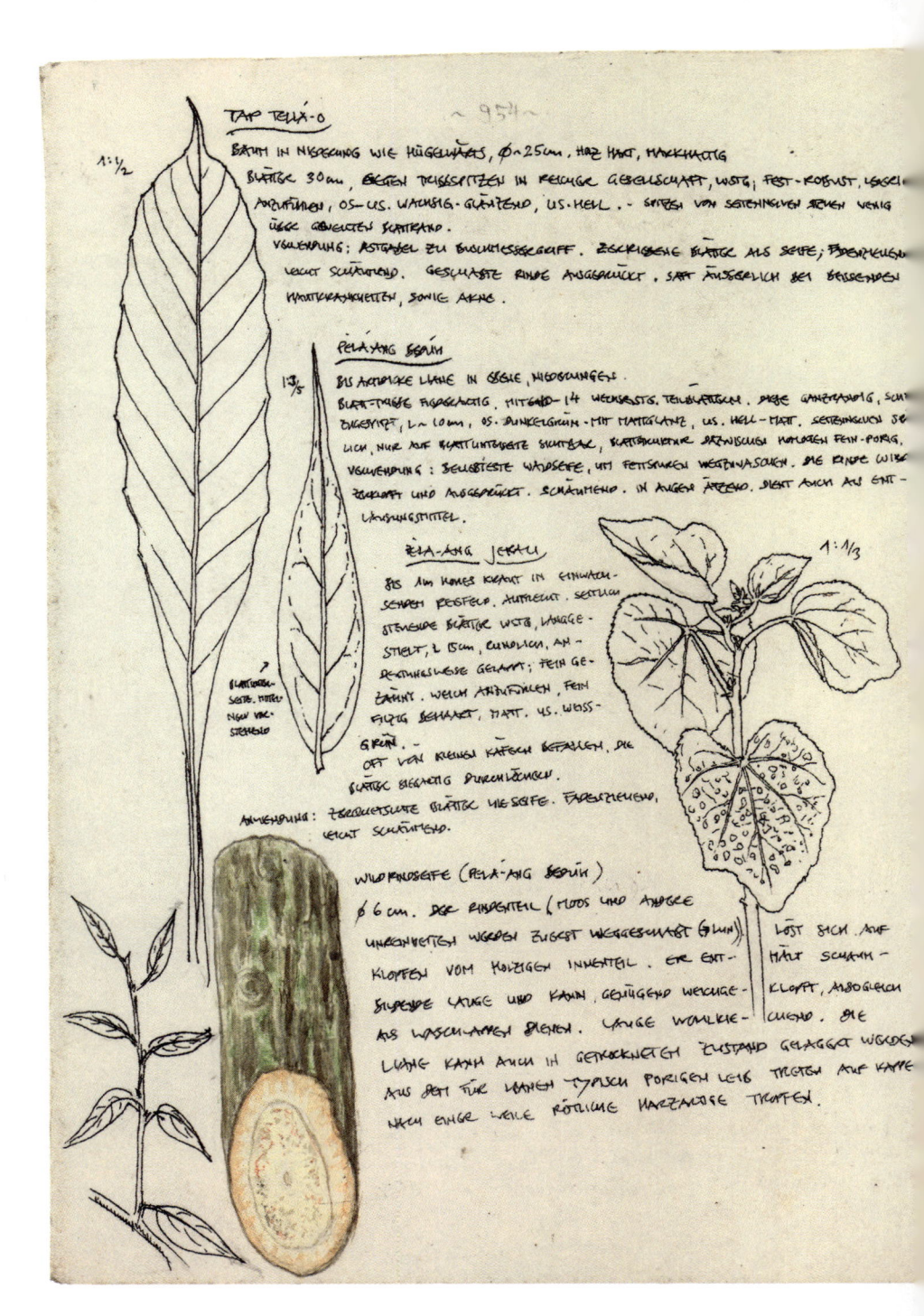

Eindrücke

14/955

Als die Kompanie den Pellutan-Fluss erreichte, erlaubten die Bewohner nicht, im Gebiet des Sengaian Bäume zu fällen; dies sei das Land, welches der Gemeinschaft Nahrung und Leben gäbe. – Der Manager kam ein zweites Mal, brachte Zucker und Bisquits, und versprach Wellbleche, und in Schwierigkeiten zu helfen. – Da stimmte das Dorfoberhaupt zu und erhält seitdem Monatslohn. Viele der Bewohner folgten der Kompanie und entrindeten im Akkord Bäume. Auch ich selbst folgte ihr beim Prospizieren und Farbe anbringen. –

Da wurde eines unserer Mitglieder, ein älterer Keniak-Mann, vom Fieber gepackt und wollte sterben. Wir trugen ihn durch den Dschungel an die Logging-Strasse. Als ein Vorarbeiter mit dem Wagen passieren wollte, baten wir ihn, uns talwärts zu bringen. Er verweigerte, und hiess uns auf ein Fahrzeug in jene Richtung zu warten. Nach einer Stunde konnten wir einem Wagen bis an die nächste Kreuzung folgen, wo uns nach weiteren zwei Stunden Wartezeit jemand ins Camp brachte. Doch der Manager verweigerte, uns talwärts zu bringen, und hiess uns, einen Vorarbeiter zu fragen. – Erst in der Nacht konnten wir einem Tankwagen folgen. Der Kranke wurde in der Führerkabine untergebracht, während wir uns bei Nacht und Regen auf holpriger Strasse am Äussern des Fahrzeuges halten mussten. – Da wurden wir wütend und fühlten uns wie Hunde behandelt.

...Und wenn du da im wirrigen Schlachtfeld, das die Kompanie zurücklässt, auf Jagd gehst, wie viele Male du auch auf Wild triffst – es wird dir im Dickicht entwischen. – Und folgst du den Bulldozerwegen bei Regenwetter – das ist, wie in Wildschweinsuhlen zu gehen, wo du bis an die Knie im Matsch einsinkst. Und folgst du der Loggingstrasse bei trockenem Wetter, verbrennt dir die Sonne Gesicht und Rücken, und die Füsse schmerzen vom scharfkantigen Gestein. Nein! Wir wollen keine Kompanie in unserem Land dulden.

Henry Nyareng, Long Kerong.

Siley-Ameise 1:4/3

Metallisch schwarzblau glänzend. Tagaktiv. In meterlanger Wandergesellschaft (6 m, 9.00 morgens, mit Jungbrut, am Flussufer). Nest in morschen Falllästen. Stich des langen Stachels äusserst schmerzhaft. Vermag neben grösseren Insekten selbst kleine Säuger zu überwältigen; so sei ein freigehendes Kurzschwanzmakakkenkind getötet worden.

Ari (Piper)

Schnurdickes Kriechgewächs an feuchtnassen Standorten. Teppichartig Boden bedeckend. Blätter wechselständig, ~22 cm herzförmig, weich. Os. glänzend. Us. matt, graugrün. Unverkennbar durch stark aromatischen seifigen Geruch.
Anwendung: Zerquetschte Blätter äusserlich bei Wespenstich, Berührung mit giftigen Raupen.

Seláh Lamá Djá-au

Kleines holziges Gewächs, bis 3 m Höhe, in Niederung wie hügelwärts, Ø 3 cm, Blätter dreigeteilt, langgestielt, L 70 cm, Teilblätter an Anwachsstelle verdickt, mit Querrunzeln.
Mittelnerv oberseits vortretend. Blätter fest, mattglänzend. Unterseite hell. Stämmchen aufrecht, ohne Äste, direkt Blätter seitlich gestellt. Geschmack von Blättern eher unangenehm, etwas scharf.
Verwendung: Pfahlwurzel gilt medizinal bei Schwächezuständen, die kleinere wie grössere Art wird zusammengepflückt und deren Sud getrunken.

Zahnwehkraut (Seláh Jipen)

Baum, Ø bis 15 cm, in Sekundärwald. Unverkennbar: Blätter wechselständig, 20–25 cm. Gezähnt, behaart. Blattunterseite weiss, Seitennerven auf Us. rötlich.
Verwendung: Sud von geschabter Rinde als Spül-Gurgel-Mittel bei Zahnschmerzen, in heissem Zustand. Ebenso wird die Rinde des ‹Posong-Baumes› und die von ‹Kerangam› angewendet, und die ‹Ikup-Liane›, sowie die ‹Bekauit-Liane›. Erwärmte Blätter von ‹Long-Bala› werden auf Backe aufgelegt (äusserlich).

Seláh Lama Si-ik

Rutac (Luvunga)
Höhe bis 50 cm, kleinfingerdickes Stämmchen, hügelwärts.
Blätter einfach, wie zweigeteilt. L – bis 30 cm, Blattstiel verdickt. Mittelnerv Os. vortretend. Blätter fest, kahl, mattglänzend, Us. hell, Nebennerven daselbst nur undeutlich. Geschmack unangenehm-scharf. Sud der Wurzel bitter.

Stiel Os. eingebuchtet

Unreife Frucht, 2-samig mit Scheidewand
auf Schnitt klebriges Harz austretend
1:³⁄₄

14/956 Aracium
(Rhapidophora?)

Bo Sakit Tulang

Epiphyt, auch vom Boden an Stämmen aufwärts kletternd. Grünlicher Stamm bis Ø ~5 cm, mit Knotenabschnitten von Blattanwachsstellen. In Niederung wie bergwärts, selten. Unverkennbar wegen durchlöcherten Blättern. Diese langgestielt, sich seitlich spreitend, L 1–1,5 m.
Verwendung: Die erwärmten Blätter werden auf schmerzende Stellen aufgelegt bei Knochenleiden.
Standort: Selungo (Ulu Baram), Blätter Os. glänzend, Us. hellmatt.

«Oh, das ist wirklich schlecht! Scheisse! Die Schildkröte hat uns angeschwindelt.», kamen sie dann überein.

Da erblickten sie die Schildkröte auf dem Stamm mitten im schwarzen Tümpel. Ein Mann ging, und wollte nach ihr tauchen. – Ja – was dann? – Da gingen sie und tauchten und tauchten – doch die Schildkröte war nicht zu finden.

Da hörten sie Schritte. Als sie hinschauten, sahen sie das Mausreh daherkommen. «Oh, Freunde, was macht ihr da?», sprach dieses: «Wir tauchen nach der Schildkröte, die uns angeschwindelt hat.» – «Wenn ich alle Tiere des Waldes zusammenrufe, das Wasser hier zu trinken, wird der Tümpel geleert sein.» – «Oh, wenn du kannst, so tu so!» – Da rief das Mausreh mit Zaubersprüchen Nashorn, Wildrind, Hirsch, Reh, Affen und alle Tiere. Dann verstopfte es ihnen Ohren, Nase und alle Leibesöffnungen, und sie tranken und tranken, bis der Tümpel beinahe geleert war. Da kam der Kurzschwanzmakakke daher und zog den Tieren die Pfropfen aus Ohren, Nase und Hintern, dass sich alles Wasser in einem Schwall ergoss und der Tümpel gefüllt war wie zuvor. – Wütend schlugen sie den Kopf des Makakken. – Darum hat dieser seit jener Zeit eine Delle und ist abgeflacht. –

Das Mausreh aber setzte die Pfropfen wieder an ihren Ort und alle Tiere tranken – bis der Tümpel geleert war. – «Oh, gut Glück!», sprach der Feind und ergriff die Schildkröte am Grund des Tümpels. Darauf zog er alle Pfropfen heraus, der Tümpel füllte sich,

und alle Tiere – Nashorn, Wildrind, Hirsch, Reh, Wildschwein und Bär verstreuten sich in die Quellgebiete.

Da fragte der Feind: «Auf welche Weise töten wir dich, dass du wirklich tot bist?» – «Oh, holt ein grosses geschärftes Buschmesser! Wo ist euer König – der Kopf welcher euch führt?» – «Oh, wer ist das – dort?» – «So ruft ihn. – Er setze sich mit ausgestreckten Beinen hin. Dann legt ihr mich auf seine Schenkel und erschlägt mich mit einem kräftigen Hieb.» – «Dort am Flussufer tut ihr so, dann könnt ihr mich gleich zerhacken und pfannenfertig zubereiten.» – Da nahmen sie die Schildkröte und legten sie auf die Schenkel ihres Königs, zogen das grosse Buschmesser aus der Scheide, holten zum kräftigen Hieb aus und schlugen zu – und gerade in dem Moment sprang die Schildkröte zurück in den schwarzen Tümpel. Da lag der König des Feindes mit abgehauenen Beinen – tot. – Doch die Schildkröte lebte, weil sie sich auf täuschende Rede verstand.

Bera-Uk Limun, Long Ballau

Käfer auf kultivierter Upa-Pflanze: Frisst deren Blätter. Geruch unangenehm. I-ot Aka.

Baumhöhl-Fledermaus

1:3/4

schwach sichtbare Halsdrüsen

1:3/4

Flügelspannweite: 55 cm

Schwanz-Flughaut

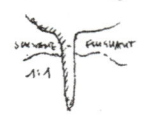

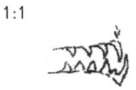

1:1

Am Fuss eines Tanyint-Stammes findet sich eine Kotspur: Einige Krümchen Guano-Mist. In etwa 10 m Höhe befindet sich eine Warze. Der Stamm darunter zeigt einen langen schwarzen Streifen, vom aus der Baumhöhle auslaufenden Fledermauskot. Nach dem Fällen tritt heftiges Gewinsel – ähnlich dem junger Welpen – aus der kaum faustgrossen Öffnung.

Der Eingeborene angelt mit einer Rattanranke nacheinander einzig fünf Flattertiere daraus, die arg um sich beissend ein Opfer der Widerhaken werden.

Keiner der Anwesenden, es sind auch ältere Jäger dabei, hat je diese Fledermausart gesehen. Sie gleicht der hirschnasigen Fledermaus, die sich in Höhlen aufhält, ist jedoch etwas grösser mit breitem Gesicht; gross-äugig, Ohren ohne Teguli, angedeutete Halsdrüsen, Pelz licht, spärlich; Färbung wie Haar des Langschwanzmakakken.

Der Baum hat einer einzigen Familie Behausung geboten (1 ♂, 2 ♀., Juv. ♂ + ♀). Fundort: Kerong (Selungo).

Urvolk und Wald

Auf Schritt und Tritt wird der Pfad des Menschen von Pflanzen gesäumt, die ihm – wie auch die Tiere, Leben spenden. Aus Bast fertigt er sich Kleidung, Schmuck und Traggurte. Blätter und Rinden verwandeln sich unter seinen Händen in Dach, Kochgefäss und Windfächer, oder dienen als Schleifpapier, Färbstoffe, Zunder und Seife. – Palmluftwurzeln sind ihm Bindfaden, Gittarensaite, Angelschnur und Feuerzange. – Rattanranken können zur Not als Angelhaken verwendet werden. Bambus liefert ihm Messer, Pfeilköcher, Wasser- und Fettbehälter. Harze sind ihm Lichtquelle, und

Seláh Ulun
1:1½

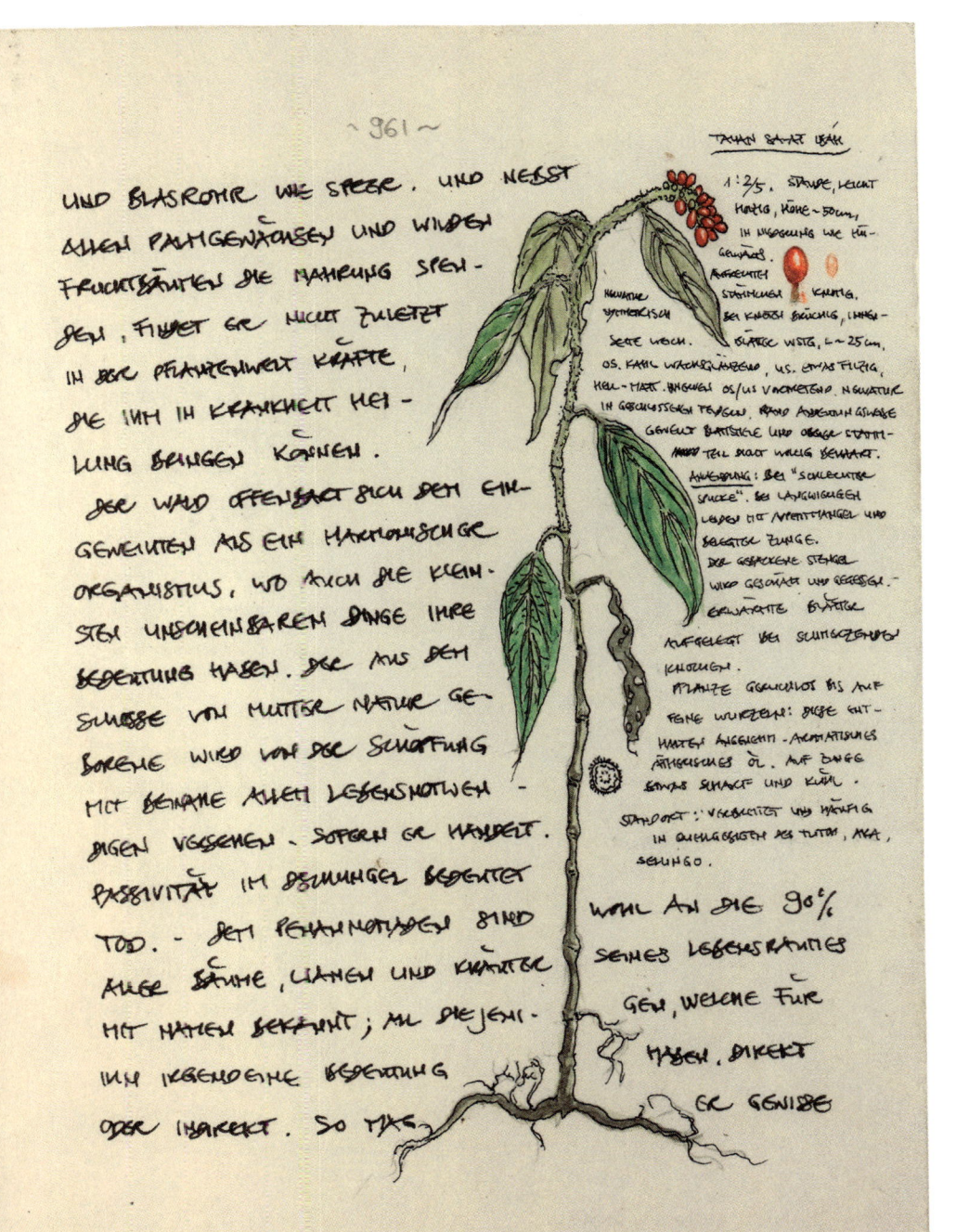

und Blasrohr wie Speer. Und nebst allen Palmgewächsen und wilden Fruchtbäumen die Nahrung spenden, findet er nicht zuletzt in der Pflanzenwelt Kräfte, die ihm in Krankheit Heilung bringen können.

Der Wald offenbart sich dem Eingeweihten als ein harmonischer Organismus, wo auch die kleinsten unscheinbaren Dinge ihre Bedeutung haben. Der aus dem Schosse von Mutter Natur Geborene wird von der Schöpfung mit beinahe allem Lebensnotwendigen versehen – sofern er handelt. Passivität im Dschungel bedeutet Tod. – Dem Penannomaden sind wohl an die 90% aller Bäume, Lianen und Kräuter seines Lebensraumes mit Namen bekannt; all diejenigen, welche für ihn irgendeine Bedeutung haben, direkt oder indirekt. So mag er gewisse

Tauan Sa-at Ubáh

1:²/₅, Staude, leicht holzig, Höhe ~50 cm, in Niederung wie hügelwärts. Aufrechtes Stämmchen, kantig. Bei Knoten brüchig, Innenseite weich. Blätter wstg, L ~25 cm, Os. kahl wachsglänzend, Us. etwas filzig, hell-matt. Nerven Os/Us vortretend. Nervatur in geschlossenen Feldern. Rand andeutungsweise gewellt. Blattstiele und oberer Stammteil dicht wollig behaart.

Anwendung: Bei ‹schlechter Spucke›. Bei langwierigem Leiden mit Appetitmangel und belegter Zunge. Der gebackene Stengel wird geschält und gegessen. Erwärmte Blätter aufgelegt bei schmerzenden Knochen. Pflanze geruchlos bis auf feine Wurzeln: Diese enthalten angenehm-aromatisches ätherisches Öl. Auf Zunge etwas scharf und kühl.

Standort: Verbreitet und häufig in Quellgebieten des Tutoh, Aka, Selungo.

Nervatur symmetrisch

Gewächse nicht selbst benutzen, doch deren Früchte dienen Wildschwein, Hirsch, Reh, Affen, Vögeln oder Fischen zur Nahrung (oder Wohnung), die sich wiederum dem Menschen zur Nahrung opfern. Nur selten wird eine Frucht oder ein Gewächs mit ‹Adek› bezeichnet, was soviel heisst wie: «Das geht dich nichts an». – Entgegen einem Botaniker mag der Jäger und Sammler für ihn unbedeutende Pflanzen mit einem einzigen Namen bezeichnen, wo jener einzelne Arten weiter unterscheidet. – Doch auch so birgt der Wortschatz des Penanvolkes immer noch einige tausend Ausdrücke einzig aus der Pflanzenwelt. –

Milchsäfte Kitt, Leim und tödliches Pfeilgift. Aus Hölzern baut er sich Hütte, Werkzeuge

Kriechendes Kraut an feuchtem sumpfigem Standort, in Niederung. Rundliche Blätter wstg, Os. schwarz-grün, kahl, wachsglänzend. Us. graugrün. Blattstiel und Nervenus. fein-filzig. Nervatur in geschlossenen Feldern. Standort: Ulu Tutoh, April 89.

Anwendung: Erwärmte Blätter bei Kopfschmerz aufgelegt. Wohlriechend. Die Pflanze enthält Schleimstoffe. Der Trieb wird gebacken, gebrüht und gekaut bei langwierigen Leiden mit Appetitmangel und Zungenbelag. In rohem Zustand genossen leicht kühlend (ätherische Öle) – beissend-scharf. Verursacht Schwellung und Ameisenkribbeln wie örtlich injizierte anästhetische Drogen.

Frucht 1:1

Same rund, weiss

Heilkräfte

Was dem Kind und Urvolk Instinkt, ist dem Erwachsenen Menschen Erfahrung und Wissen. Wie dieser der Natur im Verlaufe seiner Entwicklung die Geheimnisse der ihr innewohnenden Kräfte abgelauscht hat, bleibt bei gewissen Pflanzen ein Rätsel, bei anderen ist's offenbar.

Gerade wie das Kleinkind alle unbekannten Dinge zum Mund führt, um Erfahrung darüber zu erhalten, wie einem Affenkind, auch ohne Mutter, eine Geschmacksprüfung von jungen Schossen diese als Speise annimmt oder ablehnen lässt, so gibt einzig der Versuch Auskunft. – Auf diese Weise wurde der Mensch schon bald auf eine Gruppe von Pflanzen gewahr, deren riechbare ätherischen Öle lindernde Wirkungen bei Insektenstichen, Kopf- und Leibschmerzen zeigen. – Deren Blattstiele werden gekaut (But, Getimang, Niawung, Gá...), Blätter zerquetscht und aufgelegt oder eingerieben, in erwärmtem Zustand, oder deren Sud getrunken.

Gewissen Pflanzen wird wegen verwandtschaftlicher Erscheinung in Form oder Farbe mit Organen eine heilende Wirkungskraft auf diese zugesprochen. So gelten die blutroten Blättter des Flughundknochen-Krauts (Tulang Pauat Ba) als blutstillend bei Wunden, die tiefrotstengelige Messingseife (Oso Semalia) als Heilkraut bei Blutstuhl und der riesige Leberfarn soll Nasenbluten stoppen. ~

Medizin und Religion des Urvolkes sind animistisch. Wie in magischem Sinne die Eigenschaften eines erbeuteten Tieres auf den Träger des Amuletts oder Talismanns übergehen sollen, werden Pflanzen bei einer Behandlung, oder ihr Geist, angesprochen: – «Gib von deiner Kraft dem Kind; es soll so fett und kräftig, vor Saft strotzend werden wie du, Drachenspiess», wurde ein schwächlich krankes Kind in eine gespaltene ‹Sekot-berungan›-Pflanze gehalten.

Heutzutage, von der Magie der Technik tief beeindruckt, wo im Flugzeug, Auto, Radio oder Gewehr ein Knopfdruck oder Hebelschwenken dem Menschen für einen Moment übermenschliche Kräfte verleihen, sucht der Eingeborene im Falle von Krankheit oft Hilfe talwärts.

Sepá Iwan

Blattlänge 60–70 cm Aracium (Amydrium?)

Stengelquerschnitt

Kletternde Klammerpflanze, Höhe 3–4 m, auch in kleinerer Art sitzend, Standorte in feuchten Niederungen. Blätter dünn, mit Wachsglanz. Durch Löcher seitlich der Mittelrippe unverkennbar. Stamm knotig, hält sich mit Klammerwurzeln am Mutterbaum, Blätter seitlich gestellt.

Standort: Ulu Aka.

Verwendung: Kaustoff, um Mund rot zu färben, ähnlich den Betelnüssen. Ein Blattstück wird zusammengerollt mit dem Mitteltrieb vom Sepá-Rattan und dem Sepá-tobo, oder mit Kellalai. Die Spucke schmeckt bitter, zusammenziehend und wird nicht verschluckt. Auf Speerspitze gestrichen, soll Sepá Iwan Blut zum Gerinnen bringen.

Udun 1:1/2

Dunkelfarbiger Raubfisch in langsamen Flussgewässern. Leib rundlich, Schuppen reptilartig. Zähne fledermausartig. Kann mit Wurm geangelt werden. Als Rute und Angel können zur Not Ranken mit Dornenwiderhaken wie jene des Sepá-, Bukui und Sawit-Tanyit-Rattans verwendet werden.

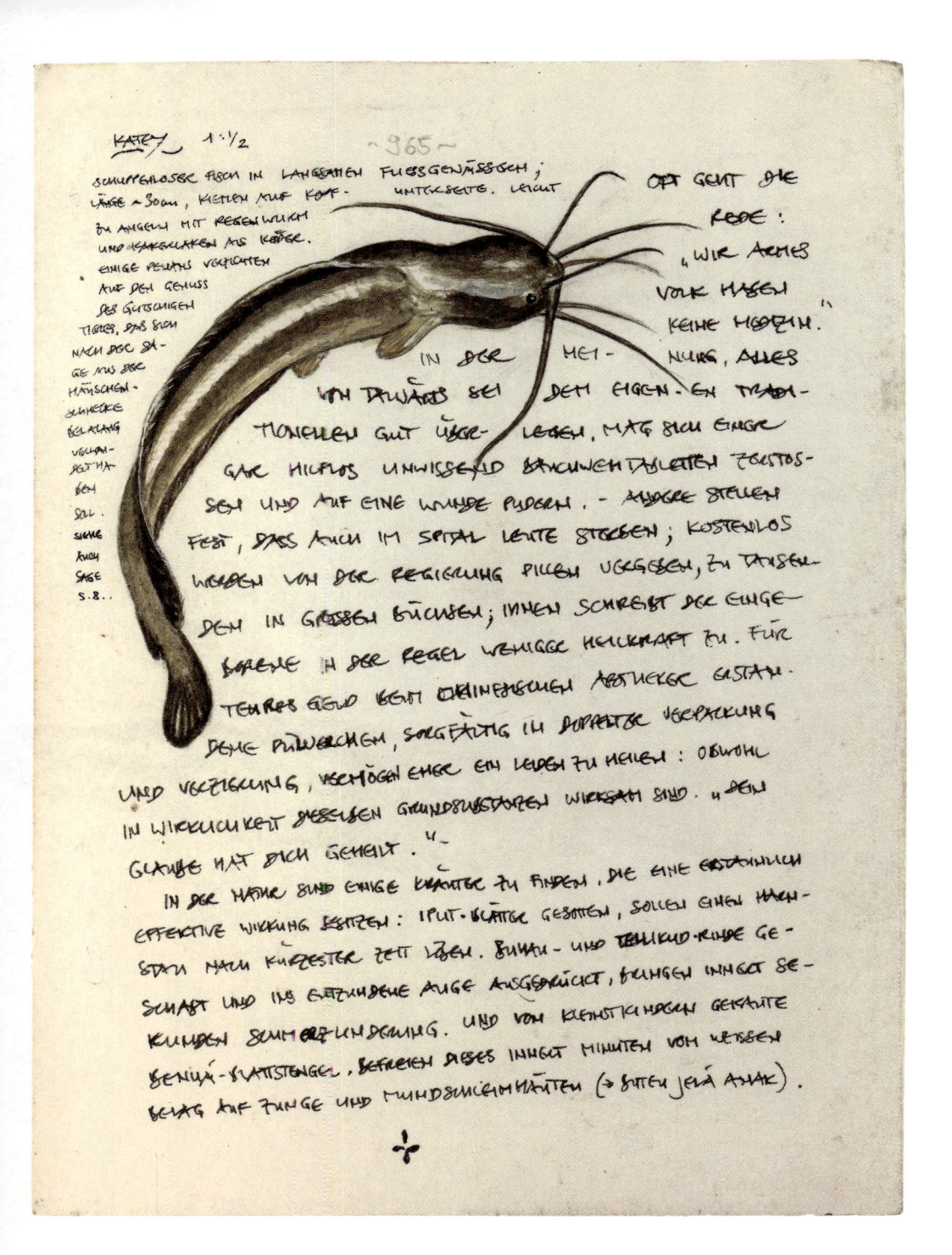

14/965 Oft geht die Rede: «Wir armes Volk haben keine Medizin.» In der Meinung, alles von talwärts sei dem eigenen traditionellen Gut überlegen, mag sich einer gar hilflos unwissend Bauchwehtabletten zerstossen und auf eine Wunde pudern. – Andere stellen fest, dass auch im Spital Leute sterben; kostenlos werden von der Regierung Pillen vergeben, zu Tausenden in grossen Büchsen; ihnen schreibt der Eingeborene in der Regel weniger Heilkraft zu. Für teures Geld beim chinesischen Apotheker erstandene Pülverchen, sorgfältig in doppelter Verpackung und Verzierung, vermögen eher ein Leiden zu heilen: Obwohl in Wirklichkeit dieselben Grundsubstanzen wirksam sind. «Dein Glaube hat dich geheilt.» –

In der Natur sind einige Kräuter zu finden, die eine erstaunlich effektive Wirkung besitzen: Iput-Blätter gesotten, sollen einen Harnstau nach kürzester Zeit lösen. Buhau- und Tellikud-Rinde geschabt und ins entzundene Auge ausgedrückt, bringen innert Sekunden Schmerzlinderung. Und von Kleinstkindern gekaute Benuá-Blattstengel befreien dieses innert Minuten vom weissen Belag auf Zunge und Mundschleimhäuten (→ Buteu Jelá Anak).

Katey 1:$\frac{1}{2}$

Schuppenloser Fisch in langsamen Fliessgewässern; Länge ca. 30 cm, Kiemen auf Kopfunterseite. Leicht zu angeln mit Regenwurm und Kakerlaken als Köder. Einige Penan verzichten auf den Genuss des glitschigen Tieres, das sich nach der Sage aus der Häuschenschnecke Belalang verwandelt haben soll.

Siehe auch Sage S. 8. . [S. 856]

14/966 **Long Kuren**

5 Familien, 27 Mitglieder

Das oberste Dorf im Ulu Tutoh. Die Maniokfelder – wie überall – von Wildschweinen geplündert. Eine einzige Familie besitzt kurz nach der Ernte Reis im Speicher. Alle anderen gehen wildes Sago verarbeiten; Palmen sind in Siedlungsnähe zu finden. – Bananen sind darüber einzige kultivierte Nahrung. – Obwohl keine andere Siedlung in der Nähe, finden sich nur wenige Fische im Fluss. Man habe ihn überfischt und oft Fisch, übersättigt, fortgeschmissen. – In einwachsenden Reisfeldern finden sich aufschiessende Pflanzen, die als Wildgemüse dienen. Auf einem Gang werden Farnsprosse gepflückt (2 Arten), Schosse vom Tobo Oyoy, Blüten vom Tobo Niareng, ein Pilz auf morschem Stamm, Gullinfrüchte und Herz/Blüte der wilden Banane (Seká).

Rhododendron auf sonnenbeschienener felsiger Bergspitze. Strauchig, Höhe ~120 cm 1:$^1/_2$

Standort: Ulu Tutoh

April 89

14/967 **Anau (Pholidocarpus)**

Schlank und aufrecht streckt sich der Stamm der Anaupalme im feuchten Gebirgswald himmelwärts. – Sie ist die Mutter der sitzenden Dá-un-Palme und ihre quirlständigen Wedel erinnern an jene der Zuckerpalme. Das bis 2 m lange Blattwerk spendet Dachbedeckung. Wegen ihrer Brüchigkeit eignen die Wedel nicht zur Faltung zum Kochgefäss. – Aus den scharf bedornten Stengeln hatte sich der mythische Volksheld Oia Abeng Pfeile geschnitzt, und bis heute fertigt sich der Penan aus der Stengelunterseite dieser Palme seine Pfeilschäfte, sofern sich dieses seltene Gewächs in seiner Siedlungsnähe befindet. Die schmuck gelbgestriften Stengel haben einer häufigen ähnlich anzusehenden Natter ihren Namen eingetragen (Dá-an Anau). – Der Leib jüngerer Palmen ist gespickt mit den Anwachsstellen gebrochener Stengel, und ähnelt dann dem der Ölpalme. – Dieses ‹Hemd› verrottet mit der Zeit, und so stehen alte Palmen bloss und kahl. Ihr Skelett verhärtet vom Fuss her zusehends zum zähholzigen Stamm, der einer stumpfen Axt trotzt. Seine schwarz-flammende Struktur lädt ein, eine Schöpfkelle zu schnitzen.

Nur selten fällt der Penan eine Palme, um deren Herz zu verspeisen; dieses schmeckt auf kaum Finger-

14/968 länge süss, darüber jedoch eher bitter-zusammenziehend.
Fruchtbildung deutet auf Sagogehalt. – Mit Vorliebe werden jüngere Stämme verarbeitet, die noch ihr ‹Hemd› besitzen.
Der Tradition folgend schnitzt der Fäller Holzlocken (Ceprut) für den Geist der Palme und bittet um Vergebung, bevor er sich ans Werk macht. In Gegenwart der Palme darf weder deren Name ausgesprochen noch Wortlaut auf hohen Sagogehalt hingewiesen werden, ansonsten könnte das Sago verschwinden (Tatad).
Anau enthält nur gegen die Krone hin Sago, und muss darum zur Prüfung gefällt werden. Um sicher zu gehen wird eine zerhackte Probe von Palmmark wiederholt mit Wasser im Blattgefäss ausgedrückt. Weisser Bodensatz deutet auf gute Ernte.
Da die Anaupalme eher zäh zu verarbeiten ist, und die Ernte des weissen Pulvers oft zu wünschen übrig lässt, wird sie bei Vorhandensein anderer Palmarten meist geschont.

Pholidocarpus 1:¹⁄₄

Spaltung zur Pfeilschaft-Herstellung.

Verbreitungskarte. [Flüsse: Limbang, Magoh, Tutoh, Patah, Aka, Baram]

Anau fehlt im Gebiet des unteren Tutoh, Ubung, Seridan. Standorte nur vereinzelt im Ulu Limbang, Magoh, Ulu Tutoh, I-ot Patáh/Aka bekannt.

Vergammelte Frucht. Schale und Fruchtfleisch der faustgrossen Kugel sind vergammelt. Zurück bleibt eine bestachelte Nuss von Ø 5 cm. Nahrung von Nashorn und Wildschwein, Stachelschwein. Fruchtfleisch wird auch von Bär u. Hirsch verspiesen

‹Sporne› (Tassak) gebrochener Stengel an jüngeren Stämmen

Anau-Schössling

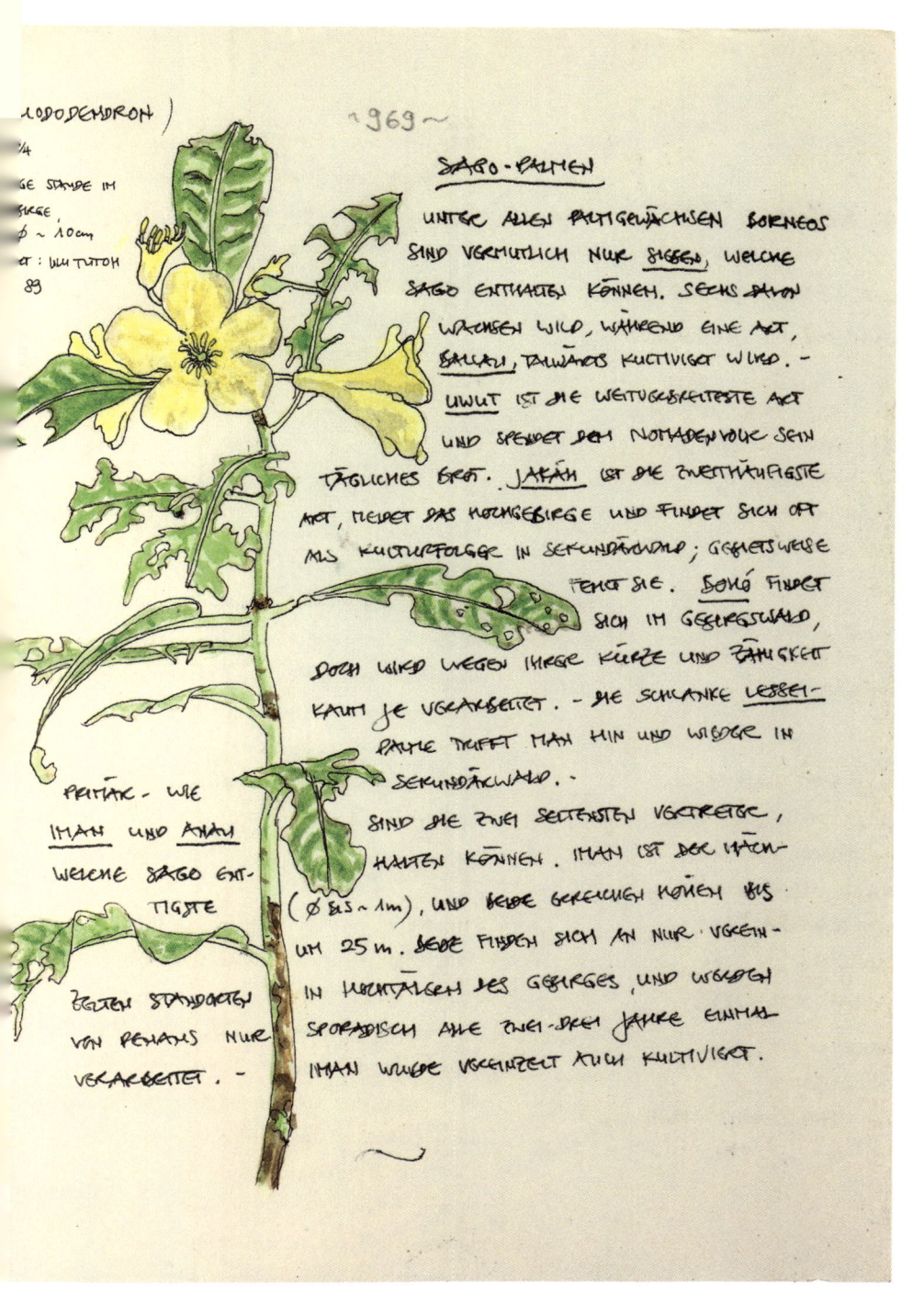

Sago-Palmen

Unter allen Palmgewächsen Borneos sind vermutlich nur sieben, welche Sago enthalten können. Sechs davon wachsen wild, während eine Art, Ballau, talwärts kultiviert wird. – Uwut ist die weitverbreiteste Art und spendet dem Nomadenvolk sein tägliches Brot. Jakáh ist die zweithäufigste Art, meidet das Hochgebirge und findet sich oft als Kulturfolger im Sekundärwald; gebietsweise fehlt sie. Bohó findet sich im Gebirgswald, doch wird wegen ihrer Kürze und Zähigkeit kaum je verarbeitet. – Die schlanke Lessey-Palme trifft man hin und wieder in Primär- wie Sekundärwald. –

Iman und Anau sind die zwei seltensten Vertreter, welche Sago enthalten können. Iman ist der mächtigste (Ø bis ~1 m), und beide erreichen Höhen bis um 25 m. Beide finden sich an nur vereinzelten Standorten in Hochtälern des Gebirges, und werden von Penans nur sporadisch alle zwei-drei Jahre einmal verarbeitet. – Iman wurde vereinzelt auch kultiviert.

(Rhododendron)
Fleischige Staude im Hochgebirge, Blüten Ø ~10 cm
1:¼
Standort: Ulu Tutoh
April 89

Versammlung

Am Anfang hatten alle Tiere des Waldes keine Gallenblase. Da wurden sie gerufen, ihren Anteil zu empfangen. Als erster erreichte die Raupe Tukang Belatáh* den Platz und nahm sich gleich vier Gallenblasen. Nach und nach nahm sich jedes Tier seinen Teil. Das Reh (Tellá-o) sprang so schnell es konnte herbei und trat in den Haufen getürmter Gallenblasen. Seither ist es zwischen seinen Klauen grün und von starkem Geruch (‹Sabang›)** – doch erhielt es keine wirkliche Gallenblase. – Der Hirsch dachte, er sei schnell und nahm sich Zeit. Doch als er den Ort erreichte, waren alle Gallenblasen schon verteilt.

Gissa Paren, Long Kerameu

Hirsch und Reh besitzen keine Gallenblase. Das Mausreh (Pelanok) und der Nager Megá sind vereinzelt ohne Gallenblase zu treffen.

* Das Larvenstadium des Käfers ‹Kelatang›, welches sich von morschem
Holz ernährt und fingerdicke Gänge bohrt. Seine Behaarung soll bei Berührung
Entzündungen verursachen.

** Tröpfchengrosse Zwischenklauendrüse von gallengrüner Färbung.

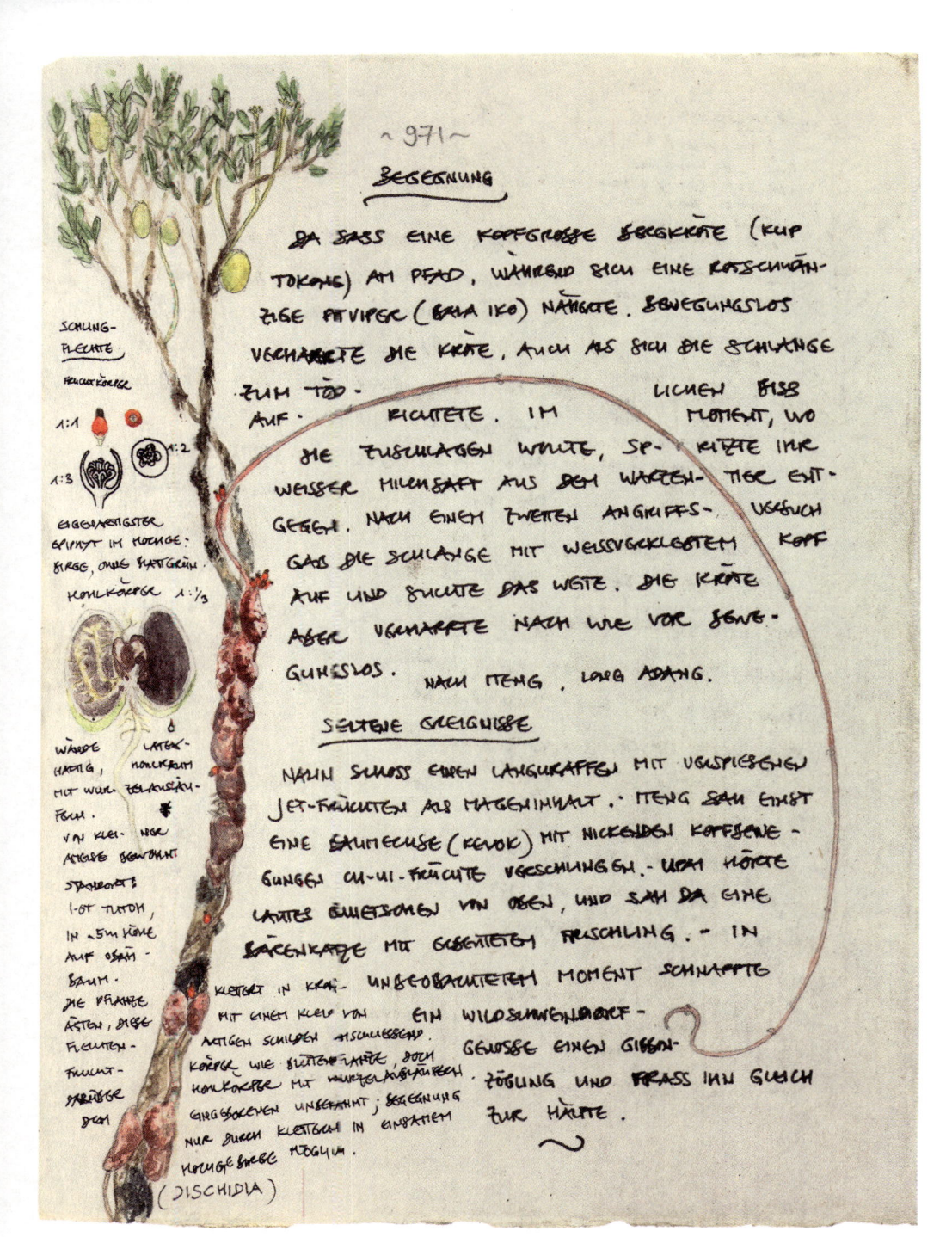

nickenden Kopfbewegungen Cu-ui-Früchte verschlingen. – Upai hörte lautes Quietschen von oben, und sah da eine Bärenkatze mit erbeutetem Frischling. – In unbeobachtetem Moment schnappte ein Wildschweindorfgenosse einen Gibbon-Zögling und frass ihn gleich zur Hälfte.

Schlingflechte

Fruchtkörper 1:1 / 1:2 / 1:3

Eigenartigster Epiphyt im Hochgebirge, ohne Blattgrün. Hohlkörper 1:1/3

Wände latexhaltig, Hohlraum mit Wurzelausläufern. Von kleiner Ameise bewohnt

Standort: I-ot Tutoh, in ~5 m Höhe auf Obáh-Baum. Die Pflanze klettert in Kron-Ästen, diese mit einem Kleid von flechtenartigen Schilden umschliessend. Fruchtkörper wie Blütenpflanze, doch darüber Hohlkörper mit Wurzelausläufern. Dem Eingeborenen unbekannt; Begegnung nur durch Klettern in einsamem Hochgebirge möglich.

(Dischidia)

Stimme

«Wir erlauben nicht, unser Wild zu vertreiben, unsere Flüsse zu verschmutzen, unser Land zu zerstören. Schwer ist's zu sehen, wie das unserer Verwandten talwärts schon den Kompanies zum Opfer gefallen ist. Dies ist unser Herz. Doch wir verstehen nicht zu verteidigen. Unser Mund versteht nicht zu sprechen. So leben wir einfach wie Tiere. – Nun können wir von unserem Haus aus auf Jagd gehen, wilde Sagopalmen fällen, und die Kinder können Früchte sammeln, ohne sich müde zu laufen. Doch wer ernährt uns, wenn die Bäume fallen?» *Luding, Sippenführer Long Kuren*

Vater und Grossvater des etwa 65-jährigen waren durch die Wälder des Ulu Tutoh gestreift und daselbst gestorben. – Die britische Kolonialregierung begann damals, einen Markt in Lio Mato (Baram) zu veranstalten, um da wilden Kautschuk, Harze u. a. zu kaufen. Der Weg dahin war weit, und Nomadenvolk wurde hungrig, da unterwegs Standorte wilder Sagopalmen selten sind. So entschloss sich Luding, im Ulu Aka ein kleines Maniok-Feld zu erstellen. Zwei Jahre darauf drängte die Regierung, Penans vom wilden kaum befahrbaren Aka-Fluss ins Gebiet des Selá-an und Selungo umzusiedeln, wo leichtere Transportmöglichkeiten bestanden. So wur-

Begegnung

Da sass eine kopfgrosse Bergkröte (Kup Tokong) am Pfad, während sich eine rotschwänzige Pitviper (Bala Iko) näherte. Bewegungslos verharrte die Kröte, auch als sich die Schlange zum tödlichen Biss aufrichtete. Im Moment, wo sie zuschlagen wollte, spritzte ihr weisser Milchsaft aus dem Warzentier entgegen. Nach einem zweiten Angriffsversuch gab die Schlange mit weissverklebtem Kopf auf und suchte das Weite. Die Kröte aber verharrte nach wie vor bewegungslos.

Nach Iteng, Long Adang

Seltene Erlebnisse

Nalin schoss einen Languraffen mit verspiesenen Jet-Früchten als Mageninhalt. – Iteng sah einst eine Baumechse (Kevok) mit

14/973 den die Siedlungen Long Ajeng, Long Mubui, Long Kerong und Long Sa-it gegründet, und Penans des oberen Baram weitgehend sesshaft. In der letzteren Dorfschaft lebte Ludin beinahe drei Jahrzehnte. – Nach Abzug der Briten brach der Handel zusammen, und so kehrte Ludin ins Land seiner Väter zurück – an den Ulu Tutoh. –

Missbildung

Zusammen mit ihrem alten Vater Luding lebt eine herzensgute Witwe mit Verstand. Ihre zwei ältesten Kinder sind taubstumm; der etwa 25-jährige Sohn mit mongoloidem Gesichtsausdruck. Beide helfen kräftig in den täglichen Arbeiten mit. – Die Mutter selbst weiss keine Ursache für den Umstand anzugeben. Ihr Gatte hatte ungefähr gleiches Alter und war nicht nahe verwandt.

Angeborene Abnormalitäten unter Penans sind selten und betreffen nur etwa 2 Promille der Bevölkerung (4 Taubstumme/ 1 Wolfsscharte/ein Mann mit sechs Fingern, ein anderer mit sechs Zehen). Ein Fall von Schizophrenie, im Alter durchgebrochen. – Abnormale, schwächliche Kinder mögen beim Nomadenvolk kaum die ersten Erdentage überleben.

[Bild] 14/974

Von der Liebe

14/975

Lawang liebte einst Apeng. – Während er einige Monate entfernt Verwandte besuchte, traf seine Geliebte einen anderen Mann. – Nach Lawangs Rückkehr lebten die drei längere Zeit unter einem Dach. – Polygamie (Kewuau) war unter Penans einst üblich, ist seit der Mission jedoch selten zu finden. –

Dann stellte Lawang seine Geliebte vor die Wahl: «Wenn jemand seine neue Pfanne als Hundenapf benutze, begehre er nicht mehr daraus zu essen, so gut das Gefäss auch sei.» Entweder sie folge ihm allein, oder er werde sich ‹wie auf dem Fluss talwärts getriebener Schaum› unwiederbringlich entfernen. ‹Wie Bachgeschiebe nicht mehr bergwärts rollen kann›, wird eine Trennung unumkehrbar sein. – Lawang verliess Apeng, und lebt bis heute, als 70-jähriger Jung-Geselle, allein. – Apeng wurde einige Jahre nach der Trennung von ihrem zweiten Liebhaber wegen einer anderen Frau verlassen. Ihre Versuche, Lawang wieder zu treffen, blieben erfolglos. Und so lebt auch Apeng heute als alte kinderlose Frau – allein. –

Lawang wie Apeng besitzen einen äusserst klaren Herzgesang, wie er nur selten unter Penans zu treffen ist:

«... Wie das Fruchtfleisch der roten Bengelang jenseits am Ufer blinkt, blinkt der Rockspalt von ihr ~
und schleppt sie Feuerholz, treten Schweisstropfen aus ihrer Haut wie Benuá-Ameisen aus dem Stamm ~
wo sie sich im Bach wäscht, da trink ich's Wasser flussabwärts. So edel ist sie!»
(nach Penan Silat)

«Und machen mich auch die Leute schlecht, und werde ich auch bestraft und habe Verlust – wenn ich ihn nur nehme!»

Tabo

Dieses kürbisartige Kriechgewächs wird von sesshaften Dayak-Stämmen kultiviert. Dessen Blätter wie junge Frucht sind essbar. Die getrocknete flaschenhalsartige Frucht dient zum Bau des ‹Kellore›, ein Blasinstrument von dudelsackartigem Klang. Weiter wird daraus ein Aufbewahrungsgefäss für die Markzäpfchen gefertigt, welche auf die Pfeilschäfte gesteckt werden (Lat).

Um die ‹Urinflaschen› zu trocknen, werden sie am Halsende durchbohrt und in Bündeln über der Feuerstelle aufgehängt. Dort bleiben sie, bis ihre Schale verhärtet ist und so lange, bis man ihrer bedarf. Mit natürlichem Schleifpapier wie Medang-Blättern entfernt man in nassem Zustand den Russ durch Reiben.

Latgefäss: Der Hals der Frucht wird auf gewünschter Höhe waagrecht vertiefend eingeritzt und abgetrennt. Mit Hilfe von Schütteln und Stochern fallen die darin getrockneten Samen heraus; sie können als Saat-Gut dienen. – Zur Herstellung des Verschlusses wird ein Trieb der Bekauit-Liane oder des Benuá-Baums verwendet. Beide Pflanzen besitzen zentral ein natürliches Markloch, welches zur Aufnahme der Aufhängungsschnur dient. – Zuerst schnitzt man die Verschlussseite des Deckels zu und passt diese <u>eng</u> sitzend der Öffnung des Gefässes an; bei Weitertrocknung und Abnützung könnte sie sonst allzulose sitzen.

Aus dem Bast des Beripunbaumes (Talun) wird die Aufhängungs'schnur gedreht und durch ein seitlich am Tabobehälter gebohrtes Loch geführt. Als Widerhalt dient ganz einfach ein Endknoten, oder schöner, ein durchbohrter Reisszahn des Rehbocks (Tellá-o). Am anderen Ende der Schnur verknüpft man einen natürlichen Anziehstein (Bateu Iran), der als Gegengewicht in den Lendenschurz gesteckt wird. –

Die zugeschnitzten Markzäpfchen werden lose in den Behälter gefüllt. – Nomaden, welche seltener Kontakt zu sesshaften Dayakstämmen haben, bewahren ihre Markzäpfchen auf dünne Stäbchen aufgereiht im Bambuspfeilköcher; bei engem Platz können sie dabei gedrückt und leicht formverändert werden.

Tabo-Verzierung

Lenguong, der Schutzgeist des Gibbons vergass einst seines Schützlings, in die Betrachtung einer Tabo-Beschnitzung versunken. Die Zeichnung wird als feine V-Kerbe in die Frucht eingeritzt.

Long Benali (12 Familien, 58 Mitglieder)

Wunderbar fruchtbares Land am Aka, mit mächtigen Dschungelriesen. Das Dorf wurde 1981 gegründet, da Besuche von in entferntere Dorfschaften verheirateten Brüdern mit Mühen verbunden waren. Wie überall sind die Maniokpflanzungen von Wildschweinen geplündert. Wenige Fruchtbäume und Sagopalmen kultiviert. Bewohner vorwiegend jüngere Generation.

Ba Pengaran (5 Familien/23 Mitglieder), am Aka.

1984 sind Mitglieder von Long Ajeng in das Land ihrer Väter zurückgekehrt, wo viel Wild, Fisch und Boden zur Verfügung steht.

Lat-Gefäss mit Schleifstein
Reisszahn von Rehbock
Same 1:1
Die Frucht enthält gegen ~100 Sämlinge
Bündel Trocknen der Früchte
Verschluss Ø ~4 cm

Der Sekundärwald mag 25–30 Jahre zählen. Nachzügler sind zu erwarten, da die Bevölkerung im Selá-an dicht gestreut ist.

Long Ajeng (57 Familien/ 228 Mitglieder)

Zwei Langnasen schliessen sich unserm Trüpplein an, und dürfen einen Duft von meiner Lebensweise einatmen. Marsch bis zur Nachtzeit – dürftige Nächtigung am Bachufer. Des Nachts beinahe von Hochwasser weggeschwemmt. Durchfeuchtetes Warten auf Morgen. Wiederum Marsch in strömendem Regen bis zur Nachtzeit, wo ein Heer von Kemirau-Blutegeln lauert. Lustiges Bild, wie alle fünf Minuten drei Mann im Schritt innehalten und synchron mit gespreizten Beinen in ihren Hosen fummeln, um sich der schmerzhaft zubeissenden Sauger zu entledigen. – Unterbringung in versteckter Wildnis des äusserst stachligen Seggeláh-Rattans, dessen bitteres Herz hin- und wieder von Kellabit-Stämmen verspiesen wird.

Hausarrest bei Gefahr in winzigem erhitztem Wellblechverschlag, wo die Schwüle der Tropensonne dich beinahe erstickt. Nächtelanges Meeting mit improvisierten Dialogen und gestellten Szenen, wo ich als Holzfäller, Manager, District Officer, Resident, Chief des Wald-Departementes und der Polizei alle Schande zu hören bekomme. Lernprozesse ~ Intensität des Lebens ~ lass dich packen!

Scheiden-Tobo

(Tobo Atet), 1:$^1/_5$

Staude in Niederung

Höhe: 1 m

Blätter kahl, Os. glänzend. Wurzel weiss, wohlriechend.

Bodenblüte (1:$^1/_2$) weiss.

Standort: Ulu Tutoh, Long Tanyínd

Verwendung: Kauen der Wurzel bei Bauchschmerzen (Etlingera?)

Missgeschick 14/981

Während Gehen in steilem Gelände sucht die Hand Halt an einem Bäumchen. Ein morscher Ast fällt dabei abwärts und trifft beim Ausschreiten genau in die Kniekehle. Für zwei Tage ist das Bein weder voll ausstreck- noch beugbar. Wegen Beschäftigung schenke ich dem unwillkommenen Umstand wenig Beachtung. – Als ich dann eine schwere Last bergaufwärts trage, verschlimmern sich die Schmerzen, und einige Tage darauf ist der Unterschenkel blau angelaufen: Bei dem Schlag damals sind wohl die venalen Blutgefässe abgeklemmt und in ihrer Funktion behindert worden. Zeitige Massage, um die Blutzirkulation vom Glied herzwärts zu fördern, hätte den Körper in seinem Heilbestreben unterstützt. – Wir können das Geschenk unserer Leiblichkeit wohl auch allzu vernachlässigen.

Unfall 14/982

Oleng hat beim Roden eines kleinen Dschungelflecks zur Reisaussaat weniger Glück. Während dem Fällen eines Baumes wähnt sich der gestabige alte Jung-Geselle etwas abseits in Sicherheit. Er bedenkt nicht die Lianenverbindungen in die Krone des Nachbarbaumes, unter dem er Schutz sucht. Weder hört noch sieht der Schwerhörige in Dächli-Kappe den brechenden Ast über sich.

Zwei Stunden später wird er blutüberströmt gefunden und aus seiner Lage befreit. Der knotige Ast ist auf seinen getroffen und hat seinen Leib über einer Wurzel eingeklemmt. –

Drei Tage darauf werde ich gerufen. Warum man nicht einen Helikopter angefordert hätte? – Glaube ich auch weniger an die modernen Künste der Krankheitsbehandlung – im Zusammenflicken von argen Verletzungen wirken die Handwerker mit Skalpell, Nadel und Sterilität manchmal Wunder.

«Falls Oleng sterben soll, kann er es auch hier tun, im Land, das ihm bis heute Leben gegeben hat. Wenn seine Zeit noch nicht abgelaufen ist, und Gott ihn leben lässt, so wird er leben.», erhalte ich zur Antwort.

Der Verletzte kann sich kaum bewegen und hat während drei Tagen kaum Nahrung angenommen. Er fiebert und reagiert nur zögernd. Fliegen, Geruch nach Schweiss, Eiter und Urin. – Nach hautnahem Scheren und Waschen

«In der Tasche sind Bananen – vielleicht verfault – iss wenn du hungrig bist», stöhnt der schwerverletzte Oleng.

14/984 mit Seifenlauge versuche ich klarzustellen; wie eine geplatzte Alim-Frucht mutet der Schädel. Die fingerlange Wunde klafft, und die angeschwollene Schwarte löst sich taschenartig vom Schädelknochen. Dieser ist angebrochen, doch nicht zertrümmert. – Einzige Medizin von talwärts bildet Watte und Kaliumpermanganat. Mit Hilfe von Pfeilschäften entstehen Wattestäbchen. Zweimaliges Waschen mit Desinfektionslösung und folgendes Einblasen von Kohlenstaub aus verbrannten Bambusblättern soll die Wunde austrocknen. Weiteres Wundheilmittel liefert die Belirau-Rinde; diese zerstäubt zu einem feinen Pulver, wenn sie in getrocknetem Zustand geschabt wird. – Die Wunde nässt jedoch und eitert nach 10 Stunden ohne Behandlung. Stetes Entfernen des durchnässten Puders und folgendes Neueinblasen beseitigt bald den üblen Geruch. Doch der Bettlägerige zeigt nach wenigen Tagen Druckstellen vom harten Lager und klagt über arge Schmerzen in Seitenlage.

Olengs Hütte ist des Tags wie des Nachts von fortwährendem Stöhnen begleitet. Schmerzen in Brust, Arm und Zähnen wirken im Chor zur Kopfverletzung. «Wenn ich so arg zu leiden habe, besser ich geh in die bereite Hütte – vom lieben Gott», meint er nach ein paar Tagen, unfähig, auch nur aufzusitzen. – Als er dann einmal ausruft «Es schmerzt! Es schmerzt! Es schmerzt!», im Crescendo, «...vom Zucker!», kann ich ein Lächeln nicht unterdrücken.

Belirau (Garcinia?)

Baum in Niederung, va. in Sekundärwald, Durchmesser bis 50 cm. Hellrindig. Gelbliches Feuerholz mit gutem Brennwert.

Endknospe

Blätter 15–25 cm, gegenständig, kahl. Os. wachsglänzend, Us. matt. Mittelnerv auf Os. vortretend. Blätter beim Zerreissen knisternd, Geruch eher unangenehm Aus Schnittstellen junger Triebe fadenziehender Saft austretend.

Sicheres Kennzeichen von Belirau ist die Rinde: An sich gegen den Bastteil verdichtenden Schichten tritt bei der Kappstelle weinrotes Harz aus.

Verwendung: Geschabte getrocknete Rinde als Wundpuder.

Teuflische Kräuter

14/985

Wo Licht, da ist auch Schatten. Der missionierte Paren betet: «Himmlischer Vater im Paradies, fessle alle Teufel und schmeisse sie ins Höllenfeuer. Jesus, binde alles was schlecht und falsch mit deinem Namen, mit deinem Blut am Kreuz. Du bist nicht gekommen, um die Guten, jedoch die Verirrten auf den Weg zu lenken...»

Liegt das Böse als Keim im Guten und umgekehrt? – Der Teufel ist ein gefallener Engel – «Der Geist, der stets das Böse will und Gutes schafft». Heilende Medizin wird in der Überdosis zur tödlichen Droge. – Im Prozess der Ernährung wird Leben getötet, in der Verdauung abgebaut und in verwandelter Form wieder aufgeführt. Zu neuem Leben. – Im Christentum des alten Testaments gilt ‹Auge um Auge, Zahn um Zahn!›

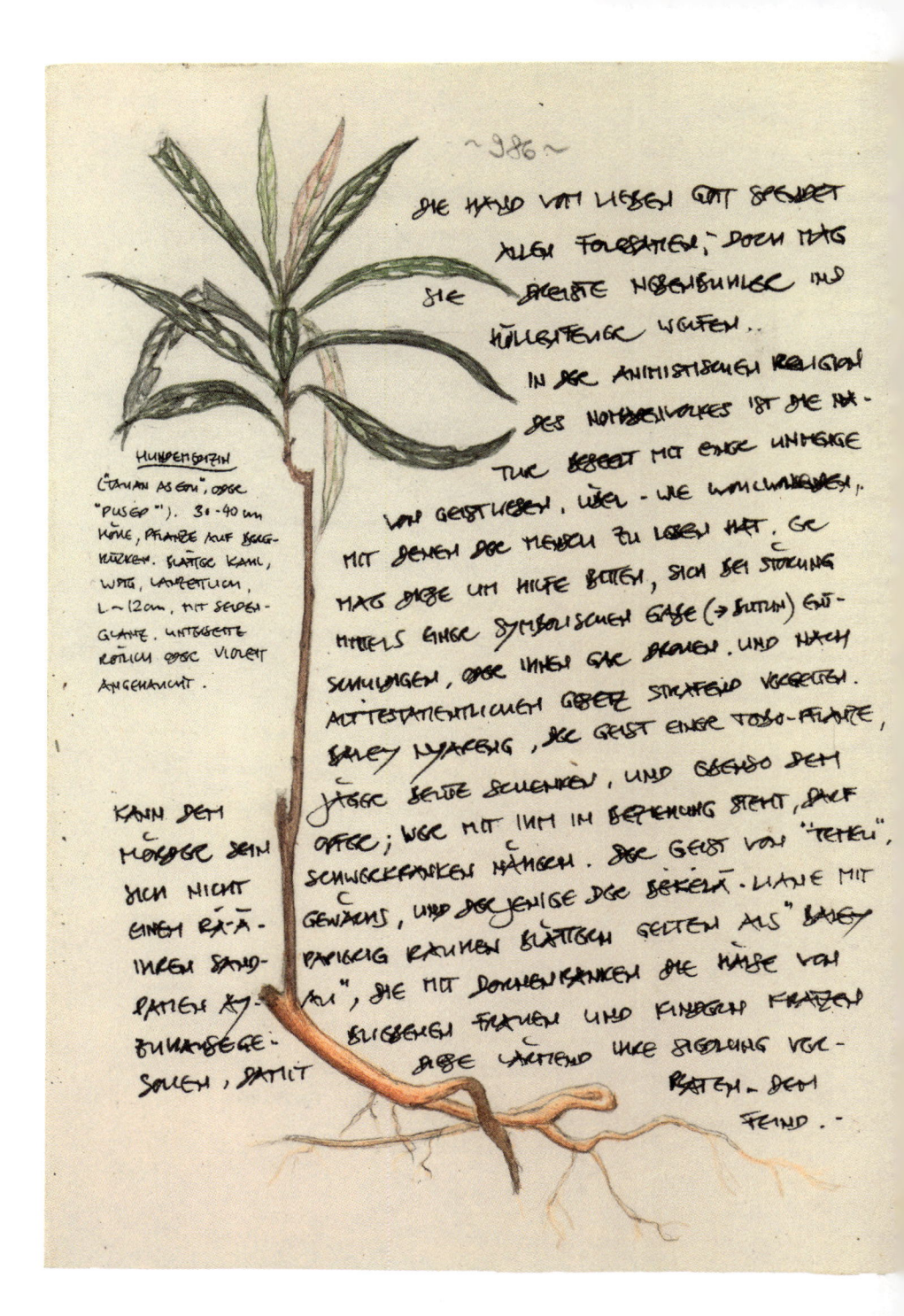

14/986 Die Hand vom lieben Gott spendet allen Folgsamen. – Doch mag sie dreiste Nebenbuhler ins Höllenfeuer werfen...
In der animistischen Religion des Nomadenvolkes ist die Natur beseelt mit einer Unmenge von Geistwesen. Übel- wie Wohlwollenden, mit denen der Mensch zu leben hat. Er mag diese um Hilfe bitten, sich bei Störung mittels einer symbolischen Gabe (→ Butun) entschuldigen, oder ihnen gar drohen. Und nach alttestamentlichem Gesetz strafend vergelten.
Baley Nyareng, der Geist einer Tobo-Pflanze, kann dem Jäger Beute schenken, und ebenso dem Mörder sein Opfer; wer mit ihm in Beziehung steht, darf sich nicht Schwerkranken nähern. Der Geist von ‹Temeu›, einem Rá-á-Gewächs, und derjenige der Békélá-Liane mit ihrem sandpapierig rauhen Blättern gelten als ‹Baley Pamen Ay-au›, die mit Dornenranken die Hälse von zuhausegebliebenen Frauen und Kindern kratzen sollen, damit diese lärmend ihre Siedlung verraten – dem Feind. –

Hundemedizin
(‹Tauan Aseou›, oder ‹Pusep›). 30–40 cm Höhe, Pflanze auf Bergrücken. Blätter kahl, wstg, lanzettlich, L ~12 cm, mit Seidenglanz. Unterseite rötlich oder violett angehaucht.

14/987 Eine ganze Reihe von Pflanzen und tierischen Stoffen, diente zu schwarzmagischen Praktiken; sei es, dass sie unter Zaubersprüchen im Pfad vergraben oder unter Verwünschungen in der Herdstelle von jemandem verbrannt wurden. – So klagte Yat über Schmerzen im Arm, seit er ein böses Symbol bei einer Hüttenstiege beseitigt hatte. Und Ná wurde einst, auf Fruchtbaum geklettert, gebannt, und innert wenigen Tagen fielen ihm alle Zähne aus. –

Nebst Verhexung fürchteten in der Vergangenheit, bis heute, Penans Vergiftung durch ein Teufelskraut namens ‹Udúh›:

«Eines meiner Kinder war allein in der Hütte geblieben, während wir Sago ernten gingen. Es war alt genug, um Trinkwasser zu holen und Brennholz zu schlagen. – Als wir zurückkamen, war das Kind fiebrig und erbrach sich. «Hast du gegessen?», fragten wir. «Ja – Jakáh-Palmherz von Grossmutter.», antwortete es. – Am nächsten Tag starb

Tégéng 1:1 (Schizaea)
Grasartiges Pflänzchen mit spiralig verdrehten Blättern.
Auf humusarmen Bergrücken, als Moospolster. Mittelrippe auf Unterseite kantig vorstehend
Häufig. Ulu Limbang/Tutoh/Aka.
In der Herdstelle verbrannt, soll es die Bewohner entzweien (nach Penan Talum, Kalimantan)

14/988 das Kind; das Blut war unter seine Haut getreten, Gaumen und Mundschleimhäute lösten sich, einige Zähne fielen aus, wie bei gekochtem Fleisch. – Alle trauerten wir, nur die Grossmutter nicht. Da wussten wir: Sie hatte dem Kind Udúh gegeben.»
Uian, L. Napir

Eine ganze Reihe von anderen Pflanzen diente zu Liebeszauber (→ Kelamai, Kérapet), um einen Geschlechtspartner an sich zu fesseln. Glücklicherweise kann dieser mit Hilfe von anderen Pflanzen weggewaschen werden. – Der Zauber der Unverwundbarkeit (Kébén) konnte mit auf die Speerspitze gestrichenem Bihá-Saft gebrochen werden. –

Die Mission hatte mit dem Fetischismus der Eingeborenen kurzerhand aufgeräumt, und alle Amulette verbrennen lassen und Tabus gebrochen. Neuer Talisman wurde die Bibel, welche als pfündige Last von vielen Nomaden, obwohl leseunkundig, stets im Gepäck mitgetragen wird. – Bei dieser Aktion gingen auch einige wertvolle Bräuche verloren, bei denen der Mensch horcht, was ihm die Natur zu sagen

Python-Kraut
(Urou Kemanen)
Häufiger Blattfarn in Niederung, auch in Sekundärwald.
Wo er wächst, sollen nach einer Brandrodung gute Reisernten gehalten werden. – In der Herdstelle des Feindes verbrannt, soll er dessen Muskeln lähmen und ihn träge machen.

117

14/989 und zu offenbaren hat, und deren Da-Sein achtet und respektiert. – Wir Menschen tragen beide Welten in uns und dürfen lernen, überall das Lichte auszuwählen.

Jesus hat eine neue Dimension in die Religion gebracht, welche wohl nur von wenigen Christen voll erfasst wurde, wie die Geschichte beweist. Sie heisst: Gelebte Nächstenliebe und selbst Böses mit Gutem zu vergelten. Sie weist den Weg aus dem Teufelskreis von Drohung und Gegendrohung zur totalen Gewaltlosigkeit. Sie ist weisse Magie und erfordert ein mystisches Bewusstsein von der Einheit aller Wesen. Doch wie ist sie verwirklichbar, da wir Menschen beide Welten in uns beherbergen? Lassen wir unseren Trieben freien Lauf, so handeln wir egozentrisch wie Affen, und können im Konkurrenzkampf in unserem Nächsten negative Gefühle wecken. –

Oft will der Verstand, doch das Fleisch ist schwach. Wie erbärmlich komme ich mir selbst vor, wenn ich an ein kleines Erlebnis denke: Einst war ich in Begleitung eines kleinen Eingeborenenmädels mit dem Wurfnetz unterwegs. Es war ein bewölkter

14/990 trüber Tag. Nach einiger Zeit, vom Tauchen im kristallklaren Fluss unterkühlt, begann es zu regnen und ich schlotterte. Und gerade so fröstelte mein kleines Mädel, einzig mit einem Stück Tuch beschürzt. Als ich es gewahr wurde, wollte ich ihm mein Leibchen geben. Doch ich fror ja selbst. Da entschuldigte ich mein Gewissen: Das Mädel sei gewohnt ohne Hemd und habe nicht getaucht wie ich – und zog mir mein Leibchen selbst über die Ohren.»

Die Entwicklung zum wirklichen Menschen ist von Vergeistigung gekennzeichnet. Doch in diesem Leib mit all seinen Bedürfnissen werden wir immer wieder dem ‹Bruder Esel› begegnen, wie ihn Franz von Assisi genannt hatte. – Nur durch gelebtes Beispiel können wir einander im Guten stärken.

(Argostemma) 1:¹/₂

Epiphyt im Bergwald. Auf gestürztem Stamm als Kriechgewächs Polster bildend. Unverkennbar. Blattunterseite weissgrün.

Standort: Lot Maha (Ulu Tutoh)

Juni 89

Magie und Gebet (nach Along Segá, L. Adang)

14/991 Der Gembala* von Bareo und Long Napir besuchte uns: «Braucht nicht Geistersprache (Kelita), Puppen (Butu), Locken (Ceprut), Geister (Baley), Träume (Niupin), Amulette (Sihap) und Tukang**. Betet nur!», wurden wir angewiesen.

Nein – wir haben weder Tukang noch Baley. Wir wollen beten, doch wir verstehen's nicht. Selbst wenn wir eine Bibel haben, wissen wir sie nicht zu lesen. Sonntags hocken wir nur rum, weil wir so geheissen werden. Gut ihr schliesst unsern Namen mit in euer Gebet ein.

Wenn wir krank sind, beten wir. – Doch wenn's nicht heilt, so fertigen wir eben Locken und Puppen, denn da ist kein Pfarrer nahe. Wenn sie einmal im Jahr auf Besuch kommen, wer lehrt uns die übrige Zeit? – Da wird uns geheissen, Geld in den Opferstock zu geben, damit mehr geholfen werden kann. Woher nehmen wir Geld? Wir leben in den Bergen und suchen unsere Nahrung, doch Geld kommt von talwärts.

* Pfarrer
** Wässerchen zum Schutz vor bösen Einflüssen

Long Lelleng, Ulu Aka

14/992 Vor wenigen Jahren wurde eine Landepiste für Verkehrsflugzeuge erstellt und die heutige Kellabit-Siedlung gegründet. Der Stamm war vom Main-Fluss im Ulu Baram her im Verlauf der Jahre via Ulu Tutoh an den Aka umgesiedelt. Im Ulu Tutoh hätten sie so reiche Ernten gehabt, dass sie für ein Jahr auf das Erstellen von Reisfeldern verzichten konnten. – Wie an anderen Orten, wo Kinder geschult werden, besteht Landflucht. Die heutige Bevölkerung ist überaltert, und anstelle der einstigen dreissig Familien, sind nur gerade so viele Dorfbewohner übriggeblieben. Die jüngere Generation zieht gut bezahlte Arbeit talwärts dem bescheidenen Leben von Reisbauern, Fischern und Jägern vor. –

Ein Vater klagt: Eine einzige Tochter sei noch bei ihm, alle übrigen sechs Kinder abgewandert. Er schickt ihnen Reis aus seiner Hände Schweiss talwärts, da sie über die hohen Lebens- und Versicherungskosten klagen. Einer seiner Söhne, ein Bankangestellter, hat schon sein sechstes Auto. – Der Vater fühlt sich älter und schwächer werdend. Wer wird sein Werk weiterführen?

Long Sa-it, Selungo (32 Familien, 142 Mitglieder)

14/993 Zwei Ehepaare empfangen und bewirten wie für leibliche Brüder und schenken für ein paar Tage wirkliches Paradies auf Erden. Beim Abschied schluchzen alle wie Kinder und Tränen kollern über die Backen, – ein lieberes Volk kann's gar nicht geben!

Stimmen

Die Regierung hatte uns beauftragt, einen Pfad von Lio Mato

nach Long Lelleng zu erstellen. Vier Dorfschaften beteiligten wir uns an der Arbeit, und sollten dafür einen Anteil von 43'000.– MS $ Entlöhnung erhalten. Im Juli 88 war das Werk vollbracht und zuständige Behörden kamen zur Inspizierung. – Bis heute, Mai 89, haben wir keinen Cent gesehen.
T.K. Bilung Oyoy, L. Sa-it.

[«]Früher kostete ein Hemd 50 ¢, heute 30.– $. – Doch unser Land gibt uns frei Nahrung. Auch ohne einen Cent in der Tasche werden wir satt. Da heisst uns niemand zu unterschreiben oder fragt die Nummer der Identitätskarte. Und wenn ich an Kinder und Enkel denke; lebendes Land ist es, an was ich glaube.

Gestreifte Nacktschnecke 1:1
Selten. Fundort: I-ot Bateu
Lässt sich auch von Blattwerk fallen.

Wie ist das mit den Leuten talwärts in ihren Geschäften? Warum befestigen sie Windpropeller in ihrer Wohnung? Sie leben in der Hitze, weil sie ihr Land zerstört haben. Bei uns, unter den grossen Bäumen ist kühler Schatten. Wir wollen nicht mit ihnen tauschen. –
In meinem Land schau ich selbst zu meiner Pflanzung. Ich heisse nicht die Regierung von talwärts meine Kulturen zu hüten. – Hat er Schwierigkeiten talwärts – so sind das seine eigenen, in seiner Arbeit, im Büro, mit seinen wieviel Dollars auf der Bank – das geht mich nichts an. – Doch gerade er ist es, der mich am meinem Ort, in meiner Pflanzung stört. Diese ist der dürftige Lohn meiner eigenen Muskeln und Schweisstropfen, weil ich damit Frau und Kinder ernähren will. Und dazu verursacht er von talwärts mir Schwierigkeiten und Sorge.
Abang Johari hat uns mit Strafe und Gefängnis gedroht, im Falle wir den Kompanies unser Land verbieten. Doch wo gibt es ein Gesetz nach dem Leute ins Gefängnis geworfen werden, die keinem Menschen Leid zugefügt, weder einen Blutstropfen vergossen, noch gestohlen haben? –
So haben sie auch den Sippenführer Kurau angeschwindelt. Sie haben gesagt: ‹Wartet hier, blockiert nicht! Wir gehen talwärts mit den Grossen reden und stellen die Sache klar. Ihr werdet Land haben.› – Und während all dieser Zeit wühlten die Bulldozer und wühlen bis heute – doch von den Versprechungen ist nichts in Erfüllung gegangen. –
Wir scheuen nicht Gefängnis, weil wir niemandes Frieden gestört haben. Doch unser Mund versteht nicht zu sprechen. – Wenn ihr uns nicht helft, werden wir sein wie getötete Hunde.» –
Pellutan, T.K. Baa Pulau

«Nein, ich denke nicht, Polizei und Militär würden uns töten, wenn wir unser Land verteidigen. Doch wir müssen auf Gott hoffen.»
Dario, L. Kerameu

«Wir haben uns abzusprechen in jedem Dorf und einig zu werden, wann und wo wir blockieren wollen. Am Ende der Strasse, daran glaube ich nicht; an der Wurzel sollten wir die Strasse blockieren. – Doch wir sollten ernst machen. Wie ein Eisen: Nur wenn das Feuer genügend Hitze hat, so wird es hart und standhaft sein.»
Rocky, L. Benali

«Wenn Polizei und Militär kommt, Bomben auf unser Land zu werfen, was soll das? – Gut, sie legen die Bombe in meinen Mund! – Für was geht die Polizei ins Training, wenn sie auf Bäume und in die Luft schiesst? – Gut, ich entledige mich meines Hemdes, auf dass sie auf meinen Körper schiessen. – Oder besser noch: Ich geb ihm mein Buschmesser, damit er mir den Hals abschneide, anstatt Patronen zu vergeuden: ‹Schlag mir bei allen Augenzeugen hier den Kopf ab, und bring ihn als Zeichen bis zu euren Grossen talwärts. Wenn du es nicht tust, so geh nur wieder heim!› – Wenn ich blockiere, dann werden meine Frau, meine Schwiegereltern, Kinder und all meine Hunde folgen bis dorthin. – Doch nicht ich allein – alle Dorfschaften vereint müssen wir ans Werk gehen.»
Semion, L. Kerameu

«Wir wurden zu einem Meeting nach Miri gerufen (1988). Da war der Resident, der Besitzer der Kompanie, Toke Aho, der Polizei- und der Waldchef. Dieser sagte: ‹Wir geben euch 2 Block Land als Sago fürs Herz.› – ‹Nein, wir lehnen ab. Ihr arbeitet zwei Blocks für euch. Doch das Land gehört uns.›, erwiderten wir. – ‹Nein, die Bulldozer müssen arbeiten, um bezahlt zu werden.› – ‹Das ist nicht unsere Schuld.› – ‹Wir geben eurem Führer 100.– $ Monatslohn, dem Komitee 50.– $, sofern wir Profit haben.› – Doch wir lehnten das Angebot ab. Darauf beschimpfte uns der Inhaber der Kompanie wegen unserem Widerstand.
In der Zwischenzeit hat eine japanische Firma eine weitere Eisenbrücke über dem Tutoh-Fluss erstellt. Gleich vierzig Bulldozer fallen nun in unser Land, um ihm möglichst schnell den Garaus zu machen und unseren Widerstand zu brechen. Indonesische Holzfäller gehen nun gar mit Hunden auf Jagd, und machen uns die Nahrung streitig. Da ist ein Dröhnen und Motorsägengeheul und wir wissen uns nicht zu helfen – wir sind allein.»
Raymond Paren, für Penans von Long Kidáh, Baa Ubung.
Juli 89

Besinnung

[«] Wenn wir denken. Wie die Bäume. Sie leben nicht aus sich selbst, verstehen nicht zu sprechen. – Gott hat sie gemacht. Gerade so die Erde; sie ist von Gott geschaffen, und versteht nicht, mit uns Menschen zu reden. – Gerade so die Tiere; untereinander können sie sprechen

doch wir verstehen ihre Sprache nicht.

Doch wenn ein Baum gefällt oder von Bulldozern umgerammt wird: Sein austretendes Harz ist sein Blut. – Die Erde ist wie unsere Mutter, unser Vater. Wenn ihr von der Regierung die Kompanies in unser Land zu dringen heisst, das ist, wie wenn ihr unsern Eltern und uns selbst den Hals abschneidet. – Wenn die Bulldozer die Erde aufreissen, dann siehst du ihr Blut und ihre Knochen. Auch wenn sie nicht sprechen kann.

Da haben einige Angestellte der Kompanies zertrümmerte Schädel und gebrochene Beine. Versteht ihr's nicht? – Da ruft die Erde: ‹Ich will nicht getötet werden!› – Ihr werdet von der Erde verletzt, weil ihr ihren Frieden stört – eure eigene Schuld!

Früher, da war Sonnenschein in unserm Land, und wir wurden satt. Heute ist Nacht, und wir sind hungrig – weil niemand an uns denkt. –

Ihr von der Regierung: Ihr erlaubt uns nicht, Nashornvogel, Leopard und Gibbon zu töten. Doch von was leben sie? – Der Nashornvogel, zieht er etwa seine Kinder in einer Erdhöhle auf wie das Stachelschwein? – Der Leopard schläft seit Alters her erhöht auf Bäumen, und auch

Gibbon und Bär suchen ihre Nahrung in den Baumkronen. – Was denkt die Regierung dabei, wenn sie heisst, Bäume zu töten? – Wo leben all die Vögel? Ist der Wald nicht uns Penans und allen Tieren, die ihr nicht erlaubt, Wohnung? –

Wir Penans lieben nicht die Stimme von Hennen, von wühlenden Bulldozern, heulenden Motorsägen, von fallenden Bäumen und Autos. Wir lieben nicht den Geruch von aufgerissener Erde. Was wir lieben ist die Stimme des Argusfasans, des Gibbons, des Vogels Tekuhud. Den Schrei von Hirschen. Den Bell des Rehs. Das Grunzen von Wildschwein und deren Geruch am Fressplatz. Klar konnten wir die blauschwarzen Berge von den Quellen des Ubung, bis zum Bateu Laui, bis jenseits des Tutoh und des Baram sehen. – Doch nun klaffen rote Wunden.

Ihr von der Regierung, gebt uns Leuchte und Schirm! Bewahrt unser Land, und wir nennen euch Vater und Mutter, und hoffen auf euch. Doch wenn ihr kein Herz für unsere Bäume, unsern Rattan, unser Land und uns selbst zeigt, wo – und von was leben wir?

Der Wald ist uns Wohnung, Speisekammer, Warenhaus und Spital. – Wie's in euren Apotheken talwärts nach Medizin riecht, riecht es auch bei uns. Was euch ‹Nyak Kapik›, das ist uns Buhau, Getimang, Tellikud, Tauan Gá, Keburo, Garú. Wenn ihr unsern Wald bulldozert, gut, ihr bulldozert ebenso eure Spitäler und Warenhäuser!

Die Bäume, Tanyint, Abang, Ranga, Pellaio, sind die Pfosten unserer Wohnung. Wir sagen: «Mordet nicht unseren Wald! Unsere Sagopalmen, unseren Rattan und uns selbst!» – Ihr antwortet: «Oh, niemand tötet euer Land oder euch.» – So versucht ihr von der Regierung im von der Kompanie zerstörten Land ohne Vorräte dazusitzen. Ja, dann werdet ihr sterben! Doch wenn wir von euch tägliche Nahrung verlangen, wo gebt ihr uns? – Ihr lebt unerreichbar fern für uns. – Und gehen wir ins Camp zum Manager und verlangen was auch immer, so fragt er: ‹Wo ist Geld?› –, als ob wir viel verlangt hätten.

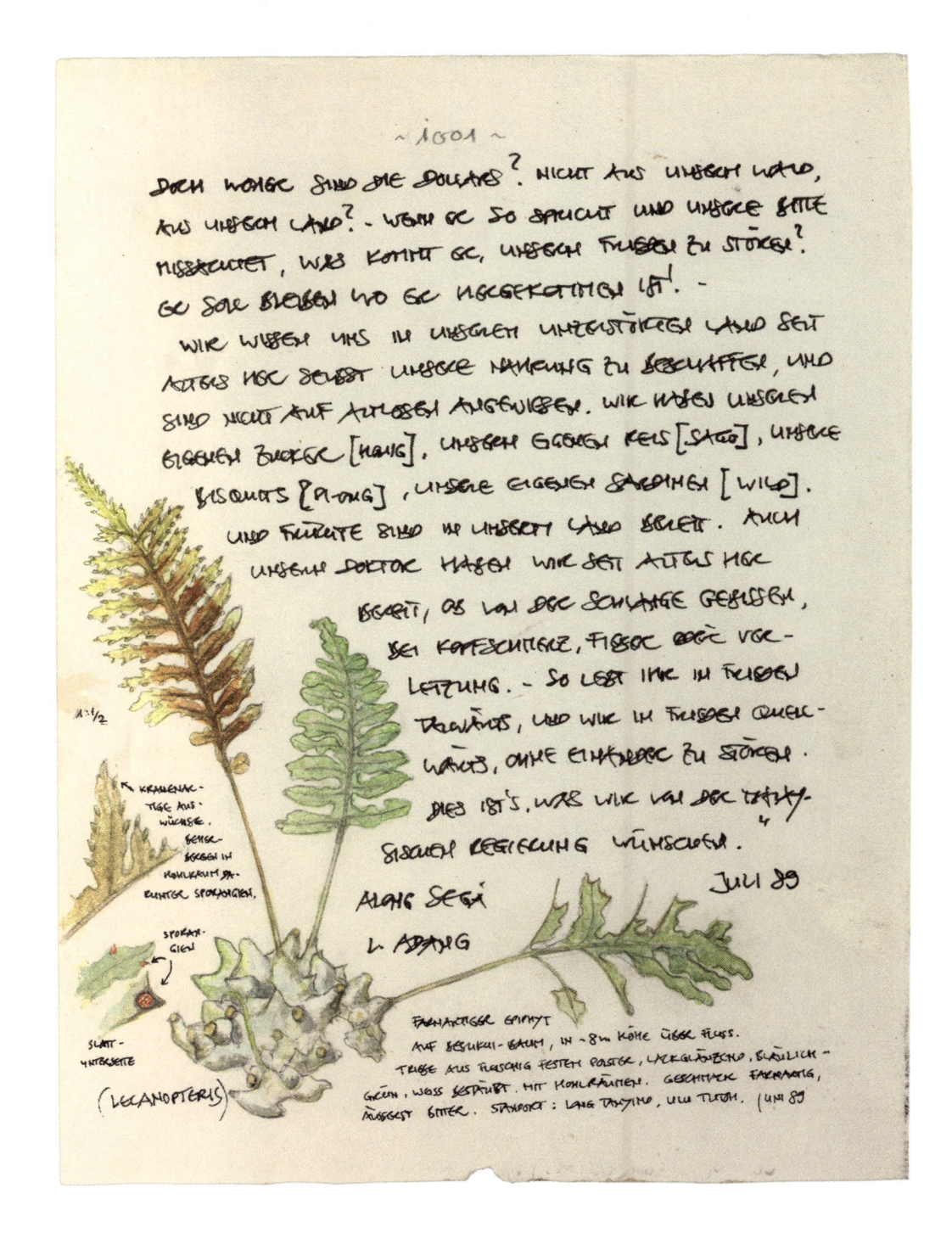

14/1001 Doch woher sind die Dollars? Nicht aus unserm Wald, aus unserem Land? – Wenn er so spricht und unsere Bitte missachtet, was kommt er, unseren Frieden zu stören? Er soll bleiben wo er hergekommen ist!
Wir wissen uns in unserem unzerstörten Land seit Alters her selbst unsere Nahrung zu beschaffen, und sind nicht auf Almosen angewiesen. Wir haben unseren eigenen Zucker [Honig], unsern eigenen Reis [Sago], unsere Bisquits [Pi-ong] und unsere eigenen Sardinen [Wild]. Und Früchte sind in unserm Land bereit. Auch unsern Doktor haben wir seit Alters her bereit, ob von der Schlange gebissen, bei Kopfschmerz, Fieber oder Verletzung. – So lebt ihr in Frieden talwärts, und wir in Frieden quellwärts, ohne einander zu stören. Dies ist's, was wir von der malaysischen Regierung wünschen.»
Along Segí Juli 89 Long Adang

(Lecanopteris) 1:1/2

Farnartiger Epiphyt auf Besukui-Baum, in ~8 m Höhe über Fluss. Triebe aus fleischig festem Polster, lackglänzend, bläulich-grün, weiss bestäubt. Mit Hohlräumen. Geschmack farnartig, äusserst bitter. Standort: Long Tanyind, Ulu Tutoh. Juni 89

Krallenartige Auswüchse, beherbergen in Hohlraum darunter Sporangien.

Sporangien

Blattunterseite

TAGEBUCH 15

[Dieses Tagebuch enthält Aufzeichnungen vom Sommer 1989, die Bruno Manser möglicherweise erst nach seiner Rückkehr in die Schweiz auf Grundlage von Ton- und Filmaufnahmen rekonstruiert und übersetzt hat.]

TB/S. **Besuch**

15/1002 «Da hörten wir einen Hubschrauber an der Adang-Mündung landen, nicht weit von unserer Siedlung, und wir gingen nachschauen. – Da waren Leute von der Regierung; ein Menteri, Resident, District Officer, Pungulu und Polizei. ‹Oh, gut Glück, dass Ihr ankommt›, wurden wir begrüsst, ‹da heiss ich euch mit dem Schiesseisen auf Jagd zu gehen.› – ‹Was macht Ihr hier?›, fragten wir. – ‹Wir kommen Fischen. Man hat uns gesagt, hier seien viele Fische.› –

‹Wir hier sind Penan des Waldes. Unser Herz ist wütend. Warum zerstört die Kompanie unser Land?› – ‹Wo ist euer Land zerstört?› – ‹Hast du's nicht gesehen von talwärts? Du bist von der Regierung. Warum kannst du nicht mit der Kompanie reden? Sie arbeitet auf dein Geheiss!› – ‹Oh, nicht ich hab sie geheissen zu arbeiten – sie selbst tun so.› – ‹Wenn du gross in der Regierung bist, dann arbeiten sie mit deiner Zustimmung. – Wenn du nicht weisst, was wir Penans zum Leben brauchen: So wie hier sieht das Land aus, in dem wir alles Notwendige finden. Schau hier. All die Bäume. Schau dort, die Jakáh-Palme am andern

15/1003 Ufer. Das erlauben wir nicht, zu zerstören. Darum reden wir mit dir.› – Da sprach der D.O.: ‹Die Kompanie zerstört nicht euer ganzes Land. Sie fällt nur die grossen Bäume.› – ‹Oh, D.O., die Kompanie rupft nur gerade die Bäume aus und bringt sie auf dem Luftweg talwärts? – Sind da keine Bulldozer, die Breschen in unser Land schlagen?› – ‹Oh ja, Die Bulldozer errichten Wege.› – ‹Wenn sie die Erde aufwühlen, und jenen Meranthi-Baum dort nehmen wollen – so stirbt diese Jakáh-Palme! Und alle Bäume im Pfad und der Rattan werden getötet, und der Fluss verschmutzt. – Du, D.O., all ihr von der Regierung behauptet, Kuasa (Recht und Gesetz) in unserm Land zu haben. Jenen Meranthi-Baum dort, hast du ihn gemacht? Oder der Bulldozer-Führer? – Oder ich? – Nein, Gott hat in gepflanzt! – Doch wenn du dich nicht darauf verstehst, warum zerstört ihr all das? –› ‹Oh, wir sind nicht hergekommen, eure Rede anzuhören. Dies ist kein Meeting!› – ‹Wir können nicht talwärts gehen. Doch ihr habt Helikopter. So ruft die Grossen zusammen, auf dass wir uns wieder

15/1004 hier treffen und sie uns anhören!›.

Dann gingen wir wieder zum Menteri, der sich entfernt hatte. ‹Was wollt ihr?› – ‹Mit dir reden, da du ihr Haupt bist.› – ‹Ich will euch nicht anhören!› – ‹Dies ist unser Land! Wir haben das Recht, zu sprechen.[›] Da haben wir das Geräusch des Hubschraubers gehört und gedacht: ‹Oh, das ist die Regierung, welche uns hilft›. Doch wenn du so mit uns sprichst und uns nicht anhören willst, so glauben wir dir nicht.› –

‹Gut, ich will euch helfen. Sprecht, auf dass ich eure Rede niederschreibe und den Grossen weiterleite.› Und er schrieb. – ‹Wir sind gewohnt angeschwindelt zu werden; einen Brief kann man talwärts wegschmeissen. Taib Al Mammud soll mit dem Helikopter herkommen, auf dass wir die Stimme seines Mundes hören!› ‹Wieviele Male habe ich euch angelogen, dass ihr es wagt, so mit mir zu sprechen?› ‹Schweigt, und beschämt ihn nicht!›, gebot der Resident. – ‹Wir beschämen niemanden. Ihr beschämt euch selbst, wenn ihr uns nicht helft. Du bist ein Kind der Regierung. Wie leicht hast du's! Wieviel Hilfe haben sie dir gegeben! – Doch was ist mit uns? Wir sind arm, und

hören die Bulldozer von talwärts unser Land zerstören.› – Und 15/1005 wir gingen zum D.O. ‹Nein!›, rief er aus, ‹Ich will euch nicht anhören!› – In seinem Büro hätte er es leicht gehabt, uns fernzuhalten. Doch hier konnte er uns nicht abschütteln. Wir folgten ihm. ‹Genug – genug!›, rief er aus, und so der Menteri. – Da wurden wir ihnen allzulästig, und sie stiegen in den Helikopter, um weiter flussaufwärts an einem anderen Ort fischen zu gehen.[»]

Melai Ná, Long Adang (von einem Regierungsbesuch 1987)

89. Seit der Adangfluss von den Quellgebieten her von der Reven-Scott-Company [Ravenscourt-Comany] verschmutzt wird, landen Regierungshelikopter weiter limbangflussaufwärts, wo die Wasser noch kristallklar sind. Leere Coca-Cola-Büchsen und ähnliche Zivilisationsartikel bleiben da als Spuren zurück.

Rede 15/1006

«Ihr von der Polizei, District Officer, Resident, Tuan Forest, Menteri: Wer von euch behauptet, er hätte Recht und Gesetz (Kuasa) in unserem Land, der führe mich jetzt durch unsern Wald. Wirf Schuhe, Hemd, Gewehr und alle Dinge von talwärts weg, und nimm ein Blasrohr. Dann frage ich dich: Was ist das für ein Fluss? – Wie ist der Name jenes Berges? – Und du nennst sie mir, wie sie von Vätern und Grossvätern genannt wurden, und du erzählst mir alles. Welchen Pfeilgiftbaum dein Vater angezapft hat und den Stumpf von Uwut und Jakáh, wo deine Vorfahren Sagopalmen gefällt haben. – Wenn du nicht mutig bist, mir zu folgen, so bist du ganz klar im Unrecht und willst nur das Geld aus unserem Land ziehen.

Und dann frage ich: Mit diesem Bund Pfeile, was für Tiere kannst du damit erlegen und wieviel? Wenn du nicht antworten kannst, so hast du nicht ‹Kuasa› in unserm Land. In deinem Dorf, in deinem Geschäft talwärts, da hast du selbstverständlich ‹Kuasa›. Nicht so bei uns. Nennst du dich auch ‹Tuan› (Herr), so ist das nicht eine Auszeich-

15/1007 nung vom lieben Gott – die habt ihr euch selbst verliehen – ihr, die ihr selbst Knechte (Kulis) seid. Gerade so kann ich aus meinem Land in eures gehen und behaupten, ich sei ein Herr des Waldes oder der Polizei und euch einschüchtern. Seht selbst, die Auszeichnungen auf Brust und Schulter – man kann sie abreissen. – Dein Hemd, auch ich kann es anziehen. Wenn jedoch meine Handlungsweise in eurem Land falsch ist, so können mich die Einwohner beschuldigen und töten. Gerade so kommt ihr von talwärts zu uns. – Auszeichnungen aber werden an Menschen verliehen, die in der Not zu helfen wissen. Wenn du in diesem Sinne gehst und armes Volk unterstützest, so bist du wirklich von der Regierung. Doch wenn du kommst und nur unseren Frieden störst und uns Schwierigkeiten verursachst, dann verdienst du nicht den Namen ‹Regierung›.[»]
Melai Beluluk, Long Adang

Botschaft

«Ich bitte edle Menschen der Regierungen um ihre Hilfe für uns Penans in den Quellgebieten. Wie wenn die Sonne verdeckt ist und Regen vom Himmel fällt – Berge, Bäume und Steine sind nicht 15/1008 sichtbar – so können sich unsere Herzen nicht freuen, da Regenzeit ist und wir vor Kälte frieren: Das heisst, unsere Regierung hilft uns nicht.

Was wir Penans wünschen: Eine Regierung die ist wie Sonnenschein um Mittag; da rufen Argusfasan und Tekuhud und Früchte reifen. Dann schauen wir alle, vom Kind – Frau bis zum Greis, mit frohem Herzen über Berg, Tal und Fluss, gerade so wie wir das Abendrot lieben. – So wollen wir euer Herz berühren und zum Aufstehen bewegen – ihr Könige und Minister – die ihr uns helfen könnt. – Wenn ein Mensch bei starkem Regenfall, Wind und Nebel ohne Hemd geht, friert er nicht? – Gerade so zerstört die Kompanie unser Land und Leben. Wie können wir's leicht haben? Was antwortet ihr uns? – [»]
Melai Beluluk, Long Adang

«Wie fallender Regen vom Himmel sind unsere Tränen. Wenn wir an das Leben unserer Kinder und Enkel denken. – Die Krankheit in unserem Land ist nicht vom lieben Gott verursacht, sondern von Menschen – von unserer Regierung.

15/1009 Wir sagen, wir sind im Recht. Doch sie beschuldigen uns, gegen das Gesetz zu verstossen. So machen wir Blockade, werden verhaftet, wieder freigesetzt – ohne dass uns jemand anhört. Wir selbst allein haben keine Hoffnung. Nur wenn grosse Menschen bei Verhandlungen beistehen und Zeugen, werden wir nicht übergangen. Ansonsten verlieren wir im Gefängnis.»
Along Segá, Long Adang, Juni 89

Stimmen

Hier folgen Aufzeichnungen von Video-Aufnahmen anhand eines Meetings von Penansprechern am 15.7.89

Verhaftet

«Als wir im Januar 89 blockierten, brachte uns die Polizei talwärts nach Marudi, wie sie sagte, zu einem Meeting. Dort sperrten sie uns, 24 Mann von Long Bangan auf dem Polizeiposten ein, und fütterten uns ärmlich: Um 7^{00} gaben sie uns eine Tasse Kaffee, um 13^{00} eine Handvoll Reis, und um 19^{30} wiederum eine Handvoll Reis.

Wir mussten auf dem Zement schlafen, ohne Matten und zum 15/1010 Teil ohne Decken, und wir froren. Dann kamen die Polizisten nach uns schauen und lästerten: ‹Na? Ist das schön? – Nicht schlecht? – Weil Ihr blockiert, habt ihr's so! Wenn ihr nicht blockiert, seid ihr nicht so behandelt!› Einige von uns hatten nach dem Schlafen auf Zement Zahnschmerzen, andere Leibschmerzen. Wir verlangten einen Arzt. Doch die Polizei sagte, da sei keine Medizin nötig. Erst am dritten Tag brachten sie jene mit Zahnschmerzen in die Klinik. Sie sagten: ‹Das ist nicht möglich, dass ihr alle krank seid.› – ‹Wir sind nicht gewohnt, ohne Decke und ohne Hemd auf Zement zu schlafen.› – Da brachten sie uns in Handschellen ins Spital. Der Polizist sagte zu jenen: ‹S'ist nicht nötig, dass ihr die Penans verarztet, damit sie's wissen!› – Dann erhielten wir Medizin und wurden zurück auf die Polizei gebracht. – Der Polizist Ngau Uan sprach: ‹Na, ihr Penans blockiert. Wo bleiben all jene von hinter dem Berg, die euch helfen? – Ihr habt keine Regierung und keine Chance. Wo die Fahne von Sarawak flattert, da hat die Regierung von Sarawak das Wort. Ihr seid im Unrecht und habt keinen Verstand! Wenn ihr unseren

Anweisungen folgt, und die Kompanie nicht stört, dann habt 15/1011 ihr's nicht wie jetzt! Geht nach Hause und tut's nicht wieder!› – Da wollten wir weinen, diese Worte zu hören. Denn wir waren bereits wie angekettete Jungtiere im Gefängnis, ohne Chance. – Da dachten wir, wenn man die Regierung geschwind wechseln könnte, wie ein Ding oder etwas, das man mit seinen Händen fertigt – wir würden sie sogleich fortwerfen, weil wir denken, ihre Sitte ist unrecht und falsch. – Wir sind keine bösen Menschen, doch man wirft uns ins Gefängnis. In Wirklichkeit nach dem Gesetz müssten die Manager, Polizei und Forest festgenommen werden. – Darum sind wir zornig, doch wir haben ein langes Herz.

125 von uns wurden verhaftet. Einige wurden bis nach Marudi gebracht, andere weiter bis nach Miri und ins Gefängnis dort. Wir waren 14 Tage in Haft. – Der Polizeichef von Sarawak

behauptete damals am Radio, es seien keine Penans festgenommen worden. Das sei nur ein Gerücht, um die Regierung schlecht zu machen. Doch das ist, wie wenn er sein Gesicht verstecken möchte. –

15/1012 Alle wir vom Stamm der Penans sind durch die Kompanies in Schwierigkeiten geraten: Wir finden nicht mehr genügend Nahrung, da die Kompanies unseren Wildbestand stören und unsere Sagopalmen bulldozern. Wir müssen verschmutztes Wasser trinken, denn wo die Kompanies arbeiten, verschwinden die klaren Quellen...»

Jueng Lihan, T.K.* Long Bangan

Beschämt

«... Sie hiessen uns selbst, die Blockade zu entfernen. Wir weigerten uns. Um 11⁰⁰ nahmen sie uns fest und brachten uns in Handschellen nach Marudi. Sie sprachen: ‹Gebt den Penans nichts zu Essen, denn sie sind schlecht.› – ‹Ja, wenn ihr uns nichts zu Essen geben wollt – doch in unserem Land sind wir nicht im Unrecht, denn die Bäume bedeuten uns Leben. Wären es Bäume in eurem Land, wären wir falsch.›

Als sie uns frei lassen wollten hiessen sie, unsere konfiszierten Dinge zu unterschreiben. ‹Nein, wir unterschreiben nicht. Das sind unsere eigenen Dinge.

* T.K. = Ketua Kampong = Bürgermeister, Dorfchef

15/1013 Die haben wir nicht gestohlen. Ihr habt sie uns genommen und uns kalt schlafen lassen!› – [‹Wie›] – Sie haben uns bis auf die Unterhosen ausgezogen – so mussten wir schlafen. – Dann brachten sie uns nach Miri. Da mussten wir neben der Toilette auf engstem Raum ohne Matte und Hemd ärmlichst schlafen. Als ich herauskam trank ich Wasser und dachte, da müssen wir sterben ohne Nahrung. Was sie uns gaben war um Mittag zu essen so gross wie vier Finger. Am Nachmittag brachten sie uns einzeln zum Verhör und fragten: ‹Seid Ihr falsch?› – ‹Nein, wir sind nicht im Unrecht.› – ‹Habt Ihr Angst?› – ‹Nein, wir haben keine Angst. Denn wir haben weder gestohlen noch jemanden angegriffen. Wir leben einzig in unserem Land, und suchen Sago, Wild und Fische und all unsere Nahrung. – Im Gegenteil, ihr seid falsch! Weil ihr von Miri kommt, wie ihr, Forest*, und uns in unserem Land festnehmt. Wenn ihr mit uns Meeting haltet, seid ihr o.k. – Doch ihr habt uns einfach festgenommen! Darum seid ihr falsch.› So haben wir geredet. – Dann brachten sie uns an einen anderen Ort und schrieben all unsere Namen auf. Dann

* höherer Vertreter des Wald-Departements

15/1014 sprach der Forest zur Polizei: ‹Zieht sie nackt aus, damit sie eine Lehre daraus nehmen.› – Darauf mussten wir alle splitternackt zwischen ihnen stehen und sie fragten: ‹Na? Ist's schön, nackt?› Doch wir haben deswegen keine Angst, denn wir sind nicht im Fehl. –

... Als ich den Manager Sengiang unterwegs nach Coca-Cola gefragt hatte, fasste er mich am Bauch und stiess mich und schimpfte. – ‹Ihr zerstört unser Land und verursacht uns Hunger. Es ist eure Pflicht, uns Nahrung zu geben!› – ‹Nur wenn ihr bezahlt!›, antwortete er.

Der Manager Aheng sprach zu uns: ‹So wie wir heissen, so müsst Ihr tun. Wenn ihr das Blasrohr ergreift, so ergreifen wir die Gewehre!› – ‹Oh, wir haben nicht das Blasrohr gegen euch erhoben oder wollen euch töten. Wir verlangen nur Gespräch und dass ihr uns Nahrung gebt, da ihr unsere Nahrungsquellen zerstört.› – ... So spricht die Kompanie zu uns, doch wir greifen niemanden an.»

Rajá Jemale, T.K. Long Palo, Layun

Klage

15/1015

[«]Früher hatten wir ein leichtes Leben, doch heute haben wir Schwierigkeiten in unserem Land. Während der alten Regierung waren wir auch bei abendlicher Jagd und Sagogewinnung erfolgreich. Doch heute – mai! Hörnchen, Hirsch, Wildschwein, Languraffen und Makakken sind aus unserem Land verschwunden – wegen der Kompanies. Nicht nur ein einzelnes Dorf, doch wir alle vom Stamm der Penans haben es schwierig. – Früher gingen die Frauen selbst auf Rattansuche, fertigten Matten und Taschen und gingen fischen. Waren wir hungrig, so dachten wir des Nachts an die Sagomatte, an die Axt, und wo wir Palmen fällen und verarbeiten wollten. Am kommenden Tag, da wurden wir satt, denn dann besorgten wir uns Sago und gingen auf die Jagd. Und mit gut Glück nahmen wir ein Wildschwein, buken Grumen, Pi-ong mit Latap, Liat und andere edle Speisen. – Doch heute ist da nichts, das unser Herz erfreuen kann – weder für Frau nach Mann. Heute ist unser Land, sind unsere Berge gehäutet. Languraffen und Stachelschweine mit Magensteinen finden wir keine mehr. Weisses Latex, Ketipai, Jakan* und all die Dinge, die wir

* Wilde Kautschuk-Arten

früher gehandelt haben, sind von der Kompanie gemordet. Pellaio-Harz getötet. –

So sagen wir, wir haben ein schlechtes Leben. Wie ist das nach der Regierung? Wir Penans sind schlecht oder gut? Falsch oder im Recht? Haben wir ein langes Herz? Was denkt die Regierung? Wenn wir das Leben der Regierung, ihre Pflanzungen und Hennenhütten und ihre Wasserbüffelweiden zerstören würden? Sie würde uns gut und recht in Gefängnis werfen und bestrafen.

Doch Uwut, Jakáh und Lessey* – das ist unser Ballau**. Unsere Eisennägel ist der Rattan. Unser Reis wildes Sago. Unser Büffel der Hirsch. Unser Schaf das Reh. Unsere Hennen die Vögel des Waldes. – Doch nun sind diese Tiere verschwunden und wir haben es schlecht. – Ich hier bin ein alter Mann, der nicht mehr ausdauernd auf Jagd geht. Ich warte auf Menschen, die gehen. Ich bitte um Verzeihung von der Sohle bis zum Scheitel und bitte um Hilfe. Hört uns geschwind an und findet Leben für uns alle, Kinder, Frauen und Männer.

* Wilde Sagopalmarten
** Talwärts kultivierte Sagopalme

Wir sind wie ein angebundenes Affenkind – wegen den Kompanies und unserer Regierung, die uns nicht hilft.

Einige von uns sind durch die Kompanie und fallende Bäume getötet worden. Einer von uns wurde im Auto getötet, als er für seine Frau in Long Bedian Nahrung holen wollte. Da ging keine Polizei seinen Leichnam auf Todesursache prüfen. So ist die Kompanie mit ihren Autos wie Kommunisten* für uns. –

Was wir suchen ist eine Regierung die uns unser Land zugesteht und Kindern und Frauen Nahrung gibt. Wir wollen unser Land nicht gehäutet und aufgerissen.

Der Manager der Kompanie am Melaná hat uns gedroht: ‹Wenn Ihr wieder blockiert, wird euer Blut austreten, und selbst wenn euch der Schnauf ausgeht, so beschuldigt uns nicht!›

Einer sagte wegen der Blockaden: ‹Wenn man sie festnimmt, so soll man sie nicht bis talwärts bringen, doch sie unterwegs schlagen und wenigstens einen von ihnen töten – dann werden die Penans

* ‹Kommunisten› sind im malaysischen Sprachgebrauch Gangster und Banditen, die das Leben von guten Bürgern stören.

eine Lehre daraus ziehen.› – Darum haben wir ein schweres Herz und sprechen hier zu allen Regierungen. Was wir suchen ist eine Regierung, die uns unser Leben in grünen Wäldern zugesteht, wo wir die Stimme des Tekuhuds, des Argusfasans, des Nashornvogels, des Languraffen und Gibbons hören können. – Nicht lange, und unser gesamtes Land wird zerstört sein. – Weit sind wir gelaufen, unsere Füsse schmerzen und wir haben Frauen und Kinder ohne genügend Vorräte zurückgelassen, weil wir an unsere Schwierigkeiten denken. –

Wir alle vom Stamm der Penans verlangen einen Rückzug der Lizenzen für die Kompanies in unserem Lebensraum. – Auch damit die Füsse und Zungen der Führer nicht vergeblich schmerzen von all den Meetings, ohne ein erfolgreiches Leben zu haben.

Wenn wir Blockade gemacht haben, ein Einziges haben wir verlangt: Unser Land, unser Leben in unserem Land. – Bis wir ins Gefängnis geworfen wurden, man uns nackt ausgezogen und ohne Decken schlafen liess. Der Sinn davon ist: Sie wollen uns töten. – Doch niemand von der Kompanie ist von uns getötet worden, dass sie so mit uns umgehen dürften. – Wer auch immer unsere Stimme hört, von welcher Regierung auch immer, der helfe uns! Denn wir vom Stamm der Penans sind auf uns selbst gestellt, ohne Unterstützung.

Ich alter Mann bin mit Mühe hierhergekommen, weil ich an die Schwierigkeiten des Landes und das Leben meiner Frau, Kinder und mir selbst denke. – Wir wollen uns an der Stimme des Argusfasans und Gibbons freuen, doch da rumoren nur Bulldozer, Laster und Autos. Wenn das so weitergeht, werden wir gleichsam getötet. –

Was auch die Polizei und Regierungsvertreter sagen, das ist noch nicht klar. Hier hört ihr die Stimme von uns – den Betroffenen – und könnt um die wirkliche Situation wissen, wie es um unsere Nahrungsquellen Wild und Sago steht…

Früher hörte man den Flügelschlag der Nashornvögel. Heute, denke nicht daran, mit dem Blasrohr Beute zu machen, oder deine Hunde

15/1020 Wild verbellen zu hören, oder dich am klaren Wasser des Flusses zu freuen. – Ist es nötig, dass wir reden? Seht ihr es nicht selbst vom Flugzeug aus? Früher waren die Berge grün, nicht rot wie jetzt. –

Wir hoffen auf Gott, uns dass ihr uns jemanden geben könnt, der wie unser Vater ist. Wenn ihr zu lange wartet, wird es zu spät sein für das Leben unserer weinenden Kinder und Frauen! –

Zur Zeit der grossen Blockade 1987 in Long Leng (Layun), kamen D.O. und Resident, und baten, die gefällten Bäume aus unserem Land ausführen zu dürfen. Sie garantierten, dass die Kompanie keine Bäume fällen, und sie die Arbeit einstellen würde. Der Resident versprach mir weiter persönlich ein Gewehr. Wir stimmten zu. – Doch dann nahmen die Kompanies die Arbeit wieder auf, und auf mein Jagdgewehr warte ich bis zum heutigen Tag vergeblich. – Das heisst, unsere Regierung will uns nicht helfen… Sie zerstören unsere Sagopalmen, unsern Wildbestand, unsern Rattan, unser Land und verärmlichen unsere Ernährung, und verweigern uns Jagdgewehre. – [»]

Ayat Lirong, Long Kevok, Layun

15/1021 **Zurückweisung**

«Als sie uns festnahmen, brachten sie uns talwärts. Zwei Nächte in Marudi, drei Nächte in Miri und von dort direkt ins Gefängnis. – Doch wir wissen keine Schuld unsererseits. Wer unser Vater sein kann, wer uns Leben bringen kann, der trete jetzt heraus! Welche Regierung hält unser Leben? –

Wir wurden verhaftet, ohne jemanden angegriffen, getötet oder gestohlen zu haben. Früher gab es das nicht, dass Menschen, die seit alters in den Bergen ihre Nahrung suchen, eingesperrt werden. – Beim Menter, da ist ganz klar das Fehl. – Welche Regierung sagt, wir seien falsch? – Ich bekenne ganz klar: Auf unserer Seite ist kein Fehl. – Die Kompanie greift uns an, doch wir behalten langes Herz.

‹Versucht Ihr, in Miri all ihre Dinge zu stören, wie sie euren Frieden quellwärts stören; dann würden sie wütend.›, sprach der Gefängnisvorsteher zu mir. – Sie verhafteten mich und banden mir die Hände mit Handschellen auf den Rücken. ‹Bist du Penan?› – ‹Ja, ich bin Penan!› – ‹Du bist falsch!› – ‹Nein,

15/1022 wir sind nicht falsch!› – ‹Was blockierst du Sengiang?› – ‹Ich blockiere Sengiang, doch nicht Sengiangs Dorf. Er arbeitet in meinem Land. Ich verlange, dass er die Arbeit einstellt. Ich töte keinen Menschen und habe keine Schuld.› –

Wer unser Leben gut sehen will, der komme schnell.

Und sie sagen ‹Ringgit*›. Nur das Ohr hört es, doch niemand gibt dir in die Hand. Selbst wenn es eine Million wäre, wenn unser Land zerstört ist, wenn alle Bäume gefallen sind, haben wir Penans, Frauen und Kinder kein Leben. – So weit kommen sie von talwärts. Von Kuching, von Miri, bis in unser Land, es zu zerstören. – Wo ist Marudi, Miri, Kuching von uns zerstört, dass sie es wagen, uns festzunehmen? – Dies ist ihr Fehl!»

Din Angun, Long Latey

* Malaysische Währung

Gnadenlos 15/1023

«Der Manager Sengiang ist zu uns gekommen und sprach: ‹Ich habe bereits die Lizenz von der Regierung. Ihr könnt uns das Land nicht verbieten.›, und sie eröffneten die Arbeit bei uns in Long Kidáh.

Der Manager Mestango sprach: ‹Ich habe viele Sam-Seng*-Kulis. Wenn ihr uns das Land verbietet, heisse ich sie, euch mit Buschmessern zu erschlagen.›

Eine unserer Begräbnis'stätten haben sie trotz unseres Protests gebulldozert, bis die Knochen von Tamen Kalla's verstorbener Frau ans Licht kamen – und sie bulldozern weiter. Uwut und all unsere Nahrung. Sie stossen es ohne Gnade um, und wollen unser ganzes Land zerstören. ‹Keinen einzigen Block geben wir euch, denn wir haben dieses Land schon von der Regierung gekauft!› – Wir antworteten: ‹Du bringst Sam-Seng und Polizei. Wir heissen dich nicht, sie zu bringen. Dies ist das Land, welches wir verbieten.› – ‹Flieht! – Geht auf die andere Seite des Ubung-Flusses in den Nationalpark! Dort bewahrt

* Gewalttätige Banditen

die Regierung Land für euch.› – ‹Das ist das Land, welches die 15/1024 Regierung für sich selbst bewahrt. Hier ist das Land, wo wir seit alters leben. Hier hat es genug Sagopalmen, Wildschweine und Nahrung.› –

Doch heute, gehen wir auch auf mehrtägige Streifzüge, so haben wir Mühe, satt zu werden. Die Angestellten der Kompanie bringen selbst Jagdhunde und Gewehre mit sich, schiessen Hirsch und Wildschwein und verscheuchen unser Wild. Sie arbeiten am Yeng-, Kidáh- und Meté-Fluss. Zwei Kompanies dringen in unsern Wald: Maylen-Timber und Sengiang. Sie sind Kontraktoren und sagen: ‹Euer Land ist nicht gross. Wir erstellen Wege, fällen und extrahieren sogleich.› – An die 40 Bulldozer sind am Wühlen.

Der Forest in Miri, D.O. und Resident Steven Jusem sagen zu uns: ‹Wenn die Regierung sagt, es habe bewahrtes Land, so hat es. Wenn sie sagt, es habe keines, so hat es keines. Ihr könnt euch nicht widersetzen – ansonsten seid ihr falsch. Die Regierung hat bereits eure Area genommen, bevor ihr hier nach Miri gekommen seid.› – ‹Die Regierung hat nicht seit alters in unserem Land gewohnt. Wo hat die Regierung in unserem Land nachgeschaut und uns Ureinwohner gesehen, als sie erstmals die Lizenz fürs Land nahm?› – ‹Die Regierung hat selbstverständlich Arbeit. Ihr müsst euch fügen!› – ‹Nein! So lange ihr nicht kommt, haben wir ein glückliches Leben. Doch wenn ihr kommt, so verursacht ihr uns Schwierigkeiten.› – ‹Wartet auf die Stimme der Regierung und gehorcht! – Wenn ihr euch widersetzen wollt – ihr habt keine Soldaten und Gewehre. Doch wenn die Regierung kommt mit Gewehren und Bomben wirft, seid ihr Penans alle tot, das ist schwierig. – Wenn wir sagen, ihr könnt das Land nicht bewahren, so müsst Ihr euch fügen, denn euer Leben ist in der Hand der Regierung. Sie besitzt die Bäume und das Land.› – ‹Wir Penans besitzen seit alters her das Land – ihr zieht dem nicht Rechnung.› – ‹Genug der Worte! Wenn die Regierung sagt: Da ist kein Land für euch, so hat es gewiss keines!› So haben Resident und D.O. in Miri zu uns gesprochen.

Im Januar 89 kam die Polizei an unsere Blockade: ‹Wenn Ihr die Absperrung nicht öffnet, so kommen wir morgen wieder und nehmen euch ohne Diskussion fest, weil ihr falsch seid.› – ‹Wir sind nicht falsch. Wir wollen nur unsere Nahrung und unser Leben schützen. Doch die Arbeit von euch Polizei ist nicht, wen auch immer anzugreifen, doch Leute daran zu hindern, einander umzubringen. Doch ihr helft nur der Kompanie, nicht uns Penans.› – ‹Nein, wir helfen nicht der Kompanie, doch eure Blockade ist gegen das Gesetz.› – ‹Nein, wir bekennen jederzeit, unschuldig zu sein. Denn dies ist das Land unserer Väter.› – ‹Oh, das wissen wir. Doch ihr könnt euch nicht den Entschlüssen der Regierung widersetzen.› So hat der Polizeichef von Marudi damals zu uns gesprochen.»

Raymond Paren, Long Kidáh

Magere Kinder

«Wir wiesen ihre Anschuldigungen zurück, da unsere Blockade in unserem Land war. Doch sie sagten, nach dem Gesetz seien wir falsch. – Wieviele Briefe hatten wir an die Behörden geschickt und Meetings verlangt, doch die Behörden haben stets abgewiesen, auf unsere Anliegen einzugehen. – So blockierten wir. Sie fotografierten uns und wir sie. Dann kam ein Polizist und zerstörte unsere Absperrung mit einer Motorsäge, während ein anderer mit dem Gewehrlauf auf uns zeigte. ‹Wenn du schiessen willst, wir haben kein Fehl!› – Da verzog er sich ins Auto. – Dann wurden wir festgenommen, nach Marudi gebracht und beschuldigt. Wir lehnten ab, denn weder hatten wir eine Bank überfallen, noch war eine einzige Schraube der Kompanie durch uns verloren gegangen. Doch sie zerstören unser Land, all unsere Medizinen, unsere Nahrung. – Und kommt die Polizei, welche alle Einwohner unterstützen sollte – sie hilft einzig und allein der Kompanie, die ihr Geld gibt. –
Doch wir sind hungrig bis zu den Kindern. Sie verweigern uns Transport talwärts, um Kranke behandeln zu lassen, und einige von uns sind ohne Medizin gestorben. So zerstören sie unsere eigenen Heilpflanzen, und verweigern uns darauf ihre. – Die Regierung heisst uns, sauber zu sein. – Doch wie können wir gesund sein? Da kommen die Kompanies und verschmutzen all unsere Flüsse und Quellen, und wir müssen ‹Milo-Brühe› trinken! Wie können wir's leicht haben? – Und wenn wir krank sind, so sagen sie: ‹Weil ihr nicht sauber seid.› –
Als wir an der Blockade festgenommen wurden, sprachen unsere Frauen, hielten uns und wollten uns folgen. Dabei wurde meine Frau von der Polizei weggestossen dass sie vom Wagen viel und sich den Fuss verstauchte. So sind sie mit uns. Und dann sagen sie talwärts: ‹Wir zeigen nur gute Sitte mit den Penans.› – Wenn sie mit uns sprechen würden nach der Sitte von grossen Menschen, ja, das wäre gut. – Doch sie tun es nicht. – An der Blockade wollte die Polizei auf mich schiessen. Ich sagte zu ihm: ‹Kommst du, mit uns Krieg zu führen? – Wenn du kriegen willst, so geh dorthin, wo Kommunisten und Feinde sind!› – Wie mein Schwager und meine Frau – sie wurden bei unserer ersten Blockade geschlagen. – Und in Haft haben sie uns nicht genügend zu Essen gegeben. –
Wir hoffen, wo auch immer Freunde sind, dass sie uns helfen werden.

Da hatte uns der D.O. gerufen: ‹Geht schauen, wie wohlhabend sie sind.› – Wir gingen nach Kuching und sie hiessen uns, ihre Pflanzungen anzuschauen. Doch wir haben niemals behauptet, all die grossen Städte talwärts, Miri und Kuching, seien arm. Was wir sagen: In unserem Land haben wir Schwierigkeiten, verursacht durch die Kompanies. –
Man hat das 25jährige Jubiläum Malaysias gefeiert und dessen Aufstieg zum Wohlstand. Das ist, als Gleichnis, wie eine elektrische Lampe, die nur in einem einzigen Haus leuchtet. – Der Wohlstand ist nur in ihren eigenen Städten und Geschäften talwärts, während wir Bergvolk arm gemacht werden. – Da geht niemand

15/1030 jährlich quellwärts nach uns schauen, wie zur Zeit der Briten, wo wir Gewehre erhielten, Wild da war und unser Land nicht gebulldozert wurde. Selbst Frauen und Kinder konnten innert fünf Minuten einen Fisch angeln und sich mit Leichtigkeit Nahrung beschaffen. – Heute, selbst wenn ich des Tags, wie des Nachts mit Lampe und Gewehr auf Jagd gehe, habe ich in zwei Tagen nicht einmal ein Mausreh, geschweige denn Grosswild erbeutet.

Und wenn wir heute von der Regierung um einen Waffenschein für ein Jagdgewehr bitten, so sagen sie, das sei nicht möglich. Vielleicht denken sie, wir wollten sie bekriegen oder töten. Doch wollten wir töten – wer auch immer, mit einem Buschmesser, einem Knüppel oder was auch immer kann man Menschen töten. – Wir fragen nach einem Gewehr einzig zur Jagd, denn im Dickicht des zerstörten Landes ist es äusserst schwierig und beinahe hoffnungslos, mit dem Blasrohr Beute zu machen. –

Da soll einmal der Menteri, unser Chief-Minister, der Meeting mit uns verweigert und uns nicht helfen will, und die anderen Grossen der Regierung und

15/1031 Kompanies zu uns kommen und selbst sehen. Dann sollen sie während zwei-drei Wochen mit uns in unserem Land die tägliche Nahrung suchen, ohne Gewehr und ohne Lebensmittel aus dem Geschäft. Wenn sie überleben, werden sie wirklich um unsere Situation wissen und nachdenken…

Früher hatte man uns ohne Schwierigkeiten Gewehre und was auch immer gegeben. Doch wieviele Male wir auch heute bitten, da ist kein einziges Gewehr von der malaysischen Regierung an uns Penans gegeben worden. Sie sagen: Wir geben Euch genügend Unterstützung und Hilfe – ihr habt es leicht. – Doch wir sagen: Wir haben Schwierigkeiten und sind hungrig. –

In Wirklichkeit ist unser schlechtes Leben nicht verursacht durch einen Feind mit Gewehr oder Buschmesser, doch einzig durch die Kompanies, welche unseren Wald, und somit unsere Nahrungsquellen zerstören. Sagopalmen, Wild, Heilpflanzen, Rattan. – Nicht nur wir vom Stamm der Penans haben nun Schwierigkeiten, doch alle Bergvölker, wie Iban und Kellabit, die ihre Nahrung in Wald und Fluss suchen.

Was wir hoffen, ist eine Sonne, die für alle scheint. – Das heisst, eine Regierung, die uns Leben gibt, die Lizenzen für unser Land zurückzieht und die Kompanies stoppt. Eine Regierung, die nach unseren Schwierigkeiten und unserm Wohl schaut.
Bevor sie in unser Land dringen, und uns Schwierigkeiten verursachen, sollen sie kommen, und mit uns Meeting halten und uns um unsere Meinung fragen. Das ist es, was wir suchen. – Denn wir haben seit Grossvätern das Recht in unserem Land. Nur wenn wir zustimmen, dann können die Kompanies in unserem Lebensraum arbeiten. Doch nun ist unser Land im Apo, Layun, Tutoh, Patáh und untern Limbang bereits zerstört, nur wenig Land ist noch unberührt. – Wieviele von uns weinen, wenn wir an unser Land und magere Kinder denken. Das Leben von uns Penans ist nun miserabel, verursacht von der Regierung. – Die Regierung sagt, alles sei gut, von ihrem Sitz aus, ohne nach uns zu schauen. Doch wenn wir ihretwegen hungrig sind, so müssen sie uns Nahrung geben. –

Sie sagen, wir hätten es leicht, und die Kompanies würden Wohlstand in die Quellgebiete bringen. In Wirklichkeit kommen sie, unser Land zu zerstören, uns zu befeinden und uns zu töten, und machen lügnerische Politik.
Früher, da hatten wir leicht gelebt, die Stimme von Argusfasan, Languraffen, Gibbon, Reh, Wildschwein, Vögeln und all den Tieren des Waldes zu hören. Wir Penans benötigen keine 10 Cent. Wenn wir nur durch den Wald gehen, werden wir satt – selbst Kinder. Unser Land ist unser Vater, unser König, der uns Leben gibt…»
Uan Sope, Long Kevok, Layun

Eine Regierung wie die Sonne*

«Die malaysische Regierung sagt, wir Penans hätten es leicht und seien wohlhabend durch ihre Hilfe. Doch was immer wir von ihr seit Alters erbeten haben, sie können uns nicht helfen. Sie haben uns niemals ‹Projekte› gegeben – danach haben wir auch nicht gefragt. – Alles was wir zum Leben

* Übersetzung einer Videoaufnahme (④?), Juli 89

brauchen besorgen wir uns selbst. Hier, Uwutrinde: Das ist unsere Porzellan-Schüssel. – Bambus: Das ist unsere Wasserleitung, mit der wir Wasser holen. – Hier, Axt und Buschmesser: Das ist unsere Motorsäge seit alters, die uns Leben gibt, solange unser Land nicht zerstört ist. – Hier, Jakáh-Palmstengel: Das sind unsere Patronen bereit in der Schachtel. – Dies sagen wir der Regierung, damit sie nachdenke. Dies sind alles Dinge, die wir brauchen. – Wir töten nicht die Kompanie. Unser Pfeilgift ist nicht Waffe, mit der wir Menschen angreifen. – Warum sollte die Regierung uns nicht helfen? –
Hier, unsere Gaslampe haben wir bereit; die hat uns der liebe Gott als Hilfe für unser Leben gegeben [auf Harz deutend]. – Wir haben nicht nach Projekten wie Pflanzungen gefragt. Hier, das sind alles Projekte, die uns der liebe Gott bereits von oben gibt [auf Zweig des Posong-Fruchtbaumes deutend]. Doch all das sind Dinge, die die Kompanie zerstört. – Hier, das ist unsere Reismühle [auf Sagomatte deutend], sie ist noch nicht fertig geflochten. Dies

ist unser Löffel [auf Náo-Gabel deutend]. Solange unser Land nicht vollends zerstört ist, sagen wir der Regierung: Habt ihr's gesehen? – Dies sind

15/1035 unsere Taschen. Dies sind die wilden Früchte, die wir essen [auf Tepusang-Frucht deutend]. – Frau, gib mir Sago! – Hier, dies ist unser Reis seit Grossvaters Zeiten. Wo kann die Regierung uns unterstützen in all unserer Nahrung, die die Kompanie zerstört? – Wie die Schüssel. Sieht eine Schüssel nach der Regierung so aus? [auf Uwutrinde deutend]. Dann komme sie, daraus zu essen! – Darum erlauben wir nicht, dass man unsere Uwut-Palmen mordet, weil wir sie zum Leben brauchen.

Wie unser Land; es ist unsere Mutter, unser Vater. Die Bäume, gefällt von Motorsägen, sind ihre Arme und Beine. – Wenn die Bulldozer bis zur roten Erde wühlen – das ist das Blut unserer Mutter. Die Steine sind ihre Knochen. –

Doch woher kommt die Kompanie? – Von der Regierung! Von der Regierung, die uns nicht zu helfen und zu hüten weiss. – Wer diese Bilder sieht, der sei nicht glücklich – denn so ärmlich sind wir! – Die Fische im Fluss sterben vom schmutzigen Wasser. Das Wild flieht wegen den Kompanies. Warum spricht die Regierung nicht, und belehrt? – Unser Ministerpräsident Al Mammud soll die Lizenzen zurückziehen. – …

15/1036 Wir hoffen auf Hilfe der Regierung. Wir haben nicht Geld oder Projekte verlangt. Obwohl – wir sind ein armes Volk und können Geld gebrauchen. Doch wieviel Millionen auch, wenn es der Preis für unser Land ist, so glauben wir nicht und stimmen nicht zu. – Wir verlangen einzig, dass die Lizenzen zurückgezogen werden, und dass die Kompanies nach Hause gehen. Unser Land ist nicht gross. Gleichsam nur die Fläche eins Blattes. – Dann fragt die Regierung ‹Oh, wo arbeitet die Kompanie?› –, als ob sie's nicht selbst wisse! – Wieviele Millionen Menschen auch diese Bilder sehen, seid nicht glücklich! – Hier, all unsere Nahrung, unsern Rattan, wir beziehen's einzig aus unserem Land, das nun zerstört wird. –

So wie sie talwärts Apotheken und Krankenhäuser haben, so haben wir unseren Arzt in unserem Wald. Riecht Getimang und Buhau*, das sind unsere Apotheken. –

Wie man uns nun verbietet, gewisse Tiere zu jagen; auf was lebt der Nashornvogel und zieht seine Kinder auf? – Auf grossen Bäumen wie Meranthi und Kapur, die von der Kompanie gefällt werden. –

* Heilpflanzen mit ätherischen Ölen

15/1037 Und geradeso Gibbon und Leopard. Sie sind nicht wie das Stachelschwein, das in einem Erdloch haust! All die Vögel leben auf Bäumen. Wie ist das, wenn die Bäume gefällt werden? – Die Regierung bedenke wirklich! Das heisst, sie selbst tötet die Tiere, die sie verbietet zu töten. –

Wenn die Regierung verweigert, unser Land zu bewahren, auf wen hoffen wir? – Dies ist unser Land. Doch eine wahre Regierung ist wie die Sonne, die das Leben von allen Menschen erhellt, nicht nur das von wenigen Malayen, Ibans oder Chinesen. – Dies ist es, was wir verlangen. –

Wir Penans haben unseren eigenen Generator. – Wir haben kein elektrisches Licht von der Regierung verlangt. Hier, oben, das ist Jann-Harz – und das hier, Pellaio. Dies sind unsere Lampen, jederzeit bereit.

Wir Penans hier sind Menschen über angebundenen Affenkindern und räudigen Hunden. – Und gerade die königlich-schöne Regierung macht uns noch ärmlicher – und erzählt, sie bringe uns Projekte und leichtes Leben. – Hier, so leicht haben wir's! – Doch wir wollen hier nicht zum Spass unsere Seele und unsere Bilder geben, damit ihr's im TV beguckt!

Wer auch immer diese Bilder betrachtet, die malaysische Regie- 15/1038 rung, oder jene der Langnasen: – Wir sind hier in Schwierigkeiten, werden des Landes beraubt und ärmlich gemacht. – Ich stelle fest: Wenn die Regierung die Lizenzen nicht zurückziehen sollte, das hiesse, sie hälfe uns überhaupt nicht. Denn gleichzeitig verschwinden die Fische im Fluss und all unser Wild. – Wenn die Bäume gefallen sind – wo leben wir? –

Wir haben keine Projekte verlangt. Die Regierung und Kompanies sollen in ihrem Dorf, in ihrem Land arbeiten – doch wir leben wie seit alters in unserm Land, ohne gestört zu werden. – Wie das Pellaio-Harz hier. Das handelten wir früher und konnten dafür Gewehre und viele andere Dinge erstehen. – Reich – reich sind die Kompanies! Von was? Von unserm Land! – Da sitzt die Regierung, fett und feiss [feist], und kann sich kaum bewegen – und lebt vom Geld unseres Landes! – Wir selbst sind wie Affen und Hunde, doch wir haben ein langes Herz. – Versteht die Regierung nicht zu denken? – Will sie uns Penans töten? – Wenn sie um unsere Lebensweise weiss, kann sie unser Land und unsere Flüsse bewahren…

Die Regierung sollte wie Vater und Mutter sein. So wollen wir 15/1039 mit unserm Vater, dem Ministerpräsidenten, persönlich sprechen, und seine Rede hören. – Nur dann haben wir ein gutes Herz: Unser Land wird bewahrt. – Wenn wir nicht blockieren, wer hört auf uns? – Darum blockiere ich. – Doch der Chief-Minister soll nicht die Polizei schicken und uns beschuldigen. – Wenn der Minister-Präsident selbst zu mir kommt, wirklich gut! – Er wird nicht von uns getötet. – Hier, das ist unser Reis [Sago]. –

Dann heisse ich ihn, Uwutpalmen zu fällen, zu entrinden und verarbeiten, und ein Palmmark-Schlagholz zu fertigen. – Dann geb ich ihm mein Blasrohr und genügend Munition, und schicke ihn auf Jagd, wenn er's wirklich wissen will. – Doch so weit ist er – so weit sind wir. Unsere Seele nur schicken wir. – Er sei nicht glücklich!

Ich selbst, ich liebe es nicht, die Stimme von Hennen, Schwein und Motorsägen zu hören. Das Brummen der Bulldozer, und den Geruch der von ihnen aufgerissenen Erde. – Die Stimme des Gibbons, des Argusfasans, des Nashornvogels, des Tekuhuds – das sind die Stimmen welche die Herzen von uns Penans erfreuen. – Der Geruch von Wildschweinen am Fressplatz, das ist es, was wir lieben. – Im verschmutzten Fluss, da überleben nicht einmal die kleinen Ló-ong-Fisch'chen! Das wollen wir nicht! – Hier, ich will die Regierung nicht beschämen. Ich will sie nur über unsere Schwierigkeiten informieren, damit sie darum weiss – und entsprechend handle.»

*Along Segá, T.K. Long Adang,
Juli 89*

Hilflos*

«... will ich auch der Kompanie das Land verbieten, so weiss ich keinen Weg, sie zu stoppen. Denn sie hören nicht auf uns...

Seit die Kompanie arbeitet, hatten wir noch niemals die Regierung gesehen. Die Kompanie sagt, sie bringe uns ein leichtes Leben, doch in Wirk-

* Diese und folgende Aufzeichnungen sind Übersetzungen zu einer Video-Aufnahme am 21.7.89, ⑤.

lichkeit tötet sie uns: Sie erschiesst und erschlägt uns nicht, doch sie zerstört unser Land und alles darin, was wir zum Leben brauchen...

Wenn die Regierung in Sarawak wirklich aufrecht dastehen will, warum zerstört sie alles Land, die Flüsse und Sagopalmen? Das heisst, sie tötet uns Penans. –

Einzig ans Land glaube ich, nicht an Projekte und Geld – und seien es tausend Dollar – auch wenn ich ein armer Mann bin...»

Buki Segá, Baa Bare

Unangemolden [Unangemeldet]

«Die Kompanie ist erstmals in unser Land gekommen, ohne dass wir sie gerufen hätten. – Doch reden wir mit der Regierung und der Kompanie, so wollen sie uns nicht anhören, doch unser gesamtes Land und unsere Flüsse zerstören...

Wir haben von der Regierung unser Waldreservat verlangt. Sie haben gesagt ‹wartet, wartet› – und bis heute haben sie uns nichts garantiert...

Die Kompanie hat uns einzig Geld gegeben für eine zerstörte Grabstätte und Pfeilgiftbäume.[»]

Sayá Sigan, Baa Magoh

Angeschwindelt

«...Der Manager der WTK-Kompanie sagte zu uns: ‹Kommt, ich bringe euch nach Miri. Dort ist die Regierung, welche euer Land bewahren wird.› – Doch inzwischen wissen wir um ihre lügnerische Politik. – Als wir nach Miri kamen, sprach der Resident: ‹Wartet ab, es hat Land für euch.›, und hat uns angeschwindelt wie Affenkinder. – Und mittlerweile, in wievielen Monaten, zerstört die Kompanie unser Land gänzlich! –

Alle Grossen bis zu uns Kindern, wo lieben wir nicht die Kulisse der grünen Berge und das Licht des Tages? – Wenn unsere Worte bis an die Regierungen der grossen Länder reichen, dann hoffen wir. – Wieviele Jahre sprechen wir schon zur Regierung in Sarawak – und immer noch zerstören sie all unsere Sagopalmen, Rattan, Pfeilgiftbäume und was wir zum Leben brauchen. Wenn der Ministerpräsident Taib Al Mammud so ist, dann will er uns Penans gleichsam töten – und das wollen wir nicht. –

Dann haben wir ein gutes Herz, wenn unser Wald ist wie zur Zeit der Briten; da hatten wir Harze, wilden Kautschuk und Rattanhandwerk gearbeitet und gehandelt – das suchen wir. – Doch denken wir nun an unser zerstörtes Land, dann ist der Name der sarawak'schen Regierung schlecht. Sie sind mit uns gerade wie mit Affenkindern an der Leine und räudigen Hunden. –

Unser Land, unsere Pfeilgiftbäume zerstört zu sehen und unsere Flüsse verschmutzt – das lieben wir nicht...

Wie meine Frau und mein Kind; sie sind durch die Kompanie bei einem Transport ums Leben kommen. –

Der Resident in Miri hatte uns bei unserem Besuch geheissen, im Juni 88 wieder nach Miri zu kommen, ein halbes Jahr später. Dann gäbe er uns ein Dokument mit Karte für unser Waldreservat am Magoh-Fluss. – Als wir gingen, war der Resident abwesend, und das versprochene Dokument, auf das warten wir bis heute vergeblich; er hatte uns angelogen.

Wieviele Projekte uns auch die Regierung anbietet, wie zum Beispiel ein Haus – das wollen wir nicht – denn das Haus können wir nicht essen. – Geld und Pflanzungen, danach haben wir nicht gefragt. Wir verlangen einzig unser Land. –

Früher waren wir Männer und Frauen glücklich, haben gegessen und man hat uns geholfen, und uns Jagdgewehre und Patronen gegeben...

Auch wenn wir nur wenige Penanfamilien in den Quellgebieten

sind, so wollen wir nicht einfach zusehen, wie sie unser Land beendigen...

Als Meine Frau und mein Kind von der Kompanie getötet worden waren, sprach Regierung und Polizei zu mir: ‹Nur dann bezahlt man dir etwas, wenn du einen Pass* und eine Versicherung hast.› – Das heisst soviel, wie sie sagen dir – du seist nicht ein Einwohner dieses Landes, sondern ein Fremdling.»
Geravet Sigan, Magóh

Tot oder lebend
«Wir hatten die Grabstätte meines Vaters deutlich am Keduan-Fluss abgegrenzt. Doch das hat die Sam-Ling-Kompanie nicht gekümmert, und sie haben den Ort einfach gebulldozert. – So ist die

* Kaum ein Mitglied eines in den Quellgebieten wohnhaften Dayak-Stammes besitzt einen Pass. Von allen Penan-Nomaden besitzt keiner Geburtsschein oder Identitätskarte – und haben darum auch kein Stimm- und Wahlrecht.

15/1045 Kompanie mit uns wie mit Hunden: So lange du lebst, kümmern sie sich nicht um dich, und gerade so wenn du tot bist. – Darum ist die Kompanie wie unser Feind, der uns töten will, denn sie zerstört all unsere Sagopalmen, die Bäume und alles was wir zum Leben brauchen bis hin zu unsern Grabstätten.»
Sanam, Baa Bare

Ein leichtes Leben
«... Als die Kompanie erstmals kam, hatte sie sich nicht vorher angemolden [angemeldet]. – Wir waren erschreckt, unsere Flüsse plötzlich verschmutzt zu sehen, unsere Bäume, Sagopalmen, unsern Rattan fallen und zerstört zu sehen. – ...
Wie Datuk James Wong – der hat es leicht und gut und hat ein leichtes Leben – er selbst. – Doch uns sättigt er nicht, doch verursacht uns Schwierigkeiten. Er isst unsere Bäume und das Geld unseres Waldes – doch wir Frauen, Kinder und Männer werden dafür arm. – Wenn sie eine wirkliche Regierung sein wollen, Datuk James Wong und Taib Al Mammud, so zerstören sie nicht unsern Wald, unsere Flüsse und

15/1046 Sagopalmen. – Wir lieben die Stimme des Argusfasans und des Gibbons. – Doch auch unsere Blasrohrhölzer werden von der Kompanie gefällt. – Wie sollen wir es da leicht haben? –
... Projekte haben wir bei unsern verwandten Sesshaften in Long Napir gesehen. Da gab man ihnen einige Enten, Schösslinge, ein wenig Salz und Reis. Doch in Wirklichkeit kann das nicht unser traditionelles Leben ersetzen. Wann immer wir in unserm Wald hungrig sind, wissen wir uns selbst unsere Nahrung zu beschaffen. – Wie wir Nomaden, die in der Pflanzung nicht gewohnt sind; wenn sie uns nur einmal ein Projekt geben, und die Enten gestorben, die Schösslinge eingegangen und der Reis gegessen ist, von was leben wir, wenn das Land zerstört ist? – Sie garantieren uns ja nicht Projekte und genügend Nahrung bis zu unsern Enkeln. – Wir glauben nicht an Projekte, doch einzig an unser Land, das uns Leben gibt.»
♀, *Juma Anak Laso, Baa Magoh*

15/1047 … wir sind wie Makaken ~

wir suchen einzig unsere Nahrung in unserm Wald und verstehen es nicht, uns gegen die Kompanies zu wehren. … Niemand hört auf uns.
Tingang Jama, Pa-tik

15/1048 **Das einzige Projekt**

«Die Regierung ist voll von Gesetzen. Wenn sie es versteht, neue Gesetze zu machen, soll sie eine neue Sonne machen! Wir hier sagen: ‹Oh, dort ist eine Grabstätte. Dort sind Uwut-Palmen. Dort ist unsere Nahrung. Verschmutzt nicht unser Wasser. Unser Wild flieht. Wir sterben.› – Wenn sie eine wirkliche Regierung ist, und dem Gesetz folgt, und uns zu helfen weiss, so sucht sie einen anderen Weg. – Das einzige Projekt, das ich von der Regierung wünsche: Sie pflanze in den Bulldozerwegen und Strassen der Kompanie wiederum Meranthi Meráh, Maro, Lesuan, Pellaio, Kapur, Abang, Jit und all die Bäume, die sie gefällt hat – wenn sie kann.»
Along Segá, T.K. Long Adang

Einen einzigen Block 15/1049

[«]… Nur gerade unser Hals ist nicht abgeschnitten. Wir haben es schwer – denn viele Kompanies sind in unser Gebiet am Patáh-Fluss gedrungen.

Die Regierung will uns nur einen einzigen Block Land zugestehen; wir sind 56 Familien in unserem Dorf. Wenn wir in einem Block Hirsch und Wildschwein, Sagopalmen, all unsere Nahrung und Rattan finden sollten – so haben wir kein Leben. –

Ich sage zu ihnen: ‹Wir blockieren in unserem Land – wir sind nicht im Fehl. Löffelt ihr vom schmutzigen Wasser, das ihr verursacht. Wenn ihr Bomben auf uns werfen wollt, geht voran!› [»]
Jau Láh, Long Lilim, Patáh

TAGEBUCH 16

Lied

Lueg um di
Denn los in di
Und denn gang dine Wäg
Was au d'Lüt sage, loss sie schwätze,
doch tramp niemerdem uf d'Füess
An de Stei und Felsblöck holsch der Schramme
und müedi Knoche
An de Sorg und Widerständ cha dini Seel wachse

Rueb di us
Los die e chlai tribe
Und denn schwümm gäge dr Strom
Je wyter du flussufwärts kunsch umso klarer wärde d'Wasser
Los no dis no alle Ballascht falle bis dört an die reine Quelle
Wirf alle Schyn und alli Maske und los dini
Seel blutt
Und wohr erstoh
Klar und rein – rein und klar
wie ne Bärgkristall

Abenteuer

Lass dich nie von deinen Mitmenschen in einen Zustand des Müssens versetzen, doch nutze deine Zeit!
Zwei Wochen sind mir gegeben bis zu einem Meeting. Gegen alle Widerstände mache ich mich auf, den märchenhaften Felsklotz ‹Bateu Laui› im Herzen des Dschungels zu besuchen und plane eine Flossfahrt talwärts.
1. August 89. Der Himmel färbt sich gelblich; die Dayak-Völker talwärts brennen ihre Dschungelrodungen. Auftrieb der heissen Lüfte verursacht Gewitterstimmung, und gegen Abend bricht der erwartete Sturmwind durch; er stellt die Bäume auf eine Zerreiss'probe. Der Wald wogt und da und dort wird ein Mitglied mit ächzendem Schrei umgelegt, gebrochen oder entwurzelt. Überall fallen morsche Äste aus den sich biegenden Kronen und ich fürchte die Gefahr: Du weißt nicht, wohin das nächste Opfer hingeschmettert wird. – Fallende Bäume sind mit ein Grund, dass das Nomadenvolk seine Siedlungen jeweilen auf Hügelkuppen errichtet, auch wenn dort Wasserbeschaffung mit Mühen verbunden ist.

Ich habe mich ein wenig verlaufen. Um Übersicht zu gewinnen, erklettere ich einen Baum, und werde mir da einer optischen Täuschung bewusst: Die Sonne steht in meinem Rücken, in einem Winkel von ~40°. Ebenso

steht eine Wolke vor mir auf der gegenüberliegenden Talseite in ~40°; sie wirft einen Schatten beinahe senkrecht unter sich. Wie kann das sein? – Da die Sonne doch tief steht? Selbst wenn die Sonnenachse ins Unendliche verlängert wird, bringen deren Strahlen Wolke und Schatten noch nicht zur Deckung – es sei denn, sie bilden eine ‹gekrümmte Gerade›.

Der Limbangfluss zeigt in der Nähe seiner Quellen Schwarzteefärbung (→ Baa Paiáh); diese ist verursacht von aus der moosig-moorigen Gebirgsvegetation gelösten Stoffen. – Das Bachbett wechselt mit Tümpeln, schieferig gewachsenem Fels und Geröllfeldern und zeigt wenig Gefälle. Wohl wegen der Stromschnellen talwärts, die Barriere für andere Fische bilden, scheint der ‹Ayat› einziger grösserer Vertreter der Geschuppten hier. – Vereinzelt finden sich auf Steinen des Bachgerölls schöne halbkreisförmige Frass'puren eines unbekannten Fisches, der sich von Algen ernährt.

Theoret. / Wirklich / Sonnenachse / Blickpunkt / 1:1/2

16/4 Es finden sich Dickichte von ‹Rá-á› mit ihren stachligen bis 3 m langen Zungenblättern; die Pflanze wächst hier in der Ebene in Flussnähe, ist ansonsten an feuchten Stellen unterhalb des Hochgebirges heimisch. – Kellabits flechten die Blätter zu Tepá-Matten, und kultivieren darum ‹Rá-á›, d.h. verpflanzen Schosse in Siedlungsnähe.

Die schmucken Wedel von Uwut säumen Flussufer, und vereinzelt steht eine der seltenen Anau-Palmen. – Drei-vier pfündige Ayat-Fische bleiben in den Maschen des über Nacht gestellten Netzes hängen; deren Köpfe spenden schmackhafte Suppe, und der Leib, über dem Feuer getrocknet, bildet Reiseproviant bergwärts. –

Ob von den Quellen des Ubung, Mélaná, Aká, Patáh oder Tutoh – der Batu Laui [Bateu Laui] ist auch ohne Führer zu finden. – Aufrecht erhebt er sich aus der Landschaft und weist von weiter Ferne den Weg. –

Der sagenumwobene Fels, dh. sein Geist, habe sich einst mit dem ‹Feuerberg› (Gunung Api) bekriegt; die niedere Erhebung rechts sei seine Gemahlin. –

Der einsam sich erhebende schroffe Felsklotz vermag auch noch Gemüter der modernen Welt zu bewegen, und übt eine magische Anziehung aus. – So waren 1987 Christen aus Sarawak in wochenlangem Marsch dahin gepilgert in der Hoffnung, Engelsgesang werde die Gebete beantworten. ~

16/5 Nach Queren des Limbang-Flusses und Ersteigen eines Bergkammes folge ich weiter einem Bach, dessen Quellen am westlichen Fuss des Felsklotzes liegen. Mächtige rundgeschliffene Blöcke, zwischen denen das Wasser von Stein zu Stein springt, versprechen gut griffigen kletterbaren Fels.

«Ku-ka-ki!» ruft's, und anstatt zu fliehen nähern sich einige Kéllasíh-Affen. Gleich drei der langgeschwänzten setzen sich da nebeneinander auf einen Ast und recken ihre Hälse, um die kurlige Erscheinung zu erblicken; sie haben wohl noch nie zuvor einen Menschen gesehen. –

Gegen Abend erreiche ich die Quellen und stehe plötzlich vor dem langersehnten Fels, auf dem das warme Licht der untergehenden Sonne spielt. – Und dann hacke ich mir beim Feuerholzschlagen mit der Axt in den Fuss – so nahe am Ziel…

Glücklicherweise ist die Verletzung nicht tief und klaffend. Gut verbunden humple ich am nächsten Tag an einem dritten Bein weiter aufwärts, mir mit dem Buschmesser eine Schneise in die Hochgebirgsvegetation schlagend. – Abends darauf dann finde ich mich mitten in der Felswand.

[Bild]

Gebet

Du Schöpferkraft
Die Du Leben schaffst
Dank sei Dir für den heutigen Tag
Du hast mich geführt
Durch schroffen Fels
Und all Ungemach
Bis zu dieser Nacht.
Schenk Du allen Wesen
Dieser Erde Frieden
Schenk Du allen Menschen
Nach dem Tagwerk Ruh
Gute Nacht

Plötzliches heftiges Summen lässt mich im Klettern innehalten und meinen Kopf einziehen. Die Wolke von schwarzen Leibern fegt dicht über den Grat und meinen Leib Richtung Osten: Ein ziehender Bienenschwarm. –

Gerade dort wo sich der Fels senkrecht erhebt, stosse ich auf menschliche Spuren. – Da scheinen 1–2 Jahre zuvor einige Langnasen von Bareo aus hier aufwärtsgekraxelt zu sein. – Von einer überstehenden Felsplatte ausschauend, suche ich mir in Gedanken einen direkten ohne technische Hilfsmittel kletterbaren Aufstieg. – Der Weg offenbart sich dem Auge unerwartet nahe und einfach – bis auf eine Stelle, die ich lange misstrauisch begucke: 3–4 mannshoher nackter senkrechter Fels, der an seinem Kopf gar überhängend scheint. – Und gerade dort sollte ich steckenbleiben, ohne Seil und Haken. Es ‹fehlt da ein Griff› im gewachsenen Fels. So oft ich mich in der Stelle versuche – da rutscht mir jeweilen der Träger meiner Rückentasche über die Schulter und blockiert meine Bewegung. – Ohne warme Kleidung und Decke aber die Nacht schlaflos und frierend auf dem Gipfel zu verbringen – da verzichte ich freiwillig. –

So gebe ich auf, kappe ein paar Äste der Felsstrauchvegetation und blockiere das etwas abschüssige Felsband gegen unten, um des Nachts nicht über mein Lager abwärts in den freien Raum zu gleiten.

Seit langem sehe ich wieder einmal die Sternlein am klaren Himmel prangen, und die Sichel des wachsenden Mondes wirft ihren fahlen Schein und verschwindet bald hinter dem frühnächtlichen Horizont. –
Mir immer wieder kräftig Hände, Knie und Schenkel reibend, versuche ich mich während der langen Nacht frierend etwas aufzuwärmen.

[Tag fehlt]. August. ~4^{30}. Ein Gibbonmännchen ruft, noch bei völliger Dunkelheit, dem ersten rötlichen Schein am Horizont. Bei Morgengrauen wird es und seine Genossen von einem Chor von Weibchen abgelöst, deren Gesang die noch unberührten grünen Wälder unter mir mit Faszination erfüllt.
Ich selbst finde mich am Morgen auf meine Blockade hinaufgerutscht, die Füsse über dem Abgrund stehend … Nebel sammeln sich in den Tälern. Ich lasse meine steifen Glieder

von der Morgensonne auftauen und schlummere davon.
Gegen 9⁰⁰ habe ich mich wiedergefunden. – Ein Halo-Ring steht um die Sonne. – Meine Rückentasche mit Habseeligkeiten zurücklassend, klettere ich halbnackt wie ich bin aufwärts. – Schon der erste Versuch bringt Erfolg; meine Vorgänger hatten da im Fels einige Klötzchen, Haken, Karabiner und Schlingen zurückge-

16/10 lassen. Der weitere Aufstieg stellt keine Probleme und schon nach 10–15 Minuten erreiche ich den Gipfel. – Verwundert finde ich diesen begrünt – und da steht gar ein armdickes Bäumchen. Die Strauchvegetation auf dem abgeflachten Felskopf verhindert freien Panorama-Blick. – Da liegt eine vergilbte, zerschlissene Fahne mit königlichem Adler, die die Erstbesteiger als Zeichen ihres Triumpfes zurückgelassen hatten. Die Aufknüpfung ist angeschimmelt, zum Teil gerissen und gebrochen. – Ich erlaube mir, die wenig vertrauenserweckenden Schnüre zu einem zwei armspannenlangen Strick zusammenzuknüpfen. – Meine Vorgänger hatten den Abstieg am Seil gewiss genossen. Sie mögen mir verzeihen: Zwei ihrer Haken habe ich herausgeschlagen, samt Schlinge und Karabinern versetzt und mit dem Knotenstrick verlängert, um die heikle Stelle abwärts zu überwinden und mir Todesangst zu ersparen. –

Wie im Flug wende ich mich bei strahlendem Sonnenschein heimwärts zu den Quellen – und da – mein Bündel gepackt – sogleich weiter talwärts Richtung Tabun-Mündung. Seit 32 Stunden habe ich weder Nahrung, und bis auf einen Schluck aus einer Kannenpflanze, auch kein Wasser zu mir genommen; meine Seele ist so gut genährt worden, dass der Leib vorläufig seinen Hunger vergisst.

16/11 Erst bei Einnachten unterbreche ich meinen Marsch, ramsche geschwind etwas Fallholz zusammen, und mit Hilfe von Pellaio-Harz flackert nach kurzem ein Feuer. Das trockene Wetter erlaubt, wieder unter freiem Himmel zu nächtigen. – Der Luxus einer Taschenlampe und Alkalin-Batterien erweist sich als unnützer Ballast, nachdem auch die Ersatzglühbirne durchgebrannt ist.

Einem Bachlauf talwärts folgend. Eine Nyiwung-Palme spendet ihr Herz – zu meiner Erfrischung. – Ein Mäander wechselt mit dem nächsten, und als sich die Landschaft etwas öffnet, erwarte ich die Mündung. Doch da folgt nur wiederum eine Fluss'schlinge auf die nächste und so fort. –
Beim Stein zu Stein Springen reisst plötzlich mein geflochtener Rattangurt, und das Buschmesser fällt samt Holzscheide klappernd ins Bachgeröll. – Lo-láh! – Mit Missbehagen entdecke ich

den Verlust meines Messers. Dafür ist hier im menschenleeren Urwald kein Ersatz zu finden. Mit was entferne ich da die Dornen aus meinen Fuss'sohlen? – Mit was schnitze ich bei nassem Wetter Holzlocken, um ein Feuer zustande zu bringen? Wohl während zwei Stunden bin ich

springend und im Wasser gehend talwärts geeilt. – Ich zwinge 16/12 meine trägen Glieder zu suchender Umkehr. –
Nicht weit, und ich schrecke zurück: Da! – Wo ich vor kurzem neben einem kleinen Wasserfall über den Fels runtergestiegen bin, liegt im seichten Wasser zusammengekringelt eine Python. Dass ich die nicht gesehen habe! – Kaum ein Steinwurf entfernt drückt ein Salzquell, wo Bienenvolk trinkt und Spuren von Hirsch und Wildschwein in den Sand gedrückt sind. Ob sie wohl diesen Besuchern auflauert?
Ich kümmere [mich] nicht weiter um das Reptil. Doch suche weiter nach meinem Messer; wo ist's bei welchem Stein ins Wasser gefallen? – Die mehrstündige Suche bleibt erfolglos. Und als ich die Stelle wieder erreiche, ist auch die Python verschwunden. Keine nasse Spur auf dem Bachgeröll deutet auf ihren Verbleib. – Als ich in den Tümpel spähe, sehe ich plötzlich ihren Kopf im Schutze von gefallenem Lianengewirr waagrecht aus dem Wasser stehen. – Mit dem Buschmesser lichte ich das Dickicht [evtl. hatte Manser ein Taschenmesser bei sich]. Doch das Reptil ist untergetaucht und bleibt dem Auge verborgen. Auch durch Stochern mit einem Stock ist es nicht im Tümpel zu orten. – So wage ich mich bis Knietiefe ins Wasser, und lasse meine Brillen-

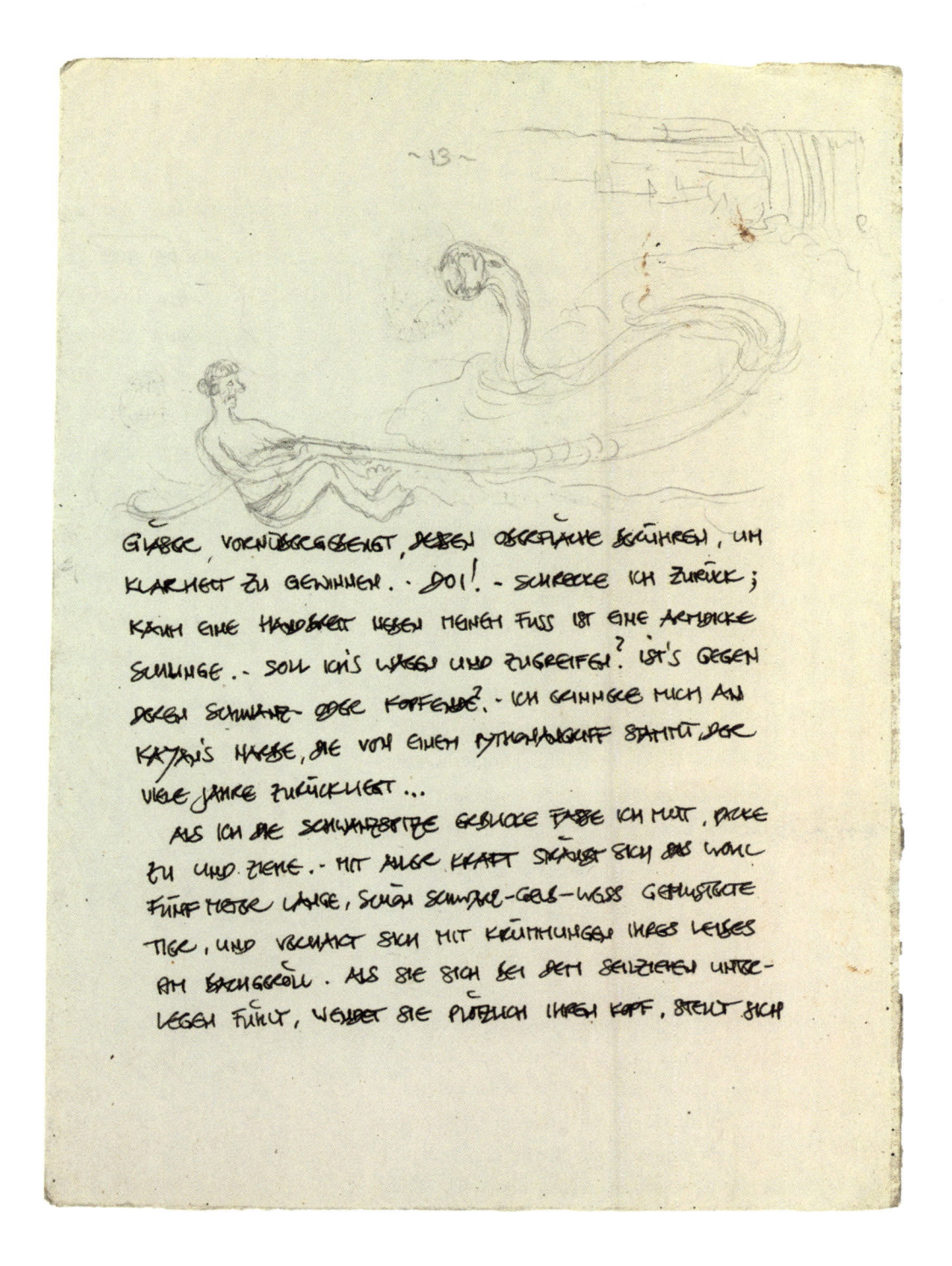

gläser, vornübergebeugt, dessen Oberfläche berühren, um Klarheit zu gewinnen. – Doi! – schrecke ich zurück; kaum eine Handbreit neben meinem Fuss ist eine armdicke Schlinge. – Soll ich's wagen und zugreifen? Ist's gegen deren Schwanz- oder Kopfende? – Ich erinnere mich an Kayan's Narbe, die von einem Pythonangriff stammt, der viele Jahre zurückliegt…
Als ich die Schwanzspitze erblicke fasse ich Mut, packe zu und ziehe. – Mit aller Kraft sträubt sich das wohl fünf Meter lange, schön schwarz-gelb-weiss gemusterte Tier, und verhakt sich mit Krümmungen ihres Leibes am Bachgeröll. Als sie sich bei dem Seilziehen unterlegen fühlt, wendet sie plötzlich ihren Kopf, stellt sich

auf und geht auf Angriff über. Nach kurzem Anvisieren schnellt sie mit riesig aufgesperrtem Rachen und gespreizten Kiefern auf mich zu – und schlägt ihre Zähne in den Knüppel, den ich ihr entgegenstrecke. – Das Spiel wiederholt sich einige Male, und während ich das glitschige sich windende Reptil halte, gelingt es mir nach Unterbrüchen, gar einen Film im Knipser zu wechseln. –

Die Python besitzt wie andere Schlangen ein stinkendes Sekret, das sie bei Gefahr aus ihrer Afterdrüse stösst – und ich werde nicht verschont

Pythonfleisch ist schmackhaft, und vor allem ihr Fett begehrt. Doch, was soll ich allein mit 30 kg Fleisch? – Das wäre nur schwerer Ballast, und lächelnd gebe ich das Schlingentier wieder in Freiheit und gehe meines Weges. –

Vor Einnachten erreiche ich das Felsentor, wo sich der Limbang- mit dem Tabun-Fluss vereint. Uwut-Wedel hängen über die Felsen, und Losung von Langschwanzmakakken zeugt von deren Sonnenbad. Im riesigen schwarzen Tümpel springen Fische nach Nahrung, und schwimmend stelle ich ein Netz. – Drei Ayat-

16/15 Fische bleiben in den Maschen gefangen. – Tags darauf bleibt das Netz verhangen. Meine Tauchversuche vor Einnachten – da zappelt's gar kräftig in der Tiefe – bleiben erfolglos; das Wasser scheint in der Tiefe schwarz, und der Druck auf's Trommelfell schmerzt zu stark, und ich fröstele. – Als ich eine Flosse als Köder an einen Haken setze, gespannt, ob da Bukeng-Fisch, Daran-Schildkröte oder ein anderes unbekanntes Wesen aus dem schwarzen See zu entlocken sind, wundere ich mich über dessen Tiefe von ~9 m.

Flossbau

Geeignete Hölzer, die möglichst leicht sind: Dat, Benuá, Baio, Gogong. – Der Unerfahrene verschafft sich durch Axtschlagproben Gewissheit über den Härtegrad. Leichtholzige Bäume finden sich vor allem in einwachsenden Erdrutschen und anderem Sekundärwald; sie sind schnellwüchsig und verraten sich durch grossflächiges Blattwerk. Falls Bambus vorhanden, werden Stämme ausgesucht die wenig Wassereinschlüsse in ihren Knotenabschnitten enthalten. – Wähle Bäume von gut Oberschenkeldicke,

16/16 länge sie auf 3 Armspannen (~4.5m) ab und entrinde sie.
Ein in Eile erstelltes Floss, das nur als Fähre dient, stellt keine Ansprüche; 3–4 Stammabschnitte werden auf welche Weise auch immer miteinander verschnürt.
Ein Floss zur Talfahrt jedoch ist in Stromschnellen starken Kräften ausgesetzt, und die über Bachgeröll schiessenden Stammunterseiten sollten frei sein von Verknüpfungen. Das Floss wird gefestigt durch drei Querstreben aus einem zähen Holz wie Temaha; sie werden in der Mitte und gegen die Enden des Flosses gesetzt und verzäpft. – Je breiter das Fahrzeug, umso mehr Hindernisse werden sich ihm in den Weg stellen: Fünf Stamm'-abschnitte sind genügend. Sie werden in Wachstumsrichtung parallel nebeneinander gelegt, so dass sich die Spitze des Flosses verjüngt. – Axt ist einziges Werkzeug, zum Schlagen der Zapflöcher, deren Kantenlänge liegt etwas über der Axtbreite. Mit schnittigem Werkzeug und weichem Holz ist die Arbeit bald getan. Nachdem die Zapflöcher von der Ober- und Unterseite bis

Die Zapflöcher werden durch Auflegen eines Querholzes mit Axtkerben gezeichnet
Durchschlagen der Zapflöcher mit Luftwurzeln der Uwutpalme

gegen das Mark jeden Stammes vorgeschlagen sind, werden sie mit Hilfe eines zugespitzten Hartholzknebels oder einer Luftwurzel der Uwut-Palme vollends durchschlagen, wo die Axt nicht zukommt. – Darauf werden die Querstreben aus Temaha eingetrieben. Sie sollten auf gut Fingerlänge auf den Seiten des Flosses vorstehen, um ein Übergleiten der Rattanverschlingungen zu verhindern, wenn das Floss in wilden Wassern harter Beanspruchung ausgesetzt ist. – Das unbelastete Fahrzeug sinkt gut über die Hälfte des Stamm Ø im Wasser ein. – Um ein Nasswerden von Gepäck zu verhindern, kann ein kleines Gestell erhöht angebracht werden: Vier Stützen die mit Rattan verbunden und flächig mit grossen Maschen verknotet sind. – Zur Verknüpfung das Flosses selbst mit seinen Querstreben wähle man einen kleinfingerdicken Trieb eines widerstandsfähigen Rattans (wie ‹Selapang›). Dickere Triebe sind allzuzäh und lassen sich nicht satt verschlingen, es sei denn, man verdrehe sie vorher spiralig mit sich selbst, um sie geschmeidig zu machen, oder man verwende nur Spältlinge. – Als Paddel dient ein mit dem Buschmesser zugehauenes Stück Weichholz, als ‹Stachel› ein gut daumendickes Stämmchen von 4 m Länge vom zähen Temaha-Holz.

Mastwurf: Geeigneter Knoten über vorstehenden Querstangen und Pfeilern

Weberknoten: Traditionelle Verbindung von Rattan und Lianen

Flossoberseite ~10 cm

Wehen und Gischt

Vom Floss aus versuche ich das zwei Tage zuvor in der Tiefe des Tümpels verhängte Netz zu bergen. – Nur mit Mühe gelingt es beim Tauchen die an einem Ast verwickelten Maschen zerreissend zu lösen; der schenkeldicke Ayat ist inzwischen verdorben, und meine Ohren sollen vom auf die Trommelfelle ausgeübten Druck noch am kommenden Tag schmerzen.
Dann beginnt die Reise auf dem Wasser. Mit Kribbeln im Bauch denke ich an die Gefahren, die mich möglicherweise talwärts erwarten, und die es zu überwinden gilt.
Mit Leichtigkeit paddle ich durch den ruhigen grossen schwarzen Tümpel. Da ist ein Frieden, und da und dort blinken Wasserspritzer von springenden Fischen im Sonnenlicht auf. Der paradiesische Genuss währt nur momentan – denn weiter talwärts kommen die Stromschnellen. Der niedrige Wasserstand verursacht viele Seicht-Stellen und zwischen dem Bachgeröll ist kaum ein

Durchgang zu finden, wo das Floss nicht aufs Gestein rammt. Stets bin ich damit beschäftigt, Blöcke aus dem Weg zu rollen – und ich staune über ‹meine Riesenkräfte›: Felsbrocken bis 120 cm Ø, die an Land nicht vom Fleck zu rücken wären – lassen sich da im Wasser wegrollen. Haben sie ihr Gewicht dem Wasser verschenkt? – Geheimnis des Auftriebes!

Nach regnerischer Nacht setze ich die Reise fort. Ufer von gewachsenem Fels wechseln mit einer Landschaft von verstreut liegenden Blöcken. Der Fluss wird wilder, die Wasser reissend, und Tosen vor mir lässt mich misstrauisch landen und die kommende Stromschnelle inspizieren. – Unmöglich, das von der Strömung mitgerissene Floss ungehindert zwischen den engliegenden Blöcken durchzusteuern. So trage ich vorsichtshalber mein Gepäck auf dem Landweg talwärts und sende mein Floss ohne Besatzung in die schäumenden Wasser. Ich habe keine Lust mir den Kopf einzuschlagen, wenn das Gefährt auf den nächsten Felsblock rammt. – Mitten in der Stromschnelle stellt sich das Floss an einem sperrenden Block seitlich,

während die Wasser beidseits weiss'schäumend talwärts stürzen. Mit aller Kraft versuche ich, mein blockiertes Fahrzeug aus dem Gleichgewicht zu drücken. Dabei stellt es sich unter dem Ansturm der Wassermassen hochkant – dreht sich auf den Rücken und saust vorwärts. Ich kann's gerade noch an seinem Hintern fassen und, mitgerissen, einen Steinwurf weiter aufspringen. –

In der folgenden Stromschnelle bockt das Floss auf einem Felsblock auf, und ist im Ansturm der drückenden Wasser von einem Mann allein nicht zu befreien. So gebe ich auf; bei diesen Flussverhältnissen kostet der Wasserweg zuviel Kraft, Schweiss und Angst. – Mein Bündel dem Ufer entlang talwärts buckelnd, bestaune ich die wilder und wilder werdenden Wasser Unheimlich, die gewaltige Kraft der Erdanziehung, welche die Wasser sogartig mit sich talwärts reisst. So lieblich der Limbangfluss gegen seine Mündung und in Quellnähe – hier würde er auch Kunststoffboot und Eisenhelm trotzen. Zwischen mächtigen rundgeschliffenen Blöcken fällt er über eine Stufe von 7–8 m und rast weiss'schäumend durch enge unbegehbare Schlucht weiter talwärts. Links und rechts des Ufers sperren Felswände den Weg. Uwut-Palmen, wohin das Auge blickt. Und während ich so auskundschafte,

klatschen Tropfen aufs Wasser und Gestein und der Himmel verdunkelt sich. Bald prasselt ein heftiges Gewitter nieder und gibt der wild-romantischen Landschaft einen unfreundlich-bedrohlichen Aspekt. –

Verlaufen

Nach notdürftiger Nächtigung und dem Verzehr von rohem Palmherz – all meine Vorräte sind verbraucht – steige ich bergan. In der Hoffnung, da einen begehbaren Wildpfad zu treffen, der im Seitenhang über dem Fluss talwärts führt. – Doch je weiter ich steige, umso dichter und undurchdringlicher wird die

Vegetation. Von Wildpfad keine Spur. Nach etwas Klettern finde ich mich auf einem Bergrücken, der in eine hohe Felswand abfällt. So bin ich gezwungen, weiter bergan zu steigen. – Den Fluss weit unter mir zurückgelassen, beschliesse ich, nicht mehr abwärts zu steigen, doch auf dem schnellsten Weg bergwärts heimzufinden. Morgen sollte ich dort zu einem Meeting mit Penanführern anwesend sein. – Immer mühsamer wird das Bergansteigen, bis ich mich in dichtester Gebirgsvegetation finde; die grössten Bäume erreichen kaum Dreimannshöhe und Oberschenkel-

16/22 dicke – doch alles Gewächs ist in dichte Moospolster gepackt. Bei Nebel und Regen spanne ich des Abends mein Schutzdach in Erdnähe, um auskühlenden nächtlichen Winden den Zugang zu wehren und lege mich fröstelnd in Embryo-Stellung schlafen.

Keine lachende Sonne weckt mich des Morgens, um meine schmerzenden Knie und Glieder zu wärmen, doch stockdicker Nebel versperrt jegliche Sicht. Bei der tropfenden Nässe verzichte ich auf zeitaufwendiges Feueranfachen, doch steige bergan bis Vorwärtskommen wegen dichtestem Gestrüpp allzumühsam wird. Mich seitlich schlagend suche ich in tiefer liegender Senke bessere Gehbedingungen. Gegen abend prasselt's plötzlich mit aller Gewalt los, und geschwind verknüpfe ich im steilen Seitenhang, wo ich gerade bin, notdürftig meine Blache [Plane] und suche darunter momentanen Schutz. Alles trieft und rinnt. – Vergeblich warte ich auf das Ende der fallenden Bindfäden, um mir eine bessere Bleibe zu suchen. – In unbequemer Stellung zusammengekauert auf meiner Rückentasche sitzend, stets hangabwärts rutschend, soll ich die lange regnerische Nacht verbringen. –

Nach Queren einiger Rinnsale und Ansteigen finde ich mich auf einem Berg mit dichtester Vegetation. Einen Steinwurf weiter scheint er auf der andern Seite abzufallen. Doch hast du die Stelle erreicht, so ist's immer noch einen Steinwurf weiter und so fort; der vermeintliche Bergkamm entpuppt sich als Hochplateau. Da wachsen viel verschiedene Arten von Kannenpflanzen und nie gesehene seltene Orchideenblüten hängen als weisse Paradiessterne im Gezweig. Jeder Botaniker hätte da seine Freude. Doch für mich ist's die

16/23 Hölle; dies ist mein dritter Tag ohne genügend Schlaf, ohne Nahrung und Feuer in kalter Nässe. – Grosse Felsblöcke liegen verstreut, und alles ist von Wurzelwerk und leibdicken Moospolstern überwachsen. Mehrere Male gibt der Untergrund unter meinen Füssen nach und ich breche bis zu Knie und Oberschenkel gegen abwärts durch. – Wohl erst nach einer Stunde erreiche ich den Rand des Plateaus und kann endlich abwärts in

angenehmere Gefilde steigen. – Diesen Abend muss ich unbedingt ein Feuer zustandebringen, ansonsten wird meine Gesundheit Schaden nehmen. – Gewohnt nur im Lendenschurz zu gehen, benutze ich Hemd und lange Hose jeweilen nur während der Nacht, um mich gegen Mosquitos, Sandfliegen und Kälte zu schützen. In den vergangenen Tagen jedoch trug ich diese fröstelnd auch tagsüber – und sie sind von der triefenden Moosvegetation bachnass. – Dann plötzlich erblickt mein Auge Wedel der Uwutpalme, und das Gelände öffnet sich. Frohes Herz! – Ich errichte mir eine kleine Schlafpritsche, schlage genügend Feuerholz und ernte Palm-

Ró Buang 1:1 ♂
Der farbenprächtige Vogel ernährt sich von Raupen, Heuschrecken u.a. Kleingetier. Nest in Bodenhöhle, Gelege 2 Eier, seine rauhe Stimme, wie die eines Bären (Buang) hat ihm seinen Namen eingetragen.

16/24 herz. Vergeblich suche ich bei Eindunkeln unter mächtigen Pellaio-Bäumen nach gefallenen Harzbrocken. Doch auch ohne diese flackert bald ein lustiges Feuerchen und die Welt ist wieder in Ordnung. Mein Ränzlein schlage ich mir mit Palmherz voll. Am nächsten Morgen sehe ich nach zwei regnerisch-nebligen Tagen erstmals wieder die Sonne und wundere mich über ihren Stand. Und wirklich, in die Höhe geklettert erblicke ich den Felsklotz Bateu Laui, welchen ich vor einer Woche Richtung talwärts verlassen hatte – von quellwärts und kann's kaum fassen. – Um sicher zu sein, folge ich einem Schwarztee-roten Bachlauf bis an seine Mündung und weiter talwärts: Ja, das ist wirklich der Keríh-Fluss. – In feuchter Ebene steht wie gepflanzt ein Garten der seltenen Anau-Palmen mit Vertretern jeglichen Alters vom jungen Schoss bis zum abgestorbenen Stamm und keimenden Sämlingen. – Ich wende meinen Schritt flussaufwärts und treffe bald auf bekannten Penan-Pfad. Zwei mächtige Uwutpalmen stehen am Ufer. Die einzigen weit und breit. Eine lockt mit süsssaftigem Herz – und ich bin hungrig. Beide enthalten Sago, und beide müssten zu Fall gebracht werden, um nur einmal satt zu werden. So lass ich's, im Bewusstsein, weitere zwei Tage zu hungern, und gehe meines Weges. Die Nacht verbringe ich in verlassener Penanhütte. –

Nach all der extremen Beanspruchung von morgens bis abends fühle ich mich beim steil berganwärts Steigen schwach; keuchend muss ich jeden Steinwurf innehalten und rasten, und manchmal will's mir schwarz vor Augen werden. Ich kaue vom süss-harzigen Kambium des Pellaio-Baums, um mich etwas zu stärken. – Am Nachmittag nähere ich mich der Siedlung. Ein Reh bellt, und Gibbonaffen turnen im Gezweig. – Ja das Dorf steht wie vermutet verlassen. – So habe ich mein Meeting verpasst. Alle Bewohner sind in der Zwischenzeit von weit entfernt reifenden Früchten gerufen worden. Einzig ein in Marschrichtung in den Boden gesteckter Zweig ist als Botschaft zurückgelassen worden.

So mach ich mich mit müden Knochen wieder bergaufwärts. Meine Freunde haben kaum Wegweiser zurückgelassen und bei Verzweigungen finde ich nur mit Mühe den Pfad. Nach weiterer Nächtigung erreiche ich bei tiefem Sonnenstand den Ort, wo das Nomadenvolk versammelt sein sollte. Gähnend leere Hütten empfangen mich. Nur einige Habseeligkeiten sind zurückgelassen. Gierig fische ich aus einer Büchse in Fett eingesottene Wildschweinschwarte und steck mir gefallene Cu-ui-Früchte in den Mund. Wohl vor drei Tagen mag die Sippe von hier losgezogen sein, und ich folge dem frisch ausgetretenen Pfad. Nach Queren des Pérésék-Bachs, wer ist mir da entgegengekommen und steht mitten im Pfad? – Along's Langschwanz-Makakkenmädel. Ich dank für die Begrüssung. – Auf der Höhe wird mein Argusfasanruf vom Berg jenseits beantwortet. Vom Affen begleitet eile ich hangabwärts, quere den Duian-Bach und steige in Richtung des Rufs bergan. Dann verliere ich die Fährte und finde mich auch plötzlich vom Affen verlassen. Nach zweimaligem Vor- und Rückwärtsgehen auf älteren verzweigten Pfaden treffe ich noch nicht auf frische Spuren, einzig auf die eines Jägers. Bei Einnachten rufe ich wiederum in der Stimme des Argusfasans, und sie wird aus der Nähe beantwortet. – Nach einer Viertelstunde treffe ich – der Totgeglaubte – auf Selai, Iteng und Gauan, die mir entgegengekommen sind. – Selai hatte auf einem Streifzug entfernt von der Siedlung meine Rufe gehört und geantwortet. Das Dschungeldorf selbst aber liegt ausser Hörweite jenseits der Wassserscheide. – Ich bin nicht zu vielen Worten fähig. Selai nimmt mir die Traglast ab und eine Berieselung von Ermahnungen hörend folge ich den Dreien. –

Eine halbe Stunde später erreichen wir bei völliger Dunkelheit die Sippe. Schweigend reiche ich den Umstehenden die Hand und steige in Malengs Hütte. Ich bin wirklich am Ende meiner Kräfte. – Zuckerwasser wird mir angeboten. Nein – das will mir nicht schmecken und ich begehre einzig nach heissem Wasser, das mit etwas eingestreutem Sago gebunden wird (Ba Lutey). –

«Ist's nur deine Seele, oder bist's wirklich du?», begrüsst mich Along am nächsten Tag. – «Ja, meine Seele samt meinem Leib.», antworte ich ihm. – Nach dem Genuss von geschnetzelten Alim-Früchten taue ich langsam auf und kann von meinen durchstandenen Abenteuern erzählen. –

Der Fruchtsegen war nur von kurzer Dauer und ist schon im Abklingen. Doch neben den wenig reifen Früchten sind viele Bäume mit umsomehr neuen Fruchtknospen besetzt. –

Mein bester Freund und Helfer hat ein vages Treffen angesagt. Soll ich auf gut Glück gehen? Gespräche wegen Organisation von Blockaden sind nötig. – Trotz körperlicher Schwäche und obwohl ich Früchte schmausen möchte, mach ich mich in Begleitung auf den weiten Weg, der mich für Tage beanspruchen wird, – vergeblich.

«Goro-Goro-Goro!», hallt der Ruf des Languraffen durch den Wald. Obwohl in Eile, unsere Bleibe vor Eindunkeln zu erreichen, kann Selai – wie alle Penanmärner – sein Handwerk nicht lassen. Hastig legt er seine Rückenlast nieder und gebietet uns mit wehrender Hand, mäus'chenstill zu warten – und pirscht sich an. – Schon ruft die Zykade Nyit und kündet Dunkelheit – vom Jäger keine Spur. Die Affen aber nähern sich und turnen gleich über uns im Gezweig. – Bei völliger Dunkelheit – «Plopp!» – fällt einer der lang'geschwänzten eine Handbreit neben mir nieder. Das Pfeilgift hat nur langsam gewirkt.

etwa 10 m Höhe unter einem ausladenden Obáh-Ast. – Bald verdichten sich die durch die Luft schwirrenden Leiber der Insekten zu einer dunklen Traube – das heisst zu einem etwa 1 m langen wandartigen Gebilde, das ihrem fertig gebauten Nest gleicht. –

Dreimal ergreife ich am nächsten Tag die Flucht, als mir einige der Stachligen, wohl vom Rauchgeruch erzürnt, in bedrohlich schnellem Flug einen Hüttenbesuch abstatten wollen. Auf die Erfahrung eines Bienenschwarmangriffes in Wiederholung verzichte ich gerne. –

Manchmal fliegen sich strahlenförmig spreitende Schattenbilder über die lebende Wand, wohl verursacht durch eine synchrone Flügelbewegung der Bienen. – Nach einigen äusserst heftigen Regenfällen verlässt der Schwarm am sechsten Tag seinen Rastplatz kurz vor Mittag Richtung Süden. –

Along hat beim Wählen eines neuen Siedlungsplatzes den Bienenschwarm hoch im Geäst übersehen. – Gegen Abend greift das Volk an und vertreibt die Bewohner ein paar Steinwürfe weit von ihren Hütten. Selbst der sonst gelähmte ‹Tapit› kann plötzlich eilig das Feld verlassen…

Ein junger säumender Hund, schwarz gespickt von Bienenleibern, wird dabei getötet. Nach Fällen des Rastbaumes sammelt sich der Schwarm auf einem Nachbarbaum, und nach Fällen von jenem wiederum auf einem andern Baum in der Nähe. – So verlässt die Sippe den ungenehmen Ort.

16/27 Kalter nächtlicher Wind fegt über den Bergkamm und wirft mit vollen Händen einen Sprühregenschwall durch unsere Hütte, während Regentropfen ohrenbetäubend auf die Bedachung trommeln. Kaum ein Fleck unseres Schlaflagers bleibt trocken. – Selai und sein kleiner Sohn Japun schützen sich unter geschrumpften Dá-un-Palmwedeln zusammengekauert, während sie notdürftig am quer flackernden Feuer Wärme suchen.

16/28 **Bienen**
Allein. – Lautes Summen lässt mich aufhorchen. – Ein Bienenschwarm fliegt Richtung Süden. Als das Summen nach Minuten noch nicht abklingt – nanu? – Das müssen ja Millionen sein! – Und als ich wieder einen Blick nach oben werfe, da sehe ich: Der Schwarm sammelt sich genau über meiner Hütte in

Eindringlinge
Maleng hört schwerbeladen unterwegs plötzlich Männerstimmen. Sich still seitlich des Pfades haltend, sieht er – selbst ungesehen – beinahe ein Dutzend fremder Gestalten. –

So haben sich die Prospektoren tief in Nomaden-Land gewagt, um dessen Untergang anzukünden. Feuerrote Farbe ist auf Bäume geklatscht, der Pfad gesperrt mit einem auf ein Benuá-Blatt gemalten drohenden Gesicht, um Eingeborenenvolk einzuschüchtern. – Einige Männer nehmen zwei Tage darauf die Verfolgung auf, um Farbe, Proviant und Gepäck der fremden Eindringlinge zu zerstören und diese zu vertreiben – doch schon haben diese das Gebiet wieder verlassen. –

16/30 Syzygium

Obáh Léségan

Baum, Ø ~60 cm,

Rinde rötlich, schieferig-blättrig sich lösend

Die Früchte werden von Kindern gegessen;
in unreifem Zustand
den Mund austrocknend, schmecken die reifen
Früchte süsslich. Wegen ihrer Form werden sie auch
‹Wildschwein-Niere› (Sáh Babui) genannt.

Vom Angeln

Der alte Sinan kappt einen Stengel der Lemujang-Palme und entfernt dessen Stacheln und Blätter. Darauf hakt er einen Angel in die Kappstelle der beinahe drei armspannenlangen Rute und spannt den Silk zur Spitze hin; diese spaltet er und verknüpft die Angelschnur mit Windungen daran. Unterwegs hat er einige Kunyi-Früchte gepflückt, die er als Köder benutzt. Nebst diesen schwört er auf die Früchte des Lalit-Silau-Baumes, auf sonniges Wetter und klares Wasser, sowie auf grosse Angelhaken – und er ist ein Mann des Fachs. – Zappelt ein geschuppter Bursche an der Leine, so hievt er ihn, stets etwas nachgebend, aufs Ufer. Dort betäubt er ihn mit einem Schlag, bevor er ihn vom Haken befreit.

Sinan trägt nach jedem Gang 4–5 mehrpfündige Lessaien- und Ayat-Fische hüttenwärts, zur Freude aller Älteren, die Mühe haben mit ihren Pilgern hartes Fleisch zu kauen. – Man beklagt die Magerkeit der Fische, die erst nach dem Fall der Besukui-Früchte in grossen Fruchtjahren Fett zeigen. –

Kellabits angeln selbst mit Eicheln als Köder. – Mit Fleisch oder Fisch besetzte, über Nacht gesetzte Angeln werden manchmal Schildkröten sowie dem schuppenlosen Bukeng-Fisch zum Verhängnis. Gebräuchlichste lebende Köder sind Regenwurm, Heuschrecke und Kakerlaken. Mit diesen wird vor allem bei sinkenden Hochwassern gefischt. Kellabits spannen manchmal quer über den Fluss eine mit bis zehn Angeln besetzte Schnur, mit Krebsen als Köder. –

Fische spielten in alten Zeiten kaum eine Rolle in der Ernährung des Bergvolkes, das selten in Wassernähe siedelt. Als Nichtschwimmer fürchten Nomaden die Gefahren der oft mit Gewalt anschwellenden Flüsse. – Gelegentlich wurden Fische kleinerer Gewässer mit Hilfe von pflanzlichen Giften erbeutet, oder seltener auf ihrem Laichzug quellwärts erschlagen. Nur das Fischchen Ló-ong und der gefrässige Udun konnten auf einfachste Weise mit einer Rattanranke geangelt werden. Wirkliche Anglerei wurde erst mit dem Besitz eines Angelhakens möglich.

Geeignete Rute : Stengel von Lemu
jan-Palme (äusserst
elastisch) oder
Jakáh.

Angelschnur : Wurzel der Jakáh-
Palme
Luftwurzel der
Uwutpalme*
Bast von Talun

Silk aus der Zivilisation bleibt unübertroffen

Heutzutage bilden Fische einen wichtigen Bestandteil in der Ernährung v.a. sesshaft gewordener Sippen, die benachbarten Dayak-Stämmen weiter Netzknüpfen und Bootsbau abgeguckt haben.

* mit Lisong und Russ geschwärzt

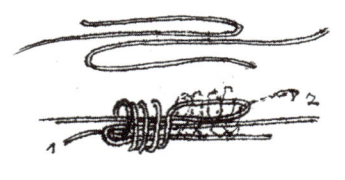

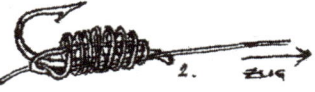

Kunyi (Baccaurea membranacea)
Armdickes Bäumchen in Wassernähe. Stamm warzig an Auswuchsstellen von Fruchttrieben.
2. Art, Ø 20 cm, Früchte nicht aus Stamm, doch an Ästen, gelblich, 1,5 cm Blätter gebüschelt

Frucht säuerlich, samt Schale in kleinen Mengen essbar
1:1

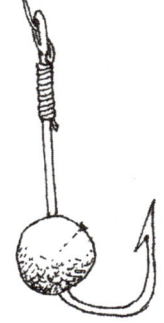

Der Angel [-haken] bleibt frei sichtbar.

16/31
1:1
Lalit Silau
Baum in Niederung, Wassernähe. Δ 80 cm
Frucht fünf Kelchblätter

Verknüpfung von Silk
1 2
← Zug
Zug →
Befestigung von Schnur und Angel
1. 2. Zug →

Fund

16/32

Maleng quert den Talunfluss über einen entwurzelten Dschungelriesen. Dabei entdeckt er am Fuss des hohlen Stammes von 1½ m Ø Pythonspuren. – Mit einer Lampe bewaffnet gehen wir den Stamm ausleuchten. In dem verlassenen Nest finden sich gegen dreissig faustgrosse leere Eischalen verstreut. Sie sind von zäher, pergamentartiger Substanz; bei ihrer Öffnung zeigen sie messerscharfe Schnittspuren. Diese stammen kaum von den etwa zwei Wochen zuvor geschlüpften Jungschlangen selbst.

Hat die Pythonmutter mit ihrem Reisszahn nachgeholfen? Pythoneier sind ein begehrter Leckerbissen. –

Pythonei nach Schliefen [Schlüpfen] der Jungschlangen 1 : ⅓

Grausame Natur

Ein verendetes Mausreh findet sich des Morgens am Pfad zur Wasserstelle. Nase, Mund und Fleisch der Oberschenkel sind sauber bis auf den Knochen weggefressen: Spuren des Marders Bésuá. Dieser jagt seine Opfer hundeähnlich laut bellend «Tok-tok-tok!» Wenn nach langer Verfolgung das Reh kraftlos hächelnd innehält, springt der Marder auf dessen Rücken und frisst bei lebendigem Leib seines Opfers bis zur

16/33 Sättigung. – Jemalang traf mehrere Male verendete Rehböcke, die Rückenwunden voller Maden. – Selbst Hirsche seien schon Opfer des angriffigen Marders geworden. Aufgezogene zahme Bésua's seien schon zur Jagd verwendet worden.

Ausgeblieben

Vergeblich wartet die Familie Nalims am Abend auf dessen Rück'kehr. Am nächsten Nachmittag kommt der Jäger nach einer schlaflosen Nacht, ohne Hemd im Regen und vom Sandfliegen geplagt, nach Hause. – Nalim hatte am Vortage ein Wildschwein geschossen. Dieses schien ihm zu mager, und er wollte ein fetteres Tier suchen. Dieses fand und schoss er, entfernte sich aber dabei allzuweit von der Siedlung. Auf seinem Heimweg überraschte ihn die Nacht. Ohne Feuerzeug konnte er sich keinen Speck braten und blieb hungrig. – Ge-

Unbekannte aus Krondach gefallene Liangiblüte. 1 : ⅔ Long Rayáh [unleserlich] (Melastoma diplectria)

16/34 schwächt, liess er seine Jagdbeute zurück und kam mit leeren Händen nach Hause. Am nächsten Tag klagte er über Muskelkater und ruhte in der Hütte aus. So verrotteten beide Wildschweine im Dschungel. – Wer allzuviel fassen will, wird verlieren.

Nestplünderung

Das Gezeter eines Jungtieres verrät den Bau des Schlangentöters ‹Belok› hoch in einem Maus-Gift-Baum. – Menínd will eines Tages zurückkommen, um den dicken Stamm zu fällen. Da sehe ich: Eine grosszehendicke Würgfeigenliane steigt daran hoch. Ich prüfe. Sie hält fest. Ein Bastband des Pfannenbaums kreisförmig mit sich selbst verschlungen, passe ich mir den Reif an die Füsse an. Mit Leichtigkeit ist damit die Liane zu erklettern. Das Eigengewicht drückt die Füsse fest an den Kletterstrang und aufrecht stehend kann wo auch immer ausgeruht werden. Nur wo die Liane dünner wird, lässt wegen Lockerwerden des Bandes der Halt nach. –

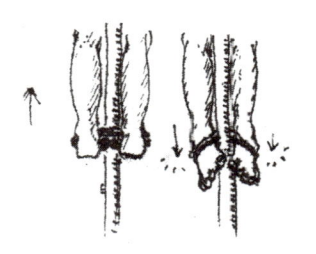

Klettertechnik mit Schlinge
↑ Beim Aufwärtsklettern haftet Schlinge locker Ruhestellung
↓ Eigengewicht drückt Füsse an Kletterstrang.

Mit sich selbst verschlungenes auf Füsse und Kletterstrang angepasstes Bastband. Ein verstellbarer Ledergurt kann denselben Dienst tun.

16/35 Die Baumhöhle ist bis auf einen Spalt zugekittet. Als ich den Lehm lösen will, schlägt da heftig ein langer schwarzer Schnabel aus der Öffnung. – Nach einer Weile schneide ich dem geangelten Weibchen die Gurgel durch. Es wird in der Pfanne landen. Ein einziges Jungtier im spriessenden Federkleid findet sich in der trockenen Baumhöhle. Die Penankinder werden es mit Freude als Hüttengenossen aufziehen.

Vor Eindunkeln schiesst Menínd einen Languraffen. Der getroffene fällt vom Baum und springt direkt auf uns zu. «Aaiiiiih!», brüllt ihm Menínd entgegen, um ihn zu vertreiben, in Angst gebissen zu werden. Sofort macht der Affe kehrt und flieht. Den Blutspuren folgend, finden wir ihn drei Steinwürfe weiter in den letzten Atemzügen. –

September. Rehgeissen, Hirschkühe und Wildschweine sind tragend. Eine Bache mit acht Frischlingen vor der Geburt wird erbeutet. Böcke und Stiere stehen im Bast. Alle Hirsche sind ungemein fett, wie es selbst die alten Jäger kaum je gesehen haben. Dieses wird eingesotten, ist aber wegen hohem Schmelzpunkt weniger bekömmlich.

Kéllalai
(Aporosa)

Weichholz-Baum, Ø <60 cm, hügelwärts, oft in Sekundärwald. Junge Triebe und Nerven auf Blatt-Us. filzig behaart, Blätter wstg, 15 cm, glänzend, unverkennbar durch typische Nebenblätter in Blattachseln. Verwendung: Leicht mit Axt spaltbarer Stamm zu Feuerholz. Rötl. oxydierender Saft* zum Dunkelfärben von Blasrohren, medizinal äusserlich bei beissenden, infektiösen Hautleiden (wie ‹Buteu›).

* zerhackter, ausgedrückter Blätter von Treibspitzen

Die Alimfrucht (Mangifera) lässt sich nur leicht schälen, wenn der Sternschnitt von der Auswachsstelle her angebracht wird.

Die jungen Mädels sind sich unten am Fluss waschen gegangen. Als sie zurück'kehren haben sie ihr Haar paradiesisch mit warmroten Lianenblüten geschmückt. In ihren Rückentaschen tragen sie einige Früchte für die zurückgebliebenen Genossen. Sie haben einem Alim-Baum einen Besuch abgestattet; dieser hat seine gesamte Fruchtlast von 3–400 Kanonenkugeln nach unten in den Matsch geworfen. Der Untergrund gleicht einem Bachgeröllfeld. Viele Frucht'fliegen haben sich bei den zum Teil geplatzten und faulenden Früchten zum Schmaus versammelt, über denen gärender Geruch schwebt. – Die unansehnliche, von der Feuchtigkeit schwarz angelaufene Schale enthüllt nach einem Sternschnitt knallgelb leuchtendes Fruchtfleisch. Dieses ist von weichfleischiger, etwas schmieriger Konsistenz von Fasern durchzogen, und von typischem Geschmack. Während der Reifung verliert es seine schüttelnde Sauerkeit. Reife Früchte verraten sich durch eine Geruchsprüfung. – Die Alim-Frucht hat eine Tücke: Sie enthält in der Schale eine Latex-artige, kaum sichtbare Flüssigkeit, die Verbrennungen verursacht. Beim

(Bauhinia)
1:1
Hut des Frucht-Gottes (Pékáh Baley Tá-un)
Wo die Liane ihre Blütentrauben spreitet [spreizt] scheint der Dschungel zu flammen. 1:1

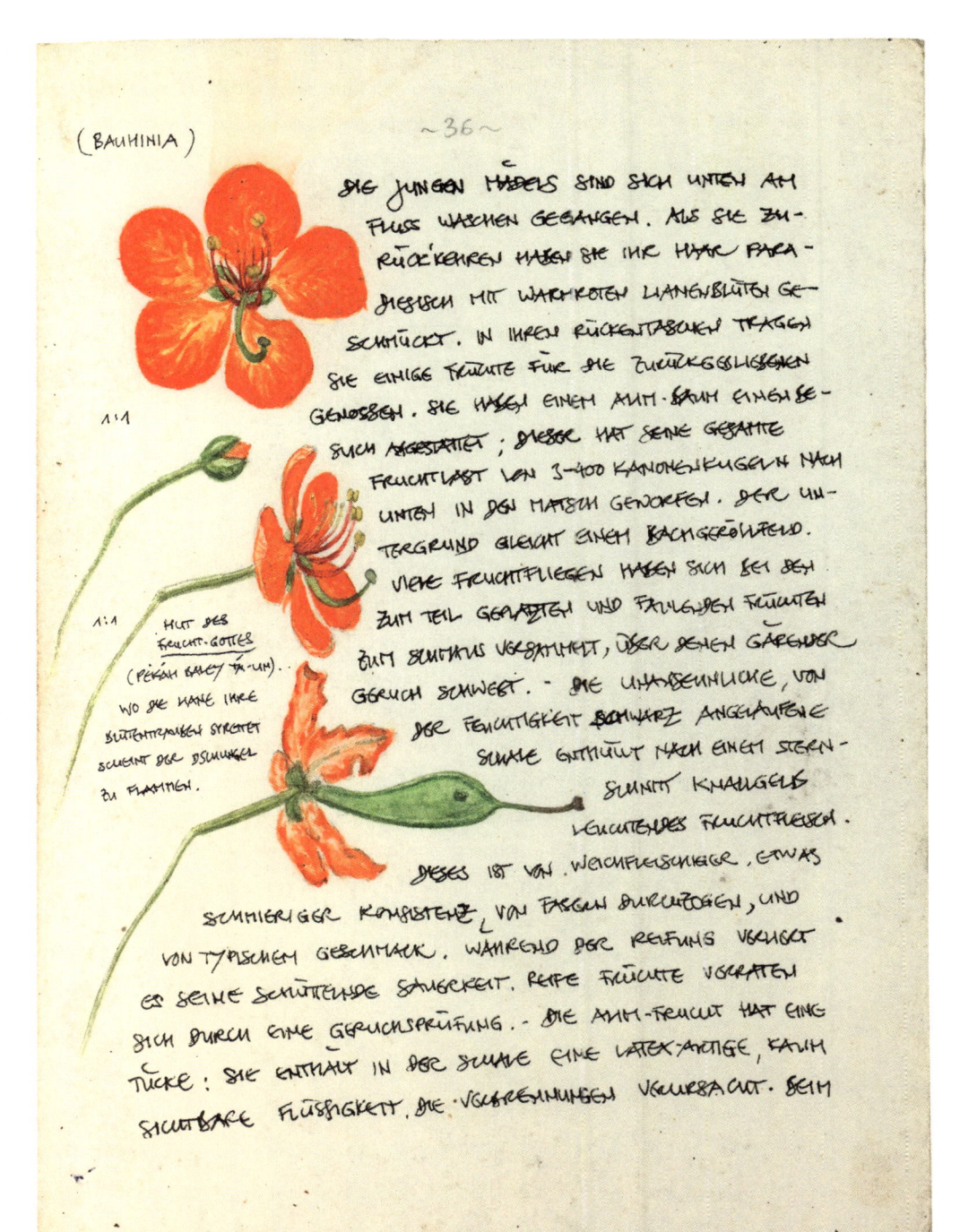

Einsammeln wie beim Aufschneiden ist Vorsicht geboten. Fruchtfleisch unterhalb Schlagstellen kann nicht verwendet werden. Vor allem Kinder zeigen nach dem Verzehr der Früchte oft Brandblasen an Mund, im Gesicht und am Leib, wo auch immer sie mit dem Latex in Berührung gekommen sind. – Hin und wieder wird auch die dicke Schale der Frucht nach Kochen und Entfernen der Oberhaut gegessen. – Wer gefallene Alim-Früchte erntet, trägt schwere Lasten. Das Gewicht wird vor allem von Schale und dem grossen, abgeflachten Kern verursacht. Der weisse Same* wird gespalten und aus einer Keimblatthälfe kann wie aus Maniok ein Kinderspielzeug geschnitzt werden. Nach zentralem Durchstecken eines Pfeilschaftes ist der Kreisel entstanden. Dieser wird auf getrockneter Palmrinde, dem Rücken des Kindertraggestells, surren gelassen. «Wie das Knurren des Leoparden» (Bari ha keheng bilung, ha tasing alim) ertönt die Stimme des sich drehenden Kreisels. ~

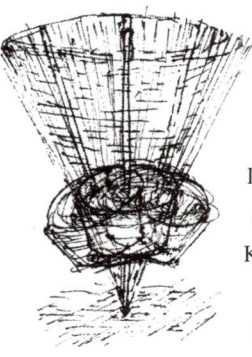

Der Alim-Baum wird oft kultiviert. Aus seinem Holz können Gewehrkolben gefertigt werden. In einem mächtigen Stamm fand sich einst ein Unterschlupf von hunderten der seltenen Tanyind-Fledermaus.

* Er enthält Stärke, die von den Alten manchmal durch Raffeln und Auswaschen mit Wasser gewonnen wurde. Die aus diesem Sago gekochte Speise soll starken Eigengeruch haben (→ Ná-o apo A-lim)

[fehlt] 16/39
[fehlt] 16/40
[fehlt] 16/41
[fehlt] 16/42
[fehlt] 16/43
[fehlt] 16/44
[fehlt] 16/45
[fehlt] 16/46

16/38

Péréssen 1:2/3
(Nephelium)
Reifende Frucht. Die Schale leuchtet in voller Reife gelb, erster Rambutanbote in der Saison. ‹Babui Rá Péréssen› nennt der Penan weibliche junge Wildschweine ohne Nachwuchs, deren Hauer fingergliedlang zu sehen sind. Ursache der Namengebung scheint in Vergessenheit geraten.

September 89. Nach einer kleinen Vorfrucht einen Monat zuvor, reifen nun viele Gaben der Wildnis. Allein aus der Familie der Rambutans zählt der Penan über zehn verschiedene Arten. Kaum deren Reife abwartend erntet er da und dort Früchte, bei deren ‹Genuss› es den Durchschnittseuropäer schüttelt. Die Fruchtsäure greift den Zahnschmelz an, und das Symptom der ‹Langen Zähne› (Kénniloú) kann über mehrere Tage anhalten: Das Kauen jeglicher anderen Speise wird mit Schmerz beantwortet, ähnlich dem ‹Hoornegele›, wenn nach einer Unterkühlung der Hände bei plötzlicher Erwärmung das zuvor verdrängte Blut unter die Fingernägel schiesst. Der Penan wirkt dem Umstand ganz einfach entgegen: Er vermeidet zu kauen. Doch verschluckt die Früchte samt ihren manchmal grossen Samen. Der Trick wirkt; da die Säure nicht in den Mund tritt, schmeckt die Frucht süss. Und darüber hinaus wirst du mit all den verschlungenen unverdaubaren Samen im Bauch eher satt. Doch mir persönlich widerstrebt die Schluckerei, der es gewohnt ist, alle Speise zu kauen. Und so muss ich mich über meine im Laufe des Dschungeldaseins gelbgewordenen Zähne nicht wundern.

Ein weiteres Mal stecke ich mein Messer in die Biss'stelle, doch kein Blut will austreten. – Ich sollte so schnell wie möglich unsere Hütte erreichen, bevor Gehen unmöglich wird, und eile humpelnd heimwärts. Die Schmerzen im Bein steigern sich in Kürze rasend, und bald wird es unmöglich, den Fuss zu belasten. Auf allen Dreien gebe ich stöhnend mein Bestes. – Da nähert sich Jemalang*. Ich heisse ihn, mit seinem scharfen Messer in der Wunde zu stochern. –

16/47

Er fürchtet sich, meiner Anweisung zu folgen, und ritzt nur mit vielen kleinen Schnitten die Haut um die Biss'stelle. So dränge ich heimwärts. Der lendengeschürzte Jäger reicht mir einen Stock und schlägt, eilig vor mir gehend, mit dem Buschmesser eine Schneise in die Vegetation. «Du darfst auf keinen Fall mit deinem Fuss ins Wasser treten!», gebietet er vor zu querender Fluss'stelle, beugt sich vornüber und fordert mich auf, meine Arme um seine Schultern zu legen. – Und so trägt er mich. Wo das Wasser allzutief wird, kehrt er um, seine Füsse in den steilen Uferfels krallend. Hart tönen seine Atemstösse unter der Belastung meines Gewicht's, begleitet von meinen nicht zu unterdrückenden Schmerzensrufen. Dann erreichen wir die Hütte. Das Lager, an welches ich über Wochen gefesselt bleiben sollte.

* Gebissene Penans ‹öpfen die Schlange und streichen von deren Hirn in die Bisswunde. – Jemalang kappt einen Wedel der Sum-Palme und streicht vom aus deren Stengel tretenden Saft (Rango) auf die Wunde.

16/48 «Ihr heisst uns sesshaft werden und wollt uns im Zaun halten wie Eure Wasserbüffel und Schweine. Doch was tut ihr mit diesen? – Ihr zieht sie auf und füttert sie schön, um ihnen am Ende die Gurgel durchzuschneiden!»
Jemalang, Long Adang
zu einem Regierungsvertreter

16/49 [fehlt]

16/50 [fehlt]

16/51 nen Beckenknochen wegen stet's gleicher Seitenlage auf harter Hüttenpritsche. Beim Versuch aufzustehen tritt sogleich Blut aus der Wunde. Noch bin ich keinen Schrittes fähig, doch ropple nur auf meinem Hintern rum und verrichte meine Notdurft an Ort und Stelle.
Ich – der gewohnt bin, alles selbst zu tun, bin nun plötzlich auf Hilfe angewiesen und lästigerweise gezwungen, meine Mitmenschen um Dinge zu bitten.
Jemalang und Nalin haben ihre Familien nachgeholt um für mein Wohl zu sorgen. Wäre mir das Missgeschick allein in weiter Wildnis passiert, wäre es mein sicherer Tod gewesen, unfähig, ein Schutzdach zu errichten, Trinkwasser zu holen und Feuerholz zu schlagen. –
Dann läuft Jémalang einer Python über den Weg, die ein Wildschwein verschlungen hat. In drei Traglasten wird die Beute heimgeschleppt und das weisse Schlangenfleisch und ihr Fett soll uns über zwei Wochen ernähren. –
Fliegen streichen um mich und ich werde gewarnt: «Hüte dich vor Maden!» – Und da ist – unglaublich – wirklich eine kleine Fliege* mit schwarzglänzendem Leib, die ihre einziges Kind gleich lebend gebärt. Drückst du auf ihren Leib, so quillt daraus eine voll entwickelte Made, die sich sofort geschwind vorwärts roppelt – und in der Tiefe deiner Wunde verschwinden könnte...
* Langau Lito. Sie schwebt in Schwärmen im Raum der Hütte

16/52 Am 20. Tag nach dem Biss geschieht kaum Fassbares: Als ich durch leichtes Drücken und Massieren Eiterausfluss unterstützen will, wölbt sich plötzlich Fleisch aus der Wunde – gross wie ein Hörnchenkopf. Deutlich sehe ich die Haut, in welche der Muskel gepackt ist, und die sich zentral zur seidenglänzenden Sehne verdichtet. Mir wird Angst. Auch Jémalang steht vor nie Gesehenem ratlos. – Täglich schiebt sich der drei-fingerdicke Muskel weiter und tritt mit dem Eiterausfluss plötzlich bananenlang aus der Wunde. Es wird offenbar: Der Muskelstrang zwischen Waden- u. Schienbein hat sich von seiner Aufhängung unterhalb des Knies gelöst und steht nun wie ein langes Horn aus dem Bein. –
Am folgenden Tag fühlt sich der Muskel kalt an. Ich klemme mit meinen Nägeln darein: gefühlslos. Ist wirklich ein Teil in mir gestorben? Nach dem was ich in den vergangenen Wochen durchgestanden habe gut möglich. – Der Druck des gewichtigen Aushängels auf die Wunde verursacht weitere Schmerzen. So beschliesse ich, dieses zu entfernen. – Unwillig schärft Nalin mein Messer, und vorsichtig schneide ich mir damit ins eigene

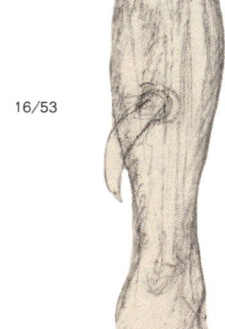

Fleisch. Nein. – Weder Schmerz noch Blutaustritt. – Drei weitere Male durchtrenne ich das austretende Muskelpaket, was auf einem Blatt zurückbleibt – ein Teil von mir – könnten Brocken pfannenfertigen frischen Ragouts sein, wie sie der Metzger aus abgehangenem gesunden Muskelfleisch der Hausfrau offeriert. Und weiter staune ich: Die Fleischstücke gehen nicht in Verwesung über. Auch noch nach fünf Tagen sehen sie aus wie zuvor, sind einzig ein wenig angetrocknet. Weder werden sie von Fliegen besucht, noch zeigen sie Fäulnisgeruch. Welch unheimliche Macht doch in zwei Tropfen gelblich-klaren Schlangengift's liegt!

Wie viele Male habe ich Pitvipern und Speikobras aus Wunder gefangen und sie nach fasziniertem Betrachten wieder in Freiheit gesetzt – oft zur Entrüstung der Eingeborenen, die alles Schlangengetier töten. Warum hat die Viper mir das angetan? – Nun verfluche ich sämtliche Pitvipern und wünsche ihnen Tod. Nicht nur aus Rachegefühl, doch auch um andern Menschen ähnliches Leiden zu ersparen. –

Viele Penans wurden schon von Pitvipern gebissen, und einige von ihnen klagen noch nach Jahren über zeitweilige Schmerzen im betroffenen Glied bei hoher Beanspruchung. Ein einziger Todesfall ist bekannt: Ein junges Mädel starb nach einem Biss in den Oberarm am folgenden Tag. – In meinem Fall hätte ein Kind kaum überlebt. – Nach einem Biss in die Hand fiel sogleich der kleine Finger vom ~5jährigen Osong am folgendem Tag ab.

So ist also ein ganzer Muskelstrang in mir vom Schlangengift getötet worden; sein oberer Teil ist abgetrennt, sein unterer immer noch in meinem Körper. Er sollte so schnell wie möglich entfernt werden. Ohne chirurgischen Eingriff wird er sich ganz langsam und unter vielen Schmerzen zu Eiter auflösen und zersetzen müssen. – Ja, wenn mich ein Arzt in der Abgeschiedenheit besuchen könnte, oder wenn wenigstens das nötige Besteck – Skalpell, Nadel, Faden, Nähzange, lokales Anästhetikum und Antiseptika zur Verfügung ständen. Des langen Leidens überdrüssig, würde ich als Laie in der Not den Eingriff selbst vornehmen ~ auf gut Glück. Doch happert's mit der Nachrichtenübermittlung, und s'ist allein ein Wochenmarsch bis ins nächste Dorf. – Wenn der verbliebene abgetötete Muskel aus der Verwundung gezogen werden könnte? Doch an seinem unteren Ende verdichtet er sich zur Sehne und ist wohl am Schienbeinknochen angewachsen. Meine Penanfreunde raten mir angstvoll ab. Nach zwei weiteren Tagen verschwindet der Muskelstumpf in der Wunde. All meine Versuche, ihn mit einem Angelhaken zu fassen schlagen fehl. Da stösst die Spitze des Eisens auf den blossliegenden Knochen: Welch eigenartiges Geräusch und Gefühl! –

Nach einer weiteren Woche sinkt meine Hoffnung auf Hilfe von aussen, und gleichzeitig sinken mit dem stetigen Eiterausfluss Schmerzen und Besorgnis; die Heilkraft, der Schöpfer selbst innerhalb jeden Wesens und mir, wird weiter sein Bestes tun – und zuversichtlich schaue ich vorwärts.

Vier Wochen nach dem Biss raffe ich mich zur ersten Tätigkeit: Dem Schreiben eines Briefes. Und da taucht unerwartet Freund Spring auf, hilfebringend. Doch da Selbstheilung nahe scheint, verzichten wir auf den mühseeligen und aufwendigen Transport des Verletzten talwärts. –

Wie wird die Wunde einst verheilen? Am Ort des fehlenden Muskelstranges bleibt ein beträchtlicher Hohlraum zurück. Blase ich in die Wunde, so tönt es wie wenn Penankinder spielerisch in eine hohle Ikép-Frucht blasen.

Die Wundbehandlung bleibt rein physikalisch. Bei leichtem Druck auf die geschwollene Knöchelgegend tritt eine Handspanne weiter oben Eiter aus der Wunde. Durch leichtes Massieren und Zuführen von Hitze suche ich die Abbau-, Umwandlungs- und Ausscheidungsprozesse zu beschleunigen. Bei der stets triefenden Wunde erübrigt sich Aufstreichen von Medizin. Ich begnüge mich, die Wunde durch Abdecken vor Fliegenbesuch zu schützen. Maden verspeisen ja nur totes Fleisch und könnten bei der raschen Beseitigung meines abgetöteten Muskelstumpfes nützlich sein. Doch der Gestank von Maden befallenen Wunden schreckt mich ab, und die Erfahrung, dass sämtliche verletzten Hunde bei Madenbefall eingehen lässt mich an der ‹Madentherapie› zweifeln.

Wenigstens einmal pro Woche ein Bad – welch paradiesischer Genuss! Welche Erfrischung, wie neugeboren zu sein, nachdem die verstopften Poren der Haut wieder atmen können! Die Funktion unserer Haut ist wohl beinahe so wichtig wie die der Lunge. –

Mein erster Gehversuch nach sieben Wochen wird mit neuer schmerzhafter Schwellung beantwortet. Ein seitlicher Muskelstrang schiebt sich raumfüllend in die Höhlung, welche an der Stelle des amputierten Muskels verblieben ist, das betroffene Bein ist weder belast- noch voll ausstreckbar. Jeglicher Gehversuch hat weitere Schwellung zur Folge. – Als ich in Mangel von Verbandstoff die Wunde mit einem Fetzen alten Rocks abdecke, entsteht Sekundärinfektion; stinkender Eiter haftet fest am Muskel und ist kaum entfernbar. Dreimal tägliches Waschen mit Kaliumpermanganatlösung vertreibt das Übel. Nadelstechen und Beissen deuten auf Heilprozesse.

Wo der Zustand nicht gravierend ist, verzichten wir besser auf schmerzstillende Mittel und Antibiotika, um die körpereigenen Heilkräfte nicht

16/57 zu lähmen. Gott – die Lebenskraft selbst – wirkt bei der Wundheilung Wunder. –

Dann werde ich aufgeklärt und realisiere: Das Gift der Grubenotter (Trimere Surus [Trimeresurus]) hat die Streckermuskeln abgetötet. Mein Fuss hängt abwärts und ist nicht mehr anwinkelbar. Deprimiert darf ich nur noch träumen von Kletterei in steilen Felswänden und Höhlenlabyrinthen. Erst drei Monate nach dem Biss wird der Fuss leicht belastbar und Gehen an einer Krücke möglich. Die Wunde ist noch offen und tief, doch zeigt das Bestreben, sich zu schliessen.

Die tiefgreifende Erfahrung hat mich eines gelehrt: Um üble Folgen nach gefährlichem Giftschlangenbiss zu vermeiden, musst du sofort mutig handeln und wenigstens einen Deziliter Blut aus der Wunde treten lassen. –

Tollwut?

Nalins kräftigster Hund, der ‹Leopard›, verdreht plötzlich seine Augen. Schwankend, scheint er nicht mehr Herr seiner Glieder und überstellt sich. Wieder auf seinen Beinen torkelt er wie ein Betrunkener hin und her und fällt wieder. Ein Muskelzittern geht während

16/58 Minuten über seinen Leib, und Schaum tritt aus seiner Schnauze. – Dann rafft er sich wieder auf. Schaut beläppert in die Welt, schüttelt sich, und alles scheint beim Alten. – Nach ein paar Tagen wiederholt sich der Anfall. Während er keuchend und weltentfremdet dasteht, ladet eine junge Hundemutter neckend zum Spiel. Sie wirft sich rücklings unter den hächelnden Rüden und leckt seine schaumtriefende Schnauze. Bemerkt die Törichte nicht den miserablen Zustand ihres Kameraden? – Nicht vergeblich fürchte ich um ihr Leben... Innert Tagen häufen und verschlimmern sich die Anfälle des ‹Leoparden›, bis er seitlich liegend mit seinen Füssen in der Luft rudern und vor Schmerz jaulend in einem nahegelegenen Tümpel des Nachts Kühlung sucht und Erlösung findet. –

Lange steht seine Meisterin am Morgen geschlagen und sprachlos neben der Leiche ihres einst so treuen Begleiters, der kräftig mitgeholfen hat, dass die Pfanne mit Hirsch- und Wildschweinfleisch gefüllt wurde. –

Drei Tage darauf rennt die junge Hundemutter plötzlich, wie vom Affen gebissen, jaulend davon ohne je wiederzukehren. – Ihren säugenden Jungwelpen wird mangels Milch durch einen Blatt’-trichter Suppe aus

Forts. siehe übernächste Seite

Loeng

Baum in Niederungen Ø 1 m. Blätter gegenständig, Os. glänzend, Us. matt. Früchte von fester Schale. Fruchtfleisch süss, fest mit Samen verbunden, Geschmack orangenartig.

Frucht 1 : 1 1/2

[fehlt] 16/59

[fehlt] 16/60

[Fortsetzung einer Liste von Behandlungsmöglichkeiten der Tollwut] 16/61

- Weiter wird versucht, den krankmachenden Geist durch das markerschütternde Geräusch, welches beim Schaben von Bambus mit einer Messerklinge entsteht, unter entsprechendem Gemurmel zu vertreiben.
- Gerade so soll das knallende Geräusch und der Duft platzender ins Feuer geworfener Getimang-Blätter die bösen Geister vertreiben. Weiter wird die geschabte Rinde der Pflanze verfüttert, und deren Bast als schützendes Halsband angelegt.
- Waschen so wie Einschütten von ähnlichen Pflanzensäften wie ‹Pénauánd› die als Antidot des Pfeilgiftes gelten.

Penans weigern sich, Tiere in ihrem schmerzvollen Todeskampf, der unter ohrenbetäubendem Gejaule 2–3 Tage anhalten kann, mit einem Hieb vom Leiden zu erlösen. Gott würde sie strafen, wenn sie Hand an aufgezogene Hüttengenossen legen. – Als ich diesen unangenehmen letzten Dienst den Vierbeinern gewähren will, komme ich in arge Differenzen mit der alten ‹Tipung›. Mangels menschlicher Gesellschaft geht sie mit ihrer Hundemeute wie mit eigenen Kindern um. Als ich auf ihre zynische Redeweise eingehe, doppelt sie jeweilen mit so bissiger Zunge nach, dass Vernunft gebietet zu schweigen, um nicht bösen Gedanken Weg zu bahnen.

Die Seuche wütet während Monaten. Nalins ganze Hundemeute wird dahingerafft, und von Jemalangs Hunden überleben nur drei. Nur in diesen zwei Familien gehen insgesamt 28 Hunde ein. Um die Verschleppungsgefahr zu vermindern und das Übel zu verkürzen, ist in ähnlichen Fällen ein ‹Durchseuchen› angezeigt, wie es Viehzüchter in alten Zeiten bei Maul- u. Klauenseuche anwendeten: Vom Schaum befallener Tiere wird allen übrigen an den Mund gestrichen.

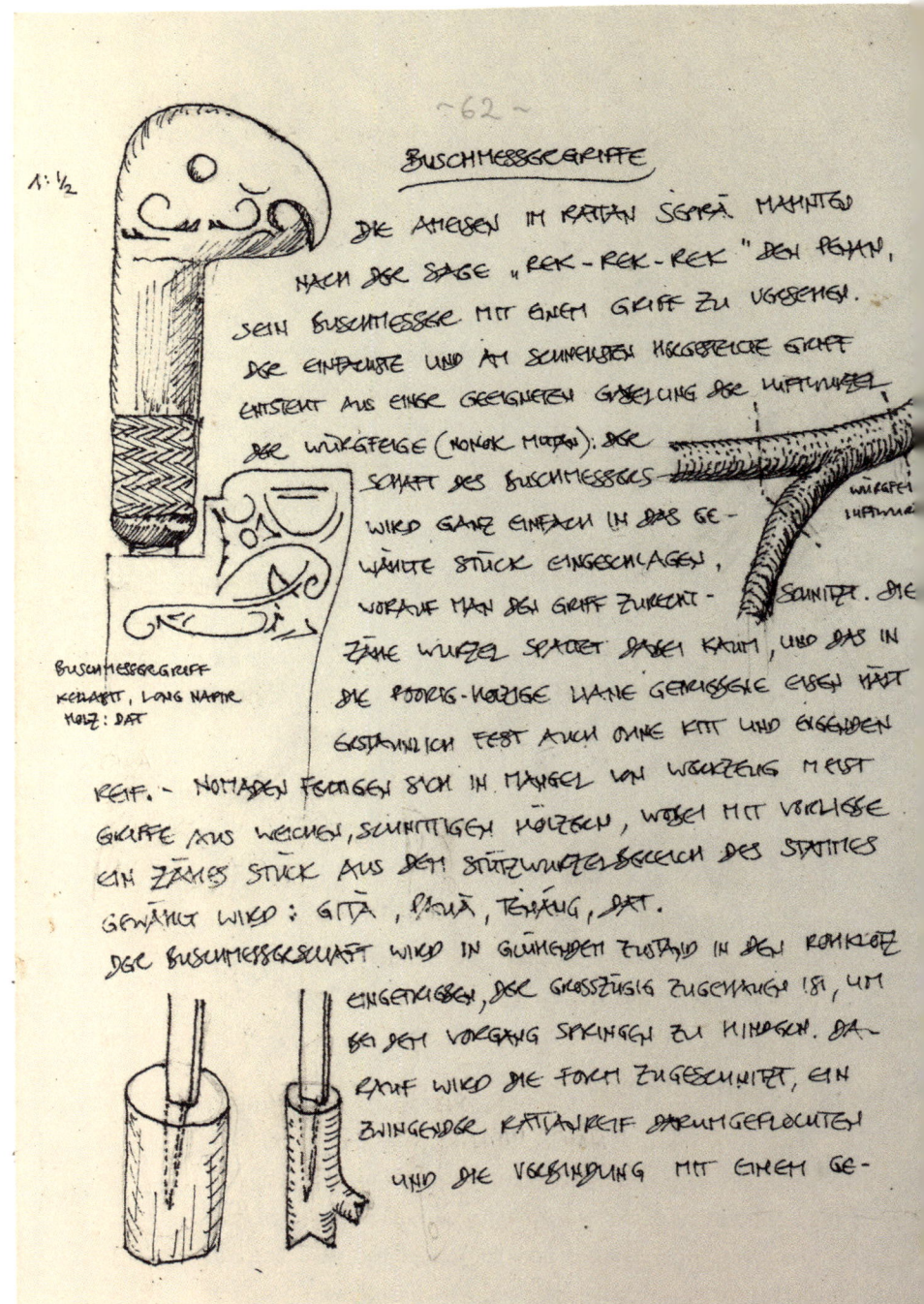

Buschmessergriffe

Die Ameisen im Rattan Séprá mahnten nach der Sage ‹Rek-rek-rek› den Penan, sein Buschmesser mit einem Griff zu versehen. Der einfachste und am schnellsten hergestellte Griff entsteht aus einer geeigneten Gabelung der Luftwurzel der Würgfeige (Nonok Mutan): Der Schaft des Buschmesssers wird ganz einfach in das gewählte Stück eingeschlagen, worauf man den Griff zurechtschnitzt. Die zähe Wurzel spaltet dabei kaum, und das in die poorig-holzige Liane getriebene Eisen hält erstaunlich fest auch ohne Kitt und engenden Reif. Nomaden fertigen sich in Mangel von Werkzeug meist Griffe aus weichen, schnittigen Hölzern, wobei mit Vorliebe ein zähes Stück aus dem Stützwurzelbereich des Stammes gewählt wird: Gitá, Pauá, Tenáng, Dat.

Der Buschmesserschaft wird in glühenden Zustand in den Rohklotz eingetrieben, der grosszügig zugehauen ist, um bei dem Vorgang springen zu hindern. Darauf wird die Form zugeschnitzt, ein zwingender Rattanreif drumgeflochten und die Verbindung mit einem ge-

Buschmessergriff 1:½

Kellabit, Long Napir

Holz: Dat

Würgfeige, Luftwurzel

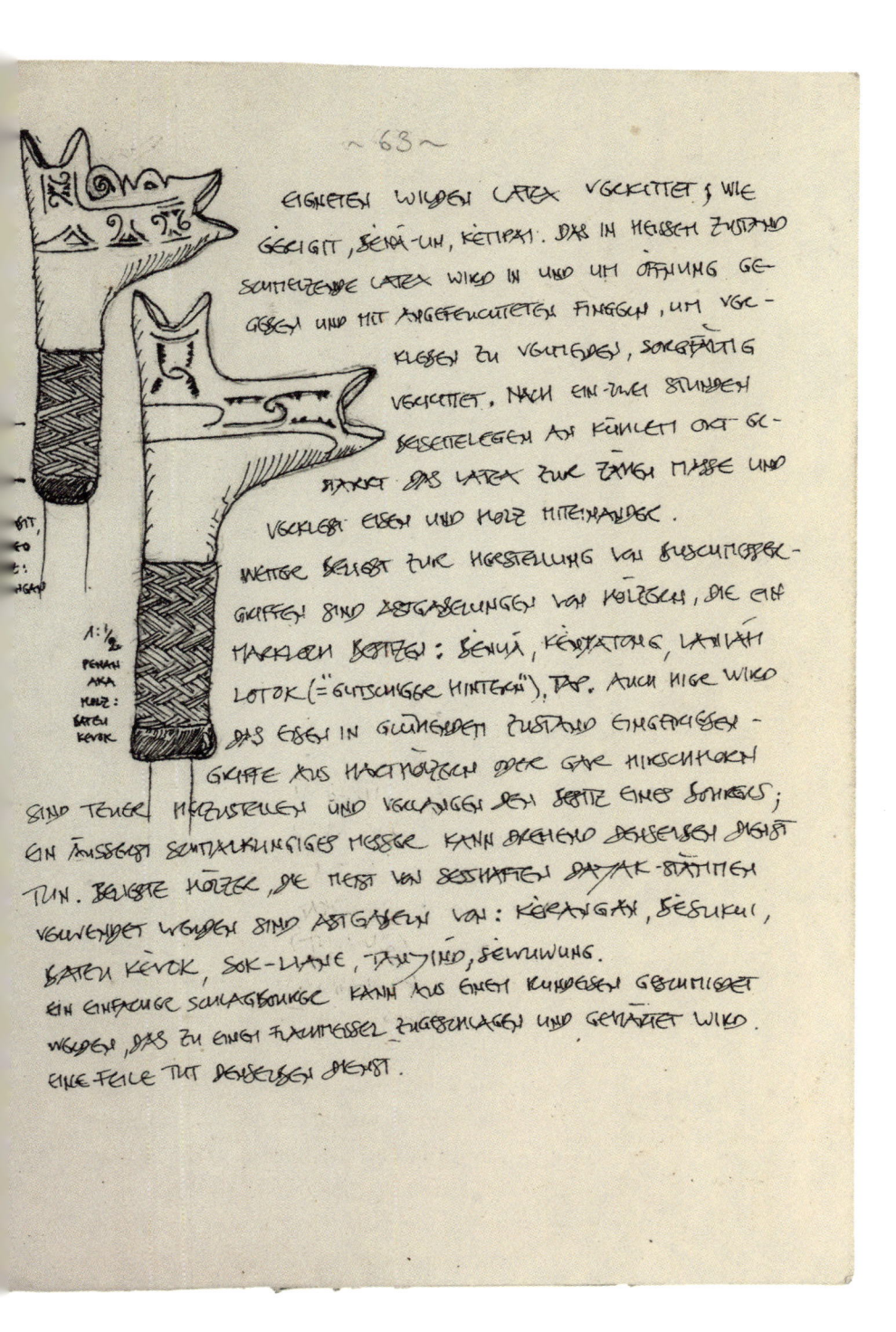

eigneten wilden Latex verkittet, wie Gerigit, Béná-un, Kétipai. Das in heissem Zustand schmelzende Latex wird in und um Öffnung gegeben und mit angefeuchteten Fingern, um Verkleben zu vermeiden, sorgfältig verkittet. Nach ein-zwei Stunden Beiseitelegen an kühlem Ort erstarrt das Latex zur zähen Masse und verklebt Eisen und Holz miteinander.

Weiter beliebt zur Herstellung von Buschmessergriffen sind Astgabelungen von Hölzern, die ein Markloch besitzen: Bénuá, Kényatong, Laniáh Lotok (= ‹Glitschiger Hintern›), Tap. Auch hier wird das Eisen in glühendem Zustand eingetrieben – Griffe aus Harthölzern oder gar Hirschhorn sind teuer herzustellen und verlangen den Besitz eines Bohrers; ein äusserst schmalklingiges Messer kann drehend denselben Dienst tun. Beliebte Hölzer, die meist von sesshaften Dayak-Stämmen verwendet werden sind Astgabeln von: Kérangan, Bésukui, Bateu Kévok, Sok-Liane, Tanyínd, Séwuwung.

Ein einfacher Schlagbohrer kann aus einem Rundeisen geschmiedet werden, das zu einem Flachmesser zugeschlagen und gehärtet wird. Eine Feile tut denselben Dienst.

Rattanreif
Latex
Kellabit, Bareo
Holz: Kerangan
1:1/2
Penan Aka
Holz: Bateu Kevok
1:1/2

Pahé Buang (Baccaurea kunstleri) 16/71
Baum in gemässigten Zonen, Ø <30 cm, Borke längsrissig, Blätter wstg, Us. Filzig, Frucht süss, verursacht Halsbrennen, je nachdem Übelkeit und wird vom Penan selten verspiesen. Vogel-Nahrung. Pahé findet sich in drei Arten (P. Mú-un, P. Buang, Pahé Djuhit). Nur erstere essbar, dh. ohne unangenehme Nebenwirkungen
1:³/₄
1:³/₄

Vom Wild 16/72

Selai schiesst einer Gibbonmutter einen Pfeil nach. Ihr Kind turnt etwas entfernt im Geäst. Als das Weibchen unter der Giftwirkung erbricht, rüttelt der Jäger darunter an Dá-un-Blättern und Lianen und ruft. Vom Lärm aufgeschreckt flieht das Kind zurück zu seiner Mutter und fällt mitsamt der Sterbenden aus der Krone. Selai springt dahin und fasst den begehrten Hüttengenossen. – Um nicht gebissen zu werden hält man Affenkindern die Oberarme über den Rücken. – Gibbonkinder sind wunderschön, werden schnell zahm und stören kaum Fleischgestell und Hütteninventar wie diebische Makakken, die oft im Alter bissig werden.

Lawang hat ein Bärenpaar erbeutet. Die Treue von Meister Petz kostet diesem meist das Leben. Wird ein Tier geschossen, so bleibt dessen Partner beim Verletzten zurück, um ihn zu hüten und zu verteidigen. – Führen Spuren von Fliehenden ins Dickicht, so geben die meisten Jäger die Verfolgung auf, in Angst, selbst angegriffen zu werden. Nur wenige Penans sind mutig, einem Bären mit gezücktem Buschmesser nachzurennen.

Pegá hat sich an ein Languraffen-Rudel angepirscht. Unter niederer Vegetation versteckt hält er sich mucksmäuschenstill und schiesst mehrere Pfeile. Zwanzig Minuten später fällt der erste Affe, gefolgt von Genossen. Unter den erbeuteten vier Tieren findet sich eine Abart (Sikok): Der Pelz des Weibchens zeigt Färbung wie der vom Langschwanzmakakken.

16/64   Póe Bok 1:¹/₄
        Abui Abgan [mit Bleistift skizzierte Legende, unleserlich]

16/65   [fehlt]
16/66   [fehlt]
16/67   [fehlt]
16/68   [fehlt]
16/69   [vakat]
16/70   [vakat]

16/73 **Dritte Blüte**

Einige Bäume wie Cú-ui und Jet scheinen aufeinanderfolgend ein drittes Mal zu fruchten. Nebst voll reifen Früchten stehen Blüten und Knospen. – Und so staunt der Jäger, neben gestreiften Frischlingen wiederum brünftige Keiler und tragende Bachen mit Föten so gross wie der Mitteltrieb der Sagopalme (Kéllétang Uwut) zu erbeuten. – Wildschweine buhlen jeweilen während der Blüte edler Bäume und werfen ihren Jungwuchs zur Erntezeit deren Früchte, wenn das Nahrungsangebot gross ist. – Die Reife edler Früchte fällt in der Regel mit der Reisernte zusammen, von Dezember-März, kann aber auch beträchtlich vari-ieren. ‹Grosse Fruchtjahre› mit überschwenglichen Ernten finden in unbestimmten Intervallen von drei bis mehreren Jahren statt. In jener Zeit blüht der ganze Dschungel – und spendet Nahrung im Überfluss. In der übrigen Zeit tragen nur vereinzelte Arten Frucht, und von diesen auch nicht alle Bäume*. Der Penan nennt es Frucht der Tiere (Buá ká-an), da meist Affen vor dem Menschen Ernte halten. – Grossfrüchtige Bäume wie Durian's und Alim mit langer Entwicklungszeit können pro Saison nur einmal Früchte ausbilden. Die Erscheinung einer Vorfrucht, oder gar dritten Blüte bleibt auf kleinfrüchtige Arten beschränkt.

* Kultivierte Fruchtbäume scheinen regelmässiger und häufiger zu fruchten als wilde.

16/74 [Bild]

16/75 [vakat]

16/76

Salacca 1:1/2

1. süss

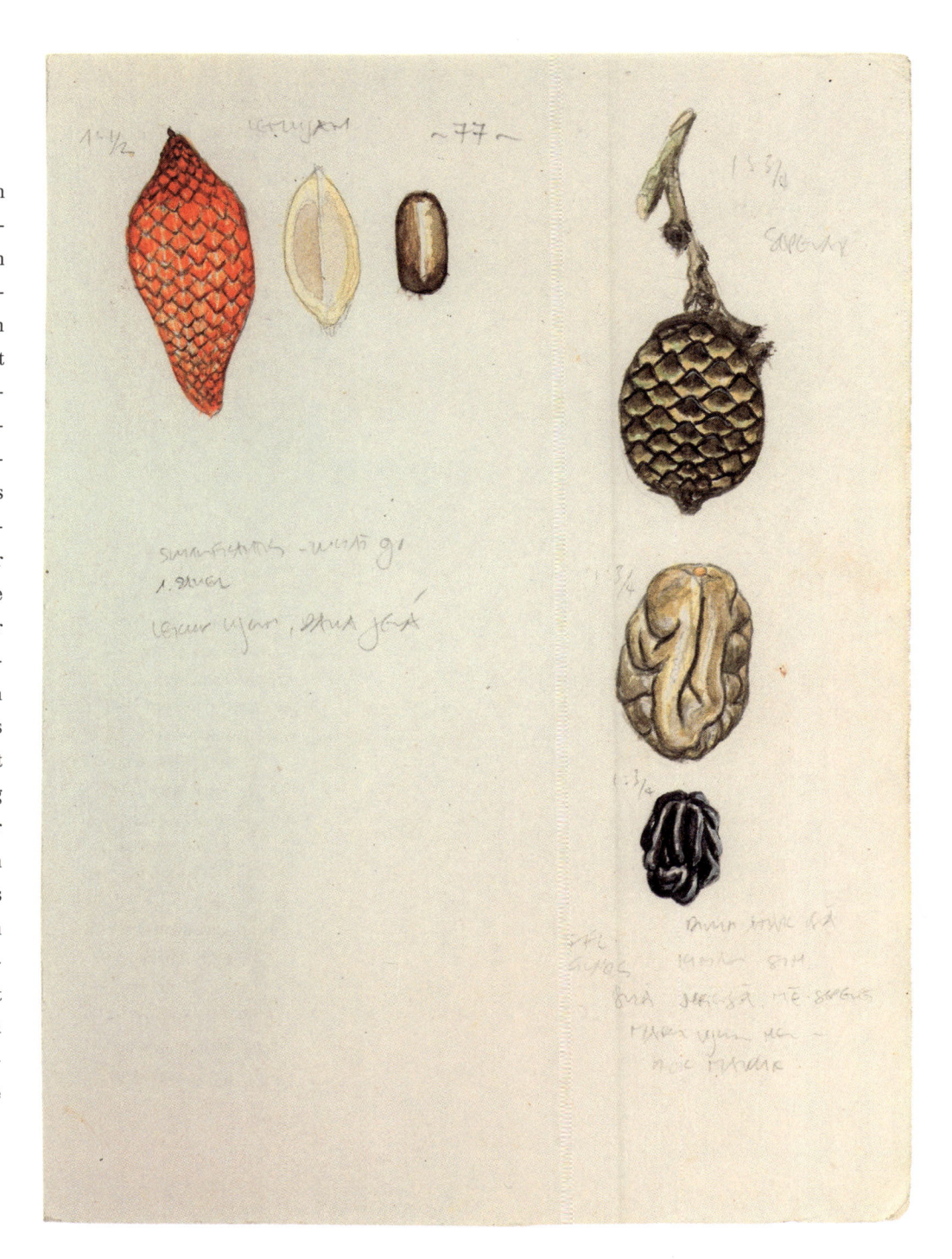

[mit Bleistift skizzierte Legenden] 16/77

16/78   Beló-eng 1:⁴/₅

(Castanopsis)

Baum hügelwärts. Stamm Ø <80 cm, harzig, Nuss roh genossen bitter.

Wird gekocht oder in Glut gebacken. Innenseite des Samens bräunlich

In grossen Mengen genossen unbekömmlich

1: ²/₃

Pá Peténg 1:1

(Payena)

Dunkelrindiger Baum, hügelwärts, Ø < 70 cm, wird hin und wieder von Bären

spielerisch angekratzt → Latexausfluss. Frucht von angenehmem Aroma,

latexhaltig, wird jedoch selten von Penan verspiesen. Same glänzend rotbraun wie

der von → Jauá. Gefundene Bärenkatzenlosung, auf gestürzten Baum ausgelegt,

entpuppt sich als reiner Latex-Kegel, in dem die Samen gebettet sind. –

16/79   Jauá 1:2/3

(Palaquium)

Leibdicker dunkelrindiger Baum bergwärts. Latexhaltig. Frucht wird von Mohim,

Bärenkatze und Wildschwein verspiesen. – Geruch stark, doch angenehm. Frucht-

fleisch weich, mit fadenziehendem Latex, das dir Mund verklebt.

16/80   Zitronen-Melasau 1:1/2

Xantophyllum

Baum auf Bergkamm, Ø 8 cm, Holz hart (→ Sago-Schlagholz), gelblich. Blätter
glänzend, wstg. – Stamm niedrig, astreich, von wenigen Früchten behangen;
diese wie Melasau, doch zitronenförmig, mehrere Samen von weissem trocken-
süssen Fruchtfleisch umgeben.

Same abgeflacht 1:2/3

16/81 Sonnenfrucht 1:2/3

(Matendau)

Liane bergwärts Ø bis handgelenkdick. Blätter gg-ständig, wachsglänzend. Frucht rot leuchtend, etwas warzig. Birgt mehrere Samen, von süssem, dünnem, glasigen Fruchtfleisch umgeben.

Willughbeia? Melodinus?

16/82 [vakat]

16/83 [mit Bleistift skizzierte Legende]

16/84 [vakat]
16/85 [fehlt]
16/86 [fehlt]
16/87 [fehlt]
16/88 [fehlt]

16/89 Tekurak Tokon 1:1/2

(Antidesma)

Strauch auf Hügelkuppen, Ø 3–5 cm, H: ~5 m. Blätter wstg, L 12 cm, ganzrandig, Os. glänzend, Blattrand gegen Spitze hin wellig gebogen. – Früchte fade, essbar, färben den Mund schwarz. Werden von Kindern verspiesen.

Tegurak Bá

Strauch in Wassernähe, grossblättrige Art: L ~20 cm, Blätter mit Mattglanz, Nervatur in geschlossenen Feldern, Haupt- und Seitennerven auf Blattunterseite rötlich flaumig behaart. Früchte schwarz, abgeflacht.

Verwendung: Die Blätter beider Arten werden zwischen den Händen gerollt und gequetscht und wiederholt mit Wasser ausgedrückt: Der dickflüssige grasgrüne Saft weicht das Wasser angenehm, kaum schäumend, und ist das wahre Waldshampoo.

BlattUs. von Tegurak Bá 1:1/3

16/90 Nyuwey Buá 1:1/2

Artocarpus dadah

Baum in Wassernähe, in Seitenhängen, Ø <60 cm, Rinde latexhaltig. Beliebtes unscheinbares Blasrohrholz, leicht bohrbar. Frucht weich, fleischig, süss-säuerlich, essbar. – ‹Nyuwey Kellunan› mit bis faustgrossen säuerlichen Früchten.

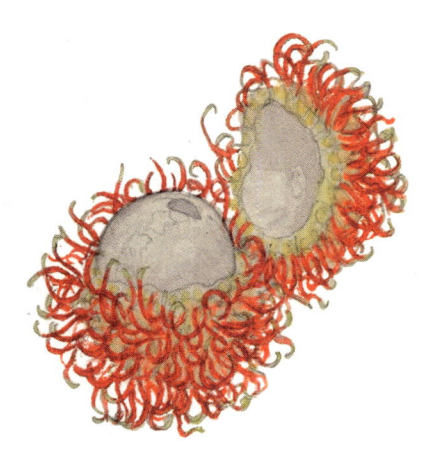

16/91 Kénilang 1:3/4

Nephellium lappaceum

Wie Pagung, doch grossblättrig, Baum in Wassernähe, Ø <40 cm, Frucht süss, feinaromatisch. Behaarung mehr geringelt, als die von Pagung. – Sämtliche Fruchtschalen von wilden Rambutanarten können mit Rattan gekocht werden, der sich während darauffolgendem Beizen in Lehm-Matsch schwarz färbt. –

16/92 (Artocarpus tama-an)

[mit Bleistift skizzierte Legende]

Dank

Herausgeber und Verlag danken folgenden Institutionen, Firmen und Personen, die mit ihren Beiträgen und Zuwendungen das Erscheinen der Publikation möglich gemacht haben:

Alfred Richterich Stiftung; Christoph Merian Stiftung; Stiftung Corymbo; Basellandschaftliche Kantonalbank Jubiläumsstiftung; Ernst Göhner Stiftung; Stiftung Dr. Robert und Lina Thyll-Dürr; Volkart Stiftung; Migros-Kulturprozent.

Bank Coop AG; Jumbo-Markt AG; Victorinox AG; Weleda AG; Greenpeace Schweiz; Lotteriefonds Appenzell Innerrhoden; Lotteriefonds Basel-Land; Lotteriefonds Basel-Stadt.

Jürg Holinger, fairplay-Stiftung; Hans-Peter & Marianne Ming; Markus Koch; Urs-Peter Stäuble; in Erinnerung an Barbara und Peter Nathan-Neher; Kaspar Müller, der wesentlich dazu beigetragen hat, dass dieses Buch erscheinen konnte; Beat von Wartburg, Claus Donau, Oliver Bolanz und den übrigen Mitarbeitern beim Christoph Merian Verlag sowie allen anderen, die durch ihre finanzielle oder tatkräftige Unterstützung zum Gelingen dieses Projektes beigetragen haben.

Bibliografische Information der Deutschen Bibliothek
Die Deutsche Bibliothek verzeichnet diese Publikation in der Deutschen Nationalbibliografie; detaillierte bibliografische Daten sind im Internet über http://dnb.ddb.de abrufbar.

ISBN 3-85616-214-3
(4 Bände)

cmv
christoph merian verlag

© 2004 Christoph Merian Verlag (1. Aufl.)
© 2004 Tagebücher (Text und Bild): Bruno Manser
© 2004 Übrige Texte: die Autoren

Manuskripterfassung Elisabeth Sulger Büel, John Künzli, Marc Bugnard, Dany Endres, Mira Wenger / *Lektorat und Korrektorat* Klaus Egli, André Bigler, Claus Donau / *Gestaltung und Satz* Atelier Urs & Thomas Dillier, Basel / *Litho* Gubler Imaging, Märstetten/TG; Atelier Urs & Thomas Dillier, Basel / *Druck* Basler Druck + Verlag AG, bdv / *Bindung* Grollimund AG, Reinach/BL / *Schriften* Centennial light, Folio / *Papier* Munken Lynx 115 g/m²

Beiträge (Band 1) John Künzli (1970), eidg. dipl. Umweltfachmann, arbeitet seit 1996 für den Bruno-Manser-Fonds, zuerst als rechte Hand und Assistent Brunos, seit dessen Verschwinden als Leiter der Geschäftsstelle. / Ruedi Suter (1951) lebt als freier Journalist in Basel. Spezialgebiete: Indigene Völker, Umweltprobleme und Menschenrechte. Er begleitete Bruno Manser seit 1990 journalistisch und beteiligte sich 2001 an einer Suchexpedition nach dem Verschollenen.

www.christoph-merian-verlag.ch
www.bmf.ch